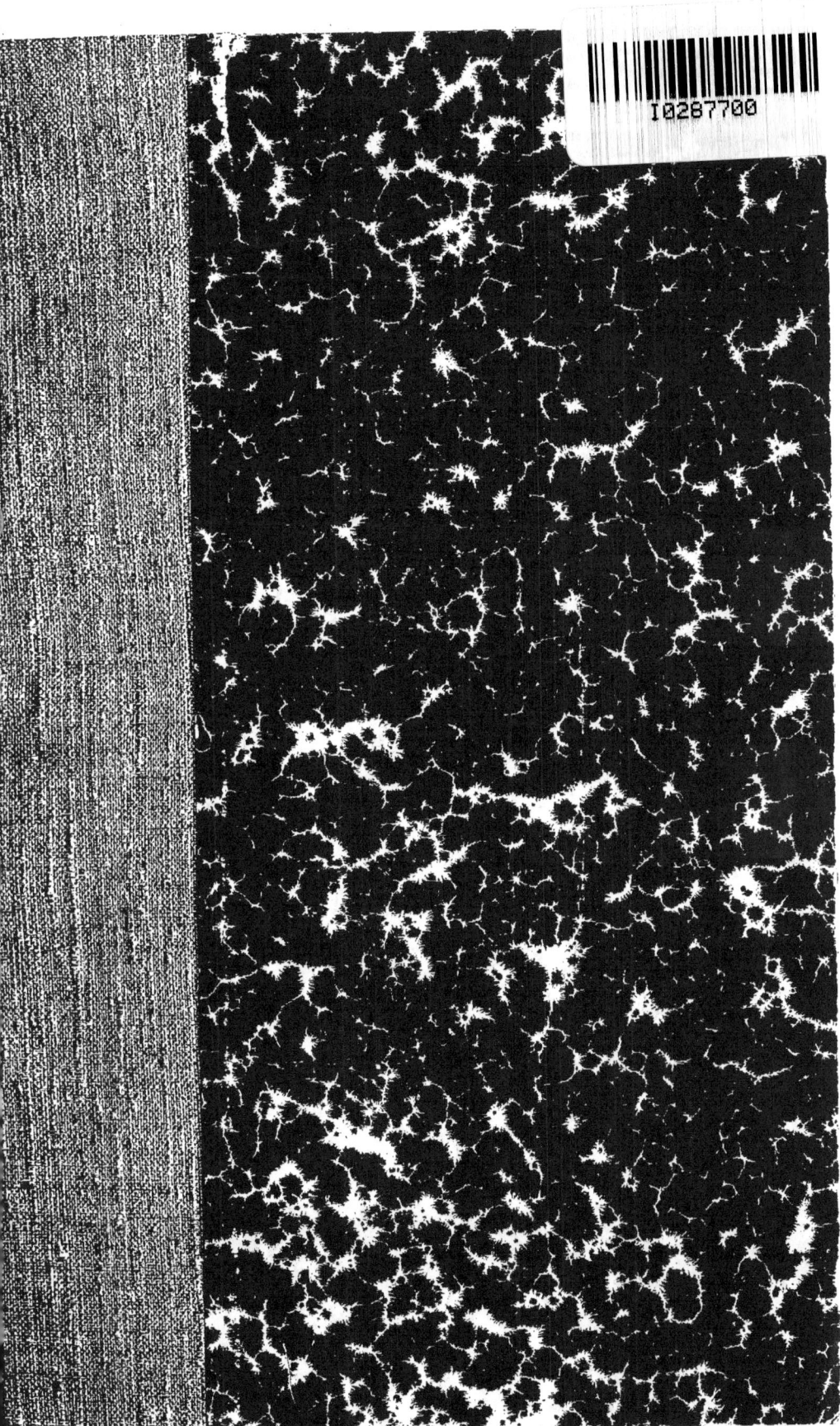

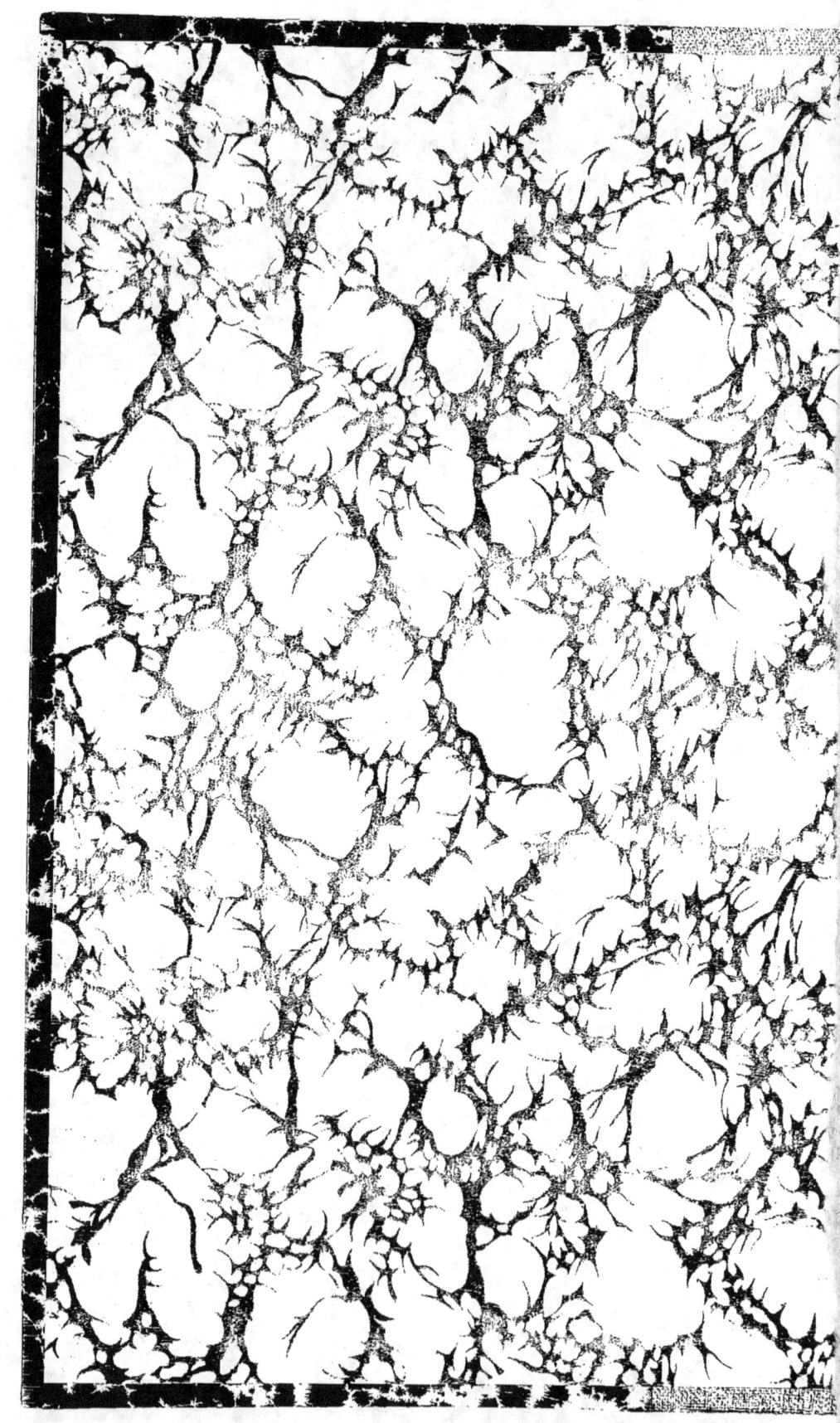

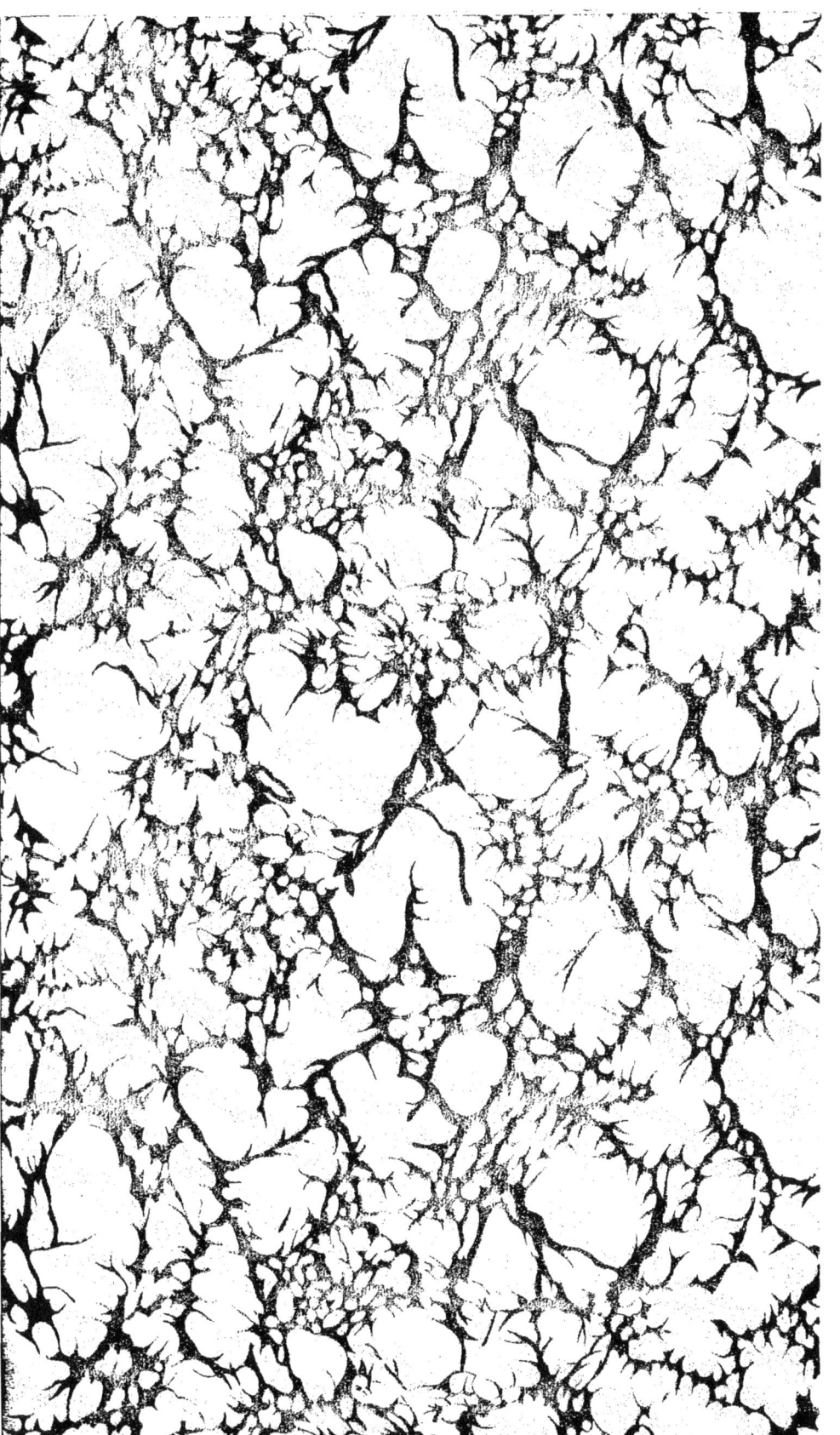

OEUVRES

DE

H. DE BALZAC.

OEUVRES

DE

H. DE BALZAC.

TOME TROISIÈME.

MELINE, CANS ET Cⁱᵉ, LIBRAIRES-ÉDITEURS,

LIVOURNE,	LEIPZIG,
MÊME MAISON.	J. P. MELINE.

1852

SCÈNES

DE

LA VIE PRIVÉE.

Le Bal de Sceaux.

Monsieur le comte de Fontaine, chef de l'une des plus anciennes familles du Poitou, avait servi la cause des Bourbons avec intelligence et courage pendant les longues guerres que les Vendéens firent à la république. Après avoir eu le bonheur d'échapper à la mort, en courant les dangers dont les soldats royalistes étaient menacés durant cette orageuse et salutaire époque de l'histoire contemporaine, il disait gaiement : Je suis un de ceux qui se sont fait tuer sur les marches du trône! Mais cette plaisanterie n'était pas sans quelque vérité pour un homme laissé parmi les morts à la sanglante journée des Quatre-Chemins. Quoique ruiné par des confiscations, ce fidèle Vendéen refusa constamment de remplir les places lucratives qui lui furent offertes par l'empereur Napoléon. Invariable dans sa religion aristocratique, il en avait aveuglément suivi les maximes quand il jugea convenable de se choisir une compagne. Au mépris des séductions dont l'entourait la famille d'un riche parvenu de la révolution, l'ex-comte épousa une jeune fille sans fortune qui appartenait à la meilleure maison de la province.

La restauration surprit M. de Fontaine chargé d'une nombreuse famille. Quoiqu'il n'entrât pas dans les idées du généreux gentilhomme de solliciter des grâces, il céda néanmoins aux désirs de sa femme, quitta la petite terre dont le revenu modique suffisait à peine aux besoins de ses enfants, et vint à Paris. Contristé de l'avidité avec laquelle ses anciens camarades convoitaient la curée des places et des dignités créées par l'empire, il allait retourner à sa terre, lorsqu'il reçut une lettre ministérielle, dans laquelle une Excellence assez connue lui annonçait sa nomination au grade de maréchal-de-camp, en vertu de l'ordonnance qui permettait aux officiers des armées catholiques de compter les vingt premières années du règne de Louis XVIII comme années de service. Puis, quelques jours après, le Vendéen reçut, sans aucune sollicitation, et d'office, l'ordre de la Légion d'Honneur et celui de Saint-Louis.

Ébranlé dans sa résolution par ces grâces successives, dont il se croyait redevable au souvenir du monarque, il pensa qu'il ne devait plus se contenter de mener sa famille, comme il l'avait pieusement fait chaque dimanche, crier vive le Roi dans la salle des maréchaux, quand les princes se rendaient à la chapelle. Il sollicita la faveur d'une entrevue particulière. Cette audience lui fut gracieusement accordée, mais n'eut rien de particulier. Le salon royal était plein de vieux serviteurs dont les têtes poudrées, vues d'une certaine hauteur, ressemblaient à un tapis de neige. Le gentilhomme retrouva beaucoup d'anciens compagnons qui le reçurent d'un air un peu froid. Les princes lui parurent *adorables*. Cette expression d'enthousiasme lui échappa, quand le plus gracieux de ses maîtres, dont il ne se croyait connu que de nom, vint à lui, lui serra la main et le proclama à haute voix le plus pur des Vendéens. Mais aucune de ces royales personnes n'eut l'idée de lui demander ni le compte des pertes qu'il avait subies, ni celui de l'argent qu'il avait versé dans les caisses de l'armée catholique. Il s'aperçut, un peu tard, qu'il avait fait la guerre à ses dépens. Vers la fin de la soirée, il hasarda une allusion fort spirituelle à l'état de ses affaires, état qui devait être celui de bien des gentilshommes. Sa majesté se prit à rire d'assez bon cœur, car tout ce qui était marqué au coin de l'esprit avait le don de lui plaire ; mais elle répliqua par une de ces royales plaisanteries dont la douceur est plus à craindre que la colère d'une réprimande. Un des plus intimes confidents du roi ne tarda pas à s'approcher du Vendéen calculateur, et fit entendre à M. de Fontaine, par une phrase fine et polie, que le moment n'était pas encore venu de compter avec les maîtres; qu'il y avait sur le tapis des mémoires plus arriérés que le sien, et qui devaient sans doute servir à l'histoire de la révolution.

Le comte sortit prudemment du groupe vénérable qui décrivait un respectueux demi-cercle devant l'auguste famille ; puis après avoir, non sans peine, dégagé son épée parmi les jambes grêles où elle était engagée, il regagna pédestrement, à travers la cour des Tuileries, le fiacre qu'il avait laissé en station sur le quai. Avec cet esprit rétif qui distingue la noblesse de vieille roche, chez laquelle le souvenir de la Ligue et des Barricades n'est pas encore éteint, il se plaignit dans le fiacre, à haute voix et de manière à se compromettre, sur le changement survenu à la cour. — Autrefois, se disait-il, chacun parlait librement au roi de ses petites affaires, et tous les seigneurs pouvaient à leur aise lui demander des grâces et de l'argent. Ne voilà-t-il pas qu'aujourd'hui l'on n'obtiendra pas, sans scandale, de se faire rembourser les sommes avancées pour son service ! Morbleu ! la croix de Saint-Louis et le grade de maréchal-de-camp ne valent pas six cent mille livres que j'ai bel et bien dépensées pour la cause royale. Je veux parler au roi, en face, et dans son cabinet.

Cette scène refroidit d'autant plus le zèle de M. de Fontaine, que ses demandes d'audience restèrent constamment sans réponse, et qu'il vit les intrus de l'empire arriver à quelques-unes des charges réservées sous l'ancienne monarchie aux meilleures maisons.

— Tout est perdu, dit-il un matin. Je crois, morbleu, que le roi s'est fait révolutionnaire. Sans Monsieur, qui au moins ne déroge pas, et console ses fidèles serviteurs, je ne sais en quelles mains irait un jour la couronne de France, si cela continuait. Décidément, ce qu'ils appellent le régime constitutionnel est le plus mauvais de tous les gouvernements, et ne pourra jamais convenir à la France. Louis XVIII a tout gâté à Saint-Ouen.

Le comte, désespéré, se préparait à retourner à sa terre, en abandonnant avec noblesse ses prétentions à une indemnité. Tout à coup, les événements du vingt mars annoncèrent une nouvelle tempête qui menaça d'engloutir la légitimité et ses défenseurs. Semblable à ces gens généreux qui ne renvoient pas un serviteur par un temps de pluie, M. de Fontaine emprunta sur sa terre, pour suivre la monarchie en déroute, sans savoir si cette complicité d'émigration lui serait plus propice que son dévouement passé. Il avait, il est vrai, remarqué qu'à la cour les compagnons de l'exil étaient mieux reçus et plus avancés en faveur que les braves qui avaient protesté, les armes à la main, contre l'établissement de la république ; et peut-être espérait-il trouver dans ce voyage plus de profit que dans un service actif et périlleux à l'intérieur. Ses calculs de courtisanerie ne furent pas une de ces vaines spéculations qui, après avoir promis sur le papier des résultats superbes, ruinent par leur exécution. Il fut un des cinq cents fidèles serviteurs qui partagèrent l'exil de la cour à Gand, et l'un des cinquante mille qui en revinrent.

Pendant cette courte absence de la royauté, M. de Fontaine eut le bonheur d'être employé par Louis XVIII. Il eut plus d'une occasion de donner au roi des preuves d'une grande probité politique et d'un attachement sincère. Un soir, où le monarque n'avait rien de mieux à faire, il se souvint du bon mot dit par M. de Fontaine aux Tuileries. Le vieux Vendéen ne laissa pas échapper un tel à-propos, et raconta son histoire assez spirituellement pour que ce roi, qui n'oubliait rien, pût se la rappeler en temps utile. L'auguste littérateur remarqua la tournure fine donnée à quelques notes dont il avait confié la rédaction au discret gentilhomme, et cette dernière circonstance inscrivit M. de Fontaine, dans la mémoire du roi, parmi les plus loyaux serviteurs de sa couronne. Au second retour, le comte fut un de ces envoyés extraordinaires qui parcoururent les départements, avec la mission de juger souverainement les fauteurs de la rébellion. Il usa modérément du terrible pouvoir qui lui était confié ; puis, aussitôt que cette juridiction temporaire eut cessé, il s'assit dans un des fauteuils du conseil-d'état, devint député, parla peu, écouta beaucoup, et changea considérablement d'opinion. Quelques circonstances qui ont échappé à l'investigation des plus curieux biographes, le firent entrer assez avant dans l'intimité du prince, pour qu'un jour le malicieux monarque l'interpellât ainsi en le voyant entrer : — Mon ami Fontaine, je ne m'aviserais pas de vous nommer directeur-général ni ministre ! Ni vous ni moi, si nous étions *employés*, ne resterions en place, à cause de nos opinions. Le gouvernement représentatif a cela de bon qu'il nous ôte la peine, que nous avions jadis, de renvoyer nous-mêmes nos pauvres amis les secrétaires d'état. Notre conseil est une véritable hôtellerie, où l'opinion publique nous envoie souvent de singuliers voyageurs, mais enfin nous saurons toujours où placer nos fidèles serviteurs.

Cette ouverture moqueuse fut suivie d'une ordonnance qui donnait à M. de Fontaine l'administration du domaine extraordinaire de la Couronne. Par suite de l'intelligente attention avec laquelle il écoutait les phrases sardoniques de son royal ami, son nom se trouva sur les lèvres du prince toutes les fois qu'il fallut créer une commission dont les membres devaient être lucrativement appointés. Il eut le bon esprit de taire la faveur dont l'honorait le monarque, et sut l'entretenir par la manière piquante dont il racontait secrètement, dans une de ces causeries familières dont Louis XVIII était aussi avide que de billets agréablement écrits, toutes les anecdotes politiques, et, s'il est permis de se servir de cette expression, les cancans diplomatiques ou parlementaires dont l'époque était passablement féconde. On sait que les détails de sa *gouvernementabilité*, mot adopté par l'auguste railleur, l'amusaient infiniment. Gràces au bon sens, à l'esprit et à l'adresse de M. le comte de Fontaine, chaque membre de sa nombreuse famille, quelque jeune qu'il fût, finit, ainsi qu'il le disait plaisamment à son maître, par se poser comme un ver-à-soie sur les feuilles du budget. Ainsi, par les bontés du roi, l'aîné de ses fils parvint à une place fort éminente dans la magistrature inamovible. Le second, simple capitaine avant la restauration, obtint une légion immédiatement après son retour de Gand ; puis, à la faveur des mouvements de 1815, pendant lesquels on observa peu les règlements, il passa dans la garde royale, repassa dans les gardes-du-corps, revint dans la ligne, et se trouva lieutenant-général avec un commandement dans la Garde, après l'affaire du Trocadéro. Le dernier, nommé sous-préfet, ne tarda pas à devenir maître des requêtes et directeur d'une administration municipale de la Ville de Paris, où il était à l'abri des tempêtes législatives. Ces grâces sans éclat, secrètes comme la faveur du comte, passaient inaperçues. Quoique le père et les trois fils eussent chacun assez de sinécures pour jouir d'un revenu budgétif presque aussi considérable que celui d'un directeur-général, leur fortune politique n'excita l'envie de personne. Dans ces temps de premier établissement du système constitutionnel, peu de personnes avaient des idées justes sur les régions paisibles du budget, dans lesquelles d'adroits favoris surent trouver l'équivalent des abbayes détruites. M. le comte de Fontaine, qui naguère encore se vantait de n'avoir pas lu la Charte, et se montrait si courroucé contre l'avidité des courtisans, ne tarda pas à faire voir à son auguste maître qu'il comprenait aussi bien que lui l'esprit et les ressources du *représentatif*.

Cependant, malgré la sécurité des carrières qu'il avait ouvertes à ses trois fils ; malgré les avantages pécuniaires qui résultaient du cumul de quatre places, M. de Fontaine se trouvait à la tête d'une famille trop nombreuse pour pouvoir rétablir promptement et facilement sa fortune. Ses trois fils étaient riches d'avenir, de faveur et de talent ; mais il avait trois filles ; et craignait de lasser la bonté du monarque. Il imagina de ne jamais lui parler que d'une seule de ces vierges pressées d'allumer leur flambeau. Le roi avait trop bon goût pour laisser son œuvre imparfaite. Il aida au mariage de la première avec un receveur-général, par une de ces phrases royales qui ne coûtent rien et valent des millions. Un soir que le monarque était maussade, il se mit à sourire en apprenant qu'il existait encore une demoiselle de Fontaine, et lui trouva pour mari un jeune magistrat d'extraction bourgeoise, il est vrai, mais riche, plein de talent, et qu'il prit plaisir à créer baron. Mais lorsque le Vendéen parla de mademoiselle Émilie de Fontaine, le roi lui répondit, de sa petite voix aigrelette : — *Amicus Plato, sed magis amica Natio.* Puis, quelques jours après, il régala *son ami Fontaine* d'un quatrain assez innocent qu'il appelait une épigramme, et dans lequel il le plaisantait sur ses trois filles si habilement produites sous la forme d'une trinité ; c'était, s'il faut en croire la chronique, dans l'unité des trois personnes divines que le monarque avait été chercher son bon mot.

— Si Votre Majesté daignait changer son épigramme en épithalame, dit le comte en essayant de faire tourner cette boutade à son profit.

— Je n'en vois pas la rime, répondit aigrement le roi, qui ne goûta point cette plaisanterie faite sur sa poésie quelque douce qu'elle fût.

Dès ce jour, son commerce avec M. de Fontaine eut moins d'aménité. Sans doute il s'était lassé de son favori. Comme presque tous les enfants venus les derniers, Émilie de Fontaine était un Benjamin gâté par tout le monde. Le refroidissement du monarque fit donc d'autant plus de peine au comte, que jamais mariage ne fut plus difficile à conclure que l'était celui de cette fille chérie. Pour concevoir tous ces obstacles, il faut pénétrer dans l'enceinte du bel hôtel où l'administrateur était logé aux dépens de la Liste Civile.

Émilie, ayant passé son enfance à la terre de Fontaine, y avait joui de cette abondance qui suffit aux premiers plaisirs de la jeunesse. Ses moindres désirs y étaient des lois pour ses sœurs, pour ses frères, pour sa mère, et même pour son père. Tous ses parents en raffolaient. Arrivée à l'âge de raison, précisément au moment où sa famille fut comblée des faveurs de la fortune, l'enchantement de sa vie continua. Le luxe dont elle fut entourée lui sembla tout aussi naturel que l'étaient cette richesse de fleurs ou de fruits, et cette opulence champêtre qui avaient fait le bonheur de ses premières années. De même qu'elle n'avait éprouvé aucune contrariété dans son enfance, quand elle voulait satisfaire de joyeux désirs; de même elle se vit encore obéie, lorsqu'à l'âge de quatorze ans elle se lança dans le tourbillon du monde. Comprenant ainsi, par degrés, les jouissances de la fortune, elle apprécia les avantages de la parure, devint amoureuse de l'élégance, s'habitua aux dorures des salons, au luxe des équipages, aux compliments flatteurs, aux recherches de la toilette, aux bijoux, aux parfums des fêtes, aux vanités de la cour. Tout lui souriait. Elle vit de la bienveillance pour elle dans tous les yeux; et comme la plupart des enfants gâtés, elle en profita pour tyranniser ceux qui l'aimaient, tandis qu'elle réservait ses coquetteries aux indifférents. Ses défauts ne firent que grandir avec elle. Son père et sa mère devaient tôt ou tard recueillir les fruits amers de cette éducation funeste. Mademoiselle Émilie de Fontaine était arrivée à l'âge de dix-neuf ans sans avoir voulu faire de choix parmi les nombreux jeunes gens dont la politique de M. de Fontaine peuplait ses fêtes. Cette jeune personne jouissait dans le monde de toute la liberté d'esprit que peut y avoir une femme mariée. Sa beauté était si remarquable que, pour elle, paraître dans un salon, c'était y régner. Semblable aux rois, elle n'avait pas d'amis, et devenait partout l'objet d'une flatterie à laquelle un naturel meilleur que le sien n'eût peut-être pas résisté. Aucun homme, fût-ce même un vieillard, n'avait la force de contredire les opinions d'une jeune fille dont un seul regard ranimait l'amour dans un cœur froidi. Élevée avec des soins qui avaient manqué à ses sœurs, elle peignait assez bien et dessinait encore mieux. Elle était d'une force désespérante sur le piano, avait une voix délicieuse, et savait entretenir une conversation spirituelle sur toutes les littératures. Elle parlait l'italien et l'anglais. Enfin, elle aurait pu faire croire que, comme dit Mascarille, les gens de qualité viennent au monde en sachant tout. Elle éblouissait les gens superficiels; quant aux gens profonds, son tact naturel l'aidait à les reconnaître, et pour eux elle déployait tant de coquetterie, qu'à la faveur de ses séductions, elle savait échapper à leur examen. Elle raisonnait facilement peinture italienne, flamande, Moyen-âge, Renaissance, littérature anglaise, jugeait à tort et à travers, faisait ressortir avec une cruelle grâce d'esprit les défauts d'un ouvrage; et la plus simple de ses phrases était reçue par la foule idolâtre, comme par les Turcs un *fefta* du Sultan. Ce vernis séduisant, cette brillante écorce couvraient un cœur insouciant, l'opinion commune à beaucoup de jeunes filles que personne n'habitait une sphère assez élevée pour pouvoir comprendre l'excellence de son âme, et un orgueil qui s'appuyait autant sur sa naissance que sur sa beauté. En l'absence du sentiment violent qui règne tôt ou tard dans le cœur d'une femme, elle portait sa jeune ardeur dans un amour immodéré des distinctions, et témoignait le plus profond mépris pour tous les gens qui n'étaient pas nobles. Fort impertinente avec la nouvelle noblesse, elle faisait tous ses efforts pour que ses parents marchassent de pair au milieu des familles les plus anciennes du faubourg Saint-Germain.

Ces sentiments n'avaient pas échappé à l'œil observateur de M. de Fontaine, qui plus d'une fois eut à gémir des sarcasmes et des bons mots d'Émilie, lorsqu'il maria ses deux premières filles. Les gens logiques s'étonneront d'avoir vu le vieux Vendéen donner sa première fille à un receveur-général qui, à la vérité, possédait bien quelques anciennes terres seigneuriales, mais dont le nom n'était cependant pas précédé de cette particule à laquelle le trône dut tant de défenseurs, et la seconde à un magistrat baronnifié, mais trop récemment encore pour faire oublier que le père avait vendu des fagots. Ce notable changement dans les idées du noble Vendéen, et au moment où il atteignait sa soixantième année, époque à laquelle les hommes quittent rarement leurs croyances, n'était pas dû seulement à la déplorable habitation de la moderne Babylone où tous les gens de province finissent par perdre leurs rudesses; la nouvelle conscience politique du comte de Fontaine était encore le résultat de l'amitié du roi et de ses conseils. Ce prince philosophe avait pris plaisir à convertir le Vendéen aux idées qu'exigeaient la marche du dix-neuvième siècle et la rénovation de la monarchie.

Louis XVIII voulait fondre les partis, comme Napoléon avait fondu les choses et les hommes. Le roi légitime, peut-être aussi spirituel que son rival, agissait en sens contraire. Le chef de la maison de Bourbon était aussi empressé à satisfaire le tiers-état et les gens de l'empire, en contenant le clergé, que le premier des Napoléon avait été jaloux d'attirer auprès de lui les grands seigneurs ou à doter l'église. Confident des royales pensées, le conseiller d'état était insensiblement devenu l'un des chefs les plus influents et les plus sages de ce parti modéré qui désirait vivement, au nom de l'intérêt national, la fusion de toutes les opinions. Il prêchait les coûteux principes du gouvernement constitutionnel et secondait de toute sa puissance les jeux de la bascule politique qui permettait à son maître de gouverner la France au milieu des agitations de la révolution renaissante. Peut-être M. de Fontaine se flattait-il d'arriver à la pairie par un de ces coups de vent législatifs dont il voyait des effets si bizarres; car un de ses principes les plus fixes consistait à ne plus reconnaitre en France d'autre noblesse que la pairie, puisque les familles à manteau bleu étaient les seules qui eussent des priviléges. — En effet, disait-il, comment concevoir une noblesse sans priviléges? c'est un manche sans outil. Aussi éloigné du parti de M. de Lafayette que du parti de M. de La Bourdonnaye, il entreprenait avec ardeur la réconciliation générale, d'où devaient sortir une ère nouvelle et de brillantes destinées pour la France. Il cherchait à convaincre toutes les familles chez lesquelles il avait accès, du peu de chances favorables qu'offraient désormais la carrière militaire et l'administration; il engageait les mères à lancer leurs enfants dans les professions indépendantes et industrielles, en leur donnant à entendre que les emplois militaires et les hautes fonctions du gouvernement finiraient par appartenir très-constitutionnellement aux cadets des familles nobles de la pairie, et que la nation avait conquis une part assez large dans l'administration par son assemblée élective, par les places de la magistrature, et par celles de la finance qui serait toujours l'apanage des notabilités du tiers-état.

Les nouvelles idées du chef de la famille de Fontaine, et les sages alliances qui en étaient résultées pour ses deux premières filles avaient rencontré une forte opposition au sein de son ménage. La comtesse de Fontaine resta fidèle aux vieilles croyances aristocratiques, peut-être parce qu'elle appartenait aux Montmorency du côté de sa mère. Aussi s'opposa-t-elle un moment au bonheur et à la fortune qui attendaient ses deux filles aînées; mais elle fut forcée de céder à ces considérations secrètes que les époux se confient le soir quand leurs têtes reposent sur le même oreiller. M. de Fontaine démontra froidement à sa femme par d'exacts calculs, que le séjour de Paris, l'obligation d'y représenter, la splendeur de sa maison (splendeur qu'il ne blâmait pas puisqu'elle les dédommageait, quoique tardive, des privations qu'ils avaient courageusement partagées au fond de la Vendée); les dépenses faites pour leurs fils absorbaient la plus grande partie de leur revenu budgétaire. Il fallait donc saisir, comme une faveur céleste, l'occasion qui se présentait pour eux d'établir leurs filles aussi richement; elles devaient jouir un jour de soixante ou quatre-vingt mille livres de rente; des mariages aussi avantageux ne se rencontraient pas tous les jours pour des filles sans dot; enfin, il était temps de penser à économiser, pour augmenter les revenus de la terre de Fontaine afin de reconstruire territorialement l'antique fortune de leur famille. Madame de Fontaine céda, comme toutes les mères l'auraient fait à sa place, quoique de meilleure grâce peut-être, à des arguments aussi persuasifs; mais elle déclara qu'au moins sa fille Emilie serait mariée au gré de l'orgueil qu'elle avait malheureusement contribué à développer dans cette jeune âme.

Ainsi, les événements qui auraient dû répandre la joie dans cette famille, y introduisirent un léger levain de discorde. Le receveur-général et le jeune président furent en butte aux froideurs d'un cérémonial tout particulier que la comtesse et sa fille Emilie eurent le talent de créer. Leur étiquette trouva bien plus amplement lieu d'exercer ses tyrannies domestiques, lorsque le lieutenant-général épousa la fille unique d'un banquier ; quand le magistrat se maria avec une demoiselle dont le père, tout millionnaire qu'il était, avait fait le commerce des toiles peintes ; et que le troisième frère se montra fidèle à ces doctrines roturières en prenant sa jeune épouse dans la famille d'un riche notaire de Paris. Les trois belles-sœurs et les deux beaux-frères trouvaient tant de charmes et d'avantages personnels à rester dans la haute sphère des puissances politiques, à parcourir les salons du faubourg Saint-Germain, qu'ils s'accordèrent tous pour former une petite cour à la hautaine Emilie. Ce pacte d'intérêt et d'orgueil n'était cependant pas tellement bien cimenté que la jeune souveraine n'excitât souvent des révolutions dans son petit état. Des scènes que le bon ton ne pouvait entièrement désavouer entretenaient, entre tous les membres de cette puissante famille, une humeur moqueuse qui, sans altérer sensiblement l'amitié affichée en public, dégénérait quelquefois dans l'intérieur en sentiments peu charitables. Ainsi, la femme du lieutenant-général, devenue vicomtesse, se croyait tout aussi noble qu'une Rohan, et prétendait que cent bonnes mille livres de rente lui donnaient le droit d'être aussi impertinente que l'était sa belle-sœur Emilie, à laquelle elle souhaitait parfois avec ironie un mariage heureux, en annonçant que la fille de tel pair venait d'épouser monsieur un tel, tout court. La femme du baron de Fontaine s'amusait à éclipser Emilie par le bon goût et la richesse qui se faisaient remarquer dans ses toilettes, ses ameublements et ses équipages. L'air moqueur dont les belles-sœurs et les deux beaux-frères accueillaient quelquefois les prétentions avouées par mademoiselle de Fontaine excitait chez elle un courroux qui ne se calmait jamais que par une grêle d'épigrammes. Lorsque le chef de la famille éprouva quelque refroidissement dans la tacite et précaire amitié du monarque, il trembla d'autant plus, que, par suite des défis railleurs de ses sœurs, jamais sa fille chérie n'avait jeté ses vues si haut.

Ce fut au milieu de ces circonstances et au moment où cette petite lutte domestique était devenue fort grave, que le monarque auprès duquel M. de Fontaine croyait rentrer en grâce, fut attaqué de la maladie dont il devait périr. En effet, le grand politique qui sut si bien conduire sa nef au sein des orages ne tarda pas à succomber. Incertain de la faveur à venir, le comte de Fontaine fit les plus grands efforts pour rassembler autour de sa dernière fille l'élite des jeunes gens à marier. Ceux qui ont été à même de chercher à résoudre le problème difficile de l'établissement d'une fille orgueilleuse et fantasque, comprendront peut-être les peines que se donna le pauvre Vendéen. Achevée au gré de son enfant chéri, cette dernière entreprise aurait couronné dignement la carrière que le comte parcourait depuis dix ans à Paris. Par la manière dont sa famille envahissait les traitements de tous les ministères, elle pouvait se comparer à la maison d'Autriche, qui, par ses alliances, menace d'envahir l'Europe. Aussi le vieux Vendéen ne se rebutait-il pas dans ses présentations de prétendus, tant il avait à cœur le bonheur de sa fille. Mais rien n'était plus plaisant que la manière dont l'impertinente créature prononçait ses arrêts et jugeait le mérite de ses adorateurs. On eût dit que, semblable à l'une de ces princesses des Mille et un Jours, elle fût assez riche, assez belle pour avoir le droit de choisir parmi tous les princes du monde. Elle faisait mille objections plus bouffonnes les unes que les autres. Tantôt l'un avait les jambes trop grosses ou les genoux cagneux, l'autre était myope ; celui-ci s'appelait Durand ; celui-là boitait ; presque tous étaient trop gras. Et plus vive, plus charmante, plus gaie que jamais, après avoir rejeté deux ou trois prétendus, elle s'élançait vers les fêtes de l'hiver et courait au bal où ses yeux perçants examinaient les célébrités du jour ; où souvent, à l'aide de son ravissant babil, elle parvenait à deviner les secrets du cœur le plus dissimulé, où elle se plaisait à tourmenter tous les jeunes gens et à exciter avec une coquetterie instinctive des demandes qu'elle rejetait toujours.

La nature lui avait donné en profusion les avantages nécessaires au rôle qu'elle jouait. Grande et svelte, Émilie de Fontaine avait une démarche imposante ou folâtre, à son gré. Son cou un peu long lui permettait de prendre de merveilleuses attitudes de dédain et d'impertinence. Elle s'était fait un fécond répertoire de ces airs de tête et de ces gestes féminins qui expliquent si cruellement ou si heureusement les demi-mots et les sourires. Des beaux cheveux noirs, des sourcils très fournis et fortement arqués prêtaient à sa physionomie une expression de fierté que la coquetterie autant que son miroir lui avaient appris à rendre terrible ou à tempérer par la fixité ou par la douceur de son regard, par l'immobilité ou par les légères inflexions de ses lèvres, par la froideur ou la grâce de son souris. Quand Émilie voulait s'emparer d'un cœur, sa voix pure ne manquait pas de mélodie ; mais elle savait aussi lui imprimer une sorte de clarté brève, quand elle entreprenait de paralyser la langue indiscrète d'un cavalier. Sa figure blanche et son front de marbre étaient semblables à la surface limpide d'un lac qui tour à tour se ridait sous l'effort d'une brise ou reprenait sa sérénité joyeuse. Plus d'un jeune homme, en proie à ses dédains, l'accusait de jouer la comédie; mais il y avait tant de feu et tant de promesses dans ses yeux noirs, qu'elle faisait bondir les cœurs de ses élégants danseurs sous leurs fracs noirs. Parmi les jeunes filles à la mode, nulle ne savait mieux qu'elle prendre un air de hauteur en recevant le salut d'un homme qui n'avait que du talent, déployer cette politesse insultante pour les personnes qu'elle regardait comme ses inférieures, et déverser son impertinence sur tous ceux qui essayaient de marcher de pair avec elle. Elle semblait, partout où elle se trouvait, recevoir plutôt des hommages que des compliments; et, même chez une princesse, sa tournure et ses airs eussent converti le fauteuil sur lequel elle se serait assise en un trône impérial.

Alors, mais trop tard, M. de Fontaine découvrit combien l'éducation de la fille qu'il aimait le plus avait été faussée par la tendresse dont elle était encore l'objet. L'admiration que le monde témoigne d'abord à une jeune personne, et dont il se venge plus tard, avait encore exalté l'orgueil d'Émilie et accru sa confiance en elle-même. Les bontés dont elle était comblée par tous ceux qui l'entouraient, développèrent dans son cœur l'égoïsme naturel aux enfants gâtés qui, semblables à des rois, s'amusent de tout ce qui les approche. En ce moment, la grâce de la jeunesse et le charme des talents cachaient à tous les yeux ces défauts, d'autant plus odieux chez une femme qu'elle ne peut plaire que par le dévoûment et l'abnégation. Mais rien n'échappe à l'œil d'un bon père. M. de Fontaine voulut essayer d'expliquer à sa fille les principales pages du livre énigmatique de la vie, vaine entreprise! Il eut trop souvent à gémir sur l'indocilité capricieuse et la sagesse ironique de sa fille, pour persévérer dans une tâche aussi difficile que l'était celle de corriger un si pernicieux naturel. Il se contenta de donner de temps à autre des conseils pleins de douceur et de bonté; mais il avait la douleur de voir ses plus tendres paroles glisser sur le cœur de sa fille comme s'il eût été de marbre. Les yeux d'un père se dessillent si tard, qu'il fallut au vieux Vendéen plus d'une épreuve pour s'apercevoir de l'air de condescendance avec laquelle sa fille lui accordait de rares caresses. Elle ressemblait à ces jeunes enfants qui paraissent dire à leur mère : — Dépêche-toi de m'embrasser pour que j'aille jouer. Enfin, Émilie daignait avoir de la tendresse pour ses parents. Mais souvent par des caprices soudains qui semblent inexplicables chez les jeunes filles, elle s'isolait, et ne se montrait plus que rarement. Elle se plaignait d'avoir à partager avec trop de monde le cœur de son père et de sa mère. Elle devenait jalouse de tout, même de ses frères et de ses sœurs; et après avoir pris bien de la peine à créer un désert autour d'elle, elle accusait la nature entière de ce qu'elle restait seule. Armée de son expérience de vingt ans, elle condamnait le sort, parce que, ne sachant pas que le premier principe du bonheur est en nous, elle demandait aux choses de la vie de le lui donner. Elle aurait fui au bout du globe, pour éviter des mariages semblables à ceux de ses deux sœurs; et parfois, elle avait dans le cœur une affreuse jalousie de les voir mariées, riches et heureuses. Enfin, quelquefois elle donnait à penser à sa mère, victime de ses procédés tout autant que M. de Fontaine, qu'elle était en proie à quelque folie. Mais cette aberration était assez explicable. En effet, rien n'est plus commun que cette secrète fierté née au cœur des jeunes personnes que la nature a douées d'une grande beauté, et qui appartiennent à une famille un peu élevée sur l'échelle sociale. Puis elles sont presque toutes persuadées que leurs mères, arrivées à l'âge de quarante ou cinquante ans, ne peuvent plus ni sympathiser avec leurs jeunes âmes, ni en concevoir les fantaisies. Elles s'imaginent que la plupart des mères, jalouses de leurs filles, veulent les habiller à leur mode dans le dessein prémédité de les éclipser et de leur ravir des hommages. De là, souvent, des larmes secrètes ou de sourdes révoltes contre la prétendue tyrannie maternelle. Au milieu de ces chagrins qui deviennent réels, quoique assis sur une base imaginaire, elles ont encore la manie de composer un thème pour leur existence, et se tirent à elles-mêmes leur horoscope, sans autre magie que celle de prendre leurs rêves pour des réalités. Ainsi elles résolvent secrètement dans leurs longues méditations de n'accorder leur cœur et leur main qu'à l'homme qui possèdera tel ou tel avantage. Elles dessinent dans leur imagination un type auquel il faut, bon gré mal gré, que leur futur ressemble, et ce n'est qu'après avoir expérimenté la vie et fait les réflexions sérieuses qu'amènent les années, à force de voir le monde et son train prosaïque, à force d'exemples malheureux, que les brillantes couleurs de leur figure idéale s'abolissent, et qu'elles se trouvent un beau jour, au milieu du courant de la vie, tout étonnées d'être heureuses sans la nuptiale poésie de leurs rêves. Mademoiselle Émilie de Fontaine avait, suivant cette poétique, arrêté, dans sa fragile sagesse, un programme auquel devrait se conformer celui qu'elle aimerait. De là ses dédains et ses impertinents sarcasmes.

— Avant tout, s'était-elle dit, il sera jeune, et de noblesse ancienne. Encore faut-il qu'il soit pair de France ou fils aîné d'un pair : il me serait insupportable de ne pas voir mes armes peintes sur les panneaux de ma voiture au milieu des plis flottants d'un manteau d'azur, et de ne pas courir comme les princes dans la grande allée des Champs-Élysées de Longchamp. Puis, mon père prétend que ce sera un jour la plus belle dignité de France. Je le veux militaire, en me réservant de lui faire donner sa démission ; mais je le veux décoré, pour que l'on nous porte les armes.

Ces rares qualités n'étaient rien, si cet être de raison n'avait pas encore une grande amabilité, une jolie tournure, de l'esprit, enfin s'il n'était pas svelte. La maigreur, cette grâce du corps, quelque fugitive qu'elle pût être, surtout dans un gouvernement représentatif, était une qualité de rigueur. Mademoiselle de Fontaine avait une certaine mesure idéale qui lui servait de modèle, et le jeune homme qui, au premier coup d'œil, ne remplissait pas les conditions voulues par le prospectus, n'obtenait même pas un second regard.

— O mon Dieu ! qu'il est gras, était chez elle la plus haute expression de son mépris.

A l'entendre, les gens d'une honnête corpulence étaient incapables de sentiments, mauvais maris et indignes d'entrer dans une société civilisée. Quoique ce fût une beauté recherchée en Orient chez les femmes, l'embonpoint était un malheur ; mais, chez un homme, c'était un crime.

Ces opinions paradoxales amusaient, grâces à une certaine gaieté d'élocution ; mais M. de Fontaine sentit que plus tard les prétentions de sa fille, dont certains esprits féminins, clairvoyants et peu charitables, commençaient à apercevoir le ridicule, deviendraient un fatal sujet de raillerie. Il craignit que les idées bizarres de sa fille ne se changeassent en mauvais ton. Il tremblait même que le monde impitoyable ne se moquât déjà d'une personne qui restait si longtemps en scène sans donner un dénouement au drame qu'elle y jouait. Plus d'un acteur, mécontent d'un refus, paraissait attendre le moindre incident malheureux pour se venger. Les indifférents, les oisifs, commençaient à se lasser, car l'admiration semble être une fatigue pour l'espèce humaine. Le vieux Vendéen savait mieux que personne que s'il n'existe qu'un moment pour entrer sur les tréteaux du monde, sur ceux de la cour, dans un salon, ou sur la scène, il n'y en a non plus qu'un pour en sortir. Aussi, pendant le premier hiver qui suivit l'avénement de S. M. Charles X au trône, redoubla-t-il d'efforts, conjointement avec ses trois fils et ses gendres, pour réunir dans les brillants salons de son hôtel les meilleurs partis que Paris et les différentes députations des départements pouvaient présenter. L'éclat de ses fêtes, le luxe de sa salle à manger et ses dîners parfumés de truffes rivalisaient avec les célèbres repas par lesquels les ministres du temps s'assuraient le vote de leurs soldats parlementaires. L'honorable Vendéen fut signalé comme un des plus puissants corrupteurs de la probité législative de cette chambre qui sembla mourir d'indigestion. Chose bizarre ! Les efforts qu'il faisait pour marier sa fille le maintinrent dans une éclatante faveur. Peut-être trouva-t-il quelque avantage secret à vendre deux fois ses truffes. Cette accusation due à certains libéraux railleurs, qui se vengeaient, par l'abondance des paroles, de la rareté de leurs adhérents dans la chambre, n'eut aucun succès. La conduite du gentilhomme poitevin était en général si noble et si honorable, qu'il ne reçut pas une seule de ces épigrammes dont les malins journaux de cette époque assaillirent les trois cents votants du centre, les ministres, les cuisiniers, les directeurs généraux, les princes de la fourchette et les défenseurs d'office qui soutenaient l'administration-Villèle.

A la fin de cette campagne, pendant laquelle M. de Fontaine avait, à plusieurs reprises, fait donner toutes ses troupes, il crut que son assemblée de prétendus ne serait pas, cette fois, une fantasmagorie pour sa fille, et qu'il était temps de la consulter. Il avait une certaine satisfaction intérieure d'avoir si bien rempli son devoir de père ; et, comme il avait fait flèche de tout bois, il espérait que, parmi tant de cœurs offerts à la capricieuse Émilie, il pouvait s'en rencontrer au moins un qu'elle eût distingué. Incapable de renouveler cet effort, il était comme lassé de la conduite de sa fille. Vers la fin du carême, un matin que la séance de la chambre ne réclamait pas trop impérieusement son vote, il résolut de faire un coup d'autorité. Pendant qu'un valet de chambre dessinait artistement, sur son crâne jaune, le delta de poudre qui complétait, avec des ailes de pigeon pendantes, sa coiffure vénérable, le père d'Émilie ordonna, non sans une secrète émotion, à un vieux serviteur d'aller avertir l'orgueilleuse demoiselle de comparaître immédiatement devant le chef de la famille.

— Joseph, dit-il au valet de chambre qui avait achevé sa coiffure, ôtez cette serviette, tirez ces rideaux, mettez ces fauteuils en place, secouez le tapis de la cheminée, essuyez partout... Allons ! Donnez un peu d'air à mon cabinet en ouvrant la fenêtre.

Le comte, en multipliant ses ordres, essouffla Joseph, qui devina les intentions de son maître, et restitua quelque fraîcheur à cette pièce naturellement la plus négligée de toute la maison. Il réussit à imprimer une sorte d'harmonie à des monceaux de compte, quelque symétrie aux cartons, aux livres et aux meubles de ce sanctuaire où se débattaient les intérêts du domaine de la couronne. Quand Joseph eut achevé de mettre un peu d'ordre dans ce chaos et de placer en évidence, comme dans un magasin de nouveautés, les choses qui pouvaient être les plus agréables à voir et produire par leurs couleurs une sorte de poésie bureaucratique, il s'arrêta au milieu du dédale des paperasses qui, en quelques endroits, étaient étalées même jusque sur le tapis, il s'admira lui-même un moment, hocha la tête et sortit. Mais le sinécuriste ne partagea pas la bonne opinion de son serviteur. Avant de s'asseoir dans son immense fauteuil à oreilles, il jeta un regard de méfiance autour de lui, examina d'un air hostile la blancheur de sa robe de chambre, en chassa quelques grains de tabac, s'essuya soigneusement le nez, rangea les pelles et les pincettes, attisa le feu, releva les quartiers de ses pantoufles, rejeta en arrière sa petite queue qui s'était horizontalement logée entre le col de son gilet et celui de sa robe de chambre ; puis, après lui avoir fait reprendre sa position perpendiculaire, il donna un coup de balai aux cendres d'un foyer qui pouvait attester l'obstination de son catarrhe. Enfin le vieux Vendéen ne s'assit qu'après avoir repassé une dernière fois en revue son cabinet, en espérant que rien n'y pourrait donner lieu à ces remarques aussi plaisantes qu'impertinentes par lesquelles sa fille avait coutume de répondre à ses sages avis. En cette occurrence, il ne voulait pas compromettre sa dignité paternelle. Il prit délicatement une prise de tabac, et toussa deux ou trois fois comme s'il se disposait à demander l'appel nominal ; car il entendait le pas léger de sa fille qui entra en fredonnant un air de l'opéra d'*il Barbiere*.

— Bonjour, mon père. Que me voulez-vous donc si matin ?

Et, après ces paroles jetées comme la ritournelle de l'air qu'elle chantait, elle embrassa le comte, non pas avec cette tendresse familière qui rend le sentiment filial chose si douce, mais avec l'insouciante légèreté d'une maîtresse sûre de toujours plaire, quoi qu'elle fasse.

— Ma chère enfant, dit gravement M. de Fontaine, je t'ai fait venir pour causer très-sérieusement avec toi sur ton avenir. La nécessité où tu es en ce moment de choisir un mari de manière à assurer ton bonheur...

— Mon bon père, répondit Émilie en employant les sons les plus caressants de sa voix pour l'interrompre, il me semble que l'armistice que nous avons conclu relativement à mes prétendus n'est pas encore expiré.

— Émilie, cessons aujourd'hui de badiner sur un sujet aussi important. Depuis quelque temps les efforts de ceux qui t'aiment véritablement, ma chère enfant, se réunissent pour te procurer un établissement convenable, et ce serait te rendre coupable d'ingratitude que d'accueillir légèrement les marques d'intérêt que je ne suis pas seul à te prodiguer.

En entendant ces paroles, la jeune fille avait jeté un regard malicieusement investigateur sur les meubles du cabinet paternel. Elle alla prendre celui des fauteuils qui paraissait avoir le moins servi aux solliciteurs, l'apporta elle-même de l'autre côté de la cheminée, de manière à se placer en face de son père, prit une attitude si grave qu'il était impossible de n'y pas voir les traces d'une moquerie, et se croisa les bras sur la riche garniture d'une pèlerine *à la neige* dont elle froissa les nombreuses ruches de tulle. Après avoir regardé de côté, et en riant, la figure soucieuse de son vieux père, elle rompit le silence : — Je ne vous ai jamais entendu dire, mon bon père, que le gouvernement fît ses communications en robe de chambre. Mais, ajouta-t-elle en souriant, n'importe, le peuple n'est pas difficile. Voyons donc vos projets de loi et vos présentations officielles...

— Je n'aurai pas toujours la facilité de vous en faire, jeune folle ! Enfin, écoute, Émilie ; mon intention n'est pas de compromettre plus longtemps mon caractère, qui est une partie de la fortune de mes enfants, à recruter ce régiment de danseurs que tu mets en déroute à chaque printemps. Déjà tu as été la cause innocente de bien des brouilleries dangereuses avec certaines familles ; j'espère que tu comprendras mieux aujourd'hui les difficultés de ta position et de la nôtre. Tu as vingt ans, ma fille, et voici près de trois ans que tu devrais être mariée. Tes frères, tes deux sœurs sont tous établis richement et heureusement. Mais, mon enfant, les dépenses que nous ont suscitées ces mariages et le train de maison que tu fais tenir à ta mère ont absorbé tellement nos revenus, que c'est tout au plus si je pourrai te donner cent mille francs de dot. Dès aujourd'hui je veux m'occuper du sort à venir de ta mère qui ne doit pas être sacrifiée à ses enfants. Je veux, Émilie, si je venais à manquer à ma famille, que madame de Fontaine ne soit à la merci de personne, et continue à jouir de l'aisance dont j'ai récompensé trop tard son dévouement à mes malheurs. Tu vois, mon enfant, que la faiblesse de ta dot ne saurait être en harmonie avec tes idées de grandeur... Encore sera-ce un sacrifice que je n'ai fait pour aucun autre de mes enfants ; mais ils se sont généreusement accordés à ne pas se prévaloir un jour de l'avantage que nous ferons, ta mère et moi, à un enfant trop chéri.

— Dans leur position ! dit Émilie en agitant la tête avec ironie.

— Ma fille, que je ne vous entende jamais déprécier ainsi ceux qui vous aiment. Sachez qu'il n'y a que les pauvres de généreux ! Des riches ont toujours d'excellentes raisons pour ne pas abandonner vingt mille francs à un parent... Eh bien ! ne boude pas, mon enfant ! et parlons raisonnablement : parmi les jeunes gens de notre société, n'as-tu pas remarqué M. de Montalant ?

— Oh ! il dit *zeu* au lieu de jeu, il regarde toujours son pied parce qu'il le croit petit, et il se mire ! D'ailleurs, il est blond ; je n'aime pas les blonds.

— Eh bien ! M. de Grosbois ?

— Il n'est pas noble. Il est mal fait et gros. A la vérité il est brun. Il faudrait que ces deux messieurs s'entendissent pour réunir leurs fortunes, et que le premier donnât son corps et son nom au second, qui garderait ses cheveux, et alors.... peut-être...

— Qu'as-tu à dire contre M. de Saluces ?

— Il s'est fait banquier.

— M. de Comines ?

— Il danse mal ; mais, mon père, tous ces gens-là n'ont pas de titres. Je veux être au moins comtesse comme l'est ma mère.

— Tu n'as donc vu personne cet hiver qui...
— Non, mon père.
— Que veux-tu donc ?
— Le fils d'un pair de France.
— Ma fille, dit M. de Fontaine en se levant, vous êtes folle !

Mais tout à coup il leva les yeux au ciel, sembla puiser une dose plus forte de résignation dans une pensée religieuse ; puis, jetant un regard de pitié paternelle sur son enfant qui devint émue, il lui prit la main, la serra, et lui dit avec attendrissement : — Dieu m'est témoin ! pauvre créature égarée, que j'ai consciencieusement rempli mes devoirs de père envers toi, que dis-je, consciencieusement ! avec amour, mon Émilie. Oui, Dieu sait que, cet hiver, j'ai amené près de toi plus d'un honnête homme dont les qualités, les mœurs, le caractère m'étaient connus, et tous nous ont paru dignes de toi. Mon enfant, ma tâche est remplie. D'aujourd'hui je te rends l'arbitre de ton sort, me trouvant heureux et malheureux tout ensemble de me voir déchargé de la plus lourde des obligations paternelles. Je ne sais pas si long-temps encore tu entendras une voix qui, par malheur, n'a jamais été sévère ; mais souviens-toi que le bonheur conjugal ne se fonde pas tant sur des qualités brillantes et sur la fortune, que sur une estime réciproque. Cette félicité est, de sa nature, modeste et sans éclat. Va, ma fille, mon aveu est acquis à celui que tu me présenteras pour gendre ; mais si tu devenais malheureuse, songe que tu n'auras pas le droit d'accuser ton père. Je ne me refuserai pas à des démarches et à t'aider, seulement si tu fais un choix, qu'il soit définitif ; je ne compromettrai pas deux fois le respect dû à mes cheveux blancs.

L'affection que lui témoignait son père, et l'accent solennel qu'il mit à son onctueuse allocution, touchèrent vivement mademoiselle de Fontaine ; mais elle dissimula son attendrissement, sauta sur les genoux du comte qui s'était assis tout tremblant encore, lui fit les caresses les plus douces, et le câlina avec une grâce féminine si suave que le front du vieillard se dérida. Quand Émilie jugea que son père était remis de sa pénible émotion, elle lui dit à voix basse : — Je vous remercie bien de votre gracieuse attention, mon cher père. Vous avez arrangé votre appartement pour recevoir votre fille chérie. Vous ne saviez peut-être pas la trouver si folle et si rebelle. Mais, mon père, est-ce donc bien difficile d'épouser un pair de France ? Vous prétendiez qu'on en faisait par douzaines. Ah ! vous ne me refuserez pas des conseils au moins !

— Non! pauvre enfant! non! et je te crierai plus d'une fois : Prends garde! Songe donc que la pairie est un ressort trop nouveau dans notre gouvernementabilité, comme disait le feu roi, pour que les pairs puissent posséder de grandes fortunes. Ceux qui sont riches veulent le devenir encore plus. Le plus opulent de tous les membres de notre pairie n'a pas la moitié du revenu que possède le moins riche lord de la chambre haute du parlement anglais. Or, les pairs de France chercheront tous de riches héritières pour leurs fils, n'importe où elles se trouveront; et la nécessité où ils sont tous de faire des mariages d'argent durera encore plus d'un siècle. Il est possible qu'en attendant l'heureux hasard que tu désires, recherche qui peut te coûter tes plus belles années, tes charmes (car on s'épouse considérablement par amour dans notre siècle), tes charmes, dis-je, opèrent un prodige. Lorsque l'expérience se cache sous un visage aussi frais que le tien, l'on peut en espérer des merveilles. N'as-tu pas d'abord la facilité de reconnaître les vertus dans le plus ou le moins de volume que prennent les corps? Ce n'est pas un petit mérite. Aussi n'ai-je pas besoin de prévenir une personne aussi sage que toi de toutes les difficultés de l'entreprise. Je suis certain que tu ne supposeras jamais à un inconnu du bon sens en lui voyant une figure flatteuse, ou des vertus, parce qu'il aura une jolie tournure. Enfin je suis parfaitement de ton avis sur l'obligation dans laquelle sont tous les fils de pairs d'avoir un air à eux et une manière tout-à-fait distinctive. Quoique aujourd'hui rien ne marque le haut rang, ces jeunes gens-là auront pour toi, peut-être, un *je ne sais quoi* qui te les révélera. D'ailleurs tu tiens ton cœur en bride comme un bon cavalier certain de ne pas laisser broncher son coursier. Ma fille! Bonne chance.

— Tu te moques de moi, mon père. Eh bien! je te déclare que j'irai plutôt mourir au couvent de mademoiselle de Condé, que de ne pas être la femme d'un pair de France.

Elle s'échappa des bras de son père, et toute fière d'être sa maîtresse, elle s'en alla en chantant l'air de *Cara non dubitare* du *Matrimonio secreto*. Ce jour-là, le hasard fit que la famille se trouva réunie pour fêter l'anniversaire d'une fête domestique. Au dessert, madame Bonneval, la femme du receveur général et l'aînée d'Émilie, parla assez hautement d'un jeune Américain, possesseur d'une immense fortune, qui, devenu passionnément épris de sa sœur, lui avait fait des propositions extrêmement brillantes.

— C'est un banquier, je crois, dit négligemment Émilie. Je n'aime pas les gens de finance.

— Mais, Émilie, répondit le baron de Villaine, le mari de la seconde sœur de mademoiselle de Fontaine, vous n'aimez pas non plus la magistrature, de manière que je ne vois pas trop, si vous repoussez les propriétaires non titrés, dans quelle classe vous choisirez un mari.

— Surtout, Émilie, avec ton système de maigreur, ajouta le lieutenant-général.

— Je sais, répondit la jeune fille, ce qu'il me faut.

— Ma sœur veut un grand nom, dit la baronne de Fontaine, et cent mille livres de rente.

— Je sais, ma chère sœur, reprit Émilie, que je ne ferai pas un sot mariage comme j'en ai tant vu faire. D'ailleurs, pour éviter ces discussions nuptiales que j'exècre, je déclare que je regarderai comme les ennemis de mon repos ceux qui me parleront de mariage.

Un oncle d'Émilie, dont la fortune venait de s'augmenter d'une vingtaine de mille livres de rente, par suite de la loi d'indemnité, vieillard septuagénaire qui était en possession de dire de dures vérités à sa petite-nièce dont il raffolait, s'écria, pour dissiper l'aigreur de cette conversation : — Ne tourmentez donc pas cette pauvre Émilie. Ne voyez-vous pas qu'elle attend la majorité du duc de Bordeaux?

Un rire universel accueillit la plaisanterie du vieillard.

— Prenez garde que je ne vous épouse, vieux fou! s'écria la jeune fille dont heureusement les dernières paroles furent étouffées par le bruit.

— Mes enfans, dit madame de Fontaine pour adoucir cette impertinence, Émilie ne prendra conseil que de sa mère, de même que vous avez tous pris conseil de votre père.

— O mon Dieu! je n'écouterai que moi dans une affaire qui ne regarde que moi? dit fort distinctement mademoiselle de Fontaine.

Tous les regards se portèrent alors sur le chef de la famille. Chacun semblait être curieux de voir comment il allait s'y prendre pour maintenir sa dignité. Non-seulement le vénérable Vendéen jouissait d'une grande considération dans le monde, mais encore, plus heureux que bien des pères, il était apprécié par sa famille dont tous les membres avaient su reconnaître les qualités solides qui lui servirent à faire la fortune de tous ses parens. Aussi était-il entouré de ce profond respect qui règne dans les familles anglaises et dans quelques maisons aristocratiques du continent pour le représentant de l'arbre généalogique. Il s'établit un profond silence, et les yeux des convives se portèrent alternativement sur la figure boudeuse et altière de l'enfant gâté et sur les visages sévères de monsieur et de madame de Fontaine.

— J'ai laissé ma fille Émilie maîtresse de son sort, fut la réponse que laissa tomber le comte d'un son de voix profond et agité. Tous les parents et les convives regardèrent mademoiselle de Fontaine avec une curiosité mêlée de pitié. Cette parole semblait annoncer que la bonté paternelle s'était lassée de lutter contre un caractère que toute la famille savait être incorrigible. Les gendres murmurèrent, et les frères lancèrent à leurs femmes des sourires moqueurs. Puis, dès ce moment, chacun cessa de s'intéresser au mariage de l'orgueilleuse fille. Son vieil oncle fut le seul qui, en sa qualité d'ancien marin, osât courir des bordées avec elle, et essuyer ses boutades, sans être jamais embarrassé de lui rendre feu pour feu.

Quand la belle saison fut venue après le vote du budget, cette famille, véritable modèle des familles parlementaires de l'autre bord de la Manche, qui ont un pied dans toutes les administrations et dix voix aux Communes, s'envola, comme une nichée d'oiseaux, vers les beaux sites d'Aulnay, d'Antony et de Châtenay. L'opulent receveur général avait récemment acheté dans ces parages une maison de campagne pour sa femme, qui ne restait à Paris que pendant les sessions. Quoique la belle Émilie méprisât la roture, ce sentiment n'allait pas jusqu'à dédaigner les avantages de la fortune amassée par des bourgeois. Elle accompagna donc sa sœur à sa *villa* somptueuse, moins par amitié pour les personnes de sa famille qui s'y réfugièrent, que parce que le bon ton ordonne impérieusement à toute femme qui se respecte d'abandonner Paris pendant l'été. Les vertes campagnes de Sceaux remplissaient admirablement bien les conditions du compromis signé entre le bon ton et le devoir des charges publiques. Comme il est un peu douteux que la réputation du bal champêtre de Sceaux ait jamais dépassé la modeste enceinte du département de la Seine, il est nécessaire de donner quelques détails sur cette fête hebdomadaire qui, par son importance, menace de devenir une institution. Les environs de la petite ville de Sceaux jouissent d'une renommée due à des sites qui passent pour être ravissants. Peut-être sont-ils fort ordinaires et ne doivent-ils leur célébrité qu'à la stupidité des bourgeois de Paris, qui, au sortir des abîmes de moellon où ils sont ensevelis, seraient disposés à admirer une plaine de la Beauce. Cependant les poétiques ombrages d'Aulnay, les collines d'Antony et de Fontenay-aux-Roses étant habités par quelques artistes qui ont voyagé, par des étrangers, gens fort difficiles, et par nombre de jolies femmes qui ne manquent pas de goût, il est à croire que les Parisiens ont raison. Mais Sceaux possède un autre attrait non moins puissant pour le Parisien. Au milieu d'un jardin d'où la vue découvre de délicieux aspects, se trouve une immense rotonde, ouverte de toutes parts, dont le dôme aussi léger que vaste est soutenu par d'élégants piliers. Sous ce dais champêtre est une salle de danse célèbre. Il est rare que les propriétaires les plus collets-montés du voisinage n'émigrent pas une fois ou deux, pendant la saison, vers ce palais de la Terpsychore villageoise, soit en cavalcades brillantes, soit dans ces élégantes et légères voitures qui saupoudrent de poussière les piétons philosophes. L'espoir de rencontrer là quelques femmes du beau monde et d'en être vu, l'espoir moins souvent trompé d'y voir de jeunes paysannes aussi rusées que des juges, fait accourir le dimanche, au bal de Sceaux, de nombreux essaims de clercs d'avoués, de disciples d'Esculape et de jeunes gens dont le teint blanc et la fraîcheur sont entretenus par l'air humide des arrière-boutiques parisiennes. Aussi bon nombre de mariages bourgeois ont-ils commencé aux sons de l'orchestre qui occupe le centre de cette salle circulaire. Si le toit pouvait parler, que d'amours ne raconterait-il pas? Cette intéressante mêlée rend le bal de Sceaux plus piquant que ne le sont deux ou trois autres bals des environs de Paris, sur lesquels sa rotonde, la beauté du site et les agréments de son jardin lui donnent d'incontestables avantages. Émilie fut la première à manifester le désir d'aller *faire peuple* à ce joyeux bal de l'arrondissement, en se promettant un énorme plaisir à se trouver au milieu de cette assemblée. C'était la première fois qu'elle désirait errer au sein d'une telle cohue: l'incognito est, pour les grands, une très-vive jouissance. Mademoiselle de Fontaine se plaisait à se figurer d'avance toutes ces tournures citadines; elle se voyait laissant dans plus d'un cœur bourgeois le souvenir d'un regard et d'un sourire enchanteurs. Elle riait déjà des danseuses à prétentions, et taillait ses crayons pour les scènes dont elle comptait enrichir les pages de son album satyrique.

Le dimanche n'arriva jamais assez tôt au gré de

son impatience. La société du pavillon Bonneval se mit en route à pied, afin de ne pas commettre d'indiscrétion sur le rang des personnages qui allaient honorer le bal de leur présence. On avait dîné de bonne heure, et, pour comble de plaisir, le mois de mai favorisa cette escapade aristocratique par la plus belle de ses soirées. Mademoiselle de Fontaine fut toute surprise de trouver, sous la rotonde, quelques quadrilles composés de personnes qui paraissaient appartenir à la bonne compagnie. Elle vit bien, çà et là, quelques jeunes gens qui semblaient avoir employé les économies d'un mois pour briller pendant une journée, et reconnut plusieurs couples dont la joie trop franche n'accusait rien de conjugal; mais elle n'eut qu'à glaner au lieu de récolter. Elle s'étonna de voir le plaisir habillé de percale ressembler si fort au plaisir vêtu de satin, et la bourgeoisie danser avec autant de grâce que la noblesse, quelquefois mieux. La plupart des toilettes étaient simples, mais bien portées. Enfin les députés qui, dans cette assemblée, représentaient les suzerains du territoire, c'est-à-dire les paysans, se tenaient dans leur coin avec une incroyable politesse. Il fallut même à mademoiselle Émilie une certaine étude des divers éléments qui composaient cette réunion avant qu'elle pût y trouver un sujet de plaisanterie. Mais elle n'eut ni le temps de se livrer à ses malicieuses critiques, ni le loisir d'entendre beaucoup de ces propos interrompus que les caricaturistes recueillent avec délices. L'orgueilleuse créature rencontra subitement dans ce vaste champ une fleur, la métaphore est de saison, dont l'éclat et les couleurs agirent sur son imagination avec tout le prestige d'une nouveauté. Il nous arrive souvent de regarder une robe, une tenture, un papier blanc avec assez de distraction pour n'y pas apercevoir sur-le-champ une tache ou quelque point brillant, qui plus tard frappent tout à coup notre œil comme s'ils y survenaient à l'instant seulement où nous les voyons. Mademoiselle de Fontaine reconnut, par une espèce de phénomène moral assez semblable à celui-là, dans un jeune homme qui s'offrit à ses regards, le type des perfections extérieures qu'elle rêvait depuis si longtemps. Elle était assise sur une de ces chaises grossières qui décrivaient l'enceinte obligée de la salle, et s'était placée à l'extrémité du groupe formé par sa famille, afin de pouvoir se lever ou s'avancer suivant ses fantaisies. Elle en agissait effectivement avec les tableaux offerts par cette salle, comme si c'eût été une exposition du musée. Elle braquait avec impertinence son lorgnon sur une figure qui se trouvait à deux pas d'elle, et faisait ses réflexions comme si elle eût critiqué ou loué une tête d'étude, une scène de genre. Ses regards, après avoir erré sur cette vaste toile animée, furent tout à coup saisis par une figure qui semblait avoir été mise exprès dans un coin de tableau, sous le plus beau jour, comme un personnage hors de toute proportion avec le reste.

L'inconnu était rêveur et solitaire. Légèrement appuyé sur une des colonnes qui supportent le toit, il avait les bras croisés et se tenait penché comme s'il se fût placé là pour permettre à un peintre de faire son portrait. Mais cette attitude pleine d'élégance et de fierté, paraissait être une pose sans affectation. Aucun geste ne démontrait qu'il eût mis sa face de trois quarts et faiblement incliné sa tête à droite, comme Alexandre, lord Byron, et quelques autres grands génies, dans le seul but d'attirer sur lui l'attention. Son regard fixe et immobile qui suivait les mouvements d'une danseuse, prouvait qu'il était absorbé par quelque sentiment profond. Il avait une taille svelte et dégagée qui rappelait à la mémoire les belles proportions de l'Apollon. De beaux cheveux noirs se bouclaient naturellement sur son front élevé. D'un seul coup d'œil mademoiselle de Fontaine remarqua la finesse de son linge, la fraîcheur de ses gants de daim, évidemment pris chez le bon faiseur, et la petitesse d'un pied merveilleusement chaussé dans une botte en peau d'Irlande. Il n'avait sur lui aucun de ces ignobles brimborions dont se chargent les anciens petits-maîtres de la garde nationale, ou les Adonis de comptoir. Seulement un ruban noir auquel était suspendu son lorgnon flottait sur un gilet d'une blancheur irréprochable. Jamais la difficile Émilie n'avait vu les yeux d'un homme ombragés par des cils aussi longs et aussi recourbés. La mélancolie et la passion respiraient dans cette figure d'un teint olivâtre et mâle. Sa bouche semblait toujours prête à sourire et à relever les coins de deux lèvres éloquentes; mais cette disposition n'annonçait pas de gaîté. C'était plutôt une sorte de grâce triste. L'observateur le plus rigide n'aurait pu s'empêcher, en voyant l'inconnu, de le prendre pour un homme de talent attiré par quelque intérêt puissant à cette fête de village. Il y avait trop d'avenir dans cette tête, trop de distinction dans sa personne, pour qu'on pût en dire : — Voilà un bel homme ou un joli homme. Il était un de ces personnages qu'on désire connaître.

Cette masse d'observations ne coûta guère à Émilie qu'un moment d'attention, pendant lequel cet homme privilégié fut soumis à une analyse sévère, après laquelle il devint l'objet d'une secrète admiration. Elle ne se dit pas :—Il faut qu'il soit pair de France! mais—Oh! s'il est noble, et il doit l'être.... Sans achever sa pensée, elle se leva tout à coup; elle alla, suivie de son frère le lieutenant-général, vers cette colonne en paraissant regarder les joyeux quadrilles; par un artifice d'optique familier à plus d'une dame, elle ne perdait pas un seul des mouvements du jeune homme dont elle s'approcha; mais il s'éloigna poliment pour céder la place aux deux survenants, et s'appuya sur une autre colonne. Émilie fut aussi piquée de la politesse de l'étranger qu'elle l'eût été d'une impertinence, et se mit à causer avec son frère en élevant la voix beaucoup plus que le bon ton ne le voulait. Elle prit des airs de tête, fit des gestes gracieux, et rit sans trop en avoir sujet, moins pour amuser son frère, que pour attirer l'attention de l'imperturbable inconnu. Aucun de ces petits artifices ne réussit. Alors mademoiselle de Fontaine suivit la direction que prenaient les regards du jeune homme, et aperçut la cause de cette insouciance apparente. Au milieu du quadrille qui se trouvait devant elle, dansait une jeune personne simple, pâle, et semblable à ces déités écossaises que Girodet a placées dans son immense composition des guerriers français reçus par Ossian. Émilie crut reconnaître en elle une jeune vicomtesse anglaise qui était venue habiter depuis peu une campagne voisine. Elle avait pour cavalier un jeune homme de quinze ans, aux mains rouges, en pantalon de nankin, en habit bleu, en souliers blancs, qui prouvait que son amour pour la danse ne la rendait pas difficile sur le choix de ses partners. Ses mouvements ne se ressentaient pas de son apparente faiblesse, mais une rougeur légère colorait déjà ses joues blanches, et son teint commençait à s'animer.

Mademoiselle de Fontaine s'approcha du quadrille pour pouvoir examiner l'étrangère au moment où elle reviendrait à sa place, pendant que les vis-à-vis répéteraient la figure qu'elle exécutait alors. Lorsque Emilie commença cet examen, elle vit l'inconnu s'avancer, se pencher vers la jolie danseuse, et put entendre distinctement ces paroles, quoique prononcées d'une voix à la fois impérieuse et douce :—Clara, je ne veux plus que vous dansiez. Clara fit une petite moue boudeuse, inclina la tête en signe d'obéissance et finit par sourire. Après la contredanse, le jeune homme eut les précautions d'un amant, en mettant sur les épaules de la jeune fille un châle de cachemire, et la fit asseoir de manière à ce qu'elle fût à l'abri du vent. Puis bientôt mademoiselle de Fontaine les vit se lever et se promener autour de l'enceinte comme des gens disposés à partir; elle trouva le moyen de les suivre sous prétexte d'admirer les points de vue du jardin, et son frère se prêta avec une malicieuse bonhomie aux caprices d'une marche assez vagabonde. Émilie put voir ce joli couple monter dans un élégant tilbury que gardait un domestique à cheval et en livrée. Au moment où le jeune homme fut assis et tâcha de rendre les guides égales, elle obtint d'abord de lui un de ces regards que l'on jette sans but sur les grandes foules, mais elle eut la faible satisfaction de le voir retourner la tête à deux reprises différentes, et la jeune inconnue l'imita. Était-ce jalousie?

— Je présume que tu as maintenant assez vu le jardin, lui dit son frère, nous pouvons retourner à la danse.

— Je le veux bien, dit-elle. Je suis sûre que c'est la vicomtesse Abergaveny... J'ai reconnu sa livrée.

Le lendemain, mademoiselle de Fontaine manifesta le désir de faire une promenade à cheval. Insensiblement elle accoutuma son vieil oncle et ses frères à l'accompagner dans certaines courses matinales, très salutaires, disait-elle, pour sa santé. Elle affectionnait singulièrement les maisons du village habité par la vicomtesse. Malgré ses manœuvres de cavalerie, elle ne rencontra pas l'inconnu aussi promptement que la joyeuse recherche à laquelle elle se livrait pouvait le lui faire espérer. Elle retourna plusieurs fois au bal de Sceaux, sans pouvoir y rencontrer le jeune homme qui était venu tout à coup dominer ses rêves et les embellir. Quoique rien n'aiguillonne plus le naissant amour d'une jeune fille qu'un obstacle, il y eut cependant un moment où mademoiselle Emilie de Fontaine fut sur le point d'abandonner son étrange et secrète poursuite, en désespérant presque du succès d'une entreprise dont la singularité peut donner une idée de la hardiesse de son caractère. Elle aurait pu en effet tourner longtemps autour du village de Châtenay sans revoir son inconnu. La jeune Clara, puisque tel est le nom que mademoiselle de Fontaine avait entendu, n'était ni vicomtesse, ni Anglaise, et l'étranger n'habitait pas plus qu'elle les bosquets fleuris et embaumés de Châtenay.

Un soir, Émilie sortit à cheval avec son oncle, qui depuis les beaux jours avait obtenu de sa goutte une assez longue cessation d'hostilités, et rencontra la calèche de la vicomtesse Abergaveny. La véritable étrangère avait pour compagnon un gentleman très prude et très élégant dont la fraîcheur et le coloris, dignes d'une jeune fille, n'annonçaient pas plus la pureté du cœur qu'une brillante toilette n'est un indice de fortune. Hélas! ces deux étrangers n'avaient rien dans leurs traits ni dans leur contenance qui pût ressembler aux deux séduisants portraits que l'amour et la jalousie avaient gravés dans la mémoire d'Émilie. Elle tourna bride sur-le-champ avec le dépit d'une femme frustrée dans son attente. Son oncle eut toutes les peines du monde à la suivre tant elle faisait galoper son petit cheval avec rapidité.

— Apparemment que je suis devenu trop vieux pour comprendre ces esprits de vingt ans, se dit le marin en mettant son cheval au galop, ou peut-être la jeunesse d'aujourd'hui ne ressemble-t-elle plus à celle d'autrefois... J'étais cependant un fin voilier et j'ai toujours bien su prendre le vent. Mais qu'a donc ma nièce? La voilà maintenant qui marche à petits pas comme un gendarme en patrouille dans les rues de Paris. Ne dirait-on pas qu'elle veut cerner ce brave bourgeois qui m'a l'air d'être un auteur rêvassant à ses poésies, car il a, je crois, un *album* en main. Je suis par ma foi un grand sot! Ne serait-ce pas le jeune homme en quête duquel nous sommes.

A cette pensée, le vieux marin fit marcher tout doucement son cheval sur le sable, de manière à pouvoir arriver sans bruit auprès de sa nièce. L'ancien voltigeur avait fait trop de noirceurs dans les années 1771 et suivantes, époque de nos annales où la galanterie était en honneur, pour ne pas deviner sur-le-champ qu'Émilie avait, par le plus grand hasard, rencontré l'inconnu du bal de Sceaux. Malgré le voile que l'âge répandait sur ses yeux gris, le comte de Kergarouët sut reconnaître les indices d'une agitation extraordinaire chez sa nièce, en dépit de l'immobilité qu'elle essayait d'imprimer à son visage. Les yeux perçans de la jeune demoiselle étaient fixés avec une sorte de stupeur sur l'étranger qui marchait paisiblement devant elle.

— C'est bien cela! se dit le marin, elle va le suivre comme un vaisseau marchand suit un corsaire dont il a peur. Puis, quand elle l'aura vu s'éloigner, elle sera au désespoir de ne pas savoir qui elle aime, et d'ignorer si c'est un marquis ou un bourgeois. Vraiment les jeunes têtes devraient toujours avoir une vieille perruque comme moi avec elles...

Alors il poussa tout à coup son cheval à l'improviste, de manière à faire partir celui de sa nièce; passa si vite entre elle et le jeune promeneur, qu'il le força de se jeter sur le talus de verdure dont le chemin était encaissé. Arrêtant aussitôt son cheval, le comte, tout en colère, s'écria : — Ne pouviez-vous pas ranger?

— Ah! pardon, monsieur! répondit l'inconnu. J'oubliais que c'était à moi de vous faire des excuses de ce que vous avez failli me renverser.

— Eh! l'ami, reprit aigrement le marin en prenant un son de voix dont le ricanement avait quelque chose d'insultant, je suis un vieux loup de mer engravé par ici; ne vous émancipez pas avec moi, morbleu, j'ai la main légère! En même temps le comte leva plaisamment sa cravache comme pour fouetter son cheval, et toucha l'épaule de son interlocuteur. — Ainsi, blanc-bec, ajouta-t-il, que l'on soit sage en bas de la cale.

Le jeune homme gravit le talus de la route en entendant ce sarcasme, il se croisa les bras et répondit d'un ton fort ému : — Monsieur, je ne puis croire en voyant vos cheveux blancs, que vous vous amusiez encore à chercher des duels.

— Cheveux blancs! s'écria le marin en l'interrompant, tu en as menti par ta gorge, ils ne sont que gris. Bourgeois! si j'ai fait la cour à vos grand'-mères, je n'en suis que plus habile à la faire à vos femmes, si elles en valent la peine toutefois...

Une dispute aussi bien commencée devint en quelques secondes si chaude, que le jeune adversaire oublia le ton de modération qu'il s'était efforcé de conserver. Au moment où le comte de Kergarouët vit sa nièce arriver à eux avec toutes les marques d'une vive inquiétude, il donnait son nom à son antagoniste, en lui disant de garder le silence devant la jeune personne confiée à ses soins. L'inconnu ne put s'empêcher de sourire, et remit une carte au vieux marin, en lui faisant observer qu'il habitait une maison de campagne à Chevreuse; après la lui avoir indiquée, il s'éloigna rapidement.

— Vous avez manqué blesser ce pauvre pékin, ma nièce! dit le comte en s'empressant d'aller au-devant d'Émilie. Vous ne savez donc plus tenir votre cheval en bride? Vous me laissez là compromettre ma dignité pour couvrir vos folies; tandis que si vous étiez restée, un seul de vos regards ou une de vos paroles polies, une de celles que vous dites si joliment quand vous n'êtes pas impertinente, aurait tout raccommodé, lui eussiez-vous cassé le bras.

— Eh! mon cher oncle! c'est votre cheval, et

non le mien, qui est cause de cet accident. Je crois en vérité que vous ne pouvez plus monter à cheval, vous n'êtes déjà plus si bon cavalier que vous l'étiez l'année dernière. Mais au lieu de dire des riens...

— Diable! des riens! Ce n'est donc rien que de faire une impertinence à votre oncle?

— Ne devrions-nous pas aller savoir si ce jeune homme est blessé? Il boite, mon oncle, voyez donc...

— Non, il court! Ah! je l'ai rudement morigéné!

— Ah! mon oncle, je vous reconnais là!

— Halte-là, ma nièce, dit le comte en arrêtant le cheval d'Émilie par la bride. Je ne vois pas la nécessité de faire des avances à quelque boutiquier trop heureux d'avoir été jeté à terre par une jeune fille ou par un vieux marin aussi nobles que nous le sommes.

— Pourquoi croyez-vous que ce soit un roturier, mon cher oncle? Il me semble qu'il a des manières fort distinguées.

— Tout le monde a des manières aujourd'hui, ma nièce.

— Non, mon oncle, tout le monde n'a pas l'air et la tournure que donne l'habitude des salons, et je parierais avec vous volontiers que ce jeune homme est noble.

— Vous n'avez pas trop eu le temps de l'examiner.

— Mais ce n'est pas la première fois que je le vois.

— Et ce n'est pas non plus la première fois que vous le cherchez, lui répliqua le comte en riant.

Émilie rougit, et son oncle se plut à la laisser quelque temps dans l'embarras, puis il lui dit : — Émilie, vous savez que je vous aime comme mon enfant, précisément parce que vous êtes la seule de la famille qui ayez cet orgueil légitime que donne une haute naissance. Corbleu! ma petite nièce, qui aurait cru que les bons principes deviendraient si rares! Eh bien, je veux être votre confident. Ma chère nièce, je vois que ce jeune gentilhomme ne vous est pas indifférent. Chut!... Ils se moqueraient de nous dans la famille si nous nous embarquions sous un faux pavillon. Vous savez ce que cela veut dire. Ainsi, laissez-moi vous aider, ma nièce. Gardons-nous tous deux le secret, et je vous promets d'amener ce brick-là sous votre feu croisé, au milieu de notre salon.

— Et quand, mon oncle?

— Demain.

— Mais, mon cher oncle, je ne serai obligée à rien?

— A rien du tout, et vous pourrez le bombarder, l'incendier, et le laisser là comme une vieille caraque si cela vous plaît! Ce ne sera pas le premier, n'est-ce pas?

— Êtes-vous bon! mon oncle.

Le comte inclina en silence sa tête grise, qui ressemblait assez à un vieux tronc de chêne autour duquel auraient voltigé quelques feuilles roulées par le froid de l'automne. A ce signe, sa nièce vint essayer sur lui le pouvoir toujours neuf de ses coquetteries. Instruite dans l'art de cajoler le vieux marin, elle lui prodigua les caresses les plus enfantines, les paroles les plus tendres; elle alla même jusqu'à l'embrasser, afin d'obtenir de lui la révélation d'un secret aussi important. Le vieillard, qui passait sa vie à faire jouer à sa nièce de ces sortes de scènes, et qui les payait souvent par le prix d'une parure, ou par l'abandon de sa loge aux Italiens, se complut cette fois à se laisser prier et surtout caresser. Mais, comme il faisait durer ses plaisirs trop longtemps, Émilie se fâcha, passa des caresses aux sarcasmes, et bouda. Elle revint dominée par la curiosité. Le marin diplomate obtint solennellement de sa nièce une promesse d'être à l'avenir plus réservée, plus douce, moins volontaire, de dépenser moins d'argent, et surtout de lui tout dire. Le traité conclu et signé par un baiser qu'il déposa sur le front blanc de sa nièce, il l'amena dans un coin du salon, l'assit sur ses genoux, plaça la carte sous ses deux pouces et ses doigts, de manière à la cacher, découvrit lettre à lettre le nom de Longueville, et refusa fort obstinément d'en laisser voir davantage.

Aussitôt que le comte fut rentré, il mit ses besicles, tira secrètement la carte de sa poche et lut : M. Maximilien Longueville, rue du Sentier.

— Soyez tranquille, ma chère nièce, dit-il à Émilie, vous pouvez le harponner en toute sécurité de conscience; il appartient à une de nos familles historiques, et s'il n'est pas pair de France, il le sera infailliblement.

— D'où savez-vous cela?

— C'est mon secret.

— Vous connaissez donc son nom?

Cet événement rendit le sentiment secret de mademoiselle de Fontaine plus intense. Elle déroula pendant une grande partie de la nuit les tableaux les plus brillants des rêves dont elle avait nourri ses espérances. Enfin, grâces à ce hasard imploré si souvent, elle avait maintenant tout autre chose qu'un être de raison pour créer une source aux richesses imaginaires dont elle se plaisait à doter sa vie future. Ignorant, comme toutes les jeunes personnes, les dangers de l'amour et du mariage, elle se passionna pour les dehors trompeurs du mariage et de l'amour. N'est-ce pas dire que son sentiment naquit comme naissent presque tous ces caprices du premier âge, douces et cruelles erreurs qui exercent une si fatale influence sur l'existence des jeunes filles assez inexpérimentées pour ne s'en remettre qu'à elles-mêmes du soin de leur bonheur à venir.

Le lendemain matin, avant qu'Émilie fût réveillée, son oncle avait couru à Chevreuse.

En reconnaissant, dans la cour d'un élégant pavillon, le jeune homme qu'il avait si résolument insulté la veille, il alla vers lui avec cette affectueuse politesse des vieillards de l'ancienne cour.

— Eh! mon cher monsieur, qui aurait dit que je me ferais une affaire, à l'âge de soixante-treize ans, avec le fils ou le petit-fils d'un de mes meilleurs amis? Je suis contre-amiral, monsieur, c'est vous dire que je m'embarrasse aussi peu d'un duel que de fumer un cigare de la Havane. Dans mon temps, deux jeunes gens ne pouvaient devenir intimes qu'après avoir vu la couleur de leur sang. Mais, ventre-dieu, hier, j'avais, en ma qualité de marin, embarqué un peu trop de rhum à bord, et j'ai sombré sur vous. Touchez là! J'aimerais mieux recevoir cent coups de cravache d'un Longueville que de causer la moindre peine à sa famille.

Quelque froideur que le jeune homme s'efforçât de marquer au comte de Kergarouët, il ne put longtemps tenir à la franche bonté de ses manières, et se laissa serrer la main.

Vous alliez monter à cheval, dit le comte, ne vous gênez pas. Mais vous venez avec moi, à moins que vous n'ayez des projets; je vous invite à dîner aujourd'hui au pavillon de Bonneval. Mon neveu, le comte de Fontaine, y sera, et c'est un homme essentiel à connaître! Ah! je prétends, morbleu! vous dédommager de ma brusquerie en vous présentant à cinq des plus jolies femmes de Paris. Hé! hé! jeune homme, votre front se déride! j'aime les jeunes gens! j'aime à les voir heureux. Leur bonheur me rappelle les bienfaisantes années de 1771, 1772 et autres, où les aventures ne manquaient pas plus que les duels! On était gai, alors! Aujourd'hui, vous raisonnez, et l'on s'inquiète de tout, comme s'il n'y avait eu ni xve ni xvie siècle.

— Mais, monsieur, nous avons, je crois, raison, car le xvie siècle n'a donné que la liberté religieuse à l'Europe, et le xixe...

— Ah! ne parlons pas politique. Je suis une vieille *ganache* d'ultrà, voyez-vous. Mais je n'empêche pas les jeunes gens d'être révolutionnaires, pourvu qu'ils me laissent la liberté de serrer ma petite queue dans son ruban noir.

A quelques pas de là, lorsque le comte et son jeune compagnon furent au milieu des bois, le marin, avisant un jeune bouleau assez mince, arrêta son cheval, prit un de ses pistolets dont il logea la balle au milieu de l'arbre, à quinze pas de distance.

— Vous voyez, mon brave, que je ne crains pas un duel! dit-il avec une gravité comique, en regardant M. Longueville.

— Ni moi non plus, reprit ce dernier, qui arma promptement son pistolet, visa le trou fait par la balle du comte, et ne plaça pas la sienne loin de ce but.

— Voilà ce qui s'appelle un jeune homme bien élevé! s'écria le marin avec une sorte d'enthousiasme.

Pendant la promenade qu'il fit avec celui qu'il regardait déjà comme son neveu, il trouva mille occasions de l'interroger sur toutes les bagatelles dont la parfaite connaissance constituait, selon son code particulier, un gentilhomme accompli.

— Avez-vous des dettes? demanda-t-il enfin à son compagnon après bien des questions.

— Non, monsieur.

— Comment! vous payez tout ce qui vous est fourni?

— Exactement, monsieur, autrement nous perdrions tout crédit et toute espèce de considération.

— Mais au moins vous avez plus d'une maîtresse? Ah! vous rougissez! Ventre-dieu, mon camarade, les mœurs ont bien changé! Avec ces idées d'ordre légal, de kantisme et de liberté, la jeunesse s'est gâtée. Vous n'avez ni Guimard, ni Duthé, ni créanciers, et vous ne savez pas le blason; mais, mon jeune ami, vous n'êtes pas *élevé*! Sachez que celui qui ne fait pas ses folies au printemps les fait en hiver. Mais, ventre-dieu! si j'ai eu quatre-vingt mille livres de rente à soixante-dix ans, c'est que j'en avais mangé le capital à trente ans. Néanmoins vos imperfections ne m'empêcheront pas de vous annoncer au pavillon Bonneval. Songez que vous m'avez promis d'y venir, et je vous y attends...

— Quel singulier petit vieillard! se dit le jeune Longueville; il est vert comme un pré; mais tout bonhomme qu'il peut paraître, je ne m'y fierai pas. J'irai au pavillon Bonneval, parce qu'il y a de jolies femmes, dit-on; mais y rester à dîner, il faudrait être fou!

Le lendemain, sur les quatre heures, au moment

où toute la compagnie était éparse dans les salons ou au billard, un domestique annonça aux habitants du pavillon de Bonneval : M. *de* Longueville. Au nom du personnage dont le vieux comte de Kergarouët avait entretenu la famille, tout le monde, jusqu'au joueur qui allait faire une bille, accourut, autant pour observer la contenance de mademoiselle de Fontaine, que pour juger le phénix humain qui avait mérité une mention honorable au détriment de tant de rivaux. Une mise aussi élégante que simple, des manières pleines d'aisance, des formes polies, une voix douce et d'un timbre qui faisait vibrer les cordes du cœur, concilièrent à M. Longueville la bienveillance de toute la famille. Il ne sembla pas étranger au luxe oriental de la demeure du fastueux receveur général. Quoique sa conversation fût celle d'un homme du monde, chacun put facilement deviner qu'il avait reçu la plus brillante éducation et que ses connaissances étaient aussi solides qu'étendues. Il trouva si bien le mot propre dans une discussion assez légère suscitée par le vieux marin, sur les constructions navales, qu'une dame lui fit observer qu'il semblait être sorti de l'École Polytechnique.

— Je crois, madame, répondit-il, qu'on peut regarder comme un titre de gloire d'en avoir été l'élève.

Malgré toutes les instances qui lui furent faites, il se refusa avec politesse, mais avec fermeté, au désir qu'on lui témoigna de le garder à dîner, et arrêta les observations des dames en disant qu'il était l'Hippocrate d'une jeune sœur dont la santé très-délicate exigeait beaucoup de soins.

— Monsieur est sans doute médecin ? demanda avec ironie une des belles-sœurs d'Émilie.

— Monsieur est sorti de l'École Polytechnique, répondit avec bonté mademoiselle de Fontaine, dont la figure s'anima des teintes les plus riches, au moment où elle apprit que la jeune fille du bal était la sœur de M. Longueville.

— Mais, ma chère, on peut être médecin et avoir été à l'École Polytechnique, n'est-ce pas, monsieur ?

— Madame, répondit le jeune homme, rien ne s'y oppose.

Tous les yeux se portèrent sur Émilie, qui regardait alors avec une sorte de curiosité inquiète le séduisant inconnu. Elle respira plus librement quand elle l'entendit ajouter en souriant : — Je n'ai pas l'honneur d'être médecin, madame, et j'ai même renoncé à entrer dans le service des ponts-et-chaussées afin de conserver mon indépendance.

— Et vous avez bien fait, dit le comte. Mais comment pouvez-vous regarder comme un honneur d'être médecin ? ajouta le noble Breton. Ah ! mon jeune ami, pour un homme comme vous !

— Monsieur le comte, je respecte infiniment toutes les professions qui ont un but d'utilité.

— Eh ! nous sommes d'accord ! Vous respectez ces professions-là, j'imagine, comme un jeune homme respecte une douairière.

La visite de M. Longueville ne fut ni trop longue, ni trop courte. Il se retira au moment où il s'aperçut qu'il avait plu à tout le monde, et que la curiosité de chacun s'était éveillée sur son compte.

— C'est un rusé compère ! dit le comte en rentrant au salon, après l'avoir reconduit.

Mademoiselle de Fontaine, qui seule était dans le secret de cette visite, avait une toilette assez recherchée pour attirer les regards du jeune homme ; mais elle eut le petit chagrin de voir qu'il ne fit pas à elle autant d'attention qu'elle croyait en mériter. La famille fut assez surprise du silence dans lequel elle se renferma. En effet, Émilie était habituée à déployer pour les nouveaux venus tous les trésors de sa coquetterie, toutes les ruses de son babil spirituel, et l'inépuisable éloquence de ses regards et de ses attitudes. Soit que la voix mélodieuse du jeune homme et l'attrait de ses manières l'eussent charmée, ou qu'elle aimât sérieusement, et que ce sentiment eût opéré en elle un changement, son maintien perdit en cette occasion toute affectation. Devenue simple et naturelle, elle dut sans doute paraître plus belle. Quelques-unes de ses sœurs et une vieille dame, amie de la famille, pensèrent que c'était un raffinement de coquetterie. Elles supposèrent que, jugeant le jeune homme digne d'elle, Émilie se proposait peut-être de ne montrer que lentement ses avantages, afin de l'éblouir tout à coup, au moment où elle lui aurait plu.

Toutes les personnes de la famille étaient curieuses de savoir ce que cette capricieuse fille pensait du jeune homme. Mais lorsque, pendant le dîner, chacun prit plaisir à doter M. Longueville d'une qualité nouvelle, en prétendant l'avoir seul découverte, mademoiselle de Fontaine resta muette pendant quelque temps. Mais tout à coup un léger sarcasme de son oncle la réveilla de son apathie. Elle dit d'une manière assez épigrammatique que cette perfection céleste devait couvrir quelque grand défaut, et qu'elle se garderait bien de juger à la première vue un homme qui paraissait être aussi habile. Elle ajouta que ceux qui plaisaient ainsi à tout le monde ne plaisaient à personne, et que le pire de tous les défauts était de n'en avoir aucun. Comme toutes les jeunes filles qui aiment, elle caressait l'espérance de pouvoir cacher son sentiment au fond de son cœur en donnant le change aux Argus dont elle était entourée; mais, au bout d'une quinzaine de jours, il n'y eut pas un des membres de cette nombreuse famille qui ne fût initié dans ce petit secret domestique.

A la troisième visite que fit M. Longueville, Émilie crut en avoir été le sujet. Cette découverte lui causa un plaisir si enivrant qu'elle l'étonna quand elle put réfléchir. Il y avait là quelque chose de pénible pour son orgueil. Habituée à se faire le centre du monde, elle était obligée de reconnaître une force qui l'attirait hors d'elle-même. Elle essaya de se révolter, mais elle ne put chasser de son cœur l'élégante image du jeune homme. Puis vinrent bientôt des inquiétudes. En effet, deux qualités de M. Longueville, très-contraires à la curiosité générale, et surtout à celle de mademoiselle de Fontaine, étaient une discrétion et une modestie incroyables. Il ne parlait jamais ni de lui, ni de ses occupations, ni de sa famille. Les finesses dont Émilie semait sa conversation et les piéges qu'elle y tendait pour se faire donner par ce jeune homme des détails sur lui-même étaient tous inutiles. Son amour-propre la rendait avide de révélations. Parlait-elle peinture? M. Longueville répondait en connaisseur. Faisait-elle de la musique? Le jeune homme prouvait sans fatuité qu'il était assez fort sur le piano. Un soir, il avait enchanté toute la compagnie, lorsque sa voix délicieuse s'unit à celle d'Émilie dans un des plus beaux duos de Cimarosa. Mais, quand on essaya de s'informer s'il était artiste, il plaisanta avec tant de grâce, qu'il ne laissa pas aux femmes, et même aux plus exercées dans l'art de deviner les sentiments, la possibilité de décider ce qu'il était réellement. Avec quelque courage que le vieil oncle jetât le grappin sur ce bâtiment, Longueville s'esquivait avec tant de souplesse, qu'il sut conserver tout le drame du mystère. Il lui fut d'autant plus facile de rester *le bel inconnu* au pavillon Bonneval, que la curiosité n'y excédait pas les bornes de la politesse. Émilie, tourmentée de cette réserve, espéra tirer meilleur parti de la sœur que du frère pour ces sortes de confidences. Secondée par son oncle, qui s'entendait aussi bien à cette manœuvre qu'à celle d'un bâtiment, elle essaya de mettre en scène le personnage jusqu'alors muet de mademoiselle Clara Longueville. La société du pavillon Bonneval manifesta bientôt le plus grand désir de connaître une aussi aimable personne, et de lui procurer quelque distraction. Un bal sans cérémonie fut proposé et accepté. Les dames ne désespérèrent pas complètement de faire parler une jeune fille de seize ans.

Malgré ces petits nuages amoncelés par ces mystères et créés par la curiosité, un jour éclatant éclairait la vie de mademoiselle de Fontaine qui jouissait délicieusement de l'existence en la rapportant à un autre qu'à elle. Elle commençait à concevoir les rapports sociaux. Soit que le bonheur nous rende meilleurs, soit qu'elle fût trop occupée pour tourmenter les autres, elle devint moins caustique, plus indulgente, plus douce; et le changement de son caractère enchanta sa famille étonnée. Peut-être, après tout, son amour allait-il être plus tard un égoïsme à deux. Attendre l'arrivée de son timide et secret adorateur, était une joie céleste. Sans qu'un seul mot d'amour eût été prononcé entre eux, elle savait qu'elle était aimée, et avec quel art ne se plaisait-elle pas à faire déployer au jeune inconnu tous les trésors de son instruction! Elle s'aperçut qu'elle en était observée avec soin, et alors elle essaya de vaincre tous les défauts que son éducation avait laissés croître en elle. C'était déjà un premier hommage rendu à l'amour, et un reproche cruel qu'elle s'adressait à elle-même. Elle voulait plaire, elle enchanta; elle aimait, elle fut idolâtrée. Sa famille sachant qu'elle était gardée par son orgueil, lui donnait assez de liberté pour qu'elle pût savourer toutes ces petites félicités enfantines qui donnent tant de charme et de violence aux premières amours. Plus d'une fois le jeune homme et mademoiselle de Fontaine se mirent à errer dans les allées d'un parc assez vaste où la nature était parée comme une femme qui va au bal. Plus d'une fois, ils eurent de ces entretiens sans but et sans physionomie dont les phrases les plus vides de sens sont celles qui cachent le plus de sentiments. Ils admirèrent souvent ensemble le soleil couchant et ses riches couleurs; cueillirent des marguerites, pour les effeuiller; et chantèrent les duos les plus passionnés, en se servant des notes rassemblées par Pergolèse ou par Rossini, comme des truchements fidèles pour exprimer leurs secrets.

Le jour du bal arriva. Clara Longueville et son frère, que les valets s'obstinaient à décorer de la noble particule, en furent les héros; et, pour la première fois de sa vie, mademoiselle de Fontaine vit le triomphe d'une jeune fille avec plaisir. Elle prodigua sincèrement à Clara ces caresses gracieuses et ces petits soins que les femmes ne se rendent ordinairement entre elles que pour exciter la jalousie des hommes. Mais Émilie avait un but, elle voulait surprendre des secrets. Mademoiselle Longueville montra plus de réserve encore que n'en avait montré son frère. Elle déploya même, en sa qualité de fille, plus de finesse et d'esprit; elle n'eut pas même l'air d'être discrète; mais elle eut soin de tenir la conversation sur des sujets étrangers à tout intérêt individuel, et sut l'empreindre d'un si grand charme, que mademoiselle de Fontaine en conçut une sorte d'envie, et surnomma Clara *la syrène*. Émilie avait formé le dessein de faire causer Clara : ce fut Clara qui interrogea Émilie. Elle voulait la juger, elle en fut jugée. Elle se dépita souvent d'avoir laissé percer son caractère dans quelques réponses que lui arracha malicieusement Clara, dont l'air modeste et candide éloignait tout soupçon de perfidie. Il y eut un moment où mademoiselle de Fontaine parut fâchée d'avoir fait contre les roturiers une imprudente sortie provoquée par Clara.

— Mademoiselle, lui dit cette charmante créature, j'ai tant entendu parler de vous par Maximilien, que j'avais le plus vif désir de vous connaître par attachement pour lui ; mais vouloir vous connaître, c'est vouloir vous aimer.

— Ma chère Clara, j'avais peur de vous déplaire en parlant ainsi de ceux qui ne sont pas nobles.

— Oh! rassurez-vous. Aujourd'hui, ces sortes de discussions sont sans objet, et, quant à moi, elles ne m'atteignent pas. Je suis en dehors de la question.

Quelque ambitieuse que fût cette réponse, mademoiselle de Fontaine en ressentit une joie profonde. Semblable à tous les gens passionnés, elle l'expliqua comme s'expliquent les oracles, dans le sens qui s'accordait avec ses désirs. Alors elle s'élança à la danse, plus joyeuse que jamais, et, en regardant M. Longueville, dont les formes et l'élégance surpassaient peut-être celles de son type imaginaire, elle ressentit une satisfaction de plus en songeant qu'il était noble. Ses yeux noirs scintillèrent, et elle dansa avec tout le plaisir qu'on trouve à ce mystérieux dédale de pas et de mouvements en présence de celui qu'on aime. Jamais les deux amants ne s'entendirent mieux qu'en ce moment ; et plus d'une fois ils sentirent le bout de leurs doigts frémir et trembler, lorsque les lois de la contredanse leur imposèrent la douce tâche de les effleurer.

Ils atteignirent le commencement de l'automne, au milieu des fêtes et des plaisirs de la campagne, en se laissant doucement abandonner au courant du sentiment le plus doux de la vie, en le fortifiant par mille petits accidents que chacun peut imaginer, car les amours se ressemblent toujours en quelques points. L'un et l'autre s'étudiaient autant que l'on peut s'étudier quand on aime.

— Enfin, disait le vieil oncle qui suivait les deux jeunes gens de l'œil, comme un naturaliste examine un insecte au microscope, jamais amourette n'a si vite tourné en mariage d'inclination.

Ce mot effraya M. et madame de Fontaine. Le vieux Vendéen cessa d'être aussi indifférent au mariage de sa fille qu'il avait naguère promis de l'être. Il alla chercher à Paris des renseignements qu'il n'y trouva pas. Inquiet de ce mystère, et ne sachant pas encore quel serait le résultat de l'enquête qu'il avait prié un administrateur parisien de lui faire sur la famille Longueville, il crut devoir avertir sa fille de se conduire prudemment. L'observation paternelle fut reçue avec une feinte obéissance pleine d'ironie.

— Au moins, ma chère Émilie, si vous l'aimez, ne le lui avouez pas!

— Mon père, il est vrai que je l'aime, mais j'attendrai pour le lui dire que vous me le permettiez.

— Cependant, Émilie, songez que vous ignorez encore quelle est sa famille, son état.

— Si je l'ignore, c'est que je le veux bien. Mais, mon père, vous avez souhaité me voir mariée, vous m'avez donné la liberté de faire un choix ; le mien est fait irrévocablement. Que faut-il de plus ?

— Il faut savoir, ma chère enfant, si celui que tu as choisi est fils d'un pair de France, répondit ironiquement le vénérable gentilhomme.

Émilie resta un moment silencieuse ; puis, elle releva bientôt la tête, regarda son père, et lui dit avec une sorte d'inquiétude :—Est-ce que les Longueville....

— Sont éteints en la personne du vieux duc qui a péri sur l'échafaud en 1793. Il était le dernier rejeton de la dernière branche cadette.

— Mais, mon père, il y a de fort bonnes maisons issues de bâtards. L'histoire de France fourmille de princes qui mettaient des barres à leurs écus.

— Tes idées ont bien changé ! dit le vieux gentilhomme en souriant.

Le lendemain était le dernier jour que la famille de Fontaine dût passer au pavillon Bonneval. Émilie, que l'avis de son père avait fortement inquiétée, attendit avec une vive impatience l'heure à laquelle M. Longueville avait l'habitude de venir, afin d'obtenir de lui une explication. Elle sortit après le dîner et alla errer dans le parc ; elle savait que l'empressé jeune homme viendrait la surprendre au sein du bosquet sombre où ils causaient souvent. Aussi fut-ce de ce côté qu'elle se dirigea en songeant à la manière dont elle s'y prendrait pour réussir à surprendre, sans se compromettre, un secret si important. C'était chose difficile ; car, jusqu'à présent, aucun aveu direct n'avait sanctionné le sentiment qui l'unissait à M. Longueville. Elle avait secrètement joui, comme lui, de la douceur d'un premier amour ; mais aussi fiers l'un que l'autre, il semblait que chacun d'eux craignît de s'avouer qu'il aimât. Maximilien Longueville, à qui Clara avait inspiré des soupçons qui n'étaient pas sans fondement sur le caractère d'Émilie, se trouvait à chaque instant emporté par la violence d'une passion de jeune homme, et retenu par le désir de connaître et d'éprouver la femme à laquelle il devait confier tout son avenir et le bonheur de sa vie. Il ne voulait essayer de combattre les préjugés qui gâtaient le caractère d'Émilie, préjugés que son amour ne l'avait pas empêché de reconnaître en elle, qu'après s'être assuré qu'il en était aimé, car il ne voulait pas plus hasarder le sort de son amour que celui de sa vie. Il s'était donc constamment tenu dans un silence que ses regards, son attitude et ses moindres actions démentaient. De l'autre côté, la fierté naturelle à une jeune fille, encore augmentée chez mademoiselle de Fontaine par la sotte vanité que lui donnaient sa naissance et sa beauté, l'empêchaient d'aller au-devant d'une déclaration qu'une passion croissante lui persuadait quelquefois de solliciter. Aussi les deux amants avaient-ils instinctivement compris leur situation sans s'expliquer leurs secrets motifs. Il est des moments de la vie où le vague plaît à de jeunes âmes ; et par cela même que l'un et l'autre avaient trop tardé de parler, ils semblaient tous deux se faire un jeu cruel de leur attente. L'un cherchait à découvrir s'il était aimé par l'effort que coûterait un aveu à son orgueilleuse maîtresse ; l'autre espérait voir rompre à tout moment un trop respectueux silence.

Mademoiselle de Fontaine s'était assise sur un banc rustique, et songeait à tous les événements qui venaient de se passer. Chaque jour de ces trois mois lui semblait être le brillant pétale d'une fleur radieuse et embaumée. Les soupçons de son père étaient les dernières craintes dont son âme pouvait être atteinte. Elle en fit même justice par deux ou trois réflexions de jeune fille inexpérimentée qui lui semblèrent victorieuses. Avant tout, elle convint avec elle-même qu'il était impossible qu'elle se trompât. Pendant tout une saison, elle n'avait pu apercevoir en M. Maximilien, ni un seul geste, ni une seule parole qui indiquassent une origine ou des occupations communes ; il avait dans la discussion une habitude qui décelait un homme occupé des hauts intérêts du pays.—D'ailleurs, se dit-elle, un homme de bureau, un financier ou un commerçant n'aurait pas eu le loisir de rester une saison entière à me faire la cour au milieu des champs et des bois, en dispensant son temps aussi libéralement qu'un noble qui a devant lui toute une vie libre de soins. Elle était plongée dans une méditation beaucoup plus intéressante pour elle que ne l'étaient ces pensées préliminaires, quand un léger bruissement du feuillage lui annonça que depuis un moment elle était sans doute contemplée avec la plus profonde admiration.

« Savez-vous que cela est fort mal, lui dit-elle en souriant, de surprendre ainsi les jeunes filles !

— Surtout, répondit-il, lorsqu'elles sont occupées de leurs secrets.

— Pourquoi n'aurais-je pas les miens, puisque vous avez les vôtres ?

— Vous pensiez donc réellement à vos secrets ? reprit-il en riant.

— Non, je songeais aux vôtres. Les miens, je les connais.

— Mais, s'écria doucement le jeune homme en saisissant le bras de mademoiselle de Fontaine et le mettant sous le sien, peut-être mes secrets sont-ils les vôtres, et vos secrets les miens. »

Ils avaient fait quelques pas et se trouvaient sous un massif d'arbres que les couleurs du couchant enveloppaient comme d'un nuage rouge et brun. Cette magie naturelle imprima une sorte de solennité au moment. L'action vive et libre du jeune homme, et surtout l'agitation de son cœur bouillant dont le bras d'Émilie sentait les pulsations précipitées, l'avaient jetée dans une exaltation d'autant plus pénétrante qu'elle n'était excitée que par les accidents les plus simples et les plus innocents. La réserve dans laquelle vivent les jeunes filles du grand monde donne une force incroyable aux explosions de leurs sentiments, et c'est un des plus grands dangers qui puisse les atteindre quand elles rencontrent un amant passionné. Jamais les yeux d'Émilie et de Maximilien n'avaient tant parlé. En proie à cette ivresse, ils oublièrent aisément les petites stipulations de l'orgueil, de la défiance, et les froides considérations de leur raison. Ils ne purent même s'exprimer d'abord que par un serrement de main qui servit d'interprète à leurs joyeuses pensées.

« Monsieur, dit en tremblant et d'une voix émue mademoiselle de Fontaine après un long silence et après avoir fait quelques pas avec une certaine lenteur, j'ai une question à vous faire. Mais, songez, de grâce, qu'elle m'est en quelque sorte commandée par la situation assez étrange où je me trouve vis-à-vis de ma famille. »

Une pause effrayante pour Émilie succéda à ces phrases qu'elle avait presque bégayées. Pendant le moment que dura le silence, cette jeune fille si fière n'osa soutenir le regard éclatant de celui qu'elle aimait, car elle avait un secret sentiment de la bassesse des mots suivants qu'elle ajouta :
— Êtes-vous noble ?

Quand ces dernières paroles furent prononcées, elle aurait voulu être au fond d'un lac.

— Mademoiselle, reprit gravement M. Longueville dont la figure altérée contracta une sorte de dignité sévère, je vous promets de répondre sans détour à cette demande quand vous aurez répondu avec sincérité à celle que je vais vous faire. Il quitta le bras de la jeune fille, qui, tout à coup, se crut seule dans la vie, et il lui dit : — Dans quelle intention me questionnez-vous sur ma naissance ? Elle demeura immobile, froide et muette. — Mademoiselle, reprit Maximilien, n'allons pas plus loin, si nous ne nous comprenons pas. — Je vous aime, ajouta-t-il d'un son de voix profond et attendri. Eh bien, reprit-il d'un air joyeux après avoir entendu l'exclamation de bonheur que ne put retenir la jeune fille, pourquoi me demander si je suis noble ?

— Parlerait-il ainsi s'il ne l'était pas ? s'écria une voix intérieure qu'Émilie crut sortir du fond de son cœur. Elle releva gracieusement la tête, sembla puiser une nouvelle vie dans le regard du jeune homme, et lui tendit le bras comme pour faire une nouvelle alliance.

— Vous avez cru que je tenais beaucoup à des dignités ? demanda-t-elle avec une finesse malicieuse.

— Je n'ai pas de titre à offrir à ma femme, répondit-il d'un air moitié gai, moitié sérieux. Mais si je la prends dans un haut rang et parmi celles que leur fortune a habituées au luxe et aux plaisirs de l'opulence, je sais à quoi un tel choix m'oblige. L'amour donne tout, ajouta-t-il avec gaieté, mais aux amants seulement. Quant aux époux, il leur faut un peu plus que le dôme du ciel, des fruits et le tapis des prairies.

— Il est riche, se dit-elle. Quant aux titres, il veut peut-être m'éprouver ! On lui aura dit que j'étais entichée de noblesse, et que je n'avais voulu épouser qu'un pair de France. Ce sont mes bégueules de sœurs qui m'auront joué ce tour là. — Je vous assure, monsieur, que j'ai eu des idées bien exagérées sur la vie et le monde ; mais aujourd'hui, lui dit-elle en le regardant d'une manière à le rendre fou, je sais où sont nos véritables richesses.

— J'ai besoin de croire que vous parlez à cœur ouvert, répondit-il avec une sorte de gravité douce. Mais cet hiver, ma chère Émilie, dans moins de deux mois peut-être, je serai fier de ce que je pourrai vous offrir, si vous tenez aux jouissances de la fortune. Ce sera le seul secret que je garderai il (montra son cœur), car de sa réussite dépend mon bonheur, je n'ose dire le nôtre...

— Oh ! dites, dites !

Ce fut au milieu des plus doux propos qu'ils revinrent à pas lents rejoindre la compagnie au salon. Jamais mademoiselle de Fontaine ne trouva son amant plus aimable, ni plus spirituel. Ses formes sveltes, ses manières engageantes lui semblèrent plus charmantes encore depuis une conversation qui venait en quelque sorte de lui confirmer la possession d'un cœur digne d'être envié par toutes les femmes. Ils chantèrent un duo italien avec une expression si ravissante, que l'assemblée les applaudit avec une sorte d'enthousiasme. Leur adieu eut un accent de convention qui cachait le sentiment le plus délicieux. Enfin cette journée devint pour la jeune fille comme une chaîne qui la lia pour toujours à la destinée de l'inconnu. La force et la dignité qu'il avait déployées dans la scène secrète pendant laquelle ils s'étaient révélé leurs sentiments, avaient peut-être aussi imposé à mademoiselle de Fontaine ce respect sans lequel il n'existe pas de véritable amour. Lorsque, restée avec son père dans le salon, le vénérable Vendéen s'avança vers elle, lui prit affectueusement les mains, et lui demanda si elle avait acquis quelque lumière sur la fortune, l'état et la famille de M. de Longueville, elle répondit : — Oui, mon cher et bien-aimé père, je suis plus heureuse que je ne pouvais le désirer, et M. de Longueville est le seul homme que je veuille épouser.

— C'est bien, Émilie, reprit le comte, je sais ce qui me reste à faire.

— Connaîtriez-vous quelque obstacle, demanda-t-elle avec une véritable anxiété.

— Ma chère enfant, ce jeune homme est absolument inconnu ; mais, à moins que ce ne soit un malhonnête homme, du moment où tu l'aimes, il m'est aussi cher qu'un fils.

— Un malhonnête homme ? reprit Émilie ; je suis bien tranquille ! mon oncle peut vous répondre de lui, car c'est lui qui nous l'a présenté. Dites, cher oncle, a-t-il été flibustier, forban, corsaire?

— Bon ! je savais bien que j'allais me trouver là, s'écria le vieux marin en se réveillant.

Il regarda dans le salon; mais sa nièce avait disparu comme un feu Saint-Elme, pour se servir de son expression habituelle.

— Eh bien ! mon oncle, reprit M. de Fontaine, comment avez-vous pu nous cacher tout ce que vous saviez sur ce jeune homme? Vous avez cependant dû vous apercevoir de nos inquiétudes. Est-il de bonne famille?

— Je ne le connais ni d'Ève ni d'Adam ! s'écria le comte de Kergarouët. Me fiant au tact de cette petite folle, je lui ai amené son Adonis par un moyen à moi connu. Je sais qu'il tire le pistolet admirablement, chasse très-bien, joue merveilleusement au billard, aux échecs, au trictrac, et qu'il fait des armes et monte à cheval comme feu le chevalier de Saint-Georges. Il a une érudition corsée relativement à nos vignobles. Il calcule comme Barème, dessine, danse et chante bien. Que diable avez-vous donc, vous autres? Si ce n'est pas là un gentilhomme parfait, montrez-moi un bourgeois qui sache tout cela. Trouvez-moi un homme qui vive aussi noblement que lui ? Fait-il quelque chose? Compromet-il sa dignité à aller dans des bureaux, à se courber devant de petits gentillâtres que vous appelez des directeurs généraux ? Il marche droit. C'est un homme. Mais, au surplus, je viens de retrouver dans la poche de mon gilet la carte qu'il m'a donnée quand il croyait que je voulais lui couper la gorge; pauvre innocent! La jeunesse d'aujourd'hui n'est guère rusée ! Tenez, voici.

— Rue du Sentier, n° 5, dit M. de Fontaine en cherchant à se rappeler, parmi tous les renseignements qu'on lui avait donnés, celui qui pouvait concerner le jeune inconnu. Que diable cela signifie-t-il ? MM. Georges Brummer, Schilken et compagnie, banquiers, dont le principal commerce est celui des mousselines, calicots, toiles peintes, que sais-je ! demeurent là. Bon, j'y suis. Longueville, le député, a un intérêt dans leur maison. Oui, mais je ne connais à Longueville qu'un fils de trente-deux ans, qui ne ressemble pas du tout au nôtre, et auquel il donne cinquante mille livres de rente en mariage, afin de lui faire épouser la fille d'un ministre; il a envie d'être pair tout comme un autre. Jamais je ne lui ai entendu parler de ce Maximilien. A-t-il une fille? Qu'est-ce que cette Clara. Au surplus, permis à plus d'un intrigant de s'appeler Longueville. Mais la maison Brummer, Schilken et compagnie n'est-elle pas à moitié ruinée par une spéculation au Mexique ou aux Indes. J'éclaircirai tout cela.

— Tu parles tout seul comme si tu étais sur un théâtre, et tu parais me compter pour zéro, dit tout à coup le vieux marin. Tu ne sais donc pas que s'il est gentilhomme, j'ai plus d'un sac dans mes écoutilles pour parer à son défaut de fortune?

— Quant à cela ! s'il est fils de Longueville, il n'a besoin de rien, dit M. de Fontaine en agitant la tête de droite à gauche ; son père n'a même pas acheté de savonette à vilain. Avant la révolution il était procureur. Le *de* qu'il a pris depuis la restauration lui appartient tout autant que la moitié de sa fortune.

— Bah ! bah ! s'écria gaiement le marin, heureux ceux dont les pères ont été pendus !

Trois ou quatre jours après cette mémorable journée, et dans une de ces belles matinées du mois de novembre qui font voir aux Parisiens leurs boulevards nettoyés soudain par le froid piquant d'une première gelée, mademoiselle de Fontaine, parée d'une fourrure nouvelle qu'elle voulait mettre à la mode, était sortie avec deux de ses belles-sœurs sur lesquelles elle avait jadis décoché le plus d'épigrammes. Ces trois dames étaient bien moins invitées à cette promenade parisienne par l'envie d'essayer une voiture très-élégante et des robes qui devaient donner le ton aux modes de l'hiver, que par le désir de voir une merveilleuse pèlerine dont une de leurs amies avait remarqué la coupe élégante et originale, dans un riche magasin de lingerie situé au coin de la rue de la Paix. Quand les trois dames furent entrées dans la boutique, madame la baronne de Fontaine tira Émilie par la manche et lui montra M. Maximilien Longueville assis dans le comptoir, et occupé à rendre avec une grâce mercantile la monnaie d'une pièce d'or à la lingère avec laquelle il semblait en conférence. Le *bel inconnu* tenait à la main quelques échantillons qui ne laissaient aucun doute sur son honorable profession. Sans qu'on pût s'en apercevoir, Émilie fut saisie d'un frisson glacial. Cependant grâces au savoir-vivre de la bonne compagnie, elle dissimula parfaitement la rage qu'elle avait dans le cœur, et répondit à sa sœur un : — Je le savais ! dont la richesse d'intonation et l'accent inimitable eussent fait envie à la plus célèbre actrice de ce temps. Elle s'avança vers le comptoir. M. Longueville leva la tête, mit les échantillons dans sa poche avec une grâce et un sang-froid désespérant; salua mademoiselle de Fontaine, et s'approcha d'elle en lui jetant un regard pénétrant.

— Mademoiselle, dit-il à la lingère qui l'avait suivi d'un air très-inquiet, j'enverrai régler ce compte, ma maison le veut ainsi. Mais tenez, ajouta-t-il à l'oreille de la jeune femme en lui remettant un billet de mille francs, prenez? Ce sera une affaire entre nous. — Vous me pardonnerez, j'espère, mademoiselle, dit-il en se retournant vers Émilie. Vous aurez la bonté d'excuser la tyrannie qu'exercent les affaires.

— Mais il me semble, monsieur, que cela m'est fort indifférent, répondit mademoiselle de Fontaine en le regardant avec une assurance et un air d'insouciance moqueuse qui pouvaient faire croire qu'elle le voyait pour la première fois.

— Parlez-vous sérieusement? demanda Maximilien d'une voix altérée.

Émilie lui avait tourné le dos avec une incroyable impertinence. Ce peu de mots, prononcés à voix basse, avaient échappé à la curiosité des deux belles-sœurs. Quand, après avoir pris la pèlerine, les trois dames furent remontées en voiture, Émilie, qui se trouvait assise sur le devant, ne put s'empêcher d'embrasser, par son dernier regard, la profondeur de cette odieuse boutique, où elle vit M. Maximilien, qui resta debout et les bras croisés, dans l'attitude d'un homme supérieur au malheur dont il était si subitement atteint. Leurs yeux se rencontrèrent, et se lancèrent deux rayons d'une implacable rigueur. Chacun d'eux espéra qu'il blessait cruellement le cœur qu'il aimait, et en un moment tous deux se trouvèrent aussi loin l'un de l'autre que s'ils eussent été, l'un à la Chine et l'autre au Groenland. La vanité a un souffle qui dessèche tout. En proie au plus violent combat qui puisse agiter le cœur d'une jeune fille, mademoiselle de Fontaine recueillit la plus ample moisson de douleurs que jamais les préjugés et les petitesses eussent semée dans une âme humaine. Son visage, frais et velouté naguère, était sillonné de tons jaunes, de taches rouges, et parfois les teintes blanches de ses joues se verdissaient soudain. Dans l'espoir de dérober son trouble à ses sœurs, elle leur montrait en riant tantôt un passant, tantôt une toilette ridicule; mais ce rire était convulsif, et intérieurement elle se sentait plus vivement blessée de la compassion silencieuse dont ses sœurs l'accablèrent à leur insu, que des épigrammes par lesquelles elles auraient pu se venger. Elle employa tout son esprit à les entraîner dans une conversation où elle essaya d'exhaler sa colère par des contradictions insensées, et accabla les négociants des injures les plus piquantes et d'épigrammes de mauvais ton. En rentrant, elle fut saisie d'une fièvre dont le caractère eut d'abord quelque chose de dangereux, mais au bout de huit jours, les soins de ses parents, ceux du médecin, la rendirent aux vœux de sa famille. Chacun espéra que cette leçon pourrait servir à dompter le caractère d'Émilie, qui reprit insensiblement ses anciennes habitudes et s'élança de nouveau dans le monde. Elle prétendit qu'il n'y avait pas de honte à se tromper. Si elle avait, comme son père, quelque influence à la chambre, disait-elle, elle provoquerait une loi pour obtenir que les commerçants, surtout les marchands de calicot, fussent marqués au front comme les moutons du Berry, jusqu'à la troisième génération. Elle voulait que les nobles eussent seuls le droit de porter ces anciens habits français qui allaient si bien aux courtisans de Louis XV. C'était peut-être, à l'entendre, un malheur pour la monarchie, qu'il n'y eût aucune différence entre un marchand et un pair de France. Mille autres plaisanteries, faciles à deviner, se succédaient rapidement quand un incident imprévu la mettait sur ce sujet. Mais ceux qui aimaient Émilie remarquaient à travers ses railleries une teinte de mélancolie, qui leur fit croire que M. Maximilien Longueville régnait toujours au fond de ce cœur inexplicable. Parfois elle devenait douce comme pendant la saison fugitive qui vit naître son amour, et parfois aussi elle se montrait plus insupportable qu'elle ne l'avait jamais été. Chacun excusait en silence les inégalités d'une humeur qui prenait sa source dans une souffrance tout à la fois secrète et connue.

Le comte de Kergarouët obtint un peu d'empire sur elle, grâces à un surcroît de prodigalités, genre de consolation qui manque rarement son effet sur les jeunes Parisiennes. La première fois que mademoiselle de Fontaine alla au bal, ce fut chez l'ambassadeur de Naples. Au moment où elle prit place au plus brillant des quadrilles, elle aperçut à quelques pas d'elle M. Longueville, qui fit un léger signe de tête à son danseur.

— Ce jeune homme est un de vos amis? demanda-t-elle à son cavalier d'un air de dédain.

— Je le crois, répondit-il, c'est mon frère.

Émilie ne put s'empêcher de tressaillir.

— Ah! si vous le connaissiez, reprit-il d'un ton d'enthousiasme, c'est bien la plus belle âme qui soit au monde...

— Savez-vous mon nom? lui demanda Émilie en l'interrompant avec vivacité.

— Non, mademoiselle. C'est un crime, je l'avoue, que de ne pas avoir retenu un nom qui est sur toutes les lèvres, je devrais dire dans tous les cœurs. Cependant, j'ai une excuse valable, j'arrive d'Allemagne. Mon ambassadeur, qui est à Paris en congé, m'a envoyé ce soir ici pour servir de chaperon à son aimable femme que vous pouvez voir là-bas dans un coin.

— Mais c'est un masque tragique! dit Émilie, après avoir examiné l'ambassadrice.

— Voilà cependant sa figure de bal, reprit en riant le jeune homme. Il faudra bien que je la fasse danser! Aussi, ai-je voulu avoir une compensation. Mademoiselle de Fontaine s'inclina. — J'ai été bien surpris, continua le babillard secrétaire d'ambassade, de trouver mon frère ici. En arrivant de Vienne, j'ai appris que le pauvre garçon était malade et au lit. Je comptais bien le voir avant d'aller au bal, mais la politique ne nous laisse pas toujours le loisir d'avoir des affections de famille. *La donna della casa* ne m'a pas permis de monter chez mon pauvre Maximilien.

— Monsieur votre frère n'est pas comme vous dans la diplomatie? dit Émilie.

— Non, le pauvre garçon, dit le secrétaire en soupirant. Il s'est sacrifié pour moi! Lui et ma sœur Clara ont renoncé à la fortune de mon père, afin qu'il pût réunir sur ma tête un immense majorat. Mon père rêve la pairie, comme tous ceux qui votent pour le ministère. Il a la promesse d'être nommé, ajouta-t-il à voix basse. Alors mon frère, après avoir réuni quelques capitaux, s'est mis dans une maison de banque, où il a promptement réussi. Je sais qu'il vient de faire avec le Brésil une spéculation qui peut le rendre millionnaire, et suis tout joyeux d'avoir contribué par mes relations diplomatiques à lui en assurer le succès. J'attends même avec impatience une dépêche de la légation brésilienne qui sera de nature à lui dérider le front. Comment le trouvez-vous?

— Mais la figure de monsieur votre frère ne me semble pas être celle d'un homme occupé d'argent.

Le jeune diplomate scruta par un seul regard la figure en apparence calme de sa danseuse.

— Comment, dit-il en souriant, les demoiselles devinent donc aussi les pensées d'amour à travers les fronts muets?

— Monsieur votre frère est amoureux? demanda-t-elle en laissant échapper un geste de curiosité.

— Oui. Ma sœur Clara, pour laquelle il a des soins maternels, m'a écrit qu'il s'était amouraché, cet été, d'une fort jolie personne; mais depuis, je n'ai pas eu de nouvelles de ses amours. Croiriez-vous que le pauvre garçon se levait à cinq heures du matin, et allait expédier ses affaires afin de pouvoir se trouver à quatre heures à la campagne de la belle. Aussi a-t-il abîmé un charmant cheval de race pure dont je lui avais fait cadeau. Pardonnez-moi mon babil, mademoiselle, j'arrive d'Allemagne. Depuis un an, je n'ai pas entendu parler correctement le français; je suis sevré de visages français et rassasié d'allemands, si bien que, dans ma rage patriotique, je parlerais, je crois, aux chimères d'un candélabre, pourvu qu'elles fussent faites en France. Puis si je cause avec un abandon peu convenable chez un diplomate, la faute en est à vous, mademoiselle. N'est-ce pas vous qui m'avez montré mon frère? et, quand il est question de lui, je suis intarissable. Je voudrais pouvoir dire à la terre entière combien il est bon et généreux. Il ne s'agissait de rien moins que de cent vingt mille livres de rente que rapporte la terre de Longueville et dont il a laissé mon père disposer en ma faveur!

Si mademoiselle de Fontaine obtint des révélations aussi importantes, elle les dut en partie à l'adresse avec laquelle elle sut interroger son confiant cavalier, du moment où elle apprit qu'il était le frère de son amant dédaigné. Cette conversation tenue à voix basse et maintes fois interrompue, roula sur trop de sujets divers, pour être rapportée en entier.

— Est-ce que vous avez pu, sans quelque peine, voir monsieur votre frère vendre des mousselines et des calicots? demanda Émilie, après avoir accompli la troisième figure de la contredanse.

— D'où savez-vous cela? lui demanda le diplomate. Dieu merci! tout en débitant un flux de paroles, j'ai déjà l'art de ne dire que ce que je veux, ainsi que tous les apprentis ambassadeurs de ma connaissance.

— Vous me l'avez dit, je vous assure.

M. de Longueville regarda mademoiselle de Fontaine avec un étonnement plein de perspicacité. Un soupçon entra dans son âme. Il interrogea successivement les yeux de son frère et de sa danseuse; il devina tout, pressa ses mains l'une contre l'autre, leva les yeux au plafond, se mit à rire, et dit :

— Je ne suis qu'un sot! Vous êtes la plus belle personne du bal, mon frère vous regarde à la dérobée, il danse malgré la fièvre, et vous feignez de ne pas le voir. Faites son bonheur, dit-il, en la reconduisant auprès de son vieil oncle, je n'en serai pas jaloux ; mais je tressaillerai toujours un peu, en vous nommant ma sœur...

Cependant les deux amants devaient être aussi inexorables l'un que l'autre pour eux-mêmes.

Vers les deux heures du matin, l'on servit un ambigu dans une immense galerie où, pour laisser les personnes d'une même coterie libres de se réunir, les tables avaient été disposées comme elles le sont chez les restaurateurs. Par un de ces hasards qui arrivent toujours aux amants, mademoiselle de Fontaine se trouva placée à une table voisine de celle autour de laquelle se mirent les personnes les plus distinguées de la fête. Maximilien faisait partie de ce groupe. Émilie, qui prêta une oreille attentive aux discours tenus par ses voisines, put entendre une de ces conversations qui s'établissent si facilement entre les femmes de trente ans et les jeunes gens qui ont les grâces et la tournure de Maximilien Longueville. L'interlocutrice du jeune banquier était une duchesse napolitaine, dont les yeux lançaient des éclairs, et dont la peau blanche avait l'éclat du satin. L'intimité que le jeune Longueville affectait d'avoir avec elle blessa d'autant plus mademoiselle de Fontaine qu'elle venait de rendre à son amant vingt fois plus de tendresse qu'elle ne lui en portait jadis.

— Oui, monsieur, dans mon pays, le véritable amour sait faire toute espèce de sacrifices, disait la duchesse en minaudant.

— Vous êtes plus passionnées que ne le sont les Françaises, dit Maximilien dont le regard enflammé tomba sur Émilie. Elles sont tout vanité.

— Monsieur, reprit vivement la jeune fille, n'est-ce pas une mauvaise action que de calomnier sa patrie. Le dévoûment est de tous les pays.

— Croyez-vous, mademoiselle, reprit l'Italienne avec un sourire sardonique, qu'une Parisienne soit capable de suivre son amant partout ?

— Ah ! entendons-nous, madame. On va dans un désert y habiter une tente, on ne va pas s'asseoir dans une boutique !

Elle acheva sa pensée en laissant échapper un geste de dédain. Ainsi l'influence exercée sur Émilie par sa funeste éducation tua deux fois son bonheur naissant, et lui fit manquer son existence. La froideur apparente de Maximilien et le sourire d'une femme lui arrachèrent un de ces sarcasmes dont elle ne se refusait jamais la perfide jouissance.

— Mademoiselle, lui dit à voix basse M. Longueville à la faveur du bruit que firent les femmes en se levant de table, personne ne formera pour votre bonheur des vœux plus ardents que ne le seront les miens. Permettez-moi de vous donner cette assurance en prenant congé de vous. Dans quelques jours, je partirai pour l'Italie.

— Avec une duchesse, sans doute ?

— Non, mademoiselle, mais avec une maladie mortelle peut-être.

— N'est-ce pas une chimère, demanda Émilie en lui lançant un regard inquiet.

— Non, dit-il, il est des blessures qui ne se cicatrisent jamais.

— Vous ne partirez pas ! dit l'impérieuse jeune fille en souriant.

— Je partirai, reprit gravement Maximilien.

— Vous me trouverez mariée au retour, je vous en préviens ! dit-elle avec coquetterie.

— Je le souhaite.

— L'impertinent, s'écria-t-elle. Se venge-t-il assez cruellement.

Quinze jours après, M. Maximilien Longueville partit avec sa sœur Clara pour les chaudes et poétiques contrées de la belle Italie, laissant mademoiselle de Fontaine en proie aux plus violents regrets. Le jeune et sémillant secrétaire d'ambassade épousa la querelle de son frère, et sut tirer une vengeance éclatante des dédains d'Émilie en publiant les motifs de la rupture des deux amants. Il rendit avec usure à sa danseuse les sarcasmes qu'elle avait jadis lancés sur Maximilien, et fit souvent sourire plus d'une Excellence, en peignant la belle ennemie des comptoirs, l'amazone qui prêchait une croisade contre les banquiers, la jeune fille dont l'amour s'était évaporé devant un demi-tiers de mousseline. Le comte de Fontaine fut obligé d'user de son crédit pour faire obtenir à M. Auguste Longueville une mission en Russie, afin de soustraire sa fille au ridicule que ce jeune et dangereux persécuteur versait sur elle à pleines mains.

Bientôt le ministère, obligé de lever une conscription de pairs, pour soutenir les opinions aristocratiques qui chancelaient dans la noble chambre à la voix d'un illustre écrivain, nomma M. Longueville pair de France et vicomte. M. de Fontaine obtint aussi la pairie, récompense due autant à sa fidélité pendant les mauvais jours, qu'à son nom qui manquait à la chambre héréditaire.

Vers cette époque, mademoiselle de Fontaine, âgée de vingt-deux ans, se mit à faire de sérieuses réflexions sur la vie, et changea sensiblement de ton et de manières. Au lieu de s'exercer à dire des méchancetés à son oncle, elle lui prodigua les soins les plus affectueux. Elle lui apportait sa béquille avec une persévérance de tendresse qui faisait rire les plaisants. Elle lui offrait le bras, allait dans sa voiture, et l'accompagnait dans toutes ses promenades. Elle lui persuada même qu'elle n'était point incommodée par l'odeur de la pipe, et lui lisait sa chère *Quotidienne* au milieu des bouffées de tabac que le malicieux marin lui envoyait à dessein. Elle apprit le piquet pour faire la partie du vieux comte. Enfin cette jeune personne si fantasque écoutait avec attention les récits que son oncle recommençait périodiquement, du combat de *la Belle-Poule*, des manœuvres de la *Ville-de-Paris*, de la première expédition de M. de Suffren, ou de la bataille d'Aboukir. Quoique le vieux marin eût souvent dit qu'il connaissait trop sa longitude et sa latitude pour se laisser capturer par une jeune corvette, un beau matin les salons de Paris apprirent que mademoiselle de Fontaine avait épousé le comte de Kergarouët. La jeune comtesse donna les fêtes splendides pour s'étourdir; mais elle trouva sans doute le néant au fond de ce tourbillon. Le luxe cachait imparfaitement le vide et le malheur de son âme souffrante, car, la plupart du temps, malgré les éclats d'une gaieté feinte, sa belle figure exprimait une sourde mélancolie. Émilie paraissait d'ailleurs pleine d'attentions et d'égards pour son vieux mari, qui, souvent, en s'en allant dans son appartement le soir au bruit d'un joyeux orchestre, disait à ses vieux camarades qu'il ne se reconnaissait plus, et qu'il ne croyait pas qu'à l'âge de soixante-quinze ans il dût s'embarquer comme pilote sur LA BELLE ÉMILIE. La conduite de la comtesse était empreinte d'une telle sévérité, que la critique la plus clairvoyante n'avait rien à y reprendre. Les observateurs pensaient que le contreamiral s'était réservé le droit de disposer de sa fortune pour enchaîner plus fortement sa femme; supposition qui faisait injure à l'oncle et à la nièce. L'attitude des deux époux fut d'ailleurs si savamment calculée, qu'il devint presque impossible aux jeunes gens intéressés à deviner le secret de ce ménage, de savoir si le vieux comte traitait sa femme en amant ou en père. On lui entendait dire souvent qu'il avait recueilli sa nièce comme une naufragée, et que, jadis, il n'avait jamais abusé de l'hospitalité quand il lui arrivait de sauver un ennemi de la fureur des orages. Bientôt la comtesse de Kergarouët rentra insensiblement dans une obscurité qu'elle semblait désirer, et Paris cessa de s'occuper d'elle.

Deux ans après son mariage, elle se trouvait au milieu d'un des antiques salons du faubourg Saint-Germain où son caractère, digne des anciens temps, était admiré, lorsque tout à coup M. le vicomte de Longueville y fut annoncé. La comtesse était ensevelie dans un coin du salon où elle faisait le piquet de l'évêque de Persépolis; son émotion ne fut donc remarquée de personne. En tournant la tête, elle avait vu entrer Maximilien dans tout l'éclat de la jeunesse. La mort de son père et celle de son frère tué par l'inclémence du climat de Pétersbourg, avaient posé sur sa tête les plumes héréditaires du chapeau de la pairie. Sa fortune égalait ses connaissances et son mérite. La veille même, sa jeune et bouillante éloquence avait éclairé l'assemblée. En ce moment, il apparaissait à la triste comtesse, libre et paré de tous les dons qu'elle avait rêvés pour son idole. Le vicomte était l'orgueil des salons. Toutes les mères qui avaient des filles à marier lui faisaient de coquettes avances. Il était réellement doué des vertus qu'on lui supposait en admirant sa grâce; mais Émilie savait, mieux que tout autre, qu'il possédait cette fermeté de caractère dans laquelle les femmes prudentes voient un gage de bonheur. Elle jeta les yeux sur l'amiral, qui, selon son expression familière, paraissait devoir tenir encore longtemps sur son bord, elle lança un regard de résignation douloureuse sur cette tête grise; puis, elle revit d'un coup d'œil les erreurs de son enfance pour les condamner, et maudit les lingères.

En ce moment, M. de Persépolis lui dit avec une certaine grâce épiscopale : — Ma belle dame, vous avez écarté le roi de cœur, j'ai gagné; mais ne regrettez pas votre argent, je le réserve pour mes petits séminaires.

Paris, décembre 1829.

Gloire et Malheur.

Au milieu de la rue Saint-Denis, presque au coin de la rue du Petit-Lion, existait encore, il y a peu de temps, une de ces maisons précieuses qui donnent aux romanciers la facilité de reconstruire, par analogie, l'ancien Paris. Les murs menaçants de cette bicoque semblaient avoir été chargés d'hiéroglyphes. Quel autre nom le flâneur pouvait-il donner aux X et aux V tracés par les pièces de bois transversales ou diagonales qui se voyaient sur la façade, et s'y dessinaient d'autant mieux dans le badigeon, que de petites lézardes parallèles et taillées en dents de scie, annonçaient qu'au passage de toutes les voitures, chacune de ces solives s'agitait dans sa mortaise. Ce vénérable édifice était surmonté d'un toit triangulaire dont il n'existera bientôt plus de modèles à Paris. Cette couverture, tordue par les intempéries du climat parisien, s'avançait de trois pieds sur la rue, autant pour garantir des eaux pluviales le seuil de la porte, que pour abriter le mur d'un grenier et sa lucarne sans appui. Ce dernier étage était construit en planches, clouées l'une sur l'autre comme des ardoises, afin sans doute de ne pas charger cette maison frêle.

Par une matinée pluvieuse, au mois de mars, un jeune homme, soigneusement enveloppé dans son manteau, se tenait sous l'auvent de la boutique qui se trouvait en face de ce vieux logis, et paraissait l'examiner avec un enthousiasme d'historien. A la vérité, ce débris de la bourgeoisie du XVIe siècle pouvait offrir à l'observateur plus d'un problème à résoudre. Chaque étage avait sa singularité. Au premier, quatre fenêtres longues, étroites, rapprochées l'une de l'autre, avaient des carreaux de bois dans leur partie inférieure, afin de produire ce jour douteux, à la faveur duquel un habile marchand donne aux étoffes la couleur souhaitée par ses chalands. Le jeune homme semblait plein de dédain pour cette partie essentielle de la maison; car ses yeux ne s'y étaient pas encore arrêtés. Les fenêtres du second étage dont les jalousies relevées laissaient voir, au travers de grands carreaux en verre de Bohême, de petits rideaux de mousseline rousse, ne l'intéressaient pas davantage. Son attention se portait particulièrement au troisième, sur d'humbles croisées dont le bois travaillé grossièrement aurait mérité d'être placé au Conservatoire des arts et métiers pour y indiquer le point de départ de la menuiserie française. Ces croisées avaient de petites vitres d'une couleur si verte, que, sans son excellente vue, le jeune homme n'aurait pu apercevoir les rideaux de toile à carreaux bleus qui cachaient les mystères de cet appartement aux yeux des profanes. Parfois, cet observateur, ennuyé de cette contemplation sans résultat, ou du silence dans lequel la maison était ensevelie, ainsi que tout le quartier, abaissait ses regards vers les régions inférieures. Alors, un sourire involontaire se dessinait sur ses lèvres, quand il revoyait la boutique où se rencontraient en effet des choses assez risibles. Une formidable pièce de bois, horizontalement appuyée sur quatre piliers qui paraissaient courbés par le poids de cette maison décrépite, avait été réchampie d'autant de couches diverses peintures que la joue d'une vieille duchesse a reçu de rouge. Au milieu de cette large poutre mignardement sculptée, se trouvait un antique tableau représentant un chat qui pelotait. Cette toile causait la gaieté du jeune homme. Mais il faut dire que le plus spirituel des peintres modernes n'inventerait pas de charge aussi comique. L'animal tenait dans une de ses pattes de devant une raquette aussi grande que lui, et se dressait sur ses pattes de derrière pour mirer une énorme balle que lui renvoyait un gentilhomme en habit brodé. Dessin, couleurs, accessoires, tout était traité de manière à faire croire que l'artiste avait voulu se moquer du marchand et des passants. Le temps, qui avait altéré cette peinture naïve, la rendait encore plus grotesque que par quelques incertitudes dont un consciencieux flâneur devait s'inquiéter. Ainsi la queue mouchetée du chat était découpée de telle sorte qu'on pouvait la prendre pour un spectateur, tant la queue des chats de nos ancêtres était grosse, haute et fournie. A droite du tableau, sur un champ d'azur qui déguisait imparfaitement la pourriture du bois, les passants pouvaient lire GUILLAUME, et à gauche, SUCCESSEUR DU SIEUR CHEVREL. Le soleil et la pluie avaient rongé la plus grande partie de l'or moulu parcimonieusement appliqué sur les lettres de cette inscription, dans laquelle les U remplaçaient les V, et réciproquement, selon les lois de notre ancienne ortographe. Afin de rabattre l'orgueil de ceux qui croient que le monde devient de jour en jour plus spirituel, et que le moderne charlatanisme surpasse tout, il convient de faire observer ici que ces enseignes, dont l'étymologie semble bizarre à plus d'un négociant parisien, sont les tableaux morts de vivants tableaux, à l'aide desquels nos espiègles ancêtres avaient réussi à amener les chalands dans leurs maisons. Ainsi la Truie-qui-file, le Singe-vert, etc., étaient des animaux en cage dont l'adresse émerveillait les passants, et dont l'éducation prouvait la patience de l'industriel au XVe siècle. De semblables curiosités enrichissaient plus vite leurs heureux possesseurs que les Providence, les Bonne-foi, les Grâce-de-Dieu et les Décollation de saint Jean-Baptiste qui se voient encore rue Saint-Denis. Cependant il était difficile de croire que l'inconnu restât là pour admirer ce chat, car un moment d'attention suffisait à le graver dans la mémoire.

Ce jeune homme avait aussi ses singularités. Son

manteau, plissé dans le goût des draperies antiques, laissait voir une élégante chaussure, d'autant plus remarquable au milieu de la boue parisienne, qu'il portait des bas de soie blancs dont les mouchetures attestaient son impatience. Les boucles de ses cheveux noirs défrisés par l'humidité dont ses épaules étaient couvertes, indiquaient une coiffure à la Caracalla, que la récente résurrection de la sculpture et certain engouement pour l'antique avaient mise à la mode. Il sortait sans doute d'une noce ou d'un bal, il était six heures et demie du matin, et il portait des gants blancs déchirés. Malgré le bruit que faisaient quelques maraîchers attardés qui passaient au galop pour se rendre à la grande halle, cette rue si agitée avait alors un calme dont il est difficile de concevoir la magie, si l'on n'a pas erré dans Paris désert, à ces heures où son tapage, un moment apaisé, renaît et s'entend dans le lointain comme la grande voix de la mer. Cet étrange jeune homme devait être aussi curieux pour les commerçants du Chat-qui-pelote, que le Chat-qui-pelote l'était pour lui. Une cravate éblouissante de blancheur rendait sa figure tourmentée encore plus pâle qu'elle ne l'était réellement. Le feu tour à tour sombre et pétillant que jetaient ses yeux noirs, s'harmoniait avec les contours bizarres de son visage, avec sa bouche large et sinueuse qui se contractait en souriant. Son front, ridé par une contrariété violente, avait quelque chose de fatal. Le front n'est-il pas ce qui se trouve de plus prophétique en l'homme? Quand celui de l'inconnu exprimait la passion, les plis causaient une sorte d'effroi par la vigueur avec laquelle ils se prononçaient; tandis que si la peau brune reprenait son calme si facile à troubler, il y respirait une grâce dont la poésie à demi-lumineuse éclairait des traits qui auraient semblé repoussants s'ils n'eussent été sans cesse ennoblis par une physionomie spirituelle où la joie, la douleur, l'amour, la colère, le dédain, éclataient d'une manière si communicative, qu'un homme froid devait épouser involontairement les affections qui s'y peignaient. Cet inconnu se dépitait si bien au moment où l'on ouvrit précipitamment la lucarne du grenier, qu'il n'y vit pas apparaître trois joyeuses figures rondelettes, blanches, roses, mais aussi communes que le sont ces figures du Commerce sculptées sur certains monuments. Ces trois faces, encadrées par la lucarne, rappelaient les têtes d'anges bouffis semées dans les nuages dont on accompagne le Père éternel. Les apprentis respirèrent les émanations de la rue avec une avidité qui prouvait combien l'atmosphère de leur grenier était chaude et méphytique. Celui des commis auquel appartenait la figure la plus joviale montra le singulier factionnaire aux autres; puis, en un moment il disparut, et revint en tenant à la main un instrument dont le métal inflexible a été récemment détrôné par un cuir souple et poli. Ces trois visages prirent une expression malicieuse en regardant le badaud qu'ils aspergèrent d'une pluie fine et blanchâtre, dont le parfum prouvait que les trois mentons venaient d'être rasés. Élevés sur la pointe de leurs pieds, et réfugiés au fond de leur grenier pour jouir de la colère de leur victime, les commis cessèrent de rire en voyant l'insouciant dédain avec lequel le jeune homme secoua son manteau, et le profond mépris que peignit sa figure, quand il leva les yeux sur la lucarne vide. En ce moment, une main blanche et délicate fit remonter, vers l'imposte, la partie inférieure d'une des grossières croisées du troisième étage, au moyen de ces ingénieuses coulisses dont le tourniquet laisse souvent tomber à l'improviste les lourds vitrages qu'il doit retenir. Le passant reçut la récompense de sa longue attente. La figure d'une jeune fille fraîche comme un de ces blancs calices qui fleurissent au sein des eaux, se montra couronnée d'une ruche en mousseline froissée qui donnait à sa tête un air d'innocence admirable. Quoique couverts d'une étoffe brune, son cou, ses épaules s'apercevaient, grâce à de légers interstices ménagés par les mouvements du sommeil. Aucune expression de contrainte n'altérait ni l'ingénuité de ce visage, ni le calme de ces yeux immortalisés par avance dans les sublimes compositions de Raphaël : c'était la même grâce, la même tranquillité de ces vierges devenues proverbiales. Il existait un ravissant contraste produit par la jeunesse des joues de cette figure sur laquelle le sommeil avait laissé comme une surabondance de vie, et par la vieillesse de cette fenêtre massive aux contours grossiers, dont l'appui était noir. Semblable à ces fleurs de jour qui n'ont pas encore au matin déplié toutes leurs tuniques roulées par le froid des nuits, la jeune fille à peine éveillée laissa errer ses yeux bleus sur les toits voisins et regarda le ciel. Puis, par une sorte d'habitude, elle les baissa sur les sombres régions de la rue, où ils rencontrèrent aussitôt ceux du contemplateur. La coquetterie la fit sans doute souffrir d'être vue en déshabillé; elle se retira vivement en arrière, le tourniquet tout usé tourna, la croisée redescendit avec cette rapidité qui, de nos jours, a fait donner un nom odieux à cette triste invention de nos ancêtres, et la vision disparut. Il semblait à ce jeune homme que la plus brillante des étoiles du matin avait été soudain cachée par un nuage.

Pendant ces petits événements, les lourds volets intérieurs qui défendaient le léger vitrage de la boutique du Chat-qui-pelote avaient été enlevés comme par magie. La vieille porte à heurtoir fut repliée sur le mur intérieur de la maison par un vieux serviteur presque contemporain de l'enseigne, qui, d'une main tremblante, y attacha le morceau de drap carré sur lequel était brodé en soie jaune le nom de *Guillaume, successeur de Chevrel*. Il eût été difficile à plus d'un passant de deviner le genre de commerce de M. Guillaume. A travers les gros barreaux de fer qui protégeaient extérieurement sa boutique, à peine y apercevait-on des paquets enveloppés de toile brune aussi nombreux que des harengs quand ils traversent l'Océan. Malgré l'apparente simplicité de cette gothique façade, M. Guillaume était, de tous les marchands drapiers de Paris, celui dont les magasins se trouvaient toujours le mieux fournis, dont les relations avaient le plus d'étendue, la probité commerciale le plus d'exactitude. Si quelques-uns de ses confrères avaient conclu des marchés avec le gouvernement, sans avoir la quantité de drap voulue, il était toujours prêt à la leur livrer, quelque considérable que fût le nombre de pièces qu'ils avaient soumissionnées. Le rusé négociant connaissait mille manières de s'attribuer le plus fort bénéfice sans se trouver obligé, comme eux, de courir chez des protecteurs, faire des bassesses ou de riches présents. Si ses confrères ne pouvaient le payer qu'en excellentes traites un peu longues, il indiquait son notaire comme un homme accommodant, et savait encore tirer une seconde mouture du sac, grâce à cet expédient qui faisait dire proverbialement aux négociants de la rue Saint-Denis : « — Dieu vous garde du notaire de M. Guillaume ! » pour désigner un escompte onéreux.

Le vieux négociant se trouva debout comme par miracle, sur le seuil de sa boutique, au moment où le domestique se retira. M. Guillaume regarda la rue Saint-Denis, les boutiques voisines et le temps, comme un homme qui débarque au Hâvre et revoit la France après un long voyage. Bien convaincu que rien n'avait changé pendant son sommeil, il aperçut alors le passant en faction, qui, de son côté, contemplait le patriarche de la draperie, comme M. de Humboldt dut examiner le premier gymnote électrique qu'il rencontra en Amérique. M. Guillaume portait de larges culottes de velours noir, des bas chinés, et des souliers carrés à boucles d'argent. Son habit à pans carrés, à basques carrées, à collet carré, environnait son corps, légèrement voûté, d'un drap verdâtre garni de grands boutons en métal blanc, mais rougis par l'usage. Ses cheveux gris étaient si exactement aplatis et peignés sur son crâne jaune, qu'ils le faisaient ressembler à un champ sillonné. Ses petits yeux verts, percés comme avec une vrille, flamboyaient sous deux arcs marqués d'une faible rougeur à défaut de sourcils. Les inquiétudes avaient tracé sur son front des rides horizontales aussi nombreuses que les plis de son habit. Cette figure blême annonçait la patience, la sagesse commerciale, et l'espèce de cupidité rusée que réclament les affaires. A cette époque, on voyait moins rarement qu'aujourd'hui de ces vieilles familles qui conservaient comme de précieuses traditions les mœurs, les costumes caractéristiques de leurs professions, et restaient au milieu de la civilisation nouvelle comme ces débris antédiluviens retrouvés par Cuvier dans les carrières. Le chef de la famille Guillaume était un de ces notables gardiens des anciens usages. On le surprenait à regretter le prévôt des marchands, et jamais il ne parlait d'un jugement du tribunal de commerce sans le nommer la *sentence des consuls*. C'était sans doute en vertu de ces coutumes que, levé le premier de sa maison, il attendait de pied ferme l'arrivée de ses trois commis, pour les gourmander en cas de retard.

Ces jeunes disciples de Mercure ne connaissaient rien de plus redoutable que l'activité silencieuse avec laquelle le patron scrutait leurs visages et leurs mouvements le lundi matin, ou quand il soupçonnait qu'ils pouvaient avoir commis quelque escapade. Mais, en ce moment, le vieux drapier ne faisait aucune attention à ses apprentis. Il était occupé à chercher le motif de la sollicitude avec laquelle le jeune homme en bas de soie et en manteau portait alternativement les yeux sur son enseigne et sur les profondeurs de son magasin. Le jour, devenu plus éclatant, permettait d'y apercevoir le bureau grillagé, entouré de rideaux en vieille soie verte, où se tenaient les livres immenses, oracles muets de la maison. Le trop curieux étranger semblait convoiter ce petit local, y prendre le plan d'une salle à manger latérale éclairée par un vitrage pratiqué dans le plafond, et d'où la famille réunie devait facilement voir, pendant ses repas, les plus légers accidents qui pouvaient arriver sur le seuil de la boutique. Un si grand amour pour son logis paraissait suspect à un négociant qui avait subi le régime de la terreur. M. Guillaume pensait donc assez naturellement que cette figure sinistre en voulait à la caisse du Chat-qui-pelote. Après avoir discrètement joui du duel muet qui avait lieu entre son patron et l'inconnu, le plus âgé des commis hasarda de se placer sur la dalle où était M. Guillaume. En voyant le jeune homme contempler à la dérobée les croisées du troisième, il fit deux pas dans la rue, leva la tête, et crut avoir aperçu mademoiselle Augustine Guillaume qui se retirait avec précipitation. Mécontent de la perspicacité de son premier commis, le drapier lui lança un regard de travers; mais tout à coup les craintes mutuelles que la présence de ce passant excitait dans l'âme du marchand et de l'amoureux apprenti se calmèrent. L'inconnu fit signe à un fiacre qui se rendait à une place voisine, et y monta rapidement en affectant une trompeuse indifférence. Ce départ mit un certain baume dans le cœur des deux autres commis, inquiets de retrouver la victime de leur aspersion.

— Hé bien, messieurs, qu'avez-vous donc à rester là, les bras croisés? dit M. Guillaume à ses trois néophytes. Mais autrefois, sarpejeu! quand j'étais chez le sieur Chevrel, j'avais à cette heure-ci visité déjà plus de deux pièces de drap.

— Il faisait donc clair de meilleure heure! dit le second commis, que cette tâche concernait.

Le vieux négociant ne put s'empêcher de sourire. Quoique deux de ces trois jeunes gens, confiés à ses soins par leurs pères, riches manufacturiers de Louviers et de Sedan, n'eussent eu à demander cent mille écus pour les avoir, le jour où ils seraient en âge de s'établir, M. Guillaume croyait de son devoir de les tenir sous la férule d'un antique despotisme, inconnu de nos jours dans les brillants magasins modernes dont les commis veulent être riches à trente ans. Il les faisait travailler comme des nègres. A eux trois, ces commis suffisaient à une besogne qui aurait mis sur les dents dix de ces employés dont le sybaritisme enfle aujourd'hui les colonnes du budget. Aucun bruit ne troublait la paix de cette maison solennelle, où les gonds semblaient toujours huilés, et dont le moindre meuble avait cette propreté respectable qui annonce un ordre et une économie sévères. Souvent, le plus espiègle des commis s'était amusé à écrire sur le fromage de gruyère qu'on leur abandonnait au déjeuner, et qu'ils se plaisaient à respecter, la date de sa réception primitive. Cette malice et quelques autres semblables faisaient parfois sourire la plus jeune des deux filles de M. Guillaume, la jolie vierge qui venait d'apparaître au passant enchanté. Quoique chacun des apprentis, et même le plus jeune, payassent une forte pension, aucun d'eux n'eût été assez hardi pour rester à la table du patron au moment où le dessert y était servi. Lorsque madame Guillaume parlait d'accommoder la salade, ces pauvres jeunes gens tremblaient en songeant avec quelle parcimonie son inexorable main savait y épancher l'huile. Il ne fallait pas qu'ils s'avisassent de passer une nuit dehors, sans avoir donné longtemps à l'avance un motif plausible à cette irrégularité. Chaque dimanche, et à tour de rôle, deux commis accompagnaient la famille Guillaume à la messe de St-Leu et aux vêpres. Mesdemoiselles Virginie et Augustine, modestement vêtues d'indienne, prenaient chacune le bras d'un commis, et marchaient en avant, sous les yeux perçants de leur mère, qui fermait ce petit cortége domestique avec son mari, accoutumé par elle à porter deux gros paroissiens reliés en maroquin noir. Le second commis n'avait pas d'appointements. Quant à celui que sept ans de persévérance et de discrétion initiaient aux secrets de la maison, il recevait huit cents francs en récompense de ses labeurs. A certaines fêtes de famille, il était gratifié de quelques cadeaux auxquels la main sèche et ridée de madame Guillaume donnait seule du prix : des bourses en filet qu'elle avait soin d'emplir de coton pour en faire valoir les dessins à jour; des bretelles fortement conditionnées, ou des paires de bas de soie bien lourds. Quelquefois, mais rarement, ce premier ministre était admis à partager les plaisirs de la famille, soit quand elle allait à la campagne, soit quand, après des mois d'attente, elle se décidait à user de son droit à demander, en louant une loge, une pièce à laquelle Paris ne pensait plus. Quant aux deux autres commis, la barrière de respect qui séparait jadis un maître drapier de ses apprentis était placée si fortement entre eux et le vieux négociant, qu'il leur eût été plus facile de voler une pièce de drap que de faire plier cette auguste étiquette. Cette réserve peut paraître ridicule aujourd'hui. Néanmoins, ces vieilles maisons étaient des écoles de mœurs et de probité. Les maîtres adoptaient leurs apprentis. Le linge d'un jeune homme était soigné, réparé, quelquefois renouvelé par la maîtresse de la maison. Un commis tombait-il malade? il était l'objet de soins vraiment maternels; en cas de danger, le patron prodiguait son argent pour appeler les plus célèbres docteurs; car il ne répondait pas seulement des mœurs et du savoir de ces jeunes gens à leurs parents. Si l'un d'eux, honorable par le caractère, venait à éprouver quelque désastre, ces vieux négociants savaient apprécier l'intelligence qu'ils avaient développée, et n'hésitaient pas à confier le bonheur de leurs filles à celui auquel ils avaient pendant longtemps confié leurs fortunes. M. Guillaume était un de ces hommes antiques; s'il en avait les ridicules, il en avait le cœur et les qualités. Aussi M. Joseph Lebas, son premier commis, orphelin et sans fortune, était-il, dans son idée, le futur époux de Virginie, sa fille aînée. Mais M. Joseph n'avait pas adopté les pensées symétriques de son patron, qui, pour un empire, n'aurait pas marié sa seconde fille avant la première. L'infortuné commis se sentait le cœur entièrement pris pour mademoiselle Augustine la cadette. Afin de justifier cette passion qui avait grandi secrètement, il est nécessaire de pénétrer plus avant dans les ressorts du gouvernement absolu qui régissait la maison du vieux marchand drapier.

M. Guillaume avait deux filles. L'aînée, mademoiselle Virginie, était tout le portrait de sa mère. Madame Guillaume, fille du sieur Chevrel, se tenait si droite sur la banquette de son comptoir, que plus d'une fois elle avait entendu des plaisants parier qu'elle y était empalée. Sa figure maigre et longue annonçait une dévotion outrée. Sans grâces et sans manières aimables, madame Guillaume gardait habituellement sa tête presque sexagénaire d'un bonnet dont la forme était invariable et ornée de barbes comme celui d'une veuve. Tout le voisinage l'appelait la sœur tourière. Sa parole était brève, et ses gestes avaient quelque chose des mouvements saccadés d'un télégraphe. Son œil, clair comme celui d'un chat, semblait en vouloir à tout le monde de ce qu'elle était laide. Mademoiselle Virginie, élevée comme sa jeune sœur sous les lois despotiques de leur mère, avait atteint l'âge de vingt-huit ans. La jeunesse atténuait l'air disgracieux que sa ressemblance avec sa mère donnait parfois à sa figure; mais la rigueur maternelle l'avait dotée de deux grandes qualités, qui pouvaient tout contrebalancer : elle était douce et patiente. Mademoiselle Augustine, à peine âgée de dix-huit ans, ne ressemblait ni à son père ni à sa mère. Elle était de ces filles qui, par l'absence de tout lien physique avec leurs parents, font croire à ce dicton de prude : Dieu donne les enfants. Augustine était petite, ou, pour le mieux peindre, mignonne. Gracieuse et pleine de candeur, un homme du monde n'aurait pu reprocher à cette charmante créature que des gestes mesquins ou certaines attitudes communes, et parfois de la gêne. Sa figure silencieuse et immobile respirait cette mélancolie passagère qui s'empare de toutes les jeunes filles trop faibles pour oser résister aux volontés d'une mère.

Toujours modestement vêtues, les deux sœurs ne pouvaient satisfaire la coquetterie innée chez la femme que par un luxe de propreté qui leur allait à merveille, et les mettait en harmonie avec ces comptoirs luisants, avec ces rayons sur lesquels le vieux domestique ne souffrait pas un grain de poussière, avec la simplicité antique de tout ce qui se voyait autour d'elles. Obligées, par leur genre de vie, à chercher des éléments de bonheur dans des travaux obstinés, Augustine et Virginie n'avaient donné jusqu'alors que du contentement à leur mère, qui s'applaudissait secrètement de la perfection du caractère de ses deux filles. Il est facile d'imaginer les résultats de l'éducation qu'elles avaient reçue. Élevées pour le commerce, habituées à n'entendre que des raisonnements et des calculs tristement mercantiles, n'ayant appris que la grammaire, la tenue des livres, un peu d'histoire juive, l'histoire de France dans Le Ragois, et ne lisant que les auteurs dont leur mère permettait l'entrée au logis, leurs idées n'avaient pas pris beaucoup d'étendue. Elles savaient parfaitement tenir un ménage; elles connaissaient le prix des choses; elles appréciaient les difficultés que l'on éprouve à amasser l'argent, elles étaient économes et portaient un grand respect aux qualités du négociant. Malgré la fortune de leur père, elles étaient aussi habiles à faire des reprises qu'à festonner; et souvent leur mère parlait de leur apprendre la cuisine, afin qu'elles sussent bien ordonner un dîner, et pussent gronder une cuisinière en connaissance de cause. Ignorant les plaisirs du monde, et voyant comment s'écoulait la vie exemplaire de leurs parents, elles ne jetaient que bien rarement leurs regards au-delà de l'enceinte de cette vieille maison patrimoniale qui, pour leur mère, était tout l'univers. Les réunions occasionées par les solennités de famille formaient tout l'avenir de leurs joies terrestres. Quand le grand salon situé au second étage devait recevoir leur oncle le notaire et sa femme qui avait des diamants, un cousin chef de division au ministère de la guerre, les négociants le mieux famés de la rue des Bourdonnais, deux ou trois vieux banquiers, et quelques jeunes femmes de mœurs irréprochables; les apprêts nécessités par la manière dont l'argenterie, les porcelaines de Saxe, les bougies, les cristaux étaient empaquetés, faisaient une diversion à la taciturnité de la vie ordinaire de ces trois femmes. Elles allaient et venaient, et se donnaient autant de mouvement que des religieuses qui reçoivent un évêque. Puis quand, le soir, fatiguées toutes trois d'avoir essuyé, frotté, déballé, et mis en place les ornements de la fête, les deux jeunes filles aidaient leur mère à se coucher, madame Guillaume leur disait : — Nous n'avons rien fait aujourd'hui, mes enfants ! Lorsque, dans ces assemblées solennelles, la sœur tourière permettait de danser, en confinant les parties de boston, de whist et de trictrac dans sa chambre à coucher, cette concession était comptée parmi les félicités les plus inespérées, et causait un bonheur égal à celui d'aller à deux ou trois grands bals, où M. Guillaume menait ses filles à l'époque du carnaval. Enfin, une fois par an, l'honnête drapier donnait une fête pour laquelle rien n'était épargné. Quelque riches et élégantes que fussent les personnes invitées, elles se gardaient bien d'y manquer, car les maisons les plus considérables de la place avaient recours à l'immense crédit, à la fortune ou à la vieille expérience de M. Guillaume. Mais les deux filles de ce digne négociant ne profitaient pas autant qu'on pourrait le supposer des enseignements que le monde offre à de jeunes âmes. Elles apportaient dans ces réunions, qui semblaient inscrites sur le carnet d'échéance de la maison, des parures dont la mesquinerie les faisait rougir. Leur manière de danser n'avait rien de remarquable, et la surveillance maternelle ne leur permettait pas de soutenir la conversation autrement que par Oui et Non avec leurs cavaliers. Puis la loi de la vieille enseigne du Chat-qui-pelote leur ordonnait d'être rentrées à onze heures, moment où les bals et les fêtes commencent à s'animer. Ainsi leurs plaisirs, en apparence assez conformes à la fortune de leur père, devenaient souvent insipides par des circonstances qui tenaient aux habitudes et aux principes de cette famille. Quant à leur vie habituelle, une seule observation achèvera de la peindre. Madame Guillaume exigeait que ses deux filles fussent habillées de grand matin, qu'elles descendissent tous les jours à la même heure, et soumettait leurs occupations à une régularité monastique.

Cependant Augustine avait reçu du hasard une âme assez élevée pour sentir le vide de cette existence. Parfois ses yeux bleus se relevaient comme pour interroger les profondeurs de cet escalier sombre et de ces magasins humides. Après avoir sondé ce silence de cloître, elle semblait écouter de loin d'indistinctes révélations de cette vie passionnée qui met les sentiments à un plus haut prix que les choses. En ces moments son visage se colorait, ses mains inactives laissaient tomber la blanche mousseline sur le chêne poli du comptoir, et bientôt sa mère lui disait d'une voix qui restait toujours aigre même dans les tons les plus doux : — Augustine, à quoi pensez-vous donc, mon bijou ?

Peut-être *Hippolyte comte de Douglas* et *le comte de Comminges*, deux romans trouvés par Augustine dans l'armoire d'une cuisinière récemment renvoyée par madame Guillaume, contribuèrent-ils à développer les idées de cette jeune fille qui les avait furtivement dévorés pendant une longue nuit de l'hiver précédent. Les expressions de désir vague, la voix douce, la peau de jasmin et les yeux bleus d'Augustine, avaient donc allumé dans l'âme du pauvre orphelin un amour aussi violent que respectueux. Par un caprice facile à comprendre, Augustine ne se sentait aucun goût pour M. Joseph Lebas. Peut-être était-ce parce qu'elle ne savait pas en être aimée. En revanche, les longues jambes, les cheveux châtains, les grosses mains et l'encolure vigoureuse du premier commis, avaient trouvé une secrète admiratrice dans mademoiselle Virginie, qui, malgré ses cinquante mille écus de dot, n'était demandée en mariage par personne. Rien de plus naturel que ces deux passions inverses nées dans le silence de ces comptoirs obscurs comme fleurissent des violettes dans la profondeur d'un bois. La muette et constante contemplation qui réunissait les yeux de ces jeunes gens par un besoin violent de distraction au milieu de travaux obstinés et d'une paix religieuse, devait tôt ou tard exciter des sentiments d'amour. L'habitude de voir une figure y fait découvrir insensiblement les qualités de l'âme, et finit par en effacer les défauts.

— Au train dont cet homme y va, nos filles ne tarderont pas à se mettre à genoux devant un prétendu ! se dit M. Guillaume en lisant, un matin, le premier décret par lequel Napoléon anticipa sur les classes des conscrits. Dès ce jour, le vieux marchand, désespéré de voir sa fille aînée se faner, et se souvenant d'avoir épousé mademoiselle Chevrel à peu près dans la situation où se trouvaient Joseph Lebas et Virginie, calcula qu'il pouvait tout à la fois marier sa fille, et s'acquitter d'une dette sacrée en rendant à un orphelin le bienfait qu'il avait reçu jadis de son prédécesseur dans les mêmes circonstances. Âgé de trente-trois ans, Joseph Lebas pensait aux obstacles que quinze ans de différence mettaient entre Augustine et lui. Trop perspicace d'ailleurs pour ne pas deviner les desseins de M. Guillaume, il en connaissait assez les principes inexorables pour savoir que jamais la cadette ne se marierait avant l'aînée. Le pauvre commis, dont le cœur était aussi excellent que ses jambes étaient longues et son buste épais, souffrait donc en silence.

Tel était l'état des choses dans cette petite république, qui, au milieu de la rue Saint-Denis, ressemblait assez à une succursale de la Trappe. Mais pour rendre un compte exact des événements extérieurs comme des sentiments, il est nécessaire de remonter à quelques mois avant la scène par laquelle commence cette histoire. A la nuit tombante, un jeune homme passant devant l'obscure boutique du Chat-qui-pelote, y était resté un moment en contemplation à l'aspect d'une scène qui aurait arrêté tous les peintres du monde. Le magasin n'étant pas encore éclairé, formait un plan noir au fond duquel se voyait la salle à manger du marchand. Une lampe astrale y répandait ce jour doux qui donne tant de grâce aux tableaux de l'école hollandaise. Le linge blanc, l'argenterie, les cristaux formaient de brillants accessoires qu'embellissaient encore de vives oppositions entre l'ombre et la lumière. La figure du père de famille et celle de sa femme, les visages des commis et les formes pures d'Augustine, à deux pas de laquelle se voyait une grosse fille joufflue, composaient un groupe si curieux; ces têtes étaient si originales, et chaque caractère avait une expression si franche; on devinait si bien la paix, le silence et la modeste vie de cette famille, que, pour un artiste accoutumé à exprimer la nature, il y avait quelque chose de désespérant à vouloir rendre cette scène fortuite. Ce passant était un jeune peintre, qui, sept ans auparavant, avait remporté le grand prix de peinture. Il revenait de Rome. Son âme nourrie de poésie, ses yeux rassasiés de Raphaël et de Michel-Ange, avaient soif de la nature vraie, après une longue habitation du pays pompeux où l'art a jeté partout son grandiose. Faux ou juste, tel était son sentiment personnel. Abandonné longtemps à la fougue des passions italiennes, son cœur demandait une de ces vierges modestes et recueillies que, malheureusement, il n'avait su trouver qu'en peinture à Rome. De l'enthousiasme imprimé à son âme exaltée par le tableau naturel qu'il contemplait, il passa naturellement à une profonde admiration pour la figure principale. Augustine paraissait pensive et ne mangeait point. Par une disposition de la lampe dont la lumière tombait entièrement sur son visage, son buste semblait se mouvoir dans un cercle de feu qui détachait plus vivement les contours de sa tête et l'illuminait d'une manière quasi surnaturelle. L'artiste la comparait involontairement à un ange exilé qui se souvient du ciel. Une sensation presque inconnue, un amour limpide et bouillonnant inonda son cœur. Après être resté pendant un moment comme écrasé sous le poids de ses idées, il s'arracha à son bonheur, rentra chez lui, ne mangea pas, ne dormit pas. Le lendemain, il entra dans son atelier, pour n'en sortir qu'après avoir déposé sur une toile la magie de cette scène dont le souvenir l'avait en quelque sorte fanatisé. Sa félicité fut incomplète tant qu'il ne posséda pas un fidèle portrait de son idole. Il passa plusieurs fois devant la maison du Chat-qui-pelote; il osa même y entrer une ou deux fois sous le masque d'un déguisement, afin de voir de plus près la ravissante créature que madame Guillaume couvrait de son aile. Pendant huit mois entiers, adonné à son amour, à ses pinceaux, il resta invisible pour ses amis les plus intimes, oubliant le monde, la poésie, le théâtre, la musique, et ses plus chères habitudes.

Un matin, Girodet força toutes ces consignes que les artistes connaissent et savent éluder, parvint à lui, et le réveilla par cette interrogation :— Que mettras-tu au salon ?

L'artiste saisit la main de son ami, l'entraîne à son atelier, découvre un petit tableau de chevalet et un portrait. Après une lente et avide contemplation des deux chefs-d'œuvre, Girodet saute au cou de son camarade et l'embrasse, sans trouver de paroles. Ses émotions ne pouvaient se rendre que comme il les sentait, d'âme à âme.

— Tu es amoureux ? dit Girodet.

Tous deux savaient que les plus beaux portraits de Titien, de Raphaël et de Léonard de Vinci, sont dûs à des sentiments exaltés qui, sous diverses conditions, engendrent d'ailleurs tous les chefs-d'œuvre. Pour toute réponse, le jeune artiste inclina la tête.

— Es-tu heureux de pouvoir être amoureux ici, en revenant d'Italie ! Je ne te conseille pas de mettre de telles œuvres au salon, ajouta le grand peintre. Vois-tu, ces deux tableaux n'y seraient pas sentis. Ces couleurs vraies, ce travail prodigieux, ne peuvent pas encore être appréciés, le public n'est plus accoutumé à tant de profondeur. Les tableaux que nous peignons, mon bon ami, sont des écrans, des paravents. Tiens, faisons plutôt des vers, et traduisons Anacréon ? je t'assure qu'il y a plus de gloire à en attendre que de nos malheureuses toiles.

Malgré cet avis charitable, les deux toiles furent exposées. La scène d'intérieur fit une révolution dans la peinture. Elle donna naissance à ces tableaux de genre dont la prodigieuse quantité importée à toutes nos expositions, pourrait faire croire qu'ils s'obtiennent par des procédés purement mécaniques. Quant au portrait, il est peu d'artistes qui ne gardent le souvenir de cette toile vivante à laquelle le public, toujours juste en masse, laissa la couronne que Girodet y plaça lui-même. Les deux tableaux furent entourés d'une foule immense ; on s'y tua, comme disent les dames. Des spéculateurs, des grands seigneurs couvrirent ces deux toiles de doubles napoléons ; mais l'artiste refusa obstinément de les vendre, et refusa même d'en faire des copies. On lui offrit une somme énorme pour les laisser graver, les marchands ne furent pas plus heureux que ne l'avaient été les gens de la cour. Quoique cette aventure fît du bruit dans le monde, elle n'était pas de nature à parvenir au fond de la petite Thébaïde de la rue Saint-Denis. Néanmoins, en venant faire visite à madame Guillaume, la femme du notaire parla de l'exposition devant Augustine, qu'elle aimait beaucoup, et lui en expliqua le but. Le babil de madame Vernier inspira naturellement à Augustine le désir de voir les tableaux, et la hardiesse de demander secrètement à sa tante de l'accompagner au Louvre. La tante réussit dans la négociation qu'elle entama auprès de madame Guillaume, pour obtenir la permission d'arracher sa nièce à ses tristes travaux pendant environ deux heures. La jeune fille pénétra donc, à travers la foule, jusqu'au tableau couronné. Un frisson la fit trembler comme une feuille de bouleau, quand elle se reconnut. Elle eut peur, et regarda autour d'elle pour rejoindre sa tante, dont un flot de monde l'avait séparée. En ce moment ses yeux effrayés rencontrèrent la figure enflammée du jeune peintre. Elle se rappela tout à coup la physionomie d'un promeneur que, curieuse, elle avait souvent remarqué, en croyant que c'était un nouveau voisin.

— Vous voyez ce que l'amour m'a fait faire, dit l'artiste à l'oreille de la timide créature, qui resta tout épouvantée de ces paroles.

Elle trouva un courage surnaturel pour fendre la presse, et pour rejoindre sa tante encore occupée à percer la masse de monde qui l'empêchait d'arriver jusqu'au tableau.

— Vous seriez étouffée, s'écria Augustine, partons, ma tante.

Mais il se rencontre, au Salon, certains moments pendant lesquels deux femmes ne sont pas toujours libres de diriger leurs pas dans les galeries. Mademoiselle Guillaume et sa tante furent poussées à quelques pas du second tableau, par suite des mouvements irréguliers que la foule leur imprima. Le hasard voulut que madame Vernier et Augustine eussent la facilité d'approcher ensemble de la toile illustrée par la mode, d'accord cette fois avec le talent. La tante fit une exclamation de surprise perdue dans le brouhaha et les bourdonnements de la foule ; mais Augustine pleura involontairement à l'aspect de cette merveilleuse scène. Puis, par un sentiment presque inexplicable, elle mit un doigt sur ses lèvres, en apercevant à deux pas d'elle la figure extatique du jeune artiste. Il répondit par un signe de tête, et désigna du doigt madame Vernier comme un trouble-fête, afin de montrer à la jeune fille qu'elle était comprise. Cette pantomime jeta comme un brasier dans le corps de la pauvre fille. Elle se trouva criminelle, en se figurant qu'il venait de se conclure un pacte entre elle et l'artiste. Une chaleur étouffante, le continuel aspect des plus brillantes toilettes, et l'étourdissement que devaient produire sur Augustine la variété des couleurs, la multitude des figures vivantes ou peintes, la profusion des cadres d'or, lui firent éprouver une espèce d'enivrement qui redoubla ses craintes. Elle se serait peut-être évanouie, si, malgré ce chaos de sensations, il ne s'était élevé au fond de son cœur une jouissance inconnue qui vivifia tout son être. Néanmoins, elle se crut sous l'empire de ce démon dont la voix tonnante des prédicateurs lui avait annoncé de si terribles effets. Ce moment fut pour elle comme un moment de folie. Elle se vit accompagnée jusqu'à la voiture de sa tante par ce jeune homme resplendissant de bonheur et d'amour. En proie à une irritation toute nouvelle, à une ivresse qui la livrait en quelque sorte à la nature, Augustine écouta la voix éloquente de son cœur, et regarda plusieurs fois le jeune peintre en laissant paraître le trouble dont elle était saisie. Jamais l'incarnat de ses joues n'avait été plus brillant, et n'avait formé de plus vigoureux contrastes avec la blancheur de sa peau. C'était la beauté dans toute sa fleur, la pudeur dans toute sa gloire. Elle éprouva une sorte de joie, mêlée de terreur, en pensant que sa présence causait la félicité de celui dont le nom était sur toutes les lèvres, dont le talent donnait l'immortalité humaine à de passagères images! Elle était aimée! Il lui était impossible d'en douter. Quand elle ne vit plus l'artiste, elle entendit encore retentir dans son cœur ces paroles simples : — « Vous voyez ce que l'amour m'a fait faire. » Et les palpitations profondes de son cœur lui semblèrent une douleur, tant son sang plus riche allait vivement réveiller la vie dans toutes les régions de son faible corps. Elle feignit d'avoir un grand mal de tête pour éviter de répondre aux questions de sa tante relativement aux tableaux; mais, au retour, madame Vernier ne put s'empêcher de parler à madame Guillaume de la célébrité obtenue par le Chat-qui-pelote, et Augustine trembla de tous ses membres en entendant dire à sa mère qu'elle irait au Salon pour y voir sa maison. La jeune fille insista de nouveau sur sa souffrance, et obtint la permission d'aller se coucher.

— Voilà ce qu'on gagne à tous ces spectacles, s'écria M. Guillaume. Des maux de tête. Est-ce donc bien amusant de voir en peinture ce qu'on rencontre tous les jours dans notre rue! Ne me parlez pas de ces artistes! ce sont comme vos auteurs, des meure-de-faim. Que diable ont-ils besoin de prendre ma maison pour la vilipender dans leurs tableaux!

— Cela pourra nous faire vendre quelques aunes de drap de plus, dit Joseph Lebas.

Cette observation n'empêcha pas que les arts et la pensée ne fussent condamnés encore une fois au tribunal du Négoce. Comme on doit bien le penser, ces discours ne donnèrent pas grand espoir à Augustine. Elle eut la nuit tout entière pour se livrer à la première méditation de l'amour. Les événements de cette journée furent comme un songe qu'elle se plut à reproduire dans sa pensée. Elle s'initia aux craintes, aux espérances, aux remords, à toutes ces ondulations de sentiment qui devaient bercer un cœur simple et timide comme était le sien. Quel vide elle reconnut dans cette noire maison, et quel trésor elle trouva dans son âme! Être la femme d'un homme de talent, partager sa gloire! Quels ravages cette idée ne devait-elle pas faire au cœur d'une enfant élevée au sein de cette famille? Quelle espérance ne devait-elle pas éveiller chez une jeune personne qui, nourrie jusqu'alors de principes vulgaires, avait désiré une vie élégante! Un rayon de soleil était tombé dans cette prison. Augustine aima tout à coup. En elle tant de sentiments étaient flattés à la fois, qu'elle devait succomber! Elle ne calcula rien. A dix-huit ans, l'amour ne jette-t-il pas son prisme entre le monde et les yeux d'une jeune fille? Incapable de deviner les rudes chocs qui résultent de l'alliance d'une femme aimante, avec un homme d'imagination, elle crut être appelée à faire le bonheur de celui-ci, sans apercevoir aucune disparate entre elle et lui. Pour elle, le présent était tout l'avenir. Quand le lendemain son père et sa mère revinrent du salon, leurs figures attristées annoncèrent quelque désappointement. D'abord, les deux tableaux avaient été retirés par le peintre; puis, madame Guillaume avait perdu son châle de dentelle noire. Apprendre que les tableaux venaient de disparaître après sa visite au salon, fut pour Augustine la révélation d'une délicatesse de sentiment que les femmes savent toujours apprécier instinctivement.

Le matin où, rentrant d'un bal, Henri de Sommervieux (tel était le nom que la renommée avait apporté dans le cœur d'Augustine) fut aspergé par les commis du Chat-qui-pelote, pendant qu'il attendait l'apparition de sa naïve amie, qui ne le savait certes pas là, les deux amants se voyaient pour la quatrième fois seulement, depuis la scène du salon. Les obstacles que le régime de la maison Guillaume devait opposer au caractère fougueux de l'artiste, donnaient à sa passion pour Augustine une violence difficile à décrire. Comment aborder une jeune fille, assise dans un comptoir entre deux femmes telles que mademoiselle Virginie et madame Guillaume? Comment correspondre avec elle, quand sa mère ne la quittait jamais? Habile, comme tous les amants, à se forger des malheurs, Henri se créait un rival dans l'un des commis, et mettait les autres dans les intérêts de son rival. S'il échappait à tant d'Argus, il se voyait échouant sous les yeux sévères du vieux négociant ou de madame Guillaume. Partout des barrières, partout le désespoir. La violence même de sa passion empêchait le jeune peintre de trouver ces expédients ingénieux qui, chez les prisonniers comme chez les amants, semblent être le dernier effort de la raison humaine échauffée par un sauvage besoin de liberté ou par le feu de l'amour. Alors Henri de Sommervieux tournait dans le quartier avec l'activité d'un fou, comme si le mouvement pouvait lui suggérer des ruses. Après s'être bien tourmenté l'imagination, il inventa de gagner à prix d'or la servante joufflue. Quelques lettres s'étaient succédées de loin en loin pendant la quinzaine qui suivit la malencontreuse matinée où M. Guillaume et Henri s'étaient si bien examinés.

En ce moment, les deux jeunes gens étaient convenus de se voir à une certaine heure du jour et le dimanche à Saint-Leu pendant la messe et les vêpres. Augustine avait envoyé à son cher Henri la liste des parents et des amis de la famille, chez lesquels le jeune peintre tâcha d'avoir accès, afin d'intéresser à ses joyeuses pensées, s'il était possible, une de ces âmes occupées d'argent, de commerce, et auxquelles une passion véritable devait sembler la spéculation la plus monstrueuse et la plus inouïe du monde. D'ailleurs, rien ne changea dans les habitudes du Chat-qui-pelote. Si Augustine fut distraite; si, contre toute espèce d'obéissance aux lois de la charte domestique, elle monta à sa chambre, pour y aller, grâces à un pot de fleurs, établir des signaux; si elle soupira, si elle pensa enfin, personne, pas même sa mère, ne s'en aperçut. Cette circonstance causera quelque surprise à ceux qui auront compris l'esprit de cette maison, où une pensée entachée de poésie devait produire un contraste avec les êtres et les choses, où personne ne pouvait se permettre ni un geste ni un regard qui ne fussent vus et analysés. Cependant rien n'était plus naturel. Le vaisseau si tranquille qui naviguait sur la mer orageuse de la place de Paris sous le pavillon du Chat-qui-pelote, était la proie d'une de ces tempêtes qu'on pourrait nommer équinoxiales par suite de leur retour périodique. Depuis quinze jours les quatre hommes de l'équipage, madame Guillaume et mademoiselle Virginie, étaient occupés à ce travail excessif désigné sous le nom d'*inventaire*. On remuait tous les ballots et l'on vérifiait l'aunage des pièces pour s'assurer de la valeur exacte du coupon; on examinait soigneusement la carte appendue au paquet pour reconnaître en quel temps les draps avaient été achetés; l'on en fixait le prix actuel. Toujours debout, son aune à la main, la plume derrière l'oreille, M. Guillaume ressemblait à un capitaine commandant la manœuvre. Sa voix aiguë, passant par un judas, pour interroger la profondeur des écoutilles du magasin d'en bas, faisait entendre ces locutions barbares du commerce, qui ne s'exprime que par énigmes.

— Combien d'H-N-Z?
— Enlevé.
— Que reste-t-il de Q-X?
— Deux aunes.
— Quel prix?
— Cinq-cinq-trois.
— Portez à trois A, tout, J-J; tout, M-P, et le reste de V-D-O.

Mille autres phrases tout aussi intelligibles ronflaient à travers les comptoirs comme des vers de la poésie moderne que des romantiques se seraient cités afin d'entretenir leur enthousiasme pour un de leurs poètes. Le soir, M. Guillaume, enfermé avec son commis et sa femme, soldait les comptes, portait à nouveau, écrivait aux retardataires, et dressait des factures. Tous trois préparaient ce travail immense dont le résultat tenait sur un carré de papier tellière, et prouvait à la maison Guillaume qu'il existait tant en argent, tant en marchandises, tant en traites, billets; qu'elle ne devait pas un sou, qu'il lui était dû cent ou deux cent mille francs; que le capital avait augmenté; que les fermes, les maisons, les rentes allaient être ou arrondies, ou réparées, ou doublées; et qu'en conséquence c'était un devoir de recommencer avec plus d'ardeur que jamais à ramasser de nouveaux écus, sans qu'il vînt en tête de ces courageuses fourmis de se demander : — « A quoi bon? »

A la faveur de ce tumulte annuel, l'heureuse Augustine échappait à l'investigation de ses Argus. Enfin, un samedi soir, la clôture de l'inventaire eut lieu. Les chiffres du total actif offraient assez de zéros pour qu'en cette circonstance M. Guillaume levât la consigne sévère qui régnait toute l'année au dessert. Le sournois drapier se frotta les mains, et permit à ses commis de rester à table. A peine chacun des hommes de l'équipage achevait-il son petit verre d'une liqueur de ménage, que l'on entendit le roulement d'une voiture. La famille alla voir Cendrillon aux Variétés, tandis que les deux derniers commis reçurent chacun un écu de six francs, avec la permission d'aller où bon leur semblerait, pourvu qu'ils fussent rentrés à minuit.

Malgré cette débauche, le dimanche matin, le vieux marchand drapier fit sa barbe dès six heures, endossa son habit marron dont il examinait toujours le teint et la laine avec un certain contentement; il attacha des boucles d'or aux oreilles d'une ample culotte de soie. Puis, à sept heures, au moment où tout dormait encore dans la maison, il se dirigea vers le petit cabinet attenant à son magasin du premier étage. Le jour y venait d'une croisée armée de gros barreaux de fer, et qui donnait sur une petite cour carrée formée de murs si noirs, qu'elle ressemblait assez à un puits. Le vieux négociant ouvrit lui-même ces volets garnis de tôle qu'il connaissait si bien. Il releva une moitié du vitrage en le faisant glisser dans sa coulisse. L'air glacé de la cour vint rafraîchir la chaude atmosphère de ce cabinet qui exhalait l'odeur particulière aux bureaux. Le marchand resta debout, et posa la main sur le bras crasseux d'un fauteuil de canne, doublé de maroquin, dont la couleur primitive était effacée. Il semblait hésiter à s'y asseoir. Il regarda d'un air attendri le bureau à double pupitre, où la place de sa femme se trouvait ménagée dans le côté opposé à la sienne, par une petite arcade pratiquée dans le mur. Il contempla les cartons numérotés, les ficelles, les ustensiles, les fers à marquer le drap, la caisse, objets dont l'origine était immémoriale, et crut se revoir devant l'ombre évoquée du sieur Chevrel. Il avança le même tabouret sur lequel il s'était jadis assis en présence de son défunt patron. Ce tabouret, garni de cuir noir, et dont le crin s'échappait depuis longtemps par les coins, mais sans se perdre, il le plaça d'une main tremblante au même endroit où son prédécesseur l'avait mis; puis, dans une agitation difficile à décrire, il tira la sonnette qui correspondait au chevet du lit de Joseph Lebas. Quand ce coup décisif eut été frappé, le vieillard, pour qui ces souvenirs étaient sans doute trop lourds, prit trois ou quatre lettres de change qui lui avaient été présentées, et les regarda sans les voir quand Joseph Lebas se montra soudain.

— Asseyez-vous là, lui dit M. Guillaume en lui désignant le tabouret.

Jamais le vieux maître drapier n'avait fait asseoir son commis devant lui. Joseph Lebas en tressaillit.

— Que pensez-vous de ces traites, demanda M. Guillaume.

— Elles ne seront pas payées.

— Comment?

— Mais j'ai su qu'avant-hier Leroux et compagnie ont fait tous leurs paiements en or.

— Oh! oh! s'écria le drapier, il faut être bien malade pour laisser voir sa bile! Parlons d'autre chose. Joseph, l'inventaire est fini.

— Oui, monsieur, et le dividende est un des plus beaux que vous ayez eus.

— Ne vous servez donc pas de ces nouveaux mots! Dites le produit, Joseph. Savez-vous, mon garçon, que c'est un peu à vous que nous devons ces résultats. Aussi, ne veux-je plus que vous ayez d'appointements. Madame Guillaume m'a donné l'idée de vous offrir un intérêt. Hein, Joseph? Guillaume et Lebas, ces mots ne feraient-ils pas une belle raison sociale? On pourrait mettre *et compagnie* pour arrondir la signature.

Les larmes vinrent aux yeux de Joseph Lebas, qui s'efforça de les cacher, en s'écriant : — Ah! monsieur Guillaume, comment ai-je pu mériter tant de bontés? Je n'ai fait que mon devoir. Je suis pauvre. C'était déjà tant que de...

Il brossait le parement de sa manche gauche avec la manche droite, et n'osait regarder le vieillard qui souriait, en pensant que ce modeste jeune homme avait sans doute besoin, comme lui autrefois, d'être courageux pour rendre l'explication complète.

— Cependant, reprit le père de Virginie, vous ne méritez pas beaucoup cette faveur, Joseph! Vous ne mettez pas en moi autant de confiance que j'en mets en vous.

Le commis releva brusquement la tête.

— Vous avez le secret de la caisse; depuis deux ans je vous ai dit presque toutes mes affaires; je vous ai fait voyager en fabrique; enfin, pour vous, je n'ai rien sur le cœur. Mais vous?... Vous avez une inclination, et ne m'en avez pas touché un seul mot.

Joseph Lebas rougit.

— Ah! ah! s'écria M. Guillaume, vous pensiez donc tromper un vieux renard comme moi? Moi! à qui vous avez vu deviner la faillite Lecoq.

— Comment, monsieur? répondit Joseph Lebas en examinant son patron avec autant d'attention que son patron l'examinait, comment, vous sauriez qui j'aime?

— Je sais tout, vaurien, lui dit le respectable et rusé marchand en lui prenant le bout de l'oreille. Et je te pardonne, j'ai fait de même!

— Et vous me l'accorderiez?

— Oui. Et avec cinquante mille écus. Je t'en laisserai autant, nous marcherons sur de nouveaux frais avec une nouvelle raison sociale! Nous brasserons encore des affaires, garçon! s'écria le vieux marchand en s'exaltant, se levant et agitant ses bras. Vois-tu, mon gendre, il n'y a que le commerce! Ceux qui se demandent quels plaisirs on y trouve, sont des imbéciles. Être à la piste des affaires; savoir comment va la place; attendre avec anxiété, comme au jeu, si les Étienne et compagnie font faillite; voir passer un régiment de la garde impériale que l'on vient d'habiller; donner un croc en jambe au voisin, loyalement s'entend! faire fabriquer à meilleur marché; suivre une affaire qu'on ébauche, qui commence, qui grandit, qui chancelle, qui réussit; connaître comme un ministre de la police tous les ressorts des maisons de commerce, pour ne pas faire fausse route; se tenir debout devant les naufrages; avoir des amis par correspondance dans toutes les villes manufacturières. Ah! ah! n'est-ce pas un jeu perpétuel, Joseph? c'est vivre ça! Je mourrai dans ce tracas-là, comme le vieux Chevrel, n'en prenant cependant plus qu'à mon aise....

Dans la chaleur de la plus forte improvisation que le père Guillaume eût jamais faite, il n'avait presque pas regardé son commis qui pleurait à chaudes larmes.

— Eh bien! Joseph! pauvre garçon! qu'as-tu donc?

— Ah! je l'aime tant, tant, monsieur Guillaume, que le cœur me manque, je crois...

— Eh bien! garçon, dit le marchand attendri, tu es plus heureux que tu ne crois, sarpejeu, car elle t'aime. Je le sais, moi!

Et il cligna ses deux petits yeux verts en regardant son commis.

— Mademoiselle Augustine, mademoiselle Augustine! s'écria Joseph Lebas dans son enthousiasme.

Et il allait s'élancer hors du cabinet, quand il se sentit arrêté par un bras de fer. Son patron stupéfait le ramena vigoureusement devant lui.

— Qu'est-ce que fait donc Augustine dans cette affaire-là, demanda M. Guillaume dont la voix glaça sur-le-champ le pauvre Joseph Lebas.

— N'est-ce pas elle... que... j'aime... balbutia le commis.

Déconcerté de son défaut de perspicacité, M. Guillaume se rassit et mit sa tête pointue dans ses deux mains, pour réfléchir à la bizarre position dans laquelle il se trouvait. Joseph Lebas honteux, et au désespoir, resta debout.

— Joseph, reprit le négociant avec une dignité froide, je vous parlais de Virginie. L'amour ne se commande pas, je le sais. Je connais votre discrétion; nous oublierons cela. Je ne marierai jamais Augustine avant Virginie. Votre intérêt sera de dix pour cent.

Le commis auquel l'amour donna je ne sais quel degré de courage et d'éloquence, joignit les mains, prit la parole, parla pendant un quart d'heure à M. Guillaume avec tant de chaleur et de sensibilité, que la situation changea. S'il s'était agi d'une affaire commerciale, le vieux négociant aurait eu des règles fixes pour prendre une résolution. Mais, jeté à mille lieues du commerce, sur la mer des sentiments, et sans boussole, il flotta irrésolu devant un événement aussi original, se disait-il. Entraîné par sa bonté naturelle, il battit un peu la campagne.

— Que diable, Joseph! tu n'es pas sans savoir que j'ai eu mes deux enfants à dix ans de distance! Mademoiselle Chevrel n'était pas belle, elle n'a cependant pas à se plaindre de moi. Fais donc comme moi. Enfin ne pleure pas, es-tu bête? Que veux-tu? cela s'arrangera peut-être, nous verrons. Il y a toujours moyen de se tirer d'affaire. Nous autres hommes nous ne sommes pas toujours comme des Céladons pour nos femmes. Tu m'entends? Madame Guillaume est dévote, et... Allons, sarpejeu, mon enfant, donne ce matin le bras à Augustine pour aller à la messe.

Telles furent les phrases jetées à l'aventure par M. Guillaume. La conclusion qui les terminait ravit l'amoureux commis. Il songeait déjà pour mademoiselle Virginie à l'un de ses amis, quand il sortit du cabinet enfumé en serrant la main de son futur beau-père, après lui avoir dit, d'un petit air entendu, que tout s'arrangerait au mieux.

— Que va penser madame Guillaume? fut l'idée qui tourmenta prodigieusement le brave négociant quand il fut seul.

Au déjeuner, madame Guillaume et Virginie, auxquelles le marchand drapier avait laissé provisoirement ignorer son désappointement, regardèrent assez malicieusement Joseph Lebas qui resta grandement embarrassé. La pudeur du commis lui concilia l'amitié de sa belle-mère. La matrone redevint si gaie qu'elle regarda M. Guillaume en souriant, et se permit quelques petites plaisanteries d'un usage immémorial dans ces familles innocentes. Elle mit en question la conformité de la taille de Virginie et de celle de M. Joseph, pour leur demander de se mesurer. Ces niaiseries préparatoires attirèrent quelques nuages sur le front du chef de famille. Il afficha même un tel amour pour le décorum, qu'il ordonna à Augustine de prendre le bras du premier commis en allant à Saint-Leu. Madame Guillaume, étonnée de cette délicatesse masculine, honora son mari d'un signe de tête d'approbation. Le cortège partit donc de la maison dans un ordre qui ne pouvait suggérer aucune interprétation maligne aux voisins.

— Ne trouvez-vous pas, mademoiselle Augustine, disait le commis en tremblant, que la femme d'un négociant qui a un bon crédit, comme M. Guillaume, par exemple, pourrait s'amuser un peu plus que ne s'amuse madame votre mère, pourrait porter des diamants, aller en voiture? Oh! moi, d'abord, si je me mariais, je voudrais avoir toute la peine, et voir ma femme heureuse. Je ne la mettrais pas dans mon comptoir. Voyez-vous, dans la draperie, les femmes n'y sont plus aussi nécessaires qu'elles l'étaient autrefois. M. Guillaume a eu raison d'agir comme il a fait, puisque c'était le goût de son épouse. Qu'une femme sache donner un coup de main à la comptabilité, à la correspondance, au détail, aux commandes, à son ménage, afin de ne pas rester par trop oisive, c'est tout. A sept heures, quand la boutique serait fermée, moi je m'amuserais. J'irais au spectacle et dans le monde. Mais vous ne m'écoutez pas.

— Si fait, monsieur Joseph. Que dites-vous de la peinture? C'est là un bel état.

— Oui, je connais un maître peintre en bâtiment qui a des écus...

En devisant ainsi la famille atteignit l'église de Saint-Leu. Là, madame Guillaume retrouva ses droits. Elle fit mettre, pour la première fois, Augustine à côté d'elle; et Virginie prit place sur la troisième chaise à côté de M. Lebas. Pendant le prône, tout alla bien entre Augustine et Henri de Sommervieux, qui, debout derrière un pilier, priait sa madone avec ferveur; mais au lever-Dieu, madame Guillaume s'aperçut, un peu tard, que sa fille Augustine tenait son livre de messe au rebours. Elle se disposait à la gourmander vigoureusement, quand, rabaissant son voile noir, elle interrompit sa lecture et se mit à regarder dans la direction qu'affectionnaient les yeux de sa fille. A l'aide de ses besicles, elle vit le jeune artiste dont l'élégance mondaine annonçait plutôt quelque capitaine de cavalerie en congé, qu'un négociant du quartier. Il est difficile d'imaginer l'état violent dans lequel se trouva madame Guillaume, qui se flattait d'avoir parfaitement élevé ses filles, en reconnaissant, dans le cœur d'Augustine, un amour clandestin dont sa pruderie et son ignorance lui exagérèrent le danger. Elle crut sa fille gangrénée jusqu'au cœur.

— Tenez d'abord votre livre à l'endroit, mademoiselle! dit-elle à voix basse, mais en tremblant de colère.

Elle arracha vivement le Paroissien accusateur, et le remit de manière à ce que les lettres fussent dans leur sens naturel.

— N'ayez pas le malheur de lever les yeux autre part que sur vos prières, ajouta-t-elle; autrement, vous auriez affaire à moi. Après la messe, votre père et moi nous aurons à vous parler.

Ces paroles furent comme un coup de foudre pour la pauvre Augustine. Elle se sentit défaillir; mais combattue entre la douleur qu'elle éprouvait et la crainte de faire une esclandre dans l'église, elle eut le courage de cacher ses angoisses. Cependant, il était facile de deviner l'état violent de son âme en voyant son Paroissien trembler et des larmes tomber sur chacunes des pages qu'elle tournait. L'artiste recueillit un regard enflammé que lui lança madame Guillaume, et comprit le mystère. Il sortit, la rage dans le cœur, décidé à tout oser.

— Allez dans votre chambre, mademoiselle! dit madame Guillaume à sa fille en rentrant au logis; nous vous ferons appeler; et surtout, ne vous avisez pas d'en sortir.

La conférence que les deux époux eurent ensemble fut si secrète, que rien n'en transpira d'abord. Cependant, Virginie, qui avait encouragé sa sœur par mille douces représentations, poussa la complaisance jusqu'à se glisser auprès de la porte de la chambre à coucher de sa mère, chez laquelle la discussion avait lieu, pour y écouter et recueillir quelques phrases. Au premier voyage qu'elle fit du troisième au second étage, elle entendit son père qui s'écriait : — Madame, vous voulez donc tuer votre fille?

— Ma pauvre enfant, dit Virginie à sa sœur éplorée, papa prend ta défense!

— Et que veulent-ils faire à Henri, demanda l'innocente créature.

Alors la curieuse Virginie redescendit; mais cette fois elle resta plus longtemps. Elle apprit que M. Lebas aimait Augustine. Il était écrit que, dans cette mémorable journée, une maison ordinairement si calme serait un enfer. M. Guillaume désespéra Joseph Lebas en lui confiant qu'Augustine aimait un étranger. Lebas, qui avait averti son ami de demander mademoiselle Virginie en mariage, vit ses espérances renversées. Mademoiselle Virginie, accablée de savoir que M. Joseph l'avait en quelque sorte refusée, fut prise d'une migraine. Enfin, la zizanie, semée entre les deux époux par l'explication que M. et madame Guillaume avaient eue ensemble, et où, pour la troisième fois de leur vie, ils se trouvaient d'opinions différentes, se manifesta d'une manière terrible. Enfin, à quatre heures après midi, Augustine, pâle, tremblante et les yeux rouges, comparut devant son père et sa mère. La pauvre enfant raconta naïvement la trop courte histoire de ses amours. Rassurée par l'allocution de son père, qui lui avait promis de l'écouter en silence, elle prit un certain courage en prononçant devant ses parents le nom de son cher Henri de Sommervieux, dont elle fit malicieusement sonner la particule aristocratique. En se livrant au charme inconnu de parler de ses sentiments, elle trouva assez de hardiesse pour déclarer avec une innocente fermeté qu'elle aimait M. Henri de Sommervieux, qu'elle le lui avait écrit; et ajouta, les larmes aux yeux, que ce serait faire son malheur que de la sacrifier à un autre.

— Mais, Augustine, vous ne savez donc pas ce que c'est qu'un peintre? s'écria sa mère avec horreur.

— Madame Guillaume! dit le vieux père en imposant silence à sa femme.—Augustine, dit-il, les artistes sont en général des meure-de-faim. Ils sont dépensiers, et presque toujours de mauvais sujets. J'ai fourni feu M. Joseph Vernet, feu M. Lekain et feu M. Noverre. Ah! si tu savais combien ce M. Noverre, M. le chevalier de Saint-George, et surtout M. Philidor, ont joué de tours à ce pauvre M. Chevrel! Ce sont de drôles de corps, je le sais bien. Ça vous a tous un babil, des manières. Jamais ton M. Sumer... Somm...

— De Sommervieux, mon père!

— Eh bien! de Sommervieux, soit! Jamais il n'aura été aussi agréable avec toi que M. le chevalier de Saint-Georges le fut avec moi, le jour où j'obtins une sentence des consuls contre lui. Aussi étaient-ce des gens de qualité d'autrefois.

— Mais, mon père, M. Henri est noble, et m'a écrit qu'il était riche. Son père s'appelait le comte de Sommervieux avant la révolution.

A ces paroles, M. Guillaume regarda sa terrible moitié, qui, en femme contrariée, frappait le plancher du bout du pied et gardait un morne silence. Elle évitait même de jeter ses yeux courroucés sur Augustine, et semblait laisser à M. Guillaume toute la responsabilité d'une affaire aussi grave, puisque ses avis n'étaient pas écoutés. Cependant, malgré son flegme apparent, quand elle vit son mari prendre aussi doucement son parti sur une catastrophe qui n'avait rien de commercial, elle s'écria :

— En vérité, monsieur, vous êtes d'une faiblesse avec vos filles... mais...

Le bruit d'une voiture qui s'arrêtait à la porte interrompit tout à coup la mercuriale que le vieux négociant redoutait déjà. En un moment, madame Vernier se trouva au milieu de la chambre, et, regardant les trois acteurs de cette scène domestique :

— Je sais tout, dit la tante d'un air de protection.

Madame Vernier avait un défaut, celui de croire que la femme d'un notaire de Paris pouvait jouer le rôle d'une petite maîtresse.

— Je sais tout, répéta-t-elle, et je viens dans l'arche de Noé, comme la colombe, avec la branche d'olivier. J'ai lu cette allégorie dans le *Génie du christianisme*, dit-elle en se retournant vers madame Guillaume; la comparaison doit vous plaire, ma cousine. Savez-vous, ajouta-t-elle en souriant à Augustine, que ce M. de Sommervieux est un homme charmant? Il m'a donné ce matin mon portrait fait de main de maître. Cela vaut au moins six mille francs.

A ces mots, elle frappa doucement sur les bras de M. Guillaume. Le vieux négociant ne put s'empêcher de faire avec ses lèvres une petite moue qui lui était particulière.

— Je connais beaucoup M. de Sommervieux, reprit la tante. Depuis une quinzaine de jours il vient à mes soirées, dont il fait le charme. Aussi, suis-je son avocat. Il m'a conté toutes ses peines. Je sais de ce matin qu'il adore Augustine, et il l'aura. Ah! cousine, n'agitez pas ainsi la tête en signe de refus. Vous ne savez donc rien! il sera créé baron, il vient d'être nommé chevalier de la Légion-d'Honneur par l'empereur lui-même, au salon. M. Vernier est son notaire, et connaît ses affaires. Eh bien! M. de Sommervieux possède en bons biens au soleil dix-huit mille livres de rente. Savez-vous que le beau-père d'un homme comme lui peut devenir quelque chose, maire de son arrondissement, par exemple! N'avez-vous pas vu M. Dupont être fait comte de l'empire et sénateur parce qu'il était venu, en sa qualité de maire, complimenter l'empereur sur son entrée à Vienne. Oh! ce mariage-là se fera! Je l'adore, moi, ce bon jeune homme! Sa conduite envers Augustine ne se voit que dans les romans. Va, ma petite, tu seras heureuse, et tout le monde voudrait être à ta place. J'ai chez moi, à mes soirées, madame la duchesse de Carigliano qui raffole de M. Henri de Sommervieux. Quelques méchantes langues disent qu'elle ne vient chez moi que pour lui, comme si une duchesse d'hier était déplacée chez un notaire dont la famille a cent ans de bonne bourgeoisie.

— Augustine, reprit la tante après une petite pause, j'ai vu le portrait. Dieu! que c'est beau! Sais-tu que l'empereur a voulu le voir, et qu'il a dit en riant, au Vice-connétable, que s'il y avait beaucoup de femmes comme celle-là à sa cour pendant qu'il y venait tant de rois, il se faisait fort de maintenir toujours la paix en Europe. Est-ce flatteur?

Les orages par lesquels cette journée avait commencé devaient ressembler à ceux de la nature, en ramenant un temps calme et serein. Madame Vernier déploya tant de séductions dans ses discours; elle sut attaquer tant de cordes à la fois dans les cœurs secs de M. et de madame Guillaume, qu'elle finit par en trouver une dont elle tira parti. A cette singulière époque, le commerce et la finance avaient plus que jamais la folle manie de s'allier aux grands seigneurs. Les généraux de l'empire profitèrent assez bien de ces dispositions. M. Guillaume s'élevait singulièrement contre cette déplorable passion. Ses axiomes favoris étaient que, pour trouver le bonheur, une femme devait épouser un homme de sa classe; que l'on était toujours tôt ou tard puni d'avoir voulu monter trop haut; que l'amour résistait si peu aux tracas du ménage, qu'il fallait trouver l'un chez l'autre des qualités bien solides pour être heureux; qu'il ne fallait pas que l'un des deux époux en sût plus que l'autre, parce qu'on devait avant tout se comprendre; qu'un mari qui parlait grec et la femme latin, risquaient de mourir de faim. C'était là une espèce de proverbe qu'il avait inventé lui-même. Il comparait les mariages ainsi faits à ces anciennes étoffes de soie et de laine, dont la soie finissait toujours par couper la laine. Cependant, il se trouve tant de vanité au fond du cœur de l'homme, que la prudence du pilote qui gouvernait si bien le Chat-qui-pelote succomba sous l'agressive volubilité de madame Vernier. La sévère madame Guillaume fut même la première à trouver dans l'inclination de sa fille des motifs pour déroger à ces principes, et pour consentir à recevoir au logis M. Sommervieux, qu'elle se promettait bien de soumettre à un rigoureux examen.

Le vieux négociant alla trouver Joseph Lebas, et l'instruisit de l'état des choses. A six heures et demie, la salle à manger illustrée par le peintre, réunit sous son toit de verre, madame et M. Vernier, le jeune peintre et sa chère Augustine, Joseph Lebas qui prenait son bonheur en patience, et Mademoiselle Virginie dont la migraine avait cessé. M. et madame Guillaume virent en perspective leurs enfants établis et les destinées du Chat-qui-pelote remises en des mains habiles. Leur contentement fut au comble, quand, au dessert, Henri de Sommervieux leur fit présent de l'étonnant tableau qu'ils n'avaient pu voir, et qui représentait l'intérieur de cette vieille boutique, à laquelle était dû tant de bonheur.

— C'est-y gentil! s'écria M. Guillaume. Dire qu'on voulait donner trente mille francs de cela.

— Mais c'est qu'on y trouve mes barbes, reprit madame Guillaume.

— Et ces étoffes dépliées, ajouta M. Lebas; on les prendrait avec la main.

— Les draperies font toujours très-bien, répondit le peintre. Nous serions trop heureux, nous autres artistes modernes, d'atteindre à la perfection de la draperie antique.

— Vous aimez donc la draperie? s'écria M. Guillaume. Eh bien, sarpejeu! touchez là, mon jeune ami. Puisque vous estimez le commerce, nous nous entendrons. Eh! pourquoi le mépriserait-on? Le monde a commencé par là, puisque Adam a vendu le paradis pour une pomme. Ça n'a pas été une fameuse spéculation, par exemple!

Et le vieux négociant se mit à éclater d'un gros rire franc, excité par le vin de Champagne qu'il avait fait circuler généreusement. Le bandeau dont les yeux du jeune artiste étaient couverts fut si épais qu'il trouva ses futurs parents aimables. Il ne dédaigna pas de les égayer par quelques charges de bon goût. Aussi plut-il généralement. Le soir, quand le salon meublé de choses très-cossues, pour se servir de l'expression de M. Guillaume, fut désert; pendant que madame Guillaume s'en allait de table en cheminée, de candelabre en flambeau, soufflant avec précipitation les bougies, le brave négociant, qui savait toujours voir clair aussitôt qu'il s'agissait d'affaires ou d'argent, attira sa fille Augustine auprès de lui ; puis, après l'avoir prise sur ses genoux, il lui tint ce discours :—Ma chère enfant, tu épouseras ton M. de Sommervieux, puisque tu le veux ; permis à toi de risquer ton capital de bonheur. Mais je ne me laisse pas prendre à ces trente mille francs que l'on gagne à gâter de bonne toile. Je sais que l'argent qui vient si vite s'en va de même. N'ai-je pas entendu dire ce soir à ce jeune écervelé que l'argent était rond, c'était pour rouler! Il ne sait donc pas que s'il est rond pour les gens prodigues, les gens économes voient qu'il est plat pour s'amasser. Or, mon enfant, ce beau garçon-là parle de te donner des voitures, des diamants? Il a de l'argent, qu'il le dépense pour toi? *bene sit!* Je n'ai rien à y voir. Mais quant à ce que je te donne, je ne veux pas que des écus si péniblement ensachés s'en aillent en carrosses ou en colifichets. Qui dépense trop n'est jamais riche. Avec cinquante mille écus on n'achète pas encore tout Paris. Tu as beau avoir à recueillir un jour quelques centaines de mille francs, je te les ferai attendre, sarpejeu! le plus longtemps possible. J'ai donc attiré ton prétendu dans un coin. Vois-tu, un homme qui a mené la faillite Lecoq n'a pas eu grande peine à faire consentir un artiste à se marier séparé de biens avec sa femme. J'aurai l'œil au contrat pour que les donations qu'il se propose de te constituer soient soigneusement hypothéquées. Allons, mon enfant, j'espère être grand-père, sarpejeu! je veux m'occuper déjà de mes petits-enfants. Jure-moi donc ici de ne jamais rien faire, rien signer que par mon conseil; et si j'allais trouver trop tôt le père Chevrel, jure-moi de consulter le jeune Lebas, ton beau-frère. Promets-le-moi.

— Oui, mon père, je vous le jure.

A ces mots prononcés d'une voix douce, le vieillard baisa sa fille sur les deux joues. Ce soir-là, tous les amants dormirent presque aussi paisiblement que M. et madame Guillaume.

Quelques mois après ce mémorable dimanche, le maître-autel de Saint-Leu fut témoin de deux mariages bien différents. Augustine et le jeune Henri de Sommervieux s'y présentèrent dans tout l'éclat du bonheur, entourés des prestiges de l'amour, parés de toilettes élégantes, attendus par un brillant équipage. Venue dans un bon remise avec sa famille, Virginie donnant le bras au modeste M. Lebas, suivait sa jeune sœur humblement, et dans de plus simples atours, comme une ombre nécessaire aux harmonies de ce tableau. M. Guillaume s'était donné toutes les peines imaginables pour obtenir à l'église que Virginie fût mariée avant Augustine; mais il eut la douleur de voir le haut et bas clergé s'adresser en toute circonstance à la plus élégante des mariées. Il entendit quelques-uns de ses voisins approuver singulièrement le bon sens de mademoiselle Virginie, qui faisait, disaient-ils, le mariage le plus solide, et restait fidèle au quartier; tandis qu'ils lancèrent quelques brocards suggérés par l'envie sur Augustine qui épousait un artiste, un noble. Ils ajoutèrent avec une sorte d'effroi que si les Guillaume avaient de l'ambition, la draperie était perdue. Un vieux marchand d'éventails ayant dit que ce mange-tout-là l'aurait bientôt mise sur la paille, le père Guillaume s'applaudit *in petto* de la prudence qu'il avait mise dans la rédaction des conventions matrimoniales. Le soir, la famille se sépara après un bal somptueux, suivi d'un de ces soupers plantureux dont la génération présente a tout à fait perdu le souvenir.

M. et madame Guillaume restèrent dans leur hôtel de la rue du Colombier où la noce avait eu lieu. M. et madame Lebas retournèrent dans leur remise à la vieille maison de la rue Saint-Denis, pour y diriger la barque du Chat-qui-pelote. L'artiste, ivre de bonheur, prit entre ses bras sa chère Augustine, l'enleva vivement quand leur coupé arriva rue des Trois-Frères, et la porta dans le plus élégant appartement de Paris.

La fougue de passion qui possédait Henri fit dévorer au jeune ménage près d'une année entière sans que le moindre nuage vînt altérer l'azur du ciel sous lequel ils vivaient. Pour eux, l'existence n'eut rien de pesant, et leur mariage fut une source féconde en joie. Henri de Sommervieux répandait sur chaque journée une incroyable *fioriture* de plaisirs. Il se plaisait à varier les emportements de la passion, par la molle langueur de ces moments de repos où les âmes sont lancées si haut dans l'extase qu'elles semblent y oublier l'union corporelle. Incapable de réfléchir, l'heureuse Augustine se prêtait à l'allure serpentine de son bonheur. Elle ne croyait pas faire encore assez en se livrant tout entière à l'amour permis et saint du mariage. Simple et naïve, elle ne connaissait ni la coquetterie des refus, ni l'empire qu'une jeune demoiselle du grand monde se crée sur un mari par d'adroits caprices. Elle aimait trop pour calculer l'avenir. Elle n'imaginait pas qu'une vie aussi délicieuse pût jamais cesser. Elle faisait alors tous les plaisirs de son mari, elle crut que cet inextinguible amour serait toujours pour elle la plus belle de toutes les parures, comme son dévoûment et son obéissance seraient un éternel attrait. Enfin, la félicité de l'amour l'avait rendue si brillante, que sa beauté lui inspira de l'orgueil et lui donna la conscience de pouvoir toujours régner sur un homme aussi facile à enflammer que l'était Henri de Sommervieux. Ainsi son état de femme ne lui apporta d'autres enseignements que ceux de l'amour. Au sein de ce bonheur, elle resta l'ignorante petite fille qui vivait obscurément rue Saint-Denis. Elle ne pensa point à prendre les manières, l'instruction, le ton du monde dans lequel elle devait vivre. Ses paroles étant des paroles d'amour, elle déployait bien en les disant une sorte de souplesse d'esprit et une certaine délicatesse d'expression; mais c'était le langage employé par toutes les femmes quand elles se trouvent plongées dans une passion qui semble être leur élément. Si, par hasard, une idée discordante avec celles de Henri était exprimée par Augustine, le jeune artiste en riait comme on rit des premières fautes que fait un étranger, mais qui finissent par fatiguer s'il ne se corrige pas.

Cependant, à l'expiration de cette année aussi charmante que rapide, Henri sentit un matin la nécessité de reprendre ses travaux et ses habitudes. Sa femme était enceinte. Il revit ses amis. Pendant les longues souffrances de l'année où, pour la première fois, une jeune femme nourrit un enfant, il travailla sans doute avec ardeur; mais parfois il retourna chercher quelques distractions dans le grand monde. La maison où il allait le plus volontiers était celle de la duchesse de Carigliano qui avait fini par attirer chez elle le célèbre artiste. Quand

Augustine fut rétablie, et que son fils ne réclama plus ces soins assidus qui interdisent à une mère les plaisirs du monde, Henri en était arrivé à vouloir éprouver cette jouissance d'amour-propre que nous donne la société, quand nous y apparaissons avec une belle femme, objet d'envie et d'admiration. Parcourir les salons en s'y montrant avec l'éclat emprunté de la gloire de son mari ; se voir jalousée par toutes les femmes, fut pour Augustine une nouvelle moisson de plaisirs ; mais ce fut le dernier reflet que devait jeter son bonheur conjugal. Elle commença par offenser la vanité de son mari, quand, malgré de vains efforts, elle laissa percer son ignorance, l'impropriété de son langage et l'étroitesse de ses idées.

Le caractère de Henri de Sommervieux, dompté pendant près de deux ans et demi par les premiers emportements de l'amour, reprit avec la tranquillité d'une possession moins jeune, sa pente et ses habitudes un moment détournées de leur cours. La poésie, la peinture, et les exquises jouissances de l'imagination possèdent sur les esprits élevés des droits imprescriptibles. Ces besoins d'une âme forte n'avaient pas été trompés chez Henri pendant ces deux années ; ils avaient trouvé seulement une pâture nouvelle. Quand les champs de l'amour furent parcourus ; quand l'artiste eut, comme les enfants, cueilli des roses et des bluets avec une telle avidité qu'il ne s'apercevait pas que ses mains ne pouvaient plus les tenir, la scène changea. Si le peintre montrait à sa femme les croquis de ses plus belles compositions, il l'entendait s'écrier comme eût fait M. Guillaume : — C'est bien joli ! L'admiration sans chaleur qu'elle témoignait ne provenait pas d'un sentiment consciencieux, c'était l'admiration sur parole de l'amour. Elle préférait un regard au plus beau tableau ; le seul sublime qu'elle connût, était celui du cœur. Enfin, Henri ne put se refuser à l'évidence d'une vérité cruelle. Augustine n'était pas sensible à la poésie ; elle n'habitait pas sa sphère ; elle ne le suivait pas dans tous ses caprices, dans ses improvisations, dans ses joies, dans ses douleurs, et marchait terre à terre dans le monde réel, tandis qu'il avait la tête dans les cieux. Les esprits ordinaires ne peuvent pas apprécier les souffrances renaissantes de l'être qui, uni à un autre par le plus intime de tous les sentiments, est obligé de refouler sans cesse les plus chères expansions de sa pensée, et de faire rentrer dans le néant les images qu'une puissance magique le force à créer. Pour lui, ce supplice est d'autant plus cruel, que le sentiment qu'il porte à son compagnon ordonne, par sa première loi, de ne jamais rien se dérober l'un à l'autre, et de confondre les effusions de la pensée aussi bien que les épanchements de l'âme. Or, on ne trompe pas impunément les volontés de la nature : elle est inexorable comme la nécessité qui, certes, est une sorte de nature sociale.

Henri se réfugia dans le calme et le silence de son atelier, en espérant que l'habitude de vivre avec des artistes pourrait former sa femme, et développerait en elle les germes de haute intelligence engourdis que quelques esprits supérieurs croient préexistants chez tous les êtres. Mais Augustine était trop sincèrement religieuse pour ne pas être effrayée du ton des artistes. Au premier dîner que donna M. de Sommervieux, elle entendit un jeune peintre dire avec cette enfantine légèreté qu'elle ne sut pas reconnaître, et qui absout une plaisanterie de toute irréligion : — Mais, madame, votre paradis n'est pas plus beau que la Transfiguration de Raphaël ! Eh bien, je me suis lassé de la regarder.

Augustine apporta donc dans cette société spirituelle un esprit de défiance qui n'échappait à personne. Elle gêna. Les artistes gênés sont impitoyables : ils fuient ou se moquent. Madame Guillaume avait, entre autres ridicules, celui d'outrer la dignité qui lui semblait l'apanage d'une femme mariée, et, quoiqu'elle s'en fût souvent moquée, Augustine ne sut se défendre d'une légère imitation de la pruderie maternelle. Cette exagération de pudeur, que n'évitent pas toujours les femmes vertueuses, suggéra quelques épigrammes à coups de crayon, dont l'innocent badinage était de trop bon goût pour que M. de Sommervieux pût s'en fâcher. Ces plaisanteries eussent été même plus cruelles, elles n'étaient, après tout, que des représailles exercées sur lui par ses amis. Mais rien ne pouvait être léger pour une âme qui recevait aussi facilement que celle de Henri des impressions étrangères. Aussi éprouva-t-il insensiblement une froideur qui ne pouvait aller qu'en croissant. Pour arriver au bonheur conjugal il faut gravir une montagne dont l'étroit plateau est bien près d'un revers aussi rapide que glissant ; l'amour du peintre la déclinait.

Henri jugea sa femme incapable d'apprécier les considérations morales qui justifiaient, à ses propres yeux, la singularité de ses manières envers elle, et se crut fort innocent en lui cachant des pensées qu'elle ne comprenait pas et des écarts peu justifiables au tribunal d'une conscience bourgeoise. Augustine se renferma dans une douleur morne et silencieuse. Ces sentiments secrets mirent entre les deux époux un voile qui devait s'épaissir de jour en jour. Sans que son mari manquât d'égards envers elle, Augustine ne pouvait s'empêcher de trembler en le voyant réserver pour le monde les trésors d'esprit et de grâce qu'il venait jadis mettre à ses pieds. Bientôt, elle interpréta fatalement les discours spirituels qui se tiennent dans le monde sur l'inconstance des hommes. Elle ne se plaignit pas, mais son attitude équivalait à des reproches. Trois ans après son mariage, cette femme jeune et jolie qui passait si brillante dans son brillant équipage, qui vivait dans une sphère de gloire et de richesse enviée de tant de gens insouciants et incapables d'apprécier justement les situations de la vie, fut en proie à de violents chagrins. Ses couleurs pâlirent. Elle réfléchit, elle compara; puis, le malheur lui déroula les premiers textes de l'expérience. Elle résolut de rester courageusement dans le cercle de ses devoirs, en espérant que cette conduite généreuse lui ferait recouvrer tôt ou tard l'amour de son mari; mais il n'en fut pas ainsi. Quand M. de Sommervieux, fatigué de travail, sortait de son atelier, Augustine ne cachait pas si vite son ouvrage, que le peintre ne pût apercevoir sa femme raccommodant, avec toute la minutie d'une bonne ménagère, le linge de la maison et le sien. Elle fournissait, avec générosité, sans murmure, l'argent nécessaire aux prodigalités de son mari; mais, dans le désir de conserver la fortune de son cher Henri, elle se montrait économe soit pour elle, soit dans certains détails de l'administration domestique; idées incompatibles avec le laisser-aller des artistes, qui, sur la fin de leur carrière, ont tant joui de la vie, qu'ils ne se demandent jamais la raison de leur ruine.

Il est inutile de marquer chacune des dégradations de couleur par lesquelles la teinte brillante de leur lune de miel atteignit à une profonde obscurité. Un soir, la triste Augustine, qui depuis longtemps attendait son mari parler avec enthousiasme de madame la duchesse de Carigliano, reçut d'une amie quelques avis méchamment charitables sur la nature de l'attachement qu'avait conçu M. de Sommervieux pour cette célèbre coquette qui donnait le ton à la cour et aux modes. A vingt-un ans, dans tout l'éclat de la jeunesse, de la beauté, Augustine se vit trahie pour une femme de trente-six ans. En se sentant malheureuse au milieu du monde et de ses fêtes désertes pour elle, la pauvre petite ne comprit plus rien à l'admiration qu'elle y excitait, ni à l'envie qu'elle inspirait. Sa figure prit une nouvelle expression. La mélancolie versa dans ses traits la douceur de la résignation et la pâleur d'un amour dédaigné. Elle ne tarda pas à être courtisée par les hommes les plus séduisants; mais elle resta solitaire et vertueuse. Quelques paroles de dédain, échappées à son mari, lui donnèrent un incroyable désespoir. Une lueur fatale lui fit entrevoir les défauts de contact qui, par suite des mesquineries de son éducation, empêchaient l'union complète de son âme avec celle de Henri. Elle eut assez d'amour pour l'absoudre et pour se condamner. Elle pleura des larmes de sang, et reconnut trop tard qu'il est des mésalliances d'esprit, comme des mésalliances de mœurs et de rang. En songeant aux délices printanières de son union, elle comprit l'étendue du bonheur passé, et convint en elle-même qu'une si riche moisson d'amour était une vie entière qui ne pouvait se payer que par du malheur. Cependant elle aimait trop sincèrement pour perdre toute espérance. Aussi osa-t-elle entreprendre à vingt-un ans de s'instruire et de rendre son imagination au moins digne de celle qu'elle admirait.

— Si je ne suis pas poëte, se disait-elle, au moins je comprendrai la poésie.

Et déployant alors cette force de volonté, cette énergie que les femmes possèdent toutes quand elles aiment, madame de Sommervieux tenta de changer son caractère, ses mœurs et ses habitudes. Mais en dévorant des volumes, en apprenant avec courage, elle ne réussit qu'à devenir moins ignorante. La légèreté de l'esprit et les grâces de la conversation sont un don de la nature ou le fruit d'une éducation commencée au berceau. Elle pouvait apprécier la musique, en jouir, mais non chanter avec goût. Elle comprit la littérature et les beautés de la poésie; mais il était trop tard pour en orner sa rebelle mémoire. Elle entendait avec plaisir les entretiens du monde, mais elle n'y fournissait rien de brillant. Ses idées religieuses et ses préjugés d'enfance se montrèrent à chaque pas, et s'opposèrent à l'émancipation de ses idées. Enfin, il s'était glissé contre elle, dans l'âme de Henri, une prévention qu'elle ne put vaincre. L'artiste se moquait de ceux qui lui vantaient sa femme, et ses plaisanteries étaient assez fondées. Il imposait tellement à cette jeune et touchante créature, qu'en sa présence, ou en tête à tête, elle tremblait. Embarrassée par son trop grand désir de plaire, elle sentait son esprit et ses connaissances s'évanouir dans un seul sentiment.

La fidélité d'Augustine déplut même à cet infidèle mari, qui semblait l'engager à commettre des fautes en taxant sa vertu d'insensibilité. Augustine s'efforça en vain d'abdiquer sa raison, de se plier aux caprices, aux fantaisies de son mari, et de se vouer à l'égoïsme de sa vanité, elle ne recueillit point le fruit de ces sacrifices. Peut-être avaient-ils tous deux laissé passer le moment où les âmes peuvent se comprendre. Un jour le cœur trop sensible de la jeune épouse reçut un de ces coups qui font si fortement plier les liens du sentiment, qu'on peut les croire rompus. Elle s'isola. Mais bientôt une fatale pensée lui suggéra d'aller chercher des consolations et des conseils au sein de sa famille.

Un matin donc, elle se dirigea vers la grotesque façade de l'humble et silencieuse maison où s'était écoulée son enfance. Elle soupira en revoyant cette croisée d'où, un jour, elle avait envoyé un premier baiser à celui qui répandait aujourd'hui sur sa vie autant de gloire que de malheur. Rien n'était changé dans l'antre où se rajeunissait cependant le commerce de la draperie. La sœur d'Augustine occupait au comptoir antique la place de sa mère. La jeune affligée rencontra son beau-frère, la plume derrière l'oreille. Elle en fut à peine écoutée, tant il avait l'air affairé; les redoutables signaux d'un inventaire général se faisaient autour de lui. Aussi la quitta-t-il en la priant d'excuser. Elle fut reçue assez froidement par sa sœur qui lui manifesta quelque rancune. En effet, Augustine, brillante et descendant d'un joli équipage, n'était jamais venue voir sa sœur qu'en passant. La femme du prudent Lebas s'imagina que l'argent était la cause première de cette visite matinale, elle essaya de se maintenir sur un ton de réserve dont Augustine se prit à sourire plus d'une fois, en voyant que, sauf les barbes au bonnet, sa mère avait trouvé dans Virginie un successeur qui conserverait l'antique honneur du Chat-qui-pelote.

Au déjeuner, Augustine aperçut dans le régime de la maison certains changements qui faisaient honneur au bon sens de Joseph Lebas. Les commis ne se levèrent pas au dessert; on leur laissait la faculté de parler; et l'abondance de la table annonçait une aisance sans luxe. La jeune élégante vit apporter les coupons d'une loge aux Français où elle se souvint d'avoir vu sa sœur de loin en loin. Madame Lebas avait sur les épaules un cachemire dont la magnificence attestait la générosité avec laquelle son mari s'occupait d'elle. Enfin, les deux époux marchaient avec leur siècle. Augustine fut bientôt pénétrée d'attendrissement, en reconnaissant, pendant les deux tiers de cette journée, le bonheur égal, sans exaltation il est vrai, mais aussi sans orages, que goûtait ce couple convenablement assorti. Ils avaient accepté la vie comme une entreprise commerciale où il s'agissait de faire, avant tout, honneur à ses affaires. La femme, n'ayant pas rencontré dans son mari un amour excessif, s'était appliquée à le faire naître. Quand Joseph Lebas se trouva insensiblement amené à estimer, à chérir sa femme, le temps que le bonheur mit à éclore fut, pour eux, un gage de sa durée. Aussi, lorsque la plaintive Augustine exposa sa situation douloureuse, eut-elle à essuyer le déluge de lieux communs que la morale de la rue Saint-Denis fournissait à sa sœur.

— Le mal est fait, ma femme, dit Joseph Lebas; il faut chercher à donner de bons conseils à notre sœur.

A ces mots, l'habile négociant analysa lourdement les ressources que les lois et les mœurs pouvaient offrir à Augustine pour sortir de cette crise; il en numérota, pour ainsi dire, les considérations, les rangea par leur force dans des espèces de catégories, comme s'il se fût agi de marchandises de diverses qualités; puis il les mit en balance, les pesa, et conclut en développant la nécessité où était sa belle-sœur de prendre un parti violent qui ne satisfit point l'amour qu'elle ressentait encore pour son mari. Aussi ce sentiment se réveilla-t-il dans toute sa force quand elle entendit Joseph Lebas parler de voies judiciaires. Elle remercia ses deux amis, et revint chez elle encore plus indécise qu'elle ne l'était avant de les avoir consultés.

Alors elle hasarda de se rendre à l'antique hôtel de la rue du Colombier, dans le dessein de confier ses malheurs à son père et à sa mère. La pauvre petite femme ressemblait à ces malades qui, arrivés à un état désespéré, essaient de toutes les recettes et se confient même aux remèdes de bonne femme. Les deux vieillards la reçurent avec une effusion de sentiment dont elle fut attendrie. Cette visite leur apportait une distraction qui, pour eux, valait un trésor. Depuis quatre ans, ils marchaient dans la vie comme des navigateurs sans but et sans boussole. Assis au coin de leur feu, ils se racontaient l'un à l'autre tous les désastres du Maximum, leurs anciennes acquisitions de draps, la manière dont ils avaient évité les banqueroutes, et surtout cette célèbre faillite Lecoq, la bataille de Marengo de M. Guillaume. Puis, quand ils avaient épuisé les vieux procès, ils récapitulaient les additions de leurs inventaires les plus productifs, et se narraient encore les vieilles histoires du quartier Saint-Denis. A deux heures, M. Guillaume allait donner un coup d'œil à l'établissement du Chat-qui-pelote. En revenant il s'arrêtait à toutes les boutiques, autrefois ses rivales, et dont les jeunes propriétaires espéraient entraîner le vieux négociant dans quelque escompte aventureux, que, selon sa coutume, il ne refusait jamais positivement. Deux bons chevaux normands mouraient de gras fondu dans l'écurie de l'hôtel; madame Guillaume ne s'en servait que pour se faire traîner tous les dimanches à la grand'messe de sa paroisse. Trois fois par semaine ce respectable couple tenait table ouverte. Grâce à l'influence de son gendre, M. de Sommervieux, le père Guillaume avait été nommé membre du comité consultatif pour l'habillement des troupes; et, depuis que son mari s'était ainsi trouvé placé haut dans l'administration, madame Guillaume avait pris la détermination de représenter. Leurs appartements étaient encombrés de tant d'ornements d'or et d'argent, et de meubles sans goût, mais de valeur certaine, que la pièce la plus simple y ressemblait à une chapelle. L'économie et la prodigalité semblaient se disputer dans chacun des accessoires de cet hôtel. L'on eût dit que M. Guillaume avait en en vue de faire un placement d'argent jusque dans l'acquisition d'un flambeau. Au milieu de ce bazar, dont la richesse accusait le désœuvrement des deux époux, le célèbre tableau de M. de Sommervieux avait obtenu la place d'honneur. Il faisait la consolation de M. et de madame Guillaume, qui tournaient vingt fois par jour leurs yeux harnachés de besicles vers cette image de leur ancienne existence, pour eux si active et si amusante.

L'aspect de cet hôtel et de ces appartements où tout avait une senteur de vieillesse et de médiocrité, le spectacle donné par ces deux êtres, qui semblaient échoués sur un rocher d'or, loin du monde et des idées qui font vivre, surprirent Augustine. Elle contemplait en ce moment la seconde partie du tableau dont elle avait vu le commencement chez Joseph Lebas : celui d'une vie agitée quoique sans mouvement, espèce d'existence mécanique et instinctive semblable à celle des castors. Elle eut alors je ne sais quel orgueil de ses chagrins, en pensant qu'ils prenaient leur source dans un bonheur de dix-huit mois qui valait à ses yeux mille existences comme celle dont elle comprenait actuellement tout le vide. Cependant elle cacha ce sentiment peu charitable et déploya pour ses vieux parents les grâces nouvelles de son esprit, les coquetteries de tendresse que l'amour lui avait révélées, et les disposa favorablement à écouter ses doléances matrimoniales. Les vieilles gens ont un faible pour ces sortes de confidences, et madame Guillaume surtout voulut être instruite des plus légers détails de cette vie étrange qui, pour elle, avait quelque chose de fabuleux. Les voyages du baron de La Hontan, qu'elle commençait toujours sans jamais les achever, ne lui apprirent rien de plus inouï sur les sauvages du Canada.

— Comment, mon enfant, ton mari s'enferme avec des femmes nues, et tu as la simplicité de croire qu'il les dessine?

A cette exclamation, la grand-mère posa ses lunettes sur une petite travailleuse, secoua ses jupons et plaça ses mains jointes sur ses genoux élevés par une chaufferette, son piédestal favori.

— Mais, ma mère, tous les peintres sont obligés d'avoir des modèles.

— Il s'est bien gardé de nous dire tout cela quand il t'a demandée en mariage. Si je l'avais su, je n'aurais pas donné ma fille à un homme qui fait un pareil métier. La religion défend ces horreurs-là, ça n'est pas moral. A quelle heure nous disais-tu donc qu'il rentre chez lui?

— Mais, à une heure, deux heures...

Les deux époux se regardèrent avec un profond étonnement.

— Il joue donc? dit M. Guillaume. Il n'y avait que les joueurs qui, de mon temps, rentrassent si tard.

Augustine fit une petite moue qui repoussait cette accusation.

— Il doit te faire passer de cruelles nuits à l'attendre, reprit madame Guillaume. Mais non, tu te couches, n'est-ce pas? Et quand il a perdu, le monstre te réveille.

— Non, ma mère, il est au contraire quelquefois très-gai. Assez souvent même quand il fait beau, il me propose de me lever, pour aller dans les bois.

— Dans les bois? à ces heures-là! Tu as donc un bien petit appartement qu'il n'a pas assez de sa chambre, de ses salons, et qu'il lui faille ainsi courir pour... Mais c'est pour t'enrhumer que le scélérat te propose ces parties-là. Il veut se débarrasser de toi. A-t-on jamais vu un homme établi, qui a un commerce tranquille, galoper comme un loup-garou?

— Mais, ma mère, vous ne comprenez donc pas que, pour développer son talent, il a besoin d'exaltation. Il aime beaucoup les scènes qui...

— Ah! je lui en ferais de belles des scènes, moi! s'écria madame Guillaume en interrompant sa fille. Comment peux-tu garder des ménagements avec un homme pareil? D'abord, je n'aime pas qu'il ne boive que de l'eau ; ça n'est pas sain. Pourquoi montre-t-il de la répugnance à voir les femmes quand elles mangent. Quel singulier genre! Mais c'est un fou. Tout ce qu'il nous en as dit n'est pas possible. Un homme ne peut pas partir de sa maison sans souffler mot et ne revenir que dix jours après. Il te dit qu'il a été à Dieppe pour peindre la mer. Est-ce qu'on peint la mer ? Il te fait des contes à dormir debout.

Augustine ouvrit la bouche pour défendre son mari ; madame Guillaume lui imposa silence par un geste de main auquel un reste d'habitude la fit obéir, et sa mère s'écria d'un ton sec :—Tiens, ne me parle pas de cet homme-là ! il n'a jamais mis le pied dans une église que pour te voir et t'épouser. Les gens sans religion sont capables de tout. Est-ce que Guillaume s'est jamais avisé de me cacher quelque chose, de rester des trois jours sans me dire ouf, et babiller ensuite comme une pie borgne?

— Ma chère mère, vous jugez trop sévèrement les gens supérieurs. S'ils avaient des idées semblables à celles des autres, ce ne seraient plus des gens à talent.

— Eh bien, que les gens à talent restent chez eux et ne se marient pas ! Comment ! un homme à talent rendra sa femme malheureuse ! et parce qu'il a du talent ce sera bien? Talent, talent ! Il n'y a pas tant de talent à dire comme lui blanc et noir à toute minute, à couper la parole aux gens, à battre du tambour chez soi, à ne jamais vous laisser savoir sur quel pied danser, à forcer une femme de ne pas s'amuser avant que les idées de monsieur ne soient gaies ; d'être triste dès qu'il est triste.

— Mais, ma mère, le propre de ces imaginations-là...

— Qu'est-ce que c'est que ces imaginations-là? reprit madame Guillaume en interrompant encore sa fille. Il en a de belles, ma foi ! Qu'est-ce qu'un homme auquel il prend tout à coup, sans consulter de médecin, la fantaisie de ne manger que des légumes ? Encore, si c'était par religion, sa diète lui servirait à quelque chose ; mais il n'en a pas plus qu'un huguenot. A-t-on jamais vu un homme aimer, comme lui, les chevaux plus qu'il n'aime son prochain, se faire friser les cheveux comme un païen, coucher des statues sous de la mousseline, faire fermer ses fenêtres le jour pour travailler à la lampe? Tiens, laisse-moi, s'il n'était pas si grossièrement immoral, il serait bon à mettre aux petites-maisons. Consulte M. Charbonneau, le vicaire de Saint-Sulpice, demande-lui son avis sur tout cela? il te dira que ton mari ne se conduit pas comme un chrétien...

— Oh! ma mère ! pouvez-vous croire...

— Oui, je le crois ! Tu l'as aimé, tu n'aperçois rien de ces choses-là. Mais moi, vers les premiers temps de son mariage, je me souviens de l'avoir rencontré dans les Champs-Élysées. Il était à cheval. Eh bien ! il galopait par moment ventre à terre, et puis il s'arrêtait pour aller pas à pas. Je me suis dit alors : — Voilà un homme qui n'a pas de jugement,

— Ah! s'écria M. Guillaume en se frottant les mains, comme j'ai bien fait de t'avoir mariée séparée de biens avec cet original-là.

Quand Augustine eut l'imprudence de raconter les griefs véritables qu'elle avait à exposer contre son mari, les deux vieillards restèrent muets d'indignation. Le mot de divorce fut bientôt prononcé par madame Guillaume. Au mot de divorce, l'inactif négociant fut comme réveillé. Stimulé par l'amour qu'il avait pour sa fille, et aussi par l'agitation qu'un procès allait donner à sa vie sans événement, M. Guillaume prit la parole. Il se mit à la tête de la demande en divorce, la rédigea, plaida presque ; il offrit à sa fille de se charger de tous les frais, de voir les juges, les avocats, de remuer ciel et terre. Madame de Sommervieux, effrayée, refusa les services de son père, et dit qu'elle ne voulait pas se séparer de son mari, dût-elle être dix fois plus malheureuse encore. Puis elle ne parla plus de ses chagrins. Enfin, après avoir été accablée par ses parents de tous ces petits soins muets et consolateurs par lesquels les deux vieillards essayèrent de la dédommager, mais en vain, de ses peines de cœur, Augustine se retira en sentant l'impossibilité de parvenir à faire bien juger les hommes supérieurs par des esprits faibles. Elle apprit qu'une femme devait cacher à tout le monde, et même à ses parents, des malheurs pour lesquels on rencontre si difficilement des sympathies. Les orages et les souffrances des sphères élevées ne peuvent être appréciés que par les nobles esprits qui les habitent. En toute chose, nous ne pouvons être jugés que par nos pairs.

Alors la pauvre Augustine se retrouva dans la

froide atmosphère de son ménage, livrée à l'horreur de ses méditations. L'étude n'était plus rien pour elle, puisque l'étude ne lui avait pas rendu le cœur de son mari. Initiée aux secrets de ces âmes de feu, sans avoir leurs ressources, elle participait avec force à leurs peines sans partager leurs plaisirs. Elle s'était dégoûtée du monde, qui lui semblait mesquin et petit devant les événements des passions. Enfin, sa vie était manquée. Un soir, elle fut frappée d'une pensée qui vint illuminer ses ténébreux chagrins comme un rayon céleste. Cette idée ne pouvait sourire qu'à un cœur aussi pur, aussi vertueux que l'était le sien. Elle résolut d'aller chez la duchesse de Carigliano, non pas pour lui redemander le cœur de son mari, mais pour s'y instruire des artifices qui le lui avaient enlevé; mais pour intéresser à la mère des enfants de son ami cette orgueilleuse femme du monde; mais pour la fléchir et la rendre complice de son bonheur à venir comme elle était l'instrument de son malheur présent.

Un jour donc, la timide Augustine, armée d'un courage surnaturel, monta en voiture, à deux heures après midi, pour essayer de pénétrer jusqu'au boudoir de la célèbre coquette, qui n'était jamais visible avant cette heure-là.

Madame de Sommervieux ne connaissait pas encore les antiques et somptueux hôtels du faubourg Saint-Germain. Quand elle parcourut ces vestibules majestueux, ces escaliers grandioses, ces salons immenses ornés de fleurs, malgré les rigueurs de l'hiver, et décorés avec ce goût particulier aux femmes qui sont nées dans l'opulence ou avec les habitudes distinguées de l'aristocratie, Augustine eut un affreux serrement de cœur. Elle envia les secrets de cette élégance dont elle n'avait jamais eu l'idée. Elle respira un air de grandeur qui lui expliqua l'attrait de cette maison pour son mari. Quand elle parvint aux petits-appartements de la duchesse, elle éprouva de la jalousie et une sorte de désespoir, en y admirant la voluptueuse disposition des meubles, des draperies et des étoffes tendues. Là, le désordre était une grâce; là, le luxe affectait une espèce de dédain pour la richesse. Les parfums répandus dans cette douce atmosphère flattaient l'odorat sans l'offenser. Les accessoires de l'appartement s'harmoniaient avec une vue ménagée par des glaces sans tain sur les pelouses d'un jardin planté d'arbres verts. Tout était séduction, et le calcul ne s'y sentait point. Le génie de la maîtresse de ces appartements respirait tout entier dans le salon où attendait Augustine. Elle tâcha d'y deviner le caractère de sa rivale par l'aspect des objets épars, mais il y avait là quelque chose d'impénétrable dans la profusion comme dans la symétrie, et pour la simple Augustine ce fut lettres closes. Tout ce qu'elle put y voir, c'est que la duchesse était une femme supérieure en tant que femme. Alors elle eut une pensée douloureuse.

— Hélas! serait-il vrai, se dit-elle, qu'un cœur aimant et simple ne suffit pas à un artiste; et pour balancer le poids de ces âmes fortes, faut-il les unir à des âmes féminines dont la puissance soit égale à la leur? Si j'avais été élevée comme cette sirène, au moins nos armes eussent été égales au moment de la lutte.

— Mais je n'y suis pas! Ces mots secs et brefs, quoique prononcés à voix basse dans le boudoir voisin, furent entendus par Augustine, dont le cœur palpita.

— Cette dame est là, répliqua la femme de chambre.

— Vous êtes folle, faites donc entrer! répondit la duchesse, dont la voix, devenue douce, avait pris l'accent affectueux de la politesse. Il était clair qu'elle désirait alors être entendue.

Augustine s'avança timidement. Elle vit, au fond de ce frais boudoir, la duchesse voluptueusement couchée sur une ottomane. Ce siége, de velours vert, était placé au centre d'une espèce de demi-cercle dessiné par les plis les plus moelleux et les plus délicats d'une mousseline élégamment tendue. Des ornements de bronze et d'or, placés avec un goût exquis, relevaient la blancheur de cette espèce de dais sous lequel la duchesse était posée comme une statue antique. La couleur foncée du velours ne lui laissait perdre aucun moyen de séduction. Un demi-jour, ami de sa beauté, semblait être plutôt un reflet qu'une lumière. Quelques fleurs rares élevaient leurs têtes embaumées au-dessus des vases de Sèvres les plus riches. Au moment où ce tableau s'offrit aux yeux d'Augustine étonnée, elle avait marché si doucement, qu'elle put surprendre un regard de l'enchanteresse. Ce regard semblait dire à une personne que la femme du peintre n'aperçut pas d'abord:

— Restez, vous allez voir une jolie femme, et vous me rendrez cette visite moins ennuyeuse.

A l'aspect d'Augustine, la duchesse se leva et la fit asseoir auprès d'elle sur l'ottomane.

— A quoi dois-je le bonheur de cette visite, madame? dit-elle avec un sourire plein de grâces.

— Que de fausseté, pensa Augustine, qui ne répondit que par une inclination de tête.

Ce silence était commandé. La jeune femme

voyait devant elle un témoin de trop à cette scène. Ce personnage était, de tous les colonels de l'armée, le plus jeune, le plus élégant et le mieux fait. Son costume demi-bourgeois faisait ressortir les grâces de sa personne. Sa figure pleine de vie, de jeunesse et déjà fort expressive, était encore animée par de petites moustaches relevées en pointes noires comme du jais, par une impériale bien fournie, par des favoris soigneusement peignés et par une forêt de cheveux noirs assez en désordre. Il badinait avec une cravache, en manifestant une aisance et une liberté qui seyaient à l'air satisfait de sa physionomie ainsi qu'à la recherche de sa toilette. Les rubans attachés à sa boutonnière étaient noués avec dédain, et il paraissait bien plus vain de sa jolie tournure que de son courage. Augustine regarda la duchesse de Carigliano en lui montrant le colonel par un coup-d'œil dont toutes les prières furent comprises.

— Eh bien! adieu, M. d'Aiglemont, nous nous retrouverons au bois de Boulogne.

Ces mots furent prononcés par la sirène comme s'ils étaient le résultat d'une stipulation antérieure à l'arrivée d'Augustine. Elle les accompagna d'un regard menaçant que l'officier méritait peut-être pour l'admiration qu'il témoignait en contemplant la modeste fleur qui contrastait si bien avec l'orgueilleuse duchesse. Le jeune fat s'inclina en silence, tourna sur les talons de ses bottes, et s'élança gracieusement hors du boudoir. En ce moment, Augustine épiant sa rivale qui semblait suivre des yeux le brillant officier, surprit dans ce regard un sentiment dont toutes les femmes connaissent les fugitives expressions. Alors elle songea avec la douleur la plus profonde que sa visite allait être inutile. Elle pensa que cette artificieuse duchesse était trop avide d'hommages pour ne pas avoir le cœur bronzé.

— Madame, dit Augustine d'une voix entrecoupée, la démarche que je fais en ce moment auprès de vous va vous sembler bien singulière; mais le désespoir a sa folie, et doit faire tout excuser. Je m'explique trop bien pourquoi M. de Sommervieux préfère votre maison à toute autre, et pourquoi votre esprit exerce tant d'empire sur lui. Hélas! je n'ai qu'à rentrer en moi-même pour en trouver des raisons plus que suffisantes. Mais j'adore mon mari, madame. Deux ans de larmes n'ont point effacé son image de mon cœur, quoique j'aie perdu le sien. Dans ma folie, j'ai osé concevoir l'idée de lutter avec vous, et je viens à vous vous demander par quels moyens je puis triompher de vous-même.

Oh! madame! s'écria la jeune femme en saisissant avec ardeur la main de sa rivale qui la lui laissa prendre, je ne prierai jamais Dieu pour mon propre bonheur avec autant de ferveur que je l'implorerais pour le vôtre, si vous m'aidiez à reconquérir, je ne dirai pas l'amour, mais la tendresse de M. de Sommervieux. Je n'ai plus d'espoir qu'en vous. Ah! dites-moi comment vous avez pu lui plaire et lui faire oublier les premiers jours de...

A ces mots, Augustine, suffoquée par des sanglots mal contenus, fut obligée de s'arrêter. Honteuse de sa faiblesse, elle cacha son visage dans un mouchoir qu'elle inonda de ses larmes.

— Êtes-vous donc enfant, ma chère petite belle! dit la duchesse, qui, séduite par la nouveauté de cette scène, et attendrie malgré elle en recevant l'hommage que lui rendait la plus parfaite vertu qui fût peut-être à Paris, prit le mouchoir de la jeune femme et se mit à lui essuyer elle-même les yeux en la flattant par quelques monosyllabes murmurés avec une gracieuse pitié.

Après un moment de silence, la coquette, mettant les jolies mains de la pauvre Augustine entre les siennes qui avaient un rare caractère de beauté noble et de puissance, lui dit d'une voix douce et affectueuse : — Pour premier avis, je vous conseillerai de ne pas pleurer ainsi, parce que les larmes enlaidissent. Il faut savoir prendre son parti sur les chagrins; ils rendent malade, et l'amour ne reste pas longtemps sur un lit de douleur. La mélancolie donne bien d'abord une certaine grâce qui plaît; mais elle finit par allonger les traits et flétrir la plus ravissante de toutes les figures. Ensuite, nos tyrans ont l'amour-propre de vouloir que leurs esclaves soient gais.

— Ah! madame! il ne dépend pas de moi de ne pas sentir! Comment peut-on, sans éprouver mille morts, voir terne, décolorée, indifférente, une figure qui jadis rayonnait d'amour et de joie? Ah! je ne sais pas commander à mon cœur.

— Tant pis, chère belle; mais je crois déjà savoir toute votre histoire. D'abord, imaginez-vous bien que si votre mari vous a été infidèle, je ne suis pas sa complice. Si j'ai tenu à l'avoir dans mon salon, c'est, je l'avouerai, par amour-propre; il était célèbre et n'allait nulle part. Je vous aime déjà trop, pour vous dire toutes les folies qu'il a faites pour moi. Je ne vous en révélerai qu'une seule, parce qu'elle nous servira peut-être à vous le ramener et à le punir de l'audace qu'il met dans ses procédés avec moi. Il finirait par me compromettre. Je connais trop le monde, ma chère, pour vouloir me mettre à la discrétion d'un homme trop supérieur. Sachez qu'il faut se laisser faire la cour par eux, mais les épouser! c'est une faute. Nous autres femmes, nous devons admirer les hommes de génie, en jouir comme d'un spectacle, mais vivre avec eux? jamais! Fi donc! c'est vouloir prendre plaisir à regarder les machines de l'Opéra, au lieu de rester dans une loge, à y savourer de brillantes illusions. Mais chez vous, ma pauvre enfant, le mal est arrivé, n'est-ce pas? Eh bien! il faut essayer de vous armer contre la tyrannie.

— Ah! madame, avant d'entrer ici, et en vous y voyant, j'ai déjà reconnu quelques artifices dont je n'avais aucune idée.

— Eh bien, venez me voir quelquefois, et vous ne serez pas longtemps sans posséder la science de ces bagatelles, d'ailleurs assez importantes. Les choses extérieures sont, pour les sots, la moitié de la vie; et pour cela, plus d'un homme de talent se trouve un sot malgré tout son esprit. Mais je gage que vous n'avez jamais rien su refuser à Henri.

— Le moyen, madame, de refuser quelque chose à celui qu'on aime!

— Pauvre innocente, je vous adorerais pour votre niaiserie. Sachez donc que plus nous aimons et moins nous devons laisser apercevoir à un homme, surtout à un mari, l'étendue de notre passion. C'est celui qui aime le plus qui est tyrannisé, et qui pis est, délaissé tôt ou tard. Celui qui veut régner doit...

— Comment! madame, faudra-t-il donc dissimuler, calculer, devenir fausse, se faire un caractère artificiel et pour toujours? Oh! comment peut-on vivre ainsi? Est-ce que vous pouvez...

Elle hésita, la duchesse sourit.

— Ma chère, reprit la grande dame d'une voix grave, le bonheur conjugal a été de tout temps une spéculation, une affaire qui demande une attention particulière. Si vous continuez à parler passion quand je vous parle mariage, nous ne nous entendrons bientôt plus. — Écoutez-moi, continua-t-elle en prenant le ton d'une confidence. J'ai été à même de voir quelques-uns des hommes supérieurs de notre époque. Ceux qui se sont mariés ont, à quelques exceptions près, épousé des femmes nulles. Eh bien! ces femmes-là les gouvernaient, comme l'empereur nous gouverne, et en étaient, sinon aimées, du moins respectées. J'aime assez les secrets, surtout ceux qui nous concernent, pour m'être amusée à chercher le mot de cette énigme. Eh bien! mon ange, ces bonnes femmes avaient le talent d'analyser le caractère de leurs maris, sans s'épouvanter comme vous de leur supériorité. Elles avaient adroitement remarqué les qualités qui leur manquaient; et, soit qu'elles possédassent ces qualités, ou qu'elles feignissent de les avoir, elles trouvaient moyen d'en faire un si grand étalage aux yeux de leurs maris qu'elles finissaient par leur imposer. Enfin, apprenez encore que ces âmes qui paraissaient si grandes ont toutes un petit grain de folie que nous devons savoir exploiter. En prenant la ferme volonté de les dominer, en ne s'écartant jamais de ce but, en y rapportant toutes nos actions, nos idées, nos coquetteries, nous maîtrisons ces esprits éminemment capricieux qui, par la mobilité même de leurs pensées, nous donnent les moyens de les influencer.

— O ciel! s'écria la jeune femme épouvantée, voilà donc la vie. C'est un combat.....

— Où il faut toujours menacer, reprit la duchesse en riant. Notre pouvoir est tout factice. Aussi ne faut-il jamais se laisser mépriser par un homme; on ne se relève pas de là. Venez, ajouta-t-elle, je vais vous donner un moyen de mettre votre mari à la chaîne.

Elle se leva, pour guider en souriant la jeune et innocente apprentie des ruses conjugales à travers le dédale de son petit palais. Elles arrivèrent toutes deux à un escalier dérobé qui communiquait aux appartements de réception. Quand la duchesse tourna le secret de la porte, elle s'arrêta, regarda Augustine avec un air inimitable de finesse et de grâce : — Tenez, le duc de Carigliano m'adore! Eh bien! il n'ose pas entrer par cette porte sans ma permission. Et c'est un homme qui a l'habitude de commander à des milliers de soldats. Il sait affronter les batteries, mais devant moi! il a peur.

Augustine soupira. Elles parvinrent à une somptueuse galerie où la femme du peintre fut amenée par la duchesse devant le portrait que Henri avait fait de mademoiselle Guillaume. A cette vue, Augustine jeta un cri.

— Je savais bien qu'il n'était plus chez moi, dit-elle, mais... ici...

— Ma chère, je ne l'ai exigé que pour voir jusqu'à quel degré de bêtise un homme de génie peut atteindre. Tôt ou tard, il vous aurait été rendu par moi; mais je ne m'attendais pas au plaisir de voir ici l'original devant la copie. Pendant que nous allons achever notre conversation, je le ferai porter dans votre voiture. Si, armée de ce talisman, vous n'êtes pas maîtresse de votre mari pendant cent ans, vous n'êtes pas une femme, et vous mériterez votre sort!

Augustine baisa la main de la duchesse, qui la pressa sur son cœur, et l'embrassa avec une tendresse d'autant plus vive qu'elle devait être oubliée le lendemain. Cette scène aurait peut-être à jamais ruiné la candeur et la pureté d'une femme moins vertueuse que ne l'était Augustine. Les secrets révélés par la duchesse étaient également salutaires et funestes. La politique astucieuse des hautes sphères sociales ne convenait pas plus à Augustine que l'étroite raison de Joseph Lebas, ou que la niaise morale de madame Guillaume. Étrange effet des fausses positions où nous jettent les moindres contre-sens commis dans la vie! Augustine ressemblait alors à un pâtre des Alpes surpris par une avalanche : s'il hésite et qu'il veuille écouter les cris de ses compagnons, le plus souvent il périt. Dans ces grandes crises, le cœur se brise ou se bronze.

Madame de Sommervieux revint chez elle en proie à une agitation qu'il serait difficile de décrire. La conversation qu'elle venait d'avoir avec la duchesse de Carigliano éveillait une foule d'idées contradictoires dans son esprit. Elle était, comme les moutons de la fable, pleine de courage en l'absence du loup. Elle se haranguait elle-même et se traçait d'admirables plans de conduite ; elle concevait mille stratagèmes de coquetterie; elle parlait même à son mari, retrouvant, loin de lui, toutes les ressources de cette éloquence vraie qui n'abandonne jamais les femmes ; puis, en songeant au regard fixe et clair de Henri, elle tremblait déjà. Quand elle demanda si M. de Sommervieux était chez lui, la voix lui manqua. En apprenant qu'il ne reviendrait pas dîner, elle éprouva un mouvement de joie inexplicable. Semblable au criminel qui se pourvoit en cassation contre son arrêt de mort, un délai, quelque court qu'il pût être, lui semblait une vie entière. Elle plaça le portrait dans sa chambre, et attendit son mari, en se livrant à toutes les angoisses de l'espérance. Elle pressentait trop bien que cette tentative allait décider de tout son avenir, pour ne pas frissonner au bruit de chaque voiture, et même au murmure de sa pendule, qui semblait appesantir ses terreurs en les lui mesurant. Elle tâcha de tromper le temps par mille artifices. Elle eut l'idée de faire une toilette qui la rendît semblable de tout point au portrait. Puis, connaissant le caractère inquiet de M. de Sommervieux, elle fit éclairer son appartement d'une manière inusitée, certaine qu'en rentrant la curiosité l'amènerait chez elle. Minuit sonna quand, au cri du jockei, la porte de l'hôtel s'ouvrit. La voiture du peintre roula sur le pavé de la cour silencieuse.

— Que signifie cette illumination? demanda Henri d'une voix joyeuse, en entrant dans la chambre de sa femme.

Augustine saisit avec adresse un moment aussi favorable; elle s'élança au cou de son mari, et lui montra le portrait. L'artiste resta immobile comme un rocher. Ses yeux se dirigèrent alternativement sur Augustine et sur la toile accusatrice. La timide épouse, demi-morte, épiait le front changeant, le front terrible de son mari. Elle en vit par degrés les rides expressives s'amonceler comme des nuages; puis, elle crut sentir son sang se figer dans ses veines, quand, par un regard flamboyant et d'une voix profondément sourde, elle fut interrogée.

— Où avez-vous trouvé ce tableau?
— La duchesse de Carigliano me l'a rendu.
— Vous le lui avez demandé?
— Je ne savais pas qu'il fût chez elle.

La douceur ou plutôt la mélodie enchanteresse de la voix de cet ange eût attendri des Cannibales, mais non un Parisien en proie aux tortures de la vanité blessée.

— Cela est digne d'elle! s'écria l'artiste d'une voix tonnante. Je me vengerai! dit-il en se promenant à grands pas. Elle en mourra de honte; je la peindrai! Oui, je la représenterai sous les traits de Messaline sortant à la nuit du palais de Claude.

— Henri! dit une voix mourante.
— Je la tuerai.
— Henri!
— Elle aime ce petit colonel de cavalerie, parce qu'il monte bien à cheval...
— Henri!
— Eh! laissez-moi! dit le peintre à sa femme avec un son de voix qui ressemblait presque à un rugissement.

Il serait odieux de peindre toute cette scène à la fin de laquelle l'ivresse de la colère suggéra à M. de Sommervieux des paroles et des actes qu'une femme, moins jeune qu'Augustine, aurait attribués à la démence.

Sur les huit heures du matin, le lendemain, madame Guillaume surprit sa fille pâle, les yeux rouges, la coiffure en désordre, tenant à la main un mouchoir trempé de pleurs, contemplant sur le parquet les fragments épars d'une toile déchirée et les morceaux d'un grand cadre doré mis en pièces. Augustine, que la douleur rendait presque insensible, montra ces débris par un geste empreint de désespoir.

— Et voilà peut-être une grande perte! s'écria la vieille régente du Chat-qui-pelote. Il était ressemblant, c'est vrai; mais j'ai appris qu'il y a sur le boulevard un homme qui fait des portraits charmants pour cinquante écus.

— Ah! ma mère.

— Pauvre petite, tu as bien raison, répondit madame Guillaume qui méconnut l'expression du regard que lui jeta sa fille. Va, mon enfant, l'on n'est jamais si tendrement aimé que par sa mère. Viens, ma mignonne! Je devine tout; mais viens me dire tes chagrins, je te consolerai. Ne t'ai-je pas déjà dit que cet homme-là était un fou? Ta femme de chambre m'a déjà conté de belles choses. Mais c'est donc un véritable monstre!

Augustine mit un doigt sur ses lèvres pâlies, comme pour implorer de sa mère un moment de silence. Pendant cette terrible nuit, le malheur lui avait fait trouver cette patiente résignation qui, chez les mères et les femmes aimantes, surpasse, dans ses effets, l'énergie humaine, et prouve peut-être l'existence de certaines cordes dont Dieu a enrichi le cœur des femmes, et qu'il a refusées à l'homme.

Une inscription gravée sur un cippe du cimetière Montmartre indiquait que madame de Sommervieux était morte à vingt-sept ans. Un poëte, ami de cette timide créature, voyait, dans les simples lignes de son épitaphe, la dernière scène d'un drame. Chaque année, au jour solennel du 2 novembre, il ne passait jamais devant ce jeune marbre sans se demander s'il ne fallait pas des femmes plus fortes que ne l'était Augustine pour les puissantes étreintes du génie.

— Les humbles et modestes fleurs, écloses dans les vallées, meurent peut-être, se disait-il, quand elles sont transplantées trop près des cieux, aux régions où se forment les orages, où le soleil est brûlant.

Maffliers, octobre 1829.

La Vendetta.

Vers la fin du mois de septembre de l'année 1800, un étranger, suivi d'une femme et d'une petite fille, arriva devant les Tuileries à Paris, et se tint assez longtemps auprès des décombres d'une maison récemment démolie, à l'endroit où s'élève aujourd'hui l'aile commencée qui doit unir le château de Catherine de Médicis au Louvre des Bourbons. Il resta là, debout, les bras croisés, la tête inclinée. Il la relevait parfois pour regarder alternativement le palais consulaire, et sa femme assise auprès de lui sur une pierre. Quoique l'inconnue parût ne s'occuper que de la petite fille, âgée de neuf à dix ans, dont elle caressait les longs cheveux noirs, elle ne perdait aucun des regards que lui adressait son compagnon. Un même sentiment, autre que l'amour, les unissait sans doute, et animait d'une même inquiétude leurs mouvements et leurs pensées. La misère est peut-être le plus puissant de tous les liens. Cette petite fille semblait être le dernier fruit de leur union. L'étranger avait une de ces têtes abondantes en cheveux, larges et graves, qui se sont souvent offertes au pinceau des Carraches. Ces cheveux si noirs étaient mélangés d'une grande quantité de cheveux blancs. Quoique nobles et fiers, ses traits avaient un ton de dureté qui les gâtait. Malgré sa force et sa taille droite, il paraissait avoir plus de soixante ans. Ses vêtements délabrés annonçaient qu'il venait d'un pays étranger. Sa femme, dont la figure jadis belle était flétrie, avait passé l'âge; son attitude trahissait une tristesse profonde; mais quand son mari la regardait, elle s'efforçait de sourire en tâchant d'affecter une contenance calme. La petite fille restait debout, malgré la fatigue dont son jeune visage, hâlé par le soleil, portait les marques. Elle avait une tournure italienne, de grands yeux noirs sous des sourcils bien arqués, une noblesse native, une grâce vraie. Plus d'un passant se sentait ému au seul aspect de ce groupe dont les personnages ne faisaient aucun effort pour cacher un désespoir aussi profond que l'expression en était simple; mais la source de cette fugitive obligeance qui distingue les Parisiens se tarissait promptement. Aussitôt que l'inconnu se croyait l'objet de l'attention de quelque oisif, il le regardait d'un air si farouche, que le flâneur le plus intrépide hâtait le pas comme s'il eût marché sur un serpent.

Après être demeuré longtemps indécis, tout à coup le grand étranger passa la main sur son front. Il en chassa, pour ainsi dire, les pensées qui l'avaient sillonné de rides, et prit sans doute un parti désespéré. Il jeta un regard perçant sur sa femme et sur sa fille, tira de sa veste un long poignard; puis, le donnant à sa compagne, il lui dit en italien : — Je vais voir si les Bonaparte se souviennent de nous. Et il marcha d'un pas lent et assuré vers l'entrée du palais. Il fut naturellement arrêté par un soldat de la garde consulaire avec lequel il ne put longtemps discuter, car en s'apercevant de l'obstination de l'inconnu, la sentinelle lui présenta sa baïonnette en manière d'*ultimatum*. Le hasard voulut que l'on vînt en ce moment relever le soldat de sa faction, et le caporal indiqua fort obligeamment à l'aventurier l'endroit où se tenait le commandant du poste.

— Faites savoir à Bonaparte que Bartholoméo di Piombo voudrait lui parler, dit l'étranger au capitaine de service.

Cet officier eut beau représenter à Bartholoméo qu'on ne voyait pas le premier consul sans lui avoir préalablement demandé par écrit une audience, l'étranger voulut absolument que le militaire allât prévenir Bonaparte. L'officier objecta les lois de la consigne, et refusa formellement d'obtempérer à l'ordre de ce singulier solliciteur. Bartholoméo fronça le sourcil, jeta sur le capitaine un regard terrible, et sembla le rendre responsable des malheurs que ce refus pouvait occasioner. Il garda le silence, se croisa fortement les bras sur la poitrine, et alla se placer sous le portique qui sert de communication entre la cour et le jardin des Tuileries. Les gens qui veulent fortement une chose sont presque toujours bien servis par le hasard. Au moment où Bartholoméo di Piombo s'asseyait sur une des bornes qui sont auprès de l'entrée des Tuileries, il arriva une voiture d'où descendit Lucien Bonaparte, alors ministre de l'intérieur.

— Ah! Lucien, il est bien heureux pour moi de te rencontrer! s'écria l'étranger.

Ces mots prononcés en patois corse, arrêtèrent Lucien au moment où il s'élançait sous la voûte. Il regarda son compatriote et le reconnut. Au premier mot que Bartholoméo lui dit à l'oreille, il emmena le Corse avec lui chez Bonaparte. Murat, Lannes, Rapp, se trouvaient dans le cabinet du premier consul. En voyant entrer Lucien, suivi d'un homme aussi singulier que l'était Piombo, la conversation cessa. Lucien prit Napoléon par la main, et le conduisit dans l'embrasure de la croisée. Après avoir échangé quelques paroles avec son frère, le premier consul fit un geste de main auquel obéirent Murat et Lannes en s'en allant. Rapp feignit de n'avoir rien vu, afin de pouvoir rester. Bonaparte l'ayant interpellé vivement, l'aide-de-camp sortit en rechignant. Le premier consul entendit le bruit des pas de Rapp dans le salon voisin, sortit brusquement et le vit près du mur qui séparait le cabinet du salon.

— Tu ne veux donc pas me comprendre? dit le premier consul. J'ai besoin d'être seul avec mon compatriote.

— Un Corse! répondit l'aide-de-camp. Je me défie trop de ces gens-là pour ne pas...

Le premier consul ne put s'empêcher de sourire, et poussa légèrement son fidèle officier par les épaules.

— Eh bien, que viens-tu faire ici, mon pauvre Bartholoméo? dit le premier consul à Piombo.

— Te demander asile et protection, si tu es un vrai Corse, répondit Bartholoméo d'un ton brusque.

— Quel malheur a pu te chasser du pays? Tu en étais le plus riche, le plus...

— J'ai tué tous les Porta, répliqua le Corse d'un son de voix profond en fronçant les sourcils.

Le premier consul fit deux pas en arrière comme un homme surpris.

— Vas-tu me trahir? s'écria Bartholoméo en jetant un regard sombre à Bonaparte. Sais-tu que nous sommes encore quatre Piombo en Corse?

Lucien prit le bras de son compatriote, et le secoua.

— Viens-tu ici pour menacer mon frère? lui dit-il vivement.

Bonaparte fit un signe à Lucien qui se tut. Puis, il regarda Piombo, et lui dit : — Pourquoi donc as-tu tué les Porta?

— Nous avions fait amitié, répondit-il, les Barbanti nous avaient réconciliés. Le lendemain du jour où nous trinquâmes pour noyer nos querelles, je les quittai parce que j'avais affaire à Bastia. Ils restèrent chez moi, et mirent le feu à ma vigne de Longone. Ils ont tué mon fils Grégorio. Ma fille Ginevra et ma femme leur ont échappé; elles avaient communié le matin, la Vierge les a protégées. Quand je revins, je ne trouvai plus ma maison, je la cherchais les pieds dans ses cendres! Tout à coup, je heurtai le corps de Grégorio, que je reconnus à la lueur de la lune. — Oh! ce sont les Porta qui ont fait le coup! me dis-je. J'allai sur-le-champ dans les *Macchis*, j'y rassemblai quelques hommes auxquels j'avais rendu service, entends-tu, Bonaparte? et nous marchâmes sur la vigne des Porta. Nous sommes arrivés à neuf heures du matin, à dix ils étaient tous devant Dieu. Giacomo prétend qu'Élisa Vanni a sauvé un enfant, le petit Luigi; mais je l'avais attaché moi-même dans son lit avant de mettre le feu à la maison. J'ai quitté l'île avec ma femme et ma fille, sans avoir pu vérifier s'il était vrai que Luigi vécût encore.

Bonaparte regardait Bartholoméo avec curiosité, mais sans étonnement.

— Combien étaient-ils? demanda Lucien.

— Sept, répondit Piombo. Ils ont été vos persécuteurs dans les temps, leur dit-il. Ces mots ne réveillèrent aucune expression de haine chez les deux frères.

— Ah! vous n'êtes plus Corses, s'écria Bartholoméo avec une sorte de désespoir. Adieu. Autrefois je vous ai protégés! ajouta-t-il d'un ton de reproche. Sans moi, ta mère ne serait pas arrivée à Marseille, dit-il en s'adressant à Bonaparte qui restait pensif, le coude appuyé sur le manteau de la cheminée.

— En conscience, Piombo, répondit Napoléon, je ne puis pas te prendre sous mon aile. Je suis devenu le chef d'une grande nation; je commande la république, et dois faire exécuter les lois.

— Ah! ah! dit Bartholoméo.

— Mais je puis fermer les yeux, reprit Bonaparte. Le préjugé de la *Vendetta* empêchera longtemps le règne des lois en Corse, ajouta-t-il en se parlant à lui-même. Il faut cependant le détruire à tout prix.

Bonaparte resta un moment silencieux, et Lucien fit signe à Piombo de ne rien dire. Le Corse agitait déjà la tête de droite et de gauche d'un air improbateur.

— Demeure ici, reprit le consul en s'adressant à Bartholoméo, nous n'en saurons rien. Je ferai acheter tes propriétés, afin de te donner d'abord les moyens de vivre. Puis, dans quelque temps, plus tard, nous penserons à toi. Mais plus de *Vendetta!* Il n'y a pas de *macchis* ici. Si tu y joues du poignard, il n'y aurait pas de grâce à espérer. Ici la loi protége tous les citoyens, et l'on ne se fait pas justice soi-même.

— Tu t'es fait le chef d'un singulier pays, répondit Bartholoméo en prenant la main de Lucien et la serrant. Mais vous me reconnaissez dans le malheur, ce sera maintenant entre nous à la vie à la mort, et vous pouvez disposer de tous les Piombo.

A ces mots, le front du Corse se dérida et il regarda autour de lui avec satisfaction.

— Vous n'êtes pas mal ici, dit-il en souriant, comme s'il voulait y loger. C'est un palais.

— Il ne tiendra qu'à toi de parvenir et d'avoir un palais à Paris, dit Bonaparte qui toisait son compatriote. Il m'arrivera plus d'une fois de regarder autour de moi pour chercher un ami dévoué auquel je puisse me confier.

Un soupir de joie sortit de la vaste poitrine de Piombo, puis il tendit la main au premier consul, en lui disant : — Il y a encore du Corse en toi!

Bonaparte sourit; il regarda silencieusement cet homme qui lui apportait, en quelque sorte, l'air de sa patrie; de cette île où, naguère, il avait été reçu avec tant d'enthousiasme, et qu'il ne devait plus revoir. Il fit un signe à son frère qui emmena Bartholoméo di Piombo. Lucien s'enquit avec intérêt de la situation financière de l'ancien protecteur de leur famille. Piombo amena le ministre de l'intérieur auprès d'une fenêtre, et lui montra sa femme et Ginevra, assises toutes deux sur un tas de pierres.

— Nous sommes venus de Fontainebleau ici à pied, et nous n'avons pas une obole, lui dit-il.

Lucien donna sa bourse à son compatriote et lui recommanda de venir le trouver le lendemain, afin d'aviser au moyen d'assurer le sort de sa famille. La valeur de tous les biens que Piombo possédait en Corse ne pouvait guère le faire vivre honorablement à Paris.

Les proscrits obtinrent un asile, du pain et la protection du premier consul.

Seize ans s'écoulèrent entre l'arrivée de la famille Piombo à Paris et l'aventure suivante dont elle est en quelque sorte l'introduction.

M. Servin, l'un de nos artistes les plus distingués, conçut le premier l'idée d'ouvrir un atelier pour les jeunes personnes qui veulent prendre des leçons de peinture. C'était un homme d'une quarantaine d'années, de mœurs pures, et entièrement livré à son art. Il avait épousé par inclination la fille d'un général sans fortune. Les mères conduisirent d'abord elles-mêmes leurs filles chez le professeur; puis, elles finirent par les y envoyer quand elles eurent bien connu ses principes et apprécié les soins qu'il mettait à mériter la confiance. Il était entré dans le plan du peintre de n'accepter pour écolières que des demoiselles appartenant à des familles riches ou considérées, afin de n'avoir pas de reproches à subir sur la composition de son atelier. Il se refusait même à prendre les jeunes filles qui voulaient devenir artistes, et auxquelles il aurait fallu donner certains enseignements sans lesquels il n'est pas de talent possible en peinture. Insensiblement, la prudence et la supériorité avec laquelle il initiait ses élèves aux secrets de son art, la certitude où les mères étaient de savoir leurs filles en compagnie de jeunes personnes bien élevées, et la sécurité qu'inspiraient le caractère, les mœurs, le mariage de l'artiste, lui valurent dans les salons une excellente renommée. Quand une jeune fille manifestait le désir d'apprendre à peindre ou à dessiner, et que sa mère demandait conseil : — Envoyez-la chez Servin! était la réponse de chacun. Servin devint donc pour la Peinture féminine une spécialité, comme Herbault pour les chapeaux, Leroy pour les modes, Chevet pour les comestibles. Il était reconnu qu'une jeune femme qui avait pris des leçons chez Servin pouvait juger en dernier ressort les tableaux du Musée, faire supérieurement un portrait, copier une toile, et peindre son tableau de genre. Cet artiste suffisait ainsi à tous les besoins de l'aristocratie. Malgré les rapports qu'il avait avec les meilleures maisons de Paris, il était indépendant, patriote, et conservait avec tout le monde ce ton léger, spirituel, parfois ironique, cette liberté de jugement qui distinguent les peintres. Il avait poussé le scrupule de ses précautions jusque dans l'ordonnance du local où étudiaient ses écolières. L'entrée du grenier qui régnait au-dessus de ses appartements avait été murée. Pour parvenir à cette retraite aussi sacrée qu'un harem, il fallait monter par un escalier pratiqué dans l'intérieur de son logement. L'atelier occupait tout le comble de la maison. Il avait ces proportions énormes qui surprennent toujours les curieux quand, arrivés à soixante pieds du sol, ils s'attendent à voir les artistes logés dans une gouttière. Cette espèce de galerie était profusément éclairée par d'immenses châssis vitrés et garnis de ces grandes toiles vertes à l'aide desquelles les peintres disposent leur lumière. Une foule de caricatures, de têtes faites au trait, avec de la couleur ou la pointe d'un couteau, sur les murailles peintes en gris foncé, prouvaient, sauf la différence de l'expression, que les filles les plus distinguées ont dans l'esprit autant de folie que les hommes peuvent en avoir. Un petit poêle et ses grands tuyaux qui décrivaient un effroyable zigzag avant d'atteindre les hautes régions du toit, était l'infaillible ornement de cet atelier. Une planche régnait autour des murs et soutenait des modèles en plâtre qui gisaient confusément placés, la plupart couverts d'une blonde poussière. Au-dessous de ce rayon, et çà et là, une tête de Niobé, pendue à un clou, montrait sa pose de douleur; une Vénus souriait; une main se présentait brusquement aux yeux comme celle d'un pauvre demandant l'aumône ; puis quelques *écorchés* jaunis par la fumée avaient l'air de membres arrachés la veille à des cercueils. Enfin, des tableaux, des sins, des mannequins, des cadres sans toiles et des toiles sans cadres, achevaient de donner à cette pièce irrégulière la physionomie d'un atelier que distingue un singulier mélange d'ornement et de nudité, de misère et de richesse, de soin et d'incurie. Cet immense vaisseau où tout paraît petit, même l'homme, sent la coulisse d'opéra! ce sont de vieux linges, des armures dorées, des lambeaux d'étoffe, des machines; puis il y a je ne sais quoi de grand, d'infini comme la pensée. Le génie et la mort sont là : la Diane, l'Apollon auprès d'un crâne ou d'un squelette; le beau et le désordre; la poésie et la réalité, de riches couleurs dans l'ombre, et souvent tout un drame immobile et silencieux. Tout y est le symbole d'une tête d'artiste.

Au moment où commence cette histoire, le brillant soleil du mois de juillet illuminait l'atelier, et deux rayons le traversaient dans sa profondeur en y traçant de larges bandes d'or diaphanes où brillaient des grains de poussière. Une douzaine de chevalets élevaient leurs flèches aiguës, semblables à des mâts de vaisseau dans un port. Plusieurs jeunes filles animaient cette scène par la variété de leurs physionomies, de leurs attitudes, et par la différence de leurs toilettes. Les fortes ombres que jetaient les serges vertes, disposées suivant les besoins de chaque chevalet, produisaient une multitude de contrastes, de piquants effets de clair-obscur. C'était de tous les tableaux de l'atelier le plus beau. Une jeune fille blonde, mise simplement, et qui se tenait loin de ses compagnes, travaillait avec courage, et semblait prévoir le malheur. Nulle ne la regardait, ne lui adressait la parole. Elle était la plus jolie, la plus modeste et la moins riche. Deux groupes principaux, séparés l'un de l'autre par une faible distance, indiquaient deux sociétés, deux esprits jusques dans cet atelier, où les rangs et la fortune auraient dû s'oublier. Assises ou debout, ces jeunes filles, entourées de leurs boîtes à couleurs, jouant avec leurs pinceaux ou les préparant, maniant leurs brillantes palettes, peignant, parlant, riant, chantant, abandonnées à leur naturel, laissant voir leur caractère, formaient un spectacle inconnu aux hommes. Celle-ci, fière, hautaine, capricieuse, aux cheveux noirs, aux belles mains, lançait au hasard la flamme de ses regards. Celle-là, insouciante et gaie, le sourire sur les lèvres, les cheveux châtains, les mains blanches et délicates; vierge française, légère, sans arrière-pensée, vivant de sa vie actuelle. Une autre, rêveuse, mélancolique, pâle, penchant la tête comme une fleur qui tombe. Sa voisine, au contraire, grande, indolente, aux habitudes musulmanes, l'œil long, noir, humide, parlant peu, mais songeant et regardant à la dérobée la tête d'Antinoüs. Une autre était au milieu d'elles, comme le *jocoso* d'une pièce espagnole, pleine d'esprit, de saillies, épigrammatique, les espionnant toutes d'un seul coup-d'œil, les faisant rire, levant sans cesse une figure trop vive pour n'être pas jolie. Elle commandait au premier groupe des écolières qui comprenait les filles de banquier, de notaire et de négociant; toutes riches, mais essuyant toutes les dédains imperceptibles quoique poignants que leur prodiguaient les autres jeunes personnes appartenant à l'aristocratie. Celles-ci étaient gouvernées par la fille d'une marquise, petite créature blanche, fluette, maladive, aussi sotte que vaine, et fière d'avoir pour père un homme revêtu d'une charge à la Cour. Elle voulait toujours paraître avoir compris du premier coup les observations du maître, et semblait travailler par grâce. Elle se servait d'un lorgnon, ne venait que très-parée, tard, et suppliait ses compagnes de parler bas. Ce second groupe était riche de tailles délicieuses, de figures distinguées, mais les regards de ces jeunes filles n'avaient point de naïveté. Si leurs attitudes étaient élégantes, leurs mouvements gracieux, les figures manquaient de franchise, et l'on devinait facilement qu'elles appartenaient à un monde où la politesse façonne de bonne heure les caractères, où l'abus des jouissances sociales tue les sentiments, et développe l'égoïsme. Lorsque l'atelier était complet, que personne ne manquait à cette réunion, il se trouvait dans le nombre de ces jeunes filles, des têtes enfantines, des vierges d'une pureté ravissante, des visages dont la bouche légèrement entr'ouverte laissait voir des dents vierges, et sur laquelle errait un sourire de vierge. Alors l'atelier ne ressemblait pas à un sérail, mais à un groupe d'anges assis sur un nuage dans le ciel.

Il était environ midi, M. Servin n'avait pas encore paru. Ses écolières savaient qu'il achevait un tableau pour l'exposition. Depuis quelques jours, la plupart du temps il restait à un autre atelier qu'il avait en ville. Tout à coup, mademoiselle de Monsaurin, chef du parti aristocratique de cette petite assemblée, parla longtemps à sa voisine, et il se fit un grand silence dans le groupe des nobles. Le parti de la banque, étonné, se tut également, et tâcha de deviner le sujet d'une semblable conférence. Le secret des jeunes monarchistes fut bientôt publié. Mademoiselle de Monsaurin se leva, prit un chevalet qui était à sa droite, et le plaça à une assez grande distance du noble groupe, près d'une cloison grossière qui séparait l'atelier d'un cabinet obscur où l'on jetait les plâtres brisés, les toiles condamnées par le professeur, et où l'on mettait la provision de bois en hiver. L'action de mademoiselle de Monsaurin devait être bien hardie, car elle excita un murmure de surprise. La jeune élégante n'en tint compte, et acheva d'opérer le déménagement de sa compagne absente, en roulant vivement près du chevalet une boîte à couleurs, en y portant le tabouret sur lequel elle s'asseyait, et un tableau de Prudhon dont elle faisait la copie. Ce coup d'état excita une stupéfaction générale. Si le côté droit se mit à travailler silencieusement, le côté gauche pérora longuement.

— Que va dire mademoiselle Piombo? demanda une jeune fille à mademoiselle Planta, l'oracle malicieux du premier groupe.

— Elle n'est pas fille à parler, répondit-elle. Mais dans cinquante ans elle se souviendra de cette injure comme si elle l'avait reçue la veille, et saura s'en venger cruellement. C'est une personne avec laquelle je ne voudrais pas être en guerre.

— La proscription dont ces demoiselles la frappent est d'autant plus injuste, dit une autre jeune fille, qu'avant-hier mademoiselle Ginevra était fort triste. Son père venait, dit-on, de donner sa démission. Ce serait donc ajouter à son malheur, tandis qu'elle a été fort bonne pour ces demoiselles pendant tout ce temps-ci. Leur a-t-elle jamais dit une parole qui pût les blesser? Elle évitait au contraire de parler politique. Mais elles paraissent agir plutôt par jalousie que par esprit de parti.

— J'ai envie d'aller chercher le chevalet de mademoiselle Piombo, et de le mettre auprès du mien, dit Fanny Planta.

Elle se leva, mais une réflexion la fit rasseoir.

— Avec un caractère comme celui de mademoiselle Ginevra, dit-elle, on ne peut pas savoir de quelle manière elle prendrait notre politesse. Attendons l'événement.

— *Ecco*, dit languissamment la jeune fille aux yeux noirs.

En effet, le bruit des pas d'une personne qui montait l'escalier retentit dans la salle. Ces mots : — « La voici! la voici! » passèrent de bouche en bouche, et le plus profond silence régna dans l'atelier. Pour comprendre l'importance de l'ostracisme exercé par mademoiselle de Monsaurin, il est nécessaire d'ajouter que cette scène avait lieu vers la fin du mois de juillet 1815. Le second retour des Bourbons venait de troubler bien des amitiés qui avaient résisté au mouvement de la première restauration. En ce moment, les familles étaient presque toutes divisées d'opinions, et le fanatisme politique renouvelait plusieurs de ces déplorables scènes qui, aux époques de guerre civile ou religieuse, souillent l'histoire des hommes. Les enfants, les jeunes filles, les vieillards partageaient la fièvre monarchique à laquelle le gouvernement était en proie. La discorde se glissait sous tous les toits, et la défiance teignait de sa sombre couleur les actions et les discours les plus intimes. Ginevra Piombo aimait Napoléon avec idolâtrie. Comment aurait-elle pu le haïr? L'empereur était son compatriote et le bienfaiteur de son père. Le baron de Piombo était un des serviteurs de Napoléon qui avaient coopéré le plus efficacement à son retour de l'île d'Elbe. Incapable de renier sa foi politique, jaloux même de la confesser, le vieux baron de Piombo était resté à Paris au milieu de ses ennemis. Ginevra Piombo pouvait donc être d'autant mieux mise au nombre des personnes suspectes, qu'elle ne faisait pas mystère du chagrin que cette seconde restauration causait à sa famille. Les seules larmes qu'elle eût peut-être versées dans sa vie lui furent arrachées par la double nouvelle de la captivité de Bonaparte sur *le Bellérophon* et de l'arrestation de Labédoyère.

Les jeunes personnes qui composaient le groupe des nobles, appartenaient aux familles royalistes les plus exaltées de Paris. Il serait difficile de donner une idée des exagérations de cette époque et de l'horreur que causaient les bonapartistes. Quelque insignifiante et petite que puisse paraître aujourd'hui l'action de mademoiselle de Monsaurin, elle était alors une expression de haine fort naturelle. Ginevra Piombo, l'une des premières écolières de M. Servin, occupait la place dont on voulait la priver depuis le jour où elle était venue à l'atelier. Le groupe aristocratique l'avait insensiblement entourée. La chasser d'une place qui lui appartenait en quelque sorte, était non-seulement lui faire injure, mais lui causer une espèce de peine, car les artistes ont tous une place de prédilection pour leur travail. Mais l'animadversion politique entrait peut-être pour peu de chose dans la conduite de ce petit côté droit de l'atelier. Ginevra Piombo, la plus forte des élèves de M. Servin, était l'objet d'une profonde jalousie. Le maître professait la plus haute admiration pour ses talents, et peut-être pour son caractère, sa beauté, ses manières et ses opinions. Aussi servait-elle de terme à toutes ses comparaisons. Enfin elle était son élève favorite. Sans qu'on s'expliquât l'ascendant que cette jeune personne avait sur tout ce qui l'entourait, elle exerçait une grande influence sur ce petit monde qui ne pouvait lui refuser son admiration. En effet, sa voix était séduisante, ses manières avaient je ne sais quoi de pénétrant, et son regard produisait presque sur ses compagnes le même prestige que celui de Bonaparte sur ses soldats. Le parti aristocratique avait résolu depuis plusieurs jours la chute de cette reine; mais personne n'ayant encore osé s'éloigner d'elle, mademoiselle de Monsaurin venait de frapper un coup décisif, afin de rendre ses compagnes complices de sa haine. Quoique Ginevra fût sincèrement aimée par deux ou trois d'entre elles, presque toutes, étant chapitrées au logis paternel relativement à la politique, jugèrent avec ce tact particulier aux femmes qu'elles devaient rester indifférentes à la querelle.

A son arrivée, Ginevra Piombo fut donc accueillie par un profond silence. Elle était grande et bien faite. Sa démarche avait un caractère de noblesse et de grâce qui imprimait le respect. De toutes les jeunes filles qui avaient paru jusqu'alors dans l'atelier de M. Servin, elle était la plus belle. Sa figure pleine de vie et d'intelligence semblait rayonner. Ses longs cheveux noirs, ses yeux et ses cils noirs exprimaient la passion. Les coins de sa bouche se dessinaient mollement, et ses lèvres, peut-être un peu trop fortes, étaient pleines de grâce et de bonté. Par un singulier caprice de la nature, la douceur et le charme de son visage étaient en quelque sorte démentis par la partie supérieure. C'était une fidèle image de son caractère. Son front de marbre exprimait une fierté presque sauvage. Les mœurs de la Corse y respiraient encore, mais c'était le seul lien qu'il y eût entre elle et son pays natal. Dans tout le reste de sa personne, les grâces italiennes, la simplicité, l'abandon des beautés lombardes séduisaient tout à coup. Il ne fallait pas la voir pour lui causer la moindre peine, car elle inspirait un si vif attrait, que par prudence son vieux père lui recommandait d'aller à l'atelier dans la mise la plus simple. Le seul défaut de cette créature véritablement poétique venait de la puissance même d'une beauté si largement développée. Elle avait l'air d'être femme. Elle s'était refusée au joug du mariage par amour pour son père et sa mère, dont elle voulait embellir les vieux jours. Son goût pour a peinture avait remplacé les passions qui agitent ordinairement les femmes.

— Vous êtes bien silencieuses aujourd'hui, mesdemoiselles, dit-elle après avoir fait deux ou trois pas au milieu de ses compagnes. — Bonjour, ma petite Laure, ajouta-t-elle d'un ton doux et caressant en s'approchant de la jeune fille qui peignait loin des autres. Cette tête est fort bien ! Les chairs sont un peu trop roses ; mais tout en est dessiné à merveille.

Laure leva la tête, regarda Ginevra d'un air attendri, et leurs figures s'épanouirent un moment. Un faible sourire anima les lèvres de l'Italienne qui paraissait triste. Puis elle se dirigea lentement vers sa place en regardant avec nonchalance les dessins ou les tableaux, et en disant bonjour à chacune des jeunes filles qui composaient le premier groupe, sans s'apercevoir de la curiosité particulière qu'excitait sa présence. On eût dit d'une reine dans sa cour. Elle ne donna aucune attention au profond silence qui régnait parmi les patriciennes, et passa devant leur camp sans prononcer un seul mot. Sa préoccupation était si grande qu'elle se mit à son chevalet, ouvrit sa boîte à couleurs, prit ses brosses, revêtit ses manches brunes, ajusta son tablier, regarda son tableau, examina sa palette sans penser pour ainsi dire à ce qu'elle faisait. Toutes les têtes du premier groupe étaient tournées vers elle. Si les jeunes personnes du camp de mademoiselle de Monsaurin ne mettaient pas tant de franchise que leurs compagnes dans leur impatience, leurs œillades n'en étaient pas moins dirigées sur Ginevra.

— Elle ne s'aperçoit de rien, dit mademoiselle Planta.

En ce moment, Ginevra quitta l'attitude méditative dans laquelle elle avait contemplé sa toile, et tourna la tête vers le groupe aristocratique. Elle mesura d'un seul coup d'œil la distance qui l'en séparait, et garda le silence.

— Elle ne croit pas qu'on ait eu la pensée de l'insulter, dit mademoiselle Planta, elle n'a ni pâli, ni rougi. Comme ces demoiselles vont être vexées si elle se trouve mieux à sa nouvelle place qu'à l'ancienne. Vous êtes là hors de ligne, mademoiselle, ajouta-t-elle alors à haute voix en s'adressant à Ginevra.

L'Italienne feignit de ne pas entendre, ou peut-être n'entendit-elle pas. Elle se leva brusquement, et longea avec une certaine lenteur la cloison qui séparait le cabinet noir de l'atelier. Elle était pensive, recueillie, et paraissait examiner le châssis d'où venait le jour. Elle monta sur une chaise pour attacher beaucoup plus haut la serge verte qui interceptait la lumière. Quand elle fut à cette hauteur, elle vit au-dessus de sa tête une crevasse assez légère dans la cloison. Le regard qu'elle jeta sur cette fente ne peut se comparer qu'à celui d'un avare découvrant les trésors d'Aladin. Elle descendit vivement, revint à sa place, ajusta son tableau, et feignit d'être mécontente du jour. Elle approcha de la cloison une table, sur laquelle elle mit une chaise, elle grimpa lestement sur cet échafaudage, et atteignit à la crevasse. Elle ne jeta qu'un regard dans le cabinet, le trouva éclairé par un jour de souffrance qu'on avait ouvert, et ce qu'elle y aperçut produisit sur elle une sensation si vive qu'elle tressaillit.

— Vous allez tomber, mademoiselle Ginevra, s'écria Laure.

Toutes les jeunes filles regardèrent l'imprudente qui chancelait. La peur de voir arriver ses compagnes auprès d'elle lui donna du courage, elle retrouva ses forces et son équilibre, se tourna vers Laure en se dandinant sur sa chaise, et dit d'une voix émue : — Bah ! c'est encore un peu plus solide que ne l'est un trône ! Elle se hâta d'arracher la serge, descendit, repoussa la table et la chaise bien loin de la cloison, revint à son chevalet, et fit encore quelques essais en ayant l'air de chercher une masse de lumière qui lui convînt. Mais son tableau ne l'occupait guère, son but était de s'approcher du cabinet noir auprès duquel elle se plaça, comme elle le désirait, à côté de la porte. Puis elle se mit à préparer sa palette en gardant le plus profond silence. Bientôt elle entendit plus distinctement, à cette place, le léger bruit qui, la veille, avait si fortement excité sa curiosité et fait parcourir à sa jeune imagination le vaste champ des conjectures. Elle reconnut facilement la respiration forte et régulière d'un homme endormi qu'elle venait de voir. Sa curiosité était satisfaite au-delà de ses souhaits, mais elle se trouvait chargée d'une immense responsabilité. Elle avait aperçu, à travers la crevasse, l'aigle impériale, et, sur un lit de sangle faiblement éclairé, la figure d'un officier de la Garde. Elle devina tout : c'était sans doute un proscrit. Maintenant elle tremblait qu'une de ses compagnes ne vînt examiner son tableau, et n'entendît ou la respiration de ce malheureux, ou quelque ronflement trop fort comme celui qui était arrivé à son oreille pendant la dernière leçon. Elle résolut de rester auprès de cette porte, en se fiant à son adresse pour déjouer le sort.

— Il vaut mieux que je sois là, pensait-elle, pour prévenir un événement sinistre, que de laisser le pauvre prisonnier à la merci d'une étourderie. Tel était le secret de l'indifférence apparente que Ginevra avait manifestée en trouvant son chevalet dérangé. Elle en était intérieurement enchantée puisqu'elle avait pu satisfaire assez naturellement sa curiosité. Puis en ce moment elle était trop vivement préoccupée pour chercher la raison de son déménagement. Rien n'est plus mortifiant pour des jeunes filles, comme pour tout le monde, que de voir une méchanceté, une insulte, ou un bon mot, manquer leur effet par suite du dédain qu'en témoigne la victime. Il semble que la haine envers un ennemi s'accroisse de toute la hauteur à laquelle il s'élève au-dessus de nous. La conduite de Ginevra di Piombo devint une énigme pour toutes ses compagnes. Ses amies comme ses ennemies furent également surprises, car on lui accordait toutes les qualités possibles, hormis l'oubli des injures. Quoique les occasions de déployer ce vice de caractère eussent été rarement offertes à Ginevra dans les événements de sa vie d'atelier, les exemples qu'elle avait pu donner de ses dispositions vindicatives et de sa fermeté n'en avaient pas moins laissé des impressions très-profondes dans l'esprit de ses compagnes. Après bien des conjectures, mademoiselle Planta finit par trouver dans le silence de l'Italienne une grandeur d'âme au-dessus de tout éloge; et son cercle, inspiré par elle, forma le projet d'humilier l'aristocratie de l'atelier. Elles parvinrent à leur but par un feu de sarcasmes qui abattirent l'orgueil du côté droit. L'arrivée de madame Servin mit fin à cette lutte d'amour-propre. Avec cette finesse qui accompagne toujours la méchanceté, mademoiselle de Monsaurin avait remarqué, analysé, commenté la prodigieuse préoccupation qui empêchait Ginevra d'entendre la dispute aigrement polie dont elle était l'objet. Alors la vengeance que mademoiselle Planta et ses compagnes tiraient de mademoiselle de Monsaurin et de son groupe, eut le fatal effet de faire rechercher par les jeunes filles nobles la cause du silence que gardait Ginevra di Piombo. La belle Italienne devint donc le centre de tous les regards, et fut épiée par ses amies, comme par ses ennemies. Il est bien difficile de cacher la plus petite émotion, le plus léger sentiment à douze jeunes filles curieuses, inoccupées, dont la malice et l'esprit ne demandent que des secrets à deviner, des intrigues à créer, à déjouer, et qui savent donner trop d'interprétations différentes à un geste, à une œillade, à une parole, pour ne pas en découvrir la véritable signification. Aussi, au bout d'un quart-d'heure, le secret de Ginevra di Piombo fut-il en grand péril d'être connu. En ce moment, la présence de madame Servin produisit un entr'acte dans le drame qui se jouait sourdement au fond de ces jeunes cœurs, et dont les sentiments, les pensées, les progrès étaient exprimés par des phrases presque allégoriques, par de malicieux coups-d'œil, par des gestes, et par le silence même souvent plus intelligible que la parole. Aussitôt que madame Servin entra dans l'atelier, ses yeux se portèrent sur la porte du cabinet auprès de laquelle était Ginevra. Dans les circonstances présentes, ce regard ne fut pas perdu. Si d'abord aucune des écolières n'y fit attention, plus tard mademoiselle de Monsaurin s'en souvint, et s'expliqua la défiance, la crainte et le mystère qui donnèrent alors quelque chose de fauve aux yeux de madame Servin.

— Mesdemoiselles, dit-elle, M. Servin ne pourra pas venir aujourd'hui.

Elle complimenta chaque jeune personne, en recevant de toutes une foule de ces caresses féminines qui sont autant dans la voix et dans les regards que dans les gestes; puis elle arriva promptement auprès de Ginevra, dominée par une inquiétude qu'elle déguisait en vain. L'Italienne et la femme du peintre se firent un signe de tête amical, et restèrent toutes deux silencieuses, l'une peignant, l'autre regardant peindre. La respiration du militaire s'entendait facilement, mais madame Servin ne parut pas s'en apercevoir, et sa dissimulation était si grande, que Ginevra fut tentée de l'accuser d'une surdité volontaire. Cependant l'inconnu se remua dans son lit. Alors elle regarda fixement madame Servin, qui lui dit sans que son visage éprouvât la plus légère altération:
— Votre copie est aussi belle que l'original. S'il me fallait donner la préférence à l'un des deux morceaux, je serais fort embarrassée.

— M. Servin n'a pas mis sa femme dans la confidence de ce mystère, pensa Ginevra, qui, après avoir répondu à la jeune femme par un doux sourire d'incrédulité, fredonna une *canzonnetta* de son pays, pour couvrir le bruit que pourrait faire le prisonnier.

C'était quelque chose de si insolite que d'entendre la studieuse Italienne chanter, que toutes les jeunes filles, surprises, la regardèrent. Plus tard cette circonstance servit de preuve aux charitables suppositions de la haine. Madame Servin s'en all[a] bientôt, et la séance s'acheva sans autres événements. Ginevra laissa partir ses compagnes sans manifester l'intention de les suivre, et parut vouloir travailler longtemps encore. Le désir qu'elle avait de rester seule se trahissait à son insu; à mesure que ses compagnes se préparaient pour sortir, elle leur jetait des regards d'impatience. Mademoiselle de Monsaurin devenue en peu d'heures une cruelle ennemie pour celle qui la primait en tout, devina, par un instant de haine, que la feinte assiduité de sa rivale cachait un mystère. Elle avait été frappée plus d'une fois de l'air attentif avec lequel Ginevra s'était mise à écouter un bruit que personne n'entendait. L'expression qu'elle surprit, en dernier lieu, dans les yeux de l'Italienne, fut pour elle un trait de lumière qui l'éclaira. Elle s'en alla la dernière de toutes les écolières, et descendit chez madame Servin, avec laquelle elle causa un instant. Puis elle feignit d'avoir oublié son sac, remonta tout doucement à l'atelier, et aperçut Ginevra grimpée sur un échafaudage fait à la hâte, et si absorbée dans la contemplation du militaire inconnu, qu'elle n'entendit pas le léger bruit que produisaient les pas de sa compagne. Il est vrai, que, suivant une expression de Walter Scott, mademoiselle de Monsaurin marchait comme sur des œufs; elle regagna promptement la porte de l'atelier, et toussa. Ginevra tressaillit, tourna la tête, vit son ennemie, rougit, s'empressa de détacher la serge pour donner le change sur ses intentions, et descendit après avoir rangé sa boîte à couleurs. Elle quitta l'atelier, en emportant, gravée dans son souvenir, l'image d'une tête d'homme aussi gracieuse que celle de l'Endymion, chef-d'œuvre de Girodet qu'elle avait copié peu de jours auparavant. — Proscrire un homme si jeune! Qui donc peut-il être? Car ce n'est pas le maréchal Ney.

Ces deux phrases sont l'expression la plus simple de toutes les idées que Ginevra commenta pendant deux jours. Le surlendemain, quelque diligence qu'elle fit pour arriver la première à l'atelier, elle y trouva mademoiselle de Monsaurin qui s'y était fait conduire en voiture. Ginevra et son ennemie s'observèrent longtemps, mais elles se composèrent des visages impénétrables l'une pour l'autre. Mademoiselle de Monsaurin avait vu la tête ravissante de l'inconnu, mais heureusement et malheureusement tout à la fois, les aigles et l'uniforme n'étaient pas placés dans l'espace que la fente lui avait permis d'apercevoir. Alors elle se perdait en conjectures. Tout à coup M. Servin arriva beaucoup plus tôt qu'à l'ordinaire.

— Mademoiselle Ginevra, dit-il après avoir jeté un coup-d'œil sur l'atelier, pourquoi vous êtes vous mise là? Le jour est mauvais. Approchez-vous donc de ces demoiselles, et descendez un peu votre rideau.

Puis il s'assit auprès de la jeune fille nommée Laure, dont il corrigea le travail.

— Comment donc! s'écria-t-il, voici une tête supérieurement faite. Vous serez une seconde Ginevra.

Le maître alla de chevalet en chevalet, grondant, flattant, plaisantant et faisant, comme toujours, plutôt craindre ses plaisanteries que ses réprimandes. L'Italienne n'avait pas obéi aux observations du professeur, et restait à son poste avec la ferme intention de ne pas s'en écarter. Elle prit une feuille de papier et se mit à *croquer* à la seppia la tête du pauvre reclus. Une œuvre conçue avec passion porte toujours un cachet particulier. La faculté d'imprimer aux traductions de la nature ou de la pensée des couleurs vraies, constitue le génie, et souvent la passion en tient lieu. Aussi, dans la circonstance où se trouvait Ginevra, la persécution que sa mémoire lui faisait éprouver, ou la nécessité peut-être, cette mère des grandes choses, lui prêta-t-elle un talent surnaturel. La tête de l'officier fut jetée sur le papier au milieu d'un tressaillement intérieur qu'elle attribuait à la crainte, et dans lequel un physiologiste aurait reconnu la fièvre de l'inspiration. Elle glissait de temps en temps un regard furtif sur ses compagnes, afin de pouvoir cacher le lavis en cas d'indiscrétion de leur part; mais, malgré son active surveillance, il y eut un moment où elle n'aperçut pas le lorgnon que son impitoyable ennemie braquait sur le mystérieux dessin en s'abritant derrière un grand portefeuille. Mademoiselle de Monsaurin reconnut la figure de l'inconnu, leva brusquement la tête, et Ginevra serra la feuille de papier.

— Pourquoi êtes-vous donc restée là malgré mon avis, mademoiselle? demanda gravement le professeur à Ginevra.

L'écolière tourna vivement son chevalet de manière à ce que personne ne pût voir son lavis, et dit d'une voix émue en le montrant à son maître:
— Ne trouvez-vous pas comme moi que ce jour est plus favorable, et ne dois-je pas rester là?

M. Servin pâlit. Rien n'échappe aux yeux perçants de la haine; aussi, mademoiselle de Monsaurin se mit-elle, pour ainsi dire, en tiers dans les émotions qui agitèrent le maître et l'écolière.

— Vous avez raison, dit M. Servin. Mais vous

en saurez bientôt plus que moi, ajouta-t-il en riant forcément.

Il y eut une pause pendant laquelle le professeur contempla la tête de l'officier.

— Ceci est un chef-d'œuvre digne de Salvator Rosa, s'écria-t-il avec une énergie d'artiste.

A cette exclamation, toutes les jeunes personnes se levèrent, et mademoiselle de Monsaurin accourut avec la vélocité du tigre qui se jette sur sa proie. En ce moment, le proscrit éveillé par le bruit se remua. Ginevra fit tomber son tabouret, prononça des phrases assez incohérentes, et se mit à rire. Mais elle avait plié le portrait, et l'avait jeté dans son portefeuille avant que sa redoutable ennemie eût pu l'apercevoir. Le chevalet fut entouré, et M. Servin détailla à haute voix les beautés de la copie que faisait en ce moment son élève favorite. Tout le monde fut dupe de ce stratagème, excepté mademoiselle de Monsaurin, qui, se plaçant en arrière de ses compagnes, essaya d'ouvrir le portefeuille où elle avait vu mettre le lavis. Ginevra saisit le carton et le plaça devant elle sans mot dire. Les deux jeunes filles s'examinèrent en silence.

— Allons, mesdemoiselles, à vos places, dit M. Servin. Si vous voulez en savoir autant, il ne faut pas toujours parler modes ou bals, et baguenauder comme vous le faites.

Quand toutes les jeunes personnes eurent regagné leurs chevalets, M. Servin s'assit auprès de Ginevra.

— Ne valait-il pas mieux que ce mystère fût découvert par moi que par une autre? dit l'Italienne en parlant à voix basse.

— Oui, répondit le peintre. Vous êtes patriote; mais ne le fussiez-vous pas, ce serait encore vous à qui je l'aurais confié.

Le maître et l'écolière se comprirent, et Ginevra ne craignit plus de demander : — Qui est-ce?

— L'ami intime de Labédoyère, celui qui, après l'infortuné colonel, a contribué le plus à la réunion du septième avec les grenadiers de l'île d'Elbe. Il a été à Waterloo, il était chef d'escadron dans la Garde.

— Comment n'avez-vous pas brûlé son uniforme, son shako, et ne lui avez-vous pas donné des habits bourgeois? dit vivement Ginevra.

— On doit m'en apporter ce soir.

— Vous auriez dû fermer notre atelier pendant quelques jours.

— Il va partir.

— Il veut donc mourir, dit la jeune fille. Laissez-le chez vous pendant le premier moment de la tourmente. Paris est encore le seul endroit de France où l'on puisse cacher sûrement un homme Il est votre ami? demanda-t-elle.

— Non, il n'a pas d'autres titres à ma recommandation que son malheur. Voici comment m'est tombé sur les bras. Mon beau-père, qui ava repris du service pendant cette campagne, a rencontré ce pauvre jeune homme, et l'a très-subtilement sauvé des griffes de ceux qui ont arrêté Labédoyère. Il voulait le défendre, l'insensé!

— C'est vous qui le nommez ainsi? s'écria Ginevra en lançant un regard de surprise au peintre qui garda le silence un moment.

— Mon beau-père est trop espionné pour pouvoir garder quelqu'un chez lui, reprit-il. Il me l'a donc nuitamment amené la semaine dernière. J'avais espéré le dérober à tous les yeux en le mettant dans ce coin, le seul endroit de la maison où puisse être en sûreté.

— Si je puis vous être utile, employez-moi dit Ginevra; je connais le maréchal Feltre.

— Eh bien! nous verrons, répondit le peintre

Cette conversation dura trop longtemps pour n pas être remarquée de toutes les jeunes filles M. Servin quitta Ginevra, revint encore à chaque chevalet, et donna de si longues leçons qu'il éta encore sur l'escalier quand sonna l'heure à laquel ses écolières avaient l'habitude de partir.

— Vous oubliez votre sac, mademoiselle Monsaurin, s'écria le professeur en courant aprè la jeune fille qui descendait jusqu'au métier d'espio pour satisfaire sa haine.

La curieuse élève vint chercher son sac, en ma nifestant un peu de surprise de son étourderie, mai le soin de M. Servin fut pour elle une nouvell preuve de l'existence d'un mystère dont elle avai soupçonné la gravité. Elle avait déjà inventé tou ce qui devait être, et pouvait dire comme l'abb Vertot : — *Mon siége est fait*. Elle descendi bruyamment l'escalier et tira violemment la porte qui donnait dans l'appartement de M. Servin, afin de faire croire qu'elle sortait; mais elle remonta doucement, et se tint derrière la porte de l'atelier. Quand le peintre et Ginevra se crurent seuls, il frappa d'une certaine manière à la porte de la mansarde, qui, aussitôt, tourna sur ses gonds rouillés et criards. L'Italienne vit paraître un jeune homme grand et bien fait, dont l'uniforme impérial lui fit battre le cœur. L'officier avait un bras en écharpe, et la pâleur de son teint accusait de vives souffrances. En apercevant une inconnue il tressaillit. Mademoiselle de Monsaurin, qui ne pouvait rien voir, trembla de rester plus longtemps; mais il lui suffisait d'avoir entendu le grincement de la porte; elle s'en alla sans bruit.

— Ne craignez rien, dit le peintre à l'officier, mademoiselle est la fille du plus fidèle ami de l'empereur, le baron de Piombo.

Le jeune militaire ne conserva plus de doute sur le patriotisme de Ginevra, après l'avoir vue.

— Vous êtes blessé, dit-elle.

— Oh! ce n'est rien, mademoiselle, la plaie se referme.

En ce moment, les voix criardes et perçantes des colporteurs arrivèrent jusqu'à l'atelier. — Voici le jugement qui condamne à mort... Tous trois tressaillirent. Le soldat entendit, le premier, un nom qui le fit pâlir; il chancela et s'assit.

— Labédoyère, dit-il.

Ils se regardèrent en silence. Des gouttes de sueur se formèrent sur le front livide du jeune homme. Il saisit d'une main et par un geste de désespoir les touffes noires de sa chevelure, et appuya son coude sur le bord du chevalet de Ginevra.

— Après tout, dit-il en se levant brusquement, Labédoyère et moi savions ce que nous faisions. Nous connaissions le sort qui nous attendait après le triomphe comme après la chute. Il meurt pour la cause, et moi je me cache.

Il alla précipitamment vers la porte de l'atelier; mais plus leste que lui, Ginevra s'était élancée et lui en barrait le chemin.

— Rétablirez-vous l'empereur? dit-elle. Croyez-vous pouvoir relever un géant quand lui-même n'a pas su rester debout?

— Que voulez-vous que je devienne? dit-il en s'adressant aux deux amis que lui avait envoyés le hasard. Je n'ai pas un seul parent dans le monde. Labédoyère était mon protecteur et mon ami. Je suis seul. Demain je serai peut-être proscrit ou condamné. Je n'ai jamais eu que ma paie pour fortune. J'ai mangé mon dernier écu pour venir arracher Labédoyère à son sort, et tâcher de l'emmener. La mort est donc une nécessité pour moi. Quand on est décidé à mourir, il faut savoir vendre sa tête au bourreau. Je pensais tout à l'heure que la vie d'un honnête homme vaut bien celle de deux traîtres, et qu'un coup de poignard bien placé peut donner l'immortalité!

Cet accès de désespoir effraya le peintre et Ginevra elle-même qui comprit bien le jeune homme. Elle admira cette belle tête et cette voix délicieuse dont la douceur était à peine altérée par des accents de fureur. Puis, elle jeta tout à coup du baume sur toutes les plaies de l'infortuné.

— Monsieur, dit-elle, quant à votre détresse pécuniaire, permettez-moi de vous offrir quelques cents francs. Mon père est riche, je suis son seul enfant, il m'aime, et je suis bien sûre qu'il ne me blâmera pas. Ne vous faites pas scrupule d'accepter. Nos biens viennent de l'empereur, nous n'avons pas un centime qui ne soit un effet de sa munificence. N'est-ce pas être reconnaissants que d'obliger un de ses fidèles soldats? Prenez donc cette somme avec aussi peu de façons que j'en mets à vous l'offrir. Ce n'est que de l'argent, ajouta-t-elle d'un ton de mépris. — Maintenant, quant à des amis, vous en trouverez! Là, elle leva fièrement la tête, et ses yeux brillèrent d'un éclat inusité. — La tête qui tombera demain devant une douzaine de fusils sauve la vôtre, reprit-elle. Attendez que cet orage passe, et vous pourrez aller chercher du service à l'étranger si l'on ne vous oublie pas, ou dans l'armée française si l'on vous oublie.

Il existe dans les consolations que donne une femme une délicatesse qui a toujours quelque chose de maternel, de prévoyant, de complet. Mais quand, à ces paroles de paix et d'espérance, se joignent la grâce des gestes, cette éloquence de ton qui vient du cœur, et que surtout la bienfaitrice est belle, il est difficile à un homme de résister. Le jeune officier aspira l'amour par tous les sens. Une légère teinte rose nuança ses joues blanches, ses yeux perdirent un peu de la mélancolie qui les ternissait, et il dit d'un son de voix particulier : — Vous êtes un ange de bonté! Mais Labédoyère, ajouta-t-il, Labédoyère!

A ce cri, ils se regardèrent tous trois en silence, et ils se comprirent. Ce n'étaient plus des amis de vingt minutes, mais de vingt ans.

— Mon cher, reprit M. Servin, pouvez-vous le sauver?

— Je puis le venger!

Ginevra tressaillit. Quoique l'inconnu fût beau, son aspect n'avait point ému la jeune fille. La douce pitié que les femmes trouvent dans leur cœur pour les misères qui n'ont rien d'ignoble, avait étouffé chez Ginevra toute autre affection. Mais entendre un cri de vengeance, rencontrer dans ce proscrit une âme italienne, du dévouement pour Napoléon, de la générosité à la Corse! c'en était trop pour elle. Elle le contempla donc avec une émotion respectueuse qui lui agita fortement le cœur. C'était la première fois qu'un homme lui faisait éprouver un sentiment aussi vif. Elle se plut à mettre l'âme de l'inconnu en harmonie avec la beauté distinguée de ses traits, avec les heureuses proportions de sa taille, qu'elle admirait en artiste. Elle avait été menée par le hasard, de la curiosité à la pitié, de la pitié à un intérêt puissant, et de cet intérêt, à des sensations si profondes, qu'elle crut dangereux de rester là plus longtemps.

— A demain, dit-elle en laissant à l'officier le plus doux de ses sourires pour consolation.

En voyant ce sourire, qui jetait comme un nouveau jour sur la figure de Ginevra, l'inconnu oublia tout pendant un instant.

— Demain, répondit-il avec tristesse, demain, Labédoyère...

Ginevra se retourna, mit un doigt sur ses lèvres, et le regarda comme si elle lui disait : — Calmez-vous, soyez prudent.

Alors le jeune homme s'écria : — *O Dio! che non vorrei vivere dopo aver la veduta!* (O Dieu! qui ne voudrait vivre après l'avoir vue!)

L'accent particulier avec lequel il prononça cette phrase fit tressaillir Ginevra.

— Vous êtes Corse? s'écria-t-elle en revenant à lui, le cœur palpitant d'aise.

— Je suis né en Corse, répondit-il. Mais j'ai été amené très-jeune à Gênes ; et aussitôt que j'eus atteint l'âge auquel on entre au service militaire, je me suis engagé.

La beauté de l'inconnu, l'attrait surnaturel que lui prêtaient ses opinions bonapartistes, sa blessure, son malheur, son danger même, tout disparut aux yeux de Ginevra, ou plutôt tout se fondit dans un seul sentiment, nouveau, délicieux. Ce proscrit était un enfant de la Corse, il en parlait le langage chéri! La jeune fille resta pendant un moment immobile, retenue par une sensation magique. Elle avait en effet sous les yeux un tableau vivant auquel tous les sentiments humains réunis et le hasard donnaient de vives couleurs. D'après l'invitation de M. Servin, l'officier s'était assis sur un divan. Le peintre avait dénoué l'écharpe qui retenait le bras de son hôte, et s'occupait à en défaire l'appareil afin de panser la blessure. Ginevra frissonna en voyant la longue et large plaie que la lame d'un sabre avait faite sur l'avant-bras du jeune homme. Elle laissa échapper une plainte. L'inconnu leva la tête vers elle et se mit à sourire. Il y avait quelque chose de touchant et qui allait à l'âme dans l'attention avec laquelle M. Servin enlevait la charpie et tâtait les chairs meurtries, tandis que la figure du blessé, quoique pâle et maladive, exprimait, à l'aspect de la jeune fille plus de plaisir que de souffrance. Une artiste devait admirer involontairement cette opposition de sentiments, et les contraste que produisaient la blancheur des linges, la nudité du bras, avec l'uniforme bleu et rouge de l'officier. En ce moment, une obscurité douce enveloppait l'atelier ; mais un dernier rayon de soleil vint éclairer la place où se trouvait le proscrit, en sorte que sa noble et blanche figure, ses cheveux noirs, ses vêtements, tout fut inondé par le jour, effet simple que la superstitieuse Italienne prit pour un heureux présage. L'inconnu ressemblait ainsi à un ange de lumière qui lui faisait entendre le langage de la patrie, et le mettait sous le charme des souvenirs de son enfance, pendant que dans son cœur naissait un sentiment aussi frais, aussi pur que son premier âge d'innocence. Elle demeura, pendant un moment bien court, songeuse et comme plongée dans une pensée infinie ; puis, elle rougit de laisser voir sa préoccupation, échangea un doux et rapide regard avec le proscrit, et s'enfuit en le voyant toujours.

Le lendemain, Ginevra vint à l'atelier. Ce n'était pas un jour de leçon, le prisonnier put rester auprès de sa compatriote. M. Servin, qui avait une esquisse à terminer, permit au reclus de demeurer dans l'atelier, et servit de mentor aux deux jeunes gens qui s'entretinrent souvent en italien. Le pauvre soldat raconta les souffrances qu'il avait éprouvées pendant la déroute de Moscou. Il s'était trouvé à l'âge de dix-neuf ans, au passage de la Bérésina, seul de son régiment, après avoir perdu, dans ses camarades, les seuls hommes qui pussent s'intéresser à un orphelin. Il peignit en traits de feu le grand désastre de Waterloo. Sa voix fut une musique pour l'Italienne. Ginevra n'avait pas été élevée à la française ; elle était, en quelque sorte, la fille de la nature, et ignorait le mensonge. Elle se livrait sans détour à ses impressions, et les avouait, ou plutôt les laissait deviner sans le manége de cette petite et calculatrice coquetterie des jeunes filles de Paris. Pendant cette journée, elle resta plus d'une fois, sa palette d'une main, son pinceau de l'autre, sans que le pinceau s'abreuvât des couleurs de la palette. Les yeux attachés sur l'officier et la bouche légèrement entr'ouverte, elle écoutait, se tenant toujours prête à donner un coup de pinceau qu'elle ne donnait jamais. Elle ne s'étonnait pas de trouver tant de douceur dans les yeux du jeune homme, car elle sentait les siens devenir doux malgré sa volonté de les tenir sévères ou calmes. Puis, elle peignait ensuite avec une attention particulière et pendant des heures entières, sans lever la tête, parce qu'il était là, près d'elle, la regardant travailler. La première fois qu'il vint s'asseoir pour la contempler en silence, elle lui dit d'un son de voix ému et après une longue pause : — Cela vous amuse donc de voir peindre?

Ce jour-là elle apprit qu'il se nommait Louis. Ils convinrent, avant de se séparer, que, les jours d'atelier, s'il arrivait quelque événement politique important, Ginevra l'en instruirait en chantant, à voix basse, des airs italiens.

Le lendemain, mademoiselle de Monsaurin apprit, sous le secret, à toutes ses compagnes que Ginevra di Piombo était aimée d'un jeune homme qui venait, pendant les heures consacrées aux leçons, s'établir dans le cabinet noir de l'atelier.

— Vous qui prenez son parti, dit-elle à mademoiselle Planta, examinez-la bien, et vous verrez à quoi elle passera son temps.

Ginevra fut donc observée avec une attention diabolique. On écouta ses chansons, on épia ses regards. Au moment où elle ne croyait être vue de personne, une douzaine d'yeux étaient incessamment arrêtés sur elle. Ainsi prévenues, ces jeunes filles interprétèrent dans leur sens vrai les agitations qui passèrent sur la brillante figure de l'Italienne, et ses gestes, et l'accent particulier de ses fredonnements, et l'air attentif dont elle écoutait des sons indistincts qu'elle seule entendait à travers la cloison. Au bout d'une huitaine de jours, une seule des quinze élèves de M. Servin s'était refusée à voir Louis par la crevasse de la cloison. Cette jeune fille était Laure, la jolie personne, pauvre et assidue, qui, par un instinct de faiblesse, aimait véritablement Ginevra, et la défendait encore. Mademoiselle Planta voulut faire rester Laure sur l'escalier à l'heure du départ, afin de lui prouver l'intimité de Ginevra et du beau jeune homme en les surprenant ensemble. Laure refusa de descendre à un espionnage que la curiosité ne justifiait pas, et devint l'objet d'une réprobation universelle.

Le comte de Monsaurin ayant été nommé pair de France, son impertinente fille trouva qu'il était au-dessous de sa dignité de venir à l'atelier d'un peintre, et surtout d'un peintre dont les opinions avaient une teinte de patriotisme ou de bonapartisme, ce qui, à cette époque, était une seule et même chose. Elle ne revint donc plus chez M. Servin, qui refusa poliment d'aller chez elle. Si mademoiselle de Monsaurin oublia Ginevra, le mal qu'elle avait semé porta ses fruits. Insensi-blement, et soit par hasard, par caquetage ou par pruderie, toutes les autres jeunes personnes instruisirent leurs mères de l'étrange aventure qui se passait à l'atelier. Un jour mademoiselle Planta ne vint pas, et la leçon suivante ce fut une autre jeune fille ; enfin trois ou quatre demoiselles, qui étaient restées les dernières, ne revinrent plus. Ginevra et mademoiselle Laure, sa petite amie, furent pendant deux ou trois jours les seules habitantes de l'atelier désert. L'Italienne ne s'apercevait point de l'abandon dans lequel elle se trouvait, et ne recherchait même pas la cause de l'absence de ses compagnes. Ayant inventé depuis peu des moyens de correspondre mystérieusement avec Louis, elle vivait à l'atelier comme dans une délicieuse retraite, seule au milieu d'un monde, ne pensant qu'à l'officier et aux dangers qui le menaçaient. Cette jeune fille, si admiratrice des nobles caractères, pressait Louis de se soumettre promptement à l'autorité royale, afin de le garder en France. Louis ne voulait pas sortir de sa cachette. Si les passions ne naissent et ne grandissent que sous l'influence d'événements extraordinaires et romanesques, on peut dire que jamais tant de circonstances ne concoururent à lier deux êtres par un même sentiment. L'amitié de Ginevra pour Louis et de Louis pour elle fit plus de progrès en un mois qu'une amitié du monde n'en fait en dix ans dans un salon. L'adversité est la pierre de touche des caractères. Ginevra put donc apprécier facilement Louis et le connaître. Ils ressentirent bientôt une estime réciproque l'un pour l'autre. Puis, Ginevra étant plus âgée que Louis, trouvait une douceur extrême à être courtisée par un jeune homme déjà si grand, si éprouvé par le sort, et qui joignait, à l'expérience d'un homme, la beauté, les grâces de l'adolescence. De son côté, Louis ressentait un indicible plaisir à se laisser protéger en apparence par une jeune fille de vingt-cinq ans. Il y avait dans ce sentiment un certain orgueil inexplicable. Peut-être était-ce une preuve d'amour. L'union de la force et de la faiblesse, de la douceur et de la fierté, avait en Ginevra d'irrésistibles attraits, et Louis était entièrement subjugué par elle. Ils s'aimaient si profondément déjà, qu'ils n'avaient eu besoin ni de se le dire, ni de se le nier.

Un jour, et vers le soir, Ginevra entendit un signal favori. Louis frappait avec une épingle sur la boiserie, de manière à ne pas produire plus de bruit qu'une araignée qui attache son fil. Il demandait ainsi à sortir de sa retraite. L'Italienne jeta un coup-d'œil dans l'atelier, et ne voyant pas la petite Laure, elle répondit au signal. Louis ouvrit la porte, sa vue plongea sur l'atelier; il aperçut la jeune fille, et rentra précipitamment. Ginevra étonnée se leva, vit Laure, et lui dit en allant à son chevalet : — Vous restez bien tard, ma chère. Cette tête me paraît pourtant achevée. Il n'y a plus qu'un reflet à indiquer sur le haut de cette tresse de cheveux.

— Vous seriez bien bonne, dit Laure d'une voix émue, si vous vouliez me corriger cette copie. Je pourrais conserver quelque chose de vous...

— Je veux bien, répondit Ginevra, sûre de pouvoir ainsi la congédier. Je croyais, reprit-elle en donnant de légers coups de pinceau, que vous aviez beaucoup de chemin à faire de chez vous à l'atelier.

— Oh! Ginevra, je vais m'en aller, s'écria la jeune fille d'un air triste, et pour toujours.

L'Italienne ne fut pas autant affectée de ces paroles pleines de mélancolie qu'elle l'aurait été un mois auparavant.

— Vous quittez M. Servin? demanda-t-elle.

— Vous ne nous apercevez donc pas, Ginevra, que depuis quelque temps il n'y a plus ici que vous et moi.

— C'est vrai, répondit Ginevra, frappée tout à coup comme par un souvenir. Ces demoiselles seraient-elles malades? se marieraient-elles? ou leurs pères seraient-ils tous arrivés à la pairie?

— Toutes ont quitté M. Servin, répondit Laure.

— Et pourquoi?

— A cause de vous, Ginevra!

— De moi! répéta l'Italienne en se levant, le front menaçant, l'air fier et les yeux étincelants.

— Oh! ne vous fâchez pas, ma bonne Ginevra, s'écria douloureusement Laure. Mais ma mère aussi veut que je quitte l'atelier. Toutes ces demoiselles ont dit que vous aviez un amant, que M. Servin se prêtait à ce qu'il demeurât dans le cabinet noir. Je ne l'ai jamais cru, je n'en ai rien dit à ma mère. Hier au soir madame Planta, qui l'a rencontrée dans un bal, lui a demandé si elle m'envoyait toujours ici. Sur la réponse affirmative de ma mère, elle lui a répété toutes les calomnies de ces demoiselles. Maman m'a bien grondée, elle a prétendu que je devais savoir tout cela, et que j'avais manqué à la confiance qui règne entre une mère et sa fille en ne lui en parlant pas. O ma chère Ginevra! moi qui vous prenais pour modèle et à qui j'aurais tant voulu ressembler! Combien je suis fâchée de ne plus pouvoir être votre amie!

Mais prenez garde! madame Planta et ma mère doivent venir demain chez M. Servin pour lui faire des reproches.

La foudre tombée à deux pas de Ginevra l'aurait moins étonnée que cette révélation.

— Qu'est-ce que cela leur faisait? dit-elle naïvement.

— Tout le monde trouve cela fort mal. Maman dit que c'est contraire aux mœurs...

— Et vous, Laure, qu'en pensez-vous?

La jeune fille regarda Ginevra, leurs pensées se confondirent; Laure ne retint plus ses larmes, se jeta au cou de son amie et l'embrassa. En ce moment, M. Servin arriva.

— Mademoiselle Ginevra, dit-il avec enthousiasme, j'ai fini mon tableau! on le vernit! Qu'avez-vous donc? Il paraît que toutes ces demoiselles prennent des vacances, ou sont à la campagne.

Laure sécha ses larmes, salua M. Servin, et se retira.

— L'atelier est désert depuis plusieurs jours, dit Ginevra. Ces demoiselles ne reviendront plus.

— Bah!

— Oh! ne riez pas, reprit Ginevra, écoutez-moi. Je suis la cause involontaire de la perte de votre réputation.

L'artiste se mit à sourire, et dit en interrompant son écolière : — Ma réputation! mais, dans quelques jours, mon tableau sera exposé.

— Il ne s'agit pas de votre talent, dit l'Italienne. Ces demoiselles ont publié que M. Louis était renfermé ici, que vous vous prêtiez... à... notre amour...

— Il y a du vrai là-dedans, mademoiselle, répondit le professeur. Les mères de ces demoiselles sont des bégueules, reprit-il. Si elles étaient venues me trouver, tout se serait expliqué. Mais que je prenne du souci de tout cela? la vie est trop courte!

Et le peintre fit craquer ses doigts par-dessus sa tête. Louis qui avait entendu une partie de cette conversation, accourut aussitôt.

— Vous allez perdre toutes vos écolières, s'écria-t-il, et je vous aurai ruiné.

L'artiste prenant la main de Louis et celle de Ginevra, les joignit.

— Vous vous marierez, mes enfants, leur demanda-t-il avec une touchante bonhomie.

Ils baissèrent tous deux les yeux, et leur silence fut le premier aveu qu'ils se firent.

— Eh bien! reprit M. Servin, vous serez heureux, n'est-ce pas? Y a-t-il quelque chose qui puisse payer le bonheur de deux êtres tels que vous?

— Je suis riche, dit Ginevra, et vous me permettrez de vous indemniser...

— Indemniser! s'écria M. Servin. Quand on saura que j'ai été victime des calomnies de quelques sottes, et que je cachais un proscrit; mais tous les libéraux de Paris m'enverront leurs filles! Alors je serai peut-être votre débiteur...

Louis serrait la main de son protecteur sans pouvoir prononcer une parole; mais enfin il lui dit d'une voix attendrie : — C'est donc à vous que je devrai ma Ginevra et toute ma félicité.

— Soyez heureux! dit le peintre avec une onction comique et en imposant les mains sur la tête des deux amants ; je vous unis !

Cette plaisanterie d'artiste mit fin à leur attendrissement. Ils se regardèrent tous trois en riant. L'Italienne serra la main de Louis par une violente étreinte et avec une simplicité d'action digne des mœurs de sa patrie.

— Ah ça, mes chers enfants, reprit M. Servin, vous croyez que tout ça va maintenant à merveille? Eh bien, vous vous trompez.

Les deux amants l'examinèrent avec étonnement.

— Rassurez-vous, je suis le seul que votre espièglerie embarrasse! Madame Servin est un peu *collet-monté*, et je ne sais en vérité pas comment nous nous arrangerons avec elle.

— Dieu ! j'oubliais ! s'écria Ginevra. Demain madame Planta et la mère de Laure doivent venir vous...

— J'entends ! dit le peintre en interrompant.

— Mais vous pouvez vous justifier, reprit la jeune fille en laissant échapper un geste de tête plein d'orgueil. M. Louis, dit-elle en se tournant vers lui et le regardant avec finesse, ne doit plus avoir d'antipathie pour le gouvernement royal ? — Eh bien, reprit-elle après l'avoir vu sourire, demain matin j'enverrai une pétition à l'un des personnages les plus influents du ministère de la guerre, à un homme qui ne peut rien refuser à la fille du baron de Piombo. Nous obtiendrons un pardon tacite pour le commandant Louis. Et vous pourrez, ajouta-t-elle en s'adressant à M. Servin, confondre les mères de mes charitables compagnes en leur disant la vérité.

— Vous êtes un ange, s'écria M. Servin.

Pendant que cette scène se passait à l'atelier, le père et la mère de Ginevra s'impatientaient de ne pas la voir revenir.

— Il est six heures, et Ginevra n'est pas encore de retour, s'écria Bartholoméo.

— Elle n'est jamais rentrée si tard, répondit la femme de Piombo.

Les deux vieillards se regardèrent avec toutes les marques d'une anxiété peu ordinaire. Bartholoméo, trop agité pour rester en place, se leva et fit deux fois le tour de son salon assez lestement pour un homme de soixante-dix-sept ans. Grâce à sa constitution robuste, il avait subi peu de changements depuis le jour de son arrivée à Paris. Malgré sa haute taille il se tenait encore droit. Ses cheveux, devenus blancs et rares, laissaient à découvert un crâne large et protubérant qui donnait une haute idée de son caractère et de sa fermeté. Sa figure, marquée de rides profondes, avait pris un très-grand développement et gardait ce teint pâle qui inspire la vénération. La fougue des passions régnait encore dans le feu surnaturel de ses yeux, dont les sourcils n'avaient pas entièrement blanchi, et qui conservaient leur terrible mobilité. L'aspect de cette tête était sévère, mais on voyait que Bartholoméo avait le droit d'être ainsi. Sa bonté, sa douceur n'étaient guère connues que de sa femme et de sa fille. Dans ses fonctions ou devant un étranger, il ne déposait jamais la majesté que le temps imprimait à sa figure et à sa personne, et l'habitude de froncer ses gros sourcils, de contracter les rides de son visage, et de donner une fixité à son regard, rendait son abord glacial.

Pendant le cours de sa vie politique, il avait été si généralement craint, qu'il passait pour peu sociable ; mais il n'est pas difficile d'expliquer les causes de cette réputation. La vie, les mœurs et la fidélité de Piombo faisaient la censure de la plupart des courtisans. Malgré les missions délicates dont il fut chargé, et qui, pour tout autre, eussent été lucratives, il ne possédait pas plus d'une vingtaine de mille livres de rente en inscriptions sur le grand-livre. Si l'on vient à songer au bon marché des rentes sous l'empire et à la libéralité de Napoléon envers ceux de ses fidèles serviteurs qui savaient parler, il est facile de voir que le baron de Piombo était un homme d'une probité sévère. Il ne devait son plumage de baron qu'à la nécessité dans laquelle Napoléon s'était trouvé de lui donner un titre en l'envoyant auprès d'une puissance étrangère. Bartholoméo avait toujours professé une haine implacable pour les traîtres dont Napoléon fut entouré. Ce fut lui qui, dit-on, fit trois pas vers la porte du cabinet de l'empereur, après lui avoir donné le conseil de se débarrasser de trois hommes en France, la veille du jour où il partit pour sa célèbre et admirable campagne de 1814. Depuis le 8 juillet, Bartholoméo ne portait plus la décoration de la légion d'honneur. Jamais homme n'offrit une plus belle image de ces vieux républicains, amis incorruptibles de l'empire, qui restaient comme les vivants débris des deux gouvernements les plus énergiques que le monde ait connus. Si le baron de Piombo déplaisait à quelques courtisans, il avait les Daru, les Drouot, les Carnot pour amis. Aussi, quant au reste des hommes politiques, depuis le 8 juillet surtout, s'en souciait-il autant que des bouffées de fumée qu'il tirait de son cigare.

Bartholoméo di Piombo avait acquis, moyennant la somme assez modique que *Madame*, mère de l'empereur, lui avait donnée de ses propriétés en Corse, l'ancien hôtel des comtes de Givry, dans lequel il n'avait fait aucun changement. Presque toujours logé aux frais du gouvernement, il n'habitait cette maison que depuis la catastrophe de Fontainebleau. Suivant l'habitude des gens simples et de haute vertu, le baron et sa femme ne donnaient rien au faste extérieur. Leurs meubles provenaient de l'ancien ameublement de l'hôtel. Les grands appartements, hauts d'étage, sombres et nus de cette demeure, les larges glaces encadrées dans de vieilles bordures dorées et presque noires, et ce mobilier du temps de Louis XIV, étaient merveilleusement en rapport avec Bartholoméo et sa femme, personnages dignes de l'antiquité. Sous l'empire, et pendant les cent jours, en exerçant des fonctions largement rétribuées, le vieux Corse avait eu un grand train de maison, plutôt dans le but de faire honneur à sa place que dans le dessein de briller. Sa vie et celle de sa femme étaient si frugales, si tranquilles, que leur modeste fortune était plus que suffisante à leurs besoins. Pour eux, leur fille Ginevra valait toutes les richesses du monde. Aussi, quand, en mai 1814, le baron de Piombo quitta sa place, congédia ses gens et ferma la porte de son écurie, Ginevra, simple et sans faste comme ses parents, n'eut-elle aucun regret. A l'exemple des grandes âmes, elle mettait son luxe dans la force des sentiments, comme elle plaçait sa félicité dans la solitude et le travail. Puis, ces trois êtres s'aimaient trop pour que les dehors de l'existence eussent quelque prix à leurs yeux. Souvent, et surtout depuis la seconde et effroyable chute de Napoléon, Bartholoméo et sa femme passaient des soirées délicieuses à entendre Ginevra toucher du piano ou chanter. Il y avait pour eux un immense secret de plaisir dans la moindre parole de leur fille. Ils la suivaient des yeux avec une tendre inquiétude. Ils entendaient son pas dans la cour, quelque léger qu'il pût être. Semblables à des amants, ils savaient rester des heures entières silencieux tous trois, entendant mieux ainsi que par des paroles l'éloquence de leurs âmes. Ce sentiment profond était la vie des deux vieillards et animait toutes leurs pensées. Ce n'étaient pas trois existences, mais bien une seule, qui semblable à la flamme d'un foyer, se divisait en trois langues de feu. Si quelquefois le souvenir des bienfaits et du malheur de Napoléon, si la politique du moment triomphaient de la constante sollicitude des deux vieillards, ils pouvaient en parler sans rompre la communauté de leurs pensées ; Ginevra partageait leurs passions politiques. L'ardeur avec laquelle ils se réfugiaient dans le cœur de leur unique enfant était bien naturelle. Jusqu'alors, les occupations d'une vie publique avaient absorbé l'énergie du baron de Piombo. En quittant ses emplois, le Corse eut besoin de rejeter son énergie dans le dernier sentiment qui lui restait. Puis, à part les liens qui unissent un père et une mère à leur fille, il y avait peut-être, à l'insu de ces trois âmes despotiques, une puissante raison au fanatisme de leur passion réciproque : ils s'aimaient sans partage. Le cœur tout entier de Ginevra appartenait à son père, comme à elle celui de Piombo. Enfin, s'il est vrai que nous nous attachions les uns aux autres plus par nos défauts que par nos qualités, Ginevra répondait merveilleusement bien à toutes les passions de son père. De là procédait la seule imperfection de cette triple vie. Ginevra était entière dans ses volontés, vindicative, emportée comme Bartholoméo l'avait été pendant sa jeunesse. Le Corse se complut à développer ces sentiments sauvages dans le cœur de sa fille, absolument comme un lion apprend à ses lionceaux à fondre sur une proie. Mais cet apprentissage de vengeance ne pouvant en quelque sorte se faire qu'au logis paternel, Ginevra ne pardonnait rien à son père, et il fallait qu'il lui cédât. Piombo ne voyait que des enfantillages dans ces querelles factices ; mais l'enfant y contracta l'habitude de dominer ses parents. Au milieu de ces tempêtes que Bartholoméo aimait à exciter, un mot de tendresse, un regard suffisaient pour apaiser leurs âmes courroucées, et ils n'étaient jamais si près d'un baiser que quand ils se menaçaient. Cependant depuis cinq années environ, Ginevra, devenue plus sage que son père, évitait constamment ces sortes de scènes. Sa fidélité, son dévouement, l'amour qui triomphait dans toutes ses pensées et son admirable bon sens avaient fait justice de ses colères. Mais il n'en était pas moins résulté un bien grand mal. Ginevra vivait avec son père et sa mère sur le pied d'une égalité toujours funeste. Enfin, pour achever de faire connaître tous les changements survenus chez ces trois personnages depuis leur arrivée à Paris, Piombo et sa femme n'ayant point d'instruction, avaient laissé Ginevra étudier à sa fantaisie. Au gré de ses caprices de jeune fille, elle avait tout appris et tout quitté, reprenant et laissant chaque pensée tour à tour, jusqu'à ce que la peinture fût devenue sa passion dominante. Elle eût été parfaite si sa mère avait été capable de diriger ses études, de l'éclairer et de mettre en harmonie les dons de la nature. Ses défauts venaient de la funeste éducation que le vieux Corse avait pris plaisir à lui donner.

Après avoir pendant longtemps fait crier sous ses pas les feuilles du parquet, le grand vieillard sonna. Un domestique parut.

— Allez au devant de mademoiselle Ginevra, dit-il.

— J'ai toujours regretté de ne plus avoir de voiture pour elle, observa la baronne.

— Elle n'en a pas voulu, répondit Piombo en regardant sa femme, qui, accoutumée depuis quarante ans à son rôle d'obéissance, baissa les yeux.

La baronne était presque septuagénaire. Elle était grande, sèche, pâle, ridée, et ressemblait parfaitement à ces vieilles femmes que Schnetz et Fleury mettent dans les scènes italiennes de leurs tableaux de genre. Elle était presque toujours silencieuse, et on l'eût prise pour une nouvelle madame Shandy, si un mot, un regard, un geste n'avaient pas annoncé que ses sentiments gardaient encore la vigueur et la fraîcheur de la jeunesse. Sa toilette, dépouillée de coquetterie, manquait souvent de goût. Elle restait habituellement passive, plongée dans une bergère, comme une sultane *Validé*, attendant ou admirant sa Ginevra, son orgueil et sa vie. La beauté, la toilette, la grâce de sa fille, semblaient être devenues les siennes. Tout pour elle était bien quand Ginevra se trouvait heureuse. Ses cheveux avaient blanchi, et quelques mèches se voyaient toujours au-dessus de son front blanc et ridé, ou le long de ses joues creuses.

— Voilà quinze jours environ, dit-elle, que Ginevra rentre un peu plus tard.

— Jean n'ira pas assez vite, s'écria l'impatient vieillard qui croisa les basques de son habit bleu, saisit son chapeau, l'enfonça sur sa tête, prit sa canne, et partit.

— Tu n'iras pas loin, lui cria sa femme.

En effet, la porte cochère s'était ouverte et fermée, et la vieille mère entendait le pas de Ginevra dans la cour. Bartholoméo reparut tout à coup portant en triomphe sa fille qui se débattait dans ses bras.

— La voici, la Ginevra, la Ginevrettina, la Ginevrina, la Ginevrola, la Ginevretta, la Ginevra bella!..

— Mon père, vous me faites mal.

Aussitôt elle fut posée à terre avec une sorte de respect. Elle agita la tête par un gracieux mouvement pour rassurer sa mère qui déjà s'effrayait, et pour lui dire que c'était une ruse. Le visage terne et pâle de la baronne reprit comme par enchantement des couleurs et une espèce de gaieté. Piombo se frottait les mains avec une force extrême, symptôme le plus certain de sa joie. Il avait pris cette habitude à la cour, en voyant Napoléon se mettre en colère contre ceux de ses généraux ou de ses ministres qui le servaient mal ou qui avaient commis quelque faute. Les muscles de sa figure s'étaient détendus, et la moindre ride de son front exprimait la bienveillance. Ces deux vieillards offraient en ce moment une image exacte de ces plantes souffrantes auxquelles un peu d'eau rend la vie, après une longue sécheresse.

— A table, à table! s'écria le baron en présentant sa large main à Ginevra qu'il nomma Signora Piombella! autre symptôme de gaieté auquel sa fille répondit par un sourire.

— Ah ça, dit Piombo en sortant de table, sais-tu que ta mère a observé que, depuis un mois, tu restes beaucoup plus longtemps que de coutume à ton atelier? Il paraît que la peinture va nous faire tort.

— O mon père!

— Ginevra nous prépare sans doute quelque surprise, dit sa mère.

— Tu m'apporteras un tableau! s'écria le Corse en frappant dans ses mains.

— Oui, je suis très-occupée à l'atelier, répondit-elle.

— Qu'as-tu donc, Ginevra? Tu pâlis! lui dit sa mère.

— Non! s'écria la jeune fille en laissant échapper un geste de résolution, non, il ne sera pas dit que Ginevra Piombo aura menti une fois dans sa vie.

En entendant cette singulière exclamation, Piombo et sa femme regardèrent leur fille d'un air étonné.

— J'aime un jeune homme, ajouta-t-elle d'une voix émue.

Puis, sans oser regarder ses parents, elle abaissa ses larges paupières, comme pour voiler le feu de ses yeux.

— Est-ce un prince? lui demanda ironiquement son père.

Le son de voix de Piombo fit trembler la mère et la fille.

— Non, mon père, répondit-elle avec modestie, c'est un jeune homme sans fortune...

— Il est donc bien beau.

— Il est malheureux.

— Que fait-il?

— C'est le compagnon de Labédoyère. Il était proscrit, sans asile. M. Servin l'a caché, et...

— Servin est un honnête garçon, qui s'est bien comporté, s'écria Piombo. Mais vous faites mal, vous, ma fille, d'aimer un autre homme que votre père...

— Il ne dépend pas de moi de ne pas aimer, répondit doucement Ginevra.

— Je me flattais, reprit son père, que ma Ginevra me serait fidèle jusqu'à ma mort; que mes soins et ceux de sa mère seraient les seuls qu'elle aurait reçus; que notre tendresse n'aurait pas rencontré dans son âme de tendresse rivale, et que...

— Vous ai-je reproché votre fanatisme pour Napoléon? dit Ginevra. N'avez-vous aimé que moi? n'avez-vous pas été des mois entiers en ambassade; n'ai-je pas supporté courageusement vos absences! La vie a des nécessités qu'il faut savoir subir.

— Ginevra!

— Non, vous ne m'aimez pas pour moi, et vos reproches trahissent un insupportable égoïsme.

— Tu accuses l'amour de ton père, s'écria Piombo, les yeux flamboyants.

— Mon père, je ne vous accuserai jamais, répondit Ginevra avec plus de douceur que sa mère tremblante n'en attendait. Vous avez raison dans votre égoïsme, comme j'ai raison dans mon amour. Le ciel m'est témoin que jamais fille n'a mieux rempli ses devoirs auprès de ses parents. Je n'ai jamais vu que bonheur et amour là où d'autres voient souvent des obligations. Voici quinze ans que je ne me suis pas écartée de dessous votre aile protectrice, et ce fut un bien doux plaisir pour moi que de charmer vos jours. Mais serais-je donc ingrate en me livrant au charme d'aimer, en cherchant un mari?

— Ah! tu comptes avec ton père, Ginevra! reprit le vieillard d'un ton sinistre.

Il se fit une pause effrayante pendant laquelle personne n'osa parler. Enfin, Bartholoméo rompit le silence en s'écriant d'une voix déchirante : — Oh! reste avec nous, reste, vierge, auprès de ton vieux père! Je ne saurais te voir aimer un homme. Ginevra! tu n'attendras pas longtemps ta liberté...

— Mais, mon père, songez donc que nous ne vous quitterons pas, que nous serons deux à vous aimer, que vous connaîtrez le protecteur aux soins duquel vous me laisserez! Vous serez doublement chéri, par moi et par lui; par lui qui est encore moi, et par moi qui suis tout lui-même.

— O Ginevra, Ginevra! s'écria le Corse, en serrant les poings, pourquoi ne t'es-tu pas mariée quand Napoléon m'avait accoutumé à cette idée, et qu'il te présentait des ducs et des comtes?

— Ils m'aimaient par ordre, dit la jeune fille. D'ailleurs je ne voulais pas vous quitter, et ils m'auraient emmenée avec eux.

— Tu ne veux pas nous laisser seuls, dit Piombo; mais te marier, c'est nous isoler! je te connais, ma fille, tu ne nous aimeras plus.

— Élisa, ajouta-t-il en regardant sa femme qui restait immobile et comme stupide, nous n'avons plus de fille! Elle veut se marier.

Le vieillard s'assit après avoir levé les mains en l'air, comme pour invoquer Dieu; puis il resta courbé, comme accablé sous sa peine. Ginevra vit l'agitation de son père, et la modération de sa colère lui brisa le cœur. Elle s'attendait à une crise, à des fureurs, elle n'avait pas armé son âme contre la paix et la douceur paternelle.

— Mon père, dit-elle d'une voix touchante, non, vous ne serez jamais abandonné par votre Ginevra. Mais aimez-la aussi un peu pour elle! Si vous saviez comme *il* m'aime! Ah! ce ne serait pas lui qui me ferait de la peine!

— Déjà des comparaisons, s'écria Piombo avec un accent terrible. Non, je ne puis supporter cette idée! reprit-il. S'il t'aimait comme tu mérites de l'être, il me tuerait; et s'il ne t'aimait pas, je le poignarderais.

Les mains de Piombo tremblaient, ses lèvres tremblaient, son corps tremblait, et ses yeux lançaient des éclairs. Ginevra seule pouvait soutenir son regard, car alors ses yeux s'animaient, et la fille était digne du père.

— Oh! t'aimer! quel est l'homme digne de cette vie! reprit-il. T'aimer comme un père, n'est-ce pas déjà vivre dans le paradis? Qui donc sera jamais digne d'être ton époux?

— Lui! dit Ginevra, lui dont je me sens indigne.

— Lui? répéta machinalement Piombo. Qui, *lui*?

— Celui que j'aime.

— Est-ce qu'il peut te connaître encore assez pour t'adorer?

— Mais, mon père, reprit Ginevra éprouvant un mouvement d'impatience, quand il ne m'aimerait pas, du moment où je l'aime...

— Tu l'aimes donc? s'écria Piombo.

Ginevra inclina doucement la tête.

— Alors, tu l'aimes plus que nous.

— Ces deux sentiments ne peuvent se comparer, répondit-elle.

— L'un est plus fort que l'autre? reprit Piombo.

— Je crois que oui, dit Ginevra.

— Tu ne l'épouseras pas! Ce cri furieux fit résonner les vitres du salon.

— Je l'épouserai, répliqua tranquillement Ginevra.

— Mon Dieu! mon Dieu, s'écria la mère, comment finira cette querelle? *Santa Virgina!* mettez-vous entre eux.

Le baron, qui se promenait à grands pas, vint s'asseoir. Une sévérité glacée rembrunissait son visage. Il regarda fixement sa fille, et lui dit d'une voix douce et affaiblie : — Eh bien! Ginevra! non, tu ne l'épouseras pas. Oh! ne me dis pas oui ce soir. Laisse-moi croire le contraire. Veux-tu voir ton père à genoux et ses cheveux blancs prosternés devant toi? je vais te supplier...

— Ginevra Piombo, répondit-elle, n'a pas été habituée à promettre et à ne pas tenir. Je suis votre fille.

— Elle a raison, dit la baronne, nous sommes mises au monde pour nous marier.

— Ainsi vous l'encouragez dans sa désobéissance...

— Ce n'est pas désobéir, répondit Ginevra, que de se refuser à un ordre injuste.

— Il ne peut pas être injuste quand il émane de la bouche de votre père, ma fille! Pourquoi me jugez-vous? La répugnance que j'éprouve n'est-elle pas un conseil d'en haut? Je vous préserve peut-être d'un malheur.

— Le malheur serait qu'il ne m'aimât pas.

— Toujours lui!

— Oui, toujours, reprit-elle. Il est ma vie, mon bien, ma pensée. Même en vous obéissant, il serait toujours dans mon cœur. Me défendre de l'épouser, n'est-ce pas vous faire haïr?

— Tu ne nous aimes plus, s'écria Piombo.

— Oh! dit Ginevra en agitant la tête.

— Eh bien! oublie-le, reste-nous fidèle. Après nous... tu comprends.

— Mon père, voulez-vous me faire désirer votre mort? s'écria Ginevra.

— Je vivrai plus longtemps que toi! Les enfants qui n'honorent pas leurs parents meurent promptement, s'écria son père parvenu au dernier degré de l'exaspération.

— Raison de plus pour me marier promptement et être heureuse! dit-elle.

Ce sang-froid, cette puissance de raisonnement achevèrent de troubler Piombo. Le sang lui porta violemment à la tête, il devint pourpre. Ginevra frissonna. Elle s'élança comme un oiseau sur les genoux de son père, lui passa ses bras d'amour autour du cou, lui caressa le visage, les cheveux, et s'écria tout attendrie : — Oh! oui, que je meure la première! Je ne te survivrais pas, mon père, mon bon père!

— O ma Ginevra, ma folle, ma Ginevrina, ma Ginevretta, répondit Piombo dont toute la colère se fondit à cette caresse, comme une glace sous les rayons du soleil.

— Il était temps que vous finissiez, dit la baronne d'une voix émue.

— Pauvre mère!

— Ah! Ginevretta! Ginevra bella!..

Et le père jouait avec sa fille comme avec un enfant de six ans. Il s'amusait à défaire les tresses ondoyantes de ses cheveux, à la faire sauter. Il y avait de la folie dans l'expression de sa tendresse. Bientôt sa fille le gronda en l'embrassant, et tenta d'obtenir par la grâce de ses jeux et en plaisantant, l'entrée de *Louis* au logis. Mais tout en plaisantant aussi, son père refusait. Elle bouda, revint, bouda encore; puis, à la fin de la soirée, elle se trouva contente d'avoir gravé dans le cœur de son père et son amour pour Louis et l'idée d'un mariage prochain. Le lendemain elle ne parla plus de son amour, elle alla plus tard à l'atelier, elle en revint de bonne heure. Elle devint plus caressante pour son père qu'elle ne l'avait jamais été, et se montra pleine de reconnaissance, comme pour le remercier du consentement qu'il semblait donner à son mariage par son silence. Le soir, elle faisait longtemps de la musique, et souvent elle s'écriait : — Il faudrait une voix d'homme pour ce nocturne! Elle était Italienne, c'est tout dire. Au bout de huit jours, sa mère lui fit un signe, elle vint, puis à l'oreille et à voix basse : — J'ai amené ton père à le recevoir, lui dit-elle.

— O ma mère! vous me faites bien heureuse!

Ce jour-là, Ginevra eut donc le bonheur de revenir à l'hôtel de son père en donnant le bras à Louis. C'était la seconde fois que le pauvre officier sortait de sa cachette. Les actives sollicitations que Ginevra faisait auprès du duc de Feltre, alors ministre de la guerre, avaient été couronnées d'un plein succès. Louis venait d'être réintégré sur le contrôle des officiers en disponibilité. C'était un bien grand pas vers un meilleur avenir. Le jeune chef de bataillon ayant été instruit par son amie de toutes les difficultés qui l'attendaient auprès du baron, n'osait avouer la crainte qu'il avait de ne pas lui plaire. Cet homme si courageux contre l'adversité, si brave sur un champ de bataille, tremblait en pensant à son entrée dans le salon de Piombo. Ginevra le sentit tressaillir, et cette émotion, dont elle devinait le principe, fut pour elle une délicieuse preuve d'amour.

— Comme vous êtes pâle, lui dit-elle, quand ils arrivèrent à la porte de l'hôtel.

— O Ginevra ! s'il ne s'agissait que de ma vie.

Quoique Bartholoméo fût prévenu par sa femme, de la présentation officielle de celui que Ginevra aimait, il n'alla pas à sa rencontre et resta dans le fauteuil où il avait d'habitude d'être assis, et la sévérité de son front eut quelque chose de glacial.

— Mon père, dit Ginevra, je vous amène une personne que vous aurez sans doute plaisir à voir. Voici M. Louis, un soldat qui combattait à quatre pas de l'empereur au Mont-Saint-Jean...

Le baron de Piombo se leva, jeta un regard furtif sur Louis, et lui dit d'une voix sardonique : — Monsieur n'est pas décoré ?

— Je ne porte pas la légion-d'honneur, répondit timidement Louis qui restait humblement debout.

Ginevra blessée de l'impolitesse de son père, avança une chaise. La réponse de l'officier satisfit le vieux serviteur de Napoléon. Madame Piombo s'apercevant que les sourcils de son mari reprenaient leur position naturelle, dit pour ranimer la conversation : — La ressemblance de monsieur avec Nina Porta est étonnante. Ne trouvez-vous pas que monsieur a toute la physionomie des Porta ?

— Rien de plus naturel, répondit le jeune homme sur qui les yeux flamboyants de Piombo s'arrêtèrent, Nina était ma sœur...

— Tu es Luigi Porta, demanda le vieillard.

— Oui !

Bartholoméo Piombo se leva, chancela, fut obligé de s'appuyer sur une chaise, et regarda sa femme. Élisa Piombo vint à lui. Puis les deux vieillards, silencieux, se donnèrent le bras, et sortirent du salon en abandonnant leur fille avec une sorte d'horreur. Luigi Porta, stupéfait, regarda Ginevra qui devint aussi blanche qu'une statue de marbre, et resta les yeux fixés sur la porte vers laquelle son père et sa mère avaient disparu. Leur silence et leur retraite eut quelque chose de si solennel, que, la première fois peut-être, le sentiment de la crainte entra dans son cœur. Elle joignit ses mains l'une contre l'autre avec force, et dit d'une voix si émue qu'elle ne pouvait guère être entendue que par un amant : — Combien de malheurs dans un mot !

— Au nom de notre amour, qu'ai-je donc dit ? demanda Luigi Porta.

— Mon père, répondit-elle, ne m'a jamais parlé de notre déplorable histoire, et j'étais trop jeune quand j'ai quitté la Corse pour le savoir.

— Nous serions ennemis ! demanda Luigi en tremblant.

— Oui. En questionnant ma mère, j'ai appris que les Porta avaient tué mes frères et brûlé notre maison. Mon père a massacré toute votre famille. Comment avez-vous survécu, vous qu'il croyait avoir attaché aux colonnes d'un lit avant de mettre le feu à la maison ?

— Je ne sais, répondit Luigi. A six ans, j'ai été amené à Gênes, chez un vieillard nommé Colonna. Aucun détail sur ma famille ne m'a été donné. Je savais seulement que j'étais orphelin, sans fortune, et que Colonna était mon tuteur. J'ai porté son nom jusqu'au jour où je suis entré au service. Comme il m'a fallu des actes pour prouver qui j'étais, alors le vieux Colonna m'a dit que moi, faible et presque enfant encore, j'avais des ennemis. Il m'a engagé à ne prendre que le nom de Luigi pour leur échapper.

— Partez, partez, Luigi, s'écria Ginevra. Je vais vous accompagner. Tant que vous êtes dans la maison de mon père, vous n'avez rien à craindre ; mais prenez bien garde à vous ! Aussitôt que vous en sortirez, vous marcherez de danger en danger. Mon père a deux Corses à son service, et si ce n'est pas lui qui menacera vos jours, ce seront eux.

— Ginevra, dit-il, cette haine existera-t-elle donc entre nous ?

La jeune fille sourit tristement et baissa la tête. Elle la releva bientôt avec une sorte de fierté, et dit : — O Luigi, il faut que nos sentiments soient bien purs et bien sincères pour que j'aie la force de marcher dans la voie où je vais entrer. Mais il s'agit d'un bonheur qui doit durer toute la vie, n'est-ce pas?

Luigi ne répondit que par un sourire, et pressa la main de Ginevra. La jeune fille comprit qu'un véritable amour pouvait seul dédaigner en ce moment les protestations vulgaires. L'expression calme et consciencieuse des sentiments de Luigi en annonçait en quelque sorte la force et la durée. Alors la destinée de ces deux époux fut accomplie. Ginevra entrevit de bien cruels combats à soutenir; mais l'idée d'abandonner son amant, idée qui peut-être avait flotté dans son âme, s'évanouit complètement. Elle était à lui pour toujours. Elle l'entraîna tout à coup avec une sorte d'énergie hors de l'hôtel, et ne le quitta qu'au moment où il atteignit la maison dans laquelle M. Servin lui avait loué un modeste logement. Quand elle revint chez son père, elle avait pris cette espèce de sérénité que donne une résolution forte. Aucune altération dans ses manières ne peignit une inquiétude. Elle leva sur son père et sa mère, qu'elle trouva prêts à se mettre à table, des yeux dénués de hardiesse et pleins de douceur. Elle vit que sa vieille mère avait pleuré, et la rougeur de ses paupières flétries ébranla un moment son cœur, mais elle cacha son émotion. Piombo semblait être en proie à une douleur trop violente, trop concentrée, pour qu'il pût la trahir par des expressions ordinaires. Les gens servirent le dîner auquel personne ne toucha. L'horreur de la nourriture est un des symptômes qui trahissent les grandes crises de l'âme. Tous trois se levèrent sans qu'aucun d'eux se fût adressé la parole. Quand Ginevra fut placée entre son père et sa mère dans leur grand salon sombre et solennel, Piombo voulut parler, mais il ne trouva pas de voix; il essaya de marcher, et ne trouva pas de force. Il revint s'asseoir, et sonna.

— Jean, dit-il enfin au domestique, allumez du feu, j'ai froid.

Ginevra tressaillit et regarda son père avec anxiété. Le combat qu'il se livrait devait être horrible, sa figure était bouleversée. Ginevra connaissait l'étendue du péril qui la menaçait, mais elle ne tremblait pas, tandis que les regards furtifs que Bartholoméo jetait sur sa fille semblaient annoncer qu'il craignait en ce moment le caractère dont il avait si complaisamment développé la violence. Entre eux, tout devait être extrême. Aussi, la certitude du changement qui pouvait s'opérer dans les sentiments du père et de la fille animait-elle le visage de la baronne d'une expression de terreur.

— Ginevra, dit enfin Piombo sans oser la regarder, vous aimez l'ennemi de votre famille.

— Cela est vrai! répondit-elle.

— Il faut choisir entre lui et nous. Notre *vendetta* fait partie de nous-mêmes. Qui n'épouse pas ma vengeance, n'est pas de ma famille.

— Mon choix est fait, répondit-elle encore d'une voix calme.

La tranquillité de la jeune fille trompa Bartholoméo.

— O ma chère fille, s'écria-t-il.

Puis des larmes, les premières et les seules qu'il répandit dans sa vie, humectèrent ses paupières.

— Je serai sa femme, dit brusquement Ginevra.

Bartholoméo eut comme un éblouissement; mais il reprit son sang-froid, et répliqua : Cela ne sera pas de mon vivant, je n'y consentirai jamais.

Ginevra garda le silence.

— Mais, dit le baron en continuant, songes-tu que Luigi est le fils de celui qui a tué tes frères?

— Il avait six ans au moment où le crime a été commis, il doit en être innocent, répondit-elle.

— Un Porta! s'écria Bartholoméo.

— Mais, ai-je jamais pu partager cette haine? dit vivement la jeune fille. M'avez-vous élevée dans cette croyance qu'un Porta était un monstre? Pouvais-je penser qu'il restât un seul de ceux que vous aviez tués? N'est-il pas naturel que vous fassiez céder votre *vendetta* à mon amour?

— Un Porta! dit Piombo. Mais si son père t'avait trouvée dans ton lit, tu ne vivrais pas, il t'aurait donné cent fois la mort.

— Cela se peut, répondit-elle; mais son fils m'a donné plus que la vie. Sa seule vue m'apporte un bonheur sans lequel il n'y a pas de vie. Il m'a appris à sentir! J'ai peut-être vu des figures plus belles encore que la sienne, mais aucune ne m'a autant charmée; j'ai peut-être entendu des voix... non, non, jamais de plus mélodieuses. Il m'aime! Il sera mon mari.

— Jamais, dit Piombo, j'aimerais mieux te savoir morte, Ginevra.

Il se leva, se mit à parcourir à grands pas le salon, et laissa échapper ces paroles après des pauses qui peignaient toute son agitation : — Vous croyez peut-être faire plier ma volonté? Détrompez-vous. Je ne veux pas qu'un Porta soit mon gendre. Telle est ma sentence. Qu'il ne soit plus question de ceci entre nous. Je suis Bartholoméo di Piombo, entendez-vous, Ginevra?

— Attachez-vous quelque sens mystérieux à ces paroles, demanda-t-elle froidement.

— Oui, elles signifient que j'ai un poignard, et que je ne crains pas les hommes.

La jeune fille se leva.

— Eh bien! dit-elle, je suis Ginevra di Piombo, et je déclare que dans six mois je serai la femme de Luigi Porta. — Vous êtes un tyran, mon père, ajouta-t-elle après une pause effrayante.

Bartholoméo serra ses poings, et frappa sur le marbre de la cheminée : — Ah! nous sommes à Paris, dit-il en murmurant.

Puis il se tut, se croisa les bras, pencha la tête sur sa poitrine, et ne prononça plus une seule parole pendant toute la soirée. La jeune fille affecta un sang-froid incroyable après avoir prononcé son arrêt. Elle se mit au piano, chanta, joua des morceaux ravissants avec une grâce et un sentiment qui annonçaient une parfaite liberté d'esprit, triomphant ainsi de son père dont le front ne paraissait pas s'adoucir. Le vieillard ressentit cruellement cette injure tacite. Il recueillit en ce moment un des fruits amers de l'éducation qu'il avait donnée à sa fille. Le respect est une barrière qui protège autant un père et une mère qu'un enfant, en évitant à ceux-là des chagrins; à ceux-ci, des remords. Le lendemain Ginevra voulut sortir à l'heure où elle avait coutume de se rendre à l'atelier, et trouva la porte de l'hôtel fermée pour elle. Ginevra inventa bientôt un moyen d'instruire Luigi Porta des sévérités dont elle était victime. Une femme de chambre qui ne savait pas lire fit parvenir au jeune officier la lettre que lui écrivit Ginevra. Pendant cinq jours les deux amants surent correspondre, grâces à ces ruses qu'on sait toujours machiner à vingt ans. Le père et la fille se parlèrent rarement. Tous deux gardaient au fond du cœur un principe de haine. Ils souffraient, mais orgueilleusement et en silence. Reconnaissant combien étaient forts les liens d'amour qui les attachaient l'un à l'autre, ils essayaient de les briser, mais sans pouvoir y parvenir. Nulle pensée douce ne venait plus comme autrefois faire briller les traits sévères de Bartholoméo quand il contemplait sa Ginevra. La jeune fille avait quelque chose de farouche en regardant son père. Le reproche siégeait sur ce front d'innocence. Elle se livrait bien à d'heureuses pensées, mais parfois des remords semblaient ternir ses yeux. Il n'était même pas difficile de deviner qu'elle ne pourrait jamais jouir tranquillement d'une félicité qui faisait le malheur de ses parents. Chez Bartholoméo comme chez sa fille, toutes les irrésolutions causées par la bonté native de leurs âmes devaient néanmoins échouer devant leur fierté et devant la rancune particulière aux Corses. En effet, ils s'encourageaient l'un et l'autre dans leur colère, et fermaient les yeux sur l'avenir. Peut-être aussi se flattaient-ils mutuellement que l'un céderait à l'autre.

Le jour de la naissance de Ginevra, sa mère, désespérée de cette désunion qui prenait un caractère grave, médita de réconcilier le père et la fille, grâce aux souvenirs de cet anniversaire. Ils étaient réunis tous trois dans la chambre de Bartholoméo. Ginevra devina l'intention de sa mère à l'hésitation peinte sur son visage et sourit tristement. En ce moment, un domestique annonça deux notaires accompagnés de plusieurs témoins. Ils entrèrent. Bartholoméo regarda fixement ces hommes dont les figures froidement compassées avaient quelque chose de blessant pour des âmes aussi passionnées que l'étaient celles des trois principaux acteurs de cette scène. Le vieillard se tourna vers sa fille d'un air inquiet; il vit sur son visage un sourire de triomphe qui lui fit soupçonner quelque catastrophe, et il affecta de garder, à la manière des sauvages, une immobilité mensongère, en regardant les deux notaires avec une sorte de curiosité calme. Les étrangers s'assirent après y avoir été invités par un geste du vieillard.

— Monsieur est sans doute M. le baron de Piombo, demanda le plus âgé des notaires.

Bartholoméo s'inclina. Le notaire fit un léger mouvement de tête et regarda la jeune fille avec la sournoise expression d'un garde du commerce qui surprend un débiteur. Puis, il tira sa tabatière, l'ouvrit, y prit une pincée de tabac, et se mit à la humer à petits coups, en cherchant les premières phrases de son discours; puis, en les prononçant, il fit des repos continuels, (manœuvre oratoire que ce signe — représentera très imparfaitement).

— Monsieur, dit-il, — nous sommes envoyés vers vous, — mon collègue et moi, — pour accomplir le vœu de la loi, et — mettre un terme aux divisions qui — paraîtraient — s'être introduites — entre vous et mademoiselle votre fille, — au sujet — de — son — mariage avec Luigi Porta, — mon client.

Cette phrase, assez pédantesquement débitée, parut probablement trop belle au notaire pour qu'on pût la comprendre d'un seul coup. Il s'arrêta, en regardant Bartholoméo avec une expression particulière aux gens d'affaires, et qui tient le milieu entre la servilité et la familiarité. Habitués à feindre beaucoup d'intérêt pour les personnes auxquelles ils parlent, les notaires finissent par faire contrac-

...er à leur figure une grimace qu'ils revêtent et quittent comme leur petit *pallium* officiel. Ce masque de bienveillance, dont il est si facile de saisir le mécanisme, irrita tellement Bartholoméo qu'il lui fallut rappeler toute sa raison pour ne pas jeter le notaire par les fenêtres. Une expression de colère se glissa dans toutes ses rides; et, en la voyant, l'homme de loi se dit en lui-même : — Je produis de l'effet !

— Mais, reprit-il d'une voix mielleuse, monsieur le baron, dans ces sortes d'occasions, notre ministère commence toujours par être essentiellement conciliateur. — Daignez donc avoir la bonté de m'entendre ! — Il est évident que mademoiselle Ginevra Piombo atteint aujourd'hui même — l'âge auquel il suffit de faire des actes respectueux pour qu'il soit passé outre à la célébration d'un mariage, malgré le défaut de consentement des parens. Or, — il est d'usage dans les familles — qui jouissent d'une certaine considération, — qui appartiennent à la société, — qui conservent quelque dignité, — auxquelles il importe enfin de ne pas donner au public le secret de leurs divisions, — et qui d'ailleurs ne veulent pas se nuire à elles-mêmes en frappant de réprobation l'avenir de deux jeunes époux (car — c'est se nuire à soi-même !) — il est d'usage, — dis-je, — parmi ces familles honorables, — de ne pas laisser subsister des actes semblables — qui — restent, qui — sont des monumens d'une division qui — finit — par cesser. — Du moment, monsieur, où une jeune personne a recours aux actes respectueux, elle annonce une intention trop décidée, pour qu'un père et — une mère, ajouta-t-il en se tournant vers la baronne, — puissent espérer de la voir suivre leurs avis. — Alors la résistance paternelle étant nulle — par ce fait — d'abord, — puis, étant infirmée par la loi, il est constant que tout homme sage, après avoir fait une dernière remontrance à son enfant — lui donne la liberté de.....

Le notaire s'arrêta, en s'apercevant qu'il aurait pu parler deux heures sans obtenir de réponse. Il éprouva d'ailleurs une émotion particulière à l'aspect de l'homme qu'il essayait de convertir. Il s'était fait une révolution extraordinaire sur le visage de Bartholoméo. Toutes ses rides contractées lui donnaient un air de cruauté indéfinissable, et il jetait sur le notaire un regard de tigre. La baronne était muette et passive. Ginevra, calme et résolue, attendait; elle savait que la voix du notaire était plus puissante que la sienne, et alors elle semblait s'être décidée à garder le silence. Au moment où l'homme de loi se tut, cette scène devint si effrayante que les témoins étrangers tremblèrent; jamais peut-être ils n'avaient été frappés par un semblable silence. Les notaires se regardèrent comme pour se consulter, se levèrent et allèrent ensemble à la croisée.

— As-tu jamais rencontré des clients fabriqués comme ceux-là? demanda le plus âgé à son confrère.

— Il n'y a rien à en tirer ! répondit le plus jeune. A ta place, moi, je m'en tiendrais à la lecture de mon acte. Le vieux ne me paraît pas amusant. Il est colère, et tu ne gagneras rien à vouloir *discuter* avec lui...

Alors le vieux notaire chargé des intérêts de Luigi lut un papier timbré contenant un procès-verbal rédigé à l'avance, et demanda froidement à Bartholoméo quelle était sa réponse.

— Il y a donc en France des lois qui détruisent le pouvoir paternel? demanda le Corse.

— Monsieur... dit le notaire de sa voix mielleuse.

— Qui arrachent une fille à son père?

— Monsieur....

— Qui privent un vieillard de sa dernière consolation?

— Monsieur, votre fille ne vous appartient que...

— Qui le tuent?

— Monsieur, permettez !

Rien n'est plus affreux que le sang-froid et les raisonnemens exacts d'un notaire au milieu des scènes passionnées où ils ont coutume d'intervenir. Les figures que Piombo voyait lui semblèrent échappées de l'enfer. Sa rage froide et concentrée ne connut plus de bornes au moment où la voix calme et presque flûtée de son petit antagoniste prononça ce fatal — « *Permettez.* » Il sauta sur un long poignard suspendu à un clou au-dessus de sa cheminée, et s'élança sur sa fille. Les deux notaires se jetèrent entre lui et Ginevra; mais il renversa brutalement les deux conciliateurs en leur montrant une figure en feu et des yeux flamboyans qui paraissaient plus terribles que ne l'était la clarté du poignard. Quand Ginevra se vit en présence de son père, elle le regarda fixement d'un air de triomphe, s'avança lentement vers lui, et s'agenouilla.

— Non ! non ! je ne saurais !... dit-il en lançant si violemment son arme qu'elle alla s'enfoncer dans la boiserie.

— Eh bien, grâce ! grâce ! dit-elle. Vous hésitez à me donner la mort et vous me refusez la vie? O mon père, jamais je ne vous ai tant aimé, accordez-moi Luigi? Je vous demande votre consentement à genoux ; une fille peut s'humilier devant son père. Mon Luigi ou la mort !

L'irritation violente qui la suffoquait l'empêcha de continuer; elle ne trouvait plus de voix. Ses efforts convulsifs disaient assez qu'elle était entre la vie et la mort. Bartholoméo la repoussa durement.

— Fuis! dit-il. La Luigi Porta ne saurait être Ginevra Piombo. Je n'ai plus de fille! Je n'ai pas la force de te maudire; mais je t'abandonne, et tu n'as plus de père. Ma Ginevra Piombo est enterrée là! s'écria-t-il d'un son de voix profond en se pressant fortement le cœur. — Sors donc, malheureuse! ajouta-t-il après un moment de silence. Sors, et ne reparais plus devant moi! Puis, il prit Ginevra par le bras, l'entraîna, et la conduisit silencieusement hors de la maison.

— Luigi, s'écria Ginevra en entrant dans le modeste appartement où était l'officier, mon Luigi! nous n'avons d'autre fortune que notre amour.

— Nous sommes plus riches que tous les rois de la terre! répondit-il.

— Mon père et ma mère m'ont abandonnée! dit-elle avec une profonde mélancolie.

— Je t'aimerai pour eux.

— Nous serons donc bien heureux! s'écria-t-elle avec une gaieté qui avait quelque chose d'effrayant.

— Oh! oui.

Le lendemain du jour où Ginevra quitta la maison de son père, elle alla prier madame Servin de lui accorder un asile et sa protection jusqu'à l'époque fixée par la loi pour son mariage avec Luigi Porta. Là commença pour elle l'apprentissage des chagrins que le monde sème autour de ceux qui ne suivent pas ses usages. Très affligée du tort que l'aventure de Ginevra faisait à son mari, madame Servin reçut froidement la fugitive, et lui apprit par des paroles poliment circonspectes qu'elle ne devait pas compter sur son appui. Trop fière pour insister, Ginevra, étonnée d'un égoïsme auquel elle n'était pas habituée, alla se loger dans l'hôtel garni le plus voisin de la maison où demeurait Luigi. Luigi Porta vint passer ses journées aux pieds de sa fiancée. Son jeune amour, la pureté de ses paroles dissipaient les nuages que la réprobation paternelle amassait sur le front de Ginevra. Il lui peignait l'avenir si beau qu'elle finissait par sourire, sans néanmoins oublier la rigueur de ses parents.

Un matin, la servante de l'hôtel lui remit plusieurs malles qui contenaient des étoffes, du linge, et une foule de choses nécessaires à une jeune femme qui se met en ménage. Elle reconnut dans cet envoi la prévoyante bonté d'une mère. En visitant ces présents, elle trouva une bourse où la baronne avait mis la somme qui appartenait à sa fille, en y joignant le fruit de ses économies. L'argent était accompagné d'une lettre où elle la conjurait d'abandonner son funeste projet de mariage s'il en était encore temps. Il lui avait fallu des précautions inouïes pour faire parvenir ces faibles secours à Ginevra. La mère suppliait sa fille de ne pas l'accuser de dureté, si par la suite elle la laissait dans l'abandon; car elle craignait de ne pouvoir plus l'assister. Elle la bénissait, lui souhaitait de trouver le bonheur dans ce fatal mariage si elle y persistait, en lui assurant qu'elle ne pensait qu'à sa fille chérie. En cet endroit, des larmes avaient effacé plusieurs mots de la lettre.

— O ma mère! ma mère! s'écria Ginevra tout attendrie. Elle éprouvait le besoin de se jeter à ses genoux, de la voir et de respirer l'air bienfaisant de la maison paternelle. Elle s'élançait déjà quand Luigi entra. Elle le regarda, et sa tendresse filiale s'évanouit, ses larmes se séchèrent, elle ne se sentit pas la force d'abandonner Luigi. Il était si malheureux et si aimant! Être l'espoir d'une noble créature, l'aimer et l'abandonner! ce sacrifice est une trahison dont les jeunes âmes sont incapables. Ginevra eut la générosité d'ensevelir sa douleur au fond de son âme.

Enfin le jour du mariage arriva. Ginevra ne vit personne autour d'elle. Luigi avait profité du moment où elle s'habillait pour aller chercher les témoins nécessaires à la signature de leur acte de mariage. Ces témoins étaient de braves gens. L'un, ancien maréchal-des-logis de hussards, avait contracté à l'armée, envers Luigi, de ces obligations qui ne s'effacent jamais du cœur d'un honnête homme. Il s'était mis loueur de voitures et possédait quelques fiacres. L'autre, entrepreneur de maçonnerie, était le propriétaire de la maison où les nouveaux époux devaient demeurer. Chacun d'eux se fit accompagner par un ami. Ils vinrent avec Luigi prendre la mariée. Peu accoutumés aux grimaces sociales, et ne voyant rien que de très simple dans le service qu'ils rendaient à Luigi, ces gens s'étaient habillés proprement mais sans luxe, de sorte que rien n'annonça le joyeux cortège d'une noce. Ginevra elle-même s'était mise très simplement, afin de se conformer à sa fortune. Cependant sa beauté avait quelque chose de si noble et de si imposant, qu'à son aspect la parole expira sur les lèvres des témoins qui se croyaient obligés de lui adresser un compliment. Ils la saluèrent avec respect, elle s'inclina, ils la regardèrent en silence et ne surent plus que l'admirer. Cette réserve jeta du froid entre eux. La joie ne peut éclater que parmi des gens qui se sentent égaux. Le hasard voulut donc que tout fût sombre et grave autour des deux fiancés. Rien ne refléta leur félicité. L'église et la mairie n'étaient pas très-éloignées de l'hôtel. Luigi et sa fiancée, suivis des témoins que leur imposait la loi, voulurent y aller à pied, dans une simplicité qui dépouillât de tout appareil cette grande scène de la vie sociale. Ils trouvèrent dans la cour de la mairie une foule d'équipages qui annonçaient nombreuse compagnie. Ils montèrent, et arrivèrent à une grande salle où des mariés, dont le bonheur était indiqué pour ce jour-là, attendaient assez impatiemment le maire du quartier. Ginevra s'assit près de Luigi au bout d'un grand banc, et leurs témoins restèrent debout, faute de siéges.

Deux mariées pompeusement habillées de blanc, chargées de rubans, de dentelles, de perles, et couronnées de bouquets de fleurs d'oranger dont les frais boutons tremblaient sous leur voile, étaient entourées de leurs familles joyeuses, et accompagnées de leurs mères qu'elles regardaient d'un air à la fois satisfait et craintif. Tous les yeux réfléchissaient leur bonheur, et chaque figure semblait leur prodiguer des bénédictions. Les pères, les témoins, les frères, les sœurs, allaient et venaient, comme un essaim de papillons se jouant dans un rayon de soleil prêt à disparaître. Chacun semblait comprendre la valeur de ce moment fugitif où, dans la vie, le cœur se trouve entre deux espérances : les souhaits du passé et les promesses de l'avenir. A cet aspect, Ginevra sentit son cœur se gonfler, et pressa le bras de Luigi, qui lui lança un regard. Une larme roula dans les yeux du jeune Corse, il ne comprit jamais mieux qu'alors tout ce que sa Ginevra lui sacrifiait. Cette larme précieuse fit oublier à la jeune fille l'abandon dans lequel elle se trouvait. L'amour versa des trésors de lumière entre les deux amants qui ne virent plus qu'eux au milieu de ce tumulte. Ils étaient là, seuls dans cette foule, tels qu'ils devaient être dans la vie. Leurs témoins, indifférents à la cérémonie, causaient tranquillement de leurs affaires.

— L'avoine est bien chère, disait le maréchal-des-logis au maçon.

— Elle n'est pas encore si renchérie que le plâtre, proportion gardée, répondit l'entrepreneur.

Et ils firent un tour dans la salle.

— Comme on perd du temps ici! s'écria le maçon en remettant dans sa poche une grosse montre d'argent.

Luigi et Ginevra, serrés l'un contre l'autre, semblaient ne faire qu'une même personne. Certes, un poète aurait admiré ces deux têtes ravissantes, unies par un même sentiment, également colorées, mélancoliques et silencieuses, en présence de deux noces bourdonnantes, devant quatre familles tumultueuses, étincelantes de parure, de diamants, de fleurs, et dont la gaieté avait quelque chose de passager. Tout ce que ces groupes bruyants et splendides mettaient de joie en dehors, Luigi et Ginevra l'ensevelissaient au fond de leurs cœurs. D'un côté, le fracas le plus terrestre; de l'autre, le silence des joies paisibles de l'âme; la terre et le ciel. Mais la tremblante Ginevra ne sut pas entièrement dépouiller les faiblesses de la femme. Superstitieuse comme une Italienne, elle voulut voir un présage dans ce contraste, et garda au fond de son cœur un sentiment d'effroi, invincible autant que son amour. Tout à coup, un employé ouvrit une porte à deux battants, l'on fit silence, et sa voix retentit comme un glapissement, en appelant M. Luigi Porta et mademoiselle Ginevra di Piombo. Ce moment causa quelque embarras aux deux fiancés. La célébrité du nom de Piombo attira l'attention, les spectateurs cherchèrent cette noce qui semblait devoir être somptueuse. Ginevra se leva, ses regards foudroyants d'orgueil imposèrent à toute la foule; elle donna le bras à Luigi et marcha d'un pas ferme. Les témoins la suivaient. Un murmure d'étonnement qui alla en croissant, un chuchotement général vint rappeler à Ginevra que le monde lui demandait compte de l'absence de ses parents. La malédiction paternelle la suivait partout!

— Attendez les familles, dit le maire à l'employé qui lisait promptement l'acte.

— Le père et la mère protestent, répondit flegmatiquement le secrétaire.

— Des deux côtés? reprit le maire.

— L'époux est orphelin.

— Où sont les témoins?

— Les voici! répondit encore le secrétaire, en montrant quatre hommes immobiles et muets, qui, les bras croisés, ressemblaient à des statues.

— Mais s'il y a protestation.... dit le maire.

— Les actes respectueux ont été légalement faits, répliqua l'employé en se levant pour transmettre au fonctionnaire les pièces annexées à l'acte de mariage.

Ce débat bureaucratique eut quelque chose de flétrissant. C'était en peu de mots toute une histoire. La haine des Porta et des Piombo, de terribles passions furent analysées, inscrites sur une page de l'état civil, comme, sur la pierre d'un tombeau, sont gravées, en quelques lignes, les annales d'un peuple, et souvent même en un mot : Robespierre, ou Napoléon.

Ginevra tremblait semblable à la colombe qui, traversant les mers, n'avait que l'arche pour poser ses pieds, elle ne pouvait réfugier son regard que dans les yeux de Luigi. Tout était sombre et froid autour d'elle. Le maire avait un air improbateur et sévère, et son commis regardait les deux époux avec une curiosité malveillante. Rien n'eut jamais moins l'air d'une fête. Comme toutes les choses de la vie humaine quand elles sont dépouillées de leurs accessoires, c'était un fait simple en lui-même, immense par la pensée. Après quelques interrogations auxquelles les époux répondirent, après quelques paroles marmotées par le maire, et après l'apposition de leurs signatures sur le registre, Luigi et Ginevra furent unis. Ils traversèrent deux haies de parents joyeux auxquels ils n'appartenaient pas, et qui s'impatientaient presque du retard que leur causait ce mariage si triste en apparence. Quand la jeune fille se trouva dans la cour de la mairie et sous le ciel, un soupir s'échappa de son sein.

— Oh! toute ma vie, toute une vie de soins et d'amour suffira-t-elle pour reconnaître le courage et la tendresse de ma Ginevra! lui dit Luigi.

A ces mots, que des larmes de bonheur accompagnaient, la mariée oublia toutes ses souffrances. Elle avait souffert de se présenter devant le monde, en réclamant un bonheur que sa famille refusait de sanctionner.

— Pourquoi les hommes se mettent-ils donc entre nous? dit-elle avec une naïveté de sentiment qui ravit le pauvre Luigi.

Le plaisir rendit les deux époux plus légers. Ils ne voyaient ni ciel, ni terre, ni maisons, et semblaient avoir des ailes en allant à l'église. Enfin ils arrivèrent à une petite chapelle obscure et devant un autel sans pompe, où un prêtre célébra leur union. Là, comme à la mairie, ils furent entourés par les deux noces qui les poursuivaient de leur éclat. L'église, pleine d'amis et de parents, retentissait du bruit que faisaient les carrosses, les bedaux, les suisses, les prêtres. Les autels brillaient de tout le luxe ecclésiastique; les couronnes de fleurs d'oranger qui paraient les statues de la Vierge avaient été renouvelées. On ne voyait que fleurs, que parfums, que cierges étincelants, que coussins de velours brodés d'or. Il semblait que Dieu fût complice de cette joie d'un jour. Quand il fallut tenir au-dessus des têtes de Luigi et de Ginevra ce symbole d'union éternelle, ce joug de satin blanc, doux, brillant, léger pour les uns, et de plomb pour le plus grand nombre, le prêtre chercha mais en vain les jeunes garçons qui remplissent ce joyeux office : deux des témoins les remplacèrent. L'ecclésiastique fit à la hâte une instruction aux époux sur les périls de la vie, sur les devoirs qu'ils enseigneraient un jour à leurs enfants ; et, à ce sujet, il glissa un reproche indirect sur l'absence des parents de Ginevra. Puis, après les avoir unis devant Dieu, comme le maire les avait unis devant la loi, il acheva sa messe et les quitta.

— Dieu les bénisse! dit le hussard au maçon sous le porche de l'église. Jamais deux créatures ne furent mieux faites l'une pour l'autre. Les parents de cette fille-là sont des infirmes. Je ne connais pas de soldat plus brave que le major Louis! Si tout le monde s'était comporté comme lui, *l'autre* y serait encore.

La bénédiction du soldat, la seule qui, dans ce jour, leur eût été donnée, répandit comme un baume sur le cœur de Ginevra.

— Adieu, mon brave! dit Luigi au maréchal, je te remercie.

— Tout à votre service, mon major. Ame, individu, chevaux et voitures, tout est à vous !

Ils se séparèrent en se serrant la main, et Luigi remercia cordialement son propriétaire.

— Comme il t'aime, dit Ginevra.

Luigi entraîna vivement la jeune fille à la maison qu'ils devaient habiter, et ils atteignirent bientôt leur modeste appartement. Là, quand la porte fut refermée, Luigi prit sa femme dans ses bras en s'écriant : — O ma Ginevra! car maintenant tu es à moi, ici est la véritable fête. Ici, reprit-il, tout nous sourira !

Ils parcoururent ensemble les trois chambres dont leur logement était composé. La pièce d'entrée servait de salon et de salle à manger ; à droite se trouvait une chambre à coucher ; à gauche un grand cabinet que Luigi avait fait arranger pour sa chère femme. Là étaient les chevalets, la boîte à couleurs, les plâtres, les modèles, les mannequins, les tableaux, les portefeuilles, enfin tout le mobilier de l'artiste.

— Je travaillerai là? dit-elle avec une expression enfantine.

Elle regarda longtemps la tenture, les meubles, et toujours elle se retournait vers Luigi pour le remercier. En effet, il y avait une sorte de magnificence dans ce petit réduit. Une bibliothèque contenait les livres favoris de Ginevra. Au fond était un piano. Elle s'assit sur un divan, attira Luigi près d'elle, et lui serrant la main : — Tu as bon goût, dit-elle d'une voix caressante.

— Tes paroles me font bien heureux, dit-il.

— Mais voyons donc tout, demanda Ginevra, à laquelle Luigi avait fait un mystère des ornements de cette retraite.

Alors ils allèrent vers une chambre nuptiale, fraîche et blanche comme une vierge.

— Oh! sortons, sortons! dit Luigi en riant.

— Mais je veux tout voir.

Et l'impérieuse Ginevra visita l'ameublement avec le soin curieux d'un antiquaire examinant une médaille. Elle toucha les soieries, et passa tout en revue avec le contentement naïf d'une jeune mariée qui déploie les richesses de sa corbeille.

— Nous commençons par nous ruiner, dit-elle d'un air moitié joyeux, moitié chagrin.

— C'est vrai! tout l'arriéré de ma solde est là, répondit Luigi. Je l'ai vendu à un juif.

— Pourquoi? reprit-elle d'un ton de reproche où perçait une satisfaction secrète. Crois-tu que je serais moins heureuse sous un toit? Mais, reprit-elle, tout cela est bien joli, et c'est à nous ?

Luigi la contemplait avec tant d'enthousiasme qu'elle baissa les yeux et lui dit : — Allons voir le reste.

Au-dessus de ces trois chambres et sous les toits, il y avait un cabinet pour Luigi, une cuisine et une chambre de domestique. Ginevra fut satisfaite de son petit domaine. Cependant la vue s'y trouvait bornée par le large mur d'une maison voisine, et la cour d'où venait le jour était sombre. Mais les deux amants avaient le cœur si joyeux ; mais l'espérance leur embellissait si bien l'avenir, qu'ils ne surent voir que de charmantes images dans leur mystérieux asyle. Ils étaient, au fond de cette vaste maison et perdus dans l'immensité de Paris, comme deux perles, dans leur nacre, au sein des profondes mers. Pour tout autre, c'eût été une prison ; pour eux, ce fut un paradis. Les premiers jours de leur union appartinrent à l'amour. Il leur fut trop difficile de se vouer tout à coup au travail et ils ne surent pas résister au charme de leur propre passion. Luigi restait des heures entières couché au pied de sa Ginevra, admirant la couleur de ses cheveux, la coupe de son front, le ravissant encadrement de ses yeux, et la pureté, la blancheur des deux arcs sous lesquels ils s'agitaient lentement en exprimant le bonheur d'un amour satisfait. Ginevra caressait la chevelure de son Luigi, sans se lasser de contempler, suivant une de ses expressions, la *beltà folgorante* de son époux, la finesse de ses traits; toujours séduite par la noblesse de ses manières, comme elle le séduisait toujours par la grâce des siennes. Ils jouaient comme des enfants avec des riens, et ces riens les ramenaient toujours à leur passion. Ils ne cessaient leurs jeux que pour tomber dans toute la rêverie du *far niente*. Alors, un air chanté par Ginevra leur reproduisait encore les nuances délicieuses de leur amour. Puis ils allaient, unissant leurs pas comme ils avaient uni leurs âmes, parcourant les campagnes, retrouvant leur amour partout, dans les fleurs, sur les cieux, au sein des teintes ardentes du soleil couchant; ils le lisaient jusque sur les nuées capricieuses qui se combattaient dans les airs. Une journée ne ressemblait jamais à la précédente, leur amour allait croissant parce qu'il était vrai. Ils s'étaient éprouvés en peu de jours, et avaient instinctivement reconnu que leurs âmes étaient de celles dont les richesses inépuisables semblent toujours promettre de nouvelles jouissances pour l'avenir. C'était l'amour dans toute sa naïveté, avec ses interminables causeries, ses phrases inachevées, ses longs silences, son repos oriental et sa fougue. Luigi et Ginevra avaient tout compris de l'amour. N'est-il pas comme la mer qui, vue superficiellement ou à la hâte, est accusée de monotonie par les âmes vulgaires, tandis que certains êtres privilégiés peuvent passer leur vie à l'admirer, en y trouvant sans cesse de changeants phénomènes qui les ravissent.

Cependant, un jour, la prévoyance vint tirer les jeunes époux de leur Eden. Il était devenu nécessaire de travailler pour vivre. Ginevra, qui possédait un talent particulier pour imiter les vieux tableaux, se mit à faire des copies, et se forma une clientelle parmi les brocanteurs. De son côté, Luigi chercha très activement de l'occupation ; mais il était bien difficile à un jeune officier, dont tous les talents se bornaient à bien connaître la stratégie, de trouver de l'emploi à Paris. Enfin, un jour que, lassé de ses vains efforts, il avait le désespoir dans l'âme, en voyant que le fardeau de leur existence tombait tout entier sur Ginevra, il songea à tirer parti de son écriture qui était fort belle. Avec une constance dont sa femme lui donnait l'exemple, il alla solliciter les avoués, les notaires, les avocats de Paris. La franchise de ses manières, sa situation, intéressèrent vivement en sa faveur, et il obtint assez d'expéditions pour être obligé de se faire aider par des jeunes gens. Insensiblement, il éleva un bureau d'écritures. Le produit de ce bureau, le prix des tableaux de Ginevra, finirent par mettre le jeune ménage dans une aisance dont les deux époux étaient fiers, car elle provenait de leur industrie. Ce fut pour eux le plus beau moment de leur vie. Les journées s'écoulaient rapidement entre les occupations et les joies de l'amour. Le soir, quand ils avaient bien travaillé, ils se retrouvaient avec bonheur dans la petite cellule de Ginevra. La musique les consolait de leurs fatigues. Jamais une expression de mélancolie ne vint obscurcir les traits de la jeune femme, et jamais elle ne se permit une plainte. Elle savait toujours apparaître à son Luigi le sourire sur les lèvres et les yeux rayonnants. Tous deux caressaient une pensée dominante qui leur eût fait trouver du plaisir aux travaux les plus rudes. Ginevra se disait qu'elle travaillait pour Luigi, et Luigi pour Ginevra. Parfois, en l'absence de son mari, la jeune femme songeait au bonheur parfait qu'elle aurait eu, si cette vie d'amour s'était écoulée en présence de son père et de sa mère. Elle tombait alors dans une mélancolie profonde, en éprouvant toute la puissance des remords. De sombres tableaux passaient comme des ombres dans son imagination. Elle voyait son vieux père seul, ou sa mère pleurant le soir et dérobant ses larmes à l'inflexible Piombo. Ces deux têtes blanches et graves se dressaient soudain devant elle; il lui semblait qu'elle ne devait plus les contempler qu'à la lueur fantastique du souvenir. Cette idée la poursuivait comme un pressentiment. Elle célébra l'anniversaire de son mariage en donnant à son mari un portrait qu'il avait souvent désiré, celui de sa Ginevra. Jamais la jeune artiste n'avait rien composé d'aussi remarquable. A part une ressemblance parfaite, l'éclat de sa beauté, la pureté de ses sentiments, le bonheur de l'amour, y étaient rendus avec une sorte de magie. Le chef-d'œuvre fut inauguré. Ils passèrent encore une autre année au sein de l'aisance. Alors l'histoire de leur vie peut se faire en trois mots : *Ils étaient heureux.* Il ne leur arriva donc aucun événement qui mérite d'être rapporté.

Au commencement de l'hiver de l'année 1819, les marchands de tableaux conseillèrent à Ginevra de leur donner autre chose que des copies. Ils ne pouvaient plus les vendre avantageusement par suite de la concurrence. Madame Porta reconnut le tort qu'elle avait eu de ne pas s'exercer à peindre des tableaux de genre qui lui auraient acquis un nom. Elle entreprit de faire des portraits; mais elle eut à lutter contre une foule d'artistes encore moins riches qu'elle ne l'était. Cependant, comme Luigi et Ginevra avaient amassé quelque argent, ils ne désespérèrent pas de l'avenir. A la fin de l'hiver de cette même année, Luigi travailla sans relâche. Lui aussi avait des concurrents : le prix des écritures était tellement baissé qu'il ne pouvait plus employer personne, et se trouvait dans la nécessité de consacrer plus de temps qu'autrefois à son labeur pour en retirer la même somme. Sa femme avait fini plusieurs tableaux qui n'étaient pas sans mérite; mais les marchands achetaient à peine ceux des artistes en réputation. Ginevra les offrit à vil prix sans pouvoir les vendre. Leur situation eut quelque chose d'épouvantable. Leurs âmes nageaient dans le bonheur; l'amour les accablait de ses trésors, et la pauvreté se levait comme un squelette au milieu de cette moisson de plaisirs ! Ils se cachaient l'un à l'autre leurs inquiétudes. Au moment où Ginevra se sentait près de pleurer en voyant son Luigi souffrant, elle le comblait de caresses. De même Luigi gardait un noir chagrin au fond de son cœur, en exprimant à Ginevra le plus tendre amour. Ils cherchaient une compensation à tous leurs maux dans l'exaltation de leurs sentiments, et leurs paroles, leurs joies, leurs jeux s'empreignaient d'une espèce de frénésie. Ils avaient peur de l'avenir. Quel est le sentiment dont la force puisse se comparer à celle d'une passion qui doit cesser le lendemain, tuée par la Mort ou par la Nécessité ? Quand ils se parlaient de leur indigence, ils éprouvaient le besoin de se tromper l'un et l'autre, et saisissaient avec une égale ardeur le plus léger espoir.

Une nuit, Ginevra chercha vainement Luigi auprès d'elle et se leva toute effrayée. Une faible lueur qui se dessinait sur le mur noir de la petite cour lui fit deviner qui Luigi travaillait pendant la nuit. Il attendait que sa femme fût endormie avant de monter à son cabinet. Quatre heures sonnèrent. Le jour commençait à poindre. Ginevra se recoucha et feignit de dormir. Luigi revint. Il était accablé de fatigue et de sommeil. Elle regarda douloureusement cette belle figure sur laquelle les travaux et les soucis imprimaient déjà quelques rides. Des larmes roulèrent dans les yeux de la jeune femme.

— C'est pour moi, dit-elle, qu'il passe les nuits à écrire !...

Une pensée sécha ses larmes. Elle songeait à imiter Luigi. Le jour même, elle alla chez un riche marchand d'estampes, et à l'aide d'une lettre de recommandation qu'elle se fit donner par un brocanteur pour le négociant, elle obtint de lui l'entreprise de ses coloriages. Le jour elle peignait et s'occupait des soins du ménage ; puis quand la nuit arrivait, elle coloriait des gravures. Ainsi, ces deux jeunes gens, épris d'amour, n'entraient au lit nuptial que pour en sortir. Ils feignaient tous deux de dormir, et, par dévouement, se quittaient aussitôt que l'un avait trompé l'autre. Une nuit, Luigi, succombant à l'espèce de fièvre que lui causait un travail sous le poids duquel il commençait à plier, se leva pour ouvrir la lucarne de son cabinet. Il respirait l'air pur du matin, et semblait oublier ses douleurs à l'aspect du ciel, quand en abaissant ses regards, il aperçut une forte lueur, sur le mur qui faisait face aux fenêtres de l'appartement de Ginevra. Il devina tout, descendit, marcha doucement, et surprit sa femme au milieu de son atelier, enluminant des gravures.

— Oh ! Ginevra ! Ginevra ! s'écria-t-il.

Elle fit un saut convulsif sur sa chaise et rougit.

— Pouvais-je dormir, dit-elle, tandis que tu t'épuisais de fatigue ?

— Mais c'est à moi seul qu'appartient le droit de travailler ainsi.

— Puis-je rester oisive, répondit la jeune épouse dont les yeux se mouillèrent de larmes, quand je sais que chaque morceau de pain nous coûte presque une goutte de ton sang ? Je mourrais si je ne joignais pas mes efforts aux tiens. Tout ne doit-il pas être commun entre nous, plaisirs et peines ?

— Elle a froid ! s'écria Luigi avec désespoir. Ferme donc mieux ton schall sur ta poitrine, ma Ginevra, la nuit est humide et fraîche.

Ils vinrent devant la fenêtre. La jeune femme était dans les bras de son mari. Elle appuya sa tête sur le sein de son bien-aimé. Là, tous deux ensevelis dans un silence profond, regardèrent le ciel qui s'éclairait lentement. Des nuages d'une teinte grise se succédaient rapidement, et l'orient devenait de plus en plus lumineux.

— Vois-tu, dit Ginevra, c'est un présage ! Nous serons heureux.

— Oui, au ciel ! répondit Luigi avec un sourire amer. Oh ! Ginevra ! toi qui méritais tous les trésors de la terre !

— J'ai ton cœur ! dit-elle avec un accent de joie.

— Ah ! je ne me plains pas, reprit-il en la serrant fortement contre lui. Et il couvrit de baisers ce visage délicat qui commençait à perdre la fraîcheur de la jeunesse, mais dont l'expression était si tendre et si douce qu'il ne pouvait jamais le voir sans être consolé.

— Quel silence ! dit Ginevra. Mon ami, je trouve un grand plaisir à veiller ! Il respire dans la nuit quelque chose de majestueux. Il y a je ne sais quelle puissance dans cette idée : Tout dort et je veille !

— O ma Ginevra, ce n'est pas d'aujourd'hui que je sens combien ton âme est délicatement gracieuse ! Mais voici l'aurore, viens dormir.

— Oui, répondit-elle, si je ne dors pas seule. J'ai bien souffert la nuit où je me suis aperçue que mon Luigi veillait sans moi !

Le courage avec lequel ces deux jeunes époux combattaient le malheur reçut pendant quelque temps sa récompense ; mais l'événement qui met ordinairement le comble à la félicité des ménages leur devint funeste. Ginevra eut un fils. Il était, pour se servir d'une expression populaire, *beau comme le jour*. Le sentiment de la maternité doubla les forces de la jeune femme. Luigi emprunta pour subvenir aux dépenses des couches de Ginevra, en sorte que, dans les premiers moments, elle ne sentit pas tout le malaise de sa situation. Ils se livrèrent tous deux au bonheur d'élever un enfant. Ce fut leur dernière félicité. Ils luttèrent d'abord courageusement, comme deux nageurs qui unissent leurs efforts pour rompre un courant ; mais parfois aussi, ils s'abandonnaient à une apathie semblable à ces sommeils qui précèdent la mort. Bientôt ils se virent obligés de vendre leurs bijoux. La pauvreté se montra tout à coup, non pas hideuse, mais vêtue simplement. Elle était douce, sa voix n'avait rien d'effrayant, elle ne traînait après elle ni désespoir, ni lambeau, ni spectres ; mais elle faisait perdre le souvenir et les habitudes de l'aisance. Elle usait les ressorts de l'orgueil. Puis, vint la misère dans toute son horreur, insouciante de ses haillons et foulant tous les sentiments humains. Sept ou huit mois après la naissance du petit Paolo, l'on aurait eu de la peine à reconnaître dans la mère qui allaitait cet enfant malingre l'original de l'admirable portrait, devenu le seul ornement d'une chambre nue et déserte. Ginevra était sans feu, au milieu de l'hiver. Les gracieux contours de sa figure avaient disparu. Ses joues étaient blanches comme de la porcelaine, ses yeux semblaient avoir pâli. Elle regardait en pleurant son enfant amaigri, décoloré, et ne souffrait que de cette jeune misère. Luigi, debout et silencieux, n'avait pas le courage de sourire à son fils.

— J'ai couru tout Paris, disait-il d'une voix sourde. Je n'y connais personne, et comment oser demander à des indifférents ? Hardi, mon pauvre Hardi, le brave maréchal-des-logis, est impliqué dans une conspiration, et il a été mis en prison ! D'ailleurs, il m'a prêté tout ce dont il pouvait disposer! Quant à notre propriétaire, il ne nous a rien demandé depuis un an.

— Mais nous n'avons besoin de rien, répondit doucement Ginevra en affectant un air calme.

— Chaque jour qui arrive, reprit Luigi avec terreur, amène une difficulté de plus!

La faim était à leur porte. Luigi prit tous les tableaux de Ginevra, le portrait, plusieurs meubles dont on pouvait encore se passer, et vendit tout à vil prix. La somme qu'il en obtint prolongea l'agonie du ménage pendant quelques moments. Dans ces jours de malheur, Ginevra montra toute la sublimité de son caractère et de sa résignation; elle supporta stoïquement les atteintes de la douleur. Son âme énergique la soutenait contre tous les maux. Elle travaillait d'une main défaillante auprès de son fils mourant, expédiait les soins du ménage avec une activité miraculeuse, et suffisait à tout. Elle était même heureuse encore quand elle voyait, sur les lèvres de Luigi, un sourire d'étonnement à l'aspect de la propreté qu'elle faisait régner dans l'unique chambre où ils s'étaient réfugiés.

— Mon ami, lui dit-elle un soir qu'il rentrait fatigué, je t'ai gardé ce morceau de pain.

— Et toi?

— Moi, j'ai dîné! cher Luigi, je n'ai besoin de rien. Prends!

Et la douce expression de son visage le pressait encore plus que sa parole d'accepter une nourriture dont elle se privait. Luigi l'embrassa par un de ces baisers de désespoir qui se donnaient, en 1793, entre amants, à l'heure où l'on montait à l'échafaud. En ces moments suprêmes, deux êtres se voient cœur à cœur. Aussi le malheureux Luigi, comprenant tout à coup que sa femme était à jeun, partagea-t-il la fièvre qui la dévorait. Il frissonna, et sortit en prétextant une affaire pressante. Il aurait mieux aimé prendre le poison le plus subtil, plutôt que d'éviter la mort en mangeant le dernier morceau de pain qui se trouvait chez lui. Il sortit sans satisfaire sa faim, et se mit à errer dans Paris au milieu des voitures les plus brillantes, au sein de ce luxe insultant qui éclate partout. Il passa vite devant les boutiques des changeurs où l'or étincelait. Puis il résolut de se vendre, de s'offrir comme remplaçant pour le service militaire, en espérant que ce sacrifice sauverait Ginevra, et que, pendant son absence, elle pourrait rentrer en grâce auprès de Bartholoméo. Il alla donc trouver un de ces hommes qui font la traite des blancs, et il éprouva une sorte de bonheur à reconnaître en lui un ancien officier de la garde impériale.

— Il y a deux jours, lui dit-il d'une voix lente faible, que je n'ai mangé! Ma femme meurt de fa et ne m'adresse pas une plainte. Elle expirerait souriant, je crois! De grâce, mon camarade, ajou t-il avec un sourire amer, achète-moi d'avan Je suis robuste, je ne suis plus au service, et je..

L'officier donna une somme à Luigi, en à-comp sur celle qu'il s'engageait à lui procurer. L'info tuné poussa un rire convulsif, quand il tint u poignée de pièces d'or. Il courut de toute sa fo vers sa maison, haletant, et criant parfois : — ma Ginevra! Ginevra!

Il commençait à faire nuit quand il arriva ch lui. Il entra tout doucement, craignant de donn une trop forte émotion à sa femme qu'il avait lai sée faible. Les derniers rayons du soleil pénétra par la lucarne venaient mourir sur le visage Ginevra qui dormait assise sur une chaise en tena son enfant sur son sein.

— Réveille-toi, ma chère Ginevra, dit-il sa s'apercevoir de la pose de son enfant, qui, en moment, conservait un éclat surnaturel.

En entendant cette voix, la pauvre mère ouvr les yeux, rencontra le regard de Luigi, et souri mais Luigi jeta un cri d'épouvante. Ginevra éta tout à fait changée. A peine la reconnaissait-il. lui montra par un geste d'une sauvage énergie l'o qu'il avait à la main. La jeune femme se mit à ri machinalement, et tout à coup elle s'écria d'un voix affreuse : — Louis! l'enfant est froid.

Elle regarda son fils et s'évanouit; leur fils éta mort! Luigi prit sa femme dans ses bras en lui lai sant son enfant qu'elle serrait avec une force incon préhensible; et après l'avoir posée sur le lit, sortit pour appeler au secours.

— O mon Dieu! dit-il à son propriétaire qu' rencontra sur l'escalier, j'ai de l'or, et mon enfa est mort de faim. Sa mère se meurt, aidez-nous!

Il revint comme un désespéré vers Ginevra laissa l'honnête maçon occupé, ainsi que plusieur voisins, de rassembler tout ce qui pouvait soulag une misère inconnue jusqu'alors, tant les deu époux l'avaient soigneusement cachée par un sen timent d'orgueil. Luigi avait jeté son or sur plancher, et s'était agenouillé au chevet du lit o gisait Ginevra.

— Mon père, s'écriait-elle dans son délire, pre nez soin de mon fils et de Luigi!

— O mon ange, calme-toi, lui disait Luigi e l'embrassant, de beaux jours nous attendent!

Cette voix et cette caresse lui rendirent quelqu tranquillité.

— Oh! mon Louis, reprit-elle en le regardant avec une attention extraordinaire, écoute-moi bien. Je sens que je meurs. Ma mort est naturelle, je souffrais trop, et puis un bonheur aussi grand que le mien devait se payer. Oui, mon Luigi, console-toi. J'ai été si heureuse, que si je recommençais à vivre, j'accepterais encore notre destinée. Je suis une mauvaise mère, je te regrette encore plus que je ne regrette mon enfant. — Mon enfant! ajouta-t-elle d'un son de voix profond. Deux larmes se détachèrent de ses yeux mourants, et soudain elle pressa le cadavre qu'elle n'avait pu réchauffer. — Donne ma chevelure à mon père, en souvenir de sa Ginevra, reprit-elle. Dis-lui bien que je ne l'ai jamais accusé... Sa tête tomba sur le bras de son époux.

— Non, tu ne peux pas mourir! s'écria Luigi. Le médecin va venir. Nous avons du pain! Ton père va te recevoir en grâce. La prospérité s'est levée pour nous. Reste, mon ange de bonté!

Mais ce cœur fidèle et plein d'amour devenait froid. Ginevra tournait instinctivement les yeux vers celui qu'elle adorait, quoiqu'elle ne fût plus sensible à rien. Des images confuses s'offraient à son esprit, prêt à perdre tout souvenir de la terre. Elle savait que Luigi était là, car elle serrait toujours plus fortement sa main glacée, et semblait vouloir se retenir au-dessus d'un précipice où elle croyait tomber.

— Mon ami, dit-elle enfin, tu as froid, je vais te réchauffer là.

Elle voulut mettre la main de son mari sur son cœur, mais elle expira. Deux médecins, un prêtre, des voisins entrèrent en ce moment, en apportant tout ce qui était nécessaire pour sauver les deux époux et calmer leur désespoir. Ils firent beaucoup de bruit d'abord, mais quand ils furent entrés, un affreux silence régna dans cette chambre.

Pendant que cette scène avait lieu, Bartholoméo et sa femme étaient assis dans leurs fauteuils antiques, chacun dans un coin de la vaste cheminée dont l'ardent brasier réchauffait à peine l'immense salon de leur hôtel. La pendule marquait minuit. Depuis longtemps les deux époux avaient perdu le sommeil. En ce moment, ils étaient silencieux comme deux vieillards tombés en enfance et qui regardent tout sans rien voir. Leur salon désert, mais plein de souvenirs pour eux, était faiblement éclairé par une seule lampe près de mourir. Sans les flammes pétillantes du foyer, ils eussent été dans une obscurité complète. Un de leurs amis venait de les quitter. La chaise sur laquelle il s'était assis pendant sa visite se trouvait entre les deux époux.

Piombo avait déjà jeté plus d'un regard sur cette chaise, et ses regards pleins d'idées se succédaient comme des remords. La chaise vide était celle de Ginevra! Élisa Piombo épiait les expressions qui passaient sur la blanche figure de son mari. Quoiqu'elle fût habituée à deviner les sentiments du Corse, d'après les changeantes révolutions de ses traits, ils étaient tour à tour si menaçants et si mélancoliques qu'elle ne pouvait plus lire dans cette âme incompréhensible. Bartholoméo succombait-il sous les puissants souvenirs que réveillait cette chaise? Était-il choqué de voir qu'elle venait de servir pour la première fois à un étranger, depuis le départ de sa fille? L'heure de la clémence, cette heure si vainement attendue jusqu'alors, avait-elle sonné? Ces réflexions agitèrent successivement le cœur d'Élisa Piombo. Il y eut un instant où la physionomie de son mari devint si terrible qu'elle trembla d'avoir osé employer une ruse même aussi simple pour faire naître l'occasion de parler de Ginevra. En ce moment, la bise chassa si violemment les flocons de neige sur les persiennes que les deux vieillards entendirent un léger bruissement. La mère de Ginevra frissonna et baissa la tête pour dérober ses larmes à l'implacable Piombo. Tout à coup un soupir sortit de la poitrine du vieillard. Sa femme le regarda, il était abattu. Alors elle osa parler de sa fille pour la seconde fois depuis trois ans:

— Si Ginevra avait froid! s'écria-t-elle doucement.

Piombo tressaillit.

— Elle a peut-être faim! dit-elle en continuant.

Le Corse laissa échapper une larme.

— Elle a un enfant, et ne peut pas le nourrir parce que son lait s'est tari! reprit vivement la mère avec l'accent du désespoir.

— Qu'elle vienne, qu'elle vienne! s'écria Piombo. O mon enfant chéri! Mon enfant, tu as vaincu, Ginevra!

La mère se leva comme pour aller chercher sa fille. En ce moment, la porte s'ouvrit avec fracas, et un homme dont le visage n'avait plus rien d'humain surgit tout à coup devant eux.

— *Morta!* Nos deux familles devaient s'exterminer l'une par l'autre, cria-t-il. Et voilà tout ce qui reste d'elle! dit-il en posant sur une table la longue chevelure noire de Ginevra.

Les deux vieillards frissonnèrent comme s'ils eussent reçu une commotion de la foudre, et ne virent plus Luigi.

— Il est mort! s'écria lentement Bartholoméo en regardant à terre.

✵

LA FLEUR DES POIS.

LA FLEUR DES POIS.

Le pour et le contre.

M. de Manerville le père était un bon gentilhomme normand, bien connu du maréchal de Richelieu, qui lui fit épouser une des plus riches héritières de Bordeaux, dans le temps où le vieux duc y alla trôner en sa qualité de gouverneur de Guyenne. Le Normand vendit les terres qu'il possédait en Bessin et se fit Gascon, séduit par la beauté du château de Lanstrac, délicieux séjour qui appartenait à sa femme. Il obtint dans les derniers jours du règne de Louis XV la charge de major des Gardes de la Porte, et vécut jusqu'en 1813, après avoir fort heureusement traversé la révolution. Il alla vers la fin de l'année 1790 à la Martinique, où sa femme avait des intérêts, et confia la gestion de ses biens de Gascogne à un honnête homme dont les opinions étaient républicaines. A son retour, il trouva ses propriétés intactes et profitablement gérées. Ce savoir-faire était un fruit produit par la greffe du Gascon sur le Normand. Madame de Manerville mourut en 1810. Instruit de l'importance des intérêts par les dissipations de sa jeunesse, et comme beaucoup de vieillards leur accordant plus de place qu'ils n'en ont dans la vie, M. de Manerville devint progressivement économe, avare et ladre. Sans songer que l'avarice des pères prépare la prodigalité des enfants, il ne donna presque rien à son fils, quoiqu'il fût unique.

Paul de Manerville, revenu vers la fin de l'année 1810 du collége de Vendôme, resta sous la domination paternelle pendant trois années. La tyrannie que fit peser sur son héritier un vieillard de soixante-dix-neuf ans influa nécessairement sur un cœur et sur un caractère qui n'étaient pas formés. Sans manquer de ce courage physique qui semble être dans l'air de la Gascogne, Paul n'osa lutter contre son père, et perdit cette faculté de résistance qui engendre le courage moral. Ses sentiments comprimés allèrent au fond de son cœur, où il les garda longtemps sans les exprimer; puis plus tard, quand il les sentit en désaccord avec les maximes du monde, il put bien penser et mal agir. Il se serait battu pour un mot, et tremblait à l'idée de renvoyer un domestique, car sa timidité s'exerçait dans les combats qui demandent une volonté constante. Capable de grandes choses pour fuir la persécution, il ne l'aurait ni prévenue par une opposition systématique, ni affrontée par un déploiement continu de ses forces. Lâche en pensée, hardi en actions, il conserva longtemps cette candeur secrète qui rend l'homme victime et dupe volontaire de choses contre lesquelles certaines âmes hésitent à s'insurger, aimant mieux les souffrir que de s'en plaindre. Il était emprisonné dans le vieil hôtel de son père, car il n'avait pas assez d'argent pour frayer avec les jeunes gens de la ville dont il enviait les plaisirs sans pouvoir les partager. Le vieux gentilhomme le menait chaque soir dans une vieille voiture, traînée par de vieux chevaux mal attelés, accompagné de ses vieux laquais mal habillés, dans une société royaliste, composée des débris de la noblesse parlementaire et de la noblesse d'épée. Réunies depuis la révolution pour résister à l'influence impériale, ces deux noblesses s'étaient transformées en une aristocratie territoriale. Écrasé par les hautes et mouvantes fortunes des villes maritimes, ce faubourg Saint-Germain de Bordeaux répondait par son dédain au faste qu'étalaient alors le commerce, les administrations et les militaires. Trop jeune pour comprendre les distinctions sociales et les nécessités cachées sous l'apparente vanité qu'elles créent, Paul s'ennuyait au milieu de ces antiquités, sans savoir que, plus tard, ses relations de jeunesse lui assureraient cette prééminence aristocratique dont le Français sera toujours avide. Il ne trouvait de compensation à la maussaderie de ses soirées que dans quelques exercices qui plaisent aux jeunes gens, et dont son père lui faisait une obligation. Pour le vieux gentilhomme, savoir manier les armes, être excellent cavalier, jouer à la paume, acquérir de bonnes manières, enfin la frivole instruction des seigneurs d'autrefois constituait un jeune homme accompli. Paul faisait donc tous les matins des armes, allait au manége et tirait le pistolet. Le reste du temps, il l'employait à lire des romans, car son père n'admettait pas les études transcendantes par lesquelles se terminent aujourd'hui les éducations. Une vie aussi monotone eût tué ce jeune homme, si la mort de son père ne l'avait délivré de cette tyrannie au moment où elle était devenue insupportable. Paul trouva des capitaux considérables accumulés par l'avarice paternelle, et des propriétés dans le meilleur état du monde; mais il avait Bordeaux en horreur, et n'aimait pas davantage Lanstrac où son père allait passer tous les étés et le menait à la chasse du matin au soir.

Dès que les affaires de la succession furent terminées, le jeune héritier, avide de jouissances, acheta des rentes avec ses capitaux, laissa la gestion de ses domaines à son notaire, et passa six années loin de Bordeaux. Il fut attaché d'ambassade à Naples, il alla comme secrétaire à Madrid, à Londres, et fit ainsi le tour de l'Europe. Après avoir connu le monde, après s'être dégrisé de beaucoup d'illusions, après avoir dissipé les capitaux liquides que son père avait amassés, il vint un moment où, pour continuer son train de vie, Paul dut prendre les revenus territoriaux que son notaire lui avait accumulés. En ce moment critique, saisi par une de ces idées prétendues sages, il voulut quitter Paris, revenir à Bordeaux, diriger ses affaires, mener la vie de gentilhomme à Lanstrac, améliorer ses terres, se marier et arriver un jour à la députation. Paul était comte, la noblesse redevenait une valeur matrimoniale, il pouvait et devait faire un bon mariage. Si beaucoup de femmes désirent épouser un titre, beaucoup plus encore veulent un homme à qui l'entente de la vie soit familière. Or, Paul avait acquis, pour une somme de sept cent mille francs, mangée en six ans, cette charge qui ne se vend pas et vaut mieux qu'une charge d'agent de change, qui exige aussi de longues études, un stage, des examens, des connaissances, des amis, des ennemis, une certaine élégance de taille, certaines manières, un nom facile et gracieux à prononcer; une charge qui d'ailleurs rapporte des bonnes fortunes, des duels, des paris perdus aux courses, des déceptions, des ennuis, des travaux, et force plaisirs indigestes. Il était enfin un *homme élégant*. Malgré ses folles dépenses, il n'avait pu devenir *un homme à la mode*. Dans la burlesque armée des gens du monde, l'homme à la mode représente le maréchal de France, l'homme élégant équivalait à un lieutenant-général. Paul jouissait de sa petite réputation d'élégance et savait la soutenir. Ses gens avaient une excellente tenue, ses équipages étaient cités, ses soupers avaient quelque succès, enfin sa *garçonnière* était comptée parmi les sept ou huit dont le faste égalait celui des meilleures maisons de Paris. Mais il n'avait fait le malheur d'aucune femme, mais il jouait sans perdre, mais il avait du bonheur sans éclat, mais il avait trop de probité pour tromper qui que ce fût, même une fille; mais il ne laissait pas traîner ses billets doux, et n'avait pas un coffre aux lettres d'amour dans lequel ses amis pussent puiser en attendant qu'il eût fini de mettre son col ou de se faire la barbe; mais ne voulant point entamer ses terres de Guyenne, il n'avait pas cette témérité qui conseille de grands coups, et attire l'attention à tout prix sur un jeune homme; mais il n'empruntait d'argent à personne, et avait le tort d'en prêter à des amis qui l'abandonnaient et ne parlaient plus de lui ni en bien ni en mal. Il semblait avoir chiffré son désordre. Le secret de son caractère était dans la tyrannie paternelle qui avait fait de lui comme un métis social. Donc, un matin, il dit à l'un de ses amis nommé de Marsay:

— Mon cher ami, la vie a un sens.

— Il faut être arrivé à vingt-sept ans pour le comprendre, répondit railleusement de Marsay.

— Oui, j'ai vingt-sept ans, et précisément à cause de mes vingt-sept ans, je veux aller vivre à Lanstrac en gentilhomme. J'habiterai Bordeaux où je transporterai mon mobilier de Paris, dans le vieil hôtel de mon père, et viendrai passer trois mois d'hiver ici, dans cette maison que je garderai.

— Et tu te marieras?

— Et je me marierai.

— Je suis ton ami, mon gros Paul, tu le sais, dit de Marsay après un moment de silence; eh bien, sois bon père et bon époux, tu deviendras ridicule pour le reste de tes jours; si tu pouvais être heureux et ridicule, la chose devrait être prise en considération; mais tu ne seras pas heureux! Tu n'as pas assez de poignet pour gouverner un ménage. Je te rends justice, tu es un parfait cavalier; personne mieux que toi ne sait rendre et ramasser les guides, faire piaffer un cheval, et rester vissé sur ta selle. Mais, mon cher, le mariage est tout une autre allure. Je te vois d'ici, mené grand train par madame la comtesse de Manerville, allant contre ton gré plus souvent au galot qu'au trot, et bientôt désarçonné... oh! mais désarçonné de manière à demeurer dans le fossé, les jambes cassées! Écoute. Il te reste quarante et quelques mille livres de rente en propriétés dans le département de la Gironde, bien. Emmène tes chevaux et tes gens, meuble ton hôtel à Bordeaux : tu seras le roi de Bordeaux, tu y promulgueras les arrêts que nous porterons à Paris, tu seras le correspondant de nos stupidités, très-bien. Fais des folies en province, fais-y même des sottises, encore mieux! peut-être y gagneras-tu de la considération. Mais ne te marie pas. Qui se marie aujourd'hui? des commerçans, dans l'intérêt de leur capital ou pour être deux à tirer la charrue, des paysans qui veulent faire des ouvriers, des agents-de-change, des notaires obligés de payer leurs charges, de malheureux rois qui continuent des dynasties. Nous seuls sommes exempts du bât, et tu vas t'en harnacher! Enfin pourquoi te maries-tu? tu dois compte de tes raisons à la jeunesse. D'abord, quand tu épouserais une héritière aussi riche que toi, quatre-vingt mille livres de rente pour deux ne sont pas la même chose que quarante mille livres de rente pour un, parce qu'on se trouve bientôt trois, et quatre s'il vous arrive un enfant. Aurais-tu par hasard de l'amour pour cette sotte race des Manerville qui ne te donnera que des chagrins? tu ignores donc le métier de père et mère? Le mariage, mon gros Paul, est la plus sotte des immolations sociales; nos enfants seuls en profitent et n'en connaissent le prix qu'au moment où leurs chevaux passent sur vos cadavres. Regrettes-tu ton père, ce tyran qui t'a désolé ta jeunesse? Comment t'y prendras-tu pour te faire aimer de tes enfants? Tes prévoyances pour leur éducation, tes soins de leur bonheur, tes sévérités nécessaires les désaffectionneront. Les enfants aiment un père prodigue ou faible qu'ils mépriseront plus tard. Tu seras donc entre la crainte et le mépris. N'est pas bon père de famille qui veut! Tourne les yeux sur nos amis, et dis-moi ceux dont tu voudrais pour fils? nous en avons connu qui déshonoraient leur nom. Les enfants, mon cher, sont des marchandises difficiles à soigner. Les tiens seront des anges, soit! As-tu jamais sondé l'abîme qui sépare la vie du garçon, de la vie de l'homme marié? Écoute! Garçon, tu peux te dire : — « Je n'aurai que telle somme de ridicule, le public ne pensera de moi que ce que je lui permettrai de penser. » Marié, tu tombes dans l'infini du ridicule! Garçon, tu te fais ton bonheur, tu en prends aujourd'hui, tu t'en passes demain; marié, tu le prends comme il est, et le jour où tu en veux, tu t'en passes. Marié! tu deviens ganache, tu calcules des dots, tu parles de morale publique et religieuse, tu trouves les jeunes gens immoraux, dangereux, enfin tu deviendras un académicien social. Tu me fais pitié! Le vieux garçon dont l'héritage est attendu, qui se défend à son dernier soupir contre une vieille garde à laquelle il demande vainement à boire, est un béat en comparaison de l'homme marié. Je ne te parle pas de tout ce qui peut advenir de tracassant, d'ennuyant, d'impatientant, de tyrannisant, de contrariant, de gênant, d'idiotisant, de narcotique et de paralytique dans le combat de deux êtres toujours en présence, liés à jamais, et qui se sont attrapés tous deux en croyant se convenir; non, ce serait recommencer la satire de Boileau, nous la savons par cœur. Je te pardonnerais ta pensée ridicule, si tu me promettais de te marier en grand seigneur, d'instituer un majorat avec ta fortune, de profiter de la lune de miel pour avoir deux enfants légitimes, de donner à ta femme une maison complète, distincte de la tienne, de ne vous rencontrer que dans le monde, et de ne jamais revenir de voyage sans te faire annoncer par un courrier. Deux cent mille livres de rente suffisent à cette existence, et tes antécédents te permettent de la créer au moyen d'une riche Anglaise affamée d'un titre. Ha! cette vie aristocratique me semble vraiment française, la seule grande, la seule qui nous obtienne le respect, l'amitié d'une femme, et nous distingue de la masse actuelle, enfin la seule pour laquelle un jeune homme puisse quitter la vie de garçon. Ainsi posé, le comte de Manerville conseille son époque, se met au-dessus de tout et ne peut plus être que ministre ou ambassadeur. Le ridicule ne l'atteindra jamais; il a conquis les avantages sociaux du mariage et garde les priviléges du garçon.

— Mais, mon bon ami, je ne suis pas de Marsay; je suis tout bonnement, comme tu me fais l'honneur de le dire toi-même, Paul de Manerville, bon père et bon époux, député du centre, et peut-être pair de France, destinée excessivement médiocre ; mais je suis modeste, je me résigne.

— Mais ta femme, dit l'impitoyable de Marsay, se résignera-t-elle ?

— Ma femme, mon cher, fera ce que je voudrai !

— Ha, mon pauvre ami, tu en es encore là. Adieu Paul. Dès aujourd'hui je te refuse mon estime. Encore un mot, car je ne saurais souscrire froidement à ton abdication. Vois donc où gît la force de notre position ? Un garçon, n'eût-il que six mille livres de rente, ne lui restât-il pour toute fortune que sa réputation d'élégance, que le souvenir de ses succès ?... Hé bien, cette ombre fantastique comporte d'énormes valeurs. La vie offre encore des chances à ce garçon déteint. Oui, ses prétentions peuvent tout embrasser. Mais le mariage, Paul, c'est le : *Tu n'iras pas plus loin !* social. Marié, tu ne pourras plus être que ce que tu seras, à moins que ta femme ne daigne s'occuper de toi.

— Mais, dit Paul, tu m'écrases toujours sous des théories exceptionnelles ! Je suis las de vivre pour les autres, d'avoir des chevaux pour les montrer, de tout faire en vue du qu'en dira-t-on ! de me ruiner pour éviter que des niais s'écrient : — Tiens, Paul a toujours la même voiture. Où en est-il de sa fortune ? Il la mange, il joue à la Bourse, il est millionnaire. Madame une telle en est folle. Il a fait venir d'Angleterre un attelage qui, certes, est le plus beau de Paris. On a remarqué à Longchamps les calèches à quatre chevaux de MM. de Marsay et de Manerville, elles étaient parfaitement attelées. Enfin mille niaiseries avec lesquelles une masse d'imbéciles nous conduit. Je commence à voir que cette vie où l'on roule au lieu de marcher nous use et nous vieillit. Crois-moi, mon cher Henry, j'admire ta puissance, mais sans l'envier. Tu sais tout juger, tu peux agir et penser en homme d'État, te placer au-dessus des lois générales, des idées reçues, des préjugés admis, des convenances adoptées; tu perçois les bénéfices d'une situation dont je n'aurais, moi, que les malheurs. Tes déductions froides, systématiques, réelles peut-être, sont, aux yeux de la masse, d'épouvantables immoralités. Moi, j'appartiens à la masse. Je dois jouer le jeu selon les règles de la société dans laquelle je suis forcé de vivre. En te mettant au sommet des choses humaines, sur ces pics de glaces, tu trouves encore des sentiments ! Moi j'y gèlerais. La vie de ce plus grand nombre dont je fais bourgeoisement partie se compose d'émotions dont j'ai maintenant besoin. Souvent un homme à bonnes fortunes coquette avec dix femmes et n'en a pas une seule ; puis, quels que soient sa force, son habileté, son usage du monde, il survient des crises où il se trouve comme écrasé entre deux portes. Moi, j'aime l'échange constant et doux de la vie, je veux cette bonne existence où vous trouvez toujours une femme près de vous...

— C'est un peu leste, le mariage ! dit de Marsay.

Paul ne se décontenança pas et continua :

— Ris si tu veux, moi je me sentirai l'homme le plus heureux du monde quand mon valet de chambre entrera me disant : — Madame attend monsieur pour déjeûner. Quand je pourrai le soir en rentrant trouver un cœur....

— Toujours trop leste, Paul ! Tu n'es pas encore assez moral pour te marier.

— ... Un cœur à qui confier mes affaires, dire mes secrets ; je veux vivre assez intimement avec une créature pour que notre affection ne dépende pas d'un oui ou d'un non, d'une situation où l'homme cause des désillusionnements à l'amour. Enfin j'ai le courage nécessaire pour devenir, comme tu le dis, bon père et bon époux. Je me sens propre aux joies de la famille, et veux me mettre dans les conditions exigées par la société pour avoir une femme, des enfants...

— Tu me fais l'effet d'un panier de mouches à miel. Marche ! tu seras dupe toute ta vie. Ah ! tu veux te marier pour avoir une femme. En d'autres termes, tu veux résoudre heureusement à ton profit le plus difficile des problèmes que présentent aujourd'hui les mœurs bourgeoises créées par la révolution française. Et tu commenceras par une vie d'isolement. Crois-tu que ta femme ne voudra pas de cette vie que tu méprises ? en aura-t-elle comme toi le dégoût ? Si tu ne veux pas de la belle conjugalité dont je t'ai donné le programme, écoute un dernier conseil ? Reste encore garçon pendant treize ans, amuse-toi comme un damné ; puis, à quarante ans, à ton premier accès de goutte, épouse une veuve de trente-six ans, tu pourras être heureux. Si tu prends une jeune fille pour femme, tu mourras enragé !

— Ah çà, dis-moi pourquoi ? s'écria Paul un peu piqué.

— Mon cher, répondit de Marsay, la satire de Boileau contre les femmes est une suite de bannalités poétisées. Pourquoi les femmes n'auraient-elles pas des défauts ? Pourquoi les déshériter de l'Avoir le plus clair de la nature humaine ? Aussi, selon moi, le problème du mariage n'est-il plus là !

Crois-tu donc qu'il en soit du mariage comme de l'amour, et qu'il suffise à un mari d'être homme pour être aimé. Tu vas donc dans les boudoirs pour n'en rapporter que d'heureux souvenirs ? Tout, dans notre vie de garçon, prépare une fatale erreur à l'homme marié qui n'est pas un profond observateur du cœur humain. Dans les heureux jours de sa jeunesse, un homme, par la bizarrerie de nos mœurs, donne toujours le bonheur; il triomphe de femmes toutes séduites qui obéissent à des désirs. De part et d'autre, les obstacles que créent les lois, les sentiments et la défense naturelle à la femme, engendrent une mutualité de sensations qui trompe les gens superficiels sur leurs relations futures en état de mariage; où les obstacles n'existent plus, où la femme souffre au lieu de permettre, repousse au lieu de désirer. Là, pour nous, la vie change d'aspect. Le garçon libre et sans soins, toujours agresseur, n'a rien à craindre d'un insuccès; tandis qu'en état de mariage un échec est irréparable. S'il est possible à un amant de faire revenir une femme d'un arrêt défavorable, ce retour est le Waterloo des maris. Comme Napoléon, le mari est condamné à des victoires qui, malgré leur nombre, n'empêchent pas leur première défaite de le renverser. La femme, si flattée de la persévérance, de la colère d'un amant, la nomme brutalité chez un mari. Si le garçon choisit son terrain, si tout lui est permis, tout est défendu à un maître, et son champ de bataille est invariable. Puis, la lutte est inverse. Une femme est disposée à refuser ce qu'elle doit, tandis que maîtresse, elle accorde ce qu'elle ne doit point. Toi qui veux te marier, et qui te marieras, as-tu jamais médité sur le Code civil? Je ne me suis point sali les pieds dans ce bouge à commentaires, dans ce grenier de bavardage appelé l'École de Droit; je n'ai jamais ouvert le Code, mais j'en vois les applications sur le vif du monde. Je suis légiste comme un chef de clinique est médecin. La maladie n'est pas dans les livres, elle est dans le malade. Le code, mon cher, a mis la femme en tutelle, il l'a considérée comme un mineur, comme un enfant. Or, comment gouverne-t-on les enfants? par la crainte. Dans ce mot, Paul, est le mors de la bête. Tâte-toi le pouls? Vois si tu peux te déguiser en tyran; toi, si doux, si bon ami, si confiant; toi de qui j'ai ri d'abord et que j'aime assez aujourd'hui pour te livrer ma science. Oui, ceci procède d'une science que déjà les Allemands ont nommée Anthropologie. Ha, si je n'avais pas résolu la vie par le plaisir, si je n'avais pas une profonde antipathie pour ceux qui pensent au lieu d'agir, si je ne méprisais pas les niais assez stupides pour croire à la vie d'un livre, quand les sables des déserts africains sont composés des cendres de je ne sais combien de Londres, de Venise, de Paris, de Rome, inconnues, pulvérisées, j'écrirais un livre sur les mariages modernes, sur l'influence du système chrétien; enfin je mettrais un lampion sur ce tas de pierres aiguës, parmi lesquelles se couchent les sectateurs du *multiplicamini* social. Mais l'humanité vaut-elle un quart d'heure de mon temps? Puis, le seul emploi raisonnable de l'encre n'est-il pas de piper les cœurs par des lettres d'amour. Ha, nous amèneras-tu la comtesse de Manerville?

— Peut-être, dit Paul.

— Nous resterons amis, dit de Marsay.

— Si.... répondit Paul.

— Sois tranquille, nous serons polis avec toi, comme à Fontenoy, la Maison Rouge avec les Anglais.

Quoique cette conversation l'eût ébranlé, le comte de Manerville se mit en devoir d'exécuter son dessein, et revint à Bordeaux pendant l'hiver de l'année 1821. Les dépenses qu'il fit pour restaurer et meubler son hôtel soutinrent dignement la réputation d'élégance qui le précédait. Introduit d'avance par ses anciennes relations dans la société royaliste de Bordeaux, à laquelle il appartenait par ses opinions autant que par son nom et par sa fortune, il y obtint la royauté fashionable. Son savoir-vivre, ses manières, son éducation parisienne, enchantèrent le faubourg Saint-Germain bordelais. Une vieille marquise se servit d'une expression jadis en usage à la Cour pour désigner la florissante jeunesse des Beaux, des Petits-Maîtres d'autrefois, et dont le langage, les façons faisaient loi; elle dit de lui qu'il était *la Fleur des pois*. La société libérale ramassa le mot, en fit un surnom pris par elle en moquerie, et par les royalistes en bonne part.

Paul de Manerville acquitta glorieusement les obligations que lui imposait son surnom. Il lui advint ce qui arrive aux acteurs médiocres, le jour où le public leur accorde son attention : ils deviennent excellents. En se sentant à son aise, Paul déploya les qualités que comportaient ses défauts. Sa raillerie n'avait rien d'âpre ni d'amer, ses manières n'étaient point hautaines; sa conversation avec les femmes exprimait le respect qu'elles aiment, ni trop de déférence ni trop de familiarité; sa fatuité n'était qu'un soin de sa personne qui le rendait agréable; il avait égard au rang; il permettait aux jeunes gens un laissez-aller auquel son expérience parisienne posait des bornes; quoique très-fort au pistolet et à l'épée, il avait une douceur féminine dont on lui savait gré. Sa taille moyenne et son embonpoint qui n'arrivait pas encore à l'obésité, deux obstacles à l'élégance personnelle, n'empêchaient point son extérieur d'aller à son rôle de Brummel bordelais. Un teint blanc rehaussé par la coloration de la santé, de belles mains, un joli pied, des yeux bleus à longs cils, des cheveux noirs, des mouvements gracieux, une voix de poitrine qui se tenait toujours au medium et vibrait dans le cœur, tout en lui s'harmoniait avec son surnom. Paul était bien cette fleur délicate qui veut une soigneuse culture, dont les qualités ne se déploient que dans un terrain humide et complaisant? que les façons dures empêchent de s'élever, que brûle un trop vif rayon de soleil, et que la gelée abat. Il était un de ces hommes faits pour recevoir le bonheur plus que pour le donner, qui tiennent beaucoup de la femme, qui veulent être devinés, encouragés, enfin pour lesquels l'amour conjugal doit avoir quelque chose de providentiel. Si ce caractère crée des difficultés dans la vie intime, il est gracieux et plein d'attraits pour le monde. Aussi Paul eut-il de grands succès dans le cercle étroit de la province où son esprit, tout en demi-teintes, devait être mieux apprécié qu'à Paris.

L'arrangement de son hôtel et la restauration du château de Lanstrac où il introduisit le luxe et le comfort anglais, absorbèrent les capitaux que depuis six ans lui plaçait son notaire. Strictement réduit à ses quarante et quelques mille livres de rente, il crut être sage en ordonnant sa maison de manière à ne rien dépenser au-delà. Quand il eut officiellement promené ses équipages, les jeunes gens les plus distingués de la ville, fait des parties de chasse avec eux dans son château restauré, Paul comprit que la vie de province n'allait pas sans le mariage. Trop jeune encore pour employer son temps aux occupations avaricieuses, ou s'intéresser aux améliorations spéculatrices dans lesquelles les gens de province finissent par s'engager, et que nécessitent l'établissement de leurs enfants, il éprouva bientôt le besoin des changeantes distractions dont un parisien a contracté l'habitude. Un nom à conserver, des héritiers auxquels il transmettrait ses biens, les relations que lui créerait une maison où pourraient se réunir les principales familles du pays, l'ennui des liaisons irrégulières, ne furent pas cependant des raisons déterminantes. Dès son arrivée à Bordeaux, il s'était secrètement épris de la reine de Bordeaux, la célèbre mademoiselle Evangélista.

Vers le commencement du siècle, un riche Espagnol, ayant nom Evangélista, vint s'établir à Bordeaux, où ses recommandations autant que sa fortune l'avaient fait recevoir dans les salons nobles. Sa femme contribua beaucoup à le maintenir en bonne odeur au milieu de cette aristocratie, qui ne l'avait peut-être si facilement adopté que pour piquer la société du second ordre. Créole, et semblable aux femmes servies par des esclaves, madame Evangélista, qui d'ailleurs appartenait aux Casa-Réal, illustre famille de la monarchie espagnole, vivait en grande dame, ignorait la valeur de l'argent, et ne réprimait aucune de ses fantaisies, même les plus dispendieuses, en les trouvant toujours satisfaites par un homme amoureux qui lui cachait généreusement les rouages de la finance. Heureux de la voir se plaire à Bordeaux, où ses affaires l'obligeaient de séjourner, l'espagnol y fit l'acquisition d'un hôtel, tint maison, reçut avec grandeur et donna des preuves du meilleur goût en toutes choses. Aussi, de 1800 à 1812, ne fut-il question, dans Bordeaux, que de monsieur et de madame Evangélista. L'espagnol mourut en 1813, laissant sa femme veuve à trente-deux ans, avec une immense fortune et la plus jolie fille du monde, une enfant de onze ans, qui promettait d'être et qui fut une personne accomplie. Quelque habile que fût madame Evangélista, la restauration altéra sa position; le parti royaliste s'épura, quelques familles quittèrent Bordeaux. Quoique la tête et la main de son mari manquassent à la direction de ses affaires pour lesquelles elle eut l'insouciance de la créole et l'inaptitude de la petite-maîtresse, elle ne voulut rien changer à sa manière de vivre. Au moment où Paul prenait la résolution de revenir dans sa patrie, mademoiselle Natalie Evangélista était une personne remarquablement belle, et en apparence le plus riche parti de Bordeaux où l'on ignorait la progressive diminution des capitaux de sa mère qui, pour prolonger son règne, avait dissipé des sommes énormes. Ses fêtes brillantes et la continuation de son train entretenaient le public dans la croyance où il était de ses richesses. Natalie atteignit à sa dix-neuvième année, et nulle proposition de mariage n'était parvenue à l'oreille de sa mère. Habituée à satisfaire ses caprices de jeune fille, mademoiselle Evangélista portait des cachemires, avait des bijoux, et vivait au milieu d'un luxe qui effrayait les spéculateurs, dans un pays

SCÈNES DE LA VIE PRIVÉE.

et à une époque où les enfants calculent aussi bien que leurs parens. Ce mot fatal : « *Il n'y a qu'un prince qui puisse épouser Mademoiselle Evangélista* » circulait dans les salons et dans les coteries. Les mères de famille, les douairières qui avaient de petites filles à établir, les jeunes personnes jalouses de Natalie, dont la constante élégance et la tyrannique beauté les importunaient, envenimaient soigneusement cette opinion par des propos perfides. Quand elles entendaient un épouseur disant avec une admiration extatique, à l'arrivée de Natalie dans un bal : — Mon Dieu, comme elle est belle !

— Oui, répondaient les mamans, mais elle est chère !

Si quelque nouveau venu trouvait mademoiselle Evangélista charmante, et disait qu'un homme à marier ne pouvait faire un meilleur choix.

— Qui donc serait assez hardi, répondait-on, pour épouser une jeune fille à laquelle sa mère donne mille francs par mois pour sa toilette, qui a ses chevaux, sa femme de chambre et porte des dentelles ? Elle a des malines à ses peignoirs ! Le prix de son blanchissage de fin entretiendrait le ménage d'un commis. Elle a pour le matin des pèlerines qui coûtent dix francs à monter !

Ces propos, et mille autres répétés souvent en manière d'éloge, éteignaient le plus vif désir qu'un homme pût avoir d'épouser mademoiselle Evangélista. Reine de tous les bals, blasée sur les propos flatteurs, sur les sourires et les admirations qu'elle recueillait partout à son passage, Natalie ne connaissait rien de l'existence. Elle vivait comme l'oiseau qui vole, comme la fleur qui pousse, en trouvant autour d'elle chacun prêt à combler ses désirs. Elle ignorait le prix des choses, ne savait comment viennent, s'entretiennent et se conservent les revenus. Peut-être croyait-elle que chaque maison avait ses cuisiniers, ses cochers, ses femmes de chambre et ses gens, comme les prés ont leurs foins et les arbres leurs fruits. Pour elle, les mendiants et les pauvres, des arbres tombés et des terrains ingrats étaient mêmes choses. Choyée comme une espérance par sa mère, la fatigue n'altérait jamais son plaisir; aussi bondissait-elle dans le monde comme un coursier dans sa steppe, un coursier sans bride et sans fers.

Six mois après l'arrivée de Paul, la haute société de la ville avait mis en présence *la Fleur des pois* et la reine des bals. Ces deux fleurs se regardèrent en apparence avec froideur, et se trouvèrent réciproquement charmantes. Intéressée à épier les effets de cette rencontre prévue, madame Evangélista devina dans les regards de Paul les sentiments qui l'animèrent, et se dit : — Il sera mon gendre ! de même que Paul se disait en voyant Natalie : — Elle sera ma femme ! La fortune des Evangélista devenue proverbiale à Bordeaux était restée dans la mémoire de Paul comme un préjugé d'enfance, de tous les préjugés le plus indélébile. Ainsi les convenances pécuniaires se rencontraient tout d'abord, sans nécessiter ces débats et ces enquêtes dont les âmes timides et fières ont également horreur. Quand quelques personnes essayèrent de dire à Paul quelques phrases louangeuses qu'il était impossible de refuser aux manières, au langage, à la beauté de Natalie, mais qui se terminaient par les observations si cruellement calculatrices de l'avenir, auxquelles donnait lieu le train de la maison Evangélista, *la Fleur des pois* y répondit par le dédain que méritaient ces petites idées de province. Sa façon de penser bientôt connue fit taire les propos; car il donnait le ton aux idées, au langage, aussi bien qu'aux manières et aux choses. Il avait importé le développement de la personnalité britannique et ses barrières glaciales ; la raillerie byronienne, les accusations contre la vie, le mépris des liens sacrés, l'argenterie et la plaisanterie anglaises, la dépréciation des usages et des vieilles choses de la province, le cigare, le vernis, le poney, les gants jaunes et le galop. Il arriva donc pour Paul le contraire de ce qui s'était fait jusqu'alors, ni jeune fille, ni douairière ne tenta de le décourager. Madame Evangélista commença par lui donner plusieurs fois à dîner en cérémonie. *La Fleur des pois* pouvait-elle manquer à des fêtes où venaient les jeunes gens les plus distingués de la ville. Malgré la froideur que Paul affectait et qui ne trompait ni la mère, ni la fille, M. de Manerville s'engageait à petits pas dans la voie du mariage. Quand il passait en tilbury, ou monté sur son beau cheval à la promenade, quelques jeunes gens s'arrêtaient, et les entendait se dire : — Voilà un homme heureux, il est riche, il est joli garçon, et il va, dit-on, épouser mademoiselle Evangélista. Il y a des gens pour qui le monde semble avoir été fait.

Quand il se rencontrait avec la calèche de madame Evangélista, il était fier de la distinction particulière que la mère et la fille mettaient dans le salut qui lui était adressé. Si Paul n'avait pas été secrètement épris de mademoiselle Evangélista, certes le monde l'aurait marié malgré lui. Le monde, qui n'est cause d'aucun bien, est complice de beaucoup de malheurs; puis, quand il voit éclore le mal qu'il a couvé maternellement, il le renie et s'en venge. La haute société de Bordeaux, attribuant un million de dot à mademoiselle Evangélista, la donnait à Paul sans attendre le consentement des parties, comme cela se fait souvent. Leurs fortunes se convenaient aussi bien que leurs personnes. Paul avait l'habitude du luxe et de l'élégance au milieu de laquelle vivait Natalie. Il venait de disposer pour lui-même son hôtel comme personne à Bordeaux n'aurait disposé de maison pour loger Natalie. Un homme habitué aux dépenses de Paris et aux fantaisies des Parisiennes, pouvait seul éviter les malheurs pécuniaires qu'entraînait un mariage avec cette créature déjà aussi créole, aussi grande dame que l'était sa mère. Là où des Bordelais amoureux de mademoiselle Evangélista se seraient ruinés, le comte de Manerville saurait, disait-on, éviter tout désastre. C'était donc un mariage fait. Les personnes de la haute société royaliste, quand la question de ce mariage se traitait devant elles, disaient à Paul des phrases engageantes qui flattaient sa vanité.

— Chacun vous donne ici mademoiselle Evangélista. Si vous l'épousez, vous ferez bien, vous ne trouveriez jamais nulle part, même à Paris, une aussi belle personne; elle est élégante, gracieuse, et tient aux Casa-Réal par sa mère. Vous ferez le plus charmant couple du monde, vous avez les mêmes goûts, la même entente de la vie, vous aurez la plus agréable maison de Bordeaux. Votre femme n'a que son bonnet de nuit à apporter chez vous; dans une semblable affaire, une maison montée vaut une dot. Vous êtes bien heureux aussi de rencontrer une belle-mère comme madame Evangélista, femme d'esprit, insinuante, elle vous sera d'un grand secours au milieu de la vie politique à laquelle vous devez aspirer. Elle a d'ailleurs sacrifié tout à sa fille qu'elle adore, et Natalie sera sans doute une bonne femme, car elle aime bien sa mère. Puis, il faut faire une fin.

— Tout cela est bel et bon, répondait Paul qui malgré son amour voulait garder son libre arbitre, mais il faut faire une fin heureuse.

Paul vint bientôt chez madame Evangélista, conduit par son besoin d'employer les heures vides, plus difficiles à passer pour lui que pour tout autre. Là seulement respirait cette grandeur, ce luxe dont il avait l'habitude. A quarante ans, Madame Evangélista était belle d'une beauté semblable à celle de ces magnifiques couchers de soleil qui couronnent en été les journées sans nuages.

Sa réputation inattaquée offrait aux coteries bordelaises un éternel aliment de causerie, et la curiosité des femmes était d'autant plus vive que la veuve offrait les indices de la constitution qui rend les espagnoles et les créoles particulièrement célèbres. Elle avait les cheveux et les yeux noirs, le pied et la taille de l'Espagnole, cette taille cambrée dont les mouvements ont un nom en Espagne. Son visage toujours beau, séduisait par ce teint créole dont il est impossible de peindre l'animation autrement qu'en le comparant à une mousseline jetée sur de la pourpre, tant la blancheur en est également colorée. Elle avait des formes pleines, attrayantes par cette grâce qui sait unir la nonchalance et la vivacité, la force et le laisser-aller. Elle attirait et imposait, elle séduisait sans rien promettre. Elle était grande, ce qui lui donnait à volonté l'air et le port d'une reine. Les hommes se prenaient à sa conversation comme des oiseaux à la glu, car elle avait naturellement dans le caractère ce génie que la nécessité donne aux intrigants; elle allait de concession en concession, s'armait de ce qu'on lui accordait pour vouloir davantage, et savait se reculer à mille pas quand on lui demandait quelque chose en retour. Ignorante en fait, elle avait connu les cours d'Espagne et de Naples, les gens célèbres des deux Amériques, plusieurs familles illustres de l'Angleterre et du continent, ce qui lui prêtait une instruction si étendue en superficie, qu'elle semblait immense. Elle recevait avec ce goût, cette grandeur qui ne s'apprennent pas, mais dont certaines âmes nativement belles peuvent se faire une seconde nature en s'assimilant les bonnes choses partout où elles les rencontrent. Si sa réputation de vertu demeurait inexpliquée, elle ne lui servait pas moins à donner une grande autorité à ses actions, à ses discours, à son caractère. La fille et la mère avaient l'une pour l'autre une amitié vraie, en dehors du sentiment filial et maternel. Toutes deux se convenaient, leur contact perpétuel n'avait jamais amené de choc. Aussi beaucoup de gens expliquaient-ils les sacrifices de madame Evangélista par son amour maternel. Mais si Natalie consola sa mère d'un veuvage obstiné, peut-être n'en fut-elle pas toujours le motif unique. Madame Evangélista s'était, dit-on, éprise d'un homme auquel la seconde Restauration avait rendu ses titres et la pairie. Cet homme, heureux d'épouser madame Evangélista en 1815, avait fort décemment rompu ses relations avec elle en 1816. Madame Evangélista, la meilleure femme du monde en apparence, avait dans le caractère une épouvantable qualité qui ne peut s'expliquer que par la devise des Corses : *Odiate et aspettate, Haïssez et attendez*. Habituée à primer, ayant toujours été obéie, elle ressemblait à toutes les royautés : aimable, douce, parfaite, facile dans la vie, elle devenait terrible, implacable quand son orgueil de femme, d'Espagnole et de Casa-Réal était froissé. Elle ne pardonnait jamais. Cette femme croyait à la puissance de sa haine, elle en faisait un mauvais sort qui devait planer sur son ennemi. Elle avait déployé ce fatal pouvoir sur l'homme qui s'était joué d'elle. Les événements, qui semblaient accuser l'influence de sa *jettatura*, la confirmèrent dans sa foi superstitieuse en elle-même. Quoique ministre et pair de France, cet homme commençait à se ruiner, et se ruina complétement. Ses biens, sa considération politique et personnelle, tout devait périr. Un jour, madame Evangélista put passer fière dans son brillant équipage en le voyant à pied dans les Champs-Élysées, et l'accabler d'un regard d'où ruisselèrent les étincelles du triomphe. Cette mésaventure l'avait empêchée de se remarier, en l'occupant durant deux années. Plus tard, sa fierté lui avait toujours suggéré des comparaisons entre ceux qui s'offrirent, et le mari qui l'avait si sincèrement et si bien aimée. Elle avait donc atteint, de mécomptes en calculs, d'espérances en déceptions, l'époque où les femmes n'ont plus d'autre rôle à prendre dans la vie que celui de mère, en se sacrifiant à leurs filles, en transportant tous leurs intérêts, en dehors d'elles-mêmes, sur les têtes d'un ménage, dernier placement des affections humaines.

Madame Evangélista devina promptement le caractère de Paul et lui cacha le sien. Paul était bien l'homme qu'elle voulait pour gendre, un éditeur responsable de son futur pouvoir. Il appartenait par sa mère aux Maulincour, et la vieille baronne de Maulincour, amie du vidame de Pamiers, vivait au cœur du faubourg Saint-Germain. Le petit-fils de la baronne, Auguste de Maulincour, avait une belle position, Paul devait donc être un excellent introducteur des Evangélista dans le monde parisien. La veuve n'avait connu qu'à de rares intervalles le Paris de l'empire, elle voulait aller briller au milieu du Paris de la Restauration. Là seulement étaient les éléments d'une fortune politique, la seule à laquelle les femmes du monde puissent décemment coopérer. Madame Evangélista, forcée par les affaires de son mari d'habiter Bordeaux, s'y était plue ; elle y tenait maison ; chacun sait par combien d'obligations la vie d'une femme est alors embarrassée ; mais elle ne se souciait plus de Bordeaux, elle en avait épuisé les jouissances, elle désirait un plus grand théâtre, comme les joueurs courent au plus gros jeu.

Dans son propre intérêt, elle fit donc à Paul une grande destinée. Elle se proposa d'employer les ressources de son talent et sa science de la vie au profit de son gendre, afin de pouvoir goûter sous son nom les plaisirs de la puissance. Beaucoup d'hommes sont ainsi les paravents d'ambitions féminines inconnues. Madame Evangélista avait d'ailleurs plus d'un intérêt à s'emparer du mari de sa fille. Paul fut nécessairement captivé par cette femme qui le captiva d'autant mieux qu'elle parut ne pas vouloir exercer le moindre empire sur lui. Elle usa donc de tout son ascendant pour se grandir, pour grandir sa fille et donner du prix à tout chez elle, afin de dominer par avance l'homme en qui elle vit le moyen de continuer sa vie aristocratique. Paul s'estima davantage quand il fut apprécié par la mère et la fille. Il se crut beaucoup plus spirituel qu'il ne l'était en voyant ses réflexions et ses moindres mots sentis par mademoiselle Evangélista qui souriait ou relevait finement la tête, par la mère chez qui la flatterie semblait toujours involontaire. Ces deux femmes eurent avec lui tant de bonhomie, il fut tellement sûr de leur plaire, elles le gouvernèrent si bien en le tenant par le fil de l'amour-propre, qu'il passa bientôt tout son temps à l'hôtel Evangélista.

Un an après son installation, le comte Paul fut, sans se déclarer, si attentif auprès de Natalie, que le monde le considéra comme lui faisant la cour. Ni la mère ni la fille ne paraissaient songer au mariage. Mademoiselle Evangélista gardait avec lui la réserve de la grande dame qui sait être charmante et cause agréablement sans laisser faire un pas dans son intimité. Ce silence, si peu habituel aux gens de province, plut beaucoup à Paul. Les gens timides sont ombrageux, les propositions brusques les effraient. Ils se sauvent devant le bonheur s'il arrive à grand bruit, et se donnent au malheur s'il se présente avec modestie, accompagné d'ombres douces. Paul s'engagea donc de lui-même en voyant que madame Evangélista ne faisait aucun effort pour l'engager. L'Espagnole le séduisit en lui disant un soir que, chez une femme supérieure, comme chez les hommes, il se rencontrait une époque où l'ambition remplaçait les premiers sentiments de la vie.

— Cette femme est capable, pensa Paul en sortant, de me faire donner une belle ambassade, avant même que je ne sois nommé député.

Si dans toute circonstance, un homme ne tourne pas autour des choses ou des idées pour les examiner sous leurs différentes faces, cet homme est incomplet et faible, partant en danger de périr. En ce moment Paul était optimiste, il voyait un avantage à tout, et ne disait pas qu'une belle-mère ambitieuse pouvait devenir un tyran. Aussi tous les soirs, en sortant, s'apparaissait-il marié, se séduisait-il lui-même, et chaussait-il tout doucement la pantoufle du mariage. D'abord, il avait trop longtemps joui de sa liberté pour en rien regretter ; il était fatigué de la vie de garçon qui ne lui offrait rien de neuf ; il n'en connaissait plus que les inconvénients, tandis que si parfois il songeait aux difficultés du mariage, il en voyait beaucoup plus souvent les plaisirs ; tout en était nouveau pour lui.

— Le mariage, se disait-il, n'est désagréable que pour les petites gens ; pour les riches, la moitié de ses malheurs disparaît.

Chaque jour donc une pensée favorable grossissait l'énumération des avantages qui se rencontraient pour lui dans ce mariage.

— A quelque haute position que je puisse arriver, Natalie sera toujours à la hauteur de son rôle, se disait-il encore, et ce n'est pas un petit mérite chez une femme. Combien d'hommes de l'empire n'ai-je pas vus souffrant horriblement de leurs épouses ? N'est-ce pas une grande condition de bonheur que de ne jamais sentir sa vanité, son orgueil froissé par la compagne que l'on s'est choisie ? Jamais un homme ne peut être tout à fait malheureux avec une femme bien élevée, elle ne le ridiculise point, elle sait lui être utile. Natalie recevrait à merveille.

Il mettait alors à contribution ses souvenirs sur les femmes les plus distinguées du faubourg Saint-Germain, pour se convaincre que Natalie pouvait, sinon les éclipser, au moins se trouver près d'elles sur un pied d'égalité parfaite. Tout parallèle servait Natalie. Les termes de comparaison tirés de l'imagination de Paul se pliaient à ses désirs. Paris lui aurait offert chaque jour de nouveaux caractères, des jeunes filles de beautés différentes ; la multiplicité des impressions aurait laissé sa raison en équilibre ; tandis qu'à Bordeaux, Natalie n'avait point de rivales, elle était la fleur unique, et se produisait habilement dans un moment où Paul se trouvait sous la tyrannie d'une idée à laquelle succombent la plupart des hommes. Aussi, ces raisons de juxtà-position jointes aux raisons d'a-mour-propre, et à une passion réelle qui n'avait d'autre issue que le mariage pour se satisfaire, amenèrent-elles Paul à un amour déraisonnable dont il eut le bon sens de se garder le secret à lui-même ; il le fit passer pour une envie de se marier. Il s'efforça même d'étudier mademoiselle Évangélista en homme qui ne voulait pas compromettre son avenir, car les terribles paroles de de Marsay ronflaient parfois dans ses oreilles. Mais d'abord, les personnes habituées au luxe ont une apparente simplicité qui trompe, elles le dédaignent, elles s'en servent ; il est un instrument et non le travail de leur existence. Paul n'imagina pas, en trouvant les mœurs de ces dames si conformes aux siennes, qu'elles cachassent une seule cause de ruine. Puis, s'il est quelques règles générales pour tempérer les soucis du mariage, il n'en existe aucune ni pour les deviner, ni pour les prévenir. Quand le malheur se dresse entre deux êtres qui ont entrepris de se rendre l'un à l'autre la vie agréable et facile à porter, il naît du contact produit par une intimité continuelle qui n'existe point entre deux jeunes gens à marier, et ne saurait exister tant que les mœurs et les lois ne seront pas changées en France. Tout est tromperie entre deux êtres prêts à s'associer, mais leur tromperie est innocente, involontaire. Chacun se montre nécessairement sous un jour favorable, tous deux luttent à qui se posera le mieux, et prennent alors d'eux-mêmes une idée favorable à laquelle ils ne peuvent répondre. La vie véritable, comme les jours atmosphériques, se compose beaucoup plus de ces moments ternes et gris dont la nature est embrumée, que de périodes où le soleil brille et réjouit les champs. Les jeunes gens ne voient que les beaux jours. Plus tard, ils attribuent au mariage les malheurs de la vie elle-même, car il est en l'homme une disposition qui le porte à chercher la cause de ses misères dans les choses ou les êtres qui lui sont immédiats.

Pour découvrir dans l'attitude ou dans la physionomie, dans les paroles ou dans les gestes de mademoiselle Évangélista, les indices qui eussent révélé le tribut d'imperfections que comportait son caractère, comme celui de toute créature humaine, Paul aurait dû posséder non-seulement les sciences de Lavater et de Gall, mais encore une science dont il n'existe aucun corps de doctrine, la science individuelle de l'observateur et qui exige des connaissances presque universelles.

Comme toutes les jeunes personnes, Natalie avait une figure impénétrable. La paix profonde et sereine imprimée par les sculpteurs aux visages des figures vierges destinées à représenter la justice, l'innocence, toutes les divinités qui ne savent rien des agitations terrestres ; ce calme est le plus grand charme d'une fille, il est le signe de sa pureté ; rien encore ne l'a émue ; aucune passion brisée, aucun intérêt trahi n'a nuancé la placide expression de son visage ; est-il joué, la jeune fille n'est plus. Sans cesse au cœur de sa mère, Natalie n'avait reçu, comme toute femme espagnole, qu'une instruction purement religieuse et quelques enseignements de mère à fille, utiles au rôle qu'elle devait jouer. Le calme de son visage était donc naturel. Mais il formait un voile dans lequel la femme était enveloppée, comme le papillon l'est dans sa larve. Néanmoins un homme habile à manier le scalpel de l'analyse eût surpris chez Natalie quelque révélation des difficultés que son caractère devait offrir quand elle serait aux prises avec la vie conjugale ou sociale. Sa beauté vraiment merveilleuse venait d'une excessive régularité de traits en harmonie avec les proportions de la tête et du corps. Cette perfection est de mauvais augure pour l'esprit. On trouve peu d'exceptions à cette règle. Toute nature supérieure a dans la forme de légères imperfections qui deviennent d'irrésistibles attraits, des points lumineux où brillent les sentiments opposés, où s'arrêtent les regards. Une parfaite harmonie annonce la froideur des organisations mixtes. Natalie avait la taille ronde, signe de force, mais indice immanquable d'une volonté qui souvent arrive à l'entêtement chez les personnes dont l'esprit n'est ni vif, ni étendu. Ses mains de statue grecque confirmaient les prédictions du visage et de la taille en annonçant un esprit de domination illogique, le vouloir pour le vouloir. Ses sourcils se rejoignaient, et selon les observateurs ce trait indique une pente à la jalousie. La jalousie des personnes supérieures devient émulation, elle engendre de grandes choses ; celle des petits esprits devient de la haine. *L'odiate et aspettate* de sa mère était chez elle sans feintise. Ses yeux noirs en apparence, mais en réalité d'un brun orangé, contrastaient avec ses cheveux dont le blond fauve, si prisé des Romains, se nomme *auburn* en Angleterre, et qui sont presque toujours ceux de l'enfant né de deux personnes à chevelure noire comme l'était celle de monsieur et de madame Evangélista. La blancheur et la délicatesse du teint de Natalie donnaient à cette opposition de couleur entre ses cheveux et ses yeux, des attraits inexprimables, mais d'une finesse purement extérieure ; car, toutes les fois que les lignes d'un visage manquent d'une certaine rondeur molle, quel que soit le fini, la grâce des détails, n'en transportez point les heureux présages à l'âme. Ces roses d'une jeunesse trompeuse s'effeuillent, et vous êtes surpris, après quelques années, de voir la sécheresse, la dureté, là où vous admiriez l'élégance des qualités nobles. Quoique les contours de son visage eussent quelque chose d'auguste, le menton de Natalie était légèrement empâté, expression de peintre qui peut servir à expliquer la préexistence de sentiments dont la violence ne devait se déclarer qu'au milieu de sa vie. Sa bouche, un peu rentrée, exprimait une fierté rouge en harmonie avec sa main, son menton, ses sourcils et sa belle taille. Enfin, dernier diagnostic qui seul aurait déterminé le jugement d'un connaisseur, la voix pure de Natalie, cette voix si séduisante, avait des tons métalliques. Quelque doucement manié que fût ce cuivre, malgré la grâce avec laquelle les sons couraient dans les spirales du cor, cet organe annonçait le caractère du duc d'Albe de qui descendaient collatéralement les Casa-Réal. Ces indices supposaient des passions violentes sans tendresse, des dévouements brusques, des haines irréconciliables, de l'esprit sans intelligence, et l'envie de dominer naturelle aux personnes qui se sentent inférieures à leurs prétentions.

Ces défauts, nés du tempérament et de la constitution, compensés peut-être par les qualités d'un sang généreux étaient ensevelis chez Natalie, comme l'or dans la mine, et ne devaient en sortir que sous les durs traitements et par les chocs auxquels les caractères sont soumis dans le monde. En ce moment la grâce et la fraîcheur de la jeunesse, la distinction de ses manières, sa sainte ignorance, la gentillesse de la jeune fille coloriaient ses traits d'un vernis délicat qui trompait nécessairement les gens superficiels. Puis sa mère lui avait de bonne heure communiqué ce babil agréable qui joue la supériorité, qui répond aux objections par la plaisanterie, et séduit par une gracieuse volubilité sous laquelle une femme cache le tuf de son esprit comme la nature déguise les terrains ingrats, sous le luxe des plantes éphémères. Enfin Natalie avait le charme des enfants gâtés qui n'ont point connu la souffrance, elle entraînait par sa franchise, et n'avait point cet air solennel que les mères imposent à leurs filles en leur traçant un programme de façons et de langage ridicules au moment de les marier. Elle était rieuse et vraie comme la jeune fille qui ne sait rien du mariage, n'en attend que des plaisirs, n'y prévoit aucun malheur, et croit y acquérir le droit de toujours faire ses volontés.

Comment Paul, qui aimait comme on aime quand le désir augmente l'amour, aurait-il reconnu dans une fille de ce caractère et dont la beauté l'éblouissait, la femme telle qu'elle devait être à trente ans, alors que certains observateurs eussent pu se tromper aux apparences? Si le bonheur était difficile à trouver dans un mariage avec cette jeune fille, il n'était pas impossible. A travers ses défauts en germe, brillaient quelques belles qualités. Sous la main d'un maître habile, il n'est pas de qualité qui, bien développée, n'étouffe les défauts, surtout chez une jeune fille qui aime. Mais pour rendre ductile une femme aussi peu malléable, ce poignet de fer dont de Marsay parlait à Paul était nécessaire. Le dandy parisien avait raison. La crainte, inspirée par l'amour, est un instrument infaillible pour manier l'esprit d'une femme. Qui aime, craint; et qui craint, est plus près de l'affection que de la haine. Paul aurait-il le sang-froid, le jugement, la fermeté qu'exigeaient cette lutte dont une femme ne doit pas soupçonner l'existence. Puis, Natalie aimait-elle Paul?

Semblable à la plupart des jeunes personnes, Natalie prenait pour de l'amour les premiers mouvements de l'instinct et le plaisir que lui causait l'extérieur de Paul, sans rien savoir ni des choses du mariage, ni des choses du ménage. Pour elle, M. le comte de Manerville, l'apprenti diplomate auquel les cours de l'Europe étaient connues, l'un des jeunes gens élégants de Paris ne pouvait pas être un homme ordinaire, sans force morale, à la fois timide et courageux, énergique peut-être au milieu de l'adversité, mais sans défense contre les ennuis qui gâtent le bonheur. Aurait-elle plus tard assez de tact pour distinguer les belles qualités de Paul au milieu de ses légers défauts? Ne grossirait-elle pas les uns, et n'oublierait-elle pas les autres, selon la coutume des jeunes femmes qui ne savent rien de la vie? Il est un âge où la femme pardonne des vices à qui lui évite des contrariétés, et prend les contrariétés pour des malheurs. Quelle force conciliatrice, quelle expérience maintiendrait, éclairerait ce jeune ménage? Paul et sa femme ne croiraient-ils pas s'aimer quand ils n'en seraient encore qu'à ces petites simagrées caressantes que les jeunes femmes se permettent au commencement d'une vie à deux, à ces compliments que les maris font au retour du bal, quand ils ont encore les grâces du désir? Dans cette situation, Paul ne se prêterait-il pas à la tyrannie de sa femme au lieu d'établir son empire? Paul saurait-il dire : Non. Tout était péril pour un homme faible, là où l'homme le plus fort aurait peut-être encore couru des risques.

Le sujet de cette étude n'est pas dans la transition du garçon à l'état d'homme marié, peinture qui largement composée ne manquerait point de l'attrait que prête l'orage intérieur de nos sentiments aux choses les plus vulgaires de la vie. Les événements et les idées qui amenèrent le mariage de Paul avec mademoiselle Evangélista sont la préface de l'œuvre, uniquement destinée à retracer la grande comédie qui précède toute vie conjugale; une scène que jusqu'ici les auteurs dramatiques ont négligée, quoiqu'elle pouvait offrir des ressources neuves à leur verve, scène qui domina l'avenir de Paul, et que madame Évangélista voyait venir avec terreur. Cette comédie est la discussion à laquelle donnent lieu les contrats de mariage dans toutes les familles, nobles ou bourgeoises, car les passions humaines sont aussi vigoureusement agitées par de petits que par de grands intérêts. Ces comédies jouées pardevant notaire ressemblent toutes plus ou moins à celle-ci dont l'intérêt sera donc moins dans les pages de ce livre que dans le souvenir des gens mariés, et à laquelle l'origine des deux principaux personnages permet de donner une senteur espagnole en la divisant par journées suivant la poétique des Calderón et des Lope de Véga.

LE CONTRAT DE MARIAGE.

Première Journée.

Au commencement de l'hiver, en 1822, Paul de Manerville fit demander la main de mademoiselle Évangélista par sa grand'tante la baronne de Maulincour. Quoique la baronne ne passât jamais plus de deux mois en Médoc, elle y resta jusqu'à la fin d'octobre pour assister son petit-neveu dans cette circonstance et jouer le rôle d'une mère. Après avoir porté les premières paroles à madame Évangélista, la tante, vieille femme expérimentée, vint apprendre à Paul le résultat de sa démarche.

— Mon enfant, lui dit-elle, votre affaire est faite. En causant de choses d'intérêt, j'ai su que madame Évangélista ne donnait rien de son chef à sa fille. Mademoiselle Natalie se marie avec ses droits. Épousez, mon ami! Les gens qui ont un nom et des terres à transmettre, une famille à conserver, doivent tôt ou tard finir par là. Je voudrais voir mon cher Auguste prendre le même chemin! Vous vous marierez bien sans moi, je n'ai que ma bénédiction à vous donner, et les femmes aussi vieilles que je le suis n'ont rien à faire au milieu d'une noce. Je partirai donc demain pour Paris. Quand vous présenterez votre femme au monde, je la verrai chez moi beaucoup plus commodément qu'ici. Si vous n'aviez point eu d'hôtel à Paris, vous auriez trouvé un gîte chez moi, j'aurais volontiers fait arranger pour vous le second de ma maison.

— Chère tante, dit Paul, je vous remercie. Mais qu'entendez-vous par ces paroles? sa mère ne lui donne rien de son chef, elle se marie avec ses droits.

— La mère, mon enfant, est une fine mouche qui profite de la beauté de sa fille pour imposer des conditions et ne vous laisser que ce qu'elle ne peut pas vous ôter, la fortune du père. Nous autres vieilles gens, nous tenons fort au : Qu'a-t-il? Qu'a-t-elle? Je vous engage à donner de bonnes instructions à votre notaire. Le contrat, mon enfant, est le plus saint des devoirs. Si votre père et votre mère n'avaient pas bien fait leur lit, vous seriez peut-être aujourd'hui sans draps. Vous aurez des enfants, ce sont les suites les plus communes du mariage, il y faut donc penser. Voyez maître Mathias, notre vieux notaire.

Madame de Maulincour partit après avoir plongé Paul en d'étranges perplexités. Sa belle-mère était une fine mouche! Il fallait débattre ses intérêts au contrat et nécessairement les défendre : qui donc allait les attaquer? Il suivit le conseil de sa tante et confia le soin de rédiger son contrat à maître Mathias. Mais ces débats pressentis le préoccupèrent. Aussi n'entra-t-il pas sans une émotion vive chez madame Évangélista, à laquelle il venait annoncer ses intentions. Comme tous les gens timides, il tremblait de laisser deviner les défiances que sa tante lui avait suggérées et qui lui semblaient insultantes. Pour éviter le plus léger froissement avec une personne aussi imposante que l'était pour lui sa future belle-mère, il inventa de ces circonlocutions naturelles aux esprits qui n'osent pas aborder de front les difficultés.

— Madame, dit-il en prenant un moment où Natalie s'absenta, vous savez ce que sont les notaires de famille; le mien est un bon vieillard, pour qui ce serait un véritable chagrin que de ne pas être chargé de mon contrat de...

— Comment donc, mon cher, lui répondit en l'interrompant madame Évangelista, mais nos contrats de mariage ne se font-ils pas toujours par l'intervention du notaire de chaque famille?

Le temps pendant lequel Paul était resté sans entamer cette question, madame Évangelista l'avait employé à se demander : « A quoi pense-t-il? » car les femmes possèdent à un haut degré la connaissance des pensées intimes par le jeu des physionomies. Elle devina les observations de la grand'tante dans le regard embarrassé, dans le son de voix émue qui trahissait en Paul un combat intérieur.

— Enfin, se dit-elle en elle-même, le jour fatal est arrivé! la crise commence, quel en sera le résultat?

— Mon notaire est M. Solonet, dit-elle après une pause, le vôtre est M. Mathias; je les inviterai à venir dîner demain, et ils s'entendront sur cette affaire. Leur métier n'est-il pas de concilier les intérêts sans que nous nous en mêlions, comme les cuisiniers sont chargés de nous faire faire bonne chère?

— Mais vous avez raison, répondit-il en laissant échapper un imperceptible soupir de contentement.

Par une singulière interposition des deux rôles, Paul innocent de tout blâme tremblait, et madame Évangelista paraissait calme en éprouvant d'horribles anxiétés. Cette veuve devait à sa fille le tiers de la fortune laissée par M. Évangelista, douze cent mille francs environ, et se trouvait hors d'état de s'acquitter, même en se dépouillant de tous ses biens. Elle allait donc être à la merci de son gendre. Si elle était maîtresse de Paul tout seul, Paul éclairé par son notaire, transigerait-il sur la reddition des comptes de tutelle? S'il se retirait, tout Bordeaux en saurait les motifs, et le mariage de Natalie y devenait impossible. Cette mère qui voulait le bonheur de sa fille, cette femme qui depuis sa naissance avait noblement vécu, songea que le lendemain il fallait devenir improbe. Comme ces grands capitaines qui voudraient effacer de leur vie le moment où ils ont été secrètement lâches, elle aurait voulu pouvoir retrancher cette journée du nombre de ses jours. Certes, quelques-uns de ses cheveux blanchirent pendant la nuit où, face à face avec les faits, elle se reprocha son insouciance, en sentant les dures nécessités de sa situation. D'abord, elle était obligée de se confier à son notaire, qu'elle avait mandé pour l'heure de son lever. Il fallait avouer une détresse intérieure qu'elle n'avait jamais voulu s'avouer à elle-même; car elle avait toujours marché vers l'abîme, en comptant sur un de ces hasards qui n'arrivent jamais. Il s'éleva dans son âme, contre Paul, un léger mouvement où il n'y avait ni haine, ni aversion, ni rien de mauvais encore; mais n'était-il pas la partie adverse de ce procès secret? mais ne devenait-il pas, sans le savoir, un innocent ennemi qu'il fallait vaincre? Quel être a pu jamais aimer sa dupe? Contrainte à ruser, l'Espagnole résolut, comme toutes les femmes, de déployer sa supériorité dans ce combat, dont la honte ne pouvait s'absoudre que par une complète victoire. Dans le calme de la nuit, elle s'excusa par une suite de raisonnements que sa fierté domina. Natalie n'avait-elle pas profité de ses dissipations? Y avait-il dans sa conduite un seul de ces motifs bas et ignobles qui salissent l'âme? Elle ne savait pas compter; était-ce un crime, un délit? Un homme n'était-il pas trop heureux d'avoir une fille comme Natalie? Le trésor qu'elle avait conservé ne valait-il pas une quittance? Beaucoup d'hommes n'achètent-ils pas une femme aimée par mille sacrifices? Pourquoi ferait-on moins pour une femme légitime que pour une courtisane? D'ailleurs Paul était un homme nul, incapable; elle déploierait pour lui les ressources de son esprit, elle lui ferait faire un beau chemin dans le monde; il lui serait redevable du pouvoir; n'acquitterait-elle pas bien un jour sa dette? Ce serait un sot d'hésiter! Hésiter pour quelques écus de plus ou de moins! Il serait infâme.

— Si le succès ne se décide pas tout d'abord, se dit-elle, je quitterai Bordeaux, et pourrai toujours faire un beau sort à Natalie, en capitalisant ce qui me reste, hôtel, diamants, mobilier, en lui donnant tout et ne me réservant qu'une pension.

Quand un esprit fortement trempé se construit une retraite comme Richelieu à Brouage, et se dessine une fin grandiose, il s'en fait comme un point d'appui qui l'aide à triompher. Ce dénoûment, en cas de malheur, rassura madame Évangelista, qui s'endormit d'ailleurs pleine de confiance en son parrain dans ce duel. Elle comptait beaucoup sur le concours du plus habile notaire de Bordeaux, M. Solonet, jeune homme de vingt-sept ans, décoré de la Légion-d'Honneur pour avoir contribué fort activement à la seconde rentrée des Bourbons. Heureux et fier d'être reçu dans la maison de madame Évangelista, moins comme notaire que comme appartenant à la société royaliste de Bordeaux, M. Solonet avait conçu pour ce beau coucher de soleil une de ces passions que les femmes comme madame Évangélista repoussent, mais dont elles sont flattées, et que les plus prudes d'entr'elles laissent à fleur d'eau. M. Solonet demeurait dans une vaniteuse attitude pleine de respect et d'espérance très-convenable.

Il vint le lendemain avec l'empressement de l'esclave, et fut reçu dans la chambre à coucher par la coquette veuve, qui se montra dans le désordre d'un savant déshabillé.

— Puis-je, lui dit-elle, compter sur votre discrétion et votre entier dévouement dans la discussion qui aura lieu ce soir? Vous devinez qu'il s'agit du contrat de mariage de ma fille.

Le jeune homme se perdit en protestations galantes.

— Au fait, dit-elle.

— J'écoute, répondit-il en paraissant se recueillir.

Madame Évangélista lui exposa crûment sa situation.

— Ma belle dame, ceci n'est rien, dit maître Solonet en prenant un air avantageux quand madame Évangélista lui eut donné des chiffres exacts. Comment vous êtes-vous tenue avec M. de Manerville? Ici, les questions morales dominent les questions de droit et de finance.

Madame Évangélista se drapa dans sa supériorité. Le jeune notaire apprit avec un vif plaisir que jusqu'à ce jour, madame Évangélista avait gardé dans ses relations avec Paul la plus haute dignité; que moitié fierté sérieuse, moitié calcul involontaire, elle avait agi constamment comme si le comte de Manerville lui était inférieur, comme s'il y avait pour lui de l'honneur à épouser mademoiselle Évangélista; que ni elle, ni sa fille ne pouvaient être soupçonnées d'avoir des vues intéressées; que leurs sentiments paraissaient purs de toute mesquinerie; qu'à la moindre difficulté financière soulevée par Paul, elles avaient le droit de s'envoler à une distance incommensurable; et qu'enfin elle avait sur son futur gendre un ascendant insurmontable.

— Cela étant ainsi, dit M. Solonet, quelles sont les dernières concessions que vous vouliez faire?

— J'en veux faire le moins possible, répondit-elle en riant.

— Réponse de femme, s'écria Solonet. Madame, tenez-vous à marier mademoiselle Natalie?

— Oui.

— Vous voulez quittance des onze cent cinquante-six mille francs dont vous serez reliquataire d'après le compte de tutelle à présenter au susdit gendre?

— Oui.

— Que voulez-vous garder?

— Trente mille livres de rentes au moins, répondit-elle.

— Il faut vaincre ou périr.

— Oui.

— Eh bien, je vais réfléchir aux moyens nécessaires pour atteindre au but, car il nous faut beaucoup d'adresse et ménager nos forces. Je vous donnerai quelques instructions en arrivant; exécutez-les ponctuellement, et je puis déjà vous prédire un succès complet.

— Le comte Paul aime-t-il mademoiselle Natalie? demanda-t-il en se levant.

— Il l'adore.

— Ce n'est pas assez. La désire-t-il en tant que femme au point de passer par-dessus quelques difficultés pécuniaires?

— Oui.

— Voilà ce que je regarde comme un Avoir dans les Propres d'une fille! s'écria le notaire. Faites-la donc bien belle ce soir, ajouta-t-il d'un air fin.

— Nous avons la plus jolie toilette du monde.

— La robe du contrat contient selon moi la moitié des donations, dit Solonet.

Ce dernier argument parut si nécessaire à madame Évangélista qu'elle voulut assister à la toilette de Natalie, autant pour la surveiller que pour en faire une innocente complice de sa conspiration financière. Coiffée à la Sévigné, vêtue d'une robe de cachemire blanc ornée de nœuds roses, sa fille lui parut si belle qu'elle pressentit la victoire. Quand la femme de chambre fut sortie, et que madame Évangélista fut certaine que personne ne pouvait être à portée d'entendre, elle arrangea quelques boucles dans la coiffure de sa fille, en manière d'exorde.

— Chère enfant, aimes-tu bien sincèrement monsieur de Manerville? lui dit-elle d'une voix ferme en apparence.

La mère et la fille se jetèrent, l'une à l'autre, un étrange regard.

— Pourquoi, ma petite mère, me faites-vous cette question aujourd'hui plutôt qu'hier? Pourquoi me l'avez-vous laissé voir?

— S'il fallait nous quitter pour toujours, persisterais-tu dans ce mariage?

— J'y renoncerais et n'en mourrais pas de chagrin.

— Tu n'aimes pas, ma chère! dit la mère en baisant sa fille au front.

— Mais pourquoi, bonne mère, fais-tu le grand inquisiteur?

— Je voulais savoir si tu tenais au mariage, sans être folle du mari.

— Je l'aime.

— Tu as raison ; il est comte, nous en ferons un pair de France à nous deux ; mais il va se rencontrer des difficultés.

— Des difficultés entre gens qui s'aiment ? Non. La fleur des pois, chère mère, s'est trop bien plantée là, dit-elle en montrant son cœur par un geste mignon, pour faire la plus légère objection. J'en suis sûre.

— S'il en était autrement ? dit madame Évangélista.

— Il serait profondément oublié, répondit Natalie.

— Bien, noble fille des Casa-Réal ! Mais, quoique t'aimant comme un fou, s'il survenait des discussions auxquelles il serait étranger, et par-dessus lesquelles il faudrait qu'il passât, pour toi, comme pour moi, Natalie, hein ? Si, sans blesser aucunement les convenances, un peu de gentillesse dans les manières le décidait ? Allons, un rien, un mot ! Les hommes sont ainsi faits, ils résistent à une discussion sérieuse et tombent sous un regard.

— J'entends ; un petit coup pour que Favori saute la barrière, dit Natalie en faisant le geste de donner un coup de cravache à son cheval.

— Mon ange, je ne te demande rien qui ressemble à de la séduction. Nous avons des sentiments de vieil honneur castillan qui ne nous permettent pas de passer les bornes. Le comte Paul connaîtra ma situation.

— Quelle situation ?

— Tu n'y comprendrais rien. Hé bien si, après t'avoir vue dans toute ta gloire, son regard trahissait la moindre hésitation, et je l'observerai ; certes, à l'instant je romprais tout, je saurais liquider ma fortune, quitter Bordeaux et aller à Douai chez les Claës, qui, malgré tout, sont nos parents par leur alliance avec les Temninck. Puis je te marierais à un pair de France, dussé-je me réfugier dans un couvent, afin de te donner toute ma fortune.

— Ma mère, que faut-il donc faire pour empêcher de tels malheurs ? dit Natalie.

— Je ne t'ai jamais vue si belle, mon enfant ! Sois un peu coquette et tout ira bien.

Madame Évangélista laissa Natalie pensive, et alla faire une toilette qui lui permît de soutenir le parallèle avec sa fille. Si Natalie devait être attrayante pour Paul, ne devait-elle pas enflammer son champion ? La mère et la fille se trouvèrent sous les armes quand Paul vint apporter le bouquet que depuis trois mois il avait l'habitude de donner chaque jour à Natalie. Puis, tous trois se mirent à causer en attendant les deux notaires.

Cette journée fut pour Paul la première escarmouche de cette longue et fatigante guerre nommée le mariage : il est donc nécessaire d'établir les forces de chaque parti, la position des corps belligérants et le terrain sur lequel ils devaient manœuvrer. Pour soutenir une lutte dont il était incapable de soupçonner l'importance, Paul avait pour tout défenseur son vieux notaire, M. Mathias. L'un et l'autre allaient être surpris sans défense par un événement inattendu, pressés par un ennemi dont le thème était fait, et forcés de prendre un parti sans avoir le temps d'y réfléchir. Assisté par Cujas et Barthole eux-mêmes, quel homme n'eût pas succombé ? Comment croire à la perfidie, là où tout semble facile et naturel ? Que pouvait M. Mathias seul contre madame Évangélista, contre son notaire et Natalie, surtout quand son amoureux client passerait à l'ennemi, dès que les difficultés menaceraient son bonheur ? Déjà Paul s'enferrait en débitant les jolis propos d'usage entre amants, mais auxquels sa passion prêtait en ce moment une valeur énorme aux yeux de madame Évangélista qui le poussait à se compromettre.

Ces *Condottieri* matrimoniaux qui s'allaient battre pour leurs clients, et dont les forces personnelles devenaient si décisives en cette solennelle rencontre, les deux notaires, représentaient les anciennes et les nouvelles mœurs, l'ancien et le nouveau notariat.

Maître Mathias était un vieux bonhomme âgé de soixante-neuf ans, et qui se faisait gloire de quarante-quatre années d'exercice en sa charge. Ses gros pieds de goutteux étaient chaussés de souliers ornés d'agrafes en argent, et terminaient ridiculement des jambes si menues, à rotules si saillantes, que quand il les croisait vous eussiez dit les deux os gravés au-dessus des *ci-gît*. Ses petites cuisses maigres, perdues dans de larges culottes noires à boucles, semblaient plier sous le poids d'un ventre rond et d'un torse développé comme l'est le buste des gens de cabinet, grosse boule toujours empaquetée dans un habit vert à basques carrées, que personne ne se souvenait d'avoir vu neuf. Ses cheveux bien tirés et poudrés se réunissaient en une petite queue de rat, toujours logée entre le collet de l'habit et celui de son gilet blanc à fleurs. Avec sa tête ronde, sa figure colorée comme une feuille de vigne, ses yeux bleus, le nez en trompette, une bouche à grosses lèvres, un menton doublé, ce cher petit homme excitait, partout où il se montrait sans être connu, le rire généreusement octroyé par le Français aux créations falottes que se permet la nature, que l'art s'amuse à charger et que nous nommons des caricatures. Mais chez maître Mathias, l'esprit avait triomphé de la forme, les qualités de l'âme avaient vaincu les bizarreries du corps. La plupart des Bordelais lui témoignaient un respect amical, une déférence pleine d'estime. La voix du notaire gagnait le cœur en y faisant résonner l'éloquence de la probité. Pour toute ruse, il allait droit au fait en culbutant les mauvaises pensées par des interrogations précises. Son coup d'œil prompt, sa grande habitude des affaires lui donnaient ce sens divinatoire qui permet d'aller au fond des consciences et d'y lire les pensées secrètes. Quoique grave et posé dans les affaires, ce patriarche avait la gaieté de nos ancêtres : il devait risquer la chanson de table, admettre et conserver les solennités de famille, célébrer les anniversaires, les fêtes des grand'mères et des enfants, enterrer avec cérémonie la bûche de Noël; il devait aimer à donner des étrennes, à faire des surprises et offrir des œufs de Pâques ; il devait croire aux obligations du parrainage, et ne déserter aucune des coutumes qui coloraient la vie d'autrefois. Maître Mathias était un noble et respectable débris de ces notaires, grands hommes obscurs qui ne donnaient pas de reçu en acceptant des millions, mais les rendaient dans les mêmes sacs, ficelés de la même ficelle, qui exécutait à la lettre les fidéi-commis, dressaient décemment les inventaires, s'intéressaient comme de seconds pères aux intérêts de leurs clients, barraient quelquefois le chemin devant les dissipateurs, et auxquels les familles confiaient leurs secrets; enfin l'un de ces notaires qui se croyaient responsables de leurs erreurs dans les actes, et les méditaient longuement. Jamais, durant sa vie notariale, un de ses clients n'eut à se plaindre d'un placement perdu, d'une hypothèque ou mal prise ou mal assise. Sa fortune lentement mais loyalement acquise, ne lui était venue qu'après trente années d'exercice et d'économie. Il avait établi quatorze de ses clercs. Religieux et généreux incognito, M. Mathias se trouvait partout où le bien s'opérait sans salaire. Membre actif du comité des hospices et du comité de bienfaisance, il s'inscrivait pour la plus forte somme dans les impositions volontaires destinées à secourir les infortunes subites, à créer quelques établissements utiles. Aussi, ni lui, ni sa femme n'avaient-ils de voiture; aussi sa parole était-elle sacrée, aussi ses caves gardaient-elles autant de capitaux qu'en avait la banque; aussi le nommait-on *le bon monsieur Mathias*, et quand il mourut, y eut-il trois mille personnes à son convoi.

M. Solonet était ce jeune notaire qui arrive en fredonnant, affecte un air léger, prétend que les affaires se font aussi bien en riant qu'en gardant son sérieux ; le notaire capitaine dans la garde nationale qui se fâche d'être pris pour un notaire, et postule la croix de la Légion-d'Honneur; qui a sa voiture, et laisse vérifier les pièces à ses clercs ; le notaire qui va au bal, au spectacle, achète des tableaux et joue à l'écarté, qui a une caisse où se versent les dépôts et rend en billets de banque ce qu'il a reçu en or; le notaire qui marche avec son époque et risque les capitaux en placements douteux, spécule, et veut se retirer riche de trente mille livres de rentes après dix ans de notariat ; le notaire dont la science vient de sa duplicité, mais que beaucoup de gens craignent comme un complice qui possède leurs secrets ; enfin, le notaire qui voit dans sa charge un moyen de se marier à quelque héritière en bas bleus.

Quand le mince et blond M. Solonet, frisé, parfumé, botté comme un jeune premier du Vaudeville, vêtu comme un dandy dont l'affaire la plus importante est un duel, entra précédant son vieux confrère, retardé par un ressentiment de goutte, ces deux hommes représentèrent au naturel une de ces caricatures intitulées JADIS et AUJOURD'HUI qui eurent tant de succès sous l'Empire.

Si madame et mademoiselle Évangélista, auxquelles *le bon monsieur Mathias* était inconnu, eurent d'abord une légère envie de rire, elles furent aussitôt touchées de la grâce avec laquelle il les complimenta. La parole du bonhomme respira cette aménité que les vieillards aimables savent répandre autant dans les idées que dans la manière dont ils les expriment. Le jeune notaire au ton sémillant eut alors le dessous. M. Mathias témoigna de la supériorité de son savoir-vivre par la façon mesurée avec laquelle il aborda Paul. Sans compromettre ses cheveux blancs, il respecta la noblesse dans un jeune homme, en sachant qu'il appartient quelques honneurs à la vieillesse, et que tous les droits sociaux sont solidaires. Au contraire, le salut et le bonjour de M. Solonet avaient été l'expression d'une égalité parfaite qui devait blesser les prétentions des gens du monde et le ridiculiser aux yeux des personnes vraiment nobles.

Le jeune notaire fit un geste assez familier à

madame Évangélista pour l'inviter à venir causer dans une embrasure de fenêtre. Durant quelques moments, l'un et l'autre se parlèrent à l'oreille, en laissant échapper quelques rires, sans doute pour donner le change sur l'importance de cette conversation, par laquelle maître Solonet communiqua le plan de la bataille à sa souveraine.

— Mais, lui dit-il en terminant, aurez-vous le courage de vendre votre hôtel?

— Parfaitement, dit-elle.

Madame Évangélista ne voulut pas dire à son notaire la raison de cet héroïsme qui le frappa, car le zèle de Solonet aurait pu se refroidir s'il avait su que sa cliente allait quitter Bordeaux. Elle n'en avait même encore rien dit à Paul, afin de ne pas l'effrayer par l'étendue des circonvallations qu'exigeaient les premiers travaux d'une vie politique.

Après le dîner, les deux plénipotentiaires laissèrent les amants près de la mère, et se rendirent dans un salon voisin destiné à leur conférence. Il se passa donc une double scène. Au coin de la cheminée du grand salon, une scène d'amour où la vie apparaissait riante et joyeuse. Dans l'autre pièce, une scène grave et sombre où l'intérêt, mis à nu, jouait par avance le rôle qu'il joue sous les apparences fleuries de la vie.

— Mon cher maître, dit M. Solonet à M. Mathias, l'acte restera dans votre étude, je sais tout ce que je dois à mon ancien.

M. Mathias salua gravement.

— Mais, reprit Solonet, en dépliant un projet d'acte inutile qu'il avait fait brouillonner par un clerc, comme nous sommes la partie opprimée, que nous sommes la fille, j'ai rédigé le contrat pour vous en éviter la peine. Nous nous marions avec nos droits, sous le régime de la communauté; donation générale de nos biens l'un à l'autre en cas de mort sans héritiers; sinon, donation d'un quart en usufruit et d'un quart en nu-propriété; la somme mise dans la communauté sera du quart des apports respectifs; le survivant garde le mobilier sans être tenu de faire inventaire. Tout est simple comme bonjour.

— Ta, ta, ta, ta, dit M. Mathias, je ne fais pas les affaires comme on chante une ariette. Quels sont vos droits?

— Quels sont les vôtres? dit M. Solonet.

— Notre dot à nous, dit M. Mathias, est la terre de Lanstrac du produit de vingt-trois mille livres de rentes, en sac, sans compter les redevances en nature. *Item*, les fermes du Grossou et du Guadet, valant chacune trois mille six cents livres de rentes. *Item*, le clos de Belle-Rose, rapportant année commune seize mille livres; total quarante-six mille deux cents francs de rente. *Item*, un hôtel patrimonial à Bordeaux, imposé à neuf cents francs. *Item*, une belle maison entre cour et jardin, sise à Paris, rue de la Pépinière, imposée à quinze cents francs. Ces propriétés, dont les titres sont chez moi, proviennent de la succession de nos père et mère, excepté la maison de Paris, laquelle est un de nos acquêts. Nous avons également à compter le mobilier de nos deux maisons et celui du château de Lanstrac, estimés quatre cent cinquante mille francs. Voilà la table, la nappe et le premier service. Qu'apportez-vous pour le second service et pour le dessert?

— Nos droits, dit M. Solonet.

— Spécifiez-les, mon cher maître, reprit M. Mathias. Que m'apportez-vous? où est l'inventaire fait après le décès de M. Évangélista? montrez-moi la liquidation, l'emploi de vos fonds. Où sont vos capitaux, s'il y a capital? où sont vos propriétés? s'il y a propriété? Bref, montrez-nous un compte de tutelle, et dites-nous ce que vous donnez ou vous assure votre mère.

— M. le comte de Manerville aime-t-il mademoiselle Évangélista!

— Il en veut faire sa femme, si toutes les convenances se rencontrent, dit le vieux notaire. Je ne suis pas un enfant, il s'agit ici de nos affaires, et non de nos sentiments.

— L'affaire est manquée, si vous n'avez pas les sentiments généreux. Voici pourquoi, reprit M. Solonet. Nous n'avons pas fait inventaire après la mort de notre mari, nous étions Espagnole, créole, et nous ne connaissions pas les lois françaises. D'ailleurs, nous étions trop douloureusement affectée pour songer à de misérables formalités que remplissent les cœurs froids. Il est de notoriété publique que nous étions adorée par le défunt et que nous l'avons énormément pleuré. Si nous avons une liquidation précédée d'un bout d'inventaire fait par commune renommée, remerciez-en notre subrogé-tuteur qui nous a forcée d'établir une situation et de reconnaître à notre fille une fortune telle quelle, au moment où il nous a fallu retirer de Londres des rentes anglaises dont le capital était immense et que nous voulions replacer à Paris où nous doublions les intérêts.

— Ne me dites donc pas de niaiseries. Il existe des moyens de contrôle. Quels droits de succession avez-vous payés au domaine? le chiffre nous suffira pour établir les comptes. Allez donc droit au fait.

Dites-nous franchement ce qu'il vous revenait et ce qui vous reste. Hé bien, si nous sommes trop amoureux, nous verrons.

— Si vous nous épousez pour de l'argent, allez vous promener. Nous avons droit à plus d'un million, il ne reste à notre mère que cet hôtel, son mobilier, et quatre cent mille francs employés vers 1817 en cinq pour cent, donnant aujourd'hui trente mille francs de revenu.

— Comment menez-vous un train qui exige cent mille livres de rentes? s'écria M. Mathias atterré.

— Notre fille nous a coûté les yeux de la tête. D'ailleurs nous aimons la dépense! Enfin vos jérémiades ne nous feront pas retrouver deux liards.

— Avec les cinquante mille francs de rentes qui appartenaient à mademoiselle Natalie, vous pouviez l'élever richement sans vous ruiner! Mais si vous avez mangé de si bon appétit quand vous étiez fille, vous dévorerez donc quand vous serez femme.

— Laissez-nous alors, dit M. Solonet, la plus belle fille du monde doit toujours manger plus qu'elle n'a.

— Je vais dire deux mots à mon client, reprit le vieux notaire.

— Va, va, mon vieux père Cassandre, va dire à ton client que nous n'avons pas un liard! pensa maître Solonet qui, dans le silence du cabinet, avait stratégiquement disposé ses masses, échelonné ses propositions, arrêté les tournants de la discussion, et préparé le point où les parties, croyant tout perdu, se trouveraient devant une heureuse transaction où triompherait sa cliente.

La robe blanche à nœuds roses, les tire-bouchons à la Sévigné, le petit pied de Natalie, ses fins regards, sa jolie main sans cesse occupée à réparer le désordre de boucles qui ne se dérangeaient pas, ce manége d'une jeune fille faisant la roue comme un paon au soleil, avait amené Paul au point où le voulait voir sa future belle-mère: il était ivre de désirs, et souhaitait sa prétendue, comme un lycéen peut désirer une courtisane. Ses regards, sûr thermomètre de l'âme, annonçaient ce degré de passion auquel un homme fait mille sottises.

— Natalie est si belle, dit-il à l'oreille de sa belle-mère, que je conçois la frénésie qui nous pousse à payer un plaisir par notre mort.

Madame Évangelista répondit en hochant la tête: — Paroles d'amoureux! Mon mari ne me disait aucune de ces belles phrases, mais il m'épousa sans fortune, et pendant treize ans il ne m'a jamais causé de chagrins.

— Est-ce une leçon que vous me donnez? dit Paul en riant.

— Vous savez comme je vous aime, cher enfant! dit-elle en lui serrant la main. D'ailleurs, ne faut-il pas vous bien aimer pour vous donner ma Natalie!

— Me donner! me donner! dit la jeune fille en riant et agitant un écran fait en plumes d'oiseaux indiens. Que dites-vous tout bas?

— Je disais, reprit Paul, combien je vous aime, puisque les convenances me défendent de vous exprimer mes désirs.

— Pourquoi?

— Je me crains!

— Oh! vous avez trop d'esprit pour ne pas savoir bien sertir les joyaux de la flatterie. Voulez-vous que je vous dise mon opinion sur vous... Hé bien, je vous trouve plus d'esprit qu'un homme amoureux n'en doit avoir. Être *la Fleur des pois*, et rester très-spirituel, dit-elle en baissant les yeux, c'est avoir trop d'avantages: un homme devrait opter. Je crains aussi, moi!

— Quoi?

— Ne parlons pas ainsi; ne trouvez-vous pas, ma mère, que cette conversation est dangereuse quand notre contrat n'est pas encore signé?

— Il va l'être! dit Paul.

— Je voudrais bien savoir ce que se disent Achille et Nestor, dit Natalie en indiquant par un regard d'enfantine curiosité la porte d'un petit salon.

— Ils parlent de nos enfants, de notre mort et de je ne sais quelles autres frivolités semblables; ils comptent nos écus pour nous dire si nous pourrons toujours avoir cinq chevaux à l'écurie. Ils s'occupent aussi de donations, mais je les ai prévenus.

— Comment? dit Natalie.

— Ne me suis-je pas déjà donné tout entier? dit-il en regardant la jeune fille dont la beauté redoubla quand le plaisir causé par cette réponse eut coloré son visage.

— Ma mère, comment puis-je reconnaître tant de générosité?

— Ma chère enfant, n'as-tu pas toute la vie pour y répondre? Savoir faire le bonheur de chaque jour, n'est-ce pas apporter d'inépuisables trésors? Moi, je n'en avais pas d'autres en dot.

— Aimez-vous Lanstrac? dit Paul à Natalie.

— Comment n'aimerais-je pas une chose à vous? dit-elle. Aussi voudrais-je bien voir votre maison.

— Notre maison, dit Paul. Vous voulez savoir

si j'ai bien prévu vos goûts, si vous vous y plairez. Madame votre mère a rendu la tâche d'un mari difficile, vous avez toujours été bien heureuse; mais quand l'amour est infini, rien ne lui est impossible.

— Chers enfants, dit madame Évangélista, pourrez-vous rester à Bordeaux pendant les premiers jours de votre mariage? Si vous vous sentez le courage d'affronter le monde qui vous connaît, vous épie, vous gêne, soit! Mais si vous éprouvez tous deux cette pudeur de sentiment qui enserre l'âme et ne s'exprime pas, nous irons à Paris où la vie d'un jeune ménage se perd dans le torrent. Là seulement vous pourrez être comme deux amants, sans avoir à craindre le ridicule.

— Vous avez raison, ma mère. Je n'y pensais point. Mais à peine aurais-je le temps de préparer ma maison. J'écrirai ce soir à de Marsay, celui de mes amis sur lequel je puis compter pour faire marcher les ouvriers.

Au moment où, semblable aux jeunes gens habitués à satisfaire leurs plaisirs sans calcul préalable, Paul s'engageait inconsidérément dans les dépenses d'un séjour à Paris, maître Mathias entra dans le salon et fit signe à son client de venir lui parler.

— Qu'y a-t-il, mon ami? dit Paul en se laissant mener dans une embrasure de fenêtre..

— Monsieur le comte, dit le bonhomme, il n'y a pas un sou de dot. Mon avis est de remettre la conférence à un autre jour afin que vous puissiez prendre un parti convenable.

— Monsieur Paul, dit Natalie, je veux vous dire aussi mon mot à part.

Quoique la contenance de madame Évangélista fût calme, jamais juif du moyen-âge ne souffrit dans sa chaudière d'huile bouillante, le martyre qu'elle souffrait dans sa robe de velours violet. Son notaire lui avait garanti le mariage, mais elle ignorait les moyens, les conditions du succès, et subissait l'horrible angoisse des alternatives. Elle dut peut-être son triomphe à la désobéissance de sa fille. Natalie avait commenté les paroles de sa mère dont l'inquiétude était visible pour elle. Quand elle vit le succès de sa coquetterie, elle se sentit atteinte au cœur par mille pensées contradictoires. Sans blâmer sa mère, elle fut honteuse à demi de ce manège dont le prix était un gain quelconque. Puis, elle fut prise d'une curiosité jalouse assez concevable. Elle voulut savoir si Paul l'aimait assez pour surmonter les difficultés prévues par sa mère, et que lui dénonçait la figure un peu nuageuse de maître Mathias. Ces sentiments la poussèrent à un mouvement de loyauté qui d'ailleurs la posait bien. La plus noire perfidie n'eût pas été si dangereuse que le fut son innocence.

— Paul, lui dit-elle à voix basse, et elle le nommait ainsi pour la première fois, si quelques difficultés d'intérêts pouvaient nous séparer, songez que je vous relève de vos engagements, et vous permets de jeter sur moi la défaveur qui résulterait d'une rupture.

Elle mit une si profonde dignité dans l'expression de sa générosité, que Paul crut au désintéressement de Natalie, à son ignorance du fait dont son notaire venait de lui donner connaissance; il pressa la main de la jeune fille et la baisa comme un homme à qui l'amour était plus cher que l'intérêt. Natalie sortit.

— Sac à papier, monsieur le comte, vous faites des sottises, reprit le vieux notaire en rejoignant son client.

— Paul demeura songeur: il comptait avoir cent mille livres de rentes, en réunissant sa fortune à celle de Natalie; or, quelque passionné que soit un homme, il ne passe pas sans émotion de cent à quarante-six mille livres de rentes, en acceptant une femme habituée au luxe.

— Ma fille n'est plus là, reprit madame Évangélista qui s'avança royalement vers son gendre et le notaire, pouvez-vous me dire ce qui nous arrive.

— Madame, répondit M. Mathias épouvanté du silence de Paul, et qui rompit la glace, il survient un empêchement dilatoire...

A ce mot, maître Solonet sortit du petit salon et coupa la parole à son vieux confrère par une phrase qui rendit la vie à Paul. Accablé par le souvenir de ses phrases galantes, par son attitude amoureuse, Paul ne savait ni comment les démentir, ni comment en changer; il aurait voulu pouvoir se jeter dans un gouffre.

— Il est un moyen d'acquitter madame envers sa fille, dit le jeune notaire d'un ton dégagé. Madame Évangélista possède trente mille livres de rentes en inscriptions cinq pour cent, dont le capital sera bientôt au pair, s'il ne le dépasse; ainsi nous pouvons le compter pour six cent mille francs. Cet hôtel et son jardin valent plus de trois cent mille francs. Cela posé, madame peut transporter par le contrat la nu-propriété de ces valeurs à sa fille, car je ne pense pas que les intentions de monsieur soient de laisser sa belle-mère sans ressources. Si madame a mangé sa fortune, elle rend celle de sa fille, à une bagatelle près.

— Les femmes sont bien malheureuses de ne rien entendre aux affaires, dit madame Évangélista. J'ai des nu-propriétés? Qu'est-ce que cela, mon Dieu!

Paul était dans une sorte d'extase en entendant cette transaction. Le vieux notaire voyant le piége tendu, son client un pied déjà pris, resta pétrifié, se disant: — Je crois que l'on se joue de nous!

— Si madame suit mon conseil, elle assurera sa tranquillité, dit le jeune notaire en continuant. En se sacrifiant, au moins ne faut-il pas que des mineurs la tracassent. On ne sait ni qui vit ni qui meurt! Monsieur le comte reconnaîtra donc par le contrat avoir reçu la somme totale revenant à mademoiselle Évangélista sur la succession de son père.

M. Mathias ne put comprimer l'indignation qui brilla dans ses yeux et lui colora la face.

— Et cette somme, dit-il en tremblant, est de...?

— Un million cent cinquante-six mille francs suivant l'acte....

— Pourquoi ne demandez-vous pas à M. le comte de faire *hic et nunc* le délaissement de sa fortune à sa future épouse? dit M. Mathias; ce serait plus franc que ce que vous nous demandez. La ruine du comte de Manerville ne s'accomplira pas sous mes yeux, je me retire.

Il fit un pas vers la porte afin d'instruire son client de la gravité des circonstances; mais il revint, et s'adressant à madame Évangélista: — Ne croyez pas, madame, que je vous fasse solidaire des idées de mon confrère, je vous tiens pour une honnête femme, une grande dame qui ne savez rien des affaires.

— Merci, mon cher confrère, dit M. Solonet.

— Vous savez bien qu'entre nous il n'y a jamais d'injure, lui répondit M. Mathias. Madame, sachez au moins le résultat de ces stipulations? Vous êtes encore assez jeune, assez belle pour vous remarier. — Oh! mon dieu, madame, dit le vieillard à un geste de madame Évangélista, qui peut répondre de soi!

— Je ne croyais pas, monsieur, dit madame Évangélista, qu'après être restée veuve pendant sept belles années et avoir refusé de brillants partis par amour pour ma fille, je serais soupçonnée à trente-neuf ans d'une semblable folie! Si nous n'étions pas en affaire, je prendrais cette supposition pour une impertinence.

— Ne serait-il pas plus impertinent de croire que vous ne pouvez plus vous marier?

— Vouloir et pouvoir sont deux termes bien différents, dit galamment Solonet.

— Hé bien, dit maître Mathias, ne parlons pas de votre mariage. Vous pouvez, et nous le désirons tous, vivre encore quarante-cinq ans. Or, comme vous gardez pour vous l'usufruit de la fortune de M. Évangélista, durant votre existence, vos enfants pendront-ils leurs dents au croc?

— Qu'est-ce que signifie cette phrase? dit la veuve. Que veulent dire ce *croc* et cet *usufruit*?

M. Solonet, homme de goût et d'élégance, se mit à rire.

— Je vais la traduire, répondit le bonhomme. Si vos enfants veulent être sages, ils penseront à l'avenir. Penser à l'avenir c'est économiser la moitié de ses revenus en supposant qu'il ne nous vienne que deux enfants, auxquels il faudra donner d'abord une belle éducation, puis une grosse dot. Votre fille et votre gendre seront donc réduits à vingt mille livres de rentes, quand l'un et l'autre en dépensaient cinquante sans être mariés. Ceci n'est rien. Mon client devra compter un jour à ses enfants trois cent mille francs du bien de leur mère et ne les aura pas reçus. En conscience, signer un pareil contrat, n'est-ce pas se jeter pieds et poings liés dans la Gironde? Vous voulez faire le bonheur de mademoiselle votre fille? Si elle aime son mari, sentiment dont les notaires ne doutent jamais, elle épousera ses chagrins. Madame, j'en vois assez pour la faire mourir de douleur, car elle sera dans la misère. Oui, madame, la misère pour des gens auxquels il faut cent mille livres de rentes, est de n'en avoir plus que vingt mille. Si, par amour, M. le comte faisait des folies, sa femme le ruinerait par ses reprises le jour où quelque malheur adviendrait. Je plaide ici pour vous, pour eux, pour leurs enfants, pour tout le monde.

— Le bonhomme a bien fait feu de tous ses canons, pensa maître Solonet en jetant un regard à sa cliente comme pour lui dire: — Allons!

— Il est un moyen d'accorder ces intérêts, répondit avec calme madame Évangélista. Je puis me réserver seulement une pension nécessaire pour entrer dans un couvent, et vous aurez mes biens dès à présent. Je puis renoncer au monde, si ma mort anticipée assure le bonheur de ma fille.

— Madame, dit le vieux notaire, prenons le temps de peser mûrement le parti qui conciliera toutes les difficultés.

— Hé, mon dieu, monsieur, dit madame Évangélista, qui voyait sa perte dans un retard, tout est pesé. J'ignorais ce qu'était un mariage en France, je suis Espagnole et créole. J'ignorais qu'avant de marier ma fille, il fallût savoir le nombre de jours que Dieu m'accorderait encore ; que ma fille souffrirait de ma vie, que j'ai tort de vivre et tort d'avoir vécu. Quand mon mari m'épousa, je n'avais que mon nom et ma personne. Mon nom seul valait pour lui des trésors auprès desquels pâlissaient les siens. Quelle fortune égale un grand nom? Ma dot était la beauté, la vertu, le bonheur, la naissance, l'éducation. L'argent donne-t-il ces trésors? Si le père de Natalie entendait notre conversation, son âme généreuse en serait affectée pour toujours et lui gâterait son bonheur en paradis. J'ai dissipé, follement peut-être ! quelques millions sans que jamais ses sourcils aient fait un mouvement. Depuis sa mort, je suis devenue économe et rangée en comparaison de la vie qu'il voulait que je menasse. Brisons donc ! M. de Manerville est tellement abattu que je...

Aucune onomatopée ne peut rendre la confusion et le désordre que le mot Brisons introduisit dans la conversation ; il suffira de dire que ces quatre personnes si bien élevées parlèrent toutes ensemble.

— On se marie en Espagne à l'espagnole et comme on veut ; mais l'on se marie en France raisonnablement et comme on peut ! disait Mathias.

— Ah, madame, s'écria Paul en sortant de sa stupeur, vous vous méprenez sur mes sentiments.

— Il ne s'agit pas ici de sentiments, dit le vieux notaire, en voulant arrêter son client ; nous faisons les affaires de trois générations. Est-ce nous qui avons mangé les millions absents, nous qui ne demandons qu'à résoudre des difficultés dont nous sommes innocents ?

— Épousez-nous, disait Solonet, et ne chipotez pas.

— Chipoter ! chipoter ! Vous appelez chipoter défendre les intérêts des enfants, du père et de la mère ! disait Mathias.

— Oui, disait Paul à sa belle-mère en continuant, je déplore les dissipations de ma jeunesse qui ne me permettent pas de clore cette discussion par un mot, comme vous déplorez votre ignorance des affaires et votre désordre involontaire. Dieu m'est témoin que je ne pense pas en ce moment à moi. Une vie simple à Lanstrac ne m'effraie point ; mais ne faut-il pas que mademoiselle Natalie renonce à ses goûts, à ses habitudes ? Voici notre existence modifiée.

— Où donc M. Évangélista puisait-il ses millions ? dit la veuve.

— M. Évangélista faisait des affaires, il jouait le grand jeu des commerçants, il expédiait des navires, et gagnait des sommes considérables ; nous sommes un propriétaire dont le capital est placé, dont les revenus sont inflexibles, répondit vivement le vieux notaire.

— Il est encore un moyen de tout concilier, dit M. Solonet, qui par cette phrase proférée d'un ton de fausset, imposa silence aux trois autres en attirant leurs regards et leur attention.

Ce jeune homme ressemblait à un habile cocher qui tient les rênes d'un attelage à quatre chevaux et s'amuse à les animer, à les retenir. Il déchaînait les passions, il les calmait tour à tour en faisant suer dans son harnais, Paul dont la vie et le bonheur étaient à tout moment en question, et sa cliente qui ne voyait pas clair à travers les tournoiements de la discussion.

— Madame Évangélista, dit-il après une pause, peut délaisser dès aujourd'hui les inscriptions cinq pour cent, et vendre son hôtel. Je lui en ferai trouver trois cent mille francs en l'exploitant par lots. Sur ce prix, elle vous remettra cent cinquante mille francs. Ainsi madame vous donnera sept cent cinquante mille francs immédiatement. Si ce n'est pas ce qu'elle doit à sa fille, trouvez beaucoup de dots semblables en France ?

— Bien, dit maître Mathias, mais que deviendra madame ?

À cette question qui supposait un assentiment, M. Solonet se dit en lui-même : — Allons donc, mon vieux loup, te voilà pris !

— Madame ? répondit à haute voix le jeune notaire, madame gardera les cinquante mille écus restant sur le prix de son hôtel. Cette somme jointe au produit de son mobilier peut se placer en rentes viagères, et lui procurera vingt mille livres de rentes. Monsieur le comte lui arrangera une demeure chez lui. Lanstrac est grand. Vous avez un hôtel à Paris, dit-il en s'adressant directement à Paul, madame votre belle-mère peut donc vivre partout avec vous. Une veuve qui, sans avoir à supporter les charges d'une maison, possède vingt mille livres de rentes, est plus riche que ne l'était madame quand elle jouissait de toute sa fortune. Madame Évangélista n'a que sa fille, vous êtes également seul, vos héritiers sont éloignés, aucune collision d'intérêts n'est à craindre. La belle-mère et le gendre qui se trouvent dans les conditions où vous êtes, forment toujours une même famille.

Madame Évangélista compensera le déficit actuel par les bénéfices d'une pension qu'elle vous donnera sur ses vingt mille livres de rentes viagères, ce qui aidera d'autant votre existence. Nous connaissons madame trop généreuse, trop grande pour supposer qu'elle veuille être à charge à ses enfants. Ainsi vous vivrez unis, heureux, en pouvant disposer de cent mille francs par an; somme suffisante, n'est-ce pas, monsieur le comte! pour jouir en tout pays des agréments de l'existence et satisfaire ses caprices. Et croyez-moi, les jeunes mariés sentent souvent la nécessité d'un tiers dans leur ménage. Or, je le demande, quel tiers plus affectueux qu'une bonne mère...

Paul croyait entendre un ange en entendant parler M. Solonet. Il regarda M. Mathias pour savoir s'il ne partageait pas son admiration pour la chaleureuse éloquence de Solonet, car il ignorait que sous les feints emportements de leurs paroles passionnées, les notaires comme les avoués cachent la froideur et l'attention continue des diplomates.

— Un petit paradis, s'écria le vieillard qui, stupéfait par la joie de son client, alla s'asseoir sur une ottomane et y resta la tête dans une de ses mains, plongé dans une méditation évidemment douloureuse.

La lourde phraséologie dans laquelle les gens d'affaires enveloppent à dessein leurs malices, il la connaissait, et n'était pas homme à s'y laisser prendre; il se mit à regarder à la dérobée son confrère et madame Évangélista qui continuèrent à converser avec Paul, et il essaya de surprendre quelques indices du complot dont il commençait à saisir la trame si savamment ourdie.

— Monsieur, dit Paul à Solonet, je vous remercie du soin que vous prenez à concilier nos intérêts. Cette transaction résout toutes les difficultés plus heureusement que je ne l'espérais; si toutefois elle vous convient, madame, dit-il en se tournant vers madame Évangélista, car je ne voudrais rien de ce qui ne vous arrangerait pas également.

— Moi, reprit-elle, tout ce qui fera le bien de mes enfants, me comblera de joie. Ne me comptez pour rien.

— Il n'en doit pas être ainsi, dit vivement Paul. Si votre existence n'était pas honorablement assurée, Natalie et moi nous en souffririons plus que vous n'en souffririez vous-même.

— Soyez sans inquiétude, monsieur le comte, reprit Solonet.

— Ha! pensa maître Mathias, ils vont lui faire baiser les verges avant de lui donner le fouet.

— Rassurez-vous, disait Solonet, il se fait en ce moment tant de spéculations à Bordeaux, que les placements en viager s'y négocient à des taux avantageux. Après avoir prélevé sur le prix de l'hôtel et du mobilier les cinquante mille écus que nous vous devrons, je crois pouvoir garantir à madame qu'il lui restera deux cent cinquante mille francs. Je me charge de mettre cette somme en rentes viagères par première hypothèque sur des biens valant un million, et d'en obtenir dix pour cent, vingt-cinq mille livres de rentes. Ainsi nous marions, à peu de chose près, des fortunes égales. En effet, contre vos quarante-six mille livres de rentes, mademoiselle Natalie apporte trente mille livres de rente en cinq pour cent, et cent cinquante mille francs en écus, susceptibles de donner sept mille livres de rentes: total, quarante-deux.

— Mais cela est évident, dit Paul.

En achevant sa phrase, maître Solonet avait jeté sur sa cliente un regard oblique, saisi par M. Mathias, et qui voulait dire : — Lancez la réserve !

— Mais! s'écria madame Évangélista dans un accès de joie qui ne parut pas jouée, je puis donner à Natalie mes diamants, ils doivent valoir au moins deux cent mille francs.

— Nous pouvons les faire estimer, dit le notaire, et ceci change tout à fait la thèse. Rien ne s'oppose alors à ce que M. le comte reconnaisse avoir reçu l'intégralité des sommes revenant à mademoiselle Natalie de la succession de son père, et que les futurs époux n'entendent au contrat le compte de tutelle. Si madame, en se dépouillant avec une loyauté tout espagnole, remplit à cent mille francs près ses obligations, il est juste de lui donner quittance.

— Rien n'est plus juste, dit Paul, je suis seulement confus de ces procédés généreux.

— Ma fille n'est-elle pas une autre moi? dit madame Évangélista.

Maître Mathias aperçut une expression de joie sur la figure de madame Évangélista quand elle vit les difficultés à peu près levées. Cette joie et l'oubli des diamants qui arrivaient là comme des troupes fraîches lui confirmèrent tous ses soupçons.

— La scène était préparée entre eux, comme les joueurs préparent les cartes pour une partie où l'on ruinera quelque pigeon, se dit le vieux notaire. Ce pauvre enfant que j'ai vu naître sera-t-il donc plumé vif par sa belle-mère, rôti par l'amour et dévoré par sa femme? Moi qui ai si bien soigné ses belles terres, les verrai-je fricassées en une seule soirée?

En découvrant dans l'âme de cette femme des intentions qui, sans tenir à la scélératesse, au crime, au vol, à la supercherie, à l'escroquerie, à aucun sentiment mauvais ni à rien de blâmable, comportait néanmoins toutes les criminalités en germe, maître Mathias n'éprouva ni douleur, ni généreuse indignation. Il n'était pas le Misantrope, il était un vieux notaire, habitué par son métier aux adroits calculs des gens du monde, à ces habiles traîtrises plus funestes que ne l'est un franc assassinat commis sur la grande route par un pauvre diable, guillotiné en grand appareil. Pour la haute société, ces passages de la vie, ces congrès diplomatiques sont comme de petits coins honteux où chacun jette ses ordures. Plein de pitié pour son client, maître Mathias jetait un long regard sur l'avenir et n'y voyait rien de bon.

— Entrons donc en campagne avec les mêmes armes, se dit-il, et battons-les.

En ce moment, Paul, M. Solonet et madame Évangélista, gênées par le silence du vieillard, sentirent combien l'approbation de ce censeur leur était nécessaire pour sanctionner cette transaction, et tous trois ils le regardèrent simultanément.

— Eh bien! mon cher monsieur Mathias, que pensez-vous de ceci? lui dit Paul.

— Voici ce que je pense, répondit l'intraitable et consciencieux notaire. Vous n'êtes pas assez riche pour faire de ces royales folies. La terre de Lanstrac, estimée à trois pour cent, représente un million, y compris son mobilier; les fermes du Grossou et du Guadet, votre clos de Bellerose valent un autre million; vos deux hôtels et leur mobilier un troisième million. Contre ces trois millions donnant quarante-sept mille deux cents francs de rentes, mademoiselle Natalie apporte six cent mille francs sur le grand livre, et supposons deux cent mille francs de diamants qui me semblent une valeur hypothétique! plus, cent cinquante mille francs d'argent, en tout neuf cent cinquante mille francs! En présence de ces faits, mon confrère vous dit glorieusement que nous marions des fortunes égales! Il veut que nous restions grevés de deux cent mille francs envers nos enfants, puisque nous reconnaîtrions à notre femme, par le compte de tutelle entendu, un apport de onze cent cinquante six mille francs, en n'en recevant que neuf cent cinquante mille! Vous écoutez de pareilles sornettes avec le ravissement d'un amoureux, et vous croyez que maître Mathias qui n'est pas amoureux peut oublier l'arithmétique et ne signalera pas la différence qui existe entre les placements territoriaux dont le capital est énorme, qui va croissant, et les revenus de la dot dont le capital est sujet à des chances et à des diminutions d'intérêt. Je suis assez vieux pour avoir vu l'argent décroître et les terres augmenter. Vous m'avez appelé, monsieur le comte, pour stipuler vos intérêts. Laissez-moi les défendre, ou renvoyez-moi.

— Si monsieur cherche une fortune égale en capital à la sienne, dit M. Solonet, nous n'avons pas trois millions, rien n'est plus évident. Si vous possédez trois accablants millions, nous ne pouvons offrir que nos pauvres petits neuf cent cinquante mille francs, presque rien! trois fois la dot d'une archiduchesse de la maison d'Autriche. Bonaparte a reçu deux cent cinquante mille francs en épousant Marie-Louise.

— Marie-Louise a perdu Bonaparte! dit maître Mathias en grommelant.

La mère de Natalie saisit le sens de cette phrase.

— Si mes sacrifices ne servent à rien, s'écria-t-elle, je n'entends pas pousser plus loin une discussion semblable; je compte sur la discrétion de monsieur, et renonce à l'honneur de sa main pour ma fille.

Après les évolutions que le jeune notaire avait prescrites, cette bataille d'intérêts était arrivée au terme où la victoire devait appartenir à madame Évangélista. La belle-mère s'ouvrait le cœur, livrait ses biens, était quasi libérée. Sous peine de manquer aux lois de la générosité, de mentir à l'amour, le futur époux devait accepter ces conditions résolues par avance entre maître Solonet et madame Évangélista. Comme une aiguille d'horloge mue par ses rouages, Paul arriva fidèlement au but.

— Comment, madame! s'écria Paul, en un moment, vous pourriez briser....

— Mais, monsieur, répondit-elle, à qui dois-je? à ma fille. Quand elle aura vingt et un ans, elle recevra mes comptes, et me donnera quittance. Alors elle possédera neuf cent cinquante mille francs, et pourra, si elle veut, choisir parmi les fils de tous les pairs de France. N'est-elle pas une Casa-Réal?

— Madame a raison. Pourquoi serait-elle plus maltraitée aujourd'hui qu'elle ne le sera dans quatorze mois. Ne la privez pas des bénéfices de sa maternité, dit Solonet.

— Mathias, s'écria Paul avec une profonde douleur, il est deux sortes de ruines; et vous me perdez en ce moment!

Il fit un pas vers lui, sans doute pour lui dire qu'il voulait que le contrat fût rédigé sur l'heure. Le vieux notaire prévint ce malheur par un regard qui voulait dire : — Attendez! Puis il vint des larmes dans les yeux de Paul, larmes arrachées par la honte que lui causait ce débat, par la phrase péremptoire de madame Évangélista qui annonçait une rupture, et il les sécha par un geste, celui d'Archimède criant : *Euréka!* Le mot PAIR DE FRANCE avait été, pour lui, comme une torche dans un souterrain.

Natalie apparut en ce moment ravissante comme une aurore, et demanda d'un air enfantin : — Suis-je de trop!

— Singulièrement de trop, ma fille, lui répondit sa mère avec une cruelle amertume.

— Venez, ma chère Natalie, dit Paul en la prenant par la main et l'amenant à un fauteuil près de la cheminée, tout est arrangé! Car il lui fut impossible de supporter le renversement de ses espérances.

M. Mathias reprit vivement : — Oui, tout peut encore s'arranger !

Semblable au général qui, dans un moment, renverse les combinaisons préparées par l'ennemi, le vieux notaire avait vu le génie qui préside au Notariat lui déroulant en caractères légaux une conception capable de sauver l'avenir de Paul et celui de ses enfants. Maître Solonet ne connaissait pas d'autre dénoûment à ces difficultés inconciliables que la résolution inspirée au jeune homme par l'amour, et à laquelle l'avait conduit cette tempête de sentiments et d'intérêts contrariés. Aussi fut-il étrangement surpris de l'exclamation de son confrère. Curieux de connaître le remède que Maître Mathias pouvait trouver à un état de choses qui devait lui paraître perdu sans ressources, il lui dit : — Que proposez-vous ?

— Natalie, ma chère enfant, laissez-nous, dit madame Évangélista.

— Mademoiselle n'est pas de trop, répondit maître Mathias en souriant, je vais parler pour elle aussi bien que pour M. le comte.

Il se fit un silence profond pendant lequel chacun plein d'agitation attendit l'improvisation du vieillard avec une indicible curiosité.

— Aujourd'hui, reprit M. Mathias après une pause, la profession de notaire a changé de face. Aujourd'hui, les révolutions politiques influent sur l'avenir des familles, ce qui n'arrivait pas autrefois. Autrefois les existences étaient définies et les rangs étaient déterminés...

— Nous n'avons pas un cours d'économie politique à faire, mais un contrat de mariage, dit M. Solonet en laissant échapper un geste d'impatience et interrompant le vieillard.

— Je vous prie de me laisser parler à mon tour, dit le bonhomme.

M. Solonet alla s'asseoir sur l'ottomane, en disant à voix basse à madame Évangélista : — Vous allez connaître ce que nous nommons entre nous le *galimathias*.

— Les notaires sont donc obligés de suivre la marche des affaires politiques qui maintenant sont intimement liées aux affaires des particuliers. En voici un exemple ! — Autrefois, les familles nobles avaient des fortunes inébranlables que les lois de la révolution ont brisées et que le système actuel tend à reconstituer, reprit le vieux notaire en se livrant aussi à la faconde du *tabellionaris boa constrictor* (le Boa-Notaire). Par son nom, par ses talents et par sa fortune, M. le comte est appelé à siéger un jour à la chambre élective. Peut-être ses destinées le mèneront-elles à la chambre héréditaire ! Nous lui connaissons assez de moyens pour justifier nos prévisions. Ne partagez-vous pas mon opinion, madame ? dit-il à la veuve.

— Vous avez pressenti mon plus cher espoir, dit-elle. M. de Manerville sera pair de France, ou je mourrais de chagrin.

— Tout ce qui peut nous acheminer vers ce but ?... dit maître Mathias en interrogeant l'astucieuse belle-mère par un geste de bonhomie.

— Est, répondit-elle, mon plus cher désir.

— Eh bien ! reprit Mathias, ce mariage n'est-il pas une occasion naturelle de fonder un majorat? fondation qui, certes, militera dans l'esprit du gouvernement actuel pour la nomination de M. le comte, au moment d'une fournée. M. le comte y consacrera nécessairement la terre de Lanstrac qui vaut un million. Je ne demande pas à mademoiselle de contribuer à cet établissement par une somme égale, ce ne serait pas juste; mais nous pouvons y affecter six cent mille francs de son apport. Je connais à vendre en ce moment deux domaines qui jouxtent la terre de Lanstrac, et où le six cent mille francs à employer en acquisitions territoriales seront placés un jour à quatre et demi pour cent. L'hôtel à Paris doit être également compris dans l'institution du majorat. Le surplus des deux fortunes, sagement administré, suffira grandement à l'établissement des autres enfants. Si les parties contractantes s'accordent sur ces dispositions, M. le comte peut accepter votre compte de tutelle et rester chargé du reliquat. Je consens!

— *Questa coda non è di questo gatto* (cette queue n'est pas de ce chat), s'écria madame Évangélista en regardant son parrain Solonet et lui montrant Mathias.

— Il y a quelque anguille sous roche, lui dit à mi-voix Solonet en répondant par un proverbe français au proverbe italien.

Paul emmena maître Mathias dans le petit salon.

— Pourquoi tout ce gâchis-là? lui demanda-t-il.

— Pour empêcher votre ruine, dit à voix basse le vieux notaire. Vous voulez absolument épouser une fille et une mère qui ont mangé environ deux millions en sept ans, vous acceptez un debet de deux cent mille francs envers vos enfants, auxquels vous devrez compter un jour les onze cent cinquante mille francs de leur mère, quand vous n'en recevez aujourd'hui que neuf cent cinquante mille. Vous risquez de voir votre fortune dévorée en cinq ans, et de rester nu comme un Saint-Jean, en restant débiteur de sommes énormes envers votre femme ou ses hoirs. Si vous voulez vous embarquer dans cette galère, allez-y, monsieur le comte. Mais laissez au moins votre vieil ami sauver la maison de Manerville.

— Comment la sauvez-vous ainsi? demanda Paul.

— Écoutez, monsieur le comte, vous êtes amoureux?

— Oui!

— Un amoureux est discret, à peu près comme un coup de canon; je ne veux vous rien dire. Si vous parliez, peut-être votre mariage serait-il rompu. Je mets votre amour sous la protection de mon silence. Avez-vous confiance en mon dévouement?

— Belle question!

— Eh bien, sachez que madame Évangélista, son notaire et sa fille nous jouaient par-dessous jambe, et sont plus qu'adroits. Tu dieu, quel jeu serré!

— Natalie? s'écria Paul.

— Je n'en mettrais pas ma main au feu, dit le vieillard. Vous la voulez, prenez-la! Mais je désirerais voir manquer ce mariage sans qu'il y eût le moindre tort de votre côté.

— Pourquoi?

— Cette fille dépenserait le Pérou. Puis, elle monte à cheval comme un écuyer du Cirque, elle est quasiment émancipée: ces sortes de filles font de mauvaises femmes!

Paul serra la main de maître Mathias, et lui dit en prenant un petit air fat : — Soyez tranquille! Mais, pour le moment, que dois-je faire?

— Tenez ferme à ces conditions, ils y consentiront, elles ne blessent aucun intérêt. D'ailleurs, madame Évangélista ne veut que marier sa fille, j'ai vu dans son jeu! Défiez-vous d'elle!

Paul rentra dans le salon, où il vit sa belle-mère causant à voix basse avec M. Solonet, comme il venait de causer avec M. Mathias. Mise en dehors de ces deux conférences mystérieuses, Natalie jouait avec son écran. Assez embarrassée d'elle-même, elle se demandait : — Par quelle bizarrerie ne me dit-on rien de mes affaires?

Le jeune notaire saisissait en gros l'effet lointain d'une stipulation basée sur l'amour-propre des parties, et dans laquelle sa cliente avait donné tête baissée. Mais si Mathias n'était plus que notaire, Solonet était encore un peu homme, et portait dans les affaires un amour-propre juvénile. Il arrive souvent ainsi que la vanité personnelle fait oublier à un jeune homme l'intérêt de son client. En cette circonstance, maître Solonet ne voulait pas laisser croire à la veuve que Nestor battait Achille, et lui conseillait d'en finir promptement sur ces bases. Peu lui importait la future liquidation de ce contrat; pour lui, les conditions de la victoire étaient madame Évangélista libérée, son existence assurée, Natalie mariée.

— Bordeaux saura que vous donnez environ douze cent mille francs à Natalie, et qu'il vous reste vingt-cinq mille livres de rentes, dit M. Solonet à l'oreille de madame Évangélista. Je ne croyais pas obtenir un si beau résultat.

— Mais, dit-elle, expliquez-moi donc pourquoi la création de ce majorat apaise si promptement l'orage?

— Défiance de vous et de votre fille. Un majorat est inaliénable, aucun des époux n'y peut toucher.

— Ceci est positivement injurieux.

— Non. Nous appelons cela de la prévoyance. Le bonhomme vous a pris dans un piège. Refusez de constituer ce majorat? Il nous dira : — Vous voulez donc dissiper la fortune de mon client qui, par la création du majorat, est mise hors de toute atteinte, comme si les époux se mariaient sous le régime dotal.

Solonet calma ses scrupules, en se disant : — Ces stipulations n'ont d'effets que dans l'avenir; et alors, madame Évangélista sera morte et enterrée.

En ce moment, madame Évangélista se contenta des explications de Solonet, en qui elle avait toute confiance. D'ailleurs, elle ignorait les lois, elle voyait sa fille mariée, elle n'en demandait pas davantage le matin, elle fut toute à la joie du succès. Ainsi, comme le pensait M. Mathias, ni Solonet, ni madame Évangélista ne comprenaient encore dans toute son étendue sa conception appuyée sur des raisons inattaquables.

— Hé bien, monsieur Mathias, dit la veuve, tout est pour le mieux.

— Madame, si vous et monsieur le comte consentez à ces dispositions, vous devez échanger vos paroles. — Il est bien entendu, n'est-ce pas, dit-il en les regardant l'un et l'autre, que le mariage n'aura lieu que sous la condition de la constitution d'un majorat composé de la terre de Lanstrac et de l'hôtel situé rue de la Pépinière, appartenant au futur époux, *item* de six cent mille francs pris en argent dans l'apport de la future épouse et dont l'emploi se fera en terres? Pardonnez-moi, madame, cette répétition. Un engagement positif et solennel est ici nécessaire. L'érection d'un majorat exige des formalités, des démarches à la chancellerie, une ordonnance royale, et nous devons conclure immédiatement l'acquisition des terres afin de les comprendre dans la désignation des biens que l'ordonnance royale a la vertu de rendre inaliénables. Dans beaucoup de familles on ferait un compromis, mais entre vous un simple consentement doit suffire. Consentez-vous?

— Oui, dit madame Évangélista.

— Oui, dit Paul.

— Et moi? dit Natalie en riant.

— Vous êtes mineure, mademoiselle, lui répondit Solonet, ne vous en plaignez pas.

Il fut alors convenu que maître Mathias rédigerait le contrat, que maître Solonet minuterait le compte de tutelle, et que ces actes se signeraient suivant la loi, quelques jours avant la célébration du mariage. Après quelques salutations, les deux notaires se levèrent.

— Il pleut, M. Mathias, voulez-vous que je vous reconduise? dit Solonet, j'ai mon cabriolet.

— Ma voiture est à vos ordres, dit Paul en manifestant l'intention d'accompagner le bonhomme.

— Je ne veux pas vous voler un instant, dit le vieillard; j'accepte la proposition de mon confrère.

— Hé bien, dit Achille à Nestor quand le cabriolet roula dans les rues, vous avez été vraiment patriarcal. En vérité ces jeunes gens se seraient ruinés.

— J'étais effrayé de leur avenir, dit M. Mathias en gardant le secret sur les motifs de sa précaution.

En ce moment les deux notaires ressemblaient à deux acteurs qui se donnent la main dans la coulisse, après avoir joué sur le théâtre une scène de provocations haineuses.

— Mais, dit Solonet qui pensait alors aux choses du métier, n'est-ce pas à moi d'acquérir les terres dont vous parlez? n'est-ce pas l'emploi de notre dot?

— Comment pourrez-vous faire comprendre dans un majorat établi par le comte de Manerville, les biens de mademoiselle Évangélista? répondit Mathias.

— La chancellerie nous répondra sur cette difficulté, dit Solonet.

— Mais je suis le notaire du vendeur aussi bien que de l'acquéreur, répondit Mathias. D'ailleurs, M. de Manerville peut acheter en son nom; lors du paiement, nous ferons mention de l'emploi des fonds dotaux.

— Vous avez réponse à tout, mon ancien, dit Solonet en riant. Vous avez été surprenant ce soir, vous nous avez battus.

— Pour un vieux qui ne s'attendait pas à vos batteries chargées à mitraille, ce n'était pas mal?

— Ha! ha! fit Solonet.

La lutte odieuse où le bonheur matériel d'une famille avait été périlleusement risqué, n'était plus pour eux qu'une question de polémique notariale.

— Nous n'avons pas pour rien quarante ans de bricolle! dit Mathias. — Écoutez, Solonet? reprit-il, je suis bonhomme, vous pourrez assister au contrat de vente des terres à joindre au majorat.

— Merci, mon bon Mathias; à la première occasion vous me trouverez tout à vous.

Pendant que les deux notaires s'en allaient ainsi paisiblement sans autre émotion qu'un peu de chaleur à la gorge, Paul et madame Évangélista se trouvaient en proie à cette trépidation de nerfs, à cette agitation précordiale, à ces tressaillements de moelle et de cervelle que ressentent les gens passionnés après une scène où leurs intérêts et leurs sentiments ont été violemment secoués. Chez madame Évangélista, ces derniers grondements de l'orage étaient dominés par une terrible réflexion, par une lueur rouge qu'elle voulait éclaircir.

— Maître Mathias n'aurait-il pas détruit en quelques minutes mon ouvrage de six mois? se dit-elle. N'aurait-il pas soustrait Paul à mon influence, en lui inspirant de mauvais soupçons pendant leur conférence secrète dans le petit salon?

Elle était debout devant sa cheminée, le coude appuyé sur le coin du manteau de marbre, toute songeuse. Quand la porte cochère se ferma sur la voiture des deux notaires, elle se retourna vers son gendre, impatientée de résoudre ses doutes.

— Voilà la plus terrible journée de ma vie, s'écria Paul vraiment joyeux de voir ces difficultés terminées. Je ne sais rien de plus rude que ce vieux père Mathias. Que Dieu l'entende, et que je devienne *pair de France!* Chère Natalie, je le désire maintenant plus pour vous que pour moi. Vous êtes toute mon ambition, je ne vis qu'en vous.

En entendant cette phrase accentuée par le cœur, en voyant surtout le limpide azur des yeux de Paul dont le regard aussi bien que le front n'accusait aucune arrière-pensée, la joie de madame Évangélista fut entière; elle se reprocha les paroles un peu vives par lesquelles elle avait éperonné son gendre, et dans l'ivresse du succès, elle se résolut à rasséréner l'avenir. Elle reprit sa contenance calme, fit exprimer à ses yeux cette douce amitié qui la rendait si séduisante, et répondit à Paul : — Je puis vous en dire autant. Aussi, cher enfant, peut-être ma nature espagnole m'a-t-elle emporté plus loin que mon cœur ne le voulait. Soyez ce que vous êtes, bon comme Dieu! Ne me gardez point rancune de quelques paroles inconsidérées, hein, dites? Donnez-moi la main?

Paul était confus, il se trouvait mille torts, il embrassa madame Évangélista.

— Cher Paul, dit-elle toute émue, pourquoi ces deux escogriffes n'ont-ils pas arrangé cela sans nous, puisque tout devait si bien s'arranger?

— Je n'aurais pas su, dit Paul, combien vous étiez grande et généreuse.

— Bien cela, Paul! dit Natalie en lui serrant la main.

— Nous avons, dit madame Évangélista, plusieurs petites choses à régler, mon cher enfant. Ma fille et moi, nous sommes au-dessus de niaiseries auxquelles certaines gens tiennent beaucoup. Ainsi, Natalie n'a nul besoin de diamants, je lui donne les miens.

— Ah! chère mère, croyez-vous que je puisse les accepter! s'écria Natalie.

— Oui, mon enfant, ils sont une condition du contrat.

— Je ne le veux pas, je ne me marie pas, répondit vivement Natalie. Gardez ces pierreries que mon père prenait tant de plaisir à vous offrir. Comment monsieur Paul peut-il exiger...

— Tais-toi, chère fille, dit la mère dont les yeux se remplirent de larmes. Mon ignorance des affaires exige bien davantage!

— Quoi donc?

— Je vais vendre mon hôtel pour m'acquitter de ce que je te dois.

— Que pouvez-vous me devoir, dit-elle, à moi qui vous dois la vie? Puis-je m'acquitter jamais envers vous, moi! Si mon mariage vous coûte le plus léger sacrifice, je ne veux pas me marier!

— Enfant!

— Chère Natalie, dit Paul, comprenez donc que ce n'est ni moi, ni votre mère, ni vous qui exigeons ces sacrifices, mais les enfants...

— Et si je ne me marie pas? dit-elle en l'interrompant.

— Vous ne m'aimez donc point, dit Paul.

— Allons, petite folle, crois-tu qu'un contrat soit un château de cartes, sur lequel tu puisses souffler à plaisir. Chère ignorante, tu ne sais pas combien nous avons eu de peine à bâtir un majorat à l'aîné de tes enfants! ne nous rejette pas dans les ennuis d'où nous sommes sortis.

— Pourquoi ruiner ma mère? dit Natalie en regardant Paul.

— Pourquoi êtes-vous si riche? répondit-il en souriant.

— Ne vous disputez pas trop, mes enfants, vous n'êtes pas encore mariés, dit madame Évangélista.

— Paul, reprit-elle, il ne faut donc ni corbeille, ni joyaux, ni trousseau? Natalie a tout en profusion. Réservez plutôt l'argent que vous auriez mis à des cadeaux de noces, pour vous assurer à jamais un petit luxe intérieur. Je ne sais rien de plus sottement bourgeois que de dépenser cent mille francs à une corbeille dont il ne subsiste rien un jour, qu'un vieux coffre en satin blanc. Au contraire, cinq mille francs par an attribués à la toilette évitent mille soucis à une jeune femme, et lui restent pendant toute sa vie. D'ailleurs, l'argent d'une corbeille sera nécessaire à l'arrangement de votre hôtel à Paris. Nous reviendrons à Lanstrac au printemps, et pendant l'hiver, Solonet aura liquidé mes affaires.

— Tout est pour le mieux, dit Paul au comble du bonheur.

— Je verrai donc Paris! s'écria Natalie avec un accent dont un observateur aurait été justement effrayé.

— Si nous nous arrangeons ainsi, dit Paul, je vais écrire à de Marsay de me prendre une loge aux Italiens et à l'Opéra pour l'hiver.

— Vous êtes bien aimable, je n'osais pas vous le

demander, dit Natalie. Le mariage est une institution fort agréable, si elle donne aux maris le talent de deviner les désirs de leurs femmes.

— Ce n'est pas autre chose, dit Paul, mais il est minuit, il faut partir.

— Pourquoi si tôt aujourd'hui? dit madame Évangélista qui déploya les calineries auxquelles les hommes sont si sensibles.

Quoique tout se fût passé dans les meilleurs termes, et selon les lois de la plus exquise politesse, l'effet de la discussion de ces intérêts avait néanmoins jeté chez le gendre et chez la belle-mère un germe de défiance et d'inimitié prêt à lever au premier feu d'une colère ou sous la chaleur d'un sentiment trop violemment heurté. Dans la plupart des familles, la constitution des dots et les donations à faire au contrat de mariage engendrent ainsi les hostilités primitives, soulevées par l'amour-propre, par la lésion de quelques sentiments, par le regret des sacrifices, et l'envie de les diminuer. Ne faut-il pas un vainqueur et un vaincu, lorsqu'il s'élève une difficulté? les parents des futurs essaient de conclure avantageusement cette affaire, à leurs yeux purement commerciale, et qui comporte les ruses, les profits, les déceptions du négoce. La plupart du temps le mari seul est initié dans les secrets de ces débats, et la jeune épouse reste, comme le fut Natalie, étrangère aux stipulations qui la font ou riche ou pauvre. En s'en allant, Paul pensait que, grâce à l'habileté de son notaire, sa fortune était presque entièrement garantie de toute ruine. Si madame Évangélista ne se séparait point de sa fille, leur maison aurait au-delà de cent mille francs à dépenser par an; ainsi toutes ses prévisions d'existence heureuse se réalisaient.

— Ma belle-mère me paraît être une excellente femme, se dit-il encore sous le charme des patelineries par lesquelles madame Évangélista s'était efforcée de dissiper les nuages élevés par la discussion. M. Mathias se trompe. Ces notaires sont singuliers, ils enveniment tout. Le mal est venu de ce petit ergoteur de Solonet, qui a voulu faire l'habile.

Pendant que Paul se couchait en récapitulant les avantages qu'il avait remportés dans cette soirée, madame Évangélista s'attribuait également la victoire.

— Eh bien, mère chérie, es-tu contente? dit Natalie en suivant sa mère dans la chambre à coucher.

— Oui, mon amour, répondit la mère, tout a réussi selon mes désirs, et je me sens un poids de moins sur les épaules qui ce matin m'écrasait. Paul est une excellente pâte d'homme! Ce cher enfant, oui certes, nous lui ferons une belle existence! Tu le rendras heureux, et moi je me charge de sa fortune politique. L'ambassadeur d'Espagne est un de mes amis, je vais renouer avec lui, comme avec toutes mes connaissances. Oh! nous serons bientôt au cœur des affaires, tout sera joie pour nous. A vous les plaisirs, chers enfants! à moi les dernières occupations de la vie, le jeu de l'ambition. Ne t'effraie pas de me voir vendre mon hôtel; crois-tu que nous revenions jamais à Bordeaux? A Lanstrac, oui. Mais nous irons passer tous les hivers à Paris, où sont maintenant nos véritables intérêts. Eh bien, Natalie, était-il si difficile de faire ce que je te demandais?

— Ma petite mère, par moments j'avais honte!

— Solonet me conseille de mettre mon bien en rente viagère, se dit madame Évangélista, mais il faut faire autrement, je ne veux pas t'enlever un liard de ma fortune.

— Je vous ai vus tous bien en colère, dit Natalie. Comment cette tempête s'est-elle donc apaisée?

— Par l'offre de mes diamants! répondit madame Évangélista. Solonet avait raison. Avec quel talent il a conduit l'affaire! Mais, dit-elle, prends donc mon écrin, Natalie! Je ne me suis jamais sérieusement demandé ce que valent ces diamants. Quand je disais deux cent mille francs, j'étais folle. Madame de Gyas ne prétendait-elle pas que le collier et les boucles d'oreilles que m'a donnés ton père, le jour de notre mariage, valaient au moins cette somme? Mon pauvre mari était d'une prodigalité! Puis mon diamant de famille, celui que Philippe II a donné au duc d'Albe et que m'a légué ma tante, le *Discreto*, fut, je crois, estimé jadis quatre mille quadruples.

Natalie apporta sur la toilette de sa mère ses colliers de perles, ses parures, ses bracelets d'or, ses pierreries de toute nature, et les y entassa complaisamment en manifestant l'inexprimable sentiment qui réjouit certaines femmes à l'aspect de ces trésors avec lesquels, suivant les commentateurs du Talmud, les anges maudits séduisirent les filles de l'homme en allant chercher au fond de la terre ces fleurs du feu céleste.

— Certes, dit madame Évangélista, quoiqu'en fait de joyaux je ne sois bonne qu'à les recevoir et les porter, il me semble qu'en voici pour beaucoup d'argent. Puis, si nous ne faisons plus qu'une seule maison, je peux vendre mon argenterie, qui seulement au poids vaut trente mille francs. Quand nous l'avons apportée de Lima, je me souviens qu'ici la douane lui attribuait cette valeur. Solonet a raison! J'enverrai chercher Élie Magus. Le juif m'estimera ces écrins. Peut-être serais-je dispensée de mettre le reste de ma fortune à fonds perdu.

— Le beau collier de perles! dit Natalie.

— J'espère qu'il te le laissera, s'il t'aime. Ne devrait-il pas faire remonter tout ce que je lui remettrai de pierreries et te les offrir? D'après le contrat, les diamants t'appartiennent. Allons, adieu, mon ange! Après une aussi fatigante journée, nous avons toutes deux besoin de repos.

La petite maîtresse, la créole, la grande dame incapable d'analyser les dispositions d'un contrat qui n'était pas encore formulé, s'endormit donc dans la joie en voyant sa fille mariée à un homme facile à conduire, qui les laisserait toutes deux également maîtresses au logis, et dont la fortune, réunie aux leurs, permettrait de ne rien changer à leur manière de vivre. Après avoir rendu ses comptes à sa fille, dont toute la fortune était reconnue, madame Évangélista se trouvait encore à son aise.

— Étais-je folle de tant m'inquiéter? se dit-elle, je voudrais que le mariage fût fini!

Ainsi madame Évangélista, Paul, Natalie et les deux notaires étaient tous enchantés de cette première journée. Le *Te Deum* se chantait dans les deux camps: situation dangereuse! car il vient un moment où cesse l'erreur du vaincu. Pour la veuve, son gendre était le vaincu.

Deuxième Journée.

Le lendemain matin, Élie Magus vint chez madame Évangélista croyant, d'après les bruits qui couraient sur le mariage prochain de mademoiselle Natalie et du comte Paul, qu'il s'agissait de parures à leur vendre. Le juif fut donc étonné en apprenant qu'il s'agissait au contraire d'une prisée quasi-légale des diamants de la belle-mère. L'instinct des juifs, autant que certaines questions captieuses, lui fit comprendre que cette valeur allait sans doute être comptée dans le contrat de mariage. Les diamants n'étant pas à vendre, il les prisa comme s'ils devaient être achetés par un particulier chez un marchand. Les joailliers seuls savent reconnaître les diamants de l'Asie de ceux du Brésil. Les pierres de Golconde et de Visapour se distinguent par une blancheur, par une netteté de brillant que n'ont pas les autres, dont l'eau comporte une teinte jaune qui les fait, à poids égal, déprécier lors de la vente. Les boucles d'oreilles et le collier de madame Évangélista, entièrement composés de diamants asiatiques, furent estimés trois cent mille francs par Élie Magus. Quant au *Discreto*, c'était, selon lui, l'un des plus beaux diamants possédés par des particuliers; il valait cent mille francs.

En apprenant un prix qui lui révélait les prodigalités de son mari, madame Évangélista demanda si elle pouvait avoir cette somme immédiatement.

— Madame, répondit le juif, si vous voulez vendre, je ne donnerais que soixante mille du brillant et deux cent cinquante mille du collier et des boucles d'oreilles.

— Et pourquoi ce rabais d'environ cent mille francs? demanda madame Évangélista surprise.

— Madame, répondit le juif, plus les diamants sont beaux, plus longtemps nous les conservons, car la rareté des occasions de placement est en raison de la haute valeur des pierres. Comme le marchand ne doit pas perdre les intérêts de son argent, les intérêts à recouvrer joints aux chances de la baisse et de la hausse à laquelle sont exposées ces marchandises, expliquent la différence entre le prix d'achat et le prix de vente. Vous avez perdu depuis vingt ans les intérêts de quatre cent mille francs, près d'un demi-million! Si vous portiez dix fois par an vos diamants, ils vous coûtaient chaque soirée mille écus. Combien de belles toilettes n'a-t-on pas pour mille écus? Ceux qui conservent des diamants sont donc des fous; mais, heureusement pour nous, les femmes ne veulent pas comprendre ces calculs.

— Je vous remercie de me les avoir exposés, Élie, j'en profiterai!

— Vous voulez vendre? reprit avidement le juif.

— Que vaut le reste? dit madame Évangélista.

Le juif considéra l'or des montures, mit les perles au jour, examina curieusement les rubis, les diadèmes, les agrafes, les bracelets, les fermoirs, les chaînes, et dit en marmottant : — Il s'y trouve beaucoup de diamants portugais, venus du Brésil! Cela ne vaut pour moi que cent quatre-vingt mille francs. Mais, de marchand à chaland, ajouta-t-il, ces bijoux se vendraient plus de deux cent mille francs.

— Nous les gardons, dit madame Évangélista.

— Vous avez tort, répondit Élie Magus. Avec les revenus de la somme qu'ils représentent, en cinq ans vous auriez d'aussi beaux diamants et vous conserveriez le capital.

Cette conférence assez singulière fut connue, et corrobora certaines rumeurs excitées par la discussion du contrat. En province tout se sait. Les gens de la maison ; ayant entendu quelques éclats de voix, supposèrent une discussion beaucoup plus vive qu'elle ne l'était ; leurs commérages avec les autres valets s'étendirent insensiblement, et de cette basse région remontèrent aux maîtres. L'attention du beau monde et de la ville était si bien fixée sur le mariage de deux personnes aussi riches ; petit ou grand, chacun s'en occupait tant, que huit jours après il circulait dans Bordeaux les bruits les plus étranges : — Madame Évangélista vendait son hôtel, elle était donc ruinée. Elle avait proposé ses diamants à Élie Magus. Rien n'était conclu entre elle et M. de Manerville. Ce mariage se ferait-il ? Les uns disaient *oui*, les autres *non*. Les deux notaires questionnés démentirent ces calomnies et parlèrent des difficultés purement réglementaires suscitées par la constitution d'un majorat. Mais quand l'opinion publique a pris une pente, il est bien difficile de la lui faire remonter. Quoique Paul allât tous les jours chez madame Évangélista, malgré l'assertion des deux notaires, les douceureuses calomnies continuèrent. Plusieurs jeunes filles, leurs mères ou leurs tantes, chagrines d'un mariage rêvé pour elles-mêmes ou pour leurs familles, ne pardonnaient pas plus à madame Évangélista son bonheur qu'un auteur ne pardonne un succès à son voisin. Quelques personnes se vengeaient de vingt ans de luxe et de grandeur que la maison espagnole avait fait peser sur leur amour-propre. Un grand homme de préfecture disait que les deux notaires et les deux familles ne pouvaient pas tenir un autre langage, ni une autre conduite dans le cas d'une rupture. L'érection du majorat confirmait les soupçons des politiques bordelais.

— Ils amuseront le tapis pendant tout l'hiver ; puis, au printemps, ils iront aux eaux, et nous apprendrons dans un an que le mariage est manqué.

— Vous comprenez, disaient les uns, que pour ménager l'honneur de deux familles, les difficultés ne seront venues d'aucun côté ; ce sera la chancellerie qui refusera, ce sera quelque chicane élevée sur le majorat qui fera naître la rupture.

— Madame Évangélista, disaient les autres, menait un train auquel les mines Valenciana n'au-raient pas suffi. Quand il a fallu fondre la cloche, il ne se sera plus rien trouvé !

Excellente occasion pour chacun de supputer les dépenses de la belle veuve, afin d'en établir catégoriquement la ruine ! Les rumeurs furent telles, qu'il se fit des paris pour ou contre le mariage. Suivant la jurisprudence mondaine, ces caquetages couraient à l'insu des parties intéressées. Personne n'était assez ami de Paul ou de madame Évangélista pour les en instruire. Paul eut quelques affaires à Lanstrac, et profita de la circonstance pour y faire une partie de chasse avec plusieurs jeunes gens de la ville, espèce d'adieu à la vie de garçon. Cette partie de chasse fut acceptée par la société, comme une éclatante confirmation des soupçons publics. Dans ces conjonctures, madame de Gyas, qui avait une fille à marier, jugea convenable de sonder le terrain et d'aller s'attrister joyeusement de l'échec reçu par les Évangélista. Natalie et sa mère furent assez surprises en voyant la figure mal grimée de la marquise et lui demandèrent s'il ne lui était rien arrivé de fâcheux.

— Mais, dit-elle, vous ignorez donc les bruits qui circulent dans Bordeaux ? Quoique je les croye faux, je venais savoir la vérité pour les faire cesser sinon partout, au moins dans mon cercle d'amis ? Être dupe ou complice d'une semblable erreur, est une position trop fausse pour que de vrais amis veuillent y rester.

— Mais que se passe-t-il donc ? dirent la mère et la fille.

Madame de Gyas se donna le plaisir de raconter les dires de chacun, sans épargner un seul coup de poignard à ses deux amies intimes. Natalie et madame Évangélista se regardèrent en riant, mais elles avaient bien compris le sens de la narration et les motifs de leur amie. L'Espagnole prit sa revanche à peu près comme Célimène avec Arsinoé.

— Ma chère, ignorez-vous donc, vous qui connaissez la province, ignorez-vous ce dont est capable une mère quand elle a sur les bras une fille qui ne se marie pas, faute de dot et d'amoureux, faute de beauté, faute d'esprit, quelquefois faute de tout ? Elle arrêterait une diligence, elle assassinerait, elle attendrait un homme au coin d'une rue, elle se donnerait cent fois elle-même, si elle valait quelque chose ! Il y en a beaucoup dans cette situation à Bordeaux qui nous prêtent sans doute leurs pensées et leurs actions. Les naturalistes nous ont dépeint les mœurs de beaucoup d'animaux féroces ; mais ils ont oublié la mère et la fille en quête d'un mari ; ce sont des hyènes qui, selon le Psalmiste, cherchent une proie à dévorer, et qui joignent au naturel de la bête l'intelligence de l'homme et le génie de la femme. Que ces petites araignées bordelaises, mademoiselle A, mademoiselle B, etc., occupées depuis si longtemps à travailler leurs toiles sans y voir de mouche, sans entendre le moindre battement d'aile à l'entour, soient furieuses, je le conçois, je leur pardonne leurs propos envenimés. Mais que vous, qui marierez votre fille quand vous le voudrez, vous, riche et titrée, vous qui n'avez rien de provincial, vous dont la fille est spirituelle, pleine de qualités, jolie, en position de choisir ; que vous, si distinguée des autres par vos grâces parisiennes, ayez pris le moindre souci, voilà pour nous un sujet d'étonnement ! Dois-je compte au public des stipulations matrimoniales que les gens d'affaires ont trouvées utiles dans les circonstances politiques qui domineront l'existence de mon gendre ? La manie des délibérations publiques va-t-elle atteindre l'intérieur des familles ? Fallait-il convoquer par lettres closes les pères et les mères de la province pour les faire assister au vote des articles de notre contrat de mariage ?

Un torrent d'épigrammes roula sur Bordeaux. Madame Évangélista quittait la ville ; elle pouvait passer en revue ses amis, ses ennemis, les caricaturer, les fouetter à son gré, sans avoir rien à craindre. Aussi donna-t-elle passage à ses observations gardées, à ses vengeances ajournées, en cherchant quel intérêt avait telle ou telle personne à nier le soleil en plein midi.

— Mais, ma chère, dit la marquise de Gyas, le séjour de M. de Manerville à Lanstrac, ces fêtes aux jeunes gens, en semblables circonstances...

— Hé, ma chère, dit la grande dame en l'interrompant, croyez-vous que nous adoptions les petitesses du cérémonial bourgeois ? Le comte Paul est-il tenu en lesse, comme un homme qui peut s'enfuir ? Croyez-vous que nous ayons besoin de le faire garder par la gendarmerie ? Craignons-nous de nous le voir enlever par quelque conspiration bordelaise ?

— Soyez persuadée, chère amie, que vous me faites un plaisir extrême....

La parole fut coupée à la marquise par le valet de chambre qui annonça Paul. Comme tous les amoureux, Paul avait trouvé charmant de faire quatre lieues pour venir passer une heure avec Natalie. Il avait laissé ses amis à la chasse, et arrivait éperonné, botté, cravaché.

— Cher Paul, dit Natalie, vous ne savez pas quelle réponse vous donnez en ce moment à madame.

Quand Paul apprit les calomnies qui couraient dans Bordeaux, il se mit à rire au lieu de se mettre en colère.

— Ces braves gens savent peut-être qu'il n'y aura pas de ces nopces et festins en usage dans les provinces, ni mariage à midi dans l'église, ils sont furieux. Eh bien, chère mère, dit-il, en baisant la main de madame Évangélista, nous leur jetterons à la tête un bal, le jour de la signature du contrat, comme on jette au peuple sa fête dans le grand carré des Champs-Élysées, et nous procurerons à nos bons amis le douloureux plaisir de signer un contrat comme il s'en fait rarement en province.

Cet incident fut d'une haute importance. Madame Évangélista pria tout Bordeaux pour le jour de la signature du contrat, et manifesta l'intention de déployer dans sa dernière fête un luxe qui donnât d'éclatants démentis aux sots mensonges de la société. Ce fut un engagement solennel pris à la face du public de marier Paul et Natalie. Les préparatifs de cette fête durèrent quarante jours ; elle fut nommée la nuit des camélias, car il y eut une immense quantité de ces fleurs dans l'escalier, dans l'antichambre et dans la salle où l'on servit le souper. Ce délai coïncida naturellement avec ceux qu'exigeaient les formalités préliminaires du mariage, et les démarches faites à Paris pour l'érection du majorat. L'achat des terres qui jouxtaient Lanstrac eut lieu, les bans se publièrent, les doutes se dissipèrent. Amis et ennemis ne pensèrent plus qu'à préparer leurs toilettes pour la fête indiquée. Les événements de ces deux mois passèrent donc sur les difficultés soulevées par la première conférence, en emportant dans l'oubli les paroles et les débats de l'orageuse discussion à laquelle avait donné lieu le contrat de mariage. Ni Paul, ni sa belle-mère n'y songeaient plus. N'était-ce pas, comme l'avait dit madame Évangélista, l'affaire des deux notaires. Mais à qui n'est-il pas arrivé, quand la vie est torrentueuse, d'être soudainement interpellé par la voix d'un souvenir qui se dresse souvent trop tard, et vous rappelle un fait important, un danger prochain. Dans la matinée du jour où devait se signer le contrat de Paul et de Natalie, un de ces feux follets de l'âme brilla chez madame Évangélista pendant les somnolescences de son réveil. Cette phrase : *Questa coda non è di questo gatto !* dite par elle à l'instant où M. Mathias accédait aux conditions de Solonet, lui fut criée par une voix. Malgré son inaptitude aux affaires, madame Évangélista se dit en elle-même. — Si l'habile maître Mathias s'est apaisé, sans doute il trouvait satisfaction aux dépens de l'un des deux époux. L'intérêt lésé ne devait pas être celui de Paul, comme elle l'avait espéré. Serait-ce donc la fortune de sa fille qui payait les frais de la guerre ? Elle se proposa de demander des explications sur la teneur du contrat, sans penser à ce qu'elle devait faire au cas où ses intérêts seraient trop gravement compromis. Cette journée influa tellement sur la vie conjugale de Paul, qu'il est nécessaire d'expliquer quelques-unes de ces circonstances extérieures qui déterminent tous les esprits. L'hôtel Évangélista devant être vendu, la belle-mère du comte de Manerville n'avait reculé devant aucune dépense pour la fête. La cour était sablée, couverte d'une tente à la turque et parée d'arbustes malgré l'hiver. Ces camélias, dont il était parlé depuis Angoulême jusqu'à Dax, tapissaient les escaliers et les vestibules. Des pans de murs avaient disparu pour agrandir la salle du festin et celle où l'on dansait. Bordeaux était dans l'attente des féeries annoncées. Vers huit heures, au moment de la dernière discussion, les gens curieux de voir les femmes en toilette descendant de voiture se rassemblèrent en deux haies de chaque côté de la porte cochère. Ainsi la somptueuse atmosphère d'une fête agissait sur les esprits au moment de signer le contrat. Lors de la crise, les lampions allumés flambaient sur leurs ifs, et le roulement des premières voitures retentissait dans la cour.

Les deux notaires dînèrent avec les deux fiancés et la belle-mère. Le premier clerc de M. Mathias, chargé de recevoir les signatures pendant la soirée, en veillant à ce que le contrat ne fût pas indiscrètement lu, était également un des convives. Chacun peut feuilleter ses souvenirs, aucune toilette, aucune femme, rien ne serait comparable à la beauté de Natalie, qui parée de dentelle et de satin, coquettement coiffée de ses cheveux retombant en mille boucles sur son col, ressemblait à une fleur enveloppée de son feuillage. Vêtue d'une robe en velours cerise, couleur habilement choisie pour rehausser l'éclat de son teint, ses yeux et ses cheveux noirs, madame Évangélista dans toute la beauté de la femme à quarante ans, portait son collier de perles agrafé par le *Discreto*, afin de démentir la calomnie. Pour l'intelligence de la scène, il est nécessaire de dire que Paul et Natalie demeurèrent assis au coin du feu, sur une causeuse et n'écoutèrent aucun article du compte de tutelle. Aussi enfants l'un que l'autre, également heureux l'un par ses désirs, l'autre par sa curieuse attente, voyant la vie comme un ciel tout bleu ; riches, jeunes, amoureux, ils ne cessèrent de s'entretenir à voix basse en se parlant à l'oreille. Armant déjà son amour de la légalité, Paul se plut à baiser le bout des doigts de Natalie, à effleurer son dos de neige, à frôler ses cheveux en dérobant à tous les regards les joies de cette émancipation illégale. Natalie jouait avec l'écran en plumes indiennes que lui avait offert Paul, cadeau qui d'après les croyances superstitieuses de quelques pays, est pour l'amour un présage aussi sinistre que celui des ciseaux ou de tout autre instrument tranchant donné, qui sans doute rappelle les Parques de la Mythologie. Assise près des deux notaires, madame Évangélista prêtait la plus scrupuleuse attention à la lecture des pièces. Après avoir entendu le compte de la tutelle, savamment rédigé par Solonet, et qui, de trois millions et quelques cent mille francs laissés par M. Évangélista, réduisait la part de Natalie aux fameux onze cent cinquante-six mille francs, elle dit au jeune couple : — Mais écoutez donc, mes enfants, voici votre contrat !

Le clerc but un verre d'eau sucrée, Solonet et M. Mathias se mouchèrent, Paul et Natalie regardèrent ces quatre personnages, écoutèrent le préambule et se remirent à causer. L'établissement des apports, la donation générale en cas de mort sans enfants, la donation du quart en usufruit et du quart en nu-propriété permise par le Code quel que soit le nombre des enfants, la constitution du fonds de la communauté, le don des diamants à la femme, des bibliothèques et des chevaux au mari, tout passa sans observations. Vint la constitution du majorat. Là, quand tout fut lu et qu'il n'y eut plus qu'à signer, madame Évangélista demanda quel serait l'effet de ce majorat.

— Le majorat, madame, dit maître Solonet, est une fortune inaliénable, prélevée sur celle des deux époux et constituée au profit de l'aîné de la maison, à chaque génération, sans qu'il soit privé de ses droits au partage général des autres biens.

— Qu'en résultera-t-il pour ma fille ? demanda-t-elle.

Maître Mathias, incapable de déguiser la vérité, prit la parole.

— Madame, dit-il, le majorat étant un apanage distrait des deux fortunes, si la future épouse meurt la première en laissant un ou plusieurs enfants dont un mâle, M. le comte de Manerville leur tiendra compte de cinq cent cinquante mille francs seulement, sur lesquels il exercera sa donation du quart en usufruit, du quart en nu-propriété. Ainsi sa dette envers eux est réduite à trois cent mille francs environ, sauf ses bénéfices dans la communauté, ses reprises, etc. Au cas contraire, s'il décédait le premier, laissant également des enfants mâles, madame de Manerville aurait droit à cinq cent cinquante mille francs seulement, à ses donations sur les biens de M. de Manerville qui ne font point partie du majorat, à ses reprises en diamants, et à sa part dans la communauté.

Les effets de la profonde politique de maître Mathias apparurent alors dans tout leur jour.

— Ma fille est ruinée, dit à voix basse madame Évangélista.

Le vieux et le jeune notaires entendirent cette phrase.

— Est-ce se ruiner, lui répondit à mi-voix maître Mathias, que de constituer à sa famille une fortune indestructible?

En voyant l'expression que prit la figure de sa cliente, le jeune notaire ne crut pas pouvoir se dispenser de chiffrer le désastre.

— Nous voulions leur attraper trois cent mille francs, ils nous en reprennent évidemment six cent mille, le contrat se balance par une perte de quatre cent mille francs à notre charge. Il faut rompre ou poursuivre, dit Solonet à madame Évangélista.

Le moment de silence que gardèrent alors ces personnages ne saurait se décrire. Maître Mathias attendait en triomphateur la signature des deux personnes qui avaient cru dépouiller son client. Natalie, hors d'état de comprendre qu'elle perdait la moitié de sa fortune. Paul ignorant que la maison de Manerville la gagnait, riaient et causaient toujours. M. Solonet et madame Évangélista se regardaient en contenant l'un son dépit, l'autre une foule de sentiments irrités.

Après s'être livrée à des remords inouïs, après avoir regardé Paul comme la cause de son improbité, la veuve s'était décidée à pratiquer de honteuses manœuvres pour rejeter sur lui les fautes de sa tutelle, en le considérant comme sa victime. En un moment, elle s'apercevait que là où elle croyait triompher, elle périssait, et la victime était sa propre fille! Coupable sans profit, elle se trouvait la dupe d'un vieillard probe dont elle perdait sans doute l'estime. Sa conduite secrète n'avait-elle pas inspiré les stipulations de maître Mathias? Réflexion horrible! M. Mathias avait éclairé Paul. S'il n'avait pas encore parlé, certes le contrat une fois signé, ce vieux loup préviendrait son client des dangers courus, et maintenant évités, ne fût-ce que pour en recevoir ces éloges auxquels tous les esprits sont accessibles? Ne le mettrait-il pas en garde contre une femme assez astucieuse pour avoir trempé dans cette ignoble conspiration? ne détruirait-il pas l'empire qu'elle avait conquis sur son gendre. Les natures faibles, une fois prévenues, se jettent en des entêtements dont elles ne reviennent jamais. Tout était donc perdu! Le jour où commença la discussion, elle avait compté sur la faiblesse de Paul, sur l'impossibilité où il serait de rompre une union aussi avancée. En ce moment, elle s'était bien autrement liée! Deux mois, auparavant, Paul n'avait que peu d'obstacles à vaincre pour rompre son mariage; mais aujourd'hui tout Bordeaux savait que depuis deux mois les notaires avaient aplani les difficultés. Les bans étaient publiés. Le mariage devait être célébré dans deux jours. Les amis des deux familles, toute la société parée pour la fête arrivaient. Comment déclarer que tout était ajourné. La cause de cette rupture se saurait, la probité sévère de maître Mathias aurait créance, il serait préférablement écouté. Les rieurs seraient contre les Évangélista qui ne manquaient pas de jaloux. Il fallait donc céder! Ces réflexions si cruellement justes tombèrent sur madame Évangélista comme une trombe, et lui fendirent la cervelle. Si elle garda le sérieux des diplomates, son menton éprouva ce mouvement apoplectique par lequel Catherine II manifesta sa colère, le jour où sur son trône, devant sa cour et dans des circonstances presque semblables, elle fut bravée par le jeune roi de Suède. Solonet remarqua ce jeu de muscles qui annonçait la contraction d'une haine mortelle, orage sourd et sans éclair! En ce moment, madame Évangélista vouait effectivement à son gendre une de ces haines insatiables, dont les Arabes ont laissé le germe dans l'atmosphère des deux Espagnes.

— Monsieur, dit-elle en se penchant à l'oreille de son notaire, vous nommiez ceci du galimathias, il me semble que rien n'était plus clair.

— Madame, permettez!

— Monsieur, dit la veuve en continuant sans écouter Solonet, si vous n'avez pas aperçu l'effet de ces stipulations, lors de la conférence que nous avons eue, il est bien extraordinaire que vous n'y ayez point songé dans le silence du cabinet. Ce ne saurait être par incapacité.

Le jeune notaire entraîna sa cliente dans le petit salon en se disant à lui-même : — J'ai plus de mille écus d'honoraires pour le compte de tutelle, mille écus pour le contrat, six mille francs à gagner par la vente de l'hôtel, en tout quinze mille francs à sauver, ne nous fâchons pas !

Il ferma la porte, jeta sur madame Évangélista le froid regard des gens d'affaires, et devina les sentiments qui l'agitaient.

— Madame, quand j'ai peut-être dépassé pour vous les bornes de la finesse, comptez-vous payer mon dévouement par un semblable mot ?

— Mais, monsieur....

— Madame, je n'ai pas calculé l'effet des donations, il est vrai ; mais, si vous ne voulez pas du comte Paul pour votre gendre, êtes-vous forcée de l'accepter ? Le contrat est-il signé ? Donnez votre fête, et remettons la signature. Il vaut mieux attraper tout Bordeaux que de s'attraper soi-même.

— Comment justifier à toute la société déjà prévenue contre nous la non-conclusion de l'affaire ?

— Une erreur commise à Paris, un manque de pièces, dit Solonet.

— Mais les acquisitions ?

— M. de Manerville ne manquera ni de dots ni de partis.

— Oui, lui ne perdra rien ! nous perdons tout, nous ?

— Vous, reprit Solonet, vous pourrez avoir un comte à meilleur marché, si, pour vous, le titre est la raison suprême de ce mariage.

— Non, non, nous ne pouvons pas ainsi jouer notre honneur ! Je suis prise au piége, monsieur. Tout Bordeaux demain retentirait de ceci. Nous avons échangé des paroles solennelles.

— Vous voulez que mademoiselle Natalie soit heureuse, reprit Solonet.

— Avant tout.

— Être heureuse en France, dit le notaire, n'est-ce pas être la maîtresse au logis. Elle mènera par le bout du nez M. de Manerville ! il est si nul, qu'il ne s'est aperçu de rien. S'il se défiait maintenant de vous, il croira toujours en sa femme. Sa femme n'est-ce pas vous ? Le sort du comte Paul est encore entre vos mains.

Un éclair brilla dans les yeux de madame Évangélista.

— Si vous disiez vrai, monsieur, je ne sais pas ce que je pourrais vous refuser, dit-elle dans un transport qui colora son regard.

— Rentrons, madame, dit maître Solonet en comprenant sa cliente ; mais sur toute chose écoutez-moi bien ?

— Mon cher confrère, dit en rentrant le jeune notaire à maître Mathias, *malgré votre habileté* vous n'avez prévu ni le cas où M. de Manerville décéderait sans enfants, ni celui où il mourrait ne laissant que des filles. Dans ces deux cas, le majorat donnerait lieu à des procès avec les Manerville, car alors

Il s'en présentera, gardez-vous d'en douter !

Je crois donc nécessaire de stipuler que dans le premier cas, le majorat sera soumis à la donation générale des biens faite entre les époux, et que dans le second l'institution du majorat sera caduque. La convention concerne uniquement la future épouse.

— Cette clause me semble parfaitement juste, dit maître Mathias. Quant à sa ratification, M. le comte s'entendra sans doute avec la chancellerie, s'il est besoin.

Le jeune notaire prit une plume et libella sur la marge de l'acte cette terrible clause, à laquelle Paul et Natalie ne firent aucune attention. Madame Évangélista baissa les yeux pendant que maître Mathias la lut.

— Signons, dit la mère.

Le volume de voix que réprima madame Évangélista, trahissait une violente émotion. Elle venait de se dire : — Non, ma fille ne sera pas ruinée ; mais lui ! Ma fille aura le nom, le titre et la fortune. S'il arrive à Natalie de s'apercevoir qu'elle n'aime pas son mari, si elle en aimait un jour irrésistiblement un autre, Paul sera banni de France ! et ma fille sera libre, heureuse et riche.

Si maître Mathias se connaissait à l'analyse des intérêts, il connaissait peu l'analyse des passions humaines, il accepta ce mot comme une amende honorable, au lieu d'y voir une déclaration de guerre. Pendant que Solonet et son clerc veillaient à ce que Natalie signât et paraphât tous les actes, opération qui voulait du temps, M. Mathias prit Paul à part dans l'embrasure d'une croisée, et lui donna le secret des stipulations qu'il avait inventées pour le sauver d'une ruine certaine.

— Vous avez une hypothèque de cent cinquante mille francs sur cet hôtel, lui dit-il en terminant, et demain elle sera prise. J'ai chez moi les inscriptions au grand-livre, immatriculées par mes soins au nom de votre femme. Tout est en règle. Mais le contrat contient quittance de la somme représentée par les diamants, demandez-les? les affaires sont les affaires. Le diamant gagne en ce moment, il peut perdre. L'achat des domaines de d'Auzac et de Saint-Froult vous permet de faire argent de tout, afin ne pas toucher aux rentes de votre femme. Ainsi, monsieur le comte, point de fausse honte. Le premier payement est exigible après les formalités, il est de deux cent mille francs, affectez-y les diamants. Vous aurez l'hypothèque sur l'hôtel Évangélista pour le second terme, et les revenus du majorat vous aideront à solder le reste. Si vous avez le courage de ne dépenser que cinquante mille francs pendant trois ans, vous récupérerez les deux cent mille francs dont vous êtes maintenant débiteur. Si vous plantez de la vigne dans les parties montagneuses de Saint-Froult, vous pourrez en porter le revenu à vingt-six mille francs. Votre majorat, sans compter votre hôtel à Paris, vaudra donc quelque jour cinquante mille livres de rente, ce sera l'un des plus beaux que je connaisse. Ainsi vous aurez fait un excellent mariage.

Paul serra très-affectueusement les mains de son vieux ami. Ce geste ne put échapper à madame Évangélista qui vint présenter la plume à Paul. Pour elle, ses soupçons devinrent des réalités, elle crut alors que Paul et Mathias s'étaient entendus. Des vagues menaçantes, pleines de rage et de haine, lui arrivèrent au cœur. Tout fut dit.

— Madame, dit maître Mathias après avoir vérifié si tous les renvois étaient paraphés, si les trois contractants avaient bien mis leurs initiales et leurs paraphes au bas des rectos, tout est parfaitement en règle. — Je ne pense pas, ajouta-t-il en regardant tour à tour Paul et sa belle-mère, que la remise des diamants fasse une question, vous êtes maintenant une même famille.

— Il serait plus régulier que madame les donnât, M. de Manerville est chargé du reliquat du compte de tutelle, et l'on ne sait ni qui vit ni qui meurt, dit maître Solonet qui crut apercevoir dans cette circonstance un moyen d'animer la belle-mère contre le gendre.

— Ha, ma mère, dit Paul, ce serait nous faire injure à tous que d'agir ainsi. — *Summum jus, summa injuria*, monsieur, dit-il à Solonet.

— Et moi, dit madame Évangélista qui dans les dispositions haineuses où elle était, vit une insulte dans la demande indirecte de M. Mathias, je déchire le contrat si vous ne les acceptez pas !

Elle sortit en proie à l'une de ces rages sanguinaires qui font souhaiter le pouvoir de tout abîmer, et que l'impuissance porte jusqu'à la folie.

— Au nom du ciel, prenez-les, Paul, lui dit Natalie à l'oreille. Ma mère est fâchée, je saurai ce soir pourquoi, je vous le dirai, nous l'apaiserons.

Heureuse de cette première malice, madame Évangélista garda les boucles d'oreilles et son collier. Elle fit apporter les bijoux évalués à cent quatre-vingt mille francs par Élie Magus. Habitués à voir les diamants de famille dans les successions, maître Mathias et Solonet examinèrent les écrins et se récrièrent sur leur beauté.

— Vous ne perdrez rien sur la dot, monsieur le comte, dit Solonet en faisant rougir Paul.

— Oui, dit Mathias, ces bijoux peuvent bien payer le premier terme du prix des domaines acquis.

— Et les frais du contrat, dit Solonet.

La haine comme l'amour se nourrit des plus petites choses, tout lui va; de même que la personne aimée ne fait rien de mal, de même la personne haïe ne fait rien de bien. Madame Évangélista taxa de simagrées les façons qu'une pudeur assez compréhensible fit faire à Paul qui voulait laisser les diamants, et qui ne savait où mettre les écrins, il aurait voulu pouvoir les jeter par la fenêtre. Madame Évangélista voyant son embarras, le pressait du regard, et semblait lui dire : — Emportez-les d'ici.

— Chère Natalie, dit Paul à l'oreille de sa future femme, serrez vous-même ces bijoux, ils sont à vous, je vous les donne.

Natalie les mit dans le tiroir d'une console. En ce moment, le fracas des voitures était si grand, et le murmure des conversations que tenaient dans les salons voisins les personnes arrivées, forcèrent Natalie et sa mère à paraître. Les salons furent pleins en un moment, et la fête commença.

— Profitez de la lune de miel pour vendre vos diamants, dit le vieux notaire à Paul en s'en allant.

En attendant le signal de la danse, chacun se parlait à l'oreille du mariage, et quelques personnes exprimaient des doutes sur l'avenir des époux prétendus.

— Est-ce bien fini? demanda l'un des personnages les plus importants de la ville à madame Évangélista.

— Nous avons eu tant de pièces à lire et à écouter que nous nous trouvons en retard, mais nous sommes assez excusables, répondit-elle.

— Quant à moi, je n'ai rien entendu, dit Natalie en prenant la main de Paul pour ouvrir le bal.

— Ces jeunes gens-là aiment tous deux la dépense, et ce ne sera pas la mère qui les retiendra, disait une douairière.

— Mais ils ont fondé, dit-on, un majorat de cinquante mille livres de rente.

— Bah!

— Je vois que le bon monsieur Mathias a passé par là, dit un magistrat. Certes, s'il en est ainsi, le bonhomme aura voulu sauver l'avenir de cette famille.

— Natalie est trop belle pour ne pas être horriblement coquette. Une fois qu'elle aura deux ans de mariage, disait une jeune femme, je ne répondrais pas que M. de Manerville ne fût pas un homme malheureux dans son intérieur.

— La Fleur des pois serait donc ramée? lui répondit maître Solonet.

— Il ne lui fallait pas autre chose que cette grande perche, dit une jeune fille.

— Ne trouvez-vous pas un air mécontent à madame Évangélista?

— Mais, ma chère, quelqu'un vient de me dire qu'elle garde à peine vingt-cinq mille livres de rente, et qu'est-ce que cela pour elle?

— La misère, ma chère.

— Oui, elle s'est dépouillée pour sa fille. M. de Manerville a été d'une exigence...

— Excessive! dit maître Solonet. Mais il sera pair de France. Les Maulincour, le Vidame de Pamiers le protégeront, il appartient au faubourg Saint-Germain.

— Oh! il y est reçu, voilà tout, dit une dame qui l'avait voulu pour gendre. Mademoiselle Évangélista, la fille d'un commerçant, ne lui ouvrira certes pas les portes du chapitre de Cologne.

— Elle est petite-nièce du duc de Casa-Réal.

— Par les femmes!

Tous les propos furent bientôt épuisés, les joueurs se mirent au jeu, les jeunes filles et les jeunes gens dansèrent, le souper se servit, et le bruit de la fête s'apaisa vers le matin, au moment où les premières lueurs du jour blanchirent les croisées. Après avoir dit adieu à Paul, qui s'en alla le dernier, madame Évangélista monta chez sa fille, car sa chambre avait été prise par l'architecte pour agrandir le théâtre de la fête. Quoique Natalie et sa mère fussent accablées de sommeil, quand elles furent seules, elles se dirent quelques paroles.

— Voyons, ma mère chérie, qu'avez-vous?

— Mon ange, j'ai su ce soir jusqu'où pouvait aller la tendresse d'une mère. Tu ne connais rien aux affaires et tu ignores à quels soupçons ma probité vient d'être exposée. Enfin j'ai foulé mon orgueil à mes pieds, il s'agissait de ton bonheur et de notre réputation.

— Vous voulez parler de ces diamants? il en a pleuré le pauvre garçon; il n'en a pas voulu, je les ai.

— Dors, cher enfant, nous causerons d'affaires à notre réveil, car, dit-elle en soupirant, nous avons des affaires, et maintenant il existe un tiers entre nous.

— Ah! chère mère, Paul ne sera jamais un obstacle à notre bonheur, dit Natalie en s'endormant.

— Pauvre fillette, elle ne sait pas que cet homme vient de la ruiner!

Madame Évangélista fut alors saisie par la première pensée de cette avarice à laquelle les gens âgés finissent par être en proie. Elle voulut reconstituer, au profit de sa fille, toute la fortune laissée par M. Évangélista. Elle y trouva son honneur engagé. Son amour pour Natalie la fit en un moment aussi habile calculatrice qu'elle avait été jusqu'alors insouciante en fait d'argent et gaspilleuse. Elle pensait à faire valoir ses capitaux, après en avoir placé une partie dans les fonds qui, à cette époque, valaient environ quatre-vingts francs. Une passion change souvent en un moment le caractère; l'indiscret devient diplomate, le poltron est tout à coup brave. La haine rendit avare la prodigue madame Évangélista. La fortune pouvait servir ses projets de vengeance encore mal dessinés et confus qu'elle allait mûrir. Elle s'endormit en se disant: — A demain! Par un phénomène inexpliqué, mais dont tous les penseurs ont éprouvé les effets, son esprit devait pendant le sommeil travailler ses idées, les éclaircir, les coordonner, lui préparer un moyen de dominer la vie de Paul, et lui fournir un plan qu'elle mit en œuvre le lendemain même.

Si l'entraînement de la fête avait chassé les pensées soucieuses qui par moments avaient assailli Paul, quand il fut seul avec lui-même et dans son lit, elles revinrent le tourmenter.

— Il paraît, se dit-il, que, sans le bon M. Mathias, j'étais roué par ma belle-mère. Est-ce croyable? Quel intérêt l'aurait poussée à me tromper? ne devons-nous pas confondre nos fortunes et vivre ensemble? D'ailleurs, à quoi bon prendre du souci? demain soir Natalie sera ma femme, nos intérêts sont bien définis, rien ne peut nous désunir. Vogue la galère! Néanmoins je serai sur mes gardes. Si Mathias avait raison; hé bien, après tout, je ne suis pas obligé d'épouser ma belle-mère.

Dans cette deuxième journée, l'avenir de Paul avait complétement changé de face sans qu'il le sût. Des deux êtres avec lesquels il se mariait, le plus habile était devenu son ennemi capital et méditait de séparer ses intérêts des siens. Incapable d'observer la différence que le caractère créole mettait entre sa belle-mère et les autres femmes, il pouvait encore moins en soupçonner la profonde habileté. La créole est une nature à part qui tient à l'Europe par l'intelligence, aux Tropiques par la violence illogique de ses passions, à l'Inde par l'apathique insouciance avec laquelle elle fait ou souffre également le bien et le mal. Nature gracieuse d'ailleurs! mais dangereuse comme un enfant est dangereux s'il n'est pas surveillé. Comme l'enfant, cette femme veut tout avoir immédiatement; comme l'enfant, elle mettrait le feu à la maison pour cuire un œuf. Dans sa vie molle, elle ne songe à rien; elle songe à tout quand elle est passionnée. Elle a quelque chose de la perfidie des nègres qui l'ont entourée dès le berceau, mais elle est aussi naïve qu'ils sont naïfs; comme eux et comme les enfants, elle sait toujours vouloir la même chose avec une croissante intensité de désir, et couver son idée pour la faire éclore. Étrange assemblage de qualités et de défauts, que le génie espagnol avait corroboré chez madame Évangélista, et sur lequel la politesse française avait jeté la glace de son vernis. Ce caractère endormi par le bonheur pendant seize ans, occupé depuis par les minuties du monde, et à qui la première de ses haines avait révélé sa force, se réveillait comme un incendie; il éclatait à un moment de la vie où la femme perd ses plus chères affections et veut un nouvel élément pour nourrir l'activité qui la dévore.

Natalie restait encore pendant quarante-huit heures sous l'influence de sa mère! Madame Évangélista vaincue avait donc à elle une journée, la dernière de celles qu'une fille passe avec sa mère. Par un seul mot, la créole pouvait influencer la vie de ces deux êtres destinés à marcher ensemble à travers les halliers et les grandes routes de la société parisienne, car Natalie avait en sa mère une croyance aveugle. Quelle portée acquérait un conseil dans un esprit ainsi prévenu! Tout un avenir pouvait être déterminé par une phrase. Aucun code, aucune institution humaine ne peut prévenir le crime moral qui tue par un mot. Là est le défaut des constitutions sociales, et là est la différence qui se trouve entre les mœurs du grand monde et les mœurs du peuple; l'un est franc, l'autre est hypocrite; à l'un le couteau, à l'autre le venin du langage ou des idées.

Troisième Journée.

Le lendemain, vers midi, madame Évangélista se trouvait à demi-couchée sur le bord du lit de Natalie. Pendant l'heure du réveil, toutes deux luttaient de câlineries et de caresses en reprenant les heureux souvenirs de leur vie à deux, durant laquelle aucun discord n'avait troublé ni l'harmonie de leurs sentiments, ni la convenance de leurs idées, ni la mutualité de leurs plaisirs.

— Pauvre chère petite, disait la mère en pleurant de véritables larmes, il m'est impossible de ne pas être émue en pensant qu'après avoir toujours fait tes volontés, demain soir tu seras à un homme auquel il faudra obéir.

— Oh, chère mère, quant à lui obéir! dit Natalie en laissant échapper un geste de tête qui exprimait une gracieuse mutinerie. Vous riez? reprit-elle. Mon père n'a-t-il pas toujours satisfait vos caprices? pourquoi? il vous aimait. Ne serais-je donc pas aimée, moi?

— Oui, Paul a pour toi de l'amour; mais si une femme mariée n'y prend garde, rien ne se dissipe plus vite que l'amour conjugal. L'influence que doit avoir une femme sur son mari dépend de son début dans le mariage, il te faudra d'excellents conseils.

— Mais vous serez avec nous...

— Peut-être, chère enfant! Hier, pendant le bal, j'ai beaucoup réfléchi aux dangers de notre réunion. Si ma présence te nuisait, si les petits actes par lesquels tu dois lentement établir ton autorité de femme étaient attribués à mon influence, ton ménage ne deviendrait-il pas un enfer? Au premier froncement de sourcils que se permettrait ton mari, fière comme je le suis, ne quitterais-je pas à l'instant ta maison? Si je la dois quitter un jour, mon avis est de n'y pas entrer. Je ne pardonnerais pas à ton mari la désunion qu'il mettrait entre nous. Au contraire, quand tu seras la maîtresse, lorsque ton mari sera pour toi ce que ton père était pour moi, ce malheur ne sera plus à craindre. Quoique cette politique doive coûter à un cœur jeune et tendre comme est le tien, ton bonheur exige que tu sois chez toi souveraine absolue.

— Pourquoi, ma mère, me disiez-vous alors que je dois lui obéir?

— Chère fillette, pour qu'une femme commande, elle doit avoir l'air de toujours faire ce que veut son mari. Si tu ne le savais pas, tu pourrais par une révolte intempestive gâter ton avenir. Paul est un jeune homme faible, il pourrait se laisser dominer par un ami, peut-être même pourrait-il tomber sous l'empire d'une femme, qui te feraient subir leurs influences. Préviens ces chagrins en te rendant maîtresse de lui. Ne vaut-il pas mieux qu'il soit gouverné par toi que de l'être par un autre?

— Certes, dit Natalie. Moi je ne puis vouloir que son bonheur.

— Il m'est bien permis, ma chère enfant, de penser exclusivement au tien, et de vouloir que dans une affaire aussi grave, tu ne te trouves pas sans boussole au milieu des écueils que tu vas rencontrer.

— Mais, ma mère chérie, ne sommes-nous donc pas assez fortes toutes les deux pour rester ensemble près de lui, sans avoir à redouter ce froncement de sourcils que vous paraissez redouter? Paul t'aime, maman.

— Oh! oh! il me craint plus qu'il ne m'aime! Observe-le bien aujourd'hui quand je lui dirai que je vous laisse aller à Paris sans moi, tu verras sur sa figure, quelle que soit la peine qu'il prendra pour la dissimuler, une joie intérieure.

— Pourquoi? demanda Natalie.

— Pourquoi? chère enfant! Je suis comme saint Jean-Bouche-d'or, je le lui dirai à lui-même, et devant toi.

— Mais si je me marie à la seule condition de ne te pas quitter? dit Natalie.

— Notre séparation est devenue nécessaire, reprit madame Évangélista, car plusieurs considérations modifient mon avenir. Je suis ruinée. Vous aurez la plus brillante existence à Paris, je ne saurais y être convenablement sans manger le peu qui me reste; tandis qu'en vivant à Lanstrac, j'aurai soin de vos intérêts et referai ma fortune à force d'économies.

— Toi, maman, faire des économies! s'écria railleusement Natalie. Ne deviens donc pas déjà grand'mère? Comment, tu me quitterais pour de semblables motifs! Chère mère, Paul peut te sembler un petit peu bête, mais il n'est pas le moins du monde intéressé...

— Ha! ha! répondit madame Évangélista d'un son de voix gros d'observations et qui fit palpiter Natalie, la discussion du contrat m'a rendue défiante et m'inspire quelques doutes. — Mais sois sans inquiétudes, chère enfant, dit-elle en prenant sa fille par le col, et l'amenant à elle pour l'embrasser, je ne te laisserai pas longtemps seule. Quand mon retour parmi vous ne causera plus d'ombrage, quand Paul m'aura jugée, nous reprendrons notre bonne petite vie, nos causeries du soir.

— Comment, ma mère, tu pourras vivre sans ta Ninie!

— Oui, cher ange, parce que je vivrai pour toi. Mon cœur de mère ne sera-t-il pas sans cesse satisfait par l'idée que je contribue, comme je le dois, à votre double fortune?

— Mais, chère adorable mère, vais-je donc être seule avec Paul, là, tout de suite? Que deviendrai-je? comment cela se passera-t-il? que dois-je faire, que dois-je ne pas faire?

— Pauvre petite, crois-tu que je veuille ainsi t'abandonner à la première bataille? Nous nous écrirons trois fois par semaine comme deux amants, et serons ainsi sans cesse au cœur l'une de l'autre. Il ne t'arrivera rien que je ne le sache, et je te garantirai de tout malheur. Puis il serait trop ridicule que je ne vinsse pas vous voir, ce serait jeter de la déconsidération sur ton mari; je passerai toujours un mois ou deux chez vous à Paris.

— Seule, dit Natalie avec terreur, et interrompant sa mère, déjà seule et avec lui!

— Ne faut-il pas que tu sois sa femme?

— Je le veux bien, mais au moins dis-moi comment je dois me conduire, toi qui faisais tout ce que tu voulais de mon père, tu t'y connais! je t'obéirai aveuglément.

Madame Évangélista baisa Natalie au front, elle voulait et attendait cette prière.

— Enfant, mes conseils doivent s'adapter aux circonstances. Les hommes ne se ressemblent pas entre eux; le lion et la grenouille sont moins dissemblables que ne l'est un homme comparé à un autre, moralement parlant. Sais-je aujourd'hui ce qui t'adviendra demain? je ne puis maintenant te donner que des avis généraux sur l'ensemble de ta conduite.

— Chère mère, dis-moi donc bien vite tout ce que tu sais: j'écoute.

— D'abord, ma chère enfant, la cause de la perte des femmes mariées qui tiennent à conserver le cœur de leurs maris..... Et, dit-elle en faisant une parenthèse, conserver leur cœur ou les gouverner est une seule et même chose! Eh bien, la cause principale des désunions conjugales se trouve dans une cohésion constante qui n'existait pas autrefois, et qui s'est introduite dans ce pays-ci, avec la manie de la famille. Depuis la révolution qui s'est faite en France, les mœurs bourgeoises ont envahi les maisons aristocratiques. Ce malheur est dû à l'un de leurs écrivains, à Rousseau, hérétique infâme, qui n'a eu que des pensées anti-sociales, et qui, je ne sais comment, a justifié les choses les plus déraisonnables. Il a prétendu que toutes les femmes avaient les mêmes droits, les mêmes facultés; que, dans l'état de société, l'on devait obéir à la nature, comme si la femme d'un grand d'Espagne, comme si toi et moi nous avions quelque chose de commun avec une femme du peuple! Et, depuis, les femmes comme il faut ont nourri leurs enfants, ont élevé leurs filles et sont restées à la maison. Ainsi la vie s'est compliquée de telle sorte que le bonheur est devenu presque impossible : car une convenance entre deux caractères, semblable à celle qui nous a fait vivre comme deux amies, est une exception. Le contrat perpétuel n'est pas moins dangereux entre les enfants et les parents qu'il l'est entre les époux. Il est peu d'âmes chez lesquelles l'amour résiste à l'omniprésence, ce miracle n'appartient qu'à Dieu. Mets donc entre Paul et toi les barrières du monde, vas au bal, à l'Opéra; promène-toi le matin, dîne en ville le soir, rends beaucoup de visites, accorde peu de moments à Paul ; par ce système tu ne perdras rien de ton prix. Quand pour aller jusqu'au bout de l'existence, deux êtres n'ont que le sentiment, ils en ont bientôt épuisé les ressources; et bientôt l'indifférence, la satiété, le dégoût arrivent. Une fois le sentiment flétri, que devenir? Sache bien que l'affection éteinte ne se remplace que par l'indifférence ou par le mépris. Sois donc toujours jeune et toujours neuve pour lui. Qu'il t'ennuie, cela peut arriver, mais toi ne l'ennuie jamais. Savoir s'ennuyer à propos est une des conditions de toute espèce de pouvoir. Vous ne pourrez diversifier le bonheur ni par les soins de fortune, ni par les occupations du ménage; si donc tu ne faisais partager à ton mari tes occupations mondaines, si tu ne l'amusais pas, vous arriveriez à la plus horrible atonie. Là commence le *spleen* de l'amour. Mais on aime toujours qui nous amuse ou qui nous rend heureux. Donner le bonheur ou le recevoir, sont deux systèmes de conduite féminine, séparés par un abîme.

— Chère mère, je vous écoute, mais je ne comprends pas.

— Si tu aimes Paul au point de faire tout ce qu'il voudra, s'il te donne vraiment le bonheur, tout sera dit, tu ne seras pas la maîtresse, et les meilleurs préceptes du monde ne serviront à rien.

— Ceci est plus clair, mais j'apprends la règle sans pouvoir l'expliquer, dit Natalie en riant. J'ai la théorie, la pratique viendra.

— Ma pauvre Ninie, reprit la mère qui laissa tomber une larme sincère en pensant au mariage de sa fille, et qui la pressa sur son cœur. Il t'arrivera des choses qui te donneront de la mémoire!

— Enfin, reprit-elle après une pause, pendant laquelle la mère et la fille restèrent unies dans un embrassement plein de sympathie, sache-le bien, ma Natalie, nous avons toutes une destinée en tant que femmes comme les hommes ont leur vocation. Ainsi une femme est née pour être une femme à la mode, une charmante maîtresse de maison, comme un homme est né général ou poëte. Ta vocation est de plaire. Ton éducation t'a d'ailleurs formée pour le monde. Aujourd'hui les femmes doivent être élevées pour le salon comme autrefois elles l'étaient pour le gynécée. Tu n'es faite ni pour être mère de famille, ni pour devenir intendant. Si tu as des enfants, et j'espère qu'ils n'arriveront pas de manière à te gâter la taille le lendemain de ton mariage; rien n'est plus bourgeois que d'être grosse un mois après la cérémonie, et d'abord cela prouve qu'un mari ne nous aime pas bien! Si donc tu as des enfants, deux ou trois ans après ton mariage, eh bien, les gouvernantes et les précepteurs les élèveront. Toi, sois la grande dame qui représente le luxe et le plaisir de la maison; mais sois une supériorité visible seulement dans les choses qui flattent l'amour-propre des hommes, et cache la supériorité que tu pourras acquérir dans les grandes.

— Mais vous m'effrayez, chère maman, s'écria Natalie. Comment me souviendrai-je de ces préceptes? Comment vais-je faire, moi si étourdie, si enfant, pour tout calculer, pour réfléchir avant d'agir?

— Mais, ma chère petite, je ne te dis aujourd'hui que ce que tu apprendrais plus tard, mais en achetant ton expérience par des fautes cruelles, par des erreurs de conduite qui te causeraient des regrets et embarrasseraient ta vie.

— Mais par quoi commencer? dit naïvement Natalie.

— L'instinct te guidera, reprit la mère. En ce moment, Paul te désire beaucoup plus qu'il ne t'aime, car l'amour enfanté par les désirs est une espérance, et celui qui succède à leur satisfaction est la réalité. Là, ma chère, sera ton pouvoir, là est toute la question. Quelle femme n'est pas aimée la veille? sois-la le lendemain, tu le seras toujours. Paul st un homme faible, qui se façonne facilement à l'habitude; s'il te cède une première fois, il cédera toujours. Une femme ardemment désirée peut tout demander : ne fais pas la folie que j'ai vu faire à beaucoup de femmes qui, ne connaissant pas l'importance des premières heures où nous régnons, les emploient à des niaiseries, à des sottises sans portée. Sers-toi de l'empire que te donnera la première passion de ton mari pour l'habituer à t'obéir. Mais pour le faire céder, choisis la chose la plus déraisonnable, afin de bien mesurer l'étendue de ta puissance par l'étendue de la concession. Quel mérite aurais-tu, en lui faisant vouloir une chose raisonnable. Serait-ce à toi qu'il obéirait ? Il faut toujours attaquer le taureau par les cornes, dit un proverbe castillan, une fois qu'il a vu l'inutilité de ses défenses et de sa force, il est dompté. Si ton mari fait une sottise pour toi, tu le gouverneras.

— Mon Dieu ! pourquoi tout cela ?

— Parce que, mon enfant, le mariage dure toute la vie et qu'un mari n'est pas un homme comme un autre. Aussi ne fais jamais la folie de te livrer en quoi que ce soit. Garde une constante réserve dans tes discours et dans tes actions; tu peux même aller sans danger jusqu'à la froideur, car on peut la modifier à son gré, tandis qu'il n'y a rien au-delà des expressions extrêmes de l'amour. Un mari, ma chère, est le seul homme avec lequel une femme ne peut rien se permettre. Rien n'est d'ailleurs plus facile que de garder sa dignité. Ces mots : « Votre femme ne doit pas, votre femme ne peut pas faire ou dire telle chose! » sont le grand talisman. Toute la vie d'une femme est dans : — Veux pas ! — Veux pas ! Je ne peux pas est l'irrésistible argument de la faiblesse qui se couche, qui pleure et séduit. Je ne veux pas, est le dernier argument; la force féminine se montre alors tout entière; aussi doit-on ne l'employer que dans les occasions graves. Mais le succès est tout entier dans les manières dont une femme se sert de ces deux mots, les commente et les varie. Mais il est un moyen de domination meilleur que ceux-ci, qui semblent comporter des débats. Moi, ma chère, j'ai régné par la Foi. Si ton mari croit en toi, tu peux tout. Pour lui inspirer cette religion, il faut lui persuader que tu le comprends. Et ne pense pas que ce soit chose facile : une femme peut toujours prouver à un homme qu'il est aimé, mais il est plus difficile de lui faire avouer qu'il est compris. Je dois te dire tout à toi, mon enfant, car pour toi la vie avec ses complications, la vie où deux volontés doivent s'accorder, va commencer demain ! Songes-tu bien à cette difficulté ? Le meilleur moyen d'accorder vos deux volontés est de t'arranger de manière à ce qu'il n'y en ait qu'une seule au logis. Beaucoup de gens prétendent qu'une femme se crée des malheurs en changeant ainsi de rôle; mais, ma chère, une femme est ainsi maîtresse de commander aux événements au lieu de les subir, et ce seul avantage compense tous les inconvénients possibles.

Natalie baisa les mains de sa mère en y laissant des larmes de reconnaissance. Comme les femmes chez lesquelles la passion physique n'échauffe point la passion morale, elle comprit tout-à-coup la portée de cette haute politique de femme; mais semblable aux enfants gâtés qui ne se tiennent pas pour battus par les raisons les plus solides, et qui reproduisent obstinément leur désir, elle revint à la charge avec un de ces arguments personnels que suggère la logique droite des enfants.

— Chère mère, dit-elle, il y a quelques jours, vous parliez tant des préparations nécessaires à la fortune de Paul que vous seule pouviez diriger, pourquoi changez-vous d'avis en nous abandonnant ainsi à nous-mêmes ?

— Je ne connaissais ni l'étendue de mes obligations, ni le chiffre de mes dettes, répondit la mère qui ne voulait pas dire son secret. D'ailleurs, dans un an ou deux d'ici, je te répondrai là-dessus. Paul va venir, habillons-nous ? Sois chatte et gentille comme tu l'as été, tu sais ? dans la soirée où nous avons discuté ce fatal contrat, car il s'agit aujourd'hui de sauver un débris de notre maison, et de te donner une chose à laquelle je suis superstitieusement attachée.

— Quoi?

— *Le discreto.*

Paul vint vers quatre heures. Quoiqu'il s'efforçât en abordant sa belle-mère de donner un air gracieux à son visage, madame Évangélista vit sur son front les nuages que les conseils de la nuit et les réflexions du réveil y avaient amassés.

— Mathias a parlé ! se dit-elle en se promettant à elle-même de détruire l'ouvrage du vieux notaire. — Cher enfant, lui dit-elle, vous avez laissé vos diamants dans la console, et je vous avoue que je ne voudrais plus voir des choses qui ont failli élever des nuages entre nous. D'ailleurs, comme l'a fait observer M. Mathias, il faut les vendre pour subvenir au premier paiement des terres que vous avez acquises.

— Ils ne sont plus à moi, dit-il, je les ai donnés à Natalie, afin qu'en les voyant sur elle, vous ne vous souveniez plus de la peine qu'ils vous ont causée.

Madame Évangélista prit la main de Paul et la serra cordialement en réprimant une larme d'attendrissement.

— Écoutez, mes bons enfants, dit-elle en regardant Natalie et Paul, s'il en est ainsi, je vais vous proposer une affaire. Je suis forcée de vendre mon collier de perles et mes boucles d'oreilles. Oui, Paul, je ne veux pas mettre un sou de ma fortune en rentes viagères, je n'oublie pas ce que je vous dois! Eh bien! j'avoue ma faiblesse, vendre le *Discreto* me semble un désastre. Vendre un diamant qui porte le surnom de Philippe II, et dont fut ornée sa royale main, une pierre historique que pendant dix ans le duc d'Albe a caressée sur le pommeau de son épée, non, ce ne sera pas! Elie Magus a estimé mes boucles d'oreilles et mon collier à deux cent et quelques mille francs; échangeons-les contre les joyaux que je vous livre pour accomplir mes engagements envers ma fille; vous y gagnerez, mais qu'est-ce que cela me fait, je ne suis pas intéressée. Ainsi, Paul, avec vos économies vous vous amuserez à composer pour Natalie un diadème ou des épis, diamant à diamant. Au lieu d'avoir ces parures de fantaisie, ces brimborions sans unité, qui ne sont à la mode que parmi les petites gens, votre femme aura de magnifiques diamants avec lesquels elle aura de véritables jouissances. Vendre pour vendre, ne vaut-il pas mieux se défaire de ces antiquailles, et garder dans la famille ces belles pierreries?

— Mais, ma mère, et vous? dit Paul.

— Moi, répondit madame Évangélista, je n'ai plus besoin de rien. Oui, je vais être votre fermière à Lanstrac. Ne serait-ce pas une folie que d'aller à Paris au moment où je dois liquider ici le reste de ma fortune? Je deviens avare pour mes petits-enfants.

— Chère mère, dit Paul tout ému, dois-je accepter cet échange sans soulte?

— Mon Dieu! n'êtes-vous pas mes plus chers intérêts. Croyez-vous qu'il n'y aura pas pour moi du bonheur à me dire au coin de mon feu : — Natalie arrive ce soir, brillante, au bal chez la duchesse de Berry. En se voyant mon diamant au cou, mes boucles aux oreilles, elle a ces petites jouissances d'amour propre qui contribuent tant au bonheur d'une femme, et la rendent gaie, avenante; car rien n'attriste plus une femme que le froissement de ses vanités, je n'ai jamais vu nulle part une femme mal mise être aimable et de bonne humeur.

Allons, soyez juste, Paul? nous jouissons beaucoup plus en l'objet aimé, qu'en nous-même.

— Mon Dieu! que voulait donc dire Mathias? pensait Paul. Allons, maman, dit-il à demi-voix, j'accepte.

— Moi, je suis confuse, dit Natalie.

Solonet vint en ce moment pour annoncer une bonne nouvelle à sa cliente; il avait trouvé, parmi les spéculateurs de sa connaissance, deux entrepreneurs affriolés par l'hôtel où l'étendue des jardins permettait de faire des constructions.

— Ils offrent trois cent trente mille francs, dit-il, mais si vous y consentez je pourrais les amener à trois cent cinquante. Vous avez deux arpents de jardin.

— Mon mari a payé le tout deux cent mille francs, ainsi je consens, dit-elle, mais vous me réserverez le mobilier, les glaces...

— Ah! dit en riant Solonet, vous entendez les affaires.

— Hélas! il faut bien, dit-elle en soupirant.

— J'ai su que beaucoup de personnes viendront à votre messe de minuit, dit Solonet en se levant, car il s'aperçut qu'il était de trop.

Madame Évangélista le reconduisit jusqu'à la porte du dernier salon, et lui dit à l'oreille : — J'ai maintenant pour trois cent cinquante mille francs de bijoux à vendre, mon argenterie et mon mobilier vaudront près de cent mille francs; si j'ai deux cent mille francs à moi sur le prix de la maison, je puis réunir six cent cinquante mille francs de capitaux. Je veux en tirer le meilleur parti possible et compte sur vous pour cela. Je resterai probablement à Lanstrac.

Le jeune notaire baisa la main de sa cliente avec un geste de reconnaissance, car l'accent de la veuve fit croire à Solonet que cette alliance, conseillée par les intérêts, allait s'étendre un peu plus loin.

— Vous pouvez compter sur moi, dit-il, je vous trouverai des placements sur marchandises où vous ne risquerez rien et où vous aurez des gains considérables...

— A demain, dit-elle, car vous êtes notre témoin avec M. le marquis de Gyas.

— Pourquoi, chère mère, dit Paul, refusez-vous de venir à Paris? Natalie me boude, comme si j'étais la cause de votre résolution.

— J'ai bien pensé à cela, mes enfans, je vous gênerais. Vous vous croiriez obligés de me mettre en tiers dans tout ce que vous feriez, et les jeunes gens ont des idées à eux que je pourrais involontairement contrarier. Allez seuls à Paris. Je ne veux pas continuer sur la comtesse de Manerville la douce domination que j'exerçais sur Natalie, il faut vous la laisser tout entière. Voyez-vous, il existe entre nous deux, Paul, des habitudes qu'il faut briser. Mon influence doit céder à la vôtre. Je veux que vous m'aimiez, et croyez que je prends ici vos intérêts plus que vous ne l'imaginez. Les jeunes maris sont, tôt ou tard, jaloux de l'affection qu'une fille porte à sa mère. Ils ont raison peut-être. Quand vous serez bien unis, quand l'amour aura fondu vos âmes en une seule; eh bien, alors, mon cher enfant, vous ne craindrez plus en me voyant chez vous d'y voir une influence contrariante. Je connais le monde, les hommes et les choses; j'ai vu bien des ménages brouillés par l'amour aveugle de mères qui se rendaient insupportables à leurs filles autant qu'à leurs gendres. L'affection des vieilles gens est souvent minutieuse et tracassière. Peut-être ne saurais-je pas bien m'éclipser. J'ai la faiblesse de me croire encore belle, il y a des flatteurs qui veulent me prouver que je suis aimable, j'aurais des prétentions gênantes. Laissez-moi faire un sacrifice de plus à votre bonheur? je vous ai donné ma fortune, eh bien! je vous livre encore mes dernières vanités de femme. Votre père Mathias est vieux, il ne pourrait pas veiller sur vos propriétés; moi, je me ferai votre intendant, je me créerai des occupations que, tôt ou tard, doivent avoir les vieilles gens; puis, quand il le faudra, je viendrai vous seconder à Paris dans vos projets d'ambition. Allons, Paul, soyez franc, ma résolution vous arrange, dites?

Paul ne voulut jamais en convenir, mais il était très-heureux d'avoir sa liberté. Les soupçons que le vieux notaire lui avait inspirés sur le caractère de sa belle-mère furent en un moment dissipés par cette conversation que madame Évangélista reprit et continua sur ce ton.

— Ma mère avait raison, se dit Natalie qui observait la physionomie de Paul. Il est fort content de me savoir séparée d'elle, pourquoi? Ce *pourquoi* n'était-il pas la première interrogation de la défiance, et ne donnait-il pas une autorité considérable aux enseignements maternels?

Il est certains caractères qui, sur la foi d'une seule preuve, croient à l'amitié. Chez les gens ainsi faits, le vent du Nord chasse aussi vite les nuages que le vent d'orage les amène; ils s'arrêtent aux effets sans remonter aux causes. Paul était une de ces natures essentiellement confiantes, sans mauvais sentiments, mais aussi sans prévisions. Sa faiblesse procédait beaucoup plus de sa bonté, de sa croyance au bien, que d'une docilité d'âme.

Natalie était songeuse et triste, car elle ne savait pas se passer de sa mère. Paul, avec cette espèce de fatuité que donne l'amour, se riait de la mélancolie de sa future femme, en se disant que les plaisirs du mariage et l'entraînement de Paris la dissiperaient. Madame Évangélista voyait avec un sensible plaisir la confiance de Paul, car la première condition de la vengeance est la dissimulation. Une haine avouée est impuissante. La créole avait déjà fait deux grands pas. Sa fille se trouvait déjà riche d'une belle parure qui coûtait deux cent mille francs à Paul et que Paul compléterait sans doute. Puis elle laissait ces deux enfants à eux-mêmes, sans autre conseil que leur amour illogique. Elle préparait ainsi sa vengeance à l'insu de sa fille qui, tôt ou tard, serait sa complice. Natalie aimerait-elle Paul? Là était une question encore indécise dont la solution pouvait modifier ses projets, car elle aimait trop sincèrement sa fille pour ne pas respecter son bonheur. L'avenir de Paul dépendait donc encore de lui-même. S'il se faisait aimer, il était sauvé.

Enfin, le lendemain soir à minuit, après une soirée passée en famille avec les quatre témoins auxquels madame Évangélista donna le long repas qui suit le mariage légal, les époux et les amis vinrent entendre une messe aux flambeaux, à laquelle assistèrent une centaine de personnes curieuses. Un mariage célébré nuitamment apporte toujours à l'âme de sinistres présages; la lumière est un symbole de vie et de plaisir dont les prophéties lui manquent. Demandez à l'âme la plus intrépide pourquoi elle est glacée? pourquoi le froid noir des voûtes l'énerve? pourquoi le bruit des pas effraie? pourquoi l'on remarque le cri des chats-huants, et la clameur des chouettes? Quoiqu'il n'existe aucune raison de trembler, chacun tremble, et les ténèbres, image de mort, attristent. Natalie, séparée de sa mère, pleurait. La jeune fille était en proie à tous les doutes qui saisissent le cœur à l'entrée d'une vie nouvelle, où, malgré les plus fortes assurances de bonheur, il existe mille pièges dans lesquels tombe la femme. Elle eut froid, il lui fallut un manteau. L'attitude de madame Évangélista, celle des époux, excita quelques remarques parmi la foule élégante qui environnait l'autel.

— Solonet vient de me dire que les mariés partent demain matin, seuls, pour Paris.

— Madame Évangélista devait aller vivre avec eux.

— Le comte Paul s'en est déjà débarrassé.

— Quelle faute! dit la marquise de Gyas. Fermer sa porte à la mère de sa femme, n'est-ce par l'ouvrir à un amant? Il ne sait donc pas tout ce qu'est une mère?

— Il a été très-dur pour madame Évangélista; la pauvre femme a vendu son hôtel, et va vivre à Lanstrac.

— Natalie est bien triste!

— Aimeriez-vous, pour un lendemain de noces, de vous trouver sur une grande route?

— C'est bien gênant.

— Je suis bien aise d'être venue ici, dit une dame, pour me convaincre de la nécessité d'entourer le mariage de ses pompes, de ses fêtes d'usage, car je trouve ceci bien nu, bien triste. Et si vous voulez que je vous dise toute ma pensée, ajouta-t-elle en se penchant à l'oreille de son voisin, ce mariage me semble indécent.

Madame Évangélista prit Natalie dans sa voiture, et la conduisit elle-même chez le comte Paul.

— Hé bien, ma mère, tout est dit...

— Songe, ma chère enfant, à mes dernières recommandations, et tu seras heureuse, sois toujours sa femme, et non sa maîtresse.

Quand Natalie fut couchée, la mère joua la petite comédie de se jeter dans les bras de son gendre en pleurant. Ce fut la seule chose provinciale qu'elle se permit, mais elle avait ses raisons. A travers ses larmes et ses paroles en apparence folles ou désespérées, elle obtint de Paul de ces concessions que font tous les maris.

Le lendemain, madame Évangélista mit les mariés en voiture, et les accompagna jusqu'au delà du bac où l'on passe la Gironde. Un mot de Natalie lui apprit que si Paul avait gagné la partie dans la seconde journée, sa revanche à elle commençait. Natalie avait obtenu déjà de son mari la plus parfaite obéissance.

LA SÉPARATION.

Vers la fin du mois de novembre 1826, dans l'après-midi, le comte Paul de Manerville, enveloppé dans un manteau, la tête inclinée, entra mystérieusement chez M. Mathias à Bordeaux. Trop vieux pour continuer les affaires, le bonhomme avait vendu son étude et achevait paisiblement sa vie dans une de ses maisons où il s'était retiré. Une affaire urgente l'avait contraint de s'absenter quand arriva son hôte, mais sa vieille gouvernante, prévenue de l'arrivée de Paul, le conduisit à la chambre de madame Mathias, morte depuis un an. Fatigué par un rapide voyage, Paul dormit jusqu'au soir. A son retour, le vieillard vint voir son ancien client, et se contenta de le regarder endormi, comme une mère regarde son enfant. Josette sa gouvernante l'accompagnait, et demeura debout devant lui, les poings sur les hanches.

— Il y a aujourd'hui un an, Josette, quand je recevais ici le dernier soupir de ma chère femme, je ne savais pas que j'y reviendrais pour y voir M. le comte quasi mort.

— Pauvre monsieur, il geint en dormant ! dit Josette.

L'ancien notaire ne répondit que par un : — Sac à papier ! innocent juron qui annonçait toujours en lui la désespérance de l'homme d'affaires rencontrant d'infranchissables difficultés. — Enfin, se dit-il, je lui ai sauvé la nue propriété de Lanstrac, de d'Auzac, de Saint-Froult et de son hôtel ! M. Mathias compta sur ses doigts, et s'écria :

— Quatre ans ! Voici quatre ans, dans ce mois-ci précisément, sa vieille tante, aujourd'hui défunte, la respectable madame de Maulincour, demandait pour lui la main de ce petit crocodile habillé en femme qui définitivement l'a ruiné, comme je le pensais !

Après avoir longtemps contemplé le jeune homme, le bon vieux goutteux, appuyé sur sa canne, s'alla promener à pas lents dans son petit jardin. A neuf heures, le souper était servi, car M. Mathias soupait ; il ne fut pas médiocrement étonné de voir à Paul un front calme, une figure sereine quoique sensiblement altérée. Si à trente-deux ans, le comte de Manerville paraissait en avoir quarante, ce changement de physionomie était dû seulement à des secousses morales ; physiquement il se portait bien. Il alla prendre les mains du bonhomme pour le forcer à rester assis, et les lui serra fort affectueusement en lui disant : — Bon cher maître Mathias, vous avez eu vos douleurs vous !

— Les miennes étaient dans la nature, monsieur le comte, mais les vôtres...

— Nous parlerons de moi tout à l'heure, en soupant.

— Si je n'avais pas un fils dans la magistrature, et une fille mariée, dit le bonhomme, croyez, monsieur le comte, que vous auriez trouvé chez le vieux Mathias autre chose que l'hospitalité. Comment venez-vous à Bordeaux au moment où sur tous les murs les passants lisent les affiches de la saisie immobilière des fermes du Grossou, du Guadet, du clos de Belle-Rose et de votre hôtel ! Il m'est impossible de dire le chagrin que j'éprouve en voyant ces grands placards, moi qui pendant trente ans ai soigné ces immeubles comme s'ils m'appartenaient, moi qui, troisième clerc du digne monsieur Chesneau, mon prédécesseur, les ai achetés pour madame votre mère, et qui, de ma main de troisième clerc, ai si bien écrit l'acte de vente sur parchemin, en belle ronde ! moi qui ai déposé les titres de propriété dans l'étude de mon successeur, moi qui ai fait les liquidations. Moi qui vous ai vu grand comme ça! dit le notaire, en mettant la main à deux pieds de terre. Il faut avoir été notaire pendant cinquante-trois ans et demi, pour connaître l'espèce de douleur que me cause la vue de mon nom imprimé tout vif à la face d'Israel, dans les verbaux de la saisie, et dans l'établissement de la propriété. Quand je passe dans la rue, et que je vois des gens occupés à lire ces horribles affiches jaunes, je suis honteux comme s'il s'agissait de ma propre ruine et de mon honneur. Il y a des imbéciles qui vous épellent cela tout haut, exprès pour attirer les curieux, et ils se mettent tous à faire les plus sots commentaires. N'est-on pas maître de son bien? Votre père avait mangé deux fortunes avant de refaire celle qu'il vous a laissée; vous ne seriez point un Manerville si vous ne l'imitiez pas. D'ailleurs les saisies immobilières ont donné lieu à tout un titre dans le Code, elles ont été prévues, vous êtes dans un cas admis par la loi. Si je n'étais pas un vieillard à cheveux blancs et qui n'attend qu'un coup de coude pour tomber dans sa fosse, je rosserais ceux qui s'arrêtent devant ces abominations : *A la requête de dame Natalie Evangélista, épouse de Paul-François-Joseph, comte de Manerville, séparée quant aux biens par jugement du tribunal de première instance du département de la Seine*, etc.

— Oui, dit Paul, et maintenant séparée de corps...

— Ah! fit le vieillard.

— Oh! contre le gré de Natalie, dit vivement le comte; il m'a fallu la tromper, elle ignore mon départ.

— Vous partez!

— Mon passage est payé, je m'embarque sur la *Belle-Amélie* et vais à Calcutta.

— Dans deux jours! dit le vieillard. Ainsi nous ne nous verrons plus, monsieur le comte!

— Vous n'avez que soixante-treize ans, mon cher Mathias, et vous avez la goutte, un vrai brevet de vieillesse. Quand je serai de retour, je vous retrouverai sur vos pieds. Votre bonne tête et votre cœur seront encore sains; vous m'aiderez à reconstruire l'édifice ébranlé. Je veux gagner une belle fortune en six ans. A mon retour, je n'aurai pas encore quarante ans, tout est encore possible à cet âge.

— Vous, dit Mathias en laissant échapper un geste de surprise, vous, monsieur le comte, aller faire le commerce! y pensez-vous?

— Je ne suis plus monsieur le comte, cher Mathias, mon passage est arrêté sous le nom de Camille, un des noms de baptême de ma mère. Puis j'ai des connaissances qui me permettent de faire fortune autrement. Le commerce sera ma dernière chance. Enfin, je pars avec une somme assez considérable pour qu'il me soit permis de tenter la fortune sur une grande échelle.

— Où est cette somme?

— Un ami doit me l'envoyer.

Le vieillard laissa tomber sa fourchette en entendant le mot d'*ami*, non par raillerie ni surprise; son air exprima la douleur qu'il éprouvait en voyant Paul sous l'influence d'une illusion trompeuse; car son œil plongeait dans un gouffre là où le comte apercevait un plancher solide.

— J'ai pendant cinquante ans environ exercé le notariat, je n'ai jamais vu les gens ruinés avoir des amis qui leur prêtassent de l'argent!

— Vous ne connaissez pas de Marsay! A l'heure où je vous parle, je suis sûr qu'il a vendu des rentes, s'il le faut, et demain vous recevrez une lettre de change de cinquante mille écus.

— Je le souhaite. Cet ami ne pouvait-il donc pas arranger vos affaires? Vous auriez vécu tranquillement à Lanstrac avec les revenus de madame la comtesse pendant six ou sept ans.

— Une délégation aurait-elle payé deux millions de dettes, dans lesquelles ma femme entrait pour cinq cent cinquante mille francs?

— Comment, en quatre ans, avez-vous fait quatorze cent cinquante mille francs de dettes?

— Rien de plus clair, Mathias. N'ai-je pas laissé les diamants à ma femme? n'ai-je pas dépensé les cent cinquante mille francs qui nous revenaient sur le prix de l'hôtel Évangélista, dans l'arrangement de ma maison de Paris. N'a-t-il pas fallu payer ici les frais de nos acquisitions et ceux auxquels a donné lieu mon contrat de mariage? Enfin, n'a-t-il pas fallu vendre les trente mille livres de rente de Natalie pour payer d'Auzac et Saint-Froult? Nous avons vendu à quatre-vingt-sept, je me suis donc endetté de près de quatre-vingt mille francs dès le premier mois de mon mariage. Il nous est resté soixante-sept mille livres de rente. Nous en avons constamment dépensé deux cent mille en sus. Joignez à ces neuf cent mille francs quelques intérêts usuraires, vous trouverez facilement un million.

— Gouffre! fit le vieux notaire. Après?

— Hé bien, après! J'ai d'abord voulu compléter à ma femme la parure qui se trouvait commencée avec le collier de perles agrafé par le *Discreto*, un diamant de famille, et par les boucles d'oreilles de sa mère. J'ai payé deux cent mille francs une couronne d'épis. Nous voici à douze cent mille francs. Je me trouve devoir la fortune de ma femme qui s'élève à cinq cent cinquante mille francs de sa dot.

— Mais, dit Mathias, si madame la comtesse avait engagé ses diamants et vous vos revenus, vous auriez à mon compte six cent mille francs avec lesquels vous pourriez apaiser vos créanciers..

— Quand un homme est tombé, Mathias, quand ses propriétés sont grevées d'hypothèques, quand sa femme prime les créanciers par ses reprises, quand enfin cet homme est sous le coup de cent mille francs de lettres de change qui s'acquitteront, je l'espère, par le haut prix auquel monteront mes biens, rien n'est possible. Et les frais d'expropriation donc ?

— Effroyable ! dit le notaire.

— Les saisies ont été converties heureusement en ventes volontaires, afin de couper le feu.

— Vendre Belle-Rose ! s'écria Mathias, quand la récolte de 1825 est dans les caves !

— Je n'y puis rien.

— Belle-Rose vaut six cent mille francs.

— Natalie le rachètera, je le lui ai conseillé.

— Seize mille francs année commune, et des éventualités telles que 1825 ! je pousserai moi-même Belle-Rose à sept cent mille francs, et chacune des fermes à cent vingt mille francs.

— Tant mieux, je serai quitte, si mon hôtel de Bordeaux peut se vendre deux cent mille francs.

— Solonet le paiera bien quelque chose de plus, il en a envie. Il se retire avec cent et quelques mille livres de rente gagnées à jouer sur les trois-six. Il a vendu son étude trois cent mille francs, et il épouse une mulâtresse riche, Dieu sait à quoi elle a gagné son argent, mais riche, comme on dit, à millions. Un notaire jouer sur les trois-six ! un notaire épouser une mulâtresse ? Quel siècle ! Il faisait valoir, dit-on, les fonds de votre belle-mère.

— Elle a bien embelli Lanstrac et bien soigné les terres, elle m'a bien payé son loyer.

— Je ne l'aurais jamais crue capable de se conduire ainsi.

— Elle est si bonne et si dévouée : elle payait toujours les dettes de Natalie, pendant les trois mois qu'elle venait passer à Paris.

— Elle le pouvait bien, elle vit sur Lanstrac ! dit Mathias. Elle devenir économe ! quel miracle ! Elle vient d'acheter entre Lanstrac et Grossou le domaine de Grain-Rouge, en sorte que si elle continue l'avenue de Lanstrac jusqu'à la grande route, vous pourriez faire une lieue et demie sur vos terres. Elle a payé cent mille francs comptant Grainrouge qui vaut mille écus de rente, en sac.

— Elle est toujours belle, dit Paul. La vie de la campagne la conserve bien ; je n'irai pas lui dire adieu, elle se saignerait pour moi.

— Vous iriez vainement, elle est à Paris. Elle y arrivait peut-être au moment où vous en partiez.

— Elle a sans doute appris la vente de mes propriétés, et vient à mon secours. Je n'ai pas à me plaindre de la vie. Je suis aimé, certes, autant qu'un homme peut l'être en ce bas-monde, aimé par deux femmes qui luttaient ensemble de dévoûment ; elles étaient jalouses l'une de l'autre : la fille reprochait à la mère de m'aimer trop, la mère reprochait à la fille ses dissipations. Cette affection m'a perdu. Comment ne pas satisfaire aux moindres caprices d'une femme que l'on aime ? le moyen de s'en défendre. Mais aussi, comment accepter ses sacrifices ? Oui certes, nous pouvions liquider et venir vivre à Lanstrac ; mais j'aime mieux aller aux Indes et en rapporter une fortune que d'arracher Natalie à la vie qu'elle aime. Aussi est-ce moi qui lui ai proposé la séparation de biens ! Les femmes sont des anges qu'il ne faut jamais mêler aux intérêts de la vie !

Le vieux Mathias écoutait Paul d'un air de doute et d'étonnement.

— Vous n'avez pas d'enfants ? lui dit-il.

— Heureusement ! répondit Paul.

— Je comprends autrement le mariage, répondit naïvement le vieux notaire. Une femme doit, selon moi, partager le sort bon ou mauvais de son mari. J'ai entendu dire que les jeunes mariés qui s'aimaient comme des amants n'avaient pas d'enfants. Le plaisir est-il donc le seul but du mariage ? N'est-ce pas plutôt le bonheur et la famille ? Mais vous aviez à peine vingt-huit ans, et madame la comtesse en avait vingt ; vous étiez excusable de ne songer qu'à l'amour. Cependant, la nature de votre contrat et votre nom, vous allez me trouver bien notaire ? tout vous obligeait à commencer par faire un bon gros garçon. Oui, monsieur le comte, et si vous aviez eu des filles, il n'aurait pas fallu s'arrêter que vous n'ayez eu l'enfant mâle qui consolidait le majorat. Mademoiselle Évangélista n'était-elle pas forte, avait-elle à craindre quelque chose de la maternité ? Vous me direz que ceci est une vieille méthode de nos ancêtres ; mais dans les familles nobles, monsieur le comte, une femme légitime doit faire les enfants et les bien élever, comme le disait la duchesse de Sully, la femme du grand Sully : une femme n'est pas un instrument de plaisir, mais l'honneur et la vertu de la maison.

— Vous ne connaissez pas les femmes, mon bon Mathias, dit Paul. Pour être heureux, il faut les aimer comme elles veulent être aimées. N'y a-t-il pas quelque chose de brutal à sitôt priver une femme de ses avantages, à lui gâter sa beauté sans qu'elle en ait joui?

— Si vous aviez eu des enfants, la mère aurait empêché les dissipations dont la femme a été complice, elle serait restée au logis...

— Si vous aviez raison, mon cher, dit Paul en fronçant le sourcil, je serais encore plus malheureux; n'aggravez pas mes douleurs par une morale après la chute, laissez-moi partir sans arrière-pensée.

Le lendemain, M. Mathias reçut une lettre de change de cent cinquante mille francs payable à vue, envoyée par Henri de Marsay.

— Vous voyez, dit Paul, il ne m'écrit pas un mot, il commence par obliger. Henri est la nature la plus parfaitement imparfaite, la plus illégalement belle que je connaisse. Si vous saviez avec quelle supériorité cet homme encore jeune plane sur les sentiments, sur les intérêts, et quel grand politique il est, vous vous étonneriez comme moi de lui savoir tant de cœur.

M. Mathias essaya de combattre la détermination de Paul, mais elle était irrévocable, et justifiée par tant de raisons valables que le vieux notaire ne tenta plus de retenir son client. Il est rare que le départ des navires en charge se fasse avec exactitude ; mais par une circonstance fatale à Paul, le vent fut propice, et la *Belle-Amélie* dut mettre à la voile le lendemain. Au moment où part un navire, l'embarcadère est encombré de parents, d'amis, de curieux. Parmi les personnes qui se trouvaient là, quelques-unes connaissaient personnellement M. de Manerville. Son désastre le rendait aussi célèbre en ce moment qu'il l'avait été jadis par sa fortune; il y eut donc un mouvement de curiosité. Chacun disait son mot. Le vieillard avait accompagné Paul sur le port; ses souffrances durent être vives en entendant quelques-uns de ces propos :

— Qui reconnaîtrait dans cet homme que vous voyez là, près du vieux Mathias, ce dandy que l'on avait nommé *La Fleur des pois*, et qui faisait il y a cinq ans, à Bordeaux, la pluie et le beau temps?

— Quoi! ce gros petit homme en redingote d'alpaga, qui a l'air d'un cocher, serait le comte Paul de Manerville?

— Oui, ma chère, celui qui a épousé mademoiselle Évangélista. Le voici ruiné, sans sou ni maille, allant aux Indes pour y trouver la pie au nid.

— Mais comment s'est-il ruiné? il était si riche.

— Paris, les femmes, la Bourse, le jeu, le luxe.

— Puis, dit un autre, M. de Manerville est un pauvre sire, sans esprit, mou comme du papier mâché, se laissant manger la laine sur le dos, incapable de quoi que ce soit. Il était né ruiné.

Paul serra la main du vieillard et se réfugia sur le navire. M. Mathias resta sur le quai, regardant son ancien client qui s'appuya sur le bastingage en défiant la foule par un coup d'œil plein de mépris. Au moment où les matelots allaient lever l'ancre, Paul aperçut M. Mathias qui lui faisait des signaux à l'aide de son mouchoir. La vieille gouvernante était arrivée en toute hâte près de son maître qu'un événement de haute importance semblait agiter. Paul pria le capitaine d'attendre encore un moment et d'envoyer un canot, afin de savoir ce que lui voulait le vieux notaire qui lui faisait tout bonnement signe de débarquer. Trop impotent pour pouvoir aller à bord, M. Mathias remit deux lettres à l'un des matelots qui amenèrent le canot.

— Mon cher ami, ce paquet, dit l'ancien notaire au matelot en lui montrant une des lettres qu'il lui donnait, tu vois bien, ne te trompe pas! ce paquet vient d'être apporté par un courrier qui a fait la route de Paris en trente heures. Dis bien cette circonstance à M. le comte, n'oublie pas! elle pourrait le faire changer de résolution.

— Et il faudrait le débarquer? demanda le matelot.

— Oui, mon ami, répondit imprudemment le notaire.

Le matelot est généralement en tout pays un être à part, qui presque toujours professe le plus profond mépris pour les gens de terre. Quant aux bourgeois, il n'en comprend rien, il ne se les explique pas, il s'en moque, il les vole s'il le peut sans croire manquer aux lois de la probité. Celui-là par hasard était un Bas-Breton, qui vit une seule chose dans les recommandations du bonhomme Mathias.

— C'est ça, se dit-il en ramant, le débarquer! faire perdre un passager au capitaine! Si l'on écoutait ces marsouins-là, il faudrait passer sa vie à les embarquer et les débarquer. A-t-il peur que son fils n'attrape des rhumes?

Le matelot remit donc à Paul les lettres sans lui

rien dire. En reconnaissant l'écriture de sa femme et celle de de Marsay, Paul présuma tout ce que ces deux personnes pouvaient lui dire, et ne voulut pas se laisser influencer par les offres que leur inspirait le dévouement; il mit avec une apparente insouciance leurs lettres dans sa poche.

— Voilà pourquoi ils nous dérangent? des bêtises! dit le matelot en bas-breton au capitaine. Si c'était important comme le disait ce vieux lampion, monsieur le comte jetterait-il son paquet dans ses écoutilles?

Absorbé par les pensées tristes qui saisissent les hommes les plus forts en semblable circonstance, Paul s'abandonnait à la mélancolie en saluant de la main son vieil ami, en disant adieu à la France, en regardant les édifices de Bordeaux qui fuyaient avec rapidité. Il s'assit sur un paquet de cordages. La nuit le surprit là, perdu dans ses rêveries. Avec les demi-ténèbres du couchant vinrent les doutes : il plongeait dans l'avenir un œil inquiet; en le sondant, il n'y trouvait que périls et incertitudes; il se demandait s'il ne manquerait pas de courage; il avait des craintes vagues en sachant Natalie livrée à elle-même; il se repentait de sa résolution, il regrettait Paris et sa vie passée. Le mal de mer le prit. Chacun connaît les effets de cette maladie. La plus horrible de ses souffrances sans danger est une dissolution complète de la volonté. Un trouble inexpliqué relâche dans les centres les liens de la vitalité, l'âme ne fait plus ses fonctions et tout devient indifférent au malade : une mère oublie son enfant, l'amant ne pense plus à sa maîtresse, l'homme le plus fort gît comme une masse inerte. Paul fut porté dans sa cabine où il demeura pendant trois jours, étendu, tour à tour vomissant et gorgé de grog par les matelots, ne songeant à rien et dormant; puis, il eut une espèce de convalescence et revint à son état ordinaire. Le matin où se trouvant mieux, il alla se promener sur le tillac, pour y respirer les brises marines d'un nouveau climat, il sentit ses lettres en mettant les mains dans ses poches. Aussitôt il les saisit pour les lire, et commença par celle de Natalie. Pour que la lettre de la comtesse de Manerville puisse être bien comprise, il est nécessaire de rapporter celle que Paul avait écrite à sa femme et que voici.

Lettre de Paul de Manerville à sa femme.

Ma bien-aimée, quand tu liras cette lettre, je serai loin de toi, peut-être serai-je déjà sur le vaisseau qui m'emmène aux Indes où je vais refaire ma fortune abattue. Je ne me suis pas senti la force de t'annoncer mon départ. Je t'ai trompée. Mais ne le fallait-il pas? tu te serais inutilement gênée, tu m'aurais voulu sacrifier ta fortune. Chère Natalie, n'aie pas un remords, je n'ai pas un regret. Quand je rapporterai des millions, j'imiterai ton père, je les mettrais à tes pieds comme il mettait les siens aux pieds de ta mère, en te disant : — Tout est à toi! Je t'aime follement, Natalie. Je te le dis sans avoir à craindre que cet aveu ne te serve à étendre un pouvoir qui n'est redouté que par les gens faibles; le tien fut sans bornes le jour où je t'ai bien connue. Mon amour est le seul complice de mon désastre. Ma ruine progressive m'a fait éprouver les délirants plaisirs du joueur. A mesure que mon argent diminuait, mon bonheur grandissait. Chaque fragment de ma fortune, converti pour toi en une petite jouissance, me causait des ravissements célestes. Je t'aurais voulu plus de caprices que tu n'en avais. Je savais que j'allais vers un abîme, mais j'y allais le front couronné par la joie. Ce sont des sentiments que ne comprennent pas les gens vulgaires. J'ai agi comme ces amants qui s'enferment dans une petite maison, au bord d'un lac, pour un an ou deux, et qui se promettent de se tuer après s'être plongé dans un océan de plaisirs, mourant ainsi dans toute la gloire de leurs illusions et de leur amour. J'ai toujours trouvé ces gens-là prodigieusement raisonnables. Tu ne savais rien ni de mes plaisirs ni de mes sacrifices. Ne trouve-t-on pas de grandes voluptés à cacher à la personne aimée le prix de ce qu'elle souhaite? Je puis t'avouer ces secrets. Je serai loin de toi quand tu tiendras ce papier chargé d'amour. Si je perds les trésors de ta reconnaissance, je n'éprouve pas cette contraction au cœur qui me prendrait en te parlant de ces choses. Puis, ma bien-aimée, n'y a-t-il pas quelque savant calcul à te révéler ainsi le passé? n'est-ce pas étendre notre amour dans l'avenir? Aurions-nous donc besoin de fortifiants? ne nous aimons-nous donc pas d'un amour pur, auquel les preuves sont indifférentes, qui méconnaît le temps, les distances, et vit de lui-même? Ah! Natalie, je viens de quitter la table où j'écris près du feu, je viens de te voir endormie, confiante, posée comme une enfant, naïve, la main tendue vers moi! J'ai laissé une larme sur l'oreiller confident de nos joies. Je pars sans crainte sur la foi de cette attitude, je pars afin de conquérir le repos en conquérant une fortune assez considérable pour que nulle inquiétude ne trouble nos voluptés, pour que tu puisses satisfaire tes goûts. Ni toi, ni moi nous ne saurions nous passer des jouissances de la vie que nous menons; je suis homme, j'ai du courage; à moi seul la tâche d'amasser la fortune qui nous est nécessaire. Peut-être m'aurais-tu suivi! Je te cacherai le nom du vaisseau, le lieu de mon départ et le jour. Un ami te dira tout quand il ne sera plus temps. Natalie, mon affection est sans bornes, je t'aime comme une mère aime son enfant, comme un amant aime sa maîtresse, avec le plus grand désintéressement. A moi les travaux, à toi les plaisirs; à moi les souffrances, à toi la vie heureuse. Amuse-toi, conserve toutes tes habitudes de luxe, va aux Italiens, à l'Opéra, dans le monde, au bal, je t'absous de tout. Chère ange, lorsque tu reviendras à ce nid où nous avons savouré les fruits éclos durant nos quatre années d'amour, pense à ton ami, pense à moi pendant un moment, endors-toi dans mon cœur. Voilà tout ce que je te demande. Moi, chère éternelle pensée, lorsque perdu sous les cieux brûlants, travaillant pour nous deux, je rencontrerai des obstacles à vaincre, ou que fatigué je me reposerai dans les espérances du retour, moi je songerai à toi qui es ma belle vie. Oui, je tâcherai d'être en toi; je me dirai que tu n'as ni peines ni soucis, que tu es heureuse. De même que nous avons l'existence du jour et de la nuit, la veille et le sommeil, ainsi j'aurai mon existence fleurie à Paris, mon existence de travail aux Indes; un rêve pénible, une réalité délicieuse; je vivrai si bien dans ta réalité que mes jours seront des rêves. J'aurai mes souvenirs, je reprendrai chant par chant ce beau poëme de quatre ans; je me rappellerai les jours où tu te plaisais à briller, où par une toilette aussi bien que par un déshabillé tu te faisais nouvelle à mes yeux. Je reprendrai sur mes lèvres le goût de nos festins. Oui, chère ange, je pars comme un homme voué à une entreprise dont la réussite lui donnera sa belle maîtresse! Le passé sera pour moi comme ces rêves du désir qui précèdent la possession et que souvent la possession détrompe, mais que tu as toujours agrandis. Je reviendrai pour trouver une femme nouvelle, l'absence ne te donnera-t-elle pas des charmes nouveaux? O mon bel amour, ma Natalie, que je sois une religion pour toi. Sois bien l'enfant que je vois endormi? Si tu trahissais une confiance aveugle? Natalie, tu n'aurais pas à craindre ma colère, tu dois en être sûre, je mourrais silencieusement. Mais la femme ne trompe pas l'homme qui la laisse libre, car la femme n'est jamais lâche; elle se joue d'un tyran, mais une trahison facile qu donne la mort, elle y renonce! Non, je n'y pense pas. Grâce pour ce cri si naturel à un homme Chère femme, tu verras de Marsay, il sera le locataire de notre hôtel et te le laissera. Ce bail simulé était nécessaire pour éviter des pertes inutiles. Les créanciers, ignorant que leur paiement est une question de temps, auraient pu saisir le mobilier et l'usufruit de notre hôtel. Sois bonne pour de Marsay, j'ai la plus entière confiance dans sa capacité, dans sa loyauté. Prends-le pour défenseur et pour conseil, fais-en ton menin. Quelles que soient ses occupations, il sera toujours à toi. Je le charge de veiller à ma liquidation. S'il avançait quelque somme dont il eût besoin plus tard, je compte sur toi pour la lui remettre. Songe que je ne te laisse pas à de Marsay, mais à toi-même; en te l'indiquant, je ne te l'impose pas. Hélas! il m'est impossible de te parler d'affaires, je n'ai plus qu'une heure à rester là près de toi! Je compte tes aspirations, je tâche de retrouver tes pensées dans les rares accidents de ton sommeil; ton souffle ranime les heures fleuries de notre amour. A chaque battement de ton cœur, le mien te verse ses trésors, s'effeuille sur toi toutes les roses de mon âme, comme les enfants les sèment devant l'autel au jour de la fête de Dieu. Je te recommande aux souvenirs dont je t'accable, je voudrais t'infuser mon sang pour que tu sois bien à moi, pour que ta pensée fût ma pensée, pour que ton cœur fût mon cœur, pour être tout en toi. Tu as laissé échapper un petit murmure, comme une douce réponse! Sois toujours calme et belle comme tu es calme et belle en ce moment. Ah! je voudrais posséder ce fabuleux pouvoir dont parlent les contes de fées; je voudrais te laisser endormie ainsi pendant mon absence et te réveiller à mon retour par un baiser. Combien ne faut-il pas d'énergie et combien ne faut-il pas t'aimer pour te quitter en te voyant ainsi! Tu es une Espagnole religieuse, tu respecteras un serment fait pendant le sommeil et où l'on ne doutait pas de ta parole inexprimée. Adieu, chère, voici ta pauvre Fleur des pois emportée par un vent d'orage, mais elle te reviendra pour toujours sur les ailes de la fortune. Non, chère Nini, je ne te dis pas adieu, je ne te quitterai jamais. Ne seras-tu pas l'âme de mes actions? L'espoir de t'apporter un bonheur indestructible n'animera-t-il pas mon entreprise, ne dirigera-t-il point tous mes pas? Ne seras-tu pas toujours là? Non, ce ne sera pas le soleil de l'Inde, mais le feu de ton regard qui m'éclairera. Sois aussi heureuse qu'une femme peut l'être sans son amant. J'aurais bien voulu ne pas prendre pour dernier baiser, un baiser où tu n'étais que passive; mais, mon ange adoré, ma Nini, je n'ai pas voulu t'éveiller! A ton réveil, tu trouveras une larme sur ton front, fais-en un talisman! Songe, songe à qui mourra peut-être pour toi, loin de toi; songe moins au mari qu'à l'amant dévoué qui te confie à Dieu.

Réponse de la comtesse de Manerville à son mari.

Cher bien-aimé, dans quelle affliction me plonge ta lettre! Avais-tu le droit de prendre sans me consulter une résolution qui nous frappe également? Es-tu libre? ne m'appartiens-tu pas? ne suis-je pas à moitié créole? ne pouvais-je donc te suivre? Tu m'apprends que je ne te suis pas indispensable. Que t'ai-je fait, Paul, pour me priver de mes droits? Que veux-tu que je devienne seule dans Paris? Pauvre ange, tu prends sur toi tous mes torts. Ne suis-je pas pour quelque chose dans cette ruine? mes chiffons n'ont-ils pas bien pesé dans la balance? tu m'as fait maudire la vie heureuse, insouciante, que nous avons menée pendant quatre ans. Te savoir banni pour six ans, n'y a-t-il pas de quoi mourir? Fait-on fortune en six ans? Reviendras-tu? J'étais bien inspirée, quand je me refusais avec une obstination instinctive à cette séparation de biens que ma mère et toi vous avez voulue à toute force. Que vous disais-je alors? N'était-ce pas jeter sur toi de la déconsidération? N'était-ce pas ruiner ton crédit? Il a fallu que tu te sois fâché pour que j'aie cédé. Mon cher Paul, jamais tu n'as été si grand à mes yeux que tu l'es en ce moment. Ne désespérer de rien, aller chercher une fortune! il faut ton caractère et ta force pour se conduire ainsi. Je suis à tes pieds. Un homme qui avoue sa faiblesse avec la bonne foi, qui refait sa fortune par la même cause qui la lui a fait dissiper, par amour, par une irrésistible passion, oh! Paul, cet homme est sublime! Va sans crainte! marche à travers les obstacles, sans douter de ta Natalie, car ce serait douter de toi-même. Pauvre cher, tu veux vivre en moi? Et moi, ne serai-je pas toujours en toi! Je ne serai pas ici, mais partout où tu seras, toi. Si ta lettre m'a causé de vives douleurs, elle m'a comblé de joie; tu m'as fait en un moment connaître les deux extrêmes; car en voyant combien tu m'aimes, j'ai été fière d'apprendre que mon amour était bien senti. Parfois, je croyais t'aimer plus que tu ne m'aimais, maintenant je me reconnais vaincue, tu peux joindre cette supériorité délicieuse à toutes celles que tu as; mais n'ai-je pas plus de raisons de t'aimer, moi! Ta lettre, cette précieuse lettre où ton âme se révèle et qui m'a si bien dit que rien n'était perdu entre nous, restera sur mon cœur pendant ton absence, car toute ton âme gît là : cette lettre est ma gloire! J'irai demeurer à Lanstrac avec ma mère, j'y serai comme morte au monde, j'économiserai nos revenus pour payer tes dettes intégralement. De ce matin, Paul, je suis une autre femme, je dis adieu sans retour au monde, je ne veux pas d'un plaisir que tu ne partagerais pas. D'ailleurs, Paul, je dois quitter Paris et aller dans la solitude. Cher enfant, apprends que tu as une double raison de faire fortune. Si ton courage avait besoin d'aiguillon, ce serait un autre cœur que tu trouverais maintenant en toi-même. Mon bon ami, ne devines-tu pas? nous aurons un enfant! Vos plus chers désirs sont comblés, monsieur. Je ne voulais pas te causer de ces fausses joies qui tuent, nous avons eu déjà trop de chagrin à ce sujet, je ne voulais pas être forcée de démentir la bonne nouvelle. Aujourd'hui, je suis certaine de ce que je t'annonce; heureuse ainsi de jeter une joie à travers tes douleurs! Ce matin, ne me doutant de rien, te croyant sorti dans Paris, j'étais allée à l'Assomption y remercier Dieu. Pouvais-je prévoir un malheur? tout me souriait pendant cette matinée. En sortant de l'église, j'ai rencontré ma mère; elle avait appris ta détresse, et arrivait en poste avec ses économies, avec trente mille francs, espérant pouvoir arranger tes affaires. Quel cœur, Paul! J'étais joyeuse, je revenais pour t'annoncer ces deux bonnes nouvelles en déjeunant sous la tente de notre serre, où je t'avais préparé les gourmandises que tu aimes. Augustine me remet ta lettre. Une lettre de toi, quand nous avons dormi ensemble, n'était-ce pas tout un drame? Il m'a pris un frisson mortel, et puis j'ai lu?... J'ai lu en pleurant, et ma mère fondait en larmes aussi! Ne faut-il pas bien aimer un homme pour pleurer! car les pleurs enlaidissent une femme. J'étais à demi morte. Tant d'amour et tant de courage! tant de bonheur et tant de misères! les plus riches fortunes du cœur et la ruine momentanée des intérêts! ne pas pouvoir presser le bien-aimé dans le moment où l'admiration de sa grandeur vous étreint! quelle femme eût résisté à cette tempête de sentiments? Te savoir loin de moi quand ta main sur mon cœur m'aurait fait tant de bien ; tu n'étais pas là pour me donner ce regard que j'aime tant, pour te réjouir avec moi de la réalisation de tes espérances ; et je n'étais pas près de toi pour adoucir tes peines par ces caresses qui te rendent ta Natalie si chère, et qui te font tout oublier. J'ai voulu partir, voler à tes pieds ; mais ma mère m'a fait observer que le départ de la *Belle-Amélie* devait avoir lieu le lendemain ; que la poste seule pouvait aller assez vite, et que dans l'état où j'étais ce serait une insigne folie que de risquer tout un avenir dans un cahot. Quoique déjà mère, j'ai demandé des chevaux ; ma mère m'a trompée en me laissant croire qu'on les amènerait. Et elle a sagement agi, les premiers malaises de la grossesse ont commencé. Je n'ai pu soutenir tant d'émotions violentes, et je me suis trouvée mal. Je t'écris au lit, les médecins ont exigé du repos pendant les premiers mois. Jusqu'alors j'étais une femme frivole, maintenant je vais être une mère de famille. La Providence est bien bonne pour moi, car un enfant à nourrir, à soigner, à élever peut seul amoindrir les douleurs que me causera ton absence. J'aurai en lui un autre toi que je fêterai. J'avouerai hautement mon amour que nous avons si soigneusement caché. Je dirai la vérité. Ma mère a déjà trouvé l'occasion de démentir quelques calomnies qui courent sur ton compte. Les deux Vandenesse, Charles et Félix t'ont bien noblement défendu ; mais ton ami M. de Marsay prend tout en raillerie, il se moque de tes accusateurs, au lieu de leur répondre ; je n'aime pas cette manière de repousser légèrement des attaques sérieuses. Ne te trompes-tu pas sur lui ? Néanmoins je t'obéirai, j'en ferai mon ami. Sois bien tranquille, mon adoré, relativement aux choses qui touchent à ton honneur. N'est-il pas le mien? Mes diamants seront engagés. Nous allons, ma mère et moi, employer toutes nos ressources pour acquitter intégralement tes dettes, et tâcher de racheter ton clos de Belle-Rose. Ma mère qui s'entend aux affaires comme un vrai procureur, t'a bien blâmé de ne pas t'être ouvert à elle. Alors elle n'aurait pas acheté, croyant te faire plaisir, le domaine de Grain-Rouge, qui se trouvait enclavé dans tes terres, et t'aurait pu prêter cent trente mille francs. Elle est au désespoir du parti que tu as pris. Elle craint pour toi le séjour des Indes. Elle te supplie d'être sobre, de ne pas te laisser séduire par les femmes... Je me suis mise à rire. Je suis sûre de toi comme de moi-même. Tu me reviendras riche et fidèle. Moi seule au monde connais ta délicatesse de femme et tes sentiments secrets, qui font de toi comme une délicieuse fleur humaine digne du ciel. Les Bordelais avaient bien raison de te donner ton joli surnom. Qui donc soignera ma fleur délicate? J'ai le cœur percé par d'horribles idées. Moi sa femme, sa Natalie, être ici, quand déjà peut-être il souffre. Et moi, si bien unie à toi, ne pas partager tes peines, tes traverses, tes périls. A qui te confieras-tu? Comment as-tu pu te passer de l'oreille à qui tu disais tout? Chère sensitive emportée par un orage, pourquoi t'es-tu déplantée du seul terrain où tu pourrais développer tes parfums ? Il me semble que je suis seule depuis deux siècles, j'ai froid aussi dans Paris. J'ai déjà bien pleuré. Être la cause de ta ruine ! quel texte aux pensées d'une femme aimante ! tu m'as traitée en enfant à qui l'on donne tout ce qu'il demande, en courtisane pour laquelle un étourdi mange sa fortune. Ah ! ta prétendue délicatesse a été une insulte. Crois-tu que je ne pouvais me passer de toilette, de bals, d'Opéra, de succès? Suis-je une femme légère? Crois-tu que je ne puisse concevoir des pensées graves, servir à ta fortune aussi bien que je servais à tes plaisirs ? Si tu n'étais pas loin de moi, souffrant et malheureux, vous seriez bien grondé, monsieur, de tant d'impertinence. Ravaler votre femme à ce point ! Mon Dieu, pourquoi donc allais-je dans le monde? pour flatter ta vanité ; je me parais pour toi, tu le sais bien. Si j'avais des torts, je serais bien cruellement punie ; ton absence est une bien dure expiation de notre vie intime. Cette joie était trop complète, elle devait se payer par quelque grande douleur, et la voici venue! Après ces bonheurs si soigneusement voilés aux regards curieux du monde, après ces fêtes continuelles entremêlées des folies secrètes de notre amour, il n'y a plus rien de possible que la solitude. La solitude, cher ami, nourrit les grandes passions, et j'y aspire. Que ferais-je dans le monde? à qui reporter mes triomphes? Ah ! vivre à Lanstrac, cette terre arrangée par ton père, dans un château que tu as renouvelé si luxueusement, y vivre avec ton enfant en t'envoyant tous les soirs, tous les matins, la prière de la mère et de l'enfant, de la femme et de l'ange, ne sera-ce pas un demi-bonheur? Vois-tu ces petites mains jointes dans les miennes? Te souviendras-tu comme je vais m'en souvenir tous les soirs, de ces félicités que tu m'as rappelées dans ta chère lettre ? Oh ! oui, nous nous aimons autant l'un que l'autre! Cette bonne certitude est un talisman contre le malheur. Je ne doute pas plus de toi que toi que tu ne doutes de moi. Quelles consolations puis-je te mettre ici, moi désolée, moi brisée, moi qui vois ces six années comme un désert à traverser? Allons, je ne suis pas la plus malheureuse; ce désert ne sera-t-il pas animé par notre petit? oui, je veux te donner un fils, il le faut, n'est-ce pas? Allons, adieu, cher bien-aimé, nos vœux et notre amour te suivront partout. Les larmes qui sont sur ce papier, te diront-elles bien les choses que je ne puis exprimer? Reprends les baisers que te met, là, au bas,

TA NATALIE.

Cette lettre engagea Paul dans une rêverie autant causée par l'ivresse où le plongeaient ces témoignages d'amour, que par ses plaisirs évoqués à dessein; il les reprenait un à un, afin de s'expliquer la nouvelle conjugale. Plus un homme est heureux, plus il tremble. Chez les âmes exclusivement tendres, et la tendresse comporte un peu de faiblesse, la jalousie et l'inquiétude sont en raison directe du bonheur et de son étendue. Les âmes fortes ne sont ni jalouses ni craintives; la jalousie est un doute, la crainte est une petitesse. La croyance sans bornes est le principal attribut du grand homme : s'il est trompé, car la force aussi bien que la faiblesse peuvent rendre l'homme également dupe, son mépris lui sert de hache, il tranche tout. Cette grandeur est une exception. A qui n'arrive-t-il pas d'être abandonné de l'esprit qui soutient notre frêle machine et d'écouter la puissance inconnue qui nie tout? Paul accroché par quelques faits irrécusables, croyait et doutait tout à la fois. Perdu dans ses pensées, en proie à une terrible incertitude involontaire, mais combattue par les gages d'un amour pur et par sa croyance en Natalie, il relut deux fois cette lettre diffuse, sans pouvoir en rien conclure ni pour ni contre sa femme. L'amour est aussi grand par le bavardage que par la concision.

Pour bien comprendre la situation dans laquelle allait entrer Paul, il faut se le représenter flottant sur l'Océan comme il flottait sur l'immense étendue de son passé, revoyant sa vie entière ainsi qu'un ciel sans nuages, et finissant par revenir, après les tourbillons du doute, à la foi pure, entière, sans mélange du fidèle, du chrétien, de l'amoureux que rassurait la voix de son cœur. Et d'abord il est également nécessaire de rapporter ici la lettre à laquelle répondait Henri de Marsay.

Lettre du comte Paul de Manerville à H. Henri de Marsay.

Henri, je vais te dire un des plus grands mots qu'un homme puisse dire à son ami : je suis ruiné. Quand tu me liras, je serai prêt à partir de Bordeaux pour Calcutta, sur le navire *la Belle-Amélie*. Tu trouveras chez ton notaire un acte qui n'attend que ta signature pour être complet et dans lequel je te loue pour six ans mon hôtel par un bail simulé dont tu remettras la contre-lettre à ma femme. Je suis forcé de prendre cette précaution pour que Natalie puisse rester chez elle sans avoir à craindre d'en être chassée. Je te transporte également les revenus de mon majorat pendant quatre années, le tout contre une somme de cent cinquante mille francs, que je te prie d'envoyer en une lettre de change sur une maison de Bordeaux, à l'ordre de M. Mathias. Ma femme te donnera sa garantie en surérogation de mes revenus. Si l'usufruit de mon majorat te payait plus promptement que je ne le suppose, nous compterons à mon retour. La somme que je te demande est indispensable pour aller tenter la fortune. Si je t'ai bien connu, je dois la recevoir sans phrase à Bordeaux, la veille de mon départ. Je me suis conduit comme tu te serais conduit à ma place. J'ai tenu bon jusqu'au dernier moment sans laisser soupçonner ma ruine. Puis quand le bruit de la saisie-immobilière de mes biens disponibles est venu à Paris, j'avais fait de l'argent avec cent mille francs de lettres de change pour essayer du jeu. Quelque coup du hasard pouvait me rétablir. J'ai perdu. Comment me suis-je ruiné? volontairement, mon cher Henri. Dès le premier jour, j'ai vu que je ne pouvais tenir au train que je prenais; je savais le résultat, j'ai voulu fermer les yeux, car il m'était impossible de dire à ma femme : — Quittons Paris, allons vivre à Lanstrac. Je me suis ruiné pour elle comme on se ruine pour une maîtresse, mais avec certitude. Entre nous, je ne suis ni un niais, ni un homme faible. Un niais ne se laisse pas dominer les yeux ouverts, par une passion; puis un homme qui va reconstruire sa fortune aux Indes, au lieu de se brûler la cervelle, cet homme a du courage. Je reviendrai riche ou ne reviendrai pas. Seulement, cher ami, comme je ne veux de fortune que pour elle, que je ne veux être dupe de rien, que je serai six ans absent, je te confie ma femme. Tu as assez de bonnes fortunes pour respecter Natalie et m'accorder toute la probité du sentiment qui nous lie. Je ne sais pas de meilleur gardien que toi. Je laisse ma femme sans enfant, un amant serait bien dangereux pour elle. Sache-le, mon bon Marsay, j'aime éperdument Natalie, bassement, sans vergogne. Je lui pardonnerais, je crois, une infidélité, non parce que je suis certain de pouvoir me venger, dussé-je en mourir! mais parce que je me tuerais pour la laisser heureuse, si je ne pouvais faire son bonheur moi-même. Que puis-je craindre? Natalie a pour moi cette amitié véritable indépendante de l'amour, mais qui conserve l'amour. Elle a été traitée par moi comme un enfant gâté. J'éprouvais tant de bonheur dans mes sacrifices, l'un amenait si naturellement l'autre qu'elle serait un monstre si elle me trompait. L'amour vaut l'amour. Hélas! veux-tu tout savoir, mon cher Henri? je viens de lui écrire une lettre où je lui laisse croire que je pars l'espoir au cœur, le front serein, que je n'ai ni doute, ni jalousie, ni crainte; une lettre comme en écrivent les fils qui veulent cacher à leurs mères qu'ils vont à la mort. Mon Dieu, de Marsay, j'avais l'enfer en moi, je suis l'homme le plus malheureux du monde! A toi les cris, à toi les grincements de dents? je t'avoue les pleurs de l'amant désespéré; j'aimerais mieux rester six ans balayeur sous ses fenêtres que de revenir millionnaire après six ans d'absence, si cela était possible. J'ai d'horribles angoisses, je marcherai de douleur en douleur jusqu'à ce que tu m'aies écrit un mot par lequel tu accepteras un mandat que toi seul au monde peux remplir et accomplir. O mon cher de Marsay, cette femme est indispensable à ma vie, elle est mon air et mon soleil. Prends-la sous ton égide, garde-la-moi pure, quand même ce serait contre son gré. Oui, je serais encore heureux d'un demi-bonheur. Sois son chaperon, je n'aurai nulle défiance de toi. Prouve-lui qu'en me trahissant, elle serait vulgaire, qu'elle ressemblerait à toutes les femmes, et qu'il y aurait de l'esprit à me rester fidèle. Elle doit avoir encore assez de fortune pour continuer sa vie molle et sans soucis; mais si elle manquait de quelque chose, si elle avait des caprices, fais-toi son banquier, ne crains rien, je reviendrai riche. Après tout, mes terreurs sont sans doute vaines; Natalie est un ange de vertu. Quand Félix de Vandenesse, épris de belle passion pour elle, s'est permis quelques assiduités, je n'ai eu qu'à faire apercevoir le danger à Natalie; elle m'a tout aussitôt remercié si affectueusement que j'en étais ému aux larmes. Elle m'a dit qu'il ne convenait pas à sa réputation qu'un homme quittât brusquement sa maison, mais qu'elle saurait le congédier : elle l'a en effet reçu très-froidement et tout s'est terminé pour le mieux. Nous n'avons pas eu d'autre sujet de discussion en quatre ans, si toutefois on peut appeler discussion la causerie de deux amis. Allons, mon cher Henri, je te dis adieu en homme. Le malheur est venu. Par quelque cause que ce soit, il est là; j'ai mis habit bas, la misère et Natalie sont deux termes inconciliables. La balance sera d'ailleurs très-exacte entre mon passif et mon actif; ainsi personne ne pourra se plaindre de moi; mais si quelque chose d'imprévu mettait mon honneur en péril, je compte sur toi. Enfin si quelque événement grave arrivait, tu peux m'envoyer tes lettres sous l'enveloppe du gouverneur des Indes, à Calcutta, j'ai quelques relations d'amitié dans sa maison, et quelqu'un m'y gardera les lettres qui me viendront d'Europe. Cher ami, je désire te retrouver le même à mon retour, l'homme qui sait se moquer de tout, et qui néanmoins est accessible aux sentiments d'autrui quand ils s'accordent avec le grandiose que tu sens en toi-même. Tu restes à Paris, toi! Au moment où tu liras ceci, je crierai : « — A Carthage! »

Lettre du marquis Henri de Marsay au comte Paul de Manerville.

Ainsi, monsieur le comte, tu t'es enfoncé; monsieur l'ambassadeur a sombré. Voilà donc les belles choses que tu faisais? Pourquoi, Paul, t'es-tu caché de moi? si tu m'avais dit un seul mot, mon pauvre bonhomme, je t'aurais éclairé sur ta position. Ta femme m'a refusé sa garantie. Puisse ce seul mot te dessiller les yeux! S'il ne suffisait pas, apprends que tes lettres de change ont été protestées à la requête d'un sieur L'écuyer, ancien premier clerc d'un sieur Solonet, notaire à Bordeaux. Cet usurier en herbe, arrivé de Gascogne pour faire ici des tripotages, est le prête-nom de la très-honorée belle-mère, créancière réelle des cent mille francs pour lesquels la bonne femme t'a compté, dit-on, soixante-dix mille francs. Comparé à madame Évangélista, le papa Gobseck est une flanelle, un velours, une potion calmante, une meringue à la vanille, un oncle à dénoûment! Ton clos de Bellerose sera la proie de ta femme, à laquelle sa mère donnera la différence entre le prix de l'adjudication et le montant de ses reprises. Madame Évangélista aura le Guadet et Grossou, et les hypothèques qui grèvent ton hôtel à Bordeaux lui appartiennent sous le nom des hommes de paille que lui a trouvés ce Solonet. Ainsi, ces deux excellentes créatures réuniront cent-vingt mille livres de rente, somme à laquelle s'élève le revenu de tes biens, joint à trente et quelques mille francs en inscriptions sur le grand livre que les petites chattes possèdent. La garantie de ta femme était inutile. Ce susdit sieur L'écuyer est venu ce matin m'offrir le remboursement de la somme que je t'ai prêtée, contre un transport en bonne forme de mes droits. La récolte de 1825, que ta belle-mère a dans tes caves de Lanstrac, lui suffit pour me payer. Ainsi ces deux femmes ont déjà calculé que tu devais être en mer; mais je t'envoie ma lettre par un courrier, afin que tu sois encore à temps de suivre les conseils que je vais te donner. J'ai fait causer ce L'écuyer. J'ai saisi dans ses mensonges, dans ses paroles et dans ses réticences, les fils qui me manquaient pour faire reparaître la trame entière de la conspiration domestique ourdie contre toi. Ce soir, à l'ambassade d'Espagne, j'offrirai mes compliments d'admiration à ta belle-mère et à ta femme. Je ferai la cour à madame Évangélista, je t'abandonnerai lâchement, je te dirai d'adroites injures; quelque chose de grossier serait trop tôt découvert par ce sublime Mascarille en jupons. Comment t'as-tu mise contre toi? Voilà ce que je veux savoir. Si tu avais eu l'esprit d'être amoureux de cette femme avant d'épouser sa fille, tu serais aujourd'hui pair de France, duc de Manerville et ambassadeur à Madrid. Si tu m'avais appelé près de toi lors de ton mariage, je t'aurais aidé à connaître, analyser les deux femmes avec lesquelles tu t'engageais; et de ces observations faites en commun, il serait sorti quelques conseils utiles. N'étais-je pas le seul de tes amis en position de respecter ta femme? Étais-je à craindre? Après m'avoir jugé, ces deux femmes ont eu peur de moi et nous ont séparés. Si tu ne m'avais pas bêtement fait la moue, elles ne t'auraient pas dévoré. Ta femme a bien aidé à ce refroidissement; elle était serinée par sa mère à qui elle écrivait deux lettres dans la semaine, et tu n'y as jamais pris garde. J'ai bien reconnu mon Paul, quand j'ai su ce détail. Dans un mois, je serai assez près de ta belle-mère pour apprendre d'elle la raison de la haine hispano-italienne qu'elle t'a vouée, à toi, le meilleur homme du monde. Te haïssait-elle avant que sa fille n'aimât Félix de Vandenesse, ou le chasse-t-elle jusque dans les Indes pour rendre sa fille aussi libre que l'est en France une femme séparée de corps et de biens? Là est le problème. Je te vois bondir et hurler en apprenant que ta femme aime à la folie Félix de Vandenesse. Si je n'avais pas eu la fantaisie de faire un tour en Orient avec Montriveau Ronquerolles et quelques autres bons vivants de ta connaissance, j'aurais pu te dire quelque chose de cette intrigue qui commençait quand je suis parti; je voyais poindre alors les germes de ton malheur. Mais quel gentilhomme assez dépravé pourrait entamer de semblables questions, sans une première ouverture? Qui oserait nuire à une femme? Qui briserait le miroir aux illusions où l'un de nos amis se complaît à regarder les féeries d'un heureux mariage? Les illusions ne sont-elles pas la fortune du cœur? Ta femme, cher ami, n'était-elle pas dans la plus large acception du mot une femme à la mode? Elle ne pensait qu'à ses succès, à sa toilette; elle allait aux Bouffons, à l'Opéra, au bal; se levait tard, se promenait au bois; dînait en ville ou donnait elle-même à dîner. Cette vie me semble être pour les femmes ce qu'est la guerre pour les hommes; le public ne voit que les vainqueurs, il oublie les morts. Si les femmes délicates périssent à ce métier, celles qui résistent doivent avoir des organisations de fer, conséquemment peu de cœur, et des estomacs excellents. Là est la raison de l'insensibilité, du froid des salons. Les belles âmes restent dans la solitude, les natures faibles et tendres succombent, il ne reste que des galets qui maintiennent l'Océan social dans ses bornes en se laissant frotter, arrondir par le flot, sans s'user. Ta femme résistait admirablement à cette vie, elle y semblait habituée, elle apparaissait toujours fraîche et belle; pour moi, la conclusion était facile à tirer : elle ne t'aimait pas, et tu l'aimais comme un fou. Pour faire jaillir l'amour dans cette nature siliceuse, il fallait un homme de fer. Après avoir subi sans y résister le choc de lady Dudley, la femme de mon vrai père, Félix devait être son fait. Il n'y avait pas grand mérite à deviner que tu lui étais indifférent; de cette indifférence au déplaisir, il n'y avait qu'un pas; et, tôt ou tard, un rien, une discussion, un mot, un acte d'autorité pouvait le faire sauter à la femme. J'aurais pu te raconter à toi-même la scène qui se passait tous les soirs dans sa chambre à coucher, entre vous deux. Tu n'as pas d'enfant, mon cher? Ce mot n'explique-t-il pas bien des choses à un observateur? Amoureux, tu ne pouvais guère t'apercevoir de la froideur naturelle à une jeune femme que tu as formée à point pour Félix de Vandenesse. Eusses-tu trouvé ta femme froide, la stupide jurisprudence des gens mariés te poussait à faire honneur de sa réserve à son innocence. Comme tous les maris, tu croyais pouvoir la maintenir vertueuse dans un monde où les femmes s'expliquent d'oreille à oreille ce que les hommes n'osent dire, où tout ce qu'un mari n'apprend pas à sa femme est spécifié, commenté sous l'éventail en riant, en badinant, à propos d'un procès ou d'une aventure. Si ta femme aimait les bénéfices sociaux du mariage, elle en trouvait les charges un peu lourdes; et la charge, l'impôt, c'était toi! Ne voyant rien de ces choses, tu allais creusant des abîmes et les couvrant de fleurs, suivant l'éternelle phrase de la rhétorique; tu obéissais tout doucement à la loi qui régit le commun des hommes et dont j'avais voulu te garantir. Cher enfant, il ne te manquait plus, pour être aussi bête que le bourgeois trompé par son épouse et qui s'en étonne, ou s'en épouvante, ou s'en fâche, que de me parler de tes sacrifices, de ton amour pour Natalie, de venir me chanter : — Elle serait bien ingrate si elle me trahissait, j'ai fait cela, j'ai fait ceci, je ferai mieux, j'irai pour elle aux Indes, je, etc. Mon cher Paul, as-tu donc vécu dans Paris, as-tu donc l'honneur d'appartenir par les liens de l'amitié à Henri de Marsay, pour ignorer les choses les plus vulgaires, les premiers principes qui meuvent le mécanisme féminin, l'alphabet de leur cœur? Exterminez-vous! allez pour une femme à Sainte-Pélagie, tuez ving-deux hommes, abandonnez sept filles, servez Laban, traversez le désert, côtoyez le bagne, couvrez-vous de gloire, couvrez-vous de honte, refusez comme Nelson de livrer bataille pour aller baiser l'épaule de lady Hamilton, battez le vieux Wurmser comme Bonaparte, fendez-vous sur le pont d'Arcole, délirez comme Roland, cassez-vous une jambe éclissée pour valser six minutes avec une femme!... Mon cher, qu'est-ce que ces choses ont affaire avec l'amour? Si l'amour se déterminait sur de tels échantillons, l'homme serait trop heureux; quelques prouesses faites dans le moment du désir lui donneraient la femme aimée. L'amour, mon gros Paul! mais c'est une croyance comme celle de l'immaculée conception de la Sainte Vierge, cela vient ou cela ne vient pas. A quoi servent des flots de sang versés, les mines du Potose ou la gloire pour faire naître un sentiment involontaire, inexplicable? Les jeunes gens comme toi, qui veulent être aimés par balance de compte, me semblent être d'ignobles usuriers. Nos femmes légitimes nous doivent des enfants et de la vertu, mais elles ne nous doivent pas l'amour. L'amour, Paul! est la conscience du plaisir donné et reçu, la certitude de le donner et de le recevoir; l'amour est un désir incessamment mouvant, incessamment satisfait et insatiable! Le jour où Vandenesse a remué dans le cœur de ta femme la corde du désir que tu y laissais vierge, tes fanfaronnades amoureuses, tes torrents de cervelle et d'argent n'ont pas même été des souvenirs. Tes nuits conjugales semées de roses, fumée! ton dévouement, un remords à offrir! ta personne, une victime à égorger sur l'autel! ta vie antérieure, ténèbres! une émotion d'amour effaçait tes trésors de passion qui n'étaient plus que de la vieille ferraille. Il a eu, lui Félix, toutes les beautés, tous les dévouements, gratis peut-être, mais en amour la croyance équivaut à la réalité. Alors ta belle-mère a été naturellement du parti de l'amant contre le mari; secrètement ou patiemment, elle a fermé les yeux, ou elle les a ouverts, je ne sais ce qu'elle a fait, mais elle a été pour sa fille, contre toi. Depuis quinze ans que j'observe la société, je ne connais pas une mère qui dans cette circonstance ait abandonné sa fille. Cette indulgence est un héritage transmis de femme en femme. Quel homme peut la leur reprocher? quelque rédacteur du code civil, qui a vu des formules là où il n'existe que des sentiments! La dissipation dans laquelle te jetait la vie d'une femme à la mode, la pente d'un caractère facile et ta vanité peut-être ont fourni les moyens de se débarrasser de toi par une ruine habilement concertée. De tout ceci, tu concluras, mon bon ami, que le mandat dont tu me chargeais et dont je me serais d'autant plus glorieusement acquitté qu'il m'aurait amusé, se trouve comme nul et non avenu. Le mal à prévenir est accompli, *consummatum est*. Pardonne-moi, mon ami, de t'écrire à la de Marsay, comme tu disais, sur des choses qui doivent te paraître graves; loin de moi l'idée de pirouetter sur la tombe d'un ami, comme les héritiers sur celle d'un parent. Mais tu m'as écrit que tu devenais homme : je te crois, je te traite en politique et non en amoureux. Pour toi, cet accident n'est-il pas comme la marque à l'épaule qui décide un forçat à se jeter dans une vie d'opposition systématique, à combattre la société? Te voilà dégagé d'un souci; le mariage te possédait, tu possèdes maintenant le mariage. Paul, je suis ton ami, dans toute l'acception du mot. Si tu avais eu la cervelle cerclée dans un crâne d'airain, si tu avais eu l'énergie qui t'est venue trop tard, je t'aurais prouvé mon amitié par des confidences qui t'auraient fait marcher sur l'humanité comme sur un tapis. Mais quand nous causions des combinaisons auxquelles j'ai dû la faculté de m'amuser avec quelques amis au sein de la civilisation parisienne, comme un bœuf dans la boutique d'un faïencier; quand je te racontais sous des formes romanesques les véritables aventures de ma jeunesse, tu les prenais en effet pour des romans, sans en voir la portée. Aussi n'ai-je pu te considérer que comme une passion malheureuse. Hé bien, foi d'homme, dans les circonstances actuelles tu joues le beau rôle, et tu n'as rien perdu de ton crédit auprès de moi, comme tu pourrais le croire. Si j'admire les grands fourbes, j'estime et j'aime les gens trompés. A propos de ce médecin qui a si mal fini, conduit à l'échafaud par son amour pour une maîtresse, je t'ai raconté l'histoire bien autrement belle de ce pauvre avocat qui vit dans je ne sais quel bagne, marqué pour un faux, et qui voulait donner à sa femme, une femme adorée aussi! trente mille livres de rentes ; mais que sa femme a dénoncé pour se débarrasser de lui, et vivre avec un monsieur. Tu t'es récrié, toi et quelques niais qui soupaient avec nous. Eh bien ! mon cher, tu es l'avocat, moins le bagne. Tes amis ne te font pas grâce de la déconsidération qui, dans notre société, vaut un jugement de cour d'assises. La sœur des deux Vandenesse, la marquise de Listomère et toute sa coterie où s'est enrégimenté ce petit Rastignac, un drôle qui commence à percer ; madame d'Aiglemont et son salon où règne Charles de Vandenesse, les Lenoncourt, la comtesse Fœdora et ses cavaliers servants, l'ambassade d'Espagne, enfin tout un monde soufflé fort habilement te couvre d'accusations boueuses. Tu es un mauvais sujet, un joueur, un débauché qui as mangé stupidement ta fortune. Après avoir payé tes dettes plusieurs fois, ta femme, un ange de vertu! vient d'acquitter cent mille francs de lettres de change, quoique séparée de biens. Heureusement, tu t'es rendu justice en disparaissant. Si tu avais continué, tu l'aurais mise sur la paille, elle eût été victime de son dévouement conjugal. Quand un homme arrive au pouvoir, il a toutes les vertus d'une épitaphe; qu'il tombe dans la misère, il a plus de vices que n'en avait l'enfant prodigue; tu ne saurais imaginer combien le monde te prête de péchés à la Don Juan. Tu jouais à la Bourse, tu avais des goûts licencieux dont la satisfaction te coûtait des sommes énormes et dont l'explication exige des commentaires et des plaisanteries qui font rêver les femmes. Tu payais des intérêts horribles aux usuriers. Les deux Vandenesse racontent en riant, comme quoi Gobseck te donnait pour six mille francs une frégate en ivoire et la faisait racheter pour cent écus à ton valet de chambre, afin de te la revendre ; comme quoi tu l'as démolie solennellement en t'apercevant que tu pouvais avoir un véritable brick avec l'argent qu'elle te coûtait. L'histoire est arrivée à Maxime de Trailles, il y a neuf ans ; mais elle te va si bien que Maxime a pour toujours perdu le commandement de sa frégate. Enfin je ne puis te dire tout, car tu fournis à une encyclopédie de cancans que les femmes ont intérêt à grossir. Dans cet état de choses, les plus prudes ne légitiment-elles pas les consolations du comte Félix de Vandenesse? (leur père est enfin mort hier !) Ta femme a le plus prodigieux succès. Hier, madame de Camps me répétait ces belles choses aux Italiens. — « Ne m'en parlez pas, lui ai-je répondu, vous ne savez rien vous autres ! Paul a volé la Banque et abusé Ezzelin, fait mourir trois Médora de la rue St-Denis, et je le crois associé (je vous le dis entre nous) avec la bande des Dix-Mille. Son intermédiaire est le fameux Jacques Collin, sur qui la police n'a pu remettre la main depuis qu'il s'est encore une fois évadé du bagne. Paul le logeait dans son hôtel. Vous voyez, il est capable de tout, il trompe le gouvernement. Ils sont partis tous deux pour aller travailler dans les Indes et voler le Grand-Mogol en lui prouvant, suivant l'arithmétique de Robert Macaire, que treize et huit font vingt-trois ! » Elle a compris qu'une femme distinguée comme elle ne doit pas convertir ses belles lèvres en gueule de bronze vénitienne. En apprenant ces tragi-comédies, beaucoup de gens refusent d'y croire; en prenant le parti de la nature humaine et de ses beaux sentiments, ils soutiennent que ce sont des fictions. Mon cher, M. de Talleyrand a dit ce magnifique mot : — *Tout arrive!* Certes il se passe sous nos yeux des choses encore plus étonnantes que ne l'est ce complot domestique ; mais le monde a tant d'intérêt à les démentir, à se dire calomnié ; puis ces magnifiques drames se jouent si naturellement, avec un vernis de si bon goût, que souvent j'ai besoin d'éclaircir le verre de ma lorgnette pour voir le fond des choses. Mais, je te le répète, quand un homme est de mes amis, quand nous avons reçu ensemble le baptême du vin de Champagne, communié ensemble à l'autel de la Vénus Commode, quand nous nous sommes fait confirmer par les doigts crochus du Jeu, et que mon ami se trouve dans une position fausse, je briserais vingt familles pour le remettre droit. Tu dois bien voir ici que je t'aime; ai-je jamais, à ta connaissance, écrit de lettres aussi longues que l'est celle-ci ? Lis donc avec attention ce qu'il me reste à te dire.

Hélas! Paul, il faut bien se livrer à l'écriture, je dois m'habituer à minuter des dépêches. J'aborde la politique! Je veux avoir dans cinq ans un portefeuille de ministre, ou quelque ambassade d'où je puisse remuer les affaires publiques à ma fantaisie. Il vient un âge où la plus belle maîtresse que puisse servir un homme est sa nation. Je me mets dans les rangs de ceux qui renversent le système aussi bien que le ministère actuel. Enfin, je vogue dans les eaux d'un certain prince qui n'est manchot que du pied et que je regarde comme un politique de génie, dont le nom grandira dans l'histoire; un prince complet comme peut l'être un grand artiste. Nous sommes Ronquerolles, Montriveau, les Grandlieu, La Roche-Hugon, Serizy, Féraud et Grandville, tous alliés contre le parti-prêtre, comme dit ingénieusement le parti-niais représenté par le *Constitutionnel*. Nous voulons renverser les deux Vandenesse, les ducs de Lenoncourt, de Navarreins, de Langeais et la Grande-Aumônerie. Pour triompher, nous irons jusqu'à nous réunir à La Fayette, aux Orléanistes, à la Gauche, gens à égorger le lendemain de la victoire, car tout gouvernement est impossible avec leurs principes. Nous sommes capables de tout pour le bonheur du pays et pour le nôtre. Les questions personnelles en fait de roi, sont aujourd'hui des sottises sentimentales dont il faut déblayer la politique; sous ce rapport les Anglais avec leur doge sont plus avancés que nous ne le sommes. La politique n'est plus là, mon cher. Elle est dans l'impulsion à donner à la nation, en créant une olygarchie où demeure une pensée fixe de gouvernement et qui dirige les affaires publiques dans une voie droite, au lieu de laisser tirailler le pays en mille sens différents, comme nous l'avons été depuis quarante ans dans cette belle France, si intelligente et si niaise, si folle et si sage, à laquelle il faudrait un système plutôt que des hommes. Que sont les personnes dans cette belle question? Si le but est grand, si elle vit plus heureuse et sans troubles, qu'importe à la masse les profits de notre gérance, notre fortune, nos priviléges et nos plaisirs? Je suis maintenant carré par ma base. J'ai aujourd'hui cent cinquante mille livres de rentes dans le trois pour cent, et une réserve de deux cent mille francs pour parer à des pertes. Ceci me semble encore peu de chose, dans la poche d'un homme qui part du pied gauche pour escalader le pouvoir. Un événement heureux a décidé mon entrée dans cette carrière qui me souriait peu, tu sais combien j'aime la vie orientale! Après trente-cinq ans de sommeil, ma très-honorée mère s'est réveillée en se souvenant qu'elle avait un fils qui lui faisait honneur. Souvent quand on arrache un plant de vignes, à quelques années de là certains ceps reparaissent à fleur de terre; eh bien, mon cher, quoique ma mère m'eût presque arraché de son cœur, j'ai repoussé dans sa tête. A cinquante-six ans, elle se trouve assez vieillie pour ne plus pouvoir penser à un autre homme qu'à son fils. En ces circonstances, elle a rencontré dans je ne sais quelle chaudière d'eau thermale, une délicieuse vieille fille anglaise, riche de deux cent quarante mille livres de rentes, à laquelle en bonne mère elle a inspiré l'audacieuse ambition de devenir ma femme. Une fille de trente-sept ans, ma foi! élevée dans les meilleurs principes puritains, une vraie couveuse qui soutient que les femmes adultères devraient être brûlées publiquement. — Où prendrait-on du bois! lui ai-je dit. Je l'aurais bien envoyée à tous les diables, attendu que deux cent quarante mille livres de rente ne sont pas l'équivalent de ma liberté, de ma valeur physique ou morale et de mon avenir. Mais elle est seule et unique héritière d'un vieux podagre, quelque brasseur de Londres qui, dans un délai calculable, doit lui laisser une fortune au moins égale à celle dont la mignonne est déjà douée. Outre ces avantages, elle a le nez bleu turquin, des yeux de chèvre morte, une taille qui me fait craindre qu'elle ne se casse en trois morceaux si elle tombe, elle a l'air d'une poupée mal coloriée; mais elle est d'une économie ravissante, mais elle adorera son mari quand même, mais elle a le génie anglais, elle me tiendra mon hôtel, mes écuries, ma maison, mes terres, mieux que ne le ferait un intendant. Elle a toute la dignité de la vertu, elle se tient droit comme une confidente du Théâtre-Français; rien ne m'ôterait l'idée qu'elle a été empalée, et que le pal s'est brisé dans son corps; elle est d'ailleurs assez blanche pour n'être pas trop désagréable à épouser quand il le faudra absolument. Mais, et ceci m'affecte! elle a les mains d'une fille vertueuse comme l'arche sainte, elles sont si rougeaudes que je n'ai pas encore imaginé le moyen de les lui blanchir sans trop de frais, et je ne sais comment lui en effiler les doigts qui ressemblent à des boudins! Oh, elle tient évidemment au brasseur par ses mains, et à l'aristocratie par son argent; mais elle affecte un peu trop les grandes manières comme les riches Anglaises qui veulent se faire prendre pour des ladies, et ne cache pas assez ses pattes de homard. Elle a d'ailleurs aussi peu d'intelligence que j'en veux chez une femme. S'il en existait une plus bête, je me mettrais en route pour l'aller chercher. Jamais cette fille, qui se nomme Dinah, ne me jugera; jamais elle ne me contrariera, je serai sa chambre haute, son lord, ses communes. Enfin, Paul, cette fille est une preuve irrécusable du génie anglais, elle offre un produit de la mécanique anglaise arrivée à son dernier degré de perfectionnement; elle a certainement été fabriquée à Manchester, entre l'atelier des plumes Perry et celui des machines à vapeur ou des rails. Ça mange, ça marche, ça boit, ça pourra faire des enfants, les soigner, les élever admirablement, et ça joue la femme à croire que ç'en est une. Quand ma mère nous a présentés l'un à l'autre, elle avait si bien monté la machine, elle en avait si bien repassé les chevilles, tant mis d'huile dans les rouages, que rien n'a crié; puis quand elle a vu que je ne faisais pas trop la grimace, elle a lâché les derniers ressorts, cette fille a parlé! Enfin ma mère a lâché aussi le dernier mot. Miss Dinah Stevens ne dépense que trente mille francs par an, et voyage par économie depuis sept ans. Il existe donc un second magot! Les affaires sont tellement avancées que les publications sont à terme, nous en sommes à *my dear love*, elle me fait des yeux à renverser un porte-faix. Les arrangements sont pris, il n'est point question de ma fortune; miss Stevens consacre une partie de la sienne à un majorat en fonds de terre, d'un revenu de cent vingt mille francs, et à l'achat d'un hôtel qui en dépendra; la dot avérée dont je serai responsable est d'un million. Elle n'a pas à se plaindre, je lui laisse intégralement son oncle. Le bon brasseur a failli crever de joie en apprenant que sa nièce devenait marquise, il est capable de faire un sacrifice pour mon aîné. Je retirerai ma fortune des fonds publics aussitôt qu'ils atteindront quatre-vingts, et je placerai tout en terres. Dans deux ans, je puis avoir trois cent mille livres en revenus territoriaux. Une fois le brasseur en bière, je puis compter sur six cent mille livres de rentes. Tu le vois, Paul? je ne donne à mes amis que les conseils dont je fais usage pour moi-même. Si tu m'avais écouté, tu aurais une Anglaise, quelque fille de Nabab qui te laisserait l'indépendance du garçon et la liberté nécessaire pour jouer le wisth de l'ambition. Je te céderais ma future femme, si tu n'étais pas marié. Mais il n'en est pas ainsi. Je ne suis pas homme à te remâcher le passé, à te rebouillir dans le jus de tes fautes. Ce préambule était nécessaire pour t'expliquer que je vais avoir l'existence nécessaire à ceux qui veulent jouer le grand jeu d'onchets. Je ne te faudrai point, mon ami. Au lieu d'aller te mariner dans les Indes, il est beaucoup plus simple de naviguer de conserve avec moi dans les eaux de la Seine. Crois-moi! Paris est encore le pays où source le plus abondamment la fortune. Le Potose est situé rue Vivienne, ou rue de la Paix, à la place Vendôme ou rue du Rivoli. En toute autre contrée, des œuvres matérielles, des sueurs de commissionnaire, des marches et des contre-marches sont nécessaires à l'édification d'une fortune; mais ici les pensées suffisent. Ici, un homme, même médiocrement spirituel, aperçoit une mine d'or en mettant ses pantoufles, en se curant les dents après dîner, en se couchant, en se levant. Trouve un lieu du monde où une bonne idée, bien bête, rapporte davantage et soit plus tôt comprise? Si j'arrive en haut de l'échelle, crois-tu que je sois homme à te refuser une poignée de main, un mot, une signature? Ne nous faut-il pas, à nous autres vieux roués, un ami sur lequel nous puissions compter, quand ce ne serait que pour le compromettre en notre lieu et place, pour l'envoyer mourir comme simple soldat afin de sauver le général? La politique est impossible sans un homme d'honneur avec qui l'on puisse tout dire et tout faire. Voici donc ce que je te conseille. Laisse partir *la Belle-Amélie*, reviens ici comme la foudre, je te ménagerai un duel avec Félix de Vandenesse où tu tireras le premier, et tu me l'abattras comme un pigeon. En France le mari insulté qui tue son rival devient un homme respectable et respecté. Personne ne s'en moque. La peur, mon cher, est un élément social, un moyen de succès pour ceux qui ne baissent les yeux sous le regard de personne. Moi qui me soucie de vivre comme de boire une tasse de lait d'ânesse, et qui n'ai jamais senti l'émotion de la peur, j'ai remarqué, mon cher, les étranges effets produits par ce sentiment dans nos mœurs modernes. Les uns tremblent de perdre les jouissances auxquelles ils se sont accoutumés, les autres tremblent de quitter une femme. Les mœurs aventureuses d'autrefois, où l'on jetait la vie comme un chausson, n'existent plus! La bravoure de beaucoup de gens est le calcul habilement fait de la peur dont l'adversaire est saisi. Les Polonais se battent seuls en Europe pour le plaisir de se battre, ils cultivent encore l'art pour l'art et non par spéculation. Tue Vandenesse, et ta femme tremble, et ta belle-mère tremble, et le public tremble, et tu te réhabilites, et tu publies ta passion insensée pour ta femme, et l'on te croit, et tu deviens un héros. Telle est la France! Je ne suis pas à cent mille francs près avec toi, tu paieras tes principales dettes, tu arrêteras ta ruine en vendant tes propriétés, à réméré, car tu auras promptement une position qui te permettra de rembourser avant terme tes créanciers. Puis, une fois éclairé sur le caractère de ta femme, tu la domineras par une seule parole. En l'aimant tu ne pouvais pas lutter avec elle, mais en ne l'aimant plus, tu auras une force indomptable. Je t'aurai rendu ta belle-mère souple comme un gant, car il s'agit de te retrouver avec les cent cinquante mille livres de rentes que ces deux femmes se sont ménagées. Ainsi renonce à l'expatriation qui me paraît le réchaud de charbon des gens de tête. T'en aller, n'est-ce pas donner gain de cause aux calomnies? Le joueur qui va chercher son argent pour revenir au jeu, perd tout. Il faut avoir son or en poche. Tu me fais l'effet d'aller chercher des troupes fraîches aux Indes. Mauvais! Nous sommes deux joueurs au grand tapis vert; entre nous, le prêt est de rigueur. Ainsi, prends des chevaux de poste, arrive à Paris et recommence la partie; tu la gagneras avec Henri de Marsay pour partner, car Henri de Marsay sait vouloir et sait frapper. Vois où nous en sommes? Mon vrai père fait partie du ministère anglais. Nous aurons des intelligences en Espagne par les Évangélista, car une fois que nous aurons mesuré nos griffes, ta belle-mère et moi, nous verrons qu'il n'y a rien à gagner quand on se trouve diable contre diable. Montriveau, mon cher, est lieutenant-général, il sera certes un jour ministre de la guerre, car son éloquence lui donne un grand ascendant sur la chambre. Voici Ronquerolles ministre d'état et du conseil privé. Martial de la Roche-Hugon est ambassadeur, il nous apporte en dot le maréchal duc de Carigliano et ce croupion de l'empire qui s'est soudé si bêtement à l'échine de la restauration. Sérizy mène le conseil-d'état où il est indispensable, Grandville tient la magistrature parisienne à laquelle appartiennent ses deux fils, les Grandlieu sont admirablement bien en cour, Féraud est l'âme de la coterie Limonville, bas intrigants qui sont toujours en haut, je ne sais pourquoi? Appuyés ainsi, qu'avons-nous à craindre? Nous avons un pied dans toutes les capitales, un œil dans tous les cabinets, et nous enveloppons l'administration sans qu'elle s'en doute.

La question argent n'est-elle pas une misère, un rien dans ces grands rouages préparés? Qu'est surtout une femme? resteras-tu donc toujours lycéen? Qu'est la vie, mon cher, quand une femme est toute la vie? une galère dont on n'a pas le commandement, qui obéit à une boussole folle mais non sans aimant, que régissent des vents contraires et où l'homme est un vrai galérien qui exécute non-seulement la loi, mais encore celle qu'improvise l'argousin, sans vengeance possible. Pouah! Je comprends que par passion, ou pour le plaisir que l'on éprouve à transmettre sa force à des mains blanches, on obéisse à une femme; mais obéir à Médor?... dans ce cas, je brise Angélique. Le grand secret de l'alchimie sociale, mon bon, est de tirer tout le parti possible de chacun des âges par lesquels nous passons, d'avoir toutes ses feuilles au printemps, toutes ses fleurs en été, tous les fruits en automne. Nous nous sommes amusés quelques bons vivants et moi comme des mousquetaires noirs, gris et rouges pendant douze années, ne nous refusant rien, pas même un coup de poignard par-ci, par-là; maintenant, nous allons nous mettre à secouer les prunes mûres dans l'âge où l'expérience a doré les moissons. Viens avec nous, tu auras ta part dans le *pudding* que nous allons cuisiner. Arrive et tu trouveras un ami tout à toi dans la peau de

HENRI DE M.

Au moment où Paul de Manerville achevait cette lettre dont chaque phrase était comme un coup de marteau donné sur l'édifice de ses espérances, de ses illusions, de son amour, il se trouvait au-delà des Açores. Au milieu de ses décombres, il fut saisi par une rage froide, une rage impuissante.

— Que leur ai-je fait? se demanda-t-il.

Le mot des niais; le mot des gens faibles qui ne savent rien voir, et ne peuvent rien prévoir. Il cria:
— Henri, Henri! à l'ami fidèle. Bien des gens seraient devenus fous. Paul alla se coucher; il dormit de ce profond sommeil qui suit les immenses désastres, et dont fut invinciblement saisi Napoléon après la bataille de Waterloo.

Paris, septembre-octobre 1835.

LA PAIX DU MÉNAGE.

L'aventure retracée par cette scène se passa vers la fin du mois de novembre 1809, moment où le fugitif empire de Napoléon atteignit à l'apogée de sa splendeur. Les fanfares de la victoire de Wagram retentissaient encore au cœur de la monarchie autrichienne ; la paix avait été signée entre la France et la coalition ; les rois et les princes étaient venus, comme des astres, accomplir leurs révolutions autour de Napoléon, qui se donna le plaisir d'entraîner l'Europe à sa suite, magnifique essai de la puissance qu'il devait plus tard déployer à Dresde. Jamais, au dire des contemporains, Paris ne vit de plus belles fêtes que celles qui précédèrent et suivirent le mariage de ce souverain avec une archiduchesse d'Autriche ; jamais aux plus grands jours de l'ancienne monarchie, autant de têtes couronnées ne se pressèrent sur les rives de la Seine, et jamais l'aristocratie française ne fut aussi riche et aussi brillante qu'elle le parut alors. Les diamants étaient répandus avec tant de profusion sur les parures, les broderies d'or et d'argent couvraient tant d'uniformes, qu'après la récente indigence de la république, il semblait voir toutes les richesses du globe roulant dans les salons de Paris. Une ivresse générale avait comme saisi cet empire d'un jour, et tous les militaires, sans en excepter leur chef, jouissaient en parvenus des trésors conquis par un million d'hommes à épaulettes de laine, dont on satisfaisait les exigences avec des rubans. A cette époque, la plupart des femmes affichaient cette aisance de mœurs et ce relâchement de morale qui signalèrent le règne de Louis XV. Soit pour imiter le ton de la monarchie écroulée, soit que certains membres de la famille impériale eussent donné l'exemple, ainsi que le prétendaient les froudeurs du faubourg Saint-Germain, il est certain que, hommes et femmes, tous se précipitaient vers les plaisirs avec une intrépidité qui faisait croire à la fin du monde. Mais il existait alors une autre raison de cette licence. L'engouement des femmes pour les militaires était devenu comme une frénésie. Cet enthousiasme, d'accord avec les vues de l'empereur, n'était arrêté par aucun frein. Les fréquentes prises d'armes qui faisaient ressembler tous les traités conclus entre l'Europe et Napoléon à des armistices, exposaient les passions à des dénouements aussi rapides que les décisions de ce chef suprême des kolbacs, des dolmans et des aiguillettes qui plaisaient tant au beau sexe. Les cœurs étaient donc nomades comme les régiments. D'un premier à un cinquième bulletin de la grande armée, une femme pouvait être successivement amante, épouse, mère et veuve. Était-ce la perspective d'un prochain veuvage, celle d'une dotation, ou l'espoir de partager la gloire d'un nom historique qui rendaient les militaires si séduisants ? Les femmes étaient-elles entraînées vers eux par la certitude que le secret de leurs passions serait bien gardé par des morts ? ou faut-il chercher la cause de ce doux fanatisme dans le noble attrait que le courage a pour elles ? Peut-être ces raisons, que l'historien futur des mœurs impériales s'amusera sans doute à peser, entraient-elles toutes pour quelque chose dans la facile promptitude avec laquelle elles se livraient à l'hymen et à l'amour. Quoi qu'il en puisse être, il doit suffire ici de savoir que la gloire et les lauriers couvraient bien des fautes ; que les femmes recherchaient avec ardeur ces hardis aventuriers qui leur paraissaient de véritables sources d'honneurs, de richesses et de plaisirs ;

et qu'une épaulette semblait être aux yeux d'une jeune fille un hiéroglyphe qui signifiait bonheur et liberté. Un trait qui caractérise cette époque, unique dans nos annales, était une passion effrénée pour tout ce qui brillait : jamais on ne donna tant de feux d'artifice, jamais le diamant n'atteignit à une aussi grande valeur. Les hommes étaient aussi avides que les femmes de ces cailloux blancs dont ils se paraient comme elles. Peut-être l'obligation de mettre le butin sous la forme la plus facile à transporter avait-elle mis les joyaux en honneur dans l'armée. Un homme n'était pas aussi ridicule qu'il le serait aujourd'hui, quand le jabot de sa chemise ou ses doigts offraient aux regards de gros diamants. Murat, homme tout oriental, avait donné l'exemple d'un luxe absurde chez les militaires modernes.

Le comte de Gondreville, l'un des Lucullus de ce sénat conservateur qui ne conserva rien, n'avait tant tardé à donner une fête en l'honneur de la paix que pour mieux faire sa cour à Napoléon, en s'efforçant d'éclipser les flatteurs par lesquels il avait été prévenu. Les ambassadeurs de toutes les puissances amies de la France sous bénéfice d'inventaire, les personnages les plus importants de l'empire, quelques princes même étaient en ce moment réunis dans les salons de l'opulent sénateur. La danse languissait, chacun attendait l'empereur, dont le comte faisait espérer la présence. Napoléon aurait tenu parole, sans la scène qui éclata le soir même entre Joséphine et lui, scène qui fit prévoir le prochain divorce de ces augustes époux. La nouvelle de cette aventure, alors tenue fort secrète, mais que l'histoire recueillait, ne parvint pas aux oreilles des courtisans et n'influa pas autrement que par l'absence de Napoléon sur la gaîté de la fête donnée par le comte de Gondreville. Les plus jolies femmes de Paris, empressées de se rendre chez lui sur la foi des ouï-dire, y faisaient en ce moment assaut de luxe, de coquetterie, de parure et de beauté. Orgueilleuse de ses richesses, la banque y défiait ces éclatants généraux et ces grands-officiers de l'empire tout nouvellement gorgés de croix, de titres et de décorations. Ces grands bals étaient toujours des occasions saisies par de riches familles pour y produire leurs héritières aux yeux des prétoriens de Napoléon, dans le fol espoir d'échanger leurs magnifiques dots contre une faveur incertaine. Les femmes, qui se croyaient fortes de leur seule beauté, venaient en essayer le pouvoir. Alors, là comme ailleurs, le plaisir n'était qu'un masque. Les visages sereins et riants, les fronts calmes y couvraient d'odieux calculs, les témoignages d'amitié mentaient ; plus d'un personnage se défiait moins de ses ennemis que de ses amis. Ces observations succinctes étaient nécessaires pour expliquer les événements du petit imbroglio qui fait le sujet de cette scène, et la peinture, quelque adoucie qu'elle soit, du ton qui régnait alors dans les salons de Paris.

— Tournez un peu les yeux vers cette colonne brisée qui supporte un candélabre, voyez-vous une jeune femme coiffée à la chinoise ? Là, dans le coin, à gauche ! Elle a des clochettes bleues dans le bouquet de cheveux châtains qui retombe en gerbes sur sa tête. Ne voyez-vous pas ? Elle est si pâle qu'on la croirait souffrante. Elle est mignonne et toute petite. Maintenant, elle tourne la tête vers nous. Ses yeux bleus, fendus en amande et doux à ravir, semblent faits exprès pour pleurer. Mais tenez donc ! Elle se baisse pour regarder madame de Vaudremont à travers ce dédale de têtes toujours en mouvement, et dont les hautes coiffures lui interceptent la vue.

— Ah, j'y suis, mon cher. Tu n'avais qu'à me désigner comme la plus blanche de toutes les femmes qui sont ici, je l'aurais reconnue, je l'ai déjà bien remarquée. Elle a le plus beau teint que j'aie jamais admiré. D'ici je te défie de distinguer, sur son cou, les perles qui séparent chacun des saphirs de son collier. Mais elle doit avoir ou des mœurs, ou de la coquetterie. A peine les ruches de son corsage permettent-elles de soupçonner la beauté des contours. Quelles épaules, quelle blancheur de lis !

— Qui est-ce ? demanda celui qui avait parlé le premier.

— Ah ! je ne sais pas.

— Aristocrate ! vous voulez donc, colonel, les garder toutes pour vous ?

— Cela te sied bien de me goguenarder ! reprit le militaire en souriant. Te crois-tu le droit d'insulter un pauvre général comme moi, parce que, rival heureux de Soulanges, tu ne fais pas une seule pirouette qui n'alarme madame de Vaudremont ? Ou bien est-ce parce que je ne suis arrivé que depuis un mois dans la terre promise ? Êtes-vous insolents, vous autres administrateurs qui restez collés sur vos chaises pendant que nous sommes au milieu des obus ! Allons, monsieur le maître des requêtes, laissez-nous glaner dans le champ dont vous ne restez le possesseur tranquille que quand nous le quittons. Que diable, il faut que tout le monde vive ! Si tu savais, mon ami, ce que sont les Allemandes, tu me servirais, je crois, même auprès de la Parisienne qui t'est chère.

— Colonel, puisque vous avez honoré de votre attention cette femme que j'aperçois ici pour la première fois, ayez donc la charité de me dire si vous l'avez vue dansant.

— Eh! mon cher Martial, d'où viens-tu? Si l'on t'envoie en ambassade, j'augure mal de tes succès. Ne vois-tu pas trois rangées des plus intrépides coquettes de Paris, entre notre jolie dame et l'essaim de danseurs qui bourdonne sous le lustre? Et ne t'a-t-il pas fallu l'aide de ton lorgnon pour la découvrir dans l'angle de cette colonne, où elle semble enterrée au sein d'une profonde obscurité malgré les bougies qui brillent au-dessus de sa tête. Entre elle et nous, tant de diamants et tant de regards scintillent, tant de plumes flottent, tant de dentelles, de fleurs et de tresses ondoient, que ce serait un vrai miracle si quelque danseur pouvait l'apercevoir au milieu de ces astres! Comment, Martial, tu n'as pas deviné la femme de quelque sous-préfet des Côtes-du-Nord ou de la Dyle qui vient essayer de faire un préfet de son mari?

— Oh! il le sera, dit vivement le maître des requêtes.

— J'en doute, reprit le colonel en riant, elle paraît aussi neuve en intrigue que tu l'es en diplomatie. Je gage, Martial, que tu ne sais pas comment elle se trouve là?

Le maître des requêtes regarda le colonel d'un air qui décelait autant de dédain que de curiosité.

— Eh bien! continua le colonel, elle sera sans doute arrivée ici à neuf heures bien précises, et sera venue la première peut-être. Elle aura probablement fort embarrassé la comtesse de Gondreville, qui ne sait pas coudre deux idées. Rebutée par la dame du logis, repoussée de chaise en chaise par chaque nouvelle arrivée jusque dans les ténèbres de ce petit coin, elle s'y sera laissé enfermer, victime de son humilité et de la jalousie de ces dames, qui n'auront pas demandé mieux que d'ensevelir ainsi cette dangereuse figure. Elle n'aura pas eu d'ami pour l'encourager à défendre la place qu'elle a dû occuper d'abord sur le premier plan; puis chacune de ces perfides danseuses aura intimé l'ordre à tout homme composant sa coterie de ne pas engager notre pauvre amie, sous peine des plus terribles punitions. Et voilà, mon cher, comment ces minois si tendres, si candides en apparence, auront formé une coalition générale contre l'inconnue! Et cela, sans qu'aucune de ces femmes-là ne se soit dit autre chose que : —Connaissez-vous, ma chère, cette petite dame bleue? Tiens, Martial, si tu veux être accablé en un quart d'heure de plus de regards flatteurs et d'interrogations provocantes que tu n'en recevras peut-être dans toute ta vie, essaie de vouloir percer le triple rempart qui défend la reine de la Dyle, de la Lippe ou de la Charente. Tu verras si la plus stupide de ces femmes ne saura pas inventer aussitôt une ruse capable d'arrêter l'homme le plus déterminé à mettre en lumière notre plaintive inconnue. Ne trouves-tu pas qu'elle a un peu l'air d'une élégie?

—Vous croyez, colonel. Ce serait donc une femme mariée?

— Mais elle est peut-être veuve.

— Elle serait plus active, dit en riant le maître des requêtes.

— Peut-être est-ce une veuve dont le mari est vivant, répliqua le colonel.

—En effet, depuis la paix, les dames font tant de ces sortes de veuves, répondit Martial. Mais, colonel, nous sommes deux niais! Cette tête exprime encore trop d'ingénuité pour que ce soit une femme. Il respire encore trop de jeunesse et de verdeur sur le front et autour des tempes! quels tons vigoureux de carnation! Rien n'est flétri dans les méplats des narines, des lèvres et du menton, tout en est frais comme un bouton de rose blanche; mais aussi tout y est enveloppé des nuages de la tristesse. Cette femme-là pleure.

— Quoi? dit le colonel.

— Je ne sais, reprit Martial, mais elle ne pleure pas d'être là sans danser; son chagrin ne date pas d'aujourd'hui; l'on voit qu'elle s'est faite belle pour ce soir, par préméditation. Elle aime déjà, je le parierais.

—Bah! peut-être est-ce la fille de quelque princillon d'Allemagne; personne ne lui parle, dit le colonel.

— Ah! combien une pauvre fille est malheureuse, reprit Martial. A-t-on plus de grâce et de finesse qu'en a notre petite inconnue? elle est ravissante. Eh bien! pas une des infernales et laides mégères qui l'entourent et qui se disent sensibles, ne lui adressera la parole. Si elle parlait, nous verrions si ses dents sont belles.

— Ah çà! tu t'emportes donc comme le lait à la moindre élévation de température? s'écria le colonel un peu piqué de rencontrer si vite un rival dans son ami.

—Comment! dit le maître des requêtes sans s'apercevoir de l'interrogation du colonel, et en dirigeant son lorgnon sur tous les personnages dont ils étaient entourés, comment! personne ici ne pourra nous nommer cette fleur exotique?

— Eh! c'est quelque demoiselle de compagnie, lui dit le colonel.

— Bon! une demoiselle de compagnie avec des saphirs dignes d'une reine, et une robe de Malines? à d'autres, colonel! Vous ne serez pas non plus très-fort en diplomatie si dans vos évaluations vous passez en un moment de la princesse allemande à la demoiselle de compagnie.

Moins bavard et plus curieux, le colonel arrêta par le bras un petit homme gras dont chacun apercevait au même instant les cheveux grisonnants et les yeux spirituels à toutes les encoignures de portes, et qui se mêlait sans cérémonie aux différents groupes que formaient les hommes, par lesquels il était reçu avec une sorte de déférence.

— Gondreville, mon cher ami, lui dit le militaire, quelle est donc cette charmante petite femme assise là-bas sous cet immense candélabre?

— Le candélabre? Ravrio, mon cher, Isabey en a donné le dessin.

— Oh! j'ai déjà reconnu ton goût et ton faste dans le meuble. Mais la dame, la dame?

— Ah! je ne la connais pas. C'est sans doute une amie de ma femme.

— Ou ta maîtresse, vieux sournois.

— Non, parole d'honneur. La comtesse de Gondreville est la seule femme capable d'inviter des gens que personne ne connaît.

Malgré cette observation pleine d'aigreur, le gros petit homme s'éloigna en conservant sur les lèvres le sourire de satisfaction intérieur que la supposition du colonel y avait fait naître. Celui-ci rejoignit, dans un groupe voisin, le maître des requêtes occupé alors à chercher, mais en vain, des renseignements sur l'inconnue. Il le saisit par le bras et lui dit à l'oreille : — Mon cher Martial, prends garde à toi! Madame de Vaudremont te regarde depuis quelques minutes avec une attention désespérante. Elle est femme à deviner au mouvement seul de tes lèvres ce que tu me dirais. Nos yeux n'ont été déjà que trop significatifs. Elle en a très-bien aperçu et suivi la direction, et je la crois en ce moment plus occupée que nous-mêmes de la petite dame bleue.

— Vieille ruse de guerre, mon cher colonel! Que m'importe d'ailleurs? Je suis comme l'empereur : quand je fais des conquêtes, je les garde.

— Martial, ta fatuité cherche des leçons. Comment : faquin, tu as le bonheur d'être le mari désigné de madame de Vaudremont, d'une veuve de vingt-deux ans, affligée de quatre mille napoléons de rente, d'une femme qui te passe au doigt des diamants aussi beaux que celui-ci, ajouta-t-il en prenant la main gauche du maître des requêtes, qui la lui abandonna complaisamment, et tu as encore la prétention de faire le Lovelace, comme si tu étais colonel, obligé de soutenir la réputation militaire dans les garnisons; fi! Mais réfléchis donc à tout ce que tu peux perdre.

— Je ne perdrai pas, du moins, ma liberté, répliqua Martial en riant forcément.

Il jeta un regard passionné à madame de Vaudremont, qui n'y répondit que par un sourire plein d'inquiétude, car elle avait vu le colonel examinant la bague du maître des requêtes.

— Écoute, Martial, reprit le colonel, si tu voltiges autour de ma jeune inconnue, j'entreprendrai la conquête de madame de Vaudremont.

— Permis à vous, cher cuirassier, mais vous n'obtiendrez pas cela, dit le jeune maître des requêtes en mettant l'ongle poli de son pouce sous une de ses dents supérieures dont il fit résonner l'ivoire pour en tirer un petit bruit goguenard.

— Songe que je suis garçon, reprit le colonel, que mon épée est toute ma fortune, et que me défier ainsi, c'est asseoir Tantale devant un festin qu'il dévorera.

— Prrrr! Cette railleuse accumulation de consonnes servit de réponse à la provocation du colonel, que son ami toisa plaisamment avant de le quitter. Le colonel, homme de trente-cinq ans environ, portait une culotte de casimir blanc et des bas de soie qui trahissaient en lui une rare perfection de formes. Il avait cette haute taille qui distinguait les cuirassiers de la garde impériale, et son bel uniforme rehaussait encore la grâce de son corps, auquel l'équitation n'avait fait contracter qu'un embonpoint en harmonie avec ses proportions. Ses moustaches noires ajoutaient à l'expression franche d'un visage vraiment militaire dont le front était large et découvert, le nez aquilin et la bouche vermeille. Les manières du colonel, empreintes d'une certaine noblesse due à l'habitude du commandement, pouvaient plaire à une femme qui aurait eu le bon esprit de ne pas vouloir faire un esclave de son mari. Le colonel sourit en regardant le maître des requêtes, l'un de ses meilleurs amis de collège, qui, par sa taille moyenne quoique svelte, l'obligeait à porter un peu bas son coup d'œil amical. Le baron Martial de la Roche-Hugon était un jeune Provençal, âgé d'une trentaine d'années, que Napoléon avait pris en goût. Martial semblait promis à quelque fastueuse ambassade. Il possédait à un haut degré le génie de l'intrigue, cette éloquence de salon et cette science des manières qui remplacent si facilement les éminentes qualités d'un homme solide. Sa figure vive, dont le teint paraissait plus blanc sous les boucles épaisses d'une forêt de cheveux noirs, décelait de l'esprit et de la grâce. Les deux amis furent obligés de se quitter en se donnant une cordiale poignée de main. La ritournelle, qui prévenait les dames de former les quadrilles d'une nouvelle contre-danse, chassa les hommes du vaste espace où ils causaient au milieu du salon.

Cette conversation rapide tenue dans l'intervalle qui sépare toujours les contre-danses, avait eu lieu devant une cheminée en marbre blanc sculpté, magnifique ornement du plus vaste des salons de l'hôtel Gondreville. Les demandes et les réponses de ce bavardage assez commun au bal avaient été comme soufflées par chacun des deux interlocuteurs à l'oreille de son voisin. Néanmoins les girandoles et les flambeaux de la cheminée répandaient une si abondante lumière sur les deux amis, que leurs figures trop fortement éclairées ne purent déguiser malgré leur discrétion diplomatique, l'imperceptible expression de leurs sentiments ni à la fine comtesse ni à la candide inconnue assise auprès du candélabre. Cet espionnage de la pensée est peut-être, chez les gens intéressés à découvrir les secrets des autres, un des plaisirs qu'ils trouvent dans les réunions du monde, tandis que tant de niais dupés s'y ennuient sans oser en convenir. Mais pour comprendre l'intérêt renfermé dans la conversation par laquelle commence ce récit, il est nécessaire de raconter l'événement qui par d'indivisibles liens avait réuni les personnages de ce petit drame, maintenant épars dans les salons. A onze heures du soir environ, pendant que les danseuses reprenaient leurs places, la société de l'hôtel Gondreville avait vu apparaître la plus belle femme de Paris, la reine de la mode, la seule qui manquât alors à cette splendide assemblée. Elle se faisait une loi de ne jamais arriver qu'au moment où les salons offraient ce mouvement animé qui ne permet pas aux femmes de garder longtemps la fraîcheur de leurs figures ni celle de leurs toilettes. Ce moment rapide est comme le printemps d'un bal. Une heure après, quand le plaisir a passé, que la fatigue arrive, tout y est flétri. Alors madame de Vaudremont ne commettait jamais la faute de rester à une fête pour s'y montrer avec des fleurs penchées, des boucles défrisées, des garnitures froissées, avec une figure semblable à toutes celles qui, sollicitées par le sommeil, ne le trompent pas toujours. Elle se gardait bien de laisser voir, comme ses rivales, sa beauté endormie. Elle savait soutenir habilement sa réputation de coquetterie en se retirant toujours d'un bal aussi brillante qu'elle y était entrée. Les femmes se disaient à l'oreille, avec un sentiment d'envie, qu'elle préparait et mettait autant de parures qu'elle avait de bals à parcourir dans une soirée. Cette fois, madame de Vaudremont ne devait pas être maîtresse de quitter à son gré le salon où elle arrivait alors en triomphe. Un moment arrêtée sur le seuil de la porte, elle avait jeté des regards observateurs, quoique rapides, sur toutes les femmes dont elle analysa les toilettes, afin de se convaincre que la sienne éclipserait toutes les autres. La célèbre coquette s'était offerte à l'admiration de l'assemblée, conduite par un des plus braves colonels de l'armée, un favori de l'empereur, le comte de Soulanges. L'union momentanée et fortuite de ces deux personnages avait sans doute quelque chose de mystérieux. En entendant annoncer M. de Soulanges et la comtesse de Vaudremont, quelques femmes placées en tapisserie se levèrent, et des hommes accourus de salons voisins se pressèrent aux portes du salon principal. Un de ces plaisants qui ne manquent jamais à ces réunions nombreuses, dit en voyant entrer la comtesse et son chevalier : « Que les dames avaient tout autant de curiosité à contempler un homme fidèle à sa passion, que les hommes à examiner une jolie femme difficile à fixer. » Le comte de Soulanges était un jeune homme d'environ trente-deux ans. Il semblait fluet, mais il était nerveux. Ses formes grêles, son teint pâle, prévenaient peu en sa faveur. Quoique ses yeux noirs annonçassent beaucoup de vivacité, dans le monde il était taciturne ; mais il passait pour un homme très-séduisant dans le tête-à-tête. On s'accordait à reconnaître en lui beaucoup de capacité. La comtesse de Vaudremont était une femme grande, légèrement grasse, d'une peau éblouissante de blancheur, qui portait bien sa petite tête pleine de grâce, et possédait l'immense avantage d'inspirer l'amour par la gentillesse de ses manières. On éprouvait toujours un plaisir nouveau à la regarder ou à lui parler ; elle était de ces femmes qui tiennent toutes les promesses que fait leur beauté. Ce couple, devenu pour quelques instants l'objet de l'attention générale, ne laissa pas longtemps la curiosité s'exercer sur son compte. Le colonel et la comtesse semblèrent parfaitement comprendre que le hasard venait de les placer dans une situation gênante. En les voyant s'avancer, Martial s'était mêlé au groupe d'hommes qui occupait le poste de la cheminée, et à travers les têtes qui lui formaient comme un rempart, il avait examiné madame de Vaudremont avec l'attention jalouse que donne le premier feu de la passion. Une voix secrète semblait lui dire que le succès dont il s'enorgueillissait serait peut-être précaire; mais le sourire de politesse froide par lequel la comtesse remercia M. de Soulanges, et le geste qu'elle fit pour le congédier en s'asseyant auprès de madame de Gondreville, détendirent tous les muscles que la jalousie avait contractés sur sa figure. Cependant apercevant debout, à deux pas du canapé sur lequel était madame de Vaudremont, M. de Soulanges, qui parut ne plus comprendre le regard par lequel la jeune coquette semblait lui avoir dit qu'ils jouaient l'un et l'autre un rôle ridicule, le Provençal à la tête volcanique fronça de nouveau les noirs sourcils qui ombrageaient ses yeux bleus, caressa par maintien les boucles de ses cheveux bruns, et sans trahir l'émotion qui lui faisait palpiter le cœur, il surveilla la contenance de la comtesse et celle de M. de Soulanges, tout en badinant avec ses voisins. Il saisit alors la main du colonel qui venait pour renouveler connaissance avec lui, et l'écouta sans l'entendre, tant il était préoccupé. M. de Soulanges jetait des regards tranquilles sur la quadruple rangée de femmes qui encadrait l'immense salon du sénateur, en admirant cette bordure de diamants, de rubis, de gerbes d'or et de têtes ravissantes dont l'éclat faisait presque pâlir le feu des bougies, le cristal des lustres, et les dorures. Le calme insouciant de son rival fit perdre contenance au maître des requêtes. Incapable de maîtriser la bouillante et secrète impatience dont il était transporté, Martial s'avança vers madame de Vaudremont pour la saluer. Quand le Provençal apparut, M. de Soulanges lui lança un regard terne et détourna la tête avec impertinence. Un silence grave régna dans le salon, où la curiosité fut à son comble. Toutes les têtes tendues offrirent les expressions les plus bizarres, et chacun craignit et attendit un de ces éclats que les gens bien élevés se gardent toujours de faire. Tout à coup la pâle figure du comte devint aussi rouge que l'écarlate de ses parements, et ses regards se baissèrent aussitôt vers le parquet, pour ne pas laisser deviner le sujet de son trouble. Il venait de voir l'inconnue humblement placée au pied du candélabre. Vaincu par une sombre pensée, il passa d'un air triste devant le maître des requêtes, et alla se réfugier dans un des salons de jeu. Martial crut, ainsi que toute l'assemblée, que Soulanges lui cédait publiquement la place, par la crainte du ridicule qui s'attache toujours aux amants détrônés; il releva fièrement la tête, regarda l'inconnue; puis quand il s'assit avec aisance auprès de madame de Vaudremont, il l'écouta d'un air si distrait qu'il n'entendit pas ces paroles prononcées sous l'éventail par la coquette:

— Martial, vous me ferez plaisir de ne pas porter ce soir la bague que vous m'avez arrachée. J'ai mes raisons. Je vous les expliquerai dans un moment, quand nous nous retirerons. Vous me donnerez le bras pour aller chez la princesse de Wagram.

— Pourquoi donc avez-vous accepté la main de ce colonel? demanda le baron.

— Je l'ai rencontré sous le péristyle, répondit-elle; mais laissez-moi, chacun nous observe!

Martial rejoignit le colonel de cuirassiers, et ce fut alors que la petite dame bleue devint le lien commun de l'inquiétude qui agitait à la fois et si diversement le cuirassier, M. de Soulanges, Martial, et la comtesse de Vaudremont. Quand les deux amis se séparèrent après s'être porté le défi qui termina leur conversation, le maître des requêtes s'élança vers madame de Vaudremont, et sut la placer au milieu du plus brillant quadrille. A la faveur de cette espèce d'enivrement dans lequel une femme est toujours plongée par la danse et par le mouvement d'un bal où les hommes se montrent avec tout le charlatanisme de la toilette, qui ne leur donne pas moins d'attraits qu'elle en prête aux femmes, Martial crut pouvoir s'abandonner impunément au charme qui attirait ses yeux vers le coin où l'inconnue était prisonnière. Il réussit à dérober à l'inquiète activité des yeux de la comtesse les premiers regards qu'il jeta sur la dame bleue; mais enfin il fut surpris en flagrant délit; et, s'il fit excuser une première préoccupation, il ne justifia pas l'impertinent silence par lequel il répondit plus tard à la plus séduisante des interrogations qu'une femme puisse faire. Plus il était rêveur, plus la comtesse se montrait pressante et taquine. Pendant que Martial dansait, le colonel allait de groupe en groupe y quêtant des renseignements sur la jeune inconnue. Après avoir épuisé la complaisance de toutes les personnes, et même celle des indifférents, il allait se déterminer à profiter d'un moment où la comtesse de Gondreville paraissait libre pour lui demander à elle-même le nom de cette dame mystérieuse, quand il aperçut un léger vide entre la colonne brisée qui supportait le candélabre, et les deux divans qui venaient y aboutir. Le colonel profita du moment où la danse laissait vacantes une grande partie des chaises qui formaient trois rangs de fortifications défendues par des mères ou par des femmes d'un certain âge, et entreprit de traverser cette palissade couverte de châles et de mouchoirs. Il se mit à complimenter les douairières ; puis, de femme en femme, de politesse en politesse, il finit par atteindre auprès de l'inconnue la place vide. Au risque d'accrocher les griffons et les chimères de l'immense flambeau, il se maintint là sous le feu et la cire des bougies, au grand mécontentement de Martial. Trop adroit pour interpeller brusquement la petite dame bleue qu'il avait à sa droite, le colonel commença par dire à une grande dame assez laide, qui se trouvait assise à sa gauche : — Voilà, madame, un bien beau bal ! Quel luxe ! que de mouvement ! D'honneur, les femmes y sont toutes jolies. Si vous ne dansez pas, c'est sans doute mauvaise volonté.

L'insipide conversation engagée par le colonel avait pour but de faire parler sa voisine de droite, qui, silencieuse et préoccupée, ne lui accordait pas la plus légère attention. L'officier tenait en réserve une foule de phrases qui devaient se terminer par un : — Et vous, madame ? sur lequel il comptait beaucoup ; mais il fut étrangement surpris en voyant l'inconnue livrée à une stupeur profonde. Il aperçut quelques larmes roulant dans le cristal de ses yeux, et son étonnement n'eut pas de bornes quand il remarqua que la jeune affligée était entièrement captivée par madame de Vaudremont.

— Madame est sans doute mariée ? demanda en fin le colonel d'une voix mal assurée.

— Oui, monsieur, répondit l'inconnue.

— Monsieur votre mari est sans doute ici ?

— Oui, monsieur.

— Et pourquoi donc, madame, restez-vous à cette place ? est-ce par coquetterie ?

L'inconnue sourit tristement.

— Accordez-moi l'honneur, madame, d'être votre cavalier pour la contre-danse suivante, et je ne vous ramènerai certes pas ici ! Je vois près de la cheminée une gondole vide, venez-y. Quand tant de gens s'apprêtent à trôner, et que la folie du jour est la royauté, je ne conçois pas que vous refusiez d'accepter le titre de reine du bal, qui semble promis à votre beauté.

— Monsieur, je ne danserai pas.

L'intonation brève des réponses laconiques de l'inconnue était si désespérante que le colonel se vit forcé d'abandonner la place. Martial devina la dernière demande du colonel et le refus qu'il essuyait ; il se mit à sourire et à se caresser le menton en faisant briller la bague qu'il avait au doigt.

— De quoi riez-vous ? lui dit la comtesse de Vaudremont.

— Du non-succès de ce pauvre colonel. Il vient de faire un pas de clerc...

— Je vous avais prié d'ôter votre bague, reprit la comtesse en l'interrompant.

— Je ne l'ai pas entendu.

— Mais vous n'entendez donc rien ce soir, monsieur le baron ? répondit madame de Vaudremont d'un air piqué.

— Voilà un jeune homme qui a au doigt un bien beau brillant, dit alors l'inconnue au colonel prêt à faire retraite.

— Magnifique, répondit-il. Ce jeune homme est le baron Martial de la Roche-Hugon, un de mes plus intimes amis.

— Je vous remercie de m'en avoir dit le nom, reprit l'inconnue. Il paraît fort aimable, dit-elle.

— Oui, mais il est un peu léger.

— On pourrait croire qu'il est bien avec la comtesse de Vaudremont, demanda la jeune dame en interrogeant des yeux le colonel.

— Du dernier mieux.

L'inconnue pâlit.

— Allons, pensa le joyeux militaire, elle aime ce diable de Martial.

— Je croyais madame de Vaudremont engagée depuis longtemps avec M. de Soulanges, reprit la jeune dame un peu remise d'une souffrance intérieure qui avait altéré l'éclat de son visage.

— Depuis huit jours, la comtesse de la trompe, répondit le colonel ; mais vous devez avoir vu ce pauvre Soulanges, quand il est entré. Il essaie encore de ne pas croire à son malheur.

— Je l'ai vu, dit la dame. Puis elle ajouta un : — Monsieur, je vous remercie, dont l'intonation équivalait à un congé.

En ce moment, la contredanse étant près de finir, le colonel désappointé n'eut que le temps de se retirer en se disant par manière de consolation :

— Elle est mariée.

— Eh bien ! courageux cuirassier, s'écria le baron en entraînant le colonel dans l'embrasure d'une croisée pour respirer l'air pur des jardins, où en êtes-vous ?

— Elle est mariée, mon cher.

— Qu'est-ce que cela fait ?

— Ah ! diantre, j'ai des mœurs, répondit le colonel. Je ne veux plus m'adresser qu'à des femmes que je puisse épouser. D'ailleurs, Martial, elle m'a formellement manifesté la volonté de ne pas danser.

— Colonel, parions votre cheval gris pommelé contre cent napoléons qu'elle dansera ce soir avec moi.

— Je veux bien, dit le colonel en frappant dans la main du fat. En attendant, je vais voir Soulanges, il connait peut-être cette dame, qui m'a semblé s'intéresser à lui.

— Mon brave, vous avez perdu, dit Martial en riant. Mes yeux se sont rencontrés avec les siens, et je m'y connais. Cher colonel, vous ne m'en voudrez pas de danser avec elle après le refus que vous avez essuyé?

— Non, non, rira bien qui rira le dernier. Au reste, Martial, je suis beau joueur et bon ennemi; je te préviens qu'elle aime les diamants.

A ce propos, les deux amis se séparèrent. Le colonel se dirigea vers le salon de jeu, où il aperçut le comte de Soulanges assis à une table de bouillotte. Quoiqu'il n'existât entre les deux colonels que cette amitié banale établie par les périls de la guerre et les devoirs d'un même service, le colonel des cuirassiers fut douloureusement affecté de voir Soulanges, qu'il connaissait pour un homme sage, engagé dans une partie où il pouvait se ruiner. Les monceaux d'or et de billets étalés sur le fatal tapis attestaient la fureur du jeu. Un cercle d'hommes silencieux entourait les joueurs attablés à la bouillotte. Quelques mots retentissaient bien parfois comme : *Passe, jeu, tiens, mille louis, tenus ;* mais il semblait en regardant ces cinq personnages immobiles, qu'ils ne se parlassent que des yeux. Quand le colonel, effrayé de la pâleur de Soulanges, s'approcha de lui, le comte gagnait. L'ambassadeur autrichien et un banquier célèbre se levaient complétement décavés de sommes considérables. Soulanges devint encore plus sombre qu'il ne l'était avant le coup, en recueillant une masse énorme d'or et de billets. Il ne compta même pas. Un amer dédain crispait ses lèvres. Il semblait menacer la fortune et la vie, au lieu de remercier le hasard.

— Courage! lui dit le colonel, courage, Soulanges. Puis croyant lui rendre un vrai service en l'arrachant au jeu : — Venez, ajouta-t-il. J'ai une bonne nouvelle à vous apprendre, mais à une condition.

— Laquelle, demanda Soulanges.

— Celle de me répondre à ce que je vous demanderai.

Le comte de Soulanges se leva brusquement et mit son gain d'un air fort insouciant dans un mouchoir qu'il avait tourmenté d'une manière convulsive. Le visage de M. de Soulanges était si farouche qu'aucun joueur ne s'avisa de trouver mauvais qu'il *fît Charlemagne.* Les figures parurent même se dilater, quand cette tête maussade et chagrine ne fut plus dans le cercle lumineux que décrit au-dessus d'une table, un flambeau de bouillotte. Cependant un diplomate qui était de la galerie dit à voix basse en prenant la place du colonel : — Ces diables de militaires s'entendent comme des larrons en foire! Une seule figure blême et fatiguée se tourna vers le rentrant, et lui dit en lui lançant un regard qui brilla mais s'éteignit comme le feu d'un diamant qu'on fait jouer : — Le militaire n'est pas civil, monsieur.

— Mon cher, dit le colonel à Soulanges, qu'il avait attiré dans un coin, ce matin l'empereur a parlé de vous avec éloge, et votre promotion dans la garde n'est pas douteuse. Le patron a dit que ceux qui s'étaient mariés à Paris pendant la campagne ne devaient pas être considérés comme en disgrâce. Eh bien?

Le comte de Soulanges semblait ne rien comprendre à ce discours.

— Ah çà! j'espère maintenant, reprit le colonel, que vous me direz si vous connaissez une petite femme charmante, assise au pied d'un candélabre...

A ces mots, les yeux du comte s'animèrent, il saisit avec une violence inouïe la main du colonel : —Mon cher général, lui dit-il d'une voix sensiblement altérée, si ce n'était pas vous, et si un autre me faisait cette question, je lui fendrais le crâne avec cette masse d'or. Laissez-moi, je vous en supplie. J'ai plus envie, ce soir, de me brûler la cervelle, que... Je hais tout ce que je vois. Aussi vais-je partir; cette joie, cette musique, ces visages stupides qui rient, m'assassinent.

— Mon pauvre ami, reprit d'une voix douce le colonel en frappant amicalement dans la main de Soulanges, vous êtes passionné ! que diriez-vous donc si je vous apprenais que Martial songe si peu à madame de Vaudremont qu'il s'est épris de cette petite dame?

— S'il lui parle, s'écria Soulanges en bégayant de fureur, je le rendrai aussi plat que son portefeuille, quand même le fat serait dans le giron de l'empereur.

Et le comte tomba comme anéanti sur la causeuse vers laquelle le colonel l'avait mené. Ce dernier se retira lentement, car il s'aperçut que M. de Soulanges était en proie à une colère trop violente pour que des plaisanteries ou les soins d'une amitié superficielle pussent le calmer. Quand le cuirassier rentra dans le grand salon de danse, madame de Vaudremont fut la première personne qui s'offrit à ses regards, et il remarqua sur sa figure ordinairement si calme quelques traces d'une agitation mal déguisée. Une chaise était vacante auprès d'elle, le colonel vint s'y asseoir.

— Je gage que vous êtes tourmentée, dit-il.

— Bagatelle, général. Je voudrais être déjà partie d'ici. J'ai promis d'être au bal de la grande-duchesse de Berg, et il faut que j'aille auparavant chez la princesse de Wagram. M. de la Roche-Hugon, qui le sait, s'amuse à conter fleurette à des douairières.

— Ce n'est pas là tout à fait le sujet de votre inquiétude. Et je gage cent louis que vous resterez ici ce soir.

— Impertinent.

— J'ai donc dit vrai ?

— Eh bien ! que pensé-je ? reprit la comtesse en donnant un coup d'éventail sur les doigts du colonel. Je suis capable de vous récompenser si vous le devinez.

— Je n'accepterai pas le défi, j'ai trop d'avantages.

— Présomptueux !

— Vous craignez de voir Martial aux pieds...

— De qui ? demanda la comtesse en affectant la surprise.

— De ce candélabre, répondit le colonel en montrant le coin où était la belle inconnue, et regardant la comtesse avec une attention gênante.

— Vous avez deviné, répondit la coquette en se cachant la figure sous son éventail avec lequel elle se mit à jouer. — La vieille madame de Marigny, qui, vous le savez, est maligne comme un vieux singe, reprit-elle après un moment de silence, vient de me dire que M. de la Roche-Hugon courait quelques dangers à courtiser cette inconnue qui se trouve ce soir ici comme un trouble-fête. J'aimerais mieux voir la mort que cette figure si cruellement belle et pâle autant qu'une vision. C'est mon mauvais génie. — Madame de Marigny, continua-t-elle après avoir laissé échapper un signe de dépit, qui ne va au bal que pour tout voir en faisant semblant de dormir, m'a cruellement inquiétée. Martial me paiera cher le tour qu'il me joue. Cependant, engagez-le, général, puisque c'est votre ami, à ne pas me faire de la peine.

— Je viens de voir un homme qui ne se propose rien moins que de lui brûler la cervelle, s'il s'adresse à cette petite dame. Cet homme-là, madame, est de parole. Mais je connais Martial, ces périls sont autant d'encouragements. Il y a plus, nous avons parié.... Ici le colonel baissa la voix.

— Serait-ce vrai ? demanda la comtesse.

— Sur mon honneur.

— Merci, général, répondit madame de Vaudremont en lui lançant un regard plein de coquetterie.

— Me ferez-vous l'honneur de danser avec moi ?

— Oui, mais la seconde contre-danse. Pendant celle-ci, je veux voir ce que peut devenir cette intrigue, et savoir qui est cette petite dame bleue. Elle a l'air spirituel.

Le colonel voyant que madame de Vaudremont voulait être seule, s'éloigna satisfait d'avoir si bien commencé l'attaque qu'il méditait. Il se rencontre dans les fêtes quelques dames qui, semblables à madame de Marigny, sont là comme de vieux marins, occupés sur le bord de la mer à contempler les jeunes matelots aux prises avec les tempêtes. En ce moment, madame de Marigny, qui paraissait s'intéresser aux personnages de cette scène, put facilement deviner la lutte à laquelle la comtesse était en proie. La jeune coquette avait beau s'éventer gracieusement, sourire à des jeunes gens qui la saluaient et mettre en usage les ruses dont une femme se sert pour cacher son émotion, la douairière, l'une des plus perspicaces et malicieuses duchesses que le dix-huitième siècle avait léguée au dix-neuvième, semblait lire dans son cœur et dans sa pensée. La vieille dame savait reconnaître les mouvements imperceptibles qui décèlent les affections de l'âme : le pli le plus léger qui venait rider ce front si blanc et si pur, le tressaillement le plus insensible des pommettes, le jeu des sourcils, l'inflexion la moins visible des lèvres dont le corail mouvant ne pouvait lui rien cacher, étaient pour la duchesse comme les caractères d'un livre. Du fond de sa bergère qu'elle remplissait entièrement, la coquette émérite, tout en causant avec un diplomate qui la recherchait afin de recueillir les anecdotes qu'elle contait à merveille, s'admirait elle-même dans cette jeune coquette. Elle la prit en goût en lui voyant si bien déguiser son chagrin et les déchirements de son cœur. Madame de Vaudremont ressentait en effet autant de douleur qu'elle feignait de gaieté. Elle avait cru rencontrer en Martial un homme de talent sur l'appui duquel elle comptait pour embellir sa vie de tous les enchantements du pouvoir. En ce moment, elle reconnaissait une erreur aussi cruelle pour sa réputation que pour son amour-propre. Chez elle, comme chez les autres femmes de cette époque, la soudaineté des passions augmentait leur vivacité. Les âmes qui vivent beaucoup et vite ne souffrent pas moins que celles qui se consument dans une seule affection. La prédilection de la comtesse pour Martial était née de la veille, il est vrai ; mais le plus inepte des chirurgiens sait que la souffrance causée par l'amputation d'un membre vivant est bien plus douloureuse que ne l'est celle d'un membre malade. Il y avait de l'avenir dans le goût de madame de Vaudremont pour Martial, tandis que sa passion précédente était sans espérance, et empoisonnée par les remords de Soulanges. La vieille duchesse, qui, en devinant les secrètes pensées de la jeune femme, épiait le moment opportun de lui parler, s'empressa de congédier son ambassadeur ; car en présence de maîtresses et d'amants brouillés, tout intérêt pâlit, même chez une vieille femme. Pour engager la lutte, madame de Marigny lança sur madame de Vaudremont un regard sardonique qui fit craindre à la jeune coquette de voir son sort entre les mains de la douairière. Il est de ces regards de femme à femme qui sont comme des flambeaux amenés dans les dénouements de tragédie. Il faut avoir connu cette duchesse pour apprécier la terreur que le jeu de sa physionomie inspirait à la comtesse. Madame de Marigny était grande, ses traits faisaient dire d'elle : — Voilà une femme qui a dû être jolie ! Elle se couvrait les joues de tant de rouge que ses rides ne paraissaient presque plus ; mais loin de recevoir un éclat factice de ce carmin foncé, ses yeux n'en étaient que plus ternes. Elle portait une grande quantité de diamants, et s'habillait avec assez de goût pour ne pas prêter au ridicule. Son nez pointu annonçait l'épigramme. Un râtelier bien mis conservait à sa bouche une grimace d'ironie qui la faisait ressembler à Voltaire. Cependant l'exquise politesse de ses manières adoucissait si bien la tournure malicieuse de ses idées, qu'on ne pouvait l'accuser de méchanceté. Un regard triomphal anima les yeux gris de la vieille dame et sembla traverser le salon pour aller répandre l'incarnat de l'espérance sur les joues pâles de la jeune femme qui gémissait au pied du candélabre. Un sourire qui disait : — Je vous l'avais bien promis! accompagna ce regard perçant. Cette révélation de l'alliance faite entre madame de Marigny et l'inconnue, ne pouvait échapper à l'œil exercé de la comtesse de Vaudremont, qui entrevit un mystère, et voulut le pénétrer. En ce moment, le baron de la Roche-Hugon avait achevé de questionner toutes les douairières pour apprendre le nom de la dame bleue; mais, ainsi que bien des antiquaires, il avait été malheureux dans ses recherches. Il venait de s'adresser en désespoir de cause à la comtesse de Gondreville, et n'en avait reçu que cette réponse peu satisfaisante : — C'est une dame que l'*ancienne* duchesse de Marigny m'a présentée. En ce moment le maître des requêtes se tourna vers la bergère occupée par la vieille dame, surprit son regard d'intelligence avec l'inconnue, et résolut de l'aborder quoiqu'il fût assez mal avec elle depuis quelque temps. En voyant le sémillant baron rôdant autour de la bergère, l'ex-duchesse sourit avec une malignité sardonique, et regarda madame de Vaudremont d'un air de triomphe qui fit rire le colonel.

— Si la vieille bohémienne prend un air d'amitié, pensa le baron, elle va sans doute me jouer quelque méchant tour. — Madame, lui dit-il, vous vous êtes chargée, me dit-on, de veiller sur un bien précieux trésor !

— Me prenez-vous pour un dragon ? demanda la vieille dame. Mais de qui parlez-vous ? ajouta-t-elle avec une douceur de voix qui rendit de l'espérance à Martial.

— De cette petite dame inconnue que la jalousie de toutes ces coquettes a confinée là-bas. Vous connaissez sans doute sa famille ?

— Oui, dit la duchesse, c'est une héritière de province, mariée depuis deux ans, une fille bien née, que vous ne connaissez pas, vous autres. D'ailleurs elle ne va nulle part.

— Pourquoi ne danse-t-elle pas ! Elle est si belle ! Voulez-vous que nous fassions un traité de paix ? Si vous daignez m'instruire de tout ce que j'ai intérêt à savoir, je vous jure que votre demande en restitution des bois de Marigny par le domaine extraordinaire, sera chaudement appuyée auprès de l'empereur.

— Monsieur le baron, répondit la vieille dame avec une gravité trompeuse, amenez-moi la comtesse de Vaudremont. Je vous promets de lui révéler le mystère qui rend notre inconnue si intéressante. Voyez ! Tous les hommes du bal sont arrivés au même degré de curiosité que vous. Les yeux se portent involontairement vers ce candélabre où elle s'est modestement placée. Elle recueille tous les hommages qu'on a voulu lui ravir. Bienheureux celui qu'elle prendra pour danseur! Là, elle s'interrompit en fixant la comtesse de Vaudremont par un de ces regards qui disent si bien : — Nous parlons de vous. Puis elle ajouta : — Je pense que vous aimerez mieux apprendre le nom de l'inconnue de la bouche de votre belle comtesse que de la sienne?

L'attitude de la duchesse était si provocante, que madame de Vaudremont se leva, vint auprès d'elle, s'assit sur la chaise que lui offrit Martial ; et, sans faire attention à lui : — Je devine, madame, lui dit-elle en riant, que vous parlez de moi, mais j'avoue mon infériorité, je ne sais si c'est en bien ou en mal.

Madame de Marigny serra, de sa vieille main sèche et ridée, la jolie main de la jeune femme, et, d'un ton de compassion, elle lui répondit à voix basse : pauvre petite !

Les deux femmes se regardèrent. Madame de Vaudremont comprit que le baron Martial était de trop, et le congédia en lui disant d'un air impérieux : — Laissez-nous !

Le maître des requêtes, peu satisfait de voir la comtesse sous le charme de la dangereuse sibylle qui l'avait attirée près d'elle, lui lança un de ces regards d'homme, puissants sur un cœur aimant, mais qui paraissent ridicules à une femme quand elle commence à juger celui dont elle s'est éprise.

— Auriez-vous la prétention de singer l'empereur? dit madame de Vaudremont en mettant sa tête de trois quarts pour contempler le maître des requêtes d'un air ironique.

Il avait trop l'usage du monde, trop de finesse et de calcul pour s'exposer à rompre avec une femme à la mode ; d'ailleurs, il compta sur la jalousie qu'il se proposait d'éveiller en elle, comme sur le meilleur moyen de deviner le secret de sa froideur, et s'éloigna d'autant plus volontiers, qu'en cet instant une nouvelle contre-danse mettait tout le monde en mouvement. Le baron eut l'air de céder la place aux quadrilles, alla s'appuyer sur le marbre d'une console, se croisa les bras sur la poitrine, et resta tout occupé de l'entretien des deux dames. De temps en temps, il suivait les regards que toutes deux jetèrent à plusieurs reprises sur l'inconnue. Comparant alors la comtesse à cette beauté nouvelle que le mystère dont elle s'enveloppait rendait si attrayante, le baron était en proie aux odieux calculs habituels aux hommes à bonnes fortunes. Il flottait entre sa fortune à faire et son caprice à contenter. Le reflet des lumières faisait si bien ressortir sa figure soucieuse et sombre sur les draperies de moire blanche froissées par ses cheveux noirs, qu'on aurait pu le comparer à quelque mauvais génie. De loin, plus d'un observateur dut sans doute se dire : — Voilà encore un pauvre diable qui paraît s'amuser beaucoup ! L'épaule droite légèrement appuyée sur le chambranle de la porte qui se trouvait entre le salon de danse et la salle de jeu, le colonel pouvait rire incognito, sous ses amples moustaches. Il jouissait du plaisir de contempler le tumulte du bal, il voyait cent jolies têtes tournoyant au gré des caprices de la danse ; il lisait sur quelques figures, comme sur celles de la comtesse et de son ami Martial, les secrets de leur agitation. En détournant la tête, il se demandait quel rapport existait entre l'air sombre du comte de Soulanges toujours assis sur sa causeuse, et la physionomie plaintive de la dame inconnue sur le visage de laquelle apparaissaient tour à tour les joies de l'espérance et les angoisses d'une terreur involontaire. Sa pensée embrassait tout. Il était là comme le roi de la fête, et trouvait dans ce tableau mouvant une vue complète du monde dont il riait en recueillant les sourires intéressés de cent femmes brillantes et parées ; car un colonel de la garde impériale, ayant déjà le grade de général, était certes un des plus beaux partis de l'armée. Il était minuit environ. Les conversations, le jeu, la danse, la coquetterie, les intérêts, la malice et les projets, tout était arrivé à ce degré de chaleur qui arrache à un jeune homme cette exclamation : — Le beau bal !

— Mon bon petit ange, disait madame de Marigny à la comtesse, vous êtes à un âge où j'ai fait bien des fautes. En vous voyant souffrir tout à l'heure mille morts, j'ai eu la pensée de vous donner quelques avis charitables. Commettre des fautes à vingt-deux ans, n'est-ce pas gâter son avenir, n'est-ce pas déchirer la robe qu'on doit mettre ? Ma chère, nous n'apprenons que bien tard à nous en servir sans la chiffonner. Continuez, mon cœur, à vous faire des ennemis adroits et des amis sans esprit de conduite, vous verrez quelle jolie petite vie vous mènerez un jour.

— Ah! madame, une femme a bien de la peine à être heureuse, n'est-ce pas? s'écria naïvement la comtesse.

— Ma petite, il faut savoir choisir, à votre âge, entre les plaisirs et le bonheur. Vous voulez épouser Martial, qui n'est ni assez sot pour faire un bon mari, ni assez passionné pour être un amant. Il a des dettes, ma chère, il est homme à dévorer votre fortune ; mais ce ne serait rien, s'il donnait le bonheur. Ne voyez-vous pas combien il est vieux? Cet homme doit avoir été souvent malade, il jouit de son reste. Dans trois ans ce sera un homme fini. L'ambitieux commencera, peut-être réussira-t-il. Je ne le crois pas. Qu'est-il? un intrigant qui peut posséder à merveille l'esprit des affaires et babiller agréablement; mais il est trop avantageux pour avoir un vrai mérite. Il n'ira pas loin. D'ailleurs, regardez-le? Ne lit-on pas sur son front que, dans ce moment-ci, ce n'est pas une jeune et jolie femme qu'il voit en vous, mais les deux millions que vous possédez? Il ne vous aime pas, ma chère, il vous calcule comme s'il s'agissait d'une multiplication. Si vous voulez vous marier, prenez un homme plus âgé, qui ait de la considération, et qui soit à la moitié de son chemin. Une veuve ne doit pas faire de son mariage une affaire d'amourette. Une souris s'attrape-t-elle deux fois au même piége? Maintenant un nouveau contrat doit être une spéculation pour vous, et il faut, en vous remariant, avoir au moins l'espoir de vous entendre nommer un jour madame la maréchale. En ce moment les yeux des deux femmes se fixèrent naturellement sur la belle figure du colonel. — Si vous voulez jouer le rôle difficile d'une coquette et ne pas vous marier, reprit la duchesse avec bonhomie, ah! ma pauvre petite, vous saurez mieux que toute autre amonceler les nuages d'une tempête et la dissiper. Mais, je vous en conjure, ne vous faites jamais un plaisir de troubler la paix des ménages, de détruire l'union des familles et le bonheur des femmes qui sont heureuses. Je l'ai joué, ma chère, ce rôle dangereux. Hé, mon Dieu, pour un triomphe d'amour-propre, on assassine souvent de pauvres créatures vertueuses, car il existe vraiment, ma chère, des femmes vertueuses, et l'on se crée des haines mortelles. Un peu trop tard j'ai appris que, suivant l'expression du duc d'Albe, un saumon vaut mieux que mille grenouilles! Certes, un véritable amour donne mille fois plus de jouissances que les passions éphémères qu'on excite! Eh bien! je suis venue ici pour vous prêcher. Oui, vous êtes la cause de mon apparition dans ce salon qui pue le peuple. Ne viens-je pas d'y voir des acteurs? Autrefois, ma chère, on les recevait dans son boudoir; mais au salon, fi donc! Pourquoi me regardez-vous d'un air si étonné? Écoutez-moi! Si vous voulez vous jouer des hommes, reprit la vieille dame, ne bouleversez le cœur que de ceux dont la vie n'est pas arrêtée, de ceux qui n'ont pas de devoirs à remplir, les autres ne nous pardonnent pas les désordres qui les ont rendus heureux. Profitez de cette maxime due à ma vieille expérience. Ce pauvre Soulanges, par exemple, auquel vous avez fait tourner la tête, et que, depuis quinze mois, vous avez enivré, Dieu sait comme! eh bien, savez-vous sur quoi portaient vos coups? Sur sa vie tout entière! Il est marié, il est adoré d'une charmante créature qu'il aime et qu'il trompe; elle vit dans les larmes et dans le silence le plus amer. Soulanges a eu des moments de remords plus cruels que ses plaisirs n'étaient doux! Et vous, petite rusée, vous l'avez trahi! Eh bien! venez contempler votre ouvrage?

La vieille duchesse prit la main de madame de Vaudremont et elles se levèrent.

—Tenez, lui dit madame de Marigny en lui montrant des yeux l'inconnue pâle et tremblante sous les feux du lustre, voilà ma petite nièce, la comtesse de Soulanges. Elle a enfin cédé aujourd'hui à mes instances, elle a consenti à quitter la chambre de douleur où la vue de son enfant ne lui apportait que de bien faibles consolations; voyez-vous? Elle vous paraît charmante : eh bien! chère belle, jugez de ce qu'elle devait être quand le bonheur et l'amour répandaient leur éclat sur cette figure maintenant flétrie.

La comtesse détourna silencieusement la tête et parut en proie à de graves réflexions. La duchesse l'amena jusqu'à la porte de la salle de jeu; puis, après y avoir jeté les yeux, comme si elle eût voulu y chercher quelqu'un : — Et voilà Soulanges, dit-elle à la jeune coquette d'un son de voix profond.

La comtesse frissonna quand elle aperçut, dans le coin le moins éclairé du salon, la figure pâle et contractée de Soulanges appuyé sur la causeuse. L'affaissement de ses membres et l'immobilité de son front accusaient toute sa douleur. Les joueurs allaient et venaient devant lui, sans y faire plus d'attention que s'il eût été mort. Le tableau que présentaient la femme en larmes et le mari morne et sombre, séparés l'un de l'autre au milieu de cette fête, comme les deux moitiés d'un arbre frappé par la foudre, eut peut-être quelque chose de prophétique pour la comtesse. Elle craignit d'y voir une image des vengeances que lui gardait l'avenir. Son cœur n'était pas encore assez flétri pour que la sensibilité et l'indulgence en fussent entièrement bannies. Elle pressa la main de la duchesse en la remerciant par un de ces sourires qui ont une certaine grâce enfantine.

—Mon cher enfant, lui dit la vieille femme à l'oreille, songez désormais que nous savons aussi bien repousser les hommages des hommes que nous les attirer.

— Elle est à vous, si vous n'êtes pas un niais. Ces dernières paroles furent soufflées par madame de Marigny à l'oreille du colonel, pendant que la belle comtesse se livrait à la compassion que lui inspirait l'aspect de M. de Soulanges. Madame de Vaudremont l'aimait encore assez sincèrement pour vouloir le rendre au bonheur, et se promettait intérieurement d'employer l'irrésistible pouvoir qu'exerçaient encore ses séductions sur lui, pour le renvoyer à sa femme.

— Oh! comme je vais le prêcher, dit-elle à madame de Marigny.

— N'en faites rien, ma chère! s'écria la duchesse en regagnant sa bergère; choisissez-vous un bon mari et fermez votre porte à mon neveu. Ne lui offrez même pas votre amitié. Croyez-moi, mon enfant, une femme ne reçoit pas d'une autre femme le cœur de son mari. Elle est cent fois plus heureuse de croire qu'elle l'a reconquis elle-même. En amenant ici ma nièce, je crois lui avoir donné un excellent moyen de regagner l'affection de son mari. Je ne vous demande, pour toute coopération, que d'agacer le général.

Et quand elle lui montra l'ami du maître des requêtes, la comtesse sourit.

— Eh bien! madame, savez-vous enfin le nom de cette inconnue, demanda le baron d'un air piqué à la comtesse, quand elle se trouva seule.

— Oui, dit madame de Vaudremont en regardant le maître des requêtes.

Sa figure exprimait autant de finesse que de gaieté. Le sourire qui répandait la vie sur ses lèvres et sur les joues, la lumière humide de ses yeux, étaient semblables à ces feux follets qui abusent le voyageur. Martial se crut toujours aimé; il prit alors cette attitude coquette dans laquelle un homme se balance si complaisamment auprès de celle qu'il aime, et dit avec fatuité : — Et ne m'en voudrez-vous pas si je parais attacher beaucoup de prix à savoir ce nom?

— Et ne m'en voudrez-vous pas, répliqua madame de Vaudremont, si, par un reste d'amour, je ne vous le dis pas, et si je vous défends de faire la moindre avance à cette jeune dame? Vous risqueriez votre vie peut-être.

— Madame, perdre vos bonnes grâces, n'est-ce pas perdre plus que la vie?

— Martial, dit sévèrement la comtesse, c'est madame de Soulanges. Son mari vous brûlerait la cervelle, si vous en aviez toutefois.

— Ah, ah! répliqua le fat en riant, le colonel laissera vivre en paix celui qui lui a enlevé votre cœur et se battrait pour sa femme? Quel renversement de principes! Je vous en prie, permettez-moi de danser avec cette petite dame. Vous pourrez ainsi avoir la preuve du peu d'amour que renfermait pour vous ce cœur de neige, car si le colonel trouve mauvais que je fasse danser sa femme, après avoir souffert que je vous...

— Mais elle aime son mari!

— Obstacle de plus que j'aurai le plaisir de vaincre.

— Mais elle est mariée!

— Plaisante objection!

— Ah! dit la comtesse avec un sourire amer, vous nous punissez également de nos fautes et de nos repentirs.

— Ne vous fâchez pas, dit vivement Martial. Oh! je vous en supplie, pardonnez-moi. Tenez, je ne pense plus à madame de Soulanges.

— Vous mériteriez bien que je vous envoyasse auprès d'elle.

— J'y vais, dit le baron en riant, et je reviendrai plus épris de vous que jamais. Vous verrez que la plus jolie femme du monde ne peut s'emparer d'un cœur qui vous appartient.

— C'est-à-dire que vous voulez gagner le cheval du colonel.

— Ah! le traître, répondit-il en riant et menaçant du doigt son ami qui souriait.

Le colonel arriva, le baron lui céda la place auprès de la comtesse à laquelle il dit d'un air sardonique : — Madame, voici un homme qui s'est vanté de pouvoir gagner vos bonnes grâces dans une soirée!

Il s'applaudit en s'éloignant d'avoir révolté l'amour-propre de la comtesse et desservi le colonel; mais, malgré sa finesse habituelle, il n'avait pas deviné l'ironie dont les propos de madame de Vaudremont étaient empreints, et ne s'aperçut point qu'elle avait fait autant de pas vers son ami que son ami vers elle, quoiqu'à l'insu l'un de l'autre. Au moment où le maître des requêtes s'approchait en papillonnant du candélabre sous lequel la comtesse de Soulanges, pâle et craintive, semblait ne vivre que des yeux, son mari arriva près de la porte du salon en montrant deux yeux étincelants de passion. La vieille duchesse, attentive à tout, s'élança vers son neveu, lui demanda son bras et sa voiture pour sortir, en prétextant un ennui mortel et se flattant de prévenir ainsi un éclat fâcheux. Elle fit, avant de partir, un singulier signe d'intelligence à sa nièce, en lui désignant l'entreprenant cavalier, qui se préparait à lui parler, et ce signe semblait dire : — Le voici, venge-toi. Madame de Vaudremont surprit le regard de la tante et de la nièce; une lueur soudaine illumina son âme, elle craignit d'être la dupe de cette vieille dame si savante et si rusée en intrigue. — Cette perfide duchesse, se dit-elle, aura peut-être trouvé plaisant de me faire de la morale en me jouant quelque méchant tour de sa façon. A cette pensée, l'amour-propre de madame de Vaudremont fut peut-être encore plus fortement intéressé que sa curiosité à démêler le fil de cette intrigue. La préoccupation intérieure à laquelle elle fut en proie ne la laissa pas maîtresse d'elle-même. Le colonel interprétant à son avantage la gêne répandue dans les discours et les manières de la comtesse, n'en devint que plus ardent et plus pressant. Les vieux diplomates blasés qui s'amusaient à observer le jeu des physionomies n'avaient jamais rencontré tant d'intrigues à suivre ou à deviner ; car les passions qui agitaient le double couple se diversifiaient à chaque pas dans ces salons animés en se représentant avec d'autres nuances sur d'autres figures. Le spectacle de tant de passions vives, toutes ces querelles d'amour, ces vengeances douces, ces faveurs cruelles, ces regards enflammés, toute cette vie brûlante répandue autour d'eux ne leur faisait sentir que plus vivement leur impuissance. Enfin le baron n'avait pu s'asseoir auprès de la comtesse de Soulanges. Ses yeux erraient à la dérobée sur un cou frais comme la rosée, parfumé comme une fleur des champs. Il admirait de près les beautés qui de loin l'avaient étonné. Il pouvait voir un petit pied bien chaussé, mesurer de l'œil une taille souple et gracieuse. A cette époque, les femmes nouaient la ceinture de leurs robes précisément au-dessous du sein, à l'imitation des statues grecques. Cette mode était impitoyable pour les femmes dont le corsage avait quelque défaut. En jetant des regards furtifs sur ce sein, Martial resta ravi de la perfection des formes de la comtesse.

— Vous n'avez pas dansé une seule fois ce soir, madame, dit-il d'une voix douce et flatteuse, ce n'est pas faute de cavalier, j'imagine ?

— Je ne vais point dans le monde, j'y suis inconnue, répondit avec froideur madame de Soulanges, qui n'avait rien compris au regard par lequel sa tante venait de l'inviter à plaire au baron.

Martial faisait jouer par maintien le beau diamant qui ornait sa main gauche. Les feux jetés par la pierre semblèrent faire pénétrer une lueur subite dans l'âme de la jeune comtesse qui rougit et regarda le baron avec une expression indéfinissable.

— Aimez-vous la danse, demanda le Provençal, pour essayer de renouer la conversation.

— Oh ! beaucoup, monsieur !

A cette étrange réponse, leurs regards se rencontrèrent. Le jeune homme, surpris de l'accent pénétrant qui réveilla dans son cœur une vague espérance, avait subitement interrogé les yeux de la jeune femme.

— Eh bien ! madame, n'est-ce pas une témérité de ma part que de me proposer pour être votre partner à la première contredanse ?

Une confusion naïve rougit les joues blanches de la comtesse.

— Mais, monsieur, j'ai déjà refusé un danseur, un militaire...

— Serait-ce ce grand colonel de cavalerie que vous voyez là-bas ?

— Précisément.

— Eh ! c'est mon ami, ne craignez rien. M'accordez-vous la faveur que j'ose espérer ?

— Oui, monsieur.

Cette voix accusait une émotion si neuve et si profonde, que l'âme blasée du maître des requêtes en fut ébranlée. Il se sentit envahi par une timidité de lycéen, perdit son assurance, sa tête méridionale s'enflamma, il voulut parler, ses expressions lui parurent sans grâce, comparées aux reparties spirituelles et fines de madame de Soulanges. Il fut heureux pour lui que la contredanse commençât. Debout près de sa belle danseuse, il se trouva plus à l'aise. Pour beaucoup d'hommes, la danse est une manière d'être; ils pensent, en déployant les grâces de leur corps, agir plus puissamment que par l'esprit sur le cœur des femmes. Le Provençal voulait sans doute employer en ce moment tous ses moyens de séduction, à en juger par la prétention de tous ses mouvements et de ses gestes. Il avait amené sa conquête au quadrille où les femmes les plus brillantes du salon mettaient une chimérique importance à danser préférablement à tout autre. Pendant que l'orchestre exécutait le prélude de la première figure, le baron éprouvait une incroyable satisfaction d'orgueil, quand, passant en revue les danseuses placées sur les lignes de ce carré redoutable, il s'aperçut que la toilette de madame de Soulanges défiait même celle de madame de Vaudremont qui, par un hasard cherché peut-être, faisait avec le colonel le vis-à-vis du baron et de la dame bleue. Les regards se fixèrent un moment sur madame de Soulanges, un murmure flatteur annonça qu'elle était le sujet de la conversation de chaque partner avec sa danseuse. Les œillades d'envie et d'admiration se croisaient si vivement sur elle, que la jeune femme, honteuse d'un triomphe auquel elle semblait se refuser, baissa modestement les yeux, rougit, et n'en devint que plus charmante. Si elle releva ses blanches paupières, ce fut pour regarder son danseur enivré, comme si elle eût voulu lui reporter la gloire de ces hommages, et lui dire qu'elle préférait le sien à tous les autres. Elle mit de l'innocence dans sa coquetterie, ou plutôt elle parut se livrer à la naïve admiration par laquelle commence l'amour avec cette bonne foi qui ne se rencontre que dans de jeunes cœurs. Quand elle dansa, les spectateurs purent facilement croire qu'elle ne déployait ces grâces que pour Martial, et, quoique modeste et neuve au manége des salons, elle sut, aussi bien que la plus savante coquette, lever à propos les yeux sur lui, les baisser avec une feinte modestie. Quand les lois nouvelles de la trénis amenèrent Martial devant le colonel : — J'ai gagné ton cheval, lui dit-il en riant.

— Oui, mais tu as perdu quatre-vingt mille livres de rente, lui répliqua le colonel en lui montrant madame de Vaudremont.

— Et qu'est-ce que cela me fait! répondit Martial, madame de Soulanges vaut des millions.

A la fin de cette contredanse, plus d'un chuchotement résonnait à plus d'une oreille. Les femmes les moins jolies faisaient de la morale avec leurs danseurs, à propos de la naissante liaison de Martial et de la comtesse de Soulanges ; les plus belles s'étonnaient d'une telle facilité ; les hommes ne concevaient pas le bonheur du petit maître des requêtes auquel ils ne trouvaient rien de bien séduisant ; quelques femmes indulgentes disaient qu'il ne fallait pas se presser de juger la comtesse, que les jeunes personnes seraient bien malheureuses, si un regard expressif ou quelques pas gracieusement exécutés, suffisaient pour compromettre une femme. Martial seul connaissait l'étendue de son bonheur. A la dernière figure, les dames du quadrille eurent à former le moulinet ; ses doigts pressèrent alors ceux de la comtesse, et il crut sentir, à travers la peau fine et parfumée des gants, que les doigts de la jeune femme répondaient à son amoureux appel.

— Madame, lui dit-il au moment où la contredanse se termina, ne retournez pas dans cet odieux coin où vous avez enseveli jusqu'ici votre figure et votre toilette. L'admiration est-elle le seul revenu que vous puissiez tirer des diamants qui parent votre cou si blanc et vos nattes si bien tressées ? Venez faire une promenade dans les salons pour y jouir de la fête et de vous-même.

Madame de Soulanges suivit l'adroit séducteur, qui pensait qu'elle lui appartiendrait plus sûrement, s'il parvenait à l'afficher. Ils firent alors quelques tours à travers les groupes qui encombraient les salons de l'hôtel. La comtesse de Soulanges inquiète s'arrêtait un instant avant d'entrer dans chaque salon, et n'y pénétrait qu'après avoir tendu le cou pour jeter un regard sur tous les hommes. Cette peur, qui comblait de joie le maître des requêtes, ne semblait calmée que quand il avait dit à sa tremblante compagne : — Rassurez-vous, il n'y est pas. Ils parvinrent ainsi jusqu'à une immense galerie de tableaux, située dans une aile de l'hôtel, et où l'on jouissait par avance du magnifique aspect d'un ambigu préparé pour trois cents personnes. Comme le repas allait commencer, Martial entraîna la comtesse vers un boudoir ovale donnant sur les jardins et où les fleurs les plus rares et quelques arbustes formaient un bocage parfumé sous de brillantes draperies bleues. Le murmure de la fête venait y mourir. La comtesse tressaillit en y entrant, et refusa obstinément d'y suivre le jeune homme ; mais, après avoir jeté les yeux sur une glace, elle y vit sans doute des témoins, car elle alla s'asseoir d'assez bonne grâce sur une voluptueuse ottomane.

— Cette pièce est délicieuse, dit-elle en admirant la tenture bleu-de-ciel, relevée par des perles.

— Tout y est amour et volupté, dit le jeune homme fortement ému.

A la faveur de la mystérieuse clarté qui régnait, il regarda la comtesse, et surprit sur sa figure doucement agitée une expression de trouble, de pudeur, et de désir qui l'enchanta. Elle sourit, et ce sourire sembla mettre fin à la lutte des sentiments qui se heurtaient dans son cœur. Elle prit de la manière la plus séduisante la main gauche de son adorateur, et lui ôta du doigt la bague sur laquelle ses yeux s'étaient arrêtés.

— Le beau diamant ! s'écria-t-elle avec la naïve expression d'une jeune fille qui laisse voir les chatouillements d'une première tentation.

Martial, ému de la caresse involontaire mais enivrante que la comtesse lui avait faite en dégageant le brillant, arrêta sur elle des yeux aussi étincelants que la bague.

— Portez-la, lui dit-il, en souvenir de cette heure céleste et pour l'amour de...

Elle contemplait avec tant d'extase qu'il n'acheva pas, il lui baisa la main.

— Vous me la donnez ? dit-elle avec un air d'étonnement.

— Je voudrais vous offrir le monde entier !

— Vous ne plaisantez pas? reprit-elle d'une voix altérée par une satisfaction trop vive.

— N'acceptez-vous que mon diamant ?

— Vous ne me le reprendrez jamais? demanda-t-elle.

— Jamais.

Elle mit la bague à son doigt. Martial, comptant sur un prochain bonheur, fit un geste pour passer sa main sur la taille de la comtesse qui se leva tout à coup, et dit d'une voix claire, sans aucune émotion : — Monsieur, j'accepte ce diamant avec d'autant moins de scrupule qu'il m'appartient.

Le maître des requêtes resta tout interdit.

— M. de Soulanges le prit dernièrement sur ma toilette et me dit l'avoir perdu.

— Vous êtes dans l'erreur, madame, dit Martial d'un air piqué, je le tiens de madame de Vaudremont.

— Précisément, répliqua-t-elle en souriant. Mon mari m'a emprunté cette bague, la lui a donnée, elle vous en a fait présent; ma bague a voyagé, elle me dira peut-être tout ce que j'ignore, et m'apprendra le secret de toujours plaire. Monsieur, reprit-elle, si elle n'eût pas été à moi, soyez sûr que je ne me serais pas hasardée à la racheter chèrement, car une jeune femme est, dit-on, en péril près de vous. — Mais, tenez, ajouta-t-elle en faisant jouer un ressort caché sous la pierre, les cheveux de M. de Soulanges y sont encore.

Elle s'élança dans les salons avec une telle prestesse, qu'il paraissait inutile d'essayer de la rejoindre. D'ailleurs, Martial confondu ne se trouva pas d'humeur à tenter l'aventure. Le rire de madame de Soulanges avait trouvé un écho dans le boudoir. Le jeune fat y aperçut, entre deux arbustes, le colonel et madame de Vaudremont, qui riaient de tout cœur.

— Veux-tu mon cheval pour courir après ta conquête? lui dit le colonel.

La bonne grâce avec laquelle le baron supporta les plaisanteries dont il fut accablé par la future épouse du colonel et par le colonel lui-même, lui valut leur discrétion sur cette soirée où son ami troqua son cheval de bataille contre une jeune, riche et jolie femme. Madame de Vaudremont fit elle-même un troc avantageux, car Martial n'était pas encore conseiller d'État quand le général devint sénateur, maréchal d'empire, et fut créé duc de Carigliano. La comtesse de Soulanges ayant fait non sans peine avancer son équipage, retourna chez elle sur les deux heures du matin. Pendant qu'elle franchissait l'intervalle qui sépare la Chaussée-d'Antin du faubourg Saint-Germain où elle demeurait, son âme fut en proie aux plus vives inquiétudes. Avant de quitter l'hôtel de Gondreville, elle en avait parcouru les salons sans y rencontrer ni sa tante ni son mari dont elle ignorait le départ. Alors d'affreux pressentiments vinrent tourmenter son âme ingénue. Témoin discret des souffrances éprouvées par son mari depuis le jour où madame de Vaudremont l'avait attaché à son char, elle espérait avec confiance qu'un prochain repentir lui ramènerait son époux. Aussi était-ce avec une incroyable répugnance qu'elle avait consenti au plan formé par sa tante, madame de Marigny, et en ce moment elle craignait d'avoir commis une faute. Cette soirée avait attristé son âme candide. Effrayée d'abord de l'air souffrant et sombre du comte de Soulanges, elle l'avait été encore plus par la beauté de sa rivale. Puis la corruption du monde lui avait serré le cœur. En passant sur le Pont-Royal, elle jeta les cheveux profanés qui se trouvaient sous le diamant, jadis offert comme le gage d'un amour pur. Elle pleura en songeant aux vives souffrances dont elle était depuis si longtemps la proie, et frémit plus d'une fois en pensant que le devoir des femmes qui veulent obtenir la paix en ménage, les obligeait à ensevelir au fond du cœur, et sans se plaindre, des angoisses aussi cruelles que les siennes. — Hélas! se dit-elle, comment peuvent faire les femmes qui n'aiment pas? Où est la source de leur indulgence ? Je ne saurais croire, comme le dit ma tante, que la raison suffise pour les soutenir dans de tels dévouements. Elle soupirait encore quand son chasseur abaissa l'élégant marchepied d'où elle s'élança sous le vestibule de son hôtel. Elle monta l'escalier avec précipitation, et quand elle arriva dans sa chambre, elle tressaillit de terreur en y voyant son mari, assis sur une chaise auprès de la cheminée.

— Depuis quand, ma chère, allez-vous au bal sans moi, sans me prévenir? demanda-t-il d'une voix altérée. Sachez qu'une femme est toujours déplacée sans son mari. Vous étiez singulièrement compromise dans le coin obscur où vous vous étiez nichée.

— O mon bon Léon ! dit-elle d'une voix caressante, je n'ai pu résister au bonheur de te voir sans que tu me visses. C'est ma tante qui m'a menée à ce bal, et j'y ai été bien heureuse...

Ces accents désarmèrent les regards du comte et la sévérité factice qu'ils annonçaient. Il était facile de deviner qu'il venait de se faire de vifs reproches à lui-même, qu'il appréhendait le retour de sa femme, sans doute instruite au bal d'une infidélité qu'il espérait lui avoir cachée. Selon la coutume des amants qui se sentent coupables, il essayait, en querellant la comtesse le premier, d'éviter sa trop juste colère. Il regarda silencieusement sa femme qui lui sembla plus belle que jamais dans sa brillante parure. Heureuse de voir son mari souriant, et de le trouver à cette heure dans une chambre où, depuis quelque temps, il était venu moins fréquemment, la comtesse rougit. Son bonheur enivra d'autant plus Soulanges, que cette scène succédait aux tourments qu'il avait ressentis pendant le bal ; il saisit la main de sa femme et la baisa par reconnaissance : ne se rencontre-t-il pas souvent de la reconnaissance dans l'amour ?

— Hortense, qu'as-tu donc au doigt qui m'a fait tant de mal aux lèvres? demanda-t-il en riant.

— C'est mon diamant, que tu disais perdu, et que j'ai retrouvé.

A la Bouleaunière, juillet 1829.

LA RECHERCHE DE L'ABSOLU.

La Maison Claës.

Il existe à Douai dans la rue de Paris une maison dont la physionomie, les dispositions intérieures et les détails ont, plus que ceux d'aucun autre logis, gardé le caractère des vieilles constructions flamandes, si naïvement appropriées aux mœurs patriarchales de ce bon pays. Mais avant de la décrire, peut-être faut-il établir dans l'intérêt des écrivains la nécessité de ces préparations didactiques contre lesquelles protestent certaines personnes ignorantes et voraces qui voudraient des émotions sans en subir les principes, la fleur sans la graine, l'enfant sans la gestation. L'art littéraire serait-il donc tenu d'être plus fort que ne l'est la nature ?

Les événements de la vie humaine, soit publique, soit privée, sont si intimement liés à l'architecture, que la plupart des observateurs peuvent reconstruire les nations ou les individus dans toute la vérité de leurs habitudes, d'après les restes de leurs monuments publics, ou par l'examen de leurs reliques domestiques. L'archéologie est à la nature sociale, ce que l'anatomie comparée est à la nature organisée ; une mosaïque révèle toute une société, comme un squelette d'ichthyosaure sous-entend toute une création ; de part et d'autre, tout se déduit, tout s'enchaîne ; la cause fait deviner un effet, comme chaque effet permet de remonter à une cause ; et le savant ressuscite ainsi jusqu'aux verrues des vieux âges.

De là vient sans doute le prodigieux intérêt qu'inspire une description architecturale quand la fantaisie de l'écrivain n'en dénature point les éléments. Chacun ne peut-il pas la rattacher au passé par de sévères déductions ? et, pour l'homme, le passé ressemble singulièrement à l'avenir ; lui raconter ce qui fut, n'est-ce pas presque toujours lui dire ce qui sera ? Enfin, il est rare que la peinture des lieux où la vie s'écoule, ne rappelle pas à chacun ses vœux trahis ou ses espérances en fleur. Or la comparaison entre un présent qui trompe les vouloirs secrets et l'avenir qui peut les réaliser, est une source inépuisable de mélancolie ou de satisfactions douces.

Aussi, est-il presque impossible de ne pas être pris d'une espèce d'attendrissement à la peinture de la vie flamande, quand tous les accessoires en sont bien rendus. Pourquoi ? Peut-être est-ce, parmi les différentes existences, celle qui finit le mieux les incertitudes de l'homme. Elle ne va pas sans toutes les fêtes et tous les liens de la famille, sans une grasse aisance qui atteste la continuité du bien-être, sans un repos qui ressemble à de la béatitude ; mais elle exprime surtout le calme et la monotonie d'un bonheur naïvement sensuel, où la jouissance étouffe le désir. Quelque prix que l'homme passionné puisse attacher aux tumultes des sentiments, il ne voit jamais sans émotion les images de cette nature sociale où les battements du cœur sont si bien réglés, que les gens superficiels l'accusent de froideur. La foule préfère généralement la force anormale qui déborde, à la force égale qui persiste ; elle n'a ni le temps ni la patience de constater l'immense pouvoir caché sous une apparence uniforme ; aussi, pour frapper cette foule emportée par le courant de la vie, le grand artiste et la passion n'ont-ils d'autre ressource que d'aller au-delà du but, comme ont fait Michel-Ange, Bianca-Capello, Mademoiselle de Lavallière, Beethoven, et Paganini. Les grands calculateurs seuls pensent qu'il ne faut jamais dépasser le but, et n'ont de respect que pour la virtualité empreinte dans un parfait accomplissement qui met, en toute œuvre, ce calme profond dont le charme saisit les hommes les plus désordonnés. Or, la vie adoptée par ce peuple essentiellement économe, remplit bien les conditions de félicité que veulent la plupart des hommes dans une vie citoyenne et bourgeoise. La matérialité la plus exquise est empreinte dans toutes ses habitudes. Le comfortable anglais offre des teintes sèches, des tons durs; tandis que le vieil intérieur des ménages flamands réjouit l'œil par des couleurs moelleuses, par une bonhomie vraie ; il implique le travail sans fatigue ; la pipe y dénote une heureuse application du *far niente* napolitain ; puis, il accuse un sentiment paisible de l'art; sa condition la plus nécessaire, la patience ; et l'élément qui en rend les créations plus durables, la conscience. Le caractère flamand est dans ces deux mots, patience et conscience, qui semblent exclure les riches nuances de la poésie et rendre les mœurs de ce pays aussi plates que le sont ses larges plaines, aussi froides que l'est son ciel brumeux ; mais il n'en est rien : la civilisation a déployé là son pouvoir en y modifiant tout, même les effets du climat.

Si l'on observe avec attention les produits des divers pays du globe, on est tout d'abord surpris de voir les couleurs grises et fauves spécialement affectées aux productions des zônes tempérées, tandis que les couleurs les plus éclatantes distinguent celles des pays chauds; les mœurs doivent nécessairement se conformer à cette loi de la nature. Les Flandres, qui jadis étaient essentiellement brunes et vouées à des teintes unies, ont trouvé les moyens de jeter de l'éclat dans leur atmosphère fuligineuse, par les vicissitudes politiques qui les ont successivement soumises aux Bourguignons, aux Espagnols, aux Français, et les ont fait fraterniser avec les Allemands et les Hollandais. De l'Espagne, elles ont gardé le luxe des écarlates, les satins brillants, les tapisseries vigoureuses d'effet, les plumes, les mandolines, et les formes courtoises. De Venise, elles ont eu, en retour de leurs toiles et de leurs dentelles, cette verrerie fantastique où le vin reluit et semble meilleur. De l'Autriche, elles ont conservé cette pesante diplomatie qui, suivant un dicton populaire, fait trois pas dans un boisseau. Le commerce avec les Indes y a versé les inventions grotesques de la Chine, et les merveilles du Japon. Néanmoins, malgré leur patience à tout amasser, à ne rien rendre, à tout supporter, les Flandres ne pouvaient guère être considérées que comme le magasin général de l'Europe, jusqu'au moment où la découverte du tabac souda par la fumée les traits épars de leur physionomie nationale. Alors, en dépit des morcellements de son territoire, le peuple flamand exista de par la pipe et la bière. Alors, après s'être assimilé, par la constante économie de sa conduite, les richesses et les idées de ses maîtres ou de ses voisins, ce pays, si nativement terne et dépourvu de poésie, s'en composa une vie originale et des mœurs caractéristiques, sans paraître entaché de servilité. L'art y dépouilla toute idéalité pour reproduire uniquement la forme. Aussi, ne demandez à cette patrie de la poésie plastique, ni la verve de la comédie, ni l'action dramatique, ni les jets hardis de l'épopée ou de l'ode, ni le génie musical ; mais elle est féconde en découvertes utiles, en discussions doctorales qui veulent et le temps et la lampe. Tout y est frappé au coin de la jouissance temporelle. L'homme y voit exclusivement ce qui est ; et sa pensée s'y courbe si scrupuleusement à servir les besoins de la vie, qu'en aucune œuvre elle ne s'est élancée au-delà de ce monde. La seule idée d'avenir conçue par ce peuple fut une sorte d'économie en politique, et sa force révolutionnaire vint du désir domestique d'avoir les coudées franches à table, et son aise complète sous l'auvent de ses steedes. Le sentiment du bien-être et l'esprit d'indépendance qu'inspire la fortune, engendrèrent là plus tôt qu'ailleurs ce besoin de liberté dont l'Europe fut travaillée plus tard. Aussi la constance de leurs idées et la ténacité que l'éducation donne aux Flamands, en firent-elles autrefois des hommes redoutables dans la défense de leurs droits. Chez ce peuple, rien donc ne se façonne à demi, ni les maisons, ni les meubles, ni la digue, ni la culture, ni la révolte ; aussi garde-t-il le monopole de ce qu'il entreprend. La fabrication de la dentelle, œuvre de patiente agriculture et de plus patiente industrie, celle de sa toile, sont héréditaires, comme ses fortunes patrimoniales. Enfin, s'il fallait peindre la constance sous la forme humaine la plus pure, peut-être serait-on dans le vrai en prenant le portrait d'un bon bourgmestre des Pays-Bas, capable, comme il s'en est tant rencontré, de mourir bourgeoisement et sans éclat pour les intérêts de sa Hanse.

Mais les douces poésies de cette vie patriarcale se retrouveront naturellement dans la peinture d'une des dernières maisons qui, au temps où cette histoire commence, en conservaient encore le caractère à Douai; car, de toutes les villes du département du Nord, Douai est celle qui se modernise le plus, où le sentiment innovateur a fait les plus rapides conquêtes, où l'amour du progrès social est le plus répandu. Là, les vieilles constructions disparaissent de jour en jour, les antiques mœurs s'effacent, le ton, les modes, les façons de Paris y dominent; et, bientôt, de l'ancienne vie flamande, les Douaisiens n'auront plus que la cordialité des soins hospitaliers, la courtoisie espagnole, la richesse et la propreté de la Hollande. Les hôtels en pierre blanche auront remplacé les maisons de briques; et le cossu des formes bataves aura cédé devant l'élégance des nouveautés françaises.

La maison où doivent se passer les événements de cette histoire se trouve à peu près au milieu de la rue de Paris, et porte à Douai, depuis plus de deux cents ans, le nom de la MAISON CLAES. Les Van Claës furent jadis une des plus célèbres familles d'artisans auxquels les Pays-Bas durent, dans plusieurs productions, une suprématie commerciale qu'ils ont gardée. Pendant longtemps les Claës furent dans la ville de Gand, et de père en fils, les chefs de la puissante confrérie des Tisserands. Lors de la révolte de cette grande cité contre Charles-Quint, qui voulait en supprimer les priviléges, le plus riche des Claës fut si fortement compromis que, prévoyant une catastrophe, mais forcé de partager le sort de ses compagnons, il envoya secrètement à Douai, sous la protection de la France, sa femme, ses enfants et ses richesses, avant que les troupes de l'empereur n'eussent investi la ville. Les prévisions du Syndic des Tisserands étaient justes. Il fut, ainsi que plusieurs autres bourgeois, excepté de la capitulation et pendu comme rebelle, tandis qu'il était en réalité le défenseur de l'indépendance gantoise. La mort de Claës et de ses compagnons porta ses fruits. Plus tard ces supplices inutiles coûtèrent au roi des Espagnes la plus grande partie de ses possessions dans les Pays-Bas; car, de toutes les semences confiées à la terre, le sang versé par les martyrs est celle qui donne la plus prompte moisson. Quand Philippe II, qui punissait la révolte jusqu'à la seconde génération, étendit sur Douai son sceptre de fer, les Claës conservèrent leurs grands biens, en s'alliant à la très-noble famille de Molina, dont la branche aînée, alors pauvre, devint assez riche pour pouvoir racheter le comté de Nourho, qu'elle ne possédait que titulairement dans le royaume de Léon.

Au commencement du dix-neuvième siècle, après des vicissitudes dont le tableau n'offrirait rien d'intéressant, la famille Claës était représentée dans la branche établie à Douai, par la personne de M. Balthazar Molina, comte de Nourho, qui tenait à s'appeler tout uniment Balthazar Claës. De l'immense fortune amassée par ses ancêtres qui faisaient mouvoir un millier de métiers, il restait à Balthazar environ quinze mille livres de rentes en fonds de terre dans l'arrondissement de Douai, et la maison de la rue de Paris, dont le mobilier valait seul une fortune. Quant aux possessions du royaume de Léon, elles avaient été l'objet d'un procès entre les Molina de Flandre et la branche de cette famille restée en Espagne. Les Molina de Léon gagnèrent les domaines et prirent le titre de comte de Nourho, quoique les Claës eussent seuls le droit de le porter; mais la vanité de la bourgeoisie belge était supérieure à la morgue castillane; aussi quand l'État civil fut institué, Balthazar Claës laissa-t-il de côté les haillons de sa noblesse espagnole pour sa grande illustration gantoise.

Le sentiment patriotique existe si fortement chez les familles exilées, que jusques dans les derniers jours du dix-huitième siècle, les Claës étaient demeurés fidèles à leurs traditions, à leurs mœurs et à leurs usages. Ils ne s'alliaient qu'aux familles de la plus pure bourgeoisie; il leur fallait un certain nombre d'échevins ou de bourgmestres du côté de la fiancée, pour l'admettre dans leur famille; et ils allaient chercher leurs femmes à Bruges, à Gand, à Liége ou en Hollande, afin de perpétuer les costumes de leur foyer domestique. Vers la fin du dernier siècle, leur société, qui s'était insensiblement restreinte, se bornait à sept ou huit familles de noblesse parlementaire dont les mœurs, dont la toge à grands plis, dont la gravité magistrale mi-partie d'espagnole, s'harmoniaient bien à leurs habitudes. Les habitants de la ville portaient une sorte de respect religieux à cette famille, qui pour eux était comme un préjugé. La constante honnêteté, la loyauté sans tache des Claës, leur invariable décorum en faisaient une superstition aussi invétérée que celle de la fête de Gayant, et bien exprimée par ce nom, *la maison Claës*. L'esprit de la vieille Flandre respirait donc tout entier dans cette habitation, qui offrait à un amateur d'antiquités bourgeoises le type des modestes maisons que se construisit la riche bourgeoisie au moyen-âge.

Le principal ornement de la façade était une porte à deux ventaux en chêne garnis de clous disposés en quinconce, au centre desquels les Claës avaient fait sculpter par orgueil deux navettes en croix. La baie de cette porte, édifiée en pierre de grès, se terminait par un cintre pointu, qui supportait une petite lanterne surmontée d'une croix, et dans laquelle se voyait une statuette de sainte Geneviève filant sa quenouille. Quoique le temps eût jeté sa teinte sur les travaux délicats de cette porte et de sa lanterne, le soin extrême qu'en prenaient les gens du logis permettait aux passants d'en bien saisir les détails; aussi le chambranle, composé de colonnettes assemblées, conservait-il une couleur grise foncée qui brillait de manière à faire croire qu'il était verni.

De chaque côté de la porte, au rez-de-chaussée, se trouvaient deux croisées semblables à toutes celles de la maison. Leur encadrement en pierre blanche finissait sous l'appui par une coquille richement ornée; et, en haut, par deux arcades que séparait le montant de la croix qui divisait le vitrage en quatre parties inégales; car la traverse placée à la hauteur voulue pour figurer une croix, donnait aux deux côtés inférieurs une dimension presque double de celle des parties supérieures arrondies par leurs cintres. La double arcade avait pour enjolivement trois rangées de briques qui s'avançaient l'une sur l'autre, et dont chaque brique était alternativement saillante ou retirée d'un pouce environ, de manière à dessiner grossièrement une grecque. Les vitres, petites et en losange, étaient enchâssées dans des branches en fer extrêmement minces et peintes en rouge.

Les murs bâtis en briques, rejointoyés avec un mortier blanc, étaient soutenus de distance en distance et aux angles par des chaînes en pierre. Le premier étage était percé de cinq croisées; le second n'en avait plus que trois, et le grenier tirait son jour d'une grande ouverture ronde à cinq compartiments, bordée en grès, et placée au milieu du fronton triangulaire que décrivait le pignon, comme la rose dans le portail d'une cathédrale. Au faîte s'élevait, en guise de girouette, une quenouille chargée de lin. Les deux côtés du grand triangle que formait le mur du pignon, étaient découpés carrément par des espèces de marches jusqu'au couronnement du premier étage, où, à droite et à gauche de la maison, tombaient les eaux pluviales rejetées par la gueule d'un animal fantastique. Au bas de la maison, une assise en grès y simulait une marche. Enfin, dernier vestige des anciennes coutumes, de chaque côté de la porte, entre les deux fenêtres, se trouvait dans la rue une trappe en bois garnie de grandes bandes de fer, par lesquelles on pénétrait dans les caves.

Cette façade était, depuis sa construction, soigneusement nettoyée deux fois par an; si quelque peu de mortier manquait dans un joint, le trou se rebouchait aussitôt; les croisées, les appuis, les pierres, tout en était époussetté mieux que ne sont époussetés à Paris les marbres les plus précieux; en sorte que ce devant de maison n'offrait aucune trace de dégradation, et sauf les teintes foncées causées par la vétusté même de la brique, il était aussi bien conservé que peuvent l'être un vieux tableau, un vieux livre, chéris par un amateur, et qui seraient toujours neufs, s'ils ne subissaient, sous la cloche de notre atmosphère, les différentes luttes des gaz dont nous sommes nous-mêmes la proie. Le ciel nuageux, la température humide de la Flandre, et les ombres produites par le peu de largeur de la rue, ôtaient fort souvent à cette construction le lustre qu'elle empruntait à sa propreté recherchée, qui d'ailleurs, la rendait froide et triste à l'œil. Un poëte aurait aimé quelques herbes dans les jours de la lanterne, ou des mousses sur les découpures du grès; il aurait souhaité que ces rangées de briques se fussent fendillées, et que sous les arcades des croisées, quelque hirondelle eût maçonné son nid dans les triples cases rouges qui les ornaient. Aussi le fini, l'air propre de cette façade à demi râpée par le frottement lui donnaient-ils un aspect sèchement honnête et décemment estimable, qui, certes, aurait fait déménager un romantique, s'il eût logé en face.

Quand un visiteur avait tiré le cordon en fer tressé de la sonnette qui pendait le long du chambranle de la porte, et que la servante venue de l'intérieur lui en avait ouvert le battant au milieu duquel était une petite grille, il lui échappait aussitôt de la main, emporté par un poids, et retombait en rendant sous les voûtes d'une spacieuse galerie dallée et dans les profondeurs de la maison, un son grave et lourd comme si la porte eût été de bronze. Cette galerie peinte en marbre, toujours fraîche, et semée d'une couche de sable fin, conduisait à une grande cour carrée intérieure, pavée en larges carreaux vernissés et de couleur verdâtre. A gauche, se trouvaient la lingerie, les cuisines, la salle des gens; à droite, le bûcher, le magasin au charbon de terre et les communs du logis, dont les portes, les croisées, les murs étaient ornés de dessins entretenus dans une exquise propreté. Le jour, tamisé entre quatre murailles rouges semées de filets blancs, y contractait des reflets et des teintes roses qui prêtaient aux figures et aux moindres détails une grâce mystérieuse et de fantastiques apparences.

Une seconde maison, absolument semblable, sauf la porte, au bâtiment situé sur le devant de la rue, et qui porte en Flandre le nom de *quartier de derrière*, s'élevait au fond de cette cour et servait uniquement à l'habitation de la famille. Au rez-de-chaussée, la première pièce était un parloir éclairé par deux croisées du côté de la cour et par deux autres qui donnaient sur un jardin dont la largeur égalait celle de la maison. Deux portes vitrées parallèles conduisaient l'une au jardin, l'autre à la cour, et correspondaient à la porte de la rue, de manière à ce que, dès l'entrée, un étranger pouvait embrasser l'ensemble de cette demeure, et apercevoir jusqu'aux pâles feuillages qui tapissaient le fond du jardin. Le logis de devant, destiné aux réceptions, et dont le second étage contenait les appartements à donner aux étrangers, renfermait certes des objets d'art et de grandes richesses accumulées avec le temps; mais rien ne pouvait égaler aux yeux de Claës, ni au jugement d'un connaisseur, les trésors qui ornaient cette pièce où, depuis deux siècles, s'était écoulée la vie de la famille.

Le Claës mort pour la cause des libertés gantoises, l'artisan dont les gens de ce siècle prendraient une trop mince idée, si l'historien omettait de leur dire qu'il possédait près de quarante mille marcs d'argent, gagnés dans la fabrication des voiles nécessaires à la toute puissante marine vénitienne; ce Claës eut pour ami le célèbre sculpteur en bois Van Huysium de Bruges. Maintes fois, l'artiste avait puisé dans la bourse de l'artisan. Quelque temps avant la révolte des Gantois, Van Huysium, devenu riche, avait secrètement sculpté pour son ami une boiserie en ébène massive où étaient représentées les principales scènes de la vie d'Artewelde, ce brasseur un moment roi des Flandres. Ce revêtement, composé de soixante panneaux, contenait environ neuf cents personnages principaux, et passait pour l'œuvre capitale de Van Huysium. Le capitaine chargé de garder les bourgeois que Charles-Quint avait décidé de faire pendre le jour de son entrée dans sa ville natale, proposa, dit-on, à Van Claës de le laisser évader s'il lui donnait l'œuvre de Van Huysium. Le tisserand l'avait envoyée à Douai. Ce parloir, entièrement boisé avec ces panneaux que, par respect pour les mânes du martyr, Van Huysium vint lui-même encadrer de bois peint en outre-mer mélangé de filets d'or, était donc l'œuvre la plus complète de ce maître, dont aujourd'hui les moindres morceaux sont payés presque au poids de l'or.

Au-dessus de la cheminée, Van Claës, peint par Titien dans son costume de président du tribunal des Parchons, semblait conduire encore cette famille qui vénérait en lui son grand homme. La cheminée, primitivement en pierre, à manteau très-élevé, avait été reconstruite dans le dernier siècle, en marbre blanc, et supportait un vieux cartel et deux flambeaux contournés, de mauvais goût, à cinq branches, mais en argent massif. Les quatre fenêtres étaient décorées de grands rideaux en damas rouges, à fleurs noires, doublés de soie blanche, et le meuble de même étoffe avait été renouvelé sous Louis XIV. Le parquet, évidemment moderne, était composé de grandes plaques de bois blanc encadrées par des bandes de chêne. Le plafond formé de plusieurs cartouches, au fond desquels était un mascaron ciselé par Van Huysium dans le goût de la renaissance, avait été respecté et conservait les teintes brunes du chêne de Hollande. Aux quatre coins de ce parloir s'élevaient des colonnes tronquées surmontées par des flambeaux à cinq branches, semblables à ceux de la cheminée; une table ronde en occupait le milieu; le long des murs étaient symétriquement rangées des tables à jouer; puis, sur deux consoles dorées, à dessus de marbre blanc, se trouvaient à l'époque où commence cette histoire deux globes de verre pleins d'eau, dans lesquels nageaient sur un lit de sable et de coquillages, des poissons rouges, dorés ou argentés.

Cette pièce était à la fois brillante et sombre. Le plafond absorbait nécessairement la clarté, sans en rien refléter; puis, si du côté du jardin le jour abondait et venait papilloter dans les tailles de l'ébène, les croisées de la cour donnant peu de lumière, faisaient à peine briller les filets d'or imprimés sur les parois opposées. Ce parloir si magnifique par un beau jour, était donc la plupart du temps rempli de teintes douces, des tons roux et mélancoliques que le soleil épand sur la cime des forêts en automne.

Il est inutile de continuer la description de la maison Claës dans les autres parties de laquelle se passeront nécessairement plusieurs scènes de cette histoire, et dont il suffit en ce moment de connaître les principales dispositions.

En 1812, vers les derniers jours du mois d'août, un dimanche, après vêpres, une femme était assise dans sa bergère devant une des fenêtres qui regardaient le jardin. Les rayons du soleil tombaient alors obliquement sur la maison, la prenaient en écharpe, traversaient le parloir, expiraient en reflets bizarres sur les boiseries qui tapissaient les murs du côté de la cour, et enveloppaient cette femme dans la zone pourpre projetée par le rideau de damas drapé le long de la fenêtre. Quelque médiocre qu'eût été le peintre qui l'eût prise en ce moment, il aurait certes produit une œuvre saillante en copiant cette tête pleine de douleur et de mélancolie. L'attitude générale du corps et la manière dont les pieds étaient jetés en avant accusaient l'abattement d'une personne affligée qui perd la conscience de son être physique, sous la puissante concentration de ses forces intérieures, en s'occupant d'une pensée fixe dont elle suit les rayonnements dans l'avenir, comme souvent, au bord de la mer, on regarde un rayon de soleil qui perce les nuées et trace à l'horizon quelque bande lumineuse. Les mains de cette femme, rejetées par les bras de la bergère, pendaient en dehors, et sa tête, comme trop lourde, reposait sur le dossier. Une robe de percale blanche très-ample empêchait de bien juger ses proportions, et son corsage était dissimulé sous les plis d'une écharpe mise en croix et nouée autour d'elle. Quand même la lumière n'aurait pas mis en relief son visage qu'elle semblait se complaire à produire préférablement au reste de sa personne, il eût été impossible de ne pas s'en occuper alors exclusivement. Son expression, qui eût frappé même le plus insouciant des enfants, était une stupéfaction persistante et froide, malgré les larmes brûlantes qui sillonnaient ses joues. Rien n'est plus terrible à voir que cette douleur extrême dont la nature ne permet le débordement qu'à de rares intervalles, mais qui restait sur ce visage comme une lave figée autour du volcan. On eût dit une mère mourante obligée de laisser ses enfants dans un abîme de misères, sans pouvoir leur léguer aucune protection humaine.

La physionomie de cette dame, âgée d'environ quarante ans, mais alors beaucoup moins loin de la beauté qu'elle ne l'avait jamais été dans sa jeunesse, n'offrait aucun des caractères de la femme flamande. Une épaisse chevelure noire lui retombait en boucles sur les épaules et le long des joues. Son front, très-bombé, étroit des tempes, était jaunâtre, mais sous ce front scintillaient deux yeux noirs qui jetaient des flammes. Sa figure, toute espagnole, brune de ton, peu colorée, ravagée par la petite vérole, arrêtait le regard par la perfection de sa forme ovale, dont les contours conservaient, malgré l'altération des lignes, un fini d'une majestueuse élégance, et qui reparaissait parfois tout entier si quelque effort de l'âme lui restituait sa primitive pureté. Le trait qui donnait le plus de distinction à cette figure mâle, était un nez courbé comme le bec d'un aigle, et qui, trop bombé vers le milieu, semblait intérieurement mal conformé; mais il y résidait une finesse indescriptible, et la cloison des narines en était si mince, que sa transparence permettait à la lumière de la rougir fortement. Les sinuosités de la bouche, dont les lèvres un peu larges étaient très-plissées, décelaient la fierté qu'inspire une haute naissance et une bonté naturelle, agrandie par un constant bonheur et polie par l'éducation. C'était une figure à la fois vigoureuse et féminine, dont on pouvait contester la beauté, mais qui commandait l'attention. Aussi, quoique cette femme passât pour être laide, çà et là, dans le monde, quand elle était encore fille, quelques hommes se retournaient pour la voir, fortement émus par l'ardeur passionnée qu'exprimait sa tête, par les indices d'une inépuisable tendresse, et demeuraient sous un charme inconciliable avec ses défauts visibles; car elle était petite, boiteuse, bossue, et l'on s'obstinait alors à lui refuser de l'esprit. Elle tenait beaucoup de son aïeul le duc de Casa-Réal, grand d'Espagne. Or, en cet instant, le charme qui jadis saisissait si despotiquement les âmes amoureuses de poésie, jaillissait de sa tête plus vigoureusement qu'en aucun moment de sa vie passée, et s'exerçait pour ainsi dire dans le vide, en exprimant une volonté fascinatrice, toute-puissante sur les hommes, mais sans force sur l'avenir. Quand ses yeux quittaient le bocal qui se trouvait près d'elle et dont elle regardait les poissons sans les voir, elle les relevait par un mouvement désespéré, comme pour invoquer le ciel, car ses souffrances semblaient être de celles qui doivent rester secrètes sur la terre, et que les femmes ne peuvent confier qu'à Dieu. Le silence n'était troublé que par des grillons ou quelques cigales qui criaient dans le petit jardin d'où s'échappait une chaleur de four, et par le sourd retentissement de l'argenterie, des assiettes et des chaises que remuait, dans la pièce contiguë au parloir, un domestique occupé à servir le dîner.

En ce moment, la dame affligée prêta l'oreille, parut se recueillir; puis elle prit son mouchoir, essuya ses larmes, détruisit l'expression de douleur gravée dans tous ses traits, essaya de sourire, et bientôt, on eût pu la croire dans cet état d'indifférence où nous laisse une vie exempte d'inquiétudes. Soit que l'habitude de vivre dans cette maison où la confinaient ses infirmités, lui eût permis d'y reconnaître quelques effets naturels imperceptibles pour d'autres, et que les personnes en proie à des sentiments extrêmes recherchent vivement; soit que la nature eût compensé les disgrâces physiques dont elle l'avait accablée, en lui donnant des sensations plus délicates qu'à des êtres en apparence plus avantageusement organisés; cette femme avait entendu le pas d'un homme dans une galerie bâtie au-dessus des cuisines et des salles destinées au service de la maison, et par laquelle le logis de devant communiquait avec le quartier de derrière. En effet, le bruit devint plus distinct, et s'approcha. Bientôt, sans avoir la puissance avec laquelle une créature passionnée comme l'était cette femme sait souvent abolir l'espace pour s'unir à son autre moi, un étranger aurait facilement distingué le pas de cet homme dans l'escalier par lequel on descendait de la galerie au parloir. Certes, au bruit de ce pas, l'être le plus inattentif eût été assailli de pensées, il était impossible de l'écouter froidement. Une démarche précipitée ou saccadée effraie. Quand un homme crie au feu, ses pieds parlent aussi haut que sa voix. S'il en est ainsi, une démarche contraire ne doit pas causer de moins puissantes émotions. Or, la lenteur grave, le pas traînant de cet homme eût sans doute impatienté des gens irréfléchis; mais un observateur ou des personnes nerveuses auraient éprouvé un sentiment voisin de la terreur, en écoutant le retentissement mesuré de ces pieds d'où la vie semblait absente, et qui faisaient craquer les planchers comme si deux poids métalliques les eussent frappés alternativement. C'était le pas indécis et lourd d'un vieillard, ou la majestueuse démarche d'un penseur qui entraîne des mondes avec lui.

Quand cet homme eut descendu la dernière marche, en appuyant ses pieds sur les dalles par un mouvement plein d'hésitation, il resta pendant un moment dans le grand pallier où aboutissait le couloir qui menait à la salle des gens, et d'où l'on entrait également au parloir par une porte cachée dans la boiserie, comme l'était parallèlement celle qui donnait dans la salle à manger. Alors, un léger frissonnement, comparable à la sensation que cause une étincelle électrique, agita la femme assise dans la bergère; mais aussi le plus doux sourire anima ses lèvres, et son visage ému par l'attente d'un plaisir, resplendit comme celui d'une belle madone italienne. Elle trouva soudain la force de refouler ses terreurs au fond de son âme; puis elle tourna la tête vers les panneaux de la porte qui allait s'ouvrir à l'angle du parloir, et qui fut en effet poussée avec une brusquerie telle, que la pauvre créature parut en avoir reçu la commotion.

Balthazar Claës se montra tout à coup, fit quelques pas, ne regarda pas cette femme, ou s'il la regarda, ne la vit pas, et resta tout droit au milieu du parloir, en tenant dans sa main droite sa tête légèrement inclinée. Une horrible souffrance à laquelle cette femme ne pouvait s'habituer, quoiqu'elle revînt fréquemment chaque jour, lui étreignit le cœur, dissipa son sourire, plissa son front brun entre les sourcils vers cette ligne qu'y creuse la fréquente expression des sentiments extrêmes, et ses yeux se remplirent de larmes, mais elle les essuya soudain en regardant Balthazar.

Certes, il était impossible de ne pas être profondément impressionné par ce chef de la famille Claës. Jeune, il avait dû ressembler au sublime martyr qui menaça Charles-Quint de recommencer Artewelde; mais en ce moment, il paraissait âgé de plus de soixante ans, quoiqu'il en eût environ cinquante, et sa vieillesse prématurée avait détruit cette noble ressemblance. Sa haute taille se voûtait légèrement, soit que ses travaux l'obligeassent à se courber, soit que l'épine dorsale se fût bombée sous le poids de sa tête. Il avait une large poitrine, un buste carré, mais les parties inférieures de son corps étaient grêles, quoique nerveuses. Ce désaccord dans une organisation évidemment parfaite autrefois, intriguait l'esprit qui cherchait à expliquer par quelque singularité d'existence les raisons de cette forme fantastique. Son abondante chevelure blonde, peu soignée, retombait sur ses épaules, à la manière allemande, mais dans un désordre qui s'harmoniait à la bizarrerie générale de sa personne. Son large front offrait d'ailleurs les protubérances dans lesquelles Gall a placé les mondes poétiques. Ses yeux d'un bleu clair et riche avaient la vivacité brusque que l'on a remarquée chez les grands chercheurs de causes occultes. Son nez, qui sans doute avait été parfait, s'était allongé, et, les narines semblaient s'ouvrir graduellement de plus en plus, par une involontaire tension des muscles olfactifs. Ses pommettes velues saillaient beaucoup, et ses joues déjà flétries en paraissaient d'autant plus creuses; sa bouche pleine de grâce était resserrée entre le nez et un menton court, mais très-relevé; néanmoins la forme de sa figure était plus longue qu'ovale; et le système scientifique qui attribue à chaque visage humain une ressemblance avec la face d'un animal eût trouvé, certes, une preuve de plus dans celui de Balthazar Claës, que l'on aurait pu comparer à une tête de cheval. Sa peau se collait sur ses os, comme si quelque feu secret le desséchait incessamment; et par moments, quand il regardait dans l'espace comme pour y trouver la réalisation de ses espérances, on eût dit qu'il jetait par ses narines, la flamme dont son âme était consumée. En effet, les sentiments profonds qui animent les grands hommes respiraient dans ce visage pâle, fortement sillonné de rides, maigre outre mesure; sur son front plissé comme celui d'un vieux roi plein de soucis, mais surtout dans ses yeux étincelants dont le feu semblait également accru par la chasteté que donne la tyrannie des idées, et par le foyer intérieur d'une vaste intelligence. Ses yeux profondément enfoncés dans leurs orbites paraissaient avoir été cernés uniquement par les veilles et par les terribles réactions d'un espoir toujours déçu, toujours renaissant.

D'ailleurs, le jaloux fanatisme qu'inspire l'art ou la science, se trahissait chez cet homme par une singulière et constante distraction, dont sa mise et son maintien offraient des preuves en accord avec la magnifique monstruosité de sa physionomie. Ses larges mains poilues étaient sales, ses longs ongles avaient à leurs extrémités des lignes noires très-foncées. Ses souliers n'étaient pas nettoyés ou manquaient de cordons. De toute sa maison, le maître seul pouvait se donner l'étrange licence d'être malpropre. Son pantalon de drap noir plein de taches, son gilet déboutonné, sa cravate mise de travers, et son habit verdâtre toujours décousu complétaient un fantasque ensemble de petites et de grandes choses qui, chez tout autre, eût décelé la misère qu'engendrent les vices, mais qui, chez Balthazar Claës, était le négligé du génie empreint dans ses traits. Mais rien ne ressemble plus au vice que le génie. N'est-ce pas un constant excès qui dévore le temps, l'argent, le corps, et mène plus rapidement que les passions mauvaises à l'hôpital? car, parmi les vices, il est le seul auquel les hommes refusent de faire crédit, et dont ils ne pardonnent jamais le malheur, les bénéfices en étant toujours trop éloignés, pour que l'état social puisse faire son compte avec l'homme de génie vivant.

Malgré son continuel oubli du présent, si Balthazar Claës quittait ses mystérieuses contemplations, si quelque intention douce et sociable ranimait ce visage penseur, si ses yeux fixes perdaient leur éclat rigide pour peindre un sentiment, et s'il regardait autour de lui, en revenant à la vie réelle et vulgaire, il était difficile de ne pas rendre involontairement hommage à la beauté séduisante de ce visage, et à l'esprit gracieux qui s'y peignait. Aussi, chacun en le voyant alors, eût-il regretté que cet homme n'appartînt plus au monde, et se serait-il dit : — Il a dû être bien beau dans sa jeunesse! Mais certes on se serait trompé. Jamais Balthazar Claës n'avait été plus poétique qu'il ne l'était en ce moment. Lavater aurait été certainement arrêté par cette tête pleine de patience, de loyauté flamande, de persistance bourgmestrienne, de moralité candide, où tout était large et grand, où la passion semblait calme, parce qu'elle était forte. Les mœurs de cet homme devaient être pures, sa parole sacrée, son amitié constante, son dévouement complet; mais le vouloir qui emploie ces qualités au profit de la patrie, du monde ou de la famille, avait réellement disparu. Ce citoyen, tenu de veiller au bonheur d'un ménage, de gérer une fortune, de diriger ses enfants vers un bel avenir, semblait vivre en dehors de ses devoirs et de ses affections dans le commerce de quelque génie familier. A un prêtre, il eût paru plein de la parole de Dieu; un artiste l'eût salué comme un grand maître; un enthousiaste l'eût pris pour un Voyant de l'Église Swedenborgiste.

En ce moment le costume détruit, sauvage, ruiné que portait cet homme contrastait singulièrement avec les recherches gracieuses de la femme qui l'étudiait si douloureusement. Les personnes contrefaites qui ont de l'esprit ou une belle âme, apportent à leur toilette un goût exquis. Ou elles se mettent simplement, en comprenant que leur charme est tout moral; ou elles savent faire oublier la disgrâce de leurs proportions par une sorte d'élégance dans les détails, qui divertit le regard et occupe l'esprit. Or, non-seulement cette femme avait une âme généreuse, mais encore elle aimait Balthazar Claës avec cet instinct de la femme qui donne un avant-goût de l'intelligence des anges. Élevée au milieu d'une des plus illustres familles de la Belgique, elle y aurait pris du goût si elle n'en avait pas eu déjà, mais éclairée par le désir de plaire constamment à l'homme qu'elle aimait, elle savait se vêtir admirablement sans que son élégance fût disparate avec ses deux vices de conformation. Son corsage ne péchait d'ailleurs que par le dos, où l'une de ses épaules était sensiblement plus grosse que l'autre. Elle regarda par les croisées, dans la cour intérieure, puis dans le jardin, comme pour s'assurer qu'elle était seule avec Balthazar, et lui dit d'une voix douce, en lui jetant un regard plein de cette soumission qui distingue les flamandes, car depuis longtemps l'amour avait entre eux chassé la fierté de la grandesse espagnole : — Balthazar, tu es donc bien occupé! voici le trente-troisième dimanche que tu n'es venu ni à la messe ni à vêpres.

Claës ne répondit pas. Sa femme baissa la tête, joignit les mains et attendit. Elle savait que ce silence n'accusait ni mépris ni dédain, mais de tyranniques préoccupations. Balthazar était un de ces êtres qui conservent longtemps au fond du cœur leur délicatesse juvénile, et il se serait cru criminel d'exprimer la moindre pensée blessante à une femme accablée par le sentiment de sa disgrâce physique. Lui seul, peut-être, parmi les hommes, savait qu'un mot, un regard peuvent effacer des années de bonheur, et sont d'autant plus cruels, qu'ils contrastent plus fortement avec une douceur constante; car notre nature nous porte à ressentir plus de douleur d'une dissonnance dans la félicité, que nous n'éprouvons de plaisir à rencontrer une jouissance dans le malheur.

Quelques instants après, il parut se réveiller, regarda vivement autour de lui, et dit : — Vêpres !.. Ha! les enfants sont à vêpres.

Il fit quelques pas pour jeter les yeux sur le jardin où s'élevaient de toutes parts de magnifiques tulipes ; mais il s'arrêta tout à coup comme s'il se fût heurté contre un mur, et s'écria : — Pourquoi ne se combineraient-ils pas dans un temps donné?

— Deviendrait-il donc fou! se dit la femme avec une profonde terreur.

Mais pour donner plus d'intérêt à la scène que provoqua cette situation, il est indispensable de jeter un coup d'œil sur la vie antérieure de Balthazar Claës et de la petite-fille du duc de Casa-Réal.

Histoire d'un Ménage flamand.

Vers l'an 1785, M. Balthazar Claës de Molina-Nourho avait environ vingt-deux ans, et pouvait passer pour ce que nous appelons en France un bel homme. Il vint achever son éducation à Paris, où il prit d'excellentes manières dans la société de madame d'Egmont, de M. le comte de Horn, du prince d'Aremberg, de l'ambassadeur d'Espagne, d'Helvétius, des Français originaires de Belgique, ou des personnes venues de ce pays, et que leur naissance ou leur fortune faisaient compter parmi les grands seigneurs qui, dans ce temps, donnaient le ton. Le jeune Claës y trouva quelques parents et des amis qui le lancèrent dans le beau monde au moment où ce monde allait tomber; mais comme la plupart des jeunes gens, il fut plus séduit d'abord par la gloire et la science que par la vanité. Il fréquenta donc beaucoup les savants et particulièrement Lavoisier, qui, alors, se recommandait plus à l'attention publique par l'immense fortune d'un fermier-général, que par ses découvertes en chimie; tandis que plus tard, le grand chimiste devait faire oublier le petit fermier-général. Balthazar se passionna pour la science que cultivait Lavoisier dont il devint un ardent disciple; mais il était jeune, beau comme le fut Helvétius, et les femmes de Paris lui apprirent bientôt à distiller exclusivement l'esprit et l'amour. Quoiqu'il eût embrassé l'étude avec ardeur, que Lavoisier lui eût accordé quelques éloges, il abandonna son maître pour écouter les maîtresses du goût, auprès desquelles les jeunes gens prenaient leurs dernières leçons de savoir-vivre et se façonnaient aux usages de la haute société qui, dans l'Europe, forme une même famille. Le songe enivrant de ses succès dura peu. Après avoir respiré l'air de Paris, il partit fatigué de Paris et de sa vie creuse, qui ne convenait ni à son âme ardente ni à son cœur aimant. La vie domestique, si douce, si calme, dont le seul nom de la Flandre lui donnait souvenir, lui parut mieux convenir à son caractère et aux ambitions de son cœur. Les dorures d'aucun salon parisien n'avaient effacé les mélodies du parloir brun et du petit jardin où son enfance s'était écoulée si heureuse. Il faut n'avoir ni foyer ni patrie pour rester à Paris, c'est la ville du cosmopolite ou des hommes qui ont épousé le monde et l'étreignent incessamment avec le bras de la science, de l'art ou du pouvoir.

L'enfant de la Flandre revint à Douai comme le pigeon voyageur, il pleura de joie en y rentrant le jour où se promenait Gayant, ce superstitieux bonheur de toute la ville, le triomphe des souvenirs flamands, fête dont l'introduction était contemporaine de l'émigration de sa famille à Douai. La mort de son père et celle de sa mère laissèrent la maison Claës déserte, et l'y occupèrent pendant quelque temps. Puis, la première douleur passée, il sentit le besoin de se marier pour compléter l'existence heureuse dont il avait repris toutes les religions, et voulut suivre les errements du foyer domestique, en allant, comme ses ancêtres, chercher une femme à Gand, à Bruges, à Audenarde, à Anvers; mais aucune des personnes qu'il y rencontra ne lui convint. Il avait sans doute, sur le mariage, quelques idées particulières, car il fut dès sa jeunesse accusé de ne pas marcher dans la voie commune.

Un jour, il entendit parler, chez l'un de ses parents, à Gand, d'une demoiselle de Bruxelles qui devint l'objet d'une discussion assez vive. Les uns trouvaient mademoiselle de Temninck disgracieuse et contrefaite, malgré sa beauté; les autres, belle malgré son pied trop court et son épaule trop grosse. Le vieux cousin de Balthazar Claës dit à ses convives que, belle ou non, elle avait une âme qui la lui ferait épouser, s'il était à marier. Puis, il raconta comment elle venait de renoncer à la succession de son père et de sa mère, afin de procurer à son jeune frère un mariage digne de son nom, en en préférant ainsi le bonheur au sien propre, et lui sacrifiant toute sa vie; car il n'était pas à croire qu'elle se mariât vieille et sans fortune, quand, jeune héritière, il ne se présentait aucun parti pour elle. Quelques jours après, Balthazar Claës recherchait mademoiselle de Temninck qui avait alors environ vingt-cinq ans, et dont il s'était vivement épris. Joséphine de Temninck se crut l'objet d'un caprice, et refusa d'écouter M. Claës; mais la passion est si communicative! puis, pour une pauvre fille contrefaite et boiteuse, un amour inspiré à un homme jeune et bien fait, comportait de si grandes séductions, qu'elle consentit à se laisser courtiser.

Ne faudrait-il pas un livre entier pour bien peindre l'amour d'une jeune fille humblement soumise à l'opinion qui la proclame laide, tandis qu'elle sent en elle le charme irrésistible que produisent les sentiments vrais? Ce sont de féroces jalousies à l'aspect du bonheur, de cruelles velléités de vengeance contre la rivale qui vole un regard; enfin, des émotions, des terreurs inconnues à la plupart des femmes, et qui alors perdraient à n'être qu'indiquées. Le doute, si dramatique en amour, serait le secret de cette analyse essentiellement minutieuse, où certaines âmes retrouveraient la poésie perdue, mais non pas oubliée de leurs premiers troubles : ces exaltations sublimes au fond du cœur et dont le visage ne dit rien; cette crainte de n'être pas compris, et ces joies illimitées de l'avoir été; ces hésitations magnétiques et ces projections fluides qui donnent aux yeux des nuances infinies, ces suicides irrésolus, causés par un mot, suivis de mélancolies profondes et que dissipe une intonation de voix aussi étendue que le sentiment dont elle révèle la persistance méconnue; ces regards tremblants qui voilent de terribles hardiesses; ces envies soudaines de parler et d'agir, réprimées par leur violence même; cette éloquence intime qui se produit par des phrases sans esprit, mais prononcées d'une voix titillante; les mystérieux effets de cette primitive pudeur de l'âme et de cette divine discrétion qui rend généreux dans l'ombre, et fait trouver un goût exquis aux dévoûments ignorés; enfin, toutes les beautés de l'amour jeune, toutes les faiblesses de la puissance printanière.

Mademoiselle de Temninck fut coquette par grandeur d'âme. Le sentiment de ses apparentes imperfections la rendit aussi difficile que l'eût été la plus belle personne. La crainte de déplaire un jour éveillait sa fierté, détruisait sa confiance, et lui donnait le courage de garder au fond de son cœur ces premières félicités que les autres femmes aiment à publier par leurs airs, et dont elles se font une orgueilleuse parure. Plus l'amour la poussait vivement vers Balthazar, moins elle osait lui exprimer ses sentiments. Le geste, le regard, la réponse ou la demande qui, chez une jolie femme, sont des flatteries pour un homme, ne devenaient-elles pas, en elle, d'humiliantes spéculations. Une femme belle peut à son aise être elle-même, le monde lui fait toujours crédit d'une sottise ou d'une gaucherie; tandis qu'un seul regard arrête l'expression la plus magnifique sur les lèvres d'une femme laide, intimide ses yeux, augmente la disgrâce de ses gestes, embarrasse son maintien. Ne sait-elle pas qu'à elle seule il est défendu de commettre des fautes, car chacun lui refuse le don de les réparer, et d'ailleurs, personne ne lui en fournit l'occasion. Or, la nécessité d'être à chaque instant parfaite, ne doit-elle pas éteindre les facultés, en glacer l'exercice. Elle ne peut vivre que dans une atmosphère d'angélique indulgence; et, où sont les cœurs d'où l'indulgence s'épanche sans se teindre d'une amère et blessante pitié?

Ces pensées auxquelles l'avait accoutumée l'horrible politesse du monde, et ces égards qui, plus cruels que des injures, aggravent les malheurs en les constatant, oppressaient mademoiselle de Temninck, lui causaient une gêne constante qui refoulait au fond de son âme les impressions les plus délicieuses, et frappaient de froideur son attitude, sa parole, son regard. Elle était amoureuse à la dérobée, n'osait avoir de l'éloquence ou de la beauté que dans la solitude; et, malheureuse par le jour, elle aurait été ravissante s'il lui avait été permis de ne vivre qu'à la nuit. Souvent elle dédaignait la parure qui pouvait sauver en partie ses défauts ; mais elle montrait son joli pied et sa magnifique main pour éprouver cet amour au risque de le perdre ; et alors, ses yeux d'espagnole fascinaient quand elle s'apercevait que Balthazar la trouvait belle en négligé. Néanmoins, la défiance lui gâtait les rares instants pendant lesquels elle se hasardait à se déplier au bonheur. Elle se demandait bientôt si M. Claës ne cherchait pas à l'épouser pour avoir au logis une esclave ; s'il n'avait pas quelques imperfections secrètes qui l'obligeaient à se contenter d'une pauvre fille bossue. Ces anxiétés perpétuelles donnaient parfois un prix inouï aux heures où elle croyait à la durée, à la sincérité d'un amour qui devait la venger du monde. Elle provoquait de délicates discussions en exagérant sa laideur, afin de pénétrer jusqu'au fond de la conscience de son amant, et alors elle arrachait à Balthazar des vérités peu flatteuses. Mais elle aimait l'embarras où il se trouvait, quand elle l'avait amené à dire que ce qu'on aimait dans une femme était avant tout une belle âme, et ce dévouement qui rend les jours de la vie si constamment heureux ; qu'après quelques années de mariage, la plus délicieuse femme de la terre est pour un mari l'équivalent de la plus laide. En effet, après avoir entassé ce qu'il y avait de vrai dans les paradoxes qui tendent à diminuer le prix de la beauté, soudain il s'apercevait de la désobligeance de ces propositions, et découvrait toute la bonté de son cœur dans la délicatesse des transitions par lesquelles il savait prouver à mademoiselle de Temninck qu'elle était parfaite pour lui.

Elle eut donc tout le mérite des plus beaux dévouements, car elle désespérait d'être toujours aimée ; mais la perspective d'une lutte dans laquelle le sentiment devait l'emporter sur la beauté, la tenta ; puis elle trouva de la grandeur à se donner sans croire à l'amour ; enfin le bonheur, de quelque courte durée qu'il pût être, devait lui coûter trop cher pour qu'elle se refusât à le goûter. Ces incertitudes, ces combats communiquaient le charme de la passion à cette poursuite légale, et inspiraient à Balthazar un amour presque chevaleresque.

Le mariage eut lieu au commencement de l'année 1795. Les deux époux revinrent à Douai passer les premiers jours de leur union dans la maison patriarcale des Claës, dont mademoiselle de Temninck grossit les trésors en apportant quelques beaux tableaux de Murillo et de Velasquez, les diamants de sa mère et les magnifiques présents que lui envoya son frère, récemment devenu duc de Casa-Réal.

Peu de femmes furent plus heureuses que madame Claës. Son bonheur dura quinze années, sans le plus léger nuage, et, comme une vive lumière, s'infusa jusque dans les menus détails de l'existence. La plupart des hommes ont des inégalités de caractère qui produisent de continuelles dissonances, et privent leur intérieur de cette harmonie, le beau idéal du ménage ; parce que la plupart des hommes sont entachés de petitesses, et les petitesses engendrent les tracasseries. L'un sera probe et actif, mais dur et rêche ; l'autre sera bon, mais entêté ; celui-ci aimera sa femme, mais aura de l'incertitude dans ses volontés ; celui-là, préoccupé par l'ambition, s'acquittera de ses sentiments comme d'une dette ; et s'il donne les vanités de la fortune, il emporte la joie de tous les jours ; enfin, les hommes du milieu social sont essentiellement incomplets, sans être notablement reprochables. Les gens d'esprit sont variables autant que des baromètres ; le génie seul est essentiellement bon. Aussi le bonheur pur se trouve-t-il aux deux extrémités de l'échelle morale. La bonne bête ou l'homme de génie sont seuls capables, l'un par faiblesse, l'autre par force, de cette égalité d'humeur, de cette douceur constante, dans laquelle se fondent les aspérités de la vie. Chez l'un, c'est indifférence et passiveté ; chez l'autre, c'est indulgence et continuité de la pensée sublime dont il est l'interprète et qui doit se ressembler dans le principe comme dans l'application. L'un et l'autre sont également simples et naïfs ; seulement, chez celui-là c'est le vide, et chez celui-ci c'est la profondeur. Aussi les femmes adroites sont-elles assez disposées à prendre une bête comme le meilleur pis-aller d'un grand homme.

Balthazar porta donc d'abord sa supériorité dans les plus petites choses de la vie. Il se plut à voir dans l'amour conjugal une œuvre magnifique ; et, comme les hommes de haute portée qui ne souffrent rien d'imparfait, il voulut en déployer toutes les beautés. Son esprit modifiait incessamment le calme du bonheur ; et son noble caractère marquait ses attentions au coin de la grâce. Ainsi, quoiqu'il partageât les principes philosophiques du dix-huitième siècle, il installa chez lui jusqu'en 1801, malgré les risques, un prêtre catholique, afin de ne pas contrarier le fanatisme espagnol que sa femme avait sucé dans le lait maternel pour le catholicisme romain ; et, quand le culte fut rétabli en France, il accompagna sa femme à la messe tous les dimanches. Jamais son attachement ne quitta les formes de la passion.

Jamais il ne fit sentir dans son intérieur cette force humaine dont les femmes aiment la protection, parce que, pour la sienne, elle aurait ressemblé à de la pitié. Puis, par la plus ingénieuse adulation, il la traitait comme son égale et laissait échapper de ces aimables bouderies qu'un homme se permet envers une belle femme comme pour en braver la supériorité. Pour elle, ses lèvres furent toujours embellies par le sourire du bonheur, et sa parole fut toujours pleine de douceur. Il l'aima, pour elle et pour lui, avec cette ardeur qui comporte un éloge continuel des qualités et des beautés d'une femme. La fidélité, souvent l'effet d'un principe social, d'une religion ou d'un calcul chez les maris, en lui, semblait involontaire, et n'allait point sans les douces flatteries des premiers jours de l'amour; enfin, le devoir était du mariage la seule obligation qui leur fût inconnue.

Balthazar Claës trouva d'ailleurs dans mademoiselle de Temninck une constante et complète réalisation de ses espérances. En lui, le cœur fut toujours assouvi sans fatigue, et l'homme toujours heureux. Non seulement le sang espagnol ne mentait pas chez la petite-fille des Casa-Réal, et lui faisait un instinct de cette science qui sait varier le plaisir à l'infini; mais elle eut aussi ce dévouement sans bornes qui est le génie de son sexe, comme la grâce en est toute la beauté. Son amour était un fanatisme aveugle qui l'aurait portée à mourir sur un signe de tête. La délicatesse de Balthazar avait exalté chez elle les sentiments les plus généreux de la femme, et lui inspirait un impérieux besoin de donner plus qu'elle ne recevait. Ce mutuel échange d'un bonheur alternativement prodigué, mettait visiblement le principe de sa vie en dehors d'elle, et répandait un croissant amour dans ses paroles, dans ses regards, dans ses actions. De part et d'autre, la reconnaissance fécondait et variait la vie du cœur; de même que la certitude d'être tout l'un pour l'autre excluait les petitesses en agrandissant les moindres accessoires de l'existence.

Mais aussi, la femme contrefaite que son mari trouve droite, la femme boiteuse qu'un homme ne veut pas autrement, ou la femme âgée qui paraît jeune, ne sont-elles pas les plus heureuses créatures du monde féminin. La passion humaine ne saurait aller au-delà. La gloire de la femme n'est-elle pas de faire adorer ce qui paraît un défaut en elle. Oublier qu'une boiteuse ne marche pas droit est la fascination d'un moment; mais l'aimer parce qu'elle boite est la déification de son vice. Peut-être faudrait-il graver dans l'Évangile des femmes cette sentence : *Bienheureuses les imparfaites, à elles appartient le royaume de l'amour.*

Certes, la beauté doit être un malheur pour une femme. Sa fleur passagère entre pour trop dans le sentiment qu'elle inspire. Ne l'aime-t-on pas comme on épouse une riche héritière? Mais l'amour que fait éprouver ou que témoigne une femme déshéritée des fragiles avantages après lesquels courent les enfants d'Adam, est l'amour vrai, la passion inconnue au monde, mystérieuse; une ardente étreinte des âmes, un sentiment pour lequel le jour du désenchantement n'arrive jamais. Cette femme a des grâces que ne contrôle pas la société; elle est belle à propos, et recueille trop de gloire à faire oublier ses imperfections pour n'y pas constamment réussir. Aussi les attachements les plus célèbres dans l'histoire furent-ils presque tous inspirés par des femmes auxquelles le vulgaire aurait trouvé des défauts. Cléopâtre, Jeanne de Naples, Diane de Poitiers, mademoiselle de Lavallière, madame de Pompadour, enfin, la plupart des femmes que l'amour a rendues célèbres, ne manquent ni d'imperfections, ni d'infirmités; tandis que la plupart des femmes dont la beauté nous est citée comme parfaite, ont vu finir malheureusement leurs amours. Cette apparente bizarrerie doit avoir sa cause : peut-être l'homme vit-il plus par le sentiment que par le plaisir; peut-être le charme tout physique d'une belle femme a-t-il des bornes, tandis que le charme essentiellement moral d'une femme de beauté médiocre est infini. N'est-ce pas la moralité de la fabulation sur laquelle reposent les Mille et une Nuits. Femme d'Henri VIII, une laide aurait défié la hache et soumis l'inconstance du maître.

Par une bizarrerie assez explicable chez une fille d'origine espagnole, madame Claës était ignorante. Elle savait lire et écrire; mais jusqu'à l'âge de vingt ans, époque à laquelle ses parents la tirèrent du couvent, elle n'avait lu que des ouvrages ascétiques. En entrant dans le monde, elle eut d'abord soif des plaisirs du monde et n'apprit que les sciences futiles de la toilette; mais elle fut si profondément humiliée de son ignorance, qu'elle n'osait se mêler à aucune conversation; aussi passa-t-elle pour avoir peu d'esprit. Cependant, cette éducation mystique avait eu pour résultat de laisser en elle les sentiments dans toute leur force, et de ne point gâter son esprit naturel. Sotte et laide comme une héritière aux yeux du monde, elle devint spirituelle et belle pour son mari. Balthazar essaya pendant la première année de son mariage de lui donner les connaissances dont elle avait besoin pour être bien dans le monde; mais il était sans doute trop tard; elle n'avait que la mémoire du cœur. Elle n'oubliait rien de ce que lui disait Claës relativement à eux-mêmes, se souvenait des plus petites circonstances de sa vie heureuse, et ne se rappelait pas le lendemain sa leçon de la veille. Cette ignorance eût causé de grands discords entre d'autres époux; mais madame Claës avait une si naïve entente de la passion, elle aimait si pieusement, si saintement son mari, et le désir de conserver son bonheur la rendait si adroite, qu'elle semblait toujours le comprendre ou laissait rarement arriver les moments pendant lesquels elle ne l'entendait pas. D'ailleurs quand deux personnes s'aiment assez pour que chaque jour soit pour eux le premier de leur passion, il existe dans ce fécond bonheur des phénomènes qui changent toutes les conditions de la vie. N'est-ce pas alors comme une enfance insouciante de tout ce qui n'est pas rire, joie, plaisir. Puis, quand la vie est bien active, quand les foyers en sont bien ardents, l'homme ne pense ni ne discute, il se laisse aller au courant sans regarder les bords.

• Mais aussi jamais femme n'entendit mieux que madame Claës son métier de femme. Elle eut cette soumission de la flamande, qui rend le foyer domestique si attrayant, et à laquelle sa fierté d'Espagnole donnait une plus haute saveur. Elle était imposante, savait commander le respect par un regard où éclatait le sentiment de sa valeur et de sa noblesse; mais devant Claës elle tremblait; car, à la longue, elle avait fini par le mettre si haut et si près de Dieu, en lui rapportant tous les actes de sa vie et ses moindres pensées, que son amour n'allait pas sans une teinte de crainte respectueuse qui l'aiguisait encore. Elle prit avec orgueil toutes les habitudes de la bourgeoisie flamande et plaça son amour-propre à rendre la vie domestique grassement heureuse, à entretenir les plus petits détails de la maison dans leur propreté classique, à ne posséder que des choses d'une bonté absolue, à maintenir sur sa table les mets les plus délicats, et à mettre tout chez elle en harmonie avec la vie du cœur.

Ils eurent deux garçons et deux filles. L'aînée, nommée Marguerite, était née en 1796. Le dernier enfant était un garçon, âgé de trois ans et nommé Lucien Balthazar. Le sentiment maternel fut chez madame Claës presque égal à son amour pour son époux. Aussi se passa-t-il en son âme et surtout pendant les derniers jours de sa vie, un combat horrible entre ces deux sentiments également puissants, et dont l'un était en quelque sorte devenu l'ennemi de l'autre. Les larmes et la terreur empreintes sur sa figure au moment où commence le récit du drame domestique qui couvait dans cette paisible maison, étaient causées par la crainte d'avoir déjà sacrifié ses enfants à son mari.

En 1805, le frère de madame Claës mourut sans laisser d'enfants. La loi espagnole s'opposait à ce que sa sœur succédât aux possessions territoriales qui apanageaient les titres de la maison; mais par ses dispositions testamentaires, il lui légua soixante mille ducats environ, que les héritiers de la branche collatérale ne lui disputèrent pas. Quoique le sentiment qui l'unissait à Balthazar Claës fut tel que jamais aucune idée d'intérêt l'eût entaché, Joséphine éprouva une sorte de contentement à posséder une fortune égale à celle de son mari, et fut heureuse de pouvoir à son tour lui offrir quelque chose après avoir si noblement tout reçu de lui. Le hasard fit donc que ce mariage, dans lequel les calculateurs voyaient une folie, fut, sous le rapport de l'intérêt, aux yeux du monde, un excellent mariage.

L'emploi de cette somme fut assez difficile à déterminer. La maison Claës était si richement fournie en meubles, en tableaux, en objets d'art et de prix, qu'il semblait difficile d'y ajouter des choses dignes de celles qui s'y trouvaient déjà. Le goût de cette famille y avait accumulé des trésors. Une génération s'était mise à la piste de beaux tableaux; puis la nécessité de compléter la collection commencée, avait rendu le goût de la peinture héréditaire. Les cent tableaux qui ornaient la galerie par laquelle on communiquait du quartier de derrière aux appartements de réception situés au premier étage de la maison de devant, avaient exigé trois siècles de patientes recherches, ainsi qu'une cinquantaine d'autres placés dans les salons d'apparat. C'étaient de célèbres morceaux de Rubens, de Ruysdaël, de Van Dyck, de Terburg, de Gérard Dow, de Teniers, de Miéris, de Paul Potter, de Wouvermans, de Rembrandt, d'Holbein. Les tableaux italiens et français étaient en minorité; mais tous authentiques et capitaux. Une autre génération avait eu la fantaisie des services de porcelaine japonaise ou chinoise, celui-ci s'était passionné pour les meubles, et celui-là pour l'argenterie. Enfin, chacun des Claës avait eu sa manie, sa passion, l'un des traits les plus saillants du caractère flamand. Le père de Balthazar, un des vieux tulipomanes, le dernier débris de la fameuse société hollandaise, avait laissé l'une des plus riches collections d'oignons qui fût connue.

Outre cette richesse héréditaire, qui représentait un capital énorme, et meublait magnifiquement cette vieille maison, simple au dehors comme une coquille, mais, comme une coquille, intérieurement nacrée et parée des plus riches couleurs, Balthazar Claës possédait une maison de campagne dans la plaine d'Orchies. Le train de sa maison était basé sur ses revenus. D'ailleurs, douze cents ducats par an mettaient sa dépense au niveau de celles que faisaient les plus riches personnes de la ville.

Il fallut cette circonstance pour faire réfléchir M. et madame Claës aux effets du code civil, qui, en ordonnant le partage égal des biens, aurait infailliblement détruit la maison Claës et son vieux musée, en laissant chaque enfant presque pauvre. Alors ils voulurent placer la fortune dont hérita madame Claës de manière à donner à chacun de leurs enfants une position semblable à celle du père. Aussi Balthazar résolut-il de ne rien changer à son train, et conseilla-t-il vivement à sa femme d'acheter des bois, un peu maltraités par les guerres qui avaient eu lieu; mais qui, bien conservés, devaient prendre à dix ans de là une valeur énorme. L'héritage servit donc à faire cette belle et sage acquisition.

La haute société de Douai que fréquentait M. Claës, avait su si bien apprécier le beau caractère et les qualités de sa femme, que, par une espèce de convention tacite, elle était exemptée des devoirs auxquels les gens de province tiennent tant. Elle allait rarement dans le monde, et le monde venait chez elle. Elle recevait tous les mercredis, et donnait trois grands dîners par mois. Chacun avait senti qu'elle était plus à l'aise dans sa maison, où la retenaient d'ailleurs sa passion pour son mari, et les soins que réclamait l'éducation de ses enfants. Elle passait une partie de l'année à la campagne et la saison d'hiver à la ville. Telle fut, jusqu'en 1809, la conduite de ce ménage qui n'eut rien que de conforme aux idées reçues. La vie de ces deux êtres, secrètement pleine d'amour et de joie, était extérieurement semblable à toute autre. La passion de Balthazar Claës pour sa femme, et que sa femme savait perpétuer, semblait, comme il le faisait observer lui-même, employer sa constance innée dans la culture du bonheur qui valait bien celle des tulipes vers laquelle il penchait dès son enfance, et le dispensait d'avoir sa manie comme chacun de ses ancêtres avait eu la sienne.

A la fin de cette année, l'esprit et les manières de Balthazar subirent des altérations funestes, qui commencèrent si naturellement, que d'abord madame Claës ne trouva pas nécessaire de lui en demander la cause. Un soir, son mari se coucha dans un état de préoccupation qu'elle se fit un devoir de respecter. Sa délicatesse de femme et ses habitudes de soumission lui avaient toujours laissé attendre les confidences de Balthazar, dont la confiance lui était garantie par une affection si vraie qu'elle ne donnait aucune prise à sa jalousie. Quoique certaine d'obtenir une réponse quand elle se permettrait une demande curieuse, elle avait toujours conservé de ses premières impressions dans la vie la crainte d'un refus. D'ailleurs, la maladie morale de son mari eut des phases, et n'arriva que par des teintes progressivement plus fortes à cette violence intolérable qui détruisit le bonheur de son ménage. Quelque occupé que fût Balthazar, il resta néanmoins, pendant plusieurs mois, causeur, affectueux, et le changement de son caractère ne se manifestait alors que par de fréquentes distractions. Madame Claës espéra longtemps savoir par son mari le secret de ses travaux; peut-être ne voulait-il l'avouer qu'au moment où ils aboutiraient à des résultats utiles, car beaucoup d'hommes ont un orgueil qui les pousse à cacher leurs combats et à ne se montrer que victorieux. Au jour du triomphe, le bonheur domestique devait donc reparaître d'autant plus éclatant que Balthazar s'apercevait de cette lacune dans sa vie amoureuse dont son cœur ne pouvait pas être complice. Elle le connaissait assez pour savoir qu'il ne se pardonnerait pas d'avoir rendu sa Pépita moins heureuse pendant plusieurs mois. La pauvre femme gardait le silence en éprouvant une espèce de joie à souffrir par lui, pour lui. Sa passion n'avait-elle pas une teinte de cette piété espagnole qui ne sépare jamais la foi, et ne comprend point le sentiment sans souffrances. Elle attendait donc un retour d'affection en se disant chaque soir : — Ce sera demain! en traitant son bonheur comme un absent.

Elle conçut son dernier enfant au milieu de ces troubles secrets. Horrible révélation d'un avenir de douleur! En cette circonstance, l'amour fut, parmi les distractions de son mari, comme une distraction plus forte que les autres; et son orgueil de femme, blessé pour la première fois, lui fit sonder la profondeur de l'abîme inconnu qui la séparait à jamais du Claës des premiers jours.

Dès ce moment, l'état de Balthazar empira. Cet homme qui, naguères incessamment plongé dans les joies domestiques, jouait pendant des heures entières avec ses enfants, se roulait avec eux sur le tapis du parloir ou dans les allées du jardin, et semblait ne pouvoir vivre que sous les yeux noirs de sa Pépita, ne s'aperçut point de la grossesse de sa femme, oublia de vivre en famille et s'oublia lui-même. Plus madame Claës avait tardé à lui demander le sujet de ses occupations, moins elle l'osait; à cette idée, son sang bouillonnait et la voix lui manquait. Quand elle fut sérieusement alarmée, elle crut avoir cessé de plaire à son mari. Cette crainte l'occupa, la désespéra, l'exalta, devint le principe de bien des heures mélancoliques, et de tristes rêveries. Elle justifia Balthazar à ses dépens en se trouvant laide et vieille, puis elle entrevit une pensée généreuse, mais humiliante pour elle, dans le travail par lequel il se faisait une fidélité négative, et voulut lui rendre son indépendance en laissant s'établir un de ses secrets divorces, le mot du bonheur dont paraissent jouir plusieurs ménages. Néanmoins, avant de dire adieu à la vie conjugale, elle tâcha de lire au fond de ce cœur, mais il était fermé. Enfin elle vit Balthazar devenir indifférent à tout ce qu'il avait aimé, négliger ses tulipes en fleurs, et ne plus songer à ses enfants. Sans doute il se livrait à quelque passion en dehors des affections du cœur, mais qui, selon les femmes, n'en dessèche pas moins le cœur. L'amour était endormi et non pas enfui; ce fut une consolation; mais le malheur resta le même.

La continuité de cette crise s'explique par un seul mot, l'espérance, secret de toutes ces situations conjugales. Au moment où la pauvre femme arrivait à un degré de désespoir qui lui prêtait le courage d'interroger son mari, précisément alors elle retrouvait de doux moments, pendant lesquels Balthazar lui prouvait que s'il appartenait à quelques pensées diaboliques, elles lui permettaient de redevenir parfois lui-même. Durant ces instants où, pour elle, le ciel s'éclaircissait, elle s'empressait trop à jouir de son bonheur pour le troubler par des importunités; puis quand elle s'était enhardie à questionner Balthazar, au moment même où elle allait parler, il lui échappait aussitôt, la quittait brusquement, ou tombait dans le gouffre de ses méditations d'où rien ne le pouvait tirer.

Bientôt la réaction du moral sur le physique commença ses ravages, d'abord imperceptibles, mais néanmoins saisissables à l'œil d'une femme aimante qui suivait la secrète pensée de son mari dans ses moindres manifestations. Souvent elle avait peine à retenir ses larmes en le voyant, après le dîner, plongé dans une bergère au coin du feu, morne et pensif, l'œil arrêté sur un panneau brun sans s'apercevoir du silence qui régnait autour de lui. Elle observait avec terreur les changements insensibles qui dégradaient cette figure que l'amour avait faite si sublime pour elle. Chaque jour la vie de l'âme s'en retirait davantage, et la charpente physique en restait sans aucune expression. Parfois les yeux prenaient une couleur vitreuse, il semblait que la vue se retournât et s'exerçât à l'intérieur. Quand les enfants étaient couchés, après quelques heures de silence et de solitude, pleines de pensées affreuses, si la pauvre Pépita se hasardait à demander: — Mon ami, souffres-tu? Quelquefois Balthazar ne répondait pas; ou s'il répondait, il revenait à lui par un tressaillement comme un homme arraché en sursaut à son sommeil, et disait un *non* sec et caverneux qui tombait comme un poids sur le cœur de sa femme palpitante.

Quoiqu'elle cachât à ses amis la bizarre situation où elle se trouvait, elle fut obligée d'en parler. La ville entière causait du dérangement de M. Claës. Comme en beaucoup de circonstances semblables, la société l'avait pris pour sujet de ses investigations, et savait plusieurs détails ignorés de madame Claës. Néanmoins, malgré le mutisme de la politesse, quelques amis lui témoignèrent de si vives inquiétudes, qu'elle s'empressa de justifier les singularités de son mari.

— M. Balthazar avait, disait-elle, entrepris un grand travail qui l'absorbait; mais dont la réussite devait être un sujet de gloire pour sa famille et pour sa patrie.

Cette explication mystérieuse caressait trop l'ambition d'une ville où, plus qu'en aucune autre, règne l'amour du pays et le désir de son ilustration, pour qu'elle ne produisît pas dans les esprits une réaction favorable à M. Claës. Les suppositions de sa femme étaient, jusqu'à un certain point, assez fondées. Plusieurs ouvriers de diverses professions avaient longtemps travaillé dans le grenier de la maison de devant, où Balthazar se rendait dès le matin; et, après y avoir fait des retraites de plus en plus longues, auxquelles s'étaient insensiblement accoutumés sa femme et ses gens, il en était arrivé à y demeurer des journées entières. Mais, douleur inouïe, madame Claës apprit par les confidences humiliantes de ses bonnes amies étonnées de son ignorance, que son mari ne cessait d'acheter à Paris des instruments de physique, des matières précieuses, des livres, des machines, et se ruinait à chercher, disait-on, la pierre philosophale; elle devait songer, ajoutaient les amies, à ses enfants, à son propre avenir, et serait criminelle de ne pas employer son influence pour détourner son mari de la fausse voie où il s'était engagé. Si madame Claës retrouva son impertinence de grande dame pour imposer silence à ces discours absurdes, elle fut prise de terreur malgré son apparente assurance, et résolut de quitter son rôle d'abnégation. Elle fit naître une de ces situations pendant lesquelles une femme est avec son mari sur un pied d'égalité; moins tremblante alors, elle osa demander à Balthazar la raison de son changement, et le motif de sa constante retraite. Le Flamand fronça les sourcils, et lui répondit:

— Ma chère, tu n'y comprendrais rien.

Un jour, Joséphine insista davantage, en se plaignant avec douceur de ne pas partager toute la pensée de celui dont elle partageait la vie.

— Puisque cela t'intéresse tant, répondit Balthazar en gardant sa femme sur ses genoux, et lui caressant avec douceur ses cheveux noirs, je te dirai que je me suis remis à la chimie, et je suis l'homme le plus heureux du monde.

Deux ans après l'hiver où M. Claës était devenu chimiste, sa maison avait changé d'aspect. Soit que la société se choquât de la distraction perpétuelle du savant ou crût le gêner; soit que ses anxiétés secrètes eussent rendu madame Claës moins agréable, elle ne recevait plus que ses amis intimes. Balthazar n'allait nulle part, s'enfermait dans son laboratoire pendant toute la journée, y restait parfois la nuit, s'y rendait souvent avant le jour, et n'apparaissait au sein de sa famille qu'à l'heure du dîner. Dès la deuxième année, il cessa de passer la belle saison à sa campagne, que sa femme ne voulut plus habiter seule. Quelquefois, Balthazar sortait de chez lui, se promenait et ne rentrait que le lendemain, laissant madame Claës pendant toute une nuit livrée à de mortelles inquiétudes. En effet, après l'avoir fait infructueusement chercher dans une ville dont les portes étaient fermées le soir, suivant l'usage des places fortes, elle ne pouvait envoyer à sa poursuite dans la campagne. La malheureuse femme n'avait même plus l'espoir mêlé d'angoisses que donne l'attente, elle était forcée de pâtir jusqu'au lendemain. Balthazar avait simplement oublié l'heure de la fermeture des portes, et arrivait le lendemain tout uniment sans soupçonner les tortures que sa distraction devait imposer à sa famille. Le bonheur de le revoir était pour sa femme une crise aussi dangereuse que pouvaient l'être les appréhensions. Elle se taisait, n'osait le questionner; car quand elle s'était hasardée à le faire, il avait répondu d'un air surpris: — Eh bien, quoi, l'on ne peut pas se promener! Les passions ne savent pas tromper. Les inquiétudes de madame Claës justifièrent donc les bruits qu'elle s'était plu à démentir. Sa jeunesse l'avait habituée à connaître la pitié polie du monde, et, pour ne pas la subir, elle se renferma plus étroitement dans l'enceinte de sa maison, que désertèrent ses derniers amis.

Le désordre dans les vêtements, toujours si dégradant pour un homme de la haute classe, devint tel chez Balthazar, qu'entre ces diverses causes de chagrins, ce ne fut pas l'une des moins sensibles qui dût affecter une femme habituée à l'exquise propreté des Flamandes. De concert avec Lemulquinier, valet de chambre de son mari, Joséphine remédia pendant quelque temps à la dévastation journalière des habits; mais il fallut y renoncer; car, le jour même où, à l'insu de Balthazar, des effets neufs avaient été substitués à ceux qui étaient tachés, déchirés ou troués, il en faisait des haillons.

Cette femme, heureuse pendant quinze ans, et dont la jalousie n'avait jamais été remuée, se trouva tout-à-coup n'être plus rien en apparence dans le cœur où elle régnait naguères. Espagnole d'origine, le sentiment de la femme espagnole se réveilla chez elle, car elle se découvrit une rivale dans la Science qui lui enlevait son mari. Les tourments de la jalousie lui dévorèrent le cœur, et renovèrent son amour. Mais que faire contre une science? comment en combattre le pouvoir incessant, tyrannique et croissant? Comment tuer une rivale invisible? Comment une femme dont le pouvoir est limité par la nature, peut-elle lutter avec une idée dont les jouissances sont infinies et les attraits toujours nouveaux? Que tenter contre la coquetterie des idées qui se rafraîchissent, renaissent plus belles dans les difficultés, et entraînent un homme si loin du monde qu'il y oublie ses plus chères affections?

Enfin un jour, malgré les ordres sévères que Balthazar avait donnés, sa femme voulut au moins ne pas le quitter, s'enfermer avec lui dans ce grenier où il se retirait, combattre corps à corps sa rivale, en assistant son mari durant les longues heures qu'il prodiguait à cette terrible maîtresse. Elle voulut se glisser secrètement dans ce mystérieux atelier de séduction, et acquérir le droit d'y rester toujours. Elle essaya donc de partager avec Lemulquinier le droit d'entrer dans le laboratoire; mais, pour ne pas le rendre témoin d'une querelle qu'elle redoutait, elle attendit un jour où son mari se passerait du valet de chambre.

Depuis quelque temps, elle étudiait les allées et venues de ce domestique avec une impatience haineuse. Ne savait-il pas tout ce qu'elle désirait apprendre, ce que son mari lui cachait et ce qu'elle n'osait lui demander? Elle trouvait Lemulquinier plus favorisé qu'elle ne l'était, elle, l'épouse! Elle vint donc tremblante et presque heureuse; mais, pour la première fois de sa vie elle connut la colère de Balthazar. A peine avait-elle entr'ouvert la porte, qu'il fondit sur elle, la prit, la jeta rudement sur l'escalier, où elle faillit rouler du haut en bas.

— Dieu soit loué, cria Balthazar en la relevant, tu existes!

Un masque de verre s'était brisé en éclats sur madame Claës, qui vit son mari pâle, blême, effrayé.

— Ma chère, je t'avais défendu de venir ici, dit-il en s'asseyant sur une marche de l'escalier comme un homme abattu. Les saints t'ont préservée de la mort. Par quel hasard mes yeux étaient-ils fixés sur la porte! Nous avons failli périr.

— J'aurais été bien heureuse alors, dit-elle.

— Mon expérience est manquée! reprit Balthazar. Je ne puis pardonner qu'à toi la douleur que me cause ce cruel mécompte. J'allais peut-être décomposer l'azote. Va, retourne à tes affaires.

Balthazar rentra dans son laboratoire.

— *J'allais peut-être décomposer l'azote!* se dit la pauvre femme en revenant dans sa chambre où elle fondit en larmes.

Cette phrase était inintelligible pour elle. Les hommes, habitués par leur éducation à tout concevoir, ne savent pas ce qu'il y a d'horrible pour une femme à ne pouvoir comprendre la pensée de celui qu'elle aime. Plus indulgentes que nous ne le sommes, ces divines créatures ne nous disent pas quand le langage de leurs âmes reste incompris; elles craignent de nous faire sentir la supériorité de leurs sentiments, et cachent alors leurs douleurs avec autant de joie qu'elles taisent leurs plaisirs méconnus; mais plus ambitieuses en amour que nous ne le sommes, elles veulent épouser mieux que le cœur de l'homme, elles en veulent aussi toute la pensée. Or, pour madame Claës, ne rien savoir de la science dont s'occupait son mari, engendrait un dépit plus violent que celui causé par la beauté d'une rivale. Une lutte de femme à femme laisse à celle qui aime le plus l'avantage d'aimer mieux; mais ce dépit accusait une impuissance et humiliait tous les sentiments qui nous aident à vivre. Elle ne savait pas! Il se trouvait, pour elle, une situation où son ignorance la séparait de son mari. Enfin, dernière torture, et la plus vive, il était souvent entre la vie et la mort, il courait des dangers, loin d'elle et près d'elle, sans qu'elle les partageât, sans qu'elle les connût. C'était comme l'enfer, une prison morale sans issue, sans espérance. Madame Claës voulut au moins connaître les attraits de cette science, et se mit à étudier en secret la chimie dans les livres. Alors cette famille fut comme cloîtrée, et rompit entièrement avec la société.

Telles furent les transitions successives par lesquelles le malheur fit passer la maison Claës, avant de l'amener à l'espèce de mort civile dont elle était frappée au moment où cette histoire commence.

Mais cette situation violente se compliqua. Comme toutes les femmes passionnées, madame Claës était d'un désintéressement inouï. Ceux qui aiment véritablement savent combien l'argent est peu de chose auprès des sentiments, et avec quelle difficulté il s'y agrège. Néanmoins, elle n'apprit pas sans une cruelle émotion que son mari devait une somme de trois cent mille francs hypothéquée sur ses propriétés. L'authenticité des contrats sanctionnait les inquiétudes, les bruits, les conjectures de la ville. Madame Claës, justement alarmée, fut forcée, elle si fière, de questionner le notaire de son mari, de le mettre dans le secret de ses douleurs ou de les lui laisser deviner, et d'entendre enfin cette humiliante question : — Comment M. Claës ne vous a-t-il encore rien dit? Heureusement que le notaire de Balthazar lui était presque parent, et voici comment. Le grand-père de M. Claës avait épousé une Pierquin d'Anvers, de la même famille que les Pierquin de Douai. Depuis ce mariage, ceux-ci, quoique étrangers aux Claës, les traitaient de cousins. M. Pierquin, jeune homme de vingt-six ans qui venait de succéder à la charge de son père, était la seule personne qui eût accès dans la maison Claës. Madame Balthazar avait depuis plusieurs mois vécu dans une si complète solitude, que le notaire fut obligé de lui confirmer la nouvelle des désastres déjà connus dans toute la ville. Il lui dit que, vraisemblablement, son mari devait des sommes considérables à la maison qui lui fournissait des produits chimiques; car après s'être enquis de la fortune et de la considération dont jouissait M. Claës, cette maison prenait toutes ses commissions et s'en acquittait sans avoir la moindre inquiétude sur l'étendue des crédits.

Madame Claës chargea M. Pierquin de demander le mémoire des fournitures faites à son mari. Deux mois après, MM. Protez et Chiffreville, fabricants de produits chimiques, envoyèrent un arrêté de compte, qui montait à environ cent mille francs. Madame Claës et Pierquin étudièrent cette facture avec une surprise croissante. Si beaucoup d'articles, exprimés scientifiquement ou commercialement, étaient pour eux inintelligibles, ils furent effrayés de voir portés en compte, des parties de métaux, des diamants de toutes les espèces, mais en petites quantités. Le total de la dette s'expliquait facilement par la multiplicité des articles, par les précautions que nécessitait le transport de certaines substances ou l'envoi de quelques machines précieuses, par le prix exorbitant de plusieurs produits qui ne s'obtenaient que difficilement, ou que leur rareté rendait chers, enfin par la valeur des instruments de physique ou de chimie confectionnés d'après les instructions de M. Claës. Le notaire avait pris, dans l'intérêt de son cousin, des renseignements sur MM. Protez et Chiffreville, et la probité de ces négociants devait rassurer sur la moralité de leurs opérations avec M. Claës, auquel ils faisaient souvent part des résultats obtenus par les chimistes de Paris, afin de lui éviter la dépense de quelques expériences.

Madame Claës pria le notaire de cacher à la société de Douai ces excessives dépenses, qui eussent été taxées de folies; mais Pierquin lui répondit que déjà, pour ne point affaiblir la considération dont jouissait M. Claës, il avait retardé usqu'au dernier moment les obligations notariées que l'importance des sommes prêtées de confiance par ses clients avait enfin nécessitées. Il dévoila l'étendue de la plaie, en disant à sa cousine que, si elle ne trouvait pas le moyen d'empêcher son mari de dépenser sa fortune aussi follement, dans six mois ses biens patrimoniaux seraient grevés d'hypothèques qui en dépasseraient la valeur. Quant à lui, ajouta-t-il, les observations qu'il avait faites à son cousin avec les ménagements dûs à un homme si justement considéré, n'avaient pas eu la moindre influence. Une fois pour toutes, M. Claës ui avait répondu qu'il travaillait à la gloire et à la fortune de sa famille.

Ainsi, à toutes les tortures du cœur que madame Claës avait supportées depuis deux ans, dont chacune s'ajoutait à l'autre et accroissait la douleur du moment de toutes les douleurs passées, se joignit une crainte affreuse, incessante, qui lui rendait l'avenir épouvantable. Les femmes ont des pressentiments dont la justesse tient du prodige. Pourquoi en général tremblent-elles plus qu'elles n'espèrent quand il s'agit des intérêts de la vie? Pourquoi n'ont-elles de foi que pour les grandes idées de l'avenir religieux? Pourquoi devinent-elles si habilement les catastrophes de fortune, ou les crises de nos destinées? Peut-être le sentiment qui les unit à l'homme qu'elles aiment, leur en fait-elle admirablement peser les forces, estimer les facultés, connaître les goûts, les passions, les vices, les vertus; et la perpétuelle étude de ces causes, en présence desquelles elles se trouvent sans cesse, leur donne sans doute la fatale puissance d'en prévoir les effets dans toutes les situations possibles. Ce qu'elles voient du présent leur fait juger l'avenir avec une habileté naturellement expliquée par la perfection de leur système nerveux, qui leur permet de saisir les diagnostics les plus légers de la pensée et des sentiments. Tout en elles vibre à l'unisson des grandes commotions morales; et alors, ou elles sentent, ou elles voient. Or, quoique séparée de son mari depuis deux ans, madame Claës pressentait la perte de toute sa fortune. Elle avait apprécié la fougue réfléchie, l'inaltérable constance de Balthazar. S'il était vrai qu'il cherchât à faire de l'or, il devait jeter avec une parfaite insensibilité son dernier morceau de pain dans son creuset. Mais que cherchait-il?

Jusques-là, le sentiment maternel et l'amour conjugal s'étaient si bien confondus dans le cœur de cette femme, que jamais ses enfants, également aimés d'elle et de son mari, ne s'étaient interposés entre eux. Mais tout à coup, elle fut parfois plus mère qu'elle n'était épouse, quoiqu'elle fût plus souvent épouse que mère. Et néanmoins, quelque disposée qu'elle pût être à sacrifier sa fortune et même ses enfants pour le bonheur de celui qui l'avait choisie, aimée, adorée, pour qui elle était encore la seule femme qu'il y eût au monde, les remords que lui causait la faiblesse de son amour maternel la jetaient en d'horribles alternatives. Ainsi, comme femme, elle souffrait dans son cœur; comme mère, elle souffrait dans ses enfants; et comme chrétienne, elle souffrait pour tous. Elle se taisait et contenait ces cruels orages dans son âme. Son mari, seul arbitre du sort de sa famille, était le maître d'en régler à son gré la destinée, dont il ne devait compte qu'à Dieu. D'ailleurs, pouvait-elle lui reprocher l'emploi de sa fortune, après le désintéressement dont il avait fait preuve pendant dix années de mariage? Était-elle juge de ses desseins? Mais sa conscience, d'accord avec le sentiment et les lois, lui disait que les parents étaient les dépositaires de leur fortune, et n'avaient pas le droit d'aliéner le bonheur matériel de leurs enfants. Pour ne point résoudre ces hautes questions, elle aimait mieux fermer les yeux, suivant l'habitude des gens qui refusent de voir l'abîme au fond duquel ils savent devoir rouler.

Depuis six mois, son mari ne lui avait plus remis d'argent pour la dépense de sa maison. Elle fit vendre secrètement à Paris les riches parures de diamants que son frère lui avait données au jour de son mariage, et introduisit la plus stricte économie dans sa maison. Elle renvoya la gouvernante de ses enfants, et même la nourrice de Lucien, son dernier. Jadis le luxe des voitures était ignoré de la bourgeoisie, à la fois si humble dans ses mœurs, si fière dans ses sentiments; rien n'avait donc été prévu dans la maison Claës pour cette invention moderne. M. Balthazar était obligé d'avoir son écurie et sa remise dans une maison en face de la sienne, et ses occupations ne lui permettaient plus de surveiller cette partie du ménage qui regarde essentiellement les hommes. Madame Claës supprima donc la dépense onéreuse des équipages et des gens que leur isolement rendait inutiles. Malgré la bonté de ces raisons, elle n'essaya point de colorer ses réformes par des prétextes; jusqu'à présent les faits avaient démenti ses paroles, et le silence était désormais ce qui convenait le mieux. Le changement de son train n'était pas justifiable dans un pays où, comme en Hollande, quiconque dépense tout son revenu passe pour un fou. Seulement comme sa fille aînée, Marguerite, allait avoir seize ans, elle parut vouloir lui faire faire une belle alliance, et la placer dans le monde, comme il convenait à une fille alliée aux Molina, aux Van Ostrom-Temninck, et aux Casa-Réal.

Quelques jours avant celui pendant lequel commence cette histoire, l'argent des diamants était épuisé. Enfin, ce même jour, à trois heures, en conduisant ses enfants à vêpres, madame Claës avait rencontré M. Pierquin qui venait la voir, et qui l'accompagna jusqu'à Saint-Pierre, en causant à voix basse sur sa situation.

— Ma cousine, dit-il avant d'entrer dans l'église, je ne saurais, sans manquer à l'amitié qui m'attache à votre famille, vous cacher le péril où vous êtes, et ne pas vous prier d'en conférer avec votre mari. Qui peut, si ce n'est vous, l'arrêter sur le bord de l'abîme où vous marchez? Les revenus des biens hypothéqués ne suffisent point à payer les intérêts des sommes empruntées; ainsi vous êtes aujourd'hui sans aucun revenu. Si vous coupiez les bois que vous possédez, ce serait vous enlever la seule chance de salut qui vous restera dans l'avenir. Van Claës est en ce moment débiteur d'une somme de trente mille francs à la maison Protez et Chiffreville de Paris. Avec quoi les paierez-vous, et avec quoi vivrez-vous? Et que deviendrez-vous, si Claës continue à demander des réactifs, des verreries, des piles de Volta, et autres brinborions? Toute sa fortune, moins sa maison et son mobilier, s'est dissipée en gaz et en charbon. Quand il a été question, avant-hier, d'hypothéquer sa maison, savez-vous quelle a été sa réponse: — Diable, diable! Voilà depuis trois ans la première trace de raison qu'il ait donnée.

Madame Claës pressa douloureusement le bras de Pierquin, leva les yeux au ciel, et dit:

— Gardez-nous le secret.

Malgré sa piété, la pauvre femme, anéantie par ces paroles d'une clarté foudroyante, ne put prier. Elle resta sur sa chaise entre ses enfants, ouvrit son paroissien et n'en tourna pas un feuillet. Elle était tombée dans une contemplation aussi absorbante que l'étaient celles de son mari. L'honneur espagnol, la probité flamande résonnaient dans son être intérieur d'une voix aussi puissante que celle des tuyaux de l'orgue. La ruine de ses enfants était consommée! Entre eux et l'honneur de leur père, il ne fallait plus hésiter. La perspective d'une lutte prochaine entre elle et son mari l'épouvantait, car il était à ses yeux si grand, si imposant, que sa voix l'agitait autant que l'idée de la majesté divine. Elle allait sortir de cette constante soumission dans laquelle elle était saintement demeurée comme épouse. L'intérêt de ses enfants l'obligerait à contrarier dans ses goûts un homme qu'elle idolâtrait. Ne faudrait-il pas souvent le ramener à des questions positives, quand il planerait dans les hautes régions de la science, le tirer violemment d'un riant avenir pour le plonger dans ce que la matérialité présente offre de plus hideux, aux artistes et aux grands hommes? Pour elle, Balthazar Claës était un géant de science, un homme gros de gloire, car il ne pouvait l'avoir oubliée que pour les plus riches espérances. Puis il était si profondément sensé, elle l'avait entendu parler avec tant de talent sur les questions de tout genre, qu'il devait être sincère en disant qu'il travaillait pour la gloire et la fortune de sa famille. Son amour pour sa femme et ses enfants n'était pas seulement immense, il était infini ; ces sentiments n'avaient pu s'abolir ; ils s'étaient peut-être agrandis en se reproduisant sous une autre forme. Elle si noble, si généreuse et si craintive, allait donc faire retentir incessamment aux oreilles de ce grand homme le mot argent et le son de l'argent ; lui montrer les plaies de la misère, lui faire entendre les cris de la détresse, quand il entendrait les voix mélodieuses de la renommée. Peut-être l'affection qu'il avait pour elle s'en diminuerait-elle ? Si elle n'avait pas eu d'enfants, elle aurait embrassé courageusement et avec plaisir la destinée nouvelle que lui faisait son mari. Les femmes élevées dans l'opulence sentent promptement le vide que couvrent ses jouissances tristement matérielles ; et quand leur cœur plus fatigué que flétri leur a fait trouver le bonheur que donne un constant échange de sentiments vrais, elles ne reculent point devant une existence médiocre, si elle convient à l'être dont elles se savent bien aimées. Leurs idées, leurs plaisirs sont soumis aux caprices de cette vie en dehors de la leur ; et, pour elles, le seul avenir redoutable est de la perdre.

En ce moment donc, ses enfants la séparaient de sa vraie vie, autant que Balthazar Claës s'était séparé d'elle par la science. Aussi, quand elle fut revenue de vêpres, qu'elle se jeta dans sa bergère, renvoya-t-elle ses enfants, en réclamant d'eux le plus profond silence. Elle fit demander à son mari de venir la voir ; mais quoique Lemulquinier, son vieux valet de chambre, eût insisté pour l'arracher de son laboratoire, il y était resté. Madame Claës avait donc eu le temps de réfléchir. Et elle aussi demeura songeuse, sans faire attention à l'heure ni au temps, ni au jour. La pensée de devoir trente mille francs et de ne pouvoir les payer, réveilla les douleurs passées, les joignit à celles du présent et de l'avenir ; cette masse d'intérêts, d'idées, de sensations, la trouva trop faible ; elle pleura.

Quand elle vit entrer Balthazar, dont alors la physionomie lui parut plus terrible, plus absorbée, plus égarée qu'elle ne l'avait jamais été ; quand il ne lui répondit pas, elle resta d'abord fascinée par l'immobilité de son regard blanc et vide, par toutes les idées dévorantes que distillait son front chauve ; et, sous le coup de cette impression, elle désira mourir. Puis, quand elle eut entendu cette voix insoucieuse exprimer un désir scientifique au moment où elle avait le cœur écrasé, son courage revint ; elle résolut de lutter avec cette épouvantable puissance qui lui avait ravi un amant, qui avait enlevé à ses enfants un père, à la maison une fortune, à tous le bonheur. Néanmoins, elle ne put réprimer la constante trépidation qui l'agita, car, dans toute sa vie, il ne s'était pas rencontré de scène plus solennelle. Ne contenait-elle pas virtuellement son avenir, et le passé ne s'y résumait-il pas tout entier ?

Maintenant, les gens faibles, les personnes timides, ou celles à qui la vivacité de leurs sensations agrandit les moindres difficultés de la vie, les hommes que saisit un tremblement involontaire devant les arbitres de leur destinée, peuvent tous concevoir les milliers de pensées qui tournoyaient dans la tête de cette femme, et les sentiments sous le poids desquels son cœur était comprimé, quand son mari se dirigea lentement vers la porte du jardin.

L'Absolu.

La plupart des femmes connaissent les angoisses de l'intime délibération, contre laquelle se débattait madame Claës ; ainsi celles même dont le cœur n'a encore été violemment ému que pour déclarer à leur mari quelque excédant de dépense ou des dettes chez la marchande de modes, comprendront combien les battements du cœur s'élargissent alors qu'il s'en va de toute la vie. Une belle femme a de la grâce à se jeter aux pieds de son mari, elle trouve des ressources dans les poses de la douleur ; tandis que le sentiment de ses défauts physiques augmentait encore les craintes de madame Claës. Aussi quand elle vit Balthazar prêt à sortir, son premier mouvement fut-il bien de s'élancer vers lui ; mais une cruelle pensée réprima son élan. Elle allait se mettre debout ! Ne devait-elle pas paraître ridicule à un homme qui, n'étant plus soumis aux fascinations de l'amour, pourrait voir juste ? Elle eût volontiers tout perdu, fortune et enfants, plutôt que d'amoindrir sa puissance de femme. Elle voulut écarter toute chance mauvaise dans une heure aussi solennelle, et appela fortement : — Balthazar ?

Il se retourna machinalement et toussa. Mais sans faire attention à sa femme, il vint cracher dans une de ces petites boîtes carrées placées de distance en distance le long des boiseries, comme dans tous les appartements de la Hollande et de la

Belgique. Cet homme, qui ne pensait à personne, n'oubliait jamais les crachoirs, tant cette habitude était invétérée. Pour la pauvre Joséphine, incapable de se rendre compte de cette bizarrerie, le soin constant que son mari prenait du mobilier lui causait toujours une angoisse inouïe; mais, dans ce moment, elle fut si violente, qu'elle la jeta hors des bornes, et lui fit crier d'un ton plein d'impatience où s'exprimèrent tous ses sentiments blessés:

— Mais, monsieur, je vous parle!

— Qu'est-ce que cela signifie? répondit Balthazar en se retournant vivement et lançant à sa femme un regard où la vie revenait, et qui fut pour elle comme un coup de foudre.

— Pardon, mon ami, dit-elle en pâlissant.

Elle voulut se lever et lui tendre la main; mais elle retomba sans force.

— Je me meurs! dit-elle d'une voix entrecoupée par des sanglots.

A cet aspect, Balthazar eut, comme tous les gens distraits, une vive réaction et devina pour ainsi dire le secret de cette crise; il prit aussitôt madame Claës dans ses bras, ouvrit la porte qui donnait sur la petite anti-chambre, et franchit si rapidement le vieil escalier de bois, que la robe de sa femme ayant accroché une gueule des tarasques qui en formaient les balustres, il en resta un lez entier arraché à grand bruit. Il donna un coup de pied à la porte du vestibule commun à leurs appartements; mais la chambre de sa femme était fermée.

Il posa doucement Joséphine sur un fauteuil, en se disant : — Mon Dieu, où est la clé?

— Merci, mon ami, répondit madame Claës en ouvrant les yeux, voici la première fois depuis bien longtemps que je me suis trouvée aussi près de ton cœur.

— Bon Dieu! cria Claës, la clé! voici nos gens.

Joséphine lui fit signe de prendre la clé qui était attachée pendue à un ruban le long de sa poche; Balthazar ouvrit, porta sa femme sur un canapé, et sortit pour empêcher ses gens effrayés de monter, en leur donnant l'ordre de promptement servir le dîner. Puis il vint avec empressement retrouver sa femme.

— Qu'as-tu, ma chère vie? dit-il en s'asseyant près d'elle et lui prenant la main qu'il baisa.

— Mais, je n'ai plus rien, répondit-elle, je ne souffre plus! Seulement, je voudrais avoir la puissance de Dieu, pour mettre à tes pieds tout l'or de la terre.

— Pourquoi de l'or? demanda-t-il en l'attirant sur lui, la pressant et la baisant de nouveau sur le front; ne me donnes-tu pas de plus grandes richesses, en m'aimant comme tu m'aimes, chère et précieuse créature?

— Oh! mon Claës, pourquoi ne dissiperais-tu pas les angoisses de notre vie à tous, comme tu chasses par ta voix le chagrin de mon cœur! Enfin, je le vois, tu es toujours le même.

— De quelles angoisses parles-tu, ma chère?

— Mais nous sommes ruinés, Balthazar!

— Ruinés, reprit-il.

Il se mit à sourire, caressa la main de sa femme en la tenant dans les siennes, et dit d'une voix douce qui depuis longtemps ne s'était pas fait entendre.

— Mais demain, mon ange, notre fortune sera peut-être sans bornes. Hier en cherchant des secrets bien plus importants, je crois avoir trouvé le moyen de cristalliser le carbone, la seule substance du diamant. O ma chère femme, dans quelques jours tu me pardonneras mes distractions, car je suis distrait quelquefois. Ne t'ai-je pas brusquée tout à l'heure? Mais sois indulgente pour un homme qui n'a jamais cessé de penser à toi, dont les travaux sont pleins de toi, de nous.

— Assez, assez, dit-elle, nous causerons de tout cela ce soir, mon ami. Je souffrais par trop de douleur; et maintenant, je souffre par trop de plaisir.

En effet, elle ne s'attendait pas à revoir cette figure animée par un sentiment aussi tendre pour elle qu'il l'était jadis, à entendre cette voix toujours aussi douce, et à retrouver tout ce qu'elle croyait avoir perdu.

— Ce soir, reprit-il, je veux bien, nous causerons. Si je m'absorbais dans quelque méditation, rappelle-moi cette promesse. Ce soir je veux quitter mes calculs, mes travaux, et me plonger dans toutes les joies de la famille, dans les voluptés du cœur. Pépita, j'en ai besoin, j'en ai soif!

— Tu me diras ce que tu cherches, Balthazar?

— Mais, pauvre enfant, tu n'y comprendrais rien.

— Tu crois! Hé, mon ami, voici près de quatre mois que j'étudie la chimie pour pouvoir en causer avec toi. J'ai lu Fourcroi, Lavoisier, Chaptal, Nollet, Rouelle, Berthollet, Gay-Lussac, Spallanzani, Leuwenhoëk, Galvani, Volta, et tous les livres relatifs à la science que tu cultives. Va, tu peux me dire tes secrets.

— Oh! tu es un ange! s'écria Balthazar en tombant aux genoux de sa femme, et versant des pleurs d'attendrissement dont la vue la fit tressaillir, nous nous comprendrons en tout!

— Ah! dit-elle, je me jetterais dans le feu de l'enfer qui attise tes fourneaux, pour entendre ce mot de ta bouche, et pour te voir ainsi.

Elle entendit le pas de sa fille dans l'antichambre et s'y élança vivement.

— Que voulez-vous, Marguerite? dit-elle à sa fille aînée.

— Ma chère mère, monsieur Pierquin vient d'arriver. S'il reste à dîner, il faudrait du linge, et vous avez oublié d'en donner ce matin.

Madame Claës tira de sa poche un trousseau de petites clefs et les remit à sa fille, en lui désignant les armoires en bois des îles qui tapissaient cette antichambre, et lui dit : — Ma fille, prenez à droite dans les services Graindorge.

Elle rentra.

— Puisque mon cher Balthazar me revient aujourd'hui, rends-le moi tout entier? dit-elle en donnant à sa physionomie une expression de douce malice. Mon ami, va chez toi, fais-moi la grâce de t'habiller, nous avons Pierquin à dîner. Voyons, quitte ces habits déchirés. Tiens, vois ces taches? N'est-ce pas de l'acide muriatique ou sulfurique qui a bordé de jaune tous ces trous? Allons, rajeunis-toi, je vais t'envoyer Mulquinier quand j'aurai changé de robe.

Balthazar voulut passer dans sa chambre par la porte de communication, mais il avait oublié qu'elle était fermée de son côté. Il sortit par l'antichambre.

— Marguerite, mets le linge sur un fauteuil, et viens m'habiller, je ne veux pas de Martha, dit madame Claës à sa fille.

Balthazar avait pris Marguerite, l'avait tournée vers lui par mouvement joyeux en lui disant : — Bonjour, mon enfant, tu es bien jolie aujourd'hui dans cette robe de mousseline, et avec cette ceinture rose!

Puis il la baisa au front et lui serra la main.

— Maman, papa vient de m'embrasser! dit Marguerite en entrant chez sa mère, il paraît bien joyeux, bien heureux!

— Mon enfant, votre père est un bien grand homme! voici bientôt trois ans qu'il travaille pour la gloire et la fortune de sa famille, et il croit avoir atteint le but de ses recherches. Ce jour est pour nous tous une belle fête....

— Ma chère maman, répondit Marguerite, nos gens étaient si tristes de le voir aussi renfrogné, que nous ne serons pas seules dans la joie. Oh! mettez donc une autre ceinture, celle-ci est trop fanée.

— Soit; mais dépêchons-nous, je veux aller parler à M. Pierquin. Où est-il ?

— Dans le parloir, il s'amuse à faire sauter Lucien.

— Où sont Gabriel et Félicie?

— Je les entends dans le jardin.

— Hé bien, descendez vite veiller à ce qu'ils n'y cueillent pas de tulipes! Votre père ne les a pas encore vues de cette année, et il pourrait aujourd'hui vouloir les regarder en sortant de table! Dites à Mulquinier de monter à votre père tout ce dont il a besoin pour sa toilette.

Quand Marguerite fut sortie, madame Claës jeta un coup-d'œil à ses enfants, par les fenêtres de sa chambre qui donnaient sur le jardin, et les vit occupés à regarder un de ces insectes à ailes vertes, luisantes et tachetées d'or, vulgairement appelés des couturières.

— Soyez sages, mes bien-aimés, dit-elle en faisant remonter une partie du vitrage qui était à coulisse et qu'elle arrêta pour aérer sa chambre.

Puis elle frappa doucement à la porte de communication pour s'assurer que son mari n'était pas retombé dans quelque distraction. Il ouvrit, et elle lui dit d'un accent joyeux en le voyant déshabillé : Tu ne me laisseras pas longtemps seule avec M. Pierquin, n'est-ce pas?.... Tu me rejoindras promptement.

Elle se trouva si leste pour descendre, qu'en l'entendant, un étranger n'aurait pas reconnu le pas d'une boiteuse.

— Monsieur, en emportant madame, lui dit le valet de chambre qu'elle rencontra dans l'escalier, en a déchiré la robe. Ce n'est qu'un méchant bout d'étoffe, mais il a brisé la mâchoire de cette figure, et je ne sais pas qui pourra la remettre. Voilà notre escalier déshonoré, cette rampe était si belle.

— Bah! mon pauvre Mulquinier, ne la fais pas raccommoder, ce n'est pas un malheur.

— Bonjour, M. Pierquin, dit-elle en ouvrant la porte du parloir.

Le notaire accourut pour lui donner le bras; mais elle ne prenait jamais que celui de son mari; elle remercia donc son cousin par un sourire et lui dit : — Vous venez peut-être pour les trente mille francs?

— Oui, madame, en rentrant chez moi, j'ai reçu une lettre d'avis de la maison Protez et Chiffreville qui a tiré, sur M. Claës, six lettres de change de chacune cinq mille francs.

— Hé bien, n'en parlez pas à Balthazar aujourd'hui, dit-elle. Dînez avec nous, et si par hasard il vous demandait pourquoi vous êtes venu, trouvez quelque prétexte plausible, je vous en prie.

Donnez-moi la lettre, je lui parlerai moi-même de cette affaire. — Tout va bien, reprit-elle en voyant l'étonnement du notaire. Dans quelques mois, mon mari remboursera probablement les sommes qu'il a empruntées.

En entendant cette phrase dite à voix basse, le notaire regarda mademoiselle Claës qui revenait du jardin, suivie de Gabriel et de Félicie, et dit : — Je n'ai jamais vu mademoiselle Marguerite aussi jolie qu'elle l'est en ce moment.

Madame Claës, qui s'était assise dans sa bergère et avait pris sur ses genoux le petit Lucien, leva la tête, regarda sa fille et le notaire en affectant un air indifférent.

M. Pierquin était de taille moyenne, ni gras, ni maigre, d'une figure vulgairement belle et qui exprimait une tristesse plus chagrine que mélancolique, une rêverie plus indéterminée que pensive; il passait pour misanthrope, mais il était trop intéressé, trop mangeur pour que son divorce avec le monde fût réel. Son regard habituellement perdu dans le vide, son attitude indifférente, son silence affecté semblaient accuser de la profondeur, et couvraient en réalité le vide et la nullité d'un notaire exclusivement occupé d'intérêts humains, mais qui se trouvait encore assez jeune pour être envieux. S'allier à la maison Claës aurait été pour lui la cause d'un dévouement sans bornes, s'il n'avait pas eu quelque sentiment d'avarice sous-jacent : il faisait le généreux, mais il savait compter. Aussi, sans se rendre raison à lui-même de ses changements de manière, ses attentions étaient-elles tranchantes, dures et bourrues comme le sont en général celles des gens d'affaires, quand M. Claës lui semblait ruiné; puis elles devenaient affectueuses, coulantes et presque serviles, quand il soupçonnait quelque heureuse issue aux travaux de son cousin. Alors, tantôt il voyait en Marguerite Claës une infante dont il était impossible à un simple notaire de province d'approcher; et tantôt il la considérait comme une pauvre fille trop heureuse, s'il daignait en faire sa femme. Il était homme de province, et flamand, sans malice; il ne manquait même ni de dévouement ni de bonté; mais il avait un naïf égoïsme qui rendait ses qualités incomplètes, et des ridicules qui gâtaient sa personne.

En ce moment, madame Claës se souvint du ton bref avec lequel le notaire lui avait parlé sous le porche de l'église Saint-Pierre, et remarqua la révolution que sa réponse avait faite dans ses manières; elle devina le fond de ses pensées, et d'un regard perspicace elle essaya de lire dans l'âme de sa fille pour savoir si elle pensait à son cousin; mais elle ne vit en elle que la plus parfaite indifférence.

Après quelques instants, pendant lesquels la conversation roula sur les bruits de la ville, le maître du logis descendit de sa chambre où, depuis un instant, sa femme entendait avec un inexprimable plaisir ses bottes crier sur le parquet. Sa démarche, semblable à celle d'un homme jeune et léger, annonçait une complète métamorphose, et l'attente que son apparition causait à madame Claës fut si vive, qu'elle eut peine à contenir un tressaillement quand il descendit l'escalier. Balthazar se montra bientôt dans le costume alors à la mode. Il portait des bottes à revers bien cirées qui laissaient voir le haut d'un bas de soie blanc; une culotte de casimir bleu à boutons d'or, un gilet blanc à fleurs, et un frac bleu. Il avait fait sa barbe, peigné ses cheveux, parfumé sa tête, coupé ses ongles, et lavé ses mains avec tant de soin qu'il semblait méconnaissable à ceux qui l'avaient vu naguères. Au lieu d'un vieillard presque en démence, ses enfants, sa femme et le notaire voyaient un homme de quarante ans environ, dont la figure affable et polie était pleine de séductions. La fatigue et les souffrances que trahissait la maigreur des contours et l'adhérence de la peau sur les os avaient même une sorte de grâce.

— Bonjour, M. Pierquin, dit Balthazar Claës, qui, redevenu père et mari, prit son dernier enfant sur les genoux de sa femme, et l'éleva en l'air en le faisant rapidement descendre et le relevant alternativement.

— Voyez ce petit? dit-il au notaire. Une aussi jolie créature ne vous donne-t-elle pas l'envie de vous marier? Croyez-moi, mon cher, les plaisirs de famille consolent de tout.

— Brr! dit-il en enlevant Lucien. Pound! s'écriait-il en le mettant à terre. Brr! Pound!

L'enfant riait aux éclats de se sentir alternativement en haut du plafond et sur le parquet. La mère détourna les yeux pour ne pas laisser voir l'émotion que lui causait un jeu si simple en apparence, et qui, pour elle, était toute une révolution domestique.

— Voyons comment tu vas, dit Balthazar en posant son fils sur le parquet et s'allant jeter dans une bergère.

L'enfant courut à lui, attiré par l'éclat des boutons d'or qui attachaient la culotte au-dessus de l'oreille des bottes.

— Tu es un mignon! dit le père en l'embrassant, tu es un Claës, tu marches bien droit.

— Hé bien! Gabriel, comment se porte le père Morillon? dit-il à son fils aîné en lui prenant l'oreille et la lui tordant, te défends-tu vaillamment contre les thèmes, les versions? mords-tu ferme aux mathématiques?

Puis il se leva, vint à Pierquin, et lui dit avec cette affectueuse courtoisie qui le caractérisait :
— Mon cher, vous avez peut-être quelque chose à me demander?

Il lui donna le bras, et l'entraîna dans le jardin, en ajoutant : — Venez voir mes tulipes.

Madame Claës regarda son mari pendant qu'il sortait, et ne sut pas contenir sa joie en le revoyant si jeune, si affable, si bien lui-même; elle se leva, prit sa fille par la taille, et l'embrassa en disant : — Ma chère Marguerite, mon enfant chéri, je t'aime encore mieux aujourd'hui que de coutume!

— Il y avait bien longtemps que je n'avais vu mon père aussi aimable, répondit-elle.

Lemulquinier vint annoncer que le dîner était servi. Madame Claës, pour éviter que Pierquin lui offrît le bras, prit celui de Balthazar, et toute la famille passa dans la salle à manger.

Cette pièce dont le plafond se composait de poutres apparentes, mais enjolivées par des peintures, lavées et rafraîchies tous les ans, était garnie de hauts dressoirs en chêne sur les tablettes desquels se voyaient les plus curieuses pièces de la vaisselle patrimoniale. Les parois de la muraille étaient tapissées de cuir violet sur lequel avaient été imprimés des sujets de chasse en traits d'or. Au-dessus des dressoirs, çà et là, brillaient soigneusement disposés des plumes d'oiseaux curieux et des coquillages rares. Les chaises n'avaient pas été changées depuis le commencement du seizième siècle et offraient cette forme carrée, ces colonnes torses, et ce petit dossier garni d'une étoffe à franges dont la mode fut si répandue que Raphaël l'a illustrée dans son tableau appelé *la Vierge à la chaise*. Le bois en était devenu noir, mais les clous dorés reluisaient comme s'ils eussent été neufs, et les étoffes soigneusement renouvelées étaient d'une couleur rouge admirable. Enfin, la Flandre revivait là tout entière avec ses innovations espagnoles.

Sur la table, les carafes, les flacons avaient cet air respectable que leur donnent les ventres arrondis du galbe antique. Les verres étaient bien ces vieux verres hauts sur patte qui se voient dans tous les tableaux de l'école hollandaise ou flamande.

La vaisselle en grès et ornée de figures coloriées à la manière de Bernard de Palissy, sortait de la fabrique anglaise de Wedgvood. L'argenterie était massive, à pans carrés, à bosses pleines, véritable argenterie de famille, dont les pièces, toutes différentes de ciselure, de mode, de forme, attestaient les commencements du bien-être et les progrès de la fortune des Claës. Les serviettes avaient des franges, mode toute espagnole. Quant au linge, chacun doit penser que, chez les Claës, le point d'honneur consistait à en posséder de magnifique. Ce service, cette argenterie étaient destinés à l'usage journalier de la famille; car, la maison de devant où se donnaient les fêtes avait son luxe particulier, dont les merveilles réservées pour les jours de gala, leur imprimaient cette solennité qui n'existe plus quand les choses sont déconsidérées pour ainsi dire par un usage habituel. Dans le quartier de derrière, tout était marqué au coin d'une naïveté patriarcale. Enfin, détail délicieux, une vigne courait en dehors, le long des fenêtres que les pampres bordaient de toutes parts.

— Vous restez fidèle aux traditions, madame, dit Pierquin, en recevant une assiettée de cette soupe au thym, dans laquelle les cuisinières flamandes et hollandaises mettent de petites boules de viandes roulées et mêlées à des tranches de pain grillé; voici le potage du dimanche en usage chez nos pères! Votre maison et celle de mon oncle Des Racquets sont les seules où l'on retrouve cette soupe historique dans les Pays-Bas. Ah, pardon, le vieux monsieur Savaron de Savarus la fait encore orgueilleusement servir chez lui, mais partout ailleurs la vieille Flandre s'en va. Maintenant les meubles se fabriquent à la grecque, on n'aperçoit partout que casques, boucliers, lances et faisceaux. Chacun rebâtit sa maison, vend ses vieux meubles, refond son argenterie, ou la troque contre la porcelaine de Sèvres qui ne vaut ni le vieux Saxe ni les chinoiseries. Oh! moi, je suis Flamand dans l'âme. Aussi mon cœur saigne-t-il en voyant les chaudronniers, acheter pour le prix du bois ou du métal, nos beaux meubles incrustés de cuivre ou d'étain. Mais l'état social veut changer de peau, je crois. Il n'y a pas jusqu'aux procédés de l'art qui ne se perdent! Et, en effet, quand il faut que tout aille vite, rien ne peut être consciencieusement fait. Pendant mon dernier voyage à Paris, l'on m'a mené voir les peintures exposées au Louvre. Ma parole d'honneur, ce sont des écrans que ces toiles sans air, sans profondeur, où les peintres craignent de mettre de la couleur! Et ils veulent, dit-on, renverser notre vieille école! Ah, ouin!

— Nos anciens peintres, répondit Balthazar, étudiaient les diverses combinaisons et la résistance des couleurs, en les soumettant à l'action du soleil et de la pluie. Mais, vous avez raison; aujourd'hui, les ressources matérielles de l'art sont moins cultivées que jamais.

Madame Claës n'écoutait pas la conversation, car en entendant dire au notaire que les services de porcelaine étaient à la mode, elle avait aussitôt conçu la lumineuse idée de vendre la pesante argenterie, provenue de la succession de son frère, espérant ainsi pouvoir acquitter les trente mille francs dûs par son mari.

— Ah! ah! disait Balthazar au notaire, quand madame Claës se remit à la conversation, l'on s'occupe de mes travaux à Douai?

— Oui, répondit Pierquin, chacun se demande à quoi vous dépensez tant d'argent. Hier, j'entendais M. le premier président déplorer qu'un homme de votre sorte cherchât la pierre philosophale. Alors je me suis permis de répondre que vous étiez trop instruit pour ne pas savoir que c'était se mesurer avec l'impossible, trop chrétien pour croire l'emporter sur Dieu, et comme tous les Claës, trop bon calculateur pour changer votre argent contre de la poudre à perlinpinpin. Néanmoins je vous avouerai que j'ai partagé les regrets que cause votre retraite à toute la société. Vous n'êtes vraiment plus de la ville. En vérité, madame, vous eussiez été ravie si vous aviez pu entendre les éloges que chacun s'est plu à faire de vous et de M. Claës.

— Vous avez agi comme un bon parent en repoussant des imputations dont le moindre mal serait de me rendre ridicule, répondit Balthazar. Ah, les Douaisiens me croient ruiné! Eh bien, mon cher Pierquin, dans deux mois je donnerai pour célébrer l'anniversaire de mon mariage, une fête dont la magnificence me rendra l'estime que nos chers compatriotes accordent aux écus.

Madame Claës rougit fortement, car depuis deux ans cet anniversaire avait été oublié. Semblable à ces fous qui ont des moments pendant lesquels leurs facultés brillent d'un éclat inusité, jamais Balthazar n'avait été si spirituel dans sa tendresse. Il se montra plein d'attentions pour ses enfants, et sa conversation fut séduisante de grâce, d'esprit, d'à-propos. Ce retour de la paternité, absente depuis si longtemps, était certes la plus belle fête qu'il pût donner à sa femme pour qui sa parole et son regard avaient repris cette constante sympathie d'expression qui se sent de cœur et prouve une délicieuse identité de sentiment.

Le vieux Lemulquinier paraissait se rajeunir, il allait et venait avec une allégresse insolite causée par l'accomplissement de ses secrètes espérances; car le changement si soudainement opéré dans les manières de son maître était encore plus significatif pour lui, que pour madame Claës. Là où elle voyait le bonheur, il voyait une fortune. En aidant Balthazar dans ses manipulations, il en avait épousé la folie. Soit qu'il eût saisi la portée de ses recherches dans les explications qui échappaient au chimiste quand le but se reculait sous ses mains; soit que le penchant inné chez l'homme pour l'imitation lui eût fait adopter les idées de celui dans l'atmosphère duquel il vivait, Lemulquinier avait conçu pour son maître un sentiment superstitieux mêlé de terreur, d'admiration et d'égoïsme. Le laboratoire était pour lui ce qu'est pour le peuple un bureau de loterie, l'espoir organisé. Chaque soir il se couchait en se disant : — Demain peut-être nagerons-nous dans l'or! Et le lendemain il se réveillait avec une foi toujours aussi vive. Son nom indiquait une origine toute flamande. Jadis les gens du peuple n'étaient connus que par un sobriquet tiré de leur profession, de leur pays, de leur conformation physique ou de leurs qualités morales; et ce sobriquet devenait le nom de la famille bourgeoise qu'ils fondaient lors de leur affranchissement. En Flandre, les marchands de fil de lin se nommaient des mulquiniers, et telle était sans doute la profession de l'homme qui, parmi les ancêtres du vieux valet, passa de l'état de serf à celui de bourgeois jusqu'à ce que des malheurs inconnus rendissent le petit-fils du mulquinier à son primitif état de serf, plus la solde. L'histoire de la Flandre, de son fil et de son commerce se résumait donc en ce vieux domestique, souvent appelé, par euphonie, Mulquinier.

Son caractère et sa physionomie ne manquaient pas d'originalité. Sa figure de forme triangulaire était large, haute et couturée par une petite vérole qui lui avait donné de fantastiques apparences, en y laissant une multitude de linéaments blancs et brillants. Maigre et d'une taille élevée, il avait une démarche grave, mystérieuse. Ses petits yeux orangés comme la perruque jaune et lisse qu'il avait sur la tête, ne jetaient que des regards obliques. Son extérieur était donc en harmonie avec le sentiment de curiosité qu'il excitait. Sa qualité de préparateur initié aux secrets de son maître, sur les travaux duquel il gardait le silence, l'investissait d'un charme. Les habitants de la rue de Paris le regardaient passer avec un intérêt mêlé de crainte, car il avait des réponses sybilliques et toujours grosses de trésor. Fier d'être nécessaire à son maître, il exerçait sur ses camarades une sorte d'autorité tracassière, dont il profitait pour lui-même en se faisant servir, en obtenant de ces concessions qui le rendaient à moitié maître au logis. Au rebours des domestiques flamands, qui sont extrêmement attachés à la maison, il n'avait d'affection que pour Balthazar, et si quelque chagrin affligeait madame Claës, ou si quelque événement favorable arrivait dans la famille, il mangeait son pain beurré, buvait sa bière avec son flegme habituel.

Le dîner fini, madame Claës proposa de prendre le café dans le jardin, devant le buisson de tulipes qui en ornait le milieu. Les pots de terre dans lesquels étaient les tulipes dont les noms se lisaient sur des ardoises gravées, avaient été enterrés et disposés de manière à former une pyramide au sommet de laquelle s'élevait une tulipe Gueule-de-dragon que Balthazar possédait seul. Cette fleur nommée *tulipa Claësiana*, réunissait les sept couleurs, et ses longues échancrures semblaient dorées sur les bords. Le père de Balthazar, qui en avait plusieurs fois refusé trois mille florins, prenait de si grandes précautions pour qu'on ne pût en voler une seule graine, qu'il la gardait dans le parloir et passait souvent des journées entières à la contempler. La tige en était énorme, bien droite, ferme, d'un admirable vert; et les proportions de la plante se trouvaient en harmonie avec le calice, dont les couleurs se distinguaient par cette brillante netteté qui donnait jadis tant de prix à ces fleurs fastueuses.

— Voilà pour trente ou quarante mille francs de tulipes! dit le notaire en regardant alternativement sa cousine et le buisson aux mille couleurs.

Madame Claës était trop enthousiasmée par l'aspect de ces fleurs que les rayons du soleil couchant faisaient ressembler à des pierreries, pour bien saisir le sens de l'observation notariale.

— A quoi cela sert-il, reprit le notaire en s'adressant à Balthazar, vous devriez les vendre.

— Bah! ai-je donc besoin d'argent! répondit Claës, en faisant le geste d'un homme à qui quarante mille francs semblaient être peu de chose.

Il y eut un moment de silence pendant lequel les enfants firent plusieurs exclamations.

— Vois donc, maman, celle-là.

— Oh! qu'en voilà une belle!
— Comment celle-ci se nomme-t-elle?
— Quel abîme pour la raison humaine! s'écria Balthazar, en levant les mains et les joignant par un geste désespéré. Une combinaison d'hydrogène et d'oxygène fait surgir par ses dosages différents, dans un même milieu et d'un même principe, toutes ces couleurs dont chacune constitue un résultat différent!

Sa femme entendait bien les termes de cette proposition qui fut trop rapidement énoncée pour qu'elle la conçût entièrement; alors Balthazar songea qu'elle avait étudié sa science favorite, et lui dit, en lui faisant un signe mystérieux : — Tu comprendrais que tu ne saurais pas encore ce que je veux dire! Et il parut retomber dans une de ces méditations qui lui étaient habituelles.

— Je le crois, dit M. Pierquin en prenant une tasse de café des mains de Marguerite.

— Chassez le naturel, il revient au galop, ajouta-t-il tout bas en s'adressant à madame Claës. Vous aurez la bonté de lui parler vous-même, car le diable ne le tirerait pas de sa contemplation. En voilà pour jusqu'à demain.

Il dit adieu à M. Claës qui feignit de ne pas l'entendre, embrassa le petit Lucien que la mère tenait dans ses bras, et, après avoir fait une profonde salutation, il se retira. Lorsque la porte d'entrée retentit en se fermant, Balthazar saisit doucement sa femme par la taille, et dissipa l'inquiétude que pouvait lui donner sa feinte rêverie en lui disant à l'oreille : — Je savais bien comment le renvoyer.

Madame Claës tourna la tête vers son mari, sans avoir honte de lui montrer les larmes qui lui vinrent aux yeux, car elles étaient douces; puis elle appuya son front sur son épaule, et laissa glisser Lucien à terre.

— Rentrons au parloir, dit-elle après une pause.

Pendant toute la soirée, Balthazar fut d'une gaieté presque folle; il inventa mille jeux pour ses enfants, et joua si bien pour son propre compte, qu'il ne s'aperçut pas de deux ou trois absences que fit sa femme. Vers neuf heures et demie, lorsque Lucien fut couché, et que Marguerite revint au parloir après avoir aidé sa sœur Félicie à se déshabiller, elle trouva sa mère assise dans la grande bergère, et son père qui causait avec elle en lui tenant la main. Elle craignit de troubler ses parents et paraissait vouloir se retirer sans leur parler; madame Claës s'en aperçut et lui dit : — Venez, Marguerite, venez, ma chère enfant. Puis elle l'attira vers elle et la baisa pieusement au front en ajoutant : — Emportez votre livre dans votre chambre, et couchez-vous de bonne heure.

— Bonsoir, ma fille chérie, dit Balthazar.

Marguerite embrassa son père et s'en alla. Claës et sa femme restèrent pendant quelques moments seuls, occupés à regarder les dernières teintes du crépuscule, qui mouraient dans les feuillages du jardin déjà devenus noirs, et dont les découpures se voyaient à peine dans la lueur. Quand il fit presque nuit, Balthazar dit à sa femme d'une voix émue : — Montons.

Longtemps avant que les mœurs anglaises n'eussent consacré la chambre d'une femme comme un lieu sacré, celle d'une Flamande était impénétrable; les bonnes ménagères de ce pays n'en faisaient pas un apparat de vertu, mais une habitude contractée dès l'enfance, une superstition domestique qui rendait une chambre à coucher un délicieux sanctuaire où l'on respirait les sentiments tendres, où le simple s'unissait à tout ce que la vie sociale a de plus doux et de plus sacré. Dans la position particulière où se trouvait madame Claës, toute femme aurait voulu rassembler autour d'elle les choses les plus élégantes; mais elle l'avait fait avec un goût exquis, sachant quelle influence exerce, sur les sentiments, l'aspect de ce qui nous entoure. Chez une jolie créature, c'eût été du luxe; chez elle c'était une nécessité; car elle avait compris la portée de ces mots : *on se fait jolie femme !* maxime qui dirigeait toutes les actions de la première femme de Napoléon, mais la rendait souvent fausse; tandis que madame Claës était toujours naturelle et vraie.

Quoique Balthazar connût bien la chambre de sa femme, son oubli des choses matérielles de la vie avait été si complet, qu'en y entrant, il éprouva de doux frémissements comme s'il l'apercevait pour la première fois. La fastueuse gaieté d'une femme triomphante éclatait dans les splendides couleurs des tulipes qui s'élevaient du long col de gros vases en porcelaine chinoise, habilement disposés, dans le luxe des lumières dont les effets ne pouvaient se comparer qu'à ceux des joyeuses fanfares. La lueur des bougies donnait un éclat harmonieux, aux étoffes de soie gris de lin dont la monotonie était nuancée par les reflets de l'or sobrement distribué sur quelques objets et par les tons variés des fleurs qui ressemblaient à des gerbes de pierreries. Le secret de ces apprêts, c'était lui, toujours lui. Joséphine ne pouvait pas dire plus éloquemment à Balthazar qu'il était toujours le principe de ses joies et de ses douleurs. L'aspect de cette chambre mettait l'âme dans un délicieux état, et chassait toute idée triste pour n'y laisser que le sentiment d'un bonheur égal et pur. L'étoffe de la tenture venue de la Chine jetait cette odeur suave qui pénètre le corps sans le fatiguer. Enfin les rideaux, soigneusement tirés, trahissaient un désir de solitude, une intention jalouse de garder les moindres sons de la parole, et d'enfermer là les regards de l'époux reconquis.

Parée de sa belle chevelure noire parfaitement lisse, et qui retombait de chaque côté de son front comme deux ailes de corbeau, madame Claës, enveloppée d'un peignoir qui lui montait jusqu'au col, et que garnissait une longue pèlerine où bouillonnait la dentelle, alla tirer la portière en tapisserie qui ne laissait parvenir aucun bruit du dehors. De là, Joséphine jeta sur son mari, qui s'était assis près de la cheminée, un de ces gais sourires par lesquels une femme spirituelle, dont l'âme vient parfois embellir la figure, sait exprimer d'irrésistibles espérances. Le charme le plus grand d'une femme consiste dans un appel constant à la générosité de l'homme, dans une gracieuse déclaration de faiblesse par lequel elle l'enorgueillit, et réveille en lui les plus magnifiques sentiments. L'aveu de la faiblesse ne comporte-t-il pas de magiques séductions. Lorsque les anneaux de la portière eurent glissé sourdement sur leur tringle de bois, elle se retourna vers son mari, parut vouloir dissimuler en ce moment ses défauts corporels en appuyant la main sur une chaise, pour se traîner avec grâce; mais c'était appeler à son secours. Balthazar, un moment abîmé dans la contemplation de cette tête olivâtre, qui se détachait sur ce fonds gris en attirant et satisfaisant le regard, se leva pour prendre sa femme et la porta sur le canapé; c'était bien ce qu'elle voulait.

— Tu m'as promis, dit-elle en lui prenant la main qu'elle garda entre ses mains électrisantes, de m'initier au secret de tes recherches? Conviens, mon ami, que je suis digne de le savoir, puisque j'ai eu le courage d'étudier une science condamnée par l'Église pour être en état de te comprendre; mais je suis curieuse, ne me cache rien. Ainsi, raconte-moi par quel hasard, un matin, tu t'es levé soucieux, quand la veille je t'avais laissé si heureux!

— Et c'est pour entendre parler chimie que tu t'es mise avec tant de coquetterie?

— Mais, mon ami, recevoir une confidence qui me fait entrer plus avant dans ton cœur, n'est-ce pas pour moi le plus grand des plaisirs? n'est-ce pas une entente d'âme qui comprend et engendre toutes les félicités de la vie. Ton amour me revient pur et entier, je veux savoir quelle idée a été assez puissante pour m'en priver si longtemps. Oui, je suis plus jalouse d'une pensée que de toutes les femmes ensemble. L'amour est immense, mais il n'est pas infini; tandis que la science a des profondeurs sans limites où je ne saurais te voir aller seul. Je déteste tout ce qui peut se mettre entre nous. Si tu obtenais la gloire, après laquelle tu cours, j'en serais malheureuse! Ne te donnerait-elle pas de vives jouissances? Moi seule, monsieur, dois être la source de vos félicités.

— Non, ce n'est pas une idée, mon ange, qui n'a jeté dans cette belle voie, mais un homme.
— Te souviens-tu, Pépita, de l'officier polonais que nous avons logé, chez nous, en 1809.

— Si je m'en souviens, dit-elle, il est du petit nombre d'hommes qui m'ont frappée. Je me suis souvent impatientée d'avoir revu ses deux yeux qui étaient comme des langues de feu, les deux creux en salière qui étaient au-dessus de ses sourcils, son large crâne sans cheveux, ses moustaches relevées, sa figure anguleuse, dévastée, et surtout le calme effrayant de sa démarche. S'il y avait eu de la place dans les auberges, il n'aurait certes pas couché ici.

— C'était un gentilhomme polonais nommé M. de Wierzchownia, reprit Balthazar. Quand le soir tu nous eus laissés seuls dans le parloir, nous nous sommes mis par hasard à causer chimie. Arraché par la misère à l'étude de cette science, il était fait soldat. Je crois que ce fut à l'occasion d'un verre d'eau sucrée que nous nous reconnûmes pour adeptes; car lorsque j'eus dit à Mulquinier d'apporter du sucre en morceaux, le capitaine fit un geste de surprise. — Vous avez étudié la chimie, me demanda-t-il. — Avec Lavoisier, lui répondis-je.
— Vous êtes bien heureux d'être libre et riche! s'écria-t-il. Et il sortit de sa poitrine un de ces soupirs d'homme qui révèlent un enfer de douleurs caché sous un crâne ou enfermé dans un cœur; enfin ce fut quelque chose d'ardent, de concentré que la parole n'exprime pas. Il acheva sa pensée par un regard qui me glaça; puis, après une pause, il me dit qu'après le dernier malheur de la Pologne, il s'était réfugié en Suède, et que là il avait cherché des consolations dans l'étude de la chimie, pour laquelle il s'était toujours senti une irrésistible vocation. — Eh bien, ajouta-t-il, je le vois, vous avez reconnu comme moi que la gomme arabique, le sucre et l'amidon, mis en poudre, donnent une substance absolument semblable, et à l'analyse un même résultat *qualitatif*. Il fit encore une pause, et après m'avoir examiné d'un œil scrutateur, il me dit confidentiellement et à voix basse de solennelles paroles dont, aujourd'hui, le sens général est seul resté dans ma mémoire; mais il les accompagna d'une puissance de son, de chaudes inflexions et d'une force dans le geste qui me remuèrent les entrailles, et frappèrent mon entendement comme un marteau bat le fer sur une enclume. Voici donc en abrégé ses raisonnements, qui furent pour moi le charbon que Dieu mit sur la langue d'Isaïe; car mes études chez Lavoisier me permettaient d'en sentir la portée.

— « Monsieur, me dit-il, la parité de ces trois substances, en apparence si distinctes, m'a conduit à penser que toutes les productions de la nature devaient avoir un même principe. Les travaux de la chimie moderne ont prouvé la vérité de cette loi, pour la partie la plus considérable des effets naturels. La chimie divise la création en deux portions distinctes : la nature organique, la nature inorganique. En comprenant toutes les créations, végétales ou animales, dans lesquelles se montre une organisation plus ou moins perfectionnée, ou, pour être plus exact, une plus ou moins grande motilité qui y détermine plus ou moins de sentiment, la nature organique est, certes, la partie la plus importante de notre monde. Or, l'analyse a réduit tous les produits de cette nature à quatre corps simples qui sont, trois gaz : l'azote, l'hydrogène, l'oxygène; et un autre corps simple non métallique et solide, qui est le carbone. Au contraire, la nature inorganique, si peu variée, dénuée de mouvement, de sentiment, et à laquelle on peut refuser le don de croissance que lui a légèrement accordé Linné, compte cinquante-trois corps simples dont les différentes combinaisons forment tous ses produits. Est-il probable que les moyens soient plus nombreux, là où il existe moins de résultats? Aussi l'opinion de notre ancien maître est-elle que ces cinquante-trois corps ont un principe commun, modifié jadis par l'action d'une puissance éteinte aujourd'hui, mais que le génie humain doit faire revivre. Eh bien, supposez un moment que l'activité de cette puissance soit réveillée, nous aurions une chimie unitaire. Les natures organique et inorganique reposeraient vraisemblablement sur quatre principes, et si nous parvenions à décomposer l'azote, que nous devons considérer comme une négation, nous n'en aurions plus que trois. Nous voici déjà près du grand Ternaire des anciens et des alchimistes du moyen âge, dont nous nous moquons à tort.

» La chimie moderne n'est encore que cela. C'est beaucoup et c'est peu. C'est beaucoup, parce que la chimie s'est habituée à ne reculer devant aucune difficulté. Le hasard l'a bien servie! Ainsi cette larme de carbone pur, le diamant, ne paraissait-il pas la dernière substance qu'il fût possible de créer. Les anciens alchimistes qui croyaient l'or décomposable, conséquemment faisable, reculaient à l'idée de produire le diamant, et nous en avons cependant trouvé la nature.

» Moi, dit-il, je suis allé plus loin! Une expérience m'a démontré que le mystérieux Ternaire dont on s'occupe depuis un temps immémorial, ne se trouvera point dans les analyses actuelles qui manquent de direction vers un point fixe. Voici d'abord l'expérience. Semez des graines de cresson (pour prendre une substance entre toutes celles de la nature organique) dans de la fleur de soufre (pour prendre également un corps simple). Arrosez les graines avec de l'eau distillée pour ne laisser pénétrer dans les produits de la germination aucun principe qui ne soit certain? Les graines germent, poussent, dans un milieu connu, en ne se nourrissant que de principes connus par l'analyse. Coupez, à plusieurs reprises, la tige des plantes, afin de vous en procurer une assez grande quantité pour obtenir quelques gros de cendres en les faisant brûler et pouvoir ainsi opérer sur une certaine masse! Eh bien, en analysant ces cendres, vous trouverez de l'acide silicique, de l'alumine, du phosphate et du carbonate calcique, du carbonate magnésique, du sulfate, du carbonate potassique et de l'oxide ferrique, comme si le cresson était venu en terre au bord des eaux. Or, ces substances n'existaient ni dans le soufre qui servait de sol à la plante, ni dans l'eau employée à l'arroser ; mais comme elles n'étaient pas non plus dans l'air, nous ne pouvons expliquer leur présence dans la plante qu'en supposant un élément commun aux corps contenus dans le cresson, et à ceux dont il était entouré. Ainsi, l'air, l'eau distillée, la fleur de soufre, et les substances que donne l'analyse du cresson, c'est-à-dire la potasse, la chaux, la magnésie, l'alumine, etc., auraient un principe commun. De cette irrécusable expérience, s'écria-t-il, j'ai déduit l'existence de l'ABSOLU! Une substance, commune à toutes les créations, modifiée par une force unique, telle est la position nette et claire du problème offert par l'*Absolu* et qui m'a semblé soluble. Là vous rencontrez le mystérieux Ternaire,

devant lequel s'est, de tout temps, agenouillée l'humanité : la matière première, le moyen, le résultat. Vous trouverez ce terrible nombre 3 en toute chose humaine : il domine les religions, les sciences et les lois. Ici, me dit-il, la guerre et la misère ont arrêté mes travaux. Vous êtes un élève de Lavoisier, vous êtes riche et maître de votre temps ; je puis donc vous faire part de mes conjectures. Voici le but que mes expériences personnelles m'ont fait entrevoir. La MATIÈRE UNE doit être un principe commun aux trois gaz et au carbone. Le MOYEN doit être le principe commun à l'électricité négative et à l'électricité positive. Marchez à la découverte des preuves qui établiront ces deux vérités, vous aurez la raison suprême de tous les effets de la nature. Oh! monsieur, quand on porte là, dit-il en se frappant le front, le dernier mot de la création, en pressentant l'ABSOLU, est-ce vivre que d'être entraîné dans le mouvement de ce ramas d'hommes qui se ruent à heure fixe les uns sur les autres sans savoir ce qu'ils font? Ma vie actuelle est exactement l'inverse d'un songe. Mon corps va, vient, agit, se trouve au milieu du feu, des canons, des hommes, traverse l'Europe au gré d'une puissance à laquelle j'obéis en la méprisant. Mon âme n'a nulle conscience de ces actes, elle reste fixe, plongée dans une idée, engourdie par cette idée, la recherche de l'*absolu*, de ce principe par lequel des graines, absolument semblables, mises dans un même milieu, donnent, l'une des calices blancs, l'autre des calices jaunes! Phénomène applicable aux vers à soie qui, nourris des mêmes feuilles et constitués sans différences apparentes, font les uns de la soie jaune, et les autres de la soie blanche; enfin applicable à l'homme lui-même, qui souvent a légitimement des enfants entièrement dissemblables d'avec le père et la mère! La déduction logique de ce fait n'implique-t-elle pas d'ailleurs la raison de tous les effets de la nature? Hé quoi de plus conforme à nos idées sur Dieu que de croire qu'il a tout fait par le moyen le plus simple? L'adoration pythagoricienne pour le chiffre UN d'où sortent tous les nombres et qui représente la matière une ; celle pour le nombre DEUX, la première agrégation et le type de toutes les autres ; celle pour le nombre TROIS, qui, de tout temps, a configuré Dieu, c'est-à-dire la Matière, la Force et le Produit, ne résumaient-elles pas traditionnellement la connaissance confuse de l'*Absolu* ? Sthall, Becher, Paracelse, Agrippa, tous les grands chercheurs de causes occultes avaient pour mot d'ordre le trismégiste, qui veut dire le grand ternaire, et les ignorants, habitués à condamner l'alchimie, cette chimie transcendante, ne savent sans doute pas que nous nous occupons à justifier les recherches passionnées de ces grands hommes! L'*Absolu* trouvé, je me serais alors colleté avec le mouvement. Ah! tandis que je me nourris de poudre et commande à des hommes de mourir assez inutilement, mon ancien maître entasse découvertes sur découvertes, il vole vers l'*Absolu*! Et moi! je mourrai comme un chien, au coin d'une batterie! »

Puis quand ce pauvre grand homme eut repris un peu de calme, il me dit avec une sorte de fraternité touchante : — Si je trouvais une expérience à faire, je vous la léguerais avant de mourir.

— Ma Pépita, dit Balthazar en serrant la main de sa femme, des larmes de rage ont coulé sur les joues creuses de cet homme, pendant qu'il jetait dans mon âme le feu de ce raisonnement, que déjà Lavoisier s'était timidement fait, sans oser s'y abandonner.

— Comment, s'écria madame Claës, qui ne put s'empêcher d'interrompre son mari, cet homme, en passant une nuit sous notre toit, nous a enlevé tes affections, a détruit, par une seule phrase, et par un seul mot, le bonheur d'une famille! O mon cher Balthazar, cet homme a-t-il fait le signe de la croix? L'as-tu bien examiné? le tentateur peut seul avoir cet œil jaune d'où il sortait du feu! Oui, le démon pouvait seul t'arracher à moi. Depuis ce jour, tu n'as plus été ni père, ni époux, ni chef de famille.

— Quoi! dit Balthazar en se dressant dans la chambre, et jetant un regard perçant à sa femme, tu blâmes ton amant de s'élever au-dessus des autres hommes, afin de pouvoir jeter sous tes pieds la pourpre divine de la gloire, comme une minime offrande auprès des trésors de ton cœur! Mais tu ne sais donc pas ce que j'ai fait, depuis trois ans? les pas de géant, ma Pépita!... dit-il en s'animant.

Alors son visage parut à sa femme plus étincelant sous le feu du génie, qu'il ne l'avait été sous le feu de l'amour, et elle pleura en l'écoutant.

— J'ai combiné le chlore et l'azote, j'ai décomposé plusieurs corps jusqu'ici considérés comme simples, j'ai trouvé de nouveaux métaux. Tiens, dit-il en voyant les pleurs de sa femme, j'ai décomposé les larmes! Les larmes contiennent un peu de phosphate de chaux, de chlorure de sodium, du mucus et de l'eau!

Il continua de parler sans voir l'horrible convulsion qui travailla la physionomie de Joséphine, car il était monté sur la science qui l'emportait, sur ses ailes déployées, bien loin du monde matériel.

— Cette analyse, ma chère, est une des meilleures preuves du système de l'Absolu. Toute vie implique une combustion. Selon le plus ou moins d'activité du foyer, la vie est plus ou moins persistante. Ainsi, la destruction du minéral est indéfiniment retardée, parce que la combustion y est virtuelle, latente ou insensible; ainsi, les végétaux qui se rafraîchissent incessamment par la combinaison d'où résulte l'humide, vivent indéfiniment, et il existe plusieurs végétaux contemporains du dernier cataclysme. Mais, toutes les fois que la nature a perfectionné un appareil, et, dans un but ignoré, y a jeté le sentiment, l'instinct ou l'intelligence, trois degrés marqués dans le système organique, ces trois organismes veulent une combustion, dont l'activité est en raison directe du résultat obtenu. L'homme, qui représente le plus haut point de l'intelligence et qui nous offre le seul appareil d'où résulte un pouvoir à demi-créateur, *la pensée* est, parmi les créations zoologiques, celle où la combustion se rencontre dans son degré le plus intense et dont les puissants effets sont en quelque sorte révélés par les phosphates, les sulfates et les carbonates que fournit son corps à l'analyse. Ces substances ne seraient-elles pas les traces que laisse en lui l'action du fluide électrique, principe de toute fécondation? L'électricité ne se manifesterait-elle pas en lui par des combinaisons plus variées qu'en tout autre animal? N'aurait-il pas des facultés plus grandes que toute autre créature pour absorber de plus fortes portions du principe absolu, et ne se les assimilerait-il pas pour en composer dans une plus parfaite machine sa force et ses idées? Je le crois. L'homme est un matras. Ainsi, selon moi, l'idiot serait celui dont le cerveau contiendrait le moins de phosphore ou tout autre produit de l'électro-magnétisme, le fou celui dont le cerveau en contiendrait trop, l'homme ordinaire celui qui en aurait peu, l'homme de génie celui dont la cervelle en serait saturée à un degré convenable. L'homme constamment amoureux, le portefaix, le danseur, le grand mangeur, sont ceux qui déplaceraient la force résultante de leur appareil électrique. Ainsi, nos sentiments....

— Assez, Balthazar, tu m'épouvantes, tu commets des sacriléges! Quoi! mon amour serait...

— De la matière éthérée qui se dégage, dit Claës, et qui sans doute est le mot de l'Absolu. Songe donc que si moi, moi, le premier! si je trouve, si je *trouve*, si je TROUVE!...

Cette idée le tuait, le bouleversait. En disant ces mots sur trois tons différents, son visage monta par degrés à l'expression de l'inspiré.

— Je fais les métaux, je fais des diamants, je répète la nature.

— En serais-tu plus heureux? cria-t-elle avec désespoir. Maudite science! maudit démon! tu oublies, Claës, que tu commets le péché d'orgueil dont Satan fut coupable! Tu entreprends sur Dieu!

— Oh! oh! Dieu!

— Il le nie! s'écria-t-elle en se tordant les mains. Claës, Dieu dispose d'une puissance que tu n'auras jamais.

A cet argument qui semblait annuler sa science, il regarda sa femme en tremblant.

— Quoi! dit-il.

— La force unique, le mouvement! Voilà ce que j'ai saisi à travers les livres que tu m'as contrainte à lire. Analyse des fleurs, des fruits, du vin de Malaga? tu en découvriras, certes, tous les principes; ils viennent comme ceux de ton cresson, dans un milieu qui semble leur être étranger; tu peux les trouver dans la nature; mais en les rassemblant, feras-tu ces fleurs, ces fruits, le vin de Malaga, auras-tu les effets du soleil, auras-tu l'air de l'Espagne? Décomposer n'est pas créer.

— Je pourrai créer si je trouve la force coercitive.

— Rien ne l'arrêtera! cria Pépita d'une voix désespérante. Oh! mon amour! il est tué, je l'ai perdu!

Elle fondit en larmes, et ses yeux animés par la douleur, par la sainteté des sentiments qu'ils épanchaient, brillèrent plus beaux que jamais à travers ses pleurs.

— Oui, reprit-elle en sanglotant, tu es mort à tout. Je le vois, le génie de l'art est plus puissant en toi que toi-même, et ses ailes vigoureuses t'ont élevé trop haut pour que tu redescendes jamais à être le compagnon simple et doux d'une pauvre femme. Quel bonheur puis-je t'offrir encore? Ah! je voudrais, afin de me consoler, croire que Dieu t'a créé pour manifester ses œuvres et chanter ses louanges, qu'il a renfermé dans ton sein une force irrésistible qui te maîtrise? Mais non, Dieu est bon, il te laisserait au cœur quelques pensées pour ta femme qui t'adore, pour tes enfants que tu dois protéger. Oui, le démon seul peut t'aider à marcher au milieu de ces abîmes sans issue, parmi ces ténèbres où tu n'es pas éclairé par la foi d'en-haut, mais par une horrible croyance en tes facultés! Autrement, tu te serais aperçu, mon ange, que tu as dévoré neuf cent mille francs depuis trois ans.

Oh! rends-moi justice, toi, mon dieu sur cette terre! je ne te reproche rien. Si nous étions seuls, je t'apporterais à genoux toutes nos fortunes en te disant : Prends, jette dans ton fourneau, fais-en de la fumée, et je rirais de la voir voltiger. Si tu étais pauvre, j'irais mendier sans honte pour te procurer le charbon nécessaire à l'entretien de ton fourneau! Enfin, si en m'y précipitant, je te faisais trouver ton exécrable Absolu, Claës, je m'y précipiterais avec bonheur puisque tu places ta gloire et tes délices dans ce secret si chèrement acheté. Mais nos enfants, Claës! nos enfants!... Que deviendront-ils, si tu ne devines pas bientôt ce secret de l'enfer! Sais-tu pourquoi venait Pierquin? Il venait te demander trente mille francs que tu dois, sans les avoir. Tes propriétés ne sont plus à toi. Je lui ai dit que tu avais ces trente mille francs, afin de t'épargner l'embarras où t'auraient mis ses questions; mais pour acquitter cette somme, j'ai pensé à vendre notre vieille argenterie.

Elle vit les yeux de son mari prêts à s'humecter et se jeta désespérément à ses pieds en levant vers lui des mains suppliantes.

— Mon ami, s'écria-t-elle, cesse un moment tes recherches, économisons l'argent nécessaire à ce qu'il te faudra pour les reprendre plus tard, si tu ne peux renoncer à poursuivre ton œuvre. Oh! je ne la juge pas, mon ami, je soufflerai tes fourneaux, si tu le veux, mais ne réduis pas nos enfants à la misère. Tu ne peux plus les aimer, puisque la science a dévoré ton cœur; mais ne leur lègue pas une vie malheureuse, en échange du bonheur que tu leur devais. Le sentiment maternel a été trop souvent le plus faible dans mon cœur! oui, j'ai souvent souhaité ne pas être mère, afin de pouvoir m'unir plus intimement à ton âme, à ta vie! Aussi pour étouffer mes remords, dois-je plaider auprès de toi la cause de tes enfants, avant la mienne.

Ses cheveux s'étaient déroulés et flottaient sur ses épaules; ses yeux dardaient mille sentiments comme autant de flèches; elle triompha de sa rivale, Balthazar l'enleva, la porta sur le canapé, se mit à ses pieds.

— Je t'ai donc causé des chagrins! lui dit-il avec l'accent d'un homme qui se réveillerait d'un songe pénible.

— Pauvre Claës, et tu nous en donneras encore malgré toi! dit-elle en lui passant sa main dans les cheveux. Allons, viens t'asseoir près de moi, dit-elle toute joyeuse, en lui montrant sa place sur le canapé. Tiens, j'ai tout oublié, puisque tu nous reviens! Va, mon ami, nous réparerons tout, mais tu ne t'éloigneras plus de ta femme, n'est-ce pas? Dis *oui*! Laisse-moi, mon beau Claës, exercer sur ton noble cœur cette influence féminine si nécessaire au bonheur des artistes malheureux, des grands hommes souffrants? Tu me brusqueras, tu me briseras si tu veux, mais tu me permettras de te contrarier un peu, pour ton bien. Je n'abuserai jamais du pouvoir que tu me concéderas! Sois grand et célèbre, mais sois heureux aussi. Ne nous préfère pas la chimie! Écoute, nous serons bien complaisants, nous lui permettrons d'entrer avec nous dans le partage de ton cœur; mais sois juste, donne-nous bien notre moitié? Dis, mon désintéressement n'est-il pas sublime?

Elle le fit sourire, car avec cet art merveilleux que possèdent les femmes, elle avait amené la plus haute question dans le domaine de la plaisanterie où les femmes sont maîtresses. Quoiqu'elle parût rire, son cœur était si violemment contracté qu'il reprenait difficilement le mouvement égal et doux de son état habituel; mais en voyant renaître dans les yeux de Balthazar l'expression qui la charmait, qui était sa gloire à elle, et qui lui révélait l'entière action de son ancienne puissance qu'elle croyait perdue, elle lui dit en souriant : — Crois-moi, Balthazar, la nature nous a faits pour sentir, et quoique tu veuilles que nous ne soyons que des machines électriques, tes gaz, tes matières éthérées n'expliqueront jamais le don que nous possédons d'entrevoir l'avenir.

— Si, reprit-il, par les affinités. La puissance de vision qui fait le poëte, et la puissance de déduction qui fait le savant, sont fondées sur des affinités invisibles, intangibles et impondérables que le vulgaire range dans la classe des phénomènes moraux, mais qui sont des effets physiques. Le prophète voit et déduit. Malheureusement ces espèces d'affinités sont trop rares et trop peu perceptibles pour être soumises à l'analyse ou à l'observation.

— Ceci, dit-elle en lui prenant un baiser, pour éloigner la chimie qu'elle avait si malencontreusement réveillée, serait donc une affinité?

— Non, c'est une combinaison, car deux substances de même *signe* ne produisent aucune activité...

— Allons, tais-toi, tais-toi! dit-elle, tu me ferais mourir de douleur. Oui, je ne supporterais pas, cher, de voir ma rivale jusques dans les transports de ton amour.

— Mais, ma chère vie, je ne pense qu'à toi, mes travaux sont la gloire de ma famille! tu es au fond de toutes mes expériences.

— Voyons, regarde-moi!

Cette scène l'avait rendue belle comme une jeune femme, et de toute sa personne, son mari ne voyait que sa tête, au-dessus d'un nuage de mousselines et de dentelles.

— Oui, j'ai eu bien tort de te délaisser pour la science. Maintenant, quand je retomberai dans mes préoccupations, eh bien, Pépita, tu m'y arracheras, je le veux!

Elle baissa les yeux et lui laissa prendre sa main, sa plus grande beauté, une main à la fois puissante et délicate.

— Mais je veux plus encore...

— Tu es si délicieusement belle que tu peux tout obtenir.

— Je veux briser ton laboratoire et enchaîner ta science! dit-elle en jetant du feu par les yeux.

— Hé bien! au diable la chimie!

— Ce moment efface toutes mes douleurs, reprit-elle. Maintenant, fais-moi souffrir si tu veux.

En entendant ce mot, les larmes le gagnèrent.

— Mais tu as raison, je ne vous voyais qu'à travers un voile, et je ne vous entendais plus.

— S'il ne s'était agi que de moi, dit-elle, j'aurais continué à souffrir en silence, sans élever la voix devant mon cher seigneur; mais tes fils ont besoin de considération, Claës! Je t'assure que si tu continuais à dissiper ainsi ta fortune, même quand ton but serait glorieux, le monde ne t'en tiendrait aucun compte et son blâme retomberait sur les tiens. Mais ne doit-il pas te suffire, à toi, homme de si haute portée, que ta femme ait attiré ton attention sur un danger que tu n'apercevais pas?

Ne parlons plus de tout cela, dit-elle en lui lançant un sourire et un regard pleins de coquetterie; ce soir, mon Claës, ne soyons pas heureux à demi.

La Mort d'une Mère.

Le lendemain de cette soirée si grave dans la vie de ce ménage, Balthazar Claës, de qui Joséphine avait sans doute obtenu quelque promesse relativement à la cessation de ses travaux, ne monta point à son laboratoire et resta près d'elle durant toute la journée. Le lendemain, la famille fit ses préparatifs pour aller à la campagne où elle demeura pendant deux mois environ, et d'où elle ne revint en ville que pour s'y occuper de la fête par laquelle M. Claës voulait, comme jadis, célébrer l'anniversaire de son mariage. Alors, Balthazar obtint de jour en jour les preuves du dérangement que ses travaux et son insouciance avaient apporté dans ses affaires. Loin d'élargir la plaie par des observations, sa femme trouvait toujours des palliatifs aux maux consommés. Des sept domestiques qu'avait M. Claës le jour où il reçut pour la dernière fois, il ne restait plus que Lemulquinier, Jossette la cuisinière, et une vieille femme de chambre nommée Martha, qui n'avait pas quitté sa maîtresse depuis sa sortie du couvent ; il était donc impossible de recevoir la haute société de la ville avec un si petit nombre de serviteurs. Madame Claës leva toutes les difficultés en proposant de faire venir un cuisinier de Paris, de dresser au service le fils de leur jardinier, et d'emprunter le domestique de Pierquin. Ainsi, personne ne s'apercevrait encore de leur état de gêne.

Pendant vingt jours que durèrent les apprêts, madame Claës sut tromper avec habileté le désœuvrement de son mari.

Tantôt elle le chargeait de choisir les fleurs rares qui devaient orner le grand escalier, la galerie et les appartements ; tantôt elle l'envoyait à Dunkerque pour s'y procurer quelques-uns de ces monstrueux poissons, la gloire des tables ménagères dans le département du Nord. Une fête comme celle que donnait M. Claës, était une affaire capitale, qui exigeait une multitude de soins et une correspondance active, dans un pays où les traditions de l'hospitalité mettent si bien en jeu l'honneur des familles, que, pour les maîtres et les gens, un dîner est comme une victoire à remporter sur les convives. Les huîtres arrivaient d'Ostende, les coqs de bruyère se demandaient en Bresse, les fruits se commandaient à Paris ; enfin les moindres accessoires ne devaient pas démentir le luxe patrimonial. D'ailleurs le bal de la maison Claës avait une sorte de célébrité. Le chef-lieu du département étant alors à Douai, cette soirée ouvrait en quelque sorte la saison d'hiver, et donnait le ton à toutes celles du pays. Aussi, pendant quinze ans Balthazar s'était-il efforcé de se distinguer, et avait si bien réussi qu'il s'en faisait chaque fois des récits à vingt lieues à la ronde, et qu'on parlait des toilettes, des invités, des plus petits détails, des nouveautés qu'on y avait vues, ou des événements qui s'y étaient passés.

Ces préparatifs empêchèrent donc M. Claës de songer à la recherche de l'absolu, car en revenant aux idées domestiques et à la vie sociale, il retrouva son amour-propre d'homme, de flamand, de maître de maison, et se plut à étonner la contrée. Il voulut imprimer un caractère à cette fête, par quelque recherche nouvelle, et il choisit parmi toutes les fantaisies du luxe la plus jolie, la plus riche, la plus passagère, en faisant de sa maison un bocage de plantes rares, et préparant des bouquets de fleurs pour les femmes. Les autres détails de la fête répondaient à ce luxe inouï. Rien ne paraissait donc devoir faire manquer l'effet de la fête. Mais le vingt-neuvième bulletin et les nouvelles particulières des désastres éprouvés par la grande-armée en Russie et à la Bérésina s'étaient répandus dans l'après-dîner. Une tristesse profonde et vraie s'empara des Douaisiens, qui, par un sentiment patriotique, refusèrent unanimement de danser. Parmi les lettres qui arrivèrent de Pologne à Douai, il y en eut une pour Balthazar. M. de Vierzchownia, alors à Dresde où il se mourait, disait-il, d'une blessure reçue dans un des derniers engagements, avait voulu léguer à son hôte plusieurs idées qui, depuis leur rencontre, lui étaient survenues relativement à l'absolu. Cette lettre plongea M. Claës dans une profonde rêverie qui fit son honneur à son patriotisme ; mais sa femme ne s'y méprit pas, et, pour elle, la fête eut un double deuil. Cette soirée, pendant laquelle la maison de Claës jetait son dernier éclat de splendeur, eut donc quelque chose de sombre et de triste au milieu de tant de magnificence, de curiosités amassées par dix générations dont chacune avait eu sa manie, et que les Douaisiens admirèrent pour la dernière fois.

La reine de cette fête fut la jeune Marguerite Claës, alors âgée de seize ans, et que ses parents présentèrent au monde. Elle attira tous les regards par une extrême simplicité, par son air candide et surtout par sa physionomie en harmonie avec ce logis. C'était bien la jeune fille flamande telle que les peintres du pays l'ont représentée : une tête parfaitement ronde et pleine ; des cheveux châtains, lissés sur le front et séparés en deux bandeaux ; des yeux gris, mélangés de vert ; de beaux bras, un embonpoint qui ne nuisait pas encore à la beauté ; un air timide, mais sur son front haut et plat une fermeté qui se cachait sous un calme et une douceur apparente. Sans être ni triste ni mélancolique, elle avait peu d'enjouement ; la réflexion, l'ordre, le sentiment du devoir, les trois principales expressions du caractère flamand, animaient sa figure froide au premier aspect, mais sur laquelle le regard était ramené par une certaine grâce dans les contours, et par une paisible fierté qui donnait les gages d'un constant bonheur domestique. Par une bizarrerie que les physiologistes n'ont pas encore expliquée, elle n'avait aucun trait de sa mère ni de son père, et offrait une vivante image de son aïeule maternelle, une Conyncks de Bruges, dont le portrait précieusement conservé attestait cette ressemblance.

Le souper donna quelque vie à la fête. Si les désastres de l'armée interdisaient les réjouissances de la danse, chacun pensa qu'ils ne devaient pas exclure les plaisirs de la table. Insensiblement, cette maison si brillamment éclairée, où se pressaient toutes les notabilités de Douai, rentra dans le silence. Les vrais patriotes et les gens fatigués se retirèrent promptement. Les indifférens restèrent avec quelques joueurs et plusieurs amis des Claës ; mais, vers une heure du matin, la galerie fut déserte, les lumières s'éteignirent de salon en salon, et cette cour intérieure, un moment si bruyante, si lumineuse, redevint noire et sombre ; image prophétique de l'avenir qui attendait la famille.

Quand M. et madame Claës rentrèrent dans leur appartement, Balthazar fit lire à sa femme la lettre du Polonais ; elle la lui rendit par un geste triste ; elle prévoyait l'avenir. En effet, à compter de ce jour, Balthazar déguisa mal le chagrin et l'ennui qui l'accabla. Le matin, après le déjeuner de famille, il jouait un moment dans le parloir avec son fils Lucien, causait avec les deux filles occupées à coudre, à broder, ou à faire de la dentelle ; mais il se lassait bientôt de ces jeux, de cette causerie dont il paraissait s'acquitter comme d'un devoir. Lorsque sa femme redescendait après s'être habillée, elle le trouvait toujours assis dans la bergère, regardant Marguerite et Félicie, sans s'impatienter du bruit de leurs bobines. Quand venait le journal, il le lisait lentement, comme un marchand retiré, qui ne sait comment tuer le temps. Puis il se levait, contemplait le ciel à travers les vitres, revenait s'asseoir et attisait le feu rêveusement, en homme à qui la tyrannie des idées ôtait la conscience de ses mouvements.

Madame Claës regretta vivement son défaut d'instruction et de mémoire. Il lui était difficile de soutenir longtemps une conversation intéressante ; d'ailleurs, peut-être est-ce impossible entre deux êtres qui se sont tout dit et qui sont forcés d'aller chercher des sujets de distraction en dehors de la vie du cœur ou de la vie matérielle. La vie du cœur a ses moments, et veut des oppositions ; les détails de la vie matérielle ne sauraient occuper longtemps des esprits supérieurs habitués à se décider promptement, et le monde est insupportable aux âmes aimantes. Deux êtres solitaires qui se connaissent entièrement doivent donc chercher leurs divertissements dans les régions les plus hautes de la pensée, car il est impossible d'opposer quelque chose de petit à ce qui est immense. Puis quand un homme s'est accoutumé à manier de grandes choses, il devient inamusable, s'il ne conserve pas au fond du cœur ce principe de candeur, ce laisser-aller qui rend les gens de génie si gracieusement enfants ; mais cette enfance du cœur n'est-elle pas un phénomène humain bien rare chez ceux dont la mission est de tout voir, tout savoir, tout comprendre.

Pendant les premiers mois, madame Claës se tira de cette situation critique par des efforts inouïs que lui suggéra l'amour ou la nécessité. Tantôt elle voulut apprendre le trictrac, qu'elle n'avait jamais pu jouer, et, par un prodige assez concevable, elle finit par le savoir. Tantôt elle intéressait Balthazar à l'éducation de ses filles, dont elle dirigeait les lectures d'après ses avis. Mais ces ressources s'épuisèrent. Il vint un moment où elle se trouva devant Balthazar comme madame de Maintenon en présence de Louis XIV, mais sans avoir, pour distraire le maître assoupi, ni les pompes du pouvoir, ni les ruses d'une cour qui savait jouer des comédies comme celle de l'ambassade du roi de Siam ou du Sophi de Perse. Réduit, après avoir dépensé la France, à des expédients de fils de famille pour se procurer de l'argent, le monarque n'avait plus ni jeunesse ni succès, et sentait une effroyable impuissance au milieu des grandeurs. La royale bonne qui avait su bercer les enfants, ne sut pas toujours bercer le père, qui souffrait pour avoir abusé des choses, des hommes, de la vie et de Dieu. Mais Claës souffrait de trop de puissance. Oppressé par une pensée qui l'étreignait, il rêvait les pompes de la science, des trésors pour l'humanité ; pour lui, la gloire ; et souffrait comme souffre un artiste aux prises avec la misère, comme Samson attaché aux colonnes du temple. Or, l'effet était le même pour ces deux souverains, quoique le monarque intellectuel fût accablé par sa force et l'autre par sa faiblesse. Que pouvait Pépita seule contre cette espèce de nostalgie scientifique ? Après avoir usé les moyens que lui offraient les occupations de famille, elle appela le monde à son secours, en donnant deux CAFÉS par semaine. A Douai, le *café* remplace le *thé*. Un café est une assemblée où, pendant une soirée entière, les invités boivent les vins exquis et les liqueurs dont les caves sont pleines dans ce benoit pays, mangent des friandises, prennent du café noir, ou du café au lait frappé de glace, tandis que les femmes chantent des romances, discutent leurs toilettes ou se racontent les gros riens de la ville. Ce sont encore les tableaux de Miéris ou de Terburg, moins les plumes rouges sur les chapeaux gris pointus, moins les guitares et les beaux costumes du xvie siècle. Mais les efforts que faisait Balthazar pour bien jouer son rôle de maître de maison, son affabilité d'emprunt, les feux d'artifice de son esprit, tout accusait la profondeur du mal, par la fatigue à laquelle il était en proie le lendemain. Ces fêtes continuelles n'étaient donc que des palliatifs qui attestaient la gravité de la maladie; ce furent comme des branches que rencontrait Balthazar en roulant dans son précipice, et qui retardaient sa chute, mais ne la rendaient pas moins lourde.

D'ailleurs, il ne parlait jamais de ses anciennes occupations, et n'émettait pas un regret, en sentant l'impossibilité dans laquelle il s'était mis de recommencer ses expériences; mais il avait les mouvements tristes, la voix faible, l'abattement d'un convalescent. Son ennui perçait jusque dans la manière dont il prenait les pinces pour bâtir insouciamment dans le feu quelque fantasque pyramide avec des morceaux de charbon de terre. Quand il avait atteint la soirée, il éprouvait un contentement visible; le sommeil le débarrassait sans doute d'une importune pensée; puis, le lendemain, il se levait mélancolique en apercevant une journée à traverser, et semblait mesurer le temps qu'il avait à consumer, comme un voyageur lassé contemple un désert à franchir. Si madame Claës connaissait la cause de cette langueur, elle voulait ignorer combien les ravages en étaient étendus; elle était pleine de courage contre les souffrances de l'esprit, et sans force contre les générosités du cœur. Elle n'osait questionner Balthazar quand il écoutait les propos de ses deux filles et les rires de Lucien, avec l'air d'un homme occupé par une arrière-pensée; mais elle frémissait en le voyant secouer sa mélancolie et s'efforcer, par un sentiment généreux, de paraître gai pour n'attrister personne. Ses coquetteries à ses deux filles, ou ses jeux avec Lucien, mouillaient de pleurs les yeux de Joséphine, qui sortait pour cacher les émotions que lui causait un héroïsme dont les femmes connaissent bien le prix, et qui leur brise le cœur ; elle avait alors envie de lui dire : — Tue-moi, et fais ce que tu veux.

Insensiblement, ses yeux perdirent leur feu vif, et prirent cette teinte glauque qui attriste ceux des vieillards. Ses attentions pour sa femme, ses paroles, tout en lui fut frappé de lourdeur. Ces symptômes, devenus plus graves vers la fin du mois d'avril, effrayèrent madame Claës, pour qui ce spectacle était intolérable, et qui s'était déjà fait mille reproches en admirant la foi flamande avec laquelle son mari tenait sa parole. Un jour, que Balthazar lui sembla plus affaissé qu'il ne l'avait jamais été, elle n'hésita plus à tout sacrifier pour le rendre à la vie.

— Mon ami, lui dit-elle, je te délie de tes serments.

Balthazar la regarda d'un air étonné.

— Tu penses à tes expériences? reprit-elle.

Il répondit par un geste d'une effrayante vivacité. Loin de lui adresser quelque remontrance, madame Claës, qui avait à loisir sondé l'abîme dans lequel ils allaient rouler tous deux, lui prit la main et la lui serra en souriant.

— Merci, ami, je suis sûre de mon pouvoir, lui dit-elle, tu m'as sacrifié plus que ta vie. A moi maintenant les sacrifices! Quoique j'aie déjà vendu quelques-uns de mes diamants, il en reste encore assez, en y joignant ceux de mon frère, pour te procurer l'argent nécessaire à tes travaux. Je destinais ces parures à nos deux filles, mais ta gloire ne leur en fera-t-elle pas de plus étincelantes? d'ailleurs, ne leur rendras-tu pas un jour leurs diamants plus beaux ?

La joie qui soudainement éclaira le visage de son mari mit le comble à son désespoir, car elle vit avec douleur que la passion de cet homme était plus forte que lui. Claës avait confiance en son œuvre pour marcher sans trembler dans une voie qui, pour elle, était un abîme. A lui la foi; à elle le doute, à elle le fardeau le plus lourd : la femme ne souffre-t-elle pas toujours pour deux? En ce moment elle se plut à croire au succès, voulant se justifier à elle-même sa complicité dans la dilapidation probable de leur fortune.

— L'amour de toute une vie ne suffirait pas à reconnaître ton dévouement, Pépita, dit Claës attendri.

A peine achevait-il ces paroles que Marguerite et Félicie entrèrent, et leur souhaitèrent le bon jour. Madame Claës baissa les yeux, et resta pendant un moment interdite, devant ses enfants dont elle venait d'aliéner la fortune au profit d'une chimère; tandis que son mari les prit sur ses genoux, et causa gaiement avec eux, heureux de pouvoir déverser la joie qui l'oppressait.

Madame Claës entra dès lors dans la vie ardente de son mari. L'avenir de ses enfants, la considération de leur père étaient pour elle deux mobiles aussi puissants que l'étaient pour Claës la gloire et la science. Aussi, cette malheureuse femme n'eut-elle plus une heure de calme, quand tous les diamants de la maison furent vendus à Paris par l'entremise de l'abbé de Solis, son directeur, et que les fabricants de produits chimiques eurent recommencé leurs envois. Sans cesse agitée par le démon de la science et par cette fureur de recherche qui dévorait son mari, elle vivait dans une attente continuelle, et demeurait comme morte pendant des journées entières, clouée dans sa bergère par la violence même de ses désirs, qui, ne trouvant point comme ceux de Balthazar une pâture dans les travaux du laboratoire, tourmentaient son âme en agissant sur ses doutes et sur ses craintes. Par moments, elle se reprochait sa complaisance pour une passion dont le but était impossible et que M. de Solis condamnait. Elle se levait, allait à la fenêtre de la cour intérieure, et regardait avec stupeur la cheminée du laboratoire. Il s'en échappait de la fumée, elle la contemplait avec désespoir, car les idées les plus contraires agitaient son cœur et son esprit. Elle voyait s'enfuir en fumée la fortune de ses enfants; mais elle sauvait la vie de leur père: n'était-ce pas son premier devoir de le rendre heureux? Cette dernière pensée la calmait pour un moment. Elle avait obtenu de pouvoir entrer dans le laboratoire et d'y rester; mais il lui avait bientôt fallu renoncer à cette triste satisfaction. Elle éprouvait là de trop vives souffrances à voir Balthazar ne point s'occuper d'elle, et même paraître souvent gêné par sa présence; elle y subissait de jalouses impatiences, de cruelles envies de faire sauter la maison; elle y mourait de mille maux inouïs.

Lemulquinier devint alors pour elle une espèce de baromètre. L'entendait-elle siffler, quand il allait et venait pour servir ou le déjeuner ou le dîner, elle devinait que les expériences de son mari étaient heureuses, et qu'il concevait l'espoir d'une prochaine réussite. Lemulquinier était-il morne, sombre, elle lui jetait un regard de douleur; Balthazar était mécontent. La maîtresse et le valet avaient fini par se comprendre, malgré la fierté de l'une et la soumission rogue de l'autre. Faible et sans défense contre les terribles prostrations de la pensée, cette femme succombait sous ces alternatives d'espoir et de désespérance qui, pour elle, s'alourdissaient des inquiétudes de la femme aimante et des anxiétés de la mère tremblant pour sa famille. Le silence désolant qui jadis lui refroidissait le cœur, elle le partageait sans s'apercevoir de l'air sombre qui régnait au logis, et des journées entières qui s'écoulaient dans ce parloir, sans un sourire, souvent sans une parole. Par une triste prévision maternelle, elle accoutumait ses deux filles aux travaux de la maison, et tâchait de les rendre assez habiles à quelque métier de femme, pour qu'elles pussent en vivre si elles tombaient dans la misère. Le calme de cet intérieur couvrait donc d'effroyables agitations. Vers la fin de l'été, Balthazar avait dévoré l'argent des diamants vendus à Paris par l'entremise du vieil abbé de Solis, et s'était endetté d'une vingtaine de mille francs chez MM. Protez et Chiffreville.

Au mois d'août 1813, environ un an après la scène par laquelle cette histoire commence, si M. Claës avait fait quelques belles expériences que malheureusement il dédaignait, ses efforts avaient été sans résultat quant à l'objet principal de ses recherches. Le jour où il eut achevé la série de ses travaux, le sentiment de son impuissance l'écrasa; la certitude d'avoir infructueusement dissipé des sommes considérables le désespéra; ce fut une épouvantable catastrophe. Il quitta son grenier, descendit lentement au parloir, vint se jeter dans une bergère au milieu de ses enfants, et y demeura pendant quelques instants, comme mort, sans répondre aux questions dont sa femme l'accablait. Les larmes le gagnèrent, il se sauva dans son appartement pour ne pas donner de témoins à sa douleur. Madame Claës le suivit précipitamment et l'emmena dans sa chambre où, seul avec elle, Balthazar laissa éclater son désespoir. Ses larmes d'homme, ses paroles d'artiste découragé, ses regrets de père de famille eurent un caractère de terreur, de tendresse, de folie qui fit plus de mal à madame Claës que ne lui en avaient fait toutes ses douleurs passées. La victime consola le bourreau. Quand Balthazar lui dit avec un affreux accent de conviction : — Je suis un misérable, je joue la vie de mes enfants, la tienne, et pour vous laisser heureux, il faut que je me tue! Ce mot l'atteignit au cœur, et la connaissance qu'elle avait du caractère de son mari lui faisant craindre qu'il ne réalisât aussitôt ce vœu de désespoir, elle éprouva l'une de ces révolutions qui troublent la vie dans sa source, et qui fut d'autant plus funeste qu'elle en contint les violents effets en affectant un calme menteur.

— Mon ami, lui dit-elle, j'ai consulté non pas Pierquin, dont l'amitié n'est pas si grande qu'il n'éprouve quelque secret plaisir à nous voir ruinés, mais un vieillard qui, pour moi, se montre bon comme un père. L'abbé de Solis, mon confesseur, m'a donné un conseil qui nous sauve de la ruine. Il est venu voir tes tableaux. Le prix de ceux qui se trouvent dans la galerie peut servir à payer toutes les sommes hypothéquées sur tes propriétés, et ce que tu dois chez Protez et Chiffreville, car tu as là sans doute un compte à solder?

Claës fit un signe affirmatif en baissant sa tête dont les cheveux étaient devenus blancs.

— M. de Solis connaît MM. Happe et Duncker d'Amsterdam ; ils sont fous de tableaux, et jaloux comme des parvenus d'étaler un faste qui n'est permis qu'à d'anciennes maisons, ils payeront les nôtres toute leur valeur. Ainsi, nous recouvrerons nos revenus, et tu pourras sur la somme que nous aurons et qui approchera de cent mille ducats, prendre une portion de capital pour continuer tes expériences. Tes deux filles et moi nous nous contenterons de peu ; avec le temps et de l'économie, nous remplirons par d'autres tableaux les cadres vides, et tu vivras heureux !

Balthazar leva la tête vers sa femme avec une joie mêlée de crainte. Les rôles étaient changés : l'épouse devenait la protectrice du mari. Cet homme si tendre et dont le cœur était si cohérent à celui de sa Joséphine, la tenait entre ses bras sans s'apercevoir de l'horrible convulsion qui la faisait palpiter, qui en agitait les cheveux et les lèvres, par un tressaillement nerveux.

— Je n'osais pas te dire qu'entre moi et l'Absolu, à peine existe-t-il un cheveu de distance. Pour gazéifier les métaux, il ne me manque plus que de trouver un moyen de les soumettre à une immense chaleur dans un milieu où la pression de l'atmosphère soit nulle, enfin dans le vide parfait.

Madame Claës ne put soutenir l'égoïsme de cette réponse. Elle attendait des remercîments passionnés pour ses sacrifices, et trouvait un problème de chimie. Elle quitta brusquement son mari, descendit au parloir, y tomba sur sa bergère entre ses deux filles effrayées, et fondit en larmes. Marguerite et Félicie lui prirent chacune une main, s'agenouillèrent de chaque côté de sa bergère en pleurant comme elle sans savoir la cause de son chagrin, et lui demandèrent à plusieurs reprises : — Qu'avez-vous, ma mère ?

— Pauvres enfants ! je suis morte, je le sens.

Cette réponse fit frissonner Marguerite qui, pour la première fois, aperçut sur le visage de sa mère les traces de la pâleur particulière aux personnes dont le teint est brun.

— Martha ! Martha! criait Félicie, venez, maman a besoin de vous.

La vieille duègne accourut de la cuisine, et en voyant la blancheur verte de cette figure légèrement bistrée et si vigoureusement colorée :

— Corps du Christ ! s'écria-t-elle en espagnol, madame se meurt.

Elle sortit précipitamment, dit à Jossette de faire chauffer de l'eau pour un bain de pied, et revint près de sa maîtresse.

— N'effrayez pas monsieur, ne lui dites rien Martha, s'écria madame Claës. — Pauvres chères filles, ajouta-t-elle en pressant sur son cœur Marguerite et Félicie par un mouvement désespéré, je voudrais pouvoir vivre assez de temps pour vous voir heureuses et mariées. — Martha, reprit-elle, dites à Lemulquinier d'aller chez M. de Solis, pour le prier de ma part de passer ici.

Ce coup de foudre se répercuta nécessairement jusque dans la cuisine. Jossette et Martha, toutes deux dévouées à madame Claës et à ses filles, furent frappées dans la seule affection qu'elles eussent. Ces terribles mots :—Madame se meurt, monsieur l'aura tuée, faites vite un bain de pieds à la moutarde! avaient arraché plusieurs phrases interjectives à Jossette qui en accablait Lemulquinier. Lemulquinier, froid et insensible, mangeait, assis au coin de la table, devant une des fenêtres par lesquelles le jour venait de la cour dans la cuisine, où tout était propre comme dans le boudoir d'une petite-maîtresse.

— Ça devait finir par là ! disait Jossette en regardant le valet de chambre, et montant sur un tabouret pour prendre sur une tablette un chaudron qui reluisait comme de l'or. — Il n'y a pas de mère qui puisse voir de sang-froid un père s'amuser à fricasser une fortune comme celle de monsieur, pour en faire des os de boudin !

Jossette, dont la tête coiffée d'un bonnet rond à ruches ressemblait à celle d'un casse-noisette allemand, jeta sur Lemulquinier un regard aigre que la couleur verte de ses petits yeux éraillés rendait presque venimeux. Le vieux valet de chambre haussa les épaules par un mouvement digne de Mirabeau impatienté ; puis il enfourna dans sa grande bouche une tartine de beurre sur laquelle étaient semés des *appétis*.

— Au lieu de tracasser monsieur, madame devrait lui donner de l'argent, nous serions bientôt tous riches à nager dans l'or ! Il ne s'en faut pas le l'épaisseur d'un liard que nous ne trouvions...

— Hé bien, vous qui avez vingt mille francs de placés, pourquoi ne les offrez-vous pas à monsieur? C'est votre maître! Et puisque vous êtes si sûr de ses faits et gestes...

— Vous ne connaissez rien à cela, Jossette, faites chauffer votre eau, répondit le Flamand en l'interrompant.

— Je m'y connais assez pour savoir qu'il y avait ici mille marcs d'argenterie, que vous et votre maître les avez fondus, et que si on vous laisse aller votre train, vous ferez si bien de cinq sous six blancs, qu'il n'y aura bientôt plus rien.

— Et monsieur, dit Martha survenant, tuera madame pour se débarrasser d'une femme qui le retient, et l'empêche de tout avaler. Il est possédé du démon, cela se voit! Le moins que vous risquiez en l'aidant, Mulquinier, c'est votre âme, si vous en avez une, car vous êtes là comme un morceau de glace, pendant que tout est ici dans la désolation. Ces demoiselles pleurent comme des Madeleines. Courez donc chercher M. l'abbé de Solis.

— J'ai affaire pour monsieur, à ranger le laboratoire, dit le valet de chambre. Il y a trop loin d'ici le quartier d'Esquerchin! Allez-y vous-même.

— Voyez-vous ce monstre-là? dit Martha. Qui donnera le bain de pieds à madame? la voulez-vous laisser mourir! Elle a le sang à la tête.

— Mulquinier, dit Marguerite en arrivant dans la salle qui précédait la cuisine, en revenant de chez M. de Solis, vous prierez M. Pierquin le médecin de venir promptement ici.

— Hein, vous irez! dit Jossette.

— Mademoiselle, monsieur m'a dit de ranger son laboratoire, répondit Lemulquinier en se retournant vers les deux femmes, qu'il regarda d'un air despotique.

— Mon père, dit Marguerite à M. Claës qui descendait en ce moment, ne pourrais-tu pas nous laisser Mulquinier pour l'envoyer en ville?

— Tu iras, vilain chinois, dit Martha en entendant M. Claës mettre Lemulquinier aux ordres de sa fille.

Le peu de dévouement du valet de chambre pour la maison était le grand sujet de querelle entre ces deux femmes et Lemulquinier, dont la froideur avait eu pour résultat d'exalter l'attachement de Jossette et de la duègne. Cette lutte, si mesquine en apparence, influa beaucoup sur l'avenir de cette famille quand, plus tard, elle eut besoin de secours contre le malheur.

Balthazar redevint si distrait, qu'il ne s'aperçut pas de l'état maladif dans lequel était Joséphine. Il prit Lucien sur ses genoux, et le fit sauter machinalement, en pensant au problème qu'il avait dès lors la possibilité de résoudre. Il vit apporter le bain de pieds à sa femme qui, n'ayant pas eu la force de se lever de la bergère où elle gisait, était restée dans le parloir. Il regarda même ses deux filles s'occuper de leur mère, sans chercher la cause de leurs soins empressés. Quand Marguerite ou Lucien voulaient parler, madame Claës réclamait le silence, en leur montrant Balthazar.

Une scène semblable était de nature à faire penser Marguerite, qui se trouvait placée entre son père et sa mère, assez âgée, assez raisonnable déjà, pour en apprécier la conduite. Il arrive un moment, dans la vie intérieure des familles, où les enfants deviennent soit volontairement, soit involontairement, les juges de leurs parents. Madame Claës avait compris le danger de cette situation. Par amour pour son époux, elle s'efforçait de justifier aux yeux de Marguerite ce qui, dans l'esprit juste d'une fille de seize ans, pouvait paraître des fautes chez un père. Aussi le profond respect qu'en cette circonstance madame Claës témoignait pour Balthazar, en s'effaçant devant lui, pour ne pas en troubler la méditation, imprimait-il à ses enfants une sorte de terreur pour la majesté paternelle. Mais ce dévouement, quelque contagieux qu'il fût, augmentait encore l'admiration que Marguerite avait pour sa mère, à laquelle l'unissaient plus particulièrement les accidents journaliers de la vie; ce sentiment était fondé sur une sorte de divination de ses souffrances dont elle devait naturellement rechercher la cause; et aucune puissance humaine ne pouvait empêcher que, parfois, un mot échappé soit à Martha, soit à Jossette, ne révélât à Marguerite la cause de la situation dans laquelle la maison se trouvait depuis quatre ans. Malgré la discrétion de madame Claës, sa fille découvrait insensiblement, lentement, fil à fil, la trame mystérieuse de ce drame domestique; elle allait être, dans un temps donné, la confidente active de sa mère, et serait au dénouement le plus redoutable des juges. Aussi tous les soins de madame Claës étaient-ils pour Marguerite à laquelle elle tâchait de communiquer les sentiments dévoués et l'amour qu'elle portait à Balthazar; car la fermeté, la raison qu'elle rencontrait chez sa fille, la faisaient frémir à l'idée d'une lutte possible entre Marguerite et Balthazar, quand, après sa mort, elle serait remplacée par elle dans la conduite intérieure de la maison.

Cette pauvre femme en était donc arrivée à plus

trembler des suites de sa mort que de sa mort même. Sa sollicitude pour Balthazar éclatait dans la résolution qu'elle venait de prendre. En libérant les biens de son mari, elle en assurait l'indépendance, et prévenait toute discussion en en séparant les intérêts de ceux de ses enfants. Elle espérait le voir heureux, jusqu'au moment où elle fermerait les yeux; puis, elle comptait transmettre les délicatesses de son cœur à Marguerite, qui continuerait à jouer auprès de lui le rôle d'un ange d'amour, en exerçant sur la famille une autorité tutélaire et conservatrice. N'était-ce pas faire luire encore, du fond de sa tombe, son amour sur ceux qui lui étaient chers? Néanmoins, ne voulant pas déconsidérer le père aux yeux de la fille, en l'initiant avant le temps, aux terreurs que lui inspirait la passion scientifique de Balthazar, elle étudiait l'âme et le caractère de Marguerite, pour savoir si elle deviendrait par elle-même, une mère pour ses frères et sa sœur; pour son père, une femme douce et tendre. Ainsi les derniers jours de madame Claës étaient à toute heure empoisonnés par des calculs et par des craintes qu'elle n'osait confier à personne. En se sentant atteinte dans sa vie même, par cette dernière scène, elle portait ses regards jusques dans l'avenir; tandis que Balthazar, désormais inhabile à tout ce qui était économie, fortune, sentiments domestiques, pensait à trouver l'Absolu.

Le profond silence qui régnait au parloir n'était interrompu que par le mouvement monotone du pied de Claës, qui continuait à le mouvoir, sans s'apercevoir que Lucien en était descendu. Assise près de sa mère, dont elle contemplait le visage pâle et décomposé, Marguerite se tournait de moments en moments vers son père, en s'étonnant de son insensibilité. Bientôt la porte de la rue retentit en se fermant, et la famille vit l'abbé de Solis, appuyé sur son neveu, qui tous deux traversaient lentement la cour.

— Ha, voici M. Emmanuel! dit Félicie.

— Le bon jeune homme! dit madame Claës en apercevant Emmanuel de Solis, j'ai du plaisir à le revoir.

Marguerite rougit en entendant l'éloge qui échappait à sa mère. Depuis deux jours, ce jeune homme avait éveillé dans son cœur des sentiments inconnus, et dégourdi dans son intelligence des pensées jusqu'alors inertes. Pendant la visite que le confesseur avait faite à sa pénitente, il s'était passé de ces imperceptibles événements qui tiennent beaucoup de place dans la vie, et dont les résultats devaient être assez importants pour exiger la peinture des deux nouveaux personnages introduits au sein de la famille. Madame Claës ayant eu pour principe d'accomplir en secret ses pratiques de dévotion, son directeur n'était jamais venu chez elle, et se montrait pour la seconde fois dans sa maison.

Il était difficile de ne pas être saisi d'une sorte d'attendrissement et d'admiration à l'aspect de l'oncle et du neveu. L'abbé de Solis était un vieillard octogénaire à chevelure d'argent, dont le visage décrépit semblait n'avoir plus de vie que dans les yeux. Son dos voûté, son corps desséché, ses jambes menues dont l'une se terminait par un pied horriblement déformé, contenu dans une espèce de sac en velours, offraient le spectacle d'une nature souffrante et frêle, dominée par une volonté de fer et par un chaste esprit religieux qui l'avait conservée. Ce prêtre espagnol, remarquable par un vaste savoir, par une piété vraie, par des connaissances très-étendues, avait été successivement Dominicain, grand pénitencier de Tolède, et vicaire-général de l'archevêché de Malines. Sans la révolution française, il eût été, par la protection des Casa-Réal, promu aux plus hautes dignités de l'Église; mais le chagrin que lui causa la mort du jeune duc dont il avait été le précepteur, le dégoûta d'une vie active; et il se consacra tout entier à l'éducation de son neveu, qui perdit son père et sa mère en bas âge. Puis, lors de la conquête de la Belgique, il s'était fixé près de madame Claës. Dès sa jeunesse, l'abbé de Solis avait professé pour sainte Thérèse un enthousiasme qui le conduisit autant que la pente de son esprit vers la partie mystique du christianisme. En se trouvant en Flandre, où mademoiselle Bourignon et les écrivains illuminés ou quiétistes firent le plus de prosélytes, un troupeau de catholiques adonnés à ses croyances, il y resta d'autant plus volontiers qu'il y fut considéré comme le patriarche de cette Communion particulière, qui, malgré les censures dont Fénélon et madame Guyon furent l'objet, continue à en suivre les doctrines. Ses mœurs étaient rigides, sa vie exemplaire, et il passait pour avoir des extases. Malgré le détachement dont un religieux si sévère devait être possédé pour les choses de ce monde, l'affection qu'il portait à son neveu le rendait soigneux de ses intérêts. Quand il s'agissait d'une œuvre de charité, le vieillard mettait à contribution les fidèles de son Église avant d'avoir recours à sa propre fortune, et son autorité patriarcale était si bien reconnue, ses inentions si pures, sa perspicacité si rarement en défaut, que chacun faisait honneur à ses demandes.

Pour avoir une idée du contraste qui existait entre l'oncle et le neveu, il faudrait comparer le vieillard à l'un de ces saules creux qui végètent au bord des eaux, et le jeune homme à l'églantier chargé de roses dont la tige élégante et droite s'élance du sein de l'arbre rongé de mousses, qu'il semble vouloir redresser. Sévèrement élevé par son oncle, qui le gardait près de lui comme une matrone garde une vierge, Emmanuel était plein de cette chatouilleuse sensibilité, de cette candeur à demi rêveuse, fleurs passagères de toutes les jeunesses, mais vivaces dans les âmes nourries de religieux principes. Le vieux prêtre avait comprimé l'expression des sentiments voluptueux chez son élève, en le préparant par des travaux continus, par une discipline presque claustrale, aux souffrances de la vie. Cette éducation qui devait livrer Emmanuel tout neuf au monde, et le rendre heureux s'il rencontrait bien dans ses premières affections, l'avait revêtu d'une angélique pureté qui communiquait à sa personne le charme dont sont investies les jeunes filles. Ses yeux timides, mais doublés d'une âme forte et courageuse, jetaient une lumière qui vibrait dans l'âme comme le son du cristal épand ses ondulations dans l'ouïe. Sa figure expressive, quoique régulière, se recommandait par une grande précision dans les contours, par l'heureuse disposition des lignes, et par le calme profond que donne la paix du cœur; tout en était harmonieux; ses cheveux noirs, ses yeux et ses sourcils bruns rehaussaient encore un teint blanc et de vives couleurs. Sa voix était celle qu'on attendait d'un aussi beau visage. Ses mouvements féminins s'accordaient avec la mélodie de sa voix, avec les tendres clartés de son regard. Il semblait ignorer l'attrait qu'excitait la réserve à demi mélancolique de son attitude, la retenue de ses paroles, et les soins respectueux qu'il prodiguait à son oncle. En effet, à le voir étudiant la marche tortueuse du vieil abbé pour se prêter à ses douloureuses déviations de manière à ne pas les contrarier, regardant au loin ce qui pouvait lui blesser les pieds et le conduisant dans le meilleur chemin, il était impossible de ne pas reconnaître chez Emmanuel les sentiments généreux qui font de l'homme une sublime créature. Il paraissait si grand en aimant son oncle sans le juger, en lui obéissant sans jamais en discuter l'ordre, que chacun voulait voir une prédestination dans le nom suave qui lui avait été donné par sa marraine. Quand, soit chez lui, soit chez les autres, le vieillard exerçait son despotisme de Dominicain, Emmanuel relevait parfois la tête si noblement, comme pour protester de sa force s'il se trouvait aux prises avec un autre homme, que les personnes de cœur étaient émues, comme le sont les artistes à l'aspect d'une grande œuvre; car, les beaux sentiments ne sonnent pas moins fort dans l'âme par leurs conceptions vivantes, que par leurs réalisations matérielles.

Emmanuel avait accompagné son oncle dans la visite qu'il avait faite à sa pénitente, pour examiner les tableaux de la maison Claës. En apprenant par Martha que l'abbé de Solis était dans la galerie, Marguerite, qui désirait voir cet homme célèbre, avait cherché quelque prétexte menteur pour satisfaire sa curiosité en y venant rejoindre sa mère. Elle y était entrée assez étourdiment, en affectant la légèreté sous laquelle les jeunes filles cachent si bien leurs désirs, et avait rencontré près du vieillard vêtu de noir, courbé, déjeté, cadavéreux, la fraîche, la délicieuse figure d'Emmanuel. Leurs regards également jeunes, également naïfs, avaient exprimé le même étonnement. Ils s'étaient sans doute déjà vus l'un et l'autre dans leurs rêves. Tous deux baissèrent leurs yeux et les relevèrent ensuite par un même mouvement, en laissant échapper un même aveu. Marguerite prit le bras de sa mère, lui parla tout bas, par maintien, et s'abrita pour ainsi dire sous l'aile maternelle, en tendant le cou par un mouvement de cygne, pour revoir Emmanuel qui, de son côté, restait attaché au bras de son oncle. Quoique habilement distribué pour faire valoir chaque toile, le jour était faible dans la galerie et favorisa ces coups-d'œil furtifs qui sont la joie des gens timides. Sans doute aucun d'eux n'alla pas, même en pensée, jusqu'au *si* par lequel commencent les passions; mais l'un et l'autre ils sentirent ce trouble profond qui remue le cœur, et sur lequel au jeune âge on se garde à soi-même le secret, par pudeur ou par friandise. La première impression qui détermine les débordements d'une sensibilité longtemps contenue, est suivie, chez tous les jeunes gens, de l'étonnement à demi stupide que causent aux enfants les premières sonneries de la musique; parmi les enfants, les uns rient et pensent; d'autres ne rient qu'après avoir pensé; mais ceux dont l'âme est appelée à vivre de poésie ou d'amour écoutent longtemps et redemandent la mélodie par un regard où s'allume déjà le plaisir, où pointe la curiosité de l'infini. Si nous aimons irrésistiblement les lieux où nous avons été, dans notre enfance, initiés aux beautés de l'harmonie, si nous nous souvenons avec délices et du musicien, et même de l'instrument, comment se défendre d'aimer l'être, qui le premier, nous révèle les musiques de la vie. Le premier cœur où nous avons respiré l'amour n'est-il pas comme une patrie? Emmanuel et Marguerite furent l'un pour l'autre cette Voix musicale qui réveille un sens, cette Main qui révèle des voiles nuageux et montre les rives baignées par les feux du midi. Quand madame Claës arrêta le vieillard devant un tableau du Guide qui représentait un ange, Marguerite avança la tête pour voir quelle serait l'impression d'Emmanuel ; et le jeune homme chercha Marguerite pour comparer la muette pensée de la toile, à la vivante pensée de la créature : involontaire et ravissante flatterie qui fut comprise et savourée. Le vieil abbé louait gravement cette belle composition, et madame Claës lui répondait ; mais les deux enfants étaient silencieux. Telle fut leur rencontre. Le jour mystérieux de la galerie, la paix de la maison, la présence des parents, tout contribuait à graver plus avant dans le cœur les traits délicats de ce vaporeux mirage. Puis les mille pensées confuses qui venaient de pleuvoir chez Marguerite se calmèrent, firent dans son âme comme une étendue limpide et se teignirent d'un rayon lumineux, quand Emmanuel balbutia quelques phrases en prenant congé de madame Claës. Cette voix dont le timbre frais et velouté répandait au cœur des enchantements inouïs, compléta la révélation soudaine dont il avait été la cause et dont il devait recueillir les fruits ; car l'homme, dont le destin se sert pour éveiller l'amour au cœur d'une jeune fille, ignore souvent son œuvre et la laisse inachevée. Marguerite s'inclina tout interdite, et mit ses adieux dans un regard où semblait se peindre le regret de perdre cette pure et féconde vision. Comme l'enfant, elle revoulait sa mélodie. Cet adieu fut fait au bas du vieil escalier, devant la porte du parloir ; et quand elle y rentra, elle regarda l'oncle et le neveu, jusqu'à ce que la porte de la rue se fût fermée.

Madame Claës était trop occupée des sujets graves qu'elle avait agités dans sa conférence avec son directeur, pour examiner la physionomie de sa fille. Puis, en cet instant que M. de Solis et son neveu apparaissaient pour la seconde fois, elle était encore trop violemment troublée pour apercevoir la rougeur qui colora le visage de Marguerite et révélait les fermentations du premier plaisir reçu dans un cœur vierge.

Quand le vieil abbé fut annoncé, Marguerite avait repris son ouvrage et parut y prêter une si grande attention qu'elle salua l'oncle et le neveu sans les regarder. M. Claës rendit machinalement le salut que lui fit M. de Solis, et sortit du parloir comme un homme emporté par ses occupations. Le pieux Dominicain s'assit près de sa pénitente, en lui jetant un de ces regards profonds par lesquels il sondait les âmes ; il lui avait suffi de voir M. Claës et sa femme pour deviner une catastrophe.

— Mes enfants, dit la mère, allez dans le jardin. Marguerite, montrez à M. Emmanuel les tulipes de votre père.

Marguerite, à demi honteuse, prit le bras de Félicie, regarda le jeune homme qui rougit et qui sortit du parloir en saisissant Lucien par contenance. Quand ils furent tous les quatre dans le jardin, Félicie et Lucien allèrent de leur côté, quittèrent Marguerite, qui, restée presque seule avec le jeune de Solis, le mena devant le buisson de tulipes, invariablement arrangé de la même façon, chaque année, par Lemulquinier.

— Aimez-vous les tulipes? demanda Marguerite, après être demeurée pendant un moment dans le plus profond silence, sans qu'Emmanuel parût vouloir le rompre.

— Mademoiselle, ce sont de belles fleurs ; mais pour les aimer, il faut sans doute en avoir le goût, savoir en apprécier les beautés. Ces fleurs m'éblouissent. L'habitude du travail, dans la petite chambre où je demeure, près de mon oncle, me fait sans doute préférer ce qui est doux à la vue.

En disant ces derniers mots, il contempla Marguerite, mais sans que ce regard plein de confus désirs contint aucune allusion à la blancheur mate, au calme, aux couleurs tendres qui faisaient de ce visage une fleur.

— Vous travaillez donc beaucoup? reprit Marguerite en conduisant Emmanuel sur un banc de bois, à dossier peint en vert. D'ici, dit-elle en continuant, vous ne verrez pas les tulipes d'aussi près, elles vous fatigueront moins les yeux. Vous avez raison, ces couleurs papillotent et font mal.

— A quoi je travaille? répondit le jeune homme après un moment de silence pendant lequel il avait égalisé, sous son pied, le sable de l'allée. Je travaille à toutes sortes de choses. Mon oncle voulait me faire prêtre...

— Oh! fit naïvement Marguerite.

— J'ai résisté, je ne me sentais point de vocation. Mais il m'a fallu beaucoup de courage pour contrarier les désirs de mon oncle. Il est si bon, é n'aime tant! il m'a dernièrement acheté un homme pour me sauver de la conscription, moi, pauvre orphelin.

— A quoi vous destinez-vous donc? reprit Marguerite. Mais tout à coup, elle reprit, en laissant échapper un geste : — Pardon, monsieur, vous levez me trouver bien curieuse.

— Oh! mademoiselle, dit Emmanuel en la regardant avec autant d'admiration que de tendresse, personne, excepté mon oncle, ne m'a encore fait cette question. J'étudie pour être professeur. Que voulez-vous! je ne suis pas riche; si je puis devenir principal de quelque collége en Flandre, j'aurai de quoi vivre modestement, et j'épouserai quelque femme simple que j'aimerai bien. Telle est la vie que j'ai en perspective. Peut-être est-ce pour cela que je préfère une petite pâquerette sur laquelle tout le monde passe, dans la plaine d'Orchies, à ces belles tulipes pleines d'or, de pourpre, de saphirs, d'émeraudes qui représentent une vie fastueuse, comme la pâquerette représente une vie douce et patriarcale, la vie d'un pauvre professeur que je serai.

— J'avais toujours appelé, jusqu'à présent, les pâquerettes des marguerites... dit-elle.

Emmanuel de Solis rougit excessivement, et chercha une réponse en tourmentant le sable avec les pieds. Embarrassé de choisir entre toutes les idées qui lui venaient et qu'il trouvait sottes, puis mécontenté par le retard qu'il mettait à répondre, il dit : — Je n'osais prononcer votre nom... Et n'acheva pas.

— Professeur! reprit-elle.

— Oh! mais, mademoiselle, je serai professeur pour avoir un état, car j'entreprendrai des ouvrages qui pourront me rendre plus grandement utile. J'ai beaucoup de goût pour les travaux historiques.

— Ha!

Ce ha! plein de pensées secrètes, rendit le jeune homme encore plus honteux, et il se mit à rire niaisement en disant : — Vous me faites parler de moi, mademoiselle, quand je devrais ne vous parler que de vous.

— Ma mère et votre oncle ont terminé, je crois, leur conversation, dit-elle en regardant à travers les fenêtres dans le parloir.

— Je l'ai trouvée bien changée.

— Elle souffre, sans vouloir nous dire le sujet de ses souffrances, et nous ne pouvons que pâtir de ses douleurs.

Madame Claës venait de terminer, en effet, une consultation délicate, dans laquelle il s'agissait d'un cas de conscience, que l'abbé de Solis pouvait seul décider. Prévoyant une ruine complète, elle voulait retenir, à l'insu de Balthazar, qui se souciait peu de ses affaires, une somme considérable sur le prix des tableaux que M. de Solis se chargeait de vendre en Hollande, afin de la cacher et de la réserver pour le moment où la misère pèserait sur sa famille. Après une mûre délibération et après avoir apprécié les circonstances dans lesquelles se trouvait sa pénitente, le vieux dominicain avait approuvé cet acte de prudence. Il s'en alla pour s'occuper de cette vente, qui devait se faire secrètement, afin de ne point trop nuire à la considération de M. Claës. Le vieillard envoya son neveu, muni d'une lettre de recommandation, à Amsterdam, où le jeune homme, enchanté de rendre service à la maison Claës, réussit à vendre les tableaux de la galerie aux célèbres banquiers Happe et Duncker, pour une somme ostensible de quatre-vingt-cinq mille ducats de Hollande, et une somme de quinze mille autres qui serait secrètement donnée à madame Claës. Les tableaux étaient si bien connus qu'il suffisait, pour accomplir le marché, de la réponse de Balthazar à la lettre que la maison Happe et Duncker lui écrivit. Emmanuel de Solis fut chargé par M. Claës de recevoir le prix des tableaux qu'il lui expédia roulés et secrètement afin de dérober à la ville de Douai la connaissance de cette vente.

Vers la fin de septembre, Balthazar remboursa toutes les sommes qui lui avaient été prêtées, dégagea ses biens et reprit ses travaux; mais la maison Claës s'était dépouillée de son plus bel ornement. Aveuglé par sa passion, il ne témoigna pas un regret, et se croyait si certain de pouvoir promptement réparer cette perte, qu'il avait stipulé dans cette vente les conditions d'un réméré. Cent toiles peintes n'étaient rien aux yeux de Joséphine auprès du bonheur domestique et de la satisfaction de son mari; d'ailleurs, elle fit remplir la galerie avec les tableaux qui meublaient les appartements de réception, et pour que l'on ne s'aperçût pas du vide qu'ils laissaient dans la maison de devant, elle en changea les ameublements. Ses dettes payées, Balthazar eut environ deux cent mille francs à sa disposition pour recommencer ses expériences.

M. l'abbé de Solis et son neveu furent les dépositaires des quinze mille ducats que possédait secrètement madame Claës; et, pour grossir cette somme, l'abbé vendit les ducats, auxquels les événements de la guerre continentale avaient donné de la valeur. Cent-soixante-six mille francs en écus furent ainsi réalisés et enterrés dans la cave de la maison habitée par l'abbé de Solis.

Madame Claës eut le triste bonheur de voir son mari constamment occupé pendant près de huit mois. Néanmoins, trop rudement atteinte par le coup qu'il lui avait porté, elle tomba dans une maladie de langueur qui devait nécessairement empirer. En effet, la science dévora si complètement Balthazar, que ni les revers éprouvés par la France, ni la première chute de Napoléon, ni le retour des Bourbons, ne le tirèrent de ses occupations : il n'était ni mari, ni père, ni citoyen, il fut chimiste.

Vers la fin de l'année 1814, madame Claës était arrivée à un degré de consomption qui ne lui permettait plus de quitter le lit. Ne voulant pas végéter dans sa chambre, où elle avait vécu heureuse, où les souvenirs de son bonheur évanoui lui auraient inspiré d'involontaires comparaisons avec le présent, qui l'eussent accablée, elle demeurait dans le parloir. Les médecins avaient favorisé le vœu de son cœur en trouvant cette pièce plus aérée, plus gaie, et plus convenable à sa situation que ne l'eût été sa chambre. Le lit où cette malheureuse femme achevait de vivre, avait été dressé entre la cheminée et la fenêtre qui donnait sur le jardin. Ce fut là qu'elle passa ses derniers jours, saintement occupée à perfectionner l'âme de ses deux filles sur lesquelles elle se plut à laisser rayonner le feu de la sienne. Affaibli dans ses manifestations, l'amour conjugal permit à l'amour maternel de déployer sa force. La mère se montra d'autant plus charmante, qu'elle avait tardé d'être ainsi. Comme toutes les personnes généreuses, elle éprouvait de sublimes délicatesses de sentiment qu'elle prenait pour des remords ; et, croyant avoir ravi quelques tendresses dues à ses enfants, elle cherchait à racheter ses torts imaginaires en tâchant de leur plaire et de les rendre heureux. Elle avait pour eux des attentions, des soins qui la leur rendaient délicieuse ; elle voulait en quelque sorte les faire vivre à même son cœur, les couvrir de ses ailes défaillantes et les aimer en un jour pour tous ceux pendant lesquels elle les avait négligés. Les souffrances donnaient à ses caresses, à ses paroles, une onctueuse tiédeur qui s'exhalait de son âme. Ses yeux les caressaient avant que sa voix ne les émût par des intonations pleines de bons vouloirs, et sa main semblait toujours verser sur eux des bénédictions.

Si, après avoir repris ses habitudes de luxe lors de la scène par laquelle cette histoire commence, la maison Claës ne reçut bientôt plus personne ; si son isolement redevint plus complet ; si M. Balthazar ne donna plus de fête à l'anniversaire de son mariage, la ville de Douai n'en fut pas surprise. D'abord la maladie de madame Claës était une raison suffisante de ce changement ; puis, le paiement des dettes arrêta le cours des médisances ; enfin, les vicissitudes politiques auxquelles la Flandre fut soumise, la guerre des Cent Jours, l'occupation étrangère, firent complètement oublier le chimiste. Pendant ces deux années, la ville fut si souvent sur le point d'être prise, si consécutivement occupée, soit par les Français, soit par les ennemis ; il y vint tant d'étrangers, il s'y réfugia tant de campagnards, il y eut tant d'intérêts soulevés, tant d'existences mises en question, tant de mouvements et de malheurs, que chacun ne pouvait penser qu'à soi. L'abbé de Solis et son neveu, les deux frères Pierquin étaient les seules personnes qui vinssent visiter madame Claës.

L'hiver de 1814 à 1815 fut pour elle la plus douloureuse des agonies. Son mari venait rarement la voir. Il restait bien, après le dîner, pendant quelques heures près d'elle ; mais comme elle n'avait plus la force de soutenir une longue conversation, il disait une ou deux phrases éternellement semblables ; puis il s'asseyait, se taisait, et laissait régner au parloir un épouvantable silence, qui n'était rompu que les jours où l'abbé de Solis et son neveu venaient passer la soirée. Alors pendant que le vieil abbé jouait au trictrac avec Balthazar, Marguerite causait avec Emmanuel, près du lit de sa mère, qui souriait à leurs innocentes joies sans faire apercevoir combien était à la fois douloureuse et bonne, sur son âme détachée, meurtrie, la brise fraîche de ces virginales amours débordant par vagues et paroles à paroles. L'inflexion de voix qui charmait ces deux enfants lui brisait le cœur ; un coup d'œil d'intelligence surpris entre eux la jetait, elle quasi morte, dans les souvenirs de ses heures jeunes et heureuses qui rendaient au présent toute son amertume. Mais Emmanuel et Marguerite avaient une délicatesse qui leur faisait réprimer les délicieux enfantillages de l'amour afin de n'en pas offenser une femme endolorie dont ils devinaient instinctivement les blessures.

Personne encore n'a remarqué que les sentiments ont une vie qui leur est propre, une nature qui procède des circonstances au milieu desquelles ils sont nés ; ils gardent la physionomie des lieux où ils ont grandi, l'empreinte des idées qui ont influé sur leurs développements. Il est des passions ardemment conçues, qui restent ardentes comme l'était celle de madame Claës pour son mari. Puis il est des sentiments auxquels tout a souri, qui conservent une allégresse matinale, et leurs moissons de joie ne vont pas sans des rires et des fêtes. Mais il se rencontre aussi des amours fatalement encadrés de mélancolie ou cerclés par le malheur, dont les plaisirs sont pénibles, coûteux, chargés de craintes, empoisonnés par des remords ou pleins de désespérance. Ainsi l'amour, enseveli dans le cœur d'Emmanuel et de Marguerite sans que ni l'un ni l'autre ne comprissent encore qu'il s'en allait de l'amour, ce sentiment éclos sous la voûte sombre de la galerie Claës, devant un vieux abbé sévère, dans un moment de silence et de calme; cet amour grave et discret, mais fécond en nuances douces, en voluptés secrètes, savourées comme des grappes volées au coin d'une vigne, subissait la couleur brune, les teintes grises qui le décorèrent à ses premières heures. En n'osant se livrer à aucune démonstration vive devant ce lit de douleur, ces deux enfants agrandissaient leurs jouissances à leur insu, par une concentration qui les tapissait au fond de leur cœur. C'étaient des soins donnés à la malade, et auxquels aimait à participer Emmanuel, heureux de pouvoir s'unir à Marguerite en se faisant par avance le fils de sa mère. Un remercîment mélancolique remplaçait sur les lèvres de la jeune fille le mielleux langage des amants. Les soupirs de leurs cœurs remplis de joie par quelque regard échangé, se distinguaient peu des soupirs arrachés par le spectacle de la douleur maternelle. Leurs bons petits moments d'aveux indirects, de promesses inachevées, d'épanouissements comprimés pouvaient se comparer à ces roses peintes sur des fonds noirs. Ils avaient l'un et l'autre une certitude qu'ils ne s'avouaient pas; ils savaient le soleil au-dessus d'eux, mais ils ignoraient quel vent chasserait les gros nuages noirs amoncelés sur leurs têtes; ils doutaient de l'avenir; et, craignant d'être toujours escortés par les souffrances, ils restaient timidement dans les ombres de ce crépuscule, sans oser se dire: *Irons-nous ensemble tout le jour?*

Néanmoins la tendresse que madame Claës témoignait à ses enfants cachait noblement tout ce qu'elle se taisait à elle-même. Ses enfants ne lui causaient ni tressaillement ni terreur; ils étaient sa consolation, mais ils n'étaient pas sa vie; elle vivait par eux, elle mourait pour Balthazar. Quelque pénible que fût pour elle la présence de son mari, qui demeurait des heures entières pensif, en lui jetant à peine, de temps en temps, un regard monotone, elle n'oubliait ses douleurs que durant ces instants. L'indifférence de Balthazar pour cette femme mourante eût semblé criminelle à quelque étranger qui en aurait été témoin; mais madame Claës et ses filles s'y étaient accoutumées; puis elles connaissaient le cœur de cet homme, et l'absolvaient. Si, pendant la journée, madame Claës subissait quelque crise dangereuse, si elle se trouvait plus mal, si elle paraissait près d'expirer, M. Claës était le seul dans la maison et dans la ville qui l'ignorât; Lemulquinier, son valet de chambre, le savait; mais ni ses filles, auxquelles leur mère imposait silence, ni sa femme ne lui apprenaient les dangers que courait une créature jadis si ardemment aimée. Quand son pas retentissait dans la galerie au moment où il venait dîner, madame Claës était heureuse: elle allait le voir; elle rassemblait ses forces pour goûter cette joie. A l'instant où il entrait, cette femme pâle et demi-morte se colorait vivement, reprenait un semblant de santé. Il arrivait auprès du lit, lui prenait la main, et la voyait sous une fausse apparence; pour lui seul, elle était bien. Quand il lui demandait: — Ma chère femme, comment vous trouvez-vous aujourd'hui? elle lui répondait: — *Mieux*, mon ami, et faisait croire à cet homme distrait que le lendemain elle serait levée, rétablie. La préoccupation de Balthazar était si grande, qu'il acceptait la maladie mortelle dont sa femme était atteinte, comme une simple indisposition. Morte pour tout le monde, elle était vivante pour lui.

Une dissension complète entre ces époux fut le résultat de cette année. M. Claës couchait loin de sa femme, se levait dès le matin, et s'enfermait dans son laboratoire, ou dans son cabinet. En ne la voyant plus qu'en présence de ses filles ou des deux ou trois amis qui venaient la visiter, il se déshabitua d'elle. Ces deux êtres, jadis accoutumés à penser ensemble, n'eurent plus, que de loin en loin, ces moments de communication, d'abandon, d'épanchement qui constituent la vie du cœur, et il vint un moment où ces rares voluptés cessèrent. Les souffrances physiques vinrent au secours de cette pauvre femme, et l'aidèrent à supporter un vide, une séparation qui l'eût tuée, si elle avait été vivante. Elle éprouva de si vives douleurs que, parfois, elle fut heureuse de ne pas en rendre témoin celui qu'elle aimait toujours. Elle contemplait Balthazar une partie de la soirée, et le sachant heureux comme il voulait l'être, elle épousait ce bonheur qu'elle lui avait procuré; cette frêle jouissance lui suffisait; elle ne se demandait plus si elle était aimée, elle s'efforçait de le croire, et glissait sur cette couche de glace sans oser appuyer, craignant de la rompre et de trouver l'abîme du néant.

Comme nul événement ne troublait ce calme, et que la maladie qui dévorait lentement madame Claës contribuait à cette paix intérieure, en maintenant l'affection conjugale à un état passif, il fut facile d'atteindre dans ce morne *statu quo* les premiers jours de l'année 1816.

Vers la fin du mois de février, M. Pierquin le notaire porta le coup qui devait précipiter dans la tombe une femme angélique, dont l'âme, disait l'abbé de Solis, était presque sans péché.

— Madame, lui dit-il à l'oreille en saisissant un moment où ses filles ne pouvaient pas entendre leur conversation, M. Claës m'a chargé d'emprunter trois cent mille francs sur ses propriétés; prenez des précautions pour la fortune de vos enfants.

Madame Claës joignit les mains, leva les yeux au plafond, et remercia le notaire par une inclination de tête bienveillante et un sourire triste dont il fut ému. Cette phrase fut un coup de poignard qui la tua. Dans cette journée, elle s'était livrée à des réflexions tristes qui lui avaient gonflé le cœur, et se trouvait dans une de ces situations où le voyageur, n'ayant plus son équilibre, roule poussé par un léger caillou jusqu'au fond du précipice qu'il a côtoyé longtemps et avec courage.

Quand le notaire fut parti, madame Claës se fit donner par Marguerite tout ce qui lui était nécessaire pour écrire, rassembla ses forces, et s'occupa pendant quelques instants d'un écrit testamentaire. Elle s'arrêta plusieurs fois pour contempler sa fille. L'heure des aveux était venue. En conduisant la maison depuis la maladie de sa mère, Marguerite en avait si bien réalisé les espérances, que la mourante jeta sur l'avenir de sa famille un coup d'œil sans désespoir, en se voyant revivre dans cet ange aimant et fort. Sans doute ces deux femmes avaient de mutuelles et tristes confidences à se faire, car la fille regardait sa mère aussitôt que sa mère la regardait; et toutes deux roulaient des larmes dans leurs yeux. Plusieurs fois Marguerite, au moment où madame Claës se reposait, disait :—Ma mère... comme pour parler; puis elle s'arrêtait, comme suffoquée, sans que sa mère, trop occupée par ses dernières pensées, lui demandât compte de cette interrogation. Enfin, madame Claës voulut cacheter sa lettre. Marguerite, qui lui tenait une bougie,

s'étant retirée par discrétion pour ne pas en voir la suscription, elle lui dit d'un ton déchirant : — Tu peux lire, mon enfant.

Et Marguerite vit sa mère tracer ces mots : *A ma fille Marguerite.*

— Nous causerons quand je me serai reposée, ajouta-t-elle en mettant la lettre sous son chevet.

Puis elle tomba sur son oreiller, comme épuisée par l'effort qu'elle venait de faire, et dormit durant quelques heures. Quand elle s'éveilla, ses deux filles et ses deux fils étaient à genoux, devant son lit, et priaient avec ferveur. Ce jour était un jeudi. Gabriel et Lucien venaient d'arriver du collège, amenés par Emmanuel de Solis qui, depuis six mois, avait été nommé professeur d'histoire et de philosophie.

— Chers enfants, il faut nous dire adieu! s'écriait-elle. Vous ne m'abandonnez pas, vous! et celui que...

Elle n'acheva pas.

— Monsieur Emmanuel, dit Marguerite en voyant pâlir sa mère, allez dire à mon père que maman se trouve plus mal.

Le jeune Solis monta jusqu'au laboratoire, et après avoir obtenu de Lemulquinier que M. Claës vint lui parler, celui-ci répondit à la demande pressante du jeune homme : — J'y vais.

— Mon ami, dit madame Claës à Emmanuel quand il fut de retour, emmenez mes deux fils et allez chercher votre oncle. Il est nécessaire, je crois, de me donner les derniers sacrements, et je voudrais les recevoir de sa main.

Puis, quand elle se trouva seule avec ses deux filles, elle fit un signe à Marguerite qui, comprenant sa mère, renvoya Félicie.

— J'avais à vous parler aussi, ma chère maman, dit Marguerite, qui, ne croyant pas sa mère aussi mal qu'elle l'était, agrandit la blessure faite par Pierquin. Depuis dix jours, je n'ai plus d'argent pour les dépenses de la maison, et je dois aux domestiques six mois de gages. J'ai voulu déjà deux fois demander de l'argent à mon père, et ne l'ai pas osé. Vous ne savez pas! les tableaux de la galerie et la cave ont été vendus.

— Il ne m'a pas dit un mot de tout cela, s'écria madame Claës. O mon Dieu, vous me rappelez à temps vers vous! Mais, mes pauvres enfants, que deviendrez-vous?

Elle fit une prière ardente qui lui teignit les yeux des feux du repentir.

— Marguerite, reprit-elle en tirant la lettre de dessous son chevet, voici un écrit que vous n'ouvrirez et ne lirez qu'au moment où, après ma mort, vous serez dans la plus grande détresse; c'est-à-dire, si vous manquiez de pain ici. Ma chère Marguerite, aime bien ton père! mais aie soin de ta sœur et de tes frères. Dans quelques jours, dans quelques heures peut-être, tu vas être à la tête de la maison. Sois économe. Si tu te trouvais opposée aux volontés de ton père, et le cas pourrait arriver puisqu'il a dépensé de grandes sommes à chercher un secret dont la découverte doit être l'objet d'une gloire et d'une fortune immense, il aura sans doute besoin d'argent, peut-être t'en demandera-t-il... Déploie alors toute la tendresse d'une fille, et sache concilier les intérêts dont tu seras la seule protectrice, avec ce que tu dois à un père, à un grand homme qui sacrifie son bonheur, sa vie, à l'illustration de sa famille. Il ne pourrait avoir tort que dans la forme, ses intentions seront toujours nobles. Il est si excellent, son cœur est plein d'amour. Vous le reverrez bon et affectueux, vous! J'ai dû te dire ces paroles sur le bord de la tombe, Marguerite. Si tu veux adoucir les douleurs de ma mort, tu me promettras, mon enfant, de me remplacer près de ton père, de ne lui point causer de chagrin. Ne lui reproche rien, ne le juge pas! Enfin, sois une médiatrice douce et complaisante jusqu'à ce que, son œuvre terminée, il redevienne le chef de sa famille.

— Je vous comprends, ma mère chérie, dit Marguerite en baisant les yeux enflammés de la mourante, et je ferai comme il vous plaît.

— Ne te marie, mon ange, reprit madame Claës, qu'au moment où Gabriel pourra te succéder dans le gouvernement des affaires et de la maison. Ton mari, si tu te mariais, ne partagerait peut-être pas tes sentiments, jetterait le trouble dans la famille, et tourmenterait ton père.

Marguerite regarda sa mère et lui dit : — N'avez-vous aucune autre recommandation à me faire sur mon mariage?

— Hésiterais-tu, ma chère enfant? dit la mourante avec effroi.

— Non, répondit-elle, je vous promets de vous obéir.

— Pauvre fille, je n'ai pas su me sacrifier pour vous! ajouta la mère en versant des larmes chaudes, et je te demande de sacrifier tout. Le bonheur rend égoïste : oui, Marguerite, j'ai été faible parce que j'étais heureuse. Sois forte, conserve de la raison pour ceux qui n'en auront pas ici. Fais en sorte que tes frères, que ta sœur ne m'accusent jamais! Aime bien ton père, mais ne le contrarie pas...

Elle pencha la tête sur son oreiller et n'ajouta pas un mot; ses forces l'avaient trahie; le combat intérieur entre la femme et la mère avait été trop violent. Quelques instants après, le clergé vint, précédé de l'abbé de Solis, et le parloir fut rempli par les gens de la maison. Quand la cérémonie commença, madame Claës, que son confesseur avait réveillée, regarda toutes les personnes qui étaient à genoux autour d'elle, et n'y vit pas Balthazar.

— Et monsieur? dit-elle.

Ce mot qui résumait et sa vie et sa mort fut prononcé d'un ton si lamentable, qu'il causa un frémissement horrible dans l'assemblée.

Malgré son grand âge, Martha s'élança comme une flèche, monta les escaliers, et frappa durement à la porte du laboratoire.

— Monsieur, madame se meurt, et l'on vous attend pour l'administrer, cria-t-elle avec la violence de l'indignation.

— Je descends, répondit Balthazar.

Lemulquinier vint un moment après, en disant que son maître le suivait. Madame Claës ne cessa de regarder la porte du parloir, mais son mari ne se montra qu'au moment où la cérémonie était terminée. L'abbé de Solis et les enfants entouraient le chevet de la mourante. En voyant entrer son mari, Joséphine rougit et quelques larmes coulèrent sur ses joues.

— *Tu allais sans doute décomposer l'azote?* lui dit-elle avec une douceur d'ange qui fit frissonner les assistants.

— C'est fait! s'écria-t-il d'un air joyeux. L'azote contient de l'oxigène et une substance de la nature des *impondérables*, qui vraisemblablement est le principe de la...

Il s'éleva des murmures d'horreur qui l'interrompirent et lui rendirent sa présence d'esprit.

— Mais que m'a-t-on dit? reprit-il. Tu es donc plus mal? qu'est-il arrivé?

— Il arrive, monsieur, lui dit à l'oreille l'abbé de Solis indigné, que votre femme se meurt et que vous l'avez tuée.

Sans attendre de réponse, l'abbé prit le bras d'Emmanuel et sortit, suivi des enfants qui le conduisirent jusque dans la cour. Balthazar demeura comme foudroyé et regarda sa femme en laissant tomber quelques larmes.

— Tu meurs, et je t'ai tuée! s'écria-t-il. Ha ça, que dit-il donc?

— Mon ami, reprit-elle, je ne vivais que par ton amour, et tu m'as, à ton insu, retiré ma vie.

— Laissez-nous, dit Claës à ses enfants au moment où ils entrèrent. — Ai-je donc un seul instant cessé de t'aimer? reprit-il en s'asseyant au chevet de sa femme et lui prenant les mains qu'il baisa.

— Mon ami, je ne te reprocherai rien. Tu m'as rendue heureuse, trop heureuse ; je n'ai pu soutenir la comparaison des premiers jours de notre mariage qui étaient pleins, et de ces derniers jours pendant lesquels tu n'as plus été toi-même, et qui ont été vides. La vie du cœur, comme la vie physique, a ses actions ; et depuis six ans, tu as été mort à l'amour, à la famille, à tout ce qui faisait notre bonheur. Je ne te parlerai pas des félicités qui sont l'apanage de la jeunesse ; non, elles doivent cesser dans l'arrière-saison de la vie, mais elles laissent des fruits dont les âmes se nourrissent, une confiance sans bornes, de douces habitudes ; eh bien ! tu m'as ravi ces trésors de notre âge. Je m'en vais à temps : nous ne vivions ensemble d'aucune manière, tu me cachais tes pensées, tes actions. Comment es-tu donc arrivé à me craindre ? T'ai-je jamais adressé une parole, un regard, un geste empreints de blâme ? Eh bien, tu as vendu tes derniers tableaux, tu as vendu jusqu'aux vins de ta cave, et tu empruntes de nouveau sur tes biens sans m'en avoir dit un mot ! Ha ! je sortirai donc de la vie, dégoûtée de la vie. Si tu commets des fautes, si tu t'aveugles en poursuivant l'impossible, ne t'ai-je donc pas montré qu'il y avait en moi assez d'amour pour trouver de la douceur à partager tes fautes, à toujours marcher près de toi, m'eusses-tu menée dans les chemins du crime ! Tu m'as trop bien aimée ! Là est ma gloire et ma douleur. Ma maladie a été longue, Claës ! Elle a commencé le jour qu'à cette place où je vais expirer tu m'as prouvé que tu appartenais plus à la Science qu'à ta famille. Voici ta femme morte et ta propre fortune consumée. Ta fortune et ta femme t'appartenaient, tu en pouvais disposer. Mais le jour où je ne serai plus, ma fortune sera celle de tes enfants et tu ne pourras en rien prendre. Que vas-tu donc devenir ? Maintenant je te dois la vérité, les mourants voient loin ! Où sera désormais le contre-poids qui balancera la passion maudite dont tu as fait ta vie ? Si tu m'y as sacrifiée, tes enfants seront bien légers devant toi ; car je te dois cette justice d'avouer que tu me préférais à tout. Deux millions et six années de travaux ont été jetés dans ce gouffre, et tu n'as rien trouvé...

A ces mots, Claës mit sa tête blanchie dans ses mains et se cacha le visage.

— Tu ne trouveras rien, que la honte pour toi, la misère pour tes enfants. Déjà l'on te nomme, par dérision, Claës-l'alchimiste ; plus tard, ce sera Claës-le-fou ! Moi je crois en toi. Je te sais grand, savant, plein de génie ; mais pour le vulgaire, le génie ressemble à de la folie. La gloire est le soleil des morts ! De ton vivant, tu seras malheureux comme tout ce qui fut grand, et tu ruineras tes enfants. Je m'en vais, sans jouir de ta renommée, qui m'eût consolée d'avoir perdu le bonheur. Hé bien, mon cher Balthazar, pour me rendre cette mort moins amère, il faudrait que je fusse certaine que nos enfants auront un morceau de pain ; mais rien, pas même toi, ne pourrait calmer mes inquiétudes....

— Je jure, dit Claës, de...

— Ne jure pas, mon ami, pour ne point manquer à tes serments, dit-elle en l'interrompant. Tu nous devais ta protection, elle nous a failli depuis près de sept années. La science est ta vie. Un grand homme ne peut avoir ni femme, ni enfants. Allez seuls dans vos voies de misère ! Vos vertus ne sont pas celles des gens vulgaires ! Vous appartenez au monde, vous ne sauriez appartenir ni à une femme, ni à une famille ; vous desséchez la terre à l'entour de vous, comme font les grands arbres ; et, moi pauvre plante, n'ai pu m'élever assez haut ; j'expire à moitié de ta vie. J'attendais ce dernier jour pour te dire ces horribles pensées, que je n'ai découvertes qu'aux feux de la douleur et du désespoir. Épargne mes enfants ! Que ce mot retentisse dans ton cœur ! Je te le dirai jusqu'à mon dernier soupir. La femme est morte, vois-tu ! tu l'as dépouillée lentement et graduellement de ses sentiments, de ses plaisirs. Hélas ! sans ce cruel soin que tu as pris involontairement, aurais-je vécu si longtemps ? Mais ces pauvres enfants ne m'abandonnaient pas, eux ! ils ont vécu près de mes douleurs, et la mère a subsisté ! Épargne, épargne nos enfants.

— Lemulquinier ! cria Balthazar d'une voix tonnante.

Le vieux valet se montra soudain.

— Allez tout détruire là haut, machines, appareils ; faites avec précaution, mais brisez tout. — Je renonce à la science ! dit-il à sa femme.

— Il est trop tard ! ajouta-t-elle en regardant Lemulquinier.

— Marguerite ! s'écria-t-elle en se sentant mourir.

Marguerite se montra sur le seuil de la porte, et jeta un cri perçant, en voyant les yeux de sa mère qui pâlissaient.

— Marguerite! répéta la mourante.

Cette dernière exclamation contenait un si violent appel à sa fille, elle l'investissait de tant d'autorité, que ce cri fut tout un testament. La famille entière, épouvantée, accourut, et vit expirer madame Claës qui avait épuisé les dernières forces de sa vie dans sa conversation avec son mari. Balthazar et Marguerite étaient immobiles, elle au chevet, lui au pied du lit, ne pouvant croire à la mort de cette femme dont eux seuls connaissaient bien toutes les vertus et l'inépuisable tendresse. Le père et la fille échangèrent un regard pesant de pensées. La fille jugeait son père; et le père tremblait déjà de trouver dans sa fille l'instrument d'une vengeance; car quoique les souvenirs d'amour dont sa femme avait rempli sa vie revinssent en foule assiéger sa mémoire et donnassent aux dernières paroles de la morte une sainte autorité qui devait lui en toujours faire écouter la voix; il doutait de son cœur trop faible contre son génie, il entendait un terrible grondement de passion qui lui niait la force de son repentir, et lui faisait peur de lui-même.

Quand cette femme eut disparu, chacun comprit que la maison Claës avait une âme et que cette âme n'était plus. Aussi la douleur fut-elle si vive dans la famille, que le parloir, où elle semblait revivre, resta fermé : personne n'avait le courage d'y entrer.

Dévouements de la Jeunesse.

La Société ne pratique aucune des vertus qu'elle demande aux hommes; elle commet des crimes à toute heure, mais elle les commet en paroles. Elle prépare les mauvaises actions par la plaisanterie, comme elle dégrade le beau par le ridicule. Elle se moque des fils qui pleurent trop leurs pères, anathématise ceux qui ne les pleurent pas assez, et s'amuse, elle! à soupeser les cadavres avant qu'ils ne soient refroidis.

Le soir du jour où madame Claës expira, les amis de cette femme jetèrent quelques fleurs sur sa tombe entre deux robbers de whist, rendirent hommage à ses belles qualités, en cherchant du *cœur* ou du *pique*. Puis après quelques phrases lacrymales qui sont l'a, bé, bi, bo, bu, de la douleur collective, et se prononcent avec les mêmes intonations, sans plus ni moins de sentiment, dans toutes les villes de France et à toute heure, chacun chiffra le produit de cette succession.

M. Pierquin, le premier, fit observer à ceux qui causaient de cet événement, que la mort de cette excellente femme était un bien pour elle, son mari la rendait trop malheureuse; mais que c'était pour ses enfants un plus grand bien encore. Elle n'aurait pas su refuser sa fortune à son mari qu'elle adorait, tandis qu'aujourd'hui M. Claës n'en pouvait plus disposer. Et chacun d'estimer la succession *de la pauvre madame Claës*, de supputer ses économies, (en avait-elle fait? n'en avait-elle pas fait?) d'inventorier ses bijoux, d'étaler sa garde-robe, de fouiller ses tiroirs, pendant que la famille affligée pleurait et priait autour du lit mortuaire! — Horreur!

Avec le coup d'œil d'un Juré-peseur de fortunes, Pierquin calcula que *les propres* de madame Claës, pour employer son expression, pouvaient encore se retrouver et devaient monter à une somme d'environ quinze cent mille francs, représentée soit par la forêt de Waignies, dont les bois avaient, depuis douze ans, acquis un prix énorme, et dont il compta les futaies, les baliveaux, les anciens, les modernes; soit par les biens de M. Claës, qui était encore *bon* pour *remplir* ses enfants, si les valeurs de la liquidation ne l'acquittaient pas envers eux. Mademoiselle Claës était donc, pour toujours parler son argot, *une fille de quatre cent mille francs.*

— Mais si elle ne se marie pas promptement, ajouta-t-il, ce qui l'émanciperait, et permettrait de liciter la forêt de Waignies, de liquider la part des mineurs, et de l'employer de manière à ce que le père n'y touche pas, M. Claës est homme à ruiner ses enfants.

Chacun chercha quels étaient dans la province les jeunes gens capables de prétendre à la main de mademoiselle Claës, mais personne ne fit au notaire la galanterie de l'en supposer digne. Le notaire trouvait des raisons pour rejeter chacun des partis proposés, comme indigne de Marguerite. Les interlocuteurs se regardaient en souriant, et prenaient plaisir à prolonger cette malice de province. Pierquin avait déjà vu dans la mort de madame Claës un événement favorable à ses prétentions, et il en dépeçait déjà le cadavre à son profit.

— Cette bonne femme-là, se dit-il en rentrant chez lui pour se coucher, était fière comme un paon, et ne m'aurait jamais donné sa fille. Hé! hé! pourquoi ne manœuvrerais-je pas maintenant de manière à l'épouser? Le père Claës est un homme ivre de carbone qui ne se soucie plus de ses enfants; si je lui demande sa fille, après avoir convaincu Marguerite de l'urgence où elle est de se marier pour sauver la fortune de ses frères et de sa sœur, il sera content de se débarrasser d'un enfant qui peut le tracasser.

Il s'endormit en entrevoyant les beautés matrimoniales du contrat, en méditant tous les avantages que lui offrait cette affaire, et les garanties qu'il trouvait pour son bonheur dans la personne dont il se faisait l'époux. Il était difficile de rencontrer dans la province une jeune personne plus délicatement belle et mieux élevée que ne l'était Marguerite. Sa modestie, sa grâce ne pouvaient se comparer qu'à la jolie fleur dont Emmanuel n'avait osé prononcer le nom devant elle, en craignant de découvrir ainsi les vœux secrets de son cœur. Ses sentiments étaient fiers, ses principes étaient religieux, elle devait être une chaste épouse; mais elle ne flattait pas seulement la vanité que tout homme porte plus ou moins dans le choix d'une femme, elle satisfaisait encore l'orgueil du notaire par l'immense considération dont sa famille, doublement noble, jouissait en Flandre, et que partagerait son mari.

Le lendemain, Pierquin tira de sa caisse quelques billets de mille francs et vint amicalement les offrir à M. Claës, afin de lui éviter des ennuis pécuniaires au moment où il était plongé dans la douleur. Touché de cette attention délicate, Balthazar ferait sans doute à sa fille l'éloge du cœur et de la personne du notaire. Il n'en fut rien. M. Claës et sa fille trouvèrent cette action toute simple, et leur souffrance était trop exclusive pour qu'ils pensassent à Pierquin. En effet, le désespoir de Balthazar fut si grand, que les personnes disposées à blâmer sa conduite la lui pardonnèrent, moins au nom de la Science qui pouvait l'excuser, qu'en faveur de ses regrets, qui ne réparaient point le mal. Le monde se contente de grimaces, il se paye de ce qu'il donne, sans en vérifier l'aloi; pour lui, la vraie douleur est un spectacle, une sorte de jouissance qui le dispose à tout absoudre, même un criminel; car, dans son avidité d'émotions, il acquitte sans discernement et celui qui le fait rire, et celui qui le fait pleurer, sans leur demander compte des moyens.

Marguerite avait accompli sa dix-neuvième année quand son père lui remit le gouvernement de la maison, où son autorité fut pieusement reconnue par sa sœur et ses deux frères auxquels, pendant les derniers moments de sa vie, madame Claës avait recommandé d'obéir à leur aînée. Le deuil rehaussait sa blanche fraîcheur, de même que la tristesse mettait en relief sa douceur et sa patience. Dès les premiers jours, elle prodigua les preuves de ce courage féminin, de cette sérénité constante que doivent avoir les anges chargés de répandre la paix, en touchant de leur palme verte les cœurs souffrants. Mais si elle s'habitua, par l'entente prématurée de ses devoirs, à cacher ses douleurs, elles n'en furent que plus vives; son extérieur calme était en désaccord avec la profondeur de ses sensations; et elle fut destinée à connaître, de bonne heure, ces terribles explosions de sentiment que le cœur ne suffit pas toujours à contenir, car son père devait sans cesse la tenir pressée entre les générosités naturelles aux jeunes âmes, et la voix d'une impérieuse nécessité. Puis, les calculs qui l'enlacèrent le lendemain même de la mort de sa mère, la mirent aux prises avec les intérêts de la vie, au moment où les jeunes filles n'en conçoivent que les plaisirs. Affreuse éducation de souffrance qui n'a jamais manqué aux natures angéliques!

En effet, l'amour qui s'appuie sur l'argent et la vanité, forme la plus opiniâtre des passions, et Pierquin ne voulut pas tarder à circonvenir l'héritière. Quelques jours après la prise du deuil, il chercha l'occasion de parler à Marguerite, et commença ses opérations avec une habileté qui aurait pu la séduire; mais l'amour lui avait jeté dans l'âme une clairvoyance qui l'empêcha de se laisser prendre à des dehors d'autant plus favorables aux tromperies sentimentales que, dans cette circonstance, Pierquin déployait la bonté qui lui était propre, la bonté du notaire qui se croit aimant quand il sauve des écus. Fort de sa fausse parenté, de la constante habitude qu'il avait de faire les affaires et de partager les secrets de cette famille, sûr de l'estime et de l'amitié du père, bien servi par l'insouciance d'un savant qui n'avait aucun projet arrêté pour l'établissement de sa fille, et ne supposant pas que Marguerite pût avoir une prédilection, il lui laissa juger une poursuite qui ne jouait la passion que par l'alliance des calculs les plus odieux à de jeunes âmes et qu'il ne sut pas voiler; car ce fut lui qui se montra naïf, ce fut elle qui usa de dissimulation, précisément parce qu'il croyait agir contre une fille sans défense, et qu'il méconnut les priviléges de la faiblesse.

— Ma chère cousine, dit-il à Marguerite, avec laquelle il se promenait dans les allées du petit jardin, vous connaissez mon cœur et vous savez combien je suis porté à respecter les sentiments douloureux qui vous affectent en ce moment. J'ai l'âme trop sensible pour être notaire : je ne vis que par le cœur et je suis obligé de m'occuper constamment des intérêts d'autrui, quand je voudrais me laisser aller aux émotions douces qui font la vie heureuse. Aussi souffré-je beaucoup d'être forcé de vous parler de projets discordants avec l'état de votre âme, mais il le faut. J'ai beaucoup pensé à vous depuis quelques jours ; et je viens de reconnaître que, par une fatalité singulière, la fortune de vos frères et de votre sœur, la vôtre même sont en danger. Voulez-vous sauver votre famille d'une ruine complète ?

— Que faudrait-il faire? dit-elle effrayée à demi par ces paroles.

— Vous marier, répondit Pierquin.

— Je ne me marierai point! s'écria-t-elle.

— Vous vous marierez, reprit le notaire, quand vous aurez réfléchi mûrement à la situation critique dans laquelle vous êtes.

— Comment mon mariage peut-il sauver...

— Voilà où je vous attendais, ma cousine, dit-il en l'interrompant. Le mariage émancipe !

— Pourquoi m'émanciperait-on? dit Marguerite.

— Pour vous mettre en possession, ma chère petite cousine ! dit le notaire d'un air de triomphe. Dans cette occurrence, vous prenez votre quart dans la fortune de votre mère ; et, pour vous le donner, il faut la liquider ; or, pour la liquider, ne faudra-t-il pas liciter la forêt de Waignies? *Cela posé*, toutes les valeurs de la succession se capitaliseront, et votre père sera tenu, comme tuteur, de placer la part de vos frères et de votre sœur, en sorte que la Chimie ne pourra plus y toucher.

— Dans le cas contraire, qu'arriverait-il? demanda-t-elle.

—Mais, dit le notaire, votre père administrerait vos biens. S'il se remettait à vouloir faire de l'or, il pourrait vendre les bois de Waignies et vous laisser nus comme de petits saint Jean. La forêt de Waignies vaut en ce moment près de quatorze cent mille francs ; mais, qu'aujourd'hui pour demain, votre père la coupe à blanc, vos treize cents arpents ne vaudront pas trois cent mille francs. Ne vaut-il pas mieux éviter ce danger à peu près certain, en faisant échoir dès aujourd'hui le cas de partage par votre émancipation? Vous sauverez ainsi toutes les coupes de la forêt, dont votre père disposerait plus tard à votre préjudice. En ce moment que la Chimie dort, il placera nécessairement les valeurs de la liquidation sur le grand livre. Les fonds sont à 59 ; ces chers enfants auront donc près de cinq mille livres de rente pour cinquante mille francs ; et attendu qu'on ne peut pas disposer des capitaux appartenant aux mineurs, à leur majorité vos frères et votre sœur verront leur fortune doublée. Tandis que autrement, ma foi... Voilà. D'ailleurs votre père a écorné le bien de votre mère, nous saurons le déficit par un inventaire; s'il est reliquataire, vous prendrez hypothèque sur ses biens, et vous en sauverez déjà quelque chose.

— Fi ! dit Marguerite, ce serait outrager mon père. Les dernières paroles de ma mère n'ont pas été prononcées depuis si peu de temps que je ne puisse me les rappeler. Mon père est incapable de dépouiller ses enfants, dit-elle en laissant échapper des larmes de douleur. Vous le méconnaissez, monsieur Pierquin.

— Mais si votre père, ma chère cousine, se remet à la chimie, il...

— Nous serions ruinés, n'est-ce pas ?

— Oh mais complètement ruinés ! Croyez-moi, Marguerite, dit-il en lui prenant la main qu'il mit sur son cœur, je manquerais à mes devoirs si je n'insistais pas. Votre intérêt seul...

— Monsieur, dit Marguerite d'un air froid, en lui retirant sa main, l'intérêt bien entendu de ma famille exige que je ne me marie pas. Ma mère en a jugé ainsi.

— Cousine, s'écria-t-il avec la conviction de l'homme d'argent qui voit perdre une fortune, vous vous suicidez, vous jetez à l'eau la succession de votre mère. Eh bien ! j'aurai le dévouement de l'excessive amitié que je vous porte ! Car vous ne savez pas combien je vous aime, je vous adore depuis le jour où je vous ai vue au dernier bal que votre père a donné ! vous y étiez ravissante. Vous pouvez vous fier à la voix du cœur, quand elle parle intérêt, ma chère Marguerite. Il fit une pause. Oui, nous convoquerons un conseil de famille, et nous vous émanciperons sans vous consulter.

— Mais qu'est-ce donc qu'être émancipée?

— C'est jouir de ses droits.

— Si je puis être émancipée sans me marier, pourquoi voulez-vous donc que je me marie? Et avec qui?

Pierquin essaya de regarder sa cousine d'un air tendre, mais cette expression contrastait si bien avec la rigidité de ses yeux habitués à parler d'argent, que Marguerite crut apercevoir du calcul dans cette tendresse improvisée.

— Vous auriez épousé la personne qui vous aurait plu... dans la ville... reprit-il. Un mari vous est indispensable, même comme affaire. Vous allez être en présence de votre père ; et seule, lui résisterez-vous ?

— Oui, monsieur, je saurai défendre mes frères et ma sœur, quand il en sera temps.

— Peste, la commère ! se dit Pierquin. — Non, vous ne saurez pas lui résister ! reprit-il à haute voix.

— Brisons sur ce sujet, dit-elle.

— Adieu, cousine, je tâcherai de vous servir malgré vous, et je prouverai combien je vous aime en vous protégeant, malgré vous, contre un malheur que tout le monde prévoit en ville.

— Je vous remercie de l'intérêt que vous me portez ; mais je vous supplie de ne rien proposer, ni faire entreprendre qui puisse causer le moindre chagrin à mon père.

Marguerite resta pensive en voyant Pierquin s'éloigner. Elle en compara la voix métallique, les manières qui n'avaient que la souplesse des ressorts, les regards qui peignaient plus de servilisme que de douceur, aux poésies mélodieusement muettes dont Emmanuel savait revêtir ses sentiments. Quoi qu'on fasse, quoi qu'on dise, il existe un magnétisme admirable dont les effets ne trompent jamais. Le son de la voix, le regard, les gestes passionnés de l'homme aimant peuvent s'imiter; une jeune fille peut être trompée par un habile comédien ; mais pour réussir, ne doit-il pas être seul ? Si cette jeune fille a près d'elle une âme qui vibre à l'unisson de ses sentiments, n'a-t-elle pas bientôt reconnu les expressions du véritable amour ?

Emmanuel se trouvait en ce moment, comme Marguerite, sous l'influence des nuages qui, depuis leur rencontre, avaient formé fatalement une sombre atmosphère au-dessus de leurs têtes, et qui leur dérobaient la vue du ciel bleu de l'amour. Il avait, pour son Élue, cette idolâtrie que le défaut d'espoir rend si douce et si mystérieuse dans ses pieuses manifestations. Socialement placé trop loin de mademoiselle Claës par son peu de fortune et n'ayant qu'un beau nom à lui offrir, il ne voyait aucune chance d'être accepté pour son époux. Il avait toujours attendu quelques encouragements que Marguerite s'était refusée à donner sous les yeux défaillants d'une mourante. Également purs, ils ne s'étaient donc pas encore dit une seule parole d'amour. Leurs joies avaient été les joies égoïstes que les malheureux sont forcés de savourer seuls. Ils avaient frémi séparément, quoiqu'ils fussent agités par un rayon parti de la même espérance. Ils semblaient avoir peur d'eux-mêmes en se sentant déjà trop bien l'un à l'autre. Aussi Emmanuel tremblait-il d'effleurer la main de la souveraine à laquelle il avait fait un sanctuaire dans son cœur. Le plus insouciant contact aurait développé chez lui de trop irritantes voluptés ; il n'aurait plus été le maître de ses sens déchaînés. Mais quoiqu'ils ne se fussent rien accordé des frêles et immenses, des innocents et sérieux témoignages que se permettent les amants les plus timides, ils s'étaient néanmoins si bien logés au cœur l'un de l'autre, que tous deux se savaient prêts à se faire les plus grands sacrifices, seuls plaisirs qu'ils pussent goûter. Depuis la mort de madame Claës, leur amour secret s'étouffait sous les crêpes du deuil. De brunes, les teintes de la sphère où ils vivaient étaient devenues noires, et les clartés s'y éteignaient dans les larmes. La réserve de Marguerite se changea presque en froideur, car elle avait à tenir le serment exigé par sa mère ; et devenant plus libre qu'auparavant, elle se fit plus rigide. Emmanuel avait épousé le deuil de sa bien-aimée, en comprenant que le moindre vœu d'amour, la plus simple exigence serait une forfaiture envers les lois du cœur. Ce grand amour était donc plus caché qu'il ne l'avait jamais été. Ces deux âmes tendres rendaient toujours le même son : mais séparées par la douleur, comme elles l'avaient été par les timidités de la jeunesse et par le respect dû aux souffrances de la morte, elles s'en tenaient encore au magnifique langage des yeux, à la muette éloquence des actions dévouées, à une cohérence continuelle, sublimes harmonies de la jeunesse, premiers pas de l'amour en son enfance. Emmanuel venait, chaque matin, savoir des nouvelles de M. Claës et de Marguerite, mais il ne pénétrait dans la salle à manger que quand il apportait une lettre de Gabriel, ou quand M. Claës le priait d'entrer. Alors son premier coup d'œil jeté sur la jeune fille lui disait mille pensées sympathiques : il souffrait de la discrétion que lui imposaient les convenances, il ne l'avait pas quittée, il en partageait la tristesse, enfin il épandait la rosée de ses larmes au cœur de son amie, par un regard, que n'altérait aucune arrière-pensée. Ce bon jeune homme vivait si bien dans le présent, il s'attachait tant à un bonheur qu'il croyait fugitif, que Marguerite se reprochait parfois de ne pas lui tendre généreusement la main en lui disant : — Soyons amis !

Pierquin continua ses obsessions avec cet entêtement qui est la patience irréfléchie des sots. Il jugeait Marguerite selon les règles ordinaires employées par la multitude pour apprécier les femmes. Il croyait que les mots mariage, liberté, fortune, qu'il lui avait jetés dans l'oreille germeraient dans son âme, y feraient fleurir un désir dont il profiterait, et il s'imaginait que sa froideur était de la dissimulation. Mais quoiqu'il l'entourât de soins et d'attentions galantes, il cachait mal les manières despotiques d'un homme habitué à trancher les plus hautes questions relatives à la vie des familles. Il disait, pour la consoler, de ces lieux communs, familiers aux gens de sa profession, lesquels passent en colimaçons sur les douleurs, et y laissent une traînée de paroles sèches qui en déflorent la sainteté. Sa tendresse était du patelinage. Il quittait sa feinte mélancolie à la porte, en reprenant ses doubles souliers, ou son parapluie. Il se servait du ton que sa longue familiarité l'autorisait à prendre, comme d'un instrument pour se mettre plus avant dans le cœur de la famille, pour décider Marguerite à un mariage proclamé par avance dans toute la ville. L'amour vrai, dévoué, respectueux formait donc un contraste frappant avec un amour égoïste et calculé. Tout était homogène en ces deux hommes. L'un feignait une passion et s'armait de ses moindres avantages afin de pouvoir épouser Marguerite ; l'autre cachait son amour, et tremblait de laisser apercevoir son dévouement.

Quelque temps après la mort de sa mère, et dans la même journée, Marguerite put comparer les deux hommes qu'elle était à même de juger ; car, jusqu'alors, la solitude à laquelle elle avait été condamnée, ne lui avait pas permis de voir le monde, et la situation où elle se trouvait ne laissait aucun accès aux personnes qui pouvaient penser à la demander en mariage. Un jour après le déjeuner, par une des premières belles matinées du mois d'avril, Emmanuel vint au moment où M. Claes sortait. Balthazar supportait si difficilement l'aspect de sa maison, qu'il allait se promener le long des remparts pendant une partie de la journée. Emmanuel voulut suivre M. Claes, il hésita, parut puiser des forces en lui-même, regarda Marguerite et resta. Marguerite devina que le professeur voulait lui parler, et lui proposa de venir au jardin ; elle renvoya sa sœur Félicie, près de Martha qui travaillait dans l'antichambre, située au premier étage ; puis elle s'alla placer sur un banc où elle pouvait être vue de sa sœur et de la vieille duègne.

— M. Claës est aussi absorbé par le chagrin qu'il l'était par ses recherches savantes, dit le jeune homme en voyant Balthazar marcher lentement dans la cour. Tout le monde le plaint en ville ; il va comme un homme qui n'a plus ses idées ; il s'arrête sans motif, regarde sans voir....

— Chaque douleur a son expression, dit Marguerite en retenant ses pleurs. Que vouliez-vous me dire ? reprit-elle après une pause et avec une dignité froide.

— Mademoiselle, répondit Emmanuel d'une voix émue, ai-je le droit de vous parler comme je vais le faire ? Ne voyez, je vous prie, que mon désir de vous être utile, et laissez-moi croire qu'un professeur peut s'intéresser à ses élèves au point de s'inquiéter de leur avenir. Votre frère Gabriel a quinze ans passés, il est en seconde, et certes il est nécessaire de diriger ses études dans la carrière qu'il embrassera. M. votre père est le maître de décider cette question ; mais s'il n'y pensait pas, ne serait-ce pas un malheur pour Gabriel ? Ne serait-ce pas aussi bien mortifiant pour M. votre père, si vous lui faisiez observer qu'il ne s'occupe pas de son fils ? Dans cette conjoncture, ne pourriez-vous pas consulter votre frère sur ses goûts, lui faire choisir, par lui-même, une carrière, afin que si, plus tard, son père voulait en faire un magistrat, un administrateur, un militaire, Gabriel eût déjà des connaissances spéciales ? Je ne crois pas que ni vous ni M. Claës veuilliez le laisser oisif...

— Oh non ! dit Marguerite. Je vous remercie, monsieur Emmanuel, vous avez raison. Ma mère en nous faisant faire de la dentelle, en nous apprenant avec tant de soin à dessiner, à coudre, à broder, à toucher du piano, nous disait souvent qu'on ne savait pas ce qui pouvait arriver dans la vie. Gabriel doit avoir une valeur personnelle et une éducation complète. Mais, quelle est la carrière la plus convenable que puisse prendre un homme ?

— Mademoiselle, dit Emmanuel en tremblant de bonheur, Gabriel est celui de sa classe qui montre le plus d'aptitude aux mathématiques ; s'il voulait entrer à l'École Polytechnique, je crois qu'il y acquerrait des connaissances utiles dans toutes les carrières. A sa sortie, il resterait le maître de choisir celle pour laquelle il aurait le plus de goût. Sans avoir rien préjugé jusque-là sur son avenir, vous aurez gagné du temps. Les hommes sortis avec honneur de cette école, sont les bien-venus partout. Elle a fourni des administrateurs, des diplomates, des savants, des ingénieurs, des généraux, des marins, des magistrats, des manufacturiers et des banquiers. Il n'y a donc rien d'extraordinaire à voir un jeune homme riche et de bonne maison travailler dans le but d'y être admis. Si Gabriel s'y décidait, je vous demanderais... Me l'accorderez-vous? Dites oui !

— Que voulez-vous ?

— Être son répétiteur, dit-il en tremblant.

Marguerite regarda M. de Solis, lui prit la main et lui dit : — Oui. Elle fit une pause et ajouta d'une voix émue : Combien j'apprécie la délicatesse qui vous fait offrir précisément ce que je puis accepter de vous ! Dans ce que vous venez de dire, je vois que vous avez bien pensé à nous. Je vous remercie.

Quoique ces paroles fussent dites simplement, Emmanuel détourna la tête pour ne pas laisser voir les larmes que le plaisir d'être agréable à Marguerite lui fit venir aux yeux.

— Je vous les amènerai tous deux, dit-il, quand il eut repris un peu de calme, c'est demain jour de congé.

Puis il se leva, salua Marguerite, qui le suivit, et quand il fut dans la cour, il la vit encore à la porte de la salle à manger, d'où elle lui adressa un signe amical.

Après le dîner, le notaire vint faire une visite à M. Claës, et s'assit dans le jardin, entre son cousin et Marguerite, précisément sur le banc où s'était mis Emmanuel.

— Mon cher cousin, dit-il, je suis venu ce soir pour vous parler affaire. Quarante-trois jours se sont écoulés depuis le décès de votre femme.

— Je ne les ai pas comptés, dit Balthazar en essuyant une larme que lui arracha le mot légal de *décès*.

— Oh ! monsieur, dit Marguerite en regardant le notaire, comment pouvez-vous...

— Mais, ma cousine, nous sommes forcés, nous autres, de compter les délais qui sont fixés par la loi. Il s'agit précisément de vous et de vos co-héritiers. M. Claës, n'ayant que des enfants mineurs, est tenu de faire un inventaire dans les quarante-cinq jours qui suivent le décès de sa femme, afin de constater les valeurs de la communauté; car il faut savoir si elle est bonne ou mauvaise, pour l'accepter ou pour s'en tenir aux droits purs et simples des mineurs.

Marguerite se leva.

— Restez, ma cousine, dit Pierquin, ce sont des affaires qui vous concernent vous et votre père. Vous savez combien je prends part à vos chagrins; mais il faut vous occuper aujourd'hui même de ces détails, sans quoi vous pourriez les uns et les autres vous en trouver fort mal ! Je fais en ce moment mon devoir, comme notaire de la famille.

— Il a raison, dit M. Claës.

— Le délai expire dans deux jours, reprit le notaire; je dois donc procéder dès demain à l'ouverture de l'inventaire, quand ce ne serait que pour retarder le payement des droits de succession que le fisc va venir vous demander; car le fisc n'a pas de cœur, il ne s'inquiète pas des sentiments, il met sa griffe sur nous en tout temps. Donc, tous les jours, depuis dix heures jusqu'à quatre heures, mon clerc et moi nous viendrons avec l'huissier-priseur, M. Raparlier. Quand nous aurons achevé en ville, nous irons à la campagne. Quant à la forêt de Waignies, nous allons en causer. *Cela posé*, passons à un autre point. Nous avons un conseil de famille à convoquer, pour nommer un subrogé-tuteur. M. Conyncks de Bruges est aujourd'hui votre plus proche parent; mais le voilà devenu Belge ! Vous devriez, mon cousin, lui écrire à ce sujet; vous sauriez si le bonhomme a envie de se fixer en France, où il possède de belles propriétés, et vous pourriez le décider ainsi à venir, lui et sa fille habiter la Flandre française. S'il refuse, je verrai à composer le conseil, d'après les degrés de parenté.

— A quoi sert un inventaire? demanda Marguerite.

— A constater les droits, les valeurs, l'actif et le passif. Quand tout est bien établi, le conseil de famille prend dans l'intérêt des mineurs les déterminations qu'il juge...

— Pierquin, dit M. Claës qui se leva du banc, procédez aux actes que vous croirez nécessaires à la conservation des droits de mes enfants; mais évitez-nous le chagrin de voir vendre ce qui appartenait à ma chère.....

Il n'acheva pas, et dit ces mots d'un air si noble, et d'un ton si pénétré, que Marguerite prit la main de son père et la baisa.

— A demain, dit Pierquin.

— Venez déjeuner, dit Balthazar. Puis M. Claës parut rassembler ses souvenirs et s'écria : — Mais d'après mon contrat de mariage, qui a été fait sous la coutume du Hainaut, j'avais dispensé ma femme de l'inventaire afin qu'on ne la tourmentât point, et je n'y suis probablement pas tenu non plus...

— Ah, quel bonheur ! dit Marguerite, il vous aurait causé tant de peine.

— Eh bien, nous examinerons votre contrat de main, répondit le notaire un peu confus.

— Vous ne le connaissiez donc pas? lui dit Marguerite.

Cette observation interrompit l'entretien, car le notaire se trouva trop embarrassé de le continuer après l'observation de sa cousine.

— Le diable s'en mêle! se dit-il dans la cour. Cet homme si distrait retrouve la mémoire, juste au moment où il le faut pour empêcher de prendre des précautions contre lui! Ses enfants seront dépouillés! c'est aussi sûr que deux et deux font quatre. Mais parlez donc affaire à des filles de dix-neuf ans qui font du sentiment. Je me suis creusé la tête pour sauver le bien de ces enfants-là, en procédant régulièrement et en m'entendant avec le bonhomme Conyncks... Et voilà! Je me perds dans l'esprit de Marguerite, qui va demander à son père pourquoi je voulais procéder à un inventaire qu'elle croit inutile. Et M. Claës lui dira que les notaires ont la manie de faire des actes, que nous sommes notaires avant d'être parents, cousins ou amis, enfin des bêtises...

Il ferma la porte avec violence, en pestant contre les clients qui se ruinaient par sensibilité. Balthazar avait raison. L'inventaire n'eut pas lieu. Rien ne fut donc fixé sur la situation dans laquelle se trouvait le père vis-à-vis de ses enfants.

Plusieurs mois s'écoulèrent sans que la situation de la maison Claës changeât. Gabriel, habilement conduit par M. de Solis qui s'était fait son précepteur, travaillait avec application, apprenait les langues étrangères et se disposait à passer l'examen nécessaire pour entrer à l'École Polytechnique. Félicie et Marguerite avaient vécu dans une retraite absolue, en allant, néanmoins, par économie, habiter pendant la belle saison la maison de campagne de leur père. M. Claës s'occupa de ses affaires, paya ses dettes en empruntant une somme considérable sur ses biens, et visita la forêt de Waignies.

Au milieu de l'année 1817, son chagrin, lentement apaisé, le laissa seul et sans défense contre la monotonie de la vie qu'il menait et qui lui pesa. D'abord, il lutta courageusement contre la science. Lui se réveillait insensiblement, et se défendit à lui-même de penser à la chimie. Puis il y pensa. Mais il ne voulut pas s'en occuper activement, il ne s'en occupa que théoriquement. Cette constante étude fit surgir sa passion, qui devint ergoteuse. Il discuta s'il s'était engagé à ne pas continuer ses recherches, et se souvint que sa femme n'avait pas voulu de son serment. Quoiqu'il se fût promis à lui-même de ne plus poursuivre la solution de son problème, ne pouvait-il pas changer de détermination, du moment où il entrevoyait un succès? Il avait déjà cinquante-neuf ans. A cet âge, l'idée qui le dominait contracta l'âpre fixité par laquelle commencent les monomanies. Puis les circonstances conspirèrent encore contre sa loyauté chancelante. En effet, la paix dont jouissait l'Europe avait permis la circulation des découvertes et des idées scientifiques acquises pendant la guerre par les savants des différents pays entre lesquels il n'y avait point eu de relation depuis près de vingt ans. La science avait donc marché. M. Claës trouva que les progrès de la chimie s'étaient dirigés, à l'insu des chimistes, vers l'objet de ses recherches. Les gens adonnés à la haute science pensaient comme lui que la lumière, la chaleur, l'électricité, le galvanisme et le magnétisme étaient les différents effets d'une même cause, et que la différence qui existait entre les corps jusque-là réputés simples devait être produite par les divers dosages d'un principe inconnu. La peur de voir trouver par un autre la réduction des métaux et le principe constituant de l'électricité, deux découvertes qui menaient à la solution de l'Absolu chimique, augmenta ce que les habitants de Douai appelaient une folie, et porta ses désirs à un paroxysme que concevront les personnes passionnées pour les sciences, ou qui ont connu la tyrannie des idées. Aussi Balthazar fut-il bientôt emporté par une passion d'autant plus violente, qu'elle avait plus longtemps dormi.

Marguerite, qui épiait les dispositions d'âme par lesquelles passait son père, ouvrit le parloir. En y demeurant, elle ranima les souvenirs douloureux que devait causer la mort de sa mère, et réussit en effet, en réveillant les regrets de son père, à en retarder la chute dans le gouffre où il devait néanmoins tomber. Puis, elle voulut aller dans le monde et força Balthazar d'y prendre des distractions. Plusieurs partis considérables se présentèrent pour elle, et occupèrent M. Claës, quoique Marguerite déclarât qu'elle ne se marierait pas avant d'avoir atteint sa vingt-cinquième année. Mais, malgré les efforts de sa fille, malgré de violents combats, au commencement de l'hiver, Balthazar reprit secrètement ses travaux. Il était difficile de cacher de telles occupations à des femmes curieuses; un jour donc, Martha dit à Marguerite en l'habillant: — Mademoiselle, nous sommes perdues! Ce monstre de Mulquinier, qui est le diable déguisé, car je ne lui ai jamais vu faire le signe de la croix, est remonté dans le grenier.

Voilà monsieur votre père embarqué pour l'enfer. Fasse le ciel qu'il ne vous tue pas, comme il a tué cette pauvre chère madame !

— Cela n'est pas possible ! dit Marguerite.

— Venez voir la preuve de leur trafic...

Mademoiselle Claës courut à sa fenêtre et aperçut en effet une légère fumée qui sortait par le tuyau du laboratoire.

— J'ai vingt-et-un ans dans quelques mois, pensa-t-elle, et je saurai m'opposer à la dissipation de notre fortune.

En se laissant aller à sa passion, Balthazar dut nécessairement avoir moins de respect pour les intérêts de ses enfants qu'il n'en avait eu pour sa femme. Les barrières étaient moins hautes, sa conscience était plus large, sa passion plus forte. Aussi marcha-t-il dans sa carrière de gloire, de travail, d'espérance et de misère avec la fureur d'un homme plein de conviction. Se croyant sûr du résultat, il se mit à travailler nuit et jour, avec un emportement dont s'effrayèrent ses filles, qui ignoraient combien est peu nuisible le travail auquel un homme se plaît. Aussitôt que son père eut recommencé ses expériences, Marguerite retrancha toutes les superfluités de la table, devint d'une parcimonie digne d'un avare, et fut admirablement secondée par Jossette et par Martha. M. Claës ne s'aperçut pas de cette réforme, qui réduisait la vie au strict nécessaire; d'abord, il ne déjeunait pas; puis, il ne descendait de son laboratoire qu'au moment même du dîner; enfin, il se couchait quelques heures après être resté dans le parloir entre ses deux filles, sans leur dire un mot. Quand il se retirait, elles lui souhaitaient le bonsoir, et il se laissait embrasser machinalement sur les deux joues. Une semblable conduite eût causé les plus grands malheurs domestiques, si Marguerite n'avait été préparée à exercer l'autorité d'une mère, et prémunie par une passion secrète contre les malheurs d'une aussi grande liberté.

M. Pierquin avait cessé de venir voir ses cousines, en jugeant que leur ruine allait être complète. Les propriétés rurales de M. Balthazar, qui rapportaient seize mille francs et valaient environ deux cents mille écus, étaient déjà grevées de trois cent mille francs d'hypothèques, car avant de se remettre à la chimie, M. Claës avait fait un emprunt considérable; or le revenu suffisait précisément au payement des intérêts; mais comme, avec l'imprévoyance naturelle aux hommes voués à une idée, il abandonnait ses fermages à Marguerite pour subvenir aux dépenses de la maison, le no- taire avait calculé que trois ans suffiraient pour mettre le feu aux affaires, et que les gens de justice dévoreraient ce que Balthazar n'aurait pas mangé. La froideur de Marguerite avait amené Pierquin à un état d'indifférence presque hostile; et, pour se donner le droit de renoncer à la main de sa cousine, si elle devenait trop pauvre, il disait des Claës avec un air de compassion : — Ce sont des gens ruinés ! J'ai fait tout ce que j'ai pu pour les sauver. Mais que voulez-vous ? Mademoiselle Claës s'est refusée à toutes les combinaisons légales qui devaient les préserver de la misère.

Nommé proviseur du collège de Douai, par la protection de son oncle, Emmanuel, que son mérite transcendant avait fait digne de ce poste, venait voir tous les jours pendant la soirée les deux jeunes filles, qui appelaient près d'elles la duègne aussitôt que leur père se couchait. Le coup de marteau doucement frappé par le jeune de Solis ne tardait jamais. Depuis trois mois, encouragé par la gracieuse et muette reconnaissance avec laquelle Marguerite acceptait ses soins, il était devenu lui-même. Les rayonnements de son âme pure comme un diamant brillèrent sans nuages, et Marguerite put en apprécier la force, la durée, en voyant combien la source en était inépuisable. Elle admirait une à une s'épanouir les fleurs dont elle avait respiré par avance les parfums; car, chaque jour, Emmanuel réalisait une de ses espérances et faisait luire dans les régions enchantées de l'amour de nouvelles lumières qui en chassaient les nuages, rasséréniaient leur ciel, et coloraient les fécondes richesses ensevelies jusque-là dans l'ombre. Plus à son aise, il put déployer les séductions de son cœur jusqu'alors discrètement cachées : cette expansive gaieté du jeune âge, cette simplicité que donne une vie remplie par l'étude, et les trésors d'un esprit délicat que le monde n'avait pas adultéré, enfin toutes les innocentes joyeusetés qui vont si bien à la jeunesse aimante. Son âme et celle de Marguerite s'entendirent mieux, ils allèrent ensemble au fond de leurs cœurs et y trouvèrent les mêmes pensées : perles d'un même éclat! suaves et fraîches harmonies semblables à celles qui sont sous la mer, et qui, dit-on, fascinent les plongeurs ! Ils se firent connaître l'un à l'autre par ces échanges de propos, par cette alternative curiosité qui, chez tous deux, prenait les formes les plus délicieuses du sentiment; et ce fut sans fausse honte, mais non pas sans de mutuelles coquetteries. Les deux heures qu'Emmanuel venait passer, tous les soirs, entre ces deux jeunes filles et Martha, faisaient accepter à Marguerite la vie d'angoisses et de résignation dans laquelle elle était entrée. Cet amour naïvement progressif fut son soutien. Emmanuel portait dans ses témoignages d'affection, cette grâce naturelle qui séduit tant, cet esprit doux et fin qui nuance l'uniformité du sentiment, comme les facettes relèvent la monotonie d'une pierre précieuse, en en faisant jouer tous les feux; admirables façons dont les cœurs aimants ont seuls le secret, et qui rendent les femmes fidèles à la Main artiste sous laquelle les formes renaissent toujours neuves; à la Voix qui ne répète jamais une phrase sans la rafraîchir par de nouvelles modulations! L'amour n'est pas seulement un sentiment, il est un art aussi! Quelque mot simple, une précaution, un rien révèlent à une femme le grand et sublime artiste qui peut toucher son cœur sans le flétrir. Or, plus allait Emmanuel, plus charmantes étaient les expressions de son amour.

— J'ai devancé M. Pierquin, lui dit-il un soir; il vient vous annoncer une mauvaise nouvelle, je préfère vous l'apprendre moi-même. Votre père a vendu votre forêt à des spéculateurs, qui l'ont revendue par parties; les arbres sont déjà coupés, tous les madriers sont enlevés. M. Claës a reçu trois cent mille francs comptant dont il s'est servi pour payer ses dettes à Paris; et, afin de les éteindre entièrement, il a même été obligé de faire une délégation de cent mille francs sur les cent mille écus qui restent à payer par les acquéreurs...

M. Pierquin entra.

— Hé bien! ma chère cousine, dit-il, vous voilà ruinés, je vous l'avais prédit; mais vous n'avez pas voulu m'écouter. Votre père a bon appétit. Il a, de la première bouchée, avalé vos bois. Votre subrogé-tuteur, M. Conyncks, est à Amsterdam où il achève de liquider sa fortune, et M. Claës a saisi ce moment-là pour faire son coup. Ce n'est pas bien. Je viens d'écrire au bonhomme Conyncks; mais quand il arrivera, tout sera fricassé. Vous serez obligés de poursuivre votre père, le procès ne sera pas long, mais ce sera un procès déshonorant que M. Conyncks ne peut se dispenser d'intenter : la loi l'exige. Voilà le fruit de votre entêtement. Reconnaissez-vous maintenant combien j'étais prudent, combien j'étais dévoué à vos intérêts?

— Je vous apporte une bonne nouvelle, mademoiselle, dit M. de Solis de sa voix douce, Gabriel est reçu à l'École Polytechnique. Les difficultés qui s'étaient élevées pour son admission sont aplanies.

Marguerite remercia son ami par un sourire, et dit : — Mes économies auront une destination! Martha, nous nous occuperons dès demain du trousseau de Gabriel. Ma pauvre Félicie, nous allons bien travailler, dit-elle en baisant sa sœur au front.

— Demain, vous l'aurez ici pour dix jours; il doit être à Paris le quinze novembre.

— Mon cousin Gabriel prend un bon parti, dit le notaire en toisant le proviseur, car il aura besoin de se faire une fortune. Mais, ma chère cousine, il s'agit de sauver l'honneur de la famille, voudrez-vous cette fois m'écouter?

— Non, dit-elle, s'il s'agit encore de mariage.

— Mais qu'allez-vous faire?

— Moi, mon cousin? rien.

— Cependant vous êtes majeure.

— Dans quelques jours. Avez-vous, dit Marguerite, un parti à me proposer qui puisse concilier nos intérêts et ce que nous devons à notre père, à l'honneur de la famille?

— Cousine, nous ne pouvons rien sans votre oncle. Cela posé, je reviendrai quand il sera de retour.

— Adieu, monsieur, dit Marguerite.

— Plus elle devient pauvre et plus elle fait la bégueule! pensa le notaire. — Adieu, mademoiselle, reprit Pierquin. Monsieur le proviseur, je vous salue parfaitement. Et il s'en alla, sans faire attention ni à Félicie, ni à Martha.

— Depuis deux jours j'étudie le code, et j'ai consulté un vieil avocat, ami de mon oncle, dit Emmanuel d'une voix tremblante. Je partirai, si vous m'y autorisez, demain pour Amsterdam. Écoutez, chère Marguerite...

Il disait ce mot pour la première fois; elle l'en remercia par un regard mouillé, par un sourire et une inclination de tête. Il s'arrêta, montra Félicie et Martha.

— Parlez devant ma sœur, dit Marguerite. Elle n'a pas besoin de cette discussion pour se résigner à notre vie de privations et de travail, elle est si douce et si courageuse! mais elle doit connaître combien le courage nous est nécessaire.

Les deux sœurs se prirent la main, et s'embrassèrent comme pour se donner un nouveau gage de leur union devant le malheur.

— Laissez-nous, Martha.

— Chère Marguerite, reprit Emmanuel en laissant percer dans l'inflexion de sa voix le bonheur qu'il éprouvait à conquérir les menus droits de l'affection, je me suis procuré les noms et la demeure des acquéreurs qui doivent les deux cent mille francs restant sur le prix des bois abattus. Demain, si vous y consentez, un avoué agissant au nom de M. Conyncks, qui ne le désavouera pas, mettra opposition entre leurs mains. Dans six jours, votre grand-oncle sera de retour, il convoquera un conseil de famille, et fera émanciper Gabriel qui a dix-huit ans. Étant, vous et votre frère, autorisés à exercer vos droits, vous demanderez votre part dans le prix des bois; M. Claës ne pourra pas vous refuser les deux cent mille francs arrêtés par l'opposition; quant aux cent mille autres qui vous seront dûs, vous obtiendrez une obligation hypothécaire qui reposera sur la maison que vous habitez. M. Conyncks réclamera des garanties pour les trois cent mille francs qui reviennent à mademoiselle Félicie et à Lucien. Dans cette situation, votre père sera forcé de laisser hypothéquer ses biens de la plaine d'Orchies, déjà grevés de cent mille écus; et la loi donnant une priorité rétroactive aux inscriptions prises dans l'intérêt des mineurs, tout sera sauvé. M. Claës aura désormais les mains liées, car vos terres sont inaliénables, et il ne pourra plus rien emprunter sur les siennes, qui répondront de sommes supérieures à leur prix; les affaires se seront faites en famille, sans scandale, sans procès; et votre père sera forcé d'aller prudemment dans ses recherches, si même il ne les cesse tout à fait.

— Oui, dit Marguerite, mais où seront nos revenus? Les cent mille francs hypothéqués sur cette maison ne nous rapporteront rien, puisque nous y demeurons; et, comme le produit des biens que possède mon père dans la plaine d'Orchies payera les intérêts des trois cent mille francs dûs à des étrangers, avec quoi vivrons-nous?

— D'abord, dit M. de Solis, en plaçant les cinquante mille francs qui resteront à Gabriel sur sa part, dans les fonds publics, vous en aurez, d'après le taux actuel, plus de quatre mille livres de rente qui suffiront à sa pension et à son entretien à Paris. Il ne peut disposer ni de la somme inscrite sur la maison de son père, ni du fonds de ses rentes; ainsi vous ne craindrez pas qu'il en dissipe un denier, et vous aurez une charge de moins. Puis, ne vous restera-t-il pas cent-cinquante mille francs à vous?

— Mon père me les demandera! dit-elle avec effroi, et je ne saurai pas les lui refuser.

— Hé bien, chère Marguerite, vous pouvez les sauver encore en vous en dépouillant. Placez-les sur le grand livre, au nom de votre frère. Cette somme vous donnera douze ou treize mille livres de rente qui vous feront vivre. Les mineurs émancipés ne pouvant rien aliéner sans l'avis d'un conseil de famille, vous gagnerez ainsi trois ans de tranquillité. A cette époque, votre père aura trouvé son problème ou vraisemblablement y renoncera; et Gabriel, devenu majeur, vous restituera les fonds pour établir les comptes entre vous quatre.

Marguerite se fit expliquer de nouveau ces dispositions de loi qu'elle ne pouvait comprendre tout d'abord. Ce fut certes une scène neuve que celle des deux amants étudiant le code dont Emmanuel s'était muni pour apprendre à sa maîtresse les lois qui régissaient les biens des mineurs, et dont elle eut bientôt saisi l'esprit, grâce à la pénétration naturelle aux femmes, et que l'amour aiguisait encore.

Le lendemain, Gabriel revint à la maison paternelle. Quand M. de Solis le rendit à Balthazar, en lui en annonçant l'admission à l'École Polytechnique, le père remercia le proviseur par un geste de main, et dit: — J'en suis bien aise, Gabriel sera donc un savant!

— Oh! mon frère, dit Marguerite en voyant Balthazar remonter à son laboratoire, travaille bien ne dépense pas d'argent! fais tout ce qu'il faudra faire; mais sois économe. Les jours où tu sortiras dans Paris, va chez nos amis, chez nos parents pour ne contracter aucun des goûts qui ruinent les jeunes gens. Ta pension monte à près de mille écus, il te restera mille francs pour tes menus plaisirs, ce doit être assez.

— Je réponds de lui, dit M. de Solis en frappant sur l'épaule de son élève.

Un mois après, M. Conyncks avait, de concert avec Marguerite, obtenu de M. Claës toutes les garanties désirables; car les plans si sagement conçus par M. de Solis furent entièrement approuvés et exécutés. En présence de la loi, devant son cousin dont la probité farouche transigeait difficilement sur les questions d'honneur, Balthazar, honteux de la vente qu'il avait consentie dans un moment où il était harcelé par ses créanciers, se soumit à tout ce qu'on exigea de lui. Satisfait de pouvoir réparer le dommage qu'il avait presque involontairement fait à ses enfants, il signa tous les actes avec la préoccupation du savant. Il était devenu complètement imprévoyant, à la manière des nègres qui, le matin, vendent leur femme pour une goutte d'eau-de-vie, et la pleurent le soir. Il ne jetait même pas les yeux sur son avenir le plus proche, il ne se demandait pas quelles seraient ses ressources, quand il aurait fondu son dernier écu. Il poursuivait ses travaux, continuait ses achats, sans savoir qu'il n'était plus que le possesseur titulaire de sa maison, de ses propriétés, et qu'il lui serait impossible, grâce à la sévérité des lois, de se procurer un sou sur les biens dont il était en quelque sorte le gardien judiciaire.

L'année 1818 expira sans aucun événement malheureux. Les deux jeunes filles payèrent les frais nécessités par l'éducation de Lucien, et satisfirent à toutes les dépenses de leur maison, avec les dix-huit mille francs de rente placés sous le nom de Gabriel, dont leur frère envoyait exactement les semestres. M. de Solis perdit son oncle dans le mois de décembre de cette année.

Un matin, Marguerite apprit par Martha que son père avait vendu sa collection de tulipes, le mobilier de la maison de devant, et toute l'argenterie. Elle fut obligée de racheter les couverts nécessaires au service de la table, et les fit marquer à son chiffre. Jusqu'à ce jour elle avait gardé le silence sur les déprédations de Balthazar ; mais le soir, après le dîner, elle pria Félicie de la laisser seule avec son père, et quand il fut assis, suivant son habitude, au coin de la cheminée du parloir, Marguerite lui dit : — Mon cher père, vous êtes le maître de tout vendre ici, même vos enfants. Ici, nous vous obéirons tous sans murmure ; mais, je suis forcée de vous faire observer que nous sommes sans argent, que nous avons à peine de quoi vivre cette année, et que nous serons obligées, Félicie et moi, de travailler nuit et jour pour payer la pension de Lucien, avec le prix de la robe de dentelle que nous avons entreprise. Je vous en conjure, mon bon père, discontinuez vos travaux.

— Tu as raison, mon enfant, dans six semaines tout sera fini ! J'aurai trouvé l'Absolu, ou l'Absolu sera introuvable. Vous serez tous riches à millions...

— Laissez-nous pour le moment un morceau de pain, répondit Marguerite.

— Il n'y a pas de pain ici ! dit Claës d'un air effrayé, pas de pain chez un Claës ! Et tous nos biens !

— Vous avez rasé la forêt de Waignies. Le sol n'en est pas encore libre, et ne peut rien produire. Quant à vos fermes d'Orchies, les revenus ne suffisent point à payer les intérêts des sommes que vous avez empruntées.

— Avec quoi vivons-nous donc ? demanda-t-il.

Marguerite lui montra son aiguille et ajouta :

— Les rentes de Gabriel nous aident, mais elles sont insuffisantes. Je joindrais les deux bouts de l'année si vous ne m'accabliez de factures auxquelles je ne m'attends pas, car vous ne me dites rien de vos achats en ville. Quand je crois avoir assez pour mon trimestre, et que mes petites dispositions sont faites, il m'arrive un mémoire de soude, de potasse, de zinc, de soufre, que sais-je ?

— Ma chère enfant, encore six semaines de patience ! Après, je me conduirai sagement. Et tu verras des merveilles, ma petite Marguerite.

— Il est bien temps que vous pensiez à vos affaires. Vous avez tout vendu, tableaux, tulipes, argenterie ; il ne nous reste plus rien ; au moins, ne contractez pas de nouvelles dettes.

— Je n'en veux plus faire, dit le vieillard.

— Plus ? s'écria-t-elle. Vous en avez donc ?

— Rien, des misères, répondit-il en baissant les yeux et rougissant.

Marguerite se trouva pour la première fois humiliée par l'abaissement de son père, et en souffrit tant qu'elle n'osa l'interroger.

Un mois après cette scène, un banquier de la ville vint pour toucher une lettre de change de dix mille francs, souscrite par M. Claës. Marguerite ayant prié le banquier d'attendre pendant la journée en témoignant le regret de n'avoir pas été prévenue de ce payement, celui-ci l'avertit que la maison Protez et Chiffreville en avait neuf autres de même somme, échéant de mois en mois.

— Tout est dit ! s'écria Marguerite, l'heure est venue.

Elle envoya chercher son père et se promena tout agitée à grands pas, dans le parloir, en se parlant à elle-même : — Trouver cent mille francs, dit-elle, ou voir notre père en prison ! Que faire ?

Balthazar ne descendit pas. Lassée de l'attendre, Marguerite monta au laboratoire. En entrant, elle vit son père, au milieu d'une pièce immense, fortement éclairée, garnie de machines et de verreries poudreuses. Çà et là, étaient des livres, des tables encombrées de produits étiquetés, numérotés. Partout le désordre qu'entraîne la préoccupation du savant y froissait les habitudes flamandes. Cet ensemble de matras, de cornues, de métaux, de cristallisations fantasquement colorées, d'échantillons accrochés aux murs, ou jetés sur des fourneaux, était dominé par la figure de Balthazar Claës qui, sans habit, et les bras nus comme ceux d'un ouvrier, montrait sa poitrine couverte de poils blanchis comme l'étaient ses cheveux. Ses yeux horriblement fixes ne quittaient pas une machine pneumatique dont le récipient était coiffé d'une lentille formée par de doubles verres convexes dont l'intérieur était plein d'alcool, et qui réunissait les rayons du soleil entrant alors par l'un des compartiments de la rose du grenier. Le récipient de la machine pneumatique, dont le plateau était isolé, communiquait avec les fils d'une pile de Volta. Lemulquinier, qui était occupé à faire mouvoir le plateau de cette machine montée sur un axe mobile, afin de toujours maintenir la lentille dans une direction perpendiculaire aux rayons du soleil, se leva, la face toute noire, et dit : — Ha! mademoiselle, n'approchez pas !

L'aspect de son père qui, presque agenouillé devant sa machine, recevait d'aplomb la lumière du soleil, et dont les cheveux épars ressemblaient à des fils d'argent, son crâne bossué, son visage contracté par une attente affreuse, la singularité des objets dont il était entouré, l'obscurité dans laquelle se trouvaient les parties de ce vaste grenier d'où s'élançaient des machines bizarres, tout contribuait à frapper Marguerite, qui se dit avec terreur : *Mon père est fou !* Elle s'approcha de lui, pour lui dire à l'oreille : — Renvoyez Mulquinier.

— Non, non, mon enfant, j'en ai besoin ; j'attends l'effet d'une belle expérience à laquelle les autres n'ont pas songé. Voici trois jours que nous guettons un rayon de soleil. J'ai les moyens de soumettre les métaux, dans un vide parfait, aux feux solaires concentrés et à des courants électriques. Vois-tu, dans un moment, l'action la plus énergique dont un chimiste puisse disposer va éclater, et moi seul...

— Hé ! mon père, au lieu de vaporiser l'or, vous devriez bien le réserver pour payer vos lettres de change...

— Attends, attends !

— M. Mersktus est venu, mon père, il lui faut dix mille francs à quatre heures.

— Oui, oui, tout à l'heure ! J'avais signé ces petits *bons* pour ce mois-ci, c'est vrai. Je croyais que j'aurais trouvé l'Absolu ! Mon Dieu, si j'avais le soleil de juillet, mon expérience serait faite !

Il se prit par les cheveux, s'assit sur un mauvais fauteuil de canne et quelques larmes roulèrent dans ses yeux.

— Monsieur a raison ! Tout ça, c'est la faute de ce gredin de soleil, qui est trop faible, le lâche, le sacré paresseux !

Le maître et le valet ne faisaient plus attention à Marguerite.

— Laissez-nous, Mulquinier, dit-elle.

— Ha ! je tiens une nouvelle expérience ! s'écria Claës.

— Mon père, oubliez vos expériences, lui dit sa fille quand ils furent seuls ; vous avez cent mille francs à payer et nous ne possédons pas un liard. Quittez votre laboratoire, il s'agit aujourd'hui de votre honneur. Que deviendrez-vous quand vous serez en prison ? Souillerez-vous vos cheveux blancs et le nom Claës par l'infamie d'une banqueroute ! Non, je m'y opposerai. J'aurai la force de combattre votre folie, car il serait affreux de vous voir sans pain dans vos derniers jours ! Ouvrez les yeux sur notre position, ayez donc enfin de la raison !

— Folie! cria Balthazar en se dressant sur ses jambes et fixant ses yeux lumineux sur sa fille. Il se croisa les bras sur la poitrine, et répéta le mot *folie* si majestueusement que Marguerite trembla.

— Ha ! ta mère ne m'aurait pas dit ce mot ! reprit-il. Elle n'ignorait pas, *elle*, de quelle importance étaient mes recherches ! Elle avait appris une science pour me comprendre ! Elle savait que je travaille pour l'humanité, qu'il n'y a rien de personnel ni de sordide en moi ! Le sentiment de la femme qui aime est, je le vois, au-dessus de l'affection filiale. Oui, l'amour est le plus beau de tous les sentiments ! — *Avoir de la raison ?* reprit-il en se frappant la poitrine, en ai-je manqué-je ? ne suis-je pas *moi* ? Nous sommes pauvres, ma fille ! Eh bien, je le veux ainsi. Je suis votre père, obéissez-moi ! je vous ferai riche quand il me plaira. Votre fortune, mais c'est une misère ! Quand j'aurai trouvé un dissolvant du carbone, j'emplirai votre parloir de diamants. C'est une niaiserie en comparaison de ce que je cherche. Vous pouvez bien attendre, quand je me consume en efforts gigantesques.

— Mon père, je n'ai pas le droit de vous demander compte des quatre millions que vous avez engloutis dans ce grenier, sans résultat ; je ne vous parlerai pas de ma mère que vous avez tuée ; je vous dirai que si j'avais un mari, je l'aimerais, sans doute, autant que vous aimait ma mère, et que je serais prête à tout lui sacrifier, comme elle vous sacrifiait tout. J'ai suivi ses ordres, en me donnant à vous tout entière, et je vous l'ai prouvé en ne me mariant point, afin de ne pas vous obliger à me rendre votre compte de tutelle. Laissons le passé, pensons au présent. Je viens ici représenter la nécessité que vous avez créée vous-même. Il faut de l'argent pour vos lettres de change, entendez-vous ? Il n'y a rien à saisir ici que le portrait de notre aïeul Van Claës. Je viens donc au nom de ma mère, qui s'est trouvée trop faible pour défendre ses enfants contre leur père, et qui m'a ordonné de vous résister; je viens au nom de mes frères et de ma sœur; je viens, mon père, au nom de tous les Claës, vous commander de laisser vos expériences, et de vous faire une fortune à vous, avant de les poursuivre. Si vous vous armez de votre paternité, qui ne se fait sentir que pour nous tuer, j'ai pour moi vos ancêtres et l'honneur qui parlent plus haut que la chimie. Les familles passent avant la science! J'ai trop été votre fille!

— Et alors, tu veux être mon bourreau? dit-il d'une voix affaiblie.

Marguerite se sauva pour ne pas abdiquer le rôle qu'elle venait de prendre; elle crut avoir entendu la voix de sa mère quand elle lui avait dit : *Ne contrarie pas trop ton père, aime-le bien!*

— Mademoiselle fait là haut de la belle ouvrage! dit Lemulquinier en descendant à la cuisine pour déjeûner. Nous allions mettre la main sur le secret, nous n'avions plus besoin que d'un brin de soleil de juillet; car monsieur, ha! quel homme! y est quasiment dans les chausses du bon Dieu!

— Il ne s'en faut pas de ça, dit-il à Jossette, en faisant claquer l'ongle de son pouce droit sous la dent populairement nommée la palette, que vous ne sachions le principe de tout. *Patatras!* Elle s'en vient crier pour des bêtises, des lettres de change.

— Hé bien! payez-les de vos gages, dit Martha, ces lettres de change?

— Il n'y a donc point de beurre à mettre sur son pain? dit Lemulquinier à Jossette.

— Et de l'argent pour en acheter? répondit aigrement la cuisinière. Comment, vieux monstre, vous faites de l'or dans votre cuisine de démon, pourquoi ne vous faites-vous pas un peu de beurre, ce ne serait pas si difficile, et vous en vendriez au marché de quoi faire aller la marmite. Nous mangeons du pain sec, nous autres! Ces deux demoiselles se contentent de pain et de noix! vous seriez donc mieux nourri que les maîtres! Mademoiselle ne veut dépenser que cent francs par mois, pour toute la maison. Nous ne faisons plus qu'un dîner. Si vous voulez des douceurs, vous avez vos fourneaux là haut, où vous fricassez des perles, qu'on parle que de ça au marché. Faites-vous-y des poulets rôtis.

Lemulquinier prit son pain et sortit.

— Il va acheter quelque chose de son argent, dit Martha, tant mieux! Ce sera autant d'économisé. Est-il avare, ce Chinois-là.

— Fallait le prendre par la famine, dit Jossette. Voilà huit jours qu'il n'a rien frotté *nune part;* je fais son ouvrage, il est toujours là haut; il peut bien me payer de ça, en nous régalant de quelques harengs. Qu'il en apporte, je m'en vais joliment les lui prendre!

— Ah! dit Martha, j'entends mademoiselle Marguerite qui pleure. Son vieux sorcier de père avalera la maison sans dire une parole chrétienne, car c'est un vrai sorcier. Dans mon pays, on l'aurait déjà brûlé vif; mais ici l'on n'a pas plus de religion que chez les Maures d'Afrique.

En effet, mademoiselle Claës étouffait mal ses sanglots, en traversant la galerie. Elle gagna sa chambre, chercha la lettre de sa mère, et lut ce qui suit.

« Mon enfant, si Dieu le permet, mon esprit
» sera dans ton cœur quand tu liras ces lignes, les
» dernières que j'aurai tracées! elles sont pleines
» d'amour pour mes chers petits qui restent aban-
» donnés à un démon, auquel je n'ai pas pu ré-
» sister. Il aura donc absorbé votre pain, comme
» il a dévoré ma vie et même mon amour. Tu sa-
» vais, ma bien-aimée, si j'aimais ton père! je vais
» expirer l'aimant moins puisque je prends contre
» lui des précautions que je n'aurais pas avouées
» de mon vivant. Oui, j'aurai gardé dans le fond
» de mon cercueil, une dernière ressource pour
» le jour où vous serez au plus haut degré du
» malheur. S'il vous a réduits à l'indigence, ou s'il
» faut sauver votre honneur, mon enfant, tu
» trouveras chez M. de Solis, s'il vit encore, si
» non chez son neveu, notre bon Emmanuel,
» cent soixante-dix mille francs environ, qui vous
» aideront à vivre. Si rien n'a pu dompter sa pas-
» sion, si ses enfants ne sont pas une barrière assez
» forte pour lui que ne l'a été mon bonheur, et ne
» l'arrêtent pas dans sa marche criminelle, quit-
» tez votre père, vivez au moins! Je ne pouvais
» pas l'abandonner, je me devais à lui. Toi, Mar-
» guerite, sauve la famille! je t'absous de tout ce
» que tu feras pour défendre Gabrielle, Lucien
» et Félicie. Prends courage, sois l'ange tutélaire
» des Claës. Sois ferme, je n'ose dire : sois sans pi-
» tié; mais pour pouvoir réparer les malheurs déjà
» faits, il faut conserver quelque fortune, et tu dois
» te considérer comme étant au lendemain de la
» misère, car rien n'arrêtera la fureur de la passion
» qui m'a tout ravi. Ainsi, ma fille, ce sera être
» pleine de cœur que d'oublier ton cœur; ta dissi-
» mulation, s'il fallait mentir à ton père, serait
» glorieuse; tes actions, quelque blâmables qu'elles

» puissent paraître, seraient toutes héroïques,
» faites dans le but de protéger la famille. Le ver-
» tueux M. de Solis me l'a dit, et jamais conscience
» ne fut ni plus pure ni plus clairvoyante. Je n'au-
» rais pas eu la force de te dire ces paroles, même
» en mourant. Cependant, sois toujours respec-
» tueuse et bonne dans cette horrible lutte! Résiste
» en adorant, refuse avec douceur. J'aurai donc
» eu des larmes inconnues et des douleurs qui n'é-
» clateront qu'après ma mort! Embrasse, en mon
» nom, mes chers enfants, au moment où tu de-
» viendras ainsi leur protection. Que Dieu et les
» saints soient avec toi!   » JOSÉPHINE. »

A cette lettre était jointe une reconnaissance de MM. de Solis oncle et neveu, qui s'engageaient à remettre le dépôt fait entre leurs mains par madame Claës à celui de ses enfants qui leur représenterait cet écrit.

— Martha, cria Marguerite à la duègne qui monta promptement, allez chez M. Emmanuel et priez-le de passer chez moi pour une affaire importante et pressée. — Noble et discrète créature! il ne m'a jamais rien dit, à moi pensa-t-elle, à moi dont il devine si bien les ennuis, les chagrins, dont il voudrait partager les travaux!

Emmanuel vint avant que Martha ne fût de retour.

— Vous avez eu des secrets pour moi? dit-elle en lui montrant l'écrit.

Emmanuel baissa la tête.

— Marguerite, vous êtes donc bien malheureuse? reprit-il en laissant rouler quelques pleurs dans ses yeux.

— Oh! oui. Soyez mon appui, vous que ma mère a nommé là, dit-elle en lui montrant la lettre, *notre bon Emmanuel!*

— Mon sang et ma vie étaient à vous le lendemain du jour où je vous vis dans la galerie, répondit-il en pleurant de joie et de douleur; mais je ne savais pas, je n'osais pas espérer qu'un jour vous accepteriez et ma vie et mon sang! Si vous me connaissez bien, vous devez savoir que ma parole est sacrée. Pardonnez-moi cette parfaite obéissance aux volontés de votre mère, il ne m'appartenait pas d'en juger les intentions.

— Vous nous avez sauvés! dit-elle en l'interrompant; et par un geste, elle lui prit le bras pour descendre au parloir. Mademoiselle Claës apprit l'origine de la somme dont Emmanuel était le dépositaire, et l'instruisit de la triste nécessité dans laquelle se trouvait son père.

— Il faut aller payer les lettres de change, d Emmanuel, si elles sont toutes chez M. Mersktus vous gagnerez les intérêts. Je vous remettrai le soixante-dix mille francs qui restent. Mon pauvre oncle m'a laissé une somme semblable en ducats qui seront faciles à transporter secrètement.

— Oui, dit-elle, apportez-les à la nuit. Quand mon père dormira, nous les cacherons à nous deux. S'il savait que j'ai de l'argent, peut-être me ferait il violence. Oh! Emmanuel, se défier de son père!.. dit-elle en pleurant, et appuyant son front sur le cœur du jeune homme.

Ce gracieux et triste mouvement, par lequel Marguerite cherchait une protection, fut la première expression vive de cet amour toujours enveloppé de mélancolie, toujours contenu dans une sphère de douleur; mais leurs cœurs trop pleins devaient déborder, et ce fut sous le poids d'une misère!

— Que faire? que devenir? Il ne voit rien, ne se soucie ni de nous, ni de lui, car je ne sais pas comment il peut vivre dans ce grenier, dont l'air est brûlant.

— Que pouvez-vous attendre d'un homme qui à tout moment, s'écrie comme Richard III : *Mon royaume pour un cheval!* dit Emmanuel. Il sera toujours impitoyable, et vous devez l'être autant que lui. Payez ses lettres de change; donnez-lui, si vous voulez, votre fortune; mais celle de votre sœur, celle de vos frères, n'est ni à vous, ni à lui

— Donner ma fortune! dit-elle en serrant la main d'Emmanuel et lui jetant un regard de feu vous me le conseillez, vous! tandis que Pierquin faisait mille mensonges pour me la conserver.

— Ha! peut-être suis-je égoïste à ma manière dit-il. Tantôt je vous voudrais sans fortune, il me semble que vous seriez plus près de moi; tantôt je vous voudrais riche, heureuse, et je trouve qu'il y a de la petitesse à se croire séparés par les pauvres grandeurs de la fortune.

— Cher! ne parlons pas de *nous*...

— *Nous!* répéta-t-il. Puis après une pause

— Le mal est grand, mais il n'est pas irréparable.

— Il se réparera par nous seuls, car la famille Claës n'a plus de chef. Pour en arriver à ne plus être ni père, ni homme, n'avoir aucune notion du juste et de l'injuste, car lui, si grand, si généreux, si probe, il a dissipé, malgré la loi, le bien des enfants dont il est le défenseur! dans quel abîme est-il donc tombé? Mon dieu! que cherche-t-il donc?

— Malheureusement, ma chère Marguerite, s'i a tort comme chef de famille, il a raison scienti fiquement. Une vingtaine d'hommes en Europe l'admireront, là où tous les autres le taxeront de folie. Mais vous pouvez sans scrupule lui refuser la fortune de ses enfants, car une découverte a toujours été un hasard. S'il doit rencontrer la solution de son problème, il la trouvera sans tant de frais, et peut-être au moment où il en désespérera !

— Ma pauvre mère est heureuse, dit Marguerite, elle aurait souffert mille fois la mort avant de mourir, elle qui a péri à son premier choc contre la science. Mais ce combat n'a pas de fin !

— Il y a une fin, reprit Emmanuel. Quand vous n'aurez plus rien, M. Claës ne trouvera plus de crédit et s'arrêtera.

— Qu'il s'arrête donc dès aujourd'hui, s'écria Marguerite, car nous sommes sans ressource !

M. de Solis alla racheter les lettres de change et vint les remettre à Marguerite.

Balthazar descendit quelques moments avant le dîner, contre son habitude. Pour la première fois, depuis deux ans, sa fille aperçut dans sa physionomie les signes d'une tristesse horrible à voir : il était redevenu père ; la raison avait chassé la science. Il regarda dans la cour, dans le jardin, et quand il fut certain de se trouver seul avec sa fille, il vint à elle par un mouvement plein de mélancolie et de bonté.

— Mon enfant, dit-il en lui prenant la main et la serrant avec une onctueuse tendresse, pardonne à ton vieux père. Oui, Marguerite, j'ai eu tort. Toi seule as raison. Tant que je n'aurai pas *trouvé*, je suis un misérable ? Je m'en irai d'ici. Je ne veux pas voir vendre Van Claës ! dit-il en montrant le portrait du martyr. Il est mort pour la Liberté, je serai mort pour la Science ! lui vénéré, moi haï !

— Haï, mon père, non ! dit-elle en se jetant sur son sein, nous vous adorons tous ! N'est-ce pas, Félicie ? dit-elle à sa sœur qui entrait en ce moment.

— Qu'avez-vous ? mon cher père ? dit la jeune fille en lui prenant la main.

— Je vous ai ruinés !

— Hé ! dit Félicie, nos frères nous feront une fortune. Lucien est toujours le premier dans sa classe.

— Tenez, mon père ! reprit Marguerite, en amenant Balthazar, par un mouvement plein de grâce et de câlinerie filiale, devant la cheminée, où elle prit quelques papiers qui étaient sous le cartel. Voici vos lettres de change. Mais n'en souscrivez plus, il n'y aurait plus rien pour les payer...

Balthazar demeura muet de surprise.

— Tu as donc de l'argent ! dit-il à l'oreille de Marguerite.

Ce mot la suffoqua, tant il y avait de délire, de joie, d'espérance, dans la figure de son père, qui regardait autour de lui, comme pour découvrir de l'or.

— Mon père, dit-elle avec un accent de douleur, j'ai ma fortune.

— Donne-la moi, dit-il en laissant échapper un geste avide, je te rendrai tout au centuple.

— Oui, je vous la donnerai, répondit Marguerite, en contemplant Balthazar qui ne comprit pas le sens que sa fille mettait à ce mot, car elle comptait bien la réserver pour le nourrir un jour.

— Ha ! ma chère fille, dit-il, tu me sauves la vie ! J'ai imaginé une dernière expérience, après laquelle il n'y a plus rien de possible. Si cette fois, je ne le trouve pas, il faudra renoncer à chercher l'*Absolu*. Donne-moi le bras, viens, mon enfant chérie, je voudrais te faire la femme la plus heureuse de la terre ! Tu me rends au bonheur, à la gloire ; tu me procures le pouvoir de vous combler de trésors, je vous accablerai de joyaux, de richesses.

Il la baisa sur le front, lui prit les mains, les serra, lui témoigna sa joie par des câlineries qui parurent presque serviles à Marguerite. Pendant le dîner, Balthazar ne voyait qu'elle. Il la regardait avec l'empressement, avec l'attention, la vivacité qu'un amant déploie pour sa maîtresse. Faisait-elle un mouvement ? il cherchait à deviner sa pensée, son désir, et se levait pour la servir. Il la rendait honteuse, car il mettait à ses soins une sorte de jeunesse qui contrastait avec sa vieillesse anticipée. Mais, à ces cajoleries, elle opposait le tableau de la détresse actuelle, soit par un mot de doute, soit par un regard qu'elle jetait sur les rayons vides des dressoirs de cette salle à manger.

— Va, lui dit-il, dans six mois, nous remplirons ça d'or et de merveilles. Tu seras comme une reine. Bah ! la nature entière nous appartiendra, nous serons au dessus de tout... et par toi... ma Marguerite ! — Margarita ! reprit-il en souriant, ton nom est une prophétie. Margarita veut dire une perle. Sterne a dit cela quelque part. As-tu lu Sterne ? veux-tu un Sterne ? ça t'amusera.

— La perle est, dit-on, le fruit d'une maladie, reprit-elle, et nous avons déjà bien souffert !

— Ne sois pas triste, tu feras le bonheur de ceux que tu aimes, car tu seras bien puissante, bien riche !

— Mademoiselle a si bon cœur ! dit Lemulquinier, dont la face en écumoire grimaça péniblement un sourire.

Pendant le reste de la soirée, Balthazar déploya pour ses deux filles toutes les grâces de son caractère et le charme de sa conversation; il fut séduisant comme le serpent. Sa parole, ses regards épanchaient un fluide magnétique. Il leur fit connaître cette puissance de génie, ce doux esprit qui fascinait leur mère, et il les mit pour ainsi dire dans son cœur. Quand M. de Solis vint, il les trouva, pour la première fois depuis longtemps, tous les trois réunis. Malgré sa réserve, le jeune proviseur fut soumis au prestige de cette scène, car la conversation, les manières de Balthazar avaient un entraînement irrésistible. Quoique plongés dans les abîmes de la pensée, et incessamment occupés à observer le monde moral, les hommes de science aperçoivent néanmoins les plus petits détails dans la sphère où ils vivent. Plus intempestifs que distraits, ils ne sont jamais en harmonie avec ce qui les entoure : ils savent et oublient. Ils préjugent l'avenir, prophétisent pour eux seuls, sont au fait d'un événement avant qu'il n'éclate, mais ils n'en ont rien dit. Si dans le silence des méditations, ils ont fait usage de leur puissance pour reconnaître ce qui se passe autour d'eux, il leur suffit d'avoir deviné : le travail les emporte, et ils appliquent presque toujours à faux les connaissances qu'ils ont acquises sur les choses de la vie. Parfois, quand ils se réveillent de leur apathie sociale, ou quand ils tombent du monde moral dans le monde extérieur, ils y reviennent avec une riche mémoire, et n'y sont étrangers à rien. Ainsi Balthazar, qui joignait la perspicacité du cœur à la perspicacité du cerveau, savait tout le passé de sa fille; il connaissait ou avait deviné les moindres événements de l'amour mystérieux qui l'unissait à Emmanuel; il le leur prouva finement, et sanctionna leur affection en la partageant. C'était la plus douce flatterie que pût faire un père, et les deux amants ne surent pas y résister. Cette soirée fut délicieuse par le contraste qu'elle formait avec les chagrins qui assaillaient la vie de ces pauvres enfants.

Quand, après les avoir pour ainsi dire remplis de sa lumière et baignés de tendresse, Balthazar se retira, M. de Solis, qui avait eu jusqu'alors une contenance gênée, se débarrassa de trois mille ducats en or qu'il tenait dans ses poches en craignant de les laisser apercevoir. Il les mit sur la travailleuse de Marguerite qui les couvrit avec le linge qu'elle raccommodait, et alla chercher le reste de la somme. Quand il revint, Félicie avait été se coucher; onze heures sonnaient; Martha, qui veillait pour déshabiller sa maîtresse, était occupée chez Félicie.

— Où cacher cela? dit Marguerite, qui n'avait pas résisté au plaisir de manier quelques ducats. Cet enfantillage la perdit.

— Je soulèverai cette colonne de marbre, dont le socle est creux, dit Emmanuel, vous y glisserez les rouleaux, et le diable n'irait pas les y chercher.

Au moment où Marguerite faisait son avant-dernier voyage de la travailleuse à la colonne, elle jeta un cri perçant, laissa tomber les rouleaux dont les pièces brisèrent le papier et s'éparpillèrent sur le parquet : son père était à la porte du parloir, et montrait sa tête dont l'expression d'avidité l'effraya.

— Que faites-vous donc là? dit-il en regardant tour à tour sa fille que la peur clouait sur le plancher, et M. de Solis, qui s'était brusquement dressé, mais dont l'attitude auprès de la colonne était assez significative.

Le fracas de l'or sur le parquet fut horrible et son éparpillement semblait prophétique.

— Je ne me trompais pas, dit Balthazar en s'asseyant, j'avais entendu le son de l'or!

Il n'était pas moins ému que les deux jeunes gens dont les cœurs palpitaient si bien à l'unisson, que leurs mouvements s'entendaient comme les coups d'un balancier de pendule, au milieu du profond silence qui régna tout à coup dans le parloir.

— Je vous remercie, monsieur de Solis, dit Marguerite à Emmanuel, en lui jetant un coup d'œil qui signifiait : — Secondez-moi, pour sauver cette somme !

— Quoi! cet or... reprit Balthazar, en lançant des regards d'une épouvantable lucidité sur sa fille et sur Emmanuel.

— Cet or est à monsieur qui a la bonté de me le prêter pour faire honneur à nos engagements, lui répondit-elle.

M. de Solis rougit et voulut sortir.

— Monsieur, dit Balthazar en l'arrêtant par le bras, ne vous dérobez pas à mes remercîments.

— Monsieur, vous ne me devez rien. Cet argent appartient à mademoiselle Marguerite qui me l'emprunte sur ses biens, répondit-il en regardant sa maîtresse qui le remercia par un imperceptible clignement de paupières.

— Je ne souffrirai pas cela, s'écria M. Claës.

Il prit une plume et une feuille de papier sur la table où écrivait Félicie, et se tournant vers les deux jeunes gens étonnés : — Combien y a-t-il?

La passion avait rendu Balthazar plus rusé que ne l'eût été le plus adroit gérant d'une entreprise par actions. La somme allait être à lui. Marguerite et M. de Solis hésitaient.

— Comptons, dit-il.

— Il y a six mille ducats, répondit Emmanuel.

— Soixante-dix mille francs ! reprit M. Claës.

Le coup d'œil que Marguerite jeta sur son amant lui donna du courage.

— Monsieur, dit-il en tremblant, votre engagement est sans valeur. Pardonnez-moi cette expression purement technique. J'ai prêté ce matin à mademoiselle cent mille francs pour racheter des lettres de change que vous étiez hors d'état de payer ; vous ne sauriez donc me donner aucune garantie. Ces cent soixante-dix mille francs sont à mademoiselle votre fille qui peut en disposer comme bon lui semble, mais je ne les lui prête que sur la promesse qu'elle m'a faite de souscrire un contrat avec lequel je puisse prendre mes sûretés sur sa part dans les terrains nus de Waignies.

Marguerite détourna la tête pour ne pas laisser voir les larmes qui lui vinrent aux yeux. Elle connaissait la pureté de cœur qui distinguait Emmanuel. Élevé par son oncle dans la pratique la plus sévère des vertus religieuses, il avait spécialement horreur du mensonge ; après avoir offert sa vie et son cœur à Marguerite, il lui faisait donc encore le sacrifice de sa conscience.

— Adieu, monsieur, lui dit Balthazar, je vous croyais plus de confiance dans un homme qui vous voyait avec des yeux de père !

Après avoir échangé avec Marguerite un déplorable regard, Emmanuel fut reconduit par Martha qui ferma la porte de la rue. Au moment où le père et la fille furent bien seuls, Claës dit à sa fille : — Tu m'aimes, n'est-ce pas ?

— Ne prenez pas de détours, mon père. Vous voulez cette somme, vous ne l'aurez point !

Elle se mit à ramasser les ducats. Son père l'aida silencieusement à les rassembler et à vérifier la somme qu'elle avait semée. Marguerite le laissa faire sans lui témoigner la moindre défiance. Les deux mille ducats remis en pile, Balthazar dit d'un air désespéré : — Marguerite, il me faut cet or !

— Ce serait un vol si vous le preniez, répondit-elle froidement. Écoutez, mon père ? il vaut mieux nous tuer tous d'un seul coup que de nous faire souffrir mille morts chaque jour ; ainsi voyez qui de vous, qui de nous doit succomber ?

— Vous aurez donc assassiné votre père ! reprit-il.

— Nous aurons vengé notre mère ! dit-elle en montrant la place où madame Claës était morte.

— Ma fille, si tu savais ce dont il s'agit, tu ne me dirais pas de telles paroles. Écoute, je vais t'expliquer le problème.... Mais tu ne me comprendras pas ? s'écria-t-il avec désespoir. Enfin, donne ! crois une fois en ton père. Oui, je sais que j'ai fait de la peine à ta mère ; que j'ai dissipé, pour employer le mot des ignorants, ma fortune, et dilapidé la vôtre ; que vous travaillez tous pour ce que tu nommes une folie ; mais, mon ange, ma bien-aimée, mon amour, ma Marguerite, écoute-moi donc ? Si je ne réussis pas, je me donne à toi, je t'obéirai comme tu devrais, toi, m'obéir ; je ferai tes volontés, je te remettrai la conduite de ma fortune, je ne serai plus le tuteur de mes enfants, je me dépouillerai de toute autorité. Je le jure par ta mère ! dit-il en versant des larmes.

Marguerite détourna la tête pour ne pas voir cette figure en pleurs, et M. Claës se jeta aux genoux de sa fille, en croyant qu'elle allait céder.

— Marguerite, Marguerite ! donne, donne ! Que sont soixante mille francs pour éviter des remords éternels ? Vois-tu, je mourrai, ceci me tuera ! Écoute-moi ? ma parole sera sacrée. Si j'échoue, je renonce à mes travaux, je quitterai la Flandre, la France même, si tu l'exiges, et j'irai travailler comme un manœuvre afin de refaire sou à sou ma fortune et rapporter un jour à mes enfants ce que la science leur aura pris.

Marguerite voulait relever son père, mais il persistait à rester à ses genoux, et il ajouta en pleurant : — Sois une dernière fois tendre et dévouée ? Si je ne réussis pas, je me donnerai moi-même raison dans tes duretés. Tu m'appelleras vieux fou, tu me nommeras mauvais père ! enfin tu me diras que je suis un ignorant ! Moi, quand j'entendrai ces paroles, je te baiserai les mains. Tu pourras me battre, si tu le veux ; et quand tu me frapperas, je te bénirai comme la meilleure des filles en me souvenant que tu m'as donné ton sang !

— S'il ne s'agissait que de mon sang, je vous le rendrais, s'écria-t-elle, mais puis-je laisser égorger par la science mon frère et ma sœur, non ! Cessez, cessez ! dit-elle en essuyant ses larmes et repoussant les mains caressantes de son père.

— Soixante mille francs et deux mois ! dit-il en se levant avec rage. Il ne me faut plus que cela ; mais ma fille, ma fille !... se met entre la gloire entre la richesse et moi.—Sois maudite! ajouta-t-il. Tu n'es ni fille, ni femme, tu n'as pas de cœur, tu ne seras ni une mère, ni une épouse! — Laisse-moi prendre! dis, ma chère petite, mon enfant chéri, je t'adorerai!

Et il avança la main sur l'or par un mouvement d'une atroce énergie.

— Je suis sans défense contre la force, mais Dieu et Claës nous voient! dit Marguerite en montrant le portrait.

— Eh bien, essaie de vivre couverte du sang de ton père, cria Balthazar en lui jetant un regard d'horreur.

Il se leva, contempla le parloir et sortit lentement. En arrivant à la porte, il se retourna comme eût fait un mendiant, et interrogea sa fille par un geste auquel Marguerite répondit en faisant un signe de tête négatif.

— Adieu, ma fille, dit-il avec douceur, tâchez de vivre heureuse!

Quand il eut disparu, Marguerite resta dans une stupeur qui eut pour effet de l'isoler de la terre; elle n'était plus dans le parloir, elle ne sentait plus son corps, elle avait des ailes, et volait dans les espaces du monde moral où tout est immense, où la pensée rapproche et les distances et les temps, où quelque main divine relève la toile étendue sur l'avenir. Il lui sembla qu'il s'écoulait des jours entiers entre chacun des pas que faisait son père en montant l'escalier; puis elle eut un frisson d'horreur, au moment où elle l'entendit entrer dans sa chambre. Guidée par un pressentiment qui répandit dans son âme la poignante clarté d'un éclair, elle franchit les escaliers, sans lumière, sans bruit, avec la vélocité d'une flèche, et vit son père qui s'ajustait le front avec un pistolet.

— Prenez tout! lui cria-t-elle en s'élançant vers lui.

Elle tomba sur un fauteuil. Balthazar la voyant pâle, se mit à pleurer comme pleurent les vieillards; il redevint enfant, il la baisa au front, lui dit des paroles sans suite; il était prêt à sauter de joie, et semblait vouloir jouer avec elle comme un amant joue avec sa maîtresse, après en avoir obtenu le bonheur.

—Assez! assez, mon père, dit-elle, songez à votre promesse! Si vous ne réussissez pas, vous m'obéirez?

— Oui.

— O ma mère, dit-elle en se tournant vers la chambre de madame Claës, vous auriez tout donné, n'est-ce pas?

— Dors en paix, dit Balthazar, tu es une bonne fille!

— Dormir! dit-elle, je n'ai plus les nuits de ma jeunesse; vous me vieillissez, mon père, comme vous avez lentement flétri le cœur de ma mère.

— Pauvre enfant, je voudrais te rassurer en t'expliquant les effets de la magnifique expérience que je viens d'imaginer, et alors tu comprendrais...

— Je ne comprends que notre ruine! dit-elle en s'en allant.

Le lendemain matin, M. de Solis amena Lucien, car c'était un jour de congé.

— Hé bien? dit-il avec tristesse en abordant Marguerite.

— J'ai cédé, répondit-elle.

— Ma chère vie, dit-il avec un mouvement de joie mélancolique, si vous aviez résisté, je vous eusse admirée; mais faible, je vous adore!

— Pauvre cher, que nous restera-t-il?

— Laissez-moi faire! s'écria le jeune homme d'un air radieux.

Le Père exilé.

Quelques mois s'écoulèrent dans une tranquillité parfaite. M. de Solis fit comprendre à Marguerite que ses chétives économies ne constitueraient jamais une fortune, et lui conseilla de vivre à l'aise, en prenant, pour maintenir l'abondance au logis, l'argent qui restait sur la somme dont il avait été le dépositaire. Pendant ce temps, Marguerite fut livrée aux anxiétés qui jadis avaient agité sa mère, en semblable occurrence. Quelque incrédule qu'elle pût être, elle en était arrivée à espérer dans le génie de son père, car, par un phénomène inexplicable, beaucoup de gens ont l'espérance sans avoir la foi. L'espérance est un désir, la foi est une certitude. Elle se disait : — « Si mon père réussit, nous serons heureux! » Claës et Lemulquinier seuls disaient : — « Nous réussirons! »

Malheureusement, de jour en jour, le visage de cet homme s'attristait. Quand il venait dîner, il n'osait parfois regarder sa fille, et parfois il lui jetait aussi des regards de triomphe. Marguerite employa ses soirées à se faire expliquer par M. de Solis plusieurs difficultés légales; elle accablait son père de questions sur leurs relations de famille; enfin elle achevait son éducation virile, et se préparait évidemment à exécuter un plan qu'elle méditait si Balthazar succombait encore une fois dans son duel avec l'*Inconnu*.

Au commencement du mois de juillet, son père passa tout une journée assis sur le banc de son jardin, plongé dans une méditation triste ; il regarda plusieurs fois le tertre dénué de tulipes, les fenêtres de la chambre de sa femme ; il frémissait sans doute en songeant à tout ce que sa lutte lui avait coûté, car ses mouvements attestaient des pensées en dehors de la science. Marguerite vint s'asseoir et travailler près de lui, quelques moments avant le dîner.

— Hé bien, mon père, vous n'avez pas réussi...
— Non, mon enfant.
— Ah ! dit Marguerite d'une voix douce, je ne vous adresserai pas le plus léger reproche, nous sommes également coupables. Je réclamerai seulement l'exécution de votre parole ; vous êtes un Claës, elle doit être sacrée. Vos enfants vous entoureront d'amour et de respect ; mais d'aujourd'hui vous m'appartenez, et vous me devez obéissance. Soyez sans inquiétude, mon règne sera doux, et je travaillerai même à le faire promptement finir. J'emmène Martha, je vous quitte pour un mois environ, et pour m'occuper de vous ; car, dit-elle en le baisant au front, vous êtes mon enfant. Demain, Félicie conduira donc la maison. La pauvre enfant n'a que dix-sept ans, elle ne saurait pas vous résister. Soyez généreux, ne lui demandez pas un sou, car elle n'aura que ce qu'il lui faut strictement pour les dépenses de la maison. Ayez du courage, renoncez pendant deux ou trois années à vos travaux et à vos pensées. Le problème mûrira ; je vous aurai amassé l'argent nécessaire pour le résoudre, et vous le résoudrez. Hé bien, votre reine n'est-elle pas clémente, dites ?

— Tout n'est donc pas perdu ! dit le vieillard.
— Non, si vous êtes fidèle à votre parole.
— Je vous obéirai, ma fille, répondit Claës avec une émotion profonde.

Le lendemain, M. Conyncks de Cambrai vint chercher sa petite-nièce. Il était en voiture de voyage, et ne voulut rester chez son cousin que le temps nécessaire à Marguerite et à Martha pour faire leurs apprêts. M. Claës reçut son cousin avec affabilité, mais il était visiblement triste et humilié. Le vieux Conyncks devina les pensées de Balthazar, et en déjeûnant, il lui dit avec une grosse franchise : — J'ai quelques-uns de vos tableaux, cousin, car j'ai le goût des beaux tableaux ; c'est une passion ruineuse, mais nous avons tous notre folie.

— Cher oncle ! dit Marguerite.
— Vous passez pour être ruiné, cousin, mais un Claës a toujours des trésors là, dit-il en se frappant le front. Et là, n'est-ce pas ? ajouta-t-il en montrant son cœur. Aussi compté-je sur vous ! j'ai trouvé dans mon escarcelle quelques écus que j'ai mis à votre service.
— Ha ! s'écria Balthazar, je vous rendrai des trésors.
— Les seuls trésors que nous possédions en Flandre, cousin, c'est la patience et le travail ! répondit sévèrement M. Conyncks. Notre ancien a ces deux mots gravés sur le front, dit-il en lui montrant le portrait du président Van Claës.

Marguerite embrassa son père, lui dit adieu, fit ses recommandations à Jossette, à Félicie, et partit en poste pour Paris. Son grand-oncle était veuf, il n'avait qu'une fille de douze ans et possédait une immense fortune. Il n'était pas impossible qu'il voulût se marier ; aussi les habitants de Douai crurent-ils que mademoiselle Claës épousait son grand-oncle.

Le bruit de ce riche mariage ramena Pierquin le notaire chez les Claës. Il s'était fait de grands changements dans les idées de cet excellent calculateur. Depuis deux ans, la société de la ville s'était divisée en deux camps ennemis. La noblesse avait formé un premier cercle, et la bourgeoisie un second naturellement fort hostile au premier. Cette séparation subite qui eut lieu dans toute la France et la partagea en deux nations ennemies dont les irritations jalouses allèrent en croissant, fut une des principales raisons qui firent adopter la révolution de juillet 1830 en province. Entre ces deux sociétés dont l'une était ultra monarchique et l'autre ultra libérale, se trouvaient les fonctionnaires, admis suivant leur importance dans l'un et dans l'autre monde, et qui, au moment de la chute du pouvoir légitime, furent neutres. Au commencement de la lutte entre la noblesse et la bourgeoisie, les Cafés royalistes contractèrent une splendeur inouïe, et rivalisèrent si brillamment avec les Cafés libéraux, que ces sortes de fêtes gastronomiques coûtèrent, dit-on, la vie à plusieurs personnages qui, semblables à des mortiers mal fondus, ne purent résister à ces exercices. Naturellement, les deux sociétés devinrent exclusives, s'épurèrent ; et quoique fort riche pour un homme de province, Pierquin fut exclus des cercles aristocratiques, et refoulé dans ceux de la bourgeoisie. Son amour-propre eut beaucoup à souffrir des échecs successifs qu'il reçut en se voyant insensiblement éconduit par les gens avec lesquels il frayait naguères. Il atteignait l'âge de trente-trois ans, seule époque de la vie où les hommes qui se destinent au mariage puissent encore épouser des personnes jeunes. Or, les partis auxquels il pouvait prétendre, appartenaient à la bourgeoisie, et son ambition tendait à rester dans le haut du monde où devait l'introduire une belle alliance. L'isolement dans lequel vivait M. Claës, avait rendu sa famille étrangère à ce mouvement social; et quoiqu'il appartînt à la vieille aristocratie de la province, il était vraisemblable que ses préoccupations l'empêcheraient d'obéir aux antipathies créées par ce nouveau classement de personnes. Quelque pauvre qu'elle pût être, une demoiselle Claës apportait à son mari cette fortune de vanité que souhaitent tous les parvenus; Pierquin revint donc chez les Claës avec une secrète intention de faire les sacrifices nécessaires pour arriver à la conclusion d'un mariage qui réalisait désormais toutes ses ambitions. Il tint compagnie à Balthazar et à Félicie pendant l'absence de Marguerite, mais il reconnut tardivement un concurrent redoutable dans Emmanuel de Solis. La succession du défunt abbé passait pour être considérable, et aux yeux d'un homme qui chiffrait naïvement toutes les choses de la vie, le jeune héritier paraissait plus puissant par son argent que par les séductions du cœur dont Pierquin ne s'inquiétait jamais. Cette fortune rendait au nom de Solis toute sa valeur. L'or et la noblesse étaient comme deux lustres qui, s'éclairant l'un par l'autre, redoublaient d'éclat. L'affection sincère que le jeune proviseur témoignait à Félicie, qu'il traitait comme une sœur, excita l'émulation du notaire. Il essaya d'éclipser Emmanuel en mêlant le jargon à la mode et les expressions d'une galanterie superficielle, aux airs rêveurs, aux élégies soucieuses qui allaient si bien à sa physionomie. En se disant désenchanté de tout au monde, il tournait les yeux vers Félicie de manière à lui faire croire qu'elle seule pourrait le réconcilier avec la vie. Félicie à qui, pour la première fois, un homme adressait des compliments, écouta ce langage si doux, même quand il est mensonger; elle prit le vide pour de la profondeur; et, dans le besoin qui l'oppressait de fixer les sentiments vagues dont son cœur était plein, elle s'occupa de son cousin. Jalouse, à son insu peut-être, des attentions amoureuses qu'Emmanuel prodiguait à sa sœur, elle voulait sans doute se voir, comme elle, l'objet des regards, des pensées et des soins d'un homme. Pierquin démêla facilement la préférence que Félicie lui accordait sur Emmanuel, et ce fut pour lui une raison de persister dans ses efforts, en sorte qu'il s'engagea plus qu'il ne le voulait. Emmanuel surveilla les commencements de cette passion fausse peut-être chez Félicie, naïve chez Félicie, dont il voulait protéger l'avenir. Il s'ensuivit, entre la cousine et le cousin, quelques causeries douces, quelques mots dits à voix basse en arrière d'Emmanuel, enfin de ces petites tromperies qui donnent à un regard, à une parole une expression dont la douceur insidieuse peut causer d'innocentes erreurs. A la faveur du commerce qu'il entretenait avec Félicie, Pierquin essaya de pénétrer le secret du voyage entrepris par Marguerite, afin de savoir s'il s'agissait de mariage et s'il devait renoncer à ses espérances; mais, malgré sa grosse finesse, ni Balthazar, ni Félicie ne purent lui donner aucune lumière par la raison qu'ils ne savaient rien des projets de Marguerite qui, en prenant le pouvoir, semblait en avoir suivi les maximes, et taisait ses projets.

La morne tristesse de Balthazar, et son affaissement, rendaient les soirées difficiles à passer. Quoique Emmanuel eût réussi à le faire jouer au trictrac, il y était distrait; et la plupart du temps, cet homme, si grand par son intelligence, semblait stupide. Déchu de ses espérances, humilié d'avoir dévoré trois fortunes, joueur sans argent, il pliait sous le poids de ses ruines, sous le fardeau de ses espérances moins détruites que trompées. Cet homme de génie, muselé par la nécessité, se condamnant lui-même, offrait un spectacle vraiment tragique dont l'homme le plus insensible eût été touché. Pierquin lui-même ne contemplait pas sans un sentiment de respect ce lion en cage, dont les yeux pleins de puissance refoulée étaient devenus calmes à force de tristesse, ternes à force de lumière; dont les regards demandaient une aumône que sa bouche n'osait proférer. Parfois, un éclair passait sur cette face desséchée qui se ranimait par la conception d'une nouvelle expérience; puis, si, en contemplant ce parloir, les yeux de Balthazar s'arrêtaient à la place où sa femme avait expiré, de légers pleurs roulaient comme d'ardents grains de sable dans le désert de ses prunelles que la pensée faisait immenses, et sa tête retombait sur sa poitrine. Il avait soulevé le monde comme un Titan, et le monde revenait plus pesant sur sa poitrine. Cette gigantesque douleur, si virilement contenue, agissait sur Pierquin et M. de Solis, qui, parfois, se sentaient assez émus pour vouloir offrir à cet homme la somme nécessaire à quelque série d'expériences; tant sont communicatives les convictions du génie ! Tous deux concevaient comment madame Claës et Marguerite avaient pu jeter des millions dans ce gouffre ; mais la raison arrêtait promptement les élans du cœur ; et leurs émotions se traduisaient par des consolations qui aigrissaient encore les peines de ce Titan foudroyé.

M. Claës ne parlait point de sa fille aînée, et ne s'inquiétait ni de son absence, ni du silence qu'elle gardait en n'écrivant ni à lui, ni à Félicie. Quand M. de Solis ou Pierquin lui en demandaient des nouvelles, il paraissait affecté désagréablement. Pressentait-il que Marguerite agissait contre lui ? Se trouvait-il humilié d'avoir résigné les droits majestueux de la paternité à son enfant ! En était-il venu à moins l'aimer parce qu'elle allait être le père, et lui l'enfant ? Peut-être y avait-il beaucoup de ces raisons et beaucoup de ces sentiments inexprimables qui passent comme des nuages en l'âme, dans la disgrâce muette dont il enveloppait Marguerite. Quelque grands que puissent être les grands hommes connus ou inconnus, heureux ou malheureux dans leurs tentatives, ils ont des petitesses par lesquelles ils tiennent à l'humanité. Par un double malheur, ils ne souffrent pas moins de leurs qualités que de leurs défauts ; et, peut-être Balthazar avait-il à se familiariser avec les douleurs de ses vanités blessées. La vie qu'il menait, et les soirées pendant lesquelles ces quatre personnes se trouvèrent réunies en l'absence de Marguerite, étaient donc une vie et des soirées empreintes de tristesse, remplies d'appréhensions vagues, c'étaient des jours infertiles comme des landes desséchées, où néanmoins ils glanaient quelques fleurs, rares consolations. L'atmosphère leur semblait brumeuse en l'absence de la fille aînée, qui était devenue l'âme, l'espoir et la force de cette famille.

Deux mois se passèrent ainsi, pendant lesquels Balthazar attendit patiemment sa fille. Marguerite fut ramenée à Douai par son oncle qui resta au logis au lieu de retourner à Cambrai, sans doute pour y appuyer de son autorité quelque coup d'état médité par sa nièce. Ce fut une petite fête de famille que le retour de Marguerite. Le notaire et M. de Solis avaient été invités à dîner par Félicie et par Balthazar. Quand la voiture de voyage s'arrêta devant la porte de la maison, ces quatre personnes vinrent y recevoir les voyageurs avec de grandes démonstrations de joie. Marguerite parut si heureuse de revoir les foyers paternels, que ses yeux s'emplirent de larmes quand elle traversa la cour pour arriver au parloir. En embrassant son père, ses caresses de jeune fille ne furent pas néanmoins sans arrière-pensée, elle rougissait comme une épouse coupable qui ne sait pas feindre ; mais ses regards reprirent leur pureté quand elle regarda M. de Solis, en qui elle semblait puiser la force d'achever l'entreprise qu'elle avait secrètement formée. Pendant le dîner, malgré l'allégresse qui animait les physionomies et les paroles, le père et la fille s'examinèrent avec défiance et curiosité. Balthazar ne fit à Marguerite aucune question sur son séjour à Paris, sans doute par dignité paternelle. M. de Solis imita cette réserve. Mais Pierquin, qui était habitué à connaître tous les secrets de famille, dit à Marguerite en couvrant sa curiosité sous une fausse bonhomie : — Eh bien, chère cousine, vous avez vu Paris, les spectacles...

— Je n'ai rien vu à Paris, répondit-elle, je n'y suis pas allée pour me divertir. Les jours s'y sont tristement écoulés pour moi, j'étais trop impatiente de revoir Douai.

— Si je ne m'étais pas fâché, elle ne serait pas venue à l'Opéra, où d'ailleurs elle s'est ennuyée ! dit M. Conyncks.

La soirée fut pénible, chacun était gêné, souriait mal ou s'efforçait de témoigner cette gaieté de commande sous laquelle se cachent de réelles anxiétés. Marguerite et Balthazar étaient en proie à de sourdes et cruelles appréhensions qui réagissaient sur les cœurs. Plus la soirée s'avançait, plus la contenance du père et de la fille s'altérait. Parfois Marguerite essayait de sourire, mais ses gestes, ses regards, le son de sa voix trahissaient une vive inquiétude. M. Conyncks et M. de Solis semblaient connaître la cause des secrets mouvements qui agitaient cette noble fille, et paraissaient l'encourager par des œillades expressives. Blessé d'avoir été mis en dehors d'une résolution et de démarches accomplies pour lui, Balthazar se séparait insensiblement de ses enfants et de ses amis, en affectant de garder le silence. Marguerite allait sans doute lui découvrir ce qu'elle avait décidé de lui. Or, pour un homme grand, pour un père, cette situation était intolérable. Parvenu à un âge où l'on ne dissimule rien au milieu de ses enfants, où l'étendue des idées donne de la force aux sentiments, il devenait donc de plus en plus grave, songeur et chagrin, en voyant s'approcher le moment de sa mort civile. Cette soirée renfermait une de ces crises de la vie intérieure qui ne peuvent s'expliquer que par des images. Les nuages et la foudre s'amoncelaient au ciel, et l'on riait dans la campagne ; chacun avait chaud, sentait l'orage, levait la tête et continuait sa route. M. Conyncks le premier alla se coucher et fut conduit à sa chambre par Balthazar. Pendant son absence, Pierquin et M. de Solis s'en allèrent. Marguerite fit un adieu plein d'affection au notaire; elle ne dit rien à Emmanuel, mais elle lui pressa la main en lui jetant un regard humide. Elle renvoya Félicie, et quand M. Claës revint au parloir, il y trouva sa fille seule.

— Mon bon père, lui dit-elle d'une voix tremblante, il a fallu les circonstances graves où nous sommes pour me faire quitter la maison, mais, après bien des angoisses et après avoir surmonté des difficultés inouïes, j'y reviens avec quelques chances de salut pour nous tous. Grâces à votre nom, à l'influence de notre oncle et aux protections de M. de Solis, nous avons obtenu, pour vous, une place de receveur des finances en Bretagne; elle vaut, dit-on, dix-huit à vingt mille francs par an. Notre oncle a fait le cautionnement.

— Voici votre nomination, dit-elle, en tirant une lettre de son sac. Votre séjour ici, pendant nos années de privations et de sacrifices, serait intolérable. Notre père doit rester dans une situation au moins égale à celle où il a toujours été. Je ne vous demanderai rien sur vos revenus, vous les emploierez comme bon vous semblera. Je vous supplie seulement de songer que nous n'avons pas un sou de rente, et que nous vivrons tous avec ce que Gustave nous donnera sur ses revenus. La ville ne saura rien de cette vie claustrale. Si vous étiez chez vous, vous seriez un obstacle aux moyens que nous emploierons, ma sœur et moi, pour tâcher d'y rétablir l'aisance. Est-ce abuser de l'autorité que vous m'avez donnée, que de vous mettre dans une position à refaire vous-même votre fortune? dans un an ou deux, si vous le voulez, vous serez receveur-général.

— Ainsi, Marguerite, dit doucement Balthazar, tu me chasses de ma maison.

— Je ne mérite pas un reproche aussi dur, répondit la fille en comprimant les mouvements tumultueux de son cœur. Vous reviendrez parmi nous, lorsque vous pourrez habiter votre ville natale, comme il vous convient d'y paraître. D'ailleurs, mon père, n'ai-je donc point votre parole? reprit-elle froidement. Vous devez m'obéir. Mon oncle est resté pour vous emmener en Bretagne, afin que vous ne fissiez pas seul le voyage.

— Je n'irai pas! s'écria Balthazar en se levant, je n'ai besoin du secours de personne pour rétablir ma fortune, et payer ce que je dois à mes enfants.

— Ce sera mieux, reprit Marguerite sans s'émouvoir. Je vous prierai de réfléchir à notre situation respective que je vais vous expliquer en peu de mots. Si vous restez dans cette maison, vos enfants en sortiront, afin de vous en laisser le maître.

— Marguerite! cria Balthazar.

— Puis, dit-elle en continuant sans vouloir remarquer l'irritation de son père, il faut instruire le ministre de votre refus, si vous n'acceptez pas une place lucrative et honorable que malgré nos démarches et nos protections nous n'aurions pas eue, sans quelques billets de mille francs adroitement mis par mon oncle dans le carton à chapeau d'une dame.

— Me quitter!

— Ou vous nous quitterez ou nous vous fuirons, dit-elle. Si j'étais votre seul enfant, j'imiterais ma mère, sans murmurer contre le sort que vous me feriez. Mais ma sœur et mes frères ne périront pas de faim ou de désespoir auprès de vous : je l'ai promis à celle qui mourut là... dit-elle en montrant la place du lit de sa mère. Nous vous avons caché nos douleurs, nous avons souffert en silence, aujourd'hui nos forces se sont usées. Nous ne sommes pas au bord d'un abîme, nous sommes au fond, mon père! Pour nous en tirer, il ne nous faut pas seulement du courage, il faut encore que nos efforts ne soient pas incessamment déjoués par les caprices d'une passion.

— Mes chers enfants! s'écria Balthazar en saisissant la main de Marguerite, je vous aiderai, je travaillerai, je...

— En voici les moyens, répondit-elle en lui tendant la lettre ministérielle.

— Mais, mon ange, le moyen que tu m'offres pour refaire ma fortune est trop lent! tu me fais perdre le fruit de dix années de travaux, et les sommes énormes que représente mon laboratoire. Là, dit-il en indiquant le grenier, sont toutes nos ressources.

Marguerite se leva, marcha vers la porte, en disant : — Mon père, vous choisirez!

— Ha! ma fille! vous êtes bien dure, répondit-il en s'asseyant dans un fauteuil et la laissant partir.

Le lendemain matin, Marguerite apprit par Lemulquinier que M. Claës était sorti. Cette simple annonce la fit pâlir et sa contenance fut si cruellement significative, que le vieux valet lui dit : — Soyez tranquille, mademoiselle, monsieur a dit qu'il serait revenu à onze heures pour déjeuner. Il ne s'est pas couché. A deux heures du matin, il était encore debout dans le parloir, à regarder par les fenêtres les toits du laboratoire. J'attendais dans la cuisine, je le voyais, il pleurait, il a du chagrin. Voici ce fameux mois de juillet pendant lequel le soleil est capable de nous enrichir tous, et si vous vouliez...

— Assez! dit Marguerite en devinant toutes les pensées qui avaient dû assaillir son père.

Il s'était en effet accompli chez Balthazar ce phénomène qui s'empare de toutes les personnes sédentaires. Sa vie dépendait pour ainsi dire des lieux avec lesquels il s'était identifié. Sa pensée mariée à son laboratoire et à sa maison, les lui rendait indispensables, comme l'est la Bourse aux joueurs pour qui les jours fériés sont des jours perdus. Là, étaient ses espérances; là, la seule atmosphère où ses poumons pouvaient puiser l'air vital. Cette alliance des lieux et des choses entre les hommes, si puissante chez les natures faibles, devient presque tyrannique chez les gens de science et d'étude. Quitter sa maison, c'était pour Balthazar renoncer à la science, à son problème; c'était mourir.

Marguerite fut en proie à une extrême agitation jusqu'au moment du déjeuner. La scène qui avait porté Balthazar à vouloir se tuer, lui était revenue à la mémoire, et elle craignait de voir se dénouer tragiquement la situation désespérée où se trouvait son père. Elle allait et venait dans le parloir, en tressaillant chaque fois que la sonnette de la porte retentissait. Enfin Balthazar revint; et, pendant qu'il traversa la cour, Marguerite qui étudia sa figure avec inquiétude, n'y vit que l'expression d'une douleur orageuse. Quand il entra dans le parloir, elle s'avança vers lui pour lui souhaiter le bonjour, il la saisit affectueusement par la taille, l'appuya sur son cœur, la baisa au front et lui dit à l'oreille :

— J'ai été prendre mon passe-port!

Le son de la voix, le regard résigné, le mouvement de son père, tout écrasa le cœur de la pauvre fille qui détourna la tête pour ne point laisser voir ses larmes; mais ne pouvant les réprimer, elle alla dans le jardin, et revint après y avoir pleuré à son aise. Pendant le déjeuner, Balthazar se montra gai comme un homme qui avait pris son parti.

— Nous allons donc partir pour la Bretagne, mon oncle, dit-il à M. Conyncks. J'ai toujours eu le désir de voir ce pays-là.

— On y vit à bon marché, répondit le vieil oncle.

— Mon père nous quitte? s'écria Félicie.

M. de Solis entra, il amenait Lucien.

— Vous nous le laisserez aujourd'hui, dit Balthazar en mettant son fils près de lui, je pars demain, et je veux lui dire adieu.

Emmanuel regarda Marguerite qui baissa la tête. Ce fut une journée morne, pendant laquelle chacun fut triste, et réprima des pensées ou des pleurs. Ce n'était pas une absence, c'était un exil. Puis tous sentaient instinctivement ce qu'il y avait d'humiliant pour un père, à déclarer ainsi publiquement ses désastres en acceptant une place et en quittant sa famille à l'âge de Balthazar. Lui seul fut aussi grand que Marguerite était ferme, et parut accepter noblement cette pénitence des fautes que l'emportement du génie lui avait fait commettre. Quand la soirée fut passée et que le père et la fille furent seuls, Balthazar qui, pendant toute la journée, s'était montré tendre et affectueux, comme il l'était durant les beaux jours de sa vie patriarcale, tendit la main à Marguerite et lui dit avec une sorte de tendresse mêlée de désespoir : — Es-tu contente de ton père?

— Vous êtes digne de celui-là, répondit Marguerite en montrant le portrait de Van Claës.

Le lendemain matin, Balthazar, suivi de Lemulquinier, monta dans son laboratoire comme pour faire ses adieux aux espérances qu'il avait caressées et que ses opérations commencées lui représentaient vivantes. Le maître et le valet se jetèrent un regard plein de mélancolie en entrant dans le grenier qu'ils allaient quitter peut-être pour toujours. Balthazar contempla ces machines sur lesquelles sa pensée avait si longtemps plané, car chacune était liée au souvenir d'une recherche, ou d'une expérience. Il ordonna d'un air triste à Lemulquinier de faire évaporer des gaz ou des acides dangereux, de séparer des substances qui auraient pu produire des explosions; et, tout en prenant ces soins, il proférait des regrets amers, comme en exprime un condamné à mort, avant d'aller à l'échafaud.

— Voici pourtant, dit-il en s'arrêtant devant une capsule dans laquelle plongeaient les deux fils d'une pile de Volta, une expérience dont je devrais attendre le résultat. Si elle réussissait, affreuse pensée! mes enfants ne chasseraient pas de sa maison un père qui jetterait des diamants à leurs pieds. — Voilà une combinaison de carbone et de soufre, ajouta-t-il en se parlant à lui-même, dans laquelle le carbone joue le rôle de corps électro-positif; la cristallisation doit commencer au pôle négatif; et, dans le cas de décomposition, le carbone s'y porterait cristallisé....

— Ha! ça se ferait comme ça! dit Lemulquinier

en contemplant son maître avec admiration.
— Or, reprit Balthazar après une pause, la combinaison est soumise à l'influence de cette pile qui est assez faible pour agir...
— Si monsieur veut, je vais en augmenter l'effet...
— Non, non, il faut la laisser telle qu'elle est. Le repos est une condition essentielle à la cristallisation...
— Parbleu, faut qu'elle prenne son temps cette cristallisation! s'écria le valet de chambre.
— Si la température baisse, le sulfure de carbone se cristallisera, dit Balthazar en continuant d'exprimer par lambeaux les pensées indistinctes d'une méditation complète dans son entendement; mais si l'action de la pile opère dans certaines conditions que j'ignore... Il faudrait surveiller cela... il est possible... Mais à quoi pensé-je? Il ne s'agit plus de chimie, il faut aller gérer une recette en Bretagne!

M. Claës sortit précipitamment, et descendit pour faire un dernier déjeuner de famille auquel assistèrent Pierquin et M. de Solis. Puis Balthazar, pressé d'en finir avec son agonie scientifique, dit adieu à ses enfants et monta en voiture avec son oncle. Toute la famille l'accompagna sur le seuil de la porte. Là, quand Marguerite eut embrassé son père par une étreinte désespérée, à laquelle il répondit en lui disant à l'oreille : — Tu es une bonne fille, et je ne t'en voudrai jamais! elle franchit la cour, se sauva dans le parloir, s'agenouilla à la place où sa mère était morte, et fit une ardente prière à Dieu pour lui demander la force d'accomplir les rudes travaux de sa nouvelle vie. Elle était déjà fortifiée par une voix intérieure qui lui avait jeté dans le cœur les applaudissements des anges et les remercîments de sa mère, quand sa sœur, son frère, Emmanuel et Pierquin rentrèrent après avoir regardé la calèche jusqu'à ce qu'ils ne la vissent plus.

— Maintenant, mademoiselle, qu'allez-vous faire? lui dit Pierquin.

— Sauver la maison! répondit-elle avec simplicité. Nous possédons près de treize cents arpents à Waignies. Mon intention est de les faire défricher, les partager en trois fermes, construire les bâtiments nécessaires à leur exploitation, les louer; et je crois qu'en quelques années, avec beaucoup d'économie et de patience, chacun de nous, dit-elle en montrant sa sœur et son frère, aura une ferme de quatre cents et quelques arpents qui pourra valoir, un jour, près de quinze mille francs de rente.

Mon frère Gustave gardera pour part cette maison et ce qu'il possède sur le Grand-Livre. Puis nous rendrons un jour à notre père sa fortune dégagée de toute obligation en consacrant nos revenus à l'acquittement de ses dettes.

— Mais, chère cousine, dit le notaire stupéfait de cette entente des affaires et de la froide raison de Marguerite, il vous faut plus de deux cent mille francs pour défricher vos terrains, bâtir vos fermes, et acheter des bestiaux? Où prendrez-vous cette somme?

— Là commencent mes embarras, dit-elle, en regardant alternativement le notaire et M. de Solis. Je n'ose le demander à mon oncle qui a déjà fait le cautionnement de mon père?

— Vous avez des amis? s'écria Pierquin, en voyant tout à coup que les demoiselles Claës *seraient encore des filles de plus de quatre cent mille francs.*

Emmanuel de Solis regarda Marguerite avec attendrissement, mais, malheureusement pour lui, Pierquin resta notaire au milieu de son enthousiasme et reprit ainsi : — Moi, je vous les offre ces deux cent mille francs!

Emmanuel et Marguerite se consultèrent par un regard qui fut un trait de lumière pour Pierquin. Félicie rougit excessivement, tant elle était heureuse de trouver son cousin aussi généreux qu'elle le souhaitait. Elle regarda sa sœur qui, tout à coup, devina que pendant l'absence qu'elle avait faite, la pauvre fille s'était laissé prendre à quelques banales galanteries de Pierquin.

— Vous ne me payerez que six pour cent d'intérêt, dit-il. Vous me rembourserez quand vous voudrez, et vous me donnerez une hypothèque sur vos terrains. Mais soyez tranquille, vous n'aurez que les déboursés à payer pour tous vos contrats, je vous trouverai de bons fermiers, et ferai vos affaires gratuitement afin de vous aider en bon parent.

Emmanuel fit un signe à Marguerite pour l'engager à refuser; mais elle était trop occupée à étudier les changements qui nuançaient la physionomie de sa sœur pour s'en apercevoir. Après une pause, elle regarda le notaire d'un air ironique et lui dit d'elle-même, à la grande joie de M. de Solis : — Vous êtes un bien bon parent, je n'attendais pas moins de vous; mais l'intérêt à six pour cent retarderait trop notre libération, j'attendrai la majorité de mon frère et nous vendrons ses rentes.

Pierquin se mordit les lèvres, et Emmanuel se mit à sourire doucement.

— Félicie, ma chère enfant, reconduis Lucien au collège, Martha t'accompagnera, dit Marguerite en montrant son frère. — Lucien, mon ange, sois bien sage, ne déchire pas tes habits, nous ne sommes pas assez riches pour te les renouveler aussi souvent que nous le faisions! Allons, vas, étudie bien.

Félicie sortit avec son frère.

— Mon cousin, dit Marguerite à Pierquin, et vous monsieur, dit-elle à M. de Solis, vous êtes sans doute venus voir mon père pendant mon absence, je vous remercie de ces preuves d'amitié. Vous ne ferez sans doute pas moins pour deux pauvres filles qui vont avoir besoin de conseils. Entendons-nous à ce sujet! Quand je serai en ville, je vous recevrai toujours avec le plus grand plaisir; mais quand Félicie sera seule ici avec Jossette et Martha, je n'ai pas besoin de vous dire qu'elle ne doit voir personne; fût-ce un vieil ami, et le plus dévoué de nos parents. Dans les circonstances où nous nous trouvons, notre conduite doit être d'une irréprochable sévérité. Nous voici donc pour longtemps vouées au travail et à la solitude.

Le silence régna pendant quelques instants. Emmanuel abîmé dans la contemplation de la tête de Marguerite, semblait muet, et Pierquin ne savait que dire. Il prit congé de sa cousine, en éprouvant un mouvement de rage contre lui-même; car il avait deviné tout à coup que Marguerite aimait Emmanuel, et qu'il venait de se conduire en vrai sot.

— Ha ça, Pierquin, mon ami, se dit-il en s'apostrophant lui-même dans la rue, un homme qui te dirait que tu es un grand animal, aurait raison. Suis-je bête? J'ai douze mille livres de rentes, en dehors de ma charge, sans compter la succession de mon oncle Des Racquets, dont je suis le seul héritier, et qui me doublera ma fortune un jour ou l'autre (enfin, je ne lui souhaite pas de mourir, il est économe!) Et j'ai l'infamie de demander des intérêts à mademoiselle Claës! Je suis sûr qu'à eux deux ils se moquent maintenant de moi. Je ne dois plus penser à Marguerite! Non. Après tout, Félicie est une douce et bonne petite créature qui me convient mieux. Marguerite a un caractère de fer, elle voudrait me dominer, et elle me dominerait! Allons, montrons-nous généreux, ne soyons pas tant notaire! je ne peux donc pas secouer ce harnais-là? Sac à papier, je vais me mettre à aimer Félicie, je ne bouge pas de ce sentiment là! Fourche! elle aura une ferme de quatre cent trente arpents, qui, dans un temps donné, vaudra entre douze et quatorze mille livres de rente, car les terrains de Waignies sont bons. Que mon oncle Des Racquets meure, pauvre bonhomme! je vends mon étude et je suis un homme de quaran-te-mil-le-li-vres-de-ren-te. Ma femme est une Claës, je suis allié à des maisons considérables!... Diantre, nous verrons si les Court-de-ville, les Magalhens, les Savaron de Savarus, refuseront de venir chez un Pierquin-Claës-Molina-Nourho. Je serai maire de Douai, j'aurai la croix, je puis être député, j'arrive à tout. Ha ça! Pierquin, mon garçon, tiens-toi là? Ne faisons plus de sottises! d'autant, que ma parole d'honneur, Félicie... mademoiselle Félicie Claës, elle t'aime.

Quand les deux amants furent seuls, Emmanuel tendit sa main à Marguerite qui lui donna la sienne; ils se levèrent par un mouvement unanime en se dirigeant vers leur banc dans le jardin; mais au milieu du parloir, l'amant ne put résister à sa joie, et d'une voix que l'émotion rendit tremblante, il dit à Marguerite: — J'ai trois cent mille francs à vous!...

— Comment, s'écria-t-elle, ma pauvre mère vous aurait encore confié?... Non. Quoi?

— Oh! ma Marguerite, ce qui est à moi n'est-il pas à vous?

— Cher Emmanuel! dit-elle en lui pressant la main.

Puis, au lieu d'aller au jardin, elle se jeta dans la bergère.

— N'est-ce pas à moi de vous remercier, dit-il avec sa voix d'amour, puisque vous acceptez.

— Ce moment, dit-elle, mon cher bien-aimé, efface bien des douleurs, et rapproche un heureux souvenir! Oui, j'accepte ta fortune, reprit-elle en laissant errer sur ses lèvres un sourire d'ange; je sais le moyen de la faire mienne.

Elle regarda le portrait de Van Claës comme pour avoir un témoin. Le jeune homme, qui suivait les regards de Marguerite, ne lui vit pas tirer de son doigt une bague de jeune fille, et il ne s'aperçut de ce geste qu'au moment où il entendit ces paroles:

— Au milieu de nos profondes misères, il se trouve un bonheur. Mon père me laisse, par insouciance, la libre disposition de moi-même, dit-elle en lui tendant la bague. Prends, Emmanuel? Ma mère te chérissait, elle t'aurait choisi!

Les larmes lui vinrent aux yeux, il pâlit, tomba sur ses genoux, et dit à Marguerite, en lui donnant un anneau qu'il portait toujours: — Voici l'alliance de ma mère!

— Marguerite, n'aurai-je donc d'autre gage que ceci ! dit-il en baisant la bague.

Elle se baissa pour apporter son front aux lèvres d'Emmanuel.

— Hélas ! mon pauvre aimé, ne faisons-nous pas là quelque chose de mal, dit-elle tout émue, car nous attendrons longtemps.

— Mon oncle disait que l'adoration était le pain de la patience, en parlant du chrétien qui aime Dieu. Je puis t'aimer ainsi, car je t'ai depuis longtemps confondue avec le Seigneur de toutes choses ; je suis à lui comme je suis à toi.

Ils restèrent pendant quelques moments en proie à la plus douce exaltation. Ce fut la sincère et calme effusion d'un sentiment qui, semblable à une source trop pleine, débordait par de petites vagues incessantes. Les événements qui les séparaient pour un temps étaient un sujet de mélancolie qui rendit leur bonheur plus vif, en lui donnant quelque chose d'aigu comme la douleur. Félicie revint trop tôt pour eux. Emmanuel, éclairé par le tact délicieux qui fait tout deviner en amour, laissa les deux sœurs seules, après avoir échangé avec Marguerite un regard où elle put voir tout ce que lui coûtait cette discrétion, car il y exprima combien il était avide de ce bonheur désiré si longtemps et qui venait d'être consacré par les fiançailles du cœur.

— Viens ici, petite sœur, dit Marguerite en prenant Félicie par le cou.

Puis, la ramenant dans le jardin, elles allèrent s'asseoir sur le banc auquel chaque génération avait confié ses paroles d'amour, ses soupirs de douleur, ses méditations et ses projets. Malgré le ton joyeux et l'aimable finesse du sourire de sa sœur, Félicie éprouvait une émotion qui ressemblait à un mouvement de peur. Marguerite lui prit la main et la sentit trembler.

— Mademoiselle Félicie, dit l'aînée en s'approchant de l'oreille de sa sœur, je lis dans votre âme. Pierquin est venu souvent pendant mon absence, il est venu tous les soirs, il vous a dit de douces paroles, et vous les avez écoutées.

Félicie rougit.

— Ne t'en défends pas, mon ange, reprit Marguerite, il est si naturel d'aimer ! Peut-être ta chère âme changera-t-elle un peu la nature du cousin : il est égoïste, intéressé, mais c'est un honnête homme ; et sans doute ses défauts serviront à ton bonheur. Il t'aimera comme la plus jolie de ses propriétés, tu feras partie de *ses affaires*. Pardonne-moi ce mot, chère amie ? tu le corrigeras des mauvaises habitudes qu'il a prises de ne voir partout que des intérêts, en lui apprenant ce que sont les *affaires de cœur*.

Félicie ne put qu'embrasser sa sœur.

— D'ailleurs, reprit Marguerite, il a de la fortune ; sa famille est de la plus haute et de la plus ancienne bourgeoisie. Mais serait-ce donc moi qui m'opposerais à ton bonheur si tu veux le trouver dans une condition médiocre ?...

Félicie laissa échapper ces mots : — Chère sœur !

— Oh oui, tu peux te confier à moi, s'écria Marguerite. Quoi de plus naturel que de nous dire nos secrets.

Ce mot plein d'âme détermina l'une de ces causeries délicieuses où les jeunes filles se disent tout. Puis, quand Marguerite, que l'amour avait fait experte, eut reconnu l'état du cœur de Félicie, elle finit en lui disant : — Hé bien, ma chère enfant, assurons-nous que le cousin t'aime véritablement ; et... alors...

— Laisse-moi faire, répondit Félicie en riant, j'ai mes modèles.

— Folle ! dit Marguerite en la baisant au front.

Quoique Pierquin appartînt à cette classe d'hommes qui, dans le mariage, voient des obligations, l'exécution des lois sociales, et un mode pour la transmission des propriétés ; qu'il lui fût indifférent d'épouser ou Félicie ou Marguerite, si l'une ou l'autre avaient le même nom et la même dot, il s'aperçut néanmoins que toutes deux étaient, suivant une de ses expressions, des *filles romanesques et sentimentales*, deux adjectifs dont les gens sans cœur se servent pour se moquer des dons que la nature sème d'une main parcimonieuse à travers les sillons de l'humanité. Le notaire se dit sans doute qu'il fallait hurler avec les loups. Le lendemain, il vint voir Marguerite et l'emmena mystérieusement dans le petit jardin, pour commencer à parler sentiment, puisque c'était une des clauses du contrat primitif qui devait précéder le contrat notarié.

— Chère cousine, lui dit-il, nous n'avons pas toujours été du même avis sur les moyens à prendre pour arriver à la conclusion heureuse de vos affaires ; mais vous devez reconnaître aujourd'hui que j'ai toujours été guidé par un grand désir de vous être utile. Hé bien, hier j'ai gâté mes offres par une fatale habitude que nous donne *l'esprit notaire*, comprenez-vous ? Mon cœur n'était pas complice de ma sottise. Je vous ai bien aimée ; mais nous avons une certaine perspicacité, nous.

autres, et je me suis aperçu que je ne vous plaisais pas ; c'était ma faute ! Un autre a été plus adroit. Hé bien, je viens vous avouer tout *bonifacement* que j'éprouve un amour réel pour votre sœur Félicie. Traitez-moi donc comme un frère? puisez dans ma bourse, prenez à même ! Allez, plus vous prendrez, plus vous me prouverez d'amitié. Je suis tout à vous, *sans intérêt*, entendez-vous ? ni à douze, ni à un pour cent. Que je sois trouvé digne de Félicie, et je suis content. Pardonnez-moi mes défauts, ils ne viennent que de la pratique des affaires ; le cœur est bon, et je me jetterais dans la Scarpe plutôt que de ne pas rendre ma femme heureuse.

— Voilà qui est bien, cousin ! dit Marguerite, mais ma sœur dépend d'elle et de notre père...

— Je sais cela, ma chère cousine, dit le notaire, mais vous êtes la mère de toute la famille, et je n'ai rien plus *à cœur* que de vous rendre juge du *mien*.

Cette façon de parler peint assez bien l'esprit de l'honnête Pierquin. Plus tard, il devint célèbre par sa réponse au commandant du camp de Saint-Omer, qui l'avait prié d'assister à une fête militaire et qui fut ainsi conçue : *Monsieur Pierquin-Claës de Molina-Nourho, maire de la ville de Douai, chevalier de la Légion-d'honneur, aura* celui *de se rendre, etc.*

Marguerite accepta l'assistance du notaire, mais seulement dans tout ce qui pouvait concerner sa profession, afin de ne compromettre en rien ni sa dignité de femme, ni l'avenir de sa sœur, ni les déterminations de son père.

Ce jour même elle confia sa sœur à la garde de Jossette et de Martha, qui se vouèrent corps et âme à leur jeune maîtresse, dont elles secondèrent les plans d'économie ; puis, Marguerite partit aussitôt pour Waignies où elle commença ses opérations qui furent savamment dirigées par Pierquin ; car le dévouement s'étant chiffré dans l'esprit du notaire, comme une excellente spéculation, ses soins, ses peines, furent en quelque sorte une mise de fonds qu'il ne voulut point épargner. D'abord, il tenta d'éviter à Marguerite la peine de défricher et de labourer les terres destinées à ses fermes. Il trouva trois jeunes fils de fermiers riches qui désiraient s'établir, les séduisit par la perspective que leur offrait la richesse de ces terrains, et réussit à leur faire prendre à bail les trois fermes qui allaient se construire. Moyennant l'abandon du prix de la ferme pendant un an, ils s'engagèrent à en donner dix mille francs de loyer dès la seconde année, douze mille à la troisième, et quinze mille pendant le reste du bail ; à creuser les fossés, faire les plantations et acheter les bestiaux. Pendant que les fermes se bâtirent, les fermiers vinrent défricher leurs terres. Ainsi, vingt mois après le départ de Balthazar, Marguerite avait déjà presque rétabli la fortune de son frère et de sa sœur. Deux cent mille francs suffirent à payer toutes les constructions. Ni les secours ni les conseils ne manquèrent à cette courageuse fille dont la conduite excitait l'admiration de la ville. Marguerite surveilla ses bâtisses, l'exécution de ses marchés et de ses baux, avec ce bon sens, cette activité, cette constance que savent déployer les femmes quand elles sont animées par un grand sentiment. Dès la troisième année, elle put consacrer quarante-cinq mille francs de revenu que donnèrent les fermes, puis, les rentes de son frère et le produit des biens paternels, à l'acquittement des capitaux hypothéqués, et à la réparation des dommages que la passion de Balthazar avait faits dans sa maison. L'amortissement alla donc dans une grande progression par la décroissance des intérêts. Emmanuel de Solis offrit d'ailleurs à Marguerite les cent mille francs qui lui restaient sur la succession de son oncle et qu'elle n'avait pas employés, en y joignant une vingtaine de mille francs de ses économies, en sorte que dès la première année de sa gestion, elle put acquitter une assez forte somme de dettes. Cette vie de courage, de privations et de dévouement ne se démentit point durant cinq années ; mais tout fut d'ailleurs succès et réussite sous l'administration et l'influence de Marguerite. Devenu ingénieur des ponts-et-chaussées, Gabriel, qui avait aidé par son grand-oncle Conyncks, fit une rapide fortune dans l'entreprise d'un canal qu'il construisit, et sut plaire à sa cousine mademoiselle Conyncks, que son père adorait et qui était l'une des plus riches héritières des deux Flandres.

En 1823, les biens de M. Claës se trouvèrent libres, et la maison de la rue de Paris avait presque réparé ses pertes de mobilier. M. Pierquin demanda positivement la main de Félicie à Balthazar, de même que M. de Solis sollicita celle de Marguerite. Au commencement du mois de janvier 1824, Marguerite et M. Conyncks partirent pour aller chercher le père exilé dont chacun désirait vivement le retour, et qui donna sa démission afin de rester au milieu de sa famille dont il devait sanctionner le bonheur.

En l'absence de Marguerite, qui souvent avait

exprimé le regret de ne pouvoir remplir les cadres vides de la galerie et des appartements de réception, pour le jour où son père reprendrait sa maison, M. Pierquin et M. de Solis complotèrent avec Félicie de préparer à Marguerite une surprise, qui ferait participer en quelque sorte la sœur cadette à la restauration de la maison Claës. Tous deux avaient acheté à Félicie plusieurs beaux tableaux qu'ils lui offrirent pour décorer la galerie. M. Conyncks avait eu la même idée. Voulant témoigner à Marguerite la satisfaction que lui causait sa noble conduite et son dévouement à remplir le mandat que lui avait légué sa mère, il avait pris des mesures pour qu'on apportât une cinquantaine de ses plus belles toiles et quelques-unes de celles que Balthazar avait jadis vendues, en sorte que la galerie Claës fut presque entièrement remeublée.

Marguerite était déjà venue plusieurs fois voir son père, accompagnée de sa sœur ou de Lucien; chaque fois, elle l'avait trouvé progressivement plus changé; mais depuis sa dernière visite, la vieillesse s'était manifestée chez Balthazar par d'effrayants symptômes à la gravité desquels contribuait sans doute la parcimonie avec laquelle il vivait, afin de pouvoir employer la plus grande partie de ses appointements à faire des expériences qui trompaient toujours son espoir. Quoiqu'il ne fût âgé que de soixante-cinq ans, il avait l'apparence d'un octogénaire. Ses yeux s'étaient profondément enfoncés dans leurs orbites; ses sourcils avaient blanchi; quelques cheveux lui garnissaient à peine la nuque; il laissait croître sa barbe qu'il coupait avec des ciseaux quand elle le gênait; il était courbé comme un vieux vigneron; puis le désordre de ses vêtements avait repris un caractère de misère que la décrépitude rendait hideux. Quoiqu'une pensée forte animât ce grand visage dont les traits ne se voyaient plus sous les rides, la fixité du regard, un air désespéré, une constante inquiétude, y gravaient les diagnostics de la démence, ou plutôt de toutes les démences ensemble. Tantôt il y apparaissait un espoir qui donnait à Balthazar l'expression du monomane; tantôt, l'impatience de ne pas deviner un secret qui se présentait à lui comme un feu follet y mettait les symptômes de la fureur; puis tout à coup un rire éclatant trahissait la folie; enfin, la plupart du temps l'abattement le plus complet résumait toutes les nuances de sa passion par la froide mélancolie de l'idiot. Quelque fugaces et imperceptibles que fussent ces expressions pour des étrangers, elles étaient malheureusement trop sensibles pour ceux qui connaissaient un Claës sublime de bonté, grand par le cœur, beau de visage et dont il n'existait plus que de rares vestiges.

Vieilli, lassé comme son maître, par de constants travaux, Lemulquinier n'avait pas eu à subir, comme lui, les fatigues de la pensée; aussi sa physionomie offrait-elle un singulier mélange d'inquiétude et d'admiration pour son maître, auquel il était facile de se méprendre. En effet, quoiqu'il en écoutât la moindre parole avec respect, qu'il en suivît les moindres mouvements avec une sorte de tendresse, il en avait soin comme une mère a soin d'un enfant; et souvent il pouvait avoir l'air de le protéger, parce qu'il le protégeait véritablement dans les vulgaires nécessités de la vie auxquelles Balthazar ne pensait jamais. Ces deux vieillards enveloppés par une idée, confiants dans la réalité de leur espoir, agités par le même souffle, l'un représentant l'enveloppe et l'autre l'âme de leur existence commune, formaient un spectacle à la fois horrible et attendrissant.

Lorsque Marguerite et M. Conyncks arrivèrent, ils trouvèrent M. Claës établi dans une auberge, car son successeur ne s'était pas fait attendre et avait déjà pris possession de la place. A travers les préoccupations de la science, il s'était ému dans son cœur un désir de revoir sa patrie, sa maison, sa famille; puis, la lettre de sa fille lui ayant annoncé des événements heureux, il songeait à couronner sa carrière par une série d'expériences qui devait le mener enfin à la découverte de son problème; et il attendait donc Marguerite avec une excessive impatience.

La fille se jeta dans les bras de son père en pleurant de joie; cette fois, elle venait chercher la récompense d'une vie douloureuse, et le pardon de sa gloire domestique; car elle se sentait criminelle à la manière des grands hommes qui violent les libertés pour sauver la patrie. Mais en contemplant son père, elle frémit en reconnaissant les changements qui, depuis sa dernière visite, s'étaient opérés en lui. M. Conyncks partagea le secret effroi de sa nièce, et insista pour emmener au plus tôt son cousin à Douai dont l'influence pouvait le rendre à la raison, à la santé, en le rendant à la vie heureuse du foyer domestique. Après les premières effusions de cœur qui furent plus vives de la part de Balthazar que Marguerite ne le croyait, il eut pour elle des attentions singulières. Il témoigna le regret de la recevoir dans une mauvaise chambre d'auberge; il s'informa de ses goûts, lui demanda ce qu'elle voulait pour ses repas, avec les soins empressés d'un amant; il eut enfin les manières d'un coupable qui veut s'assurer de son juge. Marguerite connaissait si bien son père qu'elle devina le motif de cette tendresse, en supposant qu'il pouvait avoir en ville quelques dettes, dont il voulait s'acquitter avant son départ. Elle observa pendant quelque temps son père, et vit alors le cœur humain à nu. Balthazar s'était rapetissé; le sentiment de son abaissement, l'isolement dans lequel le mettait la science, l'avaient rendu timide et enfant dans toutes les questions étrangères à ses occupations favorites. Puis, sa fille aînée lui imposait. Le souvenir de son dévouement passé, de la force qu'elle avait déployée, la conscience du pouvoir qu'il lui avait laissé prendre, la fortune dont elle disposait et les sentiments indéfinissables qui s'étaient emparés de lui, depuis le jour où il avait abdiqué sa paternité déjà compromise, la lui avaient sans doute grandie de jour en jour. M. Conyncks semblait n'être rien à ses yeux; il ne voyait que sa fille et ne pensait qu'à elle, en paraissant la redouter comme certains maris faibles redoutent la femme supérieure qui les a subjugués. Lorsqu'il levait les yeux sur elle, Marguerite y surprenait avec douleur une expression de crainte, semblable à celle d'un enfant qui se sent fautif. Elle ne savait comment concilier la majestueuse et terrible expression de ce crâne dévasté par la science et par les travaux, avec le sourire puéril, avec la servilité naïve qui se peignaient sur les lèvres et dans la physionomie de Balthazar. Elle fut blessée du contraste que présentaient cette grandeur et cette petitesse, et se promit d'employer son influence à faire reconquérir à son père toute sa dignité, pour le jour solennel où il allait reparaître au sein de sa famille. D'abord, elle saisit un moment où ils se trouvèrent seuls pour lui dire à l'oreille : — Devez-vous quelque chose ici?

Balthazar rougit et lui répondit d'un air embarrassé : — Je ne sais pas!... Mais Lemulquinier te le dira, car il est plus au fait de mes affaires que je ne le suis moi-même.

Marguerite sonna le valet de chambre, et quand il vint, elle étudia presque involontairement la physionomie des deux vieillards.

— Monsieur désire quelque chose? demanda Lemulquinier.

Marguerite qui était tout orgueil et pleine de noblesse, eut un serrement de cœur en s'apercevant au ton et au maintien du valet, qu'il s'était établi quelque familiarité mauvaise entre son père et lui.

— Mon père ne peut donc pas faire sans vous le compte de ce qu'il doit ici, dit Marguerite.

— Monsieur, reprit Lemulquinier, doit...

A ces mots, Balthazar fit à son valet de chambre un signe d'intelligence que Marguerite surprit et dont elle fut humiliée.

— Dites-moi tout ce que doit mon père! s'écria-t-elle.

— Ici, monsieur doit un millier d'écus à un apothicaire qui tient l'épicerie en gros, et qui nous a fourni des potasses caustiques, du plomb, du zinc, et des réactifs.

— Est-ce tout? dit Marguerite.

Balthazar réitéra un signe affirmatif à Lemulquinier qui, fasciné par son maître, répondit : — Oui, mademoiselle.

— Hé bien, reprit-elle, je vais vous les remettre.

Balthazar embrassa joyeusement sa fille en lui disant : — Tu es un ange pour moi, mon enfant. Et il respira plus à l'aise, en la regardant d'un œil moins triste. Mais, malgré cette joie, Marguerite aperçut facilement sur son visage les signes d'une profonde inquiétude, et jugea que ces mille écus constituaient seulement les dettes criardes du laboratoire.

— Soyez franc, mon père, dit-elle en se laissant asseoir sur ses genoux par lui, vous devez encore quelque chose? Avouez-moi tout, revenez dans votre maison sans conserver un principe de crainte au milieu de la joie générale.

— Ma chère Marguerite, dit-il en lui prenant les mains et les lui baisant avec une grâce qui semblait être un souvenir de sa jeunesse, tu me gronderas...

— Non, dit-elle.

— Vrai! répondit-il en laissant échapper un geste de joie enfantine, je puis donc tout te dire, tu payeras...

— Oui, dit-elle en réprimant des larmes qui lui venaient aux yeux.

— Hé bien, je dois..... Oh! je n'ose pas....

— Mais dites donc, mon père!

— C'est considérable, reprit-il.

Elle joignit les mains par un mouvement de désespoir.

— Je dois... trente mille francs à MM. Protez et Chiffreville.

— Trente mille francs, dit-elle, ce sont mes économies! Mais j'ai du plaisir à vous les offrir, ajouta-t-elle en lui baisant le front avec respect.

Il se leva, prit sa fille dans ses bras, et tourna tout autour de sa chambre en la faisant sauter comme un enfant; puis, il la remit sur le fauteuil où elle était, en s'écriant : — Ma chère enfant, tu es un trésor d'amour! Je ne vivais plus. Les Chiffreville m'ont écrit trois lettres menaçantes et voulaient me poursuivre, moi qui leur ai fait faire une fortune!

— Mon père! dit Marguerite avec un accent de désespoir, vous cherchez donc toujours!...

— Toujours, dit-il avec un sourire de fou. Je trouverai. Si tu savais où nous en sommes.

— Qui, nous?...

— Je parle de Mulquinier, il a fini par me comprendre, il m'aide bien? Pauvre garçon, il m'est si dévoué!

M. Conyncks interrompit la conversation en entrant; car Marguerite fit signe à son père de se taire en craignant qu'il ne se déconsidérât aux yeux de leur oncle. Elle était épouvantée des ravages que la préoccupation avait faits dans cette grande intelligence, absorbée toute dans la recherche d'un problème peut-être insoluble. Balthazar, qui ne voyait sans doute rien au delà de ses fourneaux, ne devinait même pas la libération de sa fortune.

Le lendemain ils partirent pour la Flandre, et le voyage fut assez long pour que Marguerite pût acquérir de confuses lumières sur la situation dans laquelle se trouvaient son père et Lemulquinier. Le valet avait-il sur le maître cet ascendant que savent prendre sur les plus grands esprits les gens sans éducation qui se sentent nécessaires et qui, de concession en concession, savent marcher vers la domination, avec la persistance que donne une idée fixe? Ou bien le maître avait-il contracté pour son valet cette espèce d'affection qui naît de l'habitude, et semblable à celle qu'un ouvrier a pour son outil créateur, que l'Arabe a pour son coursier libérateur. Marguerite épia quelques faits pour se décider, en se proposant de soustraire Balthazar à un joug humiliant, s'il était réel. En passant à Paris, elle y resta durant quelques jours pour y acquitter les dettes de son père, et prier les fabricants de produits chimiques de ne rien envoyer à Douai sans l'avoir prévenue à l'avance des demandes que leur ferait M. Claës. Elle obtint de son père qu'il changeât de costume, et reprit les habitudes de toilette convenables à un homme de son rang. Cette restauration corporelle rendit à Balthazar une sorte de dignité physique qui fut de bon augure pour un changement d'idées. Bientôt sa fille, heureuse par avance de toutes les surprises qui attendaient son père dans sa propre maison, repartit pour Douai.

A trois lieues de cette ville, Balthazar trouva sa fille Félicie à cheval, escortée par ses deux frères, par Emmanuel, par Pierquin et par les plus intimes amis des trois familles. Le voyage l'avait nécessairement distrait de ses pensées habituelles; l'aspect de la Flandre avait agi sur son cœur; aussi, quand il aperçut le joyeux cortège que lui formaient sa famille et ses amis, éprouva-t-il des émotions si vives que ses yeux devinrent humides, sa voix trembla, ses paupières se rougirent, et il embrassa si passionnément ses enfants sans pouvoir les quitter, que les spectateurs de cette scène furent émus aux larmes. Lorsqu'il revit sa maison, il pâlit, et sauta hors de la voiture de voyage avec l'agilité d'un jeune homme; il respira l'air de la cour avec délice, et se mit à regarder les moindres détails avec un plaisir qui débordait dans ses gestes; enfin, il se redressa, et sa physionomie redevint jeune. Quand il entra dans le parloir, il eut des pleurs aux yeux en y voyant, par l'exactitude avec laquelle sa fille avait reproduit ses anciens flambeaux d'argent vendus, que les désastres devaient être entièrement réparés. Un déjeuner splendide était servi dans la salle à manger, dont les dressoirs avaient été remplis de curiosités et d'argenterie d'une valeur au moins égale à celle des pièces qui s'y trouvaient jadis. Quoique ce repas de famille durât longtemps, il suffit à peine aux récits que Balthazar exigeait de chacun de ses enfants. La secousse imprimée à son moral par ce retour, lui fit épouser le bonheur de sa famille dont il se montra bien le père. Ses manières reprirent leur ancienne noblesse, et, comme dans le premier moment, il fut tout à la jouissance de la possession, sans se demander compte des moyens par lesquels il recouvrait tout ce qu'il avait perdu; sa joie fut entière et pleine. Le déjeuner fini, les quatre enfants, le père et Pierquin le notaire passèrent dans le parloir où Balthazar ne vit pas sans inquiétude des papiers timbrés qu'un clerc avait apportés sur une table devant laquelle il se tenait, comme pour assister son patron. Tous les enfants s'assirent et Balthazar étonné resta debout devant la cheminée.

— Ceci, dit Pierquin, est le compte de tutelle que rend M. Claës à ses enfants. Quoique ce ne soit pas très-amusant, ajouta-t-il, en riant à la façon des notaires qui prennent assez généralement un ton plaisant pour parler des affaires les plus sérieuses, il faut absolument que vous l'écoutiez.

Quoique les circonstances justifiassent cette phrase, M. Claës à qui sa conscience rappelait le passé de sa vie, l'accepta comme un reproche et fronça les sourcils. Le clerc commença la lecture ; et alors l'étonnement de Balthazar alla croissant à mesure que cet acte se déroulait. Il y était établi d'abord que la fortune de sa femme montait au moment du décès à seize cent mille francs environ, et la conclusion de cette reddition de compte fournissait clairement à chacun de ses enfants une part entière, comme aurait pu la gérer un bon et soigneux père de famille. Il en résultait que sa maison était libre de toute hypothèque, qu'il était chez lui, et que ses biens ruraux étaient également dégagés. Lorsque les divers actes furent signés, Pierquin lui présenta les quittances des sommes qu'il avait jadis empruntées et les main-levées des inscriptions qui pesaient sur ses propriétés. En ce moment, Balthazar qui recouvrait à la fois l'honneur de l'homme, la vie du père, la considération du citoyen, tomba dans un fauteuil, et chercha Marguerite, qui, par une de ces sublimes délicatesses de femme, s'était absentée pendant cette lecture afin de voir si toutes ses intentions avaient été bien remplies pour la fête. Chacun des membres de la famille comprit la pensée du vieillard au moment où ses yeux faiblement humectés demandaient sa fille que tous voyaient en ce moment, par les yeux de l'âme, comme un ange de force et de lumière. Lucien l'alla chercher, Balthazar entendit le pas de sa fille, et courut la serrer dans ses bras.

— Mon père, lui dit-elle au pied de l'escalier où le vieillard la saisit pour l'étreindre, je vous en supplie, ne diminuez en rien votre sainte autorité. Remerciez-moi, devant toute la famille, d'avoir bien accompli vos intentions, et soyez ainsi le seul auteur du bien qui a pu se faire ici.

Balthazar leva les yeux au ciel, regarda sa fille, se croisa les bras, et dit après une pause pendant laquelle son visage reprit une expression que ses enfants ne lui avaient pas vue depuis dix ans :

— Que n'es-tu là, Pepita, pour admirer notre enfant!

Il serra Marguerite avec force sans pouvoir prononcer une parole, et rentra.

— Mes enfants, dit-il avec cette noblesse de maintien qui en faisait autrefois un des hommes les plus imposants, nous devons tous des remerciments et de la reconnaissance à ma fille Marguerite, pour la sagesse et le courage avec lequel elle a rempli mes intentions, exécuté mes plans, lorsque, trop absorbé par mes travaux, je lui ai remis les rênes de notre administration domestique.

— Ha! maintenant, nous allons lire les contrats de mariage, dit Pierquin en regardant l'heure. Mais ces actes-là ne me regardent pas, attendu que la loi me défend d'instrumenter pour mes parents et pour moi. M. Raparlier l'oncle va venir...

En ce moment, les amis de la famille invités au dîner que l'on donnait pour fêter le retour de M. Claës et célébrer la signature des contrats, arrivèrent successivement, pendant que les gens apportèrent les cadeaux de noces. L'assemblée s'augmenta promptement et devint aussi imposante par la qualité des personnes, qu'elle était belle par la richesse des toilettes. Les trois familles qui s'unissaient par le bonheur de leurs enfants, avaient voulu rivaliser de splendeur. En un moment le parloir fut plein des gracieux présents qui se font aux fiancés; l'or ruisselait et pétillait; les étoffes dépliées, les châles de Cachemire, les colliers, les parures excitaient une joie si vraie et chez ceux qui les donnaient, et chez celles qui les recevaient; cette joie enfantine à demi se peignait si bien sur tous les visages, que la valeur de ces présents magnifiques était oubliée par les indifférents, assez souvent occupés à la calculer par curiosité. Bientôt commença le cérémonial usité dans la famille Claës pour ces solennités. Le père et la mère devaient seuls être assis, et les assistants demeuraient debout devant eux à distance. Alors, à gauche du parloir et du côté du jardin, se placèrent Gabriel Claës et mademoiselle Conyncks, auprès de qui se tinrent M. de Solis et Marguerite, sa sœur et Pierquin. A quelques pas de ces trois couples, Balthazar et M. Conyncks, les seuls de l'assemblée qui fussent assis, prirent place chacun dans un fauteuil, près du notaire qui remplaçait Pierquin. Lucien était debout derrière son père. Une vingtaine de femmes, élégamment mises et quelques hommes, tous choisis parmi les plus proches parents des Pierquin, des Conyncks, et des Claës, le maire de Douai qui devait marier les époux, les douze témoins pris parmi les amis les plus dévoués des trois familles, et dont le premier président de la Cour Royale faisait partie, tous, jusqu'au curé de Saint-Pierre, restèrent debout en formant du côté de la cour un cercle imposant. Cet hommage rendu par toute cette assemblée à la paternité qui, dans cet instant, rayonnait d'une majesté royale, imprimait à cette scène une couleur antique. Ce fut le seul moment pendant lequel, depuis seize ans, Balthazar oublia la recherche de l'Absolu. M. Raparlier, le notaire, alla demander à Marguerite et à sa sœur si toutes les personnes invitées à la signature et au dîner qui devait la suivre, étaient arrivées; sur leur réponse affirmative, il revint prendre le contrat de mariage de Marguerite et de M. de Solis, qui devait être lu le premier, quand tout à coup la porte du parloir s'ouvrit, Lemulquinier se montra, le visage flamboyant de joie.

— Monsieur! monsieur!

Balthazar jeta sur Marguerite un regard de désespoir, lui fit un signe et l'emmena dans le jardin. Aussitôt le trouble se mit dans l'assemblée.

— Je n'osais pas te le dire, mon enfant, dit le père à sa fille; mais puisque tu as tant fait pour moi, tu me sauveras de ce dernier malheur. Lemulquinier m'a prêté, pour une dernière expérience qui n'a pas réussi, trente mille francs, le fruit de ses économies. Le malheureux vient sans doute me les redemander en apprenant que je suis redevenu riche. Donne-les-lui sur-le-champ! Ah! mon ange, tu lui dois ton père, car lui seul me consolait dans mes désastres, lui seul encore a foi en moi. Certes, sans lui je serais mort...

— Monsieur! monsieur! criait Lemulquinier.

— Hé bien? dit Balthazar en se retournant.

— Un diamant!

Claës sauta dans le parloir en apercevant un diamant dans la main de son valet de chambre qui lui dit tout bas: — J'ai été au laboratoire.

Le chimiste, qui avait tout oublié, jeta un regard sur le vieux Flamand, et ce regard ne pouvait se traduire que par ces mots: — *Tu as été au laboratoire!*

— Et, dit le valet en continuant, j'ai trouvé ça dans la capsule qui communiquait avec cette pile que nous avions laissée en train de faire des siennes!

— Et elle en a fait, monsieur! ajouta-t-il en montrant un diamant blanc de forme octaèdrique dont l'éclat attirait les regards étonnés de toute l'assemblée.

— Mes enfants, mes amis, dit Balthazar, pardonnez à mon vieux serviteur, pardonnez-moi. Ceci va me rendre fou! Un hasard de cinq années a produit, sans moi, une découverte que je cherche depuis seize ans!.... Comment? je n'en sais rien. Oui, j'avais laissé du sulfure de carbone sous l'influence d'une pile de Volta dont l'action aurait dû être surveillée tous les jours. Eh bien, pendant mon absence, le pouvoir de Dieu a éclaté dans mon laboratoire, sans que j'aie pu constater ses effets, progressifs, bien entendu! Cela n'est-il pas affreux? Maudit exil! maudit hasard! Hélas! si j'avais épié cette lente, cette subite, je ne sais comment dire, cristallisation, transformation,

enfin ce miracle, hé bien, mes enfants seraient plus riches encore. Quoique ce ne soit pas la solution du problème que je cherche au moins, les premiers rayons de ma gloire auraient lui sur mon pays, et ce moment, que nos affections satisfaites rendent si ardent de bonheur, serait encore échauffé par le soleil de la science.

Chacun gardait le silence devant cet homme, car les paroles sans suite qui lui furent arrachées par la douleur, furent trop vraies pour n'être pas sublimes. Tout à coup, il refoula son désespoir au fond de lui-même, jeta sur l'assemblée un regard majestueux qui brilla dans les âmes, prit le diamant, et l'offrit à Marguerite en s'écriant: — Il t'appartient, mon ange!

Puis il renvoya Lemulquinier par un geste, et dit au notaire: — Continuons.

Ce mot excita dans l'assemblée le frissonnement que, dans certains rôles, Talma causait aux masses attentives. Balthazar s'était assis en se disant à voix basse: — Je ne dois être que père aujourd'hui.

Marguerite entendit le mot, s'avança, saisit la main de son père et la baisa respectueusement.

— Jamais homme n'a été si grand! dit Emmanuel quand sa fiancée revint près de lui, jamais homme n'a été si puissant, car tout autre en deviendrait fou!

Les trois contrats lus et signés, chacun s'empressa de questionner Balthazar sur la manière dont s'était formé ce diamant, mais il ne pouvait rien répondre sur un accident aussi étrange. Il regarda son grenier, et le montra par un geste de rage.

— Oui, la puissance effrayante due au bouleversement du globe et qui, peut-être, a fait les métaux, les diamants, s'est manifestée là pendant un moment, par hasard!

— Ce hasard est sans doute bien naturel, dit un de ces gens qui veulent expliquer tout; le bonhomme aura oublié quelque diamant véritable, et c'est autant de sauvé sur ceux qu'il a brûlés!

— Oublions cela, dit Balthazar à ses amis, je vous prie de pas m'en parler aujourd'hui.

Marguerite prit le bras de son père pour se rendre dans les appartements de la maison de devant où l'attendait une somptueuse fête. Quand il entra dans la galerie, après tous ses hôtes, il la vit meublée de tableaux et remplie de fleurs rares.

— Des tableaux! s'écria-t-il, des tableaux et quelques-uns de nos anciens!

Il s'arrêta, son front se rembrunit, il eut un moment de tristesse, et sentit alors le poids de ses fautes, en mesurant l'étendue de son humiliation secrète.

— Tout cela est à vous, mon père, dit Marguerite en devinant les sentiments qui agitaient l'âme de Balthazar.

— Ange que les esprits célestes doivent applaudir! s'écria-t-il, combien de fois auras-tu donc donné la vie à ton père!

— Ne conservez plus aucun nuage sur votre front, ni la moindre pensée triste dans votre cœur, répondit-elle, et vous m'aurez récompensée au-delà de mes espérances. Je viens de penser à Lemulquinier, mon père chéri : le peu de mots que vous m'avez dits de lui me le font estimer, car, je l'avoue, je l'avais mal jugé. Ne pensez plus à ce que vous lui devez. Il restera près de vous comme un humble ami. Emmanuel possède environ soixante mille francs d'économie; nous les donnerons à Lemulquinier, car après vous avoir si bien servi, cet homme doit être heureux le reste de ses jours. Ne vous inquiétez pas de nous! M. de Solis et moi nous aurons une vie calme et douce, une vie sans faste; nous pouvons donc nous passer de cette somme jusqu'à ce que vous nous la rendiez.

— Ah! ma fille, ne m'abandonne jamais! Sois toujours la providence de ton père!

En entrant dans les appartements de réception, Balthazar les trouva restaurés et remeublés aussi magnifiquement qu'ils l'étaient autrefois. Bientôt les convives se rendirent dans la grande salle à manger du rez-de-chaussée par le grand escalier, sur chaque marche duquel se trouvaient des arbres fleuris. Une argenterie merveilleuse de façon, offerte par Gabriel à son père, séduisit les regards autant qu'un luxe de table qui parut inouï aux principaux habitants d'une ville où ce luxe est traditionnellement à la mode. Les domestiques de M. Conyncks, ceux de M. Claës et de Pierquin étaient là prêts à servir ce repas somptueux. En se voyant au milieu de cette table couronnée de parents, d'amis et de figures sur lesquelles éclatait une joie vive et sincère, Balthazar, derrière lequel se tenait Lemulquinier, eut une émotion si pénétrante que chacun se tut, comme on se tait devant les grandes joies ou les grandes douleurs.

— Chers enfants! s'écria-t-il, vous avez tué le veau gras pour le retour du père prodigue!

Ce mot par lequel il se faisait justice, et qui empêcha peut-être qu'on ne la lui fit plus sévère, fut prononcé si noblement que chacun attendri essuya ses larmes; mais ce fut la dernière expression de mélancolie, et la joie prit insensiblement le caractère bruyant et animé qui signale les fêtes de famille.

Après le dîner, les principaux habitants de la ville arrivèrent pour le bal qui s'ouvrit et répondit à la splendeur classique de la maison Claës restaurée.

Les trois mariages se firent promptement et donnèrent lieu à des fêtes, des bals, des repas, qui entraînèrent, pour plusieurs mois, M. Claës dans le tourbillon du monde. Son fils aîné alla s'établir à la terre que possédait près de Cambray M. Conyncks, qui ne voulait pas se séparer de sa fille. Madame Pierquin dut également quitter la maison paternelle, pour faire les honneurs de l'hôtel que Pierquin avait fait bâtir, et où il voulait vivre noblement, car sa charge était vendue, et son oncle Des Racquets venait de mourir en lui laissant des trésors lentement économisés. Lucien partit pour Paris, où il devait achever son éducation. M. et madame de Solis restèrent donc seuls près de leur père, qui leur abandonna le quartier de derrière, en se logeant au second étage de la maison de devant. Marguerite continua de veiller au bonheur matériel de Balthazar, et fut aidée dans cette douce tâche par Emmanuel. Cette noble fille reçut par les mains de l'amour, la couronne la plus enviée, celle que le bonheur tresse et dont la constance entretient l'éclat. En effet, jamais couple n'offrit mieux l'image de cette félicité complète, avouée, pure, que toutes les femmes caressent dans leurs rêves. L'union de ces deux êtres, si courageux dans les épreuves de la vie, et qui s'étaient saintement aimés, excita dans la ville une admiration respectueuse. M. de Solis, nommé depuis longtemps inspecteur général de l'université, se démit de ses fonctions pour mieux jouir de son bonheur, et rester à Douai, où chacun rendait si bien hommage à ses talents et à son caractère, que son nom était par avance promis au scrutin des collèges électoraux, quand viendrait pour lui l'âge de la députation. Marguerite, qui s'était montrée si forte dans l'adversité, redevint dans le bonheur une femme douce et bonne.

M. Claës resta pendant cette année gravement préoccupé sans doute, mais s'il fit quelques expériences peu coûteuses et auxquelles ses revenus suffisaient, il parut négliger son laboratoire. Marguerite qui reprit les anciennes habitudes de la maison Claës, donna tous les mois à son père une fête de famille, à laquelle assistaient les Pierquin et les Conyncks, et reçut la haute société de la ville à un jour de la semaine où elle avait un café qui devint l'un des plus célèbres. Quoique souvent distrait, M. Claës assistait à toutes les assemblées, et redevint si complaisamment homme du monde pour complaire à sa fille aînée, que ses enfants purent croire qu'il avait renoncé à chercher la solution de son problème. Trois ans se passèrent ainsi.

En 1828, un événement favorable à M. de Solis l'appela en Espagne. Quoiqu'il y eût, entre les biens de la maison de Solis et lui, trois branches nombreuses, la fièvre jaune, la vieillesse, l'infécondité, tous les caprices de la fortune s'accordèrent pour rendre Emmanuel l'héritier des titres et des riches substitutions de sa maison, lui, le dernier. Par un de ces hasards qui ne sont invraisemblables que dans les livres, la maison de Solis avait acquis le comté de Nourho dont les Claës furent jadis dépossédés. Marguerite ne voulut pas se séparer de son mari qui devait rester en Espagne aussi longtemps que le voudraient ses affaires ; elle fut d'ailleurs curieuse de voir le château de Casa-Réal, où sa mère avait passé son enfance, et la ville de Grenade, berceau patrimonial de la famille Solis. Elle partit, en confiant l'administration de la maison au dévoûment de Martha, de Josette et de Lemulquinier qui avaient l'habitude de la conduire; car Balthazar, à qui Marguerite avait proposé le voyage d'Espagne, s'y était refusé en alléguant son grand âge ; mais plusieurs travaux médités depuis longtemps et qui devaient réaliser ses espérances, furent la véritable raison de son refus.

L'Absolu Trouvé.

M. et madame de Solis restèrent en Espagne, plus longtemps qu'ils ne le voulurent. Marguerite y eut un enfant. Ils se trouvaient au milieu de l'année 1830 à Cadix, où ils comptaient s'embarquer pour revenir en France, par l'Italie; mais ils y reçurent une lettre dans laquelle Félicie apprenait de tristes nouvelles à sa sœur.

En dix-huit mois, M. Claës s'était complètement ruiné. Gabriel et M. Pierquin étaient obligés de remettre à Lemulquinier une somme mensuelle pour subvenir aux dépenses de la maison, car le vieux domestique avait encore une fois sacrifié sa fortune à son maître. Balthazar ne voulait recevoir personne, et n'admettait même pas ses enfants chez lui. Jossette et Martha étaient mortes; le cocher, le cuisinier, et les autres gens avaient été successivement renvoyés, les chevaux et les équipages vendus. Quoique Lemulquinier gardât le plus profond secret sur les habitudes de son maître, il était à croire que les mille francs donnés par Gabriel Claës et par Pierquin, s'employaient en expériences. Le peu de provisions que le valet de chambre achetait au marché, faisait supposer que ces deux vieillards se contentaient du strict nécessaire. Enfin, pour ne pas laisser vendre la maison paternelle, Gabriel et Pierquin payaient les intérêts des sommes que le vieillard avait empruntées, à leur insu, sur cet immeuble. Aucun de ses enfants n'avait d'influence sur ce vieillard qui, à soixante-dix ans, déployait une énergie extraordinaire pour arriver à faire toutes ses volontés, même les plus absurdes. Marguerite pouvant peut-être seule reprendre l'empire qu'elle avait jadis exercé sur lui, Félicie suppliait sa sœur d'arriver promptement, car elle craignait que son père n'eût signé quelques lettres de change, et Gabriel, M. Conyncks, Pierquin, effrayés tous de la continuité d'une folie qui avait dévoré environ sept millions sans résultat, étaient décidés à ne pas payer les dettes de M. Claës.

Cette lettre changea les dispositions du voyage de Marguerite, qui prit le chemin le plus court pour gagner Douai. Ses économies et sa nouvelle fortune lui permettaient bien d'éteindre encore une fois les dettes de son père; mais elle voulait plus, elle voulait obéir à sa mère en ne laissant pas descendre au tombeau Balthazar déshonoré. Certes, elle seule pouvait exercer assez d'ascendant sur ce vieillard pour l'empêcher de continuer son œuvre de ruine, à un âge où l'on ne devait attendre aucun travail fructueux de ses facultés affaiblies. Mais elle désirait le gouverner sans le froisser, afin de ne pas imiter les enfants de Sophocle, au cas où son père approcherait du but scientifique auquel il avait tant sacrifié.

M. et madame de Solis atteignirent la Flandre vers les derniers jours du mois de septembre 1830, et arrivèrent à Douai dans la matinée. Marguerite se fit arrêter à sa maison de la rue de Paris, et la trouva fermée. La sonnette fut violemment tirée, sans que personne ne répondît. Alors un marchand quitta le pas de sa boutique où l'avait amené le fracas des voitures de M. de Solis et de sa suite. Beaucoup de personnes étaient aux fenêtres pour jouir du spectacle que leur offrait le retour d'un ménage aimé dans toute la ville, et attirées aussi par cette curiosité vague qui s'attachait aux événements que l'arrivée de Marguerite faisait préjuger dans la maison Claës. Le marchand dit au valet de chambre de M. de Solis, que le vieux M. Claës était sorti depuis environ une heure; et que sans doute monsieur Lemulquinier promenait son maître sur les remparts. Marguerite envoya chercher un serrurier pour ouvrir la porte, afin d'éviter la scène que lui préparait la résistance de son père, si, comme le lui avait écrit Félicie, il se refusait à l'admettre chez lui. Pendant ce temps, M. de Solis alla chercher le vieillard pour lui annoncer l'arrivée de sa fille, tandis que son valet de chambre courut prévenir M. et madame Pierquin.

En un moment la porte fut ouverte. Madame de Solis entra dans le parloir pour y faire mettre ses bagages, et frissonna de terreur en voyant les murailles nues comme si le feu s'y était mis. Les admirables boiseries sculptées par Van Huysium, et le portrait du Président avaient été vendus, dit-on, à lord Spencer. La salle à manger était vide, il ne s'y trouvait plus que deux chaises de paille et une table commune sur laquelle Marguerite aperçut avec effroi deux assiettes, deux bols, deux couverts d'argent, et sur un plat les restes d'un hareng saur que M. Claës et son valet de chambre venaient sans doute de partager. En un instant elle parcourut la maison dont chaque pièce lui offrit le désolant spectacle d'une nudité pareille à celle du parloir et de la salle à manger. L'idée de l'Absolu avait passé partout comme un incendie. Pour tout mobilier la chambre de son père avait un lit, une chaise et une table sur laquelle était un mauvais chandelier de cuivre, où la veille avait expiré un bout de chandelle de la plus mauvaise espèce; enfin, le dénûment y était si complet qu'il n'y avait même plus de rideaux aux fenêtres. Les moindres objets qui pouvaient avoir une valeur dans la maison, tout, jusqu'aux ustensiles de cuisine, avait été vendu.

Émue par la curiosité qui ne nous abandonne même pas dans le malheur, Marguerite entra chez Lemulquinier, dont la chambre était aussi nue que celle de son maître; et, dans le tiroir à demi fermé de la table, elle vit une reconnaissance du Mont de Piété qui attestait que le valet avait mis sa montre en gage quelques jours auparavant. Elle courut au laboratoire et trouva cette pièce pleine d'instruments de science comme par le passé. Elle se fit ouvrir son appartement : son père y avait tout respecté. Au premier coup d'œil que madame de Solis y jeta, elle fondit en larmes et pardonna tout à son père. Au milieu de cette fureur dévastatrice, il avait donc été arrêté par le sentiment paternel et par la reconnaissance qu'il devait à sa fille! Cette preuve de tendresse reçue dans un moment où le désespoir de Marguerite était à son comble, détermina l'une de ces réactions morales contre lesquelles les cœurs les plus froids sont sans force. Elle descendit au parloir et y attendit l'arrivée de son père, dans une anxiété que le doute augmentait affreusement. Comment allait-elle le revoir! Détruit, décrépit, souffrant, affaibli par les jeûnes qu'il subissait par orgueil... Mais aurait-il sa raison ? Des larmes coulaient de ses yeux sans qu'elle s'en aperçût, en retrouvant ce sanctuaire dévasté ! Les images de toute sa vie, ses efforts, ses précautions inutiles, son enfance, sa mère heureuse et malheureuse, tout, jusqu'à la vue de son petit Joseph, qui souriait à ce spectacle de désolation, lui composait un poëme de déchirantes mélancolies. Mais quoiqu'elle prévît des malheurs, elle ne s'attendait pas au dénoûment qui devait couronner la vie de son père, cette vie à la fois si grandiose et si misérable.

L'état dans lequel se trouvait M. Claës n'était un secret pour personne, et à la honte des hommes, il ne se rencontrait pas à Douai deux cœurs généreux qui rendissent honneur à sa persévérance d'homme de génie. Pour toute la haute société, Balthazar était un homme à interdire, un mauvais père qui avait mangé quatre fortunes, des millions, et qui cherchait la pierre philosophale, au Dix-Neuvième Siècle, ce siècle éclairé, ce siècle incrédule, ce siècle... Que ne se disait-on pas d'éloges, à propos de ce siècle où, comme dans tous les autres, le talent expire sous une indifférence aussi brutale que l'était celle des temps où mouraient Dante, Cervantes, Tasse, *e tutti quanti;* car les peuples comprennent encore plus tardivement les créations du génie que ne les comprenaient les Rois. Ces opinions avaient insensiblement filtré de la haute société dans la bourgeoisie, et de la bourgeoisie dans le bas peuple. Le chimiste septuagénaire excitait donc un profond sentiment de pitié chez les gens bien élevés, une curiosité railleuse dans le peuple; deux expressions grosses de mépris et de ce *væ victis !* dont les masses accablent les grands hommes malheureux. Beaucoup de personnes venaient voir sa maison, se montraient la rosace du grenier où s'était consumé tant d'or et de charbon. Quand Balthazar passait, il était indiqué du doigt; souvent un mot de raillerie ou de pitié s'échappait des lèvres d'un homme du peuple ou d'un enfant, mais Lemulquinier avait soin de le lui traduire comme un éloge, et il pouvait le tromper impunément ; car si les yeux de Balthazar avaient conservé cette lucidité sublime que l'habitude des grandes pensées y imprime, le sens de l'ouïe s'était affaibli chez lui. Pour beaucoup de paysans, de gens grossiers et superstitieux, ce vieillard était donc un sorcier. La noble, la grande maison Claës s'appelait, dans les faubourgs et dans les campagnes, la maison du diable. Il n'y avait pas jusqu'à la figure de Lemulquinier qui ne prêtât aux croyances ridicules qui s'étaient répandues sur son maître. Aussi, quand le pauvre vieux ilote allait au marché chercher les denrées nécessaires à leur subsistance, et qu'il prenait parmi les moins chères de toutes, n'obtenait-il rien sans recevoir quelques injures en manière de réjouissance ; heureux même si souvent quelques marchandes superstitieuses ne refusaient pas de lui vendre sa maigre pitance, en craignant de se damner par un contact avec un suppôt de l'enfer. Les sentiments de toute cette ville étaient donc généralement hostiles à ce grand vieillard et à son compagnon. Le désordre des vêtements de l'un et de l'autre y prêtait encore, car ils allaient vêtus comme ces pauvres honteux qui conservent un extérieur décent et qui hésitent à demander l'aumône. Tôt ou tard ces deux vieilles gens pouvaient être insultés, et Pierquin, sentant combien une injure publique serait déshonorante pour la famille, envoyait toujours, durant les promenades de son beau-père, deux ou trois de ses gens qui l'environnaient à distance avec la mission de le protéger.

Par une de ces fatalités qui ne s'expliquent pas, M. Claës et Lemulquinier, sortis de grand matin, avaient trompé la surveillance secrète de M. et madame Pierquin, et se trouvaient seuls en ville. Au retour de leur promenade ils vinrent s'asseoir au soleil, sur un banc de la place St-Jacques où passaient quelques enfants pour aller à l'école ou au collége. En apercevant de loin ces deux vieillards sans défense, dont les visages s'épanouissaient au soleil, les enfants se mirent à en causer. Ordinairement, les causeries des enfants arrivent bientôt à des rires ; et, du rire, ils en viennent à des mystifications dont ils ne connaissent pas toute la cruauté. Sept ou huit des premiers qui arrivèrent, se tinrent à distance et se mirent à examiner les deux vieilles figures, en retenant des rires étouffés qui attirèrent l'attention de Lemulquinier.

— Tiens, vois-tu celui-là qui a la tête comme un genou ?

— Oui.

— Hé bien, il est savant de naissance.

— Papa dit qu'il fait de l'or, dit un autre.

— Par où ? C'est-y par là ou par ici ? ajouta un troisième en montrant d'un geste goguenard cette partie d'eux-mêmes que les écoliers se montrent si souvent en signe de mépris.

Alors le plus petit de la bande, qui avait son panier plein de provisions, et qui léchait une tartine beurrée, s'avança naïvement vers le banc et dit à Lemulquinier : — C'est-y vrai, monsieur, que vous faites des perles et des diamants ?

— Oui, mon petit milicien ! répondit Lemulquinier en souriant. Puis, lui frappant sur la joue, il ajouta : — Nous t'en donnerons quand tu seras bien savant.

— Ha ! monsieur, donnez-m'en aussi ! fut une exclamation générale. Tous les enfants accoururent comme une nuée d'oiseaux et entourèrent les deux chimistes. Balthazar, alors absorbé dans une méditation d'où il fut tiré par ces cris, fit un geste d'étonnement qui causa un rire général.

— Allons, gamins, respect à un grand homme ! dit Lemulquinier.

— A la chianlit ! crièrent les enfants. Vous êtes des sorciers.

— Oui, sorciers, sorciers, vieux sorciers ! sorciers, sorciers, na !

Lemulquinier se dressa sur ses pieds, et menaça de sa canne les enfants qui s'enfuirent en ramassant de la boue et des pierres. Un ouvrier, qui déjeûnait à quelques pas de là, ayant vu Lemulquinier lever sa canne pour faire sauver les enfants, crut qu'il les avait frappés et les appuya par ce mot terrible : — A bas les sorciers !

Les enfants se sentant soutenus lancèrent leurs projectiles qui atteignirent les deux vieillards, au moment où M. de Solis se montrait au bout de la place, accompagné des domestiques de Pierquin. Ils n'arrivèrent pas assez vite, pour empêcher les enfants de couvrir de boue le grand vieillard et son valet de chambre. Le coup était porté. Balthazar, dont les facultés avaient été jusqu'alors conservées par la chasteté naturelle aux savants chez lesquels la préoccupation d'une découverte anéantit les passions, devina, par un phénomène d'intus-susception, le secret de cette scène, et son corps décrépit ne soutint pas la réaction affreuse qu'il éprouva dans la haute région de ses sentiments. Il tomba frappé d'une attaque de paralysie, entre les bras de Lemulquinier, qui le ramena chez lui sur un brancard, entouré par ses deux gendres et par leurs gens. Aucune puissance ne put empêcher la populace de Douai d'escorter le vieillard jusqu'à la porte de sa maison, où se trouvaient Félicie et ses enfants, Lucien, Marguerite, et Gabriel qui, prévenu par sa sœur, était arrivé de Cambrai avec sa femme.

Ce fut un spectacle affreux que celui de l'entrée de ce vieillard, qui se débattait moins contre la mort que contre l'effroi de voir ses enfants pénétrer le secret de sa misère. Aussitôt un lit fut dressé au milieu du parloir, et les secours furent prodigués à Balthazar dont la situation permit, vers la fin de la journée, de concevoir quelques espérances pour sa conservation. La paralysie quoique habilement combattue le laissa néanmoins assez longtemps dans un état voisin de l'enfance; puis, quand elle cessa par degrés, elle resta sur la langue, qu'elle avait spécialement affectée, peut-être parce que la colère y avait porté toutes ses forces au moment où il voulut apostropher les enfants. Cette scène alluma dans la ville une indignation générale. Par une loi, jusqu'alors inconnue, qui dirige les affections des masses, cet événement ramena tous les esprits à M. Claës. En un moment il devint un grand homme, il excita l'admiration et obtint tous les sentiments qu'on lui refusait la veille. Chacun vanta sa patience, sa volonté, son courage, son génie. Les magistrats voulurent sévir contre ceux qui avaient participé à cet attentat; mais le mal était fait; la famille Claës demanda la première que cette affaire fût assoupie.

Marguerite avait ordonné de meubler le parloir, dont les parois nues furent bientôt tendues de soie. Quand, quelques jours après cet événement, le vieux père eut recouvré ses facultés, et qu'il se retrouva dans une sphère élégante, environnée de tout ce qui était nécessaire à la vie heureuse, il fit entendre que sa fille Marguerite devait être venue, au moment même où elle rentrait au parloir. En la voyant, Balthazar rougit, et ses yeux se mouillèrent, sans qu'il en sortît des larmes. Il put presser de ses doigts froids la main de sa fille, et mit dans cette pression tous les sentiments et toutes les idées qu'il ne pouvait plus exprimer. Ce fut quelque chose de saint et de solennel, l'adieu du cerveau qui vivait encore, du cœur que la reconnaissance avait ranimé, car le géant, épuisé par ses tentatives infructueuses, lassé par sa lutte avec un problème gigantesque, et désespéré peut-être de l'incognito qui attendait sa mémoire, allait bientôt cesser de vivre. Tous ses enfants l'entouraient avec un sentiment respectueux, en sorte que ses yeux parurent être récréés par les images de l'abondance, de la richesse, et par le tableau touchant que lui présentait sa belle famille. Il fut constamment affectueux dans ses regards, par lesquels il put manifester ses sentiments, car ses yeux contractèrent soudain une si grande variété d'expression, qu'ils eurent comme un langage de lumière, facile à comprendre. Marguerite paya les dettes de son père, et rendit, en quelques jours, à la maison Claës une splendeur moderne qui devait écarter toute idée de décadence. Elle ne quitta plus le chevet du lit de Balthazar, dont elle s'efforçait de deviner toutes les pensées, et d'accomplir les moindres souhaits.

Quelques mois se passèrent dans les alternatives de mal et de bien qui signalent chez les vieillards le combat de la vie et de la mort. Tous les matins, ses enfants se rendaient près de lui, restaient pendant la journée dans le parloir en dînant devant son lit, et ne s'en allaient qu'au moment où il s'endormait. La distraction qui lui plut davantage parmi toutes celles qu'on cherchait à lui donner, fut la lecture des journaux, que les événements politiques rendaient alors fort intéressants. M. Claës écoutait attentivement cette lecture que M. de Solis faisait à voix haute et près de lui.

Vers le commencement de l'année 1831, Balthazar passa une nuit extrêmement critique, pendant laquelle M. Pierquin le médecin fut appelé par la garde, effrayée d'un changement subit qui se fit chez le malade. En effet, le médecin voulut le veiller en craignant à chaque instant qu'il n'expirât sous les efforts d'une crise intérieure dont les effets eurent le caractère d'une agonie. Le vieillard se livrait à des mouvements d'une force incroyable pour secouer les liens de la paralysie; il désirait parler et remuait la langue sans pouvoir former de sons; ses yeux flamboyants projetaient des pensées; ses traits contractés exprimaient des douleurs inouïes; ses doigts s'agitaient désespérément et il suait à grosses gouttes.

Le matin, ses enfants vinrent l'embrasser avec cette affection que la crainte de sa mort prochaine leur faisait épancher tous les jours plus ardente et plus vive; mais il ne leur témoigna point la satisfaction que lui causaient habituellement ces témoignages de tendresse. Emmanuel, averti par M. Pierquin, s'empressa de décacheter le journal, pour voir si cette lecture ferait diversion aux crises intérieures qui travaillaient Balthazar. En dépliant la feuille, il vit le mot *l'absolu* qui le frappa vivement, et il lut à Marguerite un article où il était parlé d'un procès relatif à la vente qu'un célèbre mathématicien polonais avait faite de *l'absolu*.

Quoique Emmanuel lût tout bas l'annonce du fait à Marguerite, qui le pria de passer l'article, Balthazar avait entendu. Tout-à-coup le moribond se dressa sur ses deux poings, jeta sur ses enfants effrayés un regard qui les atteignit tous comme un éclair; les cheveux qui lui garnissaient la nuque remuèrent; ses rides tressaillirent; son visage s'anima d'un esprit de feu; un souffle passa sur cette face et la rendit sublime; il leva une main, crispée par la rage, et cria d'une voix éclatante le fameux mot d'Archimède : — EURÉKA ! (*j'ai trouvé.*)

Il retomba sur son lit, en rendant le son lourd d'un corps inerte, et mourut en poussant un gémissement affreux. Jusqu'au moment où le médecin les ferma, ses yeux convulsés exprimèrent le regret de n'avoir pu léguer à la science le mot d'une énigme dont le voile s'était tardivement déchiré sous les doigts décharnés de la mort.

Paris, juin—septembre 1834.

MÊME HISTOIRE.

Plusieurs personnes ont demandé si l'héroïne du RENDEZ-VOUS, de LA FEMME DE TRENTE ANS, du DOIGT DE DIEU, DES DEUX RENCONTRES et de L'EXPIATION, n'était pas, sous divers noms, *le même personnage*. L'auteur n'a pu faire aucune réponse à ces questions. Mais peut-être sa pensée sera-t-elle exprimée dans le titre qui réunit ces différentes scènes. Le personnage qui traverse pour ainsi dire les six tableaux dont se compose MÊME HISTOIRE n'est pas une figure; c'est une pensée. Plus cette pensée y revêt de costumes dissemblables, mieux elle rend les intentions de l'auteur. Son ambition est de communiquer à l'âme le vague d'une rêverie où les femmes puissent réveiller quelques-unes des vives impressions qu'elles ont conservées, de ranimer les souvenirs épars dans la vie pour en faire surgir quelques enseignements. Il se trouvait une trop forte lacune dans cette esquisse entre LE RENDEZ-VOUS et LA FEMME DE TRENTE ANS; l'auteur l'a comblée par un nouveau fragment intitulé SOUFFRANCES INCONNUES. Les femmes achèveront sans doute les transitions imparfaites, mais être également compris de tous les esprits est la chose impossible. Existe-t-il une religion qui n'ait été l'objet de mille contradictions? ne serait-ce pas folie de demander, pour l'œuvre chétive d'un homme, la faveur que n'obtiennent pas les institutions humaines?

D'autres reproches ont été adressés à l'auteur, relativement à la brusque disparition d'une jeune fille dans les *Deux rencontres*. Il existerait dans l'œuvre entière de plus fortes incohérences, si l'auteur était tenu d'avoir plus de logique que n'en ont les événements de la vie. Il pourrait dire ici que les déterminations les plus importantes se prennent toujours en un moment; qu'il a voulu représenter les passions rapidement conçues, qui soumettent toute l'existence à quelque pensée d'un jour; mais pourquoi tenterait-il d'expliquer par la logique ce qui doit être compris par le sentiment? D'ailleurs, toute justification serait ou fausse ou inutile pour ceux qui ne saisissent pas l'intérêt caché dans *les Deux rencontres*, et dont les éléments constituent le fragment intitulé *le Doigt de Dieu*, augmenté, dans cette édition, d'un chapitre qui peut-être motivera mieux la fuite de la fille légitime chassée par la haine d'une mère inexorable dont elle ne veut pas accuser la faute. Ces sortes d'aventures sont moins rares qu'on ne le pense. Quoique la vie sociale ait, aussi bien que la vie physique, des lois en apparence immuables, vous ne trouverez nulle part ni le corps ni le cœur réguliers comme la trigonométrie de Legendre. Si l'auteur ne peut peindre tous les caprices de cette double vie, au moins il doit lui être permis de choisir ceux qui lui paraissent les plus poétiques.

Paris, 25 mars 1834.

LE RENDEZ-VOUS.

La jeune Fille.

Au commencement du mois d'avril, par une de ces belles matinées où les Parisiens voient pour la première fois de l'année leurs pavés sans boue et leur ciel sans nuages, un cabriolet à pompe, attelé de deux chevaux fringants, déboucha dans la rue de Rivoli par la rue Castiglione, et vint se mêler à plusieurs équipages stationnés près de la grille nouvellement ouverte au milieu de la terrasse des Feuillants. La leste voiture était conduite par un homme en apparence soucieux et maladif. Des cheveux grisonnants qui couvraient à peine son crâne jaune et son front ridé, le faisaient vieux avant le temps. Il jeta les rênes au laquais à cheval qui suivait sa voiture, et descendit pour prendre dans ses bras une jeune fille dont la beauté mignonne attira l'attention des oisifs arrêtés sur la terrasse. Cette jeune personne se laissa complaisamment saisir par la taille quand elle fut debout sur le bord de la voiture, et passa l'un de ses bras autour du cou de son guide, qui la posa sur le trottoir sans avoir chiffonné la garniture de sa robe en reps vert. Un amant n'aurait pas eu tant de soin. L'inconnu devait être le père de la jeune fille qui, sans le remercier, lui prit familièrement le bras et l'entraîna brusquement dans le jardin. Alors, le vieux père remarqua les regards émerveillés de quelques jeunes gens, et la tristesse dont son visage était empreint s'effaça pour un moment. Quoiqu'il fût arrivé depuis longtemps à l'âge où les hommes doivent se contenter des trompeuses jouissances que donne la vanité, il se mit à sourire.

— L'on te croit ma femme, dit-il à l'oreille de la jeune personne en se redressant et marchant avec une lenteur qui la désespéra.

Il semblait avoir de la coquetterie pour elle, et jouissait, peut-être plus qu'elle, des œillades que les curieux lançaient sur ses petits pieds chaussés de brodequins en prunelle puce, sur une taille délicieuse, dessinée par une robe à guimpe, et sur le cou frais qu'une collerette brodée ne cachait pas entièrement. Les mouvements de la marche relevaient par instants la robe de la jeune fille, et permettaient de voir, au-dessus des brodequins, la rondeur d'une jambe finement moulée par un bas de soie à jour.

Aussi, plus d'un promeneur dépassa-t-il le couple pour admirer ou pour revoir la jeune figure autour de laquelle se jouaient quelques rouleaux de cheveux bruns, et dont la blancheur et l'incarnat étaient rehaussés autant par les reflets du satin rose qui doublait une élégante capote, que par le désir et l'impatience qui pétillaient dans tous les traits de la jeune fille. Une douce malice animait deux beaux yeux noirs, fendus en amande, surmontés de sourcils bien arqués, bordés de longs cils, et qui nageaient dans un fluide pur. Enfin la vie et la jeunesse étalaient leurs trésors sur ce visage mutin et sur un buste gracieux que comprimaient à peine les mille raies du reps vert.

Insensible aux hommages qu'elle recueillait, la jeune fille regardait avec une espèce d'anxiété le château des Tuileries, sans doute le but de sa pétulante promenade. Il était midi moins un quart. Quelque matinale que fût cette heure, plusieurs femmes, qui toutes avaient voulu se montrer en toilette, revenaient du château, non sans retourner la tête d'un air boudeur, comme si elles se repentaient d'être venues trop tard pour jouir d'un spectacle désiré. Quelques mots, échappés à la mauvaise humeur de ces belles promeneuses désappointées, et saisis au vol par la jolie inconnue, l'avaient singulièrement inquiétée. Le vieillard épiait d'un œil plus curieux que moqueur les signes d'impatience et de crainte qui se jouaient sur le charmant visage de sa compagne, et l'observait peut-être avec trop de soin pour ne pas avoir quelque arrière-pensée paternelle.

Ce jour était un dimanche, le treizième dimanche de l'année 1813. Le surlendemain, Napoléon partait pour cette fatale campagne pendant laquelle il devait perdre successivement Bessières et Duroc, gagner les mémorables batailles de Lutzen et de Bautzen, se voir trahi par l'Autriche, la Saxe, la Bavière, et par Bernadotte. Un sentiment triste avait amené là cette brillante et curieuse population. Chacun semblait deviner l'avenir, et pressentait peut-être que, plus d'une fois, l'imagination aurait à retracer le tableau de cette scène, quand ces temps héroïques de la France contracteraient des teintes presque fabuleuses. La magnifique parade commandée par l'empereur Napoléon devait être la dernière de celles qui excitèrent si longtemps l'admiration des Parisiens et des étrangers. La vieille garde allait exécuter pour la dernière fois les savantes manœuvres dont la pompe et la précision étonnaient quelquefois jusqu'au géant lui-même qui s'apprêtait alors à son duel avec l'Europe.

— Allons donc plus vite, mon père, disait la jeune fille avec un air de lutinerie en entraînant le vieillard. J'entends les tambours.

— Ce sont les troupes qui entrent aux Tuileries, répondit-il.

— Ou qui défilent, tout le monde revient! répliqua-t-elle avec une amertume enfantine qui fit sourire le vieillard.

— La parade ne commence qu'à midi et demi, dit le père qui marchait presqu'en arrière de son impétueuse fille.

A voir le mouvement qu'elle imprimait à son bras droit, vous eussiez dit qu'elle s'en aidait pour courir. Sa petite main, bien gantée, froissait impatiemment un mouchoir, et ressemblait à la rame d'une barque qui fend les ondes. Le vieillard souriait par moments; mais parfois aussi des expressions soucieuses attristaient passagèrement sa figure desséchée. Son amour pour cette jolie créature lui faisait autant admirer le présent que craindre l'avenir. Il semblait se dire : — Elle est heureuse et belle, aujourd'hui ; le sera-t-elle toujours? Car les vieillards sont assez enclins à doter de leurs chagrins l'avenir des jeunes gens.

Quand le père et la fille arrivèrent sous le péristyle du pavillon au sommet duquel flottait le drapeau tricolore, et par où les promeneurs vont et viennent du jardin des Tuileries dans le Carrousel, les factionnaires leur crièrent d'une voix grave : — On ne passe plus!

La jeune fille se haussa sur la pointe des pieds, et put entrevoir une foule des femmes parées, qui encombraient les deux côtés de la vieille arcade en marbre par où l'empereur devait sortir.

— Tu le vois bien, mon père, nous sommes partis trop tard!

Sa petite moue chagrine trahissait l'importance qu'elle avait mise à se trouver à cette revue.

— Eh bien, Julie, allons-nous-en, tu n'aimes pas à être foulée.

— Restons, mon père. D'ici, je puis encore apercevoir l'empereur. S'il périssait pendant la campagne, je ne l'aurais jamais vu.

Le père tressaillit en entendant ces paroles, car sa fille avait des larmes dans la voix ; il la regarda et crut remarquer sous ses paupières abaissées quelques pleurs causés moins par le dépit que par un de ces premiers chagrins dont tous les pères devinent le secret. Tout à coup cette limpide humidité se sécha. La jeune personne rougit, puis elle jeta une exclamation dont le sens ne fut compris ni par les sentinelles, ni par son père. A ce cri, un officier, qui s'élançait de la cour vers l'escalier dont il avait déjà monté deux marches, se retourna vivement. Il s'avança jusqu'à l'arcade du jardin, et reconnut la jeune fille, un moment cachée par les gros bonnets à poils des grenadiers. Aussitôt, il fit fléchir, pour elle et pour son père, la consigne qu'il avait donnée lui-même ; puis, sans se mettre en peine des murmures de la foule élégante qui assiégeait l'arcade, il attira doucement à lui la jeune personne enchantée.

— Je ne m'étonne plus de sa colère ni de son empressement, puisque tu étais de service, dit le vieillard à l'officier d'un air aussi sérieux que railleur.

— Monsieur, répondit le jeune homme, si vous voulez être bien placés, ne nous amusons point à causer. L'empereur n'aime pas à attendre, et je suis chargé par le maréchal d'aller l'avertir.

Tout en parlant, il avait pris, avec une sorte de familiarité, le bras de Julie, et l'entraînait rapidement vers le Carrousel. Julie aperçut avec étonnement une foule immense qui se pressait dans le petit espace compris entre les murailles grises du palais et les bornes, qui, réunies par des chaînes, dessinent de grands carrés sablés au milieu de la cour des Tuileries. Le cordon de sentinelles établi pour laisser un passage libre à l'empereur et à son état-major, avait beaucoup de peine à ne pas être débordé par cette foule empressée, qui bourdonnait comme un essaim.

— Cela sera donc bien beau? demanda Julie en souriant.

— Prenez donc garde! s'écria l'officier.

Il saisit la jeune fille par la taille, et la souleva avec autant de vigueur que de rapidité, pour la transporter près d'une colonne. Sans ce brusque enlèvement, sa curieuse parente allait être froissée par la croupe du cheval blanc, harnaché d'une selle en velours vert et or, que le Mameluck de Napoléon tenait par la bride, presque sous l'arcade, à dix pas en arrière de tous les chevaux qui attendaient les grands-officiers dont l'empereur devait être accompagné. Le jeune homme plaça le père et la fille près de la première borne de droite, devant la foule, et les recommanda par un signe de tête aux deux vieux grenadiers entre lesquels ils se trouvèrent.

Quand l'officier revint au palais, un air de bonheur et de joie avait succédé sur sa figure au subit effroi que la reculade du cheval y avait imprimé; mais aussi Julie lui avait-elle serré mystérieusement la main, soit pour le remercier du petit service qu'il venait de lui rendre, soit pour lui dire : — Enfin je vais donc vous voir! Elle inclina même doucement la tête en réponse au salut respectueux que l'officier lui fit, ainsi qu'à son père, avant de disparaître avec prestesse. Il semblait que le vieillard eût à dessein laissé les deux jeunes gens ensemble. Il se tenait dans une attitude grave, un peu en arrière de sa fille, l'observait à la dérobée, et tâchait de lui inspirer une fausse sécurité, en paraissant absorbé dans la contemplation du magnifique spectacle qu'offrait le Carrousel. Quand sa fille reporta sur lui le regard d'un écolier inquiet de son maître, il lui répondit même par un sourire de gaieté bienveillante, qui semblait lui être familier; mais son œil perçant avait suivi l'officier jusque sous l'arcade, et aucun événement de cette scène rapide ne lui avait échappé.

— Quel beau spectacle! dit Julie à voix basse en pressant la main de son père.

L'aspect pittoresque et grandiose que présentait en ce moment le Carrousel faisait prononcer cette exclamation par des milliers de spectateurs dont toutes les figures étaient béantes d'admiration. Une autre rangée de monde, tout aussi pressée que celle dont le vieillard et sa fille faisaient partie, occupait, sur une ligne parallèle au château, l'espace étroit et pavé qui longe la grille du Carrousel. Cette foule achevait de dessiner fortement, par la variété des toilettes féminines, l'immense carré long que formait, avec les bâtiments des Tuileries, cette grille alors nouvellement posée.

Les régiments de la vieille garde qui allaient être passés en revue se tenaient sur ce vaste terrain, où ils figuraient en face du palais d'imposantes lignes bleues de dix rangs de profondeur. Au delà de l'enceinte, et dans le Carrousel, se trouvaient, sur d'autres lignes parallèles, plusieurs régiments d'infanterie et de cavalerie prêts à passer sous l'arc triomphal qui orne le milieu de la grille, et sur le faîte duquel se voyaient, à cette époque, les magnifiques chevaux de Venise. La musique des régiments était placée au bas des galeries du Louvre, et masquée par les lanciers polonais de service. Une grande partie du carré sablé restait vide comme une arène préparée pour les mouvements de ces corps silencieux dont les masses, disposées avec la symétrie de l'art militaire, réfléchissaient les rayons du soleil par le feu triangulaire de dix mille baïonnettes étincelantes. L'air agitait les plumets des soldats et les faisait ondoyer comme les arbres d'une forêt courbés sous un vent impétueux. Ces vieilles bandes, muettes et brillantes, offraient mille contrastes de couleurs dus à la diversité des uniformes, des parements, des armes et des aiguillettes. Cet immense tableau, miniature d'un champ de bataille avant le combat, était poétiquement encadré, avec tous ses accessoires et ses accidents bizarres, par les hauts bâtiments majestueux, dont chefs et soldats imitaient en ce moment l'immobilité. Le spectateur comparait involontairement ces murs d'hommes aux murs de pierre.

Le jeune soleil du printemps jetait profusément sa jaillissante lumière sur les murs blancs bâtis de la veille, sur les murs séculaires, et sur ces innombrables figures basanées dont chacune racontait des périls passés, et attendait gravement les périls à venir. Les colonels de chaque régiment allaient et venaient seuls devant les fronts que formaient tant d'hommes héroïques; mais derrière les masses carrées de ces troupes bariolées d'argent, d'azur, de pourpre et d'or, les curieux pouvaient apercevoir les banderoles tricolores attachées aux lances de six infatigables cavaliers polonais, qui, semblables aux chiens conduisant un troupeau le long d'un champ, voltigeaient sans cesse entre les troupes et les curieux, pour empêcher ces derniers de dépasser le petit espace de terrain qui leur était concédé auprès de la grille impériale. A ces mouvements près, on aurait pu se croire dans le palais de la Belle au bois dormant. La brise du printemps, qui passait sur les bonnets à longs poils des grenadiers, en attestait l'immobilité, de même que le murmure sourd de la foule accusait leur silence. Parfois seulement le retentissement d'un chapeau chinois, ou un léger coup frappé par inadvertance sur une grosse caisse, était répété par les échos du palais impérial, et ressemblait à ces coups de tonnerre lointains qui annoncent un orage.

Un enthousiasme indescriptible éclatait dans l'attente de la multitude. La France allait faire ses adieux à Napoléon, la veille d'une campagne dont le moindre citoyen prévoyait les dangers. Il s'agissait, cette fois, pour l'empire français, d'être ou de ne pas être. Cette pensée semblait animer la population citadine et la population armée, qui se pressaient, également silencieuses, dans l'enceinte où planaient l'aigle et le génie de Napoléon. Ces soldats, espoir de la France, ces soldats, sa dernière goutte de sang, entraient aussi pour beaucoup dans l'inquiète curiosité des spectateurs. Entre la plupart des assistants et des militaires, il se disait des adieux peut-être éternels; mais tous les cœurs, même les plus hostiles à l'empereur, adressaient au ciel des vœux ardents pour la gloire de la patrie. Les hommes les plus fatigués de la lutte commencée entre l'Europe et la France avaient tous déposé leurs haines en passant sous l'arc de triomphe, comprenant qu'au jour du danger, Napoléon était toute la France.

L'horloge du château sonna une demi-heure. En ce moment les bourdonnements de la foule cessèrent, et le silence devint si profond, que l'on eût entendu la parole d'un enfant. Alors le vieillard et sa fille, qui semblaient ne vivre que par les yeux, purent distinguer un bruit d'éperons, un cliquetis d'épées tout particulier qui retentit sous le sonore péristyle du château.

Un petit homme, vêtu d'un uniforme vert, d'un pantalon blanc, et chaussé de bottes à l'écuyère, parut tout à coup en gardant sur sa tête un chapeau à trois cornes aussi prestigieux qu'il l'était lui-même. Le large ruban rouge de la Légion-d'Honneur flottait sur sa poitrine. Une petite épée était à son côté. Il fut aperçu par tous les yeux, et à la fois de tous les points dans la place. Aussitôt les tambours battirent aux champs, et les deux orchestres débutèrent par une phrase dont l'expression guerrière fut répétée sur tous les instruments, depuis la plus douce des flûtes jusqu'à la grosse caisse. A ces sons belliqueux les âmes tressaillirent, les drapeaux saluèrent, les soldats présentèrent les armes par un mouvement unanime et régulier, qui agita les fusils depuis le premier rang jusqu'au dernier dans le Carrousel; des mots de commandement se répétèrent comme des échos ; des cris de : Vive l'empereur! furent poussés par la multitude enthousiasmée; tout frissonna, tout remua, tout s'ébranla.

Napoléon était monté à cheval. Ce mouvement avait imprimé la vie à ces masses silencieuses, avait donné une voix aux instruments, un élan aux aigles et aux drapeaux, une émotion à toutes les figures. Les murs des hautes galeries de ce vieux palais semblaient aussi crier : Vive l'empereur ! Ce n'était pas quelque chose d'humain, c'était une magie, un simulacre de la puissance divine, ou mieux une fugitive image de ce règne si fugitif. L'homme entouré de tant d'amour, d'enthousiasme, de dévoûment, de vœux, pour qui le soleil avait chassé les nuages du ciel, resta sur son cheval, à trois pas en avant du petit escadron doré qui le suivait, ayant le grand maréchal à sa gauche, le maréchal de service à sa droite. Au sein de tant d'émotions excitées par lui, aucun trait de son visage ne parut s'émouvoir.

— Oh! mon Dieu, oui. A Wagram au milieu du feu, à la Moscowa parmi les morts, il est toujours tranquille comme Baptiste, *lui !*

Cette réponse à de nombreuses interrogations était faite par le grenadier qui se trouvait auprès de la jeune fille.

Julie fut pendant un moment absorbée par la contemplation de cette figure dont le calme indiquait une si grande sécurité de puissance. L'empereur se pencha vers Duroc, auquel il dit une phrase courte qui fit sourire le grand-maréchal. Les manœuvres commencèrent. Si jusqu'alors la jeune personne avait partagé son attention entre la figure impassible de Napoléon et les lignes bleues, vertes et rouges des troupes, en ce moment, elle s'occupa presque exclusivement au milieu des mouvements rapides et réguliers exécutés par ces vieux soldats, d'un jeune officier qui courait à cheval parmi les lignes mouvantes, et revenait avec une infatigable activité vers le groupe doré à la tête duquel brillait Napoléon.

Cet officier montait un superbe cheval noir, et

se faisait distinguer, au sein de cette multitude chamarrée, par le bel uniforme des officiers d'ordonnance de l'empereur. Ses broderies pétillaient si vivement au soleil, et l'aigrette de son shako étroit et long en recevait de si fortes lueurs, que les spectateurs durent le comparer à un feu follet, à une âme invisible chargée par l'empereur d'animer, de conduire ces bataillons dont les baïonnettes et les armes ondoyantes jetaient des flammes, quand, sur un seul signe de ses yeux, ils se brisaient, se rassemblaient, tournoyaient comme les ondes d'un gouffre, ou passaient devant lui comme ces lames longues, droites et hautes que l'Océan courroucé dirige sur ses rivages.

Quand les manœuvres furent terminées, l'officier d'ordonnance accourut à bride abattue, et s'arrêta devant l'empereur, pour en attendre les ordres. En ce moment, il était à vingt pas de Julie, en face du groupe impérial, dans une attitude assez semblable à celle que Gérard a donnée au général Rapp, dans le tableau de la bataille d'Austerlitz. Alors, il fut permis à la jeune fille d'admirer son amant dans toute sa splendeur militaire. Le colonel Victor d'Aiglemont avait à peine trente ans. Il était grand, bien fait, svelte, et ses heureuses proportions ne ressortaient jamais mieux que quand il employait sa force à gouverner un cheval dont le dos élégant et souple paraissait plier sous lui. Sa figure mâle et brune possédait ce charme inexplicable qu'une parfaite régularité de traits communique à de jeunes visages. Son front était large et haut. Ses yeux de feu, ombragés de sourcils épais et bordés de longs cils, se dessinaient comme deux ovales blancs entre deux lignes noires. Son nez offrait la gracieuse courbure d'un bec d'aigle. La pourpre de ses lèvres était rehaussée par les sinuosités de l'inévitable moustache noire. Ses joues larges et fortement colorées offraient des tons bruns et jaunes qui dénotaient une vigueur extraordinaire. Sa figure était une de celles que la bravoure a marquées de son sceau, et offrait le type de celles que cherche aujourd'hui l'artiste quand il songe à représenter un des soldats de la France impériale.

Le cheval trempé de sueur, et dont la tête agitée exprimait une extrême impatience, avait ses deux pieds de devant écartés et arrêtés sur une même ligne, sans que l'un dépassât l'autre. Il faisait flotter les longs crins de sa queue fournie, et son dévoûment offrait une matérielle image de celle que son maître avait pour l'empereur. En voyant son amant si occupé de saisir les regards de Napoléon, Julie éprouva un moment de jalousie, en pensant qu'il ne l'avait pas encore regardée.

Tout à coup, un mot est prononcé par le souverain, Victor presse les flancs de son cheval, et part au galop; mais l'ombre d'une borne projetée sur le sable effraie l'animal; il s'effarouche, recule, se dresse, et si brusquement, que le cavalier semble en danger. Julie jette un cri, elle pâlit; chacun la regarde avec curiosité; elle ne voit personne; ses yeux sont attachés sur ce cheval trop fougueux que l'officier châtie, tout en courant répéter les ordres de Napoléon.

Ces étourdissants tableaux absorbaient si bien Julie, qu'à son insu, elle s'était cramponnée au bras de son père, à qui elle révélait involontairement ses pensées par la pression plus ou moins vive de ses jeunes doigts. Quand Victor fut sur le point d'être renversé par le cheval, elle s'accrocha plus violemment encore à son père, comme si elle-même eût été en danger de tomber.

Le vieillard contemplait, avec une sombre et douloureuse inquiétude, le visage épanoui de sa fille, et des sentiments de pitié, de jalousie, des regrets même se glissèrent dans toutes ses rides contractées. Mais quand l'éclat inaccoutumé des yeux de Julie, le cri qu'elle venait de pousser et le mouvement convulsif de ses doigts, achevèrent de lui en dévoiler l'amour secret, certes il dut avoir quelques tristes révélations de l'avenir, car sa figure offrait alors une expression sinistre.

En ce moment, l'âme de Julie semblait avoir passé dans celle de l'officier. Une pensée plus cruelle que toutes celles qui avaient effrayé le vieillard crispa les traits de son visage souffrant, quand il vit le colonel d'Aiglemont échanger, en passant devant eux, un regard d'intelligence avec Julie, dont les yeux étaient humides, et dont le teint avait contracté une vivacité extraordinaire. Alors il emmena brusquement sa fille dans le jardin des Tuileries.

— Mais, mon père, disait-elle, il y a encore sur la place du Carrousel des régiments qui vont manœuvrer.

— Non, mon enfant, toutes les troupes défilent.

— Je pense, mon père, que vous vous trompez. M. d'Aiglemont a dû les faire avancer......

— Mais, ma fille, je souffre et ne veux pas rester.

Julie n'eut pas de peine à croire son père quand elle eut jeté les yeux sur ce visage, auquel de paternelles inquiétudes donnaient un air abattu.

— Souffrez-vous beaucoup ? demanda-t-elle avec indifférence, tant elle était préoccupée.

— Chaque jour n'est-il pas un jour de grâce pour moi? répondit le vieillard.

— Vous allez donc encore m'affliger en me parlant de votre mort. J'étais si gaie! Voulez-vous bien chasser vos vilaines idées noires!

— Ah! s'écria le père en poussant un soupir, enfant gâté! Les meilleurs cœurs sont quelquefois bien cruels. Vous consacrer notre vie, ne penser qu'à vous, préparer votre bien-être, sacrifier nos goûts à vos fantaisies, vous adorer, vous donner même notre sang, ce n'est donc rien! Hélas, oui, vous acceptez tout avec insouciance. Pour toujours obtenir vos sourires et votre dédaigneux amour, il faudrait avoir la puissance de Dieu. Puis enfin, un autre arrive! un amant, un mari nous ravissent vos cœurs.

Julie regarda son père avec étonnement. Il marchait lentement, et jetait sur elle des regards sans lueur.

— Vous vous cachez même de nous, reprit-il, mais peut-être aussi de vous-même...

— Que dites-vous donc, mon père?

— Je pense, Julie, que vous avez des secrets pour moi.

Elle rougit.

— Tu aimes, reprit vivement le vieillard. Ah! j'espérais te voir fidèle à ton vieux père jusqu'à sa mort, j'espérais te conserver près de moi heureuse et brillante! t'admirer comme tu étais encore naguère. En ignorant ton sort, j'aurais pu croire à un avenir tranquille pour toi; mais maintenant, il est impossible que j'emporte une espérance de bonheur pour ta vie, car tu aimes encore plus le colonel que tu n'aimes le cousin. Je n'en puis plus douter.

— Pourquoi ne l'aimerais-je pas? s'écria-t-elle avec une vive expression de curiosité.

— Ah! ma Julie, tu ne me comprendrais pas, répondit le père en soupirant.

— Dites toujours, reprit-elle en laissant échapper un mouvement de mutinerie.

— Eh bien! mon enfant, écoute-moi. Les jeunes filles se créent souvent de nobles et ravissantes images, des figures tout idéales; elles se forgent des idées chimériques sur les hommes, sur les sentiments, sur le monde; puis elles attribuent innocemment à un caractère les perfections qu'elles ont rêvées, et s'y confient; elles aiment dans l'homme de leur choix cette créature imaginaire; et, plus tard, quand il n'est plus temps de s'affranchir du malheur, la trompeuse apparence qu'elles ont embellie, leur premier amant enfin, se change en un squelette odieux. Julie, j'aimerais mieux te savoir amoureuse d'un vieillard plutôt que de te voir aimer le colonel. Ah! si tu pouvais te placer à dix ans d'ici dans la vie, tu rendrais justice à mon expérience. Je connais Victor. Sa gaieté est une gaieté sans esprit, une gaieté de caserne. Il est sans talent, et dépensier. C'est un de ces hommes que le ciel a fabriqués pour prendre et digérer quatre repas par jour, dormir, aimer la première venue, et se battre. Il n'entend pas la vie. Son bon cœur, car il a bon cœur, l'entraînera peut-être à donner sa bourse à un malheureux, à un camarade; mais il est insouciant, mais il n'est pas doué de cette délicatesse de cœur qui nous rend esclaves du bonheur d'une femme; mais il est ignorant, égoïste... Il y a beaucoup de *mais*.

— Cependant, mon père, il faut bien qu'il ait de l'esprit et des moyens pour avoir été fait colonel...

— Ma chère, Victor restera colonel toute sa vie. Je n'ai encore vu personne qui m'ait paru digne de toi, reprit le vieux père avec une sorte d'enthousiasme.

Il s'arrêta un moment, contempla sa fille, et ajouta: — Mais, ma pauvre Julie, tu es encore trop jeune, trop faible, trop délicate pour supporter les chagrins et les tracas du mariage. D'Aiglemont a été gâté par ses parents, de même que tu l'as été par ta mère et par moi. Comment espérer que vous pourrez vous entendre tous deux avec des volontés différentes dont les tyrannies seront inconciliables? Tu seras ou victime ou tyran. L'une ou l'autre alternative apporte une égale somme de malheurs dans la vie d'une femme. Mais tu es douce et modeste, tu plieras d'abord. Enfin tu as, dit-il d'une voix altérée, une grâce de sentiment qui sera méconnue, et alors...

Il n'acheva pas, les larmes le gagnèrent.

— Victor, reprit-il après une pause, blessera les naïves qualités de ta jeune âme. Je connais les militaires, ma Julie. J'ai vécu aux armées. Il est rare que leur cœur puisse triompher des habitudes produites ou par les malheurs au sein desquels ils vivent, ou par les hasards de leur vie aventurière.

— Vous voulez donc, mon père, répliqua Julie d'un ton qui tenait le milieu entre le sérieux et la plaisanterie, contrarier mes sentiments, me marier pour vous, et non pour moi?

— Te marier pour moi! s'écria le père avec un mouvement de surprise, pour moi, ma fille, dont tu n'entendras bientôt plus la voix si amicalement grondeuse! J'ai toujours vu les enfants attribuer à un sentiment personnel les sacrifices que leur font les parents! Épouse Victor, ma Julie. Un jour, tu déploreras amèrement sa nullité, son défaut d'ordre, son égoïsme, son indélicatesse, son ineptie en amour, et mille autres chagins qui te viendront par lui. Alors, souviens-toi que, sous ces arbres, la voix prophétique de ton vieux père a retenti vainement à tes jeunes oreilles!

Le vieillard se tut, il avait surpris sa fille agitant la tête d'une manière mutine. Ils firent ensemble quelques pas vers la grille où leur voiture était arrêtée. Pendant cette marche silencieuse, la jeune fille examina furtivement le visage de son père et quitta par degrés sa mine boudeuse. La profonde douleur gravée sur ce front penché vers la terre, lui fit une vive impression.

— Je vous promets, mon père, dit-elle d'une voix douce et altérée, de ne pas vous parler de Victor avant que vous ne soyez revenu de vos préventions contre lui.

Le vieillard regarda sa fille avec étonnement. Deux larmes qui roulaient dans ses yeux tombèrent le long de ses joues ridées. Il ne put embrasser Julie devant la foule dont ils étaient environnés, mais il lui pressa tendrement la main. Quand il remonta en voiture, toutes les pensées soucieuses qui s'étaient amassées sur son front avaient complétement disparu.

L'attitude un peu triste de sa fille l'inquiétait alors bien moins que la joie innocente dont elle avait trahi le secret pendant la revue.

La Femme.

Dans les premiers jours du mois de mars 1814, un peu moins d'un an après la revue de l'empereur, une vieille calèche roulait sur la levée d'Amboise à Tours. En quittant le dôme vert des noyers sous lesquels se cache la poste de la Frillière, cette voiture fut entraînée avec une telle rapidité, qu'en un moment elle arriva au pont bâti sur la Cise à l'embouchure de cette rivière dans la Loire, et s'y arrêta. Un trait venait de se briser par suite du mouvement impétueux que, sur l'ordre de son maître, un jeune postillon avait imprimé à quatre des plus vigoureux chevaux du relais. Ainsi, par un effet du hasard, deux personnes qui se trouvaient dans la calèche eurent le loisir de contempler, à leur réveil, un des plus beaux sites que puissent présenter les séduisantes rives de la Loire.

A sa droite, le voyageur embrasse d'un regard toutes les sinuosités décrites par la Cise, qui roule, comme un serpent argenté, dans l'herbe de prairies opulentes, auxquelles les premières pousses du printemps donnaient alors les couleurs de l'émeraude.

A gauche, la Loire apparaît dans toute sa magnificence. Les innombrables facettes de quelques *roulées*, produites par une brise matinale un peu froide, réfléchissaient les scintillements du soleil sur les vastes nappes que déploie cette majestueuse rivière. Puis, çà et là, des îles verdoyantes se succèdent, dans l'étendue des eaux, comme les chatons d'un collier. De l'autre côté du fleuve, les plus belles campagnes de la Touraine déroulent leurs trésors à perte de vue. Dans le lointain, l'œil ne rencontre d'autres bornes que les collines du Cher, dont les cimes dessinaient en ce moment des lignes lumineuses sur le transparent azur du ciel. A travers le tendre feuillage des îles, au fond du tableau, Tours semble, comme Venise, sortir du sein des eaux. Les campaniles grises de sa vieille cathédrale s'élancent dans les airs; elles se confondaient alors avec les créations fantastiques de quelques nuages blanchâtres.

Au-delà du pont sur lequel la voiture était arrêtée, le voyageur aperçoit devant lui, le long de la Loire jusqu'à Tours, une chaîne de rochers qui, par une fantaisie de la nature, paraît avoir été posée pour encaisser le fleuve et dont ses flots tentent de ronger la base, spectacle qui fait toujours l'étonnement du voyageur. Le village de Vouvray se trouve comme niché dans les gorges et les éboulements de ces roches, qui commencent à décrire un coude devant le pont de la Cise. Puis, de Vouvray jusqu'à Tours, les effrayantes anfractuosités de cette colline déchirée sont habitées par une population de vignerons. En plus d'un endroit, il n'existe pas moins de trois étages de demeures creusées dans le roc, et réunies par de dangereux escaliers taillés à même la pierre. Au sommet d'un toit, une jeune fille en jupon rouge court à son jardin. La fumée d'une cheminée s'élève entre les sarments et le pampre naissant d'une vigne. Des closiers labourent leurs champs perpendiculaires. Une vieille femme, tranquille sur un quartier de roche éboulée, tourne son rouet sous les fleurs d'un amandier, et regarde passer les voyageurs à ses pieds, en souriant de leur effroi. Elle ne s'inquiète pas plus des crevasses du sol que de la ruine pendante d'un vieux mur, dont les assises ne sont plus retenues que par les tortueuses racines d'un manteau de lierre. Le marteau des tonneliers fait retentir les voûtes de caves aériennes. Enfin, la terre est partout cultivée et partout féconde, là où la nature a refusé de la terre à l'industrie humaine.

Aussi rien n'est-il comparable, dans le cours de la Loire, au riche panorama que la Touraine présente alors aux yeux du voyageur. Le triple tableau de cette scène, dont les aspects sont à peine indiqués, procure à l'âme un de ces spectacles qu'elle inscrit à jamais dans son souvenir; et quand un poëte en a joui, ses rêves viennent souvent lui en reconstruire fabuleusement les effets romantiques.

Au moment où la voiture parvint sur le pont de la Cise, plusieurs voiles blanches débouchèrent entre les îles de la Loire, et donnèrent une nouvelle harmonie à ce site harmonieux. La senteur des saules qui bordent le fleuve ajoutait de pénétrants parfums au goût de la brise humide; les oiseaux faisaient entendre leurs prolixes concerts; et le chant monotone d'un gardeur de chèvres y joignait une sorte de mélancolie, tandis que les cris des mariniers annonçaient une agitation lointaine. De molles vapeurs capricieusement arrêtées autour des arbres épars dans ce vaste paysage, y imprimaient une dernière grâce. C'était la Touraine dans toute sa gloire, le printemps dans toute sa splendeur.

Cette partie de la France, la seule dont les armées étrangères ne devaient point fouler les trésors, était en ce moment la seule qui fût tranquille, et l'on eût dit qu'elle défiait l'invasion.

Une tête coiffée d'un bonnet de police se montra hors de la calèche aussitôt qu'elle ne roula plus. Bientôt un militaire impatient en ouvrit lui-même la portière, et sauta sur la route, comme pour aller quereller le postillon. L'intelligence avec laquelle le Tourangeau raccommodait le trait cassé, rassura le comte d'Aiglemont, qui revint vers la portière en étendant ses bras comme pour en détirer les muscles endormis. Il bâilla, regarda le paysage, posa la main sur le bras d'une jeune femme soigneusement enveloppée dans un vitchoura, et lui dit d'une voix enrouée :

— Tiens, petite, réveille-toi donc pour examiner le pays. Il est magnifique.

A ces mots, Julie avança la tête hors de la calèche. Un bonnet de martre lui servait de coiffure, et les plis du manteau fourré dans lequel elle était enveloppée déguisaient si bien ses formes, qu'on ne pouvait plus voir que sa figure.

Julie d'Aiglemont ne ressemblait déjà plus à la jeune fille qui courait naguère avec joie et bonheur à la revue des Tuileries. Son visage, toujours délicat, était privé des couleurs roses qui jadis lui donnaient un si riche éclat. Les touffes noires de quelques cheveux défrisés par l'humidité de la nuit faisaient ressortir la blancheur mate de sa tête, dont la vivacité semblait engourdie. Cependant ses yeux brillaient d'un feu surnaturel; et, au-dessous de leurs paupières, quelques teintes violettes se dessinaient sur ses joues fatiguées. Elle examina d'un œil indifférent les campagnes du Cher, la Loire et ses îles, Tours et les longs rochers de Vouvray; mais sans vouloir regarder la ravissante vallée de la Cise, elle se rejeta promptement dans le fond de la calèche, et dit d'une voix qui, en plein air, paraissait d'une extrême faiblesse : — Oui, c'est admirable.

— Julie, n'aimerais-tu pas à vivre ici ?

— Oh ! là ou ailleurs, dit-elle avec insouciance.

— Souffres-tu ? lui demanda le colonel d'Aiglemont d'un air inquiet.

— Pas du tout, répondit la jeune femme avec une vivacité momentanée.

Elle contempla son mari en souriant, et ajouta :
— J'ai envie de dormir.

Le galop d'un cheval retentit soudain, Victor d'Aiglemont laissa la main de sa femme, et tourna la tête vers le coude que la route fait en cet endroit. Au moment où Julie ne fut plus vue par le colonel, l'expression de gaîté qu'elle avait imprimée à son pâle visage disparut comme si quelque lueur eût cessé de l'éclairer. N'éprouvant ni le désir de revoir le paysage, ni la curiosité de savoir quel était le cavalier dont le cheval galopait si furieusement, elle se replaça dans le coin de la calèche, et ses yeux se fixèrent sur la croupe des chevaux, sans trahir aucune espèce de sentiment. Elle avait un air aussi stupide que peut l'être celui d'un paysan breton écoutant le prône de son curé.

Un jeune homme, monté sur un cheval de prix, sortit tout-à-coup d'un bouquet de peupliers et d'aubépines en fleurs.

— C'est un Anglais, dit le colonel.

— Oh ! mon Dieu, oui, mon général, répliqua le postillon. Il est de la race des gars qui veulent, dit-on, manger la France.

L'inconnu était un de ces voyageurs qui se trouvèrent sur le continent lorsque Napoléon arrêta tous les Anglais, en représailles de l'attentat commis envers le droit des gens par le cabinet de Saint-James lors de la rupture du traité d'Amiens. Soumis aux caprices du pouvoir impérial, ces prisonniers ne restèrent pas tous dans les résidences où ils furent saisis, ou dans celles qu'ils eurent d'abord la liberté de choisir. La plupart de ceux qui habitaient en ce moment la Touraine y avaient été transférés de divers points de l'empire, où leur séjour avait paru compromettre les intérêts de la politique continentale.

Le jeune captif qui promenait en ce moment son ennui matinal était une victime de la puissance bureaucratique. Depuis deux ans, un ordre parti du ministère des relations extérieures l'avait arraché au climat de Montpellier, où la rupture de la paix le surprit autrefois cherchant à se guérir d'une affection pulmonaire. Du moment où ce jeune homme reconnut un militaire dans la personne du comte d'Aiglemont, il s'empressa d'en éviter les regards en tournant assez brusquement la tête vers les prairies de la Cise.

— Tous ces Anglais sont insolents comme si le globe leur appartenait, dit le colonel en murmurant. Heureusement Soult va leur donner les étrivières.

Quand le prisonnier passa devant la calèche, il y jeta les yeux. Alors, malgré la brièveté de son regard, il put admirer l'expression de mélancolie qui donnait à la figure pensive de la comtesse je ne sais quel attrait indéfinissable. Il y a beaucoup d'hommes dont le cœur est puissamment ému par la seule apparence de la souffrance chez une femme; pour eux, la douleur semble être une promesse de constance ou d'amour.

Entièrement absorbée dans la contemplation d'un coussin de sa calèche, Julie ne fit attention ni au cheval ni au cavalier. Le trait avait été solidement et promptement rajusté. Le comte remonta en voiture. Le postillon s'efforça de regagner le temps perdu, et mena rapidement les deux voyageurs sur la partie de la levée que bordent les rochers suspendus au sein desquels mûrissent les vins de Vouvray, d'où s'élancent tant de jolies maisons, où apparaissent, dans le lointain, les ruines de cette si célèbre abbaye de Marmoutiers, la retraite de Saint-Martin.

— Que nous veut donc ce milord diaphane? s'écria le colonel en tournant la tête pour s'assurer que le cavalier qui, depuis le pont de la Cise, suivait sa voiture, était le jeune Anglais. Comme l'inconnu ne violait aucune convenance de politesse en se promenant sur la berme de la levée, le colonel se remit dans le coin de sa calèche, après avoir jeté un regard menaçant sur l'Anglais. Mais il ne put, malgré son involontaire inimitié, s'empêcher de remarquer la beauté du cheval et la grâce du cavalier.

Le jeune homme avait une de ces figures britanniques dont le teint est si fin, la peau si douce et si blanche, qu'on est quelquefois tenté de supposer qu'elles appartiennent au corps délicat d'une jeune fille. Il était blond, mince et grand. Son costume avait ce caractère de recherche et de propreté qui distingue les fashionables de la prude Angleterre. On eût dit qu'il rougissait plus par pudeur que par plaisir à l'aspect de la comtesse. Une seule fois Julie leva les yeux sur l'étranger; mais elle y fut en quelque sorte obligée par son mari, qui voulait lui faire admirer les jambes fines d'un cheval de race pure.

Les yeux de Julie rencontrèrent alors ceux du timide Anglais. Dès ce moment, le gentilhomme, au lieu de faire marcher son cheval près de la calèche, la suivit à quelques pas de distance. A peine la comtesse regarda-t-elle l'inconnu. Elle n'aperçut aucune des perfections humaines et chevalines qui lui étaient signalées, et se rejeta au fond de la voiture, après avoir laissé échapper un léger mouvement de sourcils, comme pour approuver son mari.

Alors le colonel se rendormit, et les deux époux arrivèrent à Tours sans s'être dit une seule parole, et sans que les ravissants paysages de la changeante scène au sein de laquelle ils voyageaient attirassent une seule fois l'attention de Julie. Quand son mari sommeilla, elle le contempla à plusieurs reprises. Au dernier regard qu'elle lui jeta, un cahot fit tomber sur les genoux de la jeune femme un médaillon suspendu à son cou par une chaîne de deuil, et le portrait de son père lui apparut soudain. A cet aspect, des larmes, jusque-là réprimées, roulèrent dans ses yeux.

L'Anglais vit peut-être les traces humides et brillantes que ces pleurs laissèrent un moment sur les joues pâles de la comtesse, mais que l'air sécha promptement.

Chargé par l'empereur de porter des ordres au maréchal Soult, qui avait à défendre la France de l'invasion faite par les Anglais dans le Béarn, le comte d'Aiglemont profitait de sa mission pour soustraire sa femme aux dangers dont Paris était alors menacé, et la conduisait à Tours chez une vieille parente à lui.

Bientôt la voiture roula sur le pavé de Tours, sur le pont, dans la grande rue, et s'arrêta devant l'hôtel antique où demeurait la ci-devant marquise de Belorgey.

Madame de Belorgey était une de ces belles vieilles femmes, au teint pâle, à cheveux blancs, qui ont un sourire fin, qui semblent porter des paniers, et coiffées d'un bonnet dont la mode est inconnue. Portraits septuagénaires du siècle de Louis XV, ces femmes sont presque toujours caressantes, comme si elles aimaient encore; moins pieuses que dévotes, et moins dévotes qu'elles n'en ont l'air; toujours exhalant la poudre à la maréchale, contant bien, causant mieux, et riant plutôt d'un souvenir que d'une plaisanterie. L'actualité leur déplaît.

Quand une vieille femme de chambre vint annoncer à la marquise (car elle devait bientôt reprendre son titre) la visite d'un neveu qu'elle n'avait pas revu depuis le commencement de la guerre d'Espagne, elle ôta vivement ses lunettes, ferma la *Galerie de l'ancienne Cour*, son livre favori, puis elle retrouva une sorte d'agilité, et arriva sur son perron au moment où les deux époux en montaient les marches.

La tante et la nièce se jetèrent un rapide coup d'œil.

— Bonjour, ma chère tante, s'écria le colonel en saisissant la marquise, et l'embrassant avec précipitation. Je vous amène une jeune personne à garder. Je viens vous confier mon trésor. Ma Julie n'est ni coquette ni jalouse; elle a une douceur d'ange... Mais elle ne se gâtera pas ici, j'espère, dit-il en s'interrompant.

— Mauvais sujet, répondit la marquise en lui lançant un regard moqueur.

Puis elle s'offrit, la première, avec une certaine grâce aimable, à embrasser Julie, qui restait passive, et paraissait plus embarrassée que curieuse.

— Nous allons donc faire connaissance, ma chère petite belle? reprit la marquise. Ne vous effrayez pas trop de moi, je tâche de n'être jamais vieille avec les jeunes gens.

Avant d'arriver au salon, la marquise avait déjà, suivant l'habitude des provinces, commandé à déjeuner pour ses deux hôtes; mais le comte arrêta l'éloquence de sa tante en lui disant d'un ton sérieux qu'il ne pouvait lui donner plus de temps que la poste n'en mettrait à relayer. Les trois parents entrèrent donc au plus vite dans le salon, et le colonel eut à peine le temps de raconter à la marquise les événements politiques et militaires qui l'obligeaient à lui demander un asile pour sa jeune femme.

Pendant le récit, la tante regardait alternativement et son neveu qui parlait sans être interrompu, et sa nièce dont elle attribua la pâleur et la tristesse à cette séparation forcée. Elle avait l'air de se dire : — Hé! hé! ces jeunes gens-là s'aiment.

En ce moment, des claquements de fouet retentirent dans la vieille cour silencieuse, dont les pavés étaient dessinés par des bouquets d'herbes; alors Victor embrassa de rechef la marquise, et s'élança hors du logis.

— Adieu, ma chère, dit-il en embrassant sa femme qui l'avait suivi jusqu'à la voiture.

— Oh! Victor, laisse-moi t'accompagner plus loin encore, dit-elle d'une voix caressante, je ne voudrais pas te quitter...

— Y penses-tu?

— Eh bien! répliqua Julie, adieu, puisque tu le veux.

La voiture disparut.

— Vous aimez donc bien mon pauvre Victor? demanda la marquise à sa nièce, dont elle interrogea les yeux par un de ces savants regards que les vieilles femmes jettent aux jeunes.

— Hélas! madame, répondit Julie, ne faut-il pas bien aimer un homme pour l'épouser?

Cette dernière phrase fut accentuée par un ton de naïveté qui trahissait tout à la fois un cœur pur et de profonds mystères. Or il était bien difficile à une femme, amie de Duclos et du maréchal de Richelieu, de ne pas chercher à deviner le secret de ce jeune ménage. La tante et la nièce étaient en ce moment sur le seuil de la porte cochère, occupées à regarder la calèche qui fuyait. Les yeux de la comtesse n'exprimaient pas l'amour comme la marquise le comprenait. La bonne dame était Provençale, et ses passions avaient été vives.

— Vous vous êtes donc laissé prendre par mon vaurien de neveu? demanda-t-elle à sa nièce.

La comtesse tressaillit involontairement, car l'accent et le regard de cette vieille coquette semblèrent lui annoncer une connaissance du caractère de Victor plus approfondie peut-être que ne l'était la sienne. Alors madame d'Aiglemont, inquiète, s'enveloppa dans cette dissimulation maladroite, premier refuge des cœurs naïfs et souffrants. La marquise se contenta des réponses de Julie; mais elle pensa joyeusement que sa solitude allait être réjouie par quelque secret d'amour, et que sa nièce devait avoir quelque intrigue amusante à conduire.

Quand madame d'Aiglemont se trouva dans un grand salon tendu de tapisseries encadrées par des baguettes dorées, qu'elle fut assise devant un grand feu, abritée des bises *fenestrales* par un paravent chinois, sa tristesse ne put guère se dissiper. Il était difficile que la gaîté naquît sous d'aussi vieux lambris, entre ces meubles séculaires. Néanmoins, la jeune parisienne prit une sorte de plaisir à entrer dans cette solitude profonde, et dans le silence solennel de la province. Après avoir échangé quelques mots avec cette tante, à laquelle elle avait écrit naguère une lettre de nouvelle mariée, elle resta silencieuse comme si elle eût écouté la musique d'un opéra. Ce ne fut qu'après deux heures d'un calme digne de la Trappe, qu'elle s'aperçut de son impolitesse envers sa tante. Elle se souvint de ne lui avoir fait que de froides réponses. La vieille femme avait respecté le caprice de sa nièce, par cet instinct plein de grâce qui caractérise les gens de l'ancien temps. En ce moment, la marquise tricotait. Elle s'était, il est vrai, absentée plusieurs fois pour s'occuper d'une certaine chambre *verte*, où devait coucher la comtesse, et où les gens de la maison en plaçaient les bagages; mais alors elle avait repris sa place dans un grand fauteuil, et regardait la jeune femme à la dérobée. Honteuse de s'être abandonnée à son irrésistible méditation, Julie essaya de se la faire pardonner en s'en moquant.

— Ma chère petite, nous connaissons la douleur des veuves, répondit la tante.

Il fallait avoir quarante ans pour deviner l'ironie qu'exprimèrent les lèvres de la marquise.

Le lendemain, la comtesse fut beaucoup mieux. Elle causa. Madame de Belorgey ne désespéra plus d'apprivoiser cette nouvelle mariée, qu'elle avait d'abord jugée comme un être sauvage et stupide. Elle l'entretint des joies du pays, des bals et des maisons où elles pouvaient aller. Toutes les questions de la marquise furent, pendant cette journée, autant de piéges que, par une ancienne habitude de cour, elle ne put s'empêcher de tendre à sa nièce pour en deviner le caractère. Julie résista à toutes les instances qui lui furent faites pendant quelques jours d'aller chercher des distractions au dehors. Aussi, malgré l'envie qu'avait la vieille dame de promener orgueilleusement sa jolie nièce, finit-elle par renoncer à vouloir la mener dans le monde. La comtesse avait trouvé un prétexte à sa solitude et à sa tristesse dans le chagrin que lui avait causé la mort de son père, dont elle portait encore le deuil.

Au bout de huit jours, la marquise admira la douceur angélique, les grâces modestes, l'esprit indulgent de Julie; et dès lors, elle s'intéressa prodigieusement à la mystérieuse mélancolie qui rongeait ce jeune cœur. La comtesse était une de ces femmes nées pour être aimables, et qui semblent apporter avec elles le bonheur. Sa société devint si douce et si précieuse à la marquise de Belorgey, qu'elle s'affola de sa nièce, et désira ne plus la quitter. Un mois suffit pour établir entre elles une éternelle amitié.

La marquise remarqua, non sans surprise, les changements qui se firent dans la physionomie de madame d'Aiglemont. Les couleurs vives qui en embrasaient le teint s'éteignirent insensiblement, et sa figure prit des tons mats et pâles. En perdant son éclat primitif, Julie devenait moins triste. Parfois la marquise réveillait chez sa jeune parente des élans de gaieté, ou des rires folâtres, bientôt réprimés par une pensée importune. Elle devina que, ni le souvenir paternel, ni l'absence de Victor, n'étaient la cause de la mélancolie profonde qui jetait un voile sur la vie de sa nièce. Puis la marquise eut tant de mauvais soupçons, qu'il lui fut difficile de s'arrêter à la véritable cause du mal, car nous ne rencontrons peut-être le vrai que par hasard.

Un jour, enfin, Julie fit briller aux yeux de sa tante étonnée un oubli complet du mariage, une foie de jeune fille étourdie, une candeur d'esprit, un enfantillage dignes du premier âge, tout cet esprit délicat et parfois si profond qui distingue les jeunes personnes en France. Alors la marquise résolut de sonder les mystères de cette âme, dont le naturel extrême équivalait à une impénétrable dissimulation. La nuit approchait; les deux dames étaient assises devant une croisée qui donnait sur la rue; Julie avait repris un air pensif; un homme à cheval vint à passer.

— Voilà une de vos victimes, dit la marquise.

Madame d'Aiglemont regarda sa tante en manifestant un étonnement mêlé d'inquiétude.

— C'est un jeune Anglais, un gentilhomme, sir Arthur Grenville. Son histoire est intéressante. Il est venu à Montpellier en 1803, espérant que l'air de ce pays, où il était envoyé par les médecins, le guérirait d'une maladie de poitrine à laquelle il devait succomber. Comme tous ses compatriotes, il a été arrêté par Bonaparte lors de la guerre, car ce monstre-là ne peut se passer de guerroyer. Par distraction, ce jeune Anglais s'est mis à étudier sa maladie, que l'on croyait mortelle. Insensiblement, il a pris goût à l'anatomie, à la médecine; il s'est passionné pour ces sortes d'arts, ce qui est fort extraordinaire chez un homme de qualité; mais le Régent s'est bien occupé de chimie! Bref sir Arthur a fait des progrès étonnants même pour les professeurs de Montpellier; l'étude l'a consolé de sa captivité, et en même temps il s'est radicalement guéri. On prétend qu'il est resté deux ans sans parler, respirant rarement, demeurant couché dans une étable, buvant du lait d'une vache venue de Suisse, et vivant de cresson. Depuis qu'il est à Tours, il n'a vu personne. Il est fier comme paon. Mais vous avez certainement fait sa conquête, car ce n'est probablement pas pour moi qu'il passe sous nos fenêtres deux fois par jour depuis que vous êtes ici... Certes, il vous aime.

Ces derniers mots réveillèrent la comtesse comme par magie. Elle laissa échapper un geste et un sourire qui surprirent la marquise. Loin de témoigner cette satisfaction instinctive, ressentie même par la femme la plus sévère quand elle apprend qu'elle fait un malheureux, le regard de Julie fut terne et froid. Son visage indiquait un sentiment de répulsion voisin de l'horreur. Cette proscription n'était pas celle dont une femme aimante frappe le monde entier au profit d'un seul être; alors elle sait rire et plaisanter. Non, Julie était en ce moment comme une personne à qui le souvenir d'un danger trop vivement présent en fait ressentir encore la douleur.

La marquise, bien convaincue que sa nièce n'aimait pas son neveu, fut stupéfaite en découvrant qu'elle n'aimait personne. Elle trembla d'avoir à reconnaître en Julie un cœur désenchanté, une jeune femme à qui l'expérience d'un jour, d'une nuit peut-être, avait suffi pour apprécier la nullité de Victor.

— Si elle le connaît, tout est dit, pensa-t-elle; mon neveu subira bientôt les inconvénients du mariage.

Alors elle se proposait déjà de la convertir aux doctrines monarchiques du siècle de Louis XV; mais quelques heures plus tard, elle apprit, ou plutôt elle devina la situation assez commune dans le monde à laquelle la comtesse devait sa mélancolie.

Julie, devenue tout à coup pensive, se retira chez elle plus tôt que de coutume. Quand sa femme de chambre l'eut déshabillée et l'eut laissée prête à se coucher, elle resta devant le feu, plongée dans une duchesse de velours jaune, meuble antique, aussi favorable aux affligés qu'aux gens heureux. Elle pleura, elle soupira, elle pensa. Puis elle prit une petite table, chercha du papier, et se mit à écrire. Les heures passèrent vite, car la confidence qu'elle faisait dans cette lettre paraissait lui coûter beaucoup; chaque phrase amenait de longues rêveries. Tout à coup la jeune femme fondit en larmes, et s'arrêta. En ce moment les horloges sonnèrent deux heures. Sa tête, aussi lourde que celle d'une mourante, s'inclina sur son sein, puis quand elle la releva, Julie vit sa tante, surgie tout-à-coup, comme un personnage qui se serait détaché de la tapisserie dont les murs étaient garnis.

— Qu'avez-vous donc, ma petite, dit la marquise? Pourquoi veiller si tard, et surtout pourquoi pleurer toute seule, à votre âge?

Elle s'assit sans autre cérémonie près de sa nièce et dévora des yeux la lettre commencée.

— Vous écriviez à votre mari?

— Sais-je où il est? reprit la comtesse.

La tante prit le papier et le lut. Elle avait apporté ses lunettes. Il y avait préméditation. L'innocente créature lui laissa prendre la lettre sans faire la moindre observation. Ce n'était pas un défaut de dignité ou quelque sentiment de culpabilité secrète qui lui ôtait ainsi toute énergie. Non, sa tante se rencontra là dans un de ces moments de crise où l'âme est sans ressort, et où tout est indifférent, le bien et le mal, le silence et la confiance.

Comme une jeune fille vertueuse qui accable un amant de dédains, mais qui, le soir, se trouve si triste, si abandonnée, qu'elle le désire, et veut un cœur où déposer ses souffrances, Julie laissa violer sans mot dire le cachet que la délicatesse imprime à une lettre même ouverte, et resta pensive pendant que la marquise lisait.

« Ma chère Louisa, pourquoi réclamer tant de fois l'accomplissement de la plus imprudente promesse que puissent se faire deux jeunes filles ignorantes? Tu me demandes souvent, m'écris-tu, pourquoi je n'ai pas répondu depuis six mois à tes interrogations. Si tu n'as pas compris mon silence, aujourd'hui tu en devineras peut-être la raison en apprenant les mystères que je vais trahir. Je les aurais à jamais ensevelis dans le fond de mon cœur, si tu ne m'avertissais de ton prochain mariage. Tu vas te marier, Louisa. Cette pensée me fait frémir. Pauvre petite, marie-toi; puis, dans quelques mois, un de tes plus poignants regrets viendra du souvenir de ce que nous étions naguère, quand un soir, à Écouen, parvenues toutes deux sous les grands chênes de la montagne, nous contemplâmes la belle vallée que nous avions à nos pieds, et que nous y admirâmes les rayons du soleil couchant dont les reflets nous enveloppaient. Nous nous assîmes sur un quartier de roche, et tombâmes dans un ravissement auquel succéda la plus douce mélancolie. Tu trouvas la première que ce soleil lointain nous parlait d'avenir. Nous étions bien curieuses et bien folles alors! Te souviens-tu de toutes nos extravagances? Nous nous embrassâmes comme deux amants, disions-nous. Nous nous jurâmes que la première mariée de nous deux raconterait fidèlement à l'autre ces secrets d'hyménée, ces joies que nos âmes enfantines nous peignaient si délicieuses. Cette soirée fera ton désespoir, Louisa. Dans ce temps, tu étais jeune, belle, insouciante, sinon heureuse; un mari te rendra, en peu de jours, ce que je suis déjà, laide, souffrante et vieille. Te dire combien j'étais fière, vaine et joyeuse d'épouser le colonel Victor d'Aiglemont, ce serait une folie! Et même comment te le dirais-je? je ne me souviens plus de moi-même. En peu d'instants, mon enfance est devenue comme un songe. Ma contenance pendant la journée solennelle qui consacrait un lien dont j'ignorais l'étendue n'a pas été exempte de reproches. Mon père a plus d'une fois tâché de réprimer ma gaîté, car je témoignais des joies qu'on trouvait inconvenantes, et mes discours révélaient de la malice, justement parce qu'ils étaient sans malice. Je faisais mille enfantillages avec ce voile nuptial, avec cette robe et ces fleurs. Restée seule, le soir, dans la chambre où j'avais été conduite avec apparat, je méditai quelque espièglerie pour intriguer Victor; et, en attendant qu'il vînt, j'avais des palpitations de cœur semblables à celles qui me saisissaient autrefois en ces jours solennels du 31 décembre, quand, sans être aperçue, je me glissais dans le salon où les étrennes étaient entassées. Lorsque mon mari entra, qu'il me chercha, le rire étouffé que je fis entendre sous les mousselines dont je m'étais enveloppée, a été le dernier éclat de cette gaîté douce qui anima les jeux de notre enfance..... »

Quand la marquise eut achevé de lire cette lettre, qui, commençant ainsi, devait contenir de bien tristes observations, elle posa lentement ses lunettes sur la table, y remit aussitôt la lettre, et fixa sur sa nièce deux yeux verts dont l'âge n'avait pas affaibli le feu clair.

— Ma petite, dit-elle, une femme mariée ne saurait écrire ainsi à une jeune personne, sans manquer aux convenances...

— C'est ce que je pensais, répondit Julie en interrompant sa tante, et j'avais honte de moi pendant que vous lisiez...

— Si à table un mets ne nous semble pas bon, il n'en faut dégoûter personne, mon enfant, reprit la vieille avec bonhomie; surtout, lorsque, depuis Ève jusqu'à nous, le mariage a paru chose si excellente...

Julie saisit la lettre et la jeta au feu.

— Vous n'avez plus de mère? dit la marquise.

La comtesse tressaillit; puis elle leva doucement la tête et la baissa comme pour dire : — J'ai déjà regretté plus d'une fois ma mère depuis un an.

Elle regarda sa tante, et un frisson de joie sécha ses larmes quand elle aperçut l'air de bonté qui animait cette vieille figure. Elle tendit sa jeune main à la marquise, qui semblait la solliciter, et quand leurs doigts se pressèrent, ces deux femmes achevèrent de se comprendre.

— Pauvre orpheline! ajouta la marquise.

Ce mot fut un dernier trait de lumière pour Julie. Elle crut entendre la voix prophétique de son père.

— Vous avez les mains brûlantes, demanda la vieille femme. Sont-elles toujours ainsi?

— La fièvre ne m'a quittée que depuis sept ou huit jours, répondit-elle.

— Vous aviez la fièvre, et vous me le cachiez!

— Je l'ai depuis un an, dit Julie avec une sorte d'anxiété pudique.

— Ainsi, mon bon petit ange, reprit la marquise, le mariage n'a été jusqu'à présent pour vous qu'une longue douleur?

La jeune femme n'osa répondre; mais elle fit un geste affirmatif qui trahissait toutes ses souffrances.

— Vous êtes donc malheureuse?

— Oh! non, ma tante. Victor m'aime à l'idolâtrie, et je l'adore; il est si bon.

— Oui, vous l'aimez; mais vous le fuyez, n'est-ce pas?

— Oui... quelquefois... Il me cherche trop souvent.

— N'êtes-vous pas souvent troublée dans la solitude par la crainte qu'il ne vienne vous y surprendre?

— Hélas! oui, ma tante. Mais je l'aime bien, je vous assure.

— Ne vous accusez-vous pas en secret vous-même de ne pas savoir ou pouvoir partager ses plaisirs? Parfois, ne pensez-vous point que l'amour légitime est plus dur à porter que ne le serait une passion criminelle?

— Oh! c'est cela, dit-elle en pleurant; vous devinez donc tout, là où tout est énigme pour moi?

Mes sens sont engourdis ; je suis sans idée ; enfin, je vis difficilement. Mon âme est oppressée par une indéfinissable appréhension qui glace mes sentiments et me jette dans une torpeur continuelle. Je suis sans voix pour me plaindre et sans paroles pour exprimer ma peine. Je souffre, et j'ai honte de souffrir en voyant Victor heureux de ce qui me tue.

— Enfantillages, niaiseries que tout cela! s'écria la tante, dont le visage desséché s'anima tout à coup par un gai sourire, le reflet des joies de son jeune âge.

— Et vous aussi vous riez! dit avec désespoir la jeune femme.

— J'ai été ainsi, reprit promptement la marquise. Maintenant que Victor vous a laissée seule, n'êtes-vous pas redevenue jeune fille, tranquille; sans plaisirs, mais sans souffrances?

Julie ouvrit de grands yeux hébétés.

— Enfin, mon ange, vous adorez Victor, n'est-ce pas ; mais vous aimeriez mieux être sa sœur que sa femme, et lui refuser..... Hein ?....

— Hé bien, oui, ma tante. Mais pourquoi sourire?

— Oh ! vous avez raison, ma pauvre enfant. Il n'y a, dans tout ceci, rien de bien gai. Votre avenir serait gros de plus d'un malheur, si je ne vous prenais sous ma protection, et si ma vieille expérience ne savait pas deviner la cause innocente de vos chagrins. Mon neveu ne méritait pas son bonheur.... le sot! Sous le règne de notre bien-aimé Louis XV, une jeune femme, qui se serait trouvée dans la situation où vous êtes, aurait bientôt puni son mari de s'être conduit en vrai lansquenet. L'égoïste! les militaires de ce tyran impérial sont tous de vilains ignorants. Ils prennent la brutalité pour de la galanterie; ils ne connaissent pas plus les femmes, qu'ils ne savent faire l'amour ; ils croient que d'aller à la mort le lendemain, les dispense d'avoir, la veille, des égards et des attentions pour nous. Autrefois, l'on savait aussi bien aimer que mourir à propos. Ma nièce, je vous le formerai. Je mettrai fin au triste désaccord qui vous conduirait à vous haïr l'un et l'autre, à souhaiter un divorce, si vous n'étiez pas morte avant d'en venir au désespoir.

Julie écoutait la vieille marquise avec autant d'étonnement que de stupeur. Elle était surprise d'entendre des paroles dont elle pressentait la sagesse plutôt qu'elle ne la comprenait, et fut effrayée de retrouver dans la bouche d'une parente pleine d'expérience, mais sous une forme plus douce, l'arrêt porté par son père sur Victor.

Elle eut peut-être une vive intuition de son avenir, et sentit sans doute le poids des malheurs qui devaient l'accabler, car elle fondit en larmes, et se jeta dans les bras de la vieille marquise, en lui disant : — Soyez ma mère!

La tante ne pleura pas, car la révolution a laissé aux femmes de l'ancienne monarchie peu de larmes dans les yeux. Autrefois l'amour, et plus tard la Terreur, les ont familiarisées avec les plus poignantes péripéties, en sorte qu'elles conservent au milieu des dangers de la vie une dignité froide, une affection sincère, mais sans expansibilité, qui leur permet d'être toujours fidèles à l'étiquette et à une noblesse de maintien que les mœurs nouvelles ont eu le grand tort de répudier.

La marquise prit la jeune femme dans ses bras, la baisa au front avec une tendresse et une grâce qui souvent se trouvent plus dans les manières et les habitudes de ces femmes que dans leur cœur. Elle cajola sa nièce par de douces paroles, lui promit un heureux avenir, la berça par des promesses d'amour, en l'aidant à se coucher, comme si elle eût été sa fille, une fille chérie dont elle épousât l'espoir et les chagrins. Elle se revoyait jeune, se retrouvait inexpériente et jolie en sa nièce. La comtesse s'endormit heureuse d'avoir rencontré une amie, une mère, à qui, désormais, elle pourrait tout dire.

Le lendemain matin, au moment où la tante et la nièce s'embrassaient avec cette cordialité profonde et cet air d'intelligence qui prouvent un progrès dans le sentiment, une cohésion plus parfaite entre deux âmes, elles entendirent le pas d'un cheval, tournèrent la tête en même temps, et virent le jeune lord anglais qui passait lentement, selon son habitude. Il paraissait avoir fait une certaine étude de la vie que menaient ces deux femmes solitaires, et ne manquait jamais à se trouver à leur déjeuner ou à leur dîner. Son cheval ralentissait le pas sans avoir besoin d'en être averti ; puis, pendant le temps qu'il mettait à franchir l'espace pris par les deux fenêtres de la salle à manger, sir Arthur y jetait un regard mélancolique, la plupart du temps dédaigné par la comtesse, qui n'y faisait aucune attention. Mais accoutumée à ces curiosités mesquines qui s'attachent aux plus petites choses afin d'animer la vie de province, et dont un esprit même supérieur se garantit difficilement, la marquise s'amusait de l'amour timide et sérieux si tacitement exprimé par l'Anglais. Ces regards périodiques étaient devenus comme une habitude pour elle ; et chaque jour elle signalait le passage de sir Arthur par de nouvelles plaisanteries.

En se mettant à table, les deux femmes le regardèrent simultanément. Les yeux de Julie et de sir Grenville se rencontrèrent cette fois avec une telle précision de sentiment, que la jeune femme rougit. Aussitôt l'Anglais pressa son cheval, et partit au galop.

— Mais, madame, dit Julie à sa tante, que faut-il faire? Il doit être constant pour les gens qui voient passer sir Arthur, que je suis...

— Oui, répondit la marquise en l'interrompant.

— Hé bien, ne pourrais-je pas lui dire de ne pas se promener ainsi?

— Ne serait-ce pas lui donner à penser qu'il est dangereux? Et d'ailleurs, pouvez-vous empêcher un homme d'aller et venir où bon lui semble? Demain nous ne mangerons plus dans cette salle; quand il ne nous y verra plus, le lord discontinuera de vous aimer par la fenêtre. Voilà, ma chère enfant, comment se comporte une femme qui a l'usage du monde.

Mais le malheur de Julie devait être complet. A peine les deux femmes se levaient-elles de table, que le valet de chambre de Victor arriva soudain. Il venait de Bourges à franc étrier, par des chemins détournés, et apportait à la comtesse une lettre de son mari. Victor avait quitté l'empereur; il annonçait à sa femme la chute du trône impérial, la prise de Paris, et l'enthousiasme qui éclatait en faveur des Bourbons sur tous les points de la France; mais ne sachant comment pénétrer jusqu'à Tours, il la priait de venir en toute hâte à Orléans, où il espérait se trouver avec des passeports pour elle. Ce valet de chambre, ancien militaire, devait accompagner Julie de Tours à Orléans, route que Victor croyait libre encore.

— Madame, vous n'avez pas un instant à perdre, dit le valet de chambre, les Prussiens, les Autrichiens et les Anglais vont faire leur jonction à Blois ou à Orléans...

En quelques heures la jeune femme fut prête, et partit dans une vieille voiture de voyage que lui prêta sa tante.

— Pourquoi ne viendriez-vous pas à Paris avec nous? dit-elle en embrassant la marquise. Maintenant que les Bourbons se rétablissent, vous y trouveriez....

— J'y serais allée sans ce retour inespéré, ma pauvre petite. Mes conseils vous sont trop nécessaires, à Victor et à vous. Aussi vais-je faire toutes mes dispositions pour vous y rejoindre.

Julie partit accompagnée de sa femme de chambre et du vieux militaire, qui galopait à côté de la chaise, et veillait à la sécurité de sa maîtresse.

Il était nuit; Julie arrivait à un relais en avant de Blois lorsque, inquiète d'entendre une voiture qui marchait derrière la sienne, et ne l'avait pas quittée depuis Amboise, elle se mit à la portière, afin de voir quels étaient ses compagnons de voyage. Le clair de lune lui permit d'apercevoir sir Arthur, debout, à trois pas d'elle, les yeux attachés sur sa chaise. Leurs regards se rencontrèrent fatalement. La comtesse se rejeta vivement au fond de sa voiture, mais avec un sentiment de peur qui la fit palpiter. Comme la plupart des jeunes femmes réellement innocentes et sans expérience, elle voyait une faute dans un amour involontairement inspiré à un homme. Elle ressentait une terreur instinctive, que lui donnait peut-être la conscience de sa faiblesse devant une si audacieuse agression. Une des plus fortes armes de l'homme est ce pouvoir terrible d'occuper de lui-même une femme, dont l'imagination, naturellement mobile, s'effraie ou s'offense d'une poursuite.

La comtesse se souvint du conseil de sa tante, et résolut de rester pendant le voyage au fond de sa chaise de poste, sans en sortir. Mais à chaque relais, elle entendait l'Anglais qui se promenait autour des deux voitures; puis sur la route, le bruit importun de sa calèche retentissait incessamment aux oreilles de Julie.

La jeune femme pensa bientôt qu'une fois réunie à son mari, il saurait la défendre de cette singulière persécution.

— Mais s'il ne m'aimait pas, cependant?

Cette réflexion fut la dernière de toutes celles qu'elle fit. En arrivant à Orléans, sa chaise de poste fut arrêtée par les Prussiens, conduite dans la cour d'une auberge, et gardée par des soldats. La résistance était impossible. Les étrangers expliquèrent aux trois voyageurs, par des signes impératifs, qu'ils avaient reçu la consigne de ne laisser sortir personne de la voiture. La comtesse pleurait. Elle resta pendant deux heures environ prisonnière, au milieu des soldats qui fumaient, riaient, et parfois la regardaient avec une insolente curiosité. Enfin elle les vit s'écarter de la voiture avec une sorte de respect en entendant le bruit de plusieurs chevaux; puis, bientôt, une troupe d'officiers supérieurs étrangers, à la tête desquels était un général autrichien, entoura la chaise de poste.

— Madame, lui dit le général, agréez nos excuses; il y a eu erreur. Vous pouvez continuer sans crainte votre voyage, et voici un passeport qui vous évitera désormais toute espèce d'avanie.....

La comtesse prit le papier en tremblant, et balbutia de vagues paroles. Elle voyait près du général, et en costume d'officier anglais, sir Arthur, à qui sans doute elle devait sa prompte délivrance. Tout à la fois joyeux et mélancolique, le jeune lord détournait la tête, et n'osait regarder Julie qu'à la dérobée.

Grâce au passeport, madame d'Aiglemont parvint à Paris sans aventure fâcheuse. Elle y retrouva son mari, qui, délié de son serment de fidélité à l'empereur, avait reçu le plus flatteur accueil près du comte d'Artois, nommé lieutenant-général du royaume par son frère Louis XVIII. Victor eut un grade éminent dans les gardes-du-corps. Cependant, au milieu des fêtes qui marquaient le retour des Bourbons, un malheur bien profond, et qui devait influer sur sa vie, assaillit la pauvre Julie. Elle perdit la marquise de Belorgey.

La vieille dame était morte de joie et d'une goutte remontée au cœur, en revoyant à Tours le duc d'Angoulême. Ainsi, la personne à laquelle son âge donnait le droit d'éclairer Victor; la seule qui, par d'adroits conseils, pouvait rendre l'accord de la femme et du mari plus parfait, cette personne était morte. Julie sentit toute l'étendue de cette perte. Il n'y avait plus qu'elle-même entre elle et son mari. Mais, jeune et timide, elle préférait d'abord la souffrance à la plainte. La perfection même de son caractère s'opposait à ce qu'elle osât se soustraire à ses devoirs, ou tenter de rechercher la cause de ses douleurs; les faire cesser, eût été chose trop délicate; Julie craignait d'offenser sa pudeur de jeune fille.

Elle ne vit plus sir Arthur.

La Mère.

Il se rencontre beaucoup d'hommes dont la nullité profonde est un secret pour la plupart des gens qui les connaissent. Un haut rang, une illustre naissance, d'importantes fonctions, un certain vernis de politesse, une grande réserve dans la conduite, ou les prestiges de la fortune, sont, pour eux, comme des gardes qui empêchent les critiques de pénétrer jusqu'à leur intime existence. Ils ressemblent aux rois, dont la véritable taille, le caractère et les mœurs ne peuvent jamais être ni bien connus ni justement appréciés, parce qu'ils sont vus de trop loin ou de trop près. Ces personnages à mérite factice interrogent au lieu de parler, ont l'art de mettre les autres en scène pour éviter de poser devant eux, puis, avec une heureuse adresse, ils tirent chacun par le fil de ses passions ou de ses intérêts et se jouent ainsi des hommes qui leur sont réellement supérieurs, ils en font des marionnettes et les croient petits pour les avoir rabaissés jusqu'à eux. Alors ils obtiennent le triomphe naturel d'une pensée, mesquine, mais fixe, sur la mobilité des grandes pensées. Aussi, pour juger ces têtes vides, et peser leurs valeurs négatives, l'observateur doit-il posséder un esprit plus subtil que supérieur, plus de patience que de portée dans la vue, plus de finesse et de tact que d'élévation et de grandeur dans les idées. Néanmoins, quelque habileté que déploient ces usurpateurs en défendant leurs côtés faibles, il leur est bien difficile de tromper leurs femmes, leurs mères, leurs enfants ou l'ami de la maison. Mais ces personnes leur gardent presque toujours le secret sur une chose qui touche, en quelque sorte, à l'honneur commun, et souvent même elles les aident à en imposer au monde.

Si, grâce à ces conspirations domestiques, beaucoup de niais passent pour des hommes supérieurs, ils compensent le nombre d'hommes supérieurs qui passent pour des niais, en sorte que l'état social a toujours la même masse de capacités apparentes.

Songez maintenant au rôle que doit jouer une femme d'esprit et de sentiment, en présence d'un mari de ce genre? n'apercevrez-vous pas des existences pleines de douleurs et de dévouement dont rien ici-bas ne saurait récompenser certains cœurs pleins d'amour et de délicatesse? Qu'il se rencontre une femme forte dans cette horrible situation, elle en sortira par un crime, comme fit Catherine II, si abusivement nommée *la Grande*. Mais comme toutes les femmes ne sont pas assises sur un trône, elles se vouent, pour la plupart, à des malheurs domestiques qui, pour être obscurs, n'en sont pas moins terribles. Celles qui cherchent ici-bas des consolations immédiates à leurs maux ne font souvent que changer de peines lorsqu'elles veulent rester fidèles à leurs devoirs, ou commettent des fautes si elles violent les lois au profit de leurs plaisirs. Ces réflexions sont toutes applicables à l'histoire secrète de Julie.

Tant que Napoléon resta debout, le comte d'Aiglemont, colonel comme tant d'autres, bon officier d'ordonnance, intrépide à remplir une mission dangereuse, mais incapable d'un commandement de quelque importance, n'excita nulle envie, passa pour un des braves que favorisait l'empereur, et fut ce que les militaires nomment vulgairement *un bon enfant*. La restauration, qui lui rendit le titre de marquis et des biens considérables, ne le trouva pas ingrat : il suivit les Bourbons à Gand. Cet acte de logique et de fidélité fit mentir l'horoscope que jadis tirait son beau-père en disant de son gendre qu'il resterait colonel. Au second retour, Victor fut nommé lieutenant-général.

Redevenu marquis, M. d'Aiglemont eut l'ambition d'arriver à la pairie. Alors il adopta les maximes et la politique du *Conservateur*, s'enveloppa d'une dissimulation qui ne cachait rien, devint grave, interrogateur, peu parleur, et fut pris pour un homme profond. Retranché sans cesse dans les formes de la politesse, muni de formules, retenant et prodiguant les phrases toutes faites qui se frappent régulièrement à Paris pour donner en petite monnaie aux sots le sens des grandes idées ou des faits, les gens du monde le réputèrent homme de goût et de savoir. Entêté dans ses opinions aristocratiques, il fut cité comme ayant un beau caractère. Si, par hasard, il devenait insouciant ou gai comme il l'était jadis, l'insignifiance et la niaiserie de ses propos avaient pour les autres des sous-entendus diplomatiques.

— Oh! il ne dit que ce qu'il veut dire, pensaient de très-honnêtes gens.

Il était aussi bien servi par ses qualités que par ses défauts. Sa bravoure lui valait une haute réputation militaire que rien ne démentait, parce qu'il n'avait jamais commandé en chef. Sa figure mâle et noble exprimait des pensées larges, et sa physionomie n'était une imposture que pour sa femme. En entendant tout le monde rendre justice à ses talents postiches, le marquis d'Aiglemont finit par se persuader à lui-même qu'il était un des hommes les plus remarquables de la cour, où, grâce à ses dehors, il sut plaire, et où ses différentes valeurs furent acceptées sans protêt.

Mais il était modeste au logis, il y sentait instinctivement la supériorité de sa femme, toute jeune qu'elle fût; de ce respect involontaire, naquit un pouvoir occulte dont la marquise se trouva forcément investie, malgré tous ses efforts pour en repousser le fardeau. Conseil de son mari, elle en dirigeait les actions et la fortune. Cette influence contre nature était pour elle une espèce d'humiliation et la source de bien des peines qu'elle ensevelissait dans son cœur. D'abord, son instinct si délicatement féminin lui disait qu'il est bien plus beau d'obéir à un homme de talent que de conduire un sot, et qu'une jeune épouse obligée de penser et d'agir en homme, n'est ni femme ni homme, abdique toutes les grâces de son sexe en en perdant les malheurs, et n'acquiert aucun des priviléges dont nos mœurs, dont nos lois ont doté les plus forts. Son existence cachait une bien amère dérision. N'était-elle pas obligée d'honorer une idole creuse, de protéger son protecteur, pauvre être qui, pour salaire d'un dévoûment continu, lui jetait l'amour égoïste des maris; ne voyait en elle que la femme; ne daignait ou ne savait pas, injure tout aussi profonde, s'inquiéter de ses plaisirs, ni d'où venaient sa tristesse et son dépérissement? Comme la plupart des maris qui sentent le joug d'un esprit supérieur, il sauvait son amour-propre en concluant de la faiblesse physique à la faiblesse morale de Julie, qu'il se plaisait à plaindre en demandant compte au sort de lui avoir donné pour épouse une jeune fille maladive. Enfin il se faisait la victime, tandis qu'il était le bourreau. La marquise, chargée de tous les malheurs de cette triste existence, devait sourire encore à son maître imbécile, parer de fleurs une maison de deuil, et afficher le bonheur sur un visage pâli par de secrets supplices.

Cette responsabilité d'honneur, cette abnégation magnifique donnèrent insensiblement à la jeune marquise une dignité de femme, une conscience de vertu qui lui servirent de sauve-garde contre les dangers du monde. Puis, pour sonder ce cœur à fond, peut-être le malheur intime et caché par lequel son premier, son naïf amour de jeune fille était couronné, lui faisait-il prendre en horreur les passions; peut-être n'en concevait-elle ni l'entraînement ni les joies illicites, mais délirantes, qui font oublier à certaines femmes les lois de sagesse, les principes de vertu sur lesquels la société repose.

Renonçant, comme à un songe, aux douceurs, à la tendre harmonie que la vieille expérience de madame de Belorgey lui avait promise, elle attendait avec résignation la fin de ses peines en espérant mourir jeune. Depuis son retour de Touraine, sa santé s'était chaque jour affaiblie, et la vie semblait lui être mesurée par la souffrance; souffrance élégante d'ailleurs, maladie presque voluptueuse en apparence, et qui pouvait passer aux yeux des gens superficiels pour une fantaisie de petite-maîtresse.

Les médecins avaient condamné la marquise à

rester couchée sur un divan, où elle s'étiolait au milieu des fleurs qui l'entouraient, et se fanaient comme elle. Sa faiblesse lui interdisait la marche et le grand air, elle ne sortait qu'en voiture fermée. Sans cesse environnée de toutes les merveilles de notre luxe et de notre industrie modernes, elle ressemblait moins à une malade qu'à une reine indolente. Quelques amis, amoureux peut-être de son malheur et de sa faiblesse, sûrs de toujours la trouver chez elle, et spéculant sans doute aussi sur sa bonne santé future, venaient lui apporter les nouvelles, l'instruire de ces mille petits événements qui rendent à Paris l'existence si variée. Sa mélancolie, quoique grave et profonde, était donc la mélancolie de l'opulence. La marquise d'Aiglemont ressemblait à une belle fleur dont la racine est rongée par un insecte noir.

Elle allait parfois dans le monde, non par goût, mais pour obéir aux exigences de la position à laquelle aspirait son mari. Sa voix et la perfection de son chant pouvaient lui permettre d'y recueillir des applaudissements dont une jeune femme est presque toujours flattée; mais à quoi lui servaient des succès qu'elle ne rapportait ni à des sentiments ni à des espérances? Son mari n'aimait pas la musique. Enfin, elle se trouvait presque toujours gênée dans les salons où sa beauté lui attirait tous les regards. Sa situation y excitait une sorte de compassion cruelle, une curiosité triste. Elle était atteinte d'une inflammation assez ordinairement mortelle, dont les femmes parlent en secret, et à laquelle notre néologie n'a pas encore su trouver de nom. Or, malgré le silence au sein duquel sa vie s'écoulait, sa souffrance n'était un secret pour personne. Toujours jeune fille, en dépit du mariage, les moindres regards la rendaient honteuse. Aussi, pour éviter de rougir, n'apparaissait-elle jamais que riante, gaie; elle affectait une fausse joie, se disait toujours bien, ou prévenait les questions sur sa santé par de pudiques mensonges.

Cependant, en 1817, un événement contribua beaucoup à modifier l'état déplorable dans lequel Julie avait été plongée jusqu'alors. Elle eut une fille, et voulut la nourrir. Alors pendant deux années, les vives distractions et les inquiets plaisirs que donnent les soins maternels, lui firent une vie moins malheureuse. Elle se sépara nécessairement de son mari. Les médecins lui pronostiquèrent une meilleure santé; mais la marquise ne crut point à ces présages hypothétiques. Comme toutes les personnes pour lesquelles la vie n'a plus de douceur, peut-être voyait-elle dans la mort un heureux dénouement.

Au commencement de l'année 1819, la vie lui fut plus cruelle que jamais. Au moment où elle s'applaudissait du bonheur négatif qu'elle avait su conquérir, elle entrevit d'effroyables abîmes. Son mari s'était, par degrés, déshabitué d'elle. Ce refroidissement d'une affection déjà si tiède et toute égoïste, pouvait amener plus d'un malheur que son tact fin et sa prudence lui faisaient prévoir. Quoiqu'elle fût certaine de conserver un grand empire sur Victor, et d'en avoir obtenu l'estime pour toujours, elle craignait l'influence des passions sur un homme aussi nul, aussi vaniteusement irréfléchi.

Souvent ses amis la surprenaient livrée à de longues méditations. Les moins clairvoyants lui en demandaient le secret en plaisantant, comme si une jeune femme pouvait ne songer qu'à des frivolités; comme s'il n'existait pas presque toujours un sens profond dans les pensées d'une mère de famille. D'ailleurs, le malheur aussi bien que le bonheur vrai nous mène à la rêverie.

Parfois, en jouant avec sa fille, Julie la regardait d'un œil sombre, et cessait de répondre à ces interrogations enfantines qui font tant de plaisir aux mères, pour demander compte de sa destinée au présent et à l'avenir. Alors, ses yeux se mouillaient de larmes, quand soudain quelque souvenir lui rappelait la scène de la revue aux Tuileries. Les prévoyantes paroles de son père retentissaient derechef à son oreille, et sa conscience lui reprochait d'en avoir méconnu la sagesse. De cette désobéissance folle venaient tous ses malheurs; et souvent elle ne savait, entre tous, lequel était le plus difficile à porter.

Non seulement les deux trésors de son âme restaient ignorés, mais elle ne pouvait jamais parvenir à se faire comprendre de son mari, même dans les choses les plus ordinaires de la vie. Au moment où la faculté d'aimer se développait en elle plus forte et plus active, l'amour permis, l'amour conjugal s'évanouissait au milieu de graves souffrances physiques et morales. Puis elle avait pour son mari cette compassion voisine du mépris qui flétrit à la longue tous les sentiments. Enfin, si ses conversations avec quelques amis, les exemples, ou si certaines aventures du grand monde ne lui eussent pas appris que l'amour apportait d'immenses bonheurs, ses blessures lui auraient fait deviner les plaisirs profonds et purs qui doivent unir des âmes fraternelles.

Dans le tableau que sa mémoire lui traçait du passé, la figure candide de sir Arthur s'y dessinait chaque jour plus pure et plus belle, mais rapidement; elle n'osait s'arrêter à ce souvenir. Le silencieux et timide amour du jeune Anglais était le seul événement qui, depuis le mariage, eût laissé quelques doux vestiges dans ce cœur sombre et solitaire. Peut-être toutes les espérances trompées, tous les désirs avortés qui, graduellement, attristaient davantage l'esprit de Julie, se reportaient-ils, par un jeu naturel de l'imagination, sur cet homme, dont les manières, les sentiments et le caractère paraissaient offrir tant de sympathies avec les siens. Mais cette pensée avait toujours l'apparence d'un caprice, d'un songe. Après ce rêve impossible, toujours clos par des soupirs, Julie se réveillait plus malheureuse, et sentait encore mieux ses douleurs latentes quand elle les avait endormies sous les ailes d'un bonheur imaginaire.

Parfois, ses plaintes prenaient un caractère de folie et d'audace; elle voulait des plaisirs à tout prix. Mais plus souvent encore, elle restait en proie à je ne sais quel engourdissement stupide, écoutait sans comprendre, ou concevait des pensées si vagues, si indécises, qu'elle n'eût pas trouvé de langage pour les rendre. Froissée dans ses plus intimes volontés, dans les mœurs que, jeune fille, elle avait rêvées jadis, elle était obligée de dévorer ses larmes. A qui se serait-elle plaint? de qui pouvait-elle être entendue? Puis, elle avait cette extrême délicatesse de la femme, cette ravissante pudeur de sentiment qui consiste à taire une plainte inutile, à ne pas prendre un avantage quand le triomphe doit humilier le vainqueur et le vaincu. Julie essayait de donner sa capacité, ses propres vertus à M. d'Aiglemont, et se vantait de goûter le bonheur qui lui manquait. Toute sa finesse de femme était employée en pure perte à des ménagements ignorés de celui-là même dont ils perpétuaient le despotisme. Par moments, elle était ivre de malheur, sans idée, sans frein; mais heureusement une piété vraie la ramenait toujours à une espérance suprême : elle se réfugiait dans la vie future, admirable croyance qui lui faisait accepter de nouveau sa tâche douloureuse. Ces combats si terribles, ces déchirements intérieurs étaient sans gloire, ces longues mélancolies étaient inconnues; nulle créature ne recueillait ses regards ternes, ses larmes amères jetées au hasard et dans la solitude.

Les dangers de la situation critique à laquelle la marquise était insensiblement arrivée par la force des circonstances, se révélèrent à elle dans toute leur gravité pendant une soirée du mois de janvier 1820.

Quand deux époux se connaissent parfaitement, et ont pris une longue habitude d'eux-mêmes; qu'une femme sait interpréter les moindres gestes d'un homme, et peut pénétrer les sentiments ou les choses qu'il lui cache; alors, des lumières soudaines éclatent souvent après des réflexions ou des remarques précédentes, dues au hasard, ou primitivement faites avec insouciance. Une femme se réveille souvent tout à coup sur le bord ou au fond d'un abîme. Ainsi, la marquise, heureuse d'être seule depuis quelques jours, devina le secret de sa solitude. Inconstant ou lassé, généreux ou plein de pitié pour elle, son mari ne lui appartenait plus. En ce moment, elle ne pensa plus à elle, ni à ses souffrances, ni à ses sacrifices; elle ne fut plus que mère, et vit la fortune, l'avenir, le bonheur de sa fille; sa fille, le seul être d'où lui vint quelque félicité; son Hélène, seul bien qui l'attachât à la vie! Maintenant, Julie voulait vivre pour préserver son enfant du joug effroyable sous lequel une marâtre pouvait étouffer la vie de cette chère créature.

A cette nouvelle prévision d'un sinistre avenir, elle tomba dans une de ces méditations ardentes qui dévorent des années entières. Entre elle et son mari, désormais, il devait se trouver un monde de pensées, dont elle seule porterait le poids. Jusqu'alors, sûre d'être aimée par Victor, autant qu'il pouvait aimer, elle s'était dévouée à un bonheur qu'elle ne partageait pas; mais aujourd'hui, n'ayant plus la satisfaction de savoir que ses larmes faisaient la joie de son mari, seule dans le monde, il ne lui restait plus que le choix des malheurs. Au milieu du découragement qui, dans le calme et le silence de la nuit, détendait toutes ses forces; au moment où, quittant son divan et son feu presque éteint, elle allait, à la lueur d'une lampe, contempler sa fille d'un œil sec, M. d'Aiglemont rentra plein de gaieté. Julie lui fit admirer le sommeil d'Hélène; mais il accueillit l'enthousiasme de sa femme par une phrase banale.

— A cet âge, dit-il, tous les enfants sont gentils.

Puis, après avoir insouciamment baisé le front de sa fille, il baissa les rideaux du berceau, regarda Julie, lui prit la main, et l'amena près de lui sur ce divan, où tant de fatales pensées venaient de surgir.

— Vous êtes bien belle ce soir, madame d'Aiglemont, s'écria-t-il avec cette insupportable gaieté dont la marquise connaissait tout le vide.

— Où avez-vous passé la soirée? lui demanda-t-elle en feignant une profonde indifférence.
— Chez madame de Roulay.

Il avait pris sur la cheminée un écran, dont il examinait le transparent avec attention, sans avoir aperçu la trace des larmes versées par sa femme. Julie frissonna. Le langage ne suffirait pas à exprimer le torrent de pensées qui s'échappa de son cœur et qu'elle dut y contenir.

— Madame de Roulay donne un concert lundi prochain, et se meurt d'envie de t'avoir. Il suffit que depuis longtemps tu n'aies paru dans le monde pour qu'elle désire te voir chez elle. C'est une bonne femme, qui t'aime beaucoup. Tu me feras plaisir d'y venir. J'ai presque répondu de toi....

— J'irai, répondit Julie.

Le son de la voix, l'accent et le regard de la marquise eurent quelque chose de si pénétrant, de si particulier, que, malgré son insouciance, Victor regarda sa femme avec étonnement. Ce fut tout. Julie avait deviné que madame de Roulay était la femme qui lui avait enlevé le cœur de son mari.

Elle s'engourdit dans une rêverie de désespoir et parut très-occupée à regarder le feu. Victor faisait tourner l'écran dans ses doigts, avec l'air ennuyé d'un homme qui, après avoir été heureux ailleurs, apporte chez lui la fatigue du bonheur. Quand il eut bâillé plusieurs fois, il prit un flambeau d'une main; de l'autre, alla chercher languissamment le cou de sa femme, et voulut l'embrasser; mais Julie se baissa, lui présenta son front, et y reçut le baiser du soir, ce baiser machinal, sans amour, espèce de grimace qu'alors elle trouva odieuse. Quand Victor eut fermé la porte, la marquise tomba sur un siége, ses jambes chancelèrent, elle fondit en larmes. Il faut avoir subi le supplice de quelque scène analogue pour comprendre tout ce que celle-ci cache de douleurs, pour deviner les longs et terribles drames dont elle est le principe. Ces simples et niaises paroles, ce silence entre les deux époux, les gestes, les regards, la manière dont le marquis s'était assis devant le feu, l'attitude qu'il eut en cherchant à baiser le cou de sa femme, tout avait servi à faire, de cette heure, un tragique dénouement à la vie solitaire et douloureuse menée par Julie. Dans sa folie, elle se mit à genoux devant son divan, s'y plongea le visage pour ne rien voir, et pria le Ciel, en donnant aux paroles habituelles de son oraison un accent intime, une signification nouvelle qui eussent déchiré le cœur de son mari, s'il l'eût entendu.

Elle demeura pendant huit jours préoccupée de son avenir, en proie à son malheur qu'elle étudiait, en cherchant les moyens de ne pas mentir à son cœur, de regagner son empire sur le marquis, et de vivre assez longtemps pour veiller au bonheur de sa fille. Alors elle résolut de lutter avec sa rivale, de reparaître dans le monde, d'y briller; de feindre pour son mari un amour qu'elle ne pouvait plus éprouver, de le séduire; puis, lorsque par ses artifices elle l'aurait soumis à son pouvoir, d'être coquette avec lui comme le sont ces capricieuses maîtresses qui se font un plaisir de tourmenter leurs amants. Ce manége odieux était le seul remède possible à ses maux. Ainsi, elle deviendrait maîtresse de ses souffrances, elle les ordonnerait selon son bon plaisir, et les rendrait plus rares tout en subjuguant son mari, tout en le domptant sous un despotisme terrible. Elle n'eut plus aucun remords de lui imposer une vie difficile.

D'un seul bond, elle s'élança dans les froids calculs de l'indifférence. Pour sauver sa fille, elle devina tout à coup les perfidies, les mensonges des créatures qui n'aiment pas, les tromperies de la coquetterie, et ces ruses atroces qui font haïr si profondément la femme chez qui nous supposons alors des corruptions innées. À l'insu de Julie, sa vanité féminine, son intérêt et un vague désir de vengeance s'accordèrent avec son amour maternel pour la faire entrer dans une voie où de nouvelles douleurs l'attendaient. Mais elle avait l'âme trop belle, l'esprit trop délicat, et surtout trop de franchise, pour être longtemps complice de ces fraudes. Habituée à lire en elle-même, au premier pas dans le vice, car ceci était du vice, le cri de sa conscience devait étouffer celui des passions et de l'égoïsme. En effet, chez une jeune femme dont le cœur est encore pur, et où l'amour est resté vierge, le sentiment de la maternité même est soumis à la voix de la pudeur : la pudeur n'est-elle pas toute la femme.

Mais Julie ne voulut apercevoir aucun danger, aucune faute dans sa nouvelle vie. Elle vint chez madame de Roulay. Sa rivale comptait voir une femme pâle, languissante; la marquise avait mis du rouge et se présenta dans tout l'éclat d'une parure qui rehaussait encore sa beauté.

Madame de Roulay était une de ces femmes qui prétendent exercer à Paris une sorte d'empire sur la mode et sur le monde; elle dictait des arrêts, qui, reçus dans le petit cercle où elle régnait, lui semblaient universellement adoptés; elle avait la prétention de faire des mots; elle était souverainement *jugeuse*. Littérature, politique, hommes et femmes, tout subissait sa censure; et madame de

Roulay semblait défier celle des autres. Sa maison était, en toute chose, un modèle de bon goût.

Au milieu de ces salons remplis de femmes élégantes et belles, Julie triompha de madame de Roulay. Spirituelle, vive, sémillante, elle eut autour d'elle les hommes les plus distingués de l'assemblée. Pour le désespoir des femmes, sa toilette était irréprochable, et toutes lui envièrent une coupe de robe, une forme de corsage dont l'effet fut attribué généralement à quelque génie de couturière inconnue, car les femmes aiment mieux croire à la science des chiffons qu'à la grâce et à la perfection de celles qui sont faites de manière à les bien porter.

Lorsque Julie se leva pour aller au piano chanter la romance de Desdémone, les hommes accoururent de tous les salons pour entendre cette célèbre voix, muette depuis si long temps, et il se fit un profond silence. La marquise éprouva de vives émotions en voyant les têtes pressées aux portes, et tous les regards attachés sur elle. Elle chercha son mari, lui lança une œillade pleine de coquetterie, et vit avec plaisir qu'en ce moment son amour-propre était extraordinairement flatté. Heureuse de ce triomphe, elle ravit l'assemblée dans la première partie d'*al piu salice*. Jamais ni la Malibran, ni la Pasta n'avaient fait entendre des chants aussi parfaits de sentiment et d'intonation ; mais, au moment de la reprise, elle regarda dans les groupes, et aperçut sir Arthur dont le regard fixe ne la quittait pas. Elle tressaillit vivement, et sa voix s'altéra.

Madame de Roulay s'élança de sa place vers la marquise.

— Qu'avez-vous, ma chère ? Oh ! pauvre petite, elle est si souffrante ! Je tremblais en lui voyant entreprendre une chose au-dessus de ses forces...

La romance fut interrompue. Julie dépitée ne se sentit plus le courage de continuer ; elle subit la compassion perfide de sa rivale ; toutes les femmes chuchotèrent ; puis, à force de discuter cet incident, elles devinèrent la lutte commencée entre la marquise et madame de Roulay, qu'elles n'épargnèrent pas dans leurs médisances.

Les bizarres pressentiments qui avaient si souvent agité Julie se trouvaient tout à coup réalisés. En s'occupant de lord Arthur, elle s'était complue à croire qu'un homme en apparence aussi doux, aussi délicat, devait être resté fidèle à son premier amour. Parfois elle s'était flattée d'être l'objet de cette belle passion, la passion pure et vraie d'un homme jeune, dont toutes les pensées appartiennent à sa bien-aimée, dont tous les moments lui sont consacrés, qui n'a point de détours, qui rougit de ce qui fait rougir une femme, pense comme une femme, ne lui donne point de rivales, et se livre à elle sans songer à l'ambition, ni à la gloire, ni à la fortune. Elle avait rêvé tout cela de lord Arthur, par folie, par distraction ; puis tout à coup elle crut voir son rêve accompli. Elle lut sur le visage presque féminin du lord anglais les pensées profondes, les mélancolies douces, les résignations douloureuses dont elle-même était la victime. Elle se reconnut en lui. Le malheur et la mélancolie sont les interprètes les plus éloquents de l'amour, et correspondent entre deux êtres souffrants avec une incroyable rapidité. La vue intime et l'intussusception des choses ou des idées sont chez eux complètes et justes. Aussi la violence du choc que reçut la marquise lui révéla-t-elle tous les dangers de l'avenir. Trop heureuse de trouver un prétexte à son trouble dans son état habituel de souffrance, elle se laissa volontiers accabler par l'ingénieuse pitié de madame de Roulay.

L'interruption de la romance était un événement dont plusieurs personnes s'entretenaient assez diversement. Les unes déploraient le sort de Julie, et se plaignaient de ce qu'une femme aussi remarquable fût perdue pour le monde ; les autres voulaient savoir la cause de ses souffrances et de la solitude dans laquelle elle vivait.

— Hé bien ! mon cher Flesselles, disait le marquis à l'un de ses amis, tu enviais mon bonheur en voyant madame d'Aiglemont, et tu me reprochais de lui être infidèle. Va, tu trouverais mon sort bien peu désirable, si tu restais comme moi en présence d'une jolie femme pendant une ou deux années, sans oser lui baiser la main, de peur de la briser. Ne t'embarrasse jamais de ces bijoux délicats, bons seulement à mettre sous verre, et que leur fragilité, leur cherté nous oblige à toujours respecter. Sors-tu souvent ton beau cheval pour lequel tu crains, m'a-t-on dit, les averses et la neige ? Voilà mon histoire. Il est vrai que je suis sûr de la vertu de ma femme ; mais mon mariage est une chose de luxe, et si tu me crois marié, tu te trompes. Aussi mes infidélités sont-elles en quelque sorte légitimes. Je voudrais bien savoir comment vous feriez à ma place, messieurs les rieurs. Beaucoup d'hommes auraient moins de ménagements que je n'en ai pour ma femme. Je suis sûr, ajouta-t-il à voix basse, que madame d'Aiglemont ne se doute de rien. Aussi, certes, aurais-je grand tort de me plaindre, je suis très-heureux... Seulement, rien n'est plus ennuyeux pour un homme sensible que de voir souffrir une pauvre créature à laquelle on est attaché...

— Tu as donc beaucoup de sensibilité, répondit M. de Flesselles, car tu es rarement chez toi...

Cette amicale épigramme fit rire les auditeurs ; mais lord Arthur resta froid et imperturbable, en gentleman qui a pris la gravité pour base de son caractère. Les étranges paroles de ce mari firent sans doute concevoir quelques espérances au jeune lord qui attendait avec patience le moment où il pourrait se trouver seul avec M. d'Aiglemont, et l'occasion s'en présenta bientôt.

— Monsieur, lui dit-il, je vois avec une peine infinie l'état de madame la marquise, et si vous saviez que, faute d'un régime particulier, elle doit mourir misérablement, je pense que vous ne plaisantireez pas sur ses souffrances. Si je vous parle ainsi, j'y suis en quelque sorte autorisé par la certitude que j'ai de sauver madame d'Aiglemont, et de la rendre à la vie et au bonheur. Il est peu naturel qu'un homme de mon rang soit médecin ; et néanmoins, le hasard a voulu que j'étudiasse la médecine. Or, je m'ennuie assez, dit-il en affectant un froid égoïsme qui devait servir ses desseins, pour qu'il me soit indifférent de dépenser mon temps et mes voyages au profit d'un être souffrant, au lieu de satisfaire quelques sottes fantaisies. Les guérisons de ces sortes de maladies sont rares, parce qu'elles exigent beaucoup de soins, de temps et de patience ; il faut surtout avoir de la fortune, voyager, suivre scrupuleusement des prescriptions qui varient chaque jour, et n'ont rien de désagréable. Nous sommes deux gentilshommes, dit-il en donnant à ce mot l'acception du mot anglais *gentlemen*, et nous pouvons nous entendre. Je vous préviens que si vous acceptez ma proposition, vous serez à tout moment le juge de ma conduite. Je n'entreprendrai rien sans vous avoir pour conseil, pour surveillant, et je réponds du succès, si vous consentez à m'obéir. Oui, si vous voulez ne pas être pendant longtemps le mari de madame d'Aiglemont, lui dit-il à l'oreille.

— Il est sûr, milord, dit le marquis en riant, qu'un Anglais pouvait seul me faire une proposition aussi bizarre. Permettez-moi de ne pas la repousser et de ne pas l'accueillir ; j'y songerai. Puis, avant tout, elle doit être soumise à ma femme.

En ce moment, Julie avait reparu au piano. Elle chanta l'air de Sémiramide, *son regina, son guerriera*. Des applaudissements unanimes, mais des applaudissements sourds, pour ainsi dire, les acclamations polies du faubourg Saint-Germain, témoignèrent de l'enthousiasme qu'elle excita.

Lorsque M. d'Aiglemont ramena sa femme à son hôtel, Julie vit avec une sorte de plaisir inquiet le prompt succès de ses tentatives. Son mari, réveillé par le rôle qu'elle venait de jouer, voulut l'honorer d'une fantaisie, et la prit en goût, comme il eût fait d'une actrice. Julie trouva plaisant d'être traitée ainsi, elle vertueuse et mariée ; elle essaya de jouer avec son pouvoir, et dans cette première lutte, sa bonté la fit succomber une dernière fois, mais ce fut la plus terrible de toutes les leçons que lui gardait le sort.

Vers deux ou trois heures du matin, Julie était sur son séant, sombre et rêveuse, dans le lit conjugal ; une lampe à lueur incertaine éclairait faiblement la chambre ; le silence le plus profond y régnait ; et, depuis une heure environ, la marquise, livrée à de poignants remords, versait des larmes dont il serait difficile de faire comprendre toute l'amertume. Il fallait avoir l'âme de Julie pour sentir, comme elle, l'horreur d'une caresse calculée, pour se trouver autant froissée par un baiser froid ; apostasie du cœur, encore aggravée par une douloureuse prostitution. Elle se mésestimait elle-même, elle maudissait le mariage, elle aurait voulu être morte ; et, sans un cri jeté par sa fille, elle se serait peut-être précipitée par la fenêtre, sur le pavé. M. d'Aiglemont dormait paisiblement près d'elle, sans être réveillé par les larmes chaudes que sa femme laissait tomber sur lui.

Le lendemain, Julie sut être gaie. Elle trouva des forces pour paraître heureuse et cacher, non plus sa mélancolie, mais une invincible horreur. De ce jour, elle ne se regarda plus comme une femme irréprochable. Ne s'était-elle pas menti à elle-même : dès lors n'était-elle pas capable de dissimulation, et ne pouvait-elle pas, plus tard, déployer une profondeur étonnante dans les délits conjugaux. Son mariage était cause de cette perversité *à priori*, qui ne s'exerçait encore sur rien. Cependant elle s'était déjà demandé pourquoi résister à lord Arthur, à un amant aimé, quand elle se donnait, contre son cœur et contre le vœu de la nature, à un mari qu'elle n'aimait plus. Toutes les fautes, et les crimes peut-être, ont pour principe un mauvais raisonnement ou quelque excès d'égoïsme. La société ne peut exister que par les sacrifices individuels qu'exigent les lois. En accepter les avantages, n'est-ce pas s'engager à maintenir les conditions qui la font subsister. Or, les malheureux sans pain, obligés de respecter la propriété, ne sont pas moins à plaindre que les femmes blessées dans les vœux et la délicatesse de leur nature.

Quelques jours après cette scène, dont le lit marital garda les secrets, M. d'Aiglemont présenta lord Grenville à sa femme. Julie reçut Arthur avec une politesse froide qui faisait honneur à sa dissimulation. Elle imposa silence à son cœur, voila ses regards, donna de la fermeté à sa voix, et put ainsi rester maîtresse de son avenir. Puis après avoir reconnu, par ces moyens dont chaque femme possède la science infuse, toute l'étendue de l'amour qu'elle avait inspiré, madame d'Aiglemont sourit à l'espoir d'une prompte guérison, n'opposa plus de résistance à la volonté de son mari, qui la violentait pour lui faire accepter les soins du jeune docteur. Néanmoins, elle ne voulut se fier à sir Arthur qu'après en avoir assez étudié les paroles et les manières pour être sûre qu'il aurait la générosité de souffrir en silence. Elle avait sur lui le plus absolu pouvoir, elle en abusait déjà : n'était-elle pas déjà femme ?

La Déclaration.

Moncontour, ancien manoir situé sur un de ces blonds rochers au bas desquels passe la Loire, non loin de l'endroit où Julie s'était arrêtée en 1814, est un de ces petits châteaux de Touraine, blancs, jolis, à tourelles, sculptés, brodés comme une dentelle de Malines ; un de ces châteaux mignons, pimpants, qui se mirent dans les eaux du fleuve avec leurs bouquets de mûriers, leurs vignes, leurs chemins creux, leurs longues balustrades à jour, leurs caves en rocher, leurs manteaux de lierre, et leurs escarpements. Les toits de Moncontour pétillent sous les rayons du soleil, tout y est ardent. Mille vestiges de l'Espagne poétisent cette ravissante habitation : les genêts d'or, les fleurs à clochettes embaument la brise ; l'air est caressant ; la terre sourit partout, et partout de douces magies enveloppent l'âme, la rendent paresseuse, amoureuse, l'amollissent et la bercent. Cette belle et suave contrée endort les douleurs et réveille les passions. Personne ne reste froid sous ce ciel pur, devant ces eaux scintillantes. Là meurt plus d'une ambition ; là vous vous couchez au sein d'un tranquille bonheur, comme, chaque soir, le soleil dans les langes de pourpre et d'azur.

Par une douce soirée du mois d'août, en 1821, deux personnes gravissaient les chemins pierreux qui découpent les rochers sur lesquels est assis le château, et se dirigeaient vers les hauteurs pour y admirer, sans doute, les points de vue multipliés qu'on y découvre. Ces deux personnes étaient Julie et lord Grenville ; mais cette Julie semblait une nouvelle femme. La marquise avait les franches couleurs de la santé. Ses yeux, vivifiés par une féconde puissance de vie, étincelaient à travers une humide vapeur, semblable au fluide qui donne à ceux des enfants d'irrésistibles attraits. Elle souriait à plein, elle était heureuse de vivre, et concevait la vie. A la manière dont elle levait ses pieds mignons, il était facile de voir que nulle souffrance n'alourdissait, comme autrefois, ses moindres mouvements, n'alanguissait ni ses regards, ni ses paroles, ni ses gestes. Sous l'ombrelle de soie blanche qui la garantissait des chauds rayons du soleil, elle ressemblait à une jeune mariée sous son voile, à une vierge prête à se livrer aux enchantements de l'amour.

Arthur la conduisait avec un soin d'amant. Il la guidait comme on guide un enfant, la mettait dans le meilleur chemin, lui faisait éviter les pierres, lui montrait une échappée de vue, ou l'amenait devant une fleur, toujours mu par un perpétuel sentiment de bonté, par une intention délicate, par une connaissance intime du bien-être de cette femme, sentiments qui semblaient être innés en lui, autant et plus peut-être que le mouvement nécessaire à sa propre vie. Ils marchaient du même pas, sans être étonnés d'un accord qui paraissait avoir existé dès le premier jour où ils marchèrent ensemble. Ils obéissaient à une même volonté, s'arrêtaient impressionnés par les mêmes sensations ; leurs regards, leurs paroles correspondaient à des pensées mutuelles.

Parvenus tous les deux en haut d'une vigne, ils voulurent aller se reposer sur une de ces longues pierres blanches que l'on extrait continuellement des caves pratiquées dans le rocher ; mais avant de s'y asseoir, Julie contempla le site.

— Le beau pays ! s'écria-t-elle. Dressons une tente et vivons ici.

— Victor, cria-t-elle, venez donc, venez donc !

M. d'Aiglemont répondit d'en-bas par un cri de chasseur, mais sans hâter sa marche ; seulement, il regardait sa femme de temps à autre, lorsque les sinuosités du sentier le lui permettaient.

Julie aspira l'air avec plaisir en levant la tête et en jetant à sir Arthur un de ces coups d'œil fins par lesquels une femme d'esprit dit toute sa pensée.

— Oh! reprit-elle, je voudrais rester toujours ici. Peut-on jamais se lasser d'admirer cette belle vallée? Savez-vous le nom de cette jolie rivière, milord?

— C'est la Cise.

— La Cise, répéta-t-elle.

— Et là-bas, devant nous, qu'est-ce?

— Ce sont les coteaux du Cher, dit-il.

— Et sur la droite? Ah! c'est Tours. Mais voyez le bel effet que produisent dans le lointain les clochers de la cathédrale.

Puis, elle se fit muette, et laissa tomber sur la main d'Arthur la main qu'elle avait étendue vers la ville. Tous deux admirèrent en silence le paysage et les beautés de cette nature harmonieuse. Le murmure des eaux, la pureté de l'air et du ciel, tout s'accordait avec les pensées qui vinrent en foule dans leurs cœurs aimants et jeunes.

— Oh! mon Dieu, combien j'aime ce pays! répéta Julie avec un enthousiasme croissant et naïf.

— Vous l'avez habité longtemps, reprit-elle.

A ces mots, lord Grenville tressaillit.

— C'est là, répondit-il avec mélancolie en montrant un bouquet de noyers sur la route, là que, prisonnier, je vous vis pour la première fois...

— Oui, mais j'étais déjà bien triste, cette nature me sembla sauvage, et maintenant...

Elle s'arrêta, lord Grenville n'osa pas la regarder.

— C'est à vous, dit enfin Julie après un long silence, que je dois ce plaisir. Ne faut-il pas être vivante pour éprouver les joies de la vie, et, jusqu'à présent, n'étais-je pas morte à tout? Vous m'avez donné plus que la santé, vous m'avez appris à en sentir tout le prix....

Les femmes ont un inimitable talent pour exprimer leurs sentiments, sans employer de trop vives paroles ; leur éloquence est surtout dans l'accent, dans le geste, l'attitude et les regards. Lord Grenville se cacha la tête dans ses mains, car des larmes roulaient dans ses yeux. Ce remerciement était le premier que Julie lui fit depuis leur départ de Paris.

Pendant une année entière, il avait soigné la marquise avec le dévoûment le plus entier. Secondé par M. d'Aiglemont, il l'avait conduite aux eaux d'Aix, puis sur les bords de la mer à la Rochelle. Épiant à tout moment les changements que ses savantes et simples prescriptions produisaient sur la constitution délabrée de Julie, il l'avait cultivée comme une fleur rare peut l'être par un horticulteur passionné. La marquise avait reçu ces soins intelligents avec tout l'égoïsme d'une Parisienne habituée aux hommages ou avec l'insouciance d'une courtisane qui ne sait ni le coût des choses, ni la valeur des hommes, et les prise au degré d'utilité dont ils lui sont.

L'influence exercée sur l'âme par les lieux est une chose digne de remarque. Si la mélancolie nous gagne infailliblement lorsque nous sommes au bord des eaux, une autre loi de notre nature impressible fait que, sur les montagnes, nos sentiments s'épurent, et la passion y gagne en profondeur ce qu'elle paraît perdre en vivacité. L'aspect du vaste bassin de la Loire, l'élévation de la jolie colline où les deux amants s'étaient assis, causaien peut-être le calme délicieux dans lequel ils savourèrent d'abord le bonheur qu'on goûte à deviner l'étendue d'une passion cachée sous des paroles in signifiantes en apparence.

Au moment où Julie achevait la phrase dont milord Grenville avait été si vivement ému, une brise caressante agita la cime des arbres, répandit la fraîcheur des eaux dans l'air, quelques nuages couvrirent le soleil, et des ombres molles laissèrent voir toutes les beautés de cette jolie nature.

Julie détourna la tête pour dérober au jeune lord la vue des larmes qu'elle réussit à retenir et à sécher, car l'attendrissement d'Arthur l'avait promptement gagnée. Elle n'osa lever les yeux sur lui, dans la crainte qu'il ne lût trop de joie dans ce regard. Son instinct de femme lui faisait sentir qu'à cette heure dangereuse, elle devait ensevelir son amour au fond de son cœur. Cependant le silence pouvait être également redoutable ; alors Julie, s'apercevant que lord Grenville était hors d'état de prononcer une parole, reprit d'une voix douce :

— Vous êtes touché de ce que je vous ai dit, milord. Peut-être cette vive expansion est-elle la manière dont sait revenir sur un faux jugement une âme gracieuse et bonne comme l'est la vôtre. Vous m'aurez crue ingrate en me trouvant froide et réservée, ou moqueuse et insensible pendant ce voyage qui heureusement va bientôt se terminer. Je n'aurais pas été digne de recevoir vos soins, si je n'avais su les apprécier. Milord, je n'ai rien oublié. Hélas! je n'oublierai rien, ni la sollicitude qui vous faisait veiller sur moi comme une mère veille sur son enfant, ni surtout la noble confiance de nos entretiens fraternels, la délicatesse de vos procédés; séductions contre lesquelles nous sommes toutes sans armes. Milord, il est hors de mon pouvoir de vous récompenser...

A ce mot, Julie s'éloigna vivement, et lord Grenville ne fit aucun mouvement pour l'arrêter. La marquise alla sur une roche, à une faible distance, et y resta immobile. Leurs émotions furent un secret pour eux-mêmes. Sans doute ils pleurèrent en silence. Les chants des oiseaux, si gais, si prodigues d'expressions tendres au coucher du soleil, durent augmenter la violente commotion qui les avait forcés de se séparer. La nature se chargeait de leur exprimer un amour dont ils n'osaient se parler.

— Hé bien, milord, reprit Julie, en se mettant devant lui dans une attitude pleine de dignité qui lui permit de prendre la main d'Arthur, je vous demanderai de rendre pure et sainte la vie que vous m'avez restituée. Ici, nous nous quitterons. Je sais, ajouta-t-elle en voyant pâlir lord Grenville, que, pour prix de votre dévouement, je vais exiger de vous un sacrifice encore plus grand que ceux dont je devrais savoir mieux reconnaître l'étendue.... Mais, il le faut.... vous ne resterez pas en France. Vous le commander, n'est-ce pas vous donner des droits qui seront sacrés ? ajouta-t-elle en mettant la main du jeune homme sur son cœur palpitant.

Arthur se leva.

— Oui, dit-il.

En ce moment, il montra M. d'Aiglemont, qui tenait sa fille dans ses bras, et parut de l'autre côté d'un chemin creux, sur la balustrade du château. Il y avait grimpé pour y faire sauter sa petite Hélène.

— Julie, je ne vous parlerai point de mon amour; nos âmes se comprennent trop bien. Quelque profonds, quelque secrets que fussent mes plaisirs de cœur, vous les avez tous partagés. Je le sens, je le sais, je le vois. Maintenant, j'acquiers la délicieuse preuve de la constante sympathie de nos cœurs, mais je fuirai.... J'ai plusieurs fois calculé trop habilement les moyens de tuer cet homme, pour pouvoir y toujours résister, si je restais près de vous.

— J'ai eu la même pensée, dit-elle en laissant paraître sur sa figure troublée les marques d'une surprise douloureuse.

Mais il y avait tant de vertu, tant de certitude d'elle-même, et tant de victoires secrètement remportées sur l'amour, dans l'accent et le geste qui échappèrent à Julie, que lord Grenville demeura pénétré d'admiration. L'ombre même du crime s'était évanouie dans cette naïve conscience. Le sentiment religieux qui dominait sur ce beau front, devait toujours en chasser les mauvaises pensées involontaires dont notre imparfaite nature est tributaire ici-bas, mais qui montrent tout à la fois la grandeur et les périls de notre destinée.

— Alors, reprit-elle, j'aurais encouru votre mépris, et il m'aurait sauvée, reprit-elle en baissant les yeux. Perdre votre estime, n'était-ce pas mourir?

Ils restèrent encore un moment silencieux, occupés à dévorer leurs peines. Bonnes et mauvaises, leurs pensées étaient fidèlement les mêmes, et ils s'entendaient aussi bien dans leurs intimes plaisirs que dans leurs douleurs les plus cachées.

— Je ne dois pas murmurer; le malheur de ma vie est mon ouvrage, ajouta-t-elle en levant au ciel des yeux pleins de larmes.

— Milord, s'écria M. d'Aiglemont de sa place en faisant un geste, nous nous sommes rencontrés, ici, pour la première fois. Vous ne vous en souvenez peut-être pas. Tenez, là-bas, près de ces peupliers.

L'Anglais répondit par une brusque inclination de tête.

— Je devais mourir jeune et malheureuse, répondit Julie. Oui, ne croyez pas que je vive. Le chagrin sera tout aussi mortel que pouvait l'être la terrible maladie dont vous m'avez guérie. Je ne me crois pas coupable. Non, les sentiments que j'ai conçus pour vous sont irrésistibles, éternels, mais bien involontaires, et je veux rester vertueuse. Cependant je serai tout à la fois fidèle à ma conscience d'épouse, à mes devoirs de mère, et aux vœux de mon cœur. Écoutez, lui dit-elle d'une voix altérée, je n'appartiendrai plus à cet homme, jamais.

Et, par un geste effrayant d'horreur et de vérité, Julie montra son mari.

— Les lois du monde, reprit-elle, exigent que je lui rende l'existence heureuse, j'y obéirai; je serai sa servante; mon dévoûment pour lui sera sans bornes; mais d'aujourd'hui je suis veuve. Je ne veux être une prostituée ni à mes yeux, ni à ceux du monde; si je ne suis point à M. d'Aiglemont, je ne serai jamais à un autre. Vous n'aurez de moi que ce que vous m'avez arraché. Voilà l'arrêt que j'ai porté sur moi-même, dit-elle en regardant Arthur avec fierté. Il est irrévocable, milord.

Maintenant, apprenez que si vous cédiez à une pensée criminelle, la veuve de M. d'Aiglemont entrerait dans un cloître, soit en Italie, soit en Espagne. Le malheur a voulu que nous ayons parlé de notre amour; ces aveux étaient inévitables peut-être; mais que ce soit pour la dernière fois que nos cœurs aient si fortement vibré. Demain, vous feindrez de recevoir une lettre qui vous appelle en Angleterre, et, nous nous quitterons, pour ne plus nous revoir.

Cependant Julie, épuisée par cet effort, sentit ses genoux fléchir, un froid mortel la saisit; et, par une pensée toute féminine, elle s'assit pour ne pas tomber dans les bras d'Arthur.

— Julie! cria lord Grenville.

Ce cri perçant retentit comme un éclat de tonnerre. Cette déchirante clameur exprima tout ce que l'amant, jusque-là muet, n'avait pu dire.

— Hé bien! qu'a-t-elle donc? demanda M. d'Aiglemont.

En entendant ce cri, le marquis avait hâté le pas, et se trouva soudain devant les deux amants.

— Ce ne sera rien, dit Julie avec cet admirable sang-froid que la finesse naturelle aux femmes leur permet d'avoir assez souvent dans les grandes crises de la vie. La fraîcheur de ce noyer a failli me faire perdre connaissance, et mon docteur a dû en frémir de peur. Ne suis-je pas pour lui comme une œuvre d'art qui n'est pas encore achevée? Il a peut-être tremblé de la voir détruite...

Puis, audacieusement, elle prit le bras de lord Grenville, sourit à son mari, regarda le paysage avant de quitter le sommet des rochers, et entraîna son compagnon de voyage en lui prenant la main, après s'être écriée:

— Voici, certes, le plus beau site que nous ayons vu. Je ne l'oublierai jamais. Voyez donc, Victor, quels lointains, quelle étendue et quelle variété. Ce pays me fait concevoir l'amour.

Riant d'un rire presque convulsif, mais riant de manière à tromper son mari, elle sauta gaiement dans les chemins creux, et disparut.

— Eh quoi, sitôt! dit-elle quand elle se trouva loin de M. d'Aiglemont. Eh quoi! mon ami, dans un instant nous ne pourrons plus être, et ne serons plus jamais nous-mêmes, nous ne vivrons plus...

— Allons lentement, répondit lord Grenville, les voitures sont encore loin. Nous marcherons ensemble, et s'il nous est permis de mettre des paroles dans nos regards, nos cœurs vivront un moment de plus.

Ils se promenèrent sur la levée, au bord des eaux, aux dernières lueurs du soir, presque silencieusement, disant de vagues paroles, douces comme le murmure de la Loire, mais qui remuaient l'âme. Le soleil, au moment de sa chute, les enveloppa de ses reflets rouges avant de disparaître; image mélancolique de leur fatal amour. Très-inquiet de ne pas retrouver sa voiture à l'endroit où il s'était arrêté, M. d'Aiglemont suivait ou devançait les deux amants, sans se mêler de la conversation. La noble et délicate conduite que lord Grenville tenait pendant ce voyage, avait détruit les soupçons du marquis, et depuis quelque temps il laissait sa femme libre, en se confiant à la foi punique du lord-docteur.

Arthur et Julie marchèrent encore dans le triste et douloureux accord de leurs cœurs flétris. Naguère, en montant à travers les escarpements de Montcontour, ils avaient tous deux une vague espérance, un inquiet bonheur dont ils n'osaient pas se demander compte; mais en descendant le long de la levée, ils avaient renversé le frêle édifice construit dans leur imagination, et sur lequel ils n'osaient respirer, semblables aux enfants qui prévoient la chute des châteaux de cartes qu'ils ont bâtis. Ils étaient sans espérance. Le soir même, lord Grenville partit. Le dernier regard qu'il jeta sur Julie prouva malheureusement que, depuis le moment où la sympathie leur avait révélé l'étendue d'une passion si forte, il avait eu raison de se défier de lui-même.

Quand M. d'Aiglemont et sa femme se trouvèrent le lendemain assis au fond de leur voiture, sans leur compagnon de voyage, et qu'ils parcoururent avec rapidité la route, jadis faite en 1814, par la marquise, alors ignorante de l'amour et qui en avait alors presque maudit la constance, elle retrouva mille impressions oubliées. Le cœur a sa mémoire à lui. Telle femme incapable de se rappeler les événements les plus graves, se souviendra pendant toute sa vie des choses qui importent à ses sentiments. Aussi, Julie eut-elle une parfaite souvenance de détails même frivoles; elle reconnut avec bonheur les plus légers accidents de son premier voyage, et jusqu'à des pensées qui lui étaient venues à certains endroits de la route.

Victor, redevenu passionnément amoureux de sa femme depuis qu'elle avait recouvré la fraîcheur de la jeunesse et toute sa beauté, se serra près d'elle à la façon des amants. Lorsqu'il essaya de la prendre dans ses bras, elle se dégagea doucement, et trouva je ne sais quel prétexte pour éviter cette innocente caresse. Puis, bientôt, elle eut horreur du contact de Victor dont elle sentait et partageait la chaleur, par la manière dont ils étaient assis. Elle voulut se mettre seule sur le devant de la voiture; mais son mari lui fit la grâce de la laisser au fond. Elle le remercia de cette attention par un soupir auquel il se méprit, et cet ancien séducteur de garnison, interprétant à son avantage la mélancolie de sa femme, la mit à la fin du jour dans l'obligation de lui dire avec une fermeté qui lui imposa :

— Mon ami, vous avez déjà failli me tuer; vous le savez. Si j'étais encore une jeune fille sans expérience, je pourrais recommencer le sacrifice de ma vie; mais je suis mère, j'ai une fille à élever et je me dois autant à elle qu'à vous. Subissons un malheur qui nous atteint également. Vous êtes le moins à plaindre. N'avez-vous pas su trouver des consolations que mon devoir, notre honneur commun, et, mieux que tout cela, la nature m'interdisent. Tenez, ajouta-t-elle, vous avez étourdiment oublié dans un tiroir trois lettres de madame de Roulay, les voici. Mon silence vous prouve que vous avez en moi une femme pleine d'indulgence, et qui n'exige pas de vous les sacrifices auxquels les lois la condamnent; mais j'ai assez réfléchi pour savoir que nos rôles ne sont pas les mêmes, et que la femme seule est prédestinée au malheur. Ma vertu repose sur des principes arrêtés et fixes; je saurai vivre irréprochable; mais laissez-moi vivre.

Le marquis, abasourdi par la logique dont les femmes savent étudier toutes les ressources aux clartés de l'amour, fut subjugué par l'espèce de dignité qui leur est naturelle dans ces sortes de crises. La répulsion instinctive que Julie manifestait pour tout ce qui froissait son amour et les vœux de son cœur, est une des plus belles choses de la femme, et vient peut-être d'une vertu naturelle que ni les lois, ni la civilisation ne feront taire. Mais qui donc oserait les blâmer? Quand elles ont imposé silence au sentiment exclusif qui ne leur permet pas d'appartenir à deux hommes, ne sont-elles pas comme des prêtres sans croyance? Si quelques esprits rigides blâment l'espèce de transaction conclue par Julie entre ses devoirs et son amour, les âmes passionnées lui en feront un crime. Cette réprobation générale accuse ou le malheur qui attend les désobéissances aux lois ou de bien tristes imperfections sociales.

✻

Le Rendez-vous.

— Vous allez être bien heureuse, madame la marquise, dit M. d'Aiglemont en posant sur une table la tasse dans laquelle il venait de boire son café.

Le marquis regarda madame de Wimphen d'un air moitié malicieux, moitié chagrin, et ajouta :

— Je pars pour une longue chasse, où je vais avec le grand-veneur. Vous serez au moins pendant huit jours absolument veuve, et c'est ce que vous désirez, je crois...

— Guillaume, dit-il au valet qui vint enlever les tasses, faites atteler.

Madame de Wimphen était cette Louisa à laquelle jadis madame d'Aiglemont voulait conseiller le célibat.

Les deux femmes se jetèrent un regard d'intelligence qui prouvait que Julie avait trouvé, dans son amie, une confidente de ses peines, confidente précieuse et charitable, car madame de Wimphen était très-heureuse en mariage; et, dans la situation opposée où elles étaient, peut-être le bonheur de l'une faisait-il une garantie de son dévoûment au malheur de l'autre. En pareil cas, la dissemblance des destinées est presque toujours un puissant lien d'amitié.

— Est-ce le temps de la chasse? dit Julie en jetant un regard indifférent à son mari.

Le mois de mars était à sa fin.

— Madame, le grand-veneur chasse quand il veut, et où il veut. Nous allons en forêt royale, tuer des sangliers.

— Prenez garde qu'il ne vous arrive quelque accident...

— Un malheur est toujours imprévu, répondit-il en souriant.

— La voiture de monsieur est prête, dit Guillaume.

M. d'Aiglemont se leva, baisa la main de madame de Wimphen, et se tourna vers Julie.

— Madame, si je périssais victime d'un sanglier... dit-il d'un air suppliant.

— Qu'est-ce que cela signifie? demanda madame de Wimphen.

— Allons, venez, dit madame d'Aiglemont à Victor.

Puis, elle sourit en répondant à Louisa : — Tu vas voir.

Julie tendit son col à son mari, qui s'avança pour l'embrasser; mais la marquise se baissa de telle sorte que le baiser conjugal glissa sur la ruche de sa pèlerine.

— Vous en témoignerez devant Dieu, reprit M. d'Aiglemont en s'adressant à madame de Wimphen, il me faut un firman pour obtenir même cette légère faveur. Voilà comment ma femme entend l'amour. Elle m'a amené là, je ne sais par quelle ruse... Bien du plaisir.

Et il sortit.

— Mais ton pauvre mari est vraiment bien bon, s'écria Louisa quand les deux femmes se trouvèrent seules. Il t'aime.

— Oh! n'ajoute pas une syllabe à ce dernier mot. Le nom que je porte me fait horreur...

— Oui, mais Victor t'obéit entièrement, dit Louisa.

— Mais son obéissance, répondit Julie, est en partie fondée sur la grande estime que je lui ai inspirée. Je suis une femme très-vertueuse selon les lois : je lui rends sa maison agréable; je ferme les yeux sur ses intrigues; je ne prends rien sur sa fortune; il peut en gaspiller les revenus à son gré; j'ai soin seulement d'en conserver le capital. A ce prix, j'ai la paix ! Il ne s'explique pas, ou ne veut pas s'expliquer mon existence. Mais si je mène ainsi mon mari, ce n'est pas sans redouter les effets de son caractère. Je suis comme un conducteur d'ours qui tremble qu'un jour la muselière ne se brise. Si Victor croyait avoir le droit de ne plus m'estimer, je n'ose prévoir ce qui pourrait arriver. Il est violent, plein d'amour-propre, de vanité surtout. S'il n'a pas l'esprit assez subtil pour prendre un parti sage dans une circonstance délicate où ses passions mauvaises seront mises en jeu, il est faible de caractère, et me tuerait peut-être provisoirement, quitte à mourir de chagrin le lendemain. Mais ce fatal bonheur n'est pas à craindre...

Il y eut un moment de silence, pendant lequel les pensées des deux amies se portèrent sur la cause secrète de cette situation.

— J'ai été bien cruellement obéie, reprit Julie en lançant un regard d'intelligence à Louisa. Cependant je ne *lui* avais pas interdit de m'écrire. Ah! *il* m'a oubliée, et a eu raison. Il serait par trop funeste que sa destinée fût brisée ! n'est-ce pas assez de la mienne. Croirais-tu, ma chère, que je lis les journaux anglais, dans le seul espoir de voir son nom imprimé. Eh bien, il n'a pas encore paru à la chambre des lords.

— Tu sais donc l'anglais?

— Je ne te l'ai pas dit, je l'ai appris.

— Pauvre petite, s'écria Louisa en saisissant la main de Julie, mais comment peux-tu vivre encore?

— Ceci est un secret, répondit la marquise en laissant échapper un geste de naïveté presque enfantine. Écoute. Je prends de l'opium. L'histoire de la duchesse de..., à Londres, m'en a donné l'idée. Tu sais, Mathurin en a fait un roman. Mes gouttes de laudanum sont très-faibles. Je dors. Je n'ai guère que sept heures de veille, et je les donne à ma fille...

Louisa regarda le feu, sans oser contempler son amie, dont elle conçut pour la première fois toutes les misères.

— Louisa, garde-moi le secret, dit Julie après un moment de silence.

Tout à coup un valet apporta une lettre à la marquise.

— Ha !... s'écria-t-elle en pâlissant.

— Je ne demanderai pas de qui, lui dit madame de Wimphen.

La marquise lisait, et n'entendait plus rien. Son amie vit les sentiments les plus actifs, l'exaltation la plus dangereuse, se peindre sur le visage de madame d'Aiglemont qui rougissait et pâlissait tour à tour. Enfin Julie jeta le papier dans le feu.

— Cette lettre est incendiaire! Oh! mon cœur m'étouffe.

Elle se leva, marcha, ses yeux brûlaient.

— Il n'a pas quitté Paris, s'écria-t-elle.

Son discours saccadé, que madame de Wimphen n'osa pas interrompre, fut scandé par des pauses effrayantes. A chaque interruption, les phrases étaient prononcées d'un accent de plus en plus profond. Les derniers mots eurent quelque chose de terrible.

— Il n'a pas cessé de me voir, à mon insu. Un de mes regards surpris chaque jour l'aide à vivre. Tu ne sais pas, Louisa? il meurt! Il demande à me dire adieu. Il sait que mon mari s'est absenté ce soir pour plusieurs jours, et va venir dans un moment. Oh! j'y périrai. Je suis perdue. Écoute : reste avec moi. Devant deux femmes, il n'osera pas! Oh! demeure, je me crains.

— Mais mon mari sait que j'ai dîné chez toi, répondit madame de Wimphen, et doit venir me chercher.

— Eh bien, avant ton départ, je l'aurai renvoyé. Je serai notre bourreau à tous deux. Hélas! il croira que je ne l'aime plus. Et cette lettre ! Ma chère, elle contenait des phrases que je vois écrites en traits de feu.

Une voiture roula sous la porte.

— Ah! s'écria la marquise avec une sorte de joie, il vient publiquement et sans mystère.

— Lord Grenville, cria le valet.

La marquise resta debout, immobile. En voyant Arthur pâle, maigre et hâve, il n'y avait plus de sévérité possible. Quoique lord Grenville fût violemment contrarié de ne pas trouver Julie seule, il parut calme et froid. Mais pour ces deux femmes initiées aux mystères de son amour, sa contenance, le son de sa voix, l'expression de ses regards, eurent un peu de la puissance attribuée à la torpille. La marquise et madame de Wimphen restèrent comme engourdies par la vive communication d'une douleur horrible. Le son de la voix de lord Grenville faisait palpiter si cruellement madame d'Aiglemont, qu'elle n'osait lui répondre de peur de lui révéler l'étendue du pouvoir qu'il exerçait sur elle; lord Grenville n'osait regarder Julie; en sorte que madame de Wimphen fit presque à elle seule les frais d'une conversation sans intérêt.

Lui jetant un regard empreint d'une touchante reconnaissance, Julie la remercia du secours qu'elle lui donnait. Alors, les deux amants imposèrent silence à leurs sentiments, et durent se tenir dans les bornes prescrites par le devoir et les convenances. Mais bientôt on annonça M. de Wimphen. En le voyant entrer, les deux amies se lancèrent un regard, et comprirent, sans se parler, les nouvelles difficultés de la situation. Il était impossible de mettre M. de Wimphen dans le secret de ce drame, et Louisa n'avait pas de raisons valables à donner à son mari, en lui demandant à rester chez son amie.

Lorsque madame de Wimphen mit son châle, Julie se leva comme pour aider Louisa à l'attacher, et dit à voix basse : — J'aurai du courage. S'il est venu publiquement chez moi, que puis-je craindre? Mais, sans toi, dans le premier moment, en le voyant si changé, je serais tombée à ses pieds.

— Hé bien! Arthur, vous ne m'avez pas obéi, dit madame d'Aiglemont d'une voix tremblante, en revenant prendre sa place sur une causeuse, où lord Grenville n'osa venir s'asseoir.

— Je n'ai pu résister plus longtemps au plaisir d'entendre votre voix, d'être auprès de vous. C'était une folie, un délire. Je ne suis plus maître de moi. Je me suis bien consulté, je suis trop faible. Je dois mourir. Mais mourir sans vous avoir vue, sans avoir écouté le frémissement de votre robe, sans avoir recueilli vos pleurs, quelle mort!

Il voulut s'éloigner de Julie, mais son brusque mouvement fit tomber un pistolet de poche. La marquise regarda cette arme d'un œil qui n'exprimait plus ni passion ni pensée. Milord Grenville ramassa le pistolet et parut violemment contrarié d'un accident qui pouvait passer pour une spéculation française.

— Arthur! demanda Julie.

— Madame, répondit-il en baissant les yeux, j'étais venu plein de désespoir, je voulais...

Il s'arrêta.

— Vous vouliez vous tuer chez moi, s'écria-t-elle.

— Non pas seul, dit-il d'une voix douce.

— Eh quoi! mon mari, peut-être.

— Non, non, s'écria-t-il d'une voix étouffée. Mais, rassurez-vous, reprit-il, mon fatal projet s'est évanoui. Lorsque je suis entré, quand je vous ai vue, alors je me suis senti le courage de me taire, de mourir seul.

Julie se leva, se jeta dans les bras d'Arthur qui, malgré les sanglots de sa maîtresse, distingua deux paroles pleines de passion.

— Connaître le bonheur et mourir, dit-elle. Eh bien, oui!

Toute l'histoire de Julie était dans ce cri profond; cri de nature et d'amour, auquel presque toutes les femmes succombent. Arthur la saisit, et la porta sur le canapé, par un mouvement empreint de toute la violence que donne un bonheur inespéré. Mais tout à coup la marquise s'arracha des bras de son amant, lui jeta le regard fixe d'une femme au désespoir, le prit par la main, saisit un flambeau, l'entraîna dans sa chambre à coucher; puis parvenue au lit où dormait Hélène, elle repoussa doucement les rideaux, et découvrit son enfant, en mettant une main devant la bougie afin que la clarté n'offensât pas les paupières transparentes et à peine fermées de la petite fille. Hélène avait les bras ouverts, et souriait en dormant. Julie montra par un regard son enfant à lord Grenville. Ce regard disait tout.

— Un mari, nous pouvons l'abandonner même quand il nous aime. Un homme est un être fort, il a des consolations. Nous pouvons mépriser les lois du monde. Mais un enfant sans mère!

Toutes ces pensées, et mille autres plus attendrissantes encore étaient dans ce regard.

— Nous pouvons l'emporter, dit l'Anglais en murmurant, je l'aimerais bien...

Hélène s'éveilla.

— Maman.

A ce mot, Julie fondit en larmes. Lord Grenville s'assit et resta les bras croisés, muet et sombre.

— Maman !

Cette jolie, cette naïve interpellation réveilla tant de sentiments nobles et tant d'irrésistibles sympathies, que l'amour fut un moment écrasé sous la voix puissante de la maternité. Julie ne fut plus femme, elle fut mère. Lord Grenville ne résista pas longtemps ; les larmes de Julie le gagnèrent. En ce moment, une porte ouverte avec violence fit un grand bruit, et ces mots retentirent :

— Madame d'Aiglemont, est-ce que tu es par ici ?

Le marquis était revenu. Avant que Julie, frappée d'étonnement, eût pu retrouver son sang-froid, M. d'Aiglemont se dirigeait de sa chambre dans celle de sa femme. Ces deux pièces étaient contiguës. Heureusement, Julie fit un signe à lord Grenville, qui alla se jeter dans un cabinet de toilette dont la marquise ferma vivement la porte.

— Eh bien ! ma femme, lui dit Victor, me voici. La chasse n'a pas lieu. Je vais me coucher.

— Bonsoir, lui dit-elle, je vais en faire autant, ainsi laissez-moi me déshabiller.

— Vous êtes bien revêche ce soir. Je vous obéis, madame la marquise.

M. d'Aiglemont rentra dans sa chambre, Julie l'accompagna pour fermer la porte de communication, et s'élança pour délivrer lord Grenville. Elle retrouva toute sa présence d'esprit, et pensa que la visite de son ancien docteur était fort naturelle ; qu'elle pouvait l'avoir laissé au salon pour venir coucher sa fille, et allait lui dire de s'y rendre sans bruit ; mais quand elle ouvrit la porte du cabinet, elle jeta un cri perçant. Les doigts de lord Grenville avaient été pris et écrasés dans la rainure.

— Eh bien ! qu'as-tu donc, lui demanda son mari.

— Rien, rien, répondit-elle, je viens de me piquer le doigt avec une épingle.

La porte de communication se rouvrit tout à coup. La marquise crut que son mari venait par intérêt pour elle, et maudit cette sollicitude où le cœur n'était pour rien. Elle eut à peine le temps de fermer le cabinet de toilette, sans que lord Grenville eût encore pu dégager sa main. M. d'Aiglemont reparut en effet ; mais la marquise se trompait, il était amené par une inquiétude toute personnelle.

— Peux-tu me prêter un foulard. Ce drôle de Charles me laisse sans un seul mouchoir de tête. Dans les premiers jours de notre mariage, tu te mêlais de mes affaires avec des soins si minutieux que tu m'en ennuyais. Ha, le mois de miel n'a pas beaucoup duré pour moi, ni pour mes cravates. Maintenant je suis livré au bras séculier de ces gens-là, qui se moquent tous de moi.

— Tenez, voilà un foulard. Vous n'êtes pas entré dans le salon.

— Non.

— Vous y auriez peut-être encore rencontré lord Grenville.

— Il est à Paris ?

— Apparemment.

— Oh ! j'y vais, ce bon docteur.

— Mais il doit être parti, s'écria Julie.

Le marquis était en ce moment au milieu de la chambre de sa femme, et se coiffait avec le foulard, en se regardant avec complaisance dans la glace.

— Je ne sais pas où sont nos gens, dit-il. J'ai sonné Charles déjà trois fois, il n'est pas venu. Vous êtes donc sans votre femme de chambre. Sonnez-la, je voudrais avoir cette nuit une couverture de plus à mon lit.

— Pauline est sortie, répondit sèchement la marquise.

— A minuit, dit M. d'Aiglemont.

— Je lui ai permis d'aller à l'Opéra.

— Cela est singulier, reprit le mari tout en se déshabillant, j'ai cru la voir en montant l'escalier.

— Alors elle est sans doute rentrée, dit Julie en affectant de l'impatience.

Puis, pour n'éveiller aucun soupçon chez son mari, la marquise tira le cordon de la sonnette, mais faiblement.

Les événements de cette nuit n'ont pas été tous parfaitement connus ; mais tous durent être aussi simples, aussi horribles que le sont les incidents vulgaires et domestiques qui précèdent. Le lendemain, la marquise d'Aiglemont se mit au lit pour plusieurs jours.

— Qu'est-il donc arrivé de si extraordinaire chez toi, pour que tout le monde parle de ta femme, demanda M. de Flesselles à M. d'Aiglemont, quelques jours après cette nuit de catastrophes.

— Crois-moi, reste garçon, dit M. d'Aiglemont. Le feu a pris aux rideaux du lit où couchait Hélène ; ma femme a eu un tel saisissement, que la voilà malade pour un an, dit le médecin. Vous épousez une jolie femme, elle enlaidit ; vous épousez une jeune fille pleine de santé, elle devient malingre ; vous la croyez passionnée, elle est froide ; ou bien, froide en apparence, elle est réellement si passionnée qu'elle vous tue ou vous déshonore. Tantôt la créature la plus douce est quinteuse, et jamais les quinteuses ne deviennent douces ; tantôt, l'enfant que vous avez eue niaise et faible, déploie contre vous une volonté de fer, un esprit de démon. Je suis las du mariage.

— Ou de ta femme.

— Cela serait difficile. A propos, veux-tu venir à Saint-Thomas-d'Aquin avec moi, voir l'enterrement de lord Grenville...

— Singulier passe-temps. Mais, reprit Flesselles, sait-on décidément la cause de sa mort.

— Son valet de chambre prétend qu'il est resté pendant tout une nuit sur l'appui extérieur d'une fenêtre pour sauver l'honneur de sa maîtresse ; et, il a fait diablement froid ces jours-ci.

— Ce dévouement serait très-estimable chez nous autres, vieux routiers ; mais lord Grenville est jeune, et... Anglais. Ces Anglais veulent toujours se singulariser.

— Bah ! répondit d'Aiglemont, ces traits d'héroïsme dépendent de la femme qui les inspire, et ce n'est certes pas pour la mienne que ce pauvre Arthur est mort.

Paris, janvier 1831.

SOUFFRANCES INCONNUES.

Entre la petite rivière du Loing et la Seine, se trouve une vaste plaine bordée par la forêt de Fontainebleau, par les villes de Moret, de Nemours et de Montereau. Cet aride pays n'offre à la vue que de rares monticules ; parfois, au milieu des champs, quelques carrés de bois qui servent de retraite au gibier ; puis, partout, ces lignes sans fin, grises ou jaunâtres, particulières aux horizons de la Sologne, de la Beauce et du Berry.

Au milieu de cette plaine, entre Moret et Montereau, le voyageur aperçoit un vieux château nommé Saint-Lange, dont les abords ne manquent ni de grandeur ni de majesté : ce sont de magnifiques avenues d'ormes, des fossés, de longs murs d'enceinte, des jardins immenses, et les vastes constructions seigneuriales, qui, pour être bâties, voulaient les profits de la maltôte, ceux des fermes générales, les concussions autorisées, ou les grandes fortunes aristocratiques, détruites aujourd'hui par le code civil.

Si quelque artiste ou un homme de rêverie vient à s'égarer par hasard dans les chemins à profondes ornières, ou dans les terres fortes qui défendent l'abord de ce pays, il se demande par quel caprice ce poétique château fut jeté dans cette savane de blé, dans ce désert de craie, de marne et de sables, où la gaieté meurt, où la tristesse naît infailliblement, où l'âme est incessamment fatiguée par une solitude sans voix, par un horizon monotone ; beautés négatives, mais favorables aux souffrances qui ne veulent pas de consolations.

Une jeune femme, célèbre à Paris par sa grâce, sa figure, son esprit, et dont la position sociale, dont la fortune étaient en harmonie avec sa haute célébrité, vint, au grand étonnement du petit village, situé à un mille environ de Saint-Lange, s'y établir vers la fin de l'année 1822. Les fermiers et les paysans n'avaient point vu de maîtres au château depuis un temps immémorial. Quoique d'un produit considérable, cette terre était abandonnée aux soins d'un régisseur et gardée par d'anciens serviteurs. Aussi le voyage de madame la Marquise causa-t-il une sorte d'émoi dans le pays.

Plusieurs personnes étaient groupées au bout du village, dans la cour d'une méchante auberge, sise à l'embranchement des routes de Nemours et de Moret, pour voir passer une calèche qui allait assez lentement, car la marquise était venue de Paris avec ses chevaux. Sur le devant de la voiture, sa femme de chambre tenait une petite fille plus songeuse que rieuse ; tandis qu'elle gisait au fond, comme un moribond envoyé par les médecins à la campagne. La physionomie abattue de cette jeune femme délicate contenta fort peu les politiques du village, auxquels son arrivée à Saint-Lange avait fait concevoir l'espérance d'un mouvement quelconque dans la commune ; et, certes, toute espèce de mouvement était visiblement antipathique à cette femme endolorie.

La plus forte tête du village de Saint-Lange déclara le soir, au cabaret, dans la chambre où buvaient les notables, que d'après la tristesse empreinte sur les traits de madame la marquise, elle devait être ruinée. En l'absence de M. le marquis, que les journaux désignaient comme devant accompagner le duc d'Angoulême en Espagne, elle allait économiser à Saint-Lange les sommes nécessaires à l'acquittement des différences dues par suite de fausses spéculations, faites à la Bourse, dont M. le marquis était un des plus gros joueurs.

Peut-être la terre serait-elle vendue par petits lots ; alors, il y aurait de bons coups à faire, et chacun devait songer à compter ses écus, les tirer de leur cachette, énumérer ses ressources, afin d'avoir sa part dans l'abattis de Saint-Lange.

Cet avenir parut si beau que chaque notable, impatient de savoir s'il était fondé, pensa aux moyens d'apprendre la vérité par les gens du château ; mais aucun d'eux ne put donner de lumières sur la catastrophe qui amenait leur maîtresse, au commencement de l'hiver, dans son vieux château de Saint-Lange, tandis qu'elle possédait d'autres terres renommées par la gaieté des aspects et par la beauté des jardins. Monsieur le maire vint pour présenter ses hommages à madame la marquise, et ne fut pas reçu. Après le maire, le régisseur se présenta sans obtenir plus de succès.

Madame la marquise ne sortait de sa chambre que pour la laisser arranger, et demeurait, pendant ce temps, dans un petit salon voisin où elle dînait, si l'on peut appeler dîner se mettre à une table, y regarder les mets avec dégoût, et en prendre précisément la dose nécessaire pour ne pas mourir de faim. Puis, elle revenait aussitôt à la bergère antique où, dès le matin, elle s'asseyait dans l'embrasure de la seule fenêtre qui éclairât sa chambre. Elle ne voyait sa fille que pendant le peu d'instants employés par son triste repas, et encore paraissait-elle la souffrir avec peine. Ne fallait-il pas des douleurs inouïes pour faire taire, chez une jeune femme, le sentiment maternel. Aucun de ses gens n'avait accès auprès d'elle. Sa femme de chambre était la seule personne dont elle acceptât les services. Elle exigea un silence absolu dans le château, et sa fille dut aller jouer loin d'elle, car il lui était si difficile de supporter le moindre bruit, que la voix même de son enfant l'affectait désagréablement.

Les gens du pays s'occupèrent beaucoup de ces singularités dont ils eurent bientôt connaissance ; puis, quand toutes les suppositions possibles furent faites, ni les petites villes environnantes, ni les paysans ne songèrent plus à cette femme malade. La marquise, laissée à elle-même, put donc rester parfaitement silencieuse au milieu du silence qu'elle avait établi autour d'elle, et n'eut aucune occasion de quitter la chambre tendue de tapisseries où mourut sa grand'mère, et où elle était venue pour y mourir doucement, sans témoins, sans importunités, sans subir les fausses démonstrations des égoïsmes fardés d'affection, qui, dans les villes, donnent aux mourants une double agonie. Cette femme avait vingt-six ans. A cet âge, une âme encore pleine de poétiques illusions, aime à savourer la mort, quand elle lui semble bienfaisante. Mais la mort a de la coquetterie pour les jeunes gens. Pour eux, elle s'avance et se retire, se montre et se cache ; sa lenteur les désenchante d'elle, et l'incertitude que leur cause son lendemain finit par les rejeter dans le monde où ils rencontreront la douleur, qui, plus impitoyable que ne l'est la mort, les frappera sans se laisser attendre. Or, cette femme qui se refusait à vivre allait éprouver l'amertume de ces retardements au fond de sa solitude, et y faire, dans une agonie morale que la mort ne devait pas terminer, ce terrible apprentissage d'égoïsme qui déflore le cœur et le façonne au monde.

Ce cruel et triste enseignement est toujours dû à la première douleur, et la marquise souffrait véritablement pour la première et pour la seule fois de sa vie peut-être. En effet, ne serait-ce pas une erreur de croire que les sentiments se reproduisent. Une fois éclos, n'existent-ils pas toujours au fond du cœur ? ils s'y apaisent et s'y réveillent au gré des accidents de la vie ; mais ils restent, et leur séjour modifie nécessairement l'âme. Ainsi, tout sentiment n'aurait qu'un grand jour, le jour plus ou moins long de sa première tempête ; ainsi, la douleur, le plus constant de nos sentiments, ne serait vive qu'à sa première irruption ; et ses autres atteintes iraient en s'affaiblissant, soit par une sorte d'accoutumance à ses crises, soit par une loi de notre nature qui, pour se maintenir vivante, oppose à cette force destructive une force légale, mais inerte, prise dans les calculs de l'égoïsme. Mais, entre toutes les souffrances, à laquelle appartiendra ce nom de douleur ? La perte des parents est un chagrin auquel la nature a préparé les hommes ; le mal physique est passager, n'embrasse pas l'âme ; et, s'il persiste, ce n'est plus un mal, c'est la mort. Qu'une jeune femme perde un nouveau-né, l'amour conjugal l'a bientôt remplacé ; cette affliction est passagère. Enfin, toutes ces peines sont, en quelque sorte, des coups, des blessures, mais aucune n'affecte la vitalité dans son essence, et il faut qu'elles se succèdent étrangement pour tuer le sentiment qui nous porte à chercher le bonheur. La grande, la vraie douleur doit donc être un mal qui étreigne à la fois le passé, le présent et l'avenir, qui ne laisse aucune partie de la vie dans son intégrité, qui dénature à jamais la pensée, s'inscrive inaltérablement sur les lèvres et sur le front, qui brise ou détende les ressorts du plaisir, et mette en l'âme un principe de dégoût pour toute chose de ce monde. Mais encore, pour être immense, pour ainsi peser sur l'âme et le corps, cette douleur doit arriver en un moment de la vie où toutes les forces de l'âme et du corps sont jeunes, et foudroyer un cœur bien vivant. Alors il fait une large plaie, grande est la souffrance, et nul être ne peut sortir de cette maladie sans quelque poétique changement : ou il prend la route du ciel ; ou, s'il demeure ici-bas, il rentre dans le monde pour mentir au monde, pour y jouer un rôle ; il connaît dès lors la coulisse où l'on se retire pour calculer, pleurer, plaisanter. Après cette crise solennelle, il n'existe plus de mystères dans la vie sociale qui dès lors est irrévocablement jugée.

Chez les jeunes femmes qui ont l'âge de la marquise, cette première, cette plus poignante de toutes les douleurs est toujours causée par le même fait. La femme et surtout la jeune femme, aussi grande par l'âme qu'elle l'est par la beauté, ne manque jamais à mettre sa vie là où la nature, le sentiment et la société la poussent à la jeter tout entière. Si cette vie vient à lui manquer et si elle reste sur terre, elle y expérimente les plus cruelles souffrances par la raison qui rend le premier amour le plus beau de tous les sentiments. Pourquoi ce malheur n'a-t-il jamais eu ni peintre, ni poëte ? Mais peut-il se peindre, peut-il se chanter ? non, la nature des douleurs qu'il engendre se refuse à l'analyse et aux couleurs de l'art ; d'ailleurs, ces souffrances ne sont jamais confiées ; pour en consoler une femme, il faut savoir les deviner, car toujours amèrement embrassées et religieusement ressenties, elles demeurent dans l'âme comme une pierre qui, en tombant dans un gouffre, y dégrade tout avant de s'y faire une place.

La marquise était alors en proie à ces souffrances qui resteront longtemps inconnues, parce que tout dans le monde les condamne, tandis que le sentiment les caresse, et que la conscience d'une femme vraie les lui justifie toujours. Il en est de ces douleurs comme de ces enfants infailliblement repoussés de la vie, et qui tiennent au cœur des mères par des liens plus forts que ceux des enfants heureusement doués. Or, jamais peut-être cette épouvantable catastrophe qui tue tout ce qu'il y a de vie en dehors de nous, n'avait été aussi vive, aussi complète, aussi cruellement agrandie par les circonstances qu'elle venait de l'être pour la marquise. Un homme aimé, jeune et généreux, dont elle n'avait jamais exaucé les désirs afin d'obéir aux lois du monde, était mort pour lui sauver ce que la société nomme *l'honneur d'une femme*. A qui pouvait-elle dire : — Je souffre ! Ses larmes auraient offensé son mari, cause première de la catastrophe. Les lois, les mœurs proscrivaient ses plaintes ; une amie en eût joui ; un homme en eût spéculé. Non, cette pauvre affligée ne pouvait pleurer à son aise que dans un désert, y dévorer ses souffrances ou en être dévorée, mourir ou tuer quelque chose en elle, sa conscience peut-être.

Depuis quelques jours, elle restait les yeux attachés sur un horizon plat où, comme dans sa vie à venir, il n'y avait rien à chercher, rien à espérer, où tout se voyait d'un seul coup d'œil, et où elle rencontrait les images de la froide désolation qui lui déchirait incessamment le cœur. Les matinées de brouillard, un ciel d'une clarté faible, des nuées courant près de la terre sous un dais grisâtre, convenaient aux phases de sa maladie morale. Son cœur ne se serrait pas, n'était pas plus ou moins flétri ; non, la nature fraîche et fleurie s'en pétrifiait par la lente action d'une douleur intolérable, parce qu'elle était sans but. Elle souffrait par elle et pour elle. Souffrir ainsi, n'est-ce pas mettre le pied dans l'égoïsme ? Aussi d'horribles pensées lui traversaient-elles la conscience en la lui blessant. Elle s'interrogeait avec bonne foi, et se trouvait double. Il y avait en elle une femme qui raisonnait et une femme qui sentait, une femme qui souffrait et une femme qui ne voulait plus souffrir. Elle se reportait aux joies de son enfance écoulée sans qu'elle en eût senti le bonheur, et dont les limpides images revenaient en foule comme pour lui accuser les déceptions d'un mariage, convenable aux yeux du monde, horrible en réalité. A quoi lui avaient servi les belles pudeurs de sa jeunesse, ses plaisirs réprimés et les sacrifices faits au monde ? Quoique tout en elle exprimât et attendît l'amour, elle se demandait pourquoi maintenant l'harmonie de ses mouvements, son sourire et sa grâce ? Elle n'aimait pas plus à se sentir fraîche et voluptueuse, qu'on n'aime un son répété sans but. Sa beauté même lui était insupportable, comme une chose inutile. Elle entrevoyait avec horreur que désormais elle ne pouvait plus être une créature complète. Son moi intérieur n'avait-il pas perdu la faculté de goûter les impressions, dans ce neuf délicieux qui prête tant d'allégresse à la vie. A l'avenir, la plupart de ses sensations seraient souvent aussitôt effacées que reçues ; et beaucoup de celles qui jadis l'auraient émue, allaient lui devenir indifférentes. Après l'enfance de la créature, vient l'enfance du cœur. Or, son amant avait emporté dans la tombe cette seconde enfance. Jeune encore pas ses désirs, elle n'avait plus cette entière jeunesse d'âme qui donne à tout dans la vie sa valeur et sa saveur. Ne garderait-elle pas en elle un principe de tristesse, de défiance qui ravirait à ses émotions leur subite verdeur, leur entraînement, car rien ne pouvait plus lui rendre le bonheur qu'elle avait espéré, qu'elle avait rêvé si beau. Ses premières larmes véritables éteignaient ce feu céleste qui éclaire les premières émotions du cœur, elle devait toujours pâtir de n'être pas ce qu'elle aurait pu être. De cette croyance doit procéder le dégoût amer qui porte à détourner la tête quand de nouveau le plaisir se présente.

Elle jugeait alors la vie comme un vieillard prêt à la quitter. Quoiqu'elle se sentît jeune, la masse de ses jours sans jouissances lui tombait sur l'âme, la lui écrasait et la faisait vieille avant le temps. Elle demandait au monde, par un cri de désespoir, ce qu'il lui rendait en échange de l'amour qui l'avait aidée à vivre, et qu'elle avait perdu. Elle se demandait si dans ses amours évanouis, si chastes et si purs, la pensée n'avait pas été plus criminelle que l'action. Elle se faisait coupable à plaisir, pour insulter au monde et pour se consoler de ne pas avoir eu avec celui qu'elle pleurait, cette communication parfaite qui, en superposant les âmes l'une à l'autre, amoindrit la douleur de celle qui reste par la certitude d'avoir entièrement joui du bonheur, d'avoir su pleinement le donner, et de garder en soi une empreinte de celle qui n'est plus. Elle était mécontente comme une actrice qui a manqué son rôle, car cette douleur lui attaquait toutes les fibres, le cœur et la tête. Si la nature était froissée dans ses vœux les plus intimes, la vanité n'était pas moins blessée que la bonté qui porte la femme à se sacrifier. Puis, en soulevant toutes les questions, en remuant tous les ressorts des différentes existences que nous donnent les natures sociale, morale et physique, elle relâchait si bien les forces de l'âme, qu'au milieu des réflexions les plus contradictoires, elle ne pouvait rien saisir. Aussi, parfois, quand le brouillard tombait, ouvrait-elle sa fenêtre, en y restant sans pensée, occupée à respirer machinalement l'odeur humide et terreuse épandue dans les airs, debout, immobile, idiote en apparence, car les bourdonnements de sa douleur la rendaient également sourde aux harmonies de la nature et aux charmes de la pensée.

Un jour vers midi, moment où le soleil avait éclairci le temps, sa femme de chambre entra sans ordre et lui dit : — Voici la quatrième fois que monsieur le curé vient pour voir madame la marquise, et il insiste aujourd'hui si résolument, que nous ne savons plus que lui répondre.

— Il veut sans doute quelqu'argent pour les pauvres de la commune; prenez vingt-cinq louis, et portez-les lui de ma part.

— Madame, dit la femme de chambre en revenant un moment après, monsieur le curé refuse de prendre l'argent, et désire vous parler.

— Qu'il vienne donc! répondit la marquise en laissant échapper un geste d'humeur qui pronostiquait une triste réception au prêtre dont elle voulut sans doute éviter les persécutions par une explication courte et franche.

La marquise avait perdu sa mère en bas âge, et son éducation fut naturellement influencée par le relâchement qui, pendant la révolution, dénoua les liens religieux en France. La piété est une vertu de femme que les femmes seules se transmettent bien, et la marquise était un enfant du dix-huitième siècle dont son père avait partagé les croyances philosophiques. Elle ne suivait aucune pratique religieuse; pour elle, un prêtre était un fonctionnaire public dont elle n'avait jamais conçu l'utilité. Or, dans la situation où elle se trouvait, la voix de la religion ne pouvait qu'envenimer ses maux; puis, elle ne croyait guère aux curés de village, ni à leurs lumières. Elle résolut donc de mettre le sien à sa place, sans aigreur, et de s'en débarrasser à la manière des riches, par un bienfait.

Le curé vint, et son aspect ne changea guère les idées de la marquise. C'était un gros petit homme, à ventre saillant, à figure rougeaude, mais vieille et ridée, qui affectait de sourire et qui souriait mal. Il avait un crâne chauve et transversalement sillonné de rides nombreuses qui retombait en quart de cercle sur son visage et le rapetissait. Quelques cheveux blancs garnissaient le bas de la tête au-dessus de la nuque et revenaient en avant vers les oreilles. Sa physionomie avait été celle d'un homme naturellement gai. Ses grosses lèvres, son nez légèrement retroussé, son menton qui disparaissait dans un double pli de rides, témoignaient d'un heureux caractère. La marquise ne vit d'abord que ses traits principaux; mais, à la première parole que lui dit le prêtre, elle fut frappée par la douceur de cette voix; elle le regarda plus attentivement et vit sous ses sourcils grisonnants des yeux qui avaient pleuré; puis le contour de sa joue, vue de profil, donnait à sa tête une si auguste expression de douleur, que la marquise aperçut un homme dans ce curé.

— Madame la marquise, les riches ne nous appartiennent que quand ils souffrent, et les souffrances d'une femme mariée, jeune, belle, riche, qui n'a perdu ni enfants ni parents, se devinent et sont causées par des blessures dont la religion peut seule adoucir les élancements. Votre âme est en danger, madame. Je ne vous parle pas en ce moment de l'autre vie qui nous attend! Non, je ne suis pas au confessionnal. Mais n'est-il pas de mon devoir de vous éclairer sur l'avenir de votre existence sociale? Vous pardonnerez donc à un vieillard une importunité dont votre bonheur est l'objet.

— Le bonheur, monsieur, il n'en est plus pour moi. Je vous appartiendrai bientôt, comme vous le dites, mais pour toujours.

— Non, madame, vous ne mourrez pas de la douleur qui vous oppresse et se peint dans vos traits. Si vous aviez dû en mourir, vous ne seriez pas à Saint-Lange. Nous périssons moins par les effets d'un regret certain que par ceux des espérances trompées. J'ai connu de plus intolérables, de plus terribles douleurs qui n'ont pas donné la mort.

La marquise fit un signe d'incrédulité.

— Madame, je sais un homme dont le malheur fut si grand, que vos peines vous sembleraient légères si vous les compariez aux siennes.

Soit que sa longue solitude commençât à lui peser, soit qu'elle fût intéressée par la perspective de pouvoir épancher dans un cœur ami ses pensées douloureuses, elle regarda le curé d'un air interrogatif auquel il était impossible de se méprendre.

— Madame, reprit le prêtre, cet homme était un père qui, d'une famille autrefois nombreuse, n'avait plus que trois enfants. Il avait successivement perdu ses parents, puis une fille et une femme, toutes deux bien aimées. Il restait seul, au fond d'une province, dans un petit domaine où il avait été longtemps heureux. Ses trois fils étaient à l'armée, et chacun d'eux avait un grade proportionné à son temps de service. Dans les Cent Jours, l'aîné passa dans la Garde, et devint colonel; le jeune était chef de bataillon dans l'artillerie, et le cadet avait le grade de chef d'escadron dans les dragons. Madame, ces trois enfants aimaient leur père autant qu'ils en étaient aimés. Si vous connaissiez bien l'insouciance des jeunes gens qui, emportés par leurs passions, n'ont jamais de temps à donner aux affections de la famille, vous comprendriez par un seul fait la vivacité de leur affection pour un pauvre vieillard isolé qui ne vivait plus que par eux et pour eux. Il ne se passait pas de semaine qu'il ne reçût une lettre de l'un de ses enfants. Mais aussi n'avait-il jamais été pour eux ni faible, ce qui diminue le respect des enfants; ni injustement sévère, ce qui les froisse; ni avare de sacrifices, ce qui les détache; non, il avait été plus qu'un père, il s'était fait leur frère, leur ami. Enfin, il alla leur dire adieu à Paris, lors de leur départ pour la Belgique; il voulait voir s'ils avaient de bons chevaux, si rien ne leur manquait. Les voilà partis! Le père revient chez lui. La guerre commence, il reçoit des lettres écrites de Fleurus, de Ligny, tout allait bien. La bataille de Waterloo se livre, vous en connaissez le résultat. La France fut mise en deuil d'un seul coup. Toutes les familles étaient dans la plus profonde anxiété. Lui, vous comprenez, madame, il attendait; il n'avait ni trêve, ni repos; il lisait les gazettes, il allait tous les jours à la poste lui-même. Un soir, on lui annonce le domestique de son fils, le colonel. Il voit cet homme monté sur le cheval de son maître, il n'y eut pas de questions à faire: le colonel était mort, coupé en deux par un boulet. Vers la fin de la soirée, arrive à pied le domestique du plus jeune, le plus jeune était mort le lendemain de la bataille. Enfin, à minuit, un artilleur vint lui annoncer la mort du dernier enfant sur la tête duquel, en si peu de temps, ce pauvre père avait placé toute sa vie. Oui, madame, ils étaient tous tombés!

Après une pause, le prêtre ayant vaincu ses émotions, ajouta ces paroles d'une voix douce: — Et le père est resté vivant, madame. Il a compris que si Dieu le laissait sur la terre, il devait continuer d'y souffrir, et il y souffre; mais il s'est jeté dans le sein de la religion. Que pouvait-il être?

La marquise leva les yeux sur le visage de ce curé, devenu sublime de tristesse et de résignation, et attendit ce mot qui lui arracha des pleurs.

— Prêtre! madame, il était sacré par les larmes.

Le silence régna pendant un moment, et tous deux regardèrent par la fenêtre l'horizon brumeux, comme s'ils pouvaient y voir ceux qui n'étaient plus.

— Non pas prêtre dans une ville, mais simple curé, reprit-il.

— A Saint-Lange? dit-elle en s'essuyant les yeux.

— Oui, madame.

Jamais la majesté de la douleur ne s'était montrée plus grande, et ce *oui madame* lui tombait à même le cœur comme le poids d'une douleur infinie. Cette voix qui résonnait doucement à l'oreille, troublait les entrailles; car c'était bien la voix du malheur, cette voix pleine, grave, qui semble charrier de pénétrants fluides.

— Monsieur, dit presque respectueusement la marquise, et si je ne meurs pas, que deviendrai-je donc ?

— Madame, n'avez-vous pas un enfant !

— Oui, dit-elle froidement.

Le curé jeta sur cette femme un regard semblable à celui que lance un médecin sur un malade en danger, et résolut de faire tous ses efforts pour la disputer au génie du mal qui étendait déjà la main sur elle.

— Vous le voyez, madame, nous devons vivre avec nos douleurs, et la religion seule nous offre des consolations vraies. Me permettrez-vous de revenir vous faire entendre la voix d'un homme qui sait sympathiser avec toutes les peines, et qui, je le crois, n'a rien de bien effrayant.

— Oui, monsieur, venez. Je vous remercie d'avoir pensé à moi.

— Hé bien, madame, à bientôt.

Cette visite détendit pour ainsi dire l'âme de la marquise dont les forces avaient été trop violemment excitées par le chagrin et par la solitude. Le prêtre lui laissa dans le cœur un parfum balsamique, et le salutaire retentissement des paroles religieuses. Puis elle éprouva cette espèce de satisfaction qui réjouit le prisonnier, quand après avoir reconnu la profondeur de sa solitude et la pesanteur de ses chaînes, il rencontre un voisin qui frappe à la muraille en lui faisant rendre un son par lequel s'expriment des pensées communes. Elle avait un confident inespéré. Mais elle retomba bientôt dans ses amères contemplations, et se dit, comme le prisonnier, qu'un compagnon de douleur n'allégerait ni ses liens, ni son avenir.

Le curé n'avait pas voulu trop effaroucher dans une première visite une douleur toute égoïste ; mais il espéra, grâce à son art, pouvoir faire faire des progrès à la religion dans une seconde entrevue. Le surlendemain, il vint en effet, et l'accueil de la marquise lui prouva que sa visite était attendue et désirée.

— Hé bien, madame la marquise, dit le vieillard, avez-vous un peu songé à la masse des souffrances humaines ? Avez-vous élevé les yeux vers le ciel ? y avez-vous vu cette immensité de mondes qui, en diminuant notre importance, en écrasant nos vanités, amoindrissent nos douleurs....

— Non, monsieur, dit-elle, les lois sociales me pèsent trop sur le cœur et me le déchirent trop vivement pour que je puisse m'élever dans les cieux. Mais les lois ne sont peut-être pas aussi cruelles que ne le sont les usages du monde. Oh ! le monde !

— Nous devons, madame, obéir aux uns et aux autres, la loi est la parole, et les usages sont les actions de la société.

— Obéir à la société, reprit la marquise en laissant échapper un geste d'horreur. Hé, monsieur, tous nos maux viennent de là. Dieu n'a pas fait une seule loi de malheur ; mais en se réunissant, les hommes ont faussé son œuvre. Nous sommes, nous femmes, plus maltraitées par la civilisation que nous ne le serions par la nature. La nature nous impose des peines physiques que vous n'avez pas adoucies, et la civilisation a développé des sentiments que vous trompez incessamment ; la nature étouffe les êtres faibles ; vous les condamnez à vivre pour les livrer à un constant malheur. Le mariage, institution sur laquelle s'appuie aujourd'hui la société, nous en fait sentir, à nous seules, tout le poids : pour l'homme, la liberté ; pour la femme, des devoirs ; nous vous devons toute notre vie, et nous ne vous devons de la vôtre que de rares instants ; enfin l'homme fait un choix, là où nous nous soumettons aveuglément. Oh ! monsieur, à vous je puis tout dire ! Hé bien, le mariage tel qu'il se pratique aujourd'hui me semble être une prostitution légale ? De là, sont nées mes souffrances ! Mais moi seule, parmi les malheureuses créatures si fatalement accouplées, je dois garder le silence ! moi seule suis l'auteur du mal, j'ai voulu mon mariage !

Elle s'arrêta, versa des pleurs amers et resta silencieuse.

— Dans cette profonde misère, au milieu de cet océan de douleurs, reprit-elle, j'avais trouvé quelques sables où je posais les pieds, où je souffrais à mon aise. Un ouragan a tout emporté. Me voilà seule, sans appui, trop faible contre les orages.

— Nous ne sommes jamais faibles quand Dieu est avec nous ! dit le prêtre. D'ailleurs si vous n'avez pas d'affections à satisfaire ici bas, n'y avez-vous pas des devoirs à remplir.

— Toujours des devoirs ! s'écria-t-elle avec une sorte d'impatience. Mais où sont, pour moi, les sentiments qui nous donnent la force de les accomplir. Monsieur, rien de rien, ou rien pour rien, est une des plus justes lois de la nature et morale et physique. Voudriez-vous que ces arbres produisissent leurs feuillages sans la sève qui les fait éclore ? L'âme a sa sève aussi ; chez moi, la sève est tarie dans sa source.

— Je ne vous parlerai pas des sentiments religieux qui engendrent la résignation, dit le curé ; mais la maternité, madame, n'est-elle donc pas...

— Arrêtez, monsieur ! dit la marquise. Avec

vous, je serai vraie. Hélas! je ne puis l'être désormais avec personne; je suis condamnée à la fausseté; le monde exige de continuelles grimaces, et, sous peine d'opprobre, nous ordonne d'obéir à ses conventions. Il existe deux maternités, monsieur. J'ignorais jadis de telles distinctions; aujourd'hui, je les sais. Je ne suis mère qu'à moitié, mieux vaudrait ne pas l'être du tout. Hélène n'est pas de *lui!* Oh! ne frémissez pas! Saint-Lange est un abîme où se sont engloutis bien des sentiments faux, d'où se sont élancées de sinistres lueurs, où se sont écroulés les frêles édifices des lois anti-naturelles. J'ai un enfant, cela suffit, je suis mère, ainsi le veut la loi. Mais vous, monsieur, qui avez une âme si délicatement compatissante! peut-être comprendrez-vous les cris d'une pauvre femme qui n'a laissé pénétrer dans son cœur aucun sentiment factice! Dieu me jugera, mais je ne crois pas manquer à ses lois en cédant aux affections qu'il a mises dans mon âme; et voici ce que j'y ai trouvé. Un enfant, monsieur, n'est-il pas l'image de deux êtres, le fruit de deux sentiments librement confondus? S'il ne tient pas à toutes les fibres du corps, comme à toutes les tendresses du cœur; s'il ne rappelle pas de délicieuses amours, le temps, les lieux où ces deux êtres furent heureux, et leur langage plein de musiques humaines, et leurs suaves idées, cet enfant est une création manquée. Oui, pour eux, il doit être une ravissante miniature où se retrouvent les poèmes de leur double vie secrète; il doit leur offrir une source d'émotions fécondes, être à la fois tout leur passé, tout leur avenir. Ma pauvre petite Hélène est l'enfant de son père, l'enfant du devoir et du hasard. Elle ne rencontre en moi que l'instinct de la femme, la loi qui nous pousse irrésistiblement à protéger la créature née dans nos flancs. Je suis irréprochable, socialement parlant : ne lui ai-je pas sacrifié ma vie et mon bonheur? ses cris émeuvent mes entrailles; si elle tombait à l'eau, je m'y précipiterais pour l'aller reprendre. Mais elle n'est pas dans mon cœur. Ah! l'amour m'a fait rêver une maternité plus grande, plus complète! J'ai caressé dans un songe évanoui l'enfant que les désirs ont conçu, avant qu'il ne fût engendré, enfin cette délicieuse fleur dont l'âme est la première terre. Je suis pour Hélène ce que, dans l'ordre naturel, une mère doit être pour sa progéniture. Quand elle n'aura plus besoin de moi, tout sera dit; la cause éteinte, les effets cesseront. Si la femme a l'adorable privilége d'étendre sa maternité sur toute la vie de son enfant, n'est-ce pas aux rayonnements de sa conception morale qu'il faut attribuer cette divine persistance du sentiment? Quand l'enfant n'a pas eu l'âme de sa mère pour première enveloppe, la maternité cesse donc alors dans son cœur, comme elle cesse chez les animaux. Cela est vrai, je le sens : à mesure que ma pauvre petite grandit, mon cœur se resserre. Les sacrifices que je lui ai faits m'ont déjà détachée d'elle; tandis que pour un autre enfant, mon cœur aurait été, je le sens, inépuisable; pour lui, rien n'aurait été sacrifice, tout eût été plaisir. Ici, monsieur, la raison, la religion, tout en moi se trouve sans force contre mes sentiments. A-t-elle tort de vouloir mourir, la femme qui n'est ni mère, ni épouse; et qui, pour son malheur, a entrevu l'amour dans ses beautés infinies, la maternité dans ses joies illimitées? que peut-elle devenir? Je vous dirai, moi, ce qu'elle éprouve! Cent fois durant le jour, cent fois durant la nuit, un frisson ébranle ma tête, mon cœur et mon corps, quand quelque souvenir, trop faiblement combattu, m'apporte les images du bonheur! je le suppose plus grand qu'il ne l'est en réalité; ces cruelles fantaisies font pâlir mes sentiments, et je me dis : — Qu'aurait donc été ma vie? *si....* Elle se cacha le visage dans ses mains, et fondit en larmes. — Voilà le fond de mon cœur! reprit-elle. Un enfant de lui, m'aurait fait accepter les plus horribles malheurs! Le Dieu qui mourut chargé de toutes les fautes de la terre, me pardonnera cette pensée mortelle pour moi; mais, je le sais, le monde est implacable, mes paroles sont pour lui des blasphèmes, j'insulte à toutes ses lois! Ha, je voudrais faire la guerre à ce monde pour en renouveler les lois et les usages, pour les briser! Ne m'a-t-il pas blessée dans toutes mes idées, dans toutes mes fibres, dans mes sentiments, dans tous mes désirs, dans toutes mes espérances, dans l'avenir, dans le présent, dans le passé. Pour moi, le jour est plein de ténèbres, la pensée est un glaive, mon cœur est une plaie, mon enfant est une négation. Oui, quand Hélène me parle, je lui voudrais une autre voix; quand elle me regarde, je lui voudrais d'autres yeux! Elle est là pour m'attester tout ce qui devrait être et tout ce qui n'est pas. Elle m'est insupportable! Je lui souris, je tâche de la dédommager des sentiments que je lui vole. Je souffre! oh, monsieur, je souffre trop pour pouvoir vivre. Et je passerai pour être une femme vertueuse! Et je n'ai pas commis de fautes! Et l'on m'honorera! J'ai combattu l'amour involontaire auquel je ne devais pas céder; mais si j'ai gardé ma foi physique, ai-je conservé mon cœur? Ceci, dit-elle en appuyant la main droite sur son sein, n'a jamais été qu'à une seule créature. Aussi, mon enfant ne s'y trompe-t-il pas ? Il existe des regards, une voix, des gestes de mère dont la force pétrit l'âme des enfants ; et ma pauvre petite ne sent pas mon bras frémir, ma voix trembler, mes yeux s'amollir, quand je la regarde, quand je lui parle ou quand je la prends. Elle me lance des regards accusateurs que je ne soutiens pas ! Parfois je tremble de trouver en elle un tribunal où je serai condamnée sans être entendue ! Fasse le ciel que la haine ne se mette pas un jour entre nous ! Grand Dieu ! Ouvrez-moi plutôt la tombe ! laissez-moi finir à Saint-Lange ! Je veux aller dans le monde où je retrouverai mon autre âme, où je serai tout à fait mère ! Oh ! pardon, monsieur, je suis folle ! Ces paroles m'étouffaient, je les ai dites ! Ha ! vous pleurez aussi ! vous ne me mépriserez pas ! — Hélène ! Hélène ! ma fille, viens ! s'écria-t-elle avec une sorte de désespoir en entendant son enfant qui revenait de sa promenade.

La petite vint en riant et en criant, elle apportait un papillon qu'elle avait pris ; mais, en voyant sa mère en pleurs, elle se tut, se mit près d'elle et se laissa baiser au front.

— Elle sera bien belle, dit le prêtre.

— Elle est tout son père, répondit la marquise en embrassant sa fille, avec une chaleureuse expression, comme pour s'acquitter d'une dette ou pour effacer un remords.

— Vous avez chaud, maman !

— Va, laisse-nous, mon ange, répondit la marquise.

L'enfant s'en alla sans regret, sans regarder sa mère ; elle paraissait heureuse de fuir un visage triste, et comprendre que les sentiments qui s'y exprimaient, lui étaient contraires. Le sourire est l'apanage, la langue, l'expression de la maternité ; et la marquise ne pouvait pas sourire. Elle rougit en regardant le prêtre, elle avait espéré se montrer mère ; mais ni elle ni son enfant n'avaient su mentir. En effet, les baisers d'une femme sincère ont un miel divin qui semble mettre dans cette caresse une âme, un feu subtil dont le cœur est pénétré, dont il est avide ; et les baisers dénués de cette onction savoureuse sont âpres, secs. Le prêtre avait senti cette différence, il put sonder l'abîme qui se trouve entre la maternité de la chair et la maternité du cœur ; il jeta sur cette femme un regard d'inquisiteur, et lui dit après une pause :

— Vous avez raison, madame, il vaudrait mieux, pour vous, être morte...

— Ha ! vous comprenez mes souffrances, je le vois, répondit-elle, puisque vous, prêtre chrétien, devinez et approuvez les funestes résolutions qu'elles m'ont inspirées. Oui, j'ai voulu me donner la mort ; mais j'ai manqué du courage nécessaire pour accomplir mon dessein. Mon corps a été lâche, quand mon âme était forte ; et quand ma main ne tremblait plus, mon âme vacillait ! j'ignore le secret de ces combats et de ces alternatives. Je suis sans doute bien tristement femme, sans persistance dans mes vouloirs, forte seulement pour aimer. Je me méprise ! Le soir quand mes gens dormaient, j'allais à la pièce d'eau courageusement. Arrivée au bord, ma frêle nature avait horreur de la destruction. Je vous confesse mes faiblesses. Lorsque je me retrouvais au lit, j'avais honte de moi, je redevenais courageuse. Dans un de ces moments, j'ai pris du laudanum ; mais j'ai souffert et ne suis pas morte ! J'avais cru boire tout ce que contenait le flacon, et je m'étais arrêtée à moitié.

— Vous êtes perdue, madame, dit le curé gravement, mais d'une voix pleine de larmes. Vous rentrerez dans le monde et vous tromperez le monde ; vous y chercherez, vous y trouverez ce que vous regardez comme une compensation à vos maux ; puis vous porterez un jour la peine de vos plaisirs....

— Moi, s'écria-t-elle, j'irais livrer au premier fourbe qui saura jouer la comédie d'une passion, les dernières, les plus précieuses richesses de mon cœur, et corrompre ma vie pour un moment de douteux plaisir !... Non ! Mon âme sera consumée par une flamme pure. Monsieur, tous les hommes ont les sens de leur sexe ; mais celui qui en a l'âme et qui satisfait ainsi à toutes les exigences de notre nature dont la mélodieuse harmonie ne s'émeut jamais que sous la pression des sentiments ; celui-là ne se rencontre pas deux fois dans notre existence. Mon avenir est horrible, je le sais : la femme n'est rien sans l'amour, la beauté n'est rien sans le plaisir ; mais le monde ne réprouverait-il pas mon bonheur, s'il se présentait encore à moi ? je dois à ma fille une mère honorée. Ah ! je suis jetée dans un cercle de fer d'où je ne puis sortir sans ignominie. Les devoirs de famille, accomplis sans récompense, m'ennuieront ; je maudirai la vie ; mais ma fille aura du moins un beau semblant de mère. Je lui rendrai des trésors de vertu, pour remplacer les trésors d'affection dont je l'aurai frustrée. Je ne désire même pas vivre pour goûter les jouissances que donne aux mères le bonheur de leurs enfants. Je ne crois pas au bonheur. Quel sera le sort d'Hélène ? le mien sans doute. Quels moyens ont le mères d'assurer à leurs filles que l'homme auquel elles les livrent sera un époux selon leur cœur. Vous honnissez de pauvres créatures qui se vendent pour quelques écus à un homme qui passe ; la faim et le besoin absolvent ces unions éphémères, tandis que la société tolère, encourage l'union immédiate, bien autrement horrible, d'une jeune fille candide, et d'un homme qu'elle n'a pas vu trois mois durant ; elle est vendue pour toute sa vie. Il est vrai que le prix est élevé ! Si, en ne lui permettant aucune compensation à ses douleurs, vous l'honoriez ; mais non, le monde calomnie les plus vertueuses d'entre nous ! Telle est notre destinée, vue sous ses deux faces : une prostitution publique et la honte, une prostitution secrète et le malheur. Quant aux pauvres filles sans dot, elles deviennent folles, elles meurent ; pour elles, aucune pitié ! La beauté, les vertus ne sont pas des valeurs dans votre bazar humain, et vous nommez Société ce repaire d'égoïsme ! Mais exhérédez les femmes ! Au moins accomplirez-vous ainsi une loi de nature, en choisissant vos compagnes, en les éprouvant au gré des vœux du cœur.

— Madame, vos discours me prouvent que ni l'esprit de famille, ni l'esprit religieux ne vous touchent. Aussi, n'hésiterez-vous pas entre l'égoïsme social qui vous blesse, et l'égoïsme de la créature qui vous fera souhaiter des jouissances...

— La famille, monsieur, existe-t-elle ? Je nie la famille dans une société qui, à la mort du père ou de la mère, partage les biens et dit à chacun d'aller de son côté. La famille est une association temporaire et fortuite que dissout promptement la mort. Nos lois ont brisé les maisons, les héritages, la pérennité des exemples et des traditions. Je ne vois que décombres autour de moi.

— Madame, vous ne reviendrez à Dieu que quand sa main s'appesantira sur vous, et je souhaite que vous ayez assez de temps pour faire votre paix avec lui. Vous cherchez vos consolations en baissant les yeux sur la terre, au lieu de les lever vers les cieux. Le philosophisme, et l'intérêt personnel ont attaqué votre cœur, vous êtes sourde à la voix de la religion, comme le sont les enfants de ce siècle sans croyance ! Les plaisirs du monde n'engendrent que des souffrances, vous allez changer de douleurs, voilà tout.

— Je ferai mentir votre prophétie, dit-elle en souriant avec amertume, je serai fidèle à celui qui mourut pour moi.

— La douleur, répondit-il, n'est viable que dans les âmes préparées par la religion.

Puis il baissa respectueusement les yeux pour ne pas laisser voir les doutes qui pouvaient se peindre dans son regard. L'énergie des plaintes échappées à la marquise l'avaient contristé ; il reconnaissait le *moi* humain sous ses mille formes ; il désespérait de ramollir ce cœur que le mal avait desséché au lieu de l'attendrir, et où le grain du Semeur céleste ne devait pas germer, puisque sa voix douce y était étouffée par la grande et terrible clameur de l'égoïsme. Néanmoins, il déploya la constance de l'apôtre, et revint à plusieurs reprises ; toujours ramené par l'espoir de tourner à Dieu cette âme si noble et si fière ; mais il perdit courage, le jour où il s'aperçut que la marquise n'aimait à causer avec lui, que parce qu'elle trouvait de la douceur à parler de celui qui n'était plus. Il ne voulut pas ravaler son ministère en se faisant le complaisant d'une passion ; il cessa ses entretiens, et revint par degrés aux formules et aux lieux communs de la conversation.

Le printemps arriva. La marquise trouva des distractions à sa profonde tristesse, et s'occupa par désœuvrement de sa terre où elle se plut à ordonner quelques travaux. Au mois d'octobre, elle quitta son vieux château de Saint-Lange, où elle était redevenue fraîche et belle dans l'oisiveté d'une douleur qui, d'abord violente comme un disque lancé vigoureusement, avait fini par s'amortir dans la mélancolie, comme s'arrête le disque, après des oscillations graduellement plus faibles. La mélancolie se compose d'une suite de semblables oscillations morales, dont la première touche au désespoir et la dernière au plaisir ; dans la jeunesse, elle est le crépuscule du matin ; dans la vieillesse, celui du soir.

Quand sa calèche passa par le village, la marquise reçut le salut du curé qui revenait de l'église à son presbytère ; mais en y répondant, elle baissa les yeux et détourna la tête pour ne pas le revoir. Le prêtre avait trop raison contre cette pauvre Artémise d'Éphèse.

Paris, 15 août 1834.

LA FEMME DE TRENTE ANS.

Un jeune homme de haute espérance, et qui appartenait à l'une de ces maisons historiques dont les noms seront toujours, en dépit même des lois, intimement liés à la gloire de la France, se trouvait au bal chez la marquise Vitagliano. Cette dame, riche Italienne, fixée à Paris, lui avait donné quelques lettres de recommandation pour deux ou trois de ses amies à Naples. M. de Vandenesse, ainsi se nommait le jeune homme, venait l'en remercier et prendre congé.

Après avoir accompli plusieurs missions avec talent, Vandenesse avait été récemment attaché à l'un de nos ministres plénipotentiaires envoyés au congrès de Laybach, et voulait profiter de son voyage pour étudier l'Italie.

Cette fête était donc une espèce d'adieu qu'il faisait aux jouissances de Paris, à cette vie rapide, à ce tourbillon de pensées et de plaisirs dont il est de mode peut-être de médire, mais auquel il est si doux de s'abandonner.

Habitué depuis trois ans à saluer les capitales européennes, et à les déserter au gré des caprices de sa destinée diplomatique, Charles de Vandenesse avait cependant peu de chose à regretter en quittant Paris. Les femmes ne produisaient plus aucune impression sur lui, soit qu'il regardât une passion vraie comme tenant trop de place dans la vie d'un homme politique ; soit que les mesquines occupations d'une galanterie superficielle lui parussent trop vides pour une âme forte. Nous avons tous de grandes prétentions à la force d'âme. En France, nul homme, fût-il médiocre, ne consent à passer pour simplement spirituel.

Ainsi, Charles, quoique jeune (à peine avait-il vingt-six ans), s'était déjà philosophiquement accoutumé à voir des idées, des résultats, des moyens, là où les hommes de son âge aperçoivent des sentiments, des plaisirs et des illusions. Il avait refoulé la chaleur et l'exaltation naturelle aux jeunes gens dans les profondeurs de son âme, nativement noble et grande. Il travaillait à se faire froid, calculateur ; à mettre en manières, en formes aimables, en artifices de séduction, les richesses morales dont la nature l'avait doué ; véritable tâche d'ambitieux ; rôle triste, entrepris dans le but d'atteindre à ce que nous nommons aujourd'hui une *belle position*.

En ce moment, il jetait un dernier coup d'œil sur les salons où l'on dansait. Avant de quitter le bal, il voulait sans doute en emporter l'image, comme un spectateur ne sort pas de sa loge à l'Opéra sans regarder le tableau final. Mais aussi, par une fantaisie facile à comprendre, M. de Vandenesse étudiait l'action toute française, toute changeante, l'éclat et les riantes figures de cette fête parisienne, en les rapprochant par la pensée des physionomies nouvelles, des scènes pittoresques qui l'attendaient à Naples, où il se proposait de passer quelques jours avant de se rendre à son poste.

Il semblait comparer la France, qui lui était si familière, à un pays dont il ne connaissait les mœurs et les sites que par des ouï-dires contradictoires, ou par des livres, mal faits pour la plupart. Alors, quelques réflexions assez poétiques, mais devenues aujourd'hui très-vulgaires, lui passèrent par la tête, et répondirent, à son insu peut-être, aux vœux secrets de son cœur, plus exigeant que blasé, plus inoccupé que flétri.

— Voici, se disait-il, les femmes les plus élégantes, les plus riches, les plus titrées de Paris ; ici, sont les célébrités du jour, renommées de tribune, renommées aristocratiques et littéraires ; là, des artistes ; là, des hommes du pouvoir. Et cependant, je ne vois que de petites intrigues, des amours morts-nés, des sourires qui ne disent rien, des dédains sans cause, des regards sans flamme, beaucoup d'esprit, mais prodigué sans but. Tous ces visages blancs et roses cherchent moins le plaisir que des distractions; nulle émotion n'est vraie. Si vous voulez seulement des plumes bien posées, des gazes fraîches, de jolies toilettes, des femmes frêles; si pour vous la vie n'est qu'une surface à effleurer, voici votre monde. Contentez-vous de ces phrases insignifiantes, de ces ravissantes grimaces, et ne demandez pas un sentiment dans les cœurs. Pour moi, j'ai horreur de ces plates intrigues qui finiront par des mariages, des sous-préfectures, des recettes générales ; ou, s'il s'agit d'amour, par des arrangements secrets, tant l'on a honte même d'un semblant de passion. Je ne vois pas un seul de ces visages éloquents qui vous annoncent une âme abandonnée à une idée comme à un remords. Ici, le regret ou le malheur se cachent sous des plaisanteries. Je n'aperçois aucune de ces femmes avec lesquelles j'aimerais à lutter, et qui vous entraînent dans un abîme. Où trouver de l'énergie à Paris? Un poignard est une curiosité que l'on y suspend à un clou doré, que l'on pare d'une jolie gaîne. Femmes, idées, sentiments, tout se ressemble, et il n'y existe plus de passions, parce que les individualités ont disparu. Les rangs, les esprits, les fortunes ont été nivelés, et nous avons tous pris l'habit noir comme pour nous mettre en deuil de la France morte. Nous n'aimons pas nos égaux. Entre deux amants, il faut des différences à effacer, des distances à combler. Ce charme de l'amour s'est évanoui en 1789 ! Notre ennui, nos mœurs fades sont le résultat du système politique. Au moins, en Italie, tout y est tranché ; les femmes y sont encore des animaux malfaisants, des sirènes dangereuses, sans raison, sans logique autre que celle de leurs goûts, de leurs appétits, et dont il faut se défier comme on se défie des tigres...

Madame Vitagliano vint interrompre ce monologue dont les mille pensées contradictoires, inachevées, confuses, sont intraduisibles. Le mérite d'une rêverie est tout entier dans son vague ; n'est-elle pas une sorte de vapeur intellectuelle?

— Je veux, lui dit-elle en le prenant par le bras, vous présenter à une femme qui a le plus grand désir de vous connaître d'après ce qu'elle entend dire de vous.

Puis, elle le conduisit dans un salon voisin, où elle lui montra, par un geste, un sourire et un regard véritablement italiens, une femme assise au coin de la cheminée.

— Qui est-elle? demanda vivement M. de Vandenesse.

— Une femme dont vous vous êtes, certes, entretenu plus d'une fois pour la louer ou pour en médire, une femme qui vit dans la solitude, un vrai mystère.

— Si vous avez jamais été clémente dans votre vie, de grâce, dites-moi son nom.

— La marquise de Vieumesnil.

— Je vais aller prendre des leçons auprès d'elle ; car elle a su faire d'un mari bien médiocre, un pair de France ; d'un homme nul, une capacité politique. Mais, dites-moi, croyez-vous que lord Melville soit mort pour elle, comme quelques femmes l'ont prétendu?

— Peut-être. Depuis cette aventure, fausse ou vraie, la pauvre femme est bien changée. Elle n'a pas encore été dans le monde. C'est quelque chose à Paris qu'une constance de trois ans. Si vous la voyez ici...

Madame Vitagliano s'arrêta ; mais elle ajouta d'un air fin : — J'oublie que je dois me taire. Allez causer avec elle.

Charles resta pendant un moment immobile, le dos légèrement appuyé sur le chambranle de la porte, et tout occupé à examiner une femme devenue célèbre sans que personne pût rendre compte des motifs sur lesquels se fondait sa renommée.

Le monde offre beaucoup de ces anomalies curieuses. La réputation de madame de Vieumesnil n'était pas, certes, plus extraordinaire que celle de certains hommes toujours en travail d'une œuvre inconnue : statisticiens tenus pour profonds sur la foi de calculs qu'ils se gardent bien de publier; politiques qui vivent sur un article de journal ; auteurs ou artistes dont l'œuvre reste toujours en portefeuille ; gens savants avec ceux qui ne connaissent rien à la science, comme Sganarelle est latiniste avec ceux qui ne savent pas le latin ; hommes auxquels on accorde une capacité convenue sur un point, soit la direction des arts, soit une mission importante. Cet admirable mot : *c'est une spécialité*, semble avoir été créé pour ces espèces d'acéphales politiques ou littéraires.

Charles demeura plus longtemps en contemplation qu'il ne le voulait, et fut mécontent d'être si fortement préoccupé par une femme ; mais aussi, la présence de cette femme réfutait les pensées qu'un instant auparavant le jeune diplomate avait conçues à l'aspect du bal.

Madame de Vieumesnil était une femme de trente ans, belle, quoique frêle de formes, et d'une excessive délicatesse. Son plus grand charme venait d'une physionomie dont le calme trahissait une étonnante profondeur dans l'âme. Son œil plein d'éclat, mais qui semblait voilé par une pensée constante, accusait une vie fiévreuse et la résignation la plus étendue. Ses paupières, presque toujours chastement baissées vers la terre, se relevaient rarement. Si elle jetait des regards autour d'elle, c'était par un mouvement triste; et vous eussiez dit qu'elle réservait le feu de ses yeux pour d'occultes contemplations. Aussi, tout homme supérieur se sentait-il curieusement attiré vers cette femme douce et silencieuse. Si l'esprit cherchait à deviner les mystères de la perpétuelle réaction qui se faisait en elle, du présent vers le passé, du monde à sa solitude, l'âme n'était pas moins intéressée à s'initier aux secrets d'un cœur en quelque sorte orgueilleux de ses souffrances.

En elle, rien d'ailleurs ne démentait les idées qu'elle inspirait tout d'abord. Comme presque toutes les femmes qui ont de très-longs cheveux, elle était pâle, et parfaitement blanche. Sa peau, d'une finesse prodigieuse, symptôme rarement trompeur, annonçait une vraie sensibilité, justifiée par la nature de ses traits qui avaient ce fini merveilleux que les peintres chinois répandent sur leurs figures fantastiques. Son col était un peu long peut-être; mais ces sortes de cous sont les plus gracieux, et donnent aux têtes de femmes de vagues affinités avec les magnétiques ondulations du serpent. S'il n'existait pas un seul des mille indices par lesquels les caractères les plus dissimulés se révèlent à l'observateur, il lui suffirait d'examiner attentivement les gestes de la tête et les torsions du cou, si variées, si expressives, pour juger une femme.

La mise était, chez madame de Vieumesnil, en harmonie avec la pensée qui dominait sa personne. Les nattes de sa chevelure largement tressée, formaient au-dessus de sa tête une haute couronne à laquelle ne se mêlait aucun ornement, car elle semblait avoir dit adieu pour toujours aux recherches de la toilette. Aussi ne surprenait-on jamais en elle ces petits calculs de coquetterie qui gâtent beaucoup de femmes. Seulement, quelque modeste que fût son corsage, il ne cachait pas entièrement l'élégance de sa taille. Puis, le luxe de sa longue robe consistait dans une coupe extrêmement distinguée; et, s'il est permis de chercher des idées dans l'arrangement d'une étoffe, on pourrait dire que les plis nombreux et simples de sa robe lui communiquaient une grande noblesse. Néanmoins, peut-être trahissait-elle les indélébiles faiblesses de la femme par les soins minutieux qu'elle prenait de sa main et de son pied; mais si elle les montrait avec quelque plaisir, il eût été difficile à la plus malicieuse rivale de trouver ses gestes affectés, tant ils paraissaient involontaires, ou dus à d'enfantines habitudes. Ce reste de coquetterie se faisait même excuser par une gracieuse nonchalance.

Cette masse de traits, cet ensemble de petites choses qui font une femme laide ou jolie, attrayante ou désagréable, ne peuvent être qu'indiqués; surtout lorsque, comme chez madame de Vieumesnil, l'âme est le lien de tous les détails, et leur imprime une délicieuse unité. Aussi son maintien s'accordait-il parfaitement avec le caractère de sa figure et de sa mise. A un certain âge seulement, certaines femmes choisies savent seules donner un langage à leur attitude. Est-ce le chagrin, est-ce le bonheur qui prête à la femme de trente ans, à la femme heureuse ou malheureuse, le secret de cette contenance éloquente? ce sera toujours une vivante énigme, que chacun interprète au gré de ses désirs, de ses espérances, ou de son système.

La manière dont madame de Vieumesnil tenait ses deux coudes appuyés sur les bras de son fauteuil, et joignait les extrémités des doigts de chaque main en ayant l'air de jouer; la courbure de son cou; le laisser-aller de son corps fatigué mais souple, qui paraissait élégamment brisé dans le fauteuil; l'abandon de ses jambes, l'insouciance de sa pose, ses mouvements fluides; tout révélait une femme sans intérêt dans la vie, qui n'a point connu les plaisirs de l'amour, mais qui les a rêvés, et se courbe sous les fardeaux dont l'accable sa mémoire; une femme qui, depuis longtemps, a désespéré de l'avenir ou d'elle-même; une femme inoccupée, qui prend le vide pour le néant.

Charles de Vandenesse admira ce magnifique tableau, mais comme le produit d'un *faire* plus habile que ne l'est celui des femmes ordinaires. Il connaissait le marquis de Vieumesnil. Alors, au premier regard jeté sur sa femme, qu'il n'avait pas encore vue, le jeune diplomate reconnut des disproportions, des incompatibilités, pour employer le mot légal, trop fortes entre ces deux personnes, pour qu'il fût possible à la marquise d'aimer son mari. Cependant madame de Vieumesnil tenait une conduite irréprochable, et sa vertu donnait encore un plus haut prix à tous les mystères qu'un observateur pouvait pressentir en elle. Lorsque son premier mouvement de surprise fut passé, Vandenesse chercha la meilleure manière d'aborder madame de Vieumesnil; et, par une ruse toute diplomatique, il se proposa de l'embarrasser pour savoir comment elle accueillerait une sottise.

— Madame, dit-il en s'asseyant près d'elle, une heureuse indiscrétion m'a fait savoir que j'ai, je ne sais à quel titre, le bonheur d'être distingué par vous. Je vous dois d'autant plus de remerciements que je n'ai jamais été l'objet d'une semblable faveur. Aussi, serez-vous comptable d'un de mes défauts. Désormais, je ne veux plus être modeste....

— Vous aurez tort, monsieur, dit-elle en riant, il faut laisser la vanité à ceux qui n'ont pas autre chose.

Une conversation s'établit alors entre la marquise et le jeune homme, qui, suivant l'usage, abordèrent en un moment une multitude de sujets : la peinture, la musique, la littérature, la politique, les hommes, les événements et les choses. Puis ils arrivèrent par une pente insensible au sujet éternel des causeries françaises et étrangères, à l'amour, aux sentiments et aux femmes.

— Nous sommes esclaves.

— Vous êtes reines.

Les phrases plus ou moins spirituelles dites par Charles et la marquise pouvaient se réduire à cette simple expression de tous les discours présents et à venir tenus sur cette matière; et ces deux phrases voudront toujours dire, dans un temps donné : — Aimez-moi. — Je vous aimerai.

— Madame, s'écria doucement Charles de Vandenesse, vous me faites bien vivement regretter de quitter Paris. Je ne retrouverai certes pas en Italie des heures aussi spirituelles que l'a été celle-ci.

— Vous rencontrerez peut-être le bonheur, monsieur, et il vaut mieux que toutes les pensées brillantes, vraies ou fausses, qui se disent chaque soir à Paris.

Avant de saluer madame de Vieumesnil, Charles obtint la permission d'aller lui faire ses adieux. Il s'estima très-heureux d'avoir donné à sa requête les formes de la sincérité, lorsque le soir, en se couchant, et le lendemain, pendant toute la journée, il lui fut impossible de chasser le souvenir de cette femme.

Tantôt il se demandait pourquoi la marquise l'avait distingué; quelles pouvaient être ses intentions en demandant à le voir; et il fit d'intarissables commentaires. Tantôt il croyait trouver les motifs de cette curiosité; alors, il s'enivrait d'espérance, ou se refroidissait, suivant les interprétations par lesquelles il s'expliquait ce souhait poli, si vulgaire à Paris. Tantôt c'était tout, tantôt ce n'était rien. Enfin, il voulut résister au penchant qui l'entraînait vers madame de Vieumesnil; mais il alla chez elle.

Il y a certes des pensées auxquelles nous obéissons sans les connaître. Elles sont en nous à notre insu. Quoique cette réflexion puisse paraître plus paradoxale que vraie, chaque personne de bonne foi en trouvera mille preuves dans sa vie. En se rendant chez la marquise, Charles obéissait à l'un de ces textes préexistants dont notre expérience et les conquêtes de notre esprit ne sont, plus tard, que les développements sensibles.

Une femme de trente ans a d'irrésistibles attraits pour un jeune homme ; et rien de plus naturel, de plus fortement tissu, de mieux préétabli que les attachements profonds dont le monde offre tant d'exemples entre une femme comme la marquise et un jeune homme tel que Vandenesse.

En effet, une jeune fille a trop d'illusions, trop d'inexpérience, et le sexe est trop complice de son amour pour qu'un jeune homme puisse en être flatté; tandis qu'une femme connaît toute l'étendue des sacrifices à faire. Là, où l'une est entraînée par la curiosité, par des séductions étrangères à celles de l'amour, l'autre obéit à un sentiment consciencieux. L'une cède, l'autre choisit. Ce choix n'est-il pas déjà une immense flatterie? Armée d'un savoir presque toujours chèrement payé par des malheurs, en se donnant, la femme expérimentée semble donner plus qu'elle-même; tandis que la jeune fille, ignorante et crédule, ne sachant rien, ne peut rien comparer, rien apprécier; elle accepte l'amour et l'étudie. L'une nous instruit, nous conseille à un âge où l'on aime à se laisser guider, où l'obéissance est un plaisir ; l'autre veut tout apprendre, et se montre naïve là où l'autre est tendre. Celle-là ne vous présente qu'un seul triomphe; celle-ci vous oblige à des combats perpétuels. La première n'a que des larmes et des plaisirs, la seconde a des voluptés et des remords. Pour qu'une jeune fille soit la maîtresse, elle doit être trop corrompue, et alors on l'abandonne avec horreur; tandis qu'une femme a mille moyens de conserver tout à la fois son pouvoir et sa dignité. L'une, trop soumise, vous offre les tristes sécurités du repos; l'autre perd trop pour ne pas demander à l'amour ses mille métamorphoses. L'une se déshonore toute seule; l'autre tue à votre profit une famille entière. La jeune fille n'a qu'une coquetterie, et croit avoir tout dit quand elle a quitté son vêtement; mais la femme en a d'innombrables et se cache sous mille voiles; enfin elle caresse toutes les vanités, et la novice n'en flatte qu'une. Il s'émeut d'ailleurs des indécisions, des terreurs, des craintes, des troubles et des orages chez la femme de trente ans, qui ne se rencontrent jamais dans l'amour d'une jeune fille. Arrivée à cet âge, la femme demande à un jeune homme de lui restituer l'estime qu'elle lui a sacrifiée; elle ne vit que pour lui, s'occupe de son avenir, lui veut une belle vie, la lui ordonne glorieuse; elle obéit, elle prie et commande, s'abaisse et s'élève, et sait consoler en mille occasions, où la jeune fille ne sait que gémir. Enfin, outre tous les avantages de sa position, la femme de trente ans peut se faire jeune fille, jouer tous les rôles, être pudique, et s'embellir même d'un malheur. Entre elles deux, se trouve l'incommensurable différence du prévu à l'imprévu, de la force à la faiblesse. La femme de trente ans satisfait tout, et la jeune fille, sous peine de ne pas être, doit ne rien satisfaire.

Ces idées se développent au cœur d'un jeune homme, et composent chez lui la plus forte des passions, car elle réunit les sentiments factices créés par les mœurs aux sentiments réels de la nature.

La démarche la plus capitale et la plus décisive dans la vie d'une femme, est précisément celle qu'elle regarde toujours comme la plus insignifiante. Une femme mariée ne s'appartient plus; elle est la reine et l'esclave du foyer domestique. La sainteté des femmes est inconciliable avec les devoirs et les libertés du monde: émanciper les femmes, c'est les corrompre. En accordant à un étranger le droit d'entrer dans le sanctuaire du ménage, n'est-ce pas se mettre à sa merci? Qu'une femme l'y attire, n'est-ce pas une faute; ou, pour être exact, le commencement d'une faute. Il faut accepter cette théorie dans toute sa rigueur, ou absoudre les passions. Jusqu'à présent, en France, la société a su prendre un *mezzo termine*, elle se moque des malheurs; et, comme les Spartiates qui ne punissaient que la maladresse, elle semble admettre le vol. Mais peut-être ce système est-il très-sage. Le mépris général constitue le plus affreux de tous les châtiments, en ce qu'il atteint la femme au cœur. Elles tiennent et doivent toutes tenir à être honorées, car sans l'estime elles n'existent plus. Aussi est-ce le premier sentiment qu'elles demandent à l'amour. La plus corrompue d'entre elles exige même avant tout, une absolution pour le passé, en vendant son avenir, et tâche de faire comprendre à son amant qu'elle échange contre d'irrésistibles félicités les honneurs que le monde lui refusera. Il n'est pas de femme qui, en recevant chez elle, pour la première fois, un jeune homme, et en se trouvant seule avec lui, ne conçoive quelques-unes de ces réflexions; surtout si, comme Charles de Vandenesse, il est bien fait ou spirituel. Pareillement, peu de jeunes gens manquent de fonder quelques vœux secrets sur une des mille idées qui justifient leur amour inné pour les femmes belles, spirituelles et malheureuses comme l'était madame de Vieumesnil.

Aussi la marquise, en entendant annoncer M. de Vandenesse, fut-elle troublée, et lui presque honteux, malgré l'assurance qui, chez les diplomates, est en quelque sorte de costume. Mais madame de Vieumesnil prit bientôt un air affectueux, dont les femmes savent se faire un rempart contre les interprétations de la vanité. Cette contenance exclut toute arrière-pensée, et fait pour ainsi dire la part au sentiment en le tempérant par les formes de la politesse. Alors les femmes se tiennent aussi longtemps qu'elles le veulent dans cette position équivoque, comme dans un carrefour, qui mène également au respect, à l'indifférence, à l'étonnement ou à la passion.

A trente ans seulement, une femme peut connaître les ressources de cette situation. Elle y sait rire, plaisanter, s'attendrir, sans se compromettre. Alors, elle possède le tact nécessaire pour attaquer chez un homme toutes les cordes sensibles, et pour étudier les sons qu'elle en tire. Son silence est aussi dangereux que sa parole. Vous ne devinez jamais si, à cet âge, elle est franche ou fausse, si elle se moque ou si elle est de bonne foi dans ses aveux. Après vous avoir donné le droit de lutter avec elle, tout à coup, par un mot, par un regard, par un de ces gestes dont elles ont éprouvé la puissance, elles ferment le combat, vous abandonnent, et restent maîtresses de votre secret, libres de vous immoler par une plaisanterie, libres de s'occuper de vous, également protégées par leur faiblesse et par votre force.

Quoique madame de Vieumesnil se plaçât, pendant cette première visite, sur ce terrain neutre, elle sut y conserver une haute dignité de femme. Ses douleurs secrètes planèrent toujours sur sa gaieté factice comme un léger nuage qui dérobe imparfaitement le soleil. Vandenesse sortit, après avoir éprouvé dans cette conversation des délices inconnues; mais il demeura convaincu que la marquise était une de ces femmes dont la conquête coûte trop cher pour qu'on puisse entreprendre de les aimer.

— Ce serait, dit-il en s'en allant, du sentiment à perte de vue, une correspondance à fatiguer même un sous-chef ambitieux! Cependant, si je voulais bien...

Ce fatal : — *si je voulais !* a constamment perdu les entêtés. En France, l'amour-propre mène à la passion. Charles revint chez madame de Vieumesnil, et crut s'apercevoir qu'elle prenait plaisir à sa conversation. Alors, au lieu de se livrer avec naïveté au bonheur d'aimer, il voulut jouer un double rôle. Il essaya de paraître passionné, puis d'analyser froidement la marche de cette intrigue; d'être amant et diplomate; mais il était généreux et jeune, cet examen devait le conduire à un amour sans bornes; car, artificieuse ou naturelle, la marquise était toujours plus forte que lui.

Chaque fois qu'il sortait de chez madame de Vieumesnil, Charles persistait dans sa méfiance, et soumettait les situations progressives par lesquelles passait son âme, à une sévère analyse qui tuait ses propres émotions.

— Aujourd'hui, se disait-il à la troisième visite, elle m'a fait comprendre qu'elle était très-malheureuse, et seule dans la vie; que, sans sa fille, elle désirerait ardemment la mort. Elle a été d'une résignation parfaite. Or, je ne suis ni son frère, ni son confesseur, pourquoi m'a-t-elle confié ses chagrins? Elle m'aime.

Deux jours après, en s'en allant, il apostrophait les mœurs modernes.

— L'amour prend la couleur de chaque siècle. En 1822, il est doctrinaire. Au lieu de se prouver, comme jadis, par des faits, on le discute, on le disserte, on le met en discours de tribune. Les femmes en sont réduites à trois moyens. D'abord, elles mettent en question notre passion, nous refusent le pouvoir d'aimer autant qu'elles aiment. Coquetterie! véritable défi que madame de Vieumesnil m'a porté ce soir. Puis, elles se font très-malheureuses pour exciter notre générosité, notre amour-propre : un jeune homme n'est-il pas flatté de consoler une grande infortune? Enfin, elles ont la manie de la virginité! Madame de Vieumesnil a dû penser que je la croyais toute neuve. Ma bonne foi peut devenir une excellente spéculation.

Mais un jour, après avoir épuisé ses pensées de défiance, il se demanda si la marquise était sincère; si tant de souffrances pouvaient être jouées; pourquoi feindre de la résignation? Elle vivait dans une solitude profonde, et dévorait en silence des chagrins qu'elle laissait à peine deviner par l'accent plus ou moins contraint d'une interjection. Dès ce moment, Charles prit un vif intérêt à madame de Vieumesnil. Cependant, en venant à un rendez-vous habituel qui leur était devenu nécessaire l'un à l'autre, heure réservée par un mutuel instinct, Vandenesse trouvait encore sa maîtresse plus habile que vraie, et son dernier mot était : — Décidément, cette femme est très-adroite.

Il entra, vit la marquise dans son attitude favorite, attitude pleine de mélancolie. Elle leva les yeux sur lui sans faire un mouvement, et lui jeta un de ces regards pleins qui ressemblent à un sourire. Elle exprimait une confiance, une amitié vraies, mais point d'amour. Charles s'assit, et ne put rien dire. Il était ému par une de ces sensations pour lesquelles il manque un langage.

— Qu'avez-vous? lui dit-elle d'un son de voix attendrie.

— Rien. Si, reprit-il, je songe à une chose qui ne vous a point encore occupée.

— Qu'est-ce?

— Mais... le congrès est fini.

— Eh bien, dit-elle, vous deviez donc aller au congrès?

Une réponse directe était la plus éloquente et la plus délicate des déclarations, mais Charles ne la fit pas. La physionomie de madame de Vieumesnil attestait une candeur d'amitié qui détruisait tous les calculs de la vanité, toutes les espérances de l'amour, toutes les défiances du diplomate. Elle ignorait, ou paraissait ignorer complétement qu'elle fût aimée; et, lorsque Charles, tout confus, se replia sur lui-même, il fut forcé de s'avouer qu'il n'avait rien fait, ni rien dit qui autorisât cette femme à le penser.

Il la trouva, pendant cette soirée, ce qu'elle était toujours : simple et affectueuse, vraie dans sa douleur, heureuse d'avoir un ami, fière de rencontrer une âme qui sût entendre la sienne, et n'allant pas au delà. Elle ne supposait pas qu'une femme pût se laisser deux fois séduire; mais elle avait connu l'amour, et le gardait encore saignant, au fond de son cœur. Elle n'imaginait pas que le bonheur pût apporter deux fois à une femme ses enivrements; car elle ne croyait pas seulement à l'esprit, mais à l'âme; et pour elle, l'amour n'était pas une séduction, il comportait toutes les séductions nobles.

En ce moment, Charles redevint jeune homme,

il fut subjugué par l'éclat d'un si grand caractère, et voulut être initié dans tous les secrets de cette existence flétrie par le hasard plus que par une faute.

Madame de Vieumesnil ne lui jeta qu'un regard en l'entendant demander compte du surcroît de chagrin qui communiquait à sa beauté toutes les harmonies de la tristesse, mais ce regard profond fut comme le sceau d'un contrat solennel.

— Ne me faites plus de questions semblables, dit-elle. Il y a trois ans, à pareil jour, celui qui m'aimait, le seul homme au bonheur duquel j'eusse sacrifié jusqu'à ma propre estime, est mort; et mort pour me sauver l'honneur. Cet amour a cessé jeune, pur, plein d'illusions. Avant de me livrer à une passion vers laquelle une fatalité sans exemple me poussa, j'avais été séduite par ce qui perd tant de jeunes filles, par un homme nul, mais de formes agréables. Le mariage effeuilla mes espérances une à une. Aujourd'hui, j'ai perdu le bonheur légitime, et ce bonheur que l'on nomme criminel, sans avoir connu le bonheur. Il ne me reste rien. Si je n'ai pas su mourir, je dois être au moins fidèle à mes souvenirs.

A ces mots, elle ne pleura pas, elle baissa les yeux et se tordit légèrement les doigts qu'elle avait croisés par son geste habituel. Cela fut dit simplement, mais l'accent de sa voix était l'accent d'un désespoir aussi profond que paraissait l'être son amour, et ne laissait aucune espérance à Charles.

Cette affreuse existence traduite en trois phrases et commentée par une torsion de main; cette forte douleur dans une femme frêle; cet abîme dans une jolie tête; enfin les mélancolies, les armes d'un deuil de trois ans, fascinèrent Vandenesse. Il resta silencieux et petit devant cette grande et noble femme. Il n'en voyait plus les beautés matérielles si exquises, si achevées; mais l'âme si éminemment sensible. Il rencontrait enfin cet être idéal si fantastiquement rêvé, si rigoureusement appelé par tous ceux qui mettent la vie dans une passion, la cherchent avec ardeur et souvent meurent sans avoir pu jouir de tous ses trésors rêvés.

En entendant ce langage, et devant cette beauté sublime, il trouva ses idées étroites. Dans l'impuissance où il était de mesurer ses paroles à la hauteur de cette scène tout à la fois si simple et si élevée, il répondit par des lieux communs sur la destinée des femmes.

— Madame, il faut savoir oublier ses douleurs, ou se creuser une tombe, dit-il.

Mais la raison est toujours mesquine auprès du sentiment : l'une est naturellement bornée comme tout ce que est positif, et l'autre est infini. Raisonner, là où il faut sentir, est le propre des âmes sans portée.

Vandenesse garda donc le silence, contempla longtemps madame de Vieumesnil et sortit. En proie à des idées nouvelles qui lui grandissaient la femme, il ressemblait à un peintre qui après avoir pris pour types les vulgaires modèles de son atelier, rencontrerait tout à coup la Mnémosyne du Musée, la plus belle et la moins appréciée des statues antiques.

Charles fut profondément épris. Il aima madame de Vieumesnil avec cette bonne foi de la jeunesse, avec cette ferveur qui communique aux passions une grâce ineffable, une candeur dont l'homme ne retrouve plus que des vestiges, quand, plus tard, il aime encore : délicieuses passions, presque toujours délicieusement savourées par les femmes qui les font naître, parce qu'à ce bel âge de trente ans, sommité poétique de la vie des femmes, elles peuvent en embrasser tout le cours et voir aussi bien dans le passé que dans l'avenir. Alors, elles connaissent tout le prix de l'amour, et en jouissent avec la crainte de le perdre; alors, leur âme est encore belle de la jeunesse qui les abandonne, et leur passion va se renforçant toujours d'un avenir qui les effraie.

— J'aime, se disait cette fois Vandenesse en quittant madame de Vieumesnil, et, pour mon malheur, je trouve une femme attachée à des souvenirs. La lutte est difficile contre un mort qui n'est plus là, qui ne peut pas faire de sottises, ne déplait jamais, et dont on ne voit que les belles qualités. N'est-ce pas vouloir détrôner la perfection que d'essayer à tuer les charmes de la mémoire et les espérances qui survivent à un amant perdu, précisément parce qu'il n'a réveillé que des désirs, tout ce que l'amour a de plus beau, de plus séduisant.

Cette triste réflexion, due au découragement et à la crainte de ne pas réussir par lesquels commencent toutes les passions vraies, fut le dernier calcul de sa diplomatie expirante. Dès lors, il n'eut plus d'arrière-pensées, devint le jouet de son amour, et se perdit dans les riens de ce bonheur inexplicable qui se repait d'un mot de silence, d'un vague espoir. Il voulut aimer platoniquement, vint tous les jours respirer l'air que respirait madame de Vieumesnil, s'incrusta presque dans sa maison, et l'accompagna partout avec la tyrannie d'une passion qui mêle son égoïsme au dévoûment le plus absolu.

L'amour a son instinct, il sait trouver le chemin du cœur comme le plus faible insecte marche à sa fleur avec une irrésistible volonté qui ne s'épouvante de rien. Aussi, quand un sentiment est vrai, sa destinée n'est-elle pas douteuse. N'y a-t-il pas de quoi jeter une femme dans toutes les angoisses de la terreur, si elle vient à penser que sa vie dépend du plus ou du moins de vérité, de force, de persistance que son amant mettra dans ses désirs.

Or, il est impossible à une femme, à une épouse, à une mère, de se préserver contre l'amour d'un jeune homme. La seule chose qui soit en sa puissance, est de ne pas continuer à le voir, au moment où elle devine ce secret du cœur qu'une femme devine toujours. Mais ce parti lui semble trop décisif, pour qu'elle puisse le prendre à un âge où le mariage pèse, ennuie et lasse, où l'affection conjugale est plus que tiède, si déjà même son mari ne l'a pas abandonnée. Laides, les femmes sont flattées par un amour qui les fait belles; jeunes et charmantes, la séduction doit être à la hauteur de leurs séductions, elle est immense ; vertueuses, un sentiment terrestrement sublime les porte à trouver je ne sais quelle absolution dans la grandeur même des sacrifices qu'elles font à leur amant, et de la gloire dans cette lutte difficile. Tout est piège. Aussi nulle leçon n'est-elle trop forte pour de si fortes tentations.

La réclusion ordonnée autrefois à la femme en Grèce, en Orient, et qui devient de mode en Angleterre, est la seule sauvegarde de la morale domestique ; mais sous l'empire de ce système, les agréments du monde périssent ; et ni la société, ni la politesse, ni l'élégance des mœurs ne sont possibles. Les nations devront choisir.

Ainsi, quelques mois après sa première rencontre avec M. de Vandenesse, madame de Vieumesnil trouva sa vie étroitement liée à la sienne. Elle s'étonna sans trop de confusion, et presque avec un certain plaisir d'en partager les goûts et les pensées. Avait-elle pris les idées de Vandenesse, ou Vandenesse avait-il épousé ses moindres caprices? Elle n'examina rien. Déjà saisie par le courant de la passion, cette adorable femme se dit avec la fausse bonne foi de la peur : Oh ! non ! je serai fidèle à celui qui mourut pour moi.

Pascal a dit : Douter de Dieu, c'est y croire. De même, une femme ne se débat que quand elle est prise. Le jour où madame de Vieumesnil s'avoua qu'elle était aimée, il lui arriva de flotter entre mille sentiments contraires. Les superstitions de l'expérience parlèrent leur langage. Serait-elle heureuse? Pourrait-elle trouver le bonheur en dehors des lois, dont la société fait, à tort ou à raison, sa morale? Jusqu'alors la vie ne lui avait versé que de l'amertume? Y avait-il un heureux dénouement possible aux liens qui unissent deux êtres séparés par les convenances sociales? Mais aussi le bonheur se paye-t-il jamais trop cher. Et ce bonheur si ardemment voulu, si naturel, peut-être le rencontrerait-elle enfin ! La curiosité plaide toujours la cause des amants. Enfin ! Au milieu de cette discussion secrète, Vandenesse arriva. Sa présence fit évanouir le fantôme métaphysique de la raison.

Si telles sont les transformations successives par lesquelles passe un sentiment même rapide chez un jeune homme et chez une femme de trente ans, il est un moment où les nuances se fondent, où les raisonnements s'abolissent en un seul, cette dernière réflexion se confond dans un désir, le corrobore ; et plus la résistance a été longue, plus puissante est la voix de l'amour. Ici donc s'arrête cette leçon ou plutôt cette étude faite sur l'*écorché*, s'il est permis d'emprunter à la peinture une de ses expressions les plus pittoresques ; car cette histoire explique les dangers et le mécanisme de l'amour plus qu'elle ne le peint. Mais, dès ce moment, chaque jour ajouta des couleurs à ce squelette, le revêtit des grâces de la jeunesse, en raviva les chairs, en vivifia les mouvements, lui rendit l'éclat, la beauté, les séductions du sentiment et les attraits de la vie.

Charles trouva madame de Vieumesnil pensive, et lorsqu'il lui eut dit d'un ton pénétré que les douces magies du cœur rendirent persuasif : — Qu'avez-vous?... Elle se garda bien de répondre. Cette délicieuse demande accusait une parfaite entente d'âme ; et, avec l'instinct merveilleux de la femme, la marquise comprit que des plaintes, ou l'expression de son malheur intime, seraient en quelque sorte des avances. Or, si déjà chacune de ses paroles avaient une signification entendue par tous deux, dans quel abîme n'allait-elle pas mettre les pieds? Elle lut en elle-même par un regard lucide et clair, se tut, et son silence fut imité par Vandenesse.

— Je suis souffrante, dit-elle enfin effrayée de la haute portée d'un moment où le langage des yeux suppléa complètement à l'impuissance du discours.

— Madame, répondit Charles d'une voix affectueuse, mais violemment émue; âme et corps, tout se tient. Si vous étiez heureuse, vous seriez jeune et fraîche; pourquoi refusez-vous de demander à l'amour tout ce dont l'amour vous a privée? Vous croyez la vie terminée au moment où, pour vous, elle commence. Confiez-vous aux soins d'un ami. Il est si doux d'être aimé.

— Je suis déjà vieille, dit-elle; rien ne m'excuserait donc de ne pas souffrir comme par le passé. D'ailleurs, il faut aimer, dites-vous? Eh bien! je ne le dois, ni ne le puis. Hors vous, dont l'amitié jette quelques douceurs sur ma vie, personne ne me plaît, personne ne saurait effacer mes souvenirs. J'accepte un ami, je fuirais un amant.

Ces paroles, empreintes d'une horrible coquetterie, étaient le dernier effort de la sagesse. — S'il se décourage, eh bien! je resterai seule et fidèle. Cette pensée vint au cœur de madame de Vieumesnil, et fut pour elle ce qu'est la branche de saule que saisit un nageur avant d'être emporté par le courant.

En entendant cet arrêt, Vandenesse laissa échapper un tressaillement involontaire qui fut plus puissant sur le cœur de la marquise que ne l'avaient été toutes ses assiduités passées. Ce qui touche le plus les femmes, n'est-ce pas de rencontrer en nous des délicatesses gracieuses; des sentiments exquis, autant que le sont les leurs; car chez elles, la grâce et la délicatesse sont les indices du *vrai*. Le geste de Charles révélait un frémissement inouï. Madame de Vieumesnil connut la force de l'affection de Vandenesse à la force de sa douleur.

Le jeune homme dit froidement:

— Vous avez peut-être raison. Nouvel amour, chagrins nouveaux...

Puis, il changea de conversation, et s'entretint de choses indifférentes; mais il était visiblement ému, regardait madame de Vieumesnil avec une attention concentrée, comme s'il l'eût vue pour la dernière fois. Enfin il la quitta, en lui disant avec émotion : — Adieu, madame.

— Au revoir, dit-elle avec cette coquetterie fine dont toutes les femmes d'élite ont le secret.

Il ne répondit pas.

Quand Vandenesse ne fut plus là, que sa chaise vide parla pour lui, madame de Vieumesnil eut mille regrets, et se trouva des torts. La passion fait un progrès énorme chez une femme, au moment où elle croit avoir agi peu généreusement, ou avoir blessé quelque âme noble. Jamais il ne faut se défier des sentiments mauvais en amour, ils sont très-salutaires; les femmes ne succombent que sous le coup d'une vertu. L'enfer est pavé *de bonnes intentions*, n'est pas un paradoxe d prédicateur.

Vandenesse resta pendant quelques jours san venir. Pendant chaque soirée, à l'heure du rende vous habituel, la marquise l'attendit avec une im patience pleine de remords. Écrire, c'était u aveu; d'ailleurs, son instinct lui disait qu'il vi viendrait. Le sixième jour il fut annoncé; jamai elle n'entendit ce nom avec plus de plaisir. Sa joi l'effraya.

— Vous m'avez bien punie, lui dit-elle.

Vandenesse la regarda d'un air hébété.

— Punie, répéta-t-il. Et de quoi?

Charles comprenait bien madame de Vieumesnil mais il voulait se venger des souffrances auxquel les il avait été en proie, du moment où elle le soupçonnait.

— Pourquoi n'êtes-vous pas venu me voir? de manda-t-elle en souriant.

— Vous n'avez donc vu personne? dit-il pour n pas faire une réponse directe.

— M. de Ronquerolles et M. de Marsay son restés ici, l'un hier, l'autre ce matin, près d deux heures.

Autre souffrance! Douleur incompréhensibl pour ceux qui n'aiment pas avec ce despotisme en vahisseur et féroce dont le moindre effet est une jalousie monstrueuse, un perpétuel désir de dérober l'être aimé à toute influence étrangère à l'amour.

— Quoi! se dit en lui-même Vandenesse, elle a reçu, elle a vu des êtres contents, elle leur a parlé, tandis que je restais solitaire, malheureux

Il ensevelit son chagrin, et jeta son amour au fond de son cœur, comme un cercueil à la mer. Ses pensées étaient de celles que l'on n'exprime pas, elles ont la rapidité de ces acides qui tuent en s'évaporant. Cependant son front se couvrit de nuages, et madame de Vieumesnil obéit à l'instinct de la femme en partageant cette tristesse sans la concevoir. Elle n'était pas complice du mal qu'elle faisait, et Vandenesse s'en aperçut. Il parla de sa situation et de sa jalousie, comme si c'eût été l'une de ces hypothèses que les amants se plaisent à discuter. Madame de Vieumesnil comprit tout, et fut alors si vivement touchée qu'elle ne put retenir ses larmes.

Dès ce moment, ils entrèrent dans les cieux de l'amour. Le ciel et l'enfer sont deux grands poèmes qui formulent les deux seuls points sur lesquels tourne notre existence : la joie ou la douleur. Le ciel n'est-il pas, ne sera-t-il pas toujours une mage de l'infini de nos sentiments dont l'art ne peint que de faibles détails, parce que le bonheur est un; et l'enfer ne représente-t-il pas les tortures infinies de nos douleurs dont nous pouvons faire œuvre de poésie, parce qu'elles sont toutes dissemblables.

Un soir, les deux amants étaient seuls, assis l'un près de l'autre, en silence, et occupés à contempler une des plus belles phases de firmament, un de ces ciels purs dans lesquels les derniers rayons du soleil jettent de faibles teintes d'or et de pourpre. En ce moment de la journée, les lentes dégradations de la lumière semblent réveiller les sentiments doux; nos passions vibrent mollement, et nous savourons des troubles de je ne sais quelle violence, au milieu du calme. La nature, en nous montrant le bonheur par de vagues images, nous invite à en jouir quand il est près de nous, ou nous le fait regretter quand il a fui. Dans ces instants fertiles en enchantements, sous le dais de cette lueur dont les tendres harmonies s'unissent à des séductions intimes, il est difficile de résister aux vœux du cœur; ils ont alors tant de magie; alors le chagrin s'émousse, la joie enivre, et la douleur accable. Les pompes du soir sont le signal des aveux et les encouragent. Le silence devient plus dangereux que la parole, en communiquant au regard toute la puissance de l'infini des lieux qu'il reflète... Si l'on parle, le moindre mot possède une irrésistible puissance. N'y a-t-il pas alors de la lumière dans la voix, de la pourpre dans le regard. Le ciel n'est-il pas comme en nous, ou ne nous semble-t-il pas être dans le ciel?

Cependant Vandenesse et Juliette, car depuis quelques jours madame de Vieumesnil se laissait appeler ainsi familièrement par celui qu'elle se plaisait à nommer Charles, donc tous deux parlaient; mais le sujet primitif de leur conversation était bien loin d'eux, et, s'ils ne savaient plus le sens de leurs paroles, ils écoutaient avec délices les pensées secrètes qu'elles couvraient. La main de la marquise était dans celle de Vandenesse, elle la lui abandonnait sans croire que ce fût une faveur.

Ils se penchèrent ensemble pour voir un de ces majestueux paysages pleins de neiges, de glaciers, d'ombres grises qui teignent les flancs de montagnes fantastiques; un de ces tableaux remplis de brusques oppositions entre les flammes rouges et les tons noirs qui décorent les cieux avec une inimitable et fugace poésie; magnifiques langes dans lesquels renaît le soleil, beaux linceuls où il expire. En ce moment, les cheveux de Juliette effleurèrent les joues de Vandenesse; elle sentit ce contact léger, elle en frissonna violemment, et lui plus encore; car tous deux étaient graduellement arrivés à une de ces crises inexplicables où les sens acquièrent une perception si fine par leur calme profond, que le plus faible choc fait verser des larmes et déborder la tristesse, si le cœur est perdu dans ses mélancolies; ou lui donne d'ineffables plaisirs, s'il est perdu dans les vertiges de l'amour.

Alors Juliette pressa presque involontairement la main de son ami. Cette pression persuasive donna du courage à la timidité de l'amant. Le ciel, l'heure, tout se fondit dans une émotion, celle d'une première caresse, du chaste et modeste baiser que madame de Vieumesnil laissa prendre sur sa joue. Plus faible était la faveur, plus puissante, plus dangereuse elle fut. Pour leur malheur à tous deux, il n'y avait ni semblants, ni fausseté. Ce fut l'entente de deux belles âmes, séparées par tout ce qui est loi, réunies par tout ce qui est séductions dans la nature.

En ce moment, M. de Vieumesnil entra.

— Le ministère est changé, dit-il. Votre oncle fait partie de nouveau cabinet, ainsi vous avez de bien belles chances pour être ambassadeur, Vandenesse.

Charles et madame de Vieumesnil se regardèrent en rougissant. Cette pudeur mutuelle était encore un lien. Ils avaient la même pensée, le même remords, lien terrible et tout aussi fort entre deux brigands qui viennent d'assassiner un homme, qu'entre deux amants coupables d'un baiser.

Il fallait une réponse au marquis.

— Je ne veux plus quitter Paris, dit Charles de Vandenesse.

— Nous savons pourquoi, répliqua Vieumesnil, en affectant la finesse d'un homme qui découvre un secret. Vous ne voulez pas abandonner votre oncle, pour vous faire déclarer l'héritier de sa pairie.

Madame de Vieumesnil s'enfuit dans sa chambre, en se disant un effroyable mot sur son mari : — Il est par trop bête !

Avril 1832.

LE DOIGT DE DIEU.

La Bièvre.

Entre la barrière d'Italie et celle de la Santé, sur le boulevard intérieur qui mène au Jardin des Plantes, existe une perspective digne de ravir l'artiste ou le voyageur le plus blasé sur les jouissances de la vue.

Si vous atteignez une légère éminence, à partir de laquelle le boulevard, ombragé par de grands arbres touffus, tourne avec la grâce d'une allée forestière toute verte et silencieuse, vous voyez devant vous, à vos pieds, une vallée profonde, peuplée de fabriques à demi villageoises, clairsemée de verdure, arrosée par les eaux brunes de la Bièvre ou des Gobelins.

Sur le versant opposé, quelques milliers de toits, pressés comme les têtes d'une foule, recèlent les misères du faubourg Saint-Marceau. La magnifique coupole du Panthéon, le dôme terne et mélancolique du Val-de-Grâce, dominent orgueilleusement toute une ville en amphithéâtre dont les gradins sont bizarrement dessinés par des rues tortueuses. De là, les proportions des deux monuments semblent gigantesques, elles écrasent et ces demeures frêles et les plus hauts peupliers du vallon.

A gauche, l'Observatoire, à travers les fenêtres et les galeries duquel le jour passe en produisant d'inexplicables fantaisies, apparaît comme un spectre noir et décharné. Puis, dans le lointain, l'élégante lanterne des Invalides flamboie entre les masses bleuâtres du Luxembourg et les tours grises de Saint-Sulpice. Vues de là, ces lignes architecturales sont mêlées à des feuillages, à des ombres, sont soumises aux caprices d'un ciel qui change incessamment de couleur, de lumière ou d'aspect. Loin de vous, les édifices meublent les airs; autour de vous, serpentent des arbres ondoyants, des sentiers campagnards.

Sur la droite, par une large découpure de ce singulier paysage, vous apercevez la longue nappe blanche du canal Saint-Martin, encadré de pierres rougeâtres, paré de ses tilleuls, bordé par les constructions vraiment romaines des greniers d'abondance.

Là, sur le dernier plan, les vaporeuses collines de Belleville, chargées de maisons et de moulins, confondent leurs accidents avec ceux des nuages. Cependant il existe une ville, que vous ne voyez pas, entre la rangée de toits qui borde le vallon et cet horizon aussi vague qu'un souvenir d'enfance; immense cité, perdue, comme dans un précipice, entre les cimes de la Pitié et le faîte du cimetière de l'Est, entre la souffrance et la mort. Elle fait entendre un bruissement sourd, semblable à celui de l'Océan qui gronde derrière une falaise comme pour dire : — Je suis là.

Si le soleil jette ses flots de lumière sur cette face de Paris; s'il en épure, s'il en fluidifie les lignes; s'il y allume quelques vitres, s'il en égaye les tuiles, embrase les croix dorées, blanchit les murs et transforme l'atmosphère en un voile de gaz; s'il crée de riches contrastes avec les ombres fantastiques; si le ciel est d'azur, la terre frémissante, et si les cloches parlent, alors, de là, vous admirerez une de ces féeries éloquentes que l'imagination n'oublie jamais, dont vous serez idolâtre, affolé comme d'un merveilleux aspect de Naples, de Stamboul ou des Florides. Nulle harmonie ne manque à ce concert. Là murmurent le bruit du monde et la poé-

que paix de la solitude, à la voix d'un million d'ê-
es et la voix de Dieu ; là gît une capitale couchée
us les paisibles cyprès du Père-Lachaise.

Par une matinée de printemps, au moment où
soleil faisait briller toutes les beautés de ce pay-
ge, je les admirais, appuyé sur un gros orme qui
rait au vent ses fleurs jaunes. Puis à l'aspect de
s riches et sublimes tableaux, je pensais amère-
ent au mépris que nous professons, jusque dans
s livres, pour notre pays d'aujourd'hui. Je mau-
ssais ces pauvres riches qui, dégoûtés de notre belle
ance, vont acheter à prix d'or le droit de dé-
igner leur patrie en visitant au galop, en exami-
nt à travers un lorgnon les sites de cette Italie
venue si vulgaire. Je contemplais avec amour le
ris moderne, je rêvais lorsque tout à coup le
uit d'un baiser troubla ma solitude et fit enfuir
Philosophie.

Dans la contre-allée qui couronne la pente ra-
le au bas de laquelle frissonnent les eaux, et en
ardant au delà du pont des Gobelins, je décou-
is une femme qui me parut encore assez jeune,
se avec la simplicité la plus élégante, et dont la
ysionomie douce semblait refléter le gai bon-
ur du paysage. Un beau jeune homme posait à
re le plus joli petit garçon qu'il fût possible de
ir, en sorte que je n'ai jamais su si le baiser
ait retenti sur les joues de la mère ou sur celles
l'enfant.

Une même pensée, tendre et vive, éclatait dans
yeux, dans les gestes, dans le sourire des deux
nes gens. Ils entrelacèrent leurs bras avec une
joyeuse promptitude et se rapprochèrent avec
e si merveilleuse entente de mouvement, que,
t à eux-mêmes, ils ne s'aperçurent point de ma
ésence. Mais un autre enfant, mécontent, bou-
ur, et qui leur tournait le dos, me jeta des re-
rds empreints d'une expression saisissante. Lais-
t son frère courir seul, tantôt en arrière, tantôt
avant de sa mère et du jeune homme, cet en-
t, vêtu comme l'autre, aussi gracieux, mais plus
ux de formes, resta muet, immobile, et dans l'at-
lude d'un serpent engourdi. C'était une petite fille.
La promenade de la jolie femme et de son com-
gnon avait je ne sais quoi de machinal. Se contant, par distraction peut-être, de parcourir le
ble espace qui se trouvait entre le petit pont et une
iture arrêtée au détour du boulevard, ils recom-
ençaient constamment leur courte carrière, en
rrêtant, se regardant, riant, au gré des caprices
ne conversation tour à tour animée, languis-
hte, folle ou grave.

Caché par le gros orme, j'admirais cette scène
délicieuse dont j'aurais sans doute respecté les
mystères si je n'avais surpris, sur le visage de la
petite fille rêveuse et taciturne, les traces d'une
pensée plus profonde que ne le comportait son
âge. Quand sa mère et le jeune homme se retournaient après être venus près d'elle, souvent elle
penchait sournoisement la tête, et lançait sur eux
comme un regard furtif, vraiment
extraordinaire. Mais rien ne saurait rendre la perçante finesse, la malicieuse naïveté, la sauvage
attention qui animait ce visage enfantin aux yeux
légèrement cernés, quand la jolie femme ou son
compagnon caressaient les boucles blondes, pressaient gentiment le cou frais, la blanche collerette
du petit garçon, au moment où, par enfantillage,
il essayait de marcher avec eux.

Il y avait certes une passion d'homme sur la
physionomie grêle de cette petite fille bizarre. Elle
souffrait ou pensait. Or, qui prophétise plus sûrement la mort chez ces créatures en fleur : est-ce la
souffrance logée au corps, ou la pensée hâtive dévorant leurs âmes, à peine germées? Une mère
sait cela peut-être. Pour moi, je ne connais maintenant rien de plus horrible qu'une pensée de vieillard sur un front d'enfant, et le blasphème aux lèvres
d'une vierge est moins monstrueux encore.

Aussi l'attitude presque stupide de cette fille déjà
pensive, la rareté de ses gestes, tout m'intéressa-
t-il. Je l'examinai curieusement. Par une fantaisie
naturelle aux observateurs, je la comparais à son
frère, en cherchant à surprendre les rapports et
les différences qui se trouvaient entre eux.

La première avait des cheveux bruns, des yeux
noirs et une puissance précoce qui formaient une
riche opposition avec la blonde chevelure, les yeux
vert de mer, et la gracieuse faiblesse du plus
jeune. L'aînée pouvait avoir environ sept à huit
ans ; l'autre six à peine. Ils étaient habillés de la
même manière. Cependant, en les regardant avec
attention, je remarquai dans les collerettes de leurs
chemises, une différence assez frivole, mais qui,
plus tard, me révéla tout un roman dans le passé,
tout un drame dans l'avenir. Et c'était bien peu
de chose. Un simple ourlet bordait la collerette de
la petite fille brune ; tandis que de jolies broderies
ornaient celle du cadet, et trahissaient un secret de
cœur, une prédilection tacite que les enfants lisent
dans l'âme de leurs mères, comme si l'esprit de
Dieu était en eux.

Insouciant et gai, le blond ressemblait à une petite fille, tant sa peau blanche avait de fraîcheur,

ses mouvements de grâce, sa physionomie de douceur; tandis que l'aînée, malgré sa force, malgré la beauté de ses traits et l'éclat de son teint, ressemblait à un petit garçon maladif. Ses yeux vifs, dénués de cette humide vapeur qui donne tant de charme aux regards des enfants, semblaient avoir été, comme ceux des courtisans, séchés par un feu intérieur. Enfin sa blancheur avait je ne sais quelle nuance mate, olivâtre, symptôme d'un vigoureux caractère.

À deux reprises, son jeune frère était venu lui offrir, avec une grâce touchante, avec un joli regard, avec une mine expressive dont Charlet eût été ravi, le petit cor de chasse dans lequel il soufflait par instants; mais chaque fois elle n'avait répondu que par un farouche regard à cette phrase:
— Tiens, Hélène, le veux-tu? dite d'une voix caressante.

Et sombre, et terrible sous sa mine insouciante en apparence, elle tressaillait et rougissait même assez vivement lorsque son frère approchait; mais le cadet ne paraissait pas s'apercevoir de l'humeur noire de sa sœur, et son insouciance, mêlée d'intérêt, achevait de faire contraster le véritable caractère de l'enfance avec la science soucieuse de l'homme, inscrite déjà sur la figure de la petite fille, et qui déjà l'obscurcissait de ses sombres nuages.

— Maman, Hélène ne veut pas jouer, s'écria le petit, qui saisit pour se plaindre un moment où sa mère et le jeune homme étaient restés silencieux sur le pont des Gobelins.
— Laisse-la, Charles. Tu sais bien qu'elle est toujours grognon.

Ces paroles, prononcées au hasard par la mère, qui ensuite se retourna brusquement avec le jeune homme, arrachèrent des larmes à Hélène. Elle les dévora silencieusement, lança sur son frère un de ces regards profonds qui me semblaient inexplicables, et contempla d'abord, avec une sinistre intelligence, le talus sur le faîte duquel il était, puis la rivière de Bièvre, le pont, le paysage et moi.

Je craignis d'être aperçu par le couple joyeux dont j'aurais sans doute troublé l'entretien; je me retirai doucement, et j'allai me réfugier derrière une haie de sureau dont le feuillage me déroba complétement à tous les regards.

Je m'assis tranquillement sur le haut du talus, en regardant en silence et tour à tour, soit les beautés changeantes du site, soit la petite fille sauvage qu'il m'était encore possible d'entrevoir à travers les interstices de la haie et le pied des sureaux sur lesquels ma tête reposait, presqu'au niveau du boulevard. En ne me voyant plus, Hélène parut inquiète, ses yeux noirs me cherchèrent dans le lointain de l'allée, derrière les arbres, avec une indéfinissable curiosité. Qu'étais-je donc pour elle?

En ce moment, les rires naïfs de Charles retentirent dans le silence, comme un chant d'oiseau. Le beau jeune homme, blond comme lui, le faisait danser dans ses bras, et l'embrassait en lui prodiguant ces petits mots sans suite et détournés de leur sens véritable, que nous adressons amicalement aux enfants. La mère souriait à ces jeux, et de temps à autre, disait, sans doute à voix basse, des paroles sorties du cœur; car son compagnon s'arrêtait, tout heureux, et la regardait d'un œil bleu plein de feu, plein d'idolâtrie.

Leurs voix, mêlées à celle de l'enfant, avaient je ne sais quoi de caressant. Ils étaient charmants tous trois. Cette scène délicieuse, au milieu de ce magnifique paysage, y répandait une incroyable suavité. Une femme, belle, blanche, rieuse, un enfant d'amour; un homme ravissant de jeunesse; un ciel pur, enfin toutes les harmonies de la nature s'accordaient pour réjouir l'âme. Je me surpris à sourire, comme si ce bonheur était le mien. Le beau jeune homme entendit sonner neuf heures. Alors, après avoir tendrement embrassé sa compagne, devenue sérieuse et presque triste, il revint vers son tilbury, qui s'avançait lentement conduit par un vieux domestique. Le babil de l'enfant chéri se mêla aux derniers baisers que lui donna le jeune homme. Puis, quand celui-ci fut monté dans sa voiture, que la femme immobile écouta le tilbury rouler, en suivant la trace marquée par la poussière nuageuse, dans la verte allée du boulevard, Charles accourut à sa sœur, près du pont et j'entendis qu'il lui disait d'une voix argentine: — Pourquoi donc que tu n'es pas venue dire adieu à mon bon ami?

En voyant son frère sur le penchant du talus, Hélène lui lança le plus horrible regard qui jamais ait allumé les yeux d'un enfant, et le poussa par un mouvement de rage. Charles glissa sur le versant rapide, y rencontra des racines qui le rejetèrent violemment sur les pierres coupantes du mur, il s'y fracassa le front; puis, tout sanglant, alla tomber dans les eaux boueuses de la rivière. L'onde s'écarta en mille jets bruns sous sa jolie tête blonde. J'entendis les cris aigus du pauvre petit; mais bientôt ses accents se perdirent étouffés

ans la vase, où il disparut en rendant un son lourd, omme celui d'une pierre qui s'engouffre. L'éclair 'est pas plus prompt que ne le fut cette chute. Je e levai soudain, et descendis par un sentier. lors Hélène, stupéfaite, poussa des cris perçants :
— Maman ! maman !

La mère était là, près de moi. Elle avait volé omme un oiseau. Mais ni les yeux de la mère, ni s miens, ne pouvaient reconnaître la place précise ù l'enfant était enseveli. L'eau noire bouillonnait ur un espace immense. Le lit de la Bièvre a, dans et endroit, dix pieds de boue. L'enfant devait y ourir, car il était impossible de le secourir. A ette heure, un dimanche, tout était en repos. La ièvre n'a ni bateaux, ni pêcheurs; je ne vis ni erches pour sonder le ruisseau puant, ni personne ans le lointain.

Pourquoi donc aurais-je parlé de ce sinistre accident, ou dit le secret de ce malheur? Hélène avait peut-être vengé son père. Sa jalousie était sans doute le glaive de Dieu. Cependant je frisonnai en contemplant la mère! Quel épouvantable interrogatoire son mari, son juge éternel, n'allait-il pas lui faire subir? Elle traînait avec elle un témoin incorruptible. L'enfance a le front transparent, le teint diaphane; et le mensonge est, chez elle, comme une lumière qui lui rougit même le regard.

La malheureuse ne pensait pas encore au supplice qui l'attendait au logis. Elle regardait la Bièvre.

Mars 1831.

LA VALLÉE DU TORRENT.

Un soir, après dîner, chez un diplomate en deuil de son père et qui avait une succession à régler, se trouvait un notaire. Ce notaire n'était pas le petit notaire de Sterne, mais un gros et gras notaire de Paris, un de ces hommes estimables qui font une sottise avec mesure, mettent lourdement le pied sur une plaie inconnue, et après demandent pourquoi l'on se plaint ; puis si par hasard ils apprennent le pourquoi de leur bêtise assassine, ils disent : — Ma foi, je n'en savais rien ! Enfin, c'était un notaire honnêtement niais, qui ne voyait que des *actes* dans la vie.

Le jeune diplomate avait près de lui l'une des plus jolies femmes de Paris, une femme dont le mari s'était en allé poliment avant la fin du dîner, pour conduire ses deux enfants au spectacle, sur les boulevards, à l'Ambigu-Comique ou à la Gaieté. Quoique les mélodrames surexcitent les sentiments, ils passent à Paris pour être à la portée de l'enfance, et sans danger, parce que l'innocence y triomphe toujours. Le bon père était parti sans attendre le dessert, tant sa fille et son fils l'avaient tourmenté pour arriver au spectacle avant le lever du rideau.

Le notaire, l'imperturbable notaire, incapable de se demander pourquoi madame la marquise envoyait ses enfants et son mari sans elle au spectacle, était, depuis le dîner, comme vissé sur sa chaise. D'abord, une discusssion avait fait traîner le dessert en longueur ; puis, les gens tardèrent à servir le café. Chacun des petits incidents qui dévoraient un temps sans doute précieux, arrachaient des mouvements d'impatience à la jolie femme, que l'on aurait pu comparer à un cheval de race piaffant avant la course, mais le notaire ne se connaissait ni en chevaux ni en femmes ; et il trouvait tout bonnement la marquise, une vive et sémillante femme. Enchanté d'être dans la compagnie d'une femme à la mode et d'un homme célèbre par son esprit, ce notaire faisait de l'esprit, il prenait, pour une approbation, le faux sourire de la marquise qu'il impatientait considérablement, et allait son train.

Déjà le diplomate, de concert avec sa compagne, s'était permis de garder à plusieurs reprises le silence, là où le notaire attendait une réponse élogieuse ; mais, pendant ces repos significatifs, ce diable d'homme regardait le feu en cherchant des anecdotes ; puis il avait eu recours à sa montre ; enfin, la jolie femme s'était recoiffée de son chapeau pour sortir, et ne sortait pas. Le notaire ne voyait et n'entendait rien, il était ravi de lui-même, sûr de plaire et d'intéresser assez la marquise pour la clouer là.

— J'aurai bien certainement cette femme-là pour cliente, se disait-il.

La marquise se tenait debout, mettait ses gants, se tordait les doigts et regardait alternativement le comte qui partageait son impatience, ou le notaire qui plombait chaque trait d'esprit dont il était coupable. A chaque pause que faisait ce digne homme, le joli couple respirait en se disant par un signe :
— Enfin, il va donc s'en aller !

C'était un cauchemar moral qui devait finir par irriter les deux personnes passionnées sur lesquelles le notaire agissait comme un serpent sur des oiseaux, et les obliger à quelque brusquerie.

Au beau milieu du récit des ignobles moyens par lesquels un homme d'affaires alors en faveur avait fait jadis sa fortune, et dont le spirituel notaire détaillait scrupuleusement l'infamie, le diplomate entendit sonner neuf heures à la pendule, il vit que son notaire était bien décidément un imbécile, qu'il fallait tout uniment congédier, et il l'arrêta résolument par un geste.

— Vous voulez les pincettes, M. le comte, dit le notaire en les présentant à son client.

— Non, monsieur, je suis forcé de vous renvoyer, madame veut aller rejoindre ses enfants, et je vais avoir l'honneur de l'accompagner.

— Déjà neuf heures! Le temps passe comme l'ombre dans la compagnie des gens aimables, dit le notaire qui parlait tout seul depuis une heure.

Il chercha son chapeau, puis il vint se planter devant la cheminée, retint difficilement un hoquet, et dit à son client, sans voir les regards foudroyants que lui lançait la marquise :

— Résumons-nous, M. le comte : les affaires passent avant tout. Demain donc, nous lancerons une assignation à M. le vicomte votre frère pour le mettre en demeure ; nous procéderons à l'inventaire ; et après, ma foi...

Le notaire avait si mal compris les intentions de son client, qu'il en prenait l'affaire en sens inverse des instructions que celui-ci venait de lui donner. Or, l'incident était trop délicat pour que le comte ne rectifiât pas involontairement les idées du balourd notaire, et il s'ensuivit une discussion qui prit un certain temps.

— Écoutez, dit enfin le diplomate sur un signe que lui fit la jeune femme, vous me cassez la tête, revenez demain à neuf heures avec mon avoué.

— Mais j'aurai l'honneur de vous faire observer, monsieur le comte, que nous ne sommes pas certains de rencontrer demain monsieur Maingaud, et que si la mise en demeure n'est pas lancée avant midi, le délai expire, et...

En ce moment, une voiture entra dans la cour, et au bruit qu'elle fit, la pauvre femme se retourna vivement pour cacher des pleurs qui lui vinrent aux yeux. Alors le comte sonna pour faire dire qu'il était sorti ; mais le mari, revenu comme à l'improviste de la Gaieté, précéda le valet de chambre, et parut en tenant d'une main sa fille dont les yeux étaient rouges, et de l'autre son petit garçon tout grimaud et fâché.

— Que vous est-il donc arrivé? demanda la femme à son mari.

— Je vous dirai cela plus tard, répondit le marquis en se dirigeant vers un boudoir voisin dont la porte était ouverte, et où il aperçut les journaux.

La marquise impatientée se jeta désespérément sur un canapé.

Le notaire se crut obligé de faire le gentil avec les enfants et prit un ton mignard pour dire au petit garçon : — Hé bien, mon mignon, que donnait-on à la comédie?

— *La Vallée du Torrent*, répondit Gustave en grognant.

— Foi d'homme d'honneur, dit le notaire, les auteurs de nos jours sont à moitié fous! *La Vallée du torrent!* Pourquoi pas *le Torrent de la vallée?* il est possible qu'une vallée n'ait pas de torrent, et en disant *le torrent de la vallée*, les auteurs auraient accusé quelque chose de net. Mais laissons cela. Maintenant comment peut-il se rencontrer un drame dans un torrent et dans une vallée? Enfin, aujourd'hui le principal attrait de ces sortes de spectacles gît dans les décorations, et ce titre en indique de fort belles. Vous êtes-vous bien amusé, mon petit compère, ajouta-t-il en s'asseyant devant l'enfant.

Au moment où le notaire demanda quel drame pouvait se rencontrer au fond d'un torrent, la fille de la marquise se retourna lentement et pleura ; mais la mère était si violemment contrariée qu'elle n'aperçut pas le mouvement de sa fille.

— Oh oui, monsieur, je m'amusais bien, répondit l'enfant. Il y avait dans la pièce un petit garçon bien gentil qu'était seul au monde, et son père n'était pas son papa ; voilà quand il arrive en haut du pont qui est sur le torrent, qu'on le jette dans l'eau ; alors Hélène s'est mise à pleurer, à sangloter, toute la salle a crié après nous, et mon père nous a bien vite, bien vite emmenés.

Le comte et la marquise restèrent tous deux stupéfaits, et comme saisis par un mal qui leur ôtait la force de penser et d'agir.

— Gustave, taisez-vous donc, cria le mari, je vous ai défendu de parler sur ce qui s'est passé au spectacle, et vous oubliez déjà mes recommandations.

— Que votre seigneurie l'excuse, monsieur le marquis, dit le notaire, j'ai eu le tort de l'interroger ; mais j'ignorais la gravité de...

— Il devait ne pas répondre, dit le père en regardant son fils avec froideur.

La cause du brusque retour des enfants et de leur père parut alors être bien connue du diplomate et de la marquise. La mère regarda sa fille, la vit en pleurs, et se leva pour aller à elle ; mais alors, son visage se contracta violemment et offrit les signes d'une sévérité que rien ne tempérait!

— Assez, Hélène, lui dit-elle, allez sécher vos larmes dans le boudoir.

— Qu'a-t-elle donc fait, cette pauvre petite, dit le notaire qui voulut calmer à la fois la colère de la mère et les pleurs de la fille; elle est si jolie que ce doit être la plus sage créature du monde, et je suis bien sûr qu'elle ne vous donne que des jouissances.

Hélène regarda sa mère en tremblant, essuya ses larmes, tâcha de se composer un visage calme, et s'enfuit dans le boudoir.

—Et, certes, disait le notaire en continuant toujours, madame, vous êtes trop bonne mère pour ne pas aimer également tous vos enfants. Vous êtes d'ailleurs trop vertueuse pour avoir de ces tristes préférences dont nous sommes à portée de juger les funestes effets. La société nous passe par les mains, à nous autres. Aussi en voyons-nous les passions sous leur forme la plus hideuse, *l'intérêt*. Ici, une mère veut déshériter les enfants de son mari au profit des enfants qu'elle leur préfère; tandis que, de son côté, le mari veut quelquefois réserver sa fortune à l'enfant qui a mérité la haine de la mère; alors, ce sont des combats, des craintes, des actes, des contre-lettres, des ventes simulées, des *fidéi-commis*; enfin, un gachis pitoyable, ma parole d'honneur, pitoyable! Là, des pères passent leur vie à déshériter leurs enfants en volant le bien de leurs femmes!.. Oui, *volant* est le mot! Nous parlions de drame, ah! je vous assure que si nous pouvions dire le secret de certaines donations, nos auteurs pourraient en faire de terribles tragédies bourgeoises. Je ne sais pas de quel pouvoir usent les femmes pour faire ce qu'elles veulent; car malgré les apparences et leur faiblesse, ce sont toujours elles qui l'emportent. Ah! par exemple, elles ne m'attrapent pas, moi. Je devine toujours la raison de ces prédilections que dans le monde on qualifie poliment d'indéfinissables; mais les maris ne la devinent jamais, c'est une justice à leur rendre. Il y a des grâces d'ét...

Hélène, que son père avait ramenée du boudoir dans le salon, écoutait attentivement le notaire, et le comprenait si bien qu'elle jeta sur sa mère un coup d'œil craintif en pressentant avec tout l'instinct du jeune âge que cette circonstance allait redoubler la sévérité. La marquise pâlit en montrant au comte par un geste de terreur son mari qui regardait les fleurs du tapis d'un air pensif.

En ce moment, malgré son savoir-vivre, le diplomate ne se contint plus et lança sur le notaire un regard foudroyant.

— Venez par ici, monsieur, lui dit-il en se dirigeant vivement vers la pièce qui précédait le salon.

Le notaire l'y suivit en tremblant et sans achever sa phrase.

— Monsieur, lui dit alors avec une rage concentrée le jeune comte qui ferma violemment la porte du salon où il laissait la femme et le mari, depuis le dîner vous n'avez fait ici que des sottises et dit que des bêtises. Pour Dieu! allez-vous-en, car vous finiriez par causer les plus grands malheurs. Puisque vous êtes un excellent notaire, restez dans votre étude; et si, par hasard, vous allez dans le monde, tâchez d'y être plus circonspect...

Puis il rentra dans le salon, en quittant le notaire sans le saluer. Celui-ci resta pendant un moment tout ébaubi, perclus, sans savoir où il en était. Quand les bourdonnements qui lui tintaient aux oreilles cessèrent, il crut entendre des gémissements, des allées et venues dans le salon, puis les sonnettes furent violemment tirées. Il eut peur de revoir le comte, et retrouva l'usage de ses jambes pour déguerpir et gagner l'escalier; mais, à la porte des appartements, il se heurta dans les valets qui s'empressaient de venir prendre les ordres de leur maître.

— Voilà comme sont tous ces grands seigneurs, se dit-il enfin quand il fut dans la rue à la recherche d'un cabriolet, ils vous engagent à parler, vous y invitent par des compliments; vous croyez les amuser; point du tout, ils vous font des impertinences, vous mettent à distance, et vous jettent même à la porte sans se gêner. Enfin, j'étais fort spirituel, je n'ai rien dit qui ne fût sensé, posé, convenable. Ma foi, il me recommande d'avoir plus de circonspection, je n'en manque pas. Que diable, je suis notaire, et membre de ma chambre! Bah! c'est une boutade d'ambassadeur, il n'y a rien de sacré pour ces gens-là. Demain, il m'expliquera comment je n'ai fait chez lui que des bêtises et dit que des sottises. Je lui demanderai raison, c'est-à-dire je lui en demanderai la raison, car, au total, j'ai tort, peut-être... Ma foi, je suis bien bon de me casser la tête...

Le notaire revint chez lui, et soumit l'énigme à sa notairesse en lui racontant de point en point les événements de la soirée.

— Mon cher Crottat, son excellence a eu parfaitement raison en te disant que tu n'avais fait que des sottises et dit que des bêtises.

— Pourquoi?

— Mon cher, je te le dirais que cela ne t'empêcherait pas de recommencer ailleurs demain. Seulement, je te recommande encore de ne jamais parler que d'affaires en société.

— Si tu ne veux pas me le dire, je le demanderai demain à...

— Mon Dieu, les gens les plus niais s'étudient à cacher ces choses-là, et tu crois qu'un ambassadeur ira te les dire. Mais, Crottat, je ne t'ai jamais vu si dénué de sens.

— Merci, ma chère.

Paris, 25 mai 1834.

LES DEUX RENCONTRES.

La Fascination.

Un ancien officier d'ordonnance de Napoléon, M. de Verdun, qui, sous la restauration, avait été appelé à une haute fortune, était venu passer les beaux jours à Versailles, où il habitait une maison de campagne située entre l'église et la barrière de Montreuil, sur le chemin qui conduit à l'avenue de Saint-Cloud. Son service à la cour ne lui permettait plus de séjourner à sa terre.

Élevé jadis pour servir d'asile aux passagères amours de quelque grand-seigneur, ce pavillon avait de très-vastes dépendances. Les jardins au milieu desquels il était placé, l'éloignaient également à droite et à gauche des premières maisons de Montreuil, et des chaumières construites aux environs de la barrière; ainsi, sans être par trop isolés, les maîtres de cette propriété jouissaient, à deux pas d'une ville, de tous les plaisirs de la solitude. Par une étrange contradiction, la façade et la porte d'entrée de la maison donnaient immédiatement sur le chemin qui, peut-être autrefois, était peu fréquenté. Cette hypothèse paraît vraisemblable si l'on vient à songer qu'il aboutit au délicieux pavillon bâti par Louis XV pour mademoiselle de Romans, et qu'avant d'y arriver les curieux reconnaissent, çà et là, plus d'un *casino* dont l'intérieur et le décor trahissent les spirituelles débauches de nos aïeux, qui, dans la licence dont on les accuse, cherchaient néanmoins l'ombre et le mystère.

Par une soirée d'hiver, le général de Verdun, sa femme et ses enfants, se trouvèrent seuls dans cette maison déserte. Leurs gens avaient obtenu la permission d'aller célébrer à Versailles la noce de l'un d'entre eux; et présumant que la solennité de Noël, jointe à cette circonstance, leur offrirait une valable excuse auprès de leurs maîtres, ils ne faisaient pas scrupule de consacrer à la fête un peu plus de temps que ne leur en avait octroyé l'ordonnance domestique. Cependant, comme M. de Verdun était connu pour un homme qui n'avait jamais manqué d'accomplir sa parole avec une inflexible probité, les réfractaires ne dansèrent pas sans quelques remords quand le moment du retour fut expiré. Onze heures venaient de sonner, et pas un domestique n'était arrivé.

Le profond silence qui régnait sur la campagne permettait d'entendre, par intervalles, la bise sifflant à travers les blanches noires des arbres, mugissant autour de la maison, ou s'engouffrant dans les longs corridors. La gelée avait si bien purifié l'air, durci la terre et saisi les pavés, que tout avait cette sonorité sèche dont les phénomènes nous surprennent toujours. La lourde démarche d'un buveur attardé, ou le bruit d'un fiacre retournant à Paris, retentissaient plus vivement et se faisaient écouter plus loin que de coutume. Les feuilles mortes, mises en danse par quelques tourbillons soudains, frissonnaient sur les pierres de la cour de manière à donner une voix à la nuit, quand elle voulait devenir muette. C'était enfin une de ces âpres soirées qui arrachent à notre égoïsme une plainte stérile en faveur du pauvre ou du voyageur, et nous rendent le coin du feu si voluptueux.

En ce moment, la famille Verdun, réunie au salon, ne s'inquiétait ni de l'absence des domestiques, ni des gens sans foyer, ni de la poésie dont étincelle une veillée d'hiver. Sans philosopher hors de propos, et confiants en la protection d'un vieux soldat, femmes et enfants se livraient aux ineffables délices dont est féconde une vie intérieure quand les sentiments n'y sont pas gênés, quand l'affection et la franchise animent les discours, les regards et les jeux.

Le général était assis, ou, pour mieux dire, enseveli dans une haute et spacieuse bergère, au coin de la cheminée, où brillait un feu nourri qui répandait cette chaleur piquante, symptôme d'un froid excessif au dehors. Appuyée sur le dos du siége, et légèrement inclinée, la tête de ce bon père restait dans une pose dont l'indolence peignait un calme parfait, un doux épanouissement de joie intime. Ses bras, à moitié endormis, mollement jetés hors de la bergère, achevaient d'exprimer une pensée de bonheur. Il contemplait le plus petit de ses enfants, un garçon à peine âgé de cinq ans, qui, demi-nu, se refusait à se laisser déshabiller par sa mère. Le bambin fuyait la chemise ou le bonnet de nuit dont madame de Verdun le menaçait parfois; il gardait sa collerette brodée, riait à sa mère quand elle l'appelait, en s'apercevant qu'elle riait elle-même de cette rébellion enfantine. Alors il se remettait à jouer avec sa sœur, aussi naïve, mais plus malicieuse et qui parlait déjà plus distinctement que lui, dont les vagues paroles et les idées confuses étaient à peine intelligibles pour ses parents. La petite Moïna, son aînée de deux ans, provoquait par des agaceries déjà féminines d'interminables rires qui partaient comme des fusées, et semblaient ne pas avoir de causes; mais à les voir tous deux se roulant devant le feu, montrant, sans honte, leurs jolis corps potelés, leurs formes blanches et délicates, confondant les boucles de leurs chevelures noire et blonde, heurtant leurs visages roses où la joie traçait des fossettes ingénues, certes un père et surtout une mère comprenaient ces petites âmes, pour eux caractérisées, pour eux déjà passionnées. Ces deux anges faisaient pâlir, par les vives couleurs de leurs yeux humides, de leurs joues brillantes, de leur teint blanc, les fleurs du tapis moelleux, ce théâtre de leurs ébats, sur lequel ils tombaient, se renversaient, se combattaient, se roulaient sans danger.

Assise sur une causeuse à l'autre coin de la cheminée, en face de son mari, la mère était entourée de vêtements épars, et restait un soulier rouge à la main, dans une attitude pleine de laisser-aller. Son indécise sévérité mourait dans un doux sourire gravé sur ses lèvres. Agée d'environ quarante ans, elle conservait encore une beauté due à la rare perfection des lignes de son visage, auquel la chaleur, la lumière et le bonheur prêtaient en ce moment un éclat surnaturel. Souvent elle cessait de regarder ses enfants pour reporter ses yeux caressants sur la grave et puissante figure de son mari, et parfois, en se rencontrant, les yeux des deux époux échangeaient de muettes jouissances et de profondes réflexions.

Le général avait un visage fortement basané. Son front large et pur était sillonné par quelques mèches de cheveux grisonnants. Les mâles éclairs de ses yeux bleus, la bravoure inscrite dans les rides de ses joues flétries, annonçaient qu'il avait acheté par de rudes et glorieux travaux le ruban rouge négligemment passé dans la boutonnière de son habit. En ce moment, les innocentes joies exprimées par ses deux enfants se reflétaient sur sa physionomie vigoureuse et ferme où perçaient une bonhomie, une candeur indicibles. Ce vieux capitaine était redevenu petit sans beaucoup d'efforts. N'y a-t-il pas toujours un peu d'amour pour l'enfance chez les soldats qui ont expérimenté le monde et la vie, qui ont appris à reconnaître les misères de la force et les priviléges de la faiblesse ?

Plus loin, devant une table ronde, éclairée par des lampes astrales dont les vives lumières luttaient avec les lueurs pâles des bougies placées sur la cheminée, était un jeune garçon de treize ans, occupé à lire un gros livre dont il tournait rapidement les pages. Les cris de son frère ou de sa sœur ne lui causaient aucune distraction, et sa figure accusait toute la curiosité de la jeunesse. Cette profonde préoccupation était justifiée par les attachantes merveilles des *Mille et une Nuits* et par un uniforme de lycéen. Il restait immobile, dans une attitude méditative, un coude sur la table, et la tête appuyée sur l'une de ses mains, dont les doigts blancs tranchaient au milieu d'une chevelure brune. La clarté tombant d'aplomb sur son visage, et le reste du corps étant dans l'obscurité, il ressemblait ainsi à ces portraits noirs où Raphaël s'est représenté lui-même, attentif, penché, songeant à l'avenir.

Entre cette table et madame de Verdun, une grande et belle jeune fille travaillait assise devant un métier à tapisserie, sur lequel se penchait et d'où s'éloignait alternativement sa tête, dont les cheveux d'ébène artistement lissés réfléchissaient la lumière. A elle seule, Hélène formait un ravissant spectacle. Sa beauté se distinguait par un rare caractère de force et d'élégance. Quoique relevée de manière à dessiner des traits vifs autour de la tête, la chevelure était si abondante que, rebelle aux dents du peigne, elle se frisait énergiquement à la naissance du cou. Ses sourcils, très-fournis et régulièrement plantés, tranchaient avec la blancheur de son front pur. Elle avait même sur la lèvre supérieure quelques signes de courage qui figuraient une légère teinte de bistre sous un nez grec dont les contours étaient d'une exquise perfection. Mais la captivante rondeur des formes, la candide expression des autres traits, la transparence d'une carnation délicate, la voluptueuse mollesse des lèvres, le fini de l'ovale décrit par le visage, et surtout la sainteté de son regard vierge, imprimaient à cette beauté vigoureuse la suavité féminine, la modestie enchanteresse que nous demandons à ces anges de paix et d'amour. Seulement il n'y avait rien de frêle dans cette jeune fille, et son cœur devait être aussi doux, son âme aussi forte, que ses proportions étaient magnifiques et sa figure attrayante. Elle imitait le silence de son frère le lycéen, et paraissait en proie à une de ces fatales méditations de jeune fille, souvent impénétrables à l'observation d'un père ou même à la sagacité des mères, en sorte qu'il était impossible de savoir s'il fallait attribuer au jeu de la lumière ou à des peines secrètes, les ombres capricieuses qui passaient sur son visage comme des nuées sur un ciel pur.

Les deux aînés étaient en ce moment complétement oubliés par M. et madame de Verdun. Cependant, plusieurs fois, le coup d'œil interrogateur du général avait embrassé la scène muette qui, sur le second plan, offrait une gracieuse réalisation des espérances écrites dans les tumultes enfantins placés sur le devant de ce tableau domestique. En expliquant la vie humaine par d'insensibles gradations, ces figures composaient une sorte de poëme vivant. Le luxe des accessoires qui décoraient le salon, la diversité des attitudes, les oppositions formées par les vêtements tous divers de couleurs, les contrastes créés par les expressions de ces visages fortement accidentés, grâce aux tons imprimés par les différents âges et aux contours mis en saillie par les lumières, répandaient sur ces pages humaines toutes les richesses demandées à la sculpture, aux écrivains. Enfin, le silence et l'hiver, la solitude de la nuit, prêtaient leur majesté à cette sublime et naïve composition, délicieux effet de nature. La vie conjugale est pleine de ces heures sacrées dont le charme indéfinissable est dû peut-être à quelque souvenance d'un monde meilleur. Des rayons célestes jaillissent, sans doute, sur ces sortes de scènes, destinées à payer à l'homme une partie de ses chagrins, à lui faire accepter l'existence. Il semble que l'univers soit là, devant nous, sous une forme enchanteresse, qu'il déroule ses grandes idées d'ordre, plaide pour les lois sociales, et dénonce l'avenir.

Cependant, malgré le regard d'attendrissement jeté par Hélène sur Abel et Moïna quand éclatait une de leurs joies; malgré le bonheur peint sur sa lucide figure lorsqu'elle contemplait furtivement son père, un sentiment de profonde mélancolie était empreint dans ses gestes, dans son attitude, et surtout dans ses yeux voilés par de longues paupières. Ses blanches et puissantes mains, à travers lesquelles la lumière passait, en leur communiquant une rougeur diaphane et presque fluide, eh bien ! ses mains tremblaient. Une seule fois, sans se défier mutuellement, ses yeux et ceux de madame de Verdun se heurtèrent ; alors, ces deux femmes se comprirent par un regard terne et froid, respectueux chez Hélène, sombre et menaçant chez la mère. Hélène baissa promptement sa vue sur le métier, tira l'aiguille avec prestesse, et de longtemps ne releva sa tête, qui semblait lui être devenue trop lourde à porter.

La mère était-elle trop sévère pour sa fille, et jugeait-elle cette sévérité nécessaire ? Était-elle jalouse de la beauté d'Hélène, avec qui elle pouvait rivaliser encore, mais en déployant tous les prestiges de la toilette ? Ou la fille avait-elle surpris, comme toutes les filles quand elles deviennent clairvoyantes, des secrets que cette femme, en apparence si religieusement fidèle à ses devoirs, croyait avoir ensevelis dans son cœur aussi profondément que dans une tombe? Quoi qu'il en fût, depuis quelque temps, Hélène était devenue plus pieuse et plus recueillie qu'aux jours où, folâtre, elle demandait à aller au bal ; et jamais elle n'avait été si caressante pour son père, surtout quand madame de Verdun n'était pas témoin de ses cajoleries de jeune fille. Néanmoins, s'il existait du refroidissement dans l'affection d'Hélène pour sa mère, il était si finement exprimé que le général ne devait pas s'en apercevoir, quelque jaloux qu'il pût être de l'union qui régnait dans sa famille et dont il se faisait gloire. Nul homme n'aurait eu l'œil assez perspicace pour la profondeur de ces deux cœurs féminins : l'un jeune et généreux, l'autre sensible et fier ; le premier, trésor d'indulgence, le second plein de finesse et d'amour. Si la mère contristait sa fille par un adroit despotisme de femme, il n'était sensible qu'aux yeux de la victime. Au reste, l'événement seulement fit naître ces conjectures toutes insolubles. Jusqu'à cette nuit, aucune lumière accusatrice ne s'était échappée de ces deux âmes ; mais entre elles et Dieu il s'élevait certainement quelque sinistre mystère.

— Allons, Abel, s'écria madame de Verdun, en saisissant un moment où, silencieux et fatigués, Moïna et son frère restaient immobiles ; allons, venez, mon fils, il faut vous coucher...

Et lui lançant un regard impérieux, elle le prit vivement sur ses genoux.

— Comment, dit le général, il est dix heures et demie, et pas un de nos domestiques n'est rentré ! Ah, les compères.

— Gustave, ajouta-t-il, en se tournant vers son fils, s'il vous reste peu de pages à lire, achevez votre conte ; sinon, en route. Il faut dormir, mon enfant. Demain nous avons cinq lieues à faire, et comme nous devons être à huit heures au lycée, ne badinons pas avec la consigne...

Sans donner la moindre marque de regret, Gustave ferma le livre à l'instant même, avec une obéissance tout à la fois intelligente et passive, qui révélait l'empire exercé par le général dans sa maison. Il se fit un moment de silence pendant lequel M. de Verdun s'empara de Moïna qui se débattait contre le sommeil, et la posa doucement sur lui. Alors la petite laissa rouler sa tête chancelante sur la poitrine du père et s'y endormit tout à fait, enveloppée dans les rouleaux dorés de sa jolie chevelure.

En cet instant, des pas rapides retentirent dans la rue, sur la terre, et soudain trois coups, frappés à la porte, réveillèrent les échos de la maison. Ces coups prolongés eurent un accent aussi facile à comprendre que le cri d'un homme en danger de mourir. Le chien de garde aboya d'un ton de fureur. Hélène, Gustave, le général et sa femme tressaillirent vivement ; mais Abel, que sa mère achevait de coiffer, et Moïna ne s'éveillèrent pas.

— Il est pressé, celui-là, s'écria le militaire en déposant sa fille sur la bergère.

Il sortit brusquement du salon, sans avoir entendu la prière de sa femme.

— Mon ami, n'y va pas...

M. de Verdun passa dans sa chambre à coucher, y prit une paire de pistolets, alluma sa lanterne sourde, s'élança vers l'escalier, descendit avec la rapidité de l'éclair, et se trouva bientôt à la porte de la maison.

— Qui est là ? demanda-t-il.

— Ouvrez, répondit une voix presque suffoquée par des respirations haletantes.

— Êtes-vous ami ?

— Oui, ami.

— Êtes-vous seul ?

— Oui, mais ouvrez. *Ils* viennent, *ils* viennent !

Un homme se glissa sous le porche avec la fantastique vélocité d'une ombre aussitôt que le général eut entrebâillé la porte ; et, sans qu'il pût s'y opposer, l'inconnu l'obligea de la lâcher en la repoussant par un vigoureux coup de pied, et s'y appuya résolument comme pour empêcher de la rouvrir.

Alors M. de Verdun leva soudain son pistolet et sa lanterne sur la poitrine de l'étranger, afin de le tenir en respect, et vit un homme de moyenne taille, enveloppé dans une pelisse fourrée, vêtement de vieillard, ample et traînant, qui semblait ne pas avoir été fait pour lui. Soit prudence ou hasard, le fugitif avait le front entièrement couvert par un chapeau qui lui tombait sur les yeux.

— Monsieur, dit-il au général, abaissez le canon de votre pistolet. Je ne prétends pas rester chez vous sans votre consentement ; mais si je sors, la mort m'attend à la barrière. Et quelle mort ! Vous en répondriez à Dieu. Je vous demande l'hospitalité pour deux heures... Songez-y bien, monsieur ! tout suppliant que je sois, je dois commander avec le despotisme de la nécessité. Je veux l'hospitalité de l'Arabie. Que je sois sacré. Sinon, ouvrez... j'irai mourir. Il me faut le secret, un asile, et de l'eau. Oh ! de l'eau, répéta-t-il d'une voix qui râlait.

— Qui êtes-vous ? demanda le général surpris de la volubilité fiévreuse avec laquelle parlait l'inconnu.

— Ah ! qui je suis. Eh bien ! ouvrez, que je m'éloigne, répondit l'homme avec l'accent d'une infernale ironie.

Malgré l'adresse avec laquelle M. de Verdun promenait les rayons de sa lanterne, il ne pouvait voir que le bas de ce visage, et rien n'y plaidait en faveur d'une hospitalité si singulièrement réclamée : les joues étaient tremblantes, livides, les traits horriblement contractés ; et, dans l'ombre projetée par le bord du chapeau, les yeux se dessinaient comme deux lueurs qui firent presque pâlir la faible lumière de la bougie. Cependant il fallait une réponse.

— Monsieur, dit le général, votre langage est

certainement celui d'un homme de bonne compagnie; mais à ma place, vous...

— Vous disposez de ma vie, s'écria l'étranger d'un son de voix terrible en interrompant son hôte.

— Deux heures? dit M. de Verdun irrésolu.

— Deux heures, répéta l'homme.

Mais tout à coup il repoussa son chapeau par un geste de désespoir, se découvrit le front et lança, comme s'il voulait faire une dernière tentative, un regard dont la vive clarté pénétra l'âme du général. Ce jet d'intelligence et de volonté ressemblait à un éclair, et fut écrasant comme la foudre. N'y a-t-il pas des moments où les hommes sont investis d'un pouvoir inexplicable?

— Allez, qui que vous puissiez être, reprit gravement le maître du logis, qui crut obéir à l'un de ces mouvements instinctifs dont l'homme ne sait pas toujours se rendre compte, vous serez en sûreté sous mon toit.

— Dieu vous le rende, ajouta l'inconnu laissant échapper un profond soupir.

— Êtes-vous armé? demanda le général.

Pour toute réponse, l'étranger, lui donnant à peine le temps de jeter un coup-d'œil sur sa pelisse, l'ouvrit et la replia lestement. Il était sans armes apparentes et dans le costume d'un jeune homme qui sort du bal.

Tout rapide que fut l'examen du soupçonneux militaire, il en vit assez pour s'écrier : — Où diable avez-vous pu vous éclabousser ainsi par un temps si sec !

— Encore des questions, répondit-il avec un air de hauteur.

— Suivez-moi, reprit M. de Verdun.

Ils devinrent silencieux, comme deux joueurs qui se défient l'un de l'autre. Le général commença même à concevoir de sinistres pressentiments. L'inconnu lui pesait déjà sur le cœur comme un cauchemar ; mais, dominé par la foi du serment, il le conduisit à travers les corridors, les escaliers de sa maison, et le fit entrer dans une grande chambre située au second étage, précisément au-dessus du salon. Cette pièce inhabitée servait de séchoir en hiver, ne communiquait à aucun appartement, et n'avait d'autre décoration, sur ses quatre murs jaunis, qu'un méchant miroir laissé sur la cheminée par le précédent propriétaire, et une grande glace qui s'étant trouvée sans emploi lors de l'emménagement de M. de Verdun, fut provisoirement mise en face de la cheminée. Le plancher de cette vaste mansarde n'avait jamais été balayé, l'air y était glacial, et deux vieilles chaises dépaillées en composaient tout le mobilier.

Après avoir posé sa lanterne sur l'appui de la cheminée, le général dit à l'inconnu : — Votre sécurité veut que cette misérable mansarde vous serve d'asile. Et, comme vous avez ma parole pour le secret, vous me permettrez de vous y enfermer.

L'homme baissa la tête en signe d'adhésion.

— Je n'ai demandé qu'un asile, le secret, et de l'eau, ajouta-t-il.

— Je vais vous en apporter, répondit M. de Verdun, qui ferma la porte avec soin, et descendit à tâtons dans le salon, pour y venir prendre un flambeau, afin d'aller chercher lui-même une carafe dans l'office.

— Hé bien, monsieur, qu'y a-t-il, demanda vivement madame de Verdun à son mari.

— Rien, ma chère, répondit-il d'un air froid.

— Mais nous avons cependant bien écouté, vous venez de conduire quelqu'un là-haut...

— Gustave, Hélène, reprit le général en regardant ses enfants, qui levèrent la tête vers lui, songez que l'honneur de votre père repose sur votre discrétion. Vous devez n'avoir rien entendu.

Le lycéen et la jeune fille répondirent par un mouvement de tête significatif. Madame de Verdun demeura tout interdite et piquée intérieurement de la manière dont son mari s'y prenait pour lui imposer silence. Le général alla prendre une carafe, un verre, et remonta dans la chambre où était son prisonnier. Il le trouva debout, appuyé contre le mur, près de la cheminée, la tête nue, il avait jeté son chapeau sur une des deux chaises. L'étranger ne s'attendait sans doute pas à se voir si vivement éclairé. Son front se plissa, et sa figure devint soucieuse quand ses yeux rencontrèrent les yeux perçants du général; mais il s'adoucit, et prit une physionomie gracieuse pour remercier son protecteur. Lorsque ce dernier eut placé le verre et la carafe sur l'appui de la cheminée, l'inconnu, après lui avoir encore jeté son regard flamboyant, rompit le silence.

— Monsieur, dit-il d'une voix douce qui n'eut plus de convulsions gutturales comme précédemment, mais qui néanmoins accusait encore un tremblement intérieur, je vais vous paraître bizarre. Excusez mes caprices, ils sont nécessaires. Si vous restez là, je vous prierai de ne pas me regarder quand je boirai.

Contrarié de toujours obéir à un homme qui lui déplaisait, le général se retourna brusquement. L'étranger tira de sa poche un mouchoir blanc, s'en enveloppa la main droite ; puis il saisit la carafe, et but d'un trait l'eau qu'elle contenait. Sans penser à enfreindre son serment tacite, M. de Verdun regarda machinalement dans la glace, mais alors, la correspondance des deux miroirs permettant à ses yeux de parfaitement embrasser l'inconnu, il vit le mouchoir se rougir soudain par le contact des mains qui étaient pleines de sang.

—Ah! vous m'avez regardé, s'écria l'homme, quand après avoir bu et s'être enveloppé dans son manteau, il examina le général d'un air soupçonneux ; alors je suis perdu. *Ils* viennent, les voici !

— Je n'entends rien, dit M. de Verdun.

— Vous n'êtes pas intéressé comme je le suis à écouter dans l'espace.

— Vous vous êtes donc battu en duel, pour être ainsi couvert de sang? demanda le général assez ému en distinguant la couleur des larges taches dont les vêtements de son hôte étaient imbibés.

— Oui, un duel, vous l'avez dit, répéta l'étranger, en laissant errer sur ses lèvres un sourire amer.

En ce moment, le son des pas de plusieurs chevaux au grand galop retentit dans le lointain; mais ce bruit était faible comme les premières lueurs du matin. L'oreille exercée du général reconnut la marche des chevaux disciplinés par le régime de l'escadron. Alors il jeta sur son prisonnier un regard de nature à dissiper les doutes qu'il avait pu lui suggérer par son indiscrétion involontaire, remporta la lumière et revint au salon. A peine posait-il la clef de la chambre haute sur la cheminée, que le bruit produit par la cavalerie, grossit et s'approcha du pavillon avec une rapidité qui le fit tressaillir. En effet, les chevaux s'arrêtèrent à la porte de la maison. Après avoir échangé quelques paroles avec ses camarades, un cavalier descendit, frappa rudement, et obligea le général d'aller ouvrir. Le dernier ne fut pas maître d'une émotion secrète à l'aspect de six gendarmes dont les chapeaux bordés d'argent brillaient à la clarté de la lune.

— Monseigneur, lui dit un brigadier, n'avez-vous pas entendu tout à l'heure un homme courant vers la barrière ?

— Vers la barrière ? Non.

— Vous n'avez ouvert votre porte à personne?

— Ai-je donc l'habitude d'ouvrir moi-même ma porte?...

— Mais, pardon, mon général, en ce moment, me semble que...

— Ah! ça, s'écria M. de Verdun avec un accent de colère, allez-vous me plaisanter? Avez-vous le droit....

— Rien, rien, monseigneur, reprit doucement le brigadier. Vous excuserez notre zèle. Nous savons bien qu'un pair de France ne s'expose pas à recevoir un assassin à cette heure de la nuit ; mais le désir d'avoir quelques renseignements...

— Un assassin ! s'écria le général. Et qui donc a été...

— M. le marquis de Mauny vient d'être haché en je ne sais combien de morceaux, reprit le gendarme. Mais l'assassin est vivement poursuivi. Nous sommes certains qu'il est dans les environs, et nous allons le traquer. Excusez, mon général.

Le gendarme parlait en remontant à cheval, en sorte qu'il ne lui fut heureusement pas possible de voir la figure du général. Le cauteleux officier de la police judiciaire, habitué à tout supposer, aurait peut-être conçu des soupçons à l'aspect de cette physionomie ouverte où se peignaient si fidèlement les mouvements de l'âme.

— Sait-on le nom du meurtrier? demanda le général.

— Non, répondit le cavalier. Il a laissé le secrétaire plein d'or et de billets de banque, sans y toucher.

— C'est une vengeance, dit M. de Verdun.

— Ah ! bah, sur un vieillard ! Non, non, ce gaillard-là n'aura pas eu le temps de faire son coup.

Et le gendarme rejoignit ses compagnons, qui galopaient déjà dans le lointain.

M. de Verdun resta pendant un moment en proie à des perplexités faciles à comprendre. Bientôt il entendit ses domestiques qui revenaient en se disputant avec une sorte de chaleur, et dont les voix retentissaient dans le carrefour de Montreuil. Quand ils arrivèrent, sa colère, à laquelle il fallait un prétexte pour s'exhaler du cœur où elle bouillonnait, tomba sur eux avec l'éclat de la foudre. Sa voix fit trembler les échos de la maison. Puis il s'apaisa tout à coup, lorsque le plus hardi, le plus adroit d'entre eux, son valet de chambre, excusa leur retard en lui disant qu'ils avaient été arrêtés à l'entrée de Montreuil par des gendarmes et des agents de police en quête d'un assassin. Le général se tut soudain. Puis, rappelé par ce mot aux devoirs de sa singulière position, il ordonna sèchement à tous ses gens d'aller se coucher aussitôt; et, les laissant étonnés de la facilité avec laquelle il admettait le mensonge du valet de chambre, il gagna l'escalier pour retourner au salon.

Mais pendant que ces événements se passaient

dans la cour, un incident assez léger en apparence avait changé la situation des autres personnages qui figurent dans cette histoire. A peine M. de Verdun était-il sorti, que sa femme, jetant alternativement les yeux sur la clef de la mansarde et sur Hélène, finit par dire à voix basse en se penchant vers sa fille : — Hélène, votre père a laissé la clef sur la cheminée.

La jeune fille étonnée leva la tête, et regarda timidement sa mère, dont les yeux pétillaient de curiosité.

— Hé bien, maman? répondit-elle d'une voix troublée.

— Je voudrais bien savoir ce qui se passe là-haut. S'il y a une personne, elle n'a pas encore bougé. Vas-y donc...

— Moi ! dit la jeune fille avec une sorte d'effroi.

— As-tu peur?

— Non, madame. Mais je crois avoir distingué le pas d'un homme.

— Si je pouvais y aller moi-même, je ne vous aurais pas priée de monter, Hélène, reprit sa mère avec un ton de dignité froide. Si votre père rentrait et ne me trouvait pas, il me chercherait peut-être, tandis qu'il ne s'apercevra pas de votre absence.

— Madame, répondit Hélène, si vous me le commandez, j'irai; mais je perdrai l'estime de mon père...

— Comment! dit madame de Verdun avec un accent d'ironie. Mais puisque vous prenez au sérieux ce qui n'était qu'une plaisanterie, maintenant je vous ordonne d'aller voir qui est là haut. Voici la clef, ma fille ! Votre père, en vous recommandant le silence sur ce qui se passe en ce moment chez lui, ne vous a point interdit de monter à cette chambre. Allez, et sachez qu'une mère ne doit jamais être jugée par sa fille...

Après avoir prononcé ces dernières paroles avec toute la sévérité d'une mère offensée, madame de Verdun prit la clef et la remit à Hélène, qui se leva sans dire un mot, et quitta le salon.

— Ma mère saura toujours bien obtenir son pardon ; mais moi je serai perdue dans l'esprit de mon père. Veut-elle donc me priver de la tendresse qu'il a pour moi, me chasser de sa maison?

Ces idées fermentèrent soudain dans son imagination pendant qu'elle marchait sans lumière le long du corridor, au fond duquel était la porte de la chambre mystérieuse. Quand elle y arriva, le désordre de ses pensées eut quelque chose de fatal. Cette espèce de méditation confuse servit à faire déborder mille sentiments contenus jusque-là dans son cœur. Ne croyant peut-être déjà plus à un heureux avenir, elle acheva, dans ce moment affreux, de désespérer de sa vie. Elle trembla convulsivement en approchant la clef de la serrure, et son émotion devint même si forte qu'elle s'arrêta pendant un instant pour mettre la main sur son cœur, comme si elle avait le pouvoir d'en calmer les battements profonds et sonores... Enfin elle ouvrit la porte.

Le cri des gonds avait sans doute vainement frappé l'oreille du meurtrier. Quoique son ouïe fût si fine, il resta presque collé sur le mur, immobile et comme perdu dans ses pensées. Le cercle de lumière projeté par la lanterne l'éclairait faiblement, et il ressemblait, dans cette zone de clair-obscur, à ces sombres statues de chevaliers, toujours debout à l'encoignure de quelque tombe noire sous les chapelles gothiques. Des gouttes de sueur froide sillonnaient son front jaune et large. Une audace incroyable brillait sur ce visage fortement contracté. Ses yeux de feu, fixes et secs, semblaient contempler un combat dans l'obscurité qui était devant lui. Des pensées tumultueuses passaient rapidement sur cette face, dont l'expression ferme et précise indiquait une âme supérieure. Son corps, son attitude, ses proportions, s'accordaient avec son génie sauvage. Cet homme était toute force et toute puissance, et il envisageait les ténèbres, comme une visible image de son avenir.

Habituée à voir les figures énergiques des géants qui se pressaient autour de Napoléon, et préoccupé par une curiosité morale, le général n'avait pas fait attention aux singularités physiques de cet homme extraordinaire ; mais, sujette comme toutes les femmes aux impressions extérieures, Hélène fut saisie par le mélange de lumière et d'ombre, de grandiose et de passion, par un poétique chaos qui donnait à l'inconnu l'apparence de Lucifer se relevant de sa chute. Tout à coup la tempête peinte sur ce visage s'apaisa comme par magie ; et l'indéfinissable empire dont l'étranger était, à son insu peut être, le principe et l'effet, se répandit autour de lui avec la progressive rapidité d'une inondation Un torrent de pensées découla de son front au moment où ses traits reprirent leurs formes naturelles. Alors, *charmée*, soit par l'étrangeté de cette entrevue, soit par le mystère dans lequel elle pénétrait, la jeune fille put admirer une physionomie douce et pleine d'intérêt.

Elle resta pendant quelque temps dans un prestigieux silence et en proie à des troubles jusqu'alors

SCÈNES DE LA VIE PRIVÉE.

inconnus à sa jeune âme. Mais bientôt, soit qu'Hélène eût laissé échapper une exclamation, eût fait un mouvement; soit que l'assassin, revenant du monde idéal au monde réel, entendît une autre respiration que la sienne, il tourna la tête vers la fille de son hôte, et aperçut indistinctement dans l'ombre la figure sublime et les formes majestueuses d'une créature qu'il dut prendre pour un ange, à la voir immobile et vague comme une apparition.

— Monsieur, dit-elle d'une voix palpitante.

Le meurtrier tressaillit.

— Une femme! s'écria-t-il doucement. Est-ce possible! Éloignez-vous, reprit-il. Je ne reconnais à personne le droit de me plaindre, de m'absoudre, ou de me condamner. Je dois vivre seul. Allez, mon enfant, ajouta-t-il avec un geste de souverain, je reconnaîtrais mal le service que me rend le maître de cette maison, si je laissais une seule des personnes qui l'habitent respirer le même air que moi. Il faut me soumettre aux lois du monde.

Cette dernière phrase fut prononcée à voix basse. En achevant d'embrasser par sa profonde intuition les misères que réveilla cette idée mélancolique, il jeta sur Hélène un regard de serpent et remua dans le cœur de cette singulière jeune fille un monde de pensées encore endormi chez elle. Ce fut comme une lumière qui lui aurait éclairé des pays inconnus. Son âme fut terrassée, subjuguée, sans qu'elle trouvât la force de se défendre contre le pouvoir magnétique de ce regard, quelqu'involontairement lancé qu'il fût.

Honteuse et tremblante, elle sortit et ne revint au salon qu'un instant avant le retour de son père, en sorte qu'elle ne put rien dire à sa mère.

Le général, tout préoccupé, se promena silencieusement, les bras croisés, allant d'un pas uniforme, des fenêtres qui donnaient sur la rue, aux fenêtres du jardin. Sa femme gardait Abel endormi. Moïna, posée sur la bergère comme un oiseau dans son nid, sommeillait insouciante. Gustave continuait sa lecture. Sa sœur aînée tenait une pelotte de soie dans une main, dans l'autre une aiguille, et contemplait le feu...

Le profond silence qui régnait au salon, au dehors et dans la maison, n'était interrompu que par les pas traînants des domestiques, qui allèrent se coucher un à un; par quelques rires étouffés, dernier écho de leur joie et de la fête nuptiale; puis encore par les portes de leurs chambres respectives, au moment où ils les ouvrirent en se parlant les uns aux autres, et quand ils les fermèrent. Quelques bruits sourds retentirent encore auprès des lits. Une chaise tomba. La toux d'un vieux cocher résonna faiblement et se tut. Mais bientôt la sombre majesté qui éclate dans la nature endormie à minuit domina partout. Les étoiles seules brillaient. Le froid avait saisi la terre. Pas un être ne parla, ne remua. Seulement le feu bruissait, comme pour faire comprendre la profondeur du silence. L'horloge de Montreuil sonna minuit.

— Comment, Gustave, dit le général en voyant son fils encore assis à la table verte et lisant toujours, comment, tu es là!

En ce moment des pas extrêmement légers retentirent faiblement dans l'étage supérieur. M. de Verdun et sa fille, certains d'avoir enfermé l'assassin de M. de Mauny, attribuèrent ces mouvements à une des femmes, et ne furent pas étonnés d'entendre ouvrir les portes de la pièce qui précédait le salon.

Tout à coup le meurtrier apparut au milieu d'eux.

La stupeur dans laquelle M. de Verdun était plongé, la vive curiosité de la mère, et l'étonnement de la fille, lui ayant permis d'avancer presque au milieu du salon, il dit au général, d'une voix singulièrement calme et mélodieuse :

— Monsieur, les deux heures vont expirer.

— Vous ici! s'écria le général. Par quelle puissance?

Et d'un regard terrible, il interrogea sa femme et ses enfants.

Hélène devint rouge comme le feu.

— Vous, reprit le militaire d'un ton pénétré, vous au milieu de nous! Un assassin couvert de sang ici! Vous souillez ce tableau! Sortez, sortez! ajouta-t-il avec un accent de fureur.

Au mot d'assassin, madame de Verdun jeta un cri perçant. Sa fille pâlit. Gustave regarda l'inconnu d'un air moitié curieux, moitié surpris. L'étranger resta immobile et froid. Un sourire de dédain se peignit dans ses traits et sur ses larges lèvres rouges, puis il dit lentement : — Vous reconnaissez bien mal la noblesse de mes procédés envers vous. Je n'ai pas voulu toucher de mes mains le verre dans lequel vous m'avez donné de l'eau pour apaiser ma soif. Je n'ai pas même pensé à laver mes mains sanglantes sous votre toit; et j'en sors n'y ayant laissé de *mon crime* (à ces mots ses lèvres se comprimèrent) que l'idée, en essayant de passer ici sans laisser de trace. Enfin je n'ai pas même permis à votre fille de...

— Ma fille, s'écria le général en jetant sur Hélène un coup d'œil d'horreur. Ah! malheureux, sors, ou je te livre... ou je te tue...

— Les deux heures ne sont pas expirées. Vous ne pouvez ni me tuer, ni me livrer, sans perdre votre propre estime, et — la mienne.

A ce dernier mot, le militaire stupéfait essaya de contempler le criminel; mais il fut obligé de baisser les yeux, en se sentant hors d'état de soutenir l'insupportable éclat d'un regard qui, pour la seconde fois, lui désorganisait l'âme. Il craignit de mollir encore, en reconnaissant que sa volonté s'affaiblissait déjà.

— Assassiner un vieillard! vous n'avez donc jamais eu de famille? dit-il alors en lui montrant par un geste paternel sa femme et ses enfants.

— Oui, un vieillard, répéta l'inconnu dont le front se contracta légèrement.

— L'avoir coupé en morceaux.

— Je l'ai coupé en morceaux, reprit l'assassin avec calme.

— Fuyez! s'écria le général, sans oser regarder son hôte. Notre pacte est rompu. Je ne vous tuerai pas. Non! je ne me ferai jamais le pourvoyeur de l'échafaud. Mais sortez, vous nous faites horreur!

— Je le sais, répondit le criminel avec résignation. Il n'y a pas de terre en France où je puisse poser mes pieds avec sécurité; mais si la justice savait, comme Dieu, juger les spécialités, si elle daignait s'enquérir qui de l'assassin ou de la victime est le monstre, je resterais fièrement parmi les hommes. Adieu, monsieur. Malgré l'amertume que vous avez jetée dans votre hospitalité, j'en garderai le souvenir. J'aurai encore dans l'âme un sentiment de reconnaissance pour un homme dans le monde, cet homme est vous... Mais je vous aurais voulu plus généreux.

Il alla vers la porte.

En ce moment la jeune fille se pencha vers sa mère, et lui dit un mot à l'oreille.

— Ah!... Ce cri échappé à madame de Verdun fit tressaillir le général, comme s'il eût vu Moïna morte. Hélène était debout, le meurtrier s'était instinctivement retourné, montrant sur sa figure une sorte d'inquiétude pour cette famille.

— Qu'avez-vous, ma chère, demanda M. de Verdun.

— Hélène veut le suivre, dit-elle.

Le meurtrier rougit.

— Puisque ma mère traduit si mal une exclamation presque involontaire, répondit Hélène à voix basse, je réaliserai ses vœux.

Après avoir jeté un regard de fierté presque sauvage autour d'elle, la jeune fille baissa les yeux et resta dans une admirable attitude de modestie.

— Hélène, dit le général, vous avez été là-haut dans la chambre où j'avais mis...

— Oui, mon père.

— Hélène, demanda-t-il d'une voix altérée par un tremblement convulsif, est-ce la première fois que vous ayez vu cet homme?

— Oui, mon père.

— Alors il n'est pas naturel que vous ayez le dessein de...

— Si cela n'est pas naturel, au moins cela est vrai, mon père.

— Ah! ma fille, dit madame de Verdun à voix basse, mais de manière à ce que son mari l'entendit; Hélène, vous mentez à tous les principes d'honneur, de modestie, de vertu, que j'ai tâché de développer dans votre cœur. Si vous n'avez été que mensonge jusqu'à cette heure fatale, alors vous n'êtes point regrettable... Est-ce la perfection morale de cet inconnu qui vous tente? Serait-ce l'espèce de puissance nécessaire aux gens qui commettent un crime? Je vous estime trop pour supposer...

— Oh! supposez tout, madame, répondit Hélène d'un ton froid.

Mais, malgré la force de caractère dont elle faisait preuve en ce moment, le feu de ses yeux absorba difficilement les larmes qui roulèrent dans ses yeux. L'étranger devina le langage de la mère par les pleurs de la jeune fille, et lança son coup d'œil d'aigle sur madame de Verdun, qui fut obligée, par un irrésistible pouvoir, de regarder le terrible séducteur. Quand les yeux de cette faible femme rencontrèrent les yeux clairs et luisants de cet homme, elle éprouva dans l'âme un frisson semblable à la commotion physique dont nous sommes saisis à l'aspect d'un reptile, ou lorsque nous touchons à une bouteille de Leyde.

— Mon ami, cria-t-elle à son mari, c'est le démon. Il devine tout...

Le général se leva pour saisir un cordon de sonnette.

— Il vous perd! dit Hélène au meurtrier.

L'inconnu sourit, fit un pas, arrêta le bras de M. de Verdun, le força de supporter un regard qui versait la stupeur, et le dépouilla de son énergie.

— Je vais vous payer votre hospitalité, dit-il, et nous serons quittes. Je vous épargnerai un déshonneur en me livrant moi-même. Après tout, que ferais-je maintenant de la vie?

— Vous pouvez vous repentir! répondit Hélène

en lui adressant une de ces espérances qui ne brillent que dans les yeux d'une vierge.

— Je ne me repentirai jamais, dit le meurtrier d'une voix sonore et en levant fièrement la tête.

— Ses mains sont teintes de sang, dit le père à sa fille.

— Je les essuierai, répondit-elle.

— Mais, reprit le général sans se hasarder à lui montrer l'inconnu, savez-vous s'il veut de vous, seulement.

Alors le meurtrier s'avança vers Hélène, dont la beauté, quelque chaste et recueillie qu'elle fût, était comme éclairée par une lumière intérieure dont les reflets coloraient et mettaient, pour ainsi dire, en relief les moindres traits et les lignes les plus délicates; puis, après avoir jeté sur cette ravissante créature un doux regard dont elle ne soutint pas la flamme scintillante, il dit, en trahissant une vive émotion : — N'est-ce pas vous aimer pour vous-même, et m'acquitter des deux heures d'existence que m'a vendues votre père, que de me refuser à votre dévouement.

— Et vous aussi, vous me repoussez ! s'écria Hélène avec un accent qui déchira les cœurs. Adieu donc à tous, je vais aller mourir !

— Qu'est-ce que cela signifie? lui dirent ensemble son père et sa mère.

Elle resta silencieuse et baissa les yeux, après avoir interrogé madame de Verdun par un coup d'œil éloquent. Depuis le moment où M. et madame de Verdun avaient essayé de combattre, par la parole ou par l'action, l'étrange privilége que l'inconnu s'arrogeait en restant au milieu d'eux, et que ce dernier leur avait lancé l'étourdissante lumière qui jaillissait de ses yeux, les deux époux étaient soumis à une torpeur inexplicable, et leur raison engourdie les aidait mal à repousser la puissance surnaturelle sous laquelle ils succombaient. Pour eux, l'air était devenu lourd et ils respiraient difficilement, sans pouvoir accuser celui qui les opprimait ainsi, quoiqu'une voix intérieure ne leur laissât pas ignorer que cet homme magique était le principe de leur impuissance. Gustave lui-même restait immobile et stupéfait. Au milieu de cette agonie morale, le général devina que ses efforts devaient avoir pour objet d'influencer la raison chancelante de sa fille; il la saisit par la taille, et la transporta dans l'embrasure d'une croisée, loin du meurtrier.

— Mon enfant chéri, lui dit-il à voix basse, si quelque amour aussi étrange était né tout à coup dans ton cœur, ta vie pleine d'innocence, ton âme pure et pieuse m'ont donné trop de preuves d'une force de caractère que tu tiens peut-être de moi, pour ne pas te supposer l'énergie nécessaire à dompter un mouvement de folie. Ta conduite cache donc un mystère... Eh bien, mon cœur est un cœur plein d'indulgence, tu peux tout lui confier. Quand même tu le déchirerais, je saurais, mon enfant, taire mes souffrances et garder à ta confession un silence fidèle. Voyons, es-tu jalouse de notre affection pour tes frères ou ta jeune sœur ? As-tu dans l'âme un chagrin d'amour ? Es-tu malheureuse ici ? Parle ! explique-moi les raisons qui te poussent à laisser ta famille, à l'abandonner, à la priver de son plus grand charme, à quitter ta mère, tes frères, ta petite sœur.

— Mon père, répondit-elle, je ne suis ni jalouse ni amoureuse de personne, pas même de votre ami, le diplomate, M. de...

Madame de Verdun pâlit, et sa fille qui l'observait, s'arrêta.

— Ne dois-je pas, tôt ou tard, aller vivre sous la protection d'un homme?

— Cela est vrai.

— Savons-nous jamais, dit-elle en continuant, à quel être nous lions nos destinées ? Moi, je crois en cet homme.

— Enfant, dit le général en élevant la voix, tu ne songes pas à toutes les souffrances qui vont t'assaillir.

— Je pense aux siennes...

— Quelle vie ! dit le père.

— Une vie de femme, répondit la fille en murmurant.

— Vous êtes bien savante ! s'écria madame de Verdun, qui retrouva la parole.

— Madame, ce sont les demandes qui me dictent les réponses; mais, si vous le désirez, je parlerai plus clairement.

— Dites tout, ma fille, je suis mère et je subirai tous vos reproches, si vous en avez à me faire, plutôt que de vous voir suivre un homme que tout le monde fuit avec horreur.

— Vous voyez bien, madame, que sans moi, il serait seul...

— Assez, madame, s'écria le général, nous n'avons plus qu'une fille.

Et il regarda Moïna, qui dormait toujours.

— Je vous enfermerai dans un couvent, ajouta-t-il en se tournant vers Hélène.

— Soit ! mon père, répondit-elle avec un calme désespérant, j'y mourrai. Vous n'êtes comptable de ma vie et de *son* âme qu'à Dieu...

Un profond silence succéda soudain à ces paroles. Les spectateurs de cette scène, où tout froissait les sentiments vulgaires de la vie sociale, n'osaient se regarder. Tout à coup M. de Verdun aperçut ses pistolets, en saisit un, l'arma lestement et le dirigea sur l'étranger. Au bruit que fit la batterie, cet homme se retourna, jeta son regard calme et perçant sur le général, dont le bras, détendu par une invincible mollesse, retomba lourdement, et le pistolet coula sur le tapis...

— Ma fille, dit alors le père abattu par cette lutte effroyable, vous êtes libre. Embrassez votre mère, si elle y consent. Quant à moi, je ne veux plus ni vous voir ni vous entendre...

— Hélène, dit la mère à la jeune fille, pensez donc que vous serez dans la misère.

Une espèce de râle, parti de la large poitrine du meurtrier, attira les regards sur lui. Une expression dédaigneuse était peinte sur sa figure. Ses yeux lançaient des millions.

— L'hospitalité que je vous ai donnée me coûte cher! s'écria le général en se levant. Vous n'avez tué tout à l'heure qu'un vieillard; ici, vous assassinez toute ma famille. Quoi qu'il arrive, il y aura du malheur dans cette maison.

— Et si votre fille est heureuse? demanda le meurtrier en regardant fixement le militaire.

— Si elle est heureuse avec vous, répondit le père en faisant un incroyable effort, je ne la regretterai pas.

Hélène s'agenouilla timidement devant son père, et lui dit d'une voix caressante :

— O mon père, je vous aime et vous vénère, que vous me prodiguiez les trésors de votre bonté, ou les rigueurs de la disgrâce... Mais, je vous en supplie, que vos dernières paroles ne soient pas des paroles de colère.

Le général n'osa pas contempler sa fille. En ce moment l'étranger s'avança, et jetant sur Hélène un sourire où il y avait à la fois quelque chose d'infernal et de céleste :

— Vous qu'un assassin n'épouvante pas, ange de miséricorde, dit-il, venez, puisque vous persistez à me confier votre destinée!

— Inconcevable, s'écria le père.

Madame de Verdun lança sur sa fille un regard extraordinaire, et lui ouvrit ses bras. Hélène s'y précipita en pleurant.

— Adieu, dit-elle, adieu, ma mère!

Hélène fit hardiment un signe à l'étranger qui tressaillit; et, après avoir baisé la main de son père, embrassé précipitamment, mais sans plaisir,

Moïna, Gustave et le petit Abel, elle disparut avec le meurtrier.

— Par où vont-ils? s'écria le général en écoutant les pas des deux fugitifs. — Madame, reprit-il en s'adressant à sa femme, je crois rêver : cette aventure me cache un mystère. Vous devez le savoir.

Madame de Verdun frissonna.

— Depuis quelque temps, répondit-elle, votre fille était devenue extraordinairement romanesque et singulièrement exaltée. Malgré mes soins à combattre cette tendance de son caractère...

— Cela n'est pas clair...

Mais, s'imaginant entendre, dans le jardin, les pas de sa fille et de l'étranger, le général s'interrompit pour ouvrir précipitamment la croisée.

— Hélène, cria-t-il!

Cette voix se perdit dans la nuit comme une vaine prophétie. En prononçant ce nom, auquel rien ne répondit plus dans le monde, M. de Verdun rompit, comme par enchantement, le charme auquel une puissance diabolique l'avait soumis. Alors une sorte d'esprit lui passa sur la face. Il vit clairement la scène qui venait de se passer, maudit sa faiblesse qu'il ne comprenait pas, un frisson chaud alla de son cœur à sa tête, à ses pieds, il redevint lui-même, terrible, affamé de vengeance et poussa un effroyable cri.

— Au secours!... au secours!..

Il courut aux cordons des sonnettes, les agita de manière à les briser, après avoir fait retentir des tintements étranges. Tous ses gens s'éveillèrent en sursaut. Pour lui, criant toujours, il ouvrit les fenêtres de la rue, appela les gendarmes trouva ses pistolets, les tira pour accélérer la marche des cavaliers, le lever de ses gens et la venue des voisins. Alors les chiens reconnurent la voix de leur maître et aboyèrent, les chevaux hennirent et piaffèrent. Ce fut un tumulte affreux au milieu de cette nuit calme. En descendant par les escaliers pour courir après sa fille, le général vit ses gens épouvantés qui arrivaient de toutes parts.

— Ma fille! Hélène est enlevée! Allez dans le jardin! Gardez la rue! Ouvrez à la gendarmerie A l'assassin!

Aussitôt il brisa par un effort de rage la chaîne qui retenait le gros chien de garde.

— Trouve Hélène! Cherche Hélène! lui dit-il

Le chien bondit comme un lion, aboya furieusement et s'élança dans le jardin si rapidement que le général ne put le suivre. En ce moment le galop des chevaux retentit dans la rue, et M. de Verdun s'empressa d'ouvrir lui-même.

— Brigadier, s'écria-t-il, allez couper la retraite à l'assassin de M. de Mauny. Ils s'en vont par mes jardins. Vite, cernez les chemins de la butte de Picardie, je vais faire une battue dans toutes les terres, les parcs, les maisons.

— Vous autres, dit-il à ses gens, veillez sur la rue et tenez la ligne depuis la barrière jusqu'à Versailles. En avant, tous !

Il se saisit d'un fusil que lui présenta son valet de chambre, et s'élança dans les jardins en criant au chien : — Cherche, *Marengo* ! D'affreux aboiements lui répondirent dans le lointain, et il se dirigea dans la direction d'où les râlements du chien semblaient venir.

A sept heures du matin, les recherches de la gendarmerie, du général, de ses gens et des voisins avaient été inutiles. Marengo n'était pas revenu. Harassé de fatigue, et déjà vieilli par le chagrin, M. de Verdun rentra dans son salon, désert pour lui, quoique ses trois autres enfans y fussent.

— Vous avez été bien froide pour votre fille, dit-il en regardant sa femme,

— Voilà donc ce qui nous reste d'elle, ajouta-t-il en montrant le métier où il voyait une fleur commencée. Elle était là, tout à l'heure, et maintenant, perdue ! perdue !

Il pleura, se cacha la tête dans ses mains, et resta un moment silencieux, n'osant plus contempler ce salon qui naguère lui offrait le tableau le plus suave du bonheur domestique. Les lueurs de l'aurore luttaient avec les lampes expirantes ; les bougies brûlaient leurs festons de papier, tout s'accordait avec le désespoir de ce père.

— Il faudra détruire ceci, dit-il après un moment de silence et en montrant le métier. Je ne pourrais plus rien voir de ce qui nous le rappelle....

Le Capitaine Parisien.

La terrible nuit de Noël, pendant laquelle M. et madame de Verdun avaient eu le malheur de perdre leur fille aînée, sans avoir pu s'opposer à l'étrange domination exercée par son ravisseur involontaire, fut comme un avis que leur donna la fortune. De ce moment, leur vie, heureuse jusqu'alors, se remplit d'amertume. La faillite d'un agent de change ruina M. de Verdun. Il engagea les biens de sa femme dans une spéculation dont les bénéfices devaient restituer à sa famille l'aisance première dont elle jouissait ; mais cette entreprise acheva de le ruiner. Alors, poussé par son désespoir à tout tenter, M. de Verdun s'expatria. Sept ans s'étaient écoulés depuis son départ. Sa famille, réfugiée à Bergerac, avait rarement reçu de ses nouvelles ; mais depuis peu de jours elle l'attendait.

Par une belle matinée du mois de juillet, quelques négocians français, impatiens de revenir dans leur patrie avec les richesses qu'ils avaient acquises au prix de longs travaux et de périlleux voyages entrepris, soit au Mexique, soit dans la Colombie, se trouvaient à quelques lieues de Bordeaux, sur un brick espagnol.

Un homme, vieilli par les fatigues ou par le chagrin plus que ne le comportaient ses années, était appuyé sur le bastingage, et paraissait insensible au spectacle qui s'offrait aux regards des passagers groupés sur le tillac. Échappés aux dangers de la navigation et conviés par la beauté du jour, tous étaient montés sur le pont comme pour saluer leur terre natale. La plupart d'entre eux voulaient absolument voir, dans le lointain, les phares, les édifices de la Gascogne, la tour de Cordouan, mêlés aux créations fantastiques de quelques nuages blancs qui s'élevaient à l'horizon.

Sans la frange argentée qui badinait devant le brick, et sans le long sillon rapidement effacé qu'il traçait derrière lui, les voyageurs auraient pu se croire immobiles au milieu de l'Océan Atlantique, tant la mer y était calme. Le ciel avait une pureté ravissante. La teinte foncée de sa voûte arrivait, par d'insensibles dégradations, à se confondre avec la couleur des eaux bleuâtres, en marquant le point de sa réunion par une ligne dont la clarté scintillait aussi vivement que celle des étoiles. Le soleil faisait étinceler des millions de facettes dans l'immense étendue de la mer, en sorte que les vastes plaines de l'eau étaient plus lumineuses que les campagnes du firmament. Le brick avait toutes ses voiles gonflées par un vent d'une merveilleuse douceur, et ces nappes aussi blanches que la neige, ces pavillons jaunes flottants, ce dédale de cordages, se dessinaient avec une précision rigoureuse sur le fond brillant de l'air, du ciel et de l'Océan, sans recevoir d'autres teintes que celle des ombres projetées par les toiles vaporeuses. Un beau jour, un vent frais, la vue de la patrie, une mer tranquille, un bruissement mélancolique, un joli brick solitaire, glissant sur l'Océan comme une femme qui vole à un rendez-vous, c'était un tableau plein d'harmonies, une scène d'où l'âme humaine pouvait embrasser d'immuables espaces, en partant d'un point où tout était mouvement. Il y avait une étonnante opposition de solitude et de vie, de silence et de bruit, sans qu'on pût savoir où étaient le bruit et la vie, le néant et le silence ; aussi pas une voix humaine ne rompait-elle ce charme céleste. Le capitaine espagnol, ses matelots, les Français, restaient assis ou debout, tous plongés dans une extase religieuse pleine de souvenirs. Il y avait de la paresse dans l'air et des pensées dans l'horizon. Les figures épanouies accusaient un oubli complet des maux passés, et ces hommes se balançaient sur ce doux navire comme dans un songe d'or.

Cependant, de temps en temps, le vieux passager, appuyé sur le bastingage, regardait l'horizon avec une sorte d'inquiétude. Il y avait une défiance du sort écrite dans tous ses traits, et il semblait craindre de ne jamais toucher assez vite la terre de France. Cet homme était M. de Verdun. La fortune n'avait pas été sourde aux cris et aux efforts de son désespoir ; et, après cinq ans de tentatives, de travaux pénibles, il s'était vu possesseur d'une fortune considérable. Or, dans son impatience de revoir son pays et d'apporter le bonheur à sa famille, il avait suivi l'exemple de quelques négociants français de la Havane en s'embarquant avec un vaisseau espagnol en charge pour Bordeaux. Néanmoins son imagination, lassée de prévoir le mal, lui traçait les images les plus délicieuses de son bonheur passé. En voyant de loin la ligne brune décrite par la terre il croyait contempler sa femme et ses enfants. Il était à sa place, au foyer, et s'y sentait pressé, caressé. Il se figurait Moïna belle, grandie, imposante comme une jeune fille. Quand ce tableau fantastique eut pris une sorte de réalité, des larmes roulèrent dans ses yeux ; alors, comme pour cacher son trouble, il regarda l'horizon humide, opposé à la ligne brumeuse qui annonçait la terre.

— C'est lui, dit-il, il nous suit.
— Qu'est-ce ? s'écria le capitaine espagnol.
— Un vaisseau, reprit à voix basse le général.
— Je l'ai déjà vu hier, répondit le capitaine Gomez.

Il contempla le Français comme pour l'interroger.

— Il nous a toujours donné la chasse, dit le capitaine à l'oreille de M. de Verdun.
— Et je ne sais pas pourquoi il ne nous a jamais rejoints, reprit le vieux militaire. Il est meilleur voilier que votre damné *Saint-Ferdinand*.

— Il aura eu des avaries, une voie d'eau.
— Il nous gagne, s'écria le Français.
— C'est un corsaire, lui dit à l'oreille le capitaine. Nous sommes encore à six lieues de terre, et le vent faiblit.
— Il ne marche pas, il vole, comme s'il savait que dans deux heures sa proie lui aura échappé. Quelle hardiesse !
— Lui ? s'écria le capitaine. Ah ! il ne s'appelle pas *l'Othello* sans raison. Il a dernièrement coulé bas une frégate espagnole, et n'a cependant pas trente canons ! Je n'avais peur que de lui ; car je n'ignorais pas qu'il croisait dans les Antilles.
— Ah ! ah ! reprit-il après une pause pendant laquelle il regarda les voiles de son vaisseau, le vent s'élève, nous arriverons. Il le faut, *le Parisien* serait impitoyable.
— Lui aussi arrive ! répondit M. de Verdun.

L'*Othello* n'était plus guère qu'à trois lieues. Quoique l'équipage n'eut pas entendu la conversation de M. de Verdun et du capitaine Gomez, l'apparition de cette voile avait amené la plupart des matelots et des passagers vers l'endroit où étaient les deux interlocuteurs ; mais presque tous, prenant le brick pour un bâtiment de commerce, le voyaient venir avec intérêt, quand tout à coup un matelot s'écria dans un langage énergique :

— Par saint Jacques, nous sommes flambés ! Voici le capitaine *Parisien*.

A ce nom terrible, l'épouvante se répandit dans le brick, et ce fut une confusion dont rien ne saurait donner une idée. Le capitaine espagnol imprima par sa parole une énergie momentanée à ses matelots ; et, dans ce danger, voulant gagner la terre à quelque prix que ce fût, il essaya de faire mettre promptement toutes ses bonnettes hautes et basses, tribord et babord, pour présenter au vent l'entière surface de toile dont ses vergues étaient garnies. Mais ce ne fut pas sans de grandes difficultés que les manœuvres s'accomplirent ; et, naturellement, elles manquèrent de cet ensemble admirable qui séduit tant dans un vaisseau de guerre. Quoique *l'Othello* volât comme une hirondelle, grâce à l'orientement de ses voiles, il gagnait cependant si peu en apparence que les malheureux Français se firent une douce illusion. Tout à coup, au moment où, après des efforts inouïs, le *Saint-Ferdinand* prenait un nouvel essor par suite des habiles manœuvres auxquelles Gomez avait aidé lui-même du geste et de la voix ; par un faux coup de barre, volontaire sans doute, le timonier mit le brick en travers. Alors les voiles, frappées de côté par le vent, *fasièrent* si brusquement qu'il vint à *masquer* en grand ; les boute-hors se rompirent, et il fut complétement *démâné*. Une rage inexprimable rendit le capitaine plus blanc que ses voiles. D'un seul bond, il sauta sur le timonier, et l'atteignit si furieusement de son poignard, qu'il le manqua ; mais il le précipita dans la mer ; puis il saisit la barre, et tâcha de remédier au désordre épouvantable qui révolutionnait son brave et courageux navire. Des larmes de désespoir roulaient dans ses yeux, car nous éprouvons plus de chagrin d'une trahison qui rompe un résultat dû à notre talent, que d'une mort éminente. Mais plus le capitaine jura, et moins la besogne se fit. Alors il tira lui-même le canon d'alarme, espérant être entendu de la côte. En ce moment le corsaire, qui arrivait avec une vitesse désespérante, répondit par un coup de canon dont le boulet vint expirer à dix toises du *Saint-Ferdinand*.

— Tonnerre ! s'écria le général, comme c'est pointé ! Ils ont de cruelles caronades.

— Oh ! celui-là, voyez-vous, quand il parle, il faut se taire, répondit un matelot. *Le Parisien* ne craindrait pas un vaisseau anglais...

— Tout est dit, s'écria dans un accent de désespoir le capitaine, qui, ayant braqué sa longue-vue, ne distingua rien du côté de la terre... Nous sommes encore plus loin de la France que je ne le croyais.

— Pourquoi vous désoler ? reprit le général. Tous vos passagers sont Français, ils ont frété votre bâtiment. Ce corsaire est un Parisien, dites-vous, hé bien ! hissez pavillon blanc, et...

— Et il nous coulera, répondit le capitaine. N'est-il pas, suivant les circonstances, tout ce qu'il faut être quand il veut s'emparer d'une riche proie : Algérien, Grec, Mexicain, Colombien, etc.

— Ah, si c'est un pirate !

— Pirate, dit le matelot d'un air farouche. Ah ! Il est toujours en règle, ou sait s'y mettre.

— Alors, s'écria le général en levant les yeux au ciel, résignons-nous. Et il eut encore assez de force pour retenir ses larmes.

Comme il achevait ces mots, un second coup de canon, mieux adressé, envoya dans la coque du *Saint-Ferdinand* un boulet qui s'y logea.

— Mettez en panne, dit le capitaine d'un air triste.

Et le matelot qui avait défendu l'honnêteté du *Parisien*, aida fort intelligemment à cette manœuvre désespérée. L'équipage attendit pendant une mortelle demi-heure, en proie à la consternation la plus profonde. *Le Saint-Ferdinand* portait en piastres quatre millions, qui composaient la fortune de cinq passagers, et celle de M. de Verdun était de huit cent mille francs. Enfin *l'Othello*, qui se trouvait alors à dix portées de fusil, montra distinctement les gueules menaçantes de douze canons prêts à faire feu. Il semblait emporté par un vent que soufflait le diable exprès pour lui ; mais l'œil d'un marin habile devinait facilement le secret de cette vitesse. Il suffisait de contempler pendant un moment l'élancement du brick, sa forme allongée, son étroitesse, la hauteur de sa mâture, la coupe de sa toile, l'admirable légèreté de son gréement, et l'aisance avec laquelle son monde de matelots, unis comme un seul homme, ménageaient le parfait orientement de la surface blanche présentée par ses voiles. Tout annonçait une incroyable sécurité de puissance dans cette svelte créature de bois, aussi rapide, aussi intelligente que l'est un coursier ou quelque oiseau de proie. L'équipage du corsaire était silencieux et prêt, en cas de résistance, à dévorer le pauvre bâtiment marchand, qui, heureusement pour lui, se tint coi, semblable à un écolier pris en faute par son maître.

— Nous avons des canons ! s'écria le général en serrant la main du capitaine espagnol.

Ce dernier lança au vieux militaire un regard plein de courage et de désespoir, en lui disant :

— Et des hommes ?

M. de Verdun regarda l'équipage du *Saint-Ferdinand*, et frissonna. Les quatre négociants étaient pâles, tremblants ; tandis que les matelots groupés autour d'un des leurs, semblaient se concerter pour prendre parti sur *l'Othello*. Ils regardaient le corsaire avec une curiosité cupide. Le contre-maître, le capitaine et M. de Verdun échangeaient seuls, en s'examinant de l'œil, des pensées généreuses.

— Ah ! capitaine Gomez, j'ai dit naguère adieu à mon pays et à ma famille, le cœur mort d'amertume, faudra-t-il encore les quitter au moment où j'apporte la joie et le bonheur à mes enfants.

Le général se tourna pour jeter à la mer une larme de rage, et y aperçut le timonier nageant vers le corsaire.

— Cette fois, répondit le capitaine, vous lui direz sans doute adieu pour toujours.

Le Français épouvanta l'Espagnol par le coup d'œil stupide qu'il lui adressa. En ce moment, les deux vaisseaux étaient presque bord à bord ; et à l'aspect de l'équipage ennemi, M. de Verdun crut à la fatale prophétie de Gomez. Trois hommes se tenaient autour de chaque pièce. A voir leur posture athlétique, leurs traits anguleux, leurs bras nus et nerveux, on les eût pris pour des statues de bronze. La mort les aurait tués sans les renverser. Les matelots, bien armés, actifs, lestes et vigoureux, restaient immobiles. Toutes ces figures énergiques étaient fortement basanées par le soleil, durcies par les travaux. Leurs yeux brillaient comme autant de pointes de feu, et annonçaient des intelligences énergiques, des joies infernales. Le profond silence régnant sur ce tillac, noir d'hommes et de chapeaux, accusait l'implacable discipline sous laquelle une puissante volonté courbait ces démons humains. Le chef était au pied du grand mât, debout, les bras croisés, sans armes, seulement une hache se trouvait à ses pieds. Il avait sur sa tête, pour se garantir du soleil, un chapeau de feutre à grands bords, dont l'ombre lui cachait le visage. Semblables à des chiens couchés devant leur maître, canonniers, soldats, et matelots tournaient alternativement les yeux sur leur capitaine et sur le navire marchand. Quand les deux bricks se touchèrent, la secousse tira le corsaire de sa rêverie, et il dit deux mots à l'oreille d'un jeune officier qui se tenait à deux pas de lui.

— Les grappins d'abordage, cria le lieutenant.

Et *le Saint-Ferdinand* fut accroché par *l'Othello* avec une promptitude miraculeuse. Suivant les ordres donnés à voix basse par le corsaire, et répétés par le lieutenant, les hommes désignés pour chaque service allèrent, comme des séminaristes marchant à la messe, sur le tillac de la prise, lier les mains aux matelots, aux passagers, et s'emparer des trésors. En un moment les tonnes pleines de piastres, les vivres et l'équipage du *Saint-Ferdinand* furent transportés sur le pont de *l'Othello*. Le général se croyait sous la puissance d'un songe, quand il se trouva les mains liées et jeté sur un ballot comme s'il eût été lui-même une marchandise. Une conférence avait lieu entre le corsaire, son lieutenant et l'un des matelots qui paraissait remplir les fonctions de contre-maître. La discussion dura peu. Quand elle fut terminée, le matelot siffla ses hommes, sur un ordre qu'il leur donna, ils sautèrent tous sur le *Saint-Ferdinand*, grimpèrent dans les cordages, et se mirent à le dépouiller de ses vergues, de ses voiles, de ses agrès, avec autant de prestesse qu'un soldat déshabille, sur le champ de bataille, un camarade mort dont il convoitait les souliers et la capote.

— Nous sommes perdus, dit froidement à M. de Verdun le capitaine espagnol, qui avait épié de l'œil les gestes des trois chefs pendant la délibération, et les mouvements des matelots qui procédaient au pillage régulier de son brick.

— Comment? demanda froidement le général.

— Que voulez-vous qu'ils fassent de nous? répondit l'Espagnol. Ils viennent sans doute de reconnaître qu'ils vendraient difficilement *le Saint-Ferdinand* dans les ports de France ou d'Espagne; ils vont le couler pour ne pas s'en embarrasser. Quant à nous, croyez-vous qu'ils puissent se charger de notre nourriture lorsqu'ils ne savent dans quel port relâcher.

A peine le capitaine avait-il achevé ces paroles que le général entendit une horrible clameur, suivie du bruit sourd causé par la chute de plusieurs corps tombant à la mer. Il se retourna, et ne vit plus les quatre négociants. Huit canonniers à figures farouches avaient encore les bras en l'air au moment où le militaire les regardait avec terreur.

— Quand je vous le disais, lui dit froidement le capitaine espagnol.

M. de Verdun se leva brusquement. La mer avait déjà repris son calme; il ne put même pas voir la place où ses malheureux compagnons venaient d'être engloutis. Ils roulaient en ce moment, pieds et poings liés, sous les vagues, si déjà les poissons ne les avaient dévorés. A quelques pas de lui, le perfide timonier et le matelot du *Saint-Ferdinand* qui vantait naguère la puissance du capitaine Parisien, fraternisaient avec les corsaires, et leur indiquaient du doigt ceux des marins du brick qu'ils avaient reconnus dignes d'être incorporés à l'équipage de *l'Othello*; quant aux autres, deux mousses leur attachaient les pieds, malgré d'affreux jurements. Le choix terminé, les huit canonniers s'emparèrent des condamnés et les lancèrent sans cérémonie à la mer. Les corsaires regardaient avec une curiosité malicieuse les différentes manières dont ces hommes tombaient, leurs grimaces, leur dernière torture; mais leurs visages ne trahissaient ni moquerie, ni étonnement, ni pitié. C'était, pour eux, un événement tout simple, auquel ils semblaient accoutumés. Les plus âgés contemplaient de préférence, avec un sourire sombre et arrêté, les tonneaux pleins de piastres déposés au pied du grand mât. Le général Verdun et le capitaine Gomez, assis sur un ballot, se consultaient en silence par un regard presque terne. Ils se trouvèrent bientôt les seuls qui survécussent à l'équipage du *Saint-Ferdinand*. Les sept matelots choisis par les deux espions parmi les marins espagnols s'étaient déjà joyeusement métamorphosés en Péruviens.

— Quels atroces coquins, s'écria tout à coup le général, chez lequel une loyale et généreuse indignation fit taire et la douleur et la prudence.

— Ils obéissent à la nécessité, répondit froidement Gomez. Si vous retrouviez un de ces hommes-là, ne lui passeriez-vous pas votre épée au travers du corps?

— Capitaine! dit le lieutenant en se retournant vers l'Espagnol, le Parisien a entendu parler de vous. Vous êtes, dit-il, le seul homme qui connaissiez bien les débouquements des Antilles et les côtes du Brésil. Voulez-vous...

Le capitaine interrompit le jeune lieutenant par une exclamation de mépris, et répondit : — Je mourrai en marin, en Espagnol fidèle, en chrétien. Entends-tu?

— A la mer, cria le jeune homme.

A cet ordre deux canonniers se saisirent de Gomez.

— Vous êtes des lâches, s'écria le général en arrêtant les deux corsaires.

— Mon vieux, lui dit le lieutenant, ne vous emportez pas trop. Si votre ruban rouge fait quelque impression sur notre capitaine, moi je m'en moque... Nous allons avoir aussi tout à l'heure notre petit bout de conversation.

En ce moment, un bruit lourd, auquel nulle plainte ne se mêla, fit comprendre au général que le brave Gomez était mort en marin.

— Ma fortune ou la mort, cria-t-il dans un effroyable accès de rage.

— Ah! vous êtes raisonnable, lui répondit le corsaire en ricanant. Maintenant vous êtes sûr d'obtenir quelque chose de nous...

Puis, sur un signe du lieutenant, deux matelots s'empressèrent de lier les pieds du Français; mais ce dernier, les frappant avec une rudesse inouïe, tira, par un geste auquel on ne s'attendait guère, le sabre que le lieutenant avait au côté, et se mit à en jouer lestement en vieux général de cavalerie qui savait son métier.

— Ah! brigands, vous ne jetterez pas à l'eau comme une huître un ancien troupier de Napoléon.

Des coups de pistolet, tirés presque à bout portant sur le Français récalcitrant, attirèrent l'attention du Parisien, alors occupé à surveiller le transport des agrès qu'il ordonnait de prendre au *Saint-Ferdinand*. Sans s'émouvoir, il vint saisir par derrière le courageux général, l'enleva rapidement, l'entraîna vers le bord, et se disposait à le jeter à l'eau comme un espars de rebut. En ce moment M. de Verdun regarda son agresseur et rencontra l'œil fauve du ravisseur de sa fille. Le père et le gendre se reconnurent tout à coup. Le capitaine, imprimant à son élan un mouvement contraire à celui qu'il lui avait donné, comme si M. de Verdun ne pesait rien, loin de le précipiter à la mer, le plaça debout près du grand mât. Un murmure s'éleva sur le tillac; mais alors le corsaire lança un seul coup d'œil sur ses gens, et le plus profond silence régna soudain.

— C'est le père d'Hélène, dit le capitaine d'une voix claire et ferme. Malheur à qui ne le respecterait pas.

Un *houra* d'acclamations joyeuses retentit sur le tillac, et monta vers le ciel comme une prière d'église, comme le premier cri du *Te Deum*. Les mousses se balancèrent dans les cordages, les matelots jetèrent leurs bonnets en l'air, les canonniers trépignèrent des pieds, chacun s'agita, hurla, siffla, jura. L'expression fanatique de cette allégresse rendit le général inquiet et sombre. Attribuant ce sentiment à quelque horrible mystère, son premier cri, quand il recouvra la parole, fut :
— Ma fille! Où est-elle?

Le corsaire jeta sur le général un de ces regards profonds qui, sans qu'on en pût deviner la raison, bouleversaient toujours les âmes les plus intrépides. Il le rendit muet, à la grande satisfaction des matelots, heureux de voir la puissance de leur chef s'exercer sur tous les êtres, le conduisit vers un escalier, le lui fit descendre et l'amena devant la porte d'une cabine qu'il poussa vivement, en disant : — La voilà.

Puis, il disparut en laissant le vieux militaire plongé dans une sorte de stupeur à l'aspect du tableau qui s'offrit à ses yeux.

En entendant ouvrir la porte de la chambre avec brusquerie, Hélène s'était levée du divan sur lequel elle reposait; mais elle vit M. de Verdun, et jeta un cri de surprise. Elle était si changée qu'il fallait les yeux d'un père pour la reconnaître. Le soleil des tropiques avait embelli sa blanche figure d'une teinte brune, d'un coloris merveilleux qui lui donnaient une expression de poésie, et il y respirait un air de grandeur, une fermeté majestueuse, un sentiment profond par lequel l'âme la plus grossière devait être impressionnée. Sa longue et abondante chevelure, retombant en grosses boucles sur son cou plein de noblesse, ajoutait encore une mystérieuse puissance à la fierté de ce visage. Dans sa pose, dans son geste, Hélène laissait éclater la conscience qu'elle avait de son pouvoir. Une satisfaction triomphale enflait légèrement ses narines roses, et son bonheur tranquille était signé dans tous les développements de sa beauté. Il y avait tout à la fois en elle je ne sais quelle suavité de vierge et cette sorte d'orgueil particulier aux bien-aimées. Esclave et souveraine, elle préférait obéir tout en régnant. Elle était vêtue avec une magnificence pleine de charme et d'élégance. La mousseline des Indes faisait tous les frais de sa toilette ; mais son divan et les coussins étaient en cachemire ; mais un tapis de Perse garnissait le plancher de la vaste cabine ; mais ses quatre enfants jouaient à ses pieds, en construisant leurs châteaux bizarres avec des colliers de perles, des bijoux précieux, des objets de prix. Quelques vases en porcelaine de Sèvres, peints par madame Jaquotot, contenaient des fleurs rares qui embaumaient : c'étaient des jasmins du Mexique, des camélias parmi lesquels de petits oiseaux d'Amérique voltigeaient apprivoisés, et semblaient être des rubis, des saphirs, de l'or animé. Un piano était fixé dans ce salon ; et, sur ses murs de bois tapissés en soie jaune, on voyait çà et là des tableaux d'une petite dimension, mais dus aux meilleurs peintres : un coucher de soleil, par Gudin, se trouvait auprès d'un Terburg ; une vierge de Raphaël luttait de poésie avec une esquisse de Girodet ; un Gérard Dow éclipsait un Drolling. Sur une table en laque de Chine, se trouvait une assiette d'or pleine de fruits délicieux. Enfin Hélène semblait être la reine d'un grand empire au milieu du boudoir dans lequel son amant couronné aurait rassemblé les choses les plus élégantes de la terre. Les enfants arrêtaient sur leur aïeul des yeux d'une pénétrante vivacité ; et habitués qu'ils étaient de vivre au milieu des combats, des tempêtes et du tumulte, ils ressemblaient à ces petits Romains curieux de guerre et de sang, que David a peints dans son tableau de *Brutus*.

— Comment cela est-il possible ! s'écria Hélène en saisissant son père comme pour s'assurer de la réalité de cette vision.

— Hélène !

— Mon père !

Ils tombèrent dans les bras l'un de l'autre ; et l'étreinte du vieillard ne fut ni la plus forte ni la plus affectueuse.

— Vous étiez sur ce vaisseau ?

— Oui, répondit-il d'un air triste en s'asseyant sur le divan et regardant les enfants qui, groupés autour de lui, le considéraient avec une attention naïve. J'allais périr sans...

Sans mon mari, dit-elle en l'interrompant, je devine.

— Ah ! s'écria le général, pourquoi faut-il que je te retrouve ainsi, mon Hélène, toi que j'ai tant pleurée ! Je devrai donc gémir encore sur ta destinée.

— Pourquoi, demanda-t-elle en souriant. Ne serez-vous donc pas content d'apprendre que je suis la femme la plus heureuse de toutes ?

— Heureuse ! s'écria-t-il en faisant un bond de surprise.

— Oui, mon bon père, reprit-elle en s'emparant de ses mains, les embrassant, les serrant sur son sein palpitant, et ajoutant à cette cajolerie un air de tête que ses yeux pétillants de plaisir rendirent encore plus significatif.

— Et comment cela ? demanda-t-il, curieux de connaître la vie de sa fille, et oubliant tout devant cette physionomie resplendissante.

— Écoutez, mon père, répondit-elle. J'ai pour amant, pour époux, pour serviteur, pour maître un homme dont l'âme est aussi vaste que cette mer sans bornes, aussi féconde en douceur que le ciel, un dieu enfin ! Depuis sept ans, jamais il ne lui est échappé une parole, un sentiment, un geste qui pussent produire une dissonance avec la divine harmonie de ses discours, de ses caresses et de son amour. Il m'a toujours regardée en ayant sur les lèvres un sourire ami, et dans les yeux un rayon de joie. Là haut, sa voix est tonnante, elle domine souvent les hurlements de la tempête ou le tumulte des combats ; ici, elle est douce et mélodieuse comme la musique de Rossini, dont les œuvres m'arrivent. Tout ce que le caprice d'une femme peut inventer, je l'obtiens. Mes désirs sont même parfois surpassés. Enfin, je règne sur la mer et j'y suis obéie comme peut l'être une souveraine... — Oh ! heureuse, reprit-elle en s'interrompant elle-même, heureuse n'est pas un mot qui puisse exprimer mon bonheur. J'ai la part de toutes les femmes ! Sentir un amour, un dévouement immenses pour celui qu'on aime, et rencontrer dans son cœur, *à lui*, un sentiment infini où l'âme d'une femme se perd ; et... toujours ! Dites, est-ce un bonheur ? J'ai déjà dévoré mille existences. Ici, je suis seule ; ici, je commande. Jamais une créature de mon sexe n'a mis le pied sur ce noble vaisseau, où *Victor* est toujours à quelques pas de moi. — Il ne peut pas aller plus loin de moi que de la poupe à la proue, reprit-elle avec une fine expression de malice. Sept ans ! un amour qui résiste pendant sept ans à cette perpétuelle joie, cette épreuve de tous les instants, est-ce l'amour ? Non, oh! non, c'est mieux que tout ce que je connais de la vie... Le langage humain manque pour exprimer un bonheur céleste.

Un torrent de larmes s'échappa de ses yeux enflammés. Alors ses quatre enfants, jetèrent un cri plaintif, accoururent à elle comme des poussins à leur mère, et l'aîné frappa le général en le regardant d'un air menaçant.

— Abel, dit-elle, mon ange, je pleure de joie...

Elle le prit sur ses genoux, l'enfant la caressa familièrement, en passant ses bras autour du cou majestueux d'Hélène, comme un lionceau qui veut jouer avec sa mère.

— Tu ne t'ennuies pas? s'écria le général étourdi par la réponse exaltée de sa fille.

— Si, répondit-elle. A terre, quand nous y allons, et encore! je ne quitte jamais mon mari.

— Mais tu aimais les fêtes, les bals, la musique.

— La musique, c'est sa voix ; mes fêtes, ce sont les parures que j'invente pour lui. Quand une toilette lui plaît, n'est-ce pas comme si la terre entière m'admirait. Voilà seulement pourquoi je ne jette pas à la mer ces diamants, ces colliers, ces diadèmes de pierreries, ces richesses, ces fleurs, ces chefs-d'œuvre des arts qu'il me prodigue en me disant : — Hélène, puisque tu ne vas pas dans le monde, je veux que le monde vienne à toi.

— Mais sur ce bord il y a des hommes, des hommes audacieux, terribles, dont les passions...

— Je vous comprends, mon père, dit-elle en souriant. Rassurez-vous. Jamais impératrice n'a été environnée de plus d'égards que l'on ne m'en prodigue. Ces gens-là sont superstitieux, et ils croient que je suis le génie tutélaire de ce vaisseau, de leurs entreprises, de leurs succès. Mais c'est *lui* qui est leur dieu ! Un jour, une seule fois, un matelot me manqua de respect, en paroles, ajouta-t-elle en riant. Avant que Victor ait pu l'apprendre, les gens de l'équipage le lancèrent à la mer malgré le pardon que je lui accordais. Ils m'aiment comme leur bon ange. Je les soigne dans leurs maladies, et j'ai eu le bonheur d'en sauver quelques-uns de la mort en les veillant avec une persévérance de femme, ces pauvres gens ! Ce sont des géants et des enfants.

— Et quand il y a des combats ?

— J'y suis accoutumée, répondit-elle. Je n'ai tremblé que pendant le premier... Maintenant, mon âme est faite à ce péril, et même je suis votre fille, dit-elle, je l'aime.

— Et s'il périssait ?

— Je périrais.

— Et tes enfants ?

— Ils sont fils de l'Océan et du danger, ils partagent la vie de leurs parents... Notre existence est une, et ne se scinde pas. Nous vivons tous de la même vie, tous inscrits sur la même page, portés par le même esquif! Nous le savons.

— Tu l'aimes donc à ce point de le préférer à tout?

— A tout, répéta-t-elle. Mais ne sondons point ce mystère. Tenez! Ce cher enfant, eh bien, c'est encore *lui!*

Puis, pressant Abel avec une vigueur extraordinaire, elle lui imprima de dévorants baisers sur les joues, sur le col, sur les cheveux...

— Mais, s'écria le général, je ne saurais oublier qu'il vient de faire jeter à la mer douze personnes.

— Il le fallait sans doute, répondit-elle, car il est humain et généreux. Il verse le moins de sang possible, pour la conservation et les intérêts du petit monde qu'il protége et de la cause sacrée qu'il défend. Parlez-lui de ce qui vous paraît mal, et vous verrez qu'il saura vous faire changer d'avis.

— Et son crime? dit le général, comme s'il se parlait à lui-même.

— Mais, répliqua-t-elle avec une dignité froide, si c'était une vertu : si la justice des hommes n'avait pu le venger.

— Se venger soi-même! s'écria le général.

— Et qu'est-ce que l'enfer, demanda-t-elle, si ce n'est une vengeance éternelle pour quelques fautes d'un jour.

— Ah! tu es perdue. Il t'a ensorcelée, pervertie. Tu déraisonnes.

— Restez ici un jour, mon père, et si vous voulez l'écouter, le regarder, vous l'aimerez.

— Hélène, dit gravement le général, nous sommes à quelques lieues de la France...

Elle tressaillit, regarda par la croisée de la chambre, montra la mer déroulant ses immenses savanes d'eau verte.

— Voilà mon pays, répondit-elle en frappant sur le tapis du bout du pied.

— Mais ne viendras-tu pas voir ta mère, ta sœur, tes frères ?

— Oh! oui, dit-elle avec des larmes dans la voix, s'il le veut et s'il peut m'accompagner.

— Tu n'as donc plus rien, Hélène, reprit sévèrement le militaire, ni pays, ni famille ?...

— Je suis sa femme, répliqua-t-elle avec un air de fierté, avec un accent plein de noblesse.

— Voici, depuis sept ans, le premier bonheur qui ne me vienne pas de lui, ajouta-t-elle en saisissant la main de son père et l'embrassant; et voici le premier reproche que j'aie entendu.

— Et ta conscience?

— Ma conscience; mais c'est lui.

En ce moment elle tressaillit violemment.

— Le voici, dit-elle. Même dans un combat, entre tous les pas, je reconnais son pas sur le tillac.

Et tout à coup une rougeur empourpra ses joues, fit resplendir ses traits, briller ses yeux, et son teint devint d'un blanc mat... Il y avait du bonheur et de l'amour dans ses muscles, dans ses veines bleues, dans le tressaillement involontaire de toute sa personne. Ce mouvement de sensitive émut le général.

En effet, un instant après, le corsaire entra, vint s'asseoir sur un fauteuil, s'empara de son fils aîné, et se mit à jouer avec lui.

Le silence régna pendant un moment; car pendant un moment, le général, dans une rêverie comparable au sentiment vaporeux d'un rêve, contempla cette élégante cabine, semblable à un nid d'alcyons, où cette famille voguait sur l'Océan depuis sept années, entre les cieux et l'onde, sur la foi d'un homme, conduite à travers les périls de la guerre et des tempêtes, comme un ménage est guidé dans la vie par un chef au sein des malheurs sociaux... Il regardait avec admiration sa fille, image fantastique d'une déesse marine, suave de beauté, riche de bonheur, et faisant pâlir tous les trésors dont elle était entourée, devant les trésors de son âme, les éclairs de ses yeux, et l'indescriptible poésie exprimée dans sa personne et autour d'elle. Cette situation offrait une étrangeté qui la surprenait, une sublimité de passion et de raisonnement dont il était confondu. Les froides et étroites combinaisons de la société mouraient devant ce tableau. Le vieux militaire sentit toutes ces choses, et comprit aussi que sa fille n'abandonnerait jamais une vie si large, si féconde en contrastes, remplie par un amour aussi vrai; puis, que si elle avait une fois goûté le péril sans en être effrayée, elle ne pouvait plus revenir aux petites scènes d'un monde mesquin et borné.

— Vous gênais-je, demanda le corsaire en rompant le silence et regardant sa femme.

— Non, lui répondit le général. Hélène m'a tout dit. Je vois qu'elle est perdue pour nous...

— Non, répliqua vivement le corsaire... Encore dix ans, et la prescription me permettra de revenir en France. Quand la conscience est pure, et qu'en froissant vos lois sociales un homme a obéi.....

Il se tut, en dédaignant de se justifier.

— Et comment pouvez-vous, dit le général en l'interrompant, ne pas avoir des remords pour les nouveaux assassinats qui se sont commis devant mes yeux ?

— Nous n'avons pas de vivres, répliqua tranquillement le corsaire.

— Mais en débarquant ces hommes sur la côte...

— Ils nous feraient couper la retraite par quelque vaisseau, et nous n'arriverions pas au Chili.

— Avant que, de France, dit le général en interrompant, ils aient prévenu l'amirauté d'Espagne...

— Mais la France peut trouver mauvais qu'un homme, encore sujet de ses cours d'assises, se soit emparé d'un brick frété par des Bordelais. D'ailleurs, n'avez-vous pas quelquefois tiré, sur le champ de bataille, plusieurs coups de canon de trop?

Le général, intimidé par le regard du corsaire, se tut; et sa fille le regarda d'un air qui exprimait autant de triomphe que de mélancolie...

— Général, dit le corsaire d'une voix profonde, je me suis fait une loi de ne jamais rien distraire du butin. Mais il est hors de doute que ma part sera plus considérable que ne l'était votre fortune. Permettez-moi de vous la restituer en autre monnaie...

Il prit dans le tiroir du piano une masse de billets de banque, ne compta pas les paquets, et présenta un million à M. de Verdun.

— Vous comprenez, reprit-il, que je ne puis pas m'amuser à regarder les passants sur la route de Bordeaux... Or, à moins que vous ne soyez séduit par les dangers de notre vie bohémienne, par les scènes de l'Amérique méridionale, par nos nuits des Tropiques, par nos batailles, et par le plaisir de faire triompher le pavillon d'une jeune nation, ou le nom de Simon Bolivar, il faut nous quitter... Une chaloupe et des hommes dévoués vous attendent. Espérons une troisième rencontre plus complétement heureuse...

— Victor, je voudrais voir mon père encore un moment, dit Hélène d'un ton boudeur.

— Dix minutes de plus ou de moins peuvent nous mettre face à face avec une frégate... Soit ! nous nous amuserons un peu. Nos gens s'ennuient...

— Oh ! partez, mon père, s'écria la femme du marin... Et portez à ma sœur, à mes frères, à... ma mère, ajouta-t-elle, ces gages de mon souvenir.

Elle prit une poignée de pierres précieuses, de colliers, de bijoux, les enveloppa dans quelques cachemires, et les présenta timidement à son père...

— Et que leur dirai-je de ta part? demanda-t-il en paraissant frappé de l'hésitation que sa fille avait marqué avant de prononcer le mot de *mère*.

— Oh! pouvez-vous douter de mon âme! Je fais tous les jours des vœux pour leur bonheur.

— Hélène, reprit le vieillard en la regardant avec attention, ne dois-je plus te revoir. Ne saurai-je donc jamais à quel motif ta fuite est due?

— Ce secret ne m'appartient pas, dit-elle d'un ton grave. J'aurais le droit de vous l'apprendre, je ne vous le dirais pas. J'ai souffert pendant dix ans des maux inouïs...

Elle ne continua pas et tendit à son père les cadeaux qu'elle destinait à sa famille. Le général, accoutumé par les événements de la guerre à des idées assez larges en fait de butin, accepta les présents offerts par sa fille, et se plut à penser que, sous l'inspiration d'une âme aussi pure, aussi élevée que celle d'Hélène, le Capitaine Parisien restait honnête homme, en faisant la guerre aux Espagnols. Alors sa passion pour les braves l'emporta. Songeant qu'il serait ridicule de se conduire en prude, il serra vigoureusement la main du corsaire, embrassa son Hélène, sa seule fille, avec cette effusion particulière aux soldats, et laissa tomber une larme sur ce visage dont la fierté, dont l'expression mâle lui avaient plus d'une fois souri. Le marin, fortement ému, lui donna ses enfants à bénir. Enfin, tous se dirent une dernière fois adieu, par un long regard qui ne fut pas dénué d'attendrissement.

— Soyez toujours heureux! s'écria le vieillard en s'élançant sur le tillac.

Le brick s'était déjà très-éloigné des côtes de France, et sur mer, un singulier spectacle attendait le général. *Le Saint-Ferdinand*, livré aux flammes, flambait comme un immense feu de paille. Les matelots, occupés à couler le brick espagnol, s'apercevant qu'il avait à bord un chargement de rhum, liqueur dont ils regorgeaient sur l'*Othello*, trouvèrent plaisant d'allumer un grand bol de punch en pleine mer. C'était un divertissement assez pardonnable à des gens auxquels l'apparente monotonie de la mer faisait saisir toutes les occasions d'animer leur vie. En descendant du brick dans la chaloupe du *Saint-Ferdinand*, montée par six vigoureux matelots, le général partageait involontairement son attention entre l'incendie du *Saint-Ferdinand*, et sa fille appuyée sur le corsaire, tous deux debout à l'arrière de leur navire. En présence de tant de souvenirs, en voyant la robe blanche d'Hélène qui flottait, légère, comme une voile de plus; en distinguant sur l'Océan cette belle et grande figure, assez imposante pour dominer même la mer, il oubliait, avec l'insouciance d'un militaire, qu'il voguait sur la tombe du brave Gomez...

Au-dessus de lui, une immense colonne de fumée planait comme un nuage brun; et, les rayons du soleil le perçant çà et là, y jetaient de poétiques lueurs. C'était un second ciel, un dôme sombre sous lequel brillaient des espèces de lustres, et au-dessus duquel planait l'azur inaltérable du firmament, et qui paraissait mille fois plus beau par cette éphémère opposition. Les teintes bizarres de cette fumée, tantôt jaune, blonde, rouge, noire, fondues vaporeusement, couvraient le vaisseau qui pétillait, craquait et criait. La flamme sifflait en mordant les cordages, et courait dans le bâtiment comme une sédition populaire vole par les rues d'une ville. Le rhum produisait des flammes bleues qui frétillaient, comme si le génie des mers eût agité cette liqueur furibonde, de même qu'une main d'étudiant fait mouvoir la joyeuse *flamberie* d'un punch dans une orgie. Mais le soleil, plus puissant de lumière, jaloux de cette lueur insolente, laissait à peine voir dans ses rayons les couleurs de cet incendie. C'était comme un réseau, comme une écharpe qui voltigeait au milieu du torrent de ses feux...

L'Othello saisissait, pour s'enfuir, le peu de vent qu'il pouvait pincer dans cette direction nouvelle, et s'inclinait tantôt d'un côté, tantôt de l'autre, comme un cerf-volant balancé dans les airs. Ce beau brick courait des bordées vers le sud; et, tantôt il se dérobait aux yeux du général, en disparaissant derrière la colonne droite, dont l'ombre se projetait fantastiquement sur les eaux, et tantôt il se montrait, en se relevant avec grâce et fuyant. Chaque fois qu'Hélène pouvait apercevoir son père, elle agitait son mouchoir pour le saluer encore. Bientôt *le Saint-Ferdinand* coula, en produisant un bouillonnement aussitôt effacé par l'océan. Alors il ne resta plus de toute cette scène qu'un nuage balancé par la brise. *L'Othello* était loin; la chaloupe s'approchait de Bordeaux; le nuage s'interposa entre cette frêle embarcation et le brick. La dernière fois que le général aperçut sa fille, ce fut à travers une crevasse de cette fumée ondoyante. Vision prophétique! Le mouchoir blanc, la robe, se détachaient seuls sur ce fond de bistre. Entre l'eau verte et le ciel bleu, le brick ne se voyait même pas. Hélène n'était plus qu'un point imperceptible, une ligne déliée, gracieuse, un ange dans le ciel, une idée, un souvenir.

Enseignement.

— Mon Dieu, dit Moïna, nous avons bien mal fait, mère, de ne pas rester quelques jours de plus dans ces montagnes! Nous y étions bien mieux qu'ici. Avez-vous entendu les gémissements continuels de ce maudit enfant et les bavardages de cette malheureuse femme qui parle en patois, car je n'ai pas compris un seul mot de ce qu'elle disait. Quelle espèce de gens nous a-t-on donnés pour voisins! Cette nuit est une des plus affreuses que j'aie passées de ma vie.

— Je n'ai rien entendu, répondit madame de Verdun, mais, ma chère enfant, je vais voir l'hôtesse, lui demander la chambre voisine; nous serons seules dans cet appartement, et n'aurons plus de bruit. Comment te trouves-tu ce matin? Es-tu fatiguée?

En disant ces dernières phrases, madame de Verdun s'était levée pour venir près du lit de Moïna.

— Voyons, lui dit-elle, en cherchant la main de sa fille.

— Oh! laisse-moi, ma mère, répondit Moïna, tu as froid.

A ces mots, la capricieuse jeune fille se roula dans son oreiller par un mouvement de bouderie, mais si gracieux, qu'il était difficile à une mère de s'en offenser. En ce moment, une plainte dont l'accent doux et prolongé devait déchirer le cœur d'une femme, retentit dans la chambre voisine.

— Mais si tu as entendu cela pendant toute la nuit, pourquoi ne m'as-tu pas éveillée? nous aurions....

Un gémissement plus profond que tous les autres interrompit madame de Verdun, qui s'écria :
— Il y a là quelqu'un qui se meurt? et elle sortit vivement.

— Envoie-moi Pauline! cria Moïna, je vais m'habiller.

Madame de Verdun descendit promptement, et trouva l'hôtesse dans la cour au milieu de quelques personnes qui paraissaient l'écouter attentivement.

— Madame, vous avez mis près de nous une personne qui paraît souffrir beaucoup...

— Ah! ne m'en parlez pas! s'écria la maîtresse de l'hôtel, je viens d'envoyer chercher M. le maire. Figurez-vous que c'est une femme, une pauvre malheureuse qui y est arrivée hier au soir, à pied; elle vient d'Espagne, elle est sans passeport et sans argent. Elle portait sur son dos un petit enfant qui se meurt. Je n'ai pas pu me dispenser de la recevoir ici. Ce matin, je suis allée moi-même la voir, car hier, quand elle a débarqué ici, elle m'a fait une peine affreuse. Pauvre petite femme! elle était couchée avec son enfant, et tous deux se débattaient contre la mort.

— Madame, m'a-t-elle dit en tirant un anneau d'or de son doigt, je ne possède plus que cela, prenez-le pour vous payer, ce sera suffisant, je ne ferai pas un long séjour ici. Pauvre petit! nous allons mourir ensemble, a-t-elle dit en regardant son enfant. Je lui ai pris son anneau, je lui ai demandé qui elle était, mais elle n'a jamais voulu me dire son nom... Je viens d'envoyer chercher le médecin et M. le maire.

— Mais, s'écria madame de Verdun, donnez-lui tous les secours qui pourront lui être nécessaires. Mon Dieu! peut-être est-il encore temps de la sauver. Je vous paierai tout ce qu'elle dépensera...

— Ah! madame, elle a l'air d'être joliment fière, et je ne sais pas si elle voudra.

— Je vais aller la voir...

Et aussitôt madame de Verdun monta chez l'inconnue, sans penser au mal que sa vue pouvait faire à cette femme dans un moment où on la disait mourante.

Madame de Verdun, veuve depuis un an, était encore en deuil. Sa santé s'était légèrement altérée; Moïna sa fille chérie désirait voir les Pyrénées : elles étaient donc venues toutes deux aux eaux de Bagnères.

Madame de Verdun pâlit à l'aspect de la mourante. Malgré les horribles souffrances qui avaient altéré la belle physionomie d'Hélène, elle reconnut sa fille aînée. A l'aspect d'une femme vêtue de noir, Hélène se dressa sur son séant, jeta un cri de terreur, et retomba lentement sur son lit, lorsque dans cette femme elle retrouva sa mère.

— Ma fille! dit madame de Verdun, que vous faut-il? Pauline... Moïna!

— Il ne me faut plus rien, répondit Hélène d'une voix affaiblie. J'espérais revoir mon père; mais votre deuil m'annonce....

Elle n'acheva pas ; elle serra son enfant sur son cœur comme pour le réchauffer, le baisa au front, et lança sur sa mère un regard où le reproche se lisait encore, quoique tempéré par le pardon. Madame de Verdun ne voulut pas voir ce reproche ; elle oublia qu'Hélène était un enfant conçu jadis dans les larmes et le désespoir, l'enfant du devoir, un enfant qui avait été cause de ses plus grands malheurs ; elle s'avança doucement vers sa fille aînée, en se souvenant seulement qu'Hélène la première lui avait fait connaître les plaisirs de la maternité. Les yeux de la mère étaient pleins de larmes, et en embrassant sa fille, elle s'écria : — Hélène ! ma fille...

Hélène gardait le silence. Elle venait d'aspirer le dernier soupir de son dernier enfant.

En ce moment, Moïna, Pauline sa femme de chambre, l'hôtesse et un médecin entrèrent. Madame de Verdun tenait la main glacée de sa fille dans les siennes, et la contemplait avec un désespoir vrai. Exaspérée par le malheur, la veuve du marin, qui venait d'échapper à un naufrage, en ne sauvant de toute sa belle famille qu'un enfant, dit d'une voix horrible à sa mère : — Tout ceci est votre ouvrage ! Si vous eussiez été pour moi ce que...

— Moïna, sortez, sortez tous ! cria madame de Verdun en étouffant la voix d'Hélène par les éclats de la sienne.

— Par grâce, ma fille, reprit-elle, ne renouvelons pas en ce moment les tristes combats...

— Je me tairai, répondit Hélène en faisant un effort surnaturel. Je suis mère, je sais que Moïna ne doit pas... Où est mon enfant ?

Moïna rentra, poussée par la curiosité.

— Ma sœur, dit-elle, le médecin...

— Tout est inutile, reprit Hélène. Ah ! pourquoi ne suis-je pas morte à seize ans ! Le bonheur ne se trouve pas... Moïna... tu...

Elle mourut en penchant sa tête sur celle de son enfant, qu'elle avait serré convulsivement.

— Ta sœur voulait sans doute te dire, Moïna, reprit madame de Verdun, lorsqu'elle fut rentrée dans sa chambre, où elle fondit en larmes, que le bonheur ne se trouve jamais, pour une fille, dans une vie romanesque, en dehors des idées reçues, et, surtout, loin de sa mère.

Paris, janvier 1831.

EXPIATION.

Pendant l'un des premiers jours du mois d'avril 1832, une dame d'environ cinquante ans, mais qui paraissait encore plus vieille que ne le comportait son âge véritable, se promenait au soleil, à l'heure de midi, le long d'une allée, dans le jardin d'un grand hôtel, situé rue Plumet, à Paris. Après avoir fait deux ou trois fois le tour du sentier légèrement sinueux où elle restait pour ne pas perdre de vue les fenêtres d'un appartement qui semblait attirer toute son attention, elle vint s'asseoir sur un de ces fauteuils à demi champêtres qui se fabriquent avec de jeunes branches d'arbre garnies de leur écorce. De la place où se trouvait ce siége élégant, la dame pouvait embrasser, par une des grilles d'enceinte, et les boulevards intérieurs, au milieu desquels est posé l'admirable dôme des Invalides qui élève sa coupole d'or parmi les têtes d'un millier d'ormes, admirable paysage, et l'aspect moins grandiose de son jardin terminé par la façade grise d'un des plus beaux hôtels du faubourg Saint-Germain. Là, tout était silencieux, les jardins voisins, les boulevards, les Invalides; car, dans ce noble quartier, le jour ne commence guère qu'à midi. A moins de quelque caprice, à moins qu'une jeune dame ne veuille monter à cheval, ou qu'un vieux diplomate n'ait un protocole à refaire, à cette heure, valets et maîtres, tout dort, ou tout se réveille.

La vieille dame si matinale était la marquise de Ballan, mère de madame de Saint-Héreen, à laquelle appartenait ce bel hôtel. La marquise s'en était privée pour sa fille, à qui elle avait donné toute sa fortune, en ne se réservant qu'une pension viagère. La comtesse Moïna de Saint-Héreen était le dernier enfant de madame de Ballan, qui, pour lui faire épouser l'héritier d'une des plus illustres maisons de France, avait tout sacrifié; mais rien n'était plus naturel.

La marquise avait successivement perdu deux fils. L'un, Gustave, marquis de Ballan, était mort pendant la campagne de 1823 en Espagne; l'autre, Abel, jeune pair de France plein d'avenir, avait été tué sur les boulevards en juillet 1830. Tous deux laissèrent des femmes et des enfants. Mais l'affection assez tiède que madame de Ballan avait portée à ses deux fils s'était encore affaiblie en passant à ses petits-enfants. Quant à leurs veuves, elle se comportait poliment avec elles; mais le sentiment superficiel que le bon goût et les convenances nous prescrivent de témoigner à nos proches était tout ce qu'elle leur accordait.

La fortune de ses enfants morts ayant été parfaitement réglée, elle avait réservé pour sa chère Moïna ses économies et ses biens propres. Moïna, belle et ravissante, depuis son enfance avait toujours été pour madame de Ballan l'objet d'une de ces prédilections innées ou involontaires chez les mères de famille, fatales sympathies qui semblent inexplicables, ou que les observateurs savent trop bien expliquer.

La charmante figure de Moïna, le son de voix de cette fille chérie, ses manières, sa démarche, sa physionomie, ses gestes, tout en elle réveillait chez madame de Ballan les émotions les plus profondes qui puissent animer, troubler ou charmer le cœur d'une mère. Le principe de sa vie présente, de sa vie du lendemain, de sa vie du passé, était dans le cœur de cette jeune femme, où elle avait jeté tous ses trésors. Moïna avait heureusement survécu à quatre enfants, ses aînés. Madame de Ballan avait en effet perdu, de la manière la plus malheureuse, disaient les gens du monde, une fille charmante, dont la destinée était presque inconnue, et un petit garçon, enlevé à cinq ans par une horrible catastrophe. Madame de Ballan vit sans doute un présage du ciel dans le respect que le sort semblait avoir pour la fille de son cœur, et n'accordait que de faibles souvenirs à ses enfants déjà tombés selon les caprices de la mort, et qui restaient au fond de son âme, comme ces tombeaux élevés dans un champ de bataille, mais que les fleurs des champs ont presque fait disparaître.

Le monde aurait pu demander à la marquise un compte sévère de cette insouciance et de cette prédilection ; mais le monde de Paris est entraîné par un tel torrent d'événements, de modes, d'idées nouvelles, que toute la vie de madame de Ballan devait y être en quelque sorte oubliée. Personne ne songeait à lui faire un crime d'une froideur, d'un oubli qui n'intéressait personne, tandis que sa vive tendresse pour Moïna intéressait beaucoup de gens, et avait toute la sainteté d'un préjugé. D'ailleurs, la marquise allait peu dans le monde ; et, pour la plupart des familles qui la connaissaient, elle paraissait bonne, douce, pieuse, indulgente. Or, ne faut-il pas avoir un intérêt bien vif pour aller au-delà de ces apparences dont la société se contente. Puis, que ne pardonne-t-on pas aux vieillards lorsqu'ils s'effacent comme des ombres et ne veulent plus être qu'un souvenir !

Enfin, madame de Ballan était un modèle complaisamment cité par les enfants à leurs pères, par les gendres à leurs belles-mères. Elle avait, avant le temps, donné ses biens à Moïna, contente du bonheur de la jeune comtesse, et ne vivant que par elle et pour elle. Si des vieillards prudents, des oncles chagrins, blâmaient cette conduite en disant : — Madame de Ballan se repentira peut-être quelque jour de s'être dessaisie de sa fortune en faveur de sa fille ; car, si elle connaît bien le cœur de madame de Saint-Héreen, peut-elle être aussi sûre de la moralité de son gendre ? C'était contre ces prophètes un *tolle* général ; et, de toutes parts, pleuvaient des éloges pour Moïna.

— Il faut rendre cette justice à madame de Saint-Héreen, disait une jeune femme, que sa mère n'a rien trouvé de changé autour d'elle. Madame de Ballan est admirablement bien logée. Elle a une voiture à ses ordres, et peut aller partout dans le monde comme auparavant...

— Excepté aux Italiens, dit tout bas un vieux parasite, un de ces gens qui se croient en droit d'accabler leurs amis d'épigrammes, sous prétexte de faire preuve d'indépendance. La douairière n'aime guère que la musique, en fait de choses étrangères à son enfant gâté. Elle a été si bonne musicienne dans son temps ! Mais comme la loge de la comtesse est toujours envahie par de jeunes papillons, et qu'elle y gênerait cette petite personne, dont on parlera bientôt comme d'une grande coquette, la pauvre mère ne va jamais aux Italiens...

— Madame de Saint-Héreen, disait une fille à marier, a, pour sa mère, des soirées délicieuses, un salon où va tout Paris.

— Un salon où personne ne fait attention à la vieille marquise, répondait le parasite.

— Le fait est que madame de Ballan n'est jamais seule, disait un fat en appuyant le parti des jeunes dames.

— Le matin, répondait le vieil observateur à voix basse, le matin, la chère Moïna dort. A quatre heures, la chère Moïna est au bois. Le soir, la chère Moïna va au bal ou aux Bouffes... Mais il est vrai que madame de Ballan a la ressource de voir sa chère fille pendant qu'elle s'habille, ou durant le dîner, lorsque la chère Moïna dîne par hasard avec sa chère mère.

— Il n'y a pas encore huit jours, monsieur, dit le parasite en prenant par le bras un timide précepteur, nouveau-venu dans la maison où il se trouvait, que je vis cette pauvre mère toute triste et seule au coin de son feu. — Qu'avez-vous ? lui demandai-je. La marquise me regarda en souriant, mais elle avait certes pleuré. — Je pensais, me disait-elle, qu'il est bien singulier de me trouver seule, après avoir eu cinq enfants ; mais cela est dans notre destinée ! Et puis, je suis heureuse quand je sais que Moïna s'amuse ! Elle pouvait se confier à moi qui, jadis, ai connu son mari. C'était un pauvre homme, et il a été bien heureux de l'avoir pour femme ; il lui devait certes sa pairie et sa charge à la cour.

Mais il se glisse tant d'erreurs dans les conversations du monde ; il s'y fait avec légèreté des maux si profonds, que l'historien des mœurs est obligé de sagement peser les assertions insouciamment émises par tant d'insouciants. Enfin, peut-être ne doit-on jamais prononcer qui a tort ou raison de l'enfant ou de la mère. Entre ces deux cœurs, il n'y a qu'un seul juge possible. Ce juge est Dieu ! Dieu qui, souvent, assied sa vengeance au sein des familles, et se sert éternellement des enfants contre les mères, des pères contre les fils, des peuples contre les rois, des princes contre les nations, de tout contre tout ; remplaçant dans le monde moral les sentiments par les sentiments comme les jeunes feuilles poussent les vieilles au printemps ; agissant en vue d'un ordre immuable, d'un but à lui seul connu : sans doute, chaque chose va dans son sein, ou, mieux encore, elle y retourne.

Ces religieuses pensées, si naturelles au cœur des vieillards, flottaient éparses dans l'âme de madame de Ballan ; elles y étaient à demi lumineuses, tantôt abîmées, tantôt déployées complétement, comme des fleurs tourmentées à la surface des eaux pendant une tempête. Elle s'était assise, lassée, affaiblie par une longue méditation, par une de ces rêveries au milieu desquelles toute la vie se dresse, se déroule aux yeux de ceux qui pressentent la mort.

Cette femme, vieille avant le temps, eût été, pour quelque poëte passant sur le boulevard, un tableau curieux. A la voir assise à l'ombre grêle d'un acacia, l'ombre d'un acacia à midi, tout le monde eût su lire une des mille choses écrites sur ce visage pâle et froid, même au milieu des chauds rayons du soleil. Sa figure pleine d'expression représentait quelque chose de plus grave encore que ne l'est une vie à son déclin, ou de plus profond qu'une âme affaissée par l'expérience. Elle était un de ces types qui, entre mille physionomies dédaignées parce qu'elles sont sans caractère, vous arrêtent un moment, vous font penser ; comme, entre les mille tableaux d'un musée, vous êtes fortement impressionné, soit par la tête sublime où Murillo peignit la douleur maternelle, soit par le visage de Béatrix Cinci où le Guide sut peindre la plus touchante innocence au fond du plus épouvantable crime, soit par la sombre face de Philippe II, d'où Vélasquez fait sortir éternellement la majestueuse terreur que doit inspirer la royauté. Il y a certaines figures humaines, despotiques images qui vous parlent, vous interrogent, répondent à vos pensées secrètes, et sont des poëmes entiers. Or, le visage glacé de madame de Ballan était une de ces poésies terribles, une de ces faces répandues par milliers dans la divine Comédie de Dante Alighieri.

Pendant la rapide saison où la femme reste en fleur, les caractères de sa beauté servent admirablement bien la dissimulation à laquelle sa faiblesse naturelle et nos lois sociales la condamnent. Alors, sous le riche coloris de son visage frais, sous le feu de ses yeux, sous le réseau gracieux de ses traits si fins, de tant de lignes multipliées, courbes ou droites, mais pures et parfaitement arrêtées, toutes ses émotions peuvent demeurer secrètes et latentes ; car, alors, la rougeur ne révèle rien en colorant encore des couleurs déjà si vives ; car alors tous les foyers intérieurs se mêlent si bien à la lumière de ces yeux flamboyants de vie, que la flamme passagère d'une souffrance n'y apparaît que comme une grâce de plus. Aussi rien n'est-il si discret qu'un jeune visage, parce que rien n'est plus immobile. La figure d'une jeune femme a le calme, le poli, la fraîcheur de la surface d'un lac. Aussi, la physionomie des femmes ne commence-t-elle qu'à trente ans. Jusques à cet âge, le peintre ne trouve dans leurs visages que du rose et du blanc, des sourires et des expressions qui répètent une même pensée, pensée de jeunesse et d'amour, pensée uniforme et sans profondeur ; mais dans la vieillesse, tout chez la femme a parlé, toutes les passions se sont incrustées sur son visage ; elle a été amante, épouse, mère ; les expressions les plus violentes de la joie et de la douleur ont fini par grimer, torturer ses traits, par s'y empreindre en mille rides, qui toutes ont un langage ; et alors, une tête de femme devient sublime d'horreur, belle de mélancolie, ou magnifique de calme ; alors, s'il est permis de poursuivre une étrange métaphore commencée, le lac desséché laisse voir les traces de tous les torrents qui l'ont produit ; alors une tête de vieille femme n'appartient plus ni au monde, qui, frivole, est effrayé d'y apercevoir la destruction de toutes les idées d'élégance dont il se repait ; ni aux artistes vulgaires, qui n'y découvrent rien ; mais aux vrais poëtes, à ceux qui ont le sentiment d'un beau indépendant de toutes les conventions sur lesquelles reposent tant de préjugés en fait d'art et de beauté.

Quoique madame de Ballan portât sur sa tête une capote à la mode, il était facile de voir que sa chevelure, jadis noire, avait été blanchie par de cruelles émotions ; mais la manière dont elle la séparait en deux bandeaux trahissait son bon goût, révélait les gracieuses habitudes de la femme élégante, et dessinait parfaitement son front flétri, ridé, dans la forme duquel se trouvaient quelques traces de son ancien éclat. La coupe de sa figure, la régularité de ses traits, donnaient une idée faible à la vérité, de la beauté dont elle avait dû être orgueilleuse ; mais ces indices accusaient encore mieux les douleurs, qui avaient été assez aiguës pour creuser ce visage, pour en dessécher les tempes, en rentrer les joues, en meurtrir les paupières et les dégarnir de cils, cette grâce du regard. Tout était silencieux en madame de Ballan. Sa démarche et ses mouvements avaient cette lenteur grave et recueillie qui imprime le respect. Sa modestie, changée en timidité, semblait être le résultat de l'habitude qu'elle avait prise, depuis quelques années, de s'effacer devant sa fille. Puis, sa parole était rare, douce, comme celle de toutes les personnes forcées de réfléchir, de se concentrer, de vivre en elles-mêmes. Cette attitude et cette contenance inspiraient un sentiment indéfinissable qui n'était ni la crainte, ni la compassion, mais dans lequel se fondaient mystérieusement toutes les idées que réveillent ces diverses affections. Enfin la nature de ses rides, la manière dont son visage était plissé, la pâleur de son regard endolori, tout témoignait éloquemment de ces larmes qui, dévorées par le cœur, ne tombent jamais à terre.

Les malheureux, accoutumés à contempler souvent le ciel, pour en appeler à lui des maux constants de leur vie, eussent facilement reconnu dans les yeux de cette mère les cruelles habitudes d'une prière faite à chaque instant du jour, et les légers vestiges de ces meurtrissures secrètes qui finissent par détruire toutes les fleurs de l'âme, et jusqu'au sentiment de la maternité. Les peintres ont des couleurs pour ces portraits; mais les idées et la parole sont impuissantes pour les traduire fidèlement; il s'y rencontre des phénomènes inexplicables dans les tons du teint, et dans l'air de la figure, choses que l'âme saisit par la vue; mais tout ce que l'art peut laisser en partage au poëte, est le récit des événements auxquels sont dus de si terribles bouleversements de la physionomie. Cette figure annonçait un orage calme et froid, un secret combat entre l'héroïsme de la douleur maternelle et l'infirmité de nos sentiments, qui sont finis comme nous-mêmes, et où rien ne se trouve d'infini. Puis, ces souffrances sans cesse refoulées avaient produit à la longue je ne sais quoi de morbide en cette femme. Sans doute quelques émotions trop violentes avaient physiquement altéré ce cœur maternel, et quelque maladie, un anévrisme peut-être, menaçait lentement cette femme à son insu. Les peines vraies sont en apparence si tranquilles dans le lit profond qu'elles se sont fait, où elles semblent dormir, mais où elles continuent à corroder l'âme comme l'acide pur qui perce le cristal.

En ce moment, deux larmes sillonnèrent les joues de madame de Ballan, et elle se leva, comme si quelque réflexion, plus poignante que les autres, l'eût vivement blessée. Elle avait sans doute jugé l'avenir de Moïna. Or, en prévoyant les douleurs qui attendaient sa fille, tous les malheurs de sa propre vie lui étaient retombés sur le cœur.

La situation de cette mère sera comprise en expliquant celle de sa fille.

M. le comte de Saint-Héreen était parti depuis environ six mois pour accomplir une mission politique. Pendant cette absence, Moïna, qui, à toutes les vanités de la petite maîtresse, joignait les capricieux vouloirs de l'enfant gâté, s'était amusée, par étourderie, ou pour obéir aux mille coquetteries de la femme, et peut-être pour en essayer le pouvoir, à jouer avec la passion d'un homme habile, mais sans cœur, se disant ivre d'amour, mais de cet amour avec lequel se combinent toutes les petites ambitions sociales et vaniteuses du fat.

Madame de Ballan, à laquelle une longue expérience avait appris à connaître la vie, à juger les hommes, à redouter le monde, avait observé la marche et les progrès de cette intrigue et pressentait la perte de sa fille, en la voyant tombée entre les mains d'un homme à qui rien n'était sacré. N'y avait-il pas, pour elle, quelque chose d'épouvantable à rencontrer *un roué* dans l'homme que Moïna écoutait avec plaisir. Donc, son enfant chéri se trouvait au bord d'un abîme; elle en avait une horrible certitude et n'osait l'arrêter; car elle tremblait devant la comtesse. Elle savait d'avance que Moïna n'écouterait aucun de ses sages avertissements, car elle n'avait aucun pouvoir sur cette âme, de fer pour elle, et toute moelleuse pour les autres. Sa tendresse l'eût portée à s'intéresser aux malheurs d'une passion justifiée par les nobles qualités du séducteur; mais sa fille suivait un mouvement de coquetterie; et la marquise méprisait M. de Vandenesse, sachant qu'il était homme à considérer sa lutte avec Moïna comme une partie d'échecs. Or, quoique Alfred de Vandenesse fît horreur à cette malheureuse mère, elle était obligée d'ensevelir dans le pli le plus profond de son cœur les raisons suprêmes de son aversion; car elle était intimement liée avec M. le comte de Vandenesse, père d'Alfred, et cette amitié, respectable aux yeux du monde, autorisait le jeune homme à venir familièrement chez madame de Saint-Héreen, pour laquelle il feignait une passion conçue dès l'enfance.

D'ailleurs, en vain madame de Ballan se serait-elle décidée à jeter entre sa fille et Alfred de Vandenesse une terrible parole qui les eût séparés; elle était certaine de n'y pas réussir, malgré la puissance de cette parole qui l'eût déshonorée aux yeux de sa fille. L'un avait trop de corruption, l'autre trop d'esprit pour croire à cette révélation, et le jeune vicomte l'eût éludée en la traitant de ruse maternelle.

Madame de Ballan avait bâti son cachot de ses propres mains, et s'y était murée elle-même pour y mourir, en voyant se perdre la belle vie de Moïna, cette vie devenue sa gloire, son bonheur et sa consolation, une existence, pour elle, mille fois plus chère que la sienne. Horribles souffrances, incroyables, sans langage. Abîmes sans fond !

Elle attendait impatiemment le lever de sa fille, et néanmoins le redoutait, semblable au malheureux condamné à mort qui voudrait en avoir fini avec la vie, et qui cependant a froid en pensant au bourreau. La marquise avait résolu de tenter un dernier effort; mais elle craignait peut-être moins d'échouer dans sa tentative, que de recevoir encore une de ces blessures si douloureuses à son cœur, qu'elles avaient épuisé tout son courage. Son amour de mère en était arrivé là ! Aimer sa fille, la redouter, appréhender un coup de poignard, et aller au devant! Le sentiment maternel est si large dans les cœurs aimants, qu'avant d'arriver à l'indifférence, une mère doit mourir, ou s'appuyer sur quelque grande puissance : la religion ou l'amour.

Depuis son lever, la fatale mémoire de la marquise lui avait retracé plusieurs de ces faits, petits en apparence, mais qui, dans la vie morale, sont de grands événements. En effet, parfois, un geste enferme tout un drame ; l'accent d'une parole déchire tout une vie ; l'indifférence d'un regard tue la plus heureuse passion. Or, la marquise de Ballan avait malheureusement vu trop de ces gestes, entendu trop de ces paroles, reçu trop de ces regards affreux à l'âme, pour que ses souvenirs pussent lui donner des espérances. Tout lui prouvait qu'Alfred l'avait perdue dans le cœur de sa fille où elle restait, elle, la mère, moins comme un plaisir que comme un devoir. Mille choses, des riens même, lui attestaient la conduite détestable de la comtesse envers elle, ingratitude que la marquise regardait peut-être comme une punition, voulant chercher des excuses à sa fille dans les desseins de la Providence, afin de pouvoir encore adorer la main qui la frappait.

Pendant cette matinée, elle se souvint de tout, et tout la frappa de nouveau si vivement au cœur, que sa coupe remplie de chagrins devait déborder si la plus légère peine y était jetée. Un regard froid pouvait tuer la marquise. Il est difficile de peindre ces faits domestiques ; mais quelques-uns suffiront peut-être à les indiquer tous.

Ainsi, la marquise étant devenue un peu sourde, n'avait jamais pu obtenir de Moïna qu'elle élevât la voix pour elle ; et le jour où, dans la naïveté de l'être souffrant, elle pria sa fille de répéter une phrase dont elle n'avait rien saisi, la comtesse obéit, mais avec un air de mauvaise grâce qui ne permit pas à madame de Ballan de réitérer sa modeste prière. Depuis ce jour, quand Moïna racontait un événement ou parlait, la marquise avait soin de s'approcher d'elle ; mais souvent la comtesse paraissait ennuyée de l'infirmité qu'elle reprochait étourdiment à sa mère. Cet exemple, pris entre mille, ne pouvait frapper que le cœur d'une mère ; et toutes ces choses eussent échappé peut-être à un observateur, car c'étaient des nuances insensibles pour d'autres yeux que ceux d'une femme. Ainsi, madame de Ballan ayant un jour dit à sa fille que la duchesse d'Avaugour était venue la voir, Moïna s'écria simplement : — Comment, elle est venue pour vous !

L'air dont ces paroles furent dites, l'accent que la comtesse y mit, peignaient, par de légères teintes, un étonnement, un mépris élégant, qui ferait trouver aux cœurs, toujours jeunes et tendres, de la philanthropie dans la coutume en vertu de laquelle les sauvages tuent leurs vieillards quand ils ne peuvent plus se tenir à la branche d'un arbre fortement secoué. Alors madame de Ballan se leva, sourit, et alla pleurer en secret. Les gens bien élevés, et les femmes surtout, ne trahissent leurs sentiments que par des touches imperceptibles, mais qui n'en font pas moins deviner les vibrations de leurs cœurs à ceux qui peuvent retrouver dans leur vie des situations analogues à celle de cette mère meurtrie.

Accablée par ces souvenirs, madame de Ballan retrouva l'un de ces faits microscopiques si piquants, si cruels, dont elle n'avait jamais mieux vu qu'en ce moment le mépris atroce, caché sous des sourires : mais ses larmes se séchèrent quand elle entendit ouvrir les persiennes de la chambre où reposait sa fille. Elle accourut en se dirigeant vers les fenêtres par le sentier qui passait le long de la grille devant laquelle elle était naguère assise. Tout en marchant, elle remarqua le soin particulier que le jardinier avait mis à ratisser le sable de cette allée, assez mal tenue depuis peu de temps. Quand madame de Ballan arriva sous les fenêtres de sa fille, les persiennes se refermèrent brusquement.

— Moïna, dit-elle.

Point de réponse.

— Madame la comtesse est dans le petit salon, dit la femme de chambre de Moïna, quand la marquise, rentrée au logis, demanda si sa fille était levée.

Madame de Ballan ayant le cœur trop plein, et

la tête trop fortement préoccupée pour réfléchir, en ce moment, sur des circonstances aussi légères, passa promptement dans le petit salon, où elle trouva la comtesse en peignoir, un bonnet négligemment jeté sur une chevelure en désordre, les pieds dans ses pantoufles, ayant la clef de sa chambre dans sa ceinture, le visage empreint de pensées presque orageuses, et des couleurs animées. Elle était assise sur un divan, et paraissait réfléchir.

— Pourquoi vient-on? dit-elle d'une voix dure...

— Ah! c'est vous, ma mère, reprit-elle d'un air distrait, après s'être interrompue elle-même.

— Oui, *mon enfant*, c'est *ta mère*...

L'accent avec lequel madame de Ballan prononça ces paroles peignit une effusion de cœur et une émotion intime, dont il serait difficile de donner une idée sans employer le mot de *sainteté*; car elle avait si bien revêtu le caractère sacré d'une mère que sa fille en fut frappée, et se tourna vers elle par un mouvement qui exprimait à la fois le respect, l'inquiétude et les remords. Madame de Ballan ferma la porte de ce salon, où personne ne pouvait entrer sans faire du bruit dans les pièces précédentes. Cet éloignement garantissait de toute indiscrétion.

— Ma fille, dit la marquise, il est de mon devoir de t'éclairer sur une des crises les plus importantes dans notre vie de femme, et dans laquelle tu te trouves à ton insu peut-être, mais dont je viens te parler moins en mère qu'en amie. En te mariant, tu es devenue libre de tes actions; tu n'en dois compte qu'à ton mari; mais je t'ai si peu fait sentir l'autorité maternelle (et ce fut un tort peut-être), que je me crois en droit de me faire écouter de toi, une fois au moins, dans la situation grave où tu dois avoir besoin de conseils. — Songe, Moïna, que je t'ai mariée à un homme d'une haute capacité, dont tu peux être fière, que...

— Ma mère, s'écria Moïna d'un air mutin et en l'interrompant, je sais ce que vous venez me dire... Vous allez me faire de la morale au sujet d'Alfred...

— Vous ne devineriez pas si bien, Moïna, reprit gravement la marquise en essayant de retenir ses larmes, si vous ne sentiez pas...

— Quoi? dit-elle d'un air presque hautain. Mais, ma mère, en vérité!

— Moïna, s'écria madame de Ballan en faisant un effort extraordinaire, il faut que vous entendiez attentivement ce que je dois vous dire...

— J'écoute, dit la comtesse en se croisant les bras et affectant une impertinente soumission.

— Permettez-moi, ma mère, dit-elle avec un sang-froid incroyable, il faut que je sonne Pauline et que je la renvoie...

Elle sonna.

— Ma chère enfant, Pauline ne peut pas entendre...

— Maman, reprit encore la comtesse d'un air sérieux, et qui aurait dû paraître extraordinaire à la mère, je dois...

Elle s'arrêta, la femme de chambre arrivait.

— Pauline, allez *vous-même* chez Herbault savoir pourquoi je n'ai pas encore mon chapeau...

Puis, elle se rassit; et regarda sa mère avec attention.

Alors, madame de Ballan, dont le cœur était gonflé, les yeux secs, et qui ressentait une de ces émotions dont les mères seules peuvent comprendre la douleur, prit la parole pour instruire Moïna du danger qu'elle courait. Mais, soit que la comtesse se trouvât blessée des soupçons que sa mère concevait sur le vicomte de Vandenesse, soit qu'elle fût en proie à l'une de ces folies incompréhensibles dont certains jeunes cœurs ont seuls le secret, elle profita d'une pause faite par sa mère pour lui dire en riant d'un rire forcé : — Maman, je ne vous croyais jalouse que du père...

A ce mot, madame de Ballan ferma les yeux, baissa la tête, poussa le plus léger de tous les soupirs; puis, jetant son regard en l'air, comme pour obéir au sentiment invincible qui nous fait invoquer Dieu dans les grandes crises de la vie, elle dirigea sur sa fille ses yeux pleins d'une majesté terrible et d'une profonde horreur.

— Ma fille, dit-elle d'une voix gravement altérée, vous avez été plus impitoyable envers votre mère que ne le fut l'homme offensé par elle, que ne le sera Dieu peut-être.

Ayant dit, madame de Ballan se leva, gagna la porte; arrivée là, elle se retourna, mais ne voyant que de la surprise dans les yeux de sa fille, elle sortit, et put aller jusque dans le jardin où ses forces l'abandonnèrent.

Là, ressentant au cœur de fortes douleurs, elle tomba sur un banc. Ses yeux, qui erraient sur le sable, y aperçurent la récente empreinte d'un pas d'homme, dont les bottes avaient laissé des marques très-reconnaissables. Sans croire Moïna perdue, elle en eut le soupçon, et crut comprendre alors le motif de la commission donnée à Pauline. Alors cette idée cruelle fut accompagnée d'une révélation plus odieuse que tout le reste. Elle supposa que le fils de M. de Vandenesse avait détruit dans le cœur de Moïna ce respect dû par une fille à sa mère, en toute espèce de circonstances. Sa souffrance s'accrut, elle s'évanouit insensiblement sur le banc, et y demeura comme endormie.

La jeune comtesse trouva seulement que sa mère s'était permis de lui donner *un coup de boutoir* un peu sec, et pensa que le soir une caresse ou quelques attentions feraient tous les frais du raccommodement.

Entendant un cri de femme dans le jardin, elle se pencha négligemment au moment où Pauline, qui n'était pas encore sortie, appelait au secours, et tenait madame de Ballan dans ses bras.

— N'effrayez pas ma fille! fut le dernier mot que devait prononcer la marquise.

Moïna vit transporter sa mère, pâle, inanimée, respirant avec difficulté, mais agitant les bras, comme si elle voulait ou lutter, ou parler. Atterrée par ce spectacle, Moïna suivit sa mère, aida silencieusement à la coucher sur son lit et à la déshabiller. Sa faute l'accabla. En ce moment suprême, elle connut sa mère, et ne pouvait plus rien réparer. Elle voulut être seule avec elle; et quand il n'y eut plus personne dans la chambre, qu'elle sentit le froid de cette main pour elle toujours caressante, elle fondit en larmes.

Réveillée par ces pleurs, la marquise put encore regarder sa chère Moïna; et, au bruit de ses sanglots, qui semblaient vouloir briser ce sein délicat et en désordre, elle contempla sa fille en souriant. Ce sourire prouvait à cette jeune parricide que le cœur d'une mère est un abîme au fond duquel se trouve toujours un pardon.

Aussitôt que l'état de la marquise fut connu, des gens à cheval avaient été expédiés pour aller chercher des médecins, des chirurgiens, et tous les enfants de madame de Ballan. La jeune marquise, la comtesse de Ballan et leurs enfants, arrivèrent en même temps que les gens de l'art et plusieurs amis; puis ils formèrent soudain une assemblée assez imposante, silencieuse et inquiète, à laquelle se mêlèrent les domestiques. La jeune marquise, qui n'entendait aucun bruit, vint frapper doucement à la porte de la chambre. A ce signal, Moïna, réveillée sans doute dans sa douleur, poussa brusquement les deux battants, et jeta des yeux hagards sur cette assemblée de famille.

La comtesse était dans un désordre qui parlait plus haut que le langage. A cet aspect, chacun resta muet et silencieux. Il était facile d'apercevoir les pieds de la marquise roides et tendus convulsivement sur le lit de mort. Moïna s'appuya sur la porte, regarda cette assemblée, et dit d'une voix creuse : — *J'ai perdu ma mère!*

Saint-Firmin, mai 1832.

LA FEMME VERTUEUSE.

La rue du Tourniquet-Saint-Jean était encore, il y a cinq à six ans, une des rues les plus tortueuses et les plus obscures du vieux quartier qui entoure l'Hôtel-de-Ville, à Paris. Elle serpentait le long des petits jardins de la préfecture et venait aboutir dans la rue du Martroi, précisément à l'angle d'un vieux mur maintenant abattu. C'était là qu'était situé le tourniquet auquel cette rue a dû son nom. Il ne fut guère détruit qu'en 1823, lorsque la ville de Paris fit construire, sur l'emplacement d'un jardin situé en cet endroit, une salle de bal pour la fête donnée au duc d'Angoulême à son retour d'Espagne.

Quant à l'entrée de la rue du Tourniquet par la rue de la Tixeranderie, elle n'offrait pas cinq pieds de largeur, et c'était cependant la partie la moins étroite de la chaussée. En temps de pluie, les eaux, débouchant de ce côté pour se jeter dans le ruisseau de la Tixeranderie, ne laissaient pas aux fantassins les plus affairés un seul pavé sur lequel ils pussent poser le pied. Des flots aussi noirs que ceux du Cocyte battaient aussitôt le pied des vieilles maisons qui bordaient cette voie boueuse, en entraînant les débris déposés par chaque ménage au coin des petites portes basses. Comme il n'était permis à aucun tombereau de passer par là, les habitants se reposaient de la salubrité de leur rue sur les orages et sur la bonté du ciel.

Lorsqu'un brillant soleil d'été dardait en plein midi ses rayons sur Paris, une nappe d'or, aussi tranchante que la lame d'un sabre, venait, pendant une heure tout au plus, illuminer les ténèbres de cette rue, mais sans pouvoir sécher l'humidité permanente qui régnait dans les rez-de-chaussée et aux premiers étages de ces maisons noires et silencieuses. Souvent au mois de juin, les habitants de ces espèces de tombeaux n'allumaient leurs lampes qu'à cinq heures du soir; mais, en hiver, ils ne les éteignaient jamais.

Aujourd'hui même, si un courageux piéton formait le dessein de se rendre du Marais sur les quais, en prenant, au bout de la rue du Chaume, l'obscur chemin tracé par les rues de l'Homme-Armé, des Billettes, et des Deux-Portes, et qui mène au Tourniquet-Saint-Jean par des voies encore plus étroites que celle dont nous avons donné l'idée, il lui semblerait ne marcher que sous des caves. Cependant presque toutes les rues de l'ancien Paris, dont les historiens ont tant vanté la splendeur, ressemblaient à ce dédale humide et sombre où les antiquaires peuvent encore admirer quelques singularités; et nos ancêtres y vivaient gras et bien portants, au dire de nos bisaïeules.

Avant la démolition de la maison qui occupait le coin droit formé par les rues du Tourniquet et de la Tixeranderie, les observateurs y remarquaient les vestiges de deux gros anneaux de fer scellés dans le mur, dernier reste de ces chaînes que le quartenier faisait jadis tendre, tous les soirs, pour la sûreté publique.

Cette obscure maison, l'une des plus remarquables du quartier par son antiquité, avait été bâtie avec des précautions qui prouvaient toute l'insalubrité de ces anciennes demeures auxquelles les passants donnaient le nom de cloaques. L'architecte en avait élevé les berceaux des caves à deux pieds environ au-dessus du sol, afin de permettre à l'air, tout humide qu'il était, d'assainir le rez-de-chaussée en ventilant un peu les planchers. Cet exhaussement des fondations obligeait à monter trois marches pour entrer dans la maison. Elle avait une petite porte bâtarde, dont le chambranle décrivait, dans sa partie supérieure, un cintre plein; et la pierre saillante qui en formait la clef était sculptée;

mais le temps avait rongé, de ses dents infatigables, la tête de femme et les arabesques qui ornaient ce linteau.

Trois fenêtres, dont l'appui se trouvait à hauteur d'homme, semblaient appartenir à un petit appartement complet, situé dans la partie du rez-de-chaussée de cette maison qui avait vue sur la tour du Tourniquet. Ces croisées, aussi dégradées que la porte antique, étaient défendues par de gros barreaux de fer très-espacés, et qui s'élargissaient en bas par une saillie ronde. Le bois de ces fenêtres garnies de petits carreaux d'un verre brun, mais propre, semblait vermoulu. Quelque passant curieux essayait-il d'interroger de l'œil les mystères que cachaient les deux chambres dont cet appartement se composait, il lui était impossible de voir un seul des meubles placés loin des croisées; et il fallait pour pouvoir découvrir, dans la seconde chambre, deux lits en serge verte réunis sous la boiserie d'une vieille alcove, qu'un rayon de soleil bien vif illuminât la rue.

Mais le soir, sur les cinq heures, quand la chandelle était allumée, l'observateur apercevait, à travers la fenêtre de la première pièce, une vieille femme, assise sur une escabelle au coin d'une cheminée en pierre, attisant le feu d'un réchaud sur lequel reposait l'espoir d'un repas frugal. Alors il n'était pas difficile d'inventorier de l'œil les rares ustensiles de cuisine et de ménage accrochés au fond de cette salle. A cette heure, une vieille table, posée sur un X, et dénuée de linge, attendait qu'on la chargeât de quelques couverts d'étain et de l'unique plat surveillé par la vieille.

Trois méchantes chaises au plus meublaient cette espèce d'antichambre qui servait à la fois de cuisine et de salle à manger. Au-dessus de la tablette de la cheminée s'élevait un fragment de miroir, un briquet, trois verres, des allumettes et un grand pot blanc tout ébréché. On croyait voir le temple de la misère. Le carreau de la salle, les ustensiles, la cheminée, tout plaisait néanmoins par la propreté qui y régnait; et cet asile sombre et froid respirait un esprit d'ordre et d'économie.

Le visage pâle et ridé de la vieille femme était même en harmonie avec l'obscurité de la rue et la rouille de la maison : à la voir au repos, sur sa chaise, on eût dit qu'elle faisait partie de l'immeuble au sein duquel elle vivait. Sa figure, où je ne sais quelle vague expression de malice triomphait d'une bonhomie affectée, était couronnée par un bonnet de tulle rond et plat sous lequel elle cachait assez mal des cheveux blancs. Elle était toujours vêtue d'une robe d'étoffe brune. Ses grands yeux gris étaient aussi calmes que la rue, et les rides nombreuses de son visage pouvaient se comparer aux crevasses des murs. Soit qu'elle fût née dans la misère, soit qu'elle fût déchue d'une splendeur passée, elle paraissait résignée depuis longtemps à la simplicité monastique de son existence.

Depuis le lever du soleil jusqu'au soir, sauf les moments où elle préparait les repas et ceux où elle s'absentait chargée d'un panier pour aller chercher les provisions, cette vieille femme se tenait dans l'autre chambre devant la dernière croisée. Là, elle était en face d'une jeune fille qui semblait n'avoir jamais bougé du fauteuil de velours rouge sur lequel on la voyait toujours assise.

A toute heure du jour les passants apercevaient la jeune ouvrière, le cou penché sur un métier à broder et travaillant avec ardeur à de merveilleuses parures. Sa mère, ayant un tambour vert sur les genoux, s'occupait à faire du tulle; mais ses doigts n'étaient plus si agiles qu'autrefois à remuer les bobines, et sa vue paraissait faible; car son nez sexagénaire portait une paire de ces antiques lunettes qui se tiennent d'elles-mêmes sur le bout des narines, par la force avec laquelle elles les compriment.

Quand venait le soir, une lampe était placée entre ces deux laborieuses créatures, et sa lumière, passant à travers deux globes de verre remplis d'une eau pure, jetait sur le métier et sur le tambour une forte lueur blanche qui permettait de voir les fils les plus déliés fournis par les bobines, et les dessins les plus délicats tracés sur l'étoffe que brodait l'ouvrière.

La courbure des barreaux avait permis à la jeune fille de placer, sur l'appui de la croisée, une longue caisse en bois pleine de terre, d'où s'élançaient des pois de senteur, des capucines, un petit chèvrefeuille malingre, et des volubilis dont les tiges débiles grimpaient autour des barreaux. Ces plantes presque étiolées donnaient de pâles fleurs. C'était une harmonie de plus qui jetait je ne sais quoi de triste et de doux dans le tableau offert par la croisée dont la baie servait de cadre à ces deux figures.

A l'aspect fortuit de cette scène d'intérieur le passant le plus égoïste emportait des idées de travail, de modestie, et une image complète des luttes de cette vie terrestre. En effet, il n'était pas difficile de voir, au premier coup d'œil, que la jeune ouvrière ne vivait que par son aiguille, et que ces deux femmes n'avaient rien à attendre que de leur courage. Ce fragile métier était tout leur revenu.

Bien des gens n'atteignaient pas le Tourniquet sans s'être demandé comment un tel souterrain pouvait contenir des habitants, et comment une jeune fille pouvait y conserver des couleurs. Un étudiant passait-il par là pour gagner le pays latin, sa jeune et vive imagination lui faisait déplorer cette vie obscure et végétative, semblable à celle du lierre qui tapisse de froides murailles, ou à celle de ces paysans voués au travail, qui naissent, labourent et meurent ignorés du monde qu'ils ont nourri. Un rentier se disait, après avoir examiné la maison avec l'œil d'un propriétaire : — Que deviendront ces deux femmes si la broderie vient à n'être plus de mode? Chaque passant acceptait les sensations que lui donnait ce spectacle, un des milliers dont l'œil du Parisien peut se repaître dans une promenade; mais sur les cinquante personnes qui traversaient journellement, et comme des ombres, cette rue ténébreuse, aucune peut-être ne se sentait le cœur ému d'une compassion vraie. Cependant la nature humaine est si bizarre qu'il ne faudrait pas la flétrir sans ménagement, par un arrêt aussi absolu.

Parmi les gens qu'une place à l'Hôtel-de-Ville ou au Palais forçait à passer par cette rue à des heures fixes, soit pour se rendre à leurs affaires, soit pour retourner dans leurs quartiers respectifs, peut-être se trouvait-il quelque cœur charitable. Peut-être un homme veuf ou un Adonis de quarante ans, à force de sonder les replis de cette vie malheureuse, comptait-il sur la détresse de la mère et de la fille, pour, un jour, posséder, à bon marché, l'innocente ouvrière dont il admirait périodiquement les mains agiles et potelées, le cou frais et la peau éblouissante de blancheur. Ce dernier attrait était dû, sans doute, à l'habitation de cette rue sans soleil. Mais peut-être aussi quelque honnête employé à douze cents francs d'appointements, témoin journalier de l'ardeur dont cette jeune fille était possédée pour le travail, admirateur de ses mœurs pures, attendait-il une augmentation de traitement ou une place supérieure avant de lui offrir sa main, pour unir une vie obscure à une vie obscure, un leur obstiné à un autre, apportant au moins et un bras d'homme pour soutenir cette existence, et un paisible amour, décoloré comme les fleurs de la bisée.

Il semblait que ces vagues espérances animassent les yeux ternes et gris de la vieille mère. En effet chaque matin, après le plus modeste de tous les déjeuners, elle revenait prendre son tambour, plutôt par maintien que par obligation, car elle posait ses lunettes sur une petite travailleuse de bois rougi, aussi vieille qu'elle ; et alors elle passait en revue, de huit heures et demie à dix heures environ, tous les gens habitués à traverser la rue. Elle recueillait leurs regards, faisait des observations sur leurs démarches, sur leurs toilettes, sur leurs physionomies. Elle semblait leur marchander sa fille, tant ses yeux babillards essayaient d'établir entre elle et eux de sympathiques affections par un manége digne des coulisses. On devinait facilement que cette revue était pour elle un spectacle, et son seul plaisir peut-être.

Rarement sa fille levait la tête. La pudeur ou peut-être le sentiment pénible de sa détresse semblait retenir sa figure attachée sur le métier productif. Pour qu'elle consentit à montrer aux passants sa petite mine malicieuse et chiffonnée, il fallait que sa mère eût poussé quelque exclamation de surprise. Alors seulement, l'employé qui avait mis une redingote neuve, ou celui qui s'était montré donnant le bras à une femme, pouvaient voir le nez légèrement retroussé de l'ouvrière, sa petite bouche qui ressemblait à un ruban rose froncé sur une robe, et ses yeux gris pétillants de vie, malgré la fatigue dont elle était accablée. Ses laborieuses insomnies ne se trahissaient guère que par le cercle moins blanc, dessiné sous chacun de ses yeux, sur la peau fraiche de ses pommettes animées.

La pauvre chère enfant semblait être née pour l'amour et la gaieté : pour l'amour, qui avait peint, au-dessus de ses paupières bridées, deux arcs parfaits, et qui lui avait donné une si ample forêt de cheveux châtains qu'elle pouvait, sous sa chevelure, se trouver comme sous un pavillon impénétrable à l'œil d'un amant ; pour la gaieté, qui agitait ses deux narines mobiles, qui formait peut-être deux fossettes dans ses joues fraiches et lui faisait si vite oublier ses peines ; enfin, pour la gaieté, qui, semblable à l'espérance, lui donnait la force d'apercevoir sans frémir l'aride chemin de sa vie.

La tête de la jeune fille était toujours merveilleusement bien peignée. Selon l'habitude des ouvrières de Paris, toute sa toilette semblait faite quand elle avait capricieusement disposé sa coiffure et retroussé en deux arcs le petit bouquet de cheveux bruns qui se jouait de chaque côté des tempes, faisant ressortir ainsi par un contraste la blancheur de sa peau. La naissance de sa chevelure avait tant de grâce, la ligne de bistre, dessinée sur son cou, donnait une si charmante idée de sa jeunesse et de ses attraits, que l'observateur, en la voyant penchée sur son ouvrage, sans que le bruit lui fit relever la tête, pouvait l'accuser d'un raffinement de coquetterie. D'aussi séduisantes promesses excitaient la curiosité de plus d'un jeune homme qui se retournait en vain dans l'espérance de voir ce modeste visage.

— Caroline, nous avons un habitué de plus, et aucun de nos anciens ne le vaut!

Ces paroles, prononcées à voix basse par la mère dans une matinée du mois d'août 1815, avaient vaincu l'indifférence de la jeune ouvrière; mais quand elle regarda dans la rue, l'inconnu était déjà passé.

— Il s'est donc envolé?... demanda-t-elle.

— Il reviendra sans doute à quatre heures, je le verrai venir, et je t'avertirai en te poussant le pied. Je suis sûre qu'il repassera, car voilà trois jours qu'il prend par notre rue. Il est inexact dans ses heures. Le premier jour il est arrivé à six heures, avant-hier à quatre, et hier à trois. Je me souviens de l'avoir vu autrefois de loin en loin. C'est sans doute un employé de la préfecture, qui aura changé d'appartement dans le Marais.

— Tiens, ajouta-t-elle, après avoir jeté un coup d'œil dans la rue, notre monsieur à l'habit marron a pris perruque.... Comme cela le change!

Puis, comme le monsieur à l'habit marron était celui des habitués qui fermait la procession quotidienne, la vieille mère, remettant ses lunettes, reprit son ouvrage, non sans avoir poussé un soupir et jeté sur sa fille un si singulier regard, qu'il eût été difficile à Lavater lui-même de l'analyser. Il y avait à la fois de l'admiration et de la reconnaissance, mais aussi une sorte d'espérance pour un meilleur avenir, mêlée à l'orgueil de posséder une fille aussi jolie.

Le soir, sur les quatre heures, la vieille fut fidèle à pousser le pied de Caroline, qui leva son visage blanc et rose assez à temps, cette fois, pour voir le nouvel acteur dont la présence devait animer cette scène.

L'inconnu paraissait avoir trente-cinq ans environ. C'était un homme grand, mince, pâle et vêtu de noir. Sa démarche avait quelque chose de solennel. Quand son œil fauve et perçant rencontra le regard terni de la vieille, il la fit trembler, car elle crut s'apercevoir que cet homme avait le pouvoir de lire au fond des cœurs. Son abord devait être aussi glacial que l'air de cette rue froide. Il se tenait très-droit. Le teint terreux et verdâtre de son visage était-il le résultat de travaux excessifs, ou produit par une santé frêle et maladive?... Ce fut un problème résolu par la vieille mère de vingt manières différentes chaque soir et chaque matin.

Quant à Caroline, elle devina, sur ce visage austère et abattu, les traces d'une longue souffrance d'âme. Ce front facile à se rider, ces joues légèrement creusées gardaient l'empreinte du sceau dont le malheur marque ses sujets, comme pour leur laisser la consolation de se reconnaître d'un œil fraternel et de s'unir pour lui résister. Si le regard de la jeune fille s'anima d'abord d'une curiosité bien innocente, il prit une douce expression de sympathie et de pitié à mesure que l'inconnu s'éloignait, semblable au dernier parent qui ferme un convoi.

La chaleur était en ce moment si forte et la distraction du passant si grande, qu'il n'avait pas remis son chapeau en traversant cette rue malsaine: alors, Caroline put remarquer, pendant le moment fugitif où elle l'observa, quelle apparence de sévérité était répandue sur sa figure par la manière dont ses cheveux se relevaient en brosse au-dessus de son front large.

L'impression vive, mais sans charme, ressentie par Caroline à l'aspect de cet homme, ne ressemblait à aucune des sensations que les autres habitués lui avaient fait éprouver. C'était la première fois que sa compassion s'exerçait sur un autre que sur elle-même et sur sa mère. Elle ne répondit rien à toutes les conjectures bizarres qui fournirent un aliment à l'agaçante loquacité de la vieille; mais, tout en tirant sa longue aiguille dessus et dessous le tulle tendu, elle regrettait de ne pas avoir assez vu l'étranger, et attendit au lendemain pour porter sur lui un jugement définitif.

Néanmoins, c'était peut-être la première fois qu'un des habitués de la rue lui suggérait autant de réflexions; car, ordinairement, elle n'opposait qu'un sourire triste à toutes les suppositions de sa mère, qui lui créait un amant dans chaque passant. Si de semblables idées, beaucoup trop imprudemment présentées par cette mère à Caroline, n'éveillaient point en elle de mauvaises pensées, il ne fallait l'attribuer qu'à ce travail obstiné et malheureusement nécessaire qui consumait les forces de sa précieuse jeunesse, et devait infailliblement altérer un jour la limpidité magique de ses yeux ou lui ravir les tendres couleurs dont ses joues blanches étaient encore nuancées.

Pendant deux grands mois environ, la nouvelle connaissance eut une allure très-capricieuse. L'inconnu ne passait pas toujours par la rue du Tourniquet, et son infidélité était palpable; car la vieille le voyait le soir sans l'avoir aperçu le matin quand il prenait cette route en affection. Il ne revenait p à des heures aussi fixes que les autres employés qui servaient de pendule à madame Crochard. Enfin, sauf la première rencontre, où son regard avait inspiré une sorte de crainte à la vieille mère, jamais ses yeux ne parurent faire attention à l'aspect pittoresque que présentaient ces deux gnomes femelles.

A l'exception de deux grandes portes aussi vieilles qu'Hérode, et de la boutique obscure d'un ferrailleur, la rue du Tourniquet n'offrait que des fenêtres grillées qui éclairaient les escaliers de quelques maisons voisines par des jours de souffrance; et alors, le peu de curiosité du passant ne pouvait pas se justifier par de dangereuses rivalités. Aussi, madame Crochard était-elle piquée de voir *son monsieur noir*, toujours gravement préoccupé, tenir les yeux baissés vers la terre ou levés en avant comme s'il eût voulu lire l'avenir dans le brouillard du Tourniquet.

Un matin, vers la fin de septembre, la tête lutine de Caroline Crochard se détachait si brillamment sur le fond obscur de sa chambre ; elle se montrait si fraîche au sein des fleurs tardives et des feuillages flétris entrelacés autour des barreaux de la fenêtre, et le tableau journalier présentait alors des oppositions d'ombre et de lumière, de blanc et de rose, si curieusement mariées soit avec les festons de la mousseline que brodait la gentille ouvrière, soit avec les tons bruns et rouges des fauteuils, que l'inconnu contempla fort attentivement les effets piquants de cette scène.

Mais il faut avouer aussi, que, fatiguée de l'indifférence de son monsieur noir, la vieille mère avait pris le parti de faire un tel cliquetis avec ses bobines, que le passant morne et soucieux fut peut-être contraint par ce bruit insolite à contempler les humbles et douces misères de ce tableau.

L'étranger échangea avec Caroline seulement un regard, rapide il est vrai, mais par lequel leurs âmes eurent un léger contact. Ils conçurent tous deux le pressentiment qu'ils penseraient l'un à l'autre. Aussi, le soir, à quatre heures, quand l'inconnu revint, Caroline distingua le bruit de ses pas sur le pavé criard ; et, quand ils s'examinèrent, il y eut, de part et d'autre, une sorte de préméditation. Les yeux du passant furent animés d'un sentiment de bienveillance, et il sourit tandis que Caroline rougissait. La vieille mère les observa tous deux d'un air satisfait. A compter de cette mémorable matinée, le monsieur noir traversa, deux fois par jour, la rue du Tourniquet, sauf quelques exceptions que les deux femmes surent reconnaître.

Elles jugèrent, d'après l'irrégularité de ses heures de retour, qu'il n'était ni aussi promptement libre ni aussi strictement exact qu'un employé subalterne.

Pendant les trois premiers mois de l'hiver, matin et soir, Caroline et le passant se virent pendant le temps bien court qu'il mettait à franchir l'espace de chaussée occupé par la porte et les trois fenêtres de la maison. Mais de jour en jour cette vision rapide contracta une intimité bienveillante et douce qui prit quelque chose de fraternel. Leurs âmes parurent d'abord se comprendre ; puis, à force d'examiner l'un et l'autre leurs visages, ils en prirent lentement en détail une connaissance approfondie. Ce fut bientôt comme une visite que le passant faisait à Caroline.

Le dimanche, ou si un jour, par hasard, son monsieur noir ne lui apportait pas le sourire à demi formé par sa bouche éloquente et le regard ami de ses yeux noirs, il manquait quelque chose à la petite ouvrière : c'était une journée incomplète. Elle ressemblait à ces vieillards pour lesquels la lecture de leur journal est devenue un tel plaisir que le lendemain d'une fête solennelle ils s'en vont, tout déroutés, demandant, autant par mégarde que par impatience, la feuille quotidienne, à l'aide de laquelle ils trompent un moment le vide de leur existence. Mais ces fugitives apparitions avaient, autant pour l'inconnu que pour Caroline, l'intérêt d'une lecture. C'était la causerie familière de deux amis. La jeune fille ne pouvait pas plus dérober à l'œil intelligent de son silencieux ami, une tristesse, une inquiétude, un malaise, que celui-ci ne pouvait cacher à Caroline une préoccupation.

— Il a eu du chagrin hier !... était une pensée qui naissait souvent au cœur de l'ouvrière quand elle contemplait la figure altérée du monsieur noir.

— Oh ! il a beaucoup travaillé ! était une exclamation due à d'autres nuances que Caroline savait distinguer.

L'inconnu devinait aussi que la jeune fille avait passé son dimanche à finir la robe dont il connaissait si bien le dessin. Il voyait, aux approches des termes de loyer, quelques inquiétudes assombrir cette jolie figure, et il savait quand Caroline avait veillé. Mais il avait surtout remarqué comment les pensées tristes qui défloraient les traits gais et délicats de cette tête, s'étaient graduellement dissipées à mesure que leur connaissance avait vieilli.

Quand la bise inexorable de l'hiver vint sécher les tiges, les fleurs et les feuillages du jardin parisien qui décorait la fenêtre, et que la fenêtre se ferma, l'inconnu n'avait pas vu sans un sourire doucement malicieux la clarté extraordinaire du carreau qui se trouvait à la hauteur de la tête de Caroline. L'absence d'un foyer généreux et quelques traces d'une rougeur qui couperosait la figure des deux femmes, lui dénoncèrent l'indigence du petit ménage ; mais si alors une douloureuse compassion se peignait dans ses yeux, Caroline lui opposait un visage fier et brillant de gaieté.

Cependant tous les sentiments éclos au fond de leurs cœurs y restaient ensevelis sans qu'aucun événement leur en apprît l'un à l'autre la force et l'étendue. Ils ne connaissaient même pas le son de leurs voix. Il y a plus, ces deux amis muets se gardaient, comme d'un malheur, de s'engager dans une plus intime union. Chacun d'eux semblait craindre d'apporter à l'autre une infortune plus pesante que celle qu'il aurait à partager. Était-ce cette pudeur d'amitié qui les arrêtait ainsi ? Était-ce l'appréhension d'égoïsme ou la méfiance atroce qui séparent tous les habitants réunis dans les murs d'une nombreuse cité ? Ou plutôt la voix secrète de leur conscience les avertissait-elle d'un péril prochain ? Il serait impossible d'expliquer le sentiment qui les rendait aussi ennemis qu'amis, aussi indifférents l'un à l'autre qu'ils étaient attachés, aussi unis d'instinct que séparés par le fait. Peut-être chacun d'eux voulait-il conserver ses illusions.

On eût dit, parfois, que l'inconnu craignait d'entendre sortir des paroles grossières de ces lèvres aussi fraîches, aussi pures qu'une fleur, et que Caroline ne se croyait pas digne de cet être mystérieux en qui tout révélait le pouvoir et la fortune.

Quant à madame Crochard, cette tendre mère semblait mécontente de l'indécision dans laquelle restait sa fille. Elle montrait une mine boudeuse à son monsieur noir, auquel elle avait jusque là toujours souri d'un air aussi complaisant que servile. Jamais elle ne s'était plainte si amèrement à sa fille d'être encore à son âge obligée de faire la cuisine. A aucune époque ses rhumatismes et son catarrhe ne lui avaient arraché autant de gémissements. Enfin, ses doigts engourdis ne surent pas faire, pendant cet hiver, le nombre d'aunes de tulle sur lequel Caroline avait toujours compté.

Dans ces circonstances et vers la fin du mois de décembre, à l'époque où le pain était le plus cher, et où l'on ressentait déjà le commencement de cette cherté des grains qui rendit l'année 1816 si cruelle aux pauvres gens, le passant remarqua, sur le visage de la jeune fille dont il ignorait encore le nom, les traces affreuses d'une pensée secrète que ses sourires bienveillants ne dissipèrent pas. Bientôt il reconnut, dans les yeux de Caroline, les flétrissants indices d'un travail nocturne.

Le douze janvier 1816, l'inconnu revenait un soir sur le minuit, et, contrairement à ses habitudes, par la rue du Tourniquet-Saint-Jean, lorsque, dans le silence de la nuit, il entendit, de loin, avant d'arriver à la maison de Caroline, la voix pleurarde de la vieille mère et celle plus douloureuse de la jeune ouvrière, qui retentissaient mêlées aux sifflements d'une pluie de neige.

Alors il tâcha d'arriver à pas lents ; puis, au risque d'être pris pour un voleur, il se tapit devant la croisée, et se mit à écouter, en examinant la mère et la fille par le plus grand des trous qui faisaient ressembler les rideaux de mousseline jaunie à ces grandes feuilles de chou mangées en rond par de voraces insectes. Le curieux passant vit un papier timbré sur la table qui séparait les deux métiers, et sur laquelle était posée la lampe, entre les deux globes pleins d'eau. Il reconnut facilement une assignation. Madame Crochard pleurait ; Caroline lui parlait, sa voix troublée avait un son guttural qui en altérait sensiblement le timbre doux et caressant.

— Pourquoi tant te désoler, ma mère ?... M. Rigolet ne vendra pas nos meubles et ne nous chassera pas avant que j'aie terminé cette robe !... Encore deux nuits, et j'irai la porter chez madame Chignard.

— Et si elle te fait attendre comme toujours ?... mais, en tout cas, le prix de ta robe payera-t-il aussi le boulanger ?

Le spectateur de cette scène possédait une telle habitude de lire sur les visages, qu'il crut entrevoir autant de fausseté dans la douleur de la mère que de vérité dans le chagrin sans emphase de sa fille. Il disparut avec une célérité fantasmagorique ; mais quarante minutes s'étaient à peine écoulées, qu'il était revenu.

Quand il regarda par le trou de la mousseline, il ne vit plus que Caroline. La mère était couchée. Penchée sur son métier, la jeune ouvrière travaillait avec une infatigable activité. Sur la table, à côté de l'assignation, il y avait un morceau de pain triangulairement coupé et posé sans doute là pour la nourrir pendant la nuit, ou peut-être pour lui rappeler la récompense de son courage.

L'inconnu frissonna d'attendrissement et de douleur. Il tenait à la main une bourse de soie verte qui contenait dix pièces d'or, il la jeta à travers un carreau de papier, de manière à la faire tomber aux pieds de la jeune fille ; puis, sans jouir de sa surprise, il s'évada le cœur palpitant, les joues en feu.

Le lendemain, le triste et sauvage étranger passa en affectant un air préoccupé ; mais il ne put échapper à la récompense qui l'attendait. Des larmes roulaient dans les yeux de Caroline. Elle avait ouvert la fenêtre et s'amusait à bêcher, avec un couteau, la caisse carrée couverte de neige, prétexte dont la maladresse ingénieuse annonçait à son bienfaiteur qu'elle ne voulait pas, cette fois, le voir à travers les vitres.

Elle fit à son dédaigneux protecteur un signe de tête comme pour lui dire :

— Je ne puis vous payer qu'avec le cœur !...

Il parut ne rien comprendre à l'expression de cette reconnaissance vraie. Le soir, quand il repassa, Caroline était occupée à recoller une feuille de papier sur la vitre brisée. Alors elle sourit du sourire des anges, en montrant comme une promesse l'émail blanc de ses dents brillantes.

Le monsieur noir prit dès lors un autre chemin et ne se montra plus dans la rue du Tourniquet.

———

Dans les premiers jours du mois de mai, un samedi matin que Caroline apercevait, entre les deux lignes noires des maisons, une faible portion d'un ciel bleu sans nuages, et pendant qu'elle arrosait avec un verre d'eau le pied de son chèvrefeuille, elle dit à sa mère :

—Maman, il faut aller demain nous promener à Montmorency.

A peine cette phrase était-elle prononcée d'un air joyeux, que le monsieur noir vint à passer, plus triste et plus accablé que jamais.

Le chaste et caressant regard que Caroline lui jeta pouvait passer pour une invitation.

Le lendemain, quand madame Crochard, vêtue d'une redingote de mérinos brun-rouge, d'un chapeau de soie et d'un schall à grandes raies imitant le cachemire, se présenta avec sa fille pour choisir un coucou au coin de la rue du Faubourg-Saint-Denis et de la rue d'Enghien, ils y trouvèrent leur inconnu, planté sur ses pieds, comme un homme qui attend sa femme.

Un sourire de plaisir dérida la figure triste de l'étranger quand il aperçut Caroline, dont le petit pied était chaussé par des guêtres de prunelle couleur puce, dont la robe blanche, emportée par un vent perfide pour les femmes mal faites, dessinait les formes attrayantes, et dont la figure, ombragée par un chapeau de paille de riz doublé en satin rose, était comme illuminée d'un reflet céleste. Sa large ceinture de couleur puce faisait valoir une taille à saisir entre les deux mains. Ses cheveux, partagés en deux bandeaux de bistre sur un front blanc comme de la neige, lui donnaient un air de candeur que rien ne démentait. Le plaisir semblait la rendre aussi légère que la paille élégante de son chapeau ; mais il y eut en elle une espérance qui éclipsa tout à coup sa parure et sa beauté quand elle vit le monsieur noir.

Ce dernier, qui semblait irrésolu, fut peut-être décidé à servir de compagnon de voyage à Caroline par la révélation subite du bonheur qu'elle ressentait. Alors il loua, pour aller à Saint-Leu-Taverny, un cabriolet dont le cheval paraissait assez bon, et il offrit à madame Crochard et à sa fille d'y prendre place. La vieille mère accepta sans se faire prier ; et ce ne fut qu'au moment où la voiture se trouva sur la route de Saint-Denis qu'elle s'avisa d'avoir des scrupules et de hasarder quelques civilités sur la gêne qu'elle et sa fille allaient causer à leur compagnon.

— Monsieur voulait peut-être se rendre seul à Saint-Leu ? dit-elle avec une fausse bonhomie.

Mais elle ne tarda pas à se plaindre de la chaleur et surtout de son catarrhe, qui, disait-elle, ne lui avait pas permis de fermer l'œil une seule fois pendant la nuit. Aussi à peine la voiture eut-elle atteint Saint-Denis, que madame Crochard parut endormie.

Quelques-uns de ses ronflements semblèrent suspects à l'inconnu, qui, fronçant les sourcils, regarda la vieille mère d'un air singulièrement soupçonneux.

— Oh ! elle dort !... dit naïvement Caroline ; elle n'a pas cessé de tousser depuis hier soir. Elle doit être bien fatiguée...

Pour toute réponse, le compagnon de voyage jeta sur la jeune fille un rusé sourire, comme s'il lui disait : — Innocente créature !... tu ne connais pas ta mère !

Cependant, malgré sa défiance, et au bout d'une demi-heure, quand la voiture roula sur la terre dans cette longue avenue de peupliers qui conduit à Eaubonne, le monsieur noir crut madame Crochard réellement endormie ; mais peut-être aussi ne voulait-il plus examiner jusqu'à quel point ce sommeil était feint ou véritable.

En effet, soit que la beauté du ciel, l'air pur de la campagne et ces parfums enivrants répandus par les premières pousses des peupliers, par les fleurs du saule, et par celles des épines blanches, eussent disposé son cœur à s'épanouir comme la nature ;

soit qu'une plus longue contrainte lui devînt importune, ou soit que les yeux pétillants de Caroline eussent répondu à l'inquiétude des siens, l'inconnu entreprit, avec sa jeune compagne, qui ne dormait pas, une conversation aussi vague que les balancements des arbres sous l'effort de la brise, aussi vagabonde que les détours du papillon dans l'air bleu, aussi peu raisonnée que la voix doucement mélodieuse des champs, mais empreinte comme elle d'un mystérieux amour.

A cette époque la campagne n'est-elle pas frémissante comme une fiancée qui a revêtu sa robe d'hyménée, et ne convie-t-elle pas au plaisir les âmes les plus obtuses?

Ah! quitter les rues froides et ténébreuses du Marais pour la première fois depuis le dernier automne, et se trouver au sein de l'harmonieuse et pittoresque vallée de Montmorency, la traverser au matin, en ayant devant les yeux l'infini de ses horizons, et pouvoir reporter, de là, son regard sur des yeux qui peignent aussi l'infini en exprimant l'amour!... Ah! quels cœurs resteraient glacés, quelles lèvres garderaient un secret!

L'inconnu trouva Caroline plus gaie que spirituelle, plus aimante qu'instruite; mais si son rire accusait de la folâtrerie, ses paroles promettaient un sentiment vrai. Quand, aux interrogations sagaces de son compagnon, la jeune fille répondait par une effusion de cœur dont les classes inférieures sont moins avares que les gens huchés sur le parquet des hauts salons, la figure du monsieur noir s'animait et semblait renaître. Sa physionomie perdait par degrés la tristesse qui en contractait les traits; puis, de teinte en teinte, elle prit un air de jeunesse et un caractère de beauté qui rendirent Caroline toute fière et heureuse.

L'ouvrière devina que son protecteur était un être sevré depuis longtemps de tendresse et d'amour, de plaisir et de caresses, ou que peut-être il ne croyait pas au dévouement d'une femme. Enfin, une saillie inattendue du léger babil de Caroline enleva le dernier voile qui ôtait à la figure de l'inconnu toute sa splendeur. Ce dernier sembla faire un éternel divorce avec des idées importunes, et il déploya toute la vivacité d'âme que décelait alors sa figure redevenue jeune.

La causerie devint insensiblement si familière, qu'au moment où la voiture s'arrêta, aux premières maisons du long village de Saint-Leu, Caroline nommait l'inconnu M. Eugène, et, pour la première fois seulement, la vieille mère se réveilla.

— Caroline, elle aura tout entendu!... dit Eugène d'une voix soupçonneuse à l'oreille de la jeune fille.

Caroline répondit par un ravissant sourire d'incrédulité: il dissipa le nuage sombre que la crainte d'un calcul chez la mère avait répandu sur le front de cet homme défiant.

Sans s'étonner de rien, et approuvant tout, madame Crochard suivit sa fille et M. Eugène dans le parc de Saint-Leu, où les deux jeunes gens étaient convenus d'aller pour y visiter les riantes prairies et les bosquets embaumés que le goût de la reine Hortense a rendus si célèbres.

— Mon Dieu, que cela est beau!... s'écria Caroline, lorsque, montée sur la croupe verte où commence la forêt de Montmorency, elle aperçut à ses pieds l'immense vallée qui déroulait les richesses de ses coteaux semés de villages, les horizons bleuâtres de ses collines, ses clochers, ses prairies, ses champs, et dont le murmure vint expirer à l'oreille de la jeune fille comme un bruissement de la mer. Les trois voyageurs côtoyèrent les délicieux rivages d'une rivière factice, et ils arrivèrent à cette vallée suisse dont le châlet reçut plus d'une fois la reine Hortense et Napoléon.

Quand Caroline se fut assise, avec un saint respect, sur le banc de bois moussu où s'étaient reposés des rois, des princesses et l'empereur, madame Crochard manifesta le désir opiniâtre d'aller voir de plus près un pont suspendu entre deux rochers qu'elle apercevait au loin; et, se dirigeant vers cette curiosité champêtre, elle laissa son enfant sous la garde de M. Eugène, en lui disant qu'elle ne le perdrait pas de vue.

— Eh quoi! pauvre petite, s'écria Eugène, vous n'avez jamais désiré la fortune et les jouissances du luxe? Vous ne souhaitez pas quelquefois de porter les belles robes que vous brodez?

— Je vous mentirais, monsieur Eugène, si je vous disais que je ne pense pas au bonheur dont jouissent les riches. Ah! oui, je songe souvent, quand je m'endors surtout, au plaisir que j'aurais de voir ma pauvre mère ne pas être obligée d'aller, tel temps qu'il fasse, chercher nos petites provisions!... à son âge!... Je voudrais que le matin une femme de ménage lui apportât, pendant qu'elle est encore au lit, son café bien sucré avec du sucre blanc. Elle aime à lire des romans, la pauvre bonne femme!... eh bien, je préférerais lui voir user ses yeux à sa lecture favorite, plutôt qu'à remuer des bobines depuis le matin jusqu'au soir. Il lui faudrait aussi un peu de bon vin. Enfin je voudrais la savoir heureuse, elle est s bonne!

— Elle vous a donc bien prouvé sa bonté?...

— Oh!... répliqua la jeune fille d'un son de voix profond.

Puis, après un assez court moment de silence, pendant lequel les deux jeunes gens regardèrent madame Crochard, qui, parvenue au milieu du pont rustique, les menaçait du doigt, Caroline reprit :

— Oh! oui, elle me l'a prouvé!... Combien ne m'a-t-elle pas soignée quand j'étais petite!... Elle a vendu ses derniers couverts d'argent pour me mettre en apprentissage chez la vieille fille qui m'a appris à broder. Et mon pauvre père!... Que de mal elle a eu pour lui faire passer heureusement ses derniers moments!

A cette idée, la jeune fille tressaillit et se fit un voile de ses deux mains.

— Ah bah! ne pensons jamais aux malheurs passés!... dit-elle en essayant de reprendre un air enjoué.

Elle rougit en s'apercevant que M. Eugène s'était attendri, mais elle n'osa le regarder.

— Que faisait donc votre père?... demanda-t-il.

— Mon père était danseur à l'Opéra avant la révolution, dit-elle de l'air le plus naturel du monde, et ma mère chantait dans les chœurs. Mon père, qui commandait les évolutions sur le théâtre, ayant mis en ligne les vainqueurs de la Bastille, obtint le grade de capitaine, et se conduisit à l'armée de Sambre-et-Meuse de manière à monter rapidement en grade. En dernier lieu, il a été nommé major; mais il fut si grièvement blessé à Lutzen qu'il est revenu mourir à Paris, après deux ans de maladie... Ah! que de chagrins nous avons eus!... Et puis, les Bourbons sont arrivés, et... ma mère n'ayant pu obtenir de pension, nous sommes retombées, elle et moi, dans une situation telle, qu'il a fallu travailler pour vivre...

Depuis quelque temps, la bonne femme est devenue maladive; aussi jamais je ne l'ai vue si peu résignée. Elle se plaint, et je le conçois! Elle a connu l'abondance et une vie heureuse... Quant à moi... je ne saurais regretter une vie et un monde que je n'ai pas connus. Je ne demande qu'une seule chose au ciel.

— Quoi?... dit vivement M. Eugène qui semblait rêveur.

— Que les femmes portent toujours des tulles brodés; et alors... mon ouvrage me suffira toujours bien.

La franchise de ces aveux intéressa le jeune homme, qui regarda d'un œil moins hostile madame Crochard quand elle revint vers eux d'un pas lent.

— Eh bien, mes enfants, avez-vous bien jasé? leur demanda-t-elle d'un air tout à la fois railleur et indulgent. — Quand on pense, monsieur Eugène, que le *petit caporal* s'est assis là où vous êtes!... reprit-elle après un moment de silence. — Pauvre homme!... ajouta-t-elle. Mon mari l'aimait-il!... Ah! Crochard a aussi bien fait de mourir, car il n'aurait pas enduré de le savoir là où *ils* l'ont mis!...

M. Eugène posa un doigt sur ses lèvres, et la bonne vieille, hochant la tête, dit d'un air sérieux :

— Suffit!... on aura la bouche close et la langue morte!

Mais, ajouta-t-elle en ouvrant les deux bords de son corsage et montrant une croix et son ruban rouge suspendus à son cou par une faveur noire, *ils* ne m'empêcheront pas de porter ce que *l'autre* a donné à mon pauvre Crochard, et je me ferai enterrer avec...

En entendant des paroles qui, à cette époque, passaient pour très-séditieuses, M. Eugène interrompit la vieille mère en se levant brusquement, et ils achevèrent un joyeux pèlerinage à travers les allées du parc. Le jeune homme s'absenta pendant quelques instants pour aller commander un repas chez le meilleur traiteur de Taverny; puis il revint chercher les deux dames, et les y conduisit en les faisant passer par les sentiers de la forêt.

Le dîner fut gai. M. Eugène n'était déjà plus cette ombre sinistre qui passait naguère rue du Tourniquet. Il ressemblait moins au *monsieur noir* qu'à un jeune homme confiant, prêt à s'abandonner au courant de la vie comme ces deux femmes insouciantes et laborieuses, qui le lendemain peut-être manqueraient de pain. Enfin, il paraissait sous l'influence des joies du premier âge, dont son sourire avait quelque chose de caressant et d'enfantin.

Quand, sur les cinq heures, le joyeux dîner fut terminé par quelques verres de vin de Champagne, Eugène fut le premier à proposer d'aller danser sous les châtaigniers au bal champêtre du village. Caroline et son protecteur dansèrent donc ensemble. Leurs mains se pressèrent avec intelligence, et leurs cœurs battirent d'une même espérance. Sous le ciel bleu, aux rayons obliques et rouges du couchant, leurs regards arrivèrent à un éclat qui, pour eux, faisait pâlir celui du ciel.

Étrange puissance d'une idée et d'un désir! Rien ne leur semble impossible! L'âme, dans ces moments magiques, ne prévoit que du bonheur, et il semble que le plaisir jette ses reflets jusque sur l'avenir.

Cette brillante et pure journée avait déjà créé pour tous deux de célestes souvenirs auxquels ils ne pouvaient rien comparer dans le passé de leur existence. La source serait-elle donc plus gracieuse que le fleuve ; le désir serait-il plus ravissant que la jouissance, et ce qu'on espère, plus attrayant que tout ce qu'on possède ?

— Voilà donc la journée déjà finie !... Telle fut l'exclamation qui s'échappa du cœur de l'inconnu quand la danse eut cessé.

Caroline le regarda d'un air compatissant en lui voyant prendre une légère teinte de tristesse.

— Pourquoi ne seriez-vous pas aussi content à Paris qu'ici ? dit-elle. Le bonheur n'est-il qu'à Saint-Leu ?... Il me semble maintenant que je ne puis être malheureuse nulle part...

L'inconnu tressaillit à ces paroles dictées par ce sentiment de pitié douce qui entraîne toujours les femmes plus loin qu'elles ne comptent aller, de même qu'une extrême pruderie leur donne parfois plus de cruauté qu'elles n'en ont.

Pour la première fois depuis le regard qui avait en quelque sorte commencé leur amitié, Eugène et Caroline eurent une même pensée. Ils ne l'exprimèrent pas, mais ils la sentirent au même moment par une mutuelle impression, semblable à celle d'un bienfaisant foyer qui les aurait consolés des atteintes de l'hiver.

Alors, comme s'ils eussent craint leur silence, ils se rendirent à l'endroit où leur modeste voiture les attendait ; mais avant de se confier, pour retourner à Paris, aux flancs disjoints et aux roues demi-brisées de leur coucou, ils se prirent fraternellement par la main, et coururent dans une allée sombre devant madame Crochard. Quand ils ne virent plus le blanc bonnet de tulle qui leur indiquait la vieille mère comme un point à travers les feuilles :

— Caroline !... dit Eugène d'une voix troublée et le cœur palpitant.

La jeune fille, confuse, recula de quelques pas, car elle comprit toute la puissance de cette interrogation d'amour. Mais, folâtre et badine, elle tendit une main d'albâtre qui fut baisée avec ardeur ; et si elle la laissa baiser, c'est qu'en se levant sur la pointe des pieds elle avait aperçu sa mère. Madame Crochard fit semblant de ne rien voir, comme si, par un souvenir de ses anciens rôles de l'Opéra, elle eût dû ne figurer là qu'en aparté.

———

Il existe dans les maisons nouvellement bâties à Paris de ces appartements qui semblent faits exprès pour que de jeunes mariés y passent leur lune de miel. Les peintures et les papiers y sont frais comme les époux, et la décoration en est dans sa fleur comme leur amour : tout y est en harmonie avec de jeunes idées, avec de bouillants désirs.

Or, au milieu de la rue du Helder, dans une maison dont la pierre de taille était encore blanche, les colonnes du vestibule et de la porte sans souillure, et les murs encore éclatants de cette peinture d'un blanc de plomb dont on les couvre aujourd'hui, il y avait au second étage un petit appartement traité par l'architecte avec une complaisance toute particulière : il semblait qu'il en eût deviné la destination.

Une très-jolie antichambre, revêtue en stuc à hauteur d'appui, donnait entrée dans un salon et dans une petite salle à manger. Le salon communiquait à une délicieuse chambre à coucher, près de laquelle se trouvait une salle de bain. Les cheminées y étaient toutes garnies de hautes glaces encadrées avec recherche ; les portes avaient pour ornements des arabesques de bon goût, et les corniches étaient d'un style pur. Un amateur aurait reconnu là, mieux qu'ailleurs, cette science de distribution et de décor qui distingue nos architectes modernes.

Cet appartement était habité depuis un mois environ par une jeune femme. Elle l'avait trouvé tout meublé ; pour elle, par un de ces tapissiers qui peuvent passer pour des artistes.

La description succincte de la pièce la plus importante suffira pour donner une idée des merveilles que ce mystérieux réduit avait présentées à celle qui en était alors la maîtresse. Des tentures de percaline grise, égayées par des agréments en soie verte, décoraient les murs de sa chambre à coucher. Les meubles, couverts en casimir clair, lui offraient les formes gracieuses et légères créées par le dernier caprice de la mode. Une commode en bois indigène, incrustée de filets bruns, recélait les trésors de sa parure, et le secrétaire pareil lui servait à écrire de doux billets sur un papier parfumé. Le lit, drapé à l'antique, ne pouvait lui inspirer que des idées de volupté par la mollesse et les plis séducteurs de ses mousselines élégamment jetées. Les rideaux de soie grise à franges vertes étaient toujours étendus de manière à intercepter le jour. Une pendule de bronze représentait l'Amour couronnant Psyché. Enfin, un tapis à dessins gothiques imprimés sur un fond rougeâtre faisait ressortir tous les accessoires de ce lieu de délices.

En face d'une brillante psyché se trouvait une petite toilette, devant laquelle la jeune femme, assise, s'impatientait de la science peu expéditive de son coiffeur.

— Espérez-vous finir ma coiffure aujourd'hui?... dit-elle.

— Mais madame a les cheveux si longs et si épais!... répondit le fameux Plaisir.

La petite femme ne put s'empêcher de sourire. La flatterie de l'artiste avait sans doute réveillé dans son cœur le souvenir des louanges passionnées que lui adressait son bien-aimé sur la beauté d'une chevelure dont il était idolâtre.

Le coiffeur partit, une femme de chambre se présenta, et la déesse du temple tint conseil avec elle sur la toilette qui plairait le plus à monsieur. Comme il faisait froid (l'on était au commencement de septembre 1816), une robe de grenadine verte garnie en chinchilla fut choisie.

Aussitôt que la toilette fut terminée, la jolie femme s'élança vers le salon, y ouvrit une croisée qui donnait sur l'élégant balcon dont la façade de la maison était décorée; puis, croisant les bras pour s'appuyer sur une rampe en fer bronzé, elle resta là dans une attitude charmante, non pour s'offrir à l'admiration des passants et les voir tourner la tête vers elle, mais pour ne pas cesser de regarder la petite portion de boulevard qu'elle pouvait apercevoir au bout de la rue du Helder. Cette échappée de vue, que l'on comparerait volontiers au trou pratiqué pour les acteurs sur un rideau de théâtre, lui permettait de distinguer une multitude de voitures élégantes et une foule de monde emportées avec la rapidité d'ombres chinoises.

La jeune femme, ignorant s'*il* viendrait à pied ou en voiture, examinait tour à tour les piétons et les tilburys, voitures légères récemment importées en France par les Anglais. Des expressions de mutinerie et d'amour passaient sur sa jeune figure, quand, après un quart d'heure d'attente, son œil perçant ou son cœur ne lui avaient pas encore montré celui qu'elle savait devoir venir. Que de mépris ou d'insouciance était peint sur son beau visage pour toutes les créatures qui s'agitaient comme des fourmis sous ses pieds! Comme ses yeux gris, pétillants de malice, étincelaient! Elle était là pour elle-même, sans se douter que tous les jeunes gens emportaient mille confus désirs à l'aspect de ses formes attrayantes. Elle évitait même leurs véridiques hommages avec autant de soin que les plus fières en mettent à les recueillir pendant leurs promenades à Paris. Elle ne s'inquiétait certes guère si le souvenir de sa peau blanche, de son petit pied qui dépassait le balcon; si la piquante image de ses yeux animés et de son nez voluptueusement retroussé, s'effaceraient ou non, le lendemain, du cœur des passants qui l'avaient admirée; car elle ne voyait qu'une figure et n'avait qu'une idée.

Enfin, quand la tête mouchetée d'un certain cheval bai-brun vint à dépasser la ligne tracée dans l'espace par les maisons, la jeune femme tressaillit et se haussa sur la pointe des pieds pour tâcher de reconnaître plus vite les guides blanches et la couleur vert foncé du tilbury. C'est *lui!*... Il a tourné l'angle de la rue, et, après avoir vu le balcon, il a, par une caresse du fouet, averti le noble animal qui, en moins d'une seconde, est parvenu à cette porte bronzée qui lui est aussi connue qu'à son maitre.

La porte de l'appartement ayant été ouverte d'avance par la femme de chambre qui a entendu le petit cri de joie jeté par sa maitresse, un homme se précipite vers le salon; bientôt il presse la jolie femme dans ses bras, et l'embrasse avec cette effusion de sentiment que provoquent toujours les réunions peu fréquentes de deux êtres qui s'aiment. Il l'entraîne, ou plutôt ils marchent, par une volonté unanime, quoique enlacés dans les bras l'un de l'autre, vers cette chambre discrète et embaumée. Une causeuse les reçoit devant le foyer, et ils se contemplent un moment en silence, n'exprimant leur bonheur que par les vives étreintes de leurs mains, ne se communiquant leurs pensées que par un long regard.

— Oui, c'est lui!... dit-elle enfin, c'est mon Eugène!... Sais-tu que voici deux grands jours que je ne t'ai vu... deux siècles! Mais qu'as-tu?.. tu as du chagrin...

— Ma pauvre Caroline...

— Oh! c'est cela, ma pauvre Caroline!...

— Non, ne ris pas... mon ange, car nous ne pouvons pas aller ce soir à Feydeau!

Caroline fit une petite mine boudeuse, mais qui se dissipa tout à coup. Son visage resplendit, et elle s'écria:

— Que je suis sotte! Comment puis-je penser au spectacle quand je te vois!... Oh! te voir, n'est-ce pas le seul spectacle que j'aime?...

Et elle se complut à passer ses doigts potelés et caressants dans les cheveux d'Eugène.

— Je suis obligé d'aller chez notre chef d'état-major. Nous avons en ce moment une affaire épineuse. Il m'a rencontré dans la grande salle, et comme c'est moi qui porte la parole, il m'a engagé à venir dîner avec lui; mais, ma chérie, tu peux aller à Feydeau avec ta mère, je vous y rejoindrai si la conférence finit de bonne heure.

— Aller au spectacle sans toi!... s'écria-t-elle avec une expression d'étonnement; ressentir un plaisir que tu ne partagerais pas!... Oh! mon Eugène! vous méritez de ne pas être embrassé!

Et elle lui sauta au cou par un mouvement aussi naïf que voluptueux.

— Allons, petite folle, il faut que je parte...

— Méchant!

— Oh! Caroline, il faut que je rentre m'habiller; il y a loin d'ici au Marais, et j'ai encore quelques affaires...

— Monsieur, reprit Caroline en l'interrompant, prenez garde à ce que vous dites là! Ma mère m'a avertie que les hommes commencent à ne plus nous aimer quand ils parlent de nous quitter pour leurs affaires!...

— Caroline!... ne suis-je pas venu?... n'ai-je pas dérobé cette heure-ci à mon impitoyable...?

—Chut!... dit-elle en mettant un doigt sur la bouche d'Eugène. Chut! ne vois-tu pas que je me moque?

En ce moment ils étaient revenus tous les deux dans le salon. Les yeux d'Eugène tombèrent sur un meuble apporté le matin même par l'ébéniste. C'était le vieux métier en bois de rose, dont le produit avait nourri Caroline et sa mère quand elles habitaient la rue du Tourniquet-Saint-Jean. Il avait été remis à neuf, et une robe de tulle d'un riche dessin y était déjà tendue.

— Eh bien, mon bon Eugène, ce soir je travaillerai... En brodant, je me croirai encore à ces premiers jours où tu passais devant moi sans mot dire, mais non pas sans me regarder; à ces jours où le souvenir de tes doux regards me tenait éveillée pendant la nuit. O mon cher métier!... C'est le plus beau meuble de mon salon, quoiqu'il ne me vienne pas de toi!...

— Tu ne sais pas?... dit-elle en s'asseyant sur les genoux de l'inconnu, qui, ne pouvant résister à d'enivrantes émotions, était tombé sur un fauteuil. Écoute-moi donc : je veux donner aux pauvres tout ce que je gagnerai avec ma broderie... car tu m'as faite si riche!... Oh! que j'aime cette jolie terre de Bellefeuille... moins pour ce qu'elle est, que parce que c'est toi qui me l'as donnée!... Mais dis-moi, mon Eugène, je voudrais m'appeler Caroline de Bellefeuille... Cela se peut-il? Tu dois savoir ça.

Eugène fit une petite moue d'affirmation qui lui était suggérée par sa haine pour le nom de Cro chard. Alors Caroline sauta légèrement, et frapp en signe de joie ses mains l'une contre l'autre.

—Il me semble, s'écria-t-elle, que je t'appartien drai bien mieux. Ordinairement une fille renon à son nom et prend celui de son mari...

Une idée importune qu'elle chassa aussitôt la f rougir; puis, prenant Eugène par la main, elle mena devant un piano ouvert.

— Écoute... dit-elle. Je sais maintenant ma s nate comme un ange!...

Et ses doigts couraient déjà sur les touches d' voire, quand elle se sentit saisie et enlevée p la taille.

— Caroline.... je devrais être loin!...

— Tu veux partir... eh bien, va-t-en, car ce q tu veux, je le veux...

Elle dit ces paroles en boudant, mais elle sou après avoir regardé la pendule, et s'écria joye sement :

— Je t'aurai toujours gardé un quart d'heure plus!...

— Adieu, madame de Bellefeuille! dit Eugè avec une douce ironie d'amour.

Après avoir pris un baiser donné ou reçu de b cœur, elle reconduisit son protecteur bien-ai jusque sur le seuil de la porte. Quand le bruit ses pas ne retentit plus dans l'escalier, elle acco rut sur le balcon pour le voir monter dans le t bury léger, pour lui voir prendre les guides, po recueillir un dernier regard, entendre le coup fouet, le roulement des roues sur le pavé, et po suivre des yeux le brillant cheval, le chapeau maître, le galon d'or qui ceignait celui du jock pour regarder même longtemps encore après q l'angle noir de la rue lui eut dérobé cette visio

———

Cinq ans après l'installation de mademoise Caroline de Bellefeuille dans la jolie maison la rue du Helder, il s'y passa, pour la seconde fo une de ces scènes domestiques qui resserrent puissamment les liens d'affection entre deux ét qui s'aiment.

Au milieu du salon bleu, et en face de la fenê qui s'ouvrait sur le balcon, un petit garçon quatre ans et demi faisait un tapage infernal fouettant le cheval de carton sur lequel il ét monté, et dont les deux arcs recourbés qui en s tenaient les pieds n'allaient pas assez vite au gré tapageur. Sa jolie petite tête, dont les cheve blonds retombaient en mille boucles sur une collerette brodée, sourit comme une figure d'ange à sa mère, quand, du fond d'une bergère, elle lui dit :

— Pas si haut, Charles !.... tu vas réveiller ta petite sœur.

Alors le curieux enfant, descendant brusquement de cheval, arriva sur la pointe des pieds, comme s'il eût craint de faire du bruit sur le tapis; puis, mettant un doigt entre ses petites dents, et dans une de ces attitudes enfantines qui n'ont tant de grâce que parce que rien n'y est forcé, il leva tout doucement le voile de mousseline blanche qui cachait le frais visage d'une petite fille endormie sur les genoux de sa mère.

— Elle dort donc, Eugénie?.... dit-il tout étonné. Pourquoi donc qu'elle dort quand nous sommes éveillés?.... ajouta-t-il en ouvrant de grands yeux noirs qui flottaient dans un fluide abondant.

— Dieu seul sait cela !.... répondit Caroline en souriant.

Puis la mère et l'enfant contemplèrent la petite fille, qui avait été baptisée le matin même.

Caroline était alors âgée de vingt-quatre ans environ. Un bonheur sans nuage, des plaisirs constants avaient développé toute sa beauté. C'était une femme accomplie. Les désirs de son cher Eugène ayant été des lois pour elle, elle avait réussi à acquérir les connaissances qui lui manquaient. Elle touchait assez bien du piano et chantait agréablement. Ignorant les usages d'une société qu'elle avait toujours fuie en obéissant à cet axiome qui dit : « La femme heureuse ne va pas dans le monde, » elle n'avait su ni prendre cette élégance de manières, ni apprendre cette conversation pleine de mots et vide de pensées qui font le charme des salons. En revanche, elle s'était efforcée d'acquérir les connaissances utiles à une mère qui n'a d'autre ambition que d'élever parfaitement ses enfants. Le sentiment de la maternité s'était développé en elle à un haut degré. Ne pas quitter son fils, lui donner dès le berceau ces leçons de tous les moments qui gravent dans de jeunes âmes le goût du beau et du bon en tout, le préserver de toute influence extérieure, et remplir à la fois les pénibles fonctions de la bonne et les douces obligations d'une mère, étaient ses uniques plaisirs. Elle avait une âme si discrète et si douce, qu'après six ans de l'union la plus tendre elle ne connaissait encore à son époux que le nom d'Eugène ; car elle s'était, dès le premier jour, résignée à ne pas faire un pas hors de la sphère enchantée où pour elle se trouvait le bonheur. La gravure du tableau de Psyché arrivant avec sa lampe pour voir l'Amour malgré sa défense était toujours devant ses yeux dans sa chambre à coucher.

Pendant ces six années d'amour et de joie, ses modestes plaisirs n'avaient jamais fatigué par une ambition mal placée le cœur d'Eugène, vrai trésor de bonté. Jamais elle n'avait souhaité un diamant, une parure coûteuse. Elle avait refusé le luxe d'une voiture vingt fois offerte à sa vanité. Attendre sur le balcon l'arrivée d'Eugène, aller avec lui au spectacle, ou errer ensemble pendant les beaux jours dans les environs de Paris; l'espérer, le voir, et l'espérer encore, étaient l'histoire simple de toute sa vie, pauvre d'événements, mais pleine d'amour.

En berçant actuellement sur ses genoux la fille qu'elle avait eue deux mois avant cette journée, elle se plut à évoquer les souvenirs du temps passé. Elle s'arrêta volontiers sur tous les mois de septembre, époque à laquelle chaque année, son Eugène l'emmenait à Bellefeuille pour y passer ces beaux jours qui semblent appartenir à toutes les saisons : car alors la nature est aussi prodigue de fleurs que de fruits, les soirées sont chaudes et les matinées fraîches, et l'éclat de l'été succède souvent à la mélancolie de l'automne.

Elle songeait avec délices que, pendant les premiers temps de son amour, elle avait expliqué l'égalité d'âme et la douceur de caractère dont son ami lui donnait tant de preuves, par la rareté de leurs entrevues toujours désirées, et par la manière dont ils vivaient : n'étant pas sans cesse en présence l'un de l'autre, comme un mari et sa femme. Elle se souvint que, tourmentée de vaines craintes, elle l'avait épié en tremblant, pendant leur premier séjour à cette petite terre du Gâtinais. Espionnage d'amour aussi doux qu'inutile! Chacun des mois de bonheur avait passé comme un songe, au sein d'un amour qui ne se démentait pas, car elle avait toujours vu à cet être de bonté un tendre sourire sur les lèvres, sourire qui semblait être l'écho du sien.

A ces tableaux d'amour trop puissamment évoqués, ses yeux se mouillèrent de larmes ; car elle crut ne pas aimer assez. Elle était tentée de voir dans le malheur de sa situation équivoque une espèce d'impôt mis par le sort sur sa félicité. Enfin, une invincible curiosité lui faisait chercher pour la millième fois les événements qui avaient pu amener un homme aussi aimant qu'Eugène à ne jouir que d'un bonheur clandestin. Elle forgeait mille romans, précisément pour se dispenser d'admettre la véritable raison que depuis longtemps elle avait devinée et à laquelle elle essayait de ne pas croire.

Gardant son enfant endormi dans ses bras, elle se leva pour aller présider, dans la salle à manger, à tous les préparatifs du dîner. Ce jour était le 6 mai 1822, anniversaire de la promenade au parc de Saint-Leu, pendant laquelle sa vie avait été décidée. Aussi chaque année ce jour ramenait-il une fête aussi douce que secrète.

Caroline désigna le linge damassé qui devait servir au repas; elle veilla à l'arrangement du dessert; et quand elle eut pris avec bonheur tous les soins qui pouvaient avoir une influence immédiate sur le bien-être de son cher Eugène, elle déposa Eugénie dans un petit berceau d'acajou, et vint se placer sur le balcon.

Elle ne tarda pas à voir paraître le cabriolet par lequel son ami, parvenu à la maturité humaine, avait remplacé l'élégant tilbury des premiers jours. Eugène entra dans le salon, et après avoir essuyé le premier feu des caresses de Caroline et du petit espiègle qui l'appelait *papa*, il alla au berceau, contempla le sommeil de sa fille, et la baisa sur le front. Puis, tirant de la poche de son habit un long papier bariolé de lignes noires :

— Caroline, dit-il, voici la dot de cette petite crieuse.

Mademoiselle de Bellefeuille prit avec reconnaissance le titre dotal, qui était une inscription au grand-livre de la dette publique.

— Pourquoi trois mille francs de rente à Eugénie, quand tu n'as donné que quinze cents francs à Charles?

— Charles, mon ange, sera un homme, répondit-il. Quinze cents francs lui suffiront, parce que, avec ce revenu, un homme courageux est au-dessus de la misère. Si, par hasard, il était un homme nul, je ne veux pas qu'il puisse faire des folies. S'il a de l'ambition, cette modicité lui inspirera le goût du travail. Eugénie est femme, il lui faut une dot.

Le père se mit à jouer avec Charles, dont les caressantes démonstrations annonçaient avec quelle indépendance et quelle liberté il était élevé. Aucune crainte établie entre le père et l'enfant ne détruisait ce charme qui récompense des soins de la paternité. La gaieté de cette petite famille était aussi douce que vraie. Le soir, une lanterne magique vint étaler, sur une toile blanche, ses piéges et ses mystérieux tableaux, à la grande surprise du petit Charles. Plus d'une fois, les joies célestes de cette innocente créature excitèrent de fous rires sur les lèvres d'Eugène et de Caroline.

Quand, plus tard, le petit garçon fut couché, la petite fille se réveilla, il fallut lui laisser prendre sa limpide nourriture. Alors à la clarté d'une lampe, au coin du foyer, le soir, dans cette chambre de paix et de plaisir, Eugène s'abandonna au charme de contempler le tableau suave que lui présentait cet enfant suspendu au sein de sa mère.

Caroline était blanche et fraîche comme un lis nouvellement éclos; ses cheveux retombant sur son cou par des milliers de boucles brunes encadraient sa tête comme d'un feuillage noir, et la lueur de la lampe faisait ressortir toutes ses grâces, en multipliant sur elle, autour d'elle, sur ses vêtements et sur l'enfant, ces effets pittoresques produits par les combinaisons de l'ombre et de la lumière. Le visage de cette mère calme et silencieuse parut mille fois plus doux que jamais à Eugène, qui regardait avec amour ces lèvres chiffonnées et vermeilles desquelles il n'avait pas encore entendu sortir une seule parole discordante. La même pensée brillait dans les yeux de Caroline, qui examinait Eugène du coin de l'œil, soit pour jouir de l'effet qu'elle produisait sur lui, soit pour deviner l'avenir de cette soirée d'amour.

L'inconnu comprit toute la coquetterie de ce regard fin et voluptueux, car il dit avec une feinte tristesse :

— Il faut que je parte. J'ai une affaire très-grave à terminer, et l'on m'attend chez moi. Le devoir avant tout, ma chérie.

Caroline le regarda d'un air à la fois triste et doux; mais avec cette résignation qui ne laisse ignorer aucune des douleurs d'un sacrifice :

— Adieu!... dit-elle. Va-t'en; car si tu restais une heure de plus, je ne te donnerais pas facilement ta liberté.

— Mon ange, répondit-il alors en souriant, j'ai trois jours de congé, et je suis censé à vingt lieues de Paris.

La fête fut complète.

———

Quelques jours après l'anniversaire du six mai, mademoiselle de Bellefeuille accourut un matin dans la rue Saint-Louis, au Marais, en souhaitant de ne pas arriver trop tard dans une maison fort décente où elle se rendait ordinairement tous les deux jours. Un exprès était venu lui apprendre que sa mère, madame Crochard, allait succomber à une complication de douleurs produites en elle par le catarrhe et les rhumatismes dont elle était affligée.

Pendant que le conducteur du fiacre fouettait ses

chevaux, d'après une invitation pressante que Caroline avait fortifiée par la promesse d'un ample pourboire, les vieilles femmes timorées dont la veuve Crochard avait fait sa société, pendant ses derniers jours, venaient d'introduire un prêtre dans l'appartement commode et propre que la vieille comparse de l'Opéra occupait au second étage de la maison.

La servante de madame Crochard, ignorant que la jolie demoiselle chez laquelle sa maîtresse allait si souvent dîner, était sa propre fille, avait été une des premières à solliciter le secours d'un confesseur, espérant que cet ecclésiastique lui serait au moins aussi utile qu'à la malade.

Entre deux bostons, ou en se promenant au Jardin Turc, les vieilles femmes avec lesquelles la veuve caquetait tous les jours, avaient réussi à réveiller dans le cœur glacé de leur amie quelques scrupules sur sa vie passée, quelques idées d'avenir, quelques craintes sur l'enfer, et quelques espérances de pardon dans un sincère retour à la religion.

Or, dans cette solennelle matinée, trois douairières de la rue Saint-François et de la Vieille-Rue-du-Temple étaient venues s'établir dans le salon où madame Crochard les recevait tous les mardis. A tour de rôle, l'une d'elles quittait son fauteuil pour aller au chevet du lit tenir compagnie à la pauvre vieille, et la consoler en lui disant que ce n'était absolument rien que la faiblesse dont elle gémissait sur son lit funèbre.

Cependant quand la crise leur parut prochaine, et qu'un médecin, appelé la veille, déclara qu'il ne répondait pas de la veuve, les trois dames, hochant la tête, se consultèrent. Françoise préalablement entendue, il fut arrêté que, moyennant quinze sous, un commissionnaire partirait pour la rue du Helder, prévenir mademoiselle de Bellefeuille, dont les quatre femmes redoutaient l'influence sur l'esprit de la malade. Elles espérèrent que l'Auvergnat ramènerait trop tard cette jeune personne, qui avait une si grande part de l'affection de madame Crochard.

Si la veuve avait été adulée et choyée par le trio femelle, c'est qu'elle leur parut jouir d'un millier d'écus de rente. Or, comme aucune de ces bonnes amies, ni même Françoise, ne lui connaissait d'héritier; comme mademoiselle de Bellefeuille, à laquelle madame Crochard s'était interdit de donner le doux nom de fille par suite des *us* de l'ancien Opéra, jouissait d'une certaine opulence, ces bonnes âmes se sentaient peu gênées, par leur conscience, dans le plan formé par elles, de partager la succession future de la veuve Crochard.

La plus vieille des trois sybilles qui tenait la malade en arrêt, vint montrer une tête branlante au couple inquiet, et dit :

— Il est temps d'envoyer chercher M. l'abbé de Fontanon, car, encore deux heures, et elle n'aura ni sa tête, ni la force d'écrire un mot.

La vieille servante édentée partit donc, et revint avec un homme vêtu d'une redingote noire. Il avait une figure commune : son front était étroit, ses joues larges et pendantes, son menton double. Ses cheveux poudrés lui donnaient un air doucereux tant qu'il ne levait pas des yeux bruns, petits, à fleur de tête, et qui n'auraient pas été mal placés sous les sourcils d'un Tartare.

— Monsieur l'abbé, lui disait Françoise, je vous remercie bien de vos avis; mais aussi, j'ai eu un fier soin de cette chère femme-là !...

La domestique au pas traînant et à la figure en deuil se tut en voyant que la porte de l'appartement était ouverte et que la plus insinuante des trois douairières était accourue sur le palier pour être la première à parler au confesseur. Quand l'ecclésiastique eut complaisamment essuyé la triple bordée des discours mielleux et dévots des amies de la veuve, il alla s'asseoir au chevet du lit de madame Crochard. La décence et une certaine retenue forcèrent les trois dames et la vieille Françoise de demeurer toutes quatre dans le salon à se faire des mines de douleur, qu'il n'appartient qu'à ces faces ridées de jouer avec autant de perfection qu'elles y en mettaient.

— Ah! c'est-i' malheureux!... s'écria Françoise en poussant un soupir. Voilà pourtant la quatrième maîtresse que j'aurai le chagrin d'enterrer. La première m'a laissé cent francs de viager, la seconde cinquante écus, et la troisième mille écus de comptant... Après trente ans de service, voilà tout ce que je possède...

La domestique, ayant, comme servante, le droit d'aller et venir, en profita pour sortir et se rendre dans un petit cabinet d'où elle pouvait entendre le prêtre.

— Je vois avec plaisir, disait M. Fontanon, que vous avez, ma fille, des sentiments de piété, car vous portez sur vous quelque sainte relique...

Madame Crochard fit un mouvement vague qui n'annonçait pas qu'elle eût tout son bon sens; car elle montra la croix impériale de la Légion-d'honneur. L'ecclésiastique recula d'un pas; mais il se rapprocha bientôt de sa pénitente, qui s'entretint avec lui d'un ton si bas que Françoise fut quelque temps sans rien entendre. Mais tout à coup la vieille s'écria :

— Malédiction sur moi ! ne m'abandonnez pas !...
— Comment, monsieur l'abbé, vous croyez que j'aurai à répondre de l'âme de ma fille ?...

L'ecclésiastique parlait trop bas et la cloison était trop épaisse pour que Françoise pût devenir aussi coupable qu'elle voulait l'être.

— Hélas ! s'écria la veuve en pleurant, le scélérat ne m'a rien laissé dont je puisse disposer !... En prenant ma pauvre Caroline, il m'a séparée d'elle et ne m'a constitué que trois mille livres de rente, dont le fonds appartient à ma fille...

Françoise se sauva et accourut au salon.
— Madame n'a que du viager ! dit-elle.

Les trois douairières se regardèrent avec un étonnement profond. Celle d'entre elles dont le nez et le menton prêts à se rejoindre annonçaient une sorte de finesse, cligna des yeux ; puis quand Françoise eut tourné le dos, elle fit à ses deux amies un signe qui signifiait :

— Cette fille-là est une fine mouche... Elle a déjà été couchée sur trois testaments.

Alors les trois vieilles femmes restèrent.

L'abbé reparut bientôt, et quand il eut dit un mot, les douairières dégringolèrent de compagnie les escaliers après lui, en laissant Françoise seule avec sa maîtresse.

Madame Crochard, dont les souffrances redoublèrent cruellement, eut beau sonner en ce moment sa servante, celle-ci se contentait de crier :

— Eh ! on y va !... tout à l'heure.

Les portes des armoires et des commodes allaient et venaient comme si Françoise eût cherché un billet de loterie égaré.

Ce fut à l'instant où la crise atteignit son dernier période que mademoiselle de Bellefeuille arriva auprès du lit de sa mère pour lui prodiguer de douces paroles.

—Oh ! ma pauvre mère, que je suis criminelle !... Tu souffres, et je ne le savais pas ; mon cœur ne me le disait pas !... mais me voici.

— Caroline !
— Quoi ?
— Elles m'ont amené un prêtre...
—Mais un médecin.. reprit mademoiselle de Bellefeuille. Françoise !... un médecin. Comment ces dames n'ont-elles pas envoyé chercher le docteur ?

— Elles m'ont amené un prêtre... reprit la vieille en poussant un soupir.

— Comme elle souffre !... et pas une potion calmante ! rien sur sa table !...

La mère fit un signe indistinct, mais que l'œil pénétrant de Caroline devina, et elle se tut pour l laisser parler.

— Elles m'ont amené un prêtre, soi-disant pou me confesser. — La souffrance obligea madam Crochard à faire une pause.

— Prends garde à toi, Caroline !... lui cria péni blement la vieille comparse par un dernier effor Il est venu un prêtre qui m'a arraché le nom de to bienfaiteur...

— Et qui a pu te le dire, ma pauvre mère ?...

La vieille expira en essayant de prendre un ai malicieux.

Si mademoiselle de Bellefeuille avait pu observe le visage de sa mère, elle eût vu ce que personn ne verra, — rire la mort.

———

Pour comprendre l'intérêt caché dans les cin tableaux qui précèdent, il faut que l'imaginatio du lecteur les abandonne un moment, pour s prêter au récit d'événements bien antérieurs, ma dont le dernier vient se rattacher à la mort de ma dame Crochard.

Là les deux tableaux séparés n'en formeront plu qu'un, et le narrateur sera facilement absou d'avoir présenté une double histoire, puisqu'ell existait véritablement en deux actions distincte

———

Le 30 mars 1806, un jeune homme, âgé de ving sept ans environ, descendait vers trois heures d matin le grand escalier de l'hôtel où demeurait l'a chi chancelier de l'empire. Arrivé dans la cour, n'aperçut aucune voiture. Or, comme il était e culotte courte, en bas de soie, gilet, habit noir et qu'il faisait froid, il ne put s'empêcher de jet une exclamation de douleur où perçait néanmoi cette gaieté qui abandonne rarement un Françai

Il regarda vainement à travers les grilles de l'hô tel, car il n'aperçut pas de fiacre, et n'entend même pas dans le lointain le bruit des sabots et voix enrouée d'un de ces Automédons nocturne Le silence était complet. Une seule voiture atte dait. Elle appartenait au grand-juge, que le jeur homme venait de laisser achevant la bouillote c Cambacérès, de d'Aigrefeuille et de deux intimes c la maison.

Tout à coup le jeune homme se sentit frappe amicalement sur l'épaule. Il se retourna, et recor nut le grand-juge. Un laquais dépliait le march pied du carrosse ministériel, et l'ancien législateur, devinant l'embarras du pauvre pèlerin, lui dit gaiement :

— La nuit tous chats sont gris. Un grand juge ne se compromettra pas en mettant un avocat dans son chemin..... surtout, ajouta-t-il, s'il est le neveu d'un ancien collègue, l'une des lumières de ce grand conseil d'État qui a donné le Code Napoléon à la France !...

Le jeune avocat sauta dans la voiture sur un geste du chef suprême de la justice ; et le grand juge y monta lestement. Mais avant que la portière ne fût refermée par le valet de pied qui attendait l'ordre :

— Où demeurez-vous ? demanda le ministre à l'avocat.

— Quai des Augustins, monseigneur.

— Au quai des Augustins, Joseph !

Les chevaux s'élancent, et voilà le jeune avocat en tête-à-tête avec un ministre auquel il n'avait pas pu adresser une seule parole pendant le somptueux dîner de Cambacérès, et qui avait même paru l'éviter pendant toute la soirée.

— Eh bien, monsieur de Grandville, vous êtes en assez beau chemin ?...

— Mais, tant que je serai à côté de Votre Excellence.....

— Non, je ne plaisante pas, dit gaiement le magistrat. Je sais que votre stage est terminé. Vous avez fort bien plaidé certaines causes embrouillées : et vous avez beaucoup plu ce soir à l'archi-chancelier. Vous vous destinez sans doute à la magistrature du parquet ? Nous manquons de sujets. Le neveu d'un homme dont Cambacérès et moi sommes les amis, ne doit pas rester avocat faute de protection et de bienveillance, car votre oncle nous a aidés à traverser des temps bien orageux, jeune homme !..... et cela ne s'oublie pas !.....

Le ministre se tut un moment, mais il reprit bientôt :

— Avant deux mois il y aura trois places vacantes au tribunal et à la cour d'appel de Paris ; vous choisirez celle qui vous conviendra et alors vous viendrez me voir. — Jusque-là travaillez, et ne venez pas vous présenter à mes audiences. — D'abord je suis accablé de travail, et puis, vos concurrents, sachant que vous êtes sur les rangs, vous nuiraient auprès du patron..... Si je ne vous ai pas dit un mot ce soir, c'était pour vous garantir des dangers de la faveur.

A peine le ministre avait-il achevé ces derniers mots, que la voiture s'arrêta sur le quai des Augustins. Le jeune avocat remercia avec une effusion de cœur assez vive son généreux protecteur des deux places qu'il lui avait accordées si à propos, et il se trouva à la porte de la plus belle maison du quai, frappant à coups redoublés, car la bise sifflait avec rigueur sur la soie qui couvrait ses mollets. Enfin un vieux portier tira le cordon, et quand l'avocat passa devant la loge :

— Monsieur Grandville, monsieur Grandville !... cria une voix enrouée, il y a une lettre pour vous !

Le jeune homme la reçut ; et, malgré le froid, il tâcha d'en lire l'écriture à la lueur d'un pâle réverbère dont la mèche était sur le point d'expirer.

— C'est de mon père, s'écria-t-il. Et prenant son bougeoir que, d'une main tremblante, le portier avait fini par allumer, il monta rapidement dans son appartement pour y lire la lettre paternelle.

« Prends le courrier. Si tu peux arriver promptement ici, ta fortune est faite. Mademoiselle Angélique Bontems a perdu sa sœur ; ainsi la voilà fille unique. Nous savons qu'elle ne te hait pas. Maintenant madame Bontems peut lui laisser aux environs de quarante mille francs de rente, outre ce qu'elle lui donnera en dot ; j'ai donc préparé les voies. Tout le monde t'aime ici. Adieu.

« *P. S.* Nos amis s'étonneront peut-être de voir d'anciens nobles comme nous s'allier à la famille Bontems, dont le père a été un bonnet rouge foncé, et qui a acheté à vil prix force biens nationaux. Mais d'abord sa veuve n'a que des prés de moines ; et ensuite puisque tu as déjà dérogé en te faisant avocat, je ne vois pas pourquoi nous reculerions devant une autre impertinence. La petite aura trois cent mille francs, je t'en donne deux cents ; et, comme le bien de ta mère doit valoir cinquante mille écus ou à peu près, je te vois en passe, mon cher fils, si tu veux te jeter dans la magistrature, de devenir sénateur tout comme un autre. Mon beau-frère le conseiller d'État ne te donnera pas un coup de main pour cela, par exemple ; mais, comme il n'est pas marié, sa succession te reviendra un jour. Si tu n'étais pas sénateur de ton chef, tu aurais sa survivance. De là tu seras juché assez haut pour voir venir les événements. Adieu, je t'embrasse. »

Le jeune de Grandville se coucha ce soir-là en faisant mille projets plus beaux les uns que les autres. Il lui fut impossible de dormir. Il se voyait puissamment protégé par l'archi-chancelier, par le grand juge et par son oncle, l'un des rédacteurs du Code. A son âge il allait débuter, dans un poste envié, devant la première cour de l'empire; et il se voyait membre de ce parquet privilégié où l'empereur choisirait infailliblement les hauts fonctionnaires de l'État. De plus, à point nommé, il se présentait à lui une fortune assez brillante pour l'aider à soutenir son rang, car le chétif revenu de six mille livres, que lui donnait une terre recueillie par lui dans la succession de sa mère, allait probablement se changer en un revenu de trente mille francs.

Au milieu de ses jeunes rêves d'ambition et de bonheur, il faisait apparaître la figure naïve de mademoiselle Angélique Bontems, la compagne des jeux de son enfance. Tant qu'il n'avait eu que quinze ans, son père et sa mère ne s'étaient point opposés à son intimité avec la jolie fille de leur voisin de campagne; mais quand, pendant les courtes apparitions que les vacances lui permirent de faire à Bayeux, ses parents, entichés de noblesse, s'aperçurent de son amitié pour la jeune fille, ils lui avaient défendu de penser à elle.

Depuis dix ans Grandville n'avait donc pu voir que par moments celle qu'il nommait *sa petite femme*. Ces moments dérobés à l'active surveillance de leurs familles ne leur avaient laissé d'autre loisir que celui de se dire de vagues paroles, échangées en passant l'un devant l'autre dans une contredanse; et leurs plus beaux jours furent ceux où, réunis par l'une de ces fêtes champêtres nommées en Normandie *des assemblées*, ils avaient eu la faculté de s'examiner furtivement en perspective. Le jeune Grandville se rappelait même que, pendant ses deux dernières vacances, il n'avait vu que trois fois Angélique, dont le regard baissé et l'attitude triste lui firent juger qu'elle était courbée sous quelque despotisme inconnu.

Aussitôt que sept heures du matin sonnèrent, le bureau des Messageries de la rue Notre-Dame-des-Victoires fut pris d'assaut par le jeune avocat normand, et il trouva heureusement une place dans la voiture qui, à cette heure matinale, partait pour la ville de Caen.

Ce ne fut pas sans une émotion profonde que l'avocat stagiaire revit les clochers de la cathédrale de Bayeux. Aucune espérance de sa vie n'ayant encore été trompée, son cœur s'ouvrait à tous les sentiments doux qui agitent si naturellement de jeunes âmes.

Après le trop long banquet d'allégresse pour lequel il était attendu par son père et quelques amis, l'impatient jeune homme fut conduit vers une certaine maison située rue Teinture, et bien connue de lui. Le cœur lui battit avec force quand son père que l'on continuait d'appeler à Bayeux le comte de Grandville, frappa rudement à une petite porte cochère toute basse, dont la peinture verte tombait par écailles. Il était environ quatre heures du soir.

Une jeune servante, coiffée d'un bonnet de coton salua les deux arrivants par une révérence courte et vive, et répondit que ces dames allaient bientôt revenir de vêpres. Alors le comte et son fils entrèrent dans une salle basse servant de salon, et qui ressemblait assez à un parloir de couvent.

Des boiseries en noyer poli assombrissaient cette pièce autour de laquelle quelques chaises en tapisseries et d'antiques fauteuils étaient symétriquement rangés. La cheminée en pierre n'avait pour tout ornement qu'une glace verdâtre de chaque côté de laquelle sortaient les branches contournées de ces anciens candélabres fabriqués à l'époque de la paix d'Utrecht. Sur la boiserie qui faisait face à la cheminée, le jeune Grandville aperçut un énorme crucifix d'ébène et d'ivoire admirablement sculpté et entouré de buis bénit. La pièce était éclairée par trois croisées qui tiraient leur jour d'une petite cour et d'un jardin dont les carrés symétriques dessinaient sur un sable jaune par de longues raies de buis. La sombre muraille, parallèle à ces croisées, était garnie de trois tableaux d'église dus à quelque savant pinceau, et achetés sans doute pendant la révolution par le vieux Bontems qui, en sa qualité de chef du district, ne s'était jamais oublié. Depuis le plancher soigneusement ciré, jusqu'aux rideaux de toile à carreaux verts, tout brillait d'une propreté monastique.

Involontairement le cœur du jeune homme se serra à l'aspect de la silencieuse retraite au sein de laquelle vivait Angélique. La continuelle habitation des brillants salons de Paris et le tourbillon des fêtes avaient facilement fait oublier à Grandville des existences sombres et paisibles de la province. Le contraste en était pour lui si subit en ce moment qu'il éprouva une sorte de frémissement intérieur difficile à exprimer. Sortir d'une assemblée chez Cambacérès, où la vie se montrait si ample, où les âmes si grandioses, où le reflet de l'éclat impérial était si puissant, et tomber tout à coup dans un cercle d'idées si étroites et si mesquines! c'était être transporté d'Italie au Groenland. Aussi le jeune avocat se dit-il en examinant ce salon méthodique : — Vivre ici... ce n'est pas vivre.

Le vieux comte s'apercevant de l'étonnement de son fils, alla le prendre par la main, l'entraîna devant une croisée d'où venait encore un peu de jour, et pendant que la servante allumait les vieilles bougies des flambeaux :

— Écoute, mon enfant : la veuve du père Bontems est furieusement dévote... Quand le diable devint vieux... tu sais... Je vois que l'air du bureau te fait faire la grimace; eh bien! voici le fait. La vieille femme est assiégée par les prêtres. Ils lui ont persuadé qu'il était toujours temps de gagner le ciel. Or, pour être plus sûre de saint Pierre et de ses clefs, elle les achète. Elle va à la messe tous les jours, entend tous les offices, communie tous les dimanches que Dieu fait, et s'amuse à restaurer les chapelles. Elle a donné à la cathédrale tant d'ornements, d'aubes, de chapes, elle a chamarré le dais de tant de plumes, qu'à la procession de la dernière Fête-Dieu il y avait une foule dont tu ne peux pas avoir d'idée. Les prêtres étaient magnifiquement habillés, et toutes les croix dorées à neuf. Aussi, cette maison est une vraie terre-sainte. C'est moi qui ai empêché la vieille folle de donner ces trois tableaux : il y a là un Dominiquin, un Raphaël et un André del Sarto, qui valent beaucoup d'argent...

— Mais Angélique?... demanda vivement le jeune homme.

— Angélique est perdue... dit le comte, si tu ne l'épouses pas. Nos bons apôtres lui ont conseillé de vivre vierge... et martyre. J'ai eu toutes les peines du monde à réveiller son petit cœur en lui parlant de toi, — quand je l'ai vue fille unique. Mais tu comprends aisément qu'une fois mariée, tu l'emmèneras à Paris; que là, les diamants, les modes, les fêtes, le mariage, la comédie, lui feront facilement oublier les confessionnaux, les jeûnes, les cilices et les messes, dont ces saintes femmes-là se nourrissent exclusivement.

— Mais les cinquante mille livres de rente provenus des biens ecclésiastiques ne retourneront-ils pas?...

— Nous y voilà! s'écria le comte d'un air fin. En considération du mariage, car la vanité de madame Bontems n'a pas été peu chatouillée par l'idée d'enter les Bontems sur l'arbre généalogique des Grandville, la susdite mère donne sa fortune en toute propriété à la petite, ne s'en réservant que l'usufruit. Aussi le sacerdoce s'oppose-t-il à ton mariage. Mais j'ai fait publier les bans, tout est prêt, et en huit jours tu seras hors des griffes de la mère, ou de ses abbés, et tu posséderas la plus jolie fille de Bayeux, une petite commère qui ne te donnera pas de chagrin, parce que ça aura des principes. Elle a été mortifiée, comme ils disent dans leur jargon, par les jeûnes, les prières, et, ajouta-t-il d'un ton plus bas, par sa mère, qui est une dévote du grand style : elle est maigre, pâle, a les yeux enfoncés, ne regarde jamais en face... c'est tout dire.

Un coup frappé discrètement à la porte imposa silence au comte, qui crut voir entrer les deux dames. La porte du salon s'ouvrit. Un petit domestique à l'air affairé se montra; mais, intimidé par l'aspect des deux personnages, il fit un signe à la bonne, qui vint auprès de lui. Il était vêtu d'un gilet de drap bleu à petites basques qui flottaient sur ses hanches, et d'un pantalon rayé, bleu et blanc. Il avait les cheveux coupés en rond, et sa figure ressemblait à celle d'un enfant de chœur, tant elle peignait cette componction forcée que contractent tous les habitants d'une maison dévote.

— Mademoiselle Gatienne, savez-vous où sont les livres particuliers de l'office de la Vierge? Les dames de la congrégation du Sacré-Cœur vont faire ce soir une procession dans l'église.

Gatienne alla chercher les livres.

— Y a-t-il encore pour longtemps, mon petit milicien?... demanda le comte.

— Oh! pour une demi-heure au plus.

— Allons voir ça, il y a de jolies femmes!... dit le père à son fils; et d'ailleurs cela ne peut pas nous nuire de nous trouver là...

Le jeune avocat suivit son père d'un air irrésolu.

— Qu'as-tu donc?... lui demanda le comte.

— J'ai, mon père... j'ai... que j'ai raison.

— Tu n'as encore rien dit.

— Oui, mais j'ai pensé que vous avez vingt mille livres de rente. Vous me les laisserez le plus tard possible, je le désire. — Mais, si vous me donnez deux cent mille francs pour faire un sot mariage, vous me permettrez de ne vous en demander que cent mille pour éviter un malheur, et jouir, tout en restant garçon, d'une fortune égale à celle que pourrait m'apporter votre demoiselle Bontems.

— Es-tu fou?...

— Non, mon père. Voici le fait : le grand juge m'a promis avant-hier une place de dix mille francs. Vos cent mille francs, joints à ce que je possède, me feront un revenu de vingt mille francs, et j'aurai à Paris des chances de fortune mille fois préférables à toutes celles que peut offrir une alliance aussi pauvre de bonheur qu'elle est riche en biens.

— On voit bien, répondit le père en souriant,

que tu n'as pas vécu dans l'ancien régime! tu saurais qu'on ne s'embarrasse jamais d'une femme!

— Mais, mon père, aujourd'hui le mariage est devenu...

— Ah çà! dit le comte interrompant son fils, tout ce que mes vieux camarades d'émigration me chantent est donc bien vrai?... La révolution nous a donc légué des mœurs sans gaieté? Elle a donc empesté les jeunes gens de principes équivoques?... Tu parles donc, comme mon beau-frère le Jacobin, de nation, de morale publique, de désintéressement?... O mon Dieu! sans l'empereur et ses sœurs, que deviendrions-nous?...

Comme le vieux seigneur achevait ces paroles, son fils et lui entrèrent, en riant, sous les voûtes de la cathédrale. Ce vieillard encore vert, que les paysans de ses terres appelaient toujours le seigneur de Grandville, fredonna même un air de l'opéra de *Rose et Colas* en prenant de l'eau bénite. Il guida son fils le long des galeries latérales de la nef, en s'arrêtant à chaque pilier pour examiner dans l'église les rangées de têtes qui s'y trouvaient alignées comme des soldats à la parade.

L'office particulier du Sacré-Cœur allait commencer. Les dames qui faisaient partie de cette congrégation étant placées près du chœur, le comte et son fils se dirigèrent vers cette portion de la nef, et s'adossèrent à l'un des piliers les plus obscurs, d'où ils pouvaient apercevoir la masse entière de ces têtes qui faisaient ressembler l'église à une prairie émaillée de fleurs.

Tout à coup, à deux pas du jeune Grandville, une voix plus douce qu'il ne semblait possible à une créature humaine de la posséder, détonna comme le premier rossignol qui chante après l'hiver. Ces accents, accompagnés de mille voix de femme, et fortifiés par les sons de l'orgue, arrivèrent insensiblement à une clarté si pure, que Grandville en frissonna, car cette voix faisait vibrer trop fortement son oreille et son cœur. Elle remuait ses nerfs, comme s'ils eussent été attaqués par ces notes trop riches et trop vives qu'on tire du cristal.

Il se retourna, et vit une jeune personne dont la figure était, par suite de l'inclination de sa tête, entièrement ensevelie sous un large chapeau d'étoffe blanche; mais il pensa que d'elle seule venait cette suave mélodie. Il crut reconnaître Angélique, malgré la pelisse de mérinos brun dont elle était enveloppée, et il poussa le bras de son père, qui, regardant alors de ce côté, lui dit à l'oreille :

— Oui, ce sont elles!...

Puis le comte montra, par un geste, à son fils, le visage pâle d'une vieille femme, dont les yeux, fortement bordés d'un cercle noir, avaient déjà vu les étrangers sans que son regard faux eût paru s'être écarté du livre de prières qu'elle tenait.

Les parfums pénétrants de l'encens arrivant par nuages jusqu'aux deux femmes, Angélique leva la tête vers l'autel comme pour les aspirer; et alors, à la lueur mystérieuse que répandaient dans ce sombre vaisseau les cierges, la lampe de la nef et quelques bougies allumées aux piliers, le jeune homme aperçut une figure qui ébranla toutes ses résolutions.

Le blanc chapeau encadrait exactement un visage d'une admirable régularité, par l'ovale que décrivait le ruban de satin noué sous un petit menton à fossette. Sur un front de marbre, des cheveux couleur d'or pâle se séparaient en deux bandeaux, et retombaient autour des joues comme l'ombre d'un feuillage sur une touffe de fleurs. Les deux arcs des sourcils étaient dessinés avec cette correction que l'on peut remarquer sur les belles figures chinoises. Le nez, presque aquilin, possédait une fermeté rare dans ses contours, et les deux lèvres ressemblaient à deux lignes roses qu'un pinceau délicat aurait tracées avec amour. Les yeux, d'un bleu pâle, exprimaient la candeur d'un cœur pur. Si Grandville aperçut une sorte de rigidité silencieuse sur ce calme visage, il n'en accusa pas la compagne de son enfance, l'attribuant aux sentiments de dévotion dont Angélique était alors animée.

Les saintes paroles de la prière passaient entre deux rangées de perles; et comme le froid permettait de voir s'en échapper un nuage de parfums involontairement le jeune homme essaya de se pencher pour respirer cette haleine divine. Ce mouvement attira l'attention de la jeune fille, et son regard fixe, élevé vers l'autel, se tourna sur Grandville que l'obscurité ne lui laissa voir qu'indistinctement mais en qui elle reconnut le compagnon de son enfance, son prétendu..... Elle rougit, et un souvenir plus puissant que la prière vint donner un éclat surnaturel à son visage. L'avocat tressaillit de joie en voyant les espérances de l'amour vaincre les espérances de l'autre vie, et la gloire du sanctuaire éclipsée par un homme.

Le triomphe de Grandville eut cependant peu de durée. Angélique abaissa son voile, prit une contenance calme, puis elle se remit à chanter sans que le timbre de sa voix accusât la plus légère émotion Le jeune avocat se trouva sous la tyrannie d'u seul désir, et toutes ses idées de prudence s'évanouirent. Quand l'office fut terminé, son impatience était déjà devenue si grande, que, sans laisser les deux dames retourner seules chez elles, l'amoureux Grandville vint aussitôt saluer son amie d'enfance.

Une reconnaissance, timide de part et d'autre, se fit sous le porche antique de la cathédrale, en présence des fidèles. Madame Bontems devint tremblante d'orgueil en prenant le bras de M. de Grandville, qui, forcé de le lui offrir devant tant de monde, sut fort mauvais gré à son fils d'une impatience aussi peu décente.

Pendant environ quinze jours qui s'écoulèrent entre la présentation officielle du jeune vicomte de Grandville, comme prétendu de mademoiselle Angélique Bontems, et le jour solennel de son mariage, il vint assidument trouver sa douce amie dans le sombre parloir, auquel il s'accoutuma. Ses longues visites eurent pour but d'épier le caractère d'Angélique; car la prudence de l'avocat s'était heureusement réveillée le lendemain de son entrevue avec sa future.

Il la surprenait presque toujours assise devant une petite table en bois de Sainte-Lucie, et occupée à marquer elle-même le linge qui devait composer son trousseau. Elle ne lui parla jamais la première de religion. Si le jeune avocat se plaisait à jouer avec le riche chapelet contenu dans un petit sac en velours vert, et s'il contemplait en riant la relique qui accompagne toujours cet instrument de dévotion, Angélique lui prenait doucement le chapelet des mains en lui jetant un regard suppliant; puis, sans mot dire, elle le remettait dans le sac qu'elle serrait aussitôt.

Si parfois malicieusement Grandville se hasardait à déclamer contre certaines pratiques de la religion, Angélique lui répondait avec un sourire bienveillant :

— Il ne faut rien croire, ou croire tout ce que l'Église enseigne. — Voudriez-vous d'une femme qui n'eût pas de religion?.... Non. Eh bien, comment puis-je blâmer ce que l'Église admet? Quel homme oserait être juge entre les incrédules et Dieu qu'elle représente?...

La petite voix claire d'Angélique semblait alors animée par une si onctueuse charité, que le jeune avocat était tenté de croire à ce que sa prétendue croyait, en lui voyant tourner sur lui des regards si pénétrés. La conviction profonde où elle était de marcher dans le vrai sentier, réveillait dans le jeune cœur de son fiancé des doutes dont elle savait s'emparer. L'amour embellissait ainsi de son prestige tous leurs pas, leurs discours et leurs regards. Angélique semblait heureuse d'accomplir un devoir en s'abandonnant à l'inclination qu'elle avait eue dès son enfance, et son prétendu était alors trop passionné pour s'apercevoir que si la religion n'avait pas permis à sa compagne de se livrer au sentiment qu'elle éprouvait, il serait bientôt séché dans son cœur comme une plante arrosée d'un acide mortel.

Les jeunes gens sont tous disposés à se fier aux promesses d'un joli visage : ils concluent de la beauté de l'âme par celle des traits; un sentiment indéfinissable les porte à croire que la perfection morale accompagne toujours la perfection physique. Telle fut l'histoire des sentiments du jeune Grandville, pendant cette quinzaine dévorée comme un livre intéressant dont on attend le dénouement. Angélique, attentivement épiée, lui parut la plus douce de toutes les femmes; et il se surprit même à rendre grâces à madame Bontems, qui, en lui inculquant si fortement des principes de religion, l'avait en quelque sorte façonnée aux peines du mariage.

Au jour choisi pour la signature du fatal contrat, madame Bontems fit sacramentalement promettre à son gendre de respecter les pratiques religieuses de sa fille, de lui donner une entière liberté de conscience, de la laisser communier, aller à l'église, à confesse, autant qu'elle le voudrait, et de ne jamais la contrarier dans le choix de ses directeurs.

En ce moment solennel, Angélique contemplait son futur d'un air si pur et si candide, qu'il n'hésita pas à se lier envers elle par un serment. Un sourire effleura les lèvres d'un homme pâle qui dirigeait les conciences de la maison. Mademoiselle Bontems fit un léger mouvement de tête comme pour répondre à son ami qu'elle n'abuserait jamais de cette promesse.

Quant au vieux comte, il sifflait tout bas l'air de : *Va-t'en voir s'ils viennent, Jean!*...

Après quelques jours accordés aux fêtes données à l'occasion de son mariage, Grandville et sa femme, enfermés dans une bonne berline, voyageaient en poste vers Paris, où le jeune avocat était appelé par sa nomination aux fonctions de substitut du procureur général près la cour impériale de la Seine.

Quand les deux époux cherchèrent un appartement, la petite femme employa l'influence qu'elle exerçait sur son mari pour le déterminer à prendre un grand appartement situé au rez-de-chaussée d'un hôtel qui faisait le coin de la Vieille-Rue-du-Temple et de la rue Neuve-Saint-François. La principale raison qu'elle donna de son affection, fut que cette maison était à deux pas de la rue d'Orléans, où il y avait une église, et voisine d'une petite chapelle, sise rue Saint-Louis.

— Il est d'une bonne ménagère, lui répondit son mari en riant, de faire des provisions !...

Elle remarqua avec justesse que le quartier du Marais avoisinait le Palais, et que tous les magistrats qu'ils venaient de visiter y demeuraient. Un jardin assez vaste donnait, pour un jeune ménage, du prix à l'appartement, car les enfants, *si le ciel leur en envoyait*, pourraient y prendre l'air. La cour en était spacieuse et les écuries très-belles. Le substitut, qui aurait désiré habiter un hôtel de la Chaussée-d'Antin, où tout est jeune et vivant, où les modes apparaissent dans leur nouveauté, où la population des boulevards est élégante, d'où il y a moins de chemin à faire pour gagner les spectacles et trouver des distractions, fut obligé de céder aux patelineries d'une jeune femme, qui réclamait une première grâce; et pour lui complaire il s'enterra au Marais.

Comme les fonctions que Grandville avait à remplir nécessitèrent tout d'abord un travail d'autant plus assidu qu'il était aussi épineux que nouveau pour lui, il s'occupa, très-activement et avant tout, de l'ameublement de son cabinet et de l'emménagement de sa bibliothèque.

Il s'installa promptement dans une pièce qui fut bientôt encombrée de dossiers, et laissa sa jeune femme diriger en toute liberté la décoration de la maison. Il était enchanté de jeter Angélique dans l'embarras charmant de ces premières acquisitions de ménage, source de tant de plaisirs et de souvenirs pour les jeunes femmes; car il se sentait honteux de la priver de sa présence plus souvent que ne le voulaient les douces lois de la lune de miel.

Au bout d'une quinzaine de jours, le substitut, qui s'était promptement mis au fait de son travail, permit à sa femme de le prendre par le bras, de le tirer hors de son cabinet, et de l'emmener pour examiner l'effet des ameublements et des décorations qu'il n'avait encore vus qu'en détail et par parties. S'il est vrai, d'après un adage, qu'on peut juger une maîtresse de maison en voyant le seuil de la porte, les appartements doivent en traduire l'esprit avec encore plus de fidélité.

Soit que madame de Grandville eût mis sa confiance en des tapissiers sans goût, soit qu'elle eût inscrit son propre caractère dans un ordre de choses qui procédât d'elle seule, le substitut fut tout surpris de la sécheresse dont son âme se trouva comme flétrie quand il eut parcouru ses appartements.

Il n'y aperçut rien de gracieux : tout y était discord, et rien n'y récréait les yeux. L'esprit de rectitude et de petitesse qui avait présidé au parloir de Bayeux semblait revivre dans son hôtel sous de larges lambris circulairement creusés et ornés de ces arabesques dont les longs filets contournés sont de si mauvais goût.

Dans le désir d'excuser sa femme, le jeune homme revint sur ses pas. Il examina de nouveau la longue antichambre haute d'étage par laquelle on entrait dans l'appartement. La couleur des boiseries, demandée au peintre par sa femme, était trop sombre, et le velours d'un vert très-foncé qui couvrait les banquettes ajoutait au sérieux de cette pièce, peu importante il est vrai, mais qui donne toujours l'idée d'une maison, de même qu'on juge un homme sur sa première visite. Elle doit tout annoncer, et cependant ne rien promettre. C'est une espèce de préface.

Le jeune substitut se demanda qui avait pu choisir la lampe à lanterne antique qui se trouvait au milieu de cette salle nue, pavée d'un marbre blanc et noir, et décorée d'un papier qui figurait des assises de pierres sillonnées çà et là de mousse verte. Un baromètre élégant était accroché au milieu d'une des parois, comme pour en mieux faire sentir le vide.

A cet aspect, le jeune homme regarda sa femme. Il la vit si contente des galons rouges qui bordaient les rideaux de percale, du baromètre, et de la statue décente dont un grand poêle gothique était orné, qu'il n'eut point le courage barbare de détruire une illusion si fortement établie chez elle.

Au lieu de condamner sa femme, Grandville se condamna lui-même. Il s'accusa d'avoir manqué à son premier devoir qui lui ordonnait de guider à Paris les premiers pas d'une jeune fille élevée rue Teinture.

Il est facile de deviner par cet échantillon la décoration des autres pièces.

Que pouvait-on attendre d'une jeune femme qui prenait l'alarme en voyant les jambes nues d'une cariatide, qui repoussait avec vivacité un candélabre, un flambeau, un meuble, dès qu'elle y apercevait la nudité d'un torse égyptien? A cette époque l'école de David étant à l'apogée de sa gloire, tout se ressentait en France de la correction de son dessin et de son amour pour les formes antiques qui faisaient en quelque sorte de sa peinture une sculpture coloriée. Aucune de toutes les inventions du luxe impérial ne put donc obtenir droit de bourgeoisie chez madame de Grandville.

Le grand et immense salon carré de son hôtel conserva le blanc et l'or fanés dont il fut orné au temps de Louis XV. On y voyait partout des grilles en losanges et ces insupportables festons dus à la fécondité stérile des crayons de cette époque.

Si tout, chez elle, avait été en harmonie, si les meubles eussent fait affecter à l'acajou moderne les formes contournées mises à la mode par le goût corrompu de Boucher, sa maison n'aurait offert que le plaisant contraste de jeunes gens vivant au dix-neuvième siècle comme s'ils eussent appartenu au dix-huitième; mais une foule de choses y étaient en discord. Les consoles, les pendules, les flambeaux représentaient ces attributs guerriers dont Paris était comme inondé en ce moment; et les casques grecs, les épées romaines croisées, les boucliers dus à l'enthousiasme militaire de l'empire et qui décoraient les meubles les plus pacifiques, ne s'accordaient guère avec les arabesques délicates et prolixes dont madame de Pompadour fut charmée.

La dévotion porte à je ne sais quelle humilité fatigante qui n'exclut pas l'orgueil, et soit modestie, soit penchant, madame de Grandville semblait avoir horreur des couleurs douces et claires. Peut-être aussi avait-elle pensé que la pourpre et le brun convenaient à la dignité du magistrat.

Mais, au surplus, comment une jeune fille accoutumée à une vie austère aurait-elle pu concevoir ces voluptueux divans qui donnent de mauvaises pensées, ces boudoirs élégants et perfides qui ébauchent les péchés?... Le pauvre substitut était désolé.

Au ton d'approbation par lequel il souscrivait aux éloges que sa femme se donnait à elle-même, elle s'aperçut que rien ne plaisait à son mari. Elle manifesta tant de chagrin de n'avoir pas réussi, que l'amoureux Grandville vit une preuve d'amour dans cette peine profonde, au lieu d'y voir une blessure d'amour-propre. Il pensa qu'une jeune fille subitement arrachée à la médiocrité des idées de province, et inhabile à sentir l'influence d'un art qui lui était inconnu, n'avait pu mieux faire. Il préféra croire que les choix de sa femme avaient

été dominés par les fournisseurs, plutôt que de s'avouer la vérité. Moins amoureux, il aurait senti que les marchands, prompts à deviner l'esprit de leurs chalands, avaient béni le ciel de leur avoir envoyé une jeune dévote sans goût, pour les aider à se défaire des choses passées de mode. Bref, il consola sa jolie Normande.

— Le bonheur, ma chère Angélique, ne nous vient pas d'un meuble plus ou moins joli; il dépend de la douceur, de la complaisance, et de l'amour d'une femme.

— Mais c'est mon devoir de vous aimer... reprit doucement Angélique; et, ajouta-t-elle, jamais devoir ne me plaira tant à accomplir.

La nature a mis dans le cœur de la femme un tel désir de plaire, un tel besoin d'amour, que, même chez une dévote, les idées d'avenir et de salut peuvent succomber sous les premières joies de l'hyménée; alors, depuis le mois d'avril, époque à laquelle ils s'étaient mariés, jusqu'au commencement de l'hiver, les deux époux vécurent dans une parfaite union.

L'amour et le travail ont la vertu de rendre un homme assez indifférent aux choses extérieures. M. de Grandville, obligé de passer au Palais la moitié de la journée, appelé à débattre les graves intérêts de la vie ou de la fortune des hommes, était moins susceptible qu'un autre d'apercevoir certaines choses dans l'intérieur de son ménage. Si, le vendredi, sa table se trouvait exclusivement servie en maigre; et si, par hasard, il demandait pourquoi aucun plat de viande n'y apparaissait, sa femme, à laquelle l'Évangile interdisait tout mensonge, savait, par mille petites ruses, permises dans l'intérêt de la religion, rejeter son dessein prémédité, ou sur son étourderie, ou sur le dénuement des marchés, et même elle se justifiait aux dépens du cuisinier, qu'elle allait quelquefois jusqu'à gronder.

Ainsi elle faisait faire à son mari son salut incognito, car les jeunes magistrats n'étaient pas à cette époque aussi instruits qu'aujourd'hui des jours maigres, des quatre-temps, et des veilles de fête. Or, comme M. de Grandville n'apercevait rien de régulier dans le retour de ces repas servis en maigre, et que sa femme avait le soin perfide de les rendre très-délicats au moyen de sarcelles, de poules d'eau, de pâtés au poisson, dont les chairs amphibies et l'assaisonnement trompaient le goût, le substitut vécut très-orthodoxement sans le savoir.

Les jours ordinaires, il ne savait pas si sa femme allait ou non à la messe; et les dimanches, il avait la condescendance assez naturelle de l'accompagner à l'église ; car il lui savait beaucoup de gré de la voir lui sacrifier quelquefois les vêpres. Les spectacles étant insupportables en été à cause des chaleurs, Grandville n'eut pas même l'occasion d'une pièce à succès pour proposer à sa femme de la mener à la comédie, et cette grave question ne fut pas agitée.

Enfin (s'il est permis de s'occuper d'un sujet aussi délicat), dans les premiers moments d'un mariage auquel un homme a été déterminé par la beauté d'une fille, il est difficile qu'il se montre exigeant dans ses plaisirs. La possession seule est un charme. Comment s'apercevrait-on de la froideur, de la dignité ou de la réserve d'une femme, quand on lui prête l'exaltation que l'on ressent, quand elle se colore du feu dont on est animé ? Il faut arriver à une certaine tranquillité de jouissance pour voir qu'une dévote attend l'amour les bras croisés. Grandville se trouva donc assez heureux, jusqu'au moment où un événement funeste vint influer sur les destinées de son mariage.

Au mois de novembre 1807, le chanoine de la cathédrale de Bayeux, qui jadis dirigeait les consciences de madame Bontems et de sa fille, vint à Paris, amené par l'ambition de parvenir à une des cures de la capitale, poste qu'il envisageait peut-être comme le marche-pied d'un évêché. En ressaisissant tout l'empire qu'il avait eu sur son ouaille, il frémit de la trouver déjà si changée par l'air de Paris.

Madame de Grandville fut saisie de frayeur aux remontrances de l'ex-chanoine, homme de trente-huit ans environ, qui apportait au milieu du clergé de Paris, si tolérant et si éclairé, cette âpreté du catholicisme de la province, cette implacable rigidité de maximes, et cette inflexible bigoterie dont les exigences multipliées sont autant de liens qui retiennent puissamment les âmes timorées dans une voie bien peu semblable à celle de l'Évangile.

Il serait fatigant et superflu de peindre avec exactitude les divers incidents qui, insensiblement, amenèrent le malheur au sein de ce ménage. Il suffira peut-être de raconter les principaux traits, sans les ranger scrupuleusement par époque et par ordre.

Cependant la première mésintelligence fut assez frappante.

Quand M. de Grandville mena sa femme dans le monde, elle ne fit aucune difficulté d'aller aux réunions graves, aux dîners, aux concerts, aux assemblées des magistrats placés au-dessus de son mari par la hiérarchie judiciaire ; mais elle sut, pendant quelque temps, prétexter des migraines toutes les fois qu'il s'agissait d'un bal. Un jour Grandville, impatienté de ces indispositions de commande, supprima la lettre qui annonçait un bal chez un conseiller d'État ; et, trompant sa femme par une invitation verbale, il la mena, un soir que sa santé n'avait rien d'équivoque, au milieu d'une fête magnifique.

—Ma chère, lui dit-il au retour du bal, en lui voyant un air triste dont il s'offensa, votre condition de femme, le rang que vous occupez dans le monde et la fortune dont vous jouissez, vous imposent des obligations qu'aucune loi divine ne saurait abroger. — N'êtes-vous pas la gloire de votre mari ? Vous devez donc venir au bal quand j'y vais, et y paraître convenablement.

—Mais, mon ami, qu'avait donc ma toilette de si malheureux ?

—Il s'agit de votre air, ma chère. Quand un jeune homme vous parle et vous aborde, vous devenez si sérieuse qu'un plaisant pourrait croire que votre vertu est fragile. Vous semblez craindre qu'un sourire ne vous compromette. Vous aviez vraiment l'air de prier Dieu pour tous les péchés véniels qui pouvaient se commettre ce soir. Le monde, mon cher ange, n'est pas un couvent. Mais, puisque tu parles de toilette, je t'avouerai que c'est aussi un devoir pour toi de suivre les modes et les usages du monde.

—Voudriez-vous que je montrasse ma gorge comme ces femmes effrontées qui se décolletent de manière à laisser plonger des regards impudiques sur leurs épaules nues, sur... ?

—Il y a de la différence, ma chère, dit le substitut en l'interrompant, entre découvrir tout le buste, et donner de la grâce à son corsage !... Vous avez un triple rang de ruches de tulle qui vous enveloppent le cou jusqu'au menton. Il semble que vous ayez sollicité votre couturière d'ôter toute forme gracieuse à vos blanches épaules et aux contours de votre sein, avec autant de soin qu'une coquette en met à obtenir de la sienne des robes qui dessinent les formes les plus secrètes. Votre buste est enseveli sous des plis si nombreux, que tout le monde s'en moquait ; et vous souffririez si je vous rapportais les discours saugrenus que l'on a tenus sur vous.

—Ceux à qui ces obscénités plaisent ne seront pas chargés du poids de nos fautes !... dit la jeune femme d'une manière sentencieuse.

— Vous n'avez pas dansé?... demanda Grandville.

— Je ne danserai jamais!... répliqua-t-elle.

— Si je vous disais que vous devez danser?... reprit vivement le magistrat, et suivre les modes, porter des fleurs dans vos cheveux, vous faire faire des parures, mettre des diamants?... Songez donc, ma belle, que les gens riches, et nous le sommes, sont obligés d'entretenir le luxe dans un État! — Il vaut mieux faire prospérer les manufactures que de répandre son argent en aumônes par des mains étrangères...

La discussion devint très-aigre. Madame Grandville mit dans ses réponses, toujours douces et prononcées d'un même son de voix aussi clair que celui d'une sonnette d'église, un entêtement qui annonçait une influence sacerdotale.

Quand, réclamant ses droits, elle prononça que son confesseur lui avait spécialement défendu d'aller au bal, le magistrat essaya de lui prouver que ce prêtre outrepassait les règlements de l'Église. Cette dispute odieuse, théologique, fut renouvelée avec beaucoup plus de violence et d'aigreur de part et d'autre, quand M. de Grandville voulut mener sa femme au spectacle. Enfin, le magistrat, dans le seul but de battre en brèche la pernicieuse influence que l'ex-chanoine exerçait sur sa femme, engagea la querelle de manière à ce que madame de Grandville, défiée par lui, écrivit en cour de Rome, sur la question de savoir si une femme pouvait, sans compromettre son salut, se décolleter, aller au bal et au spectacle, pour complaire à son mari.

La réponse du vénérable Pie VII ne se fit pas longtemps attendre. Elle condamnait hautement la résistance de la femme, blâmait le confesseur, et cette lettre, véritable catéchisme conjugal, semblait avoir été dictée par la voix tendre de Fénélon dont elle respirait la grâce et la douceur.

« Une femme est bien partout où elle se trouve quand elle est conduite par son époux. Si elle commet des péchés par son ordre, ce ne sera pas à elle à en répondre un jour. »

Ces deux passages de l'homélie du pape le firent accuser d'irréligion par madame de Grandville et son confesseur. Mais avant que le bref n'arrivât, le substitut s'était aperçu de la stricte observance des lois ecclésiastiques que sa femme lui faisait garder les jours maigres. Il ordonna à ses gens de lui servir du gras toute l'année; et, quelque déplaisir que cet ordre causât à sa femme, M. de Grandville, qui se souciait peu de faire gras ou maigre, le maintint avec une fermeté virile.

En effet la moindre créature vivante et pensante est blessée dans ce qu'elle a de plus cher, quand elle accomplit, par l'instigation d'une autre volonté que la sienne, une chose qu'elle était naturellement portée à exécuter. De toutes les tyrannies, la plus odieuse est celle qui ôte perpétuellement à une âme le mérite de ses actions et de ses pensées. On abdique sans avoir régné. La parole la plus douce à prononcer, le sentiment le plus doux à exprimer, expirent quand nous les croyons commandés, et plutôt que de renoncer à sa volonté on se jette dans un sentiment contraire; car entre mourir ou se couper un membre, personne n'hésite.

Bientôt le jeune magistrat devait renoncer à recevoir ses amis, à donner une fête ou un dîner : sa maison semblait s'être couverte d'un crêpe.

Une maison dont la maîtresse est dévote prend un aspect tout particulier. Les domestiques, toujours placés sous la surveillance de la femme, ne sont choisis que parmi ces personnes soi-disant pieuses qui ont des figures à elles. De même que le garçon le plus jovial, entré une fois dans la gendarmerie, aura le visage gendarme, de même les gens qui s'adonnent aux pratiques de la dévotion contractent un caractère de physionomie uniforme. L'habitude de baisser les yeux, de garder une attitude de componction, les revêt d'une livrée hypocrite que les fourbes savent prendre à merveille. Puis les dévotes forment une république : elles se connaissent toutes; et les domestiques dont elles se servent sont comme une race à part qu'elles conservent à l'instar de ces amateurs de chevaux, qui n'en admettent pas un dans leurs écuries dont l'extrait de naissance ne soit en règle.

Alors plus les prétendus impies viennent examiner une maison dévote, et plus ils reconnaissent que tout y est empreint de je ne sais quelle disgrâce. Ils y trouvent, tout à la fois, une apparence d'avarice et de mystère comme chez les usuriers, et l'humidité parfumée d'encens qui règne dans les chapelles. Cette régularité mesquine, cette pauvreté d'idées, que tout trahit, ne s'exprime que par un seul mot, et ce mot est—*bigoterie*. Dans ces sinistres et implacables maisons, la bigoterie se peint dans les meubles, dans les gravures, dans les tableaux; le parler y est bigot; le silence bigot, et les figures bigotes. La transformation des choses et des hommes en bigoterie est un mystère inexplicable, mais le fait est là. Chacun peut avoir observé que les bigots ne marchent pas, ne s'asseyent pas, ne parlent pas, comme marchent, s'asseyent et parlent les gens du monde. Chez eux l'on est gêné; chez eux l'on ne rit pas ; chez eux la roideur, la symétrie, règnent en tout, depuis le bonnet de la maîtresse de la maison, jusqu'à une pelote à épingles. Les regards n'y sont pas francs, les gens y semblent des ombres, et la dame du logis paraît assise sur un trône de glace.

Un matin le pauvre Grandville remarqua avec douleur et tristesse tous les symptômes de la bigoterie dans sa maison. Il y a, de par le monde, certaines sociétés où les mêmes effets existent, sans être produits par les mêmes causes. L'ennui trace autour de ces maisons malheureuses un cercle d'airain, où il renferme l'horreur du désert et l'infini du vide. Alors un ménage n'est pas un tombeau, c'est pis, c'est un couvent.

Au sein de cette sphère glaciale le magistrat considéra sa femme sans passion. Alors il remarqua avec une vive peine l'étroitesse d'idées que trahissait la manière dont les cheveux étaient implantés sur le front bas et légèrement creusé d'Angélique. Il aperçut dans la régularité si parfaite des traits de son visage je ne sais quoi d'arrêté et de rigide qui lui rendit bientôt haïssable la feinte douceur par laquelle il avait été séduit. Il devinait qu'un jour ces lèvres minces pourraient dire : — C'est pour ton bien, mon ami !... quand un malheur arriverait.

La figure de madame de Grandville avait pris une teinte blafarde et une expression sérieuse qui tuait la joie chez les autres. Ce changement était-il opéré par les habitudes ascétiques d'une dévotion qui n'est pas plus la piété que l'avarice n'est la charité, ou était-il produit par la sécheresse naturelle de son âme?... Il serait difficile de prononcer. Peut-être sa divine beauté était-elle une illusion. En effet, l'imperturbable sourire par lequel elle contractait son visage en regardant Grandville paraissait être, chez elle, une formule jésuitique de bonheur par laquelle elle croyait satisfaire à toutes les exigences du mariage. Enfin, sa charité blessait, sa beauté sans passion paraissait une monstruosité à celui qui la connaissait, et il n'y avait pas jusqu'à la plus douce de ses paroles qui n'impatientât. Elle n'obéissait pas à des sentiments, mais à des devoirs.

Il y a des défauts qui, chez une femme, peuvent céder aux leçons fortes données par l'expérience ou par un mari, mais rien ne peut combattre la tyrannie des fausses idées religieuses. Une éternité bienheureuse à conquérir, mise en balance avec un plaisir mondain, triomphe de tout, fait tout supporter. C'est l'égoïsme divinisé, c'est le *moi* par delà le tombeau. Aussi le pape fut-il condamné au tribunal de l'infaillible chanoine et de la jeune dévote, car ne pas avoir tort est un des sentiments qui remplacent tous les autres chez ces âmes despotiques.

Depuis quelque temps, il s'était établi un secret combat entre les idées des deux époux, et le jeune magistrat se fatigua bientôt d'une lutte qui ne devait jamais cesser. Et, en effet, quel homme, quel caractère peut résister à la vue d'un visage amoureusement hypocrite, et à une représentation catégorique opposée aux moindres volontés? Quel parti prendre contre une femme qui se fait une arme de votre passion en faveur de son insensibilité, qui est résolue à rester doucement inexorable, qui se prépare à jouer le rôle de victime avec délices, qui regarde un mari comme un instrument de Dieu, comme un mal dont les atteintes lui éviteront le purgatoire ?

Quelles sont les peintures par lesquelles on pourrait donner l'idée de ces femmes qui font haïr la vertu en outrant les plus doux préceptes d'une religion que saint Jean résumait par : Aimez-vous !..... Existait-il dans un magasin de modes un seul chapeau condamné à rester en étalage ou à partir pour les îles, Grandville était sûr de voir sa femme s'en parer. S'il se fabriquait une étoffe d'une couleur ou d'un dessin malheureux, elle s'en affublait ; car ces pauvres dévotes sont désespérantes dans leurs toilettes ; et le manque de goût est un des défauts qui sont inséparables de la fausse dévotion.

Ainsi dans cette intime existence qui veut le plus d'expansion, Grandville était sans compagne. Il allait seul dans le monde, aux fêtes, au spectacle ; car rien chez lui ne sympathisait avec lui. Un grand crucifix placé entre le lit de sa femme et le sien, était là comme le symbole de sa destinée. Ne représentait-il pas une divinité mise à mort, un homme-dieu tué dans toute la beauté de la vie et de la jeunesse? L'ivoire de cette croix n'était pas plus froid qu'Angélique crucifiant son mari au nom de la vertu ; car ce fut entre leurs deux lits séparés que naquit le malheur. Là Angélique ne voyait que des devoirs dans les plaisirs de l'hyménée ; et là s'était levée, un soir, l'observance des jeûnes, pâle et livide figure qui, un certain mercredi des cendres, avait d'une voix brève ordonné un carême complet, sans que M. Grandville eût jugé convenable d'écrire cette fois au pape, afin d'avoir l'avis du consistoire sur la manière d'observer le carême, les quatre-temps et les veilles de grande fête.

Le malheur du jeune substitut était immense ;

car il ne pouvait même pas se plaindre. Qu'avait-il à dire?... Il possédait une femme jeune, jolie, attachée à ses devoirs, vertueuse, le modèle de toutes les vertus!... Elle accouchait chaque année d'un enfant, elle les nourrissait tous elle-même et les élevait dans les meilleurs principes. Elle était charitable. C'était un ange.

Les vieilles femmes qui composaient la société au sein de laquelle elle vivait (car à cette époque les jeunes dames ne s'étaient pas encore avisées de se lancer par ton dans la haute dévotion), admiraient toutes le dévouement de madame Grandville, et la regardaient, sinon comme une vierge, au moins comme une martyre. Elles accusaient non pas les scrupules de la femme, mais la barbarie procréatrice du mari.

Insensiblement M. de Grandville, accablé de travail, sevré de plaisirs et fatigué du monde où il errait solitaire, tomba à trente-deux ans dans le plus affreux marasme. La vie lui était odieuse. Ayant une trop haute idée des obligations que lui imposait sa place, pour donner l'exemple d'une vie irrégulière, il essaya de s'étourdir par de grands travaux, et entreprit alors un grand ouvrage sur le droit. Mais il ne jouit pas longtemps de cette tranquillité monastique sur laquelle il avait cru qu'il lui serait au moins permis de compter.

Quand sa femme le vit déserter les fêtes du monde, et travailler chez lui avec une sorte de régularité, elle essaya de le convertir; car un véritable chagrin pour elle était de savoir son mari persister dans des opinions peu chrétiennes. Elle pleurait quelquefois en pensant que si son époux venait à périr, il mourrait dans l'impénitence finale, sans que jamais elle pût espérer de l'arracher aux flammes éternelles de l'enfer.

Alors M. de Grandville fut en butte aux petites idées, aux raisonnements vides, aux étroites pensées par lesquelles sa femme, qui croyait avoir remporté une première victoire, voulut essayer d'en obtenir une seconde en le ramenant dans le giron de l'Église. Ce fut là le dernier coup.

Quoi de plus affligeant que ces luttes sourdes, dont on peut toujours se faire une idée en se figurant un entêtement de dévote aux prises avec la raison éclairée d'un magistrat? Quel plaisir prendrait-on à ces aigres pointilleries auxquelles les gens passionnés préfèrent des coups de poignard? M. de Grandville déserta sa maison, où tout lui était insupportable. Ses enfants, courbés sous le despotisme froid de leur mère, n'osaient pas suivre leur père au spectacle, et Grandville ne pouvait leur procurer des plaisirs dont leur terrible mère savait toujours les punir.

Cet homme si aimant fut amené à une indifférence, à un égoïsme pire que la mort. Il sauva du moins ses fils de cet enfer en les mettant de bonne heure au collège, et se réservant le droit de les faire sortir. Il intervenait rarement entre la mère et les filles; mais il était résolu de les marier aussitôt qu'elles atteindraient l'âge de nubilité. S'il avait voulu prendre un parti violent, rien ne l'aurait justifié; et sa femme, ayant pour elle un formidable cortège de douairières, l'eût fait condamner par la terre entière. Alors Grandville n'eut d'autre ressource que de vivre dans un isolement complet. Mais courbé sous la tyrannie du malheur, ses traits flétris par le chagrin et par les travaux lui déplaisaient à lui-même, et il redoutait même le sourire des femmes du monde, auprès desquelles il désespérait de trouver des consolations.

L'histoire didactique de ce triste ménage n'offrit, pendant les treize années qui s'écoulèrent de 1807 à 1821, aucune scène digne d'être rapportée.

Madame de Grandville resta exactement la même du moment où elle perdit le cœur de son mari, que pendant les jours où elle se disait heureuse. Elle fit des neuvaines pour prier Dieu et les saints de l'éclairer sur les défauts qui avaient déplu à son époux et de lui enseigner les moyens de ramener la brebis égarée; mais plus ses prières avaient de ferveur, et moins Grandville paraissait au logis. Depuis cinq ans environ, le magistrat, qui avait obtenu, depuis la restauration, de hautes fonctions dans le gouvernement, s'était logé à l'entresol de son hôtel, pour éviter de vivre avec la comtesse de Grandville.

Chaque matin il se passait une scène qui, s'il en faut croire les médisances du monde, se répète au sein de plus d'un ménage, où elle est produite par certaines incompatibilités d'humeur, par des maladies morales ou physiques, ou par des travers qui conduisent bien des mariages aux malheurs retracés dans cette histoire.

Sur les huit heures du matin, une femme de chambre, qui ressemblait assez à une religieuse, venait sonner à l'appartement du comte de Grandville. Introduite dans le salon qui précédait le cabinet du magistrat, elle redisait au valet de chambre, et toujours du même ton, le message de la veille :

— Madame fait demander à M. le comte s'il a bien passé la nuit, et s'il lui fera le plaisir de déjeuner avec elle.

— Monsieur, répondait le valet de chambre, après avoir été parler à son maître, présente ses hommages à madame la comtesse, et la prie d'agréer ses excuses. Une affaire importante l'oblige à se rendre au Palais.

Un instant après, la femme de chambre se présentait de nouveau, et demandait de la part de madame si elle aurait le bonheur de voir M. le comte avant son départ.

— Il est parti! répondait le valet, tandis que parfois le cabriolet était encore dans la cour.

Ce dialogue par ambassadeur devint un cérémonial quotidien. Le valet de chambre de Grandville, qui, favori de son maître, causait plus d'une querelle dans le ménage par son irréligion et le relâchement de ses mœurs, se rendait même assez souvent par forme dans le cabinet où son maître n'était pas et revenait faire les réponses d'usage.

L'épouse affligée guettait quelquefois le retour de son mari, et se mettait sur le perron afin de se trouver sur son passage. Elle arrivait devant lui comme un remords. La taquinerie vétilleuse qui anime les caractères monastiques faisait le fond de celui de madame de Grandville, qui, alors âgée de trente-cinq ans, paraissait en avoir quarante.

Quand Grandville, obligé par le décorum, adressait la parole à sa femme, ou restait à dîner au logis, elle triomphait de lui faire subir et sa présence, et ses discours aigres-doux, et l'insupportable ennui de sa société bigote. Elle essayait de le mettre en faute devant ses gens et ses charitables amies.

La présidence d'une cour royale ayant été offerte au comte de Grandville, dont la famille était très-bien en cour, il l'avait refusée en priant le ministère de le laisser à Paris. Ce refus, dont les raisons étaient inconnues, donna lieu aux intimes amies et au confesseur de la comtesse de faire les plus bizarres conjectures. Grandville avait près de cent mille livres de rente. Il appartenait à l'une des meilleures maisons de la Normandie. Sa nomination à une présidence était un échelon pour arriver à la pairie. D'où venait ce peu d'ambition? D'où venait l'abandon de son grand ouvrage sur le droit? D'où venait cette dissipation qui, depuis près de six années, l'avait rendu étranger à sa maison, à sa famille, à ses travaux, à tout ce qui devait lui être cher?...

Le confesseur de la comtesse, qui, pour parvenir à un évêché, comptait autant sur l'appui des maisons où il avait accès que sur les services rendus à une congrégation dont il était l'un des plus ardents propagateurs, se trouva désappointé par le refus de Grandville.

Il se prit à dire, sous la forme de supposition, que, si M. le comte avait tant de répugnance à venir en province, c'était peut-être à cause de la nécessité où il serait d'y mener une conduite régulière, que, obligé de donner l'exemple des bonnes mœurs, il serait contraint d'y vivre avec la comtesse, de laquelle une passion illicite pouvait seule l'éloigner et qu'il fallait être aussi pure que l'était madame de Grandville pour se refuser à reconnaître les dérangements survenus dans la conduite de son mari...

Les bonnes amies trouvèrent ces suppositions s[i] lucides, qu'elles les transformèrent en vérités.

Madame de Grandville fut frappée comme d'u[n] coup de foudre. N'ayant aucune idée du monde n[i] de ses mœurs, de l'amour ni de ses folies, elle n'avait jamais pensé que le mariage pût comporter des incidents différents de ceux qui avaient eu lieu entr[e] elle et Grandville. Elle croyait son mari incapabl[e] de ce qu'elle considérait comme un crime; et, quan[d] il ne réclama plus rien d'elle, elle avait imaginé qu[e] le calme dont il paraissait jouir était dans la nature Enfin, comme elle lui avait donné tout ce que so[n] cœur pouvait renfermer d'affection pour un homme et que les conjectures de son confesseur ruinaien[t] complètement les illusions dont elle s'était nourri[e] jusqu'en ce moment, elle prit la défense de so[n] mari, et voulut le justifier aux yeux des autres, mai[s] sans pouvoir détruire le soupçon qui venait de s[e] glisser dans son âme. Ces appréhensions causèren[t] de tels ravages dans sa faible tête qu'elle en tomb[a] malade.

Elle devint la proie d'une fièvre lente; et comm[e] ces événements se passaient pendant le carême d[e] l'année 1822, et qu'elle ne voulut pas consentir [à] cesser ses jeûnes et ses austérités, elle arriva pa[r] degrés à un état de consomption qui fit trembl[er] pour ses jours. Les regards indifférents de M. d[e] Grandville la tuaient. Les soins et les attention[s] qu'il avait pour elle ressemblaient à ceux qu'u[n] neveu s'efforce de prodiguer au vieil oncle dont i[l] doit hériter.

Quoique la comtesse, ayant renoncé à son système de taquinerie et de remontrances, essayâ[t] d'accueillir son mari par de douces paroles, elle n[e] pouvait lui cacher entièrement ses véritables pensées, et détruisait souvent par un mot le bon effe[t] produit par un autre.

Vers la fin du mois de mai, les chaudes haleine[s] du printemps et un régime plus nourrissant ayan[t] restitué quelques forces à madame de Grandville elle vint un matin, au retour de la messe, s'asseoi[r] dans son petit jardin, sur un banc de pierre. En recevant les caresses du soleil, elle pensait à toute s[a] vie, qu'elle embrassait d'un coup d'œil, afin de voi[r] en quoi elle avait manqué à ses devoirs de mère et d'épouse, quand son confesseur apparut dans une agitation difficile à décrire.

— Vous serait-il arrivé quelque malheur, mon père?... lui demanda-t-elle avec une sollicitude toute filiale.

— Ah! je voudrais, répondit le prêtre normand, que toutes les infortunes dont la main de Dieu vous afflige me fussent départies!... Mais, ma respectable amie, ce sont des épreuves auxquelles il faut savoir vous soumettre.

— Eh! peut-il m'arriver des châtiments plus grands que ceux dont sa providence m'accable en se servant de mon mari comme d'un instrument de colère?

— Préparez-vous, ma fille, à plus de mal encore que nous n'en supposions jadis avec vos pieuses amies.

— Alors, je dois remercier Dieu, répondit la comtesse, de ce qu'il daigne se servir de vous pour me transmettre ses volontés; plaçant ainsi, comme toujours, les trésors de sa miséricorde auprès des fléaux de sa colère, comme jadis il bannissait Agar et lui découvrait une source dans le désert.

— Il a mesuré vos peines à la force de votre résignation et au poids de vos fautes.

— Parlez, je suis prête à tout entendre.

A ces mots, la comtesse leva les yeux au ciel, et ajouta:

— Parlez, monsieur Fontanon!...

— Depuis sept ans, M. de Grandville commet le péché d'adultère avec une concubine.

— O ciel!

— Il en a deux enfants. Il a dissipé pour ce ménage adultérin plus de cinq cent mille francs qui devaient appartenir à sa famille légitime.

— Il faudrait que je le visse de mes propres yeux!... dit la comtesse.

— Gardez-vous-en bien! s'écria l'abbé: vous devez pardonner, ma fille; attendre, dans la prière, que Dieu éclaire votre époux; à moins d'employer contre lui les moyens que vous offrent les lois humaines...

La longue conversation que l'abbé Fontanon eut alors avec sa pénitente produisit un changement violent dans la personne de la comtesse. Elle le congédia, et reparut chez elle, presque colorée. Elle allait et venait avec une activité inaccoutumée. Elle commanda d'atteler ses chevaux, ordre qu'elle donnait rarement. Elle les décommanda, elle changea d'avis vingt fois dans la même heure; mais enfin, comme si elle prenait une grande résolution, elle partit sur les trois heures, laissant tout son monde étonné de la révolution qui s'était si subitement faite en elle.

— Monsieur doit-il revenir dîner?... avait-elle demandé au valet de chambre, auquel elle ne parlait jamais.

— Non, madame...

— L'avez-vous conduit au Palais ce matin?...

— Oui, madame...

— N'est-ce pas aujourd'hui lundi?...

— Oui, madame...

— Je croyais qu'il n'y avait pas de palais le lundi!...

— Que le diable t'emporte!... s'écria le valet en voyant partir sa maîtresse.

———

Mademoiselle de Bellefeuille était en deuil et pleurait. Auprès d'elle, Eugène tenait une des mains de son amie entre les siennes, gardait le silence, et regardait tour à tour soit le petit Charles qui ne comprenait rien au deuil de sa mère, et ne restait muet que parce qu'il la voyait pleurer, soit le berceau où dormait Eugénie, soit le visage de Caroline sur lequel la tristesse ressemblait à une pluie tombant à travers les rayons d'un joyeux soleil.

— Eh bien! oui, mon ange, dit Eugène après un long silence; voilà le grand secret, je suis marié à une autre... Mais un jour, je l'espère, nous ne ferons qu'une même famille. Ma femme est depuis le mois de mars dans un état désespéré. Je ne souhaite pas sa mort; mais s'il plait à Dieu de l'appeler à lui, je crois qu'elle sera plus heureuse dans le paradis qu'au milieu d'un monde dont elle ne comprend ni les peines ni les plaisirs.

— Oh! que je hais cette femme!... Comment a-t-elle pu te rendre malheureux?... Cependant c'est à ce malheur que je dois ma félicité!.....

Ses larmes se séchèrent tout à coup.

— Caroline, espérons!... s'écria Eugène en prenant un baiser. Ne conçois pas de crainte de cet abbé. C'est le confesseur de ma femme, il est vrai; mais s'il essayait de troubler notre bonheur, je saurais prendre un parti...

— Que ferais-tu?

— Nous irions en Italie, je fuirais...

Un cri retentit dans le salon voisin, il fit frissonner le comte de Grandville et trembler mademoiselle de Bellefeuille. Ils se précipitèrent dans le salon, où ils trouvèrent la comtesse évanouie.

Quand elle reprit ses sens, elle jeta un profond soupir en se voyant entre son mari et sa rivale. Elle repoussa par un geste involontaire plein de mépris le bras de cette dernière, qui se leva pour se retirer.

— Vous êtes chez vous, mademoiselle! dit Grandville en arrêtant sa maîtresse par le bras.

Puis saisissant sa femme mourante, il la porta jusqu'à sa voiture, et y monta auprès d'elle.

— Qui donc a pu vous amener à désirer ma mort, à me fuir?... demanda la comtesse d'une voix faible en contemplant son mari avec autant d'indignation que de douleur.—N'étais-je pas jeune? vous m'avez trouvée belle!... Qu'avez-vous à me reprocher?... Vous ai-je trompé? N'ai-je pas été une épouse vertueuse et sage? Mon cœur n'a conservé que votre image; mes oreilles n'ont entendu que votre voix! A quel devoir ai-je manqué?...Que vous ai-je refusé?...

— Le bonheur!... répondit d'une voix ferme le magistrat. Vous savez, madame, qu'il y a deux manières de servir Dieu. Certains chrétiens s'imaginent qu'en entrant à des heures fixes dans une église pour y dire des *pater noster*, qu'en y entendant régulièrement la messe et en s'abstenant de tout péché, ils gagneront le ciel... ceux-là, madame, vont en enfer; car ils n'ont point aimé Dieu pour lui-même, ils ne l'ont point adoré comme il veut l'être, ils ne lui ont fait aucun sacrifice. Ils sont doux en apparence, et durs à leur prochain. Ils voient la règle, la lettre, et non l'esprit. Voilà comme vous en avez agi avec votre époux terrestre.

Vous avez sacrifié mon bonheur à votre salut. Vous étiez en prières quand j'arrivais à vous le cœur joyeux; vous pleuriez quand vous deviez m'égayer; vous n'avez su satisfaire à aucune exigence de mes plaisirs...

— Et s'ils étaient criminels?... s'écria la comtesse avec feu, fallait-il donc perdre mon âme pour vous plaire?

— C'eût été un sacrifice... dit froidement M. Grandville, qu'une autre plus aimante a eu le courage de me faire.

La comtesse se tordit les mains...

— O mon Dieu! s'écria-t-elle en pleurant, tu l'entends... Était-il digne des prières et des austérités au milieu desquelles je me suis consumée pour racheter ses fautes et les miennes?... A quoi sert la vertu?

— A gagner le ciel, ma chère! On ne peut être à la fois l'épouse d'un homme et celle de Jésus-Christ; il y aurait bigamie; et il faut savoir opter entre un mari et un couvent. Vous avez dépouillé votre âme, au profit de l'avenir, de tout l'amour, de tout le dévouement que Dieu y avait mis pour moi, et vous n'avez gardé au monde que des sentiments de haine...

— Je ne vous ai donc point aimé?... demanda-t-elle.

— Non, madame.

— Qu'est-ce donc que l'amour?... demanda involontairement la comtesse.

— L'amour, ma chère!... répondit Grandville avec une sorte de surprise ironique. Vous n'êtes pas en état de le comprendre. Le ciel froid de la Normandie ne peut pas être celui de l'Espagne : voilà toute votre histoire. Se plier à nos caprices, les deviner, trouver des plaisirs dans une douleur, nous sacrifier l'opinion du monde, l'amour-propre, la religion même, et ne regarder ces offrandes que comme des grains d'encens brûlés en l'honneur de l'idole!... voilà l'amour.

— Des filles d'Opéra!... dit la comtesse avec horreur. De tels feux doivent être peu durables, et ne vous laisser bientôt que des cendres ou des charbons, des regrets ou le désespoir.

Une épouse, monsieur, doit vous offrir, à mon sens, une amitié vraie, une chaleur égale... Elle a une dignité à conserver...

— Vous parlez de chaleur comme les nègres parlent de la glace!... répondit le comte avec un sourire sardonique. Songez que la plus humble de toutes les pâquerettes est plus séduisante que la plus orgueilleuse et la plus brillante des épines-roses, qui nous attirent au printemps par leurs pénétrants parfums et leurs vives couleurs...

Du reste, ajouta-t-il, je vous rends justice. Vous vous êtes si bien tenue dans la ligne du devoir apparent prescrit par la loi, que, pour vous démontrer en quoi vous avez failli à mon égard, il faudrait entrer dans certains détails que votre réserve ne saurait supporter, et vous instruire de choses qui vous sembleraient le renversement de toute morale.

— Vous osez parler de morale, s'écria la comtesse que les réticences de son mari rendirent furieuse, en sortant de la maison où vous avez dissipé la fortune de vos enfants!... où...

— Madame, je vous arrête là... dit le comte avec sang-froid en interrompant sa femme. Si mademoiselle de Bellefeuille est riche, elle ne l'est aux dépens de personne. Mon oncle était maître de sa fortune et avait plusieurs héritiers. Or, de son vivant, et par pure amitié pour celle qu'il considérait comme une nièce, il lui a donné sa terre de

Bellefeuille. Quant au reste, je le tiens de ses libéralités...

— C'était digne d'un Jacobin !... s'écria Angélique.

— Madame, vous oubliez que votre père fut un de ces Jacobins que vous, femme, condamnez avec peu de charité !... dit sévèrement le comte. Mais le citoyen Bontems, ajouta-t-il, a signé des arrêts de mort, tandis que mon oncle n'a rendu que des services à la France.

Madame de Grandville se tut. Mais, après un moment de silence, le souvenir de ce qu'elle venait de voir réveillant dans son âme une jalousie que rien ne saurait éteindre dans le cœur d'une femme, elle dit à voix basse et comme si elle se parlait à elle-même :

— Peut-on perdre ainsi son âme et celle des autres !...

— Eh ! madame, reprit le comte fatigué de cette conversation, c'est peut-être vous qui répondrez un jour de tout ceci !...

Cette parole fit trembler la comtesse.

— Vous serez sans doute excusée aux yeux du juge indulgent qui appréciera nos fautes, dit-il, par la bonne foi avec laquelle vous avez accompli mon malheur. Je ne vous hais point, je hais les gens qui ont faussé votre cœur et votre raison. Vous avez prié pour moi, comme mademoiselle de Bellefeuille m'a donné son cœur et m'a comblé d'amour. Il fallait que vous fissiez l'un et l'autre. Il fallait être tour à tour et ma maîtresse et la sainte priant au pied des autels. Vous devez me rendre la justice d'avouer que je ne suis ni pervers ni débauché. Mes mœurs sont pures, et ce n'est qu'au bout de sept années de douleur que le besoin d'être heureux m'a, par une pente insensible, amené à aimer une autre femme que vous, à me créer une autre famille que la mienne. Du reste, ne croyez pas que je sois le seul : il existe dans cette ville des milliers de maris qui tous ont été conduits par des causes diverses à cette double existence.

— Grand Dieu !... s'écria la comtesse, que ma croix est devenue lourde à porter !... Si l'époux que tu m'as donné dans ta colère ne peut trouver ici-bas de félicité que par ma mort, rappelle-moi dans ton sein...

— Si vous aviez eu toujours d'aussi admirables sentiments et ce dévouement, nous serions encore heureux, dit froidement le comte.

— Eh bien, reprit Angélique en versant un torrent de larmes, pardonnez-moi si j'ai pu commettre des fautes ! Oui, monsieur, je suis prête à vous obéir en tout, certaine que vous ne désirerez rien que de juste et de naturel. Je serai désormais tout ce que vous voudrez que soit une épouse !...

— Madame, si votre intention est de me faire dire que je ne vous aime plus, j'aurai l'affreux courage de vous éclairer. Puis-je commander à mon cœur ? puis-je effacer en un instant les souvenirs de quinze années de douleur ? — Je n'aime plus ! ces paroles enferment un mystère tout aussi profond que celui contenu dans le mot : — J'aime. L'estime, la considération, les égards, s'obtiennent, disparaissent, reviennent ; mais, quant à l'amour, je me prêcherais mille ans, que je ne le ferais pas renaître...

— Ah ! monsieur le comte, je désire bien sincèrement que ces paroles ne vous soient pas prononcées un jour par celle que vous aimez, avec le ton et l'accent que vous y mettez...

— Voulez-vous porter ce soir une robe à la grecque et venir à l'Opéra ?

A cette demande, la comtesse frissonna involontairement.

Conclusion.

Dans les premiers jours du mois de décembre 1829, un homme dont les cheveux entièrement blanchis semblaient annoncer qu'il avait subi plus de chagrins que d'hivers, car il ne paraissait guère avoir plus de cinquante-huit ans, passait à minuit environ par la rue de Gaillon.

Arrivé devant une maison de peu d'apparence et qui n'avait que deux étages, il s'arrêta pour y examiner une des fenêtres élevées en mansarde à des distances égales au milieu de la toiture. Une faible lueur colorait à peine cette humble croisée dont quelques uns des carreaux avaient été remplacés par du papier.

Le passant regardait cette clarté vacillante et jaunâtre avec l'indéfinissable curiosité des flâneurs parisiens, quand un jeune homme sortit tout à coup de la maison. Comme les pâles rayons du réverbère frappaient la figure du curieux, il ne paraîtra pas étonnant que, malgré la nuit, le jeune homme se soit avancé vers le passant avec ces précautions dont on use à Paris quand on craint de se tromper en rencontrant une personne de connaissance.

— Eh quoi ! s'écria-t-il, c'est vous, monsieur le comte !.... seul, à pied, à cette heure, et si loin de la rue Saint-Lazare... Permettez-moi d'avoir l'honneur de vous offrir le bras. Le pavé, ce soir, ou, pour mieux dire, ce matin, est si glissant que... si nous ne nous soutenions pas l'un l'autre, dit-il, afin de ménager l'amour-propre du vieillard, il nous serait bien difficile d'éviter une chute...

— Mais, mon cher monsieur, je n'ai encore que cinquante ans, malheureusement pour moi, répondit le comte de Grandville ; et un médecin, promis comme vous à une haute célébrité, doit savoir qu'à cet âge un homme est dans toute sa force.

— Alors vous êtes en bonne fortune.... reprit le médecin, car vous n'avez pas, je pense, l'habitude d'aller à pied dans Paris. Quand on a d'aussi beaux chevaux que les vôtres...

— Mais, la plupart du temps, répondit M. de Grandville, quand je ne vais pas dans le monde, je reviens du Palais-Royal ou de chez M. de Livry à pied...

— Et en portant sans doute sur vous de fortes sommes !... s'écria le médecin ; mais c'est appeler le poignard des assassins...

— Je ne crains pas ceux-là !... répliqua le comte de Grandville d'un air triste et insouciant.

— Mais au moins l'on ne s'arrête pas... reprit le médecin en entraînant l'ancien magistrat vers le boulevard. Encore un peu, je croirais que vous voulez me voler votre dernière maladie et mourir d'une autre main que de la mienne...

— Ah ! vous m'avez surpris faisant de l'espionnage !... répondit le comte. Soit que je passe à pied ou en voiture et à telle heure que ce puisse être de la nuit, j'aperçois, depuis quelque temps, à une fenêtre du troisième étage de la maison d'où vous sortez, l'ombre d'une personne qui paraît travailler avec un courage héroïque...

A ces mots le comte fit une pause, comme s'il eût senti une douleur soudaine.

— J'ai pris pour ce grenier, continua-t-il promptement, autant d'intérêt qu'un bourgeois de Paris peut en porter à l'achèvement du Palais-Royal...

— Eh bien ! s'écria vivement le jeune homme en interrompant le comte, je puis vous...

— Ne me dites rien !...... répliqua Grandville en coupant la parole à son médecin. Je ne donnerais pas un centime pour apprendre si l'ombre qui s'agite sur ces rideaux troués est celle d'un homme ou d'une femme, et si l'habitant de ce grenier est heureux ou malheureux ! si j'ai été surpris de ne plus voir personne travailler ce soir, si je me suis arrêté, c'était uniquement pour avoir le plaisir de former des conjectures aussi nombreuses et aussi niaises que toutes celles que les flâneurs forment à l'aspect d'une construction subitement abandonnée... Depuis deux ans, mon jeune...

Le comte parut hésiter à employer une expression ; mais il fit un geste et s'écria :

— Non, je ne vous appellerai pas mon ami !.... car je déteste tout ce qui peut ressembler à un sentiment ! Depuis deux ans donc, je ne m'étonne plus que les vieillards se plaisent tant à cultiver des fleurs, à planter des arbres... Les événements de la vie leur ont appris à ne plus croire aux affections humaines... et.... en peu de temps, je suis devenu vieillard. Je ne veux plus m'attacher qu'à des animaux qui ne raisonnent pas, à des plantes, enfin à tout ce qui est extérieur ; enfin je n'aime que les surfaces. Je fais plus de cas des mouvements de mademoiselle Taglioni que de tous les sentiments humains. — J'abhorre la vie et un monde où je suis seul. Rien, rien !..... ajouta le comte avec une expression qui fit tressaillir le jeune homme, non, rien ne m'émeut et rien ne m'intéresse !...

— Vous avez des enfants !...

— Mes enfants ?... reprit-il avec un singulier accent d'amertume. Eh bien, mes filles ne sont-elles pas toutes richement mariées ?... Elles aiment leurs maris et en sont aimées. Elles ont leurs ménages, et doivent penser à leurs enfants et à mes gendres avant tout. — Quant à mes fils... ils ont tous très-bien réussi. — L'aîné sera même l'honneur de la magistrature ; mais ils ont leurs soins, leurs inquiétudes, leurs affaires...... Si de tous ces cœurs-là il s'en était trouvé un seul qui se fût entièrement consacré à moi, qui eût essayé par son affection de me faire oublier tout le vide que je sens là !... dit-il en frappant sur son sein, eh bien ! celui-là aurait manqué sa vie, il l'aurait sacrifiée. — Et pourquoi, après tout ? — pour embellir quelques années qui me restent ! — Y serait-il parvenu ? — N'aurais-je pas, peut-être, regardé ses soins généreux comme une dette ? Mais, — et ici le vieillard se prit à sourire avec une profonde ironie, — mais, monsieur, ce n'est pas en vain que nous leur apprenons l'arithmétique ! et...—ils savent calculer... En ce moment ils attendent ma succession !...

— Oh ! monsieur le comte, comment cette idée peut-elle vous venir à vous, à vous si bon, si obligeant, si humain ? En vérité, si je n'étais pas moi-même une preuve vivante de cette bienfaisance que vous concevez si belle et si large...

— Pour mon plaisir... reprit vivement le comte. Je paye un sensation comme je payerais demain d'un monceau d'or la plus puérile de toutes les illusions si elle pouvait me remuer le cœur. Je secours mes semblables pour moi, et par la même raison que je vais au jeu..... Mais je ne compte sur la reconnaissance de personne ; vous-même, je vous verrais mourir sans sourciller, et je vous demande le même sentiment pour moi. — Ah, jeune homme !... les événements de la vie ont passé sur mon cœur comme les laves du Vésuve sur Herculanum. La ville existe — morte !....

— Ceux qui ont amené à ce point d'insensibilité une âme aussi chaleureuse et aussi vivante que l'était la vôtre, sont bien coupables !...

— N'ajoutez pas un mot !... reprit le comte avec un sentiment d'horreur.

— Vous avez une maladie, dit le jeune médecin d'un son de voix plein d'émotion, que vous devriez me permettre de guérir.

— Mais connaissez-vous donc un remède à la mort ?... s'écria le comte impatienté.

— Eh bien, monsieur le comte, je gage ranimer ce cœur que vous croyez si froid...

— Valez-vous Talma ? demanda ironiquement Grandville.

— Non, monsieur le comte. Mais la nature est aussi supérieure à ce qu'était Talma, que Talma pouvait l'être à moi. Écoutez, le grenier qui vous intéresse est habité par une femme d'une trentaine d'années. L'amour va chez elle jusqu'au fanatisme. L'objet de son culte est un jeune homme d'une jolie figure, mais qu'une mauvaise fée a doué de tous les vices possibles. Il est joueur, et je ne sais ce qu'il aime le mieux, des femmes ou du vin. — Il a fait, à ma connaissance, des bassesses dignes de la police correctionnelle...

Eh bien ! cette malheureuse femme lui a sacrifié une très-belle existence, un homme dont elle était adorée, dont elle avait des enfants... Mais qu'avez-vous, monsieur le comte ?...

— Rien ! — continuez...

— Elle lui a laissé dévorer une fortune entière. Elle lui donnerait, je crois, le monde, si elle le tenait... Elle travaille nuit et jour... et souvent elle a vu sans murmurer ce monstre qu'elle adore lui ravir jusqu'à l'argent destiné à payer le vêtement dont manquent ses enfants, jusqu'à l'espoir de la nourriture du lendemain !

Il y a trois jours, elle a vendu ses cheveux, les plus beaux que j'aie jamais vus !..... Il est venu.... Elle n'avait pas pu cacher assez vite la pièce d'or. Il l'a demandée, et, pour un sourire, pour une caresse.... elle a livré le prix de quinze jours de vie et de tranquillité... C'est à la fois horrible et sublime. Mais le travail commence à lui creuser les joues... les cris de ses enfants lui ont déchiré l'âme... Elle est tombée malade. Elle gémit en ce moment sur un grabat !... Ce soir, elle n'avait rien à manger, et ses enfants n'avaient déjà plus la force de crier ! Ils se taisaient quand je suis arrivé !!!... Oh ! quel tableau !...

Le jeune médecin s'arrêta. En ce moment le comte de Grandville avait, comme malgré lui, plongé la main dans la poche de son gilet.

— Je devine, mon jeune ami, dit le vieillard, comment elle peut vivre encore, si vous la soignez...

— Ah ! la pauvre créature !... s'écria le médecin. Qui ne la secourrait pas !... Je voudrais être plus riche, car j'espère la guérir de son amour.

— Mais, reprit le comte en retirant de sa poche la main qu'il y avait mise, sans que le médecin la vit pleine de l'argent que son protecteur semblait y avoir cherché, comment voulez-vous que je m'apitoie sur une misère dont j'achèterais les plaisirs au prix de toute ma fortune ! Elle sent, elle vit..... cette femme... Louis XV n'aurait-il pas donné tout son royaume pour pouvoir se relever de son cercueil et avoir trois jours de jeunesse et de vie ? N'est-ce pas là l'histoire d'un milliard de morts, d'un milliard de malades, et d'un milliard de vieillards ?...

— Pauvre Caroline !... s'écria le médecin.

A ce nom, le comte de Grandville tressaillit. Il saisit le bras du médecin, qui crut se sentir serré par les deux lèvres en fer d'un étau.

— Elle se nomme Caroline Crochard ?... demanda Grandville d'une voix visiblement altérée.

— Vous la connaissez donc ?... répondit le jeune homme avec étonnement.

— Vous m'avez tenu parole ! s'écria l'ancien magistrat ; car vous avez agité mon cœur de la plus terrible sensation qu'il éprouvera jusqu'à ce qu'il devienne poussière !... Cette émotion est encore un présent de l'enfer, et je sais toujours comment m'acquitter avec lui.

En ce moment, le comte et le médecin étaient arrivés au coin de la rue de la Chaussée-d'Antin. Là un de ces enfants de la nuit, qui, le dos chargé d'une hotte en osier et marchant un crochet à la main, ont été plaisamment nommés membres du comité des recherches, se trouvait auprès de la borne à laquelle Grandville venait de s'arrêter. Ce chiffonnier avait une vieille figure digne de celles que Charlet a immortalisées dans ses caricatures de l'école du balayeur.

— Rencontres-tu souvent des billets de mille francs ?... lui demanda le comte.

— Quelquefois, notre bourgeois...
— Et les rends-tu?...
— C'est selon la récompense promise...
— Voilà mon homme!... s'écria le comte en présentant au chiffonnier un billet de mille francs. Prends ceci... lui dit-il, mais songe que je te le donne à la condition de le dépenser au cabaret, de t'y enivrer, de t'y disputer, de battre ta femme, de crever les yeux à tes amis. Cela fera marcher la garde, les chirurgiens, les pharmaciens; peut-être les gendarmes, les procureurs du roi, les juges et les geôliers... ne change rien à ce programme; car le diable saurait tôt ou tard se venger de toi!...

Il faudrait qu'un même homme possédât à la fois les crayons de Charlet et de Calot, les pinceaux de Téniers et de Rembrandt, pour donner une idée vraie de cette scène nocturne. Elle appartient à la peinture.

— Voilà mon compte soldé avec l'enfer, et j'ai eu du plaisir pour mon argent!... dit le comte d'un son de voix profond en montrant au médecin stupéfait la figure indescriptible du chiffonnier béant.

— Quant à Caroline Crochard!... reprit-il, elle peut mourir dans les horreurs de la faim, de la soif, en entendant les cris déchirants de ses fils mourants, en reconnaissant la bassesse de celui qu'elle a épousé!... je ne donnerais pas un denier pour l'empêcher de souffrir, et je ne veux plus vous voir par cela seul que vous l'avez secourue...

Et le comte, laissant le médecin plus immobile qu'une statue, disparut avec une célérité fantasmagorique, en se dirigeant avec toute l'activité de la jeunesse vers la rue Saint-Lazare, où il atteignit promptement le petit hôtel qu'il habitait. Il fut assez surpris de voir une voiture arrêtée à sa porte.

— M. le vicomte, dit un valet de chambre à son maître, est arrivé il y a une heure pour parler à monsieur, et l'attend dans sa chambre à coucher.

Grandville fit signe à son domestique de se retirer; et, ouvrant la porte :

— Quel motif assez important vous oblige d'enfreindre l'ordre que j'ai donné à mes enfants de ne pas venir chez moi sans y être appelés?... dit le vieillard à son fils.

— Mon père, répondit le jeune homme d'un son de voix tremblant et d'un air respectueux, j'ose espérer que vous me pardonnerez quand vous m'aurez entendu.

— Votre réponse est celle d'un magistrat! dit le comte. Asseyez-vous. Il montra un siège au jeune homme. Mais, reprit-il, que je marche ou que je reste assis, ne vous occupez pas de moi.

— Mon père, reprit le vicomte, ce soir à quatre heures, un très-petit jeune homme, arrêté par un de mes amis au préjudice duquel il a commis un vol considérable, s'est réclamé de vous, se prétendant votre fils...

— Il se nomme?... demanda le comte en tremblant.

— Charles Crochard!

— Assez!... dit le père en faisant un geste à son fils.

Et Grandville se promena dans la chambre, au milieu d'un profond silence que le vicomte se garda bien d'interrompre.

— Mon fils!... Ces paroles furent prononcées d'un ton si doux et si paternel que le jeune magistrat en tressaillit.

— Charles Crochard, reprit le comte, vous a dit la vérité. Je suis content que tu sois venu ce soir, mon bon Eugène... ajouta le vieillard. Voici une somme d'argent assez forte. Il lui présenta une masse de billets de banque. Tu en feras l'usage que tu jugeras convenable dans cette affaire. Je me fie à toi, et j'approuve d'avance toutes tes dispositions, soit pour le présent, soit pour l'avenir.

Eugène, mon enfant, viens m'embrasser; car nous nous voyons pour la dernière fois... demain je pars pour l'Italie. Florence sera le lieu de ma résidence, et je ne le quitterai pas. Si un père ne doit pas compte de sa vie à ses enfants, il doit leur léguer l'expérience que lui a vendue le sort; car c'est une partie de leur héritage.

Quand tu te marieras... A ce mot le comte laissa échapper un frissonnement involontaire; — n'accomplis pas légèrement cet acte... le plus important de tous ceux auxquels nous oblige la société. Souviens-toi d'étudier longtemps le caractère de celle avec laquelle tu dois t'associer. Le défaut d'union entre les âmes de deux époux, par quelque cause qu'il soit produit, amène d'effroyables malheurs, et nous sommes, tôt ou tard, punis de n'avoir pas obéi aux lois sociales.

Je t'écrirai de Florence à ce sujet : un père ne doit pas rougir devant son fils... Adieu.

Le Conseil.

— La pièce est, je vous l'assure, madame, souverainement morale.

— Je ne partage pas votre avis, monsieur, et je la trouve profondément immorale.

— Voilà des gens bien près de s'entendre!... dit un jeune homme.

— Ils ne connaissent pas la pièce!... lui répondit à voix basse une jeune femme.

— Vous avez été la voir?... demanda le jeune homme.

— Oui, reprit-elle.

— Et vous étiez au spectacle avec M. de la Plaine...

— Cela est vrai!...

— Sans votre mari, ni votre mère.

— Mon Dieu!... reprit-elle en riant d'un rire affecté, contraint même, l'incognito est bien difficile à garder dans Paris!

— Vous vouliez donc vous cacher?

— Non... dit-elle; et si j'en avais eu l'intention, voyez un peu comme j'y aurais réussi! Mais, vous êtes donc mon espion?

— Non, madame, reprit le jeune homme, je suis votre ange gardien...

— N'est-ce pas la même chose? dit-elle; les anges gardiens sont les espions de l'âme.

— Oui, mais un espion doit être payé. Or, répondit-il, pourriez-vous me dire ce que gagnent les bons anges?

La jeune femme regarda d'un air inquiet son interlocuteur...

Pendant cet aparté la discussion, ayant continué, s'était échauffée.

— Monsieur!... disait la maîtresse de la maison au représentant de l'opinion contraire à la sienne, il y a deux manières d'instruire une nation. La première, et, selon moi, la plus morale, consiste à élever les âmes par de beaux exemples : c'était la méthode des anciens. Autrefois, les forfaits représentés sur la scène y apparaissaient au milieu de tous les prestiges de la poésie et de la musique; les leçons données par le théâtre participaient donc de la noblesse même du sujet, et de la pompe employée à la reproduire. Jamais alors la scène ne souilla la vie privée, jamais les poëtes comiques ou tragiques d'aucun pays ancien ne levèrent le chaste rideau qui doit couvrir le foyer domestique. Il a fallu voir en France la ruine de l'art pour en voir la dégradation. Je vais condamner par un seul mot le système actuel : je puis mener ma fille voir *Phèdre*, et je ne dois pas la conduire à ce drame honteux, qui déshonore le théâtre où il se joue, ce drame où la femme dégradée insulte à tout notre sexe et au vôtre; car, ou vous faites la femme ce qu'elle est ou elle vous fait ce que vous êtes : dans les deux cas, notre avilissement est la condamnation du peuple qui l'accepte. — La seconde manière de former les mœurs est de montrer le vice dans tout ce qu'il produit de plus horrible, de le faire arriver à ses dernières conséquences, et de laisser dire chacun à son voisin : — Voilà où mènent les passions déréglées!... Ce principe est devenu le moteur secret des livres et des drames, dont les auteurs modernes nous accablent. Il y a peut-être de la poésie dans ce système; il pourra faire éclore quelques belles œuvres; mais les âmes distinguées, les cœurs auxquels il reste quelque noblesse, même après la tourmente des passions et les orages du monde, le proscriront toujours : la morale au fer chaud est un triste remède, lorsque la morale décente et pure peut encore suffire à la société.

— Madame, répondit le défenseur de la poésie hydrocyanique, je vous le demande, s'est-il jamais rencontré de jeune fille qui, après avoir vu jouer *Phèdre*, ait emporté une idée bien exacte de la moralité contenue dans cette tragédie?...

La discussion continua fort vivement, et le jeune homme qui, en entendant parler haut, avait interrompu la conversation commencée avec sa voisine, la reprit aussitôt.

La jeune dame à laquelle il paraissait si vivement s'intéresser était une des femmes de Paris qui subissait alors le plus d'hommages et de flatteries. Mariée depuis quatre ans à un homme de finance, admirablement jolie, ayant une physionomie expressive, de charmantes manières et du goût, elle était le but de toutes les séductions imaginables.

Les jeunes fils de famille, riches et oisifs; les gens de trente ans, si spirituels; les élégants quadragénaires, ces émérites de la galanterie, si habiles, si perfides, grâce à de vieilles habitudes; enfin tous ceux qui, dans le grand monde, jouaient le rôle d'amoureux par état, par distraction, par plaisir, vocation ou nécessité, semblaient avoir choisi madame d'Esther pour en faire ce que l'on nomme à Paris *une femme à la mode*.

La supposant mal défendue par un banquier, ou pensant que peut-être l'âge et les manières de son mari devaient lui avoir donné quelque aversion secrète du mariage, ils cherchaient à l'entraîner dans ce tourbillon de fêtes, de voyages, d'amusements faux ou vrais, au milieu duquel une femme, en se trouvant toujours en dehors d'elle-même, ne peut plus être *elle*. Au sein de cette atmosphère de bougies, de gaze, de fleurs, de parfums; dans ces courses rapides et sans but, où force lui est d'obéir aux exigences d'une perpétuelle coquetterie d'esprit et au besoin de lutter avec des rivales, à peine une femme peut-elle réfléchir ; alors, tout est complice de ses étourderies, de ses fautes : hommes et choses. Puis, si, par prudence, elle reste vertueuse, ses prétendus amis la calomnient. Il faudrait qu'elle fût un ange pour résister à la fois au mal et au bien, à des passions vraies et à d'adroits calculs.

En ce moment madame d'Esther avait distingué, parmi tous les hommes du monde qui se pressaient vainement autour d'elle, un jeune officier de mérite, nommé M. de la Plaine.

Ernest de la Plaine était bien fait, élégant sans fatuité, possédait le don de plaire par ses manières et par une certaine grâce native. Il avait une de ces figures graves auxquelles la nature a, dans un moment d'erreur, donné tous les caractères de la passion et toutes les séductions de la mélancolie ; il était éminemment spirituel et très-instruit. En le rencontrant, madame d'Esther préféra sa conversation à celle des gens dont elle était environnée, parce que les hommes instruits et spirituels n'abondaient pas autour d'elle ; Ernest lui plut, et elle laissa voir son goût pour lui, parce qu'elle n'avait aucune arrière-pensée ; sa naïveté fut mal comprise, et les gens du monde dirent, dans leur langage si favorable à la médisance, que madame d'Esther avait *distingué* M. de la Plaine.

Ernest, se voyant *distingué* par une femme à la mode, la recherra, redoubla de soins pour elle, obéissant ainsi à sa double vocation d'homme et d'officier. Il s'efforça de plaire à M. le comte d'Esther. Aujourd'hui le titre de comte ou de baron semble être une conséquence nécessaire de la patente des banquiers. Or, le bon capitaliste, ayant rencontré peu de gens capables de l'écouter, reçut à merveille M. de la Plaine, dont il croyait être compris ; et de concert avec sa jolie femme, il conspira le bonheur de l'officier, qui, disait-il, était un très-aimable jeune homme.

Ces rencontres, ces soins, ces visites, ces conversations à onze heures qui s'établirent entre madame d'Esther et le capitaine, étaient des choses extrêmement naturelles, en harmonie avec nos usages, et ne froissaient en rien ni les mœurs, ni les lois. M. d'Esther pouvait bien prier M. de la Plaine de mener madame la comtesse au spectacle et au bal, quand, en sa qualité de mari, il n'en avait pas le temps. — M. Ernest la lui ramenait fidèlement. — Mais, pour un observateur, madame d'Esther marchait très vertueusement, et, à son insu peut-être, sur la glace d'un abîme, sur une glace dont elle seule n'entendait pas les craquements...

Il existe dans la nature un effet de perspective assez vulgaire pour que chacun en ait été frappé. Ce phénomène a de grandes analogies dans la nature morale. Si vous voyez de loin le versant d'une allée sur une route, la pente vous semble horriblement rapide, et quand vous y êtes, vous vous demandez si ce chemin est bien réellement la côte ardue que vous aviez naguère aperçue. Ainsi, dans le monde moral, une situation dangereuse épouvante en perspective ; mais lorsque nous sommes sur le terrain de la faute, il semble qu'elle n'existe plus ; et alors nous sommes tous un peu comme M. de Brancas, l'original du *Distrait* peint par La Bruyère, qui, jeté dans un bourbier, s'y était si bien établi, qu'il demanda : — Que me voulez-vous ? aux gens empressés de l'en tirer.

En ce moment, madame d'Esther se trouvait dans le plus brillant des trois ou quatre salons de Paris où l'on s'intéresse encore à la littérature, aux arts, à la conversation française d'autrefois, où le jeu est un accessoire souvent dédaigné, où la poésie règne en souveraine, où les hommes les plus distingués de la noblesse française, si peu tyrannique et si calomniée, se rencontrent avec les hommes transitoires de la politique. La discussion y est polie, spirituelle surtout. Là, les naufragés de l'empire causent avec les débris de l'émigration ; les artistes y sont près des gens de cour, leurs juges naturels, puissance contre puissance. Ce salon est un asile d'où les lieux communs sont bannis ; la critique y sourit ; le bon goût y interdit de parler du fléau régnant ou de ce que tout le monde sait ; enfin, vous pouvez y apporter votre idiome et votre esprit, vous serez compris ; chaque parole y trouve un écho. Les sots ne viennent pas là ; ils s'y déplairaient ; ils y seraient comme des chats dans l'eau ; leur esprit tout fait n'aurait pas cours en ce salon, et ils le fuient, parce qu'ils n'aiment pas à écouter.

Le jeune homme que madame d'Esther nommait son espion appartenait à l'une de ces catégories sociales entièrement ruinées par les barricades de juillet. — C'était le *neveu d'un pair de France!*... — Or, presque toutes les industries tuées en juillet 1830 ont reçu peu ou prou de mesquines indemnités ; mais celle des neveux de pairs de France a été complétement détruite, sans que la moindre souscription ait dédommagé les victimes. Être neveu d'un pair de France était jadis un état, une position : c'était au moins un titre qui éclipsait même le nom patronymique d'un jeune homme ; et, à cette question faite sur lui : — Qui est-il ?... tout le monde répondait :

— C'est le neveu d'un pair de France!...

Ce bienheureux népotisme valait une dot; il impliquait un brillant avenir, il supposait la pairie pour la seconde génération : le neveu d'un pair de France était l'espérance incarnée.

Or, ayant tout perdu, fortune positive et fortune problématique ; de chiffre, étant devenu zéro, M. de Villaines s'était vu dans la cruelle nécessité d'être quelque chose par lui-même. Il tâchait donc de passer pour un *homme spécial*; et, depuis deux ans, s'occupait de beaux-arts.

Les beaux-arts semblent n'exiger aucune étude sérieuse chez les gens qui aspirent à les diriger. Il leur faudrait bien, à la vérité, avoir quelque haute pensée, comprendre leur siècle, et sentir vivement les grandes conceptions; mais qui n'a pas la prétention de se connaître aux arts?... Alors, la capacité de l'homme auquel les gouvernements confient cette importante direction ne peut résulter que d'une croyance. Donc, le but des intrigants sans âme, et à qui trop souvent les destinées de l'art ont été remises, a toujours été d'accoutumer le public à croire en eux.

M. de Villaines, homme d'esprit et d'une grande finesse, envieux comme tous les ambitieux, prenait le devant sur ses rivaux en flattant les artistes; en publiant des ouvrages spéciaux; en comptant des colonnes renversées ; en rétablissant le texte d'inscriptions inutiles; en demandant la conservation de quelques monuments que personne ne songeait à détruire ; enfin, pour avoir le droit d'administrer les ruines de la France, il enrégimentait les débris de l'Asie, de Palmyre, de Thèbes aux cent portes, et faisait graver les tombeaux de l'Égypte ou de la Sicile.

Grâce à ce savoir-faire, il se faisait du savoir à bon marché et devenait une espèce de préjugé. Il ignorait les premiers éléments de tous les arts, mais son nom retentissait dans les journaux ; et si dans un salon une question d'art s'était élevée, tout à coup, à son aspect, une dame disait :

— Mais voilà M. de Villaines qui va nous expliquer cela...

Et M. de Villaines expliquait tout, en donnant des avis parfaitement motivés; car c'était un improvisateur, et un homme de tribune, au coin de la cheminée. Quand il avait le bonheur d'être encore le neveu d'un pair de France, il jouissait d'une certaine réputation comme conteur. Sa conversation spirituelle, semée d'anecdotes, d'observations fines, le faisait rechercher; il était la providence des salons entre minuit et deux heures du matin.

Madame d'Esther n'entrait presque pour rien dans l'intérêt que M. de Villaines lui portait. M. de Villaines haïssait cordialement Ernest de la Plaine; et pour venger de vieilles injures, il avait résolu d'éclairer la comtesse sur le danger dont elle était menacée. — La plupart des belles actions n'ont pas eu d'autre principe que l'égoïsme. Aussi, pour rester philanthrope, il faut peu voir les hommes : l'indulgence ou le mépris du monde doivent être écrits au fond du cœur de ceux qui demeurent dans le monde ou qui le gouvernent.

En ce moment, la discussion était arrivée au terme où elles tendent toutes : à un *oui* devant un *non*, exprimés de part et d'autre, avec une exquise politesse. Alors les gens de bon goût cherchent à changer le sujet de la conversation ; mais M. de Villaines, qui voulait tirer parti de cette dissertation, se leva, vint se placer à la cheminée, et, regardant les principaux avocats des deux opinions contraires, qui s'étaient eux-mêmes réduits au silence, il leur dit :

— Je vais essayer de vous mettre d'accord!... Dans les arts, il faut faire le moins de traités possible. L'œuvre la plus légère sera toujours mille fois plus significative que la plus belle des théories.

— Supposez, dit-il en jetant à madame d'Esther un regard d'intelligence qu'il eut l'adresse de dérober à tout le monde, supposez que, dans ce salon, se rencontrât une jeune femme charmante, prête à s'abandonner à tous les plaisirs, à tous les dangers d'une première passion... L'homme auquel elle va sacrifier sa vie aura tous les dehors flatteurs et décevants qui font croire à une belle âme; mais moi, observateur, je connais cet homme : je sais qu'il est sans cœur, ou que son cœur est profondément vicieux, et qu'il entraînera cet ange dans un abîme sans fond. N'est-ce pas là le premier acte du drame dont vous blâmez la représentation?... Eh bien, croyez-vous que je puisse obtenir de cette femme une renonciation entière et complète à ses espérances en lui disant quelques phrases éloquentes et classiques, taillées en plein drap dans Fénélon ou dans Bossuet?...

A ces mots, madame d'Esther rougit.

— Non, elle ne m'écoutera seulement pas... Mais si je lui racontais une aventure effrayante, arrivée récemment, qui peignît énergiquement les malheurs inévitables dont toutes les passions illégitimes sont tributaires, elle réfléchirait, et... peut-être...

— Réalisez la supposition en nous donnant d'abord votre conseil ; je consens à être cette femme, et à prendre le danger sur mon compte... Voyons, prêchez-moi… dit en riant la maîtresse de la maison.

Tout le monde s'étant groupé autour de M. de Villaines, il commença en ces termes :

— J'ai toujours eu le désir de raconter une histoire simple et vraie, au récit de laquelle un jeune homme et sa maîtresse fussent saisis de terreur et se réfugiassent au cœur l'un de l'autre comme deux enfants qui se serrent en rencontrant un serpent sur le bord d'un bois.

Je ne sais pas s'il y a parmi vous beaucoup d'amants, dit-il en jetant un regard à demi-sardonique sur tout le monde, mais je suis bien certain de ne jamais dire mon aventure à des personnes plus dignes de l'entendre.

Au risque de diminuer l'intérêt de ma narration ou de passer pour un fat, je commence donc par vous annoncer le but de mon récit ; et, comme j'ai joué un rôle dans ce drame presque vulgaire, s'il ne vous intéresse pas, la faute en sera certes à la vérité historique et à moi, car il y a des choses véritables souverainement ennuyeuses : selon moi, c'est la moitié du talent que de choisir ce qui est poétique dans le vrai.

En 181., j'allais de Paris à Moulins ; et l'état de ma bourse m'obligeait à voyager sur l'impériale de la diligence. Les Anglais regardent, vous le savez, les places situées dans cette partie aérienne de la voiture comme les meilleures ; aussi, durant les premières lieues de la route, je trouvai mille raisons excellentes pour justifier l'opinion de nos voisins.

Un jeune homme, qui me parut être un peu plus riche que je ne l'étais, se trouvait, par goût, près de moi, sur la banquette. Il accueillit mes arguments par des sourires inoffensifs. Bientôt, une certaine conformité d'âge, de pensées, notre amour mutuel pour le grand air, pour les riches aspects des pays que nous découvrions à mesure que la lourde voiture avançait, puis je ne sais quelle attraction magnétique impossible à expliquer, firent naître entre nous cette espèce d'intimité momentanée à laquelle les voyageurs s'abandonnent avec d'autant plus de complaisance, que ce sentiment éphémère paraît devoir cesser promptement et n'engager à rien pour l'avenir.

Nous n'avions pas fait trente lieues, que nous parlions des femmes et de l'amour. Avec toutes les précautions oratoires voulues en semblable occurrence, il fut bientôt question de nos maîtresses. Jeunes tous deux, nous n'en étions encore, l'un et l'autre, qu'à *la femme d'un certain âge*, c'est-à-dire à la femme qui se trouve entre trente-cinq et quarante ans.

Oh ! un poëte qui nous eût écoutés de Montargis à je ne sais plus quel relai, aurait recueilli des expressions bien enflammées, des portraits ravissants et de bien douces confidences !… Nos regards encore rougissants, nos craintes pudiques, nos interjections silencieuses, étaient empreints d'une éloquence dont je n'ai plus jamais retrouvé le charme naïf. Sans doute, il faut rester jeune pour comprendre la jeunesse. Alors, nous nous comprîmes à merveille sur tous les points essentiels de la passion.

Et d'abord, nous avions commencé à poser en fait et en principe qu'il n'y avait rien de plus sot au monde qu'un acte de naissance ; que bien des femmes de quarante ans étaient plus jeunes que certaines femmes à vingt, et qu'elles n'avaient réellement que l'âge qu'elles paraissaient avoir ; puis, ne mettant pas de terme à notre amour, nous nagions dans un océan sans bornes.

Enfin, après avoir fait nos maîtresses jeunes, charmantes, dévouées, comtesses, pleines de goût, spirituelles, fines ; après leur avoir donné de jolis pieds, une peau satinée et même doucement parfumée, nous nous avouâmes, lui, que *madame une telle* avait trente-huit ans ; et moi, de mon côté, que j'adorais une quadragénaire.

Là-dessus, délivrés l'un et l'autre d'une espèce de crainte vague, nous reprîmes de plus belle, en nous trouvant confrères en amour ; et ce fut à qui, de nous deux, accuserait le plus de sentiment. L'un avait fait une fois deux cents lieues pour voir sa maîtresse pendant une heure ; l'autre avait risqué de passer pour un loup et d'être fusillé dans un parc, afin de se trouver à un rendez-vous nocturne… S'il y a du plaisir à se rappeler des dangers passés, il y a aussi bien des délices à se souvenir des plaisirs évanouis : c'est jouir deux fois. La comtesse de mon ami avait fumé un cigare pour lui plaire ; la mienne ne passait pas un jour sans m'écrire ou me voir. La sienne était venue demeurer chez lui pendant trois jours au risque de se perdre ; la mienne avait fait encore mieux, ou pis si vous voulez.

Du reste, nos maris adoraient nos comtesses ; ils vivaient esclaves du charme puissant que possèdent toutes les femmes aimantes ; et, plus niais que l'ordonnance ne le porte, ils ne nous faisaient tout juste de péril que ce qu'il en fallait pour augmenter nos plaisirs. Oh ! comme le vent emportait vite nos paroles et nos douces risées !…

— Je vous demande grâce, madame, dit M. de Villaines à la maîtresse du logis, pour ces détails ; plus tard, vous…

— Allez, dit-elle, votre remarque est plus dangereuse que vos confidences. N'interrompez plus votre récit.

— En arrivant à Pouilly, reprit-il, j'examinai sérieusement la personne de mon nouvel ami; et, certes, je crus facilement qu'il devait être très-sérieusement aimé.

Figurez-vous un jeune homme de taille moyenne, mais très-bien proportionnée, ayant une figure heureuse et pleine d'expression. Ses cheveux étaient noirs et ses yeux bleus; sa bouche avait je ne sais quoi de ravissant; ses dents étaient blanches et bien rangées; une pâleur gracieuse décorait encore ses traits fins; et un léger cercle de bistre cernait ses yeux, comme s'il eût été convalescent. Ajoutez à cela qu'il paraissait très-instruit, qu'il était fort spirituel, qu'il avait des mains blanches, bien modelées, soignées comme doivent l'être celles d'une jolie femme; et vous n'aurez pas de peine à m'accorder que mon compagnon pouvait faire honneur à une comtesse. Enfin, plus d'une jeune fille l'eût envié pour mari, car il était vicomte et possédait environ douze à quinze mille livres de rentes, *sans compter les espérances*.

A une lieue de Pouilly, la diligence versa. Mon malheureux camarade trouva plus sûr de s'élancer sur les bords d'un champ fraîchement labouré, au lieu de se cramponner comme je le fis à la banquette et de suivre le mouvement de la diligence. Il prit mal son élan ou glissa, car je ne sais comment l'accident eut lieu, mais il fut écrasé par la voiture, sous laquelle il tomba. Nous le transportâmes dans une maison de paysan.

A travers les gémissements que lui arrachaient d'atroces douleurs, il put me léguer un de ces soins auxquels les derniers vœux d'un mourant donnent un caractère sacré. Au milieu de son agonie, le pauvre enfant se tourmentait, avec toute la candeur dont on est souvent victime à son âge, de la peine que ressentirait sa maîtresse, si elle apprenait brusquement sa mort par un journal; alors il me pria d'aller moi-même la lui annoncer. Puis il me fit chercher une clef suspendue à un ruban qu'il portait en sautoir sur la poitrine. Je la trouvai à moitié enfoncée dans les chairs; il ne proféra pas la moindre plainte lorsque je la retirai, le plus délicatement qu'il me fut possible, de la plaie qu'elle y avait faite. Au moment où il achevait de me donner toutes les instructions nécessaires pour prendre chez lui, à la *Charité-sur-Loire*, les lettres d'amour que sa maîtresse lui avait écrites et qu'il me conjura de lui rendre, il perdit la parole au milieu d'une phrase; mais son dernier geste me fit comprendre que la fatale clef serait un gage de ma mission auprès de sa mère.

Affligé de ne pouvoir formuler un seul mot de remerciment, car il ne doutait pas de mon zèle, il me regarda d'un œil suppliant pendant un instant; me dit adieu, en me saluant par un mouvement des cils; puis, il pencha la tête, et mourut. Sa mort fut le seul accident funeste que causa la chute de la voiture. — Encore y eut-il un peu de sa faute!... me disait le conducteur.

A la Charité, j'accomplis le testament verbal de ce pauvre voyageur. Sa mère était absente; ce fut une sorte de bonheur pour moi. Néanmoins, j'eus à essuyer la douleur d'une vieille servante, qui chancela lorsque je lui racontai la mort de son jeune maître. Elle tomba demi-morte sur une chaise, en voyant cette clef encore empreinte de sang; mais comme j'étais tout préoccupé d'une plus haute souffrance, celle d'une femme à laquelle le sort arrachait son dernier amour, je laissai la vieille femme de charge poursuivre le cours de ses prosopopées, et j'emportai la précieuse correspondance soigneusement cachetée par mon ami d'un jour.

Le château où demeurait sa maîtresse se trouvait à huit lieues de Moulins, et encore fallait-il, pour y arriver, faire quelques lieues dans les terres. Alors, il m'était assez difficile de m'acquitter de mon message; car, par un concours de circonstances inutiles à expliquer, je n'avais que l'argent nécessaire pour atteindre Moulins. Cependant, avec l'enthousiasme de la jeunesse, je résolus de faire la route à pied, et d'aller assez vite pour devancer la Renommée des mauvaises nouvelles qui marche si rapidement.

Je m'informai du plus court chemin, et j'allai par les sentiers du Bourbonnais, portant, pour ainsi dire, un mort sur mes épaules. A mesure que j'avançais vers le château de Montpersan, j'étais de plus en plus effrayé du singulier pèlerinage que j'avais entrepris. Mon imagination inventait mille fantaisies romanesques. Je me représentais toutes les situations dans lesquelles je pouvais rencontrer madame la comtesse de V***, ou, pour obéir à la poétique des romans, la *Juliette* tant aimée du jeune voyageur. Je forgeais des réponses spirituelles à des questions que je supposais devoir m'être faites. C'était à chaque détour de bois, dans chaque chemin creux, une répétition de la scène entre Sosie et la lanterne à laquelle il rend compte de la bataille. A la honte de mon cœur, je ne pensai d'abord qu'à mon maintien, à mon esprit, à faire preuve d'habileté ; mais lorsque je fus dans le pays, une réflexion sinistre me traversa l'âme comme un coup de foudre qui sillonne et déchire un voile de nuées grises. Quelle terrible nouvelle pour une femme en ce moment tout occupée de son jeune ami, qui avait peut-être eu mille peines à l'amener légalement chez elle, et qui, sans doute, espérait d'heure en heure des joies sans nom !

Enfin, il y avait encore une charité cruelle à être le messager de la mort ; aussi, je hâtais le pas, m'embourbant, me crottant. J'atteignis bientôt une grande avenue de châtaigniers, au bout de laquelle les masses du château de Montpersan se dessinaient dans le ciel comme des nuages bruns à contours capricieux.

En arrivant à la porte du château, je la trouvai toute grande ouverte. Cette circonstance imprévue détruisit mes plans et mes suppositions ; cependant j'entrai hardiment, et j'eus aussitôt à mes côtés deux chiens qui aboyèrent en chiens de campagne. A ce bruit, une grosse servante accourut, et quand je lui eus dit que je voulais parler à madame la comtesse, elle me montra par un geste de main les massifs d'un parc à l'anglaise qui serpentait autour du château, et me répondit :

— Madame est par là...
— Merci ! dis-je d'un air ironique.

Une jolie petite fille, à cheveux bouclés, à ceinture rose, à robe blanche, à pèlerine plissée, étant arrivée sur ces entrefaites, entendit ou saisit la demande et la réponse. A mon aspect, elle disparut en criant d'un petit accent fin :

— Ma mère, voilà un monsieur qui veut vous parler.

Et moi de suivre, à travers les détours des allées, les sauts et les bonds de la pèlerine blanche, qui, semblable à un feu follet, me montrait le chemin que prenait la petite fille.

Il faut tout dire. Au dernier buisson de l'avenue, j'avais rehaussé mon col, brossé mon mauvais chapeau et mon pantalon avec les parements de mon habit, mon habit avec ses manches, et les manches l'une par l'autre ; puis je l'avais boutonné soigneusement pour montrer le drap des revers, toujours un peu plus neuf que le reste ; enfin, j'avais fait descendre mon pantalon sur mes bottes, artistement frottées dans l'herbe. Grâce à cette toilette de Gascon, j'espérais ne pas être pris pour l'ambulant de la sous-préfecture ; mais quand aujourd'hui je me reporte par la pensée à cette heure de ma jeunesse, je ris parfois de la manière dont j'étais harnaché.

Tout à coup, au moment où je composais mon maintien, au détour d'une verte sinuosité, au milieu de mille fleurs éclairées par un chaud rayon du soleil du mois de juin, j'aperçus Juliette et son mari. La jolie petite fille tenait sa mère par la main, et il était facile de s'apercevoir que la comtesse avait hâté le pas, en entendant la phrase ambiguë de son enfant.

Étonnée à l'aspect d'un inconnu qui la saluait d'un air assez gauche, elle s'arrêta, me fit une mine froidement polie et une adorable moue, qui révélait toutes ses espérances trompées. Je cherchai, mais vainement, quelques-unes de mes belles phrases si laborieusement préparées. Alors, pendant ce moment d'hésitation mutuelle, le mari put arriver en scène. Des myriades de pensées passèrent dans ma cervelle, et, par contenance, je prononçai quelques mots assez insignifiants, demandant si les personnes présentes étaient bien réellement M. le comte et Mme la comtesse de... Ces niaiseries me permirent de juger d'un seul coup d'œil, et d'analyser, avec une perspicacité rare pour l'âge que j'avais, les deux époux dont j'allais troubler la solitude.

Le mari semblait être le type des gentilshommes qui sont actuellement le plus bel ornement des provinces. Il portait de grands souliers, à grosses semelles ; je les place en première ligne, parce qu'ils me frappèrent plus vivement encore que son habit noir fané, son pantalon usé, sa cravate lâche et son col de chemise recroquevillé. Il y avait dans cet homme un peu du magistrat, beaucoup plus du conseiller de préfecture, toute l'importance d'un maire de canton auquel rien ne résiste, et l'aigreur d'un candidat éligible périodiquement refusé depuis 1816 : incroyable mélange de bon sens campagnard et de sottise ! point de manières, la morgue de la richesse ; beaucoup de soumission pour sa femme, mais se croyant le maître et prêt à se regimber dans les petites choses, sans avoir nul souci des affaires importantes ; du reste, une figure flétrie, très-ridée, hâlée ; quelques cheveux gris, longs et plats : voilà l'homme.

Mais la comtesse !... ah ! quelle vive et brusque opposition ne faisait-elle pas auprès de son mari ! C'était une petite femme à taille plate et gracieuse, ayant une tournure ravissante ; toute mignonne, délicate. Vous eussiez eu peur de lui briser les os en la touchant. Elle portait une robe de mousseline blanche ; elle avait sur la tête un joli bonnet à rubans roses, une ceinture rose, une guimpe remplie si délicieusement par ses épaules et par les plus beaux contours, qu'en les voyant, il naissait au fond du cœur une irrésistible envie de les baiser. Ses yeux étaient vifs, noirs, expressifs; ses mouvements doux, son pied charmant. Un vieil homme à bonnes fortunes ne lui eût pas donné plus de trente années, tant il y avait de jeunesse dans son front et dans les détails les plus fragiles de sa tête. Quant au caractère, elle me parut tenir tout à la fois de la comtesse de Lignolles et de la marquise de B..., deux types de femme toujours frais dans la mémoire d'un jeune homme, quand il a lu le roman de Louvet.

Je pénétrai tout à coup dans tous les secrets de ce ménage, et pris une résolution diplomatique, digne d'un vieil ambassadeur. Ce fut peut-être la seule fois de ma vie que j'eus du tact et que je compris en quoi consistait l'adresse des courtisans ou des gens du monde. Depuis ces jours d'insouciance, j'ai eu trop à combattre pour distiller les moindres actes de la vie et ne rien faire qu'en accomplissant les cadences de l'étiquette et du bon ton, qui sèchent les émotions les plus généreuses.

— Monsieur le comte, je voudrais vous parler en particulier, dis-je au mari d'un air mystérieux et en faisant quelques pas en arrière.

Il me suivit.

Juliette nous laissa seuls avec la négligence d'une femme certaine d'apprendre les secrets de son mari au moment où elle voudra les savoir.

— Alors, je racontai brièvement au comte la mort de mon compagnon de voyage. L'effet que cette nouvelle produisit sur lui me prouva qu'il portait une affection assez vive à son jeune collaborateur, et cette découverte me donna la hardiesse de répondre ainsi dans le dialogue qui s'ensuivit entre nous deux :

— Ma femme va être au désespoir, s'écria-t-il, et je serai obligé de prendre bien des précautions pour l'instruire de ce malheureux événement.

— Monsieur, en m'adressant d'abord à vous, lui dis-je, j'ai rempli un devoir. Je ne voulais pas m'acquitter de la mission dont un inconnu m'a chargé près madame la comtesse, sans vous en prévenir ; mais il m'a confié une espèce de fidéicommis honorable, un secret, dont je n'ai pas le pouvoir de disposer. D'après la haute idée qu'il m'a donnée de votre caractère, j'ai pensé que vous ne vous opposeriez pas à ce que j'accomplisse ses derniers vœux. Madame la comtesse sera libre de rompre le silence qui m'est imposé.

En entendant son éloge, le gentilhomme balança très-agréablement la tête. Il me répondit par un compliment assez entortillé, et finit en me laissant le champ libre. Nous revînmes sur nos pas.

En ce moment, la cloche annonça le dîner; je fus invité à le partager. Comme nous étions graves et silencieux, Juliette nous examina furtivement.

Étrangement surprise en voyant son mari prendre un prétexte frivole pour nous procurer un tête-à-tête, elle s'arrêta en me lançant un de ces coups d'œil qu'il n'est donné qu'aux femmes de jeter. Il y avait dans son regard toute la curiosité permise à une maîtresse de maison qui voit un étranger tombé chez elle comme des nues ; il y avait toutes les interrogations que méritaient ma mise, ma jeunesse et ma physionomie, contrastes singuliers ! puis tout le dédain d'une maîtresse idolâtrée, aux yeux de qui les hommes ne sont rien, hormis un seul ; il y avait des craintes involontaires, de la peur, et l'ennui d'avoir un hôte inattendu, quand elle venait, sans doute, de ménager à son amour tous les bonheurs de la solitude.

Je compris cette éloquence muette, et j'y répondis par un triste sourire, sourire plein de pitié, de compassion. Alors, je la contemplai pendant un instant dans tout l'éclat de sa beauté, par un jour serein, au milieu d'une étroite allée bordée de fleurs ; et, à cet admirable tableau, je ne pus retenir un soupir.

— Hélas ! madame, je viens de faire un bien pénible voyage, entrepris... pour vous seule...

— Monsieur !... me dit-elle.

— Oh ! repris-je, je viens au nom de celui qui vous nomme Juliette...

Elle pâlit.

— Vous ne le verrez pas aujourd'hui...

— Il est malade ?... dit-elle à voix basse.

— Oui, lui répondis-je ; mais, de grâce, modérez-vous. Je suis chargé par lui de vous confier quelques secrets qui vous concernent, et croyez que jamais messager ne sera ni plus discret ni plus dévoué.

— Qu'y a-t-il ?...

— S'il ne vous aimait plus ?...

— Oh ! cela est impossible !... s'écria-t-elle en laissant échapper un léger sourire qui n'était rien moins que franc.

Tout à coup elle ressentit une sorte de frisson, me jeta un regard fauve et prompt, rougit et dit :

— Il est vivant ?...

— Grand Dieu ! quel mot terrible ! J'étais trop jeune pour en soutenir l'accent ; je ne répondis pas, et je regardai cette malheureuse femme d'un air hébété.

— Monsieur!... monsieur!... s'écria-t-elle, une réponse!...

— Oui, madame....

— Cela est-il vrai?... oh! dites-moi la vérité, je puis l'entendre! Dites!... toute douleur sera moindre que mon incertitude!

Je répondis par deux larmes que m'arrachèrent les étranges accents dont ces phrases furent accompagnées.

Elle s'appuya sur un arbre en jetant un faible cri.

— Madame, lui dis-je, voici votre mari!...

— Est-ce que j'ai un mari?

A ce mot, elle s'enfuit et disparut.

— Eh bien! le dîner refroidit!... s'écria le comte. Venez, monsieur...

Là-dessus, je suivis le maître de la maison qui me conduisit dans une salle à manger où je vis un repas servi avec tout le luxe auquel les tables parisiennes nous ont accoutumés. — Il y avait cinq couverts: — ceux des deux époux, et celui de la petite fille; *le mien*, qui devait être *le sien*; le dernier était celui d'un chanoine de Saint-Denis, lequel, les grâces dites, demanda :

— Où est donc ma nièce?

— Oh! elle va venir!... répondit le comte, qui, après nous avoir servi avec empressement le potage, s'en donna une très-ample assiettée et l'expédia merveilleusement vite.

— Oh! mon neveu! s'écria le chanoine, si votre femme était là, vous seriez plus raisonnable.

— Papa se fera mal!... dit la petite fille d'un air malin.

Un instant après ce singulier épisode gastronomique, et au moment où le comte découpait avec empressement je ne sais quelle pièce de venaison, une femme de chambre entra et dit:

— Monsieur, nous ne trouvons point madame!...

A ce mot, je me levai par un mouvement brusque, en redoutant quelque malheur, et ma physionomie exprima si vivement mes craintes que le vieux chanoine me suivit au jardin; le mari vint par décence jusque sur le seuil de la porte, et nous cria :

— Restez! restez! n'ayez aucune inquiétude!

Mais il ne nous accompagna point.

Le chanoine, la femme de chambre et moi parcourûmes les sentiers et les boulingrins du parc, appelant, écoutant, et d'autant plus inquiets, que j'annonçai la mort du jeune vicomte. En courant, je racontai les circonstances de ce fatal événement, et m'aperçus que la femme de chambre était extrêmement attachée à sa maîtresse, car elle entra bien mieux que le chanoine dans les secrets de ma terreur.

Nous allâmes aux pièces d'eau, nous visitâmes tout sans trouver ni la comtesse, ni le moindre vestige de son passage. Enfin, en revenant le long d'un mur, j'entendis des gémissements sourds et profondément étouffés, qui semblaient sortir d'une espèce de grange. A tout hasard j'y entrai. Nous y découvrîmes Juliette, qui, par un accès de folie sans doute, s'y était ensevelie au milieu du foin. Elle avait là caché sa tête, afin d'assourdir ses horribles cris, obéissant à une sorte d'instinct pudique : c'étaient des sanglots, des pleurs d'enfant, mais plus pénétrants, plus plaintifs; il n'y avait plus rien dans le monde pour elle. La femme de chambre dégagea sa maîtresse, qui se laissa faire avec la flasque insouciance de l'animal mourant.

Cette fille ne savait rien dire autre chose que :

— Allons, madame!... allons...

Le vieux chanoine demandait :

— Mais qu'a-t-elle?... Qu'avez-vous, ma nièce?...

Enfin, aidé par la femme de chambre, je transportai Juliette dans sa chambre; je recommandai soigneusement de dire à tout le monde que la comtesse avait la migraine, et de veiller sur elle; puis, nous redescendîmes, le chanoine et moi, dans la salle à manger.

Il y avait déjà quelque temps que nous avions quitté le comte. Je ne pensai guère à lui qu'au moment où je me trouvai sous le péristyle. Son indifférence me surprit; mais mon étonnement augmenta bien quand je le trouvai philosophiquement assis à table.

Il avait mangé tout le dîner, au grand plaisir de sa fille, qui souriait de voir son père en flagrante désobéissance aux ordres de la comtesse.

La singulière insouciance de ce mari me fut expliquée par la légère altercation qui s'éleva soudain entre le chanoine et lui. Le comte était soumis à une diète sévère que le médecin lui avait imposée pour le guérir d'une maladie grave dont j'ai oublié le nom; et, poussé par cette gloutonnerie féroce, assez familière aux convalescents, l'appétit de la bête l'avait emporté sur toutes les sensibilités de l'âme.

En ce moment j'avais vu la nature dans toute sa vérité, sous deux aspects bien différents, qui mettaient le comique au sein même de la plus horrible douleur.

La soirée fut triste. J'étais fatigué. Le chanoine employait toute son intelligence à deviner la cause des pleurs de sa nièce. Le mari digérait silencieusement, après s'être contenté d'une assez vague explication que la comtesse lui fit donner de son malaise par sa femme de chambre, et qui fut, je crois, empruntée aux malheurs naturels à la femme. Alors, nous nous couchâmes de bonne heure.

En passant devant la chambre de la comtesse pour aller au gîte où me conduisit un valet, je demandai de ses nouvelles assez timidement. En reconnaissant ma parole, elle me fit entrer, voulut me parler, mais la voix lui manqua; elle inclina la tête, et je me retirai.

Malgré les émotions cruelles que je venais de partager avec la bonne foi d'un jeune homme, je dormis accablé par la fatigue de ma marche forcée.

A une heure avancée de la nuit, je fus réveillé par les aigres bruissements que produisirent les anneaux de mes rideaux violemment tirés sur leurs tringles de fer. Je vis la comtesse assise sur le pied de mon lit, et recevant toute la lumière d'une lampe posée sur ma table.

— Est-ce bien vrai, monsieur?... me dit-elle. Je ne sais comment je puis vivre après la secousse que j'ai reçue, mais en ce moment j'éprouve du calme.... je veux tout apprendre!...

— Quel calme! me dis-je en apercevant l'horrible pâleur de son teint qui contrastait avec la couleur brune de sa chevelure, en entendant les sons gutturaux de sa voix, en restant stupéfait des ravages dont témoignaient ses traits. Elle était étiolée déjà comme une feuille dépouillée de la teinte jaune imprimée par l'automne aux feuilles qui tombent. Ses yeux rouges et gonflés avaient perdu toute leur beauté; ils ne réfléchissaient qu'une amère et profonde douleur : vous eussiez dit un nuage gris, là où naguère pétillait le soleil.

Je lui redis simplement, sans trop appuyer sur certaines circonstances trop douloureuses pour elle, l'événement rapide qui l'avait privée de son ami ; je lui racontai la première journée de notre voyage, si remplie par les souvenirs de leur amour.

Elle ne pleura point, elle écoutait avec avidité, la tête penchée vers moi, comme un médecin zélé qui épie un mal...

Saisissant un moment où elle me parut avoir entièrement ouvert son cœur aux souffrances et vouloir se plonger dans le malheur avec toute l'ardeur que donne la première fièvre du désespoir, je lui parlai des craintes qui agitèrent le pauvre mourant, et lui dis comment et pourquoi il m'avait chargé de ce fatal message.

Alors ses yeux se séchèrent sous le feu sombre qui vint des plus profondes régions de l'âme.— Elle put pâlir encore, et lorsque je lui rendis les lettres que je gardais sous mon oreiller, elle les prit machinalement; puis elle tressaillit violemment, et me dit d'une voix creuse :

— Et moi qui brûlais les siennes!... Je n'ai rien de lui !... rien ! rien !

Elle se frappa fortement au front.

— Madame!... lui dis-je.

Elle me regarda par un mouvement convulsif.

— J'ai coupé sur sa tête, continuai-je, une mèche de cheveux que voici!...

Et je lui présentai ce dernier, cet incorruptible lambeau de celui qu'elle aimait.

Ah! si vous aviez reçu, comme moi, les larmes brûlantes qui tombèrent alors sur mes mains, vous sauriez ce que c'est que la reconnaissance, quand elle est si voisine du bienfait!...

Elle me serra les mains, et d'une voix étouffée, avec un regard brillant de fièvre, un regard où son frêle bonheur rayonnait à travers d'horribles souffrances :

— Ah!... vous aimez! dit-elle. Soyez toujours heureux! ne perdez pas celle qui vous est chère!...

Elle n'acheva pas, elle s'enfuit avec son trésor.

Le lendemain, cette scène nocturne, confondue dans mes rêves, me parut être une fiction; et il fallut, pour me convaincre de la douloureuse vérité, que je cherchasse infructueusement les lettres sous mon chevet.

Il serait inutile de vous raconter les événements du lendemain. Je restai plusieurs heures encore avec la Juliette qui m'avait été tant vantée par mon pauvre compagnon de voyage ; et ses moindres paroles, tout me convainquit de la noblesse d'âme, de la délicatesse de sentiment qui en faisaient une de ces chères créatures d'amour et de dévouement semées si rares sur cette terre.

Le soir, M. de*** me conduisit lui-même jusqu'à Moulins. En y arrivant, il me dit avec une sorte d'embarras :

— Monsieur, si ce n'est pas abuser de votre complaisance, et agir bien indiscrètement avec un inconnu auquel nous avons déjà des obligations, voudriez-vous avoir la bonté de remettre, à Paris, puisque vous y allez, chez monsieur de — (j'ai oublié le nom), rue du Sentier, une somme que je lui dois, et qu'il m'a prié de lui faire promptement passer?

— Volontiers, dis-je.

Et dans l'innocence de mon âme, je pris un rouleau de vingt-cinq louis, dont je me servis pour revenir à Paris, et que je rendis fidèlement au prétendu correspondant de M. de.....

Ce fut à Paris seulement, et en portant cette somme dans la maison indiquée, que je compris l'ingénieuse adresse avec laquelle Juliette m'avait obligé. — La manière dont cet or me fut prêté, la discrétion gardée sur une pauvreté facile à deviner, révèlent tout le génie d'une femme aimante.

— Quelles délices, dit à voix basse M. de Villaines à une vieille dame, d'avoir pu raconter cette aventure à une femme qui, peureuse, vous a serré, vous a dit : — Oh ! cher ! ne meurs pas, toi !

— Et vous avez cru voir dans cette aventure, dit la maîtresse du logis, une leçon pour les jeunes femmes !... Rien ne ressemble moins à un conte moral... Qu'en pensez-vous?... ajouta-t-elle en quêtant autour d'elle des approbations à son opinion.

— Il faut conclure de cette histoire, dit un jeune fat, que nous ne devons pas voyager sur les impériales !...

— C'est un malheur, mais ce n'est pas une leçon !... reprit une jeune dame. Vous nous avez représenté la comtesse si heureuse, et son mari si bien dressé, que la morale de votre exemple est en conscience peu édifiante ! dit-elle en s'adressant au narrateur.

— Quoi ! mesdames, répondit M. de Villaines, n'est-ce donc rien que de vous montrer quelle instabilité frappe les liaisons criminelles; de vous faire voir le hasard, les hommes, les choses, tout aux ordres de cette justice secrète dont la marche est indépendante de celle des sociétés?... Il n'y a pas de quoi faire frémir une femme au moment où elle va se livrer au malheur?...

A ces mots, madame d'Esther leva la tête vers M. de Villaines; elle était profondément émue.

— Prenez garde, reprit-il en s'adressant aux dames, si vous ne trouvez pas cette histoire assez tragique, vous donnez gain de cause à ceux qui plaident pour cette pièce dont vous condamniez le sujet; mais, à des femmes moins jeunes, moins naïves que celle à laquelle j'étais censé m'adresser, je pourrais dire une tragédie domestique plus effrayante...

— Supposez-nous moins naïves, alors... dit une dame.

Madame d'Esther était muette et pensive.

— Je ne me fais jamais prier... dit M. de Villaines.

Il s'assit sur une causeuse, le silence se rétablit, et chacun écouta de nouveau.

— A une centaine de pas environ de la petite ville de Vendôme, dit-il, se trouve, sur les bords du Loir, une vieille maison brune, surmontée de toits très-élevés, toute seule, sans une tannerie puante, sans une méchante auberge pour voisines.

Devant ce logis, est un jardin donnant sur la rivière; mais les buis, autrefois ras, qui en dessinaient les allées, croissent à leur fantaisie; la haie de clôture pousse en liberté; les jeunes saules nés dans le Loir se sont rapidement élevés; les herbes que nous appelons mauvaises décorent de leur belle végétation le talus de la rive, les arbres fruitiers en bordure n'ont pas été taillés depuis dix ans, et ne produisent plus de récolte. Les espaliers ressemblent à des charmilles; les sentiers, sablés jadis, sont remplis de pourpier; à vrai dire, il n'y a pas trace de sentier...

Cependant, il est facile de reconnaître, du haut de la montagne où pendent les ruines du vieux château des ducs de Vendôme, seul endroit d'où la vue puisse plonger sur cet enclos, il est facile, dis-je, de reconnaître que, dans un temps assez éloigné, il fit les délices de quelque vieux gentilhomme, occupé de roses, de dahlias, d'horticulture en un mot, et gourmand de bons fruits peut-être. En effet, vous voyez une tonnelle, ou plutôt les débris d'une tonnelle sous laquelle est encore une table que le temps n'a pas entièrement dévorée.

A l'aspect de ce jardin qui n'est plus, toutes les délices de la vie paisible dont on jouit en province se devinent, comme vous devinez l'existence d'un bon négociant en lisant l'épitaphe de sa tombe; puis, pour compléter les idées tristes et douces dont l'âme est saisie, il y a sur l'un des murs un cadran solaire, orné de cette inscription bourgeoise:

FUGIT HORA BREVIS.

Du reste les toits sont horriblement dégradés, les persiennes toujours closes; les hirondelles ont fait des milliers de nids à tous les balcons; les portes ne s'ouvrent jamais; de hautes herbes ont poussé par les fentes des perrons; les ferrures sont rouillées; la lune, le soleil, l'hiver, l'été, la neige, ont creusé les bois, gauchi les planches, rongé les peintures. Le silence de cette morne maison ne doit être troublé que par les oiseaux, les chats, les fouines, les rats et les souris, qui vont et viennent en liberté.

Une invisible main a écrit partout le mot : — *Mystère!*...

Si, poussé par la curiosité, vous alliez voir cette maison du côté de la rue, vous apercevriez une grande porte, de forme ronde par le haut, et à laquelle les enfants du pays ont fait des trous nombreux. J'ai appris, plus tard, que cette porte est fermée depuis dix ans.

Par ces brèches irrégulières, vous pourriez observer la parfaite harmonie qui existe entre la façade du jardin et la façade de la cour.

Des bouquets d'herbes dessinent exactement les pavés; d'énormes lézardes sillonnent les murs; des pariétaires ornent de leurs festons les crêtes noircies..... Les marches du perron sont disloquées; la corde de la cloche est pourrie; les gouttières, sont brisées: tout est vide, désert, silencieux. Cette maison est une immense énigme dont personne ne connaît le mot. Elle porte le nom de *la Grande-Bretèche;* autrefois, c'était un petit fief.

Pendant le temps de mon exil à Vendôme, la vue romantique de cette singulière maison devint un de mes plaisirs les plus vifs. — C'était mieux qu'une ruine; car à une ruine se rattachent des souvenirs historiques, des faits connus dont on ne peut pas secouer l'authenticité; mais, dans cette habitation encore debout et en train de se démolir elle-même, il y avait un secret, une pensée inconnue; un caprice, tout au moins.

Plus d'une fois, le soir, j'allais me faire aborder à la haie, devenue sauvage, qui protégeait cet enclos; puis bravant les égratignures, j'entrais dans ce jardin sans maître, dans cette propriété qui n'était plus ni publique ni particulière; et j'y restais des heures entières à en contempler le désordre. Je n'aurais pas voulu, pour prix de l'histoire vraie à laquelle était dû sans doute ce spectacle bizarre, faire une seule question à un Vendômois; car j'y composais de délicieux romans; je m'y livrais à de petites débauches de mélancolie qui me ravissaient; et si j'avais connu le motif peut-être vulgaire de cet abandon, j'eusse perdu les poésies inédites dont je m'enivrais.

Il y avait de tout dans cet asile : c'était un air de cloître, puis, la paix du cimetière, sans les morts qui vous parlent leur langage épitaphique ; enfin, c'était la province avec toutes ses idées recueillies, et savie de sa blier... J'y ai souvent pleuré, je n'y ai jamais ri.... Là, tout est mélancolique. Plus d'une fois j'ai ressenti des terreurs involontaires, en y entendant, au-dessus de ma tête, le sifflement sourd que produisent les ailes de quelque ramier pressé. Le sol y est humide; il faut prendre garde aux lézards, aux vipères, aux grenouilles qui s'y promènent avec la sauvage liberté de la nature. Il ne faut pas craindre le froid pour y rester; car, en quelques minutes, vous sentez un manteau de glace qui se pose sur vos épaules, comme la main du commandeur sur le cou de don Juan... Un soir, j'y ai frissonné. Le vent avait fait tourner une vieille girouette rouillée, dont les cris aigres ressemblèrent à un gémissement poussé par la maison, au moment où j'achevais un drame assez noir qui m'expliquait cette espèce de douleur monumentale.

Je revins à mon auberge, en proie à des idées sombres.

Quand j'eus soupé, l'hôtesse entra d'un air de mystère dans ma chambre, et me dit :

— Monseigneur, voici M. Regnault !

— Qu'est-ce que M. Regnault?

— Comment, monsieur ne connaît pas M. Regnault?... Ah! c'est drôle!...

Là-dessus, elle s'en alla.

Et, tout à coup, je vis apparaître un homme long et fluet, vêtu de noir, tenant son chapeau à la main; et qui, se présentant à la manière d'un bélier prêt à fondre sur son rival, me montra un front fuyant, une petite tête pointue et une face pâle assez semblable à un verre d'eau sale. Vous eussiez dit un huissier de ministre. Son habit était vieux et très-usé sur les plis; mais l'inconnu avait un diamant au jabot de sa chemise et des boucles d'or à ses oreilles.

— Monsieur à qui ai-je l'honneur de parler? lui dis-je.

Il s'assit sur une chaise, se mit devant mon feu, posa son chapeau sur ma table, et me répondit en se frottant les mains :

— Monsieur, je suis M. Regnault...

Je m'inclinai, en me disant à moi-même :

— *Il bondocani!...* Cherche!

— ..... Je suis, reprit-il, le notaire de Vendôme.

— Eh bien, monsieur ! m'écriai-je.

— Petit moment!..... reprit-il en levant la main comme pour m'imposer silence. Permettez, monsieur, permettez.... J'ai appris que vous alliez vous promener quelquefois dans le jardin de *la Grande-Bretèche*.

— Oui, monsieur...

— Petit moment!... dit-il en répétant son geste... Ceci constitue un véritable délit... Mais—petit moment!... — je ne suis pas un Turc et ne veux point vous en faire un crime; seulement, monsieur, je viens au nom et comme exécuteur testamentaire de feu madame la comtesse de Merret vous prier de discontinuer, vos visites.... Vous êtes étranger, je le sais; aussi, bien permis à vous d'ignorer les circonstances qui m'obligent à laisser tomber en ruines le plus bel hôtel de Vendôme...... Cependant, monsieur, vous paraissez avoir de l'instruction; vous devez savoir que les lois défendent, sous des peines graves, d'envahir une propriété close; or, une haie vaut un mur..... Mais l'état dans lequel la maison se trouve peut servir d'excuse à votre curiosité.... Je ne demanderais pas mieux que de vous laisser libre d'aller et venir dans cette maison; mais, comme je suis chargé d'exécuter les volontés de la testatrice, j'ai l'honneur, monsieur, de vous prier de ne plus entrer dans le jardin... Moi-même, monsieur, depuis l'ouverture du testament, je n'ai pas mis le pied dans cette maison, qui dépend, comme j'ai eu l'honneur de vous le dire, de la succession de madame de Merret. Nous en avons seulement constaté les portes et fenêtres, afin d'asseoir les impôts que je paye annuellement sur des fonds à ce destinés par feu madame la comtesse... Ah! mon cher monsieur, son testament a fait bien du bruit à Vendôme!...

Là, il s'arrêta pour se moucher, le digne homme!...

Je respectai sa loquacité, comprenant à merveille que la succession de madame de Merret était l'événement le plus important de sa vie; toute sa réputation, sa gloire, sa Restauration; et, comme il me fallait dire adieu à mes belles rêveries, à mes romans, je ne fus pas rebelle au plaisir d'apprendre la vérité d'une manière officielle,

— Monsieur, lui dis-je, y a-t-il de l'indiscrétion à vous demander les raisons qui...?

A ces mots, un air qui exprimait tout le plaisir ressenti par les hommes habitués à monter sur un *dada*, passa sur la figure du notaire. Il releva le col de sa chemise avec une sorte de fatuité, tira sa tabatière, l'ouvrit, m'offrit du tabac; et sur mon refus, en saisit une forte pincée... Il était heureux!...

Un homme qui n'a pas de dada ne sait pas tout le parti que l'on peut tirer de la vie; un dada est le milieu précis entre la passion et la monomanie; et, en ce moment, je compris cette jolie expression de Sterne dans toute son étendue; j'eus une complète idée de la joie avec laquelle l'oncle Tobie enfourchait, Trim aidant, son cheval de bataille.

— Monsieur, me dit M. Regnault, j'ai été premier clerc de maître Chodron à Paris... — excellente étude, dont vous avez peut-être entendu parler?... — Non. — Cependant son nom a été bien souvent affiché..... — N'ayant pas assez de fortune pour *traiter* à Paris, au prix où les charges montèrent en 1816, je vins ici acquérir l'étude de mon prédécesseur.... J'avais des parents à Vendôme, entre autres une tante fort riche, dont j'épousai la fille, aujourd'hui madame Regnault.

— Monsieur, reprit-il après une légère pause, trois mois après avoir été agréé par le ministre de la justice, — je fus mandé un soir, au moment où j'allais me coucher, par madame la comtesse de Merret... Sa femme de chambre, une brave fille qui sert aujourd'hui dans cette hôtellerie, était à ma porte avec la calèche de madame la comtesse... Ah! — petit moment!...—Il faut vous dire, monsieur, que M. le comte de Merret avait été mourir à Paris, deux mois avant que je ne vinsse ici. — Il périt misérablement en se livrant à des excès de tous genres.... — Vous comprenez. — Le jour de son départ, madame la comtesse avait quitté la *Grande-Bretéche*, l'avait démeublée, et — quelques personnes prétendent même qu'elle en a brulé les meubles, les tapisseries, et tout, dans la prairie de Merret. — Avez-vous été à Merret, monsieur? — Non... dit-il en exprimant lui-même ma réponse. — Ah! c'est un fort bel endroit!

— Depuis trois mois environ, dit-il en continuant après un petit hochement de tête, M. le comte et sa femme avaient vécu singulièrement. Ils ne recevaient plus personne; madame habitait le rez-de-chaussée, et monsieur le premier. Quand madame la comtesse resta seule, elle ne se montra plus qu'à l'église; et, plus tard chez elle, à son château, elle refusa de voir même les amis qui vinrent lui faire des visites. Il paraît qu'elle était déjà très-changée au moment où elle quitta la *Grande-Bretéche* pour aller à Merret.

— Cette chère femme-là!...—je dis chère, parce que ce diamant me vient d'elle; car je ne l'ai vue, du reste, qu'une seule fois! — Donc cette bonne dame était très-malade... Elle avait sans doute désespéré de sa santé; car elle est morte sans vouloir appeler des médecins, aussi, beaucoup de nos dames ont trouvé qu'elle ne jouissait pas de toute sa tête...

— Alors, monsieur, ma curiosité fut singulièrement excitée en apprenant que madame de Merret avait besoin de mon ministère; mais je n'étais pas le seul qui s'intéressât à cette histoire; et le soir même, quoiqu'il fût tard, toute la ville sut que j'allais à Merret. La femme de chambre répondit assez vaguement aux questions que je lui fis en chemin ; cependant, elle me dit que sa maîtresse avait été administrée par le curé de Merret pendant la journée, et qu'elle ne paraissait pas devoir passer la nuit...

— J'arrivai sur les onze heures au château. Je montai le grand escalier. Après avoir traversé de grandes pièces hautes et noires, froides et humides en diable, je parvins dans la chambre à coucher d'honneur où était madame la comtesse.

— D'après les bruits qui couraient sur cette dame : car, je n'en finirais pas si je vous répétais tous les contes qui se sont débités à son égard ; je me la figurais comme une belle femme, une coquette... Bah !... Imaginez-vous que j'eus beaucoup de peine à la trouver dans le grand lit où elle était. Il est vrai qu'il n'y avait qu'une petite lampe pour éclairer cette énorme chambre, ces lambris... — Ah ! mais vous n'avez pas été à Merret !... — Eh bien ! monsieur, le lit est un de ces lits d'autrefois, avec un ciel élevé, garni d'indienne à ramages. — Une petite table de nuit était près du lit ; il y avait dessus une *Imitation de Jésus-Christ*, — que, par parenthèse, j'ai donnée à ma femme, ainsi que la lampe. — Il y avait aussi une grande bergère pour la femme de confiance, et deux chaises... Du reste, point de feu. — Voilà le mobilier. — Ça n'aurait pas fait dix lignes dans un inventaire.

— Ah ! mon cher monsieur, si vous aviez vu, comme je la vis alors, cette vaste chambre, tendue en tapisseries brunes, vous eussiez cru avoir été transporté dans une véritable scène de roman ; c'était glacial... mieux que cela, funèbre !...

— A force de regarder, en venant près du lit, je finis par voir madame de Merret, encore grâce à la lueur de la lampe dont la clarté donnait sur les oreillers. Sa figure était jaune comme de la cire, et ressemblait à deux mains jointes. Madame la comtesse avait un bonnet de dentelle qui laissait voir de beaux cheveux, mais blancs et noirs. Elle était sur son séant, et paraissait s'y tenir avec beaucoup de peine... Ses grands yeux noirs, abattus par la fièvre, sans doute et déjà presque morts, remuaient à peine sous leurs arcades profondes. Son front était humide ; ses mains décharnées ressemblaient à des os recouverts d'une peau bien tendue ; ses veines, ses muscles se voyaient parfaitement bien ; elle avait dû être très-belle, mais en ce moment, je fus saisi de je ne sais quel sentiment à son aspect : jamais, au dire de ceux qui l'ont ensevelie, une créature vivante ne pourra atteindre à sa maigreur sans mourir... c'était épouvantable à voir !... Cette femme avait été rongée par le mal jusqu'à n'être plus qu'un fantôme. Ses lèvres étaient d'un violet pâle, et quand elle me parla, ce fut à peine si elle les remua. Sa lèvre supérieure était un peu marquée, de chaque côté, par deux petits bouquets bruns ; et ce signe d'une forte constitution annonçait toutes les souffrances par lesquelles elle avait dû passer, avant d'arriver à sa vie artificielle qui allait s'éteindre.

— Quoique j'aie été habitué à ces sortes de spectacles à Paris, où ma profession me conduisait souvent au chevet de nos clients, pour constater leur dernières volontés, j'avoue que les familles en larmes, les agonies et tout ce que j'ai vu, n'étaient rien auprès de cette femme seule et silencieuse, dans ce vaste château. Je n'entendais pas le moindre bruit, je ne voyais pas même le mouvement que la respiration de la malade aurait dû donner aux draps dont elle était couverte : et je restais tout à fait immobile, occupé à la regarder avec une sorte de stupeur... Mais enfin, ses grands yeux se remuèrent ; elle essaya de lever sa main droite, qui retomba sur le lit ; et ces mots sortirent de sa bouche comme un souffle ; sa voix n'était déjà plus une voix :

— Je vous attendais avec bien de l'impatience.....

Ses joues se colorèrent vivement ; parler, c'était un effort.

— Madame... lui dis-je.

Elle me fit signe de me taire.

En ce moment, la vieille femme de charge se leva, et me dit à l'oreille :

— Ne parlez pas... Madame la comtesse est hors d'état d'entendre le moindre bruit ; et ce que vous lui diriez pourrait l'agiter.

Je m'assis.

Quelques instants après, madame de Merret rassembla tout ce qui lui restait de forces pour mouvoir son bras droit, le mit, non sans des peines infinies, sous son traversin ; alors elle s'arrêta un moment ; puis, elle fit un dernier effort pour retirer sa main ; et lorsqu'elle y fut parvenue, des gouttes de sueur tombèrent de son front ; elle avait pris un papier cacheté.

— Je vous confie mon testament !... dit-elle. Ah mon Dieu !... Ah !...

Ce fut tout...

Elle saisit un crucifix qui était sur son lit, le porta rapidement à ses lèvres, et mourut...

L'expression de ses yeux fixes me fait encore

frissonner quand j'y songe...... Elle avait dû bien souffrir.... Il y avait de la joie dans son dernier regard, et ce sentiment resta gravé sur ses yeux morts.

J'emportai le testament.

Quand il fut ouvert, je vis que madame de Merret m'avait nommé son exécuteur testamentaire. Elle léguait la totalité de ses biens à l'hôpital de Vendôme sauf, quelques legs particuliers. Mais voici quelles furent ses dispositions relativement à la Grande-Bretèche. Elle me recommanda de laisser cette maison pendant cinquante années révolues, à partir du jour de sa mort, dans l'état où elle se trouverait au moment de son décès, en interdisant l'entrée des appartements à quelque personne que ce fût, défendant d'y faire la moindre réparation, et allouant même une rente afin de gager des gardiens, s'il en était besoin, pour assurer l'entière exécution de ses intentions.

A l'expiration de ce terme, la maison doit m'appartenir, — à moi ou à mes héritiers, — si le vœu de la testatrice a été accompli ; sinon, la Grande-Bretèche reviendrait à ses héritiers naturels, mais à la charge, par eux ou par moi, de remplir les conditions indiquées dans un codicille annexé au testament, et qui ne doit être ouvert qu'à l'expiration desdites cinquante années.

Le testament n'a point été attaqué... Donc...

Là-dessus, et sans achever sa phrase, le docteur oblong me regarda d'un air de triomphe.

Je le rendis tout à fait heureux, en lui adressant quelques compliments.

— Je vous avoue, monsieur, lui dis-je en terminant, que vous m'avez si vivement impressionné, que je crois voir cette mourante plus pâle que ses draps ; ses yeux luisants me font peur, et j'en rêverai sans doute cette nuit... Mais vous devez avoir formé quelques conjectures sur les dispositions contenues dans son testament bizarre.

— Monsieur, me dit-il avec une réserve comique, je ne me permets jamais de juger la conduite des personnes qui m'ont honoré d'un legs.

— Eh bien ! monsieur, dis-je, la volonté de madame de Merret n'a rien de bien neuf !...

Le notaire hocha la tête en homme piqué.

— Sur le chemin de Versailles à Paris, entre Auteuil et le Point-du-Jour, repris-je, il existe une maison soumise au même régime. Je ne sais si c'est en vertu du testament d'un mort ou du caprice d'un homme vivant ; mais j'ai rarement fait un voyage de Versailles à Paris, sans entendre mes voisins entasser, sur la maison déserte, des réflexions aussi bizarres que peut l'être le fait en lui-même...

Là-dessus, je racontai quelques-unes des suppositions émises par les plus intelligents des compagnons de voyage que j'avais rencontrés dans les voitures de Versailles ; et la parité des aventures arrivées à nos immeubles respectifs, ayant délié, par la discussion, la langue du scrupuleux notaire vendômois, il m'initia, non sans de longues digressions, à toutes les observations dues aux profonds politiques des deux sexes dont la ville de Vendôme écoute les arrêts. Mais ces observations étaient si contradictoires, si diffuses, que je faillis m'endormir malgré l'intérêt que je prenais à cette histoire authentique.

Le ton lourd et l'accent monotone de ce notaire, sans doute habitué à s'écouter lui-même, et à se faire écouter de ses clients ou de ses compatriotes, triompha de ma curiosité.

Heureusement, il s'en alla.

— Ah ! ah ! monsieur, il y a bien des gens, me dit-il dans l'escalier, qui voudraient vivre encore trente-huit ans ; mais... — petit moment !

Et il mit, d'un air fin, l'index de sa main droite sur sa narine, comme s'il eût voulu dire : faites bien attention à ceci !

— Pour aller jusque là, il ne faut pas avoir la soixantaine.

Je fermai ma porte, après avoir été tiré de mon apathie par ce dernier trait que le notaire trouva très-spirituel ; puis, je m'assis dans mon fauteuil, en mettant les pieds sur les deux chenets...

A peine m'étais-je enfoncé dans un roman à la Radcliffe, bâti sur les données juridiques de M. Regnault, que ma porte, dirigée par la main adroite d'une femme, tourna sur ses gonds ; et je vis venir mon hôtesse, grosse femme réjouie, de belle humeur, qui avait certes manqué sa vocation ; c'était une espèce de Flamande qui aurait dû naître dans un tableau de Teniers.

— Eh bien ! monsieur ?... me dit-elle. Monsieur Regnault vous a sans doute rabâché son histoire de la Grande-Bretèche...

— Oui, mère Lepas.

— Que vous a-t-il dit ?

Je lui répétai en peu de mots la ténébreuse et froide histoire de madame de Merret.

A chaque phrase, mon hôtesse tendait le cou, en me regardant avec une perspicacité d'aubergiste, espèce de juste milieu entre l'instinct du gendarme, l'astuce de l'espion et la ruse du commerçant.

— Ma chère madame Lepas, ajoutai-je en terminant, vous paraissez en savoir davantage... Hein?... Autrement, pourquoi seriez-vous montée chez moi ?

— Ah! foi d'honnête femme, et aussi vrai que je m'appelle Lepas...

— Ne jurez pas, vos yeux disent la vérité..... Vous avez connu M. de Merret?... Quel homme était-ce?

— Dame, M. de Merret, voyez-vous, il avait bien cinq pieds sept pouces, on ne finissait pas de le voir; il était noble, et venait de Picardie... Il avait, comme on dit ici, la tête près du bonnet... Il payait tout comptant pour n'avoir de difficultés avec personne, parce que, voyez-vous, il était vif; mais nos dames ici disaient toutes qu'il ne manquait pas d'amabilité.... Il fallait bien avoir eu quelque chose devant soi, comme on dit, pour épouser madame de Merret... Madame de Merret, voyez-vous, était la plus belle et la plus riche personne du Vendômois. Elle avait aux environs de quarante mille livres de rente. Toute la ville a été à sa noce... La mariée était mignonne et avenante, un vrai bijou!... Ah! ça a fait un beau couple dans le temps...

— Ont-ils été heureux en ménage?...

— Oh!... oui, monsieur; du moins, autant qu'on peut le présumer, car vous pensez bien que, nous autres, nous ne vivions pas à pot et à rôt avec eux... Madame de Merret était bienfaisante, bonne et douce... Elle avait peut-être bien à souffrir quelquefois des vivacités de son mari, mais c'était un digne homme, un peu fier... Bah! c'était son état à lui d'être comme ça!..... Quand on est noble, voyez-vous...

— Cependant il a bien fallu quelque catastrophe pour que M. et madame de Merret se séparassent violemment?...

— Je n'ai point dit qu'il y ait eu de catastrophe, monsieur... Je n'en sais rien...

— Bien. Je suis sûr maintenant que vous savez....

— Eh bien! oui, monsieur.... je vais tout vous dire. En voyant monter chez vous M. Regnault, j'ai bien pensé qu'il vous parlerait de madame de Merret à propos de la Grande-Bretèche; et ça m'a donné l'idée de consulter monsieur, qui me paraît un homme de bon conseil et incapable de trahir une pauvre femme comme moi, qui n'a jamais fait de mal à personne, et qui se trouve cependant tourmentée par sa conscience... Je n'ai pas voulu me confier à un prêtre, rapport à ce qui est arrivé dernièrement à Tours. Une veuve du faubourg Saint-Pierre-des-Corps s'est accusée en confession d'avoir tué son mari. Elle l'avait, sous votre respect, salé comme un cochon, et mis dans sa cave, et tous les matins elle en jetait un morceau à la rivière. Elle disait qu'il était en voyage, et le fait est qu'il voyageait sous l'eau.... Finalement, il ne restait plus que la tête... Le prêtre l'a dit au procureur du roi, et elle a été fait mourir. Quand le juge lui a demandé pourquoi elle n'avait pas jeté la tête à l'eau comme le reste du corps, elle a répondu : — Qu'elle n'avait jamais pu la prendre, vu qu'elle était trop lourde.

— Eh bien! monsieur, je ne suis point dans ce cas-là, comme vous devez bien le penser; mais je voudrais avoir l'avis d'un honnête homme sur ce qui m'est arrivé! Jusqu'à présent, je n'ai point osé m'ouvrir aux gens de ce pays-ci; ce sont tous des bavards à langues d'acier ; enfin, monsieur, je n'ai pas encore eu de voyageur qui soit demeuré si longtemps que vous dans mon auberge, et auquel je pusse dire l'histoire des quinze mille francs...

— Ma chère madame Lepas, lui répondis-je en arrêtant le flux de ses paroles, si votre confidence est de nature à me compromettre, pour tout au monde je ne voudrais pas en être chargé...

— Ne craignez rien, dit-elle en m'interrompant. Vous allez voir.

Cet empressement me fit croire que je n'étais pas le seul à qui ma bonne aubergiste eût communiqué le secret dont je devais être l'unique dépositaire; et, alors, j'écoutai.

— Monsieur, dit-elle, quand l'empereur envoya ici quelques Espagnols prisonniers de guerre ou autres, j'eus à loger, au compte du gouvernement, un jeune Espagnol, envoyé à Vendôme sur parole. Malgré ça, il allait tous les jours se montrer au sous-préfet. C'était un grand d'Espagne!... Excusez-moi du peu!... Il portait un nom en *os* et en *dia*, comme Bajos de Férédia... J'ai son nom écrit sur mes registres; vous pourrez le lire, si vous le voulez... Oh! c'était un beau jeune homme, pour un Espagnol, qu'on dit tous laids... Il n'avait guère que cinq pieds deux ou trois pouces : mais il était bien fait; il avait de petites mains qu'il soignait!... ah! fallait voir! il avait autant de brosses pour ses mains qu'une femme en a pour toute sa personne!... Puis, c'étaient de grands cheveux noirs, un œil de feu, un teint un peu cuivré, mais qui plaisait tout de même... Il portait du linge fin comme je n'en ai jamais vu à personne ; quoique j'aie logé des princesses, et entre autres le général Bertrand, le duc et la duchesse d'Abrantès, M. Decazes et le roi d'Espagne...... Il ne mangeait pas grand'chose;

mais il avait des manières si polies, si aimables ! Oh ! je l'aimais beaucoup, et malgré cela il ne disait pas quatre paroles par jour ; il était rêveur, taciturne... Il lisait son bréviaire comme un prêtre, et allait à la messe, à tous le offices régulièrement... Et où se mettait-il ?... à deux pas de la chapelle de madame de Merret... Comme il se plaça là dès la première fois qu'il vint à l'église, personne n'imagina qu'il y eût de l'intention dans son fait..... D'ailleurs il ne levait pas le nez de dessus son livre de prières, le pauvre jeune homme !...

— Pour lors, monsieur, le soir il allait se promener sur la montagne, dans les ruines du château. C'était là tout son amusement. Ça lui rappelait son pays. On dit que c'est tout montagnes en Espagne !... Souvent, dès les premiers jours de sa détention, il revenait fort tard..... Je fus inquiète en ne le voyant revenir que sur les minuit ; mais nous nous habituâmes tous à sa fantaisie ; et comme il avait la clef de la porte, nous ne l'attendions pas du tout.... Il logeait dans la maison que nous avons de l'autre côté de la rue...

— Pour lors, un de nos valets d'écurie nous dit qu'un soir, en allant faire baigner les chevaux, il croyait avoir vu le grand d'Espagne nager au loin dans la rivière, comme un vrai poisson... Quand il revint, je lui dis de prendre garde aux herbes qui flottent... Pour lors, il parut contrarié d'avoir été vu dans l'eau.

— Enfin, monsieur, un jour, ou plutôt un matin, nous ne le trouvâmes plus dans sa chambre. Il n'était pas revenu... A force de fouiller partout, je vis un écrit dans le tiroir de sa table, où il y avait cinquante pièces d'or, qu'on nomme des portugaises ; ça valait bien 5,000 francs ; puis des diamants pour 10,000 francs qui étaient dans une petite boîte cachetée.... Pour lors son écrit disait : Qu'au cas où il ne reviendrait pas, cet argent et ces diamants seraient notre propriété ; qu'il n'y aurait pas de perquisitions à faire de lui, parce qu'il se serait sans doute évadé...

— Dans ce temps-là, j'avais encore mon mari, qui, dès le matin, était allé à sa recherche ; et voilà le drôle de l'histoire !.... Mon cher monsieur, il rapporta les habits de l'Espagnol... Il les avait découverts sous une grosse pierre, dans une espèce de pilotis sur le bord de la rivière, du côté du château, à peu près en face de la Grande-Bretèche... Mon mari, n'ayant rencontré personne, vu qu'il y avait été de grand matin, brûla les habits après avoir lu la lettre, et il déclara que le comte Férédia n'était pas rentré, puisque c'était le désir de l'Espagnol.

— Là-dessus, le sous-préfet mit toute la gendarmerie à ses trousses, mais... brust !... on ne l'a point rattrapé..... M. Lepas crut qu'il s'était noyé. Moi, monsieur, je ne le pense point... et je crois plutôt qu'il est pour quelque chose dans l'affaire de madame de Merret, vu que Rosalie m'a dit que le crucifix auquel sa maîtresse tenait tant qu'elle a voulu être ensevelie avec, était d'ébène et d'argent ; et que, dans les premiers temps de son séjour, M. Férédia en avait un d'ébène et d'argent que je ne lui ai plus revu...

— Maintenant, monsieur, n'est-il pas vrai que je ne dois point avoir de remords des 15,000 francs de l'Espagnol, et qu'ils sont bien à moi ?...

— Certainement... Mais n'avez-vous pas essayé de questionner Rosalie ?... lui dis-je.

— Oh ! si fait, monsieur. Que voulez-vous ?... Cette fille-là c'est un mur... Elle sait quelque chose ; mais il est impossible de la faire jaser...

Madame Lepas se retira après avoir encore causé pendant un moment avec moi. Elle me laissa en proie à des pensées vagues et ténébreuses, à une curiosité romanesque, à une terreur religieuse assez semblable au sentiment profond dont nous sommes saisis quand nous entrons à la nuit dans une église sombre, et que nous y apercevons une faible lumière lointaine sous des arceaux élevés... Puis, une figure indécise glisse, un frottement de robe ou de soutane se fait entendre... Nous avons frissonné.

La Grande-Bretèche et ses hautes herbes, ses fenêtres condamnées, ses ferrements rouillés, ses portes closes, ses appartements déserts, se montra tout à coup fantastiquement devant moi ; j'essayai de pénétrer dans cette mystérieuse demeure, en y cherchant le nœud de cette solennelle histoire, le poison qui avait tué trois personnes.

Rosalie était à mes yeux l'être le plus intéressant de Vendôme. Aussi, quand la cause de mon exil cessa ; quand cette grosse fille rougeaude, joyeuse en apparence, m'apporta elle-même la lettre qui me délivra, je la regardai d'un œil si profondément interrogateur, qu'elle rougit et pâlit tour à tour...

Alors, je découvris pour la première fois les traces d'une pensée intime au fond de cette santé brillante et sur ce visage potelé. Il y avait dans cette âme un principe de remords ou d'espérance, et dans son attitude, un secret, comme chez les dévotes qui prient avec excès, ou comme chez la fille infanticide qui entend toujours le cri de son enfant.

Sa pose était cependant naïve et grossière ; son niais sourire n'avait rien de criminel ; et vous

SCÈNES DE LA VIE PRIVÉE.

l'eussiez jugée innocente, rien qu'à voir le grand mouchoir à carreaux rouges et bleus qui recouvrait son buste vigoureux, encadré, serré, ficelé par une robe à raies blanches et violettes... C'était une fille simple et facile à abuser.

— Non, pensai-je, je ne quitterai pas Vendôme sans savoir toute l'histoire de la Grande-Bretèche; et, pour arriver à mes fins, je serai l'ami de Rosalie — s'il le faut...

— Rosalie?... lui dis-je.
— Plaît-il, monsieur?
— Vous n'êtes pas mariée?

Elle tressaillit légèrement.

— Oh! je ne manquerai point d'hommes quand la fantaisie d'être malheureuse me prendra! dit-elle en riant; car elle se remit promptement de son émotion intérieure. Toutes les femmes, et même les paysannes, ont un sang-froid qui leur est particulier.

— Vous êtes assez fraîche, assez appétissante, pour ne pas manquer d'amoureux... Mais, dites-moi, Rosalie, pourquoi vous êtes-vous faite servante d'auberge en quittant madame de Merret?... Est-ce qu'elle ne vous a pas laissé quelque rente?

— Oh! que si!... Mais, monsieur, ma place est la meilleure de tout Vendôme.

Cette réponse était une de celles que les juges et les avoués nomment *dilatoires*. Rosalie me parut située dans cette histoire romanesque comme la case qui se trouve au milieu d'un damier... Elle était au centre même de l'intérêt et de la vérité; elle me semblait nouée dans le nœud. Oh! ce ne fut plus une séduction ordinaire à tenter! Il y avait dans cette fille le dernier chapitre d'un roman; aussi, dès ce moment, Rosalie devint l'objet de ma prédilection. A force de l'étudier, je découvris en elle, comme chez toutes les femmes dont nous faisons notre pensée principale, une foule de qualité: selle était propre, soigneuse; elle était spirituelle, elle était belle, cela va sans dire; elle était gracieuse; elle avait de l'attrait...

Quinze jours après la visite du notaire, un soir, ou plutôt un matin, car il était minuit, et demi, je dis à Rosalie:

—Raconte-moi donc tout ce que tu sais sur madame de Merret!...

—Oh! répondit-elle avec terreur, ne me demandez pas cela, M. Auguste!...

Et sa belle figure se rembrunit, ses couleurs vives et animées pâlirent, et ses yeux n'eurent plus leur éclat humide...

—Eh bien! reprit-elle, puisque vous le voulez... mais gardez-moi bien le secret!...

—Va!... ma pauvre fille, je garderai tous tes secrets avec une probité de voleur, c'est la plus loyale qui existe...

—Si cela vous est égal, me dit-elle, j'aime mieux que ce soit la vôtre.

Là-dessus, elle ragréa son foulard, et se posa comme pour conter; car il y a, certes, une attitude de confiance et de sécurité nécessaire pour faire un récit. Les meilleures narrations se disent à une certaine heure, et personne n'a bien conté debout ou à jeun; aussi pour vous dire cette aventure, me suis-je *posé*.

Mais s'il fallait reproduire fidèlement la diffuse éloquence de Rosalie, un volume entier suffirait à peine... et comme l'événement dont elle me donna la confuse connaissance se trouve placé entre le bavardage du notaire et celui de madame Lepas, aussi exactement que les termes moyens d'une proportion arithmétique le sont entre leurs deux extrêmes, il doit être formulé nettement, et avec la précision qu'y mettrait un journal, dont les lignes se vendent à trente sous... Donc, j'abrége.

La chambre que madame de Merret occupait à la Bretèche était située au rez-de-chaussée. Un petit cabinet de quatre pieds de profondeur environ avait été pratiqué dans l'intérieur du mur, et servait de garde-robe. Trois mois avant la soirée dont je vais vous raconter les faits, madame de Merret avait été assez sérieusement indisposée pour que son mari la laissât seule chez elle. Il couchait dans une chambre au premier étage.

Par un de ces hasards impossibles à prévoir, il revint, ce soir-là, deux heures plus tard que de coutume du cercle où il allait lire les journaux et causer politique avec les habitants du pays. L'invasion de la France avait été l'objet d'une discussion fort animée; puis, la partie de billard s'étant échauffée, il y avait perdu quarante francs, somme énorme à Vendôme, où tout le monde thésaurise, et où les mœurs sont contenues dans les bornes d'une modestie digne d'éloges et qui peut-être devient la source d'un bonheur inappréciable.

Quoique, depuis quelque temps, M. de Merret se contentât de demander à Rosalie, en rentrant, si sa femme était couchée; et que, sur la réponse toujours affirmative de cette fille, il allât immédiatement chez lui, avec cette bonhomie enfantée par l'habitude et la confiance, il lui prit fantaisie de se rendre chez madame de Merret, pour lui conter sa mésaventure, et peut-être aussi pour s'en consoler.

Pendant le dîner, il avait trouvé madame de Merret fort jolie; et, tout en revenant au logis, il s'était dit vaguement que sa femme allait mieux. Il s'en apercevait, comme les maris s'aperçoivent de tout, un peu tard.

Au lieu d'appeler Rosalie, qui, en ce moment, était occupée dans la cuisine à voir la cuisinière et le cocher jouant un coup difficile de la brisque, M. de Merret se dirigea vers la chambre de sa femme, à la lueur de son fallot, qu'il avait posé sur la première marche de l'escalier. Son pas était facile à reconnaître et retentissait sous les voûtes du corridor.

Au moment où le gentilhomme tourna la clef de la chambre de sa femme, il crut y entendre fermer la porte du petit cabinet: et, quand il entra, madame de Merret était debout devant la cheminée...

Alors il pensa naïvement en lui-même que Rosalie était dans le cabinet; mais un soupçon qui lui tinta dans l'oreille avec un bruit de cloches l'ayant mis en défiance, il regarda fixement sa femme, et trouva dans ses yeux je ne sais quoi de trouble et de fauve...

—Vous rentrez bien tard! dit-elle.

Il y avait une légère altération dans sa voix. Le timbre en était si pur et si gracieux!...

M. de Merret ne répondit rien; car en ce moment Rosalie entra. Ce fut un coup de foudre pour lui. Sans dire un mot, il se mit à se promener dans la chambre, en allant d'une fenêtre à l'autre par un mouvement uniforme et les bras croisés.

—Avez-vous appris quelque chose de triste?... Souffrez-vous?... lui demanda timidement sa femme pendant que Rosalie la déshabillait.

Il garda le silence.

—Retirez-vous! dit madame de Merret à sa femme de chambre, je mettrai mes papillotes moi-même.

Devinant sans doute quelque malheur, au seul aspect de la figure de son mari, elle voulut être seule avec lui.

Lorsque Rosalie fut partie, ou censée partie, car elle resta pendant quelques instants dans le corridor, M. de Merret vint se placer devant sa femme, et lui dit froidement, mais ses lèvres tremblaient et sa figure était pâle:

— Madame, il y a quelqu'un dans votre cabinet.

Elle regarda son mari d'un air horriblement calme, et lui répondit avec simplicité:

—Non, monsieur!...

Ce *non* lui creva le cœur, car il n'y croyait pas, et jamais sa femme ne lui avait paru plus pure et plus religieuse qu'en ce moment.

Il se leva pour aller ouvrir le cabinet; mais madame de Merret le prit par la main, l'arrêta, le regarda d'un air touchant et mélancolique; puis, elle dit d'une voix singulièrement émue:

—Si vous ne trouvez personne... songez que tout est fini entre nous...

L'incroyable dignité empreinte dans l'attitude de sa femme rendit au gentilhomme une profonde estime pour elle, et lui inspira une de ces résolutions auxquelles il ne manque pour être sublimes qu'un plus vaste théâtre.

—Oui, dit-il, Joséphine, je n'irai pas... Dans l'un et l'autre cas, nous serions séparés à jamais... Écoute, je connais toute la pureté de ton âme, et sais que tu mènes une vie sainte... Tu ne voudrais pas commettre un péché mortel aux dépens de ta vie...

A ces mots, elle le regarda d'un œil hagard.

—Tiens, voici ton crucifix... Jure-moi devant Dieu qu'il n'y a là personne... je te croirai, je n'ouvrirai jamais cette porte...

Madame de Merret prit le crucifix... et dit:

— Je le jure.

— Plus haut, dit le mari, et répète: Je jure devant Dieu qu'il n'y a personne dans ce cabinet.

Elle répéta la phrase sans se troubler.

— C'est bien!... dit froidement M. de Merret; puis, après un moment de silence:

— Vous avez là, dit-il, une bien belle chose que je ne vous connaissais pas...

— Et il examina curieusement ce crucifix qui était en ébène incrustée d'argent, et très-artistement sculpté.

— Je l'ai pris chez Duvivier, qui l'avait acheté d'un religieux espagnol, lorsque cette troupe de prisonniers passa par Vendôme l'année dernière.

— Ah!... dit M. de Merret.

Et il remit le crucifix à la cheminée. En le replaçant au clou doré auquel sa femme l'accrochait, il sonna. Rosalie ne se fit pas attendre. M. de Merret alla vivement à sa rencontre, et l'emmenant dans l'embrasure de la fenêtre qui donnait sur le jardin, il lui dit à voix basse:

— Je sais que Gorenflot veut t'épouser, et que ce qui vous empêche de vous mettre en ménage est votre pauvreté mutuelle. Tu lui as dit que tu ne serais pas sa femme s'il ne trouvait moyen de s'établir maître maçon... Eh bien! va le chercher; dis-lui de venir ici avec sa truelle et ses outils. Fais en sorte de n'éveiller que lui dans sa maison. Sa fortune passera vos désirs : surtout, sors d'ici sans jaser, sinon...

Il fronça le sourcil. Rosalie partit ; il la rappela.

— Tiens, prends mon passe-partout...

— Jean!... cria M. de Merret d'une voix tonnante dans le corridor.

Et Jean, qui était tout à la fois son cocher et son homme de confiance, quitta sa partie de brisque, et vint.

— Allez vous coucher tous..., lui dit son maître.

Puis, M. de Merret lui faisant un signe, Jean s'approcha, et le gentilhomme ajouta, mais à voix basse :

— Lorsqu'ils seront tous endormis... *endormis,* entends-tu bien?... — tu descendras m'en prévenir.

M. de Merret, qui n'avait pas perdu de vue sa femme tout en donnant ses ordres, revint tranquillement auprès d'elle devant le feu. Ce fut alors qu'il lui raconta sans doute les événements de la partie de billard, et les discussions du cercle; car, lorsque Rosalie fut de retour, elle trouva M. et Mme de Merret causant très-amicalement.

Le gentilhomme avait récemment fait plafonner toutes les pièces qui composaient l'appartement du rez-de-chaussée; or, comme le plâtre est fort rare à Vendôme, et que le transport en augmente singulièrement le prix, il en avait fait venir une assez grande quantité, sachant qu'il trouverait toujours bien des acheteurs pour ce qui lui en resterait. — Il en avait encore une barrique environ, et cette circonstance lui inspira le dessein qu'il mit à exécution.

— Monsieur, Gorenflot est là... dit Rosalie.

— Qu'il entre!...

Madame de Merret pâlit légèrement en voyant le maçon.

— Gorenflot... dit le gentilhomme, va prendre des briques sous la remise, et apportes-en assez pour murer la porte de ce cabinet... Tu te serviras du plâtre qui me reste pour enduire le mur.

Puis, attirant à lui Rosalie et l'ouvrier :

— Écoute, Gorenflot... dit-il à voix basse, tu coucheras ici cette nuit. — Mais, demain matin, tu auras un passe-port pour aller en pays étranger dans une ville que je t'indiquerai. — Je te remettrai six mille francs pour ton voyage. — Tu resteras dix ans dans cette ville : — si tu ne t'y plaisais pas, tu pourrais t'établir dans une autre, pourvu que ce soit au même pays. — Tu passeras par Paris, où tu m'attendras; et, là, je t'assurerai, par un contrat, six autres mille francs qui ne te seront payés qu'à ton retour, si tu as rempli les conditions de notre marché. — A ce prix, tu devras garder le plus profond silence sur ce que tu auras fait ici — cette nuit.

— Quant à toi, Rosalie, je te donnerai dix mille francs qui ne te seront comptés que le jour de tes noces, et à la condition d'épouser Gorenflot; mais, pour vous marier, il faut garder le silence sur tout ceci... Sinon, plus de dot...

— Rosalie, dit madame de Merret, venez me coiffer...

Le mari se promena tranquillement de long en large, en surveillant la porte, le maçon et sa femme; mais sans laisser paraître une défiance injurieuse.

Gorenflot fut obligé de faire du bruit. Alors, madame de Merret, saisissant un moment où l'ouvrier déchargeait des briques et où son mari se trouvait au bout de la chambre, dit à Rosalie :

— Cent écus de rente, ma chère enfant, si tu peux lui dire de laisser une crevasse en bas!...

Puis, tout haut, elle lui dit avec un horrible sang-froid :

— Va donc l'aider!...

M. et Mme de Merret restèrent silencieux pendant tout le temps que Gorenflot mit à murer la porte. Ce silence était calcul chez le mari, qui ne voulait pas fournir à sa femme le prétexte de jeter des paroles à double entente; et chez madame de Merret, c'était peut-être prudence ou fierté.

Quand le mur fut à la moitié de son élévation, le rusé maçon, saisissant un moment où le gentilhomme avait le dos tourné, donna un coup de pioche dans l'une des deux vitres de la porte. Cette action fit comprendre à madame de Merret que Rosalie avait parlé à Gorenflot; alors, elle et le maçon virent, non sans de profondes émotions, une figure d'homme sombre et brune, des cheveux noirs, un regard de feu...

Avant que son mari ne se fût retourné, la pauvre femme eut le temps de faire un signe de tête à l'étranger; et ce signe disait : — Espérez...

A quatre heures, vers le petit jour, car on était au mois de septembre, la construction fut achevée. — Le maçon fut mis sous la garde de Jean, et M. de Merret coucha dans la chambre de sa femme.

Le lendemain matin, en se levant, il dit avec assez d'insouciance :

— Ah! diable, il faut que j'aille à la mairie, pour le passeport...

Puis, quand il eut mis son chapeau sur sa tête et qu'il eut fait trois par vers la porte, il se ravisa, et prit le crucifix.

Voyant cela, sa femme tressaillit de bonheur.

— Il ira chez Duvivier!.. pensa-t-elle.

Aussitôt que le gentilhomme fut sorti, madame de Merret sonna Rosalie; et, d'une voix terrible :

— La pioche!... la pioche!... s'écria-t-elle, et à l'ouvrage!... J'ai vu hier comment Gorenflot s'y prenait; nous aurons le temps de faire un trou et de le reboucher...

En un clin d'œil, Rosalie apporta une espèce de *merlin* à sa maîtresse, qui avec une ardeur dont rien ne pourrait donner une idée, se mit à démolir le mur...

Elle avait déjà fait tomber quelques briques, lorsqu'en prenant son élan pour appliquer un coup encore plus vigoureux que les autres, elle vit M. de Merret derrière elle, pâle et menaçant.

Elle s'évanouit...

— Mettez madame sur son lit!... dit froidement le rusé gentilhomme.

Prévoyant ce qui devait arriver pendant son absence, il avait tendu un piège à sa femme. Il avait tout bonnement écrit au maire, et envoyé chercher Duvivier...

Le bijoutier arriva au moment où le désordre de l'appartement venait d'être réparé.

— Duvivier, lui demanda le gentilhomme, n'avez-vous pas acheté des crucifix aux Espagnols qui ont passé par ici?

— Non, monsieur...

— C'est bien... je vous remercie.

— Jean, ajouta-t-il en se tournant vers son valet de confiance, vous ferez servir mes repas dans la chambre de madame de Merret; elle est malade, et je ne la quitterai pas qu'elle ne soit rétablie...

Le cruel gentilhomme resta pendant quinze jours près de sa femme; et, durant les six premiers jours, quand il se faisait quelque bruit dans le cabinet muré, et qu'elle voulait l'implorer pour l'inconnu mourant, il lui répondait, sans lui laisser dire un seul mot :

— Vous avez juré sur la croix qu'il n'y avait là personne!...

— Eh bien ! mesdames, dit M. de Villaines, après un bref moment de silence, pendant lequel chacun de ses auditeurs cherchait des critiques à faire, ou se remettait de ses émotions, est-ce une leçon?... N'y a-t-il pas dans cette aventure l'épouvantable angoisse que doivent donner les mensonges perpétuels auxquels vous condamne une passion illégitime... Eh bien! cette affreuse tragédie est moins horrible pour moi que le spectacle d'une jeune et jolie femme, encore pure, prête à devenir la proie d'un homme sans principes...

— Cette histoire est-elle vraie?... demanda la maîtresse de la maison.

— Oui, répondit-il; mais qu'importe?

M. de Villaines revint s'asseoir près de madame d'Esther. La conversation prit un autre cours; et, quelques instants après, des discusssions s'élevèrent au sujet de ces deux histoires.

La jeune comtesse, saisissant un moment où personne ne faisait attention à elle, alla dans un boudoir voisin suivie du neveu de l'ex-pair de France.

Là, ils s'assirent ensemble sur le même divan, assez embarrassés, l'un et l'autre, n'osant pas se parler; mais comme le silence est très-bavard entre un jeune homme et une jolie femme, la comtesse retrouva bientôt la parole.

— Monsieur, lui dit-elle d'un son de voix touchant, n'êtes-vous pas lié depuis longtemps avec M. de la Plaine?...

— Oui, madame.

— Et le connaissez-vous bien?...

— Oui...

— Alors je vous remercie, monsieur, du conseil indirect que vous m'avez donné. — Vous êtes mon véritable ami, vous!... Vous avez raison : il n'y a pas de bonheur assez grand pour faire affronter les secrètes tortures que les passions nous font subir.

M. de Villaines, auquel il restait une ombre de pudeur dans l'âme, rougit du rôle qu'il venait de jouer; et, dès ce moment, il devint passionnément épris de madame d'Esther.

LA BOURSE.

Il est une heure délicieuse aux âmes faciles à s'épanouir, aux âmes fraîches, toujours jeunes et tendres ; cette heure, la plus indécise, la plus variable de toutes celles dont se compose une journée, arrive au moment où la nuit n'est pas encore et où le jour n'est plus. La lueur crépusculaire jette ses teintes molles, ses reflets bizarres sur tous les objets ; et alors de douces rêveries naissent entre ses mille piéges confus que produisent les combats de la lumière et de l'ombre. Le silence qui règne presque toujours pendant cet instant si fécond en inspirations, le rend encore plus cher aux artistes, aux peintres, aux statuaires. Alors, ils se recueillent, se mettent à dix pas de leurs œuvres ; et, ne pouvant plus y travailler, ils les jugent en s'enivrant de leurs sujets avec délices.

Celui qui n'est pas demeuré pensif, près d'un ami, dans ce moment de songes poétiques, en comprendra difficilement les indicibles bénéfices. A la faveur du clair-obscur, les ruses matérielles employées par l'art pour faire croire aux réalités de la vie, disparaissent entièrement. Alors, l'ombre devient ombre, le jour est jour, la chair est vivante, les yeux remuent, il y a du sang dans les veines, et les étoffes chatoient. L'imagination aide merveilleusement au naturel de chaque détail ; elle ne voit plus que les beautés de l'œuvre ; et, s'il s'agit d'un tableau, les personnages qu'il représente semblent et parler et marcher.

A cette heure, l'illusion règne despotiquement ; elle se lève avec la nuit : n'est-elle pas pour la pensée une espèce de nuit à laquelle nous aimons à croire? Alors l'illusion a des ailes, elle emporte l'âme dans le monde des fantaisies, monde fertile en voluptueux caprices, et où l'artiste oublie si bien le monde positif, la veille, le lendemain, l'avenir, et jusqu'à ses créanciers.

Donc, à cette heure de magie, un jeune peintre, homme de talent, et qui dans l'art ne voyait que l'art même, était monté sur la double échelle dont il se servait pour peindre une grande et haute toile, déjà riche de couleur. Là, se critiquant, s'admirant avec bonne foi, nageant au cours de ses pensées, il s'était abîmé dans une de ces méditations qui ravissent l'âme et la grandissent, la caressent et la consolent. Sa rêverie dura longtemps sans doute ; la nuit vint ; et, soit qu'il voulût descendre de son échelle, soit qu'il eût fait un mouvement imprudent en se croyant sur le plancher, car l'événement ne lui permit pas d'avoir un souvenir exact des causes de son accident, il tomba. Sa tête ayant porté sur un tabouret, il perdit connaissance, et resta sans mouvement pendant un laps de temps dont il ne put assigner la durée.

Il fut tiré par une douce voix de l'espèce d'engourdissement dans lequel il était plongé ; et, lorsqu'il ouvrit les yeux, la vue d'une vive lumière les lui fit refermer promptement. Alors, à travers le voile dont ses sens étaient couverts, il entendit le chuchotement de deux femmes, et sentit le tact des mains jeunes, timides, entre lesquelles reposait sa tête. Enfin, ayant repris connaissance, il put apercevoir, à la lueur d'une de ces vieilles lampes dites à *double courant d'air*, la plus délicieuse tête de jeune fille qu'il eût jamais vue, une de ces têtes qui souvent passent pour un caprice du pinceau, mais qui, tout à coup, réalisait, pour lui, les théories de son beau idéal ; chaque artiste en a un, d'où procède son talent.

Le visage de l'inconnue appartenait, pour ainsi dire, au type fin et délicat de l'école de Prudhon, et possédait, de plus, cette poésie fantastique dont Girodet se plaisait à revêtir ses figures. La fraîcheur des tempes, la régularité des sourcils, la pureté des lignes, la virginité fortement empreinte dans tous les traits de cette physionomie, faisaient, de la jeune fille, une création accomplie. Elle avait une taille souple et mince, des formes frêles. Ses vêtements, quoique simples et propres, n'annonçaient ni la fortune ni la misère.

En reprenant possession de lui-même, le jeune peintre exprima son admiration par un regard de surprise, et balbutia de confus remercîments. Il trouva son front pressé par un mouchoir, et reconnut, malgré l'odeur particulière aux ateliers, la senteur forte de l'éther, qui sans doute avait été employé pour le tirer de son évanouissement. Puis, il finit par voir une vieille femme, qui ressemblait aux marquises de l'ancien régime, et tenait la lampe, en donnant des conseils à la jeune fille.

— Monsieur, répondit celle-ci à l'une des demandes faites par le peintre pendant le moment où il était encore en proie à tout le vague que la chute avait produit dans ses idées; ma mère et moi nous avons entendu le bruit lourd de votre corps sur le plancher; puis, nous crûmes avoir distingué un gémissement; et, comme ensuite tout rentra chez vous dans un silence effrayant, nous nous sommes empressées de monter. En trouvant la clef sur la porte, nous nous sommes heureusement permis d'entrer, car nous vous avons aperçu étendu par terre, sans mouvement; et, dans le premier moment, nous avons eu bien peur pour vous... Ma mère a été chercher tout ce qu'il fallait pour faire une compresse et vous ranimer.—Vous êtes blessé au front.... là.... sentez-vous?

— Oui... — maintenant... dit-il.

— Oh! cela ne sera rien... reprit la vieille mère... Votre tête a, par bonheur, porté sur ce mannequin.

— Je me sens infiniment mieux!... répondit le peintre, et n'ai plus besoin que d'une voiture pour retourner chez moi. La portière ira m'en chercher une...

Il voulut réitérer ses remercîments aux deux inconnues; mais à chaque phrase la vieille dame l'interrompait en disant :

— Demain, monsieur, ayez bien soin de mettre des sangsues ou de vous faire saigner... — Buvez quelques tasses d'arnica ou de vulnéraire...

La jeune fille gardait le silence. Elle regardait, à la dérobée, la peinture et les tableaux de l'atelier; mais il y avait dans sa contenance et dans ses regards une décence parfaite. Sa curiosité ressemblait à de la distraction et ses yeux paraissaient exprimer cet intérêt que les femmes portent, avec une spontanéité pleine de grâce, à tout ce qui est malheur en nous.

Les deux inconnues semblèrent oublier les œuvres du peintre, en présence du peintre souffrant ; et, lorsqu'il les eut rassurées sur sa situation, elles sortirent en l'examinant avec une douce sollicitude, également dénuée d'emphase et de familiarité, sans lui faire de questions indiscrètes et sans chercher à lui inspirer le désir de les connaître. Il y eut, dans toutes leurs actions, un naturel exquis, un bon goût, des manières nobles et simples, qui, dans le moment, produisirent peu d'effet sur le peintre, mais qui, plus tard, l'intéressèrent vivement lorsqu'il redemanda les légers incidents de cette scène aux rêves de sa mémoire.

En arrivant à l'étage au-dessus duquel était situé l'atelier du peintre, la vieille femme s'écria doucement :

— Adélaïde, tu as laissé la porte ouverte...

— C'était pour me secourir!... répondit le peintre avec un sourire de reconnaissance.

— Ma mère! vous êtes descendue tout à l'heure!... répliqua la jeune fille en rougissant.

— Voulez-vous que nous vous accompagnions jusqu'en bas?... dit la mère au peintre. — L'escalier est si sombre!

— Je vous remercie, madame... Je suis mieux.

— Tenez bien la rampe!..

Et, restant sur le palier, les deux femmes éclairèrent au jeune homme en écoutant le bruit de ses pas...

Afin de faire comprendre tout ce que cette scène pouvait avoir de piquant et d'inattendu pour le peintre, il faut ajouter que depuis quelques jours seulement il avait installé son atelier dans le comble de cette maison, située à l'endroit le plus obscur, le plus boueux de la rue de Suresne; presque devant l'église de la Madeleine, et à deux pas de son appartement qui se trouvait rue des Champs-Élysées.

La célébrité que son talent lui avait acquise ayant fait de lui l'un des artistes les plus chers à la France, il commençait à ne plus connaître le besoin, et jouissait, selon son expression, de ses dernières misères... Alors, au lieu d'aller travailler dans un de ces ateliers situés près des barrières, et dont le loyer modique était jadis en rapport avec la modestie de ses gains et de son nom, il avait satisfait à un désir qui renaissait tous les jours, en s'évitant une longue course, et la perte d'un temps devenu, pour lui, plus précieux que jamais.

Personne au monde n'eût inspiré autant d'intérêt

que Jules Schinner s'il eût consenti à se faire connaître; mais il ne confiait pas légèrement les secrets de sa vie.

Il était l'idole d'une mère pauvre qui l'avait élevé au prix des plus dures privations. Mademoiselle Schinner, fille d'un fermier alsacien, n'avait jamais été mariée. Son âme tendre fut jadis cruellement froissée par un homme riche qui ne se piquait pas d'une grande délicatesse en amour... Le jour où, jeune fille, et dans tout l'éclat de sa beauté, dans toute la gloire de sa vie, elle subit, aux dépens de son cœur et de ses plus belles illusions, ce désenchantement qui nous atteint si lentement et si vite, parce que nous voulons croire le plus tard possible au mal, et qu'il nous semble toujours venu trop promptement; ce jour donc fut tout un siècle de réflexions; ce fut aussi le jour des pensées religieuses et de la résignation. Elle refusa les aumônes de celui qui l'avait trompée, renonça au monde, et se fit une gloire de sa faute. Elle se jeta tout entière dans l'amour maternel, en lui demandant, pour toutes les jouissances sociales qu'elle abdiquait, les secrètes délices d'une vie tranquille et inconnue...

Elle vécut de travail, accumulant un trésor dans son fils. Aussi, plus tard, un jour, une heure, lui paya les longs et lents sacrifices de son indigence... A la dernière exposition, son fils, Jules Schinner, avait reçu la croix de la Légion-d'Honneur; et les journaux, unanimes en faveur d'un talent ignoré, retentissaient encore de louanges sincères. Les artistes eux-mêmes reconnaissaient Schinner pour un maître, et ses tableaux étaient couverts d'or.

A vingt-cinq ans, Jules Schinner, auquel sa mère avait transmis une âme de femme, une grande délicatesse d'organes et d'immenses richesses de cœur, avait, mieux que jamais, compris sa situation dans le monde. Voulant rendre à sa mère toutes les jouissances dont la société l'avait privée pendant si longtemps, il vivait pour elle, espérant, à force de gloire et de fortune, la voir un jour heureuse, riche, considérée, entourée d'hommes célèbres.

Donc, Schinner avait choisi ses amis parmi les hommes les plus honorables et les plus distingués; il était difficile dans le choix de ses relations, et voulait encore élever sa position, déjà si haute par le talent. Le travail obstiné auquel il s'était voué dès sa jeunesse l'avait laissé dans les belles croyances qui décorent les premiers jours de la vie, en le forçant à demeurer dans la solitude, cette mère des grandes pensées. Son âme adolescente ne méconnaissait aucune des mille pudeurs qui font du jeune homme un être à part, dont le cœur abonde en félicités, en poésies, en espérances vierges, faibles aux yeux des gens blasés, mais profondes, parce qu'elles sont simples. Il avait été doué de ces manières douces et polies qui vont si bien à l'âme et séduisent ceux mêmes dont elles ne sont pas comprises. Il était bien fait, modeste. Sa voix avait un timbre argenté. En le voyant, on se sentait porté vers lui par une de ces attractions morales que les savants ne savent heureusement pas encore analyser; ils y auraient trouvé quelque phénomène de galvanisme ou le jeu de je ne sais quel fluide, et nous formuleraient nos sentiments par des proportions d'oxygène et d'électricité.

Ces détails feront peut-être comprendre aux gens hardis par caractère et aux hommes bien cravatés, pourquoi, pendant l'absence du portier, qu'il avait envoyé chercher une voiture au bout de la rue de la Madeleine, Jules Schinner ne fit à la portière aucune question sur les deux personnes dont il venait d'éprouver le bon cœur. Mais quoiqu'il répondit par oui et non aux demandes, naturelles en semblable occurrence, qui lui furent faites par cette femme sur son accident et sur l'intervention officieuse des locataires qui occupaient le quatrième étage, il ne put l'empêcher d'obéir à l'instinct des portiers; et, alors, elle lui parla des deux inconnues selon les intérêts de sa politique et les jugements souterrains de la loge.

— Ah! dit-elle, c'est sans doute mademoiselle Leseigneur et sa mère!... Elles demeurent ici depuis quatre ans, et nous ne savons pas encore ce qu'elles font. Le matin, jusqu'à midi seulement, une vieille femme de ménage, à moitié sourde, et qui ne parle pas plus qu'un mur, vient les servir; puis, le soir, deux ou trois vieux messieurs, décorés comme vous, monsieur... dont l'un a équipage, des domestiques, et auquel on donne aux environs de 50,000 livres de rente, arrivent chez elles, et restent souvent très-tard... Du reste, ce sont des locataires bien tranquilles, comme vous, monsieur; mais dame, c'est économe, ça vit de rien... Aussitôt qu'il arrive une lettre, elles la payent. C'est drôle, monsieur, la mère se nomme autrement que sa fille.... — Ah! quand elles vont aux Tuileries, mademoiselle est bien flambante, et elle ne sort pas de fois qu'elle ne soit suivie de jeunes gens, auxquels elle ferme la porte au nez.... Mais c'est aussi que le propriétaire ne souffrirait pas...

La voiture étant arrivée, Jules n'en entendit pas davantage et revint chez lui. Sa mère, à laquelle il raconta son aventure, pansa de nouveau la blessure qu'il s'était faite à la tête, et ne lui permit pas de retourner le lendemain à son atelier. Elle appela le médecin. Consultation faite, diverses prescriptions furent faites, et Jules resta deux jours au logis.

Pendant cette réclusion forcée, son imagination inoccupée lui rappela vivement, et comme par fragments, les détails de la scène qu'il avait eue sous les yeux après son évanouissement. Le profil de la jeune fille passait devant lui comme une vision ; puis, il revoyait le visage flétri de la mère ou sentait encore les mains douces d'Adélaïde ; enfin, tantôt il retrouvait un geste dont il avait été peu frappé d'abord, et dont le souvenir lui révélait des grâces exquises ; tantôt une attitude ou les sons d'une voix mélodieuse ; et le souvenir embellissait les moindres accidents de cet épisode.

Aussi, le surlendemain, quand il retourna de bonne heure à son atelier, la visite qu'il avait incontestablement le droit de faire à ses voisines était la véritable cause de son empressement, et il oubliait déjà ses tableaux commencés.

Au moment où une passion brise ses langes, il y a des plaisirs inexplicables ; mais tous ceux qui ont aimé doivent les comprendre. Aussi, quelques personnes sauront pourquoi le peintre monta lentement les marches du quatrième étage, et seront dans le secret des pulsations qui se succédèrent rapidement dans son cœur au moment où il vit la porte brune du modeste appartement qu'habitait mademoiselle Leseigneur.

Cette fille, qui ne portait pas le nom de sa mère, avait réveillé mille sympathies dans l'âme du jeune peintre. Voulant voir entre elle et lui quelques similitudes de position, il la dotait des malheurs de sa propre origine. Tout en travaillant, il se livra délicieusement à des pensées d'amour, et, dans un but qu'il ne s'expliquait pas trop, il fit beaucoup de bruit, comme pour obliger les deux dames à s'occuper de lui ainsi qu'il s'occupait d'elles. Il resta très tard à son atelier, il y dîna ; et, vers sept heures, descendit chez ses voisines.

Rarement les peintres de mœurs nous ont initiés par la parole ou par leurs écrits à ces intérieurs vraiment curieux de certaines existences parisiennes, au secret de ces habitations d'où sortent de si fraîches, de si élégantes toilettes, des femmes si brillantes, qui, riches au dehors, voient partout, chez elles, les signes d'une fortune équivoque.

Si cette peinture se trouve ici un peu franchement dessinée, n'accusez pas la description de longueurs ; car elle fait, pour ainsi dire, corps avec l'histoire. En effet, l'aspect de l'appartement habité par ses deux voisines influa beaucoup sur les sentiments et les espérances de Jules Schinner.

Et d'abord, la vérité historique oblige de dire que la maison appartenait à l'un de ces propriétaires chez lesquels préexiste une horreur profonde pour les réparations et les embellissements, un de ces hommes qui considèrent leur position de propriétaires parisiens comme un état ; dans la grande chaîne des espèces morales, ils tiennent le milieu entre l'avare et l'usurier. Optimistes par calcul, ils sont tous fidèles au *statu quo* de M. de Metternich ! Si vous parlez de déranger un placard, une porte, ou de pratiquer la plus nécessaire des ventouses, leurs yeux vacillent, leur bile s'émeut, et ils se cabrent comme des chevaux effrayés. Quand le vent a renversé quelques faîteaux de leurs cheminées, ils sont malades, et se privent d'aller au Gymnase ou à la Porte-Saint-Martin pour cause de réparations.

Alors Jules, qui, à propos de constructions et de certains embellissements à faire dans son atelier, avait eu *gratis* la représentation d'une scène comique avec ce propriétaire, ancien chef au ministère de la guerre sous monsieur Carnot, Jules ne s'étonna pas des tons noirs et gras, des teintes huileuses, des taches et autres accessoires assez désagréables dont les boiseries étaient décorées. Ces stigmates de misère ne sont pas sans poésie aux yeux d'un artiste.

Mademoiselle Leseigneur vint elle-même ouvrir la porte. En voyant le jeune peintre, elle le salua, puis, en même temps, avec cette dextérité parisienne et cette présence d'esprit que donne la fierté, elle se retourna pour fermer la porte d'une cloison vitrée à travers laquelle Jules aurait pu voir quelques linges étendus sur des cordes, au-dessus des fourneaux économiques ; puis un vieux lit de sangles, la braise, le charbon, les fers à repasser, la fontaine filtrante ; enfin la vaisselle et les ustensiles particuliers aux petits ménages. Des rideaux de mousseline assez propres cachaient soigneusement ce *capharnaüm*, mot en usage pour désigner familièrement ces espèces de laboratoires ; celui-ci était éclairé par des jours de souffrance pris sur une cour voisine.

Avec ce coup d'œil cruel d'observation et de rapidité que possèdent les artistes, Jules vit la destination, les meubles, l'ensemble et l'état de cette première pièce coupée en deux.

La partie honorable qui servait tout ensemble

d'antichambre et de salle à manger, était tendue d'un vieux papier couleur aurore, à bordure veloutée, sans doute fabriqué par Réveillon, et dont les trous ou les taches avaient été soigneusement dissimulés sous des pains à cacheter. Des estampes représentant les batailles d'Alexandre par Lebrun, mais à cadres dédorés, garnissaient symétriquement les murs.

Au milieu de cette pièce était une table d'acajou massif, vieille de forme et à bords usés. Il y avait un petit poêle dans la cheminée, dont l'âtre contenait une armoire. Les chaises offraient, par un contraste bizarre, quelques vestiges d'une splendeur passée : elles étaient en acajou assez bien sculpté, mais le maroquin rouge du siége, les clous dorés et les cannetilles avaient de nombreuses cicatrices comme de vieux sergents impériaux.

Puis, il y avait dans cette pièce de ces choses qui ne se trouvent que dans ces sortes de ménages amphibies, objets innommés, participant du luxe et de la misère. Ainsi Jules vit une très-belle longue-vue, magnifiquement ornée, suspendue au-dessus de la petite glace verdâtre qui décorait la cheminée.

Enfin, pour appareiller ce mobilier étrange, il y avait entre la cheminée et la cloison un mauvais buffet peint, imitant l'acajou, celui de tous les bois qu'on réussit le moins à simuler. Mais le carreau rouge et glissant, mais les méchants petits tapis placés devant les chaises, mais les meubles, tout reluisait de cette propreté frotteuse qui donne un faux lustre aux vieilleries et en accuse encore mieux les défectuosités, l'âge et les longs services.

Il régnait dans cette pièce une senteur indéfinissable qui résultait nécessairement des exhalaisons du capharnaüm mêlées aux vapeurs de la salle à manger et de l'escalier. Cependant la fenêtre était entr'ouverte, et l'air de la rue agitait les rideaux de percale soigneusement étendus, de manière à cacher l'embrasure où tous les précédents locataires avaient signé leur présence par différentes incrustations, espèces de fresques domestiques.

Adélaïde ouvrit promptement la porte de l'autre pièce, et y introduisit le peintre avec un certain plaisir.

Jules, ayant vu jadis chez sa mère les mêmes signes d'indigence, et les ayant remarqués avec la singulière vivacité d'impression qui caractérise les premières acquisitions de notre mémoire, entra mieux que tout autre ne l'aurait fait dans les détails de cette existence, et, en reconnaissant les choses de sa vie d'enfance, il n'eut ni mépris de ce malheur caché, ni orgueil du luxe dont il avait récemment entouré sa mère.

— Eh bien ! monsieur, j'espère que vous ne vous sentez plus de votre chute?... lui dit la vieille mère en se levant d'une antique bergère placée au coin de la cheminée, et en lui présentant un fauteuil.

— Non, madame, et je viens vous remercier des bons soins que vous m'avez donnés, surtout mademoiselle, qui m'a entendu tomber...

En disant cette phrase empreinte de l'adorable stupidité que donnent à l'âme les premiers troubles de l'amour vrai, Jules regardait la jeune fille ; mais Adélaïde allumait la *lampe à double courant d'air*, afin de faire disparaître un grand martinet de cuivre et sa chandelle ornée de quelques cannelures saillantes par un coulage extraordinaire.

Elle salua légèrement, alla mettre le martinet dans l'antichambre, revint placer la lampe sur la cheminée, et s'assit près de sa mère, un peu en arrière du peintre, afin de pouvoir le regarder à son aise. Mais il y avait une grande glace sur la cheminée ; et, Jules y ayant promptement jeté les yeux pour voir Adélaïde, cette petite ruse de jeune fille ne servit qu'à les embarrasser tous deux alternativement.

En causant avec madame Leseigneur, car Jules lui donna ce nom à tout hasard, il examina le salon, mais décemment et à la dérobée. Le foyer était plein de cendres, et sur des chenets de fer à figures égyptiennes, deux tisons essayaient de se rejoindre devant une bûche de terre, enterrée aussi soigneusement que peut l'être le trésor d'un avare. Heureusement un vieux tapis d'Aubusson bien raccommodé, bien passé, usé comme l'habit d'un invalide, était posé sur le carreau dont il amortissait la froideur. Les murs avaient pour ornement un papier rougeâtre figurant une étoffe de lampasse à dessins jaunes. Au milieu de la paroi opposée à celle où étaient les fenêtres, Jules vit une fente et les plis faits par les deux portes d'une alcôve, où sans doute se trouvait le lit de madame Leseigneur. Un canapé placé devant cette ouverture secrète la déguisait imparfaitement. En face de la cheminée, il y avait une très-belle commode en acajou, dont les ornements ne manquaient ni de richesse ni de bon goût ; un portrait accroché au-dessus représentait un militaire de haut grade : mais le peu de lumière ne permit pas au peintre de distinguer à quelle arme il appartenait. C'était, du reste, une effroyable croûte, plutôt faite en Chine qu'à Paris. Les rideaux des fenêtres étaient en soie rouge, mais décolorés comme le meuble en tapisserie jaune et rouge qui garnissait ce salon à deux fins. Sur le marbre de la commode, un précieux plateau de malachite verte supportait une douzaine de tasses à café, magnifiques de peinture, et sans doute faites à Sèvres ; puis, sur la cheminée, il y avait l'éternelle pendule de l'empire, un guerrier guidant les quatre chevaux d'un char, dont chaque rais de la roue porte le chiffre d'une heure. Les bougies des flambeaux étaient jaunies par la fumée, et à chaque coin du chrambranle de la cheminée s'élevait un vase en porcelaine dans lequel se trouvait un bouquet de fleurs artificielles plein de poussière et garni de mousse. Au milieu de la pièce, Jules remarqua une table de jeu tout ouverte et des cartes neuves.

Pour un observateur, il y avait je ne sais quoi de désolant dans le spectacle de cette misère fardée comme une vieille femme qui veut faire mentir son visage. A ce spectacle, tout homme de bon sens se serait proposé secrètement et tout d'abord cette espèce de dilemme : ou ces deux femmes sont la probité même, ou elles vivent d'intrigues et du jeu ; mais, en voyant Adélaïde, un jeune homme aussi pur que l'était Jules devait croire à l'innocence la plus parfaite, et prêter aux incohérences de ce mobilier les plus honorables causes.

— Ma fille, dit la vieille dame à la jeune personne, j'ai froid ; faites-nous un peu du feu, et donnez-moi mon schall.

Adélaïde alla dans une chambre contiguë au salon, et où sans doute elle couchait ; puis elle revint, apportant à sa mère un schall de cachemire qui jadis avait dû valoir la rançon d'un roi. Jules ne se souvint pas d'avoir vu des couleurs aussi riches, des dessins aussi achevés que ceux de ce beau tissu ; mais il était vieux, sans fraîcheur, plein de reprises habilement faites, et s'harmoniait parfaitement avec tous les meubles. Madame Leseigneur s'en enveloppa très-artistement et avec une adresse de vieille femme qui aurait pu faire croire à la vérité de ses paroles. La jeune fille courut lestement au capharnaüm, et reparut avec une poignée de menu bois, qu'elle jeta dans le feu pour le rallumer.

Il serait difficile de traduire la conversation qui eut lieu entre ces trois personnes. Guidé par ce tact que donnent presque toujours les malheurs éprouvés dès l'enfance, Jules n'osait se permettre la moindre observation relative à la position de ses voisines, en voyant autour de lui tous les symptômes d'une gêne affreuse, mal déguisée ; car la plus simple question eût été indiscrète et ne devait être faite que par une amitié déjà vieille. Cependant, le peintre était profondément préoccupé de cette misère cachée ; son âme généreuse en souffrait ; mais, sachant tout ce que la pitié, même la plus amie, peut avoir d'offensif, il se trouvait mal à l'aise du désaccord qui existait entre ses pensées et ses paroles. Les deux dames parlèrent d'abord de peinture, car les femmes devinent très-bien les secrets embarras que cause une première visite, parce qu'elles les éprouvent peut-être ; et la nature de leur esprit leur fournit mille ressources pour les faire cesser. En interrogeant le jeune homme sur les procédés matériels de son art, sur ses études, Adélaïde et sa mère surent l'enhardir à causer ; et les riens indéfinissables de leur conversation, animée de bienveillance, l'amenèrent tout naturellement à faire des remarques, des réflexions qui peignirent la nature de ses mœurs intimes et de son âme.

La vieille dame avait dû être belle ; mais, de secrets chagrins ayant flétri et ridé son visage avant le temps, il ne lui restait plus que les traits saillants, les contours, en un mot le squelette d'une physionomie dont l'ensemble indiquait une grande finesse, beaucoup de grâces dans le jeu des yeux, et qui se ressentait de cette expression particulière aux femmes de l'ancienne cour, que rien ne saurait définir. Mais l'ensemble de ces traits si fins, si déliés, pouvait tout aussi bien dénoter des sentiments mauvais, faire supposer l'astuce et la ruse féminines à un haut degré de perversité. En effet, le visage de la femme a cela d'embarrassant pour les observateurs vulgaires, que la différence entre la franchise et la duplicité, entre le génie de l'intrigue et le génie du cœur, y est imperceptible. Il faut savoir deviner ces nuances insaisissables. C'est tantôt une ligne plus ou moins courbe, une fossette plus ou moins creuse, une saillie plus ou moins bombée ou proéminente ; et l'appréciation de ces diagnostics est tout entière dans le domaine de la vue ; les yeux peuvent seuls nous faire découvrir ce que chacun est intéressé à cacher, et la science de l'observateur gît dans la rapide perspicacité de son coup d'œil.

Donc, il en était du visage de cette vieille dame comme de l'appartement qu'elle habitait ; il semblait aussi difficile de savoir si cette misère couvrait des vices ou une haute probité, que de reconnaître si la mère d'Adélaïde était une ancienne coquette habituée à tout peser, à tout calculer, à tout vendre, ou une femme aimante, faible, pleine de grâce et de délicatesse. Mais, à l'âge de Jules Schinner, le premier mouvement du cœur est de croire au bien; aussi, en contemplant le front noble et presque dédaigneux d'Adélaïde, en regardant ses yeux pleins d'âme et de pensées, il respira, pour ainsi dire, les suaves et modestes parfums de la vertu.

Au milieu de la conversation, il saisit l'occasion de parler des portraits en général, pour avoir le droit d'examiner l'effroyable pastel, dont toutes les teintes avaient pâli, et dont la poussière était en grande partie tombée.

— Vous tenez sans doute à cette peinture en faveur de la ressemblance, mesdames, car le dessin en est horrible.... dit-il en regardant Adélaïde.

— Elle a été faite à Calcutta, en grande hâte!... répondit la mère d'une voix émue.

Puis, elle contempla l'esquisse informe avec cet abandon profond que donnent les souvenirs de bonheur quand ils se réveillent tous soudain, et qu'ils tombent sur le cœur comme une bienfaisante rosée, aux douces et fraîches impressions de laquelle on aime à s'abandonner; mais il y avait aussi dans l'expression du visage de la vieille dame les vestiges d'un deuil éternel; ou, du moins, ce fut ainsi que le peintre comprit l'attitude et la physionomie de sa voisine. Alors, il vint s'asseoir près d'elle, et lui dit d'une voix amie :

— Madame, encore un peu de temps, et les couleurs de ce pastel auront disparu. — Le portrait n'existera plus que dans votre mémoire; et, là où vous verrez une figure qui vous est chère, les autres ne pourront plus rien apercevoir.... Voulez-vous me permettre de transporter cette ressemblance sur la toile? elle y sera plus solidement fixée que sur ce papier.... Accordez-moi, en faveur de notre voisinage, le plaisir de vous rendre ce service... Il y a des heures pendant lesquelles un artiste aime à se délasser de ses grandes compositions par des travaux d'une portée moins élevée....... Ce sera pour moi une distraction que de refaire cette tête...

La vieille dame tressaillit en entendant ces paroles, et Adélaïde jeta sur le peintre, mais à la dérobée, un de ces regards recueillis qui semblent être un jet de l'âme.

Jules voulait appartenir à ses deux voisines par quelque lien, et conquérir le droit de se mêler à leur vie; or, son offre, en s'adressant aux plus vives affections du cœur, était la seule qu'il lui fût possible de faire; elle contentait sa fierté d'artiste, et n'avait rien de blessant pour les deux dames. Madame Leseigneur accepta.

— Il me semble, dit Jules, que cet uniforme est celui d'un officier de marine?

— Oui, dit-elle, c'est celui des capitaines de vaisseau. — M. de Rouville, mon mari, est mort à Batavia des suites d'une blessure reçue dans un combat contre un vaisseau anglais qui le rencontra sur les côtes d'Asie.... il montait une frégate de soixante canons, et le *Revenge* était un vaisseau de quatre-vingt-seize : la lutte fut très-inégale; mais M. de Rouville se défendit si courageusement, qu'il la maintint jusqu'à la nuit, et put échapper. Quand je revins en France, Bonaparte n'avait pas encore le pouvoir, et l'on me refusa une pension... Lorsque, dernièrement, je la sollicitai de nouveau, le ministre me dit avec dureté que si le baron de Rouville eût émigré, je l'aurais conservé; qu'il serait sans doute aujourd'hui contre-amiral : enfin, Son Excellence a fini par m'opposer je ne sais quelle loi sur les déchéances... Si j'ai fait cette démarche, c'était pour ma pauvre Adélaïde; puis, des amis m'y avaient poussée... Quant à moi, j'ai toujours eu de la répugnance à tendre la main au nom d'une douleur qui ne doit laisser ni force ni voix à une femme... Je n'aime pas cette évaluation pécuniaire d'un sang irréparablement versé...

— Ma mère, ce sujet de conversation vous fait toujours mal...

Sur ce mot d'Adélaïde, la baronne de Rouville inclina la tête et garda le silence.

— Monsieur, dit la jeune fille à Jules, je croyais que les travaux des peintres étaient en général peu bruyants?... Est-ce que vous...?

A cette question, Schinner se prit à rougir, et sourit; mais Adélaïde n'acheva pas, et lui sauva quelque mensonge, en se levant tout à coup au bruit d'une voiture qui s'arrêtait à la porte. Elle alla dans sa chambre, puis en revint aussitôt tenant deux flambeaux dorés garnis de bougies entamées, qu'elle alluma promptement, et mit la lampe dans la première pièce, dont elle ouvrit la porte, sans attendre les tintements de la sonnette. Le bruit d'un baiser reçu et donné retentit jusque dans le cœur de Jules. L'impatience que le jeune homme eut de voir celui qui traitait si familièrement Adélaïde ne fut pas promptement satisfaite, car les arrivants eurent avec la jeune fille une conversation à voix basse qu'il trouva bien longue... Enfin, elle reparut suivie de deux personnages dont le costume, la physionomie et l'aspect étaient toute une histoire.

Le premier, homme âgé d'environ soixante ans,

portait un de ces habits inventés, je crois, pour Louis XVIII, alors régnant, et dans lesquels le problème vestimental le plus difficile avait été résolu par un tailleur qui devrait être immortel. Cet artiste connaissait, à coup sûr, l'art des transitions, qui a été tout le génie de ce temps si politiquement mobile ; et c'est un bien rare mérite que de savoir juger son époque. Donc, cet habit, dont il est peu de jeunes gens qui n'aient gardé le souvenir, n'était ni civil ni militaire, et pouvait passer tour à tour pour militaire et pour civil. Des fleurs de lis brodées ornaient les retroussis des deux pans de derrière ; les boutons dorés étaient également fleurdelisés ; et il y avait sur les épaules deux attentes vides qui demandaient des épaulettes absentes : — ces deux symptômes de milice étaient là comme une pétition sans apostille... Il est inutile d'ajouter que le pantalon et l'habit du vieillard étaient bleu de roi ; qu'il avait à sa boutonnière une croix de Saint-Louis, allait tête nue, portait à la main un chapeau à trois cornes garni de sa ganse d'or, et que ses cheveux étaient poudrés. Du reste, il semblait ne pas avoir plus de cinquante ans, et paraissait jouir d'une santé robuste. Sa physionomie, tout en accusant le caractère loyal et franc des vieux émigrés, dénotait aussi les mœurs libertines et faciles, les passions gaies et l'insouciance de ces mousquetaires si célèbres jadis dans les fastes de la galanterie. Ses gestes, son allure, ses manières annonçaient qu'il n'avait point encore renoncé aux prétentions de son jeune âge, et qu'il était décidé à ne se corriger ni de son royalisme, ni de sa religion, ni de ses amours.

Une figure toute fantastique le suivait, et pour la bien prendre, il faudrait en faire l'objet principal du tableau, dont elle n'est cependant qu'un accessoire.

Figurez-vous un personnage sec et maigre, vêtu comme l'était le premier, mais n'en étant pour ainsi dire que le reflet, ou l'ombre si vous voulez. L'habit, neuf chez l'un, se trouvait vieux et flétri chez l'autre ; la poudre des cheveux semblait moins blanche chez le second, l'or des fleurs de lis moins éclatant, les attentes de l'épaulette plus désespérées, plus recroquevillées, l'intelligence plus faible, la vie plus avancée vers le terme fatal que chez le premier. Enfin, il réalisait admirablement bien ce mot de Rivarol sur Champcenetz : « C'est mon « clair de lune... » Il n'était que le double de l'autre ; et il y avait entre eux toute la différence qui existe entre la première et la dernière épreuve d'une lithographie.

Ce vieillard muet fut un mystère pour le peintre, et resta constamment un mystère ; car il ne parla pas, et personne n'en parla. Était-ce un ami ?... un parent pauvre ?... un homme qui restait près du vieux galant comme une demoiselle de compagnie près d'une vieille femme ? Tenait-il le milieu entre le chien, le perroquet et l'ami ?... Avait-il sauvé la fortune ou seulement la vie de son bienfaiteur ? Était-ce le *Trim* d'un autre capitaine Tobie ?... Ailleurs, comme chez la baronne de Rouville, il excitait toujours la curiosité sans jamais la satisfaire.

Le personnage qui paraissait être le plus neuf de ces deux débris s'avança galamment vers la baronne de Rouville, lui baisa la main, et s'assit à côté d'elle ; l'autre la salua, et se mit près de son type à une distance représentée par la place de deux chaises.

Adélaïde vint appuyer ses coudes sur le dossier du fauteuil occupé par le vieux gentilhomme, en imitant, sans le savoir, la pose que Guérin a donnée à la sœur de Didon dans son célèbre tableau.

La familiarité du gentilhomme était celle d'un frère, et il prenait certaines libertés avec Adélaïde qui, pour le moment, parurent déplaire à la jeune fille.

— Eh bien ! tu me boudes ?... dit-il.

Puis, tout en causant, il jetait sur Jules Schinner de ces regards obliques, pleins de finesse et de ruse, regards diplomatiques dont l'expression trahit toujours une prudente inquiétude.

— Vous voyez notre voisin, lui dit la vieille dame en lui montrant Jules Schinner. Et monsieur est un peintre célèbre, dont le nom doit être connu de vous malgré votre insouciance pour les arts...

Le gentilhomme, reconnaissant la malice de sa vieille amie dans l'omission qu'elle faisait du nom, salua le jeune homme.

— Certes ! dit-il, j'ai beaucoup entendu parler de ses tableaux au dernier salon... Le talent a de beaux priviléges, monsieur, ajouta-t-il en regardant le ruban rouge de Jules, et cette distinction qu'il nous faut acquérir au prix de notre sang et de longs services, vous l'obtenez jeune... Mais toutes les gloires sont sœurs...

Et le gentilhomme porta la main à sa croix de Saint-Louis.

Jules balbutia quelques paroles de remerciment, et rentra dans son silence, se contentant d'admirer avec un enthousiasme croissant la belle tête de jeune fille dont il était charmé. Bientôt il s'abîma dans cette contemplation, en oubliant la misère profonde du logis ; car, pour lui, le visage d'Adélaïde se détachait sur une atmosphère lumineuse. Il répondit brièvement aux questions qui lui furent adressées et qu'il entendit heureusement, grâce à une singulière faculté de notre âme, dont la pensée peut en quelque sorte se dédoubler parfois. A qui n'est-il pas arrivé de rester plongé dans une méditation voluptueuse ou triste, d'en écouter la voix en soi-même, et d'assister à une conversation ou à une lecture? Admirable dualisme qui souvent aide à prendre les ennuyeux en patience ! Féconde et riante, l'espérance lui versa mille pensées de bonheur, et il ne voulut rien observer autour de lui ; car il avait encore un cœur enfant et plein de confiance.

Après un certain laps de temps, il s'aperçut que la vieille dame et sa fille jouaient avec le vieux gentilhomme. Quant au satellite de celui-ci, fidèle à son état d'ombre, il se tenait debout derrière son ami, dont il regardait le jeu, répondait aux muettes questions que lui faisait le joueur par de petites grimaces approbatives qui répétaient les mouvements interrogateurs de l'autre physionomie.

— Je perds toujours !... disait le gentilhomme.
— Vous écartez mal !... répondait la baronne de Rouville.
— Voilà trois mois que je n'ai pas pu vous gagner une seule partie !... reprit-il.
— Avez-vous les as ?... demanda la vieille dame.
— Oui. Encore un marqué !... dit-il.
— Voulez-vous que je vous conseille ? disait Adélaïde.
— Non ! non !... Reste devant moi ! Palsambleu, ce serait trop perdre que de ne pas t'avoir en face !...

Enfin, la partie finie, le gentilhomme tira sa bourse, et jeta deux louis sur le tapis, non sans humeur :
— Quarante francs, juste comme de l'or !... dit-il. Ah ! diable ! il est onze heures !...
— Il est onze heures !... répéta le personnage muet en regardant Jules Schinner.

Le jeune homme, entendant cette parole un peu plus distinctement que toutes les autres, pensa qu'il était temps de se retirer. Rentrant alors dans le monde des idées vulgaires, il trouva quelques lieux communs pour prendre la parole, salua la baronne, sa fille, les deux inconnus, et sortit, en proie aux premières félicités de l'amour vrai, sans chercher à s'analyser les petits événements qui s'étaient passés sous ses yeux pendant cette soirée.

Le lendemain, le jeune peintre éprouva le désir le plus violent de revoir Adélaïde ; et, s'il avait écouté sa passion, il serait entré chez ses voisines dès six heures du matin, en arrivant à son atelier.

Il eut cependant encore assez de raison pour attendre jusqu'à l'après-midi ; mais, aussitôt qu'il crut pouvoir se présenter chez madame de Rouville, il descendit, sonna, non sans quelques larges battements de cœur ; et, rougissant comme une jeune fille, il demanda timidement le portrait du baron de Rouville à mademoiselle Leseigneur, qui était venue lui ouvrir.

— Mais, entrez !... lui dit Adélaïde, qui avait sans doute entendu Jules descendre de son atelier.

Et le peintre la suivit, honteux, décontenancé, ne sachant rien dire, tant le bonheur le rendait stupide. Voir Adélaïde, écouter le frissonnement de sa robe, après avoir désiré pendant tout une matinée être près d'elle, après s'être levé cent fois en disant : — Je descends !... et n'être pas descendu, c'était, pour lui, vivre si richement, que de telles sensations trop prolongées lui auraient usé l'âme. Le cœur a la singulière puissance de donner un prix extraordinaire à des riens. Quelle joie n'est-ce pas pour un voyageur de recueillir un brin d'herbe, une feuille inconnue, s'il a risqué sa vie dans cette recherche ! les riens de l'amour sont ainsi !...

La vieille dame n'était pas dans le salon. Quand la jeune fille s'y trouva seule avec le peintre, elle apporta une chaise pour avoir le portrait, mais elle s'aperçut qu'il fallait mettre le pied sur la commode pour le décrocher ; alors, après avoir fait le geste de monter, elle se retourna vers Jules, et lui dit en rougissant : — Je ne suis pas assez grande... Prenez-le !...

Un sentiment de pudeur, dont témoignaient l'expression de sa physionomie et l'accent de sa voix, était le véritable motif de sa demande ; et Jules, la comprenant ainsi, lui jeta un de ces regards intelligents qui sont le plus doux langage de l'amour. Adélaïde, voyant que le peintre l'avait devinée, baissa les yeux par un mouvement de fierté dont les jeunes filles ont seules le secret.

Alors, ne trouvant pas un mot à dire, et presque intimidé, le peintre prit le tableau, l'examina gravement en le mettant au jour près de la fenêtre, et s'en alla sans dire autre chose à mademoiselle Leseigneur que : « Je vous le rendrai bientôt. » Tous deux avaient, pendant ce rapide instant, ressenti l'une de ces commotions vives, dont les effets dans l'âme peuvent se comparer à ceux que produit une pierre jetée au fond d'un lac : les réflexions les plus douces naissent et se succèdent, indéfinissables, multipliées, sans but, agitant le cœur comme les rides circulaires qui plissent longtemps l'onde, en partant du point où la pierre est tombée.

Jules Schinner revint dans son atelier armé de ce portrait, et il est inutile de dire que déjà son chevalet avait été garni d'une toile, qu'une palette était déjà chargée de couleurs, les pinceaux nettoyés, la place et le jour choisis... Aussi, jusqu'à l'heure du dîner, travailla-t-il au portrait avec cette ardeur que les artistes mettent à tous leurs caprices.

Le soir, il revint chez la baronne de Rouville, y resta depuis neuf heures jusqu'à onze; et sauf les différents sujets de conversation, cette soirée ressembla fort exactement à la précédente. Les deux vieillards vinrent à la même heure; la même partie de piquet eut lieu; les mêmes phrases furent dites par les joueurs; la somme perdue par l'ami d'Adélaïde fut aussi considérable que celle perdue la veille; seulement Jules, un peu plus hardi, osa causer avec la jeune fille.

Huit jours se passèrent ainsi, pendant lesquels les sentiments du peintre et ceux d'Adélaïde subirent ces délicieuses et douces transformations qui amènent les âmes à une parfaite entente. Aussi, de jour en jour, le regard par lequel Adélaïde accueillait Jules était devenu plus intime, plus confiant, plus gai, plus franc; puis sa voix, ses manières eurent quelque chose de plus onctueux, de plus familier. Tous deux riaient, causaient, se communiquaient leurs pensées, parlaient d'eux-mêmes avec la naïveté de deux enfants qui, dans l'espace d'une journée, ont fait connaissance, comme s'ils s'étaient vus depuis trois ans. Jules jouait au piquet; et, comme le vieillard, il perdait presque toutes les parties; car, ignorant et novice, il faisait naturellement école sur école. Sans s'être encore confié leur amour, les deux amants savaient qu'ils s'appartenaient l'un à l'autre. Jules avait exercé son pouvoir avec bonheur sur sa timide amie, et bien des concessions lui avaient été faites par Adélaïde, qui, craintive et dévouée, était dupe de ces fausses bouderies dont l'amant le moins habile, dont la jeune fille la plus naïve, possèdent les secrets, et dont ils se servent sans cesse, comme les enfants gâtés abusent de la puissance que leur donne l'amour de leurs mères. Ainsi, toute familiarité avait cessé entre le gentilhomme et Adélaïde. La jeune fille avait naturellement compris les tristesses du peintre et toutes les pensées cachées dans les plis de son front, dans l'accent brusque du peu de mots qu'il disait, lorsque le vieillard baisait sans façon les mains ou le cou d'Adélaïde.

De son côté, mademoiselle Leseigneur demandait à son amant un compte sévère de ses moindres actions. Elle était si malheureuse, si inquiète quand Jules ne venait pas, et elle savait si bien le gronder, que le peintre cessa de voir ses amis et d'aller dans le monde. Adélaïde laissa percer la jalousie naturelle aux femmes en apprenant que parfois, en sortant de chez madame de Rouville, à onze heures, Jules faisait encore des visites et parcourait les salons les plus brillants de Paris. D'abord, elle prétendit que ce genre de vie était mauvais pour la santé; puis, elle trouva moyen de lui dire avec cette conviction profonde à laquelle l'accent, le geste et le regard d'une personne aimée donnent tant de pouvoir : « qu'un homme obligé de partager entre tant de femmes son temps et les grâces de son esprit, ne pouvait pas être l'objet d'une affection bien vive. » Alors Jules fut amené, autant par le despotisme de la passion que par les exigences d'une jeune fille aimante, à ne vivre que dans ce petit appartement, où tout lui plaisait. Enfin, jamais amour ne fut ni plus pur ni plus ardent. De part et d'autre, une même foi, une même délicatesse, firent croître cette passion vierge sans le secours de ces sacrifices par lesquels beaucoup de gens cherchent à se prouver leur amour. Entre eux, il existait un échange continuel de sensations douces, et ils ne savaient qui donnait ou qui recevait le plus : un penchant involontaire rendait l'union de leurs âmes toujours plus étroite.

Le progrès de ce sentiment vrai fut si rapide, que, vingt jours après l'accident auquel Jules avait dû le bonheur de connaître Adélaïde, leur vie était devenue une même vie. Dès le matin, la jeune fille, entendant le pas du peintre, pouvait se dire : — Il est là!... Quand Jules retournait chez sa mère à l'heure du dîner, il ne manquait jamais de venir saluer ses voisines; et, le soir, il accourait à l'heure accoutumée avec une ponctualité d'amant. Ainsi, la femme la plus tyrannique et la plus ambitieuse en amour n'aurait pu faire le plus léger reproche au jeune peintre. Aussi, Adélaïde savourait un bonheur sans nuage et sans bornes, en voyant se réaliser dans toute son étendue l'idéal qu'il est si naturel de rêver à son âge.

Le vieux gentilhomme venait moins souvent, et Jules, n'en étant plus jaloux, l'avait remplacé le soir, au tapis vert, dans son malheur constant au jeu.

Cependant, au milieu de son bonheur, en songeant à la désastreuse situation de madame de Rouville, car il avait acquis plus d'une preuve de sa détresse, il ne pouvait chasser une pensée importune ; et, déjà plusieurs fois, il s'était dit en s'en allant : — Comment, vingt francs tous les soirs !... Et il n'osait s'avouer à lui-même d'odieux soupçons.

Jules employa tout un mois à faire le portrait. Quand il fut fini, verni, encadré, il le regarda comme un de ses meilleurs ouvrages. Madame la baronne de Rouville ne lui en avait plus parlé. — Était-ce insouciance ou fierté?... Le peintre ne voulut pas s'expliquer ce silence.

Il complota joyeusement avec Adélaïde de mettre le portrait en place, pendant une absence de madame de Rouville. Le jour choisi fut le 8 juillet ; et, durant la promenade que sa mère faisait ordinairement aux Tuileries, Adélaïde monta seule, pour la première fois, à l'atelier de Jules, sous prétexte de voir le portrait dans le jour favorable sous lequel il avait été achevé.

Elle demeura muette et immobile, en proie à une contemplation délicieuse où se fondaient en un seul tous les sentiments de la femme ; car ils se résument tous dans une juste admiration pour l'homme aimé.

Lorsque le peintre, inquiet de ce silence, se pencha pour voir la jeune fille, elle lui tendit la main..., sans pouvoir dire un mot, mais deux larmes étaient tombées de ses yeux. Jules lui prit la main, la couvrit de baisers; et, pendant un moment, ils se regardèrent en silence, voulant tous deux s'avouer leur amour, et ne l'osant pas. Le peintre ayant gardé la main d'Adélaïde dans les siennes, une même chaleur, un même mouvement leur apprit que leurs cœurs battaient aussi fort l'un que l'autre. Trop émue, la jeune fille s'éloigna doucement de Jules, et dit en lui jetant un regard plein de naïveté :

— Vous allez rendre ma mère bien heureuse !...
— Quoi ! votre mère seulement?... demanda-t-il.
— Oh !... moi !... — je le suis...

Le peintre baissa la tête et resta silencieux, effrayé de la violence des sentiments que l'accent de cette phrase réveilla dans son cœur. Alors, comprenant tous deux le danger de cette situation, ils descendirent et mirent le portrait à sa place.

Jules dîna pour la première fois avec la baronne et sa fille. Il fut fêté, complimenté par madame de Rouville avec une bonhomie rare. Dans son attendrissement et tout en pleurs, la vieille dame voulut l'embrasser.

Le soir, le vieil émigré, ancien camarade du baron de Rouville, avec lequel il avait vécu fraternellement, fit à ses deux amies une visite pour leur apprendre qu'il venait d'être nommé contre-amiral, ses navigations terrestres à travers l'Allemagne et la Russie lui ayant été comptées comme des campagnes navales. A l'aspect du portrait, il serra cordialement la main du peintre, et s'écria :

— Ma foi ! quoique ma vieille carcasse ne vaille pas la peine d'être conservée, je donnerais bien cinq cents pistoles pour me voir aussi ressemblant que l'est mon vieux Rouville.

A cette proposition, la baronne regarda son ami, et sourit en laissant éclater sur son visage les marques d'une soudaine reconnaissance. Jules crut deviner que le vieil amiral voulait lui offrir le prix des deux portraits en payant le sien ; alors sa fierté d'artiste, tout autant que sa jalousie peut-être, s'offensant de cette pensée, il répondit :

— Monsieur, si je peignais le portrait, je n'aurais pas fait celui-ci.

L'amiral se mordit les lèvres, et se mit à jouer... Jules resta près d'Adélaïde, qui lui proposa de faire une partie, et il accepta. Le peintre observa chez madame de Rouville une ardeur pour le jeu qui le surprit ; car elle n'avait jamais autant montré le désir de gagner, et elle gagna. Pendant cette soirée, de mauvais soupçons vinrent troubler le bonheur de Jules, et lui donnèrent de la défiance. Madame de Rouville vivrait-elle donc du jeu?... Ne jouait-elle pas en ce moment pour acquitter quelque dette, ou poussée par quelque nécessité? Peut-être n'avait-elle pas payé son loyer?... Ce vieillard paraissait être assez fin pour ne pas se laisser impunément prendre son argent !... Quel pouvait donc être l'intérêt qui l'attirait dans cette maison pauvre, lui riche...? Pourquoi jadis était-il si familier près d'Adélaïde, et pourquoi soudain avait-il renoncé à des privautés acquises, et dues peut-être ?

Toutes ces réflexions lui vinrent involontairement, et l'excitèrent à examiner avec une nouvelle attention le vieillard et la baronne. Il fut mécontent de leurs airs d'intelligence et des regards obliques qu'ils jetaient sur Adélaïde et sur lui.

— Me tromperait-on?... fut pour Jules une dernière idée, horrible, flétrissante, et à laquelle il crut précisément assez pour en être torturé. Il resta le dernier. Ayant perdu cent sous, il avait tiré sa bourse pour payer Adélaïde ; en ce moment, emporté par ses pensées poignantes, il mit sa bourse sur la table, tomba dans une rêverie qui dura peu, mais qui le rendit honteux de son silence ; alors, ne pensant plus à sa bourse, il se leva, répondit à une interrogation banale qui lui était faite par madame de Rouville, et vint près d'elle pour, tout en causant, mieux scruter ce vieux visage. Il sortit en proie à mille incertitudes; mais à peine avait-il descendu quelques marches, qu'il se souvint d'avoir oublié son argent sur la table, et rentra.

— Je vous ai laissé ma bourse... dit-il à Adélaïde

— Non... répondit-elle en rougissant.

— Je la croyais là !...

Et il montrait la table de jeu; mais, tout honteux pour la jeune fille et pour la baronne de ne pas l'y voir, il les regarda d'un air hébété qui les fit rire. Alors, il pâlit, et reprit :

— Mais, non, je me suis trompé !... je l'ai.

Il salua, et sortit.

Dans l'un des côtés de cette bourse il y avait trois cents francs en or, et, de l'autre, quelque menue monnaie. — Le vol était si flagrant, si effrontément nié, que Jules ne pouvait plus conserver de doute sur la moralité de ses voisines. Il s'arrêta dans l'escalier, le descendit avec peine; ses jambes tremblaient; il avait des vertiges, il suait, il grelottait, et se trouvait hors d'état de marcher, de soutenir l'atroce commotion causée par le renversement de toutes ses espérances.

Alors, dès ce moment, il retrouva dans sa mémoire une foule d'observations, légères en apparence, mais qui corroboraient les affreux soupçons auxquels il avait été en proie, et qui, en lui prouvant la réalité du dernier fait, lui ouvraient les yeux sur le caractère et la vie de ces deux femmes. Avaient-elles donc attendu que le portrait fût fini, fût donné, pour voler cette bourse?... Combiné, le vol était encore plus odieux !

Le peintre se souvint, pour son malheur, que, depuis deux ou trois soirées, Adélaïde, en paraissant examiner avec une curiosité de jeune fille le travail particulier du réseau de soie usé, vérifiait probablement l'argent contenu dans la bourse en faisant des plaisanteries innocentes en apparence, mais qui, sans doute, avaient pour but d'épier le moment où la somme serait assez forte pour être dérobée...

— Le vieil amiral a peut-être d'excellentes raisons pour ne pas épouser Adélaïde; et, alors, la baronne aura tâché de me...

A cette supposition, il s'arrêta, n'achevant pas même sa pensée, car elle fut détruite par une réflexion bien juste. — Si la baronne, pensa-t-il, espérait me marier avec sa fille, elles ne m'auraient pas volé... Puis, il essaya, pour ne point renoncer à ses illusions, à son amour déjà si fortement enraciné, de chercher quelque justification dans le hasard. — Ma bourse sera tombée à terre... se dit-il ; elle sera restée sur mon fauteuil... Je l'ai peut-être, je suis si distrait... Et il se fouilla par des mouvements rapides, mais il ne retrouva pas la maudite bourse. Sa mémoire cruelle lui retraçait par instants la fatale vérité. Il voyait distinctement sa bourse étalée sur le tapis; et, alors, ne doutant plus du vol, il excusait Adélaïde en se disant que l'on ne devait pas juger si promptement les malheureux, et qu'il y avait sans doute un secret dans cette action en apparence si dégradante. Il ne voulait pas que cette fière et noble figure fût un mensonge... Cependant cet appartement si misérable lui apparut dénué des poésies de l'amour qui embellit tout; et, alors, il le vit sale, flétri, et le considéra comme la représentation d'une vie intérieure sans noblesse, inoccupée, vicieuse; car nos sentiments sont écrits, pour ainsi dire, sur les choses qui nous entourent.

Le lendemain matin, il se leva sans avoir dormi. La douleur du cœur, cette grave maladie morale, avait fait en lui d'énormes progrès. Perdre un bonheur rêvé, renoncer à tout un avenir, est une souffrance plus aiguë que celle causée par la ruine d'une félicité ressentie, quelque complète qu'elle ait été. Alors, les méditations dans lesquelles tombe tout à coup notre âme sont comme une mer sans rivage, au sein de laquelle nous pouvons nager pendant un moment, mais où il faut que notre amour se noie et périsse; et c'est une affreuse mort : les sentiments ne sont-ils pas la partie la plus brillante de notre vie? De cette mort partielle viennent, chez certaines organisations délicates ou fortes, les grands ravages produits par les désenchantements, par les espérances et les passions trompées. Il en fut ainsi de Jules.

Il sortit de grand matin, alla se promener sous les frais ombrages des Tuileries, absorbé par ses idées, oubliant tout dans le monde. Là, par un hasard qui n'avait rien d'extraordinaire, il rencontra l'un de ses amis les plus intimes, un camarade de collège et d'atelier, avec lequel il avait vécu mieux qu'on ne vit avec un frère.

— Eh bien, Jules, qu'as-tu donc?... lui dit Daniel Vallier, jeune sculpteur qui, ayant récemment remporté le grand prix, devait bientôt partir pour l'Italie.

— Je suis très-malheureux... répondit Jules gravement.

— Il n'y a qu'une affaire de cœur qui puisse te chagriner !... Argent, gloire, considération, rien ne te manque !...

Insensiblement, les confidences commencèrent, et le peintre avoua son amour. Au moment où Jules parla de la rue de Suresne et d'une jeune personne logée à un quatrième étage...

— Halte-là!... s'écria gaiement Daniel. C'est une petite fille que je viens voir tous les matins à l'Assomption, et à laquelle je fais la cour. Mais, mon cher, nous la connaissons tous... Sa mère est une baronne!... Est-ce que tu crois aux baronnes logées au quatrième?... Brrr... Ah bien! tu es un homme de l'âge d'or!... Nous voyons ici, dans cette allée, la vieille mère tous les jours; mais elle a une figure, une tournure, qui disent tout... Comment! tu n'as pas deviné ce qu'elle est à la manière dont elle tient son sac?...

Les deux amis se promenèrent longtemps, et plusieurs jeunes gens qui connaissaient Daniel ou Jules se joignirent à eux. L'aventure du peintre, jugée comme de peu d'importance, leur fut racontée par le sculpteur.

— Et lui aussi!... disait-il, a vu cette petite...

Et ce furent des observations, des rires, des moqueries, faites innocemment et avec toute la gaieté des artistes. Jules en souffrit horriblement. Une certaine pudeur d'âme le mettait mal à l'aise en voyant le secret de son cœur traité si légèrement, sa passion déchirée, mise en lambeaux, une jeune fille inconnue et dont la vie paraissait si modeste, sujette à des jugements vrais ou faux, portés avec insouciance.

Alors, par esprit de contradiction, il demanda sérieusement à chacun les preuves de ces assertions, et ce furent de nouvelles plaisanteries.

— Mais, mon cher ami, as-tu vu le châle de la baronne?... disait l'un.

— As-tu suivi la petite, quand elle trotte le matin à l'Assomption?... disait un autre.

— Ah! la mère a, entre autres vertus, une certaine robe grise que je regarde comme un type...

— Écoute, Jules... reprit un graveur, viens ici vers quatres heures, et analyse un peu la marche de la mère et de la fille... et après... si tu as des doutes... eh bien, l'on ne fera jamais rien de toi... Tu seras capable d'épouser la fille de ta portière.

En proie aux sentiments les plus contraires, Jules quitta ses amis. Adélaïde et sa mère lui semblaient être au-dessus de ces accusations, et il éprouvait, au fond de son cœur, le remords d'avoir soupçonné la pureté de cette jeune fille, si belle et si simple.

Il vint à son atelier, passa devant la porte de l'appartement où était Adélaïde, et sentit en lui-même une douleur de cœur à laquelle nul homme ne se trompe. Il aimait mademoiselle de Rouville passionnément; et malgré le vol de la bourse, il l'adorait encore. Son amour était celui du chevalier Desgrieux, purifiant et admirant sa maîtresse jusque sur la charrette qui mène en prison les femmes perdues.

— Pourquoi mon amour ne la rendrait-il pas la plus pure de toutes les femmes?... Pourquoi l'abandonner au mal et au vice, sans lui tendre une main amie?...

Cette mission lui plut; car l'amour fait son profit de tout, et rien ne séduit plus un jeune homme que de jouer le rôle d'un bon génie auprès d'une femme. Il y a je ne sais quoi de romanesque dans cette entreprise, qui va si bien aux âmes exaltées; c'est le dévouement le plus étendu, sous la forme la plus élevée, la plus gracieuse; et il y a tant de grandeur à savoir que l'on aime assez pour aimer encore là où l'amour des autres s'éteint et meurt. Aussi Jules s'assit dans son atelier, contempla son tableau sans y rien faire, n'en voyant les figures qu'à travers quelques larmes qui lui roulaient dans les yeux, tenant toujours sa brosse à la main, s'avançant vers la toile, comme pour adoucir une teinte, mais n'y touchant pas. La nuit le surprit dans cette attitude; et réveillé de sa rêverie par l'obscurité, il descendit, rencontra le vieil amiral dans l'escalier, lui jeta un regard sombre en le saluant, et s'enfuit. Il avait eu l'intention d'entrer chez ses voisines, mais l'aspect du protecteur d'Adélaïde lui glaça le cœur, et fit évanouir sa résolution. Il se demanda pour la centième fois quel intérêt pouvait amener ce vieil homme à bonnes fortunes, riche de cinquante mille livres de rente, dans ce quatrième étage, où il perdait de dix à vingt francs tous les soirs; et cet intérêt, il le devinait!...

Le lendemain et les jours suivants, Jules se jeta dans le travail pour tâcher de combattre sa passion par l'entraînement des idées, et par la fougue de la conception. Il réussit à demi; l'étude le consola, mais sans parvenir cependant à étouffer les souvenirs de tant d'heures caressantes passées auprès d'Adélaïde.

Un soir, en quittant son atelier, il trouva la porte de l'appartement des deux dames entr'ouverte; une personne y était debout, dans l'embrasure de la fenêtre; la disposition de la porte et de l'escalier ne permettait pas à Jules de passer sans voir Adélaïde. Il salua froidement en lui lançant un regard plein d'indifférence; mais, jugeant des souffrances de cette jeune fille par les siennes, il eut un tressaillement intérieur, en songeant à toute l'amertume que ce regard et cette froideur devaient jeter dans un cœur aimant.

Couronner les plus douces fêtes qui aient jamais réjoui deux âmes pures, par un dédain de huit jours, et par le mépris le plus profond, le plus entier!... Quel affreux dénoûment!...

Peut-être la bourse était-elle retrouvée et peut-être chaque soir Adélaïde avait-elle attendu son ami!... Cette pensée, si simple, si naturelle, fit éprouver de nouveaux remords à Jules, et il se demanda si les preuves de délicatesse et d'attachement que la jeune fille lui avait données, si les ravissantes causeries empreintes d'amour qui l'avaient charmé, ne méritaient pas au moins une enquête, ne valaient pas une justification!...

Alors, honteux d'avoir résisté pendant une semaine aux vœux de son cœur, et se trouvant presque criminel de ce combat, il vint le soir même chez madame de Rouville. Tous ses soupçons, toutes ses pensées mauvaises s'évanouirent à l'aspect de la jeune fille, pâle et maigrie.

— Eh, bon Dieu! qu'avez-vous?... lui dit-il après avoir salué la baronne.

— Adélaïde ne lui répondit rien, mais elle lui jeta un regard plein de mélancolie, un regard triste, découragé, qui lui fit mal.

— Vous avez sans doute beaucoup travaillé, dit la vieille dame; vous êtes changé; nous sommes la cause de votre réclusion... Ce portrait aura retardé quelques tableaux importants pour votre réputation.

Jules fut heureux de trouver une si bonne excuse à son impolitesse.

— Oui, dit-il, j'ai été fort occupé, mais aussi j'ai souffert...

A ces mots, Adélaïde leva la tête, regarda Jules, et ses yeux inquiets ne lui reprochèrent plus rien.

— Vous nous avez donc supposées bien indifférentes à ce qui peut vous arriver d'heureux ou de malheureux?... dit la vieille dame.

— J'ai eu tort, reprit Jules; mais cependant il y a de ces peines que l'on ne saurait confier, même à un sentiment moins jeune que ne l'est celui dont vous m'honorez...

— La sincérité, la force de l'amitié ne doivent pas se mesurer d'après le temps. — Il y a de vieux amis qui ne se donneraient pas une larme dans le malheur... dit la baronne en hochant la tête.

— Mais qu'avez-vous donc?... demanda Jules à Adélaïde.

— Oh! rien, dit-elle.

— Elle a passé quelques nuits pour achever un ouvrage de femme, et n'a pas voulu m'écouter lorsque je lui disais qu'un jour de plus ou de moins importait peu...

Jules n'écoutait pas. En voyant ces deux figures, si nobles, si calmes, il rougissait de ses soupçons, et attribuait la perte de sa bourse à quelque hasard inconnu.

Cette soirée fut délicieuse pour lui, et peut-être aussi pour Adélaïde. Il y a de ces secrets que les âmes jeunes entendent si bien! La jeune fille devinait les pensées de Jules. Sans vouloir avouer ses torts, le peintre les reconnaissait, revenait à sa maîtresse, plus aimant, plus affectueux, essayant ainsi d'acheter un pardon tacite; et Adélaïde savourait des joies si parfaites, si douces, qu'elles ne lui semblaient pas trop chèrement payées par tout le malheur dont son amour avait été si cruellement froissé. L'accord si vrai de leurs cœurs, cette entente pleine de magie, fut néanmoins troublée par un mot de la baronne de Rouville.

— Faisons-nous notre petite partie?... dit-elle à Jules.

Cette phrase réveilla toutes les craintes du jeune peintre; et, alors, il rougit en regardant la mère d'Adélaïde; mais il ne vit sur ce visage que l'expression d'une bonhomie sans fausseté; nulle arrière-pensée n'en détruisait le charme; la finesse n'en était point perfide, la malice en semblait douce, et nul remords n'en altérait le calme. Alors Jules se mit à la table de jeu, et Adélaïde voulut partager le sort du peintre, en prétendant qu'il ne connaissait pas le piquet, et avait besoin d'un partner. Madame de Rouville et sa fille se firent, pendant la partie, des signes d'intelligence qui inquiétèrent d'autant plus Jules qu'il gagnait; mais à la fin, un dernier coup rendit les deux amants débiteurs de la baronne; et le peintre, voulant chercher de la monnaie dans son gousset, retira ses mains de dessus la table, et vit alors devant lui une bourse qu'Adélaïde y avait glissée sans qu'il s'en aperçût; et tenant l'ancienne, elle s'occupait par contenance à y chercher de l'argent pour payer sa mère. Tout le sang de Jules afflua si vivement à son cœur qu'il faillit perdre connaissance. La bourse neuve substituée à la sienne contenait son argent; elle était brodée en perles d'or, et les coulants, les glands, tout attestait le bon goût d'Adélaïde. C'était un gracieux remerciment de jeune fille. Il était impossible de dire avec plus de finesse que le don du peintre ne pouvait être récompensé que par un témoignage de tendresse...

Quand Jules, accablé de bonheur, tourna les yeux sur Adélaïde et sur la baronne, il les vit tremblantes toutes deux de plaisir, et heureuses de cette espèce de supercherie... Alors, il se trouva petit, mesquin, niais. Il aurait voulu pouvoir se punir, se déchirer le cœur ; mais quelques larmes lui vinrent aux yeux, et, se levant par un mouvevement irrésistible, il prit Adélaïde dans ses bras, la serra contre son cœur, lui ravit un baiser; et, avec une bonne foi d'artiste :

— Je vous la demande!... s'écria-t-il en regardant la baronne.

Adélaïde jetait sur le peintre des yeux à demi courroucés, et madame de Rouville, un peu étonnée cherchait une réponse, quand cette scène fut interrompue par le bruit de la sonnette. C'était le vieux contre-amiral suivi de son ombre et de madame Schinner.

La mère de Jules, ayant deviné la cause des chagrins que son fils essayait vainement de lui cacher, avait pris des enseignements auprès de quelques-uns de ses amis, sur la jeune fille qu'il aimait ; et, alors, justement alarmée des calomnies dont Adélaïde était l'objet, elle avait été les conter au vieil émigré, qui dans sa colère voulait aller, disait-il, « — couper les oreilles à ces bélitres... » Puis, animé par son courroux, il avait appris à madame Schinner le secret des pertes volontaires qu'il faisait au jeu, puisque la fierté de la baronne ne lui laissait que cet ingénieux moyen de la secourir.

Lorsque madame Schinner eut salué madame de Rouville, celle-ci regardant le contre-amiral, Adélaïde et Jules, dit avec une grâce exquise :

— Il paraît que nous sommes en famille, ce soir !...

LE DEVOIR D'UNE FEMME.

— Allons, député du centre, en avant! Il s'agit d'arriver à l'heure si nous voulons être à table en même temps que les autres. — Allons, haut le pied! — Saute, marquis!... là donc..... bien.... Vous franchissez les sillons comme un véritable cerf!....

Ces paroles étaient prononcées par un chasseur paisiblement assis sur une lisière de la forêt de l'Ile-Adam. Il achevait de fumer un cigare de la Havane, et l'on voyait qu'il attendait là depuis longtemps son compagnon sans doute égaré dans les halliers de la forêt. Il avait à ses côtés quatre chiens haletants qui regardaient comme lui le personnage auquel il s'adressait. Pour comprendre tout ce que ces allocutions, répétées par intervalles, avaient de railleur, il faut dépeindre le chasseur attardé.

C'était un homme gros et court, dont le ventre proéminent accusait un embonpoint véritablement ministériel. Il arpentait péniblement les sillons d'un grand champ récemment moissonné, dont les chaumes gênaient considérablement sa marche. Pour surcroît de douleur, les rayons obliques du soleil, frappant horizontalement sur sa figure, y amassaient de grosses gouttes de sueur. Comme il était toujours préoccupé par le soin de garder son équilibre, il se penchait tantôt en avant et tantôt en arrière, imitant ainsi les soubresauts d'une voiture fortement cahotée.

La journée avait été chaude. C'était un de ces jours du mois de septembre dont les feux achèvent de mûrir les raisins. Le temps annonçait un orage. Quoique plusieurs grands espaces d'azur séparassent encore vers l'horizon de gros nuages noirs, on voyait des nuées blondes qui s'avançaient avec une effrayante rapidité en étendant sur les cieux, de l'ouest à l'est, un léger rideau grisâtre. Le vent n'agissant que dans la haute région, l'atmosphère comprimait vers les bas-fonds les brûlantes vapeurs de la terre. Or, le vallon que franchissait le chasseur, étant entouré de hautes futaies qui le privaient d'air, avait la température d'une fournaise. Ardente et silencieuse, la forêt semblait avoir soif. Les oiseaux, les insectes étaient muets, et les cimes des arbres s'inclinaient à peine.

A ce récit, les personnes qui ont conservé quelque souvenir de l'été de 1819, doivent compatir aux maux du pauvre ministériel : il suait sang et eau pour rejoindre son compagnon moqueur. Tout en fumant son cigare, celui-ci avait calculé, par la position du soleil, qu'il devait être au moins cinq heures du soir.

— Où diable sommes-nous?.... dit le gros chasseur en s'essuyant le front et restant appuyé contre un arbre du champ, presqu'en face de son compagnon; il ne se sentit plus la force de sauter le large fossé qui l'en séparait.

— Et c'est à moi que vous demandez cela?... répondit en riant le chasseur couché dans les hautes herbes jaunes qui couronnaient le talus.

Puis, jetant le bout de son cigare dans le fossé, il s'écria :

Je jure par saint Hubert qu'on ne me reprendra plus à m'aventurer dans un pays inconnu avec un magistrat, fût-il comme vous, mon cher d'Albon, un vieux camarade de collége!...

— Mais, Philippe, vous ne comprenez donc plus le français?... et vous avez sans doute laissé tout votre esprit en Sibérie!... répliqua le gros homme court en lançant un regard douloureusement comique sur un poteau qui se trouvait à cent pas de là.

— J'entends! s'écria Philippe.

Saisissant alors son fusil, il se leva tout à coup, s'élança d'un seul bond dans le champ, et courut vers le poteau.

— Par ici, d'Albon, par ici, demi-tour à gauche! cria-t-il à son compagnon en lui indiquant par un geste une large voie pavée. — *Chemin de Baillet à l'Ile Adam!*.... reprit-il. Ainsi nous trouverons dans cette direction celui de Cassan : ne doit-il pas s'embrancher sur la route de l'Ile Adam?

— C'est juste, mon colonel! dit M. d'Albon en remettant sur sa tête une casquette avec laquelle il venait de s'éventer.

— En avant donc, mon respectable conseiller!.... répondit le colonel Philippe. Et il siffla les chiens, qui paraissaient lui obéir déjà mieux qu'au magistrat auquel ils appartenaient.

— Savez-vous, monsieur le marquis, reprit le militaire goguenard, que nous avons encore plus de deux lieues à faire? Le village que nous apercevons là-bas doit être Baillet...

— Grand Dieu! s'écria le marquis d'Albon. Allez à Cassan, si cela peut vous être agréable, mais vous irez tout seul. Je préfère attendre ici, malgré l'orage, le cheval que vous m'enverrez du château. Vous vous êtes moqué de moi, Sucy. Nous devions faire une jolie petite partie de chasse, ne pas nous éloigner de Cassan, fureter sur le territoire que je connais.... Bah! au lieu de nous amuser, vous m'avez fait courir comme un lévrier depuis quatre heures du matin, et nous n'avons eu pour tout déjeuner que deux tasses de lait!.... Ah! si vous avez jamais un procès à la cour, je vous le ferai perdre, eussiez-vous cent fois raison.

Ayant dit, le chasseur découragé s'assit sur une des bornes qui étaient au pied du poteau, se débarrassa de son fusil, de sa carnassière vide, et poussa un long soupir.

— France!... voilà tes députés! s'écria en riant le colonel de Sucy. Ah! mon pauvre d'Albon, si vous aviez été comme moi six ans dans le fond de la Sibérie!...

Il leva les yeux au ciel, comme si ses malheurs étaient un secret entre Dieu et lui; puis il ajouta :

— Allons! marchez! si vous restez assis, vous êtes perdu.

— Que voulez-vous, Philippe? c'est une si vieille habitude chez un magistrat! — D'honneur, je suis excédé! Encore, si j'avais tué un lièvre!...

Les deux chasseurs présentaient un contraste assez rare. Le ministériel était âgé de quarante-deux ans, et ne paraissait pas en avoir plus de trente; tandis que le militaire, âgé de trente ans, semblait en avoir quarante. Ils étaient tous deux décorés de la rosette rouge, attribut des officiers de la Légion-d'Honneur. Quelques mèches de cheveux, aussi mélangées de noir et de blanc que l'aile d'une pie, s'échappaient de dessous la casquette du colonel; mais de belles boucles blondes ornaient les tempes du magistrat. L'un était d'une haute taille, sec, maigre, nerveux, et les rides de sa figure blanche trahissaient des passions terribles ou d'affreux malheurs; l'autre avait un visage brillant de santé, jovial et digne d'un épicurien. Tous deux étaient fortement hâlés par le soleil, et leurs longues guêtres de cuir fauve portaient les marques de tous les fossés, de tous les marais qu'ils avaient traversés.

— Allons, s'écria M. de Sucy, en avant!... Après une bonne heure de marche nous serons à Cassan, devant une bonne table.

— Il faut que vous n'ayez jamais aimé, répondit le conseiller d'un air piteusement comique, car vous êtes aussi impitoyable que l'article 304 du code pénal!...

Philippe de Sucy tressaillit violemment; son large front se plissa, et sa figure devint aussi sombre que le ciel l'était en ce moment. Un souvenir d'une affreuse amertume crispa tous ses traits; et, s'il ne pleura pas, c'est qu'il était un de ces hommes puissants qui concentrent leurs peines, trouvant une sorte d'impudeur à les dévoiler, quand aucune parole humaine n'en peut rendre la profondeur, quand il n'est point de cœur qui sache le comprendre.

M. d'Albon avait une de ces âmes délicates qui devinent les douleurs et ressentent vivement une commotion du cœur quand elle est involontairement produite par quelque maladresse. Il respecta le silence de son ami, se leva, oublia sa fatigue, et le suivit silencieusement, souffrant d'avoir touché une plaie qui probablement n'était pas cicatrisée.

— Un jour, mon ami, lui dit Philippe en lui serrant la main et en le remerciant de son muet repentir par un regard déchirant, un jour je te raconterai ma vie... — Aujourd'hui... je ne saurais.

Ils continuèrent à marcher en silence; mais quand la douleur du colonel parut dissipée, le conseiller retrouva sa fatigue; et alors, avec l'instinct ou plutôt le vouloir d'un homme harassé, il sondait de l'œil toutes les profondeurs de la forêt, interrogeait les cimes des arbres, examinait les avenues, espérant y découvrir quelque gîte où il pût demander l'hospitalité.

En arrivant à un carrefour, il crut apercevoir une légère fumée qui s'élevait entre les arbres. Il s'arrêta, regarda fort attentivement, et reconnut, au milieu d'un massif immense, les branches vertes et sombres de quelques pins.

— Une maison! une maison!... s'écria-t-il avec le plaisir qu'aurait eu un marin à crier :— Terre!... terre!...

Et il s'élança vivement à travers un hallier assez épais. Le colonel, qui était tombé dans une profonde rêverie, le suivit machinalement.

— J'aime mieux une omelette, du pain de ménage et une chaise ici, que des divans, des truffes et du vin de Tokai à Cassan!...

Ces paroles étaient une exclamation d'enthousiasme arrachée au conseiller par l'aspect d'un mur dont la couleur blanchâtre tranchait, dans le lointain, sur la masse brune des troncs noueux de la forêt.

— Ah ah! ça m'a l'air d'être quelque ancien prieuré! s'écria derechef le marquis d'Albon en arrivant à une grille antique et noire.

De là, il put voir, au milieu d'un parc assez vaste, un bâtiment construit en pierres de taille dans le style employé jadis pour les monuments monastiques.

— Comme ces coquins de moines savaient choisir un emplacement!...

Cette nouvelle exclamation était l'expression de l'étonnement dont le magistrat fut saisi à l'aspect du poétique ermitage qui s'offrit à ses regards.

La maison était située à mi-côte du revers de la montagne dont le village de Nerville occupe le sommet. Les grands chênes séculaires de la forêt, décrivant un cercle immense autour de cette habitation, en faisaient une véritable solitude. Le corps de logis jadis destiné aux moines avait son exposition au midi. Le parc paraissait avoir une quarantaine d'arpents. Auprès de la maison, régnait une verte prairie, capricieusement découpée par plusieurs ruisseaux clairs, par des nappes d'eau gracieusement posées, sans aucun artifice apparent. Çà et là s'élevaient des arbres verts aux formes élégantes, aux feuillages variés. Puis, des grottes habilement ménagées, des terrasses massives avec leurs escaliers dégradés et leurs rampes rouillées imprimaient une physionomie particulière à cette sauvage Thébaïde. L'art y avait élégamment uni ses constructions aux effets pittoresques de la nature. Toutes les passions humaines semblaient mourir aux pieds ou sur les cimes de ces grands arbres forestiers, qui défendaient l'approche de cet asile solitaire aux bruits du monde, comme aux ouragans du ciel et au soleil même. Le silence et la paix lui communiquaient leur indéfinissable majesté.

— Comme tout est en désordre ici!.. dit M. d'Albon après avoir joui de la sombre expression que les ruines donnaient à ce paysage.

En effet, il portait l'empreinte d'une espèce de malédiction. C'était comme un lieu funeste abandonné par les hommes. Le lierre avait étendu partout ses nerfs tortueux et ses riches manteaux. La mousse brune, verdâtre, jaune, rouge, répandait ses teintes romantiques sur tous les arbres, sur les bancs, sur les toits, sur les pierres. Les fenêtres étaient vermoulues, tout usées par la pluie, creusées par le temps; les balcons brisés, les terrasses démolies. Quelques persiennes ne tenaient plus que par un gond. Les portes disjointes paraissaient ne pas devoir résister à un assaillant. Aucun arbre fruitier n'ayant été taillé, ils avançaient tous des branches gourmandes sans fruit et chargées des touffes luisantes du gui. Enfin de hautes herbes croissaient dans toutes les allées.

Ces débris jetaient dans le tableau des effets d'une poésie ravissante, et dans l'âme du spectateur, des idées rêveuses. Un poëte serait resté là plongé dans une longue mélancolie, admirant un désordre plein d'harmonie, une destruction gracieuse. En ce moment, quelques rayons de soleil, se faisant jour à travers les crevasses des nuages, illuminèrent, par des jets de mille couleurs, cette scène à demi sauvage. Les tuiles brunes resplendirent; les mousses brillèrent; des ombres fantastiques s'agitèrent sur les prés, sous les arbres; des couleurs mortes se réveillèrent; des oppositions piquantes se combattirent; les feuillages se découpèrent dans la clarté; puis, tout à coup, la lumière disparut; et ce paysage, qui semblait avoir parlé, se tut, devint sombre, ou plutôt doux comme la plus douce teinte du crépuscule d'automne.

Mais le conseiller ne voyait déjà plus cette maison qu'avec les yeux d'un propriétaire.

— C'est le palais de la Belle au Bois Dormant, dit-il. A qui cela peut-il donc appartenir?... Il faut être bien bête pour ne pas habiter une aussi jolie propriété!...

A peine le magistrat avait-il achevé ces paroles, qu'une femme passa devant lui aussi rapidement que l'ombre d'un nuage; elle ne fit aucun bruit; elle s'était élancée de dessous un noyer planté à droite de la grille : ce fut comme une vision. Le marquis resta stupéfait.

— Eh bien, d'Albon, qu'avez-vous?... lui demanda M. de Sucy.

— Je me frotte les yeux pour savoir si je dors ou si je veille!... répondit le conseiller en se collant sur la grille pour tâcher de revoir le fantôme.

— Elle est probablement sous ce figuier... dit-il en montrant à Philippe le feuillage d'un arbre qui s'élevait au-dessus du mur, à gauche de la grille.

— Qui, elle?...

— Eh! puis-je le savoir? reprit M. d'Albon. Figurez-vous, dit-il à voix basse, qu'il vient de se lever là, devant moi, une femme étrange. Elle m'a semblé plutôt appartenir à la nature des ombres qu'au monde des vivants. Elle est si svelte, si légère, si vaporeuse, qu'elle doit être diaphane. Sa figure est aussi blanche que du lait. Je crois que ses vêtements sont noirs, et ses yeux, ses cheveux m'ont également paru noirs. Elle m'a regardé en passant, et quoique je ne sois, certes, point peureux, son regard immobile et froid m'a figé le sang dans les veines.

— Est-elle jolie?... demanda Philippe.

— Je ne sais pas. Je ne lui ai vu que des yeux dans la figure. Ses cheveux sont flottants, et son front est d'un blanc mat.

— Au diable le dîner de Cassan!... s'écria le colonel. Restons ici. J'ai une envie d'enfant d'entrer dans cette singulière propriété. Les châssis des fenêtres sont peints en rouge. Il y a des filets rouges sur les moulures des portes et des volets. Il semble que ce soit la maison du diable. Il aura peut-être hérité des moines. — Allons, courons après la dame blanche et noire... Ici tout est romanesque. En avant!...

La gaieté du colonel avait quelque chose de factice.

En ce moment, les deux chasseurs entendirent un petit cri assez semblable à celui d'une souris prise au piège. Ils écoutèrent. Le feuillage de quelques arbustes froissés retentit dans le silence, comme le murmure d'une onde agitée. Ils eurent beau chercher à saisir quelques sons, la terre resta silencieuse et garda le secret des pas de l'inconnue, si toutefois elle avait marché.

— Voilà qui est singulier!... s'écria Philippe en suivant les contours décrits dans la forêt par les murs du parc.

Les deux amis arrivèrent bientôt à une allée de la forêt qui conduit au village de Chauvry. Après avoir remonté ce chemin vers la route de Paris, ils se trouvèrent devant une grande grille, et virent la façade principale de cette habitation mystérieuse. De ce côté, le désordre était à son comble. D'immenses lézardes sillonnaient les murs des trois corps de logis bâtis en équerre. Des débris de tuiles et d'ardoises amoncelés à terre et des toits dégradés annonçaient une complète incurie. Les fruits gisaient sous les arbres sans qu'on les récoltât. Une vache paissait à travers les boulingrins, en foulant les fleurs des plates-bandes, tandis qu'une chèvre broutait les raisins verts et les pampres d'une treille.

— Tout est en harmonie, et le désordre est en quelque sorte organisé... dit le colonel en tirant la chaîne d'une cloche. Mais la cloche était sans battant, car les deux chasseurs n'entendirent que le bruit singulièrement aigre d'un ressort rouillé. La petite porte pratiquée dans le mur auprès de la grille résista, toute pourrie qu'elle était, aux efforts de Philippe.

— Oh oh! tout ceci devient très-curieux!... dit-il à son compagnon.

— Si je n'étais pas magistrat, répondit M. d'Albon, je croirais que la femme noire est une sorcière!...

A peine avait-il achevé que la vache accourut à la grille et leur présenta son mufle chaud, comme si elle éprouvait le besoin de voir des créatures humaines. Alors une femme, si toutefois ce nom pouvait appartenir à l'être indéfinissable qui se montra, vint tirer la vache par sa corde.

— Ohé! ohé!... cria le colonel.

La femme s'arrêta pour regarder les deux étrangers. Elle portait sur la tête un mouchoir rouge d'où s'échappaient des mèches de cheveux blonds assez semblables à l'étoupe d'une quenouille. Un jupon de laine grossière à raies alternativement noires et grises, trop court de quelques pouces, permettait de voir ses jambes. Elle n'avait pas de fichu, et l'on pouvait croire qu'elle appartenait à une des tribus de peau rouge célébrées par Cooper, car ses jambes, son cou et ses bras nus semblaient avoir été peints en couleur de brique. Aucun rayon d'intelligence n'animait sa figure plate. Ses yeux bleuâtres étaient sans chaleur et ternes. Quelques poils blancs clair-semés lui tenaient lieu de sourcils. Enfin, sa bouche contournée laissait passer des dents mal rangées, mais aussi blanches que celles d'un chien. Elle arriva lentement jusqu'à la grille, en contemplant les deux chasseurs d'un air niais. Elle souriait presque; mais son sourire était pénible et forcé.

—Où sommes-nous?.... Quelle est cette maison-là?... A qui est-elle?... Qui êtes-vous?... Êtes-vous d'ici?...

A ces questions et à une foule d'autres que lui adressèrent successivement les deux amis, elle ne répondit que par des grognements gutturaux qui semblaient appartenir à l'animal plus qu'à la créature humaine.

— Ne voyez-vous pas qu'elle est sourde et muette?... dit le magistrat.

— *Bons-Hommes!...* s'écria la paysanne.

— Ah! elle a raison. Ceci pourrait bien être l'ancien couvent des Bons-Hommes..... dit M. d'Albon.

Alors les questions recommencèrent; mais, comme un enfant capricieux, la paysanne rougit, joua avec son sabot, tortilla la corde de la vache qui s'était remise à paître, regarda les deux chasseurs, examina toutes les parties de leur habillement; elle grogna, glapit, mais elle ne parla pas.

— Ton nom? lui dit Philippe en la contemplant fixement comme s'il eût voulu l'ensorceler.

— Geneviève! dit-elle.

Puis elle disparut en riant d'un rire bête.

— Jusqu'à présent la vache est la créature la plus intelligente que nous ayons vue... s'écria le magistrat. Je vais tirer un coup de fusil pour faire venir du monde.

Au moment où M. d'Albon saisissait son arme, le colonel l'arrêta par un geste, et lui montra du doigt l'inconnue qui avait si vivement piqué leur curiosité. Elle venait par une allée assez éloignée, marchait à pas lents, et semblait ensevelie dans une méditation profonde. Elle était vêtue d'une robe de satin noir tout usée. Ses longs cheveux tombaient en boucles nombreuses sur son front, autour de ses épaules, descendaient jusqu'en bas de sa taille, et lui servaient de châle. Elle semblait accoutumée à ce désordre, car elle ne chassait que rarement sa chevelure de chaque côté de ses tempes; et alors, agitant la tête par un mouvement brusque, elle ne s'y prenait pas à deux fois pour dégager son front ou ses yeux de ce voile épais; et son geste avait, comme celui d'un animal, une admirable sécurité de mécanisme. Elle atteignit son but avec une prestesse qui tenait du prodige. Les deux chasseurs étonnés la virent sautant sur une branche de pommier et s'y attachant avec la légèreté d'un oiseau. Elle y saisit des fruits, les mangea, et se laissa tomber à terre avec la gracieuse mollesse qu'on admire chez les écureuils. Ses membres possédaient une élasticité qui ôtait à ses moindres gestes jusqu'à l'apparence de la gêne ou de l'effort. Elle joua sur le gazon, et s'y roula, comme aurait pu le faire un enfant; puis, jetant en avant ses deux pieds et ses mains, elle resta étendue sur l'herbe avec l'abandon, la grâce, le naturel d'une jeune chatte dormant au soleil. Tout à coup le tonnerre ayant grondé dans le lointain, elle se retourna subitement, et se mit à quatre pattes avec la miraculeuse adresse d'un chien qui entend venir un étranger. Cette bizarre attitude eut pour effet de séparer sa noire chevelure en deux larges bandeaux qui retombèrent de chaque côté de sa tête. Alors les deux spectateurs de cette scène singulière purent admirer des épaules dont les contours avaient une exquise délicatesse, et dont la peau blanche brillait comme les marguerites de la prairie. Le cou surtout attirait les regards par une rare perfection. Il était facile de voir que cette femme était admirablement bien faite. Elle laissa échapper un cri douloureux, et se leva tout à fait sur ses pieds. Ses mouvements se succédaient avec tant de rapidité et si gracieusement, ils s'exécutaient si lestement, qu'il ne semblait pas qu'elle fût une créature humaine, mais une de ces filles de l'air célébrées par les poésies d'Ossian. Elle alla vers une nappe d'eau, y quitta un de ses souliers en lui donnant une légère secousse, et parut se plaire à tremper dans la source un pied blanc comme l'albâtre. Elle admirait peut-être les ondulations brillantes de cette onde agitée qui ressemblaient à des pierreries. Puis elle s'agenouilla sur le bord du bassin, et s'amusa de la manière la plus enfantine à y plonger ses longues tresses et à les en retirer brusquement pour voir tomber goutte à goutte l'eau dont elles étaient chargées, et qui, traversée par les rayons du jour, formait comme des chapelets de perles.

— Cette femme est folle!... s'écria le conseiller.

En ce moment, un cri rauque, poussé sans doute par Geneviève, retentit et parut s'adresser à l'inconnue. Elle se leva et chassa ses cheveux de chaque côté de son visage. En ce moment, le colonel et M. d'Albon purent examiner les traits de cette femme. Sa figure était extrêmement blanche, ses yeux grands et noirs. Elle vit les deux amis; et, accourant à la grille avec la légèreté d'une biche, elle y arriva en quelques bonds.

— *Adieu!...* dit-elle d'une voix douce et harmonieuse, mais sans que cette admirable mélodie, impatiemment attendue par les chasseurs, parût dévoiler le moindre sentiment ou la moindre idée.

M. d'Albon admira les longs cils de ses yeux, ses sourcils noirs bien fournis, une peau d'une blancheur éblouissante et sans la plus légère nuance de ougeur, car de petites veines bleues tranchaient seules sur ce teint blanc : c'était une des plus ravissantes femmes qu'il fût possible de voir.

Le conseiller se tourna vers son ami pour lui faire part de son étonnement ; mais le colonel était derrière lui, étendu sans connaissance, sur l'herbe. Ces événements simultanés se passèrent en moins d'une minute.

M. d'Albon, effrayé, déchargea son fusil en l'air pour appeler du monde, et cria : *Au secours!* en essayant de relever le colonel ; mais il fut bien surpris de voir l'inconnue, qui était restée immobile, s'échapper avec la rapidité d'une flèche au bruit de la détonation, jeter des cris d'effroi comme un animal blessé, et tournoyer sur la prairie en donnant les marques d'une terreur profonde.

Une calèche élégante, dont M. d'Albon entendit le roulement sur la route de l'Ile-Adam, vint à passer. Alors il implora l'assistance des promeneurs en agitant son mouchoir. Aussitôt la voiture arriva au grand galop, et M. d'Albon reconnut monsieur et madame de Bueil, qui s'empressèrent de descendre de leur calèche en l'offrant au magistrat. Quand, aidé par le laquais, M. d'Albon y eut placé son ami, madame de Bueil donna son flacon de vinaigre pour le rappeler à la vie. Bientôt M. de Sucy ouvrit les yeux, les tourna vers la prairie où l'inconnue ne cessait de courir en criant ; et alors, il laissa échapper une exclamation distincte, parut en proie à un sentiment d'horreur, et ferma de nouveau les yeux en faisant un geste comme pour demander à son ami de partir.

— Voilà la première fois que la vue d'une femme a épouvanté un colonel ! s'écria M. d'Albon, tout en défaisant le gilet de son ami et lui faisant respirer des sels.

Monsieur et madame de Bueil offrirent obligeamment leur voiture au conseiller, en lui disant qu'ils allaient continuer leur promenade à pied.

— Quelle est donc cette dame ? demanda le magistrat en désignant l'inconnue.

— L'on présume qu'elle vient de Moulins, répondit M. de Bueil. On dit que c'est la comtesse de Landière, et qu'elle est folle ; mais comme elle n'est ici que depuis deux mois, je ne saurais vous garantir la véracité de tous ces ouï-dire.

M. d'Albon remercia monsieur et madame de Bueil, et partit pour Cassan. A peine les avait-il perdus de vue, que Philippe de Sucy revint à lui grâce à l'odeur pénétrante du vinaigre anglais....

— C'est elle !... s'écria-t-il.

— Qui... elle ? demanda d'Albon.

— Julie... ah! morte et vivante, vivante et folle... j'ai cru que j'allais mourir...

Le prudent magistrat put apprécier en ce moment la gravité de la crise à laquelle son ami était en proie, et il se garda bien de le questionner ou de l'irriter. Il souhaitait impatiemment d'arriver au château ; car le changement qui s'opérait dans les traits et dans toute la personne du colonel lui faisait craindre que la comtesse n'eût communiqué à Philippe sa terrible maladie.

Aussitôt que la voiture atteignit l'avenue de l'Ile-Adam, M. d'Albon envoya le laquais chez le médecin du bourg ; de sorte qu'au moment où le colonel fut couché, le docteur se trouva au chevet du lit.

— Si M. le colonel n'avait pas été presqu'à jeun, dit le chirurgien, il était mort !... Sa fatigue l'a sauvé.

Puis, après avoir fait les prescriptions nécessaires, le docteur sortit pour aller préparer lui-même une potion calmante.

Le lendemain matin M. de Sucy était mieux, mais le médecin avait passé la nuit entière auprès de lui, seul, et ne souffrant personne dans la chambre du malade.

— Je vous avouerai, monsieur le marquis, dit-il à M. d'Albon, que j'ai craint une lésion au cerveau. M. de Sucy a reçu une bien violente commotion. Les passions de cet homme-là sont vives ; mais chez lui, le premier coup porté décide de tout. Demain il sera peut-être hors de danger.

Le médecin ne se trompa point, et le lendemain il permit au magistrat de revoir son ami.

— Mon cher d'Albon, dit Philippe en lui serrant la main, j'attends de toi un service !... Cours promptement aux Bons-Hommes ! informe-toi de tout ce qui concerne la dame que nous y avons vue, et reviens promptement, car je compterai les minutes...

Le marquis d'Albon sauta sur un cheval qu'il fit galoper jusqu'à l'ancienne abbaye. En y arrivant, il aperçut devant la grille un grand homme sec vêtu de noir, et dont la figure était douce et prévenante. Quand le magistrat lui demanda s'il habitait cette maison ruinée, il répondit affirmativement.

M. d'Albon lui raconta les motifs de sa visite, et alors l'inconnu s'écria :

— Eh quoi! monsieur, ce serait vous qui auriez tiré ce coup de fusil fatal?... vous avez failli tuer mon infortunée malade.

— Eh! monsieur, j'ai tiré en l'air!...

— Vous eussiez fait moins de mal à madame la comtesse en l'atteignant.

— Eh bien! nous n'avons rien à nous reprocher, car la vue de votre comtesse a failli tuer M. le baron Philippe de Sucy....

— Philippe de Sucy!... s'écria le médecin en levant les yeux au ciel et frappant dans ses mains. A-t-il été en Russie, au passage de la Bérésina?...

— Oui, reprit d'Albon, il a été pris par des cosaques et mené en Sibérie, d'où il est revenu depuis onze mois environ...

— Entrez, monsieur, dit le médecin, qui conduisit le magistrat dans un salon situé au rez-de-chaussée de l'habitation.

Ce salon était richement meublé; mais tout y portait les marques d'une dévastation capricieuse. Des vases de porcelaine précieux étaient brisés à côté d'une pendule dont la cage était respectée. Les rideaux de soie drapés devant les fenêtres étaient déchirés, tandis que le double rideau de mousseline restait tout entier.

— Vous voyez, dit le médecin en entrant, les ravages exercés par la charmante créature à laquelle je me suis consacré...

Une vive émotion agita le magistrat.

— Elle est ma nièce, reprit-il; et, malgré l'impuissance de mon art, j'espère lui rendre un jour la raison, en suivant une méthode qui malheureusement n'est permise qu'aux gens riches...

Puis, comme toutes les personnes qui vivent dans la solitude, en proie à une douleur renaissante, il raconta longuement au magistrat, dans une conversation souvent interrompue, l'aventure suivante, dont le récit a été coordonné et dégagé de toutes les digressions que firent le narrateur et le magistrat.

En quittant, sur les neuf heures du soir, les hauteurs de Studzianka, qu'il avait défendues pendant toute la journée du 28 novembre 1812, le maréchal Victor y laissa un millier d'hommes chargés de protéger jusqu'au dernier moment celui des deux ponts construits sur la Bérésina qui subsistait encore.

Cette arrière-garde se dévoua pour tâcher de sauver une effroyable multitude de traînards engourdis par le froid qui refusaient obstinément d'abandonner les équipages de l'armée. Mais l'héroïsme des hommes qui composèrent cette généreuse arrière-garde devait être inutile.

Les soldats qui affluaient par masses sur les bords de la Bérésina y trouvaient, par malheur, l'immense quantité de voitures, de caissons et de meubles de toute espèce que l'armée avait été obligée de laisser en effectuant son passage pendant les journées des 27 et 28 novembre. Héritiers de r[ichesses] inespérées, ces malheureux, abrutis par l[e] froid, se logeaient dans les bivouacs vides, s'em[paraient de tous les débris pour se construire de[s] cabanes, faisaient du feu avec tout ce qui leur tom[bait sous la main, mangeaient des chevaux, arra[chaient pour se vêtir, le drap, le cuir, les toiles de[s] voitures ou des fourgons, et dormaient au lieu de continuer leur route, au lieu de franchir paisible[ment, et à la nuit, cette Bérésina qu'une fatali[té] incroyable avait déjà rendue si funeste à l'armée.

L'apathie de ces pauvres soldats ne peut êt[re] comprise que par ceux qui ont traversé ces vast[es] déserts de neige, sans autre boisson que la neige sans autre lit que la neige, sans autre perspectiv[e] qu'un horizon de neige, sans autre aliment que neige ou quelques betteraves gelées, quelques rest[es] glacés, quelques poignées de farine ou de la cha[ir] de cheval. Ces infortunés arrivaient mourants d[e] faim, de soif, de fatigue et de sommeil, sur un[e] plage où ils apercevaient du bois, des feux, de[s] vivres, d'innombrables équipages abandonnés, de[s] bivouacs, enfin une ville improvisée; car le villag[e] de Studzianka avait été entièrement dépecé, par[-] tagé, et transporté des hauteurs dans la plain[e.] Quoique ce fût une *cité dolente* et périlleuse, c'é[-] tait une cité, un lieu moins inexorable que l[es] épouvantables déserts de la Russie. Cet immens[e] hôpital, où la douleur régnait morne et silencieus[e,] dura vingt heures. La lassitude de la vie, le sen[-] timent d'un bonheur, d'un bien-être inattendus rendaient nécessairement cette population inacces[-] sible à toute espèce de pensée autre que celle d[u] repos.

L'artillerie de l'aile gauche des Russes tirait san[s] relâche sur cette masse qui se dessinait comme un[e] grande tache, tantôt noire, tantôt flamboyante au milieu de la neige; mais ces infatigables boulet[s] ne semblaient à la foule engourdie qu'une incom[-] modité de plus. C'était comme un orage dont l[a] foudre était dédaignée par tout le monde, parc[e] qu'elle devait n'atteindre, çà et là, que des mou[-] rants, des malades, ou des morts peut-être.

A chaque instant, les traîneurs arrivaient pa[r] groupes. Ces espèces de cadavres ambulants se di[-] visaient aussitôt, allant mendier une place de foye[r] en foyer; puis, repoussés le plus souvent, ils s[e] réunissaient de nouveau, et, sourds à la voix d[e] quelques officiers qui leur prédisaient la mort pou[r] le lendemain, ils dépensaient la somme de courag[e] nécessaire pour passer la Bérésina à se construire un asile d'une nuit, à manger ou à dormir. Cette mort qui les attendait n'était plus un mal, puisque ce mal leur laissait une heure de sommeil. Ils ne donnaient le nom de *mal* qu'à la faim, à la soif, au froid. Quand il ne se trouva plus ni bois, ni feu, ni toile, ni abri, des luttes s'établirent entre ceux qui survenaient dénués de tout, et ceux qui possédaient une demeure : les plus faibles succombèrent. Enfin, il arriva un moment où quelques hommes chassés par les Russes n'eurent plus que la neige pour bivouac, et s'y couchèrent pour ne pas se relever.

Insensiblement, cette masse d'êtres presque anéantis devint si compacte, si sourde, si stupide, ou si heureuse peut-être, que le maréchal Victor, qui en avait été l'héroïque défenseur, en tenant, pendant deux jours avec six mille hommes, devant Witgenstein et vingt mille Russes, fut obligé de s'ouvrir un passage, de vive force, à travers cette forêt d'hommes, afin de faire franchir la Bérésina aux cinq mille braves qu'il amenait à l'empereur. Ces infortunés se laissaient écraser plutôt que de bouger. Ils périssaient en silence, souriant à leurs feux mourants, et ne pensant même plus à la France.

A dix heures du soir seulement, le duc de Bellune se trouva de l'autre côté du fleuve. Avant de s'engager sur les ponts qui menaient à Zembin, il confia le sort de l'arrière-garde de Studzianka à cet Éblé, le sauveur de tous ceux qui survécurent aux calamités de la Bérésina.

Ce fut environ vers minuit que cet héroïque général quitta la petite cabane qu'il occupait auprès du pont; et, suivi, d'un officier de courage, il se mit à contempler le spectacle que présentait le camp situé entre la rive de la Bérésina et le chemin de Borizof à Studzianka. Le canon des Russes avait cessé de tonner; des feux innombrables qui, au milieu de cet amas de neige, pâlissaient et semblaient ne pas jeter de lueur, éclairaient çà et là des figures qui n'avaient rien d'humain : des malheureux, au nombre de trente mille environ, appartenant à toutes les nations que Napoléon avait jetées sur la Russie, étaient là, jouant leurs vies avec une brutale insouciance.

— Il faut sauver tout cela!... dit le général.

— Demain matin, reprit-il, les Russes seront maîtres de Studzianka; il faudra donc brûler le pont au moment où ils paraîtront, ainsi, mon ami, du courage... Fais-toi jour jusqu'à la hauteur. Dis au général Fournier qu'à peine a-t-il le temps d'évacuer sa position, de percer tout ce monde, et de passer le pont. Quand tu l'auras vu se mettre en marche, tu le suivras; puis, aidé par quelques hommes valides, tu brûleras sans pitié tous les bivouacs, les équipages, les caissons, les voitures, tout! Chasse ce monde-là sur le pont! Contrains tout ce qui a deux jambes à se réfugier sur l'autre rive. L'incendie est maintenant notre dernière ressource. Si Berthier m'avait laissé détruire ces damnés équipages, ce fleuve n'aurait englouti personne... que mes pauvres pontonniers... ces cinquantes héros qui ont sauvé l'armée et — qu'on oubliera.

Le général porta la main à son front et resta silencieux. Il sentait que la Pologne serait son tombeau, et qu'aucune voix ne s'élèverait en faveur de ces hommes sublimes qui restèrent dans l'eau — l'eau de la Bérésina! — pour y enfoncer les chevalets des ponts. — Un seul d'entre eux vit, ou, pour être exact, souffre, dans un village, — ignoré!...

L'aide-de-camp partit.

A peine le généreux officier avait-il fait cent pas vers Studzianka, que le général Éblé, réveillant cinq à six de ses pontonniers souffrants, commença son œuvre charitable en brûlant les bivouacs établis autour du pont, et obligeant ainsi les dormeurs les plus voisins à passer la Bérésina.

Cependant le jeune aide-de-camp était parvenu, non sans peine, à la seule maison de bois qui fût restée debout à Studzianka.

— La baraque est donc bien pleine, mon camarade? dit-il à un homme qu'il aperçut en dehors.

— Si vous entrez, vous serez un habile troupier!... répondit l'officier sans se détourner et sans cesser de démolir avec son sabre le bois de la maison.

— C'est vous, Philippe?... dit l'aide-de-camp, reconnaissant au son de la voix l'un de ses amis.

— Oui... Ah ah! c'est toi, mon vieux! répliqua M. de Sucy en regardant l'aide-de-camp, qui n'avait, comme lui, que vingt-trois ans. Je te croyais de l'autre côté de cette s.... rivière. Viens-tu nous apporter des gâteaux et des confitures pour notre dessert? — Tu seras bien reçu... ajouta-t-il en achevant de détacher l'écorce du bois qu'il donnait, en guise de provende, à son cheval.

— Je cherche votre commandant pour le prévenir, de la part du général Éblé, de filer sur Zembin. Vous avez à peine le temps de percer cette masse de cadavres que je vais incendier tout à l'heure, afin de les faire marcher...

— Tu me réchauffes presque, car ta nouvelle me fait suer. J'ai deux amis à sauver!... Ah! sans ces deux marmottes, mon vieux, je serais déjà mort! C'est pour eux que je soigne mon cheval, et que je ne le mange pas. Par grâce, as-tu quelque croûte?... Voilà trente heures que je n'ai rien mis dans mon coffre, et je me suis battu comme un enragé, afin de conserver le peu de chaleur et de courage qui me restent.

— Pauvre Philippe! rien, rien. Mais où est le général? Est-ce là?

— N'essaye pas d'entrer!... Cette grange contient tous nos blessés... Monte encore plus haut! — Tu rencontreras, sur ta droite, une espèce de toit à porcs... Eh bien! le général est là... Adieu, mon brave... Si jamais nous dansons la trénis sur un parquet de Paris...

Il n'acheva pas, car la bise souffla dans ce moment avec une telle perfidie que l'aide-de-camp marcha pour ne pas se geler, et que les lèvres du major Philippe se glacèrent.

Le silence régna bientôt. Il n'était interrompu que par les gémissements qui partaient de la maison, et par le bruit sourd que faisait le cheval de M. de Sucy, en broyant, de faim et de rage, l'écorce glacée des arbres avec lesquels la maison était construite. Le major remit son sabre dans le fourreau; et, prenant brusquement la bride du précieux animal qu'il avait su conserver, il l'arracha, malgré sa résistance, à la déplorable pâture dont la pauvre bête paraissait contente.

— En route, Bichette! en route... Il n'y a que toi, ma belle, qui puisses sauver Julie!... Va, plus tard, il nous sera permis de nous reposer, — de mourir...

Et Philippe, enveloppé d'une pelisse fourrée à laquelle il devait sa conservation et son énergie, se mit à courir en frappant la neige durcie de ses pieds, pour se donner de la chaleur.

A peine le major eut-il fait cinq cents pas, qu'il aperçut un feu considérable à la place où, depuis le matin, il avait laissé sa voiture sous la garde d'un vieux soldat intrépide. Une inquiétude horrible s'empara de lui; et comme tous ceux qui, pendant cette déroute, furent dominés par un sentiment puissant, il trouva, pour secourir ses amis, des forces qu'il n'aurait pas eues pour se sauver lui-même. Il arriva bientôt à quelques pas d'un pli formé par le terrain, et au fond duquel il avait mis, à l'abri des boulets, une jeune femme, sa compagne d'enfance, son bien le plus cher!

A quelques pas de la voiture, une trentaine de trainards étaient réunis devant un immense foyer qu'ils entretenaient en y jetant des dessus de caissons, des roues, des planches et des panneaux de voitures. Ces soldats étaient, sans doute, les derniers venus de tous ceux qui, depuis le large sillon décrit par le terrain au bas de Studzianka jusqu'à la fatale rivière, formaient comme un océan de têtes, de feux, de baraques, une mer vivante agitée par des mouvements presque insensibles, et d'où il s'échappait un sourd bruissement mêlé d'éclats terribles. Poussés par la faim et par le désespoir, ces malheureux avaient probablement visité de force la voiture. Le vieux général et la jeune femme qu'ils y trouvèrent couchés sur des hardes, enveloppés de manteaux et de pelisses, gisaient en ce moment accroupis devant le feu. La voiture était ouverte, et l'une des portières brisée. Aussitôt que les hommes placés autour du feu entendirent les pas du cheval et du major, il s'éleva, parmi eux, un cri de rage. C'était la frénésie de la faim et du bonheur.

— Un cheval!... un cheval!...

Cette clameur fut unanime. Les voix ne formèrent qu'une seule voix.

— Retirez-vous! gare à vous!... s'écrièrent deux ou trois soldats en ajustant le cheval.

Philippe se mit devant sa jument en disant :

— Gredins! je vais vous culbuter tous dans votre feu!... Il y a des chevaux morts là-haut! — Allez les chercher...

— Est-il farceur, cet officier-là! Une fois, deux fois, te déranges-tu?... répliqua un grenadier colossal. — Non!... — Eh bien, comme tu voudras, alors!...

Un cri de femme domina la détonation. Heureusement Philippe ne fut pas blessé, mais Bichette avait succombé. Cette pauvre bête se débattant contre la mort, trois hommes s'élancèrent et l'achevèrent à coups de bayonnette.

— Cannibales! laissez-moi prendre la couverture et mes pistolets!... dit Philippe au désespoir.

— Va pour les pistolets!... répliqua le grenadier; mais quant à la couverture, voilà un fantassin qui depuis deux jours *n'a rien dans le fanal*... Il grelotte, avec son méchant habit de vinaigre!... C'est notre général...

Philippe garda le silence en voyant un homme dont la chaussure était usée, le pantalon troué en dix endroits, et qui n'avait sur la tête qu'un mauvais bonnet de police chargé de givre.

Alors il s'empressa de prendre ses pistolets; et, pendant qu'il les attachait à sa ceinture, cinq hommes amenèrent la jument devant le foyer, et se mirent à la dépecer avec autant d'adresse qu'auraient pu le faire des garçons bouchers de Paris.

Les morceaux étaient miraculeusement enlevés et jetés sur des charbons. Le major alla se placer auprès de la femme qui avait poussé un cri d'épouvante en le reconnaissant. Il la trouva immobile, assise sur un coussin de la voiture et se chauffant. Elle le regarda silencieusement et — sans même lui sourire. Philippe aperçut alors, près de lui, le soldat auquel il avait confié la défense de la voiture. Le pauvre homme était blessé. Accablé par le nombre, il venait de céder aux trainards qui l'avaient attaqué; mais, comme le chien qui a défendu jusqu'au dernier moment le diner de son maître, il avait pris sa part du butin, et s'était fait une espèce de manteau avec un vieux drap blanc. En ce moment, il s'occupait à retourner un morceau de la jument, et le major lut facilement sur sa figure la joie que lui causaient les apprêts du festin.

Le comte de Vandières, tombé depuis trois jours comme en enfance, restait sous un coussin, près de sa femme. Il regardait d'un œil fixe et terne ces flammes pyramidales dont la chaleur commençait à dissiper son engourdissement. Le coup de fusil, l'arrivée de Philippe ne l'avaient pas plus ému que le combat par suite duquel sa voiture venait d'être pillée.

D'abord Philippe saisit la main de la jeune comtesse, comme pour lui donner un témoignage d'affection et lui exprimer la douleur qu'il éprouvait en la voyant ainsi réduite à la dernière misère; mais il resta silencieux, près d'elle, assis sur un tas de neige qui ruisselait en fondant. Il céda lui-même au bonheur de se chauffer, oubliant le péril, oubliant tout. Sa figure contracta, malgré lui, une expression de joie presque stupide, et il attendit avec impatience que le lambeau de jument donné à son soldat fût rôti; car l'odeur de cette chair charbonnée irritait sa faim, et sa faim faisait taire son cœur, son courage et son amour. Il contempla sans colère les résultats du pillage de sa voiture. Tous les hommes qui entouraient le foyer s'étaient partagé les couvertures, les coussins, les pelisses, les robes, les vêtements d'homme et de femme appartenant au comte, à la comtesse et au major. Ce dernier se retourna pour voir si l'on pouvait encore tirer parti de la caisse. Il aperçut à la lueur des flammes, l'or, les diamants, l'argenterie de la comtesse, éparpillés sans que personne songeât à s'en approprier la moindre parcelle.

Tous les individus réunis par le hasard autour de ce feu gardaient un silence qui avait quelque chose d'horrible. Chacun ne faisait que ce qu'il jugeait nécessaire à son bien-être. Cette misère était grotesque. Toutes les figures, décomposées par le froid, étaient enduites d'une couche de boue sur laquelle les larmes traçaient, à partir de chaque œil jusqu'au bas des joues, un sillon qui attestait l'épaisseur de ce masque. La malpropreté de leurs longues barbes rendait ces soldats encore plus hideux. Les uns étaient enveloppés dans des châles de femme, les autres portaient des chabraques de cheval, des couvertures crottées, des haillons empreints de givre qui fondait; quelques-uns avaient un pied dans une botte et l'autre dans un soulier. Il n'y avait personne dont le costume n'offrît une singularité visible. En présence de choses si plaisantes, ces hommes restaient graves et sombres. Le silence n'était interrompu que par le craquement du bois, par les pétillements de la flamme, par le lointain murmure du camp, et par les coups de sabre que les soldats les plus affamés donnaient à Bichette pour en arracher les meilleurs morceaux. Quelques malheureux, plus las que les autres, dormaient. Si l'un d'eux venait à rouler dans le foyer, personne ne le relevait, car ces logiciens sévères pensaient que, s'il n'était pas mort, la brûlure devait l'avertir de se mettre en un lieu plus commode. Si le malheureux se réveillait dans le feu et périssait, personne ne le plaignait, tout au plus quelques soldats se regardaient comme pour justifier leur insouciance en vérifiant l'indifférence des autres.

La jeune comtesse eut deux fois ce spectacle; elle resta muette et immobile.

Quand les différents morceaux que l'on avait mis sur des charbons furent cuits, chacun satisfit sa faim avec cette gloutonnerie qui, même chez les animaux, nous semble si dégoûtante.

— Voilà la première fois qu'on aura vu trente fantassins sur un cheval!... s'écria le grenadier qui avait abattu la jument.

Cette plaisanterie fut la seule qui attestât l'esprit national.

Bientôt la plupart de ces pauvres soldats se roulèrent dans leurs habits, se placèrent sur des planches, enfin sur tout ce qui pouvait les préserver du contact de la neige, et dormirent, nonchalants du lendemain.

Quand le major fut réchauffé et qu'il eut apaisé sa faim, un sommeil invincible lui appesantit les paupières. Julie dormait. Il ne contempla cette jeune personne que pendant le temps assez court que dura son débat avec le sommeil. Elle était enveloppée dans une pelisse fourrée et dans un gros manteau de dragon. Sa tête portait sur un oreiller taché de sang. Elle s'était caché les pieds dans le manteau. Son bonnet d'astracan, maintenu par un mouchoir noué sous le cou, lui préservait le visage du froid, autant que cela était possible. Dans l'état où elle se trouvait, elle ne ressemblait réellement à rien. C'était une masse informe. Seulement, comme la comtesse avait tourné sa figure vers le feu en s'endormant, le major pouvait voir ses yeux clos et une partie de son front. Était-ce la dernière des vivandières? était-ce cette charmante femme, la gloire d'un amant, la reine des bals, l'adorable sylphide aux formes éblouissantes de grâce, de fraîcheur? Hélas! l'œil même de son ami le plus dévoué n'apercevait plus rien… C'était une chose sans nom, un amas de linge et de haillons, un cadavre. L'amour avait succombé sous le froid, même dans le cœur d'une femme.

À travers les voiles épais que le plus irrésistible de tous les sommeils étendait sur les yeux du major, il ne voyait plus le mari et la femme que comme deux points. Les flammes du foyer, ces figures étendues, ce froid terrible qui rugissait à trois pas d'une chaleur fugitive… c'était déjà un rêve.

Une pensée importune effrayait Philippe.

— Nous allons tous mourir, si je dors… Je ne veux pas dormir…

Il dormait.

Une clameur terrible et une explosion réveillèrent M. de Sucy après une heure de sommeil. Le sentiment de son devoir, le péril de Julie retombèrent tout à coup sur son cœur. Il jeta un cri semblable à un rugissement. Lui seul et son soldat étaient debout. Ils virent une mer de feu, une flamme capricieuse qui découpait devant eux, dans l'ombre de la nuit, une foule d'hommes, en dévorant les bivouacs et toutes les cabanes; puis, des cris de désespoir, des hurlements, des milliers de figures désolées, des faces furieuses, et d'horribles silences. Au milieu de cet enfer, une colonne de soldats se faisait un chemin vers le pont, entre deux haies de cadavres.

— C'est la retraite de notre arrière-garde! s'écria le major. Plus d'espoir!

— J'ai respecté votre voiture, Philippe!… dit une voix amie.

M. de Sucy se retourna, et reconnut, à la lueur des flammes, le jeune aide-de-camp.

— Ah! tout est perdu!… répondit le major. Ils ont mangé mon cheval!… D'ailleurs, comment pourrais-je faire marcher ce stupide général et sa femme?

— Prenez un tison, Philippe, et menacez-les!…
— Menacer la comtesse!…
— Adieu! s'écria l'aide-de-camp. Je n'ai que le temps de passer… et il le faut! J'ai une mère en France! Quelle nuit! Cette foule aime mieux rester sur la neige, et la plupart de ces malheureux se laissent brûler plutôt que de se lever… Il est quatre heures, Philippe!… Dans deux heures, les Russes commenceront à se remuer. Je vous assure que vous verrez la Bérésina encore une fois chargée de cadavres… Philippe, songez à vous! Venez… Vous n'avez pas de chevaux; vous ne pouvez pas porter la comtesse… Ainsi, allons.

— Mon ami, abandonner Julie!… ma Julie!…

Le major saisit la comtesse, la mit debout, la secoua avec la rudesse d'un homme au désespoir, et la contraignit de se réveiller. Elle le regarda d'un œil fixe et mort…

— Il faut marcher, Julie, ou nous mourons ici.

Pour toute réponse, la comtesse essayait de se laisser aller à terre pour dormir.

L'aide-de-camp saisit un tison, et l'agita devant la figure de Julie.

— Sauvons-la malgré elle!… s'écria Philippe.

Puis, il souleva la comtesse et la porta dans la voiture. Il revint implorer l'aide de son ami; et, prenant alors à eux deux le vieux général, sans savoir s'il était mort ou vivant, ils le mirent auprès de la comtesse. Enfin, faisant rouler avec le pied chacun des hommes qui gisaient à terre, le major leur reprit ce qu'ils avaient pillé, entassa toutes les hardes sur les deux époux, et jeta dans un coin de la voiture quelques lambeaux rôtis de sa jument.

— Que voulez-vous donc faire?…

— La traîner! dit le major.

— Vous êtes fou.

— C'est vrai! s'écria Philippe en se croisant les bras sur la poitrine.

Il parut tout à coup saisi par une pensée de désespoir.

— Toi, dit-il en saisissant le bras valide de son soldat, je te la confie pour une heure….. Songe que tu dois plutôt mourir que de laisser approcher qui que ce soit de cette voiture.

Ayant dit, le major s'empara des diamants de la comtesse, les tint d'une main; et, tirant de l'autre son sabre, il se mit à frapper à grands coups sur ceux des dormeurs qu'il jugeait devoir être les plus intrépides.

Il réussit à réveiller le grenadier colossal et deux autres hommes dont il était impossible de connaître le grade.

— Nous sommes *flambés!*..... leur dit-il.

— Je le sais bien..... répondit le grenadier.

— Eh bien! mort pour mort, ne vaut-il pas mieux vendre sa vie pour une jolie femme, et risquer de revoir encore la France...

— J'aime mieux dormir... dit un homme en se roulant sur la neige. Et si tu me touches encore, major, je te *fiche* mon briquet dans le ventre.

— De quoi s'agit-il, mon officier? reprit le grenadier. Cet homme est ivre! C'est un Parisien; ça aime ses aises...

— Ceci sera pour toi, brave grenadier! s'écria le major en lui présentant une rivière de diamants, si tu veux me suivre et te battre comme un enragé... Les Russes sont à dix minutes de marche; ils ont des chevaux; nous allons marcher sur leur première batterie et ramener deux lapins...

— Mais les sentinelles, major?....

— L'un de nous trois... dit-il au soldat.

Il s'interrompit, et regardant l'aide-de-camp :

— Vous venez, Hippolyte, n'est-ce pas?... reprit-il.

— L'un de nous, dit-il alors en continuant, se chargera de la sentinelle... D'ailleurs ils dorment peut-être aussi ces s...... Russes.

— Va, major, tu es un brave... Mais tu me mettras dans ton berlingot? dit le grenadier.

— Oui, si tu ne laisses pas ta peau là-haut...

Ces trois hommes se serrèrent la main, et il y eut un moment de silence.

— Si je succombais, Hippolyte, et toi, grenadier, promettez-moi de vous dévouer au salut de la comtesse.

— Convenu! s'écria le grenadier.

Ces trois braves se dirigèrent vers la ligne russe, sur les batteries qui avaient si cruellement foudroyé la masse de malheureux gisant sur le bord de la rivière.

Ils y allèrent trois, deux seulement revinrent.

Une heure après, le galop de deux chevaux retentissait sur la neige, et la batterie réveillée envoyait des volées qui passaient sur la tête des dormeurs; le pas des chevaux était si précipité, qu'on eût dit des maréchaux battant un fer. Le généreux aide-de-camp avait succombé. Le grenadier athlétique était sain et sauf. Mais Philippe, en défendant son ami, avait reçu un coup de baïonnette dans l'épaule. Néanmoins il se cramponnait aux crins du cheval, et le serrait si bien avec ses jambes que le cheval se trouvait comme dans un étau.

— Dieu soit loué!... s'écria le major en retrouvant son soldat immobile, et la voiture à sa place.

— Si vous êtes juste, mon officier, vous me ferez avoir la croix!... Nous avons joliment joué de la clarinette et du bancal... hein?...

— Nous n'avons rien fait!... Attelons les chevaux. Prenez ces cordes.

— Il n'y en a pas assez.

— Eh bien! grenadier, mettez-moi la main sur ces dormeurs, et servez-vous de leurs châles, de leur linge...

— Tiens, il est mort, ce farceur-là!..... s'écria le grenadier en dépouillant le premier auquel il s'adressa. — Ils sont morts!...

— Tous?

— Oui, tous!... Indigestion de cheval, accompagnée de neige et de feu!...

Ces paroles firent trembler Philippe. Le froid avait redoublé.

— Dieu! perdre une femme que j'ai déjà vingt fois sauvée!...

Le major secoua la comtesse en criant :

— Julie... Julie!...

La jeune femme leva la tête, et ouvrit les yeux.

— Eh bien, madame! nous sommes sauvés.

— Sauvés! répéta-t-elle en retombant.

Enfin les chevaux furent attelés tant bien que mal. Le major, tenant son sabre de sa meilleure main, gardant les guides de l'autre, armé de ses pistolets, monta sur un des chevaux, et le grenadier sur le second. Le soldat, dont les pieds étaient gelés, avait été jeté en travers de la voiture, sur le général et sur la comtesse.

Les chevaux, étant excités à coup de sabre et de briquet, emportèrent l'équipage, avec une sorte de furie, à travers la plaine. Mais d'innombrables difficultés y attendaient le major. Quand il arriva au milieu de la foule, il lui fut impossible d'avancer sans risquer d'écraser des hommes, des femmes, et jusqu'à des enfants endormis, apathiques. En vain chercha-t-il la route que l'arrière-garde s'était frayée naguère au milieu de cette masse d'hommes, il n'allait qu'au pas, le plus souvent arrêté par les soldats qui le menaçaient de tuer ses chevaux.

— Voulez-vous arriver? s'écria le grenadier.

— Au prix de tout mon sang!... au prix du monde entier!... répondit le major.

— Marche!... On ne fait pas d'omelettes sans casser des œufs!...

Et le grenadier de la garde poussa les chevaux sur les hommes, ensanglanta les roues, renversa les bivouacs, se traçant un double sillon de morts à travers ce champ de têtes. Mais il faut lui rendre la justice de dire qu'il ne se fit jamais faute de crier d'une voix tonnante :

— Gare donc, charognes !

— Les malheureux !... s'écria le major.

— Ah bien ! ça ou le froid, ça ou le canon !...

Et le grenadier animait les chevaux en les piquant avec la pointe de son sabre. Mais une catastrophe qui aurait dû arriver bien plus tôt, et dont un hasard fabuleux les avait préservés jusque-là, éclata tout à coup. La voiture versa.

— Je m'y attendais !... s'écria l'imperturbable grenadier. Oh ! oh ! le camarade est mort.

— Pauvre Laurent !... dit le major.

— Ah ! il s'appelait Laurent ! n'est-il pas du cinquième chasseurs ?

— Oui...

— C'est mon cousin. Bah ! la chienne de vie n'est pas assez heureuse pour qu'on la regrette par le temps qu'il fait.

La voiture ne fut pas relevée, les chevaux ne furent pas dégagés sans une perte de temps immense, irréparable.

Le choc avait été si violent que la jeune comtesse, réveillée et tirée de son engourdissement par la commotion, se débarrassa de ses vêtements, et se leva. Elle regarda autour d'elle.

— Philippe !... s'écria-t-elle d'une voix douce, où sommes-nous ?

— A cinq cents pas du pont. Nous allons passer la Bérésina. De l'autre côté de la rivière, Julie, je ne vous tourmenterai plus !... Je vous laisserai dormir. Nous serons en sûreté... nous gagnerons tranquillement Wilna. Et Dieu veuille que vous ne sachiez jamais ce que votre vie m'aura coûté !

— Tu es blessé ?

— Ce n'est rien.

Mais le dénoûment était arrivé.

Le canon des Russes annonça le jour. Maîtres de Studzianka, ils foudroyaient la plaine ; et, aux premières lueurs du matin, le major voyait leurs colonnes se formant, se remuant sur les hauteurs.

Alors un cri d'alarme s'éleva du sein de la multitude. Cette foule fut debout en un moment. Chacun comprit instinctivement le péril. Tous se dirigèrent vers le pont par un mouvement de vague. Les Russes descendaient avec la rapidité de l'incendie. Hommes, femmes, enfants, chevaux, tout marcha sur le pont. Heureusement pour le major et la comtesse qu'ils se trouvaient encore éloignés de la rive, car le général Éblé venait de mettre le feu aux chevalets de l'autre bord.

Malgré les avertissements donnés à ceux qui envahissaient cette planche de salut, personne ne voulut reculer. Non-seulement le pont s'abîma chargé de monde mais l'impétuosité du flot d'hommes qui arrivait sur cette fatale berge était si furieuse, qu'une masse humaine fut précipitée dans les eaux comme une avalanche, comme un quartier de roche compact, des têtes, des corps ; pas un cri, mais le bruit sourd d'une pierre qui tombe à l'eau. La Bérésina fut couverte de cadavres. Le mouvement rétrograde de ceux qui se reculèrent dans la plaine pour échapper à cette mort fut si violent, et le choc avec ceux qui marchaient en avant fut si terrible, qu'un grand nombre de gens moururent étouffés. Le comte et la comtesse de Vandières durent la vie à leur voiture. Les chevaux périrent écrasés, foulés aux pieds après avoir écrasé, pétri une masse de monde.

Le major et le grenadier trouvèrent leur salut dans leur force. Ils tuaient pour n'être pas tués.

Cet ouragan de faces humaines, ce flux et reflux de corps animés par un même mouvement eut pour résultat de laisser pendant quelques moments la rive de la Bérésina déserte. La multitude s'était rejetée dans la plaine. Si quelques hommes se lancèrent à la rivière du haut de la berge élevée de douze pieds, ce fut autant dans l'espoir d'atteindre l'autre rive, qui, pour eux, était la France, que pour éviter les déserts de la Sibérie. Le désespoir devint une égide pour quelques autres : un officier sauta de glaçon en glaçon jusqu'à l'autre bord ; un soldat rampa miraculeusement sur un amas de cadavres et de glaçons. Mais l'immense population comprit que les Russes ne tueraient pas vingt mille hommes sans armes, engourdis, stupides, et qui ne se défendaient pas.

Alors le major, son grenadier, le vieux général et sa femme restèrent seuls, à quelques pas de l'endroit où était le pont. Ils étaient là, tous quatre debout, les yeux secs, silencieux, entourés d'une masse de froids cadavres.

Quelques soldats valides, quelques officiers auxquels la circonstance rendait toute leur énergie se trouvaient avec eux. Ce groupe assez nombreux comptait environ cinquante hommes. Le major aperçut à deux cents pas de là les ruines de l'ancien pont des voitures qui s'était brisé l'avant-veille.

— Allons faire un radeau !... s'écria-t-il.

A peine avait-il laissé tomber cette parole que le groupe entier courut vers ces débris. Trente hommes s'employèrent à la construction de l'embarcation. Vingt autres se mirent à ramasser des crampons de fer, à chercher des pièces de bois, des cordes, enfin tous les matériaux nécessaires. Une vingtaine de soldats et d'officiers armés formèrent une garde commandée par le major pour protéger les travailleurs contre les attaques désespérées que pourrait tenter la foule en devinant leur dessein. Le sentiment de la liberté qui anime les prisonniers et qui leur fait faire des miracles ne peut pas se comparer à celui qui poussait ces malheureux Français.

— Voilà les Russes!... voilà les Russes!... criaient ceux qui défendaient les travailleurs.

Et les bois criaient, le plancher croissait de largeur, de hauteur, de profondeur. Généraux, soldats, colonels, pliaient sous le poids des roues, des fers, des cordes, des planches : c'était une image réelle de la construction de l'arche de Noé.

La jeune comtesse, assise auprès de son mari, contemplait ce spectacle avec le regret de ne pouvoir contribuer en rien à ce travail. Cependant elle aidait à faire des nœuds pour consolider les cordages.

Enfin, le radeau fut achevé. Quarante hommes le lancèrent dans les eaux de la rivière, tandis qu'une dizaine de soldats tenaient les cordes qui devaient servir à l'amarrer près de la berge.

Aussitôt que les constructeurs virent leur embarcation flotter sur la Bérésina, ils s'y jetèrent du haut de la rive avec un horrible égoïsme.

En un moment, le radeau fut couvert d'hommes. Le major, craignant la fureur de ce premier mouvement, tenait Julie et le général par la main ; mais il frissonna quand il vit l'embarcation noire de monde et les hommes pressés dessus comme des spectateurs au parterre d'un théâtre.

— Sauvages!... s'écria-t-il, c'est moi qui vous ai donné l'idée!... Je suis votre sauveur et vous me refusez une place!...

Une rumeur confuse lui servit de réponse... Mais les hommes placés au bord du radeau, et armés de bâtons qu'ils appuyaient sur la berge, poussaient avec violence le train de bois, pour le lancer vers l'autre bord et lui faire fendre les glaçons et les cadavres.

— S.... n..d. d...! s'écria le grenadier d'une voix terrible, je vous *fiche* à l'eau si vous ne recevez pas le major et ses deux compagnons!...

Et le grenadier, levant son sabre, empêcha le départ ; puis, malgré un cri horrible, il fit serrer les rangs.

— Je vais tomber! je tombe! criaient ses compagnons. Partons! en avant!

Le major regardait d'un œil sec sa Julie, qui levait les yeux au ciel par un sentiment de résignation sublime.

— Mourir avec toi!... dit-elle.

Il y avait quelque chose de comique dans la situation des gens installés sur le radeau. Tous criaient, mais aucun d'eux n'osait résister au grenadier, parce qu'ils le savaient homme à jeter tout le monde à l'eau, en culbutant une seule personne : dans ce danger, un colonel essaya de pousser le grenadier ; mais le malin soldat, s'apercevant du mouvement hostile de l'officier, le saisit et le précipita dans l'eau en lui disant :

— Ah! ah! canard, tu veux boire?... Va!...

— Voilà deux places ! s'écria-t-il. Allons, major, jetez-nous votre petite femme et venez! Laissez ce vieux roquentin qui crèvera demain...

— Dépêchez!... cria une voix composée de cent voix.

— Allons, major... Ils grognent, les autres, et ils ont raison... Allons...

Le comte de Vandières se débarrassa de ses vêtements, et se montra debout dans son uniforme de général.

— Il faut sauver le comte! dit Philippe, c'est votre devoir...

Julie serra la main de son ami. Elle se jeta sur lui et l'embrassa. Ce fut une horrible étreinte.

— Adieu!... dit-elle.

Ils s'étaient compris.

Le comte de Vandières retrouva ses forces et toute sa présence d'esprit pour sauter dans l'embarcation. Julie le suivit après avoir donné un dernier regard à Philippe.

— Major!... voulez-vous ma place?... Je me moque de la vie, s'écria le grenadier. — Je n'ai ni femme, ni enfant, ni mère...

— Je te les confie!... cria le major en désignant le comte et sa femme.

— Soyez tranquille... J'en aurai soin comme de mon œil...

Le radeau fut lancé avec tant de violence vers la rive opposée à celle où Philippe restait immobile, qu'en touchant la terre une secousse affreuse ébranla tout. Le comte était au bord, il roula dans la rivière ; et, au moment où il tombait un glaçon lui coupa la tête, et la lança au loin comme un boulet.

— Hein!.... major!... cria le grenadier.

— Adieu!... cria une femme.

Philippe de Sucy tomba pétrifié d'horreur, accablé par le froid, le regret, la fatigue et le chagrin.

. . . .

— Ma pauvre nièce était devenue folle, ajouta le médecin après un moment de silence.

— Ah! monsieur, reprit-il en saisissant la main de M. d'Albon, quelle vie cette petite femme, si jeune, si délicate, a menée! A Wilna, elle fut séparée, par un malheur inouï, de ce grenadier de la garde, nommé Fleuriot. Alors elle est restée, pendant deux ans, à la suite de l'armée, le jouet d'un tas de misérables. Elle allait, m'a-t-on dit, pieds nus, mal vêtue, restant des mois entiers sans soin, sans nourriture; tantôt gardée dans des hôpitaux, tantôt chassée comme un animal.—Mais Dieu seul connaît la vie de cette infortunée. Elle a survécu à tant de malheurs!... Elle était dans une petite ville d'Allemagne, enfermée avec des fous, pendant que ses parents partageaient ici sa succession, en la croyant morte.

— En 1816, le grenadier Fleuriot la reconnut dans une auberge de Strasbourg, où elle venait d'arriver. Elle s'était sauvée de sa prison. Quelques paysans assurèrent au grenadier que la comtesse avait vécu un mois entier dans une forêt, et qu'ils l'avaient traquée pour s'emparer d'elle sans pouvoir y parvenir.

— J'étais alors à quelques lieues de Strasbourg. En entendant parler d'une fille sauvage, j'eus le désir de vérifier les faits extraordinaires qui donnaient matière à des contes ridicules. Que devins-je en reconnaissant la comtesse!... Fleuriot m'apprit tout ce qu'il savait de cette déplorable histoire. Je l'emmenai avec ma nièce en Auvergne. J'ai eu le malheur de perdre ce pauvre homme. Il avait un peu d'empire sur madame de Vandières. Lui seul a pu obtenir d'elle qu'elle s'habillât. — *Adieu!...* ce mot qui, pour elle, est toute la langue, elle le disait jadis rarement. Fleuriot avait entrepris de réveiller en elle, à l'aide de ces deux syllabes, quelques idées; mais il a échoué, et n'a gagné que de lui faire prononcer plus souvent cette triste parole. Le grenadier savait jouer avec elle: il savait... J'espérais par lui, mais...

M. Fanjat, tel était le nom de l'oncle de Julie, se tut pendant un moment.

— Ici, reprit-il, elle a trouvé une autre créature avec laquelle elle paraît s'entendre. C'est une paysanne idiote, qui, malgré sa laideur et sa stupidité, a aimé un maçon. Ce maçon a voulu l'épouser, parce qu'elle possède quelques quartiers de terre. La pauvre Geneviève a été pendant un an la plus heureuse créature qu'il y eût au monde. Elle allait le dimanche danser avec Dallot; elle se parait, elle comprenait l'amour; il y avait place dans son cœur et dans son esprit pour un sentiment. Mais Dallot a fait des réflexions; il a trouvé une jeune fille qui avait deux quartiers de terre de plus que Geneviève, et qui n'était pas sotte. Alors Dallot a laissé Geneviève et la pauvre créature a perdu le peu d'intelligence que l'amour avait développé en elle; elle ne sait plus que garder les vaches et faire de l'herbe. Ces deux malheureuses sont en quelque sorte unies par la chaîne invisible de leur commune destinée, par le sentiment qui cause leur folie.

— Tenez, voyez!... dit M. Fanjat en conduisant le marquis d'Albon à la fenêtre.

Le magistrat aperçut en effet la jolie comtesse assise à terre entre les jambes de Geneviève. La paysanne, armée d'un énorme peigne d'os, mettait toute son attention à démêler la longue chevelure noire de Julie. Cette dernière se laissait faire. Elle jetait de petits cris étouffés qui marquaient plutôt du plaisir que de la répugnance.

M. d'Albon frissonna en voyant l'abandon du corps, la nonchalance animale qui trahissaient chez la comtesse une complète absence de l'âme.

— Philippe! Philippe! s'écria-t-il. Les malheurs passés ne sont rien.

— N'y a-t-il donc pas d'espoir?... demanda-t-il à M. Fanjat.

Le vieux médecin leva les yeux au ciel.

— Adieu, monsieur, dit M. d'Albon en serrant la main du vieillard. Mon ami m'attend; vous ne tarderez pas à le voir!...

— C'est donc elle!... s'écria M. de Sucy après avoir entendu les premiers mots du marquis d'Albon. Ah! j'en doutais encore!

Et quelques larmes s'échappèrent de ses yeux noirs, dont l'expression était habituellement si sévère.

— Oui, c'est la comtesse de Vandières... répondit le magistrat.

Le colonel se leva brusquement et s'empressa de s'habiller.

— Eh bien, Philippe!... dit le magistrat stupéfait. Deviendrais-tu fou?...

— Mais je ne souffre plus... répondit le colonel avec simplicité. Cette nouvelle a calmé toutes mes douleurs.... Et... quel mal pourrait se faire sentir en présence de Julie — folle?... Je vais aux Bons-Hommes la voir, lui parler, la guérir... Elle est libre... Eh bien, le bonheur nous sourira, ou — il n'y aurait pas de Providence. Crois-tu donc que cette pauvre femme puisse m'entendre et ne pas recouvrer la raison?...

— Elle t'a déjà vu sans te reconnaître... répliqua doucement le magistrat, qui, s'apercevant de l'espérance exaltée de son ami, et doutant du succès, cherchait à lui inspirer des doutes salutaires.

Le colonel tressaillit; mais il se mit à sourire en laissant échapper un léger mouvement d'incrédulité.

Personne n'osa s'opposer au dessein de M. de Sucy. En peu d'heures, il fut établi dans le vieux prieuré, auprès du médecin, et sous le même toit que la comtesse de Vandières.

— Où est-elle?... s'écria-t-il en arrivant.
— Chut!... lui répondit l'oncle de Julie... Elle dort... Tenez, la voici.

En suivant M. Fanjat, Philippe vit la pauvre folle accroupie au soleil sur un banc. Sa tête était protégée contre les ardeurs de l'air par une forêt de cheveux épars sur son visage; ses bras pendaient avec grâce jusqu'à terre; son corps gisait élégamment posé comme celui d'une biche; ses pieds étaient pliés sous elle, sans effort; son sein se soulevait par intervalles égaux, sa peau, son teint, avaient cette blancheur de porcelaine qui nous fait tant admirer la figure transparente des enfants.

Immobile auprès d'elle, Geneviève tenait à la main un rameau de peuplier que Julie avait sans doute été détacher de la plus haute cime d'un arbre, et l'idiote agitait doucement ce feuillage au-dessus de sa compagne endormie, pour chasser les mouches et fraîchir l'atmosphère. La paysanne regarda M. Fanjat et le colonel; puis, comme un animal qui reconnaît son maître, elle retourna lentement la tête vers Julie, et continua de veiller sur son sommeil, sans avoir donné la moindre marque d'étonnement ou d'intelligence.

L'air était brûlant. Le banc de pierre semblait étinceler, et la prairie élançait vers le ciel ces lutines vapeurs qui voltigent et flambent au-dessus des herbes comme une poussière d'or; mais Geneviève paraissait ne pas sentir cette chaleur dévorante.

Le colonel serra violemment les mains de M. Fanjat dans les siennes. Des pleurs échappés des yeux du militaire roulèrent le long de ses joues mâles, et tombèrent sur le gazon aux pieds de Julie.

— Monsieur, dit l'oncle, voilà deux ans que mon cœur se brise tous les jours... Bientôt vous serez comme moi... Vous ne pleurerez pas, mais vous sentirez votre douleur peut-être plus profondément....

— Vous l'avez soignée!... dit le colonel dont les yeux exprimaient autant de reconnaissance que de jalousie.

Ces deux hommes s'entendirent; et de nouveau, se pressant fortement la main, ils restèrent immobiles, contemplant le calme admirable que le sommeil répandait sur cette charmante créature. De temps en temps, Julie poussait un soupir, et ce soupir, qui avait toutes les apparences de la sensibilité, faisait frissonner d'aise le malheureux colonel.

— Hélas!... lui dit doucement M. Fanjat, ne vous abusez pas, monsieur, vous la voyez en ce moment avec toute sa raison.

Ceux qui sont restés avec délices pendant des heures entières occupés à voir dormir une personne tendrement aimée, dont les yeux devaient leur sourire au réveil comprendront sans doute le sentiment doux et terrible qui agitait M. de Sucy; car, pour lui, ce sommeil était une illusion, et le réveil devait être une mort, la plus horrible de toutes les morts.

Tout à coup un jeune chevreau accourut en trois bonds vers le banc et flaira Julie. Ce bruit la réveilla. Elle se mit légèrement sur ses pieds sans que ce mouvement effrayât le capricieux animal; mais quand elle eut aperçu Philippe, elle se sauva, suivie de son compagnon quadrupède, jusqu'à une haie de sureaux. Puis, elle jeta ce petit cri d'oiseau effarouché que le colonel avait entendu déjà près de la grille où la comtesse apparut à M. d'Albon pour la première fois. Enfin, grimpant sur un faux ébénier, et, nichée dans la houppe verte de cet arbre, elle se mit à regarder l'inconnu avec l'attention du plus curieux de tous les rossignols de la forêt.

— Adieu, adieu, adieu! dit-elle, sans que l'âme communiquât une seule inflexion de voix à ce mot.

C'était l'insensibilité de l'oiseau sifflant son air.
— Elle ne me reconnaît pas!... s'écria le colonel au désespoir... Julie! Julie!... c'est Philippe, ton Philippe... Philippe!...

Et le pauvre militaire s'avançait vers l'ébénier. Quand il parvint à trois pas de l'arbre, la comtesse le regarda, comme pour le défier, malgré une sorte d'expression craintive qui passa dans son œil, puis, d'un seul bond, elle se sauva de l'ébénier sur un acacia, et de là sur un sapin du nord, au faîte duquel elle se balança, grimpant de branche en branche avec une légèreté inouïe.

— Ne la poursuivez pas... dit M. Fanjat au colonel. Vous mettriez entre elle et vous une aversion qui pourrait devenir insurmontable. Je vous aiderai à vous en faire connaître et à l'apprivoiser... Venez sur ce banc. Si vous ne faites point attention à elle... alors vous ne tarderez pas à la voir s'approcher insensiblement pour vous examiner...

— Julie ne pas me reconnaître, et me fuir!... répéta le colonel en s'asseyant.

Il s'appuya le dos contre un arbre dont le feuillage ombrageait un banc rustique, et sa tête se pencha sur sa poitrine.

M. Fanjat garda le silence.

Bientôt la comtesse descendit doucement du haut de son sapin, en voltigeant comme un feu follet, en se laissant aller parfois aux ondulations que le vent imprimait aux arbres. Elle s'arrêtait à chaque branche pour épier l'étranger; mais, en le voyant immobile, elle finit par sauter sur l'herbe, et, se mettant debout, elle vint à lui d'un pas lent, à travers la prairie.

Quand elle se fut posée contre un arbre qui se trouvait à dix pieds environ du banc, M. Fanjat dit à voix basse au colonel :

— Prenez bien adroitement, dans ma poche droite, quelques morceaux de sucre : montrez-les lui... Elle viendra... Je renoncerai volontiers, en votre faveur, à lui donner des friandises. A l'aide de sucre, vous en ferez tout ce que vous voudrez : ce goût est chez elle une passion.

— Quand elle était femme, répondit tristement Philippe, elle n'aimait rien de tout cela...

Lorsque le colonel agita vers Julie un morceau de sucre qu'il tenait entre le pouce et l'index de la main droite, elle poussa de nouveau son cri sauvage, et s'élança vivement sur Philippe; mais elle s'arrêta, combattue par la peur instinctive que lui causait l'*étranger* : elle regardait le sucre et détournait la tête alternativement, comme ces malheureux chiens à qui leurs maîtres défendent de toucher à un mets avant une des dernières lettres de l'alphabet, qu'ils récitent lentement. Enfin la passion bestiale triompha de la peur, et Julie se précipita sur Philippe. Elle avança timidement sa jolie main brune pour saisir sa proie, et alors force lui fut de toucher la main de Philippe. Elle attrapa le morceau de sucre et s'enfuit.

Cette horrible scène acheva d'accabler le colonel. Il fondit en larmes et s'enfuit dans le salon du prieuré.

— L'amour aurait-il donc moins de courage que l'amitié?....... lui dit M. Fanjat, qui l'avait suivi. J'ai de l'espoir, monsieur le baron!.... Ma pauvre nièce était dans un état bien plus déplorable.

— Plus déplorable!... s'écria Philippe.

— Oui, reprit le médecin. Elle restait nue.

Le colonel fit un geste d'horreur et pâlit. M. Fanjat, croyant reconnaître dans cette pâleur quelques fâcheux symptômes, vint lui tâter le pouls. Il était en proie à une violente fièvre. Le médecin obtint de lui qu'il se couchât, et lui prépara une légère dose d'opium, afin de lui procurer un sommeil désarmé d'images douloureuses.

Huit jours environ s'écoulèrent, pendant lesquels le baron de Sucy se trouva souvent aux prises avec des angoisses mortelles; mais ses yeux n'eurent bientôt plus de larmes, et son âme, si souvent brisée, sans s'accoutumer au spectacle que lui présentait la folie de la comtesse, pactisa, pour ainsi dire, avec cette cruelle situation. Il trouva des adoucissements dans sa douleur : il souffrait plus ou moins, mais il souffrait toujours. Son héroïsme ne connaissait pas de bornes. Il eut le courage d'apprivoiser Julie en lui choisissant des friandises dont il était prodigue. Il mettait tant de coquetterie et de grâce à lui apporter cette nourriture, il sut si bien graduer les modestes conquêtes qu'il voulait faire sur l'instinct de la créature, dernier lambeau d'intelligence dont jouissait Julie, qu'il parvint à la rendre plus *privée* qu'elle ne l'avait jamais été.

Lorsque l'infortuné colonel descendait le matin dans le parc, et qu'il avait cherché vainement la comtesse, ne sachant sur quel arbre elle se balançait mollement, ni avec quel oiseau, avec quel chien elle jouait, sur quel toit elle était perchée, il sifflait l'air si célèbre de : *Partant pour la Syrie,* auquel se rattachait le souvenir d'une scène d'amour, et aussitôt Julie accourait à lui avec la légèreté d'un faon.

Bientôt Philippe sut l'accoutumer à s'asseoir sur lui, à passer son bras frais et agile autour de lui; et, dans cette attitude chère aux amants, il donnait lentement à la friande comtesse une pitance de sucrerie. Julie finit par connaître le baron, et par s'habituer à le voir. Elle ne s'en effraya plus. Souvent, après avoir mangé tout le sucre, elle visitait avec une curiosité comique toutes les poches des vêtements de son ami, et ses gestes avaient la vélocité mécanique des mouvements du singe. Quand elle était bien sûre qu'il n'y avait plus rien, elle regardait Philippe d'un œil clair, sans idées, sans reconnaissance, et jouait avec lui. Elle essayait de lui ôter ses bottes pour voir son pied, elle déchirait ses gants, mettait son chapeau; mais elle lui laissait passer les mains dans sa chevelure, et lui permettait de la prendre dans ses bras. Elle recevait sans plaisir des baisers ardents, et le regardait silencieusement quand il versait des larmes. Elle comprenait bien le sifflement de : *Partant pour la Syrie*; mais le colonel perdit toutes ses peines en tâchant de lui apprendre son propre nom de *Julie!*....

Il était soutenu dans son horrible entreprise par un espoir qui ne l'abandonnait jamais. Si, par une belle matinée d'automne, il voyait la comtesse assise tranquillement sur un banc, sous un peuplier jauni, le pauvre amant se couchait à ses pieds, et il la regardait dans les yeux aussi longtemps qu'elle voulait bien se laisser voir. Il épiait alors la lumière vive qui s'échappait de sa prunelle, espérant toujours que ce miroir cesserait d'être insensible, et que cette flamme redeviendrait intelligente. Parfois, se faisant illusion, il croyait avoir aperçu ces rayons durs et immobiles, vibrant de nouveau, amollis, vivants, et il s'écriait :

— Julie !..... Julie !.... tu m'entends...... tu me vois !...

Mais elle écoutait le son de cette voix comme un bruit, comme l'effort du vent qui agitait les arbres, comme le mugissement de la vache sur laquelle elle grimpait ; et le colonel se tordait les mains de désespoir, car son désespoir était toujours nouveau. Le temps et ces vaines épreuves ne faisaient qu'augmenter sa douleur.

Un soir, par un ciel calme, au milieu du silence et de la paix de ce champêtre asile, M. Fanjat aperçut de loin le baron occupé à charger un pistolet. Le vieux médecin comprit que Philippe n'avait plus d'espoir. Il sentit tout son sang affluant à son cœur, et s'il résista au vertige qui s'emparait de lui, c'est qu'il aimait mieux voir sa nièce vivante et folle que morte. Il accourut.

— Que faites-vous ?... lui dit-il.

— Ceci est pour moi, répondit le colonel en montrant sur le banc un pistolet chargé, et — voilà pour elle !.... ajouta-t-il en achevant de fouler la bourre au fond de l'arme qu'il tenait.

La comtesse était étendue à terre, jouant avec les balles, jouant avec la mort.

— Vous ne savez donc pas, reprit froidement le médecin, qui dissimulait son épouvante, que cette nuit, en dormant, elle a dit : — Philippe !...

— Elle m'a nommé !... s'écria le baron en laissant tomber le pistolet, que Julie ramassa.

Alors, arrachant l'arme des mains de la comtesse avec effroi, il s'empara de celle qui était sur le banc, et se sauva.

— Pauvre petite !... s'écria le médecin, heureux du succès qu'avait eu sa supercherie.

Il pressa la folle sur son sein, et dit en continuant :

— Il t'aurait tuée.... Égoïste ! il veut te donner la mort parce qu'il souffre.... Il ne sait pas t'aimer pour toi, mon enfant !.... Nous lui pardonnons, n'est-ce pas ?... car il est insensé, et toi — tu n'es que folle.... Va ! Dieu seul doit te rappeler près de lui..... Nous te croyons malheureuse, parce que tu ne participes plus à nos misères !.... Sots que nous sommes !...

Puis, l'asseyant sur ses genoux :

— Mais, dit-il, tu es heureuse, rien ne te gêne ; tu vis comme l'oiseau, comme le daim...

Elle s'élança sur un jeune merle qui sautillait, le prit ; et, jetant à plusieurs reprises un petit cri de satisfaction, elle étouffa l'animal, et le laissa au pied d'un arbre sans plus y penser.

Le lendemain, aussitôt qu'il fit jour, M. de Sucy descendit dans les jardins et chercha Julie. Il croyait au bonheur. Ne la trouvant pas, il siffla. Quand sa maîtresse fut venue, il la prit par le bras ; et, marchant pour la première fois ensemble, ils allèrent sous un berceau d'arbres flétris dont les feuilles tombaient sous l'effort de la brise matinale. Le colonel s'assit, et Julie se posa d'elle-même sur lui. Philippe en trembla d'aise.

— Julie, lui dit-il en baisant avec ardeur les mains de la comtesse, je suis Philippe...

Elle le regarda avec curiosité.

— Viens, ajouta-t-il en la pressant. Sens-tu mon cœur ?... Il n'a battu que pour toi... Je t'aime toujours. Philippe n'est pas mort ; il est là... tu es sur lui... tu es Julie, et je suis Philippe.

— Adieu, dit-elle, adieu !

Le colonel frissonna, car il crut s'apercevoir qu'il communiquait son exaltation à l'infortunée. Son cri déchirant, excité par l'espoir, ce dernier effort d'un amour éternel, d'une passion délirante, réveillait la raison de son amie.

— Ah ! ma Julie ! nous serons heureux...

Elle laissa échapper un cri de joie, et ses yeux eurent un vague éclair d'intelligence...

— Julie ! Elle me reconnaît !... Julie !...

Le colonel sentit son cœur se gonfler, ses paupières devenir humides. Mais il vit tout à coup la comtesse lui montrer un peu de sucre qu'elle avait trouvé en le fouillant pendant qu'il parlait. Cette recherche et cette trouvaille avaient causé son erreur, et il avait pris pour une pensée humaine ce degré de raison que suppose la malice d'un singe.

Philippe perdit connaissance.

M. Fanjat trouva la comtesse assise sur le corps

du colonel. Insensible, elle mordait le sucre en faisant des minauderies de plaisir qu'on aurait admirées si elle avait eu sa raison, et qu'elle eût voulu imiter par plaisanterie une perruche, une jeune chatte, dont elle eût été folle.

— Ah! mon ami, s'écria Philippe en reprenant ses sens, je meurs tous les jours, à toutes les minutes!... J'aime trop... Je supporterais tout si, dans sa folie, elle avait gardé un peu du caractère féminin... Mais la voir dénuée de pudeur... la voir toujours sauvage...

— Il vous fallait donc une folie d'opéra?... dit aigrement M. Fanjat; et vos dévouements d'amour sont donc soumis à des préjugés? Eh quoi! monsieur, je me suis privé pour vous du triste bonheur de nourrir ma nièce; je vous ai laissé le plaisir de jouer avec elle; je n'ai gardé pour moi que les charges les plus pesantes. Pendant que vous dormez, je veille sur elle, je... Allez, monsieur, abandonnez-la. Quittez ce triste ermitage. Je sais vivre avec cette chère petite créature; je comprends sa folie, j'épie ses gestes, je suis dans ses secrets.
— Un jour vous me remercierez?...
— Adieu! s'écria Philippe.

Le colonel quitta les Bons-Hommes, pour n'y plus revenir qu'une fois.

M. Fanjat fut épouvanté de l'effet qu'il avait produit sur son hôte. Il commençait à l'aimer à l'égal de sa nièce. Si des amants il y en avait un digne de pitié, c'était certes Philippe; ne portait-il pas à lui seul le fardeau d'une épouvantable douleur?

Le médecin fit prendre des renseignements sur le colonel, et il apprit que le malheureux s'était réfugié à une terre qu'il possédait près Saint-Germain.

Le baron avait, sur la foi d'un rêve, conçu un projet pour rendre à la comtesse toute sa raison; et il employait, à l'insu du docteur, le reste de l'automne aux préparatifs de cette immense entreprise.

Une petite rivière coulait dans son parc. Elle inondait en hiver un grand marais qui ressemblait à peu près à celui qui s'étendait le long de la rive droite de la Bérésina. Le colonel employa un grand nombre d'ouvriers à creuser un canal qui représentât la dévorante rivière où s'étaient perdus les trésors de la France, Napoléon et son armée.

Aidé par ses souvenirs, Philippe réussit à copier dans son parc la rive abrupte où le général Éblé avait construit ses ponts. Il planta des chevalets et les brûla de manière à figurer les ais noirs et à demi consumés qui, de chaque côté de la rive, avaient attesté aux traînards que la route de France leur était fermée. Le colonel fit apporter des débris semblables à ceux dont ses compagnons d'infortune s'étaient servis pour construire leur embarcation. Enfin, il ravagea son parc, afin de compléter l'illusion sur laquelle il fondait sa dernière espérance. Il commanda des uniformes et des costumes délabrés, afin de vêtir sept à huit cents paysans. Il éleva des cabanes, des bivouacs, des batteries, qu'il incendia, n'oubliant rien pour reproduire la plus horrible de toutes les scènes, et il atteignit son but.

Vers les premiers jours du mois de décembre, quand la neige eut revêtu la terre d'un épais manteau blanc, il reconnut la Bérésina. La Russie était dans son parc, d'une épouvantable vérité; il en fit juges quelques-uns de ses compagnons d'armes, qui frissonnèrent de souvenir à l'aspect d'un tableau si large de leurs anciennes misères. Il n'y avait pas jusqu'au village de V***, qui, situé sur une colline, achevait d'encadrer cette scène d'horreur, comme Studzianka enveloppait la plaine de la Bérésina. Sept ou huit cents ouvriers, parmi lesquels étaient quelques vieux soldats, répétèrent leurs rôles avec assez d'intelligence : ils semblaient ne pas sortir de leur vie habituelle en jouant le malheur, la faim et le froid. M. de Sucy gardait, au fond de son cœur, le secret de cette représentation tragique, dont, à cette époque, plusieurs sociétés parisiennes s'entretinrent comme d'une folie.

Au commencement du mois de janvier 1820, M. de Sucy monta dans une voiture semblable à celle qui avait amené monsieur et madame de Vandières de Moscou à Studzianka, et il se dirigea vers la forêt de l'Ile-Adam. Il était traîné par des chevaux pareils à ceux qu'il avait été chercher au péril de sa vie dans les rangs des Russes, et lui-même portait les vêtements souillés et bizarres, les armes, la coiffure qu'il avait le 29 novembre 1812, ayant même laissé croître sa barbe, ses cheveux, ayant négligé son visage, pour que rien ne manquât à cette affreuse vérité.

— Je vous ai deviné!... s'écria M. Fanjat en voyant le colonel descendre de voiture.

Les deux amis s'embrassèrent.

— Si vous voulez que votre projet réussisse, ne vous montrez pas dans cet équipage. Ce soir, je ferai prendre à ma nièce un peu d'opium; puis pendant son sommeil, nous l'habillerons comme elle l'était à Studzianka, et nous la mettrons dans cette voiture.... Je vous suivrai dans une berline....

Sur les deux heures du matin, la jeune comtesse fut portée dans la voiture. Deux ou trois paysans éclairaient ce singulier enlèvement. Julie venait d'être posée sur des coussins, d'être enveloppée d'une couverture grossière ; et, par les ordres du colonel, un homme jetait de la neige sur la voiture, quand un cri perçant retentit dans le silence de la nuit. Philippe et le médecin virent alors Geneviève qui sortait demi-nue de la chambre basse où elle couchait. L'idiote était éveillée. Ses cheveux blonds, épars, flottaient ; elle pleurait à chaudes larmes.

— Adieu!... adieu!... c'est fini... adieu!.... criait-elle.

— Eh bien! Geneviève, qu'as-tu ?... lui dit M. Fanjat.

Geneviève agita la tête par un mouvement de désespoir, leva les bras vers le ciel, regarda la voiture, poussa un long grognement, donna des marques visibles d'une profonde terreur, et rentra silencieuse.

— Cela est de bon augure!... s'écria le colonel. Cette fille regrette de n'avoir plus de compagne... Elle *voit* peut-être que Julie va recouvrer la raison...

— Dieu le veuille!... dit M. Fanjat d'un son de voix profond.

Ce fut, ainsi que M. de Sucy l'avait calculé, sur les neuf heures du matin que Julie traversa la plaine fictive de la Bérésina. Elle fut réveillée par une boîte qui partit à cent pas de l'endroit où la scène avait lieu. C'était un signal.

Mille paysans poussèrent une effroyable clameur, semblable au hourra de désespoir qui alla épouvanter les Russes, quand vingt mille traînards se virent livrés, par leur faute, à la mort, à l'esclavage.

A ce cri, à ce coup de canon, la comtesse sauta hors de la voiture. Elle courut avec une délirante angoisse sur la plage neigeuse, et vit les bivouacs brûlés, et le fatal radeau que l'on jetait dans une Bérésina glacée. Le major Philippe était là, faisant tournoyer son sabre sur la multitude. Julie laissa échapper un cri qui glaça tous les cœurs. Elle se plaça devant M. de Sucy, qui palpitait. Elle se recueillit, regarda d'abord vaguement cet étrange tableau. Pendant un instant, aussi rapide que l'éclair, ses yeux eurent la lucidité dépourvue d'intelligence que nous admirons dans l'œil éclatant des oiseaux ; mais Julie passa la main sur son front avec l'expression vive d'une personne qui médite ; elle contempla ce souvenir vivant, cette vie passée, traduits devant elle ; et tournant alors vivement la tête vers Philippe, *elle le vit*. Un affreux silence régnait. Le colonel haletait et n'osait parler. M. Fanjat pleurait. Le beau visage de Julie se colora faiblement ; puis, de teinte en teinte, elle finit par reprendre l'éclat d'une jeune fille étincelante de fraîcheur. Son visage devint d'un beau pourpre : le sang, la vie, animés par une intelligence flamboyante, gagnaient de proche en proche comme un incendie. Un tremblement convulsif se communiqua des pieds jusqu'au cœur. Enfin ces phénomènes, qui éclatèrent en un moment, eurent comme un lien commun quand les yeux de Julie lancèrent un rayon céleste, une flamme animée. Elle vivait, elle pensait ; aussi frissonna-t-elle !... Dieu déliait lui-même une seconde fois cette langue morte et jetait son feu dans cette âme éteinte. La volonté vint.

— Julie ! Julie ! cria le colonel.

— Oh ! c'est Philippe !... dit la pauvre comtesse.

Elle se précipita dans les bras tremblants que le colonel lui tendait, et la délicieuse étreinte des deux amants effraya les spectateurs. Julie fondait en larmes. Tout à coup elle se tut, et dit d'un son de voix faible :

— Adieu, Philippe !... Je t'aime... adieu !

— Oh ! elle est morte !... s'écria le colonel en ouvrant les bras.

Le vieux médecin reçut le corps inanimé de sa nièce ; et, l'embrassant avec la vigueur du jeune âge, il l'emporta et s'assit avec elle dans un tas de bois. Il regarda la comtesse en lui posant sur le cœur une main débile et convulsivement agitée.

Le cœur ne battait plus.

— C'est donc vrai !... dit-il en contemplant tour à tour le colonel immobile et la figure de Julie, sur laquelle la mort répandait cette beauté resplendissante, fugitive auréole, le gage peut-être d'un brillant avenir.

— Oui, elle est morte !

— Ah !... ce sourire !... s'écria Philippe ; voyez donc ce sourire ! Est-ce possible ?...

— Elle est déjà froide !... répondit M. Fanjat.

M. de Sucy fit quelques pas pour s'arracher à ce spectacle ; mais il s'arrêta, siffla l'air qu'entendait la folle, et, ne voyant pas Julie accourir, il s'éloigna d'un pas chancelant, comme un homme ivre, sifflant toujours, mais ne se retournant plus.

———

Le général Philippe de Sucy passait dans le monde pour un homme très-aimable et surtout très-gai. Il y a quelques jours, une dame le complimenta sur sa bonne humeur et sur l'égalité de son caractère.

—Ah! madame, lui dit-il, je paye mes plaisanteries bien cher, le soir, quand je suis seul!
— Êtes-vous donc seul?...
— Non, répondit-il en souriant.
Si un observateur judicieux de la nature humaine avait pu voir l'expression du comte de Sucy, il en eût frissonné peut-être.
— Pourquoi ne vous mariez-vous pas?... reprit cette dame qui avait plusieurs filles dans un pensionnat. Vous êtes riche, titré, de noblesse ancienne: vous avez des talents, de l'avenir; tout vous sourit...
— Oui, répondit-il; mais ce sourire me tue.
Le lendemain, la dame apprit avec étonnement que M. de Sucy s'était brûlé la cervelle pendant la nuit.

La haute société s'entretint diversement de cet événement extraordinaire, et chacun en cherchait la cause. Selon les goûts de chaque raisonneur, le jeu, l'amour, l'ambition, des désordres cachés, expliquaient cette catastrophe, dernière scène d'un drame qui avait commencé en 1812.

Deux hommes seulement, un magistrat et un vieux médecin, savaient que M. le comte de Sucy était un de ces hommes forts auxquels Dieu donne le malheureux pouvoir de sortir tous les jours triomphants d'un horrible combat qu'ils livrent à un monstre; mais, si Dieu leur retire pendant un moment sa main puissante, ils succombent.

LES DANGERS
DE L'INCONDUITE.

La soirée finissait toujours assez tard chez madame la vicomtesse de Grandlieu. Pendant une nuit de l'hiver dernier, il se trouvait encore à une heure du matin dans son salon deux personnes étrangères à sa famille. Un jeune et très-joli homme sortit en entendant sonner la pendule. Quand le bruit de sa voiture retentit au dehors, madame de Grandlieu jeta un regard inquiet autour d'elle ; et, s'apercevant qu'il ne restait plus que deux hommes assis à une table d'écarté, elle s'avança vers sa fille comme pour lui parler.

C'était une jeune personne élégamment mise, charmante, et qui, debout devant la cheminée du salon, écoutait le bruit que faisait le cabriolet dans la rue, tout en ayant l'air d'examiner un beau garde-vue en lithophanie, nouveauté qui venait de paraître.

— Camille, dit la vicomtesse en regardant sa fille avec attention, je vous préviens que si vous continuez à tenir avec le jeune comte de Restaud la conduite que vous avez eue ce soir, je ne le recevrai plus chez moi...

— Maman...

— Assez, Camille... Écoutez-moi : vous êtes fille unique, vous êtes riche ; or, vous ne devez pas songer à épouser un jeune homme qui n'a aucune espèce de fortune. Vous avez confiance en moi, ma chère enfant ; laissez-moi donc un peu vous conduire dans la vie. Ce n'est pas à dix-sept ans que l'on peut juger de certaines convenances..... Je ne vous ferai qu'une seule observation. — Ernest a une mère qui mangerait des millions. Il l'adore, et la soutient avec une piété filiale digne des plus grands éloges ; il a surtout un soin extrême de son frère et de sa sœur, ce qui est admirable, ajouta la vicomtesse d'un air fin. Mais, tant que sa mère existera, les familles trembleront de confier l'avenir et la fortune d'une jeune fille à M. le comte de Restaud.

— J'ai entendu quelques mots qui me donnent envie d'intervenir entre vous et mademoiselle Camille !... s'écria un des deux hommes occupés à faire une partie d'écarté.

— J'ai gagné, monsieur le marquis..., dit-il en s'adressant à son adversaire ; je vais vous laisser pour courir au secours de votre nièce !...

— Voilà ce qui s'appelle avoir des oreilles d'avoué !... s'écria la vicomtesse. Comment avez-vous pu m'écouter ? j'ai parlé presque à l'oreille de Camille.

— J'ai entendu par les yeux ! répondit l'avoué en s'approchant du feu.

Il s'assit dans une bergère au coin de la cheminée ; le vieil oncle de Camille se mit à côté d'elle, et madame de Grandlieu prit place sur une chaise qui se trouvait entre la bergère de l'avoué et la petite causeuse sur laquelle étaient sa fille et l'oncle.

— Il est temps, dit l'avoué, que je vous conte une histoire qui aura deux mérites : d'abord elle présentera de fortes leçons à mademoiselle Camille ; puis, elle vous fera modifier le jugement que vous portez sur la fortune d'Ernest...

— Une histoire !... s'écria Camille ; oh ! commencez vite, mon bon ami...

L'avoué jeta sur madame de Grandlieu un regard

qui fit comprendre à la vicomtesse tout l'intérêt que pourrait avoir ce récit.

La vicomtesse de Grandlieu étant une des femmes les plus remarquables du faubourg Saint-Germain, l'une des plus riches, l'une des mieux pensantes, l'une des plus nobles, il ne doit pas sembler très-naturel qu'un petit avoué de Paris lui parlât aussi familièrement et se comportât d'une manière si cavalière chez elle. Cependant il n'est pas difficile d'expliquer ce rare phénomène de la vie aristocratique.

Madame de Grandlieu était rentrée en France avec la famille royale. Elle était venue habiter Paris, où elle avait d'abord vécu fort modestement, grâce aux secours que Louis XVIII lui avait accordés sur les fonds de la liste civile. L'avoué, ayant eu l'occasion de découvrir des vices de formes dans la vente que la république avait jadis faite de l'hôtel de Grandlieu, prétendit qu'il devait être restitué à la vicomtesse. Il avait entrepris le procès à ses risques et périls, l'avait gagné, et avait rendu cette propriété à madame de Grandlieu.

Encouragé par ce succès, il avait si bien su chicaner le domaine extraordinaire de la couronne, et la régie de l'enregistrement, qu'il avait obtenu la restitution de la forêt de Grandlieu; plus, celle de quelques actions sur le canal d'Orléans, et certains immeubles assez importants, dont l'empereur avait doté des établissements publics. L'habileté, le dévouement du jeune avoué avaient si bien rétabli la fortune de madame de Grandlieu, qu'en 1820 elle possédait déjà cent mille livres de rente. Depuis, l'indemnité lui avait rendu des sommes immenses, grâce aux soins du jeune légiste, qui était devenu l'ami de la famille.

Il avait plus de quarante ans. C'était un homme de haute probité, savant, modeste, et de bonne compagnie. Sa conduite envers madame de Grandlieu lui avait mérité l'estime et la clientèle de la plupart des maisons du faubourg Saint-Germain; mais il ne profitait pas de cette faveur, comme aurait pu le faire un homme ambitieux. A l'exception de l'hôtel de Grandlieu, où il venait passer quelquefois la soirée, il n'allait nulle part. Il aimait passionnément le travail; et, d'ailleurs, il trouvait trop de bonheur dans son ménage pour rechercher les plaisirs du monde. Il était fort heureux que sa probité et ses talents eussent été mis en lumière par l'affaire de madame de Grandlieu; car il aurait couru le risque de laisser dépérir son étude. Il n'avait pas une âme d'avoué.

Depuis que le comte Ernest de Restaud s'était introduit chez madame de Grandlieu, et que l'avoué avait découvert la sympathie qui unissait Camille au jeune homme, il était devenu aussi assidu chez madame de Grandlieu qu'un dandy de la Chaussée-d'Antin nouvellement admis dans les cercles du noble faubourg.

Quelques jours auparavant, il s'était trouvé assis auprès de mademoiselle Camille de Grandlieu, et lui avait dit en lui montrant le jeune comte :
— Il est dommage que ce garçon-là n'ait pas deux ou trois millions, n'est-ce pas?...
— Est-ce un malheur?... je ne le crois pas, avait-elle répondu. M. Ernest a beaucoup de talent; il est instruit, il est bien vu du ministre auprès duquel il a été placé, il porte un beau nom; et je ne doute pas qu'il ne soit un jour un homme très-remarquable. Il trouvera tout autant de fortune qu'il en voudra le jour où il sera parvenu au pouvoir...
— Oui; mais s'il était riche...
Camille avait rougi.
— S'il était riche, mon bon ami; mais toutes les jeunes personnes qui sont ici se le disputeraient, avait-elle répondu en montrant les quadrilles.
— Et alors, avait repris l'avoué, mademoiselle Camille de Grandlieu ne serait plus la seule vers laquelle il tournerait les yeux... Voilà pourquoi vous rougissez, Camille. Vous vous sentez du goût pour lui, n'est-ce pas?... Allons, dites...
Camille s'était brusquement levée.
— Elle l'aime! avait pensé l'avoué. Et depuis ce jour-là Camille s'était aperçue que son ami le légiste approuvait le sentiment naissant qu'elle avait pour le jeune comte Ernest de Restaud.

L'avoué prit donc la parole, et raconta les scènes qu'on va lire. Elles sont aussi fidèlement rendues que peuvent le permettre les différences qui distinguent une conversation verbeuse d'une narration écrite.

L'Usurier.

— Comme je joue un rôle dans cette aventure, et qu'elle me rappelle les circonstances les plus romanesques de ma vie, vous me permettrez, j'espère, de suivre mes inspirations. Figurez-vous, mademoiselle, que j'ai vingt-sept ans, et que les événements de mon histoire sont arrivés hier. Je vais commencer par vous parler d'un personnage dont vous ne pouvez guère vous faire idée : c'est un USURIER.

USURIER : saisirez-vous bien cette figure ? Elle est pâle et blafarde, et je voudrais que l'académie me permît de lui donner le nom de face *lunaire ;* elle ressemble à de l'argent dédoré. Les cheveux sont plats, soigneusement peignés et d'un gris cendré. Le visage est impassible comme celui de M. de Talleyrand : ce sont des traits coulés en bronze. L'œil, aussi jaune que celui d'une fouine, n'a presque point de cils. Le nez est pointu, et les lèvres minces. Cet homme parle bas, d'un ton doux, et ne s'emporte jamais. Ses petits yeux sont toujours garantis de la lumière par la doublure verte d'une vieille casquette. Il est vêtu de noir. Son âge est un problème : on ne sait s'il est vieux avant le temps, ou s'il a ménagé sa jeunesse afin qu'elle lui servît toujours.

Sa chambre est propre comme l'habit d'un Anglais ; mais tout y est râpé, depuis le tapis du lit jusqu'au drap vert du bureau. Il semble que ce soit le froid sanctuaire d'une vieille fille qui passerait la journée à frotter de vieux meubles. Tout y est négatif ou rêche. En hiver, je n'ai jamais vu les tisons de son foyer se rejoindre ; et ils fument sans flamber, presque toujours enterrés au milieu d'un talus de cendre.

La vie de cet homme s'écoule sans faire plus de bruit que le sable d'une horloge antique. Ses actions, depuis l'heure de son lever jusqu'à ses accès de toux, le soir, sont soumises à la régularité d'une pendule. C'est, en quelque sorte, un *homme-modèle* que le sommeil remonte. Si vous touchez un cloporte cheminant sur un papier, il s'arrête et fait le mort ; de même, cet homme s'interrompt au milieu d'un discours, et se tait quand une voiture passe, afin de ne pas forcer sa voix. A l'imitation de Fontenelle, il tend à économiser le mouvement vital, et concentre tous les sentiments humains dans le *moi.* Quelquefois ses victimes crient beaucoup et s'emportent ; puis il se fait chez lui un grand silence, comme dans une cuisine où l'on égorge un canard.

Jusqu'à sept heures du soir, il est grave ; mais, à huit heures, l'homme-billet se change en un homme ordinaire : c'est le mystère de la transmutation des métaux en cœur humain. Alors il se frotte les mains, et il a une sorte de gaieté semblable au rire à vide de *Bas-de-Cuir ;* mais, dans ses plus grands accès de joie, sa conversation est toujours monosyllabique. Tel est le voisin dont le hasard m'a gratifié dans la maison que j'habite rue des Grès.

Cette maison est sombre et humide ; elle n'a pas de cour, et les appartements ne tirent leur jour que de la rue. La distribution claustrale qui divise le bâtiment en chambres d'égale grandeur, et ne leur laisse d'autre issue qu'une porte donnant sur un long corridor éclairé par des jours de souffrance, annonce que la maison a fait jadis partie d'un couvent. Cet aspect est tellement triste, que la gaieté d'un fils de famille est déjà expirée avant qu'il entre chez mon voisin. La maison et lui se ressemblent : c'est l'huître et son rocher.

Sa vie est un mystère. Le seul être avec lequel il communique, socialement parlant, c'est moi. Il vient me demander du feu ; il m'emprunte un livre, un journal ; et le soir, je suis le seul auquel il permette d'entrer dans sa cellule et auquel il parle volontiers : ces marques de confiance sont le fruit d'un voisinage de sept années. A-t-il des parents, des amis ? je ne sais. Je n'ai jamais vu un sou chez lui. Toute sa fortune est sous les caves de la Banque. Il reçoit lui-même ses billets, et il m'a dit que sur chaque effet il percevait deux francs pour la course qu'en nécessite le recouvrement. Il a les jambes sèches comme celles d'un cerf. Du reste, il est martyr de sa prudence : un jour que, par hasard, il portait de l'or sur lui, un double napoléon se fit jour, on ne sait comment, à travers son gousset ; un locataire qui le suivait dans l'escalier le ramassa et le lui présenta.

— Cela ne m'appartient pas !... répondit-il avec un geste de surprise ; je n'ai jamais d'or chez moi, ni sur moi !...

Le matin, il apprête lui-même son café sur un réchaud de tôle qui ne bouge pas de l'angle noir de sa cheminée. Un rôtisseur lui apporte son dîner. Une vieille portière monte à une heure fixe pour approprier la chambre. Enfin, par un hasard que Sterne appellerait prédestination, cet homme se nomme M. Gobseck.

— Je déclare que votre voisin m'intéresse prodigieusement !... s'écria le vieil oncle.

— Je le considérais comme un athée, si l'humanité, la sociabilité sont une religion, reprit l'avoué. Aussi, m'étais-je proposé de l'examiner : c'est ce que j'appelais étudier l'anatomie de l'*homo duplex,* de l'homme moral. Mais ne m'interrompez plus, monsieur le marquis ; autrement vous éteindriez ma verve. Je reprends le fil de mon improvisation.

Un soir, j'entrai chez cet homme qui s'était fait or. Je le trouvai sur son fauteuil, immobile comme une statue, les yeux arrêtés sur le manteau de la cheminée, où il semblait lire des bordereaux d'escompte. Une lampette de portier, fumeuse, sale, et dont le pied avait été jadis vert, jetait une lueur rougeâtre sur ce visage pâle. Il leva les yeux sur moi et ne me dit rien ; mais ma chaise était préparée auprès de lui, elle m'attendait.

— Cet être-là pense-t-il ? me dis-je. Sait-il s'il y a un Dieu, un sentiment, des femmes, un bonheur ? Je le plaignis comme j'aurais plaint un malade ; mais je comprenais bien aussi que, s'il avait un million à la Banque, il devait posséder toute la terre par la pensée.

— Bonjour, père Gobseck, lui dis-je.

Il tourna la tête vers moi, et ses gros sourcils noirs se rapprochèrent légèrement. Cette inflexion caractéristique équivalait au plus gai sourire d'un Méridional.

— Vous êtes aussi sombre que le jour où l'on est venu vous annoncer la faillite de ce... libraire. Est-ce que vous n'avez pas été payé aujourd'hui ? car nous sommes le 31, je crois...

C'était la première fois que je lui parlais d'argent. Il me regarda, et me répondit de sa voix douce, qui ne ressemble pas mal aux sons que tire de sa flûte un élève qui n'en a pas l'embouchure :

— Je m'amuse...

— Vous vous amusez donc quelquefois ?

Il haussa les épaules et me jeta un regard de pitié.

— Croyez-vous qu'il n'y ait de poëtes que ceux qui impriment des vers ? me demanda-t-il.

— De la poésie dans cette tête !... pensai-je.

— Il n'y a pas de vie plus brillante que la mienne, dit-il en continuant.

Son œil s'anima.

— Écoutez-moi, reprit-il. Par le récit des événements de la matinée, vous devinerez tous mes plaisirs.

Il se leva, il alla pousser le verrou de sa porte, tira un rideau de vieille tapisserie dont les anneaux crièrent sur la tringle, et revint s'asseoir.

— Ce matin, me dit-il, je n'avais que deux effets à recevoir, parce que tous les autres étaient donnés la veille comme comptant à mes pratiques. Le premier billet m'avait été présenté par un beau jeune homme. Il était venu en tilbury. Le papier, signé par l'une des plus jolies femmes de Paris, mariée à un riche propriétaire, avait été souscrit je ne sais pourquoi : il était de mille francs. Le second billet, d'égale somme, devait être acquitté par une dame ; car il était signé Fanny Malvaut. Il m'avait été présenté par un marchand de toiles. La comtesse demeurait rue du Helder, et Fanny, rue Montmartre. Si vous saviez les conjectures romanesques que j'ai faites en m'en allant d'ici ce matin ! Quelle joie orgueilleuse m'a ému en pensant que si ces deux femmes n'étaient pas en mesure, elles allaient me recevoir avec autant de respect que si j'étais leur propre père !... Que de choses la comtesse n'allait-elle pas faire pour mille francs !... Prendre un air affectueux ; me parler de cette voix douce qu'elle réserve peut-être à l'endosseur du billet ; me prodiguer des paroles caressantes, me supplier peut-être, et moi...

Là, le vieillard me jeta un regard glacial.

— Et moi, inébranlable ! reprit-il ; je suis là comme un vengeur ; j'apparais comme un remords... Mais laissons les hypothèses. J'arrive.

— Madame la comtesse est couchée..., me dit une femme de chambre.

— Quand sera-t-elle visible ?

— A midi.

— Madame la comtesse est malade ?

— Non, monsieur ; mais elle est rentrée du bal à trois heures.

— Je m'appelle Gobseck... Dites-lui mon nom. Je serai ici à midi.

Et je m'en vais, après avoir signé ma présence sur le tapis somptueux qui déguisait les dalles de l'escalier.

Parvenu rue Montmartre, à une maison de peu d'apparence, je pousse une vieille porte cochère, et je vois une de ces cours obscures où le soleil ne pénètre jamais. La loge du portier était noire, et le vitrage ressemblait à la manche d'une douillette trop longtemps portée : il était gras, brun et lézardé.

— Mademoiselle Fanny Malvaut ?...

— Elle est sortie ; mais si c'est pour un billet, l'argent est là...

— Je reviendrai, dis-je ; car, du moment où le portier avait la somme, je voulais connaître la jeune fille ; je me figurais qu'elle était jeune.

Je passe la matinée à voir les gravures étalées sur le boulevard, et à midi sonnant je traversais le salon qui précédait la chambre de la comtesse.

— Madame ne fait que de sonner à l'instant, me dit la femme de chambre, et je ne crois pas qu'elle soit visible.

— J'attendrai !

Et je m'assieds sur un fauteuil doré.

A peine les persiennes furent-elles ouvertes que la femme de chambre accourut et me dit :

— Entrez, monsieur.

Par le ton qu'elle mit à ses paroles, je devinai que sa maîtresse n'était pas en mesure. Mais quelle belle femme je vis!... Elle avait jeté à la hâte sur ses épaules nues un châle de cachemire, dans lequel elle s'enveloppait si bien que ses formes ravissantes étaient complétement dessinées. Elle était vêtue d'un élégant peignoir aussi blanc que la neige. Ses cheveux noirs s'échappaient confusément de dessous un joli madras, capricieusement noué sur sa tête, à la manière des créoles. Son lit offrait le tableau d'un désordre pittoresque. On voyait que son sommeil avait été agité. Un peintre aurait payé pour rester au milieu de cette scène.

C'était d'abord, sous les draperies les plus voluptueusement attachées, un oreiller jeté sur un édredon de soie bleue, et dont les garnitures en dentelle se détachaient vivement sur ce fond d'azur. Sur une large peau d'ours, étendue aux pieds des lions ciselés dans l'acajou du lit, brillaient deux souliers de satin blanc, jetés là avec toute l'incurie que cause la lassitude d'un bal. Sur une chaise était une robe froissée, dont les manches touchaient à terre. Des bas, que le zéphir aurait emportés, étaient tortillés autour du pied d'un fauteuil, et de blanches jarretières flottaient le long d'une causeuse. Des fleurs, des diamants, des gants, un bouquet, une ceinture, gisaient çà et là. Je sentais une vague odeur de parfums. Un éventail de prix, à moitié déplié, encombrait la cheminée. Les tiroirs de la commode restaient ouverts. Tout était luxe et désordre, beauté sans harmonie, richesse et misère. La figure fatiguée de la comtesse ressemblait à cette chambre parsemée des débris d'une fête. Ces brimborions épars me faisaient pitié; rassemblés, ils avaient causé, la veille, quelque délire. C'étaient comme les vestiges d'un amour foudroyé par le remords; l'image d'une vie de dissipation, de luxe, de bruit : efforts de Tantale pour embrasser des plaisirs sans substance. Quelques rougeurs semées sur le visage de la jeune femme attestaient la finesse de sa peau; ses traits étaient comme grossis; le cercle brun qui se dessinait sous ses yeux était plus fortement marqué qu'à l'ordinaire. Néanmoins la nature avait assez d'énergie en elle pour que ces indices de folie n'altérassent pas sa beauté. Ses yeux étincelaient; elle ressemblait à l'une de ces Hérodiades, dues au pinceau de Léonard de Vinci (car j'ai brocanté les tableaux). Elle était puissante de vie et de force. Rien de mesquin dans les contours, ni dans les traits, ne gênait la pensée. Elle inspirait l'amour, mais elle me semblait plus forte que l'amour. Elle m'a plu. Il y avait longtemps que mon cœur n'avait battu. J'étais déjà payé; car j'offre plus de mille francs d'une sensation qui me fasse souvenir de ma jeunesse.

— Monsieur, me dit-elle en me présentant une chaise, auriez-vous la complaisance d'attendre.

— Jusqu'à demain midi, madame, répondis-je en repliant le billet que je lui avais présenté... Je n'ai le droit de protester qu'à cette heure-là...

Puis en moi-même je me disais : — Paye ton luxe, paye ton nom, paye ton honneur, paye le monopole dont tu jouis. Il y a des tribunaux, des juges, des échafauds pour les malheureux sans pain; mais, pour vous qui couchez sur la soie et sous la soie, il y a des remords, des grincements de dents cachés sous un sourire, et des griffes d'acier qui vous pressent le cœur.

— Un protêt!... y pensez-vous?... s'écria-t-elle en me regardant. Vous auriez aussi peu d'égards pour moi!...

— Si le roi me devait, madame, et qu'il ne me payât pas, je l'assignerais...

En ce moment nous entendîmes frapper doucement à la porte de la chambre.

— Je n'y suis pas!... s'écria impérieusement la jeune femme.

— Émilie, je voudrais cependant bien vous voir...

— Pas en ce moment, mon cher, répondit-elle d'une voix moins dure, mais sans douceur néanmoins.

— C'est une plaisanterie, car vous parlez à quelqu'un...

Et un homme, qui ne pouvait être que le comte, entra tout à coup. La comtesse me regarda. — Je la compris. Elle devint mon esclave. Ah! il y a eu un temps où j'étais assez bête pour ne pas protester.

— Que veut monsieur?..... me demanda le comte.

Je vis la femme frissonner. La peau blanche et satinée de son cou devint rude. Elle avait, suivant un terme familier, la chair de poule. Moi je riais, sans qu'aucun de mes muscles tressaillît.

— Monsieur est un de mes fournisseurs..... dit-elle.

Le comte me tourna le dos, mais je tirai le billet à moitié hors de ma poche. Alors, à ce mouvement inexorable, la jeune femme vint à moi, me présenta un diamant.

— Prenez, dit-elle, et allez-vous-en!...

Nous échangeâmes les deux valeurs; je la saluai,

je sortis. Le diamant valait bien une douzaine de cents francs. Je trouvai dans la cour deux équipages somptueux que l'on nettoyait, des valets qui brossaient leurs livrées et qui ciraient leurs bottes. — Voilà, me dis-je, ce qui amène ces gens-là chez moi ; ce qui leur fait voler décemment des millions, ou trahir leur patrie. Pour ne pas se crotter en allant à pied, on prend une bonne fois un bain de boue !... Mais précisément, en ce moment, la grande porte s'ouvrit, et livra passage à l'élégant tilbury du jeune homme qui m'avait présenté le billet.

— Monsieur, lui dis-je quand il fut descendu, voici deux cents francs que je vous prie de rendre à madame la comtesse, et vous lui ferez observer que je tiendrai à sa disposition, pendant huit jours, le gage qu'elle m'a remis ce matin. Il prit les deux cents francs, et laissa échapper un sourire moqueur, comme s'il eût dit : — Ah ! ah ! elle a payé ! Ma foi, tant mieux !

J'ai lu sur cette physionomie l'avenir de la comtesse.

Je me rendis rue Montmartre, chez mademoiselle Fanny. Je montai un petit escalier bien roide ; et arrivé au cinquième étage, je fus introduit dans un appartement fraîchement décoré où tout était d'une propreté merveilleuse. Je n'aperçus pas la moindre trace de poussière sur les meubles simples qui ornaient la chambre où me reçut mademoiselle Fanny. C'était une jeune fille parisienne : tête élégante et fraîche, air avenant, des cheveux châtains bien peignés, qui, retroussés en deux arcs sur les tempes, donnaient de la finesse à des yeux bleus purs comme du cristal. Elle était vêtue simplement. Le jour, passant à travers de petits rideaux tendus aux carreaux, jetait une lueur douce sur cette céleste figure. Elle ouvrait du linge ; et, autour d'elle, de nombreux morceaux de toile taillés me dénoncèrent ses occupations habituelles. Elle m'offrit une image idéale de la solitude. Quand je lui présentai le billet, je lui dis que je ne l'avais pas trouvée le matin.

— Mais, dit-elle, les fonds étaient chez la portière.

Je feignis de ne pas entendre.

— Mademoiselle sort de bonne heure, à ce qu'il paraît ?

— Oh ! je suis rarement hors de chez moi ; mais, quand on travaille la nuit, il faut bien prendre quelquefois des bains...

Je la regardai, et d'un coup d'œil je devinai tout. C'était une fille appartenant à quelque famille autrefois riche et que le malheur condamnait au travail. Il y avait je ne sais quel air de vertu, de modestie, répandu dans tous ses traits, et une noblesse native. Autour d'elle tout était en rapport avec ses manières. Il me sembla que j'habitais une atmosphère de sincérité, de candeur. Je respirais à mon aise. J'aperçus une simple couchette en bois peint, surmontée d'un crucifix orné de deux branches de buis. J'étais touché. Je me sentais disposé à lui laisser l'argent que je vérifiais, ainsi que le diamant de la comtesse, mais je pensai que ce présent lui serait peut-être fatal ; et, toute réflexion faite, je gardai le tout, d'autant que le diamant vaut bien quinze cents francs pour une actrice ou une mariée. — Et puis, me dis-je, elle a peut-être aussi un petit cousin qui se ferait une épingle du diamant, et mangerait les mille francs !

Quand vous êtes entré, je pensais que Fanny Malvaut serait une bonne petite femme.

Pendant quinze jours, je songerai à cette vie pure et solitaire, l'opposant à celle de cette comtesse qui a déjà un pied dans le vice !

— Eh bien ! reprit-il après un moment de silence profond, pendant lequel je l'examinais, croyez-vous que ce ne soit rien que de pénétrer ainsi dans les plus secrets replis du cœur humain, d'épouser la vie des autres, de la voir à nu ? Ce sont des spectacles toujours variés : des plaies hideuses, des chagrins mortels, des scènes d'amour, des misères que les eaux de la Seine attendent, des joies de jeune homme qui mènent à l'échafaud, des rires de désespoir et des fêtes somptueuses. Hier une tragédie : un père qui s'asphyxie, parce qu'il ne peut plus nourrir ses enfants ; demain, ce sera une comédie : un jeune homme essayera de jouer la scène de M. Dimanche, avec des variantes. J'ai entendu vanter l'éloquence de Mirabeau ; je l'ai bien écouté dans le temps : il ne m'a jamais ému. Mais souvent une jeune fille amoureuse, un vieux négociant sur le penchant d'une faillite, une mère qui veut cacher la faute de son fils, un homme sans pain, un grand sans honneur, m'ont fait frissonner par la puissance de leur parole. Acteurs sublimes, ils jouaient pour moi seul. Mais on ne me trompe pas. Mon regard est comme celui de Dieu ! il voit les cœurs. Rien ne nous est caché. Que me manque-t-il ? je possède tout. L'on ne refuse rien à celui qui lie et délie les cordons d'un sac. L'on achète les ministres et les consciences, c'est le pouvoir ; l'on achète les femmes et leurs plus tendres caresses, c'est le plaisir et la beauté ; l'on achète tout. Nous sommes les rois silencieux et inconnus de la vie ; car l'argent, c'est la vie. Mais, si j'ai joui de tout, je me suis rassasié de tout. Nous sommes dans Paris une trentaine ainsi. Liés par le même intérêt, nous nous rassemblons certains jours de la semaine dans un café près du Pont-Neuf. Là, nous nous révélons tous les mystères de la finance. Aucune fortune ne peut nous mentir; car nous possédons les secrets de toutes les familles, et nous avons une espèce de *livre noir* où s'inscrivent les notes les plus importantes sur le crédit public, la banque et le commerce. Nous analysons les actions les plus indifférentes. Nous sommes les casuistes de la Bourse. Comme moi, tous sont arrivés à n'aimer, à l'instar des jésuites, le pouvoir et l'argent que pour le pouvoir et l'argent même

— Ici, dit-il, en me montrant sa chambre nue et froide; ici, l'amant le plus fougueux, qui s'irrite d'une parole et tire l'épée pour un mot, prie à mains jointes; ici prie le négociant le plus orgueilleux; ici, prie la femme la plus vaine de sa beauté; ici, prie le militaire le plus fier, prient l'artiste le plus célèbre et l'écrivain dont le nom est promis à la postérité; ici enfin, ajouta-t-il en portant la main à son front, est une balance dans laquelle se pèsent les successions, et même Paris tout entier!...

Croyez-vous maintenant qu'il n'y ait pas de jouissance sous ce masque blanc dont l'immobilité vous a si souvent étonné?... dit-il en me tendant son visage blême qui sentait l'argent.

Je retournai chez moi stupéfait. Ce petit vieillard sec avait grandi. Il s'était changé à mes yeux en une image fantastique: j'avais vu le pouvoir de l'or personnifié. La vie, les hommes me faisaient horreur.

— Tout doit-il donc se résoudre par l'argent? me demandais-je.

Je me souviens de ne m'être endormi que très-tard. Je voyais des monceaux d'or autour de moi. La figure de cette belle comtesse m'occupa longtemps, et j'avouerai à ma honte qu'elle éclipsait complètement l'image de cette douce et charmante créature, vouée au travail et à l'obscurité.

Mais le lendemain matin, à travers les nuages de mon réveil, la pure et céleste Fanny m'apparut dans toute sa beauté, et je ne pensais plus qu'à elle.

— Voulez-vous un verre d'eau sucrée?... dit la vicomtesse en interrompant l'avoué.

— Volontiers, répondit-il.

Madame de Grandlieu sonna.

— Mais, dit elle, je ne vois là-dedans rien qui puisse nous concerner...

— Sardanapale! s'écria l'avoué (c'était son juron), je vais bien réveiller mademoiselle Camille en lui disant que son bonheur dépend aujourd'hui du père Gobseck; et quant à Fanny Malvaut... vous la connaissez... c'est ma femme!

— Le pauvre garçon! répliqua la vicomtesse, avouerait cela devant vingt personnes, avec sa franchise ordinaire.

— Je le crierais à tout l'univers.... dit l'avoué.

— Buvez, buvez, mon pauvre ami; vous ne serez jamais que le plus heureux et le meilleur des hommes...

— Vous allez continuer! dit Camille.

— Certainement.

— Je vous ai laissé rue du Helder, chez une comtesse!... s'écria le vieux marquis en montrant une tête légèrement assoupie. Qu'en avez-vous fait?

L'Avoué.

Quelques jours après la conversation que j'avais eue avec M. Gobseck, je passai ma thèse. Je fus reçu licencié en droit, et puis avocat. La confiance que le vieil avare avait en moi s'accrut beaucoup. Il me consultait gratuitement sur les affaires épineuses dans lesquelles il s'embarquait avec une audace incroyable; et cet homme, sur lequel personne n'aurait pu prendre le moindre empire, écoutait mes conseils avec une sorte de respect. Il est vrai qu'il s'en était toujours très-bien trouvé. Enfin, le jour où je fus nommé maître-clerc de l'étude où je travaillais depuis trois ans, je quittai la maison de la rue des Grès, et j'allai demeurer chez mon patron, qui me donnait la table et le logement.

Quand je fis mes adieux à l'usurier, il ne me témoigna ni amitié ni déplaisir. Il ne m'engagea pas à le venir voir quelquefois; mais il me jeta un de ces regards profonds qui, chez lui, semblent en quelque sorte trahir le don de seconde vue.

Au bout de huit jours, je reçus la visite de mon ancien voisin. Il m'apporta une affaire assez difficile; c'était une expropriation. Il continua ses consultations gratuites auprès de moi avec autant de liberté que s'il me payait fort cher. A la fin de la seconde année, mon patron, homme de plaisir et fort dépensier, se trouva dans une gêne considérable. Il était obligé de vendre sa charge. En ce moment (nous étions en 1816), les études n'avaient pas encore acquis la valeur exorbitante à laquelle elles sont montées aujourd'hui; de sorte qu'en demandant soixante-dix mille francs de sa charge, mon patron la donnait presque. Un homme actif, instruit et intelligent pouvait en deux années gagner cette somme, pour peu qu'il inspirât de confiance.

Je ne possédais pas une obole, et je ne connaissais dans le monde entier d'autre capitaliste que le père Gobseck. Une pensée ambitieuse et une lueur d'espoir me prêtèrent le courage d'aller trouver l'usurier.

Un soir donc, je cheminai lentement jusqu'à la rue des Grès. Le cœur me battit bien fortement quand je frappai à la sombre porte.

Je me souvenais de tout ce que m'avait dit autrefois le vieil avare, dans un temps où j'étais bien loin de soupçonner la violence des angoisses qui commençaient au seuil de cette porte.

J'allais donc le prier comme tant d'autres...

— Eh bien! non, me dis-je, un honnête homme doit garder partout sa dignité. La fortune ne vaut pas une lâcheté.

Depuis mon départ, le père Gobseck avait fait poser une petite chattière grillée au milieu de sa porte, et ce ne fut qu'après avoir reconnu ma figure qu'il m'ouvrit.

— Eh bien! me dit-il de sa petite voix flûtée, il paraît que votre patron vend son étude...

— Comment savez-vous cela? — Il n'en a encore parlé qu'à moi...

Les deux lèvres du vieillard se tirèrent vers les coins de sa bouche absolument comme des rideaux; puis ce sourire muet fut accompagné d'un regard profond et froid.

— Il fallait cela pour que je vous visse chez moi..., ajouta-t-il d'un ton sec et après une pause pendant laquelle je demeurai confondu...

— Écoutez-moi, monsieur Gobseck, repris-je avec autant de calme que je pus en affecter, car le vieillard fixait sur moi des yeux impassibles et dont le feu clair me troublait.

Il fit un geste comme pour me dire : Parlez.

— Je sais qu'il est fort difficile de vous émouvoir; ainsi, je ne perdrai pas mon éloquence à essayer de vous peindre la situation d'un orphelin qui n'a pas un sou, qui n'espère qu'en vous, et n'a dans le monde d'autre cœur que le vôtre auquel il puisse confier les inquiétudes de son avenir. Tout cela est fort beau; mais les affaires se font comme des affaires, et non pas comme des romans, avec de la sensiblerie. Voici le fait. L'étude de mon patron rapporte annuellement entre ses mains une trentaine de mille francs; je crois qu'entre les miennes elle en vaudra cinquante. — Il veut la vendre soixante-dix mille francs, et je sens là, dis-je en me frappant le front, que si vous pouviez me prêter la somme nécessaire à cette acquisition, je serais libéré en deux ans...

— Voilà parler !... s'écria doucement le père Gobseck.

Il me tendit la main et me la serra.

— Jamais, depuis que je suis dans les affaires, reprit-il, personne ne m'a déduit plus clairement les motifs de sa visite. — Des garanties ?... dit-il en me toisant de la tête aux pieds. — Néant. — Quel âge avez-vous ?...

— Vingt-sept ans... répondis-je.

— Apportez-moi demain matin votre extrait de naissance, et nous parlerons de votre affaire. J'y songerai.

Le lendemain, à huit heures, j'étais chez le vieillard. Il prit le papier officiel, mit ses lunettes, toussa, cracha, s'enveloppa dans sa houppelande noire, et lut l'extrait des registres de la mairie tout entier; puis il le tourna, le retourna, me regarda, toussa, s'agita sur sa chaise, et enfin il me dit :

— C'est une affaire que nous allons tâcher d'arranger.

Je tressaillis...

— Je tire cinquante pour cent de mes fonds, reprit-il.

À ces mots, je pâlis.

— Mais, en faveur de notre connaissance, je me contenterai de douze et demi pour cent d'intérêt : cela vous va-t-il ?

— Oui, répondis-je.

— Mais si c'est trop, répliqua-t-il, défendez-vous : moi, je vous demande douze et demi pour cent; mais voyez si vous pouvez les payer... — Je n'aime pas un homme qui tope à tout. Est-ce trop ?

— Non, dis-je; je serai quitte pour prendre un peu plus de mal.

— Parbleu, ce sont vos clients qui payeront cela !...

— Non, de par tous les diables !... m'écriai-je, ce sera moi !... Je me couperais la main plutôt que d'écorcher le monde...

— Bonsoir..., me dit le père Gobseck.

— Mais les honoraires sont tarifés..., repris-je.

— Ils ne le sont pas, reprit-il, pour les transactions, les atermoiements, les conciliations !... Alors vous pouvez compter des mille francs, des dix mille francs même, suivant l'importance des intérêts, pour vos conférences, vos courses, vos projets d'actes, vos mémoires et votre verbiage. Il faut savoir rechercher ces sortes d'affaires. Je vous recommanderai comme le plus savant et le plus habile des avoués, et je vous enverrai tant de procès de ce genre-là que vous ferez crever tous vos confrères de jalousie. Werbrust, Palma, Gigonnet, mes confrères, vous donneront leurs expropriations, et Dieu sait s'ils en ont!... Alors vous aurez deux clientèles!... celle que vous achetez et celle que je vous fais... Vous devriez presque me donner quinze pour cent de mes soixante-dix mille francs.

— Soit, dis-je.

Le père Gobseck se radoucit.

— Je payerai moi-même, reprit-il, la charge à votre patron, de manière à m'établir un privilége bien solide sur le prix et le cautionnement.

— Oh! tout ce que vous voudrez pour les garanties...

— Puis vous m'en représenterez la valeur en soixante-dix lettres de change acceptées en blanc, chacune pour une somme de mille francs.

— Pourvu que cette double valeur soit constatée...

— Non, s'écria Gobseck. Pourquoi voulez-vous que j'aie plus de confiance en vous que vous n'en avez en moi?...

Je gardai le silence.

— Et puis vous ferez, dit-il en continuant avec un ton de bonhomie, toutes mes affaires sans exiger d'honoraires, tant que je vivrai ; n'est-ce pas?...

— Soit, pourvu qu'il n'y ait pas d'avances de fonds...

— C'est juste! dit-il. — Ah çà, reprit le vieillard dont la figure avait peine à prendre un air de bonhomie, vous me permettrez d'aller vous voir?...

— Vous me ferez toujours plaisir.

— Oui, mais le matin cela serait bien difficile ; vous aurez vos affaires et j'ai les miennes...

— Venez le soir.

— Oh non!... répondit-il vivement, vous devez aller dans le monde, voir vos clients ; et moi, mes amis, à mon café.

— Eh bien, pourquoi ne pas prendre l'heure du dîner?...

— C'est cela!... dit Gobseck. Après la Bourse, à cinq heures... Eh bien, vous me verrez tous les mercredis et les samedis. Nous causerons de nos affaires comme une couple d'amis... Ah, ah! je suis gai quelquefois, quand j'ai une aile de perdrix devant moi et un verre de vin de Champagne.

— Va pour la perdrix et le verre de vin de Champagne...

— Oh! ne faites pas de folies, car vous perdriez ma confiance. Ne prenez pas un train de maison. Ayez une vieille bonne. Si je désire vous visiter, c'est pour m'assurer de votre santé, m'informer de vos affaires... Allons. — Venez ce soir avec votre patron.

— Pourriez-vous me dire s'il n'y a pas d'indiscrétion à vous questionner? demandai-je au petit vieillard quand nous atteignîmes au seuil de la porte; qu'est-ce que mon extrait de baptême a fait à mon affaire?

M. Gobseck haussa les épaules, puis il sourit malicieusement en me répondant :

— Que la jeunesse est sotte!... Apprenez donc, monsieur l'avoué, qu'avant trente ans la probité et le talent sont encore des espèces d'hypothèques; mais que, passé cet âge, l'on ne peut plus guère compter sur un homme.

Et il ferma sa porte.

Un mois après j'étais avoué. Bientôt j'eus le bonheur, madame, de pouvoir entreprendre l'affaire concernant la restitution de vos propriétés. Le gain de ces procès me fit connaître, et en moins de deux ans je me trouvai, malgré les intérêts énormes que j'avais à payer à Gobseck, libre d'engagements, et possesseur d'une honnête fortune. Ce fut alors que j'épousai Fanny Malvaut. Nous nous aimions sincèrement, et la conformité de nos destinées, de nos travaux, de nos succès, ajoutait je ne sais quoi de touchant à la pureté de nos sentiments.

Depuis ce jour, ma vie n'a été que bonheur et prospérité. Ne parlons donc plus de moi; car il n'y a rien d'aussi insupportable qu'un homme heureux.

Un mois après l'acquisition de mon étude, je me trouvai entraîné, presque malgré moi, à un déjeuner de garçons. Ce repas était la suite d'une gageure qu'un de mes camarades avait perdue contre un jeune homme alors fort en vogue dans le monde élégant.

Ce fat jouissait d'une immense réputation. Il était la fleur du *dandysme* de ce temps-là. Nul ne portait mieux un habit, ne conduisait mieux un *tandem*. Toutes les femmes en raffolaient. Il se connaissait en chevaux, en chapeaux, en tableaux. Il dépensait près de cent mille francs par an, sans qu'on lui connût une seule propriété, un seul coupon de rente. Il avait le talent de jouer, de manger et de boire avec plus de grâce que qui ce fût au monde.

C'était le type de la chevalerie errante de nos salons, de nos boudoirs, de nos boulevards; espèce amphibie, qui tient autant de l'homme que de la femme. C'était un être singulier, bon à tout et propre à rien; craint et méprisé; sachant et ignorant tout; aussi près de commettre un bienfait que de résoudre un crime; tantôt lâche et tantôt noble; plutôt couvert de boue que taché de sang; ayant plus de soucis que de remords; plus occupé de bien digérer que de penser; feignant des passions et ne ressentant rien; anneau brillant qui pourrait unir le bagne à la haute société. C'était enfin un homme appartenant à cette classe éminemment intelligente d'où s'élancent parfois un Mirabeau, un Pitt, un Richelieu; mais qui le plus souvent fournit des Jeffries, des Laubardemont et des Coignard.

J'avais beaucoup entendu parler de ce personnage, et j'avais évité déjà plusieurs fois le dangereux honneur de me rencontrer avec lui. Cependant mon camarade me fit de telles instances pour obtenir de moi d'aller à son déjeuner, que je ne pouvais m'en dispenser sans être taxé de *bégueulisme*.

Il vous serait difficile de concevoir un déjeuner de garçons. C'est d'abord une magnificence et une recherche rares en fait de service et de comestibles. C'est le luxe d'un avare qui, par vanité, devient fastueux pour un jour. En entrant, on est surpris de l'ordre qui règne sur une table éblouissante d'argent, de cristaux, de linge damassé. Cette pompe est merveilleuse. La vie est là dans sa fleur. Les jeunes gens sont frais, gracieux. Ils sourient et parlent bas : ils ressemblent à de jeunes mariées, autour d'eux tout est vierge. Puis, deux heures plus tard, c'est comme un champ de bataille après le combat. Partout des verres brisés, des serviettes foulées, chiffonnées; çà et là des mets entamés qui répugnent à voir; puis, ce sont des cris à fendre la tête, des toasts plaisants, un feu d'épigrammes et de mauvaises plaisanteries, des visages empourprés, des yeux enflammés qui ne disent plus rien, des confidences involontaires qui disent tout.

Au milieu d'un tapage infernal, les uns cassent des bouteilles, d'autres entonnent des chansons. L'on se porte des défis. Il s'élève un parfum détestable composé de cent odeurs, et des cris composés de cent voix. On ne sait plus ce qu'on mange, ce qu'on boit, ni ce qu'on dit. Les uns sont tristes, les autres babillent; celui-ci est monomane et répète le même mot comme une cloche qu'on a mise en branle, et celui-là veut commander au tumulte; le plus sage propose une orgie. Si un homme de sang-froid entrait, il se croirait à une Bacchanale.

Ce fut au milieu d'un tumulte semblable, et dont rien ne peut vous donner l'idée, que le chef de ce festin classique essaya de s'insinuer dans mes bonnes grâces. J'avais à peu près conservé ma raison, et j'étais sur mes gardes. Quant à lui, quoiqu'il affectât d'être décemment ivre, il était plein de sang-froid et songeait à ses affaires. En effet, je ne sais comment cela se fit, mais en sortant des salons de Grignon, sur les neuf heures du soir, il m'avait entièrement ensorcelé, et je lui avais promis de l'amener chez M. Gobseck le lendemain.

Les mots : honneur, — vertu, — comtesse, — femme honnête, — malheur, s'étaient placés, grâce à sa langue dorée, comme par magie, dans ses discours. Lorsque je me réveillai le lendemain matin, et que je voulus me souvenir de ce que j'avais fait la veille, j'eus beaucoup de peine à lier quelques idées.

Enfin, il me sembla que je ne sais quelle comtesse était en danger de perdre sa réputation, l'estime et l'amour de son mari, si elle ne trouvait pas une cinquantaine de mille francs dans la matinée. Il y avait des dettes de jeu, des mémoires de carrossier, de l'argent perdu à la loterie; et mon prestigieux convive m'avait assuré qu'elle était assez riche pour réparer par quelques années d'économie l'échec qu'elle allait faire à sa fortune.

Alors seulement je commençai à deviner la cause des instances de mon camarade; mais j'avoue, à ma honte, que je ne me doutais nullement de l'importance qu'il y avait pour mon séducteur à se raccommoder avec M. Gobseck.

Au moment où je me levais, le jeune *fashionable* entra.

— Monsieur le vicomte, lui dis-je après nous être adressé les compliments d'usage, je ne vois pas que vous ayez besoin de moi pour vous présenter chez M. Gobseck. C'est le plus poli, le plus anodin de tous les capitalistes. Il vous donnera de l'argent s'il en a, ou plutôt si vous lui présentez des garanties suffisantes...

— Monsieur, me répondit-il, il n'entre pas dans ma pensée de vous forcer à me rendre un service, quand même vous me l'auriez promis...

— Sardanapale! me dis-je en moi-même; laisserai-je croire à cet homme-là que je lui manque de parole?

— J'ai eu l'honneur de vous dire hier que je m'étais fort mal à propos brouillé avec le père Gobseck; et, comme il n'y a guère que lui à Paris qui puisse cracher en un moment, et le lendemain d'une fin de mois, une centaine de mille francs, je vous avais prié de faire ma paix avec lui... Mais n'en parlons plus...

Il me regarda d'un air poliment insultant, et se disposait à s'en aller, quand je lui dis :

— Je suis prêt à vous conduire.

Lorsque nous arrivâmes rue des Grès, le jeune homme regardait autour de lui avec une attention et une inquiétude qui m'étonnèrent. Son visage devenait livide, rougissait et jaunissait tour à tour. Il était en proie à une angoisse horrible, car des gouttes de sueur parurent sur son front quand il aperçut la porte de la maison de M. Gobseck.

Au moment où nous descendîmes de tilbury, un fiacre entra dans la rue des Grès. L'œil de faucon du jeune homme lui permit de distinguer une femme au fond de cette voiture; et alors une expression de joie presque sauvage anima sa figure. Il appela un petit garçon qui passait et lui donna son cheval à tenir.

Nous montâmes chez le vieil avare.

— Père Gobseck, lui dis-je, je vous amène un de mes plus intimes amis... dont je me défie autant que du diable... ajoutai-je à l'oreille du vieillard. A ma considération, vous lui rendrez vos bonnes grâces au taux ordinaire, et vous le tirerez de peine... si cela vous convient...

Le vicomte s'inclina devant l'usurier, s'assit, et prit pour l'écouter une de ces attitudes courtisanesques dont il est impossible de rendre la gracieuse bassesse.

Le père Gobseck était resté sur sa chaise, au coin de son feu, immobile, impassible. Il ressemblait à la statue de Voltaire, vue le soir sous le péristyle du Théâtre-Français. Il souleva légèrement, comme pour saluer, la casquette grise tout usée dont il se couvrait le chef, et le peu de crâne jaune qu'il montra achevait sa ressemblance avec le marbre.

— Je n'ai d'argent que pour mes pratiques..., dit l'usurier.

— Vous êtes donc bien fâché que j'aie été me ruiner ailleurs que chez vous? répondit le jeune homme en riant.

— Ruiner?... reprit le père Gobseck d'un ton d'ironie.

— Allez-vous dire que l'on ne peut pas ruiner un homme qui ne possède rien?... Mais je vous défie de trouver à Paris un plus beau *capital* que moi..., s'écria le fashionable en se levant et tournant sur ses talons.

Cette bouffonnerie presque sérieuse n'eut pas le don d'émouvoir Gobseck.

— Ne suis-je pas la plus brillante des industries?

— Vrai.

— Vous faites de moi une éponge, mordieu! et vous m'encouragez à me gonfler au milieu du monde; mais vous êtes aussi des éponges, et la mort vous pressera!

— Possible.

— Sans les dissipateurs que deviendriez-vous? car nous sommes tous deux l'âme et le corps.

— Juste...

— Allons, une poignée de main, mon vieux Gobseck, et de la magnanimité... si cela est vrai, juste et possible.

— Vous venez à moi, répondit froidement l'usurier, parce que Girard, Palma, Werbrust et Gigonnet ont le ventre plein de vos lettres de change. Ils les offrent partout à cinquante pour cent de perte ; mais, comme ils n'ont probablement fourni que moitié de la valeur, elles ne valent pas vingt-cinq... Serviteur.

Puis-je décemment, dit Gobseck en continuant, prêter une seule obole à un homme qui doit trente mille francs, et ne possède pas un denier! D'autant que vous avez perdu dix mille francs, avant-hier, au bal, chez M. Laffitte.

— Monsieur, répondit le jeune homme avec une rare impudence, et en revenant vers le vieillard, mes affaires ne vous regardent pas. Qui a terme, ne doit rien.

— Vrai!

— Mes lettres de change seront acquittées.

— Possible!

— Et, dans ce moment, la question entre nous se réduit à savoir si je vous présente des garanties suffisantes pour la somme que je viens vous emprunter...

— Juste.

Le bruit que faisait le fiacre en s'arrêtant à la porte retentit dans la chambre.

— Je vais aller chercher quelque chose qui vous satisfera peut-être, s'écria le jeune homme.

— O mon fils!... s'écria le père Gobseck en se levant et me tendant les bras, quand l'emprunteur eut disparu, tu me sauves la vie!... j'en serais mort. Werbrust et Gigonnet ont cru me faire une farce... Grâce à toi, je vais bien rire ce soir à leurs dépens!...

La joie du vieillard avait quelque chose d'effrayant.

Ce fut le seul moment d'expansion qu'il eut avec moi ; mais, malgré la rapidité de cette joie, elle ne sortira jamais de mon souvenir.

— Faites-moi le plaisir de rester ici..., ajouta-t-il;

car, bien que je sois armé et que je sois sûr de mon coup, je me défie singulièrement de cet homme...

Il alla se rasseoir sur un fauteuil, devant son bureau. Sa figure redevint blême et calme.

— Oh! oh!... reprit-il en se tournant vers moi, vous allez sans doute voir un personnage dont je vous ai parlé jadis; car j'entends dans le corridor les pas d'une femme.

En effet, le jeune homme revint en donnant la main à une dame qui me parut avoir vingt-cinq à vingt-six ans. Elle était d'une beauté remarquable, et je n'eus pas de peine à reconnaître en elle cette comtesse dont Gobseck m'avait autrefois dépeint la détresse et le lever.

En entrant dans la chambre humide et sombre de l'usurier, elle jeta un regard de défiance sur le vicomte. Elle était si belle que, malgré ses fautes, je la plaignis. Elle souffrait intérieurement, et l'on voyait qu'une terrible angoisse agitait son cœur. Ses traits nobles et fiers avaient une expression convulsive.

Je crus deviner que ce jeune homme était devenu pour elle comme un mauvais génie. J'admirais le père Gobseck, qui, trois ans plus tôt, avait compris la destinée de ces deux êtres sur un seul mot, d'après un geste, une inflexion de voix.

— Probablement, me dis-je, il la gouverne par tous les ressorts possibles : la vanité, la jalousie, le plaisir, l'entraînement du monde. Les vertus mêmes de cette femme sont pour lui des armes : il lui fait verser des larmes de dévouement; il exalte en elle la générosité naturelle à son sexe; il abuse de sa tendresse, et lui vend bien cher des plaisirs criminels.

— Je vous avoue, Camille, dit l'avoué en s'adressant à mademoiselle de Grandlieu, que si je ne pleurai pas sur le sort de cette malheureuse créature, si brillante aux yeux du monde et si épouvantable pour qui lisait dans son cœur, c'est que je frémissais d'horreur en contemplant son assassin, ce jeune homme dont le front était si pur, la bouche si fraîche, le sourire si gracieux, les dents si blanches, la peau si douce, et qui ressemblait à un ange.

Ils étaient en ce moment tous deux devant leur juge qui, sévère et froid, les examinait comme un vieux dominicain du xvie siècle devait épier les tortures de deux Maures, au fond des souterrains du Saint-Office.

— Monsieur, dit-elle d'une voix tremblante, existe-t-il un moyen d'obtenir le prix des diamants que voici?...

Elle lui tendit un écrin.

— En me réservant le droit de les racheter?.....

— Oui, madame, répondis-je; c'est ce que nous appelons une vente à réméré... L'on cède et transporte une propriété mobilière ou immobilière pour un temps déterminé, à l'expiration duquel on peut rentrer dans son bien, moyennant une somme fixée.

Elle respira plus facilement.

Le vicomte fronça le sourcil, car il se doutait bien que l'usurier donnerait alors une plus faible somme sur les diamants, valeur sujette à des hausses et des baisses très-capricieuses.

Gobseck était immobile. Il avait saisi sa loupe et contemplait silencieusement l'écrin.

Je vivrais cent ans que je n'oublierais pas le merveilleux tableau que nous offrit sa figure. Ses joues pâles s'étaient colorées. Ses yeux brillaient d'un feu surnaturel. Il se leva, alla au jour, et tint les diamants près de sa bouche démeublée, comme s'il voulait les dévorer. Les scintillements de cette admirable parure semblaient se répéter dans ses yeux. Il marmottait de vagues paroles. Il soulevait tour à tour les bracelets, les girandoles, les colliers, les diadèmes, et les présentait au jour pour en juger l'eau, la blancheur, la taille. Il les sortait de l'écrin, les y remettait, les y reprenait encore, les faisait jouer en leur demandant tous leurs feux, plus enfant que vieillard, ou plutôt enfant et vieillard tout ensemble.

— Beaux diamants! — Cela aurait valu trois cent mille francs avant la révolution. — Quelle eau! Beaux diamants! — En connaissez-vous le prix?... Non, non, il n'y a que Gobseck à Paris qui sache apprécier cela... Sous l'empire, il aurait encore fallu plus de deux cent mille francs pour faire une parure semblable...

Il fit un geste de dégoût et ajouta :

— Maintenant le diamant perd tous les jours!... Le Brésil, l'Asie nous en accablent depuis la paix... On n'en porte plus qu'à la cour...

Mais, tout en lançant ces terribles paroles, il examinait avec une joie indicible les pierres l'une après l'autre.

— Sans tache. — Voici une tache. — Voici une paille. — Beau diamant...

Et son visage blême était si bien illuminé par les feux de ces pierreries, que je le comparais à ces vieux miroirs verdâtres qu'on trouve dans les auberges de province, et qui donnent la figure d'un homme tombant en apoplexie au voyageur assez hardi pour s'y regarder.

— Eh bien?... dit le vicomte en frappant sur l'épaule de Gobseck.

Le vieil enfant tressaillit. Il laissa ses hochets, les mit sur son bureau, s'assit, redevint usurier, et comme une colonne de marbre, dur, froid et poli.

— Combien vous faut-il?

— Cent mille francs, pour trois ans...

— Possible!

Puis il tira d'une boîte d'acajou des balances inestimables pour leur justesse: c'était son écrin. Il pesa les pierres, en évaluant à vue de pays (et Dieu sait comme!) le poids des montures. Pendant cette opération, la figure de Gobseck luttait entre la joie et la sévérité. Ce visage cadavéreux, éclairé par ces pierreries, avait je ne sais quoi d'horrible.

La comtesse était immobile et plongée dans une stupeur dont je lui tenais compte. Il me sembla qu'elle comprenait toute l'horreur du précipice vers lequel elle marchait. Il y avait encore des remords dans cette âme de femme; et il ne fallait peut-être qu'un effort, une main charitablement tendue pour la sauver. — Je l'essayai.

— Ces diamants sont à vous, madame?... lui demandai-je d'une voix claire.

Elle frissonna.

— Oui, monsieur... répondit-elle en me lançant un regard d'orgueil.

— Voulez-vous faire le *réméré?* me dit Gobseck en se levant et me donnant sa place au bureau.

— Madame est sans doute mariée?... demandai-je.

Elle inclina vivement la tête.

— Je ne ferai pas l'acte!... m'écriai-je.

— Et pourquoi?... dit Gobseck.

— Pourquoi? repris-je en entraînant le vieillard dans l'embrasure de la fenêtre, et lui parlant à voix basse; mais cette femme est en puissance de mari. La vente à réméré sera nulle, et vous ne pourriez pas exciper de votre ignorance des faits. Il serait constaté par l'acte que...

Gobseck m'interrompit par un signe de tête et se tournant vers les deux coupables :

— Quatre-vingt mille francs comptant, et vous me laisserez les diamants!... leur dit-il d'une voix sourde et flûtée.

— Mais..., répliqua le jeune homme.

— A prendre ou à laisser, reprit Gobseck, en remettant l'écrin à la comtesse.

Je me penchai vers elle, et lui dis à l'oreille :

— Vous feriez mieux de vous jeter aux pieds de votre mari!...

L'usurier comprit sans doute mes paroles au mouvement de mes lèvres, et il me jeta un regard qui avait quelque chose d'infernal.

La figure du jeune homme devint livide : car l'hésitation de la comtesse était palpable. Il s'approcha d'elle, et quoiqu'il parlât très-bas, j'entendis :

— Adieu, Émilie, sois heureuse! Quant à moi, demain je n'aurai plus de soucis!

— Monsieur, s'écria la jeune femme en s'adressant à Gobseck, j'accepte vos offres.

— Allons donc!... répondit le vieillard; vous êtes bien difficile à confesser, ma belle dame!

Il signa un bon de cinquante mille francs tiré à vue sur la banque, et le remit à la comtesse.

— Maintenant, dit-il avec un sourire qui ressemblait à celui de Voltaire, je vais vous compléter votre somme par trente mille francs de lettres de change dont vous ne me contesterez pas la bonté. C'est de l'or en barres.

Et il présenta des traites souscrites par le vicomte, et toutes protestées la veille à la requête de celui de ses confrères qui probablement les lui avait vendues à bas prix.

La figure du jeune homme devint aussi horrible à voir que celle d'un tigre. Il poussa un rugissement, et s'écria :

— Vieux coquin!...

Le père Gobseck ne sourcilla pas; mais il tira d'un carton une paire de pistolets, et dit froidement :

— En ma qualité d'insulté, je tirerai le premier...

— Vous devez des excuses à monsieur!... s'écria doucement la tremblante comtesse.

— Je n'ai pas eu l'intention de vous offenser... dit le jeune homme en balbutiant.

— Je le sais bien, répondit tranquillement Gobseck, vous n'aviez que l'intention de ne pas payer vos lettres de change.

La comtesse se leva, salua, et disparut, en proie sans doute à une profonde horreur. Le vicomte fut forcé de la suivre; mais, avant de sortir :

— S'il vous échappe une indiscrétion, messieurs, dit-il, j'aurai votre sang ou vous aurez le mien.

— Ainsi soit-il!... répondit Gobseck en serrant ses pistolets.

Puis, quand la porte fut fermée et que les deux

voitures partirent, il se leva et se mit à sauter de joie en répétant comme un aliéné :

— J'ai les diamants!... j'ai les diamants... de beaux diamants!.. quels diamants!.. et pas cher... Ah! ah! Werbrust et Gigonnet, vous avez cru attraper le vieux Gobseck!.... Ah! c'est votre maître!... Comme ils seront sots ce soir quand je leur conterai cela, entre deux parties de dominos!

Cette joie sombre, cette férocité de sauvage, excitées par la possession de quelques cailloux blancs, me firent tressaillir. J'étais muet et stupéfait.

— Ah! ah! te voilà, garçon. Nous dînerons ensemble, nous nous amuserons... chez toi, par exemple; car je n'ai pas de ménage; et tous ces restaurateurs, avec leurs coulis, leurs sauces et leurs vins, empoisonneraient le diable.

L'expression de mon visage lui rendit subitement sa froide impassibilité.

— Vous ne concevez pas cela ! me dit-il en s'asseyant au coin du feu.

Il mit son poêlon de fer-blanc plein de lait sur le réchaud, et me dit :

— Voulez-vous déjeuner avec moi? il y en aura peut-être assez pour deux.

— Merci, répondis-je, je ne déjeune qu'à midi.

En ce moment, des pas précipités retentirent dans le corridor, et l'inconnu qui survenait, s'arrêtant à la porte de M. Gobseck, frappa violemment. Ces coups avaient, pour ainsi dire, un caractère de fureur. L'usurier se leva, alla reconnaître par la chattière, et ouvrit.

Je vis entrer un homme de trente-cinq ans environ.

Il avait, passez-moi cette expression, la tournure aristocratique des hommes d'état de votre faubourg. Il était simplement vêtu et ressemblait un peu au feu duc de Richelieu. Sa figure, empreinte d'une mélancolie habituelle, témoignait en ce moment d'une irritation violente.

— Monsieur, dit-il, en s'adressant à Gobseck qui avait repris son attitude calme, ma femme sort d'ici?

— Possible.

— Eh bien! monsieur?

— Eh bien?

— Ne me comprenez-vous pas?...

— Je n'ai pas l'honneur de connaître madame votre épouse..., répondit l'usurier. J'ai reçu beaucoup de monde ce matin : des femmes, des hommes..., et il me serait bien difficile de...

— Trêve de stratagèmes, monsieur ; je parle de la femme qui sort à l'instant de chez vous.

— Comment puis-je savoir si elle est votre femme?... demanda l'usurier. Je n'ai jamais eu l'avantage de vous voir.

— Vous vous trompez, monsieur Gobseck, dit l'inconnu avec un profond accent d'ironie. Nous nous sommes rencontrés dans la chambre de ma femme, un matin. Vous veniez toucher un billet souscrit par elle, un billet qu'elle ne devait pas.

— Ce n'était pas mon affaire de rechercher de quelle manière elle en avait reçu la valeur... répliqua Gobseck, en lançant un regard malicieux au comte. — J'avais escompté l'effet à un de mes confrères... D'ailleurs, monsieur, dit le capitaliste sans s'émouvoir ni presser son débit, et en versant du café dans sa jatte de lait, vous me permettrez de vous faire observer qu'il ne m'est pas prouvé que vous ayez le droit de me faire des remontrances chez moi. Je suis majeur!

— Monsieur, vous venez d'acheter à vil prix des diamants qui n'appartenaient pas à ma femme. — Ce sont des diamants de famille.

— Sans me croire obligé de vous mettre dans le secret de mes affaires, je vous dirai, monsieur le comte, que si vos diamants vous ont été pris par madame la comtesse, vous auriez dû prévenir tous les joailliers de Paris, par une circulaire, de ne pas les acheter ; car elle a pu les vendre en détail.

— Monsieur ! s'écria le comte, vous connaissiez ma femme...

— Juste!

— Elle est en puissance de mari.

— Possible !

— Elle n'avait pas le droit de disposer de ces diamants...

— Vrai !

— Eh bien ! monsieur...

— Eh bien! monsieur, je connais votre femme, elle est en puissance de mari, mais — je ne connais pas vos diamants ; et, comme madame la comtesse signe des lettres de change, elle peut faire le commerce, et acheter des diamants...

— Adieu, monsieur ! s'écria le comte pâle de colère ; il y a des tribunaux !

— Juste!

— Monsieur que voici, ajouta-t-il en me montrant, a été témoin de la vente.

— Possible !

Le comte allait sortir, quand tout à coup, sentant l'importance de cette affaire, je m'interposai entre les parties belligérantes.

— Monsieur le comte, dis-je, vous avez raison,

et M. Gobseck n'a aucun tort. Vous ne sauriez poursuivre l'acquéreur, sans intenter un procès à votre femme, et l'odieux de cette affaire ne retomberait pas sur elle seulement.

Je suis avoué, et je me dois à moi-même, encore plus qu'au caractère dont je suis revêtu, de vous déclarer que les diamants dont vous parlez ont été achetés par M. Gobseck en ma présence. Mais je crois que vous auriez tort de contester la légalité de cette vente. M. Gobseck est trop honnête homme pour nier qu'elle ait été effectuée à son profit ; surtout quand ma conscience et mon devoir me forcent à l'avouer... Intentassiez-vous un procès... monsieur le comte, l'issue en serait douteuse. Mais vous pouvez faire une transaction amiable avec M. Gobseck, et consentir à un réméré de sept à huit mois, d'un an même, laps de temps qui vous permettra de rendre la somme empruntée par madame la comtesse.

L'usurier trempait son pain dans la tasse de café et mangeait avec une parfaite indifférence ; cependant, au mot de réméré et de transaction, il me regarda comme s'il disait :

— Le gaillard ! comme il profite de mes leçons !

De mon côté, je lui ripostai par une œillade qu'il comprit à merveille. En effet, l'affaire était fort douteuse, ignoble ; et il était urgent de transiger. J'aurais dit la vérité, et Gobseck n'aurait pas eu la ressource de la dénégation.

Le comte me remercia par un bienveillant sourire.

Après un débat dans lequel l'adresse et l'avidité de Gobseck auraient mis en défaut toute la diplomatie d'un congrès, je préparai un acte de réméré, par lequel le comte reconnut avoir reçu une somme de quatre- vingt-dix mille francs, déduction faite des intérêts, et moyennant la reddition de laquelle M. Gobseck s'engageait à remettre les diamants au comte, dans un an, à compter de ce jour; faute de quoi, l'écrin appartiendrait à l'usurier.

— Quelle dilapidation !...... s'écria le mari en signant. Comment jeter un pont sur cet abîme?...

— Monsieur, dit gravement le père Gobseck, avez-vous beaucoup d'enfants?...

Cette demande fit tressaillir le comte comme si, semblable à un savant médecin, l'usurier eût mis tout à coup le doigt sur le siége du mal.

Le mari ne répondit pas.

— Eh bien, reprit Gobseck, comprenant le douloureux silence du comte, je sais toute votre histoire par cœur. Cette femme est un démon : vous l'aimez malgré ses fautes ; je le crois bien, elle m'a ému... Mais vous voudriez sauver votre fortune, la réserver à un ou deux de vos enfants... Eh bien, jetez-vous dans le tourbillon du monde, jouez et perdez cette fortune, venez trouver souvent le père Gobseck, on dira que j'ai été votre ruine... Je m'en moque... Puis, ayez un ami, si vous pouvez en rencontrer un, auquel vous ferez une vente simulée de vos biens..

— N'appelez-vous pas cela un fidéicommis?... me demanda-t-il en se tournant vers moi.

Le comte parut entièrement absorbé dans ses pensées, et nous quitta en nous saluant.

— Ça m'a l'air d'être bête comme un honnête homme! me dit froidement le père Gobseck quand le comte fut parti.

— Dites plutôt bête comme un homme passionné...

L'usurier hocha la tête.

— Le comte vous doit les frais de l'acte... s'écria-t-il en me voyant prendre congé de lui.

Quelque temps après cette scène qui m'avait initié aux terribles mystères de la vie d'une femme à la mode, je vis entrer le comte, un matin, dans mon cabinet. Il était fort triste, changé, vieilli.

— Monsieur, dit-il, je viens vous consulter sur des intérêts graves, en vous déclarant que j'ai en vous la confiance la plus entière, et j'espère vous en donner une grande preuve. Votre conduite envers madame de Grandlieu (vous voyez, madame, dit l'avoué à la vicomtesse, que j'ai mille fois reçu de vous le prix d'une action toute simple), — votre conduite est au-dessus de tout éloge.

Je m'inclinai respectueusement, et je répondis que je n'avais fait que remplir un devoir d'honnête homme.

— Eh bien! monsieur, j'ai pris beaucoup d'informations sur le singulier personnage auquel vous devez votre état. D'après tout ce que l'on m'en a dit, je crois que c'est un philosophe de l'école cynique. Mais que pensez-vous de sa probité ?...

— Monsieur le comte, répondis-je, M. Gobseck est mon bienfaiteur... à quinze pour cent! ajoutai-je en riant. Mais son avarice ne m'autorise pas à le peindre ressemblant au profit d'un inconnu.

— Oh! parlez, monsieur! — Votre franchise ne peut nuire ni à M. Gobseck, ni à vous; car je ne m'attends pas à rencontrer un ange dans un prêteur.

— M. Gobseck, repris-je, est intimement convaincu d'un principe qui domine toute sa vie. Selon lui, l'argent est une marchandise que l'on peut, en toute sûreté de conscience, vendre cher ou bon marché, suivant sa rareté. Un capitaliste est à ses yeux un homme qui entre, par le fort denier qu'il réclame de son argent, comme associé dans les entreprises et les spéculations lucratives. A part ses principes financiers et ses observations philosophiques sur la nature humaine, qui lui permettent de se conduire en apparence comme un usurier, je suis intimement persuadé que, sorti de ses affaires, c'est l'homme le plus délicat et le plus probe qu'il y ait à Paris. Il y a deux hommes en lui : il est avare et philosophe, petit et grand. Si je mourais en laissant des enfants, il en serait le tuteur. Voilà, monsieur, sous quel aspect l'expérience m'a montré le père Gobseck. Je ne connais rien de sa vie passée. Il peut avoir été corsaire, il a peut-être traversé l'Asie, l'Amérique, en trafiquant des diamants ou des hommes; mais je jure que c'est une âme éprouvée.

— Mon parti est irrévocablement pris, me dit le comte. Je vous prie d'avoir la complaisance de préparer les actes nécessaires pour transporter à M. Gobseck la propriété de tous mes biens... Je ne me fie qu'à vous, monsieur, pour la rédaction de la contre-lettre par laquelle M. Gobseck déclarera que cette vente est simulée, et prendra l'engagement de remettre toute ma fortune entre les mains de mon fils aîné, à l'époque de sa majorité. Maintenant, monsieur, je vous avouerai que je craindrais de garder cet acte précieux chez moi, et que l'attachement de mon fils pour sa mère me fait également redouter de lui confier cette contre-lettre. Oserai-je vous prier d'en être le dépositaire? En cas de mort, M. Gobseck m'a promis de vous instituer légataire de mes propriétés. Ainsi tout est prévu.

Le comte frissonna et parut très-agité.

— Mille pardons, monsieur, me dit-il après une pause ; je souffre beaucoup, et ma santé me donne les plus vives craintes. Des chagrins récents ont troublé ma vie d'une manière cruelle : ils nécessitent la grande mesure que je prends, et qui me fut conseillée par votre vieil ami.

— Monsieur, lui dis-je, permettez-moi de vous remercier d'abord de la confiance que vous avez en moi. Mais, par les mesures que vous voulez prendre, vous exhérédez complétement vos autres.... enfants. Ils portent votre nom, et ne fussent-ils que les enfants d'une femme que vous auriez aimée, ils ont droit à une certaine existence. Je vous déclare que je n'accepte point la charge dont vous voulez bien m'honorer, si leur sort n'est pas fixé.

Ces paroles firent tressaillir violemment le comte. Quelques larmes lui vinrent aux yeux ; puis, il me serra la main en me disant :

— Je ne vous connaissais pas encore tout entier!.... Vous venez de me causer autant de joie que de peine. Nous fixerons la part de ces enfants-là par les dispositions de la contre-lettre.

Il me quitta, et quand je le reconduisis jusqu'à la porte de mon étude, il me sembla que ses traits étaient épanouis.

— Eh bien! mademoiselle Camille, quelles leçons cette histoire ne renferme-t-elle pas déjà pour les jeunes femmes qui s'embarquent si légèrement sur des abîmes, à la voix présomptueuse de la vanité, de l'orgueil, sur la foi d'un sourire ou par étourderie? La Honte, le Remords et la Misère sont trois Furies entre les mains desquelles elles doivent infailliblement tomber. Il suffit quelquefois d'une contredanse, d'un air chanté au piano, d'une partie de campagne, pour décider un effroyable malheur...

— Ma pauvre Camille a bien besoin de sommeil, dit la vicomtesse. Va, ma fille, va dormir; tes chers yeux se ferment. Son cœur n'a pas besoin de tableaux effrayants pour rester pur et vertueux, et le reste de votre histoire ne doit plus être raconté qu'à moi, vieille mère qui a presque des oreilles de garçon.

Mademoiselle Camille de Grandlieu comprit sa mère, et sortit.

— Vous avez été un peu trop loin, mon cher Émile, dit la vicomtesse.

— Mais les gazettes sont mille fois plus...

— Pauvre Émile! dit la vicomtesse en interrompant l'avoué, cela est bien de vous! Est-ce que vous croyez que ma fille lit les journaux?...

— Continuez...., ajouta-t-elle après une pause.

La Mort du Mari.

Trois mois après la ratification des ventes consenties par le comte au profit de Gobseck...

— Vous pouvez nommer le comte de Restaud,

puisque ma fille n'est plus là, dit la vicomtesse en interrompant le narrateur.

— Soit! reprit l'avoué. Eh bien! trois mois après, je n'avais pas encore reçu la contre-lettre qui devait me rester entre les mains.

Un jour que l'usurier dînait chez moi, je lui demandai, en sortant de table, s'il savait pourquoi je n'avais plus entendu parler de M. de Restand.

— Il y a d'excellentes raisons pour cela, me répondit-il. Le gentilhomme est à la mort. C'est une âme tendre. Or, ceux qui ne connaissent pas la manière de tuer le chagrin, se laissent toujours tuer par lui. La vie est un travail, un métier, et il faut se donner la peine de l'apprendre. Quand un homme a su la vie à force d'en avoir éprouvé les douleurs, sa fibre acquiert une certaine souplesse, et il peut gouverner sa sensibilité.

Je laissai Gobseck faire de la morale à sa manière; et, prétextant une affaire pressante, nous sortîmes.

J'arrivai promptement rue du Helder. Je fus introduit dans un salon où la comtesse jouait avec un jeune garçon et une petite fille. En m'entendant annoncer, elle se leva par un mouvement brusque, vint à ma rencontre, et s'assit sans mot dire, en m'indiquant de la main un fauteuil vacant auprès du feu. Quand je la regardai, elle avait mis sur sa figure ce masque impénétrable sous lequel les femmes du monde savent si bien cacher leurs passions. Elle était déjà bien changée. Les chagrins avaient fané ce visage, dont il ne restait plus que les lignes merveilleuses qui en faisaient autrefois la beauté.

— Il est très-essentiel, madame, que je puisse parler à M. le comte.

— Vous seriez donc plus favorisé que moi?...... répondit-elle en m'interrompant. M. de Restaud ne veut voir personne. Il souffre à peine que son médecin vienne le voir. Il repousse même mes soins... Ces malades ont des fantaisies si bizarres!... Ce sont comme des enfants : ils ne savent ce qu'ils veulent...

— Peut-être savent-ils, comme les enfants, très-bien ce qu'ils veulent...

La comtesse rougit.

Je me repentis presque d'avoir fait cette réplique digne de Gobseck.

— Mais, repris-je pour changer de conversation, il est impossible, madame, que M. de Restaud demeure perpétuellement seul.

— Il a son fils aîné près de lui, et n'agrée que les services de cet enfant-là.

J'eus beau regarder la comtesse, cette fois elle ne rougit plus; et il me parut qu'elle s'était affermie dans la résolution de ne pas me laisser pénétrer ses secrets.

— Vous devez comprendre, madame, que ma démarche n'est point indiscrète, repris-je. Elle est fondée sur des intérêts puissants...

Je me mordis les lèvres; car je sentis que je m'embarquais dans une fausse route. Aussi la comtesse profita sur-le-champ de mon étourderie.

— Mes intérêts ne sont point séparés de ceux de mon mari, monsieur, dit-elle; et rien ne s'oppose à ce que vous vous adressiez à moi....

— L'affaire qui m'amène ne concerne que M. le comte!... répondis-je avec fermeté.

— Je le ferai prévenir, répliqua-t-elle, du désir que vous avez de le voir.

Le ton poli et l'air qu'elle prit pour prononcer cette phrase ne me trompèrent pas. Je devinai qu'elle ne me laisserait jamais parvenir auprès de son mari. Je causai pendant un moment de choses indifférentes, afin de pouvoir l'observer.

Il me sembla que, depuis le jour où elle était venue vendre ses diamants à Gobseck, son mauvais génie avait achevé de la pousser dans l'abîme. Elle savait dissimuler avec cette rare perfection qui, chez les femmes, est le dernier degré de perfidie. Oserai-je le dire, j'attendais tout d'elle, et cette appréhension n'était fondée que sur ses gestes, ses regards, ses manières, le son de sa voix. Je la quittai.

Maintenant je vais vous raconter les scènes qui terminent cette aventure, en y joignant les circonstances que le temps m'a révélées, les détails que la perspicacité de Gobseck et la mienne m'ont fait deviner.

Du moment où le comte de Restaud parut se plonger dans un tourbillon de plaisirs, et vouloir dissiper sa fortune, il se passa entre les deux époux des scènes dont le secret a été impénétrable; mais elles permirent au comte de juger sa femme encore plus défavorablement qu'il ne l'avait fait jusqu'alors. Aussitôt qu'il tomba malade, et qu'il fut obligé de s'aliter, il manifesta une profonde horreur pour la comtesse et pour ses deux enfants. Il leur interdit l'entrée de sa chambre; et quand ils essayèrent d'éluder cette consigne, leur désobéissance amena des crises si dangereuses pour M. de Restaud, que le médecin conjura la comtesse de ne pas enfreindre les ordres de son mari.

Madame de Restaud, ayant vu successivement

les terres, les propriétés de la famille, et même l'hôtel où elle demeurait, passer entre les mains du terrible Gobseck, qui semblait réaliser, quant à leur fortune, le personnage fantastique d'un ogre, comprit sans doute les desseins de son mari.

Quoique le vicomte fût habile, il était cependant bien difficile qu'il pût apprendre à la comtesse les précautions secrètes que j'avais suggérées à M. de Restaud, de manière que les suppositions des deux complices durent être fautives. La comtesse croyait que son mari avait capitalisé toute sa fortune, et que le petit volume de billets qui la représentait était déposé, soit chez un notaire, soit à la Banque. Suivant ses calculs, M. de Restaud devait posséder nécessairement un acte quelconque pour donner à son fils aîné la facilité de recouvrer sa fortune. Alors, elle prit le parti d'établir autour de la chambre de son mari une surveillance exacte. Elle régna despotiquement dans sa maison, qui fut soumise à un espionnage de femme : c'est tout dire. Elle restait toute la journée assise dans le salon où elle m'avait reçu et qui attenait à la chambre de son mari. De là elle pouvait en entendre les moindres paroles et même les plus légers mouvements. La nuit elle faisait tendre un lit dans cette pièce, et la plupart du temps elle ne dormait pas. Le médecin était entièrement dans ses intérêts. Ce dévouement parut admirable. Elle savait, avec cette finesse naturelle aux personnes perfides, déguiser la répugnance que M. de Restaud manifestait pour elle, et jouait la douleur en perfection. Elle obtint une sorte de célébrité. Quelques prudes trouvèrent même qu'elle rachetait ainsi ses fautes. Mais elle avait toujours devant les yeux la misère qui l'attendait à la mort du comte, si elle manquait de présence d'esprit pendant une seule minute. Ainsi cette femme, repoussée du lit de douleur où gémissait son mari, avait tracé un cercle magique autour de lui. Elle était là, loin de lui, disgraciée et toute puissante, épouse dévouée en apparence, mais guettant la mort et la fortune, comme cet insecte des champs qui, au fond du précipice de sable qu'il a su arrondir en spirale, y attend son inévitable proie en écoutant chaque grain de poussière qui tombe.

Le censeur le plus sévère ne pouvait s'empêcher de reconnaître que la comtesse portait le sentiment de la maternité au plus haut degré. Elle était idolâtre de ses enfants et les élevait à merveille. Elle leur avait entièrement dérobé le tableau de ses désordres, et leur âge la servit à merveille en ce point. Elle en était aimée autant qu'elle pouvait le souhaiter. J'avouerai même que je ne puis me défendre d'un sentiment honorable pour elle, et dont Gobseck me plaisante encore. Je crois fermement qu'à cette époque la comtesse avait reconnu toute la bassesse du vicomte, et qu'elle avait déjà expié par des larmes de sang les fautes de sa vie passée.

Alors, quelque odieuses que fussent les mesures qu'elle prenait pour reconquérir la fortune de son mari, elles lui étaient dictées par son amour maternel et le désir de réparer ses torts envers eux. Comme toutes les femmes qui ont subi les orages d'une passion, elle sentait le besoin de redevenir vertueuse, et peut-être ne connaissait-elle bien le prix de la vertu qu'au moment où elle allait recueillir la triste moisson semée par le crime. Chaque fois que le jeune Ernest sortait de chez son père, il subissait un interrogatoire de la dernière sévérité, sur tout ce que le comte avait fait et dit. L'enfant se prêtait complaisamment aux désirs de sa mère ; et, avec la naïveté de la jeunesse, les attribuant à un tendre sentiment, il allait au-devant de toutes les questions.

Ma visite fut un trait de lumière pour la comtesse. Elle voulut voir en moi le ministre des vengeances de son mari. Elle décréta dans sa sagesse de ne pas me laisser approcher du moribond.

J'avoue que, mu par un pressentiment sinistre, je désirais vivement me procurer un entretien avec le comte. Je n'étais pas sans inquiétude sur la destinée des contre-lettres. Si elles tombaient entre les mains de la comtesse, et qu'elle voulût les faire valoir, il se serait élevé des procès interminables entre elle et Gobseck ; car je connaissais assez l'usurier pour savoir qu'il ne restituerait jamais les biens à la comtesse, et il y avait de nombreux éléments de chicane dans la contexture de ces titres dont l'action ne pouvait être exercée que par moi. Alors, pour prévenir tant de malheurs, j'allai une seconde fois chez la comtesse.

— J'ai remarqué, madame, dit l'avoué à la vicomtesse de Grandlieu, en prenant le ton calculé d'une confidence, qu'il existe certains phénomènes moraux auxquels nous ne faisons pas assez attention dans le monde. Naturellement observateur, j'ai porté dans les affaires d'intérêt que je traite, et où les passions sont si vivement mises en jeu, un esprit d'analyse psychologique involontaire. Or, j'ai toujours admiré avec une surprise nouvelle que les intentions secrètes et les idées que portent en eux deux adversaires, sont presque toujours réciproquement devinées par eux. Il y a parfois entre deux ennemis la même lucidité de raison, la même puissance de vue intellectuelle qu'entre deux amants qui lisent dans l'âme l'un de l'autre.

Ainsi, quand nous fûmes tous deux en présence, la comtesse et moi, je compris tout à coup la cause de l'antipathie qu'elle avait pour moi, bien qu'elle déguisât ses sentiments sous les formes les plus gracieuses de la politesse et de l'aménité. Quant à elle, elle devina subitement que j'étais l'homme en qui son mari plaçait sa confiance, et qu'il ne m'avait pas encore remis sa fortune. Notre conversation, dont je vous fais grâce, est restée dans mon souvenir comme une des luttes les plus dangereuses que j'aie eues à subir. La comtesse avait un esprit d'une supériorité inimaginable. Elle était douée par la nature de toutes les qualités nécessaires pour séduire. Elle m'enlaça, m'enveloppa, se montrant tour à tour souple, fière, caressante, confiante; elle alla même jusqu'à tenter d'allumer ma curiosité, d'éveiller l'amour dans mon cœur. Elle échoua; mais ce fut une rude épreuve. Quand je pris congé d'elle, je surpris dans ses yeux une expression de haine et de fureur qui me fit trembler. Nous nous séparâmes ennemis. Elle m'aurait vu, je crois, mettre en pièces ou tirer à quatre chevaux avec délices, tandis que je ne me sentais que de la pitié pour elle. Ce sentiment perça dans les dernières considérations que je lui présentai, et je lui laissai, je crois, une profonde terreur dans l'âme; car je lui déclarai que, de telle manière qu'elle pût s'y prendre, elle serait nécessairement ruinée.

— Si je voyais M. le comte, au moins le bien de vos enfants...

— Je serais à votre merci!... dit-elle avec un geste de dégoût.

Une fois les questions posées entre nous d'une manière aussi franche, je résolus de sauver, sans le concours de personne, cette famille de la misère qui l'attendait. Déterminé à commettre des illégalités judiciaires, si elles étaient nécessaires pour parvenir à mon but, voici quels furent mes préparatifs. Je fis poursuivre M. le comte de Restaud pour une somme due fictivement à Gobseck, et j'obtins des condamnations.

La comtesse cacha nécessairement cette procédure, mais j'avais ainsi le droit de faire apposer les scellés à la mort du comte. Alors je corrompis un des gens de la maison, et j'obtins de lui la promesse qu'au moment même où le comte serait sur le point d'expirer, il viendrait me prévenir, fût-ce la nuit. J'étais déterminé à intervenir tout à coup, à effrayer la comtesse en la menaçant d'une subite apposition de scellés et à sauver ainsi les contre-lettres. J'appris plus tard que cette femme étudiait le code en entendant les plaintes de son mari mourant!... Quels effroyables tableaux ne présenteraient pas les âmes de ceux qui environnent les lits funèbres, si l'on pouvait en peindre les idées! Et toujours la fortune est le mobile des intrigues qui s'élaborent, des plans qui se forment, des trames qui s'ourdissent!

Laissons maintenant de côté ces détails assez fastidieux de leur nature, mais qui ont pu vous donner la clef de bien des douleurs.

Depuis deux mois le comte de Restaud, résigné à son sort, était resté couché, seul, dans sa chambre. Une maladie mortelle avait lentement affaibli son corps et même son esprit. Il était plongé dans une noire mélancolie. En proie à ces fantaisies de malade dont la bizarrerie semble inexplicable, il s'opposait à ce qu'on appropriât son appartement, se refusant même à ce qu'on fît son lit. Cette extrême apathie s'était empreinte à la longue dans tout ce qui l'entourait : les meubles de sa chambre restaient en désordre; tout y était couvert de poussière et de toiles d'araignées. Riche et recherché dans ses goûts, il se complaisait dans le triste spectacle que lui offrait cette pièce. Table, commode, secrétaire, chaises, étaient encombrés des objets que nécessite une maladie. Il y avait autour de lui des fioles vides ou pleines, presque toutes sales; du linge épars, des assiettes brisées, une bassinoire ouverte devant le feu, une baignoire. C'était un chaos disgracieux. Le sentiment de la destruction se lisait en tout. La mort était dans les choses avant d'envahir la personne, et cette chambre ressemblait à un cimetière jonché d'os. Le comte ayant horreur du jour, les persiennes des fenêtres étaient fermées, et l'obscurité ajoutait encore à la sombre physionomie de ce triste lieu. Le malade avait considérablement maigri. Ses yeux étaient restés brillants, mais la vie semblait s'y être réfugiée. La blancheur livide de son visage avait quelque chose d'horrible à voir, surtout par suite de la longueur extraordinaire de ses cheveux qu'il n'avait jamais voulu laisser couper. Ils descendaient en longues mèches plates le long de ses joues, et le faisaient ressembler à ces fanatiques, jadis habitants du désert. Il n'avait que trente-sept ans, et naguère il était jeune, brillant, heureux, élégant. Le chagrin éteignait en lui tous les sentiments humains.

Au commencement du mois de décembre 1819, un matin, il regarda son fils Ernest qui était assis au pied de son lit, et le contemplait douloureusement.

— Souffrez-vous plus?... lui avait demandé l'enfant.

— Non, dit-il avec un effrayant sourire, tout est *ici* et *autour du cœur!*

Et, après avoir montré sa tête, il pressa ses doigts décharnés sur sa poitrine creuse, par un geste qui fit pleurer Ernest.

— Pourquoi donc ne vois-je pas venir monsieur...? (c'était de moi qu'il parlait), demanda-t-il à son valet de chambre qui entra.

Ce valet de chambre, qu'il croyait lui être très-attaché, était tout à fait dans les intérêts de la comtesse.

— Comment, Joseph! s'écria le moribond qui se mit sur son séant et parut avoir recouvré toute sa présence d'esprit, voici sept ou huit fois que je vous envoie chez mon avoué, depuis quinze jours, et il n'est pas venu? Croyez-vous que l'on puisse se jouer de moi? Allez le chercher sur-le-champ, à l'instant; et ramenez-le... Si vous n'exécutez pas mes ordres, je me lèverai moi-même et j'irai...

— Madame, dit le valet de chambre en sortant, vous avez entendu monsieur le comte? que dois-je faire?

— Vous feindrez d'aller chez l'avoué, et vous reviendrez dire à monsieur que son homme d'affaires est allé à quatre lieues d'ici pour un procès important. Vous ajouterez qu'on l'attend à la fin de la semaine.... Comme les malades s'abusent toujours sur leur sort, pensa la comtesse, il croira pouvoir remettre sa confidence au retour de cet homme.

Le médecin avait déclaré la veille qu'il était difficile que le comte passât la journée.

Quand le valet de chambre vint deux heures après faire à son maître cette réponse désespérante, le moribond parut très-agité.

— Mon Dieu! mon Dieu! répéta-t-il à plusieurs reprises, je n'ai confiance qu'en vous!...

Il regarda son fils pendant longtemps, et enfin il lui dit d'une voix affaiblie :

— Ernest, mon enfant, tu es bien jeune; mais tu as bon cœur, et tu comprends sans doute toute la sainteté d'une promesse faite à un mourant, à un père... Te sens-tu capable de garder un secret, de l'ensevelir en toi-même de manière à ce que ta mère elle-même ne s'en doute pas?... Aujourd'hui, mon fils, il ne me reste que toi dans cette maison à qui je puisse me fier. Tu ne trahiras pas ma confiance?...

— Non, mon père.

— Eh bien, Ernest, je te remettrai, dans quelques moments, un paquet cacheté. Il appartient à M. M... Tu le conserveras de manière à ce que personne ne sache que tu le possèdes; tu t'échapperas de l'hôtel, et tu le jetteras à la petite poste qui est au bout de la rue...

— Oui, mon père.

— Je puis compter sur toi?...

— Oui, mon père.

— Viens m'embrasser. Tu me rends ainsi la mort moins amère, mon cher enfant; et dans dix ou douze années, tu comprendras toute l'importance de ce secret; alors tu seras bien récompensé de ton adresse et de ta fidélité, alors tu sauras combien je t'aime... Laisse-moi seul un moment, et empêche qui que ce soit d'entrer ici.

Ernest sortit, et vit sa mère debout dans le salon.

— Ernest, lui dit-elle, viens ici.

Elle s'assit auprès du feu, mit son fils entre ses deux genoux, et, le pressant avec force, elle l'embrassa.

— Ernest, ton père vient de te parler...

— Oui, maman.

— Que t'a-t-il dit?

— Je ne puis pas le répéter, maman.

— Oh! mon cher enfant, s'écria la comtesse en l'embrassant avec enthousiasme, que ta discrétion me fait plaisir!... Ne jamais mentir et rester fidèle à sa parole, sont deux principes qu'il ne faut jamais oublier.

— Oh! que tu es belle, maman! Tu n'as jamais menti, toi!... j'en suis bien sûr!...

— Si, mon cher Ernest, j'ai menti, et j'ai manqué à ma parole; mais il est des circonstances devant lesquelles cèdent toutes les lois. Écoute, mon petit Ernest, tu es assez grand, assez raisonnable pour t'apercevoir que ton père me repousse, ne veut pas de mes soins... et tu sais combien je l'aime. Cela n'est pas naturel...

— Non, maman.

— Eh bien! mon pauvre enfant, dit la comtesse en pleurant, ce malheur-là est le résultat d'insinuations perfides. De méchantes gens ont cherché à me séparer de ton père, dans le but de satisfaire leur avidité. Ils veulent nous priver de notre fortune et se l'approprier. Si ton père était bien portant, la division qui existe entre nous cesserait bientôt, car il m'écouterait; et, comme il est bien bon et bien aimant, il reconnaîtrait mon innocence... Mais sa raison s'est un peu altérée, et les préventions qu'il avait contre moi sont devenues une idée fixe, une espèce de folie. C'est un effet de sa maladie... La prédilection que ton père a pour toi est une nouvelle preuve du dérangement de ses facultés; car tu ne t'es jamais aperçu qu'avant sa maladie il aimât moins Pauline et Georges que toi. Tout est caprice chez lui. Or, par suite de la tendresse qu'il a pour toi, il pourrait te donner des commissions secrètes à faire, des ordres à exécuter... Si tu ne veux pas ruiner ta famille, mon cher ange, et ne pas voir ta mère mendier son pain un jour comme une pauvresse des rues, il faut tout lui dire...

— Ah! ah!... s'écria le comte, qui, ayant ouvert la porte, se montra tout à coup presque nu, et déjà aussi sec, aussi décharné qu'un squelette.

Ce cri sourd produisit un effet terrible sur la comtesse.

Elle resta immobile et comme frappée de stupeur; car son mari était si frêle et si pâle, qu'il semblait sortir d'une tombe, et que ce fût une apparition.

— Vous avez abreuvé ma vie de chagrins... Voulez-vous donc troubler ma mort?... cria-t-il d'une voix rauque.

La comtesse alla se jeter aux pieds de ce mourant, que les dernières émotions de la vie rendaient presque hideux. Elle versa un torrent de larmes.

— Grâce! grâce!... s'écria-t-elle.

— Avez-vous eu de la pitié pour moi?... demanda-t-il.

— Eh bien! oui, pas de pitié pour moi!... Soyez inflexible! dit-elle, mais les enfants!... Condamnez-moi à vivre dans un couvent, j'obéirai; je ferai, pour expier mes fautes envers vous, tout ce qu'il vous plaira de m'ordonner; mais que les enfants soient heureux!... Oh! les enfants!... les enfants!

— Je n'ai qu'un enfant!... répondit le comte en tendant, par un geste désespéré, un bras décharné vers son fils.

— Dieu!... pardon!... repentir!... repentir!... criait la comtesse en embrassant les pieds humides de son mari; car les sanglots l'empêchaient de parler, et des mots vagues, incohérents, sortaient de son gosier brûlant.

— Que disiez-vous donc à Ernest?... Beau repentir!...

A ces mots, le moribond renversa la comtesse en agitant le pied.

— Vous me glacez!... dit-il avec une indifférence qui eut quelque chose d'effrayant.

La malheureuse femme tomba évanouie.

Le mourant regagna son lit, s'y coucha, et quelques heures après il avait perdu connaissance. Les prêtres vinrent lui administrer les sacrements. Il était minuit quand il expira. La scène du matin avait épuisé le reste de ses forces et de sa sensibilité.

J'arrivai à minuit précis avec le père Gobseck.

Nous nous introduisîmes, grâce au désordre qui régnait, jusque dans le petit salon qui précédait la chambre du mortuaire.

Nous y trouvâmes les trois enfants en pleurs, et deux prêtres qui devaient passer la nuit près du corps.

Ernest vint à moi et me dit que sa mère voulait être seule dans la chambre du comte.

— N'y entrez pas, dit-il avec une expression admirable dans l'accent et le geste; elle y prie!...

Gobseck se mit à rire, de ce rire muet qui lui était particulier; mais moi, j'étais trop ému par le sentiment qui éclatait sur la jeune figure d'Ernest, pour partager son ironie.

Quand l'enfant vit que nous marchions vers la porte, il alla s'y coller et cria :

— Maman, voilà des messieurs noirs qui te cherchent!...

Le père Gobseck enleva l'enfant comme si c'eût été une plume, et ouvrit la porte.

Quel spectacle s'offrit à nos regards!

Depuis dix minutes que le comte était expiré, sa femme avait forcé tous les tiroirs et le secrétaire; les tables étaient ouvertes, et il régnait dans cette chambre un affreux désordre. La comtesse était presque échevelée, les yeux étincelants, au milieu de papiers, de chiffons, de hardes. Le tapis était couvert de débris autour d'elle, et ils s'élevaient à près de deux pieds. Quelques meubles, quelques portefeuilles avaient été brisés. Il n'y avait rien qui ne portât l'empreinte de ses mains hardies et spoliatrices. C'était une confusion horrible à voir en présence de ce mort.

Il paraît que, d'abord, ses recherches avaient été vaines; mais son attitude et son agitation me firent supposer qu'elle avait fini par découvrir les mystérieux papiers.

Je jetai un coup d'œil sur le lit; et, avec l'instinct que nous donne l'habitude des affaires, je devinai ce qui s'était passé.

Le cadavre du comte se trouvait dans la ruelle du lit, presque en travers, le nez tourné vers les matelas, et jeté avec le même dédain qu'une des enveloppes de papier qui étaient à terre. Ses membres roidis et inflexibles lui donnaient quelque chose de grotesquement horrible. Cela faisait frémir.

Le mourant avait sans doute caché la contre-lettre sous son oreiller, comme pour la préserver de toute atteinte jusqu'à sa mort ; et sa femme avait peut-être, dans sa rage, deviné la pensée du comte. Au surplus, ce sentiment semblait être écrit dans son dernier geste, dans la convulsion de ses doigts crochus. L'oreiller avait été jeté en bas du lit, et le pied de la comtesse y était encore imprimé.

Elle nous regardait avec des yeux hagards, et debout, immobile, elle attendait nos premiers mots en haletant.

A ses pieds, et devant elle, je vis une enveloppe qui avait dû être cachetée en plusieurs endroits. Remarquant les armes du comte, je la ramassai vivement, et j'y lus une suscription indiquant que le contenu devait m'en être remis.

Je regardai la comtesse fixement et avec la sévérité perspicace d'un juge interrogeant un coupable.

La flamme du foyer dévorait les restes des papiers. Il paraît qu'en nous entendant venir, la comtesse les y avait lancés. Elle venait sans doute de s'en saisir : et la manière dont la contre-lettre était pliée ne lui ayant probablement permis de n'y lire que les dispositions faites par le comte pour ses deux derniers enfants, elle avait cru, dans son égarement, anéantir un testament qui les privait de leur fortune. Une conscience bourrelée et l'effroi involontaire qu'un crime inspire à ceux qui le commettent, lui avaient ôté l'usage de la réflexion. Elle se voyait surprise ; elle voyait peut-être l'échafaud et le fer rouge du bourreau.

— Ah ! madame, dis-je en retirant de la cheminée un fragment que le feu n'avait pas atteint, vous avez ruiné vos enfants !... Ces papiers étaient des titres de propriété...

Sa bouche se remua, comme si elle allait avoir une attaque de paralysie ; elle frissonna, et me regarda d'un air hébété.

— Hé ! hé ! s'écria Gobseck.

Cette exclamation de l'usurier nous fit l'effet du grincement produit par un flambeau de cuivre quand on le pousse sur un marbre.

Après une pause, le vieillard me dit d'un ton calme :

— Est-ce que vous voudriez faire croire à madame la comtesse que je ne suis pas légitimement propriétaire des biens que m'a vendus M. le comte ? Mais cette maison m'appartient même depuis une heure !...

Un coup de massue appliqué soudain sur ma tête m'aurait causé moins de douleur et de surprise.

La comtesse remarqua mon effroi, et le regard d'indignation que je jetai sur l'usurier.

— Monsieur, lui dit-elle, monsieur...

Elle ne trouva pas d'autres paroles.

— Vous avez un fidéicommis ?... lui demandai-je.

— Possible.

— Abuseriez-vous donc du crime commis par madame ?

— Juste.

Je sortis, laissant la comtesse assise auprès du lit de son mari, et pleurant à chaudes larmes.

Le père Gobseck me suivit. Quand nous nous trouvâmes dans la rue, je me séparai de lui ; mais il vint à moi, et me lança un de ces regards profonds par lesquels il sonde les cœurs.

— Tu te mêles de juger ton bienfaiteur !...... me dit-il.

Depuis ce temps-là, nous nous sommes peu vus. Le père Gobseck habite l'hôtel du comte ; il va passer les étés dans les terres, fait le seigneur, construit les fermes, répare les moulins, les chemins, et plante des arbres. Il a renoncé à son métier d'usurier, et il a été nommé député. Il veut être nommé baron, et désire la croix. Il ne va plus qu'en voiture.

Un jour je le rencontrai aux Tuileries.

— La comtesse mène une vie héroïque, lui dis-je ; elle s'est consacrée à l'éducation de ses enfants ; elle les a parfaitement élevés. L'aîné est un charmant sujet...

— Ah ! ah ! dit-il, la pauvre femme s'en est donc tirée ?... J'en suis bien aise. — Il jura. — Elle est belle !

— Mais, repris-je, ne devriez-vous pas aider... ?

— Aider Ernest !... s'écria Gobseck. Non, non, il faut qu'il s'épure et se forme dans l'infortune. Le malheur est notre plus grand maître. Il manquera toujours quelque chose à la bonté de celui qui n'a pas connu la peine...

Je le quittai désespéré.

— Enfin, il y a huit jours, je l'ai été voir ; je l'ai instruit de l'amour d'Ernest pour mademoiselle Camille, en le pressant d'accomplir son mandat, puisque le jeune comte est majeur.

Il me demanda quinze jours pour me donner une réponse. Hier, il m'a dit que cette alliance lui convenait, et que, le jour où elle aurait lieu, il constituerait à Ernest un majorat de cent mille livres de rente... Mais que de choses j'ai apprises sur Gobseck ! C'est un homme qui s'était amusé à faire de la vertu, comme il faisait jadis l'usure, avec une perspicacité, un tact, une sécurité de jugement inimaginable. Il méprise les hommes parce qu'il lit dans leurs âmes comme dans un livre, et se plaît à leur verser le bien et le mal tour à tour. C'est un dieu, c'est un démon; mais plus souvent démon que dieu.

Autrefois, je voyais en lui le pouvoir de l'or personnifié... Eh bien, maintenant, il est pour moi comme une image fantastique du DESTIN.

— Pourquoi vous êtes-vous donc tant intéressé à moi et à Ernest? lui dis-je hier.

— Parce que vous et son père êtes les seuls hommes qui se soient jamais fiés à moi.

— Eh bien, dit la vicomtesse, nous ferons nommer Gobseck baron, et nous verrons!...

— C'est tout vu! s'écria le vieux marquis en interrompant sa sœur pour faire croire qu'il n'avait pas dormi, et qu'il était au fait de l'histoire. C'est tout vu!...

FIN DES SCÈNES DE LA VIE PRIVÉE.

LE VICAIRE

DES

ARDENNES.

PRÉFACE

QU'ON LIRA SI L'ON PEUT.

Comme on pourra critiquer et que l'on critiquera assurément cet ouvrage, je déclare que je suis jeune, sans expérience et sans aucune connaissance de la langue française, quoique je sois bachelier ès lettres.... Alors mes censeurs ne se tromperont pas en disant que cette production annonce du mérite, à travers les aberrations d'une imagination de vingt ans, et malgré les fautes de style qui s'y trouveront.... Mais je leur réserve un coup auquel ils ne s'attendent pas, c'est que cette production n'est pas de moi. En effet, si j'étais l'auteur de cet ouvrage, je me serais bien gardé d'y clouer une préface, j'ai trop d'amour-propre pour écrire un seul mot avec la certitude qu'il ne serait pas lu.

Les zoïles écartés par ma franche confession, je m'adresse à la partie saine du public, c'est-à-dire à ceux qui auront le bon sens de me lire, à ceux que le délire de la politique n'a point saisis, et qui, dévorant avec joie les bons romans, se sortent de la vie, et s'élancent dans le monde idéal que crée un auteur habile, charmant ainsi leurs chagrins et ne vivant plus qu'avec des êtres imaginaires qui leur plaisent, ou quelquefois les ennuient, car nul n'est parfait, même dans le monde romantique.

C'est à cette *classe* (remarquez bien ce mot) que je m'adresse, et c'est à elle que j'ai réservé l'explication de l'espèce d'énigme que renferment les premières lignes de cette préface. Je serai sincère, j'aurai le courage de confesser tous mes torts et de paraître au tribunal de police correctionnelle de l'opinion des lecteurs de romans, en leur demandant pardon de parler de moi... Mais comme nous avons longtemps à nous voir, puisque j'ai trente ouvrages à faire paraître, je crois que nous pouvons sans danger nous dire nos vérités.

Je suis morose et sujet aux affections nerveuses. Un médecin de mes amis assure que j'ai les hypocondres très-gros.... On va se récrier et dire qu'il y a de la fatuité à instruire le public de ce que j'ai ou n'ai pas.... Êtes-vous un grand homme pour que vos maladies l'intéressent? Il est plaisant qu'un inconnu vienne usurper à vingt ans les droits que le génie ne conquiert qu'à sa mort.... Patience! la grosseur de mes hypocondres va vous expliquer comment je n'ai pu vivre avec personne, comment je trouve tout le monde vicieux, corrompu, comment aucun ministère ne me plaît et comment chacun me paraît taquin, mesquin, chagrin. J'ai des amis qui prétendent que l'on me fuit, parce que j'ai tous les défauts que je prête aux autres : ce qui est une véritable imposture, car je suis l'homme le plus facile et le plus accommodant. Je ne suis pas jaloux, quoique homme de lettres ; je suis pauvre et ne désire rien, qu'un peu de gloire et d'argent.

Tout ceci explique comment je me suis, dernièrement, réfugié au Père-Lachaise, conduit par mes hypocondres, selon mon médecin, et par le dégoût de l'humanité, selon moi. J'espérais trouver dans ce lieu des hommes vertueux et d'un commerce aimable!... J'ai trouvé bien autre chose!...

D'abord, je n'ai vu dans ce lieu que des modèles accomplis en tous genres. Le monde y est renversé : Chaque épouse y est fidèle ; toutes les mères, adorées ; tous les enfants, de leurs pères ; et les superlatifs les plus pompeux sont prodigués à d'honnêtes charcutiers, procureurs, boulangers, tailleurs, maçons, etc... tellement que pour les hommes que la France révère on n'a pu mettre sur leur marbre rien autre chose que *Masséna! Jacques Delille! Évariste Parny! Méhul!* Ces messieurs les débitants avaient tout pris. Enfin, chaque morceau de terre couvre une fleur céleste, ou renferme un phénix qui, heureusement pour ses héritiers, n'a pu renaître ; aucune femme n'est aigre ni vaporeuse ; les hommes y sont excellents et munis d'excellents certificats de bonnes mœurs. C'est tout un autre monde, où règnent une paix, un calme, une décence admirables. A la louange du genre humain, je déclare qu'après une perquisition exacte, je n'y ai vu qu'une seule épitaphe douteuse. Cela me fait souvenir de l'aventure du duc d'Ossone, qui, visitant les galères, interrogeait tous les rameurs, et chacun lui raconta son histoire de telle manière qu'il n'y en avait pas un seul pour qui la justice n'eût commis une grande erreur. Il en vit un qui, tout honteux, convint de sa peccadille.

— Qu'on m'ôte vite ce scélérat qui va gâter ces honnêtes gens!... s'écria le duc.

J'ai remarqué de grands laquais qui, par l'ordre de leurs sensibles maîtresses, apportaient d'un air triste les offrandes des veuves, et déposaient, par procuration, les branches d'immortelles ; je ne sais même pas s'ils ne pleuraient point aussi par procuration ou *par ordre*.

Enfin, je me suis promené avec un véritable plaisir au milieu de ces archives de la mort et j'y ai trouvé cette tranquillité, cet abandon qui rendent la vie aimable. Je ne me suis querellé avec personne ; tous ont pris mes discours en bonne part ; aucun ne s'est levé de sa tombe pour me reprocher mes sarcasmes innocents ; et, excepté quelques statues que le sculpteur a arrangées de telle sorte qu'elles me regardaient de travers, j'allais sortir fort content de la bonhomie de mes hôtes, lorsque j'aperçus un jeune homme non loin du tombeau d'Héloïse. Comme depuis trois jours j'étais à peu près sevré de la présence importune des hommes, j'avoue franchement que j'examinai ce chrétien avec l'attention qu'on prête à l'échantillon du drap dont on est forcé de s'habiller.

Ici commence mon crime ; ici l'on verra la curiosité qui perdit notre mère Ève se déployer, chez un de ses enfants, avec une force vraiment diabolique ; et vous-même qui lisez *cettuy* morceau de prose, confessez que vous désirez connaître ce jeune homme : première raison pour m'absoudre.

Je m'approchai à pas de loup, et je vis qu'il était assis sur un de ces tabourets contenus dans une canne. Je conclus de là qu'il aimait ses aises, et je présumai que sa douleur n'avait rien de profond. Bientôt je m'aperçus qu'il tenait sur ses genoux une masse assez considérable de papiers et qu'il les barbouillait avec vitesse.

A ces indices, je reconnus un de nos artistes dessinant nos monuments et spéculant sur la mort. Enhardi par cette idée, je m'avançai brusquement.... On m'a toujours dit que ma figure n'était pas gracieuse, et mes amis les plus intimes prétendent que s'ils me rencontraient au coin d'un bois, ils s'enfuiraient : j'avoue que si je me rencontrais moi-même, j'en ferais peut-être autant ; quoi qu'il en soit, le résultat de mon mouvement accéléré et du rire agréable que je formai, fut la retraite soudaine de cet honnête jeune homme.

Maître de la place, j'en parcourus l'étendue. Je vis un petit cippe en marbre sur lequel était écrit : *Bientôt.* Cette inscription changea totalement mon opinion. La terre qui environnait cette tombe modeste n'avait point cette fraîcheur qui annonce le culte que nous prodiguons aux sépulcres. Elle était foulée, aucune fleur ne parait ce dernier asile, le petit treillage obligé ne l'entourait pas... Non, tout indiquait une douleur sauvage, sans luxe, sans coquetterie, et le chagrin n'avait aucun fard. Alors, je pensai que ce jeune homme promettait peut-être plus qu'il ne tiendrait.

Lorsque je me retirai, je le vis revenir tout inquiet de ma visite ; il s'appuya sur le marbre, en passant sa main dans ses cheveux, et se remit à écrire. Ce qui m'étonna le plus, c'est qu'il ne poussa point de soupirs, ne versa point de larmes, ne se rongea point les ongles ; seulement, il me regarda par instants et finit par s'accoutumer à ma figure. Je saisis les moments pendant lesquels il écrivait pour m'approcher de lui, et je parvins par degrés à être à trois pas de lui. Je m'assis sur l'herbe, et je résolus de m'insinuer dans sa confiance pour savoir ce qu'il écrivait, car tout ceci me paraissait singulièrement romanesque. Alors, je m'avançai par un mouvement de fesses imperceptible, si bien que, sans qu'il eût dit un seul mot, nous nous trouvâmes côte à côte.

L'inconnu ne m'eut pas plutôt envisagé, qu'il se leva et s'enfuit pour la seconde fois. Jugeant alors que j'en avais assez fait pour une première tentative, je m'en allai, bien résolu de revenir.

Le lendemain je me rendis au cimetière, où je fus seul à entrer. Je cours !... Quel fut mon étonnement en arrivant au tombeau de la veille, d'y voir mon jeune homme écrivant toujours avec la même rapidité, mais pâle, l'œil abattu et les cheveux humides de rosée. — Avait-il passé la nuit? Comment? Pourquoi ?...

Il devint évident pour moi que cette aventure devait être fort intéressante ; je ne cherchai pas à m'expliquer la bizarrerie d'un tel fait ; seulement, par un magique pressentiment, je jugeai que j'avais devant les yeux un être malheureux. La compassion la plus vive s'empara de mon cœur, et j'aurai la franchise d'avouer que, dans cette compassion, se glissait l'espoir de lire le manuscrit.

Prenant alors les sons les plus anodins du medium de ma voix, je dis à l'étranger :

— Monsieur, vous paraissez gravement affecté!... Puis-je vous être utile à quelque chose? Je suis bachelier ès lettres.

— Non.

Ce *non* eut quelque chose de flatteur, malgré l'accent sévère avec lequel il fut prononcé, car le jeune homme me parlait au moins. En cet instant, la plume de l'étranger tomba par terre, je la ramassai, et, la lui présentant avec toute la grâce dont la nature m'a doué, je réussis à obtenir un signe de tête assez amical.

Réduit à un rôle passif, je m'en contentai, et, semblable à ces chiens qui suivent de l'œil la bouchée que leur maître tient à la main et qui l'escortent de leurs regards pétillants jusqu'à ce qu'elle ait disparu, de même je suivais la main du jeune homme, toutes les fois qu'elle allait d'un bout à l'autre du papier, ou lorsqu'il prenait de l'encre. Je cherchais à comprendre quelle aventure bizarre pouvait obliger un homme à écrire en plein air, plutôt que dans un cabinet bien chaud et sur une table commode, lorsque le jeune homme tira une ligne assez forte à la fin de la page qu'il tenait, et il roula le tout dans une feuille de papier. Cela fait, il quitta son tabouret, s'assit par terre, en appuyant sa tête contre le marbre, et, croisant ses bras, il ferma les yeux et ne remua plus. Il était beau de figure, et sa pose noble me fit plaisir à voir.

Mais toutes ses actions avaient un cachet d'originalité trop ressemblant à celui de la folie, pour que je restasse oisif ; rassemblant alors tout ce que je savais du grand style employé depuis dix ans par les hommes dont la France s'honore, je lui dis avec chaleur :

— Jeune homme, écoutez! il est des moments où l'âme abattue et flétrie recule devant le fardeau des misères humaines ; parfois la fleur de la vie perd son délicieux parfum ; il suffit de quelques froides réflexions pour nous précipiter du haut du trône idéal que construisent de brillantes imaginations ; mais, la nuit enfante le jour, la douleur le plaisir, l'hiver rend le printemps plus aimable; sortez de votre affliction; jetez-la comme un manteau trop lourd.....

Au bruit de ces tropes harmonieux, il souleva sa paupière et me répondit :

— Par grâce, M. le bachelier, ne m'étouffez pas, et laissez-moi mourir tranquille!

— Mourir! m'écriai-je en m'élançant sur lui, et le saisissant par la poche dans laquelle le manuscrit était contenu; mourir! mon cher monsieur, y pensez-vous?

— Comment voulez-vous que je vive? Mon âme est là!

Et il m'indiqua le marbre contre lequel il s'appuyait. Je vis avec joie que ce mouvement fit passer le manuscrit hors de sa poche.

— Ah! monsieur, vivez sans votre âme, il y en a tant qui n'en ont pas, vous ferez comme eux!...

— *Mon ami,* reprit-il au moment où je mettais la main sur ses papiers, la mort est douce aux malheureux!...

— *Monsieur et ami,* tel malheureux que l'on soit, il est très-agréable de vivre : l'existence est un fardeau, soit! mais il est très-agréable à porter, et sans les humains qui nous le tiraillent de côté et d'autre, il serait encore plus....

— De l'eau, de l'eau!.....

Le manuscrit sauta par terre.

— Qu'avez-vous?.... lui dis-je en prenant le rouleau de papier.

— Je meurs de faim... et... je veux, je veux mourir. Adieu, Mélanie, adieu, ma mère!...

Sans attendre plus longtemps, j'emportai le manuscrit et je fus chercher des secours : ils arrivèrent trop tard. Je trouvai le malheureux jeune homme mort, il avait la bouche pleine d'herbes dont il avait vainement exprimé le suc, ses ongles étaient enfoncés dans la terre, sa pose annonçait une violente convulsion et il tenait sa bouche collée sur un portrait de femme. Je m'empressai de prendre cette charmante miniature, non pas à cause de la chaîne et de la monture qui se sont trouvées en or pur, mais parce que je présumai que ce portrait était de quelque importance dans les aventures de ce beau jeune homme. Sa mort m'affligea singulièrement : ce qui m'a consolé, c'est qu'il voulait absolument mourir, et que, quand même je serais arrivé plus tôt, il eût tout refusé.

En me retirant, je vis une voiture attelée de deux chevaux qui accourait au grand galop. Cette voiture portait sur ses panneaux des armes de marquis. Une femme s'élança en s'écriant :

— Sauvez-mon fils!... sauvez mon fils!...

Je ne jugeai pas à propos de me trouver à cette reconnaissance.

Ce jeune homme avait une mère!... Si, sur ce prétexte, un censeur me contestait le legs que je me suis approprié, je ferai observer que :

Premièrement, ce jeune homme m'a nommé son ami;

Secondement, cette bienveillance annonçait l'intention de me léguer le manuscrit, car ces sortes de papiers ne se confient qu'à des *amis*;

Troisièmement, l'intention est réputée pour le fait. Et enfin, comment la mère aurait-elle agi? Elle eût détruit le portrait, elle eût déchiré le manuscrit, car elle n'aurait rien épargné dans sa douleur, et toute la France serait privée de cette production.

J'ai lu le manuscrit, j'ai reconnu que jamais histoire plus intéressante n'avait été publiée. Alors, je l'ai montrée à un très-honnête libraire de mon quartier. Le prix qu'il m'en offrit me séduisit, mais il m'avertit qu'il ne pouvait pas imprimer le manuscrit si un homme de lettres n'y mettait la main : le regardant alors avec cette noble fierté qui sied au talent modeste, je lui dis :

— Je suis bachelier ès lettres.

Or, vous sentez combien cette explication était indispensable. Il en résulte que ce qu'on va lire n'est malheureusement que trop vrai et que c'est un diamant brut que j'ai poli, monté et fait briller. Ce que vous y trouverez de mal doit être mis sur le compte du mort, et s'il y a quelque chose de bon, attribuez-le, je vous prie, au jeune bachelier.

Vous remarquerez combien il a fallu de travaux pour pouvoir deviner, par la seule force de l'imagination, tout ce que le manuscrit du jeune homme ne disait pas, et pour disposer son histoire de manière à former un ouvrage dramatique dans le plan, les caractères, etc.

Il est vrai que le hasard voulut que j'eusse encore, à cette époque, quelque argent, car les poches des bacheliers ès lettres sont souvent vides, et j'employai mon petit pécule à aller à pied à Aulnay-le-Vicomte. Là, je m'informai des circonstances que le jeune homme avait omises, et j'ai enchâssé son ouvrage dans un cadre que, sans vouloir me vanter, l'on saura apprécier, je n'en doute pas.

Attendu que le libraire ne m'a pas remboursé mes frais de voyage, de ce voyage entrepris dans l'intérêt de tous, je supplie ceux qui auront la bonté de me lire, de faire aller cet ouvrage vers la route flatteuse d'une seconde édition : c'est le seul moyen d'empêcher la ruine totale d'un pauvre bachelier, qui commence ses premières opérations de *littérature marchande.*

En terminant cette entrevue amicale avec mes juges, je les supplie de me pardonner de les avoir initiés dans mes petites affaires, et je leur recommande une dernière fois d'avoir du courage, de la patience, et, avant tout, de m'accorder leur amitié; quant à la mienne, ils sont sûrs de l'obtenir à la seconde édition; et s'ils veulent savoir par quel moyen je leur témoignerai cette affection littéraire, ils n'ont qu'à essayer !.... et sur-le-champ j'imprimerai : *la Traversin,* ou *Mémoires secrets d'un ménage; le Fiancé de la mort; mon Cousin Vieux-Pont; le Bâtard; les Conspirateurs;* et *les Gondoliers de Venise.*

H. SAINT-AUBIN,
Bachelier ès lettres de l'Université royale de France.

A l'île Saint-Louis, ce 30 septembre 1822.

LE VICAIRE DES ARDENNES.

CHAPITRE PREMIER.

Conciliabule municipal. — Conjectures. — Discussion. — Le curé et sa gouvernante. — On attend le héros.

Tout était en mouvement dans le village d'Aulnay, situé près de la forêt des Ardennes : la cloche rendait des sons d'un éclat, d'une force et d'une rapidité qui faisaient le plus grand honneur aux bras du bedeau. La plupart des villageois, appuyés contre la porte de leurs chaumières, regardaient, sans rien dire, vers l'entrée du hameau, tandis que les femmes, en se parlant, soit d'un côté de la rue à l'autre, soit par leurs croisées, eussent donné de la curiosité au stoïcien le plus insensible. Leurs discours roulaient sur la jeunesse, l'esprit, la taille et la conduite future du personnage attendu. Enfin, des groupes nombreux de paysans semblaient s'entretenir d'un objet important, et chacun, plus paré que ne le comporte un simple dimanche, attendait le dernier coup de la messe pour ne pas manquer d'être témoin de l'installation d'un jeune vicaire envoyé par l'évêque d'A***.

Les plus savants, c'est-à-dire ceux qui lisaient couramment, portaient avec orgueil un Paroissien héréditaire à coins tout usés et crasseux.

Rien de plus facile que de justifier le murmure des conversations, le gros rire des paysans et l'air d'attente empreinte sur tous les visages à l'occasion d'un événement qui peut paraître très-simple.

En effet, la commune d'Aulnay-le-Vicomte, quoique chef-lieu de canton, était bien et dûment séparée des villes voisines par trois mortelles lieues de pays; or, je laisse à penser si huit cents bonnes âmes confinées dans un vallon solitaire n'ont pas raison de se tourmenter lorsqu'il en arrive une de plus; et surtout, lorsqu'elle arrive nantie d'une autorité difficile à placer dans la hiérarchie des pouvoirs champêtres. Aussi le corps ministériel de l'*endroit* s'était-il assemblé spontanément sur la place de l'église, afin de commenter une décision si inattendue et si marquante dans les fastes de la commune.

Pour donner une idée de l'effet que produisait dans le village cet arrêté du pouvoir épiscopal, nous allons introduire le lecteur au centre de cet attroupement des plus fortes têtes du lieu. Le personnage le plus considérable était le maire, épicier du village, lequel fut promu, en 1814, à cette haute dignité. Il caressait avec complaisance les débris d'une ancienne robe de florence blanc, dont il avait créé une écharpe; tout le génie de madame Gravadel, sa femme, s'était épuisé pour y mettre une frange honnête, et l'on doutait si cette frange devenait un ornement ou une marque de vétusté. Tout le village avait vu le reste de la robe, à la fenêtre de M. Gravadel, le jour de la rentrée du roi. La figure plate de ce fonctionnaire d'Aulnay annonçait son moral, comme les pains de sucre qui lui servaient d'enseigne indiquaient sa profession. A côté de lui se trouvaient les satellites du pouvoir municipal, c'est-à-dire le garde champêtre, décoré de sa plaque et de son briquet, et le facteur de la petite poste en grand costume.

Non loin de ce trio administratif, M. Engerbé, le plus gros fermier du village, et Marcus-Tullius Leseq, maître d'école et précepteur du fils de ce fermier, semblaient s'appuyer l'un sur l'autre. Au centre, se trouvait M. Lecorneur, le percepteur des contributions, lequel, ayant croisé ses doigts sur son gros ventre, causait avec un adjoint qui fut maire en 1815; tandis que le juge de paix, revêtu de sa robe et la tête couverte de son bonnet carré, tournait autour de ce groupe en tâchant de n'être ni à droite, ni à gauche, ni au centre.

Enfin, quelques membres de la commune erraient çà et là, comme pour découvrir ce dont il s'agissait dans ce conciliabule fortuit, et attraper quelques bribes de la conversation, pour fixer leur politique.

— Oui, messieurs, je le soutiens, s'écriait Marcus-Tullius d'une voix qu'il tâchait en vain d'assourdir, Monseigneur ne vous envoie un vicaire que parce que M. Gausse ne sait pas le latin : quoiqu'on dise que c'est moi qui en ai instruit Monseigneur l'évêque, le fait est trop notoire pour avoir besoin de dénonciation. Encore l'autre jour, *olim*, pour un mariage, *pro matrimonio*, il commençait le *libera*, ce qui signifie : Délivrez-m'en! car c'est à l'impératif, si je ne l'avais pas heureusement arrêté!... Si vous voulez que je vous parle *libenter*, c'est-à-dire le cœur sur la main, je crois qu'il était gris, non pas *forte*; mais *piano*, légèrement, *comme dit Cicéron*.

En prononçant le nom de Cicéron, le maître d'école ôta son chapeau usé et s'inclina. (Malgré la défaveur qui pourrait en résulter pour le maître d'école, nous aurons le courage d'avouer que Leseq, qui s'appelait, avant la révolution, *Jean-Baptiste*, profita de ce temps d'anarchie pour changer ces noms welches et prendre les glorieux prénoms de l'orateur romain.

— D'après cela, continua-t-il, vous sentez que monseigneur l'évêque a dû donner un vicaire à M. Gausse, plutôt pour surveiller sa conduite que comme un aide, car le sacerdoce, *summus pontifex*, n'est pas une si lourde charge...

— Que diable, M. Marcus-Tullius, il faut être de bonne foi, reprit M. Lecorneur, qui dînait très-souvent chez le curé; M. Gausse ne mérite pas ces affronts; il fait très-bien sa cure, ses mœurs sont irréprochables, et depuis trente ans que je suis en place, jamais le curé n'a laissé venir deux avertissements pour ses contributions. L'a-t-on vu regarder une fille en face, et Marguerite n'a-t-elle pas un âge mûr?... Vous avez beau savoir le latin, Marcus, le latin ne rend pas un génie.

— Pas plus que Barrême!... répondit le maître d'école.

— Je n'ai jamais fait parade de ma science, au moins!... vous ne pouvez pas me le reprocher, reprit le percepteur, et quoique je sache *les proportions*, je ne m'en suis pas encore vanté! Mais, pour en revenir au curé, les tranches de latin dont vous entrelardez vos paroles ne valent certainement pas les excellents proverbes qu'il nous adresse en bon français; ils sont sages, tout le monde les comprend, ils tiennent quelquefois lieu de bien des sermons. Pour en finir, et répondre à ce que le sacerdoce n'est pas une lourde charge, M. Tullius, je vous observerai qu'il y a ici huit cents personnes à baptiser, confesser, marier et enterrer; que M. Gausse a soixante et dix ans, qu'il est infirme, et qu'il a demandé un aide; si, à la fin, on lui en envoie un, que voyez-vous d'extraordinaire à cela? Ce vicaire se trouve jeune, c'est tout simple, on ne donne pas un vieillard pour aider un vieillard!...

— Tout cela est bel et bon, dit le maire d'un ton doctoral; mais vous vous trompez dans vos conjectures. Si l'on nous envoie un vicaire, c'est *à cause* que M. Gausse a prêté serment, et...

À ces mots le facteur de la poste et le garde champêtre firent un signe de tête approbateur qui semblait dire : « J'y étais. »

M. Lecorneur, accablé sous le poids de cet argument de haute politique, resta muet.

Marcus-Tullius, ennemi du curé, essaya de porter les derniers coups :

— Si les mœurs de M. Gausse sont pures, ce n'est pas sa faute, c'est bien *invitus*, comme le dit Cicéron, on sait pourquoi! et du reste, il s'en dédommage par la gourmandise, *vino et inter pocula!*

Le juge de paix jeta de l'huile sur le feu en ajoutant :

— C'est bien dommage d'avoir un curé incapable, car un vicaire c'est une charge pour la commune, et mon pauvre greffier pourra bien y perdre : si le nouvel arrivant se mêle de concilier, il éteindra de justes contestations et fera sacrifier à chacun ses droits légitimes pour ne pas plaider, ce qui est évidemment contraire aux procès-verbaux et à l'esprit de la justice, qui veut que l'on rende à chacun son dû.

— *Cuique tribuere suum jus*, ajouta Tullius.

L'adjoint qui fut destitué de ses fonctions de maire, en 1815, prit alors la parole :

— De quoi vous plaignez-vous donc?... La commune n'est-elle pas assez riche pour payer un vicaire? à moins que ses revenus ne soient diminués (dit-il en lançant un coup d'œil à son successeur). Mais tout cela n'est pas le fin mot. Je vois ce dont il s'agit, vous êtes ambitieux et avides de pouvoir. Hé quoi! parce que M. Gausse est plus riche que vous, est-ce une raison pour le décrier? Il mange et boit bien, dites-vous; parbleu! chacun son métier; a-t-il enterré un vivant pour un mort?... refusé de venir à un repas de baptême et de bénir les mariages, même un peu tardifs?... Mais il est reçu au château, et vous ne l'êtes pas.

— Comment donc! s'écria l'épicier, madame la marquise ne m'a peut-être pas déjà fait venir deux fois!

— Oui, pour vous prier de réparer le chemin qui mène au château, répliqua aigrement l'adjoint.

— Et une troisième fois pour le jour de la Saint-Louis, et nous y dînâmes *mon épouse* et moi, répondit le maire.

— Quoi qu'il en soit, vos raisons sur la venue du jeune vicaire n'ont pas le sens commun; l'évêque en avait refusé un, il y a six ans, lorsque j'étais maire, et dernièrement encore, M. Gausse a réitéré sa demande, qui ne fut pas plus accueillie : tout cela prouve qu'il y a d'autres causes, secrètes, importantes et politiques peut-être, car on dit que les jésuites reviennent. Lisez les journaux et vous verrez l'état de la politique européenne...

M. Lecorneur, se voyant soutenu, défendit de nouveau le curé; il s'adressa au maire, étonné de la sortie de son rancunier prédécesseur, et lui dit :

— Enfin, monsieur le maire, n'est-ce pas M. Gausse qui vous prend le plus de café, de sucre et de chocolat?

— C'est vrai, répondit le maire-épicier.

— Marguerite n'achète-t-elle pas deux robes par an?...

— Oui.

— N'est-ce pas vous qui fournissez le drap et la toile des soutanes du curé?...

— C'est encore vrai.

— Son macaroni, le poivre, les olives, le saint-vincent, l'huile, la bougie, n'est-ce pas vous seul qui les lui vendez?...

— Et j'ose dire qu'il n'a pas dû s'en repentir, *à cause que* je ne l'ai jamais trompé, soit dans le poids, soit dans la qualité de la marchandise; car, malgré que dans le système décimal il n'y a plus de demi-livre, *à cause que* la division ayant été arrangée autrement, de manière que... voyez-vous... qu'il y a comme cinq quarterons à la livre, et...

L'esprit du maire ne lui permit jamais, ni de s'expliquer clairement, ni d'achever une longue phrase; il regarda Tullius, et ce dernier, habitué à ce signe de détresse, termina la période.

— Et M. Gravadel aurait considérablement perdu dans son négoce, *negotia*, si les cinq décagrammes n'avaient pas justement remplacé les quatre quarterons de l'ancien régime.

— C'est cela, dit le maire, nous n'y avons pas gagné.

Le percepteur termina cette digression décimale, en s'écriant :

— C'est comme nos cinq centimes qui ne font non plus que le sou d'autrefois!

Et saisissant M. Gravadel par le bouton le plus chancelant de son habit, il le mit dans une double inquiétude en lui disant :

— N'est-il pas vrai, pour en revenir encore à M. Gausse, qu'il aurait pu se fournir chez le nouvel épicier établi dans le village?...

— Jamais, monsieur le percepteur, car James Stilder n'est pas assorti; il fait mal ses liqueurs, mouille son sel, enfle son riz, et mêle de la chicorée à son café moulu; je le sais de bonne part, je connais la fabrique où il la prend...

— Cela peut être, reprit Lecorneur, et M. Gausse ne fait sans doute que ce qu'il doit en prenant chez vous; mais avouez que, d'un autre côté, il donne peu de dîners sans que vous y soyez invité.

— C'est vrai.

— Aujourd'hui même, ne sommes-nous pas tous du déjeuner d'installation du vicaire?

— On m'a oublié, dit Tullius avec dédain.

— Il y a de bonnes raisons pour cela, reprit le percepteur.

— Oui, ajouta le maire, tout à fait revenu de ses préventions contre le curé; vous, Tullius, le subordonné de M. Gausse, vous...

— Vous n'avez aucune complaisance pour lui, dit Lecorneur; vous l'accablez sous le poids de votre érudition, de votre latin.

— C'est vrai, continua le maire-épicier, mais votre fierté pourra s'abaisser; le sous-préfet, dans sa dernière tournée, a dit que le cumul était prohibé.

— Or, ajouta Lecorneur, vous êtes secrétaire de la mairie, maître d'école, premier chantre, collecteur au marché, et...

— Et cela fait quatre places, si je compte bien, reprit M. Gravadel, et si vous n'avez pas beaucoup d'attentions pour vos chefs, vous pourriez bien...

— Les perdre, dit le percepteur.

A ce mot, et à l'effroi de Tullius, M. Gravadel se radoucissant, ajouta :

— Je sais que vous m'êtes très-utile pour la correspondance, mais il ne faut pas pour cela vous croire un aigle; j'aurais voulu vous voir, avec votre latin, dans les réparations des chemins vicinaux.

— Ah! parlez-en! dit le fermier, qui jusque-là n'avait rien dit; vous y avez si bien employé les mille francs, que ma jument grise a manqué rester dans un trou de marne mal comblé.

Tullius avait trop à ménager avec le maire et M. Engerbé, pour dire un mot; il resta impassible.

— Le fait est qu'on aurait pu les mieux réparer! s'écria l'ancien maire, se haussant sur la pointe du pied et se caressant le menton.

Les yeux étincelants de l'épicier annoncèrent un orage, mais le bon percepteur le détourna en disant à Leseq :

— J'aurais aussi voulu voir à quoi Cicéron vous aurait servi dans la comptabilité des emprunts forcés, lors du passage des alliés !

M. Engerbé, voyant le précepteur de son fils accablé sous les sarcasmes, répliqua :

— Il est vrai que vous vous en êtes très-bien tiré, M. Lecorneur, car c'est vers cette époque, ou un peu après, que vos revenus se sont accrus, et que vous avez acheté votre maison ; mais ce n'est pas un reproche, chacun son métier !

— Oui, dit Leseq, *cuique suæ clitellæ*, à chacun sa clientèle.

— Mais où logera ce jeune vicaire? demanda le juge de paix.

— Au presbytère, répondit Gravadel.

— On pourrait prendre son logement sur les centimes *facultatives*, observa le percepteur.

— Nous avons bien assez de charges ! s'écria le fermier.

— Messieurs, dit Marcus-Tullius en se pavanant et se mettant au milieu du groupe, voulez-vous que je vous fasse maintenant découvrir la raison de l'arrivée d'un jeune vicaire bien tourné ?

— Eh bien ? demandèrent tous ensemble le maire, l'adjoint, le percepteur et le fermier.

— Eh bien, dit Leseq, vous ne voyez pas que c'est madame la marquise de Rosann qui aurait fait placer un de ses *protégés* ; on n'a pas toujours du monde si loin de Paris, voyez-vous !... et nous savons tous que M. Gausse ne sait pas assez bien le jeu pour faire sa partie !...

Marcus-Tullius n'était jamais si content que lorsqu'il avait dit une méchanceté ; il aurait sacrifié tout pour un bon mot ; pauvre et attendant tout de ses supérieurs, il les immolait, sans pitié, sous les coups de sa langue, mais sa méchanceté n'allait pas plus loin que les paroles.

Pendant que les honnêtes gens d'Aulnay-le-Vicomte discouraient ainsi, le curé Gausse était dans de grands embarras. Une simple lettre partie de l'évêché d'A*** lui avait annoncé que, le 4 mai, M. Joseph, jeune séminariste nouvellement ordonné, viendrait le soulager dans l'exercice de ses augustes fonctions avec le titre de vicaire, et qu'on eût à l'installer avec pompe et dignité. L'évêque regrettait que la situation dangereuse dans laquelle il se trouvait l'empêchât de présider à cette cérémonie pour laquelle il nommait trois curés des environs pour le remplacer.

On sent que le mot *jeune séminariste* avait été semé dans tout le village par la gouvernante du curé, qui ne manqua pas d'encadrer cette épithète d'une vaste bordure de commentaires et de conjectures qui piquèrent justement la curiosité.

Enfin, depuis deux jours, Marguerite, aidée par le plus âgé des enfants de chœur, balayait et nettoyait le presbytère avec le plus grand soin : la poussière, qui faisait mine de tenir garnison, fut combattue avec une telle ténacité, qu'elle s'en alla des endroits réputés jusqu'alors inaccessibles. Tout devint reluisant comme l'or. La gouvernante tournait, dans la cuisine, autour de cinq fourneaux tous allumés. Les provisions arrivaient et chacun, en les apportant, donnait un coup d'œil aux apprêts de Marguerite ; après le coup d'œil, un conseil ; et ce conseil entraînait une causette, où la bonne Marguerite ne refusait jamais de faire sa partie.

Le curé, dès le matin, avait mis une demi-heure à descendre à sa seule bibliothèque, pour y reconnaître et choisir son meilleur vin et ses liqueurs.

Ces préparatifs étant achevés, le calme régnait au presbytère depuis une heure, et Marguerite, assise dans sa cuisine devant la cheminée, se reposait sur ses lauriers.

— Marguerite ! s'écria le curé du fond de son salon, dont les croisées étaient garnies de vieux rideaux de lampas rouge, Marguerite !

— Me voici !...

— Le couvert est-il tout à fait mis ?

— Oui, monsieur.

— Mène-moi, mon enfant, que je voie ce joyeux coup d'œil.

Le bon vieillard, arrivé juste à l'embonpoint du prélat du *Lutrin* avait besoin, pour se lever de son antique bergère de velours d'Utrecht rouge, du bras potelé de sa grosse et fraîche gouvernante. Marguerite le guida vers une salle à manger décorée d'un ancien papier à ramages verts.

Le gilet de velours noir du bon curé ne rejoignait jamais ses larges culottes, et sa chemise, en se montrant par ce petit intervalle, rompait l'uniformité de la couleur. Cette légère remarque suffit pour vous donner une idée du *laisser-aller* de son maintien. La figure de M. Gausse était en harmonie avec cet abandon : sans être trop rouge, elle avait un honnête coloris ; ses yeux bleus, pleins d'une douceur angélique, annonçaient un cœur excellent, et la limpidité de leur cristal ne lui permettait jamais de déguiser une seule des pensées de son âme candide.

Cette bonté répandue sur son visage était tempérée par une teinte de gaieté et de satisfaction qui prouvait que le curé n'avait rien à se reprocher, et que c'était un homme *selon le cœur de Dieu*, ne s'inquiétant nullement des *pourquoi* ni des *comment* de la vie, ni des mystères de tous les mondes ; ayant pris l'existence du bon côté et ne tourmentant personne.

Ses traits s'animèrent, et ses lèvres se retroussèrent légèrement vers le nez à l'aspect du beau linge blanc qui couvrait une table chargée d'un gros pâté, de volailles froides, etc. Mais en voyant la rangée de bouteilles que Marguerite avait disposées sur une petite servante à côté de sa place, son rire devint plus prononcé, son œil plus gai; et regardant Marguerite avec un air d'approbation, il lui passa la main sous le menton, ce qui la fit sourire à son tour, soit de souvenir, soit de contentement.

— Eh! eh! mon enfant, crois-tu que cela soit bien?

— Très-bien, monsieur.

— Le café, Marguerite, est-il prêt?

— Il est moulu, foulé et il coule.

— Tu as mis le couvert de mon vicaire à côté de moi?

— Oui, monsieur : tenez, le voici.

— Aïe! aïe!

Cette exclamation était causée par une douleur de sciatique qui tourmentait le curé.

— Ah! Marguerite, dit-il, *tant va la cruche à l'eau qu'à la fin elle se brise!*... Je ne suis pas bien, mais *qui sait vivre sait mourir*.

— Eh! qu'avez-vous donc de si déchiré pour vous plaindre?

— Ah! ma fille, j'ai trop d'années derrière moi, reprit-il avec un sourire gaillard, semblable à ces coups de soleil qui brillent en hiver; vois-tu mes cheveux blancs, Marguerite? il est vrai que *tête de fou ne blanchit jamais*, et comme *un bon tiens vaut mieux que deux tu auras*, je préfère être au bout de ma carrière que de la recommencer : *au bout du fossé la culbute!*

— Monsieur, dit Marguerite, ne parlez pas de tout cela, ça m'attriste, et j'aime mieux croire que vous ne mourrez pas...

— Marguerite, il ne faut pas dire : *fontaine, je ne boirai pas de ton eau; le temps passe, et la mort vient.* J'aime assez dormir, et après tout, la mort n'est peut-être qu'un sommeil sans rêve... pourquoi s'en effrayer?... Les Indiens disent : *Il vaut mieux être assis que debout, couché qu'assis; mais il vaut mieux être mort que tout cela!*

— Vous avez beau rire, monsieur, quand on meurt, on voudrait bien vivre encore!...

— L'habitude est une seconde nature, dit le curé; mais au total, pourvu que je meure au milieu de mes amis, que je sente le bouquet d'un bon vin de Nuits, et que Marguerite me ferme les yeux, je rendrai mon âme à Dieu, telle qu'il me l'a donnée, ni plus ni moins; il la mettra où il voudra, ce qu'il fera sera bien fait...

Il y eut un moment de silence : Marguerite regarda d'un œil attendri le vieillard qui contemplait le ciel avec une expression sublime de bonhomie et de simplicité.

— Écoute, Marguerite, dit le curé à voix basse, je n'ai pas prié Marcus-Tullius, parce qu'il me drape toujours, et que, devant mon vicaire, il faut garder le décorum ; mais il est pauvre!... Alors, mon enfant, tu lui porteras, à la nuit, sans qu'on te voie, un gros morceau de pâté, une bouteille de bon vin, et ce qui te restera de présentable parmi les volailles.

— Pauvre cher homme!... toujours le même!... s'écria Marguerite, tandis que son maître courait de chaise en chaise, pour aller boucher une bouteille, dont le bouchon venait de sauter par terre.

— Marguerite, quelqu'un connaît-il dans le village ce jeune vicaire?

— Non, monsieur.

— Hélas! mon enfant, il faut espérer que ce sera un bon jeune homme; car s'il en était autrement, qu'il tourmentât ces pauvres gens pour leur danse, leurs petits défauts inséparables de notre nature, qu'il fût trop rigide, je serais fort embarrassé!

— Monsieur, s'il est jeune, vous pourrez l'endoctriner.

— C'est vrai, Marguerite, *cire molle reçoit toujours les empreintes.*

— Et puis, s'il est jeune...

A ces mots, Marguerite se regarda dans le miroir, arrangea ses cheveux et une rougeur subite envahit son visage : alors le curé l'examina, car l'accent naïf avec lequel elle prononça ces paroles d'espoir n'était pas de nature à laisser un moment de doute à M. Gausse, et quand il eût douté, l'ensemble de coquetterie qui régnait dans l'attitude de Marguerite l'aurait détrompé.

L'œil du curé n'exprima point le reproche, son visage n'eut pas de sévérité; seulement il dit avec un accent paternel :

— *A blanchir un nègre on perd son temps.*

— Mais, monsieur, je n'ai que trente-sept ans et demi, et je trouverais bien à me marier.

— *Il n'y a pas de si vilain pot qui ne trouve son couvercle.*

Cette épigramme fut la seule vengeance du bon curé. Marguerite le regarda d'un air fâché; le bon vieillard ne put y tenir, il se rapprocha de sa gouvernante, lui prit son bras qu'elle laissa prendre; et le curé, suivant sa joue qu'elle détournait lentement, l'embrassa, et lui dit, d'un ton qui aurait remué les entrailles d'un ennemi :

— Marguerite, je n'ai pas voulu te causer de peine!... Va, mon enfant, fais comme tu voudras, je n'y trouverai jamais à redire, pourvu que tu aimes toujours un peu ton vieux maître!...

Marguerite, la larme à l'œil, serra le bras de Gausse, et en ce moment les principaux personnages que nous avons vus sur la place arrivèrent et sonnèrent ; la gouvernante courut ouvrir...

∞

CHAPITRE II.

Le vicaire. — Son installation. — Les deux prônes.

M. Gausse passa dans son salon pour recevoir les arrivants, qui furent bientôt suivis des collègues du curé d'Aulnay-le-Vicomte : ces derniers déclarèrent avoir vainement attendu sur la route le jeune vicaire annoncé. Dix heures étaient sonnées, on commençait à s'inquiéter, lorsqu'au bout d'un quart d'heure l'on entendit, au dehors, le bruit des pas d'une multitude silencieuse ; Marguerite entra tout effarée ; elle s'approcha de l'oreille de son maître, et lui dit :

— Monsieur, voici votre vicaire !...

— *Vaut mieux tard que jamais*, répondit Jérôme Gausse.

Et, s'appuyant sur le bras de Marguerite, il s'avança vers l'antichambre pour recevoir le jeune prêtre.

En l'apercevant, le bonhomme tressaille, il retient la parole bienveillante et proverbiale qu'il avait préparée, et une espèce de crainte se glisse dans son âme. Le jeune homme, voyant le trouble causé par sa présence, dit au curé d'un ton grave :

— Monsieur, je suis M. Joseph, le vicaire dont M. l'évêque d'A*** vous annonça l'arrivée, il y a peu de jours ; je m'empresse de me rendre à ses ordres et de vous assurer de mon respect.

En prononçant ces paroles, le prêtre s'efforçait en vain de répandre un peu d'aménité sur son visage, mais cette contraction mensongère produisait une tout autre expression.

Le curé trembla de nouveau et ne put rien répondre, tant il était interdit. En effet, à travers le teint basané d'un Indien, on apercevait une pâleur livide, presque mortelle, répandue sur le visage du jeune homme : ses lèvres décolorées, son attitude morne, semblaient annoncer la pratique la plus rigoureuse des lois de la vie ascétique ; ses cheveux noirs, coupés par devant et tombant en grosses boucles sur ses épaules, donnaient à sa figure un air inspiré, qu'augmentait encore la vivacité d'un œil noir, pénétrant et rempli d'une sombre énergie.

— Voilà un homme qui ne boira que de l'eau, murmura tristement le pasteur ; ils m'ont envoyé quelque jeune fanatique !...

Alors, jetant à Marguerite désolée un regard où toute sa pensée se lisait, le curé prit le prêtre par la main et l'introduisit dans le salon, en disant d'une voix chevrotante :

— Messieurs, je vous présente M. Joseph, le vicaire que monseigneur l'évêque d'A*** a eu la bonté de m'accorder, afin de me soulager dans l'exercice du sacerdoce.

Tout le monde se leva ; M. Joseph salua avec une noblesse et une aisance qui étonnèrent les assistants, car ils ne s'attendaient pas à trouver de telles manières dans un vicaire de campagne ; mais tous, ainsi que le curé, ressentirent une frayeur involontaire, lorsque l'étranger laissa tomber sur eux son coup d'œil éclatant, semblable à celui de l'aigle. Le regard du crime ou du remords n'est pas plus profond ni plus éloquent ; encore celui du vicaire avait-il une expression terrible qui glaçait l'âme et la transperçait comme on voit un rayon de soleil éclairer par delà les ondes. Ce prêtre semblait contenir la mort dans son sein, ou pleurer intérieurement une faute que les larmes de toute une vie pénitente ne sauraient racheter.

Le jeune prêtre s'assit, la conversation cessa, le silence le plus profond s'établit, M. Joseph ne fit rien pour l'interrompre et sa présence produisit un effet aussi magique que celui de la tête de la fameuse Gorgone : la crainte et ses vertiges paraissaient former le cortège du vicaire, ou plutôt le sentiment qui nous porte à nous taire devant les grandes douleurs, les grands coupables, les grandes vertus, agissait dans toute sa force.

A bien examiner la figure de M. Joseph, l'on y reconnaissait pourtant quelque chose de gracieux et de chevaleresque, mais c'étaient de légers vestiges presque effacés, soit par une passion forte, soit par les souvenirs ; enfin, de même qu'il y a des gens dont les manières vous introduisent sur-le-champ dans leurs âmes, dont la franchise aimable et la folâtrerie naïve font tomber toutes les barrières, il y en a d'autres qui renferment tellement dans un geste, une expression, un regard, une parole, tout le grand, le sévère, le noble et le respect, qu'on est forcé de contempler, de se taire, d'admirer ou de trembler.

Le vicaire était un exemple frappant de cette dernière catégorie des physionomistes, et l'on ne pouvait s'empêcher, en le voyant, de prendre une haute idée de son égarement ou de ses vertus.

Enfin le maire, qui ne doutait de rien, se hasarda à rompre le silence en interrogeant ce personnage extraordinaire.

— Monsieur, dit-il, avez-vous trouvé *notre endroit conséquent*?

— Oui, monsieur, répondit le vicaire.

Et un sourire sardonique vint effleurer sa lèvre décolorée.

— Il paraît, continua le maire, que ce bourg est bien *sité*, *à cause que* les étrangers viennent quelquefois le visiter, ce qui supposerait alors que la campagne et ses environs... la plaine... les bois... enfin le village... ont...

Ici l'épicier, interdit par l'air glacial et sévère de M. Joseph, s'arrêta tout court, en cherchant, par habitude, son fidèle aide de camp Lescq, qui, cette fois, ne put achever sa phrase.

Le curé Gausse reprit et dit avec une bonhomie qui aurait dû intéresser le vicaire :

— M. le maire voulait dire que notre pays est délicieux : en effet, la vaste forêt des Ardennes couronne de tous côtés nos montagnes, et ses arbres semblent une foule réunie dans un amphithéâtre, pour jouir du spectacle de notre joli vallon. La petite rivière qui y serpente l'anime par ses détours; ces chaumières irrégulièrement placées, ce clocher gothique qui les domine, le château qui finit le village, son beau parc, les ruines du lac, tout ici est enchanteur, et l'on serait heureux, monsieur, dans ce hameau, si l'ambition ne tourmentait pas les hommes; mais *chacun veut monter plus haut que son échelon*, et cette ambition est quelquefois le principe des petits tourments de nos villageois, quoique je répète souvent : *Chacun son métier, les vaches sont bien gardées !*... Mais au total, ici l'on est bon, et vous aurez envie d'y finir vos jours, mon cher vicaire, quand vous aurez vu la scène charmante que présente la nature, lorsqu'on ne la contraint pas!

En disant ces derniers mots, le bon curé regardait si le vicaire ne froncerait pas le sourcil; mais le jeune prêtre, tout en paraissant écouter, voilait, par sa pose modeste, une parfaite indifférence ; et son œil, fixé sur le chambranle de la cheminée, semblait y voir autre chose qu'un froid marbre. Le gros fermier tournait ses pouces en ne pensant peut-être à rien; l'épicier ouvrait de grands yeux en apercevant qu'il n'avait pas dans sa boutique de linge aussi fin que celui de M. Joseph, tandis que M. Lecorneur minutait déjà la cote des impositions du nouveau venu, et que les trois confrères du curé Gausse remarquaient que les souliers du jeune homme n'étaient pas poudreux.

— Que peut-on désirer de plus, continua le curé, qu'une charmante vallée et un ami, de bons villageois que l'on encourage, dont on n'arrête pas les innocents plaisirs? Ils ont bien assez de peine, grand Dieu !... Quant à moi, je réponds que ma tombe sera parmi les leurs !...

— Et la mienne aussi ! répliqua le vicaire avec un profond accent de mélancolie.

A ce mot, le silence vint encore régner dans le salon. Après quelques minutes, les trois curés attirèrent le jeune homme dans l'embrasure d'une des deux croisées, et l'un d'eux lui demanda s'il avait préparé son prône d'installation.

— Non, monsieur ; pensez-vous que cela soit nécessaire ?

— Comment donc ? Autant qu'un bouchon à une bouteille! s'écria le curé Gausse, en survenant.

— Si vous voulez, dit un des curés, qui prit l'expression du visage de M. Joseph pour de l'embarras, je puis vous en donner un des miens.

— Je vous remercie, reprit le vicaire ; quelques phrases dictées par le sentiment profond qu'inspirent les obligations sublimes du sacerdoce doivent suffire et toucheront plus le cœur des habitants de la campagne, que les pensers d'un étranger que la circonstance où je me trouve n'émouvait point lorsqu'il les conçut.

Le vicaire prononça ces paroles d'un ton solennel qui frappa les curés.

En ce moment, les cloches sonnèrent avec une furie sans exemple, et un petit malheureux, revêtu d'une robe blanche trop courte qui laissait voir un pantalon déchiré et des bas troués, entra, en tenant à sa main une petite calotte de drap rouge, faite avec le reste d'un vieux corsage de Marguerite. Il annonça que tout était prêt à l'église, et que les derniers coups sonnaient.

Les membres du corps municipal s'en furent à l'église, et les prêtres à la sacristie, par une communication qui existait entre elle et le presbytère.

L'église d'Aulnay était une de ces créations originales, dont l'architecture gothique a semé la France. Sa fondation remontait à des temps très-reculés, et cette église dépendit autrefois d'une abbaye, dont il ne restait plus de vestiges. Le clocher de ce temple avait une hardiesse heureuse et l'œil était flatté des agréments qui accompagnaient son aiguille pyramidale. Les murs noircis par le temps, ruinés en quelques endroits, inspiraient cette mélancolie qui s'élève dans notre âme à l'aspect de la destruction lente et successive à laquelle les ouvrages de l'homme ne peuvent se soustraire. Le portail était assez vaste ; la voûte de la nef étendue et sonore ; les piliers, composés de petites colonnes assemblées et décorées par des espèces de trèfles, avaient de la grâce. Du reste, l'édifice n'était défiguré par aucun ornement étranger. La chaire était simple, et le maître-autel en marbre, surmonté d'une croix et garni de six cierges, brillait de toute la beauté d'un temple, c'est-à-dire, de la majesté de celui qui y réside !...

La nef contenait des bancs très-propres, et toute la population d'Aulnay s'y trouvait rassemblée. Le jour, passant à travers des vitraux de couleur retenus par des plombs, était sombre et jetait une teinte qui ne messied pas dans ces basiliques : on aime ce demi-jour, il porte au recueillement.

Cette foule, naguère bruyante et agitée par des passions aussi nombreuses que les personnes qui la composaient, était devenue tout à coup silencieuse. Cependant, il est présumable que M. Joseph entrait pour beaucoup dans ce silence, car chacun, l'œil fixé sur la sacristie, attendait impatiemment son apparition. Un murmure peu catholique s'éleva dans l'assemblée, lorsqu'il apparut, suivi des quatre curés et du clergé champêtre d'Aulnay; mais bientôt le plus grand calme succéda à ces agitations, et le calme ne fut plus interrompu.

La messe fut dite par le jeune vicaire, avec un air de conviction qui saisit cette multitude; l'espèce d'inspiration qui régnait dans les manières de ce prêtre, passa dans l'âme des assistants, et ce sacrifice auguste fait avec tant de sainteté, contemplé avec tant de ferveur, devint alors un sublime spectacle. Ces âmes simples, que le même sentiment portait vers la Divinité; ces regards, tantôt sur la voûte, tantôt baissés sur la terre; cette unité d'action, ce silence religieux, et cette attention dirigée sur un seul être, placé en intermédiaire entre les hommes et la Divinité, entre la terre et le ciel, demandant au Créateur, des miséricordes pour les coupables, des forces pour les affligés, et le trésor entier de ses grâces, tout saisit d'admiration, et cela formera dans tous les temps un tableau poétique; mais si l'on songe que la victime du sacrifice est un Dieu, alors on reconnaîtra que le christianisme a été plus loin que les religions qui l'ont précédé.

Bientôt le jeune vicaire arriva au moment que le curé Gausse regardait comme le plus redoutable, c'était l'instant du prône. D'abord, il n'entrait pas dans la tête du curé, ni, je crois, d'aucun curé de campagne, que l'on parlât d'abondance; ensuite, son vicaire allait nécessairement faire une profession de foi, et Gausse, en regardant l'œil éloquent et mélancolique du prêtre, se trompait sur cette expression, qu'il prenait comme l'enseigne de la sévérité; confirmé dans ses conjectures par la dignité et l'exaltation du jeune prêtre, le curé pensait que M. Joseph serait exact observateur des minutieuses pratiques de la religion.

D'un autre côté, tout le monde désirait entendre ce prêtre, qui officiait avec tant d'onction, et les femmes, par-dessus tout, attendaient ce moment, pour juger plus à fond de cette figure, qu'elles n'apercevaient que lorsque M. Joseph se retournait, et de l'organe, des sentiments, de la taille du jeune vicaire, etc.

Le bon curé, enchanté de se voir pour toujours débarrassé des prônes et des sermons, qui étaient pour lui la tâche la plus difficile et la plus fatigante, débita avec sa bonhomie habituelle le dernier prône qu'il ait composé. Nous le transcrivons, à cause de son originalité :

« Mes enfants, *à bon entendeur salut*, il suffit d'un mot pour éclairer la conscience ; or, *nu l'on s'en vient, nu l'on s'en retourne*; songez à cela, et vous verrez qu'il ne faut emporter au ciel qu'une âme sans remords, sans cela vous seriez *reçus comme des chiens dans un jeu de quilles*; or, *on ne court pas deux lièvres à la fois*, on ne fait pas son salut et sa fortune; un riche passe plutôt par un trou d'aiguille qu'au ciel; *les honneurs changent les mœurs, et un mors doré ne rend pas le cheval meilleur*. Hélas! le chemin du ciel est étroit, et celui de l'enfer, large; *gardez donc une poire pour la soif*, en vous conduisant bien ; ne soyez *pas moitié figue moitié raisin*, et, *sans chercher midi à quatorze heures*, allez droit votre chemin, vous arriverez. Je sais bien que l'on vous dira : *Faut hurler avec les loups*, alors souvenez-vous que *les conseilleurs ne sont pas les payeurs*, et que *qui casse les verres les paye*; allez, pensez toujours à votre salut, et pour cela *deux sûretés valent mieux qu'une*; car saint Pierre ne laissera pas passer des chats pour des lièvres. Il est vrai qu'*il n'y a si bon cheval qui ne bronche*, et qu'*il n'est pas permis à tout le monde d'aller à Corinthe*, quoique j'ignore ce que c'est que Corinthe, car *à petit mercier, petit panier*; je puis vous assurer que le Seigneur est bon, et sans rester *entre le ziste et zeste*, assurez souvent vos comptes avec lui, pour *ne pas mourir en fraude* : *les bons comptes font les bons amis*.

« Je vous laisse, mes enfants, car *il n'y a si bonne compagnie qu'il ne faille quitter*; souffrez donc que je répète, une dernière fois, que *chacun est fils de ses œuvres*, et *un bon conseil vaut un œil dans la main* : or, *qui a su vivre*, c'est-à-dire bien vivre, *sait mourir*. Je sais bien qu'*il n'y a pas de rose sans épines*, et que la vie est difficile; mais souvenez-vous qu'*avec du temps et de la patience, la feuille du mûrier devient satin*; du reste, si le diable est fin, nous sommes *comme des éveillés de Poissy*, et à *trompeur, trompeur et demi*. Je vous réponds qu'*il y perdra son latin*, car *fin contre fin il n'y a pas de doublure* : au surplus n'avons-nous pas l'espoir du paradis? or, *qui a terre a guerre*; défendons-nous du démon, *à bon chat bon rat*; et souvenez-vous qu'*à brebis tondue Dieu mesure le vent*; il vous aidera, mes enfants; *un père est toujours père*.

« Vous voyez qu'aujourd'hui, comme toujours, je n'ai jamais cherché *à vous jeter de la poudre aux yeux*. Je vous dis les choses *sans fleurs de rhétorique*. Adieu, mes enfants, *le moine répond comme l'abbé chante*; j'espère que mon successeur vous conduira encore mieux que je n'ai fait! néanmoins, je crois que vous n'oublierez pas votre vieux pasteur, qui vous souhaite la béatitude des anges. »

A peine M. Gausse eut-il fini, que le jeune prêtre, précédé par le bedeau, se dirigea vers la chaire de vérité. Le plus grand silence se rétablit, le clergé se groupa à l'entrée du chœur; M. Joseph se plaça dans la chaire, et regardant tour à tour et cette antique voûte et ses paroissiens, il leur dit d'un ton de voix lent, grave et paternel :

« Mes frères, c'est ici, dans cette humble campagne, que j'annoncerai la parole divine, le pain de vie; c'est à vos cœurs simples et exempts des grandes passions que je m'adresserai toujours, car toujours je veux demeurer parmi vous; c'est dans cette vallée que j'ai marqué ma place.

« Mes enfants, je vous donne ce nom, car je vous adopte et veux être pour vous un véritable père spirituel; je ferai tout pour acquérir votre amour, heureux si j'y réussis! heureux si, vous dirigeant dans la bonne voie, après avoir guidé les pères, je les console par l'idée qu'ils laisseront des fils dignes d'eux. Nous tâcherons d'écarter les orages qui pourraient menacer notre vallée et nous l'enceindrons de manière à la purifier, à n'y faire croître que le bonheur, cette plante si rare et d'un si doux parfum!

« Mes enfants, n'attendez jamais de moi ni d'éloquents discours, ni de la sévérité, ni de l'exigence; ministre du Dieu qui disait : « Laissez approcher les enfants de moi, » je ne parlerai qu'à votre cœur ; Jésus pardonna à la Samaritaine : Jésus se contentait de peu, je tâcherai d'imiter ce divin maître, je ne vous prêcherai que ce qu'il a prêché, la douceur, la charité et.... l'amour : ce dernier sentiment comprend tout. »

Une larme s'échappa de l'œil du vicaire à cette dernière phrase, et son émotion fut remarquée par tout le monde.

« Surtout, dit-il, nous vous préserverons de notre mieux de ces grandes passions, le malheur de l'homme véritablement sensible, et si nous ne pouvons réussir à les écarter, nous vous offrirons des consolations : enfin, nous irons pleurer avec le malheureux, secourir le pauvre, faire entrevoir au mourant la bonté et non la vengeance de l'Éternel. Bénissant toujours, récompensant et conciliant sans cesse, nous tâcherons que notre mort soit regardée par vous comme un malheur, et que souvent, dans vos afflictions, vous disiez : « Ah! si notre vicaire vivait!... » Voilà la seule oraison funèbre, les seules louanges que nous désirons, après nous être efforcé de semer des fleurs sur vos pas dans cette vie de douleur. Songeons toujours que c'est là-haut (et il montra du doigt et de l'œil la voûte des cieux) que nous devons nous rencontrer tous, jouissant d'un éternel bonheur! »

Il semblait que cette douce voix fît résonner dans les cœurs la divine musique des anges. Un attendrissement général fut pour le jeune vicaire un triomphe qui n'eut rien d'amer.

— Il n'a pas dit un seul mot de latin, dit Marcus-Tullius Leseq à l'un des curés; sans cela son discours ne serait pas mal.

Lorsque le jeune homme revint au chœur, M. Gausse lui prit la main et la lui serra avec une expression admirable de remercîment et de compassion, car le bon curé avait pleuré quand M. Joseph avait parlé de sa fin prochaine.

La messe fut achevée avec la même componction; les cœurs de tous les bons habitants avaient été émus; et dans l'assemblée, il y eut une jeune fille qui pleura amèrement lorsque le vicaire parla des malheurs que causaient les passions. C'était la fille de Marie, concierge du château d'Aulnay. Avant la fin de la messe, elle se trouva tellement malade, que son frère Michel fut obligé de la prendre dans ses bras, pour la transporter chez elle. Pauvre fille! bientôt elle devait revenir dans cette église pour la dernière fois, et portée par ses compagnes!

En sortant de la messe, on parla longtemps du vicaire, du prône, de la jeune fille, et chacun fit des commentaires que nous nous dispensons de raconter.

Le bon curé, suivi de son vicaire et de ses trois collègues, revint à cette salle à manger où déjà les conviés se trouvaient, et bientôt on se livra à la joie du festin. Cette joie fut un peu contenue par la mélancolie empreinte dans toutes les manières et les discours du jeune prêtre; M. Gausse, qui plaignait déjà le malheur qu'il ignorait, parut moins gai qu'à l'ordinaire. Il usa auprès de son jeune suppléant de cette affabilité douce et prévenante qu'il n'est au pouvoir de personne de rejeter, à moins qu'au lieu d'un cœur on n'ait que ce composé de veines et d'artères destiné à recevoir et à chasser le sang.

La conversation fut trop insipide pour que nous la rapportions, M. Joseph n'y ayant rien fourni, si ce n'est une ample collection de formules comme les suivantes : *oui*, *non*, *je vous suis obligé*, *merci*, *je vous remercie beaucoup*, *j'aurai cet honneur-là*, etc., etc.

Lorsque les curés furent partis, ainsi que la haute société d'Aulnay; lorsque M. Gausse et M. Joseph se trouvèrent seuls dans le salon éclairé par les bougies de la cheminée, et d'une table où l'on avait joué *à la mouche*, le bon curé regarda le vicaire qui, pensif et la tête inclinée, ne disait mot; il fut à lui, et lui prenant la main :

— Mon jeune ami, vous logerez ici et pas ailleurs; votre appartement est tout préparé; il est décoré avec le luxe de l'amitié et de la bonhomie qu'un vieillard tel que moi doit avoir pour attributs. Marguerite a sa chambre non loin de la vôtre, de manière que, s'il vous arrive quelque chose, elle sera à vos ordres; elle était auparavant au rez-de-chaussée afin d'être plus à portée de moi, lorsque mes attaques de goutte viennent me faire des sommations pas trop respectueuses. *A bon entendeur demi-mot*, je sais ce qu'elles signifient; mais il y a quelques jours, Marguerite m'a fait comprendre qu'une sonnette à mon chevet était beaucoup plus sûre; elle m'en a donné de fort bonnes raisons, on peut toujours sonner et il est quelquefois difficile de se lever et d'appeler; ainsi, ajouta le curé en voyant que le jeune homme allait parler, ne craignez pas pour moi.

Il y avait dans les manières de ce bon curé une franchise qui mettait à l'aise, et qui faisait disparaître les intervalles de temps, d'âge, etc. Enfin, il était déjà l'ami de ce jeune homme, et Joseph éprouvait, malgré sa sombre misanthropie, un secret penchant pour ce vieillard aimable. Le vicaire accepta donc, mais il accepta en donnant à entendre au curé qu'il croyait lui sacrifier beaucoup, et notamment sa liberté.

— Ah! mon ami, *il n'est point de belles prisons ni de laides amours*, ainsi comptez que dans cette maison vous serez dans la plus entière liberté : pas de gêne, faites ce que vous voudrez, agissez comme il vous plaira, *chacun est fils de ses œuvres*. Ménagez Marguerite!... du reste tout est à vous : jardin, maison, cœurs, tout enfin; et comme on dit : *vinaigre donné vaut mieux que miel acheté*..... non que je veuille mettre un prix à ce service : ce qui doit le faire valoir, c'est la franchise et l'amitié.

Que dire à cela? Le vicaire serra la main de son hôte et le remercia avec une chaleur et des expressions qui prouvaient que son extérieur était une glace qui couvrait un volcan.

— Jeune homme, dit Gausse avec un ton de consolation au moment où ils allaient se dire l'adieu du soir, souvenez-vous qu'*avec du temps et de la patience la feuille du mûrier devient satin*.

Ce proverbe parut agir sur Joseph qui monta pensif à son appartement.

Pour la première fois depuis longtemps, le curé se mit à réfléchir en procédant, avec Marguerite, à l'œuvre de son coucher. La gouvernante fut étonnée de la taciturnité de son maître; cependant lorsqu'il fut couché, il dit :

—Marguerite, ce jeune homme a quelque chose!...

— Oh! monsieur, bien certainement, *il y a quelque anguille sous roche*...

Un « adieu, Marguerite! » arrêta le flux qui devait suivre cette réponse. Alors la gouvernante, renfonçant ses paroles, alla se reposer de ses fatigues non loin de l'endroit où dormait le beau vicaire....

CHAPITRE III.

Traité sur les servantes. — Projets de Marguerite. — Comment le curé se débarrassa de ses prônes. — Marguerite sur une échelle. — Ce qui s'ensuit.

Oui, de toutes les servantes, je n'en excepte pas même les femmes de chambre de grandes dames qui, souvent, veillent sur les escaliers dérobés, je prétends et je soutiens que la servante qui déploie le plus de génie, c'est la servante d'un curé.

Cette assertion ne me regarde nullement, elle est prononcée entre une heure et deux de la nuit par Marguerite qui ne dort pas, aussi je la laisse prouver son dire.

« Ah! grand Dieu! pensait-elle, que nous avons de mal dans *nos états!*... que de menées, que d'adresse, que de science ne faut-il pas déployer depuis le moment où l'on entre chez un curé jusqu'au moment où l'on devient maîtresse absolue!... et que de prudence ensuite, pour ne pas trop leur faire sentir notre empire et arriver jusqu'au testament! Ne faut-il pas, de plus, se contenter de la vertu de son maître? Car une gouvernante de curé ne peut se livrer aux vertus séculières du village, elle doit afficher un vernis de sainteté et de componction qui éblouisse les honnêtes gens et retienne les insolents. Ce n'est pas que... (Les idées de la servante devinrent trop compliquées pour qu'elle osât se hasarder dans ce labyrinthe.)

« Mais, reprit-elle, j'ai tout accompli et je vois que ce n'est rien encore!... Le véritable chef-d'œuvre, c'est s'il arrive un vicaire, s'il est jeune, qu'il loge à la cure, à trois pas de nous, que le curé soit vieux...... c'est de savoir *ménager la chèvre et le chou*, comme dit M. Gausse : pauvre cher homme!... Mais n'a-t-il pas soixante et dix ans, et depuis la saint Jérôme de l'année 18...? »

Ici Marguerite se perdit tout à fait dans ses calculs.

— Le brave homme ne peut m'en vouloir, ajouta-t-elle après bien des réflexions; et en effet, pourquoi ce vicaire vient-il? pour lui succéder dans sa cure, dans ses prérogatives, dans son casuel, dans *tout*.... dans *tout* enfin !...

Marguerite caressa cette idée, et après un instant de silence, elle ajouta :

— Quel mal y aurait-il donc à ce que, dès à présent, j'essaye à captiver...

Un « *oui* » et le sommeil terminèrent cette discussion.

Certes, le lecteur ne voit, entre ce monologue et la garde-robe de Marguerite, aucuns rapports, aucunes coïncidences?... eh bien, il n'en est pas moins vrai que ce fut ce monologue qui fit lever la gouvernante plus tôt que d'ordinaire pour tenir un conseil sur ce que ses atours lui offraient de plus coquet et de plus séduisant. Elle consentit à subir le supplice imposé par une paire de souliers qui lui procuraient un petit pied ; elle frisa ses cheveux, arrangea son mouchoir de linon de manière à laisser des interstices, que je nommerais volontiers des *meurtrières*, qui devaient mettre à mal le vicaire. Enfin, Marguerite se serra la taille, mit un corsage à manches courtes, et résolut de soutenir les dépenses causées par ce costume sur le pied de guerre, jusqu'à ce que le cœur de M. Joseph fût entrepris, envahi, conquis et suppliant.

Le jeune vicaire descendit pour aller dire sa messe et revint pour déjeuner ; il salua le bon curé, mais du reste ne dit pas un mot, et son œil chaste ne se leva pas une seule fois sur Marguerite, dont les ruses n'eurent aucun succès. En vain, en apportant le café, avait-elle étalé sur la manche noire du prêtre son beau bras blanc et potelé, en vain elle interpella le jeune homme pour consulter ses goûts, en vain elle fut jusqu'à le laisser manquer de pain pour obtenir un regard, le vicaire resta impassible comme le marbre d'une statue, et M. Gausse imita son silence en examinant, toutefois, le manège de Marguerite et la sévère attitude du jeune homme.

— Marguerite, dit enfin M. Gausse, *qui a bu boira*, et je sens bien que *où la chèvre est liée il faut qu'elle broute, mais les raisins sont trop verts*, mon enfant, *l'homme propose et Dieu dispose*, vois-tu. Crois-moi, Marguerite, *faute d'un moine l'abbaye ne chôme pas*, et *à courir deux lièvres à la fois*, on manque de dîner...

Marguerite fut abasourdie et déconcertée de cette tirade de proverbes ; elle disparut promptement en ne pouvant répondre, mais elle jeta encore un regard sur le jeune prêtre, qui, de son côté, levant les yeux sur M. Gausse, semblait solliciter une explication.

— C'est une bonne fille, ajouta Gausse, mais vous savez, mon jeune ami, que *la caque sent toujours le hareng*, et que *la femme est un animal d'habitude*. Laissons cela, voulez-vous venir faire un tour dans la vallée ?... ma sciatique est bonne personne aujourd'hui, et il y a longtemps que je ne me suis promené.

Le jeune vicaire prit son chapeau, alla chercher celui de son curé, et lui donnant son bras, ils furent examiner la beauté de site d'Aulnay.

Joseph parut s'animer à la vue de cette délicieuse vallée choisie pour sa retraite, et il fut en proie aux plus vives émotions à l'aspect de ce site admirable ; il lui semblait connaître ces beaux lieux, et il en avait dans l'âme une connaissance vague comme si ses rêves lui eussent montré cet endroit, ou comme si les premiers jours de son enfance s'y fussent passés. Il déroba ces sentiments et son étonnement au curé.

Néanmoins, au bout d'une demi-heure de silence :
— On devrait être heureux ici ! dit-il en soupirant.

Mais cette réflexion le fit retomber dans ses rêveries, et sa figure exprima alternativement, ou la douleur profonde, ou la résignation amère. Cette préoccupation ne lui permit pas d'entendre le long discours et les proverbes du curé ; ils revinrent lentement à la maison, et M. Gausse, se croyant bien écouté, vu le silence du jeune homme, continuait toujours son discours qu'il termina ainsi :

— Oui, mon ami, *ménager le vin quand le tonneau tire à sa fin, c'est s'y prendre trop tard*; il est certain que vous avez du chagrin, je n'en veux pas demander la cause : *chacun est maître de son secret, et confiance se donne, mais ne se prend point*; mais écoutez, mon ami, *un bon conseil vaut un œil dans la main*, n'usez pas votre âme, elle me paraît de bon aloi, vivez pour les autres si ce n'est pas pour vous, et n'imitez pas cette jeune personne qui meurt de chagrin : quoique *à brebis tondue Dieu mesure le vent*, la pauvre fille aimait trop, et elle n'a pu supporter la nouvelle de la mort de son soldat!

— C'est vrai, monsieur, ajouta Marguerite qui se trouvait sur le pas de la porte; depuis hier qu'elle est sortie si mal de l'église, elle a encore empiré.

Ces paroles germèrent dans l'âme du prêtre et redoublèrent les voiles sombres de son front, si bien qu'en se mettant à table, sa pâleur était tellement effrayante, que Marguerite s'écria :

— M. Joseph, vous vous trouvez mal!...
— Mon enfant, qu'avez-vous? dit le bon curé. Marguerite, verse un verre de vin de Malaga et donne-le...

— Non, je vous remercie, répondit-il. Vous dites donc que cette jeune fille se meurt ?...

— La pauvre enfant ! elle est peut-être morte !... s'écria Marguerite.

A ce mot, le vicaire regarda la gouvernante qui rougit et baissa les yeux.

— Où est-elle? où demeure-t-elle? reprit Joseph ; il faut que j'aille la voir pour la consoler. Pauvre malheureuse! que je la plains! qu'elle doit souffrir !...

— Plus d'espoir, dit le curé, l'on a reçu la nouvelle que Robert est mort en Russie : *pierre qui roule n'amasse pas mousse*.

Des larmes vinrent sillonner les joues pâles du vicaire à ce mot *plus d'espoir*, et il lui fut impossible de manger.

Au sortir de la table, il se fit enseigner le chemin du château et il se dirigea vers l'habitation de la concierge. Le vicaire arrive, entre, voit la jeune fille sur son lit de douleur ; il va s'asseoir au chevet, lui prend sa main brûlante, sa parole expire sur ses lèvres, il fixe cette victime de l'amour, de grosses larmes roulent dans ses yeux!... La vieille mère, le frère et une femme de jardinier, qui se trouvaient dans cette chambre, restent stupéfaits de ce tableau; le silence règne, et le vicaire ne sait que regarder Laurette et répéter :

— Pauvre enfant!... que ferais-tu sur cette terre si ton cœur est brisé, pauvre enfant?...

Après une heure, le vicaire accablé sort, et serrant la main de la vieille mère il dit :

— Je reviendrai!...

L'on s'aperçut facilement que le jeune homme avait pris part à cette souffrance beaucoup plus qu'il ne le devait, et cette famille désolée resta longtemps frappée de cette visite éloquente de douleur.

A quelques jours de là, le curé, voyant qu'au total son vicaire *n'était pas si diable qu'il paraissait noir* (ce sont ses propres expressions), et son premier prône surtout lui revenant beaucoup, parce qu'il n'y avait trouvé ni fanatisme, ni hypocrisie ; comme ils étaient assis à côté l'un de l'autre dans le salon, un samedi soir au sortir du souper, il entama ainsi la conversation et hasarda les propositions suivantes :

— Écoutez, M. Joseph, il faut maintenant nous partager notre besogne, *les bons comptes font les bons amis*, comme vous savez. Je vous dirai donc qu'étant infirme, j'espère que vous voudrez bien vous charger des courses dans le village, des secours à remettre aux malheureux, des consolations à donner, des malades à assister?

— Monsieur, répondit le jeune homme, ce sont les plus beaux priviléges des ministres du Seigneur, et si vous me les cédez, j'en serai reconnaissant.

Le curé, enchanté de la docilité de M. Joseph, continua ainsi :

— *Qui parle bien ne saurait trop parler!* Mon cher vicaire, votre prône *non préparé* m'a d'autant plus séduit qu'il a fait effet sur mes ouailles, et vous avez une si grande facilité, que je ne vois aucune peine pour vous à vous charger aussi des sermons?...

Ici, il regarda le vicaire avec une espèce d'anxiété.

— M. le curé, vos paroissiens regretteront de ne plus entendre la voix de leur digne pasteur, mais je peux vous répondre qu'ils trouveront en moi votre zèle pour leur éviter les malheurs qu'entraînent les vices.

— Mon jeune ami, reprit Gausse en hésitant visiblement, j'ai encore une chose à vous dire : je me fais vieux! soit faiblesse, soit chagrin de voir mourir ces pauvres gens que j'aime, et avec lesquels j'ai vécu si longtemps, les enterrements me font mal.

N'allez pas croire, mon ami, que me trouvant près de la mort, j'aime mieux être dos à dos avec elle que face à face, non, Dieu m'est témoin que je suis résigné! d'ailleurs puisque je suis né, ne faut-il pas mourir?... Mais les baptêmes, les naissances me vont mieux, mes repas n'en souffrent point, et vous qui êtes jeune, courageux, vous qui ne connaissez personne ici, alors...

— Oui, monsieur, les enterrements me conviennent, la mort me plaît mieux que la vie ; une naissance, un mariage, m'attristent, et je souris à la tombe. Qu'est-ce, M. Gausse, qu'est-ce que la mort en comparaison de la vie?... Vivre c'est souffrir!... mais...

— Mais la réalité vaut mieux que l'espoir, reprit vivement et gaiement le curé, qui voulait détourner le cours des idées tristes du jeune homme; mon ami ajouta-t-il, tâchez d'être heureux avec un vieillard, qui vous aime (ces paroles étaient affectueuses et il cherchait la main du vicaire); et souvenez-vous que *le temps est un grand maître.*

Le ton du bon curé alla au cœur de Joseph, et son âme de feu exprima avec chaleur sa reconnaissance pour le tendre intérêt que M. Gausse prenait à lui.

Ainsi se termina la conversation où le curé fit accepter à son vicaire les charges dont il se démettait avec tant de bonheur.

Le surlendemain de ces arrangements, plusieurs voitures de meubles arrivèrent à Aulnay pour M. Joseph ; l'élégance simple et noble de tout ce qui lui appartenait fut remarquée par Marguerite. Le vicaire paya généreusement les hommes qui procédèrent à l'arrangement de ses appartements, et la curieuse gouvernante profita de cette circonstance pour examiner tout ce qui composait le mobilier du jeune ecclésiastique. Elle vit bien des choses dont elle ignorait l'usage et qui lui fournirent la matière de bien des commentaires.

Lorsque tout fut mis en place, que la chambre et les deux cabinets de M. Joseph furent meublés avec une recherche qui passa pour de la somptuosité dans l'esprit de Marguerite, elle fut très-surprise en entendant le vicaire l'appeler; elle se rendit dans son cabinet. Il serait impossible de confier au papier toutes les réflexions, les espérances, les craintes qui se pressèrent dans l'âme de Marguerite ; elle s'avança, rouge, palpitante, timide, et demanda d'une voix doucement tendre et entrecoupée :

— Monsieur, que me voulez-vous?...

— Marguerite, dit le vicaire, d'après le caractère de M. Gausse, je vois qu'il me serait impossible de lui faire entendre raison sur certaines choses...

La gouvernante s'avança contre le prêtre, et lui répondit un : « Eh bien?... » dont l'expression amoureuse aurait éclairé tout autre que le chaste Joseph.

— Eh bien! Marguerite, nous devons alors nous arranger ensemble... et...

— Monsieur, interrompit la coquette Marguerite, je ne croyais pas que vous auriez pensé si promptement à ces choses-là!...

En fidèle historien, je dois dire que la gouvernante, en prononçant ces paroles, jetait un rapide regard sur le cabinet et, ne le voyant garni que d'une bibliothèque, d'un vaste bureau et d'un seul fauteuil, occupé par le jeune homme, une réflexion toute féminine se glissait dans son esprit. Un chevalet de peintre excita son imagination vagabonde, et elle se dit :

— A quoi diable cela peut-il servir?...

— Comment, Marguerite! c'est la première pensée que j'ai eue, lorsque M. Gausse m'a offert sa maison...

— Vraiment, monsieur?

Et la servante se groupa encore plus près du vicaire qu'elle regarda d'un air tout à fait jésuitique.

Pauvre Marguerite! c'est ici que ton illusion va cesser.

— Ainsi, reprit Joseph, j'ai moi-même fixé la somme...

— Ah! monsieur! vous avez une bien mauvaise opinion de moi : une servante de curé peut être aimable...

A ce ton, à ces paroles, le vicaire leva la tête ; aussitôt Marguerite baissa les yeux d'un air modeste, et laissa le jeune homme indécis. L'instant de silence qui s'ensuivit fut encore un moment d'ivresse pour la gouvernante. Et j'observerai que quinze jours de réflexion, d'attaques et de désirs, suffisaient bien pour avoir rempli la coupe de l'espérance que Marguerite buvait à longs traits. Qu'on juge de sa surprise et de son dépit, quand les paroles suivantes la firent descendre du trône qu'elle occupait :

— J'ai cru, Marguerite, continua M. Joseph d'une voix qui parut sévère à la pauvre servante, j'ai cru qu'une somme de deux mille francs serait une somme suffisante pour dédommager chaque année M. Gausse des frais que doivent causer mon logement, ma nourriture, etc. Tenez, Marguerite, les voici, car M. Gausse ne voudrait pas entendre parler de cela...

Les deux mille francs que le vicaire mit sur son bureau ne paraissaient pas valoir quinze sous à la gouvernante, et malgré l'intérêt qu'elle portait à l'argent, une somme plus forte n'eût rien été pour elle en ce moment.

— Mais, ajouta Joseph, je vous supplie d'une chose, Marguerite : c'est de ne jamais me parler, et de ne point interrompre mes méditations. Je connais l'heure du déjeuner et du dîner, je me ferai rarement attendre ; ainsi, sous aucun prétexte n'entrez chez moi et ne me dérangez... sinon, je serais forcé de quitter cette maison. Le matin, vous ferez ma chambre. Voilà tout ce que je réclame de vous ; allez!...

Marguerite sortit accablée et les larmes aux yeux. Ordinairement une femme passe à une haine bien prononcée, lorsque ses batteries n'ont pas foudroyé l'ennemi ; mais le vicaire ne pouvait pas inspirer de haine à Marguerite... Il paraissait malheureux!

Cruellement *désappointée*, elle courut verser sa douleur dans le sein de M. Gausse, et lui raconta l'étrange conduite et les étranges recommandations de son vicaire. M. Gausse, pétri de l'argile la plus douce et la plus rare qui soit au monde, compatissait à tous les chagrins, mais il y compatissait par des proverbes ; aussi, lorsque Marguerite eut fini sa longue litanie, le bon curé lui dit, en mouchant la lumière :

« *Il n'est pas permis à tout le monde d'aller à Corinthe ; au total, Marguerite, ce n'est jamais que de la poudre tirée aux moineaux*, et tu as heureusement *plus d'une corde à ton arc.* »

Il devint évident que le vicaire n'était pas un homme ordinaire : pendant quelques jours, la gouvernante fut triste, morose, mais enfin elle prit son parti, et ne regarda plus le vicaire que comme un être supérieur qui n'avait aucun rapport avec les servantes de curé. Tout son amour en déroute se convertit en une curiosité, mais une curiosité!... mille fois plus *pommée* que celle d'Ève, s'il est permis à un bachelier ès lettres de se servir d'un terme aussi hasardé.

Le vicaire ne dévia pas de ce qu'il avait prononcé : il fut dans la maison sans y être, et vaqua à ses occupations sacerdotales avec la ponctualité de l'aiguille qui parcourt un cadran ; le curé Gausse s'habitua à la vie de ce personnage mystérieux, en ce qu'il ne retrancha rien de ses habitudes, qu'il agit comme à l'ordinaire, et que le vicaire ôta au bon curé, comme nous l'avons dit, toutes les obligations qui le gênaient.

Cependant, le vicaire était toujours l'objet des perpétuelles conversations du village, à commencer par Marguerite, qui, bavarde par vocation, jasait avec le plus de monde qu'elle pouvait attraper.

— J'en reviens toujours à penser, disait-elle à M. Gravadel, qu'un jeune homme qui ne mange ni ne parle, ni ne... (ici, Marguerite baissait les yeux, confuse, soit de son intempérance de langue, soit de ses espérances déçues) n'est pas un *jeune homme naturel*, ajoutait-elle.

Le pauvre maire n'eût jamais compris ces réticences, alors même que Marguerite les eût rendues plus sensibles, car jamais imagination ne se trouva aussi paisible que celle de l'honnête Gravadel.

Tous ces caquets se faisaient à petit bruit, le bon curé n'aimait pas les bavardages extérieurs, cela lui donnait des inquiétudes ; *trop parler nuit, comme trop gratter cuit,* disait-il souvent à Marguerite ; aussi cette dernière avait-elle soin de tout faire marcher comme à l'ordinaire, afin que son maître ne s'aperçût de rien. Malgré tous les soins qu'elle prenait, les paroles qu'elle disait, Marguerite avait encore le temps de penser ; c'était une fille unique que cette Marguerite ! Pour preuve de ce que j'avance, elle médita une réconciliation avec Marcus-Tullius Leseq, dont elle prévit que l'intelligence lui serait utile dans les découvertes à faire sur le vicaire ; car, disait-elle en elle-même :

— *Faut que tout cela ait une fin.*

En foi de quoi, elle entama les premières négociations qui consistaient à saluer le maître d'école avec plus d'attention, et à lui demander des nouvelles de sa santé.

Le bon curé Gausse, suivant toujours les impulsions données par sa gouvernante, se préparait, sans s'en douter, à voir Leseq plus favorablement : cependant, tout en soignant bien son existence, ce brave homme était plus rêveur que de coutume, la rareté des proverbes faisait voir à Marguerite que son maître était fortement dominé par la pensée (chose inouïe !).

M. Joseph, fidèle à ses promesses, parcourait les chaumières, secourait les malheureux, avait été revoir la jeune Laurette, qui était dans un tel état de faiblesse, qu'elle ne pouvait vivre longtemps. Enfin, le vicaire était regardé dans le village comme une seconde providence. Il se trouvait aux heures du repas du curé ; quelquefois il restait le soir avec lui ; mais une indifférence de la vie se montrait toujours dans ses moindres actions, dans ses moindres gestes ; le sourire n'effleurait point ses lèvres ; son œil n'exprimait que l'infortune ; sa voix était sombre, la parole la plus innocente le faisait souvent tressaillir ; mais aucune plainte ne sortait de sa bouche, et cette résignation perçait l'âme du bon curé, qui se voyait forcé de se taire, au lieu de consoler le jeune homme.

— *Qui marche à tâtons, heurte presque toujours,* concluait ce bonhomme, qui, au besoin, inventait des proverbes ; donc, tant qu'il ne me dira pas ses peines, il ne faut pas essayer de les adoucir.

Un nouvel incident vint mettre le comble à la curiosité et aux bavardages sur M. Joseph : cet incident jeta même un vernis sur sa conduite, qui donna lieu aux plus graves réflexions, comme nous le verrons bientôt.

Marguerite découvrit, *par hasard,* que, bien que M. Joseph restât des journées entières renfermé chez lui, il veillait encore une partie des nuits. Un soir Marguerite, ne pouvant résister à sa curiosité, dressa une échelle à côté de la croisée de son cabinet, et, regardant par les intervalles de la jalousie, elle eut la constance de suivre M. Joseph dans toutes ses opérations. Elle le vit assis sur son fauteuil, l'œil fixé sur un objet qu'elle ne put distinguer, à son grand déplaisir : la gouvernante, étonnée d'une attitude si constante, se fatigua de la sienne et fut obligée de descendre de son échelle ; de quart d'heure en quart d'heure, elle remontait avec une ténacité vraiment héroïque, si nous considérons la position périlleuse d'une grosse gouvernante sur une faible échelle. Le vicaire était toujours immobile comme une statue. Enfin, au quatrième voyage elle tressaillit en apercevant le jeune homme lever ses mains et ses yeux au ciel, s'approcher de la table, et écrire avec une vitesse incroyable. Il parlait... Marguerite risqua une chute en cherchant à coller son oreille contre la fenêtre, mais ce fut en vain, la fenêtre était trop bien close pour qu'elle pût entendre quelque chose. Le jeune homme paraissait oppressé, des larmes coulaient de ses yeux ; bientôt il se leva, essaya de lire, essaya de prier, mais un charme invincible le faisait toujours revenir à sa contemplation première. Marguerite leva à la fin le siège, c'est-à-dire qu'elle emporta son échelle ; il était une heure du matin et le vicaire ne paraissait pas encore vouloir se coucher.

Marguerite, le lendemain, commença par apprendre à M. Gausse cette circonstance majeure. M. Gausse et elle causèrent une journée tout entière là-dessus, et M. Gausse finit par conclure que *chacun était fils de ses œuvres.* Marguerite, voyant que tout avait été tellement approfondi avec son maître dans cette journée, qu'il était impossible de reparler encore le lendemain sur ce sujet, pensa que la curiosité du village lui procurerait encore les douceurs des répétitions : elle se transporta donc, sous un vain prétexte, chez madame Gravadel, et son air de mystère y attira sur-le-champ quelques habitués du cercle qui virent que Marguerite apportait du butin.

— Enfin, oui, disait-elle en frappant le comptoir avec sa clef, ce n'est pas que je lui en veuille, au moins ; mais je dis, je soutiens, je répète, et vous conviendrez avec moi, que la vie de ce jeune homme est dominée par quelque chose de bien déplorable, bien intéressant, ou bien criminel peut-être !...

Et elle prononça ces derniers mots lentement et à voix basse.

— Ah ! répondit Tullius, se hasardant à poser la main sur le bras de Marguerite, ce qui faisait présumer que les négociations étaient toujours en vigueur; celui qui ne sait pas le latin a toujours quelque chose à se reprocher!...

— Cela vous plaît à dire, interrompit Gravadel; mais moi qui n'en sais pas une once, cela ne m'empêche pas d'être honnête homme, aussi vrai que vous êtes honnête fille, mademoiselle Marguerite...

— Allez, M. Gravadel, j'aime mieux vous croire que de le prouver. *Lis sub judice adhuc est.*

— Qu'est-ce que cela veut dire? s'écria Gravadel en colère.

— Que cela n'a point besoin de preuves, repartit promptement le maître d'école; cela n'empêche pas que si j'étais maire ou juge de paix, je saurais si quelque chose de coupable ne cause pas sa tristesse...

— *A cause qu'*un homme est sérieux, reprit le maire, est-ce une raison pour en induire pis que pendre? S'il veille, il lui faut de la bougie, je n'y vois que cela. Il a fort bien su me parler, l'autre jour, pour me prier d'acquitter les malheureux du village, *à cause qu'*il m'en a remboursé plus de trente articles, parmi lesquels il y en avait d'assez considérables, ma foi, je croyais bien les perdre, et, voyez-vous, un prêtre qui a de l'humanité, qui ne vous fait rien perdre, le commerce qui va, la charité, la bienfaisance... Voyez-vous... enfin... c'est clair...

— Je suis parfaitement de l'avis de M. le maire, dit Leseq, amen donc! car si le vicaire est riche, s'il fait du bien, *errare humanum est* : prenez que je me suis trompé.

Marguerite essaya en vain de ramener la conversation à laquelle l'*amen* de Leseq avait donné l'extrême-onction, elle eut la douleur de voir que cet *amen* prévalut. En effet, la séance fut levée par le fait de la disparition de tous les membres qui la composaient; elle reprit alors le chemin de la maison, méditant sur la brièveté des paroles et la durée du silence.

En attendant les recherches que Leseq avait proposées, comme aucun autre objet ne venait alimenter la curiosité du village, elle restait toujours sur le vicaire. Ses beaux cheveux bouclés, ses yeux si noirs dont le feu était souvent tempéré par la douleur, sa démarche noble, ses mouvements gracieux, sont des avantages qui intéressent, même au village, et qui le faisaient remarquer. Chaque fois qu'il sortait, les femmes venaient sur leur porte en avertissant les autres par ces mots :

— Voilà le vicaire, voilà le vicaire!

Et tout le monde accourait, et tout le monde regardait passer le mélancolique jeune homme!...

CHAPITRE IV.

La marquise. — Laurette. — Mort d'une amante. — Toujours le vicaire.

Pendant que ces petits événements occupaient tous les esprits, et étaient, pour le village, des choses de la plus haute importance, une calèche élégante, attelée de deux beaux chevaux, roulait sur la route d'A***y à Aulnay-le-Vicomte, et entraînait la marquise de Rosann vers son château.

Comme elle n'en est plus qu'à une lieue, il devient urgent de donner une idée de son caractère et de celui de son mari.

Madame de Rosann était une femme de trente-huit ans, mais en voyant sa taille svelte, sa figure encore séduisante, ses cheveux noirs et son teint blanc, les hommes et même les femmes se trompaient sur son âge. De tout temps son esprit, sa bonté, firent oublier qu'elle était belle. Madame de Rosann portait sur son visage une douce expression, ses lèvres formaient un fin sourire, ses yeux avaient une éloquence qui annonçait une âme tendre, une âme excellente, contenant et cette mobilité de pensée et cette exquise chaleur de sentiment qui sont quelquefois la source de bien des peines! Sans être vive, inconséquente ni légère, elle était entraînée vers les êtres doués de qualités brillantes, elle obéissait à l'enthousiasme qu'ils inspirent; enfin cette pente irrésistible que la nature imprime à la femme, cet admirable désir de plaire, de rendre heureux, cette sensibilité touchante se déployaient chez elle au dernier point; et si depuis son mariage elle avait su dompter cette tendance de son cœur, ce fut, soit par l'estime qu'elle portait à son mari, soit parce qu'elle ne rencontra pas des âmes susceptibles de répondre à l'*idéal* qu'elle s'était formé de la beauté.

Elle arrivait donc, jeune de cœur, vers quarante ans; c'est-à-dire, à l'âge où les passions des femmes acquièrent leur dernier degré d'intensité. Elle aimait la méditation, et les larmes qu'elle répandait quelquefois en secret donnaient beaucoup à penser.

Sa jeunesse fut malheureuse, elle devint orpheline en naissant; sa mère, déjà veuve, mourut en lui donnant le jour, et la tante qui prit soin de son enfance avait un caractère froid, acariâtre et minutieux, qui contrastait singulièrement avec l'âme de sa jeune nièce. On peut donc croire que les qualités de la marquise furent en quelque sorte la conséquence de l'espèce de rigueur monastique que sa tante déploya dans son éducation; car il est bien certain que les enfants ne prennent jamais les défauts de ceux qui les élèvent.

Cette tante, janséniste outrée, n'y voyait pas bien

clair, malgré les lunettes qui lui servaient à lire les ouvrages sur *la grâce*, et Joséphine de Vaucelle, sa tendre pupille, lut quelquefois tout autre chose que le père Quesnel et les œuvres d'Arnaud.

Une fille dévote n'est pas censée se connaître aux détails qu'entraîne la naissance d'un enfant; aussi, lorsqu'elle se trouva chargée de sa nièce, la confia-t-elle à une nourrice pour ne la reprendre que lorsque la pauvre petite fut en état de se tenir tranquille sur une chaise.

Alors les seuls plaisirs de cette malheureuse enfant consistaient, au dehors, dans les pompes de l'église, et à la maison dans les soins qu'elle prenait pour ne pas embarrasser *mademoiselle Ursule de Karadeuc*. C'était un crime de déranger l'inviolable disposition de son chapelet, de ses livres, de sa tabatière, et en général de tous les meubles de sa chambre; il fallait caresser le petit doguin et ne jamais le contrarier; elle devait doucement évacuer l'appartement de mademoiselle de Karadeuc aussitôt que certains ecclésiastiques y entraient : elle parvint à cette connaissance en observant la mauvaise humeur qui l'accablait lorsqu'elle resta les premières fois. Il fallait encore écouter toujours en silence, et ne jamais se hasarder à attirer l'attention des abbés, en jouant avec leur canne ou leur chapeau ; mais surtout, il fallait ne pas détourner les sucreries, les massepains et les confitures qui leur étaient destinés ; ce dernier crime ne pouvait être surpassé que par le crime capital de regarder par les trous des serrures.

Au milieu de cette contrainte la pauvre Joséphine, passive et réservée, contracta une douceur d'ange qui couvrait une âme de feu. Dans cette solitude et dans cette ignorance, les belles qualités de son cœur grandirent comme ses défauts, et les méditations de cette âme naïve ne furent dirigées par personne. Enfin, cette belle enfant n'était connue ni de sa tante, ni de ceux qui, habitués à son timide silence, le prenaient pour de la nullité d'esprit, elle dut être surprise et heureuse lorsqu'un être aimable, devinant son mérite, le lui révéler avec adresse!..... de là les malheurs qui, dans cette occurrence, ne manquent jamais de fondre sur les jeunes personnes livrées à elles-mêmes.

La sévérité de sa tante lui rendait chère sa pauvre nourrice d'Aulnay, qui l'aimait comme une mère, et lui en avait prodigué les soins; aussi Joséphine était-elle bien reconnaissante. C'était pour elle une grande fête, lorsque sa tante, gagnée par une conduite exemplaire, lui permettait d'aller passer quelque temps à la chaumière de sa nourrice. Mademoiselle de Karadeuc, ayant souvent des *extases*, accorda souvent cette permission à mesure que Joséphine avançait en âge.

Tous les souvenirs de la jeunesse de la marquise se rattachaient donc au village d'Aulnay-le-Vicomte et le lui rendaient cher; aussi, lorsque la mort de sa tante lui permit de se marier, au lieu d'aller régner dans un couvent d'Allemagne où les intrigues de mademoiselle de Karadeuc devaient la placer, Joséphine de Vaucelle ressentit une grande joie en devenant, à vingt ans, maîtresse de la terre d'Aulnay, l'une des possessions de son mari.

Le marquis de Rosann était entré au service à l'âge de vingt ans, en obtenant la survivance du régiment de son père. L'état de paix dans lequel se trouvait la France lui permit de suivre le tourbillon de la cour : il joua, eut des maîtresses, fit des dettes, battit ses créanciers, creva ses chevaux, conduisit et brisa des voitures, suivit toutes les intrigues, en un mot, réalisa toutes les idées que l'on se forme d'un jeune marquis français. A travers ces vices du temps, le jeune de Rosann avait du courage, de l'honneur, et cette passion *du chevaleresque* qui constitue le caractère de la nation française. Bref, émigrant par mode, rentrant en France par bravoure, il se trouva à quarante ans, ayant traversé les orages de la vie et de la politique, et, devenu sage, il comprit alors en quoi consistait le bonheur.

Par l'effet des événements qui procurèrent à Leseq la faculté de prendre le glorieux nom de Tullius, le marquis, autrefois seigneur d'Aulnay, n'en était plus que le protecteur; ce fut dans cette terre que le ci-devant marquis de Rosann, heureux d'avoir conservé sa fortune dans le grand naufrage nobiliaire, se retira pour réfléchir à sa vie future. Alors, il jeta les yeux autour de lui pour chercher une femme qui, tout en ne le faisant pas déroger, eût assez de qualités solides, de douceur et d'amabilité pour assurer le bonheur de la seconde moitié de sa vie.

En ce moment, Joséphine de Vaucelle, ayant perdu sa tante, et laissé l'administration de ses biens à un homme d'affaires, s'était réfugiée chez sa nourrice, dont la chaumière lui présentait un asile contre les persécutions. M. de Rosann vit cette jeune orpheline : elle avait sur le visage une expression de mélancolie que le marquis attribuait à la manière dont elle fut élevée, et il pensa, dès ce moment, à compenser les privations de la jeunesse de Joséphine, par un bonheur continu dont ils goûteraient ensemble les charmes. La jeune fille apparut au marquis décorée de tout le lustre des vertus, et personne ne pouvait détruire cette idée, en révélant la faute de Joséphine, car personne n'en était instruit, et nul, en la voyant, n'aurait imaginé qu'à quinze ans elle avait cru aimer, et qu'elle fût trompée par les premiers avis des sens.

Joséphine n'était heureuse qu'avec sa nourrice ; et, par la manière dont Marie compatissait aux peines de sa fille de lait, on eût dit qu'elle était instruite des secrets importants qui causaient les larmes de la jeune fille. Quoi qu'il en soit, la beauté de Joséphine, et avant tout, son heureux caractère séduisirent M. de Rosann : les soins qu'il prodigua, les hommages qu'il offrit, ses attentions furent reçus d'abord avec indifférence, puis avec le sourire de l'amitié. Enfin, reconnaissant dans le marquis quelques-unes des qualités dont elle était idolâtre, mademoiselle de Vaucelle consentit à l'épouser, en ne le regardant que comme un ami véritable. On voyait que, le cœur de cette jeune fille ayant déjà été entraîné, détrompé, elle considérait cette union comme un port de refuge pour une âme qui n'avait pas encore rencontré et qui désespérait de trouver l'être qui devait lui plaire. Ils furent mariés en secret, et cette cérémonie touchante, célébrée au milieu de la nuit, dans la chapelle ruinée du château, fit verser bien des larmes à la jeune fiancée : mais depuis son mariage sa mélancolie cessa par degrés, ne parut que par instants, et elle finit par mettre tous ses soins à rendre heureux le marquis de Rosann.

Marie, ayant toujours refusé de suivre la marquise, n'eut d'autre ambition que d'être concierge au château d'Aulnay, où elle voulait mourir au service de sa fille de lait.

Ce château était à dix minutes de chemin d'Aulnay-le-Vicomte ; une belle avenue de quatre rangs d'arbres conduisait à une énorme grille de fer, de chaque côté de laquelle étaient deux jolis bâtiments en briques. L'un formait l'habitation de Marie, l'autre celle des jardiniers.

A cette porte commençait une longue prairie terminée par le château, dont la vue embrassait tout le village. Par la seconde façade, on jouissait de l'aspect des jardins anglais, du parc, des bois du domaine, et des ruines romantiques de l'ancien castel situé sur un petit lac. Toutes ces circonstances contribuaient à rendre ce séjour délicieux. Le château moderne avait été bâti par le père du marquis : il se trouvait assez grand pour recevoir des amis, et pas assez vaste pour devenir triste dans la solitude.

Comme je l'ai déjà dit, cette terre rappelait trop de souvenirs à la marquise, pour qu'elle manquât de venir l'habiter dans la belle saison ; quant au marquis, il s'y rendait lorsque ses affaires le lui permettaient.

Cinq heures sonnaient à l'horloge de la paroisse : en ce moment, Marie était assise au pied du lit de sa fille. Les chagrins, encore plus que l'âge, ont vieilli cette pauvre nourrice ; ses cheveux sont tout blancs, et des rides nombreuses sillonnent son visage. Ses lunettes sur le nez, elle s'imagine tricoter un bas bleu à large bord blanc qu'elle tient dans ses mains, mais à chaque minute, ses yeux sont levés sur sa fille, elle soupire, et de grosses larmes tombent sur son ouvrage. Quoique la fièvre de Laurette vienne de cesser, un reste de délire se promène encore dans son imagination affaiblie. Elle croit voir celui qu'elle aime, ses yeux s'animent d'une flamme renaissante et elle dit :

— Robert, attends-moi, nous allons ensemble aller cueillir des fleurs à ma mère...

Puis elle se tait, mais bientôt retombant dans d'autres souvenirs, elle tourne sa tête du côté de sa mère.

— Vois-tu, reprend-elle en élevant ses bras vers la croisée, vois-tu, ma mère ?... il part !... il me fait son dernier signe de main ! ses yeux me disent qu'il m'aime... qu'il ne m'oubliera pas... Pauvre Robert ! quand te reverrai-je ?...

— Lui ! et toujours lui ! murmura Marie en fixant les colonnes torses de sa table vermoulue.

— Ma mère, dis-moi qu'il n'est pas mort ? s'écria la jeune fille d'un ton de voix déchirant ; ou bien, ajouta-t-elle d'un accent plus déchirant encore, si c'est vrai... je vais le rejoindre, mon Robert !

La vieille mère tressaille, pâlit, regarde autour d'elle avec frayeur.

— Michel ne revient pas du château !

Et elle prononça ces mots d'une voix chevrotante qui annonçait combien elle redoutait la solitude auprès de sa fille mourante.

Laurette, retombant sur son lit, paraissait dominée par un profond accablement ; tout à coup des hennissements de chevaux, le bruit du roulement de deux voitures, les cris des cochers, se font entendre et interrompent le silence de l'avenue. Marie reconnaît l'équipage de la marquise, et descend les trois marches de sa maison ; d'une main décharnée et tremblante elle ouvre la grille, après de longs efforts ; elle conduit péniblement chaque côté de cette lourde porte qui crie sur ses gonds ; son visage s'anime à l'aspect de sa maîtresse, elle essaye de sourire, mais on devine que le chagrin est l'expression habituelle de sa physionomie.

La marquise, apercevant la tristesse de Marie, fit signe d'arrêter.

— Bonne nourrice, dit-elle, comment va ta fille ?

Les larmes de Marie répondent pour elle.

La marquise, attendrie, craint de faire une seconde question, et regarde avec inquiétude Michel, son frère de lait, qui venait d'accourir au bruit des voitures ; celui-ci la comprenant fait un mouvement de tête qui signifie que sa sœur vit encore, mais ses yeux levés au ciel indiquent en même temps que de là seulement peut venir du secours.

— Viens me dire tes chagrins, bonne Marie, viens, dit la marquise.

— Hélas! ma chère maîtresse, je ne peux, ma pauvre fille se meurt ; et, jusqu'à son dernier moment, ne faut-il pas que je voie ou son sourire ou ses pleurs? ne faut-il pas que j'entende ses paroles et même ses soupirs?... Mourir à vingt ans, ajouta cette triste mère, et mourir de chagrin pour avoir trop aimé! ô Laurette!...

Et, son tablier sur ses yeux, ne pouvant retenir les sanglots qui l'étouffaient, Marie, le dos voûté, la tête penchée remonta les marches de sa maison et disparut.

— Qu'il est douloureux de voir pleurer une mère! dit la marquise. Michel, viens ce soir que j'entende au moins parler de Marie.

Et l'équipage entraîna madame de Rosann, que cette scène avait violemment émue.

En entrant dans ses appartements elle s'attendrit en voyant les fleurs fraîches qui décorent les jardinières : celles qu'elle préfère ont été placées dans sa chambre. Partout, et dans les plus petites choses, on a étudié ses goûts, donc la volonté de Marie a dirigé les travaux de Michel.

— Qui m'aimera comme ma nourrice quand elle ne sera plus? se demanda-t-elle.

L'air était si calme qu'il ne pouvait agiter les rideaux les plus légers ; le jour qui fuyait, la cloche qui sonnait la prière du soir, cette jeune fille mourante, tout portait à la mélancolie, et la marquise s'y abandonna.

Assise devant la fenêtre, elle contemplait le ciel, lorsque Michel arriva dans sa chambre. Madame de Rosann lui sourit avec une expression touchante où le malheur de Marie se peignait, et du doigt elle lui indiqua un siége.

Michel donna à madame de Rosann tous les détails qu'elle désirait sur les événements qui ont aggravé si promptement les souffrances de Laurette.

— Ah! madame, Robert au fond de cette Sibérie a dû regretter plus d'une fois les fleurs et les beaux espaliers d'Aulnay.

— Il est donc mort? s'écria la marquise.

— Hélas! oui, madame, nous l'avons appris bien brusquement par une lettre du ministère de la guerre. La vieille mère de Robert, croyant que c'était une bonne nouvelle, s'était empressée de la donner à lire à cette pauvre Laurette. C'était même la veille de l'arrivée de notre vicaire. Ce fut le coup de la mort pour ma pauvre sœur. Faut convenir que ce Robert était bien aimable, aussi! il passait pour votre meilleur jardinier, ma foi! eh bien, il est mort sans avoir revu Laurette!...

— Il est donc vrai, dit la marquise, le malheur est dans toutes les classes, et les passions dans tous les cœurs!

Des larmes coulèrent de ses yeux et ces larmes paraissaient avoir deux sources : Laurette et elle-même.

— Mais, Michel, vous avez parlé d'un vicaire ; le bon curé Gausse serait-il dangereusement malade?

— Non, madame, mais...

Comme Michel allait expliquer son mais, il s'entendit appeler du bout de la prairie ; craignant que sa mère n'eût besoin de lui, il fit, d'un air embarrassé, quelques révérences bien gauches à la marquise, heurta la porte en se reculant, et sortit de la chambre.

Ce que Michel venait de dire du vicaire avait éveillé l'attention de madame de Rosann ; il semblait que le sort voulût que cet être excitât le même sentiment de curiosité et d'intérêt chez tous ceux qui en entendaient parler. Elle chercha à s'expliquer pourquoi un vicaire était venu, puisque M. Gausse se portait bien, car elle ne connaissait ni les souhaits de M. Gausse, ni les besoins du village : mais, comme un vicaire et surtout un vicaire de campagne était un objet très-peu important pour elle, selon l'admirable coutume de son sexe, elle ne s'en occupa pas longtemps, et au bout de dix minutes elle n'y pensait plus. Ce qui l'inquiéta davantage, ce fut la pauvre Laurette, dont le sort touchait son âme ; elle l'avait vue naître, élever, elle avait suivi chaque année les progrès de sa beauté, les développements de son esprit et de son cœur. Des présents souvent répétés, des confidences que l'affabilité de la marquise avait sollicitées et encouragées, tout cela attacha madame de Rosann à la seule fille de sa nourrice.

La marquise, après avoir arrangé le mariage de Laurette et de Robert, devait doter Laurette ; la noce se serait faite au château. C'était encore elle qui avait fait les démarches pour tâcher d'exempter Robert, lors de son départ pour l'armée ; mais comme le nom de Rosann n'avait pas beaucoup de crédit sous Bonaparte, et que Robert n'avait aucune bonne excuse à donner pour être dispensé de servir, puisqu'il était beau, grand et bien fait, si madame de Rosann ne réussit pas dans cette affaire, du moins elle consola Laurette du départ de son bien-aimé et lui donna souvent des espérances qui, par la suite, devinrent bien funestes à la pauvre fille.

Madame de Rosann se rappelle toutes ces circonstances, elle craint que la disparition de Michel n'ait eu des causes graves ; s'étant reposée quelques heures de la fatigue du voyage, elle ne voulut pas se coucher avant d'avoir vu la jeune fille ; si cette visite est pénible pour elle, elle songe qu'elle va faire plaisir à sa nourrice et peut-être à Laurette. Elle s'achemine donc vers la prairie qui sépare son château du pavillon de Marie.

Bien que la lune éclairât la campagne de sa lumière bleuâtre, de gros nuages noirs s'amoncelaient à l'horizon et annonçaient un orage prochain, ainsi que la chaleur terrible qui se faisait sentir, malgré la soirée déjà avancée.

« L'orage qui se prépare va peut-être détruire Laurette? » pense madame de Rosann : ce pressentiment la remplit de crainte, elle approche, elle arrive, elle n'entend rien : ce fatal silence redouble son effroi ; la porte est ouverte, elle monte lentement, sa respiration est gênée, on dirait qu'elle appréhende de rompre ce silence qu'elle croit le silence de la mort. Sa marche n'a produit aucun bruit, elle est dans la chambre funèbre, personne ne l'a vue ni entendue.

La vieille mère, le visage dans ses mains, n'ose regarder sa chère fille, Michel pleure, la mourante cherche à se rattacher à la vie en essayant encore de faire quelques mouvements. La marquise a à peine entrevu tout cela, elle est tout entière dans la contemplation d'un être qui, par sa voix touchante et harmonieuse, tâche d'adoucir les peines d'un pareil moment !...

La vue faible de Laurette ne peut plus soutenir que la lueur d'une lampe posée sur une table, derrière son lit ; mais les rayons de la lune arrivent à travers les carreaux de la fenêtre, et cette teinte pâle, combinée avec celle de la lampe rougeâtre, éclaire lugubrement cette chambre et imprime une expression sinistre à toutes les personnes, à tous les objets qui y sont.

Au milieu de la mère désolée, du frère immobile et de la mourante, est un homme d'une belle stature ; il est enveloppé d'une soutane noire qui ajoute à son attitude imposante cette espèce de majesté qui résulte d'un large et simple vêtement ; ce jeune homme, M. Joseph enfin, a le visage tourné vers Laurette, et, sur ce visage, la douce pitié, la plainte humaine, la consolation divine apparaissent et le font resplendir ; cet homme semble, au milieu de ce groupe de douleur, un envoyé céleste qui tout à la fois souffre de ce spectacle et apporte l'espérance.

C'est ce tableau offert par le vicaire qui retient la marquise immobile et presque stupéfaite sur le haut de l'escalier.

En apercevant cette figure exaltée, noble, douce et qui garde l'empreinte d'une profonde mélancolie, la marquise a senti son cœur se troubler, ses yeux ont éprouvé la sensation de l'éclair d'une tempête, et une force sympathique, un attrait invincible lui a fait oublier Laurette mourante, pour ne s'occuper que de cette créature qui bouleverse tout son être. Elle ne peut rassembler aucune idée, son âme semble s'être échappée, elle erre autour du vicaire, et madame de Rosann écoute avec avidité le doux murmure des paroles consolatrices de cet homme qu'elle ne connaît pas.

— Oui, ma fille, dit-il, le divin concert des anges s'apprête pour toi, ta réception au céleste palais sera brillante ; quitte cette terre, belle vierge !... oui, belle de toutes les vertus et de toutes les beautés humaines, quitte cette terre, puisque tu n'y as pas trouvé le fragile bonheur des enfants d'Adam, et puisque tu vas être heureuse là-haut de la félicité des anges ! ton bien-aimé t'y attend, il prépare ta place !...

— Il y sera donc ?... murmura faiblement Laurette, en cherchant toujours à soulever sa pesante paupière.

Madame de Rosann fut encore bien plus étonnée du langage du jeune prêtre : ce langage annonce une éducation soignée ; elle tâche de l'examiner plus attentivement, mais cette attention donne une forte commotion à son âme ; et malgré la solennité du moment, malgré sa volonté qui veut diriger toutes ses pensées, toutes ses affections sur Laurette, elle se sent toujours entraînée vers le vicaire, elle est *forcée* de le contempler et de remarquer ses moindres gestes.

— Souffrez-vous, ma fille ? demande le prêtre.

— Ma mère, je sens que je meurs ! dit Laurette d'un ton plaintif, en tâchant de presser la main du jeune homme.

A ce moment, ses yeux se débattent contre la nuit de la tombe, elle voudrait voir encore, mais les pulsations du cœur s'arrêtent insensiblement, le sang se glace, la vierge souffre en silence, une légère contraction ride son visage, et son dernier souffle s'échappe.

Quel silence !... La marquise n'est point aperçue, toute distinction humaine cesse : bientôt, le visage de Laurette s'embellit d'une fraîcheur céleste, il semble qu'en entrant dans la tombe elle ait une vision sublime de la sublime éternité, et que la magie des cieux se reflète sur sa figure ; la mort grave sur ce front blanc et pur le sceau de l'immortalité, les secrets de l'autre vie.

Ce fut alors que le prêtre s'écria d'une voix profondément émue :

— Ame pure et chérie, ton passage sur cette terre a été le passage d'une fleur !... comme elle, un orage t'a fait mourir !

— Ma fille, ma chère fille ! crie Marie avec un accent déchirant ; elle dort ! ajoute-t-elle d'un air égaré.

Le vicaire se lève, s'incline respectueusement devant le corps de Laurette, et regardant la beauté de ses traits :

— Ange du ciel, dit-il, veille sur nous !... Courage, pauvre mère ! ajoute-t-il, elle nous a entendus... A demain... je reviendrai prier.

En même temps il regarde la marquise, et, du doigt, lui montre la mère de la jeune fille. Ce regard dit tout, la marquise obéit comme à un maitre, elle entraîne Marie dont les yeux sont secs, et qui paraît ne rien voir, ne rien entendre ; la nature semble prendre part à ce moment d'horreur, les nuages qui couvrent la lune paraissent un crêpe funèbre étendu sur l'univers pour annoncer la mort de l'innocence, et les vents, précurseurs de la tempête, sifflent au loin et font résonner, en sons inégaux, la cloche du village...

Le lendemain matin, le bruit de la mort de la jeune fille réveilla ses compagnes et les autres habitants du village. Tout le monde la pleure et le curé n'est pas le moins ému. Le vicaire, que l'enthousiasme religieux ne soutient plus, est dans un accablement difficile à décrire. Marguerite désolée n'en raconte pas moins toutes les circonstances de la vie de Laurette, depuis sa naissance jusqu'à sa mort. Leseq prononce qu'il n'y aura pas de classe ; les enfants, qui ne comprennent point encore l'humanité, ne voient que le congé, et se réjouissent. Madame de Rosann garde sa nourrice dont la folie déchire le cœur. Michel veille Laurette ; le vicaire vient prier auprès d'elle. Il prend un repas au château ; madame de Rosann se trouble lorsqu'elle le voit, lorsqu'elle l'entend ; elle cherche à comprendre son cœur et se demande si c'est la mort de la jeune fille ou les paroles du vicaire qui la troublent.

Le moment arrive de rendre les derniers devoirs à Laurette. Le vicaire, ayant revêtu ses ornements sacerdotaux, arriva précédé du silencieux cortège qui devait escorter la jeune fille. On se mit en marche, on franchit la porte de fer, et l'on traversa cette longue avenue, théâtre des fêtes et des danses où Laurette était si belle !... On passa devant la pelouse où elle avait appris à marcher ; devant le gros chêne où elle prononça des serments d'amour ; plus loin, un jeune arbre a reçu sur son écorce tendre les chiffres de Robert et de Laurette ; ici, elle s'est assise près de lui, et ils ont parlé de leur bonheur à venir.

Ah ! comme jadis, palpitante d'espérance, elle courait dans cette avenue, demander des nouvelles de son Robert aux soldats qui passaient par hasard dans le village ! Maintenant, sa beauté, son amour, tout est mort, et la terre de l'avenue la supporte pour la dernière fois. Les tremblantes et désolées jeunes filles baissent les yeux, elles semblent redouter l'aspect de cette avenue féconde en souvenirs.

Les chants lugubres et les chants des oiseaux forment un désolant contraste, les pas qui résonnent dans l'avenue, les moments de silence, le bruissement des arbres que le vent agite doucement, le vêtement blanc des jeunes filles, le cercueil et sa couronne blanche, tout cela produisait un tableau sublime de douleur.

CHAPITRE V.

Le vicaire et la marquise. — Visite au presbytère. — Dîner au château.

La monotonie des quinze jours qui suivirent la mort de la jeune fille m'oblige à les passer rapidement. Marie tomba dangereusement malade, et le vicaire vint souvent consoler cette mère au désespoir ; de son côté, la marquise soignait sa nourrice, et se rencontrait sans cesse avec M. Joseph, car, ayant remarqué les heures auxquelles le vicaire voyait Marie, elle avait soin de s'y trouver.

La présence de Joseph produisait dans l'âme de la marquise des tressaillements qu'elle n'était pas maîtresse de réprimer. Ce mouvement invincible, presque semblable à la peur, par la violence et l'émoi qu'il causait, ne fut pas chez la marquise cette dette que l'on paye en voyant pour la première fois un homme supérieur, un de ces êtres qui possèdent le don d'étonner par leur seul aspect. En effet, à chaque fois que madame de Rosann entendait les pas du vicaire, cette impression se renouvelait et acquérait chaque fois un plus haut degré de force. Elle tremblait en le regardant, mais comme on aime à trembler ; assise dans un coin de la chambre, elle restait longtemps les yeux attachés sur cet être imposant, et elle oubliait les souffrances de sa nourrice, tant son cœur était plein d'autres sentiments dont elle ne voulait pas se rendre compte. L'impassible vicaire, ne s'apercevant de rien, consolait la pauvre mère de Laurette par des discours d'ange qui tiraient des larmes à la marquise.

Enfin, bien que le vicaire fût absent, toutes les pensées de Joséphine entouraient ce jeune prêtre dont la belle figure basanée, le regard profond, la douleur concentrée faisaient battre son cœur, même lorsqu'elle ne l'apercevait qu'à l'aide de son imagination.

Marie se portait bien mieux, elle était hors de tout danger et en convalescence ; le vicaire devait venir la voir pour la dernière fois. Madame de Rosann attendait avec impatience l'heure à laquelle M. Joseph arrivait ordinairement à cette petite maison de briques qui semblait un temple à la marquise.

Joséphine, assise contre l'antique fauteuil de sa nourrice, pensait profondément, et Marie, en se retournant, aperçut des larmes sillonner le visage de sa maîtresse.

— Hélas ! qu'avez-vous, madame ?...

— Ce que j'ai, Marie... ne le sais-tu pas ?

À cette parole, des larmes inondèrent les joues ridées de Marie.

— Dites, madame, que je viens de l'apprendre !...

Autrefois, je ne vous plaignais qu'à moitié ! maintenant je connais votre douleur tout entière!... Votre pauvre enfant!... ajouta Marie à voix basse, il aurait l'âge de notre vicaire... Ah! madame, quelle mort anticipée que celle de voir périr un enfant! au moins vous n'avez pas eu ce spectacle!

— Marie, s'écria la marquise, tu m'éclaires, et si ce jeune homme me fait tant de plaisir à voir, c'est qu'il me représente mon fils!

— Madame, il se nomme Joseph! dit la nourrice avec un air de mystère.

A ce nom, la marquise pâlit, elle lève un œil effrayé sur sa nourrice, et mettant un doit sur sa bouche, elle lui dit :

— Marie, que tes lèvres soient comme le marbre d'un tombeau qui aurait enseveli ce nom et ce secret, auxquels l'honneur et presque la vie de trois personnes sont attachés...

A peine la marquise achevait-elle ces paroles, que le vicaire entra.

Joséphine l'envisage, tout l'incarnat d'une grenade s'empare de son front, et elle sent son cœur se troubler à l'aspect du front sévère du jeune homme.

— Hé bien, Marie, vous voilà mieux!... dit M. Joseph après avoir salué respectueusement la marquise.

— Elle est sauvée, répondit madame de Rosann, et aussi vous y avez bien contribué par vos soins.

Le vicaire s'inclina en disant :

— Madame, je n'ai fait que mon devoir.

— M. le vicaire, reprit la marquise en souriant, vous devez savoir combien nous sommes curieuses; et je vais vous en donner une bien grande preuve, en vous demandant votre âge.

— J'ai vingt-deux ans, madame.

A cette réponse laconique, Marie jeta un regard sur Joséphine au moment où celle-ci contemplait furtivement sa nourrice, et, par ce clin d'œil rapide, elles se dirent une multitude de pensées.

— Et de quel pays êtes-vous?... demanda la joyeuse nourrice.

— De la Martinique,... répondit sèchement le prêtre, qui, par le mouvement qui lui échappa, laissa voir que toutes ces questions lui déplaisaient.

Aussitôt que Joseph eut répondu, les yeux de la marquise, qui brillaient d'une lueur d'espoir et de bonheur, passèrent à l'extrême tristesse. Elle regarda Marie d'une manière lamentable, comme si elle eût dit :

« Ce n'est pas lui!... »

— Quelle vaine recherche! dit la marquise à voix basse; *ne vous a-t-il pas dit* que votre Joseph était mort?...

Des larmes envahirent les yeux de la marquise; elle se tut, éloigna son siége, de manière à pouvoir contempler le jeune homme tout à son aise, et sa figure radieuse indiquait combien elle aimait à le voir.

— Vous êtes toujours bien triste! dit Marie au prêtre pensif.

Le vicaire ne répondit pas; le silence régna, et bientôt M. Joseph sortit, après avoir salué la marquise et dit un mot d'adieu à la convalescente.

— Hé bien, Marie!... s'écria la marquise d'une voix douloureusement affectée, est-ce un fils?...

— Oh non!... répondit Marie.

Cependant, aussitôt que le jeune homme eut disparu, il sembla à Joséphine que la chambre de sa nourrice fût vide, il lui sembla que sa vie venait de lui être enlevée.

Cette visite du vicaire avait été précédée par une foule de souvenirs évoqués par les paroles de Marie, et ces souvenirs plongeant la marquise dans un état inconcevable, augmenté par la présence de Joseph, tout contribua à rendre cette scène d'un instant comme magique. Joséphine croyait avoir fait un rêve : pour elle, le départ du jeune homme était un réveil.

Elle frémit des sentiments confus qui se débattaient dans son âme; elle quitta brusquement Marie, et se réfugia dans ses appartements, comme pour éviter un être dont le souvenir la poursuivait trop vivement dans la chambre de Marie, à cet endroit où elle l'avait contemplé pour la première fois, où, pour la première fois, elle tressaillit en le voyant. Ce fut vainement qu'elle se reposa sur son sofa, si elle crut pouvoir y oublier M. Joseph : depuis quinze jours toutes ses pensées ne se dirigeaient que d'un seul côté : c'était vers le presbytère où demeurait le jeune homme.

La marquise n'en était pas encore venue au point de s'avouer à elle-même ce qu'elle ressentait, et d'examiner ce qui se passait dans son cœur : elle ressemblait à un jeune habitant des forêts qui, pour la première fois, est percé d'une flèche : il court à travers les bois sans prendre garde au trait mortel, et ce n'est qu'après bien des courses, qu'il se reposera sous un arbre antique et qu'il contemplera la plaie, en essayant d'arracher la flèche qu'il enlèvera peut-être.

Ainsi Joséphine, tour à tour bruyante et silencieuse, parcourait souvent son parc, et s'asseyait sur une hauteur d'où, contemplant la nuée fugitive, elle aimait à entendre le bruit de la pluie, l'effort du vent, et à voir l'effroi de la nature à l'approche d'un orage; ou bien, elle admirait l'écharpe azurée d'un ciel sans nuage, et toutes ces actions étaient accompagnées d'un déluge de pensées vagues, qui plongeaient son cœur dans un délire plein de charmes; car elle oubliait son âge en ne regardant qu'à son âme; puis, elle faisait mettre ses chevaux à sa calèche, ordonnait d'aller au grand galop et se plaisait à être emportée par un mouvement aussi rapide, tâchant d'éloigner ses pensées et de se dérober à elle-même. Enfin, on la voyait assise dans son boudoir, l'œil fixé sur un portrait d'ecclésiastique qui fut toujours placé sur sa cheminée; et là, immobile, elle passait d'autres journées entières sans dire un mot, soupirant parfois et pleurant beaucoup : les lettres de son mari furent reçues avec indifférence, et quelquefois, à table, ses gens en la servant s'effrayaient de sa pâleur et de ses distractions.

Depuis huit jours le vicaire n'était pas venu au château, Marie se portait tout à fait bien, et la marquise n'espéra plus revoir M. Joseph. Cette semaine lui parut un siècle.

Un soir le curé et son vicaire causaient ensemble, et le curé témoignait à son suppléant combien il était étonné en n'entendant plus parler de misère dans le village; il faisait sentir à M. Joseph qu'il n'ignorait pas ses bonnes œuvres. Le jeune homme, plein de modestie, allait répondre, lorsque la porte du salon du curé s'ouvre et la marquise paraît.

— Ah, madame! s'écria M. Gausse en se levant précipitamment et lui offrant sa bergère de velours d'Utrecht rouge, quel honneur vous faites à votre vieux pasteur!...

— Il le mérite bien, répondit la marquise tremblante et regardant M. Joseph, qui la saluait en rougissant.

Cette rougeur insolite chez M. Joseph fit naître dans l'âme de la marquise un sentiment d'espoir qu'il lui fut impossible d'expliquer et d'exprimer. « Il a pensé à moi ! » se disait-elle; mais pensant aussi avec rapidité qu'alors s'il n'était pas venu chez Marie et au château, sa volonté l'avait ordonné, elle éprouva un mouvement de peine qui flétrit son visage.

— J'ai senti, M. Gausse, dit-elle en affectant de ne regarder que le curé, j'ai senti que si vous n'étiez pas venu au château, c'est que vos infirmités vous retenaient chez vous; et alors, ne voulant pas que nos chers pauvres en souffrissent, je viens savoir de vos nouvelles par moi-même et vous apporter la petite somme que je vous remets tous les ans, pour soulager les indigents.

— Madame, il n'y en a plus : M. Joseph nous a enlevé le plaisir de faire des heureux !

— C'est mal, monsieur, dit la marquise en se tournant vers le jeune homme et le regardant avec un plaisir qu'elle ne pouvait dissimuler.

— Aussi, madame, je lui en faisais de vifs reproches au moment où vous êtes entrée.

Au maintien de la marquise, un observateur habile aurait jugé que la visite qu'elle rendait au curé était une démarche qu'elle avait longtemps méditée et l'objet d'un long combat chez elle. Joséphine, embarrassée, cherchait à fixer ses regards sur toute autre chose que sur le vicaire, et cependant une force morale invincible la contraignait à reporter à chaque instant sa vue sur cet être, devenu *tout l'univers* pour elle !

— Alors, reprit Joséphine après un moment de silence, je prierai M. le vicaire d'accepter ma petite somme pour me faire participer à ses œuvres secrètes de charité. Et sans attendre la réponse, madame de Rosann tira une bourse pleine d'or et la tendit à M. Joseph. Ce dernier ne put faire autrement que de la prendre, et la marquise saisit cette occasion pour effleurer légèrement la main du vicaire. Ce tact fugitif, cette sensation d'un moment fit une telle impression à madame de Rosann, qu'elle ressentit quelque chose de semblable à la douleur. Joseph étonné la regarda; elle baissa les yeux et rougit comme si elle eût commis un crime.

M. Gausse, regardant alternativement la marquise et le vicaire, commençait à comprendre que cette visite, la première que lui eût faite la marquise, pouvait fort bien ne pas être pour lui. De son côté, Marguerite, l'œil collé contre une des fentes de la porte, ne perdait pas un mot ni un coup d'œil et retenait son haleine.

— On ne peut que se féliciter d'avoir obtenu pour vicaire un homme tel que vous, monsieur, continua la marquise; et puisque vous voulez bien accepter mon offrande, je n'ai plus de querelle à vous faire. M. Gausse, vous devez être bien satisfait : talents, vertus, tout se trouve réuni dans votre suppléant.

— Madame, s'écria le curé, j'en remercie Dieu tous les jours.

La froide impassibilité de la contenance du jeune prêtre glaçait l'âme tendre de madame de Rosann. Elle contempla quelques moments la belle et noble figure de M. Joseph, et se retira navrée et le cœur gonflé des soupirs qu'elle avait retenus.

Cette visite, commentée et racontée par Marguerite, réveilla la curiosité du village, et le vicaire redevint le sujet des conversations; car la mort de Laurette avait pendant longtemps fait disparaître le vicaire, comme objet principal des bavardages. Mais le malheur d'autrui ne donnant aux hommes que des émotions passagères qui font promptement place à une insouciance nommée bonheur, on finit par oublier Laurette et l'on parla du vicaire comme auparavant; mais en ajoutant à ce que l'on disait de lui, le narré de la visite que madame de Rosann avait faite plutôt à lui qu'à M. Gausse. Marguerite n'oubliait pas l'air glacial que M. Joseph avait affecté en écoutant madame la marquise, et une certaine satisfaction brillait alors dans les discours de Marguerite qui pensait qu'elle ne serait pas seule humiliée. L'espèce de dédain témoigné à la marquise par M. Joseph acheva de porter la curiosité au dernier degré, et cette circonstance dérangea toutes les conjectures de Leseq, qui n'imaginait pas que l'on pût ne pas courber la tête devant le pouvoir.

D'après la froideur que le vicaire avait manifestée, la malheureuse marquise jugea que jamais le prêtre ne lui adresserait une seule parole d'amitié, et que le fanatisme intérieur qui le dévorait lui formait une égide qui repoussait tous les sentiments humains. Elle gémit, et résolut de se contenter du simple et naïf bonheur de le voir, mais elle résolut d'avoir très-souvent ce bonheur-là, puisque c'était le seul dont elle pût jouir. Si la marquise eût été en état de se raisonner seulement dix minutes, elle se serait aperçue que le sentiment qu'elle portait à ce jeune homme, ce sentiment sympathique né dans un moment, et rapide dans son accroissement et sa force, était de l'amour; alors, effrayée, elle se serait enfuie et n'aurait jamais revu Aulnay-le-Vicomte et son vicaire; mais, je le répète, depuis un mois sa vie était un songe délicieux, un véritable songe, un délire, un enchantement! n'étant plus elle-même, redevenue jeune et retrouvant toutes les richesses d'un sentiment neuf et inouï, elle vivait sans vivre, et s'élançait au delà de la création, en trouvant, pour la première fois de sa vie, un être qui répondait à toutes les idées qu'elle s'était formées de celui qu'elle aimerait toujours. Enfin, elle avait rencontré l'homme de ses rêves, l'homme de son choix, l'homme dont l'extérieur et les qualités morales devaient toujours lui plaire. Malheureuse de le voir trop tard!

Voici ce qui peut expliquer pourquoi M. Gausse et son vicaire reçurent l'invitation d'aller dîner au château. Le curé répondit, sans prévenir M. Joseph, et le jour indiqué, le curé l'entraîna.

Cette démarche avait été l'objet d'une longue méditation du bon curé, qui n'en parla même pas à Marguerite.

— *Chat échaudé craint l'eau froide*, s'était-il dit; si mon vicaire est malheureux, c'est à cause de quelque passion, et il s'écarte des occasions de retomber dans son premier malheur : c'est fort bien! mais *si le renard sait beaucoup, la femme amoureuse en sait davantage*; et, si madame la marquise veut du bien à ce jeune homme, il ne faut pas qu'il manque son chemin par une fausse délicatesse : il peut devenir évêque! et Jérôme Gausse doit *battre le fer pendant qu'il est chaud*, si le jeune homme ne le bat pas lui-même; *le moine doit répondre comme l'abbé chante* : aussi ferai-je si bien, que, malgré lui, il regardera madame la marquise autrement que le jour de sa visite! Hélas! que les abbés de mon temps étaient bien autre chose que M. Joseph! Enfin, je le mettrai sur la voie : *à bon entendeur salut, à bon joueur la balle vient*.

Ce fut dans cette intention que le bon curé emmena M. Joseph au château.

Depuis le matin, depuis la veille, la marquise pensait qu'elle allait voir M. le vicaire, et le voir pendant la moitié d'une journée. Elle s'était mise avec une simplicité apparente, car la plus grande recherche et tout l'art de la toilette avaient présidé à sa parure. Enfin, postée dans une chambre qui donnait sur les cours et sur l'avenue, elle attendait avec impatience ses deux hôtes, et se promettait le plaisir de voir le jeune homme sans en être vue. Cinq heures sonnaient, elle entend résonner la cloche de la grille, et elle aperçoit M. Joseph qui donnait le bras au respectable curé. Elle admire l'attention soigneuse et les recherches dont le vicaire usait envers le vieillard; un instant elle souhaita être M. Gausse, pour être soutenue, protégée et pressée par ce jeune homme au teint de créole et à la démarche silencieuse.

— Qu'il doit être passionné! se dit-elle; quel front noble, quelles manières distinguées! Ce n'est pas là un homme ordinaire, le fils d'un paysan. Quel est le mystère qui l'enveloppe?.... Et tout en pensant ainsi, elle se complaisait à voir marcher le vicaire. Cet assemblage philosophique de la jeunesse protégeant un vieillard débile, ne la frappait pas; elle ne pouvait apercevoir que les qualités extérieures qui décoraient M. Joseph, qualités qui lui semblaient l'enseigne des perfections morales qu'elle désira toujours.

Enfin, madame de Rosann est à table, elle est entre les deux ecclésiastiques, et elle sent à ses côtés celui qui fait vibrer toutes les cordes de son cœur.

— J'espère, monsieur, dit-elle à M. Gausse, que nous allons reprendre toutes nos habitudes des années précédentes, et que, maintenant que vous avez un jeune bras, la goutte et la sciatique ne vous empêcheront plus de venir, au moins une fois par semaine, dîner au château.

— Madame, répondit le curé, si j'étais jeune, je ne trouverais pas que cela fût assez, je voudrais vous faire ma cour plus souvent; mais M. Joseph me suppléera!... Je vous le livre, madame, dit le bon curé avec un malin sourire; c'est aux belles dames que je confie le soin de dissiper sa profonde mélancolie et sa tristesse noire. *La santé du corps est le pavot de l'âme*, ainsi, madame, en voyant combien il est abattu, jugez combien son âme est affectée et brûle d'un feu dévorant.

— Est-ce que vous avez des chagrins?... demanda la marquise d'une voix tremblante; les nuages de votre front seraient-ils amoncelés par l'ambition...?

— Madame, dit le jeune homme sans regarder madame de Rosann, mon ambition est satisfaite du poste que j'occupe, et j'ai plus de fortune que je n'en ai jamais souhaité.

L'air de hauteur qui parut sur la figure du prêtre, pendant qu'il prononça ces paroles, les yeux baissés sur son assiette, surprit le curé, et brisa le cœur de la marquise.

— Jeune homme, dit M. Gausse, vous ne désirez donc rien?

— Si, monsieur, s'écria Joseph en levant sur M. Gausse un œil exalté, je désire le repos... de la tombe.

— A votre âge !... repartit la marquise ; et qui vous porte à ce funèbre souhait ?

Deux grosses larmes sillonnèrent les joues creuses du prêtre ; et cette réponse muette fit taire la marquise.

— Madame, reprit le vicaire, heureux ceux dont l'âme pure ne contient aucune source de douleur, et qui peuvent regarder toute la vie sans rougir ou sans trembler !

Cette phrase innocente s'appliquait trop aux événements de la jeunesse de madame de Rosann, pour qu'elle ne fût pas profondément émue.

— Quoi ! dit-elle pour détourner la conversation, vous ne cherchez pas à vous faire des amis, dont la voix affectueuse vous consolerait ?

— Il est des douleurs dont les remèdes sont inconnus, et pour lesquelles la nature n'a point produit de baume.

— *Le temps est un grand maître*, dit le curé.

— Parce qu'il amène la mort ! repartit le vicaire.

— Savez-vous que c'est peu chrétien de la désirer ? s'écria la marquise.

— Aussi je ne la cherche pas, je l'attends !

Tout le monde se tut. Une circonstance bien faible vint mettre le comble à la douleur de la marquise. Son bonheur était d'offrir, à chaque instant, au vicaire, les mets que l'on apportait, et elle comptait pour une joie de pouvoir servir M. Joseph. Ce dernier, très-frugal, la refusa sans cesse, et ne prit que d'un seul mets que lui présenta M. Gausse. Cette chose, légère en elle-même, fut, pour la marquise, un supplice. Son imagination lui dépeignait ces refus comme une détermination arrêtée par le vicaire, et elle l'accordait avec la rigidité qui régnait dans les paroles du prêtre, et la chasteté de son œil, qui ne s'arrêta pas une seule fois sur madame de Rosann.

Cette soirée, qu'elle croyait devoir être un bonheur, fut un tourment perpétuel, une torture : elle endura toutes les souffrances que l'on éprouve à se voir dédaignée, et dédaignée cruellement. Sur la fin, les larmes lui vinrent dans les yeux, plutôt par sensibilité que par dépit.

Il y a des actions qui blessent plus que des offenses réelles. La marquise avait laissé tomber son mouchoir, hélas ! bien par mégarde, et sans intention. Le vicaire arrête madame de Rosann, et, sans le ramasser, ce qu'il aurait dû faire, puisqu'il était derrière la pauvre marquise, il lui dit en lui lançant un regard foudroyant :

— Votre mouchoir est à terre !...

Le sévère Joseph semblait lui dire :

— L'avez-vous jeté pour que je le reprenne ?...

Joséphine se baissa, prit son mouchoir et s'en servit pour essuyer ses larmes. M. Gausse le vit, son cœur compatissant en fut brisé. La marquise fut en proie à une douleur mortelle ; l'idée du mépris qu'elle attribuait au jeune homme resta dans son âme. Eh bien ! quoique son cœur eût été si cruellement tourmenté, lorsque ses hôtes se retirèrent, elle les accompagna jusqu'à la grille ; et là, s'appuyant sur le bras de Marie, elle contempla longtemps la démarche du jeune prêtre, après lui avoir dit adieu de la bouche et du cœur. Marie ne proféra pas une seule parole. La nourrice et la maîtresse restèrent plongées dans la rêverie ; madame de Rosann revint l'enfer dans son âme ; elle n'avait même pas entendu le bonsoir et les souhaits respectueux de Marie.

Le sommeil ne visita point la couche de Joséphine, et elle ne profita point de cette veille pour examiner son cœur. Elle ne chercha point à savoir si elle aimait, si cette passion involontaire était légitime selon la nature, si elle pouvait s'en garantir, enfin quel était le sentiment qu'elle portait à Joseph.....; non, elle pleura en se représentant sans cesse le coup d'œil rigide du vicaire, et elle gémit sur les malheurs que son âme brisée pressentait.

∞

CHAPITRE VI.

Curiosité poussée au dernier degré. — Réconciliation. — Voyage de Leseq à A....v. — On a des renseignements sur le vicaire.

Lorsque le curé fut rentré au presbytère avec M. Joseph, il le chapitra doucement, et par un déluge de proverbes, sur la scandaleuse rigidité de ses manières, les habitudes sauvages et misanthropes de sa tenue, et sur *le froid* de sa conversation. Le vicaire parut étonné : M. Gausse lui dit qu'il avait percé le cœur de la protectrice du village par ses propos et ses actions, et que la grande bonté de madame de Rosann était cause qu'elle se contentait d'en gémir. Enfin, le curé obtint de M. Joseph qu'il retournerait au château, s'excuser, non pas verbalement car ce serait reconnaître que madame de Rosann avait été offensée, mais en se comportant avec plus d'affabilité, en mettant de la grâce et du liant dans ses manières et sa conversation. Ce que le curé dit au vicaire, touchant l'âme pure et candide de madame de Rosann, parut produire beaucoup d'effet sur M. Joseph, qui se retira dans son appartement.

Marguerite avait tout entendu : toutes les portes de la maison de M. Gausse étaient organisées d'après le système qui régissait celles du château de M. Shandy, chez qui les gens savaient les premiers tout ce qui s'y disait. Aussi Marguerite, en couchant son maître, entama une conversation qui devait avoir de grands résultats.

— Monsieur, vous douteriez-vous, dit-elle en suivant sa louable habitude de prendre, entre mille phrases, la tournure la plus longue; vous douteriez-vous de tout ce que le village dit sur nous?

— Eh bien?...

Sur cet « eh bien? » Marguerite croisa ses bras, s'assit et s'écria :

— Monsieur, tout le monde prétend qu'il est bien étonnant que madame la marquise s'intéresse à un inconnu, car Joseph, monsieur, n'est pas un nom de famille... Votre vicaire a-t-il dit ce qu'il était, d'où il venait? Non...; l'on n'en sait rien, et vous verrez qu'on n'en saura jamais rien!... Vous aurez beau faire, monsieur, il n'est pas naturel qu'on se taise quand on a du bon à dire.

— Certes, ce n'est pas naturel pour toi, Marguerite.

— Monsieur, *il n'est pire eau, qu'eau qui dort.*

Le curé, flatté de voir ses proverbes prospérer, sourit à Marguerite.

— Tenez, monsieur, comment justifierez-vous ses veilles?... Oh! comme je voudrais connaître ce qu'il écrit! Ah! si jamais la maudite porte du cabinet reste ouverte, je le punirai bien de son défaut de confiance.

— Marguerite, s'écria sévèrement le curé, *chacun est maître chez soi*, et c'est très-mal ce que vous dites là! *Qui cherche mal, mal y tourne,* ainsi prenez garde... à ce que tu feras : *il ne faut pas mettre son doigt entre l'arbre et l'écorce...*

— Monsieur, dit fièrement Marguerite, devriez-vous me reprocher cette curiosité-là!.. N'est-ce pas à cause de vous que je cherche des détails ? n'êtes-vous pas compromis par cette ignorance? Si l'on vient vous demander des renseignements sur lui... qu'aurez-vous à répondre?... Vous répondrez... « Je ne sais rien!... »

— *A tout seigneur tout honneur;* il aurait dû me dire, à moi, son supérieur, ce qu'il est et d'où il vient...

— Monsieur, voulez-vous l'apprendre?... s'écria Marguerite en épiant le regard de son maître.

Le curé hésita. Alors Marguerite porta les derniers coups.

— Monsieur, dit-elle, j'ai revu M. Leseq.

Elle rougit.

— Il est veuf, murmura le curé, et je m'imaginais bien que vous ne seriez pas en guerre longtemps : *qui a bu boira;* mais prends garde, ma fille, *promettre et tenir c'est deux !...*

— Monsieur, si vous le permettiez, M. Leseq viendrait demain déjeuner avec le maire et le juge de paix et le percepteur. M. Leseq a dit que, si on l'autorisait, il irait volontiers à A... y, et que là il s'informerait tant et si bien au séminaire, au chapitre, à l'évêché, dans la ville, qu'il saurait tout ce qui concerne M. Joseph.

— Je ne voulais plus voir Leseq.

— Monsieur, il en est au regret; il est repentant de vous avoir offensé; il m'a assuré que si vous l'admettiez dans votre maison, il ne dirait plus un mot de latin.

— Allons, repartit le curé, il m'a fait une visite l'autre jour pendant que j'étais à la promenade ; il est malheureux, cet homme! qu'il vienne, car au total, *chien qui aboie ne mord pas.*

— Ainsi, monsieur, à demain, dit la servante en s'en allant joyeuse de voir tous les ressorts qu'elle avait préparés, jouer avec un plein succès.

Le curé s'endormit en pensant qu'enfin il saurait bientôt, et par des moyens légitimes, ce qu'était son vicaire.

On sent que l'intimité que madame de Rosann paraissait vouloir établir entre elle et M. Joseph était d'une conséquence trop grande dans ses résultats, et menaçait trop l'oscillation des pouvoirs et l'état politique de la commune, pour que les grands du village n'y songeassent pas. Aussi, l'on avait tenu un conseil, auquel on appela Marguerite, et après de longues et de mûres discussions dont les voûtes de la boutique du maire résonnèrent, l'on avait décidé qu'il devenait urgent de savoir à quoi s'en tenir sur le compte d'un vicaire taciturne, haut comme le temps, riche sans fortune apparente; qu'il fallait chercher si sa vie antérieure ne fournissait pas des moyens de l'exclure du château, même de la commune; ou apprendre, enfin, si c'était réellement un être devant lequel on dût courber la tête, et, dans le premier cas, l'écraser; dans le second, l'honorer.

— Oui, avait dit Leseq en terminant une phrase du maire : il importe de *cognoscere aliquem ab aliquo,* savoir sur quel pied danser avec lui.

C'était en conséquence de cet arrêté que Marguerite engagea M. Gausse à donner à déjeuner aux membres de ce conseil, car le consentement du curé était nécessaire pour que Leseq pût s'absenter, et d'ailleurs, on avait pensé que ce serait un coup de maître que de faire entrer M. Gausse dans cette ligue.

Le lendemain matin, Marguerite prépara un déjeuner splendide, et les conviés, avertis par la gouvernante, vinrent trouver M. Gausse qui les reçut cordialement.

Leseq se tenait debout derrière le percepteur et il tourmentait les boutons de son méchant habit noir, lorsque M. Gausse, l'apercevant, lui dit :

— *A tous péchés miséricorde*, mon cher maître d'école, asseyez-vous et devenons bons amis.

— *Amen dico vobis*, M. le curé, comme dit Cicé... non, comme dit l'Évangile ; je veux être déchiré comme un hérétique si je ne suis pas digne de vos bontés.

— C'est un bon diable, reprit le maire, et la *brouille conséquente* que vous avez eue *à cause que*... Mais, voyez-vous?... c'est un brave garçon qui écrit joliment une lettre, et...

En ce moment, Marguerite vint annoncer que le déjeuner était prêt, et que M. Joseph descendait. Alors M. Gausse, s'acheminant vers la salle à manger en s'appuyant sur le bras du percepteur, fut suivi de tout le monde. L'officieux Leseq apporta le coussin de la bergère du curé, le mit sur la chaise du bonhomme, qui le remercia par un coup d'œil.

— Allons, s'écria le curé joyeux à la vue de sa table bien servie ; allons, Marcus-Tullius, dites-nous le *Benedicite* en latin ; *c'est vous chatouiller à l'endroit où cela démange*.

— On ne peut pas dire le *Benedicite* autrement qu'en latin, et c'est ainsi que bien des gens profèrent du latin sans...

A ce mot, le curé fronça le sourcil, et Leseq s'aperçut à temps de sa gaucherie.

— *Chassez le naturel, il revient au galop*, s'écria le bon prêtre.

— Que l'on me mette en sang, dit Tullius, *unguibus et rostro, à la tribune* et avec les ongles, s'il m'arrive de vouloir vous offenser.

A cette phrase, M. Joseph se mit à sourire pour la première fois depuis qu'il était à Aulnay.

— Que vous arrive-t-il? demanda M. Gausse.

— Heureusement, répliqua le vicaire, que notre maître d'école ne montre pas le latin, car il ferait faire de rudes contre-sens à ses élèves : *rostro* veut dire les dents ; il ne signifie tribune qu'au pluriel.

Leseq se mordit les lèvres, et jura de se venger. Chacun, et surtout le maire, le percepteur, tombèrent à bras raccourci sur le pauvre maître d'école, qui vit sa réputation de latiniste se briser contre la juste observation du vicaire.

Le repas fini, M. Joseph salua la compagnie et se retira.

— Il devient plus important que jamais de savoir ce qu'il est!... dit Leseq.

— Oui, M. le curé, s'écria le maire, vous sentez qu'il est important de connaître enfin quel est votre vicaire : je conviens qu'il me paye bien les dettes des malheureux ; mais, voyez-vous, un maire doit veiller à ce qui se passe dans sa commune, et, à chaque instant, il doit être en état de fournir des mémoires sur ses administrés, *à cause que*...

Ici il regarda Leseq.

— A cause que *est togatus magistratus*, c'est comme qui dirait un *préteur*.

— Non, non, je ne prête pas, s'écria vivement le maire, je ne vends qu'au comptant, excepté à Marguerite, *à cause que*...

— Mais, monsieur le maire, *togatus*...

— Non, pas de cela!

— Mais, *magistratus* signifie un *juge de paix*.

— Comment cela? s'écria à son tour le juge de paix ; il n'y en a pas deux dans un chef-lieu... j'espère?

— Je ne dis pas cela, reprit Leseq.

— Taisez-vous, dit le maire. Voyez-vous, monsieur, il y a un mystère dans la conduite du vicaire, *à cause que*... on ne se cache pas lorsqu'on n'a rien à craindre, *à cause que*... Un marchand, par exemple, supposé un épicier, s'il fait banqueroute, il ferme sa boutique et se cache, ainsi...

— Ainsi, continua Leseq, il faut savoir à A.....y ce qu'est M. Joseph.

— Je suis de cet avis, murmura le percepteur, car il n'a pas encore payé ses contributions.

— Je le pense, ajouta le juge de paix, car si la justice avait quelque chose à démêler là dedans, mon greffier, je crois... ; enfin, il faut s'informer, le code le dit formellement.

— Que je serais aise d'apprendre...! s'écria Marguerite.

— Monsieur me permet-il, dit Leseq au curé, d'aller à A.....y?

— Certes, répondit M. Gausse.

— Ainsi, continua Tullius en se tournant vers M. Gravadel, je vais partir sur l'heure?... Mais, pour éviter des fatigues, et aller vite, vous feriez, M. le maire, un acte de générosité en me prêtant votre jument..

Le maire fit la grimace.

— Si j'en avais une, s'écria Marguerite pour décider le maire, elle serait déjà bridée.

— Je n'ai pas de cheval ! dit le juge de paix.

— Il y a longtemps que j'ai vendu le mien !... s'écria le percepteur.

— Eh bien, Leseq, répondit le maire avec une visible anxiété, envoie chercher ma jument, mais aies-en bien soin! laisse-la aller au pas! tu iras mieux... Ne va que sur l'herbe! fais-la manger à ses heures;... ménage-la;... ne la contrarie pas...

Au bout d'une demi-heure, Leseq partit, en recevant les adieux du comité-directeur du village, et le dernier mot que cria le maire à son secrétaire, fut :

— Pas si vite!... pas si vite!...

Mais Leseq fouettait la jument sans écouter l'épicier.

Leseq promit de revenir dans quatre jours, et pendant ces quatre jours on l'attendit avec une impatience sans égale. Marguerite comptait les heures, et, chaque matin, au lieu de la formule qui depuis dix ans servait de préface au lever de son maître, au lieu de dire :

— Monsieur a-t-il passé une bonne nuit?

Elle s'écriait :

— Monsieur, c'est après-demain ou demain que M. Leseq doit revenir, et nous saurons tout.

— Mon enfant, répondit le curé la veille du retour de Leseq, *qui veut tout savoir perd l'espoir* ; j'aime ce pauvre jeune homme, et je serais désolé d'apprendre quelque chose de mal sur son compte : *qui a mal fait peut pis faire, un jour ne suffit pas pour ennoblir*, ni par conséquent pour expier une faute, et cependant il faudra que je vive avec lui : en sorte que pour un peu de curiosité, je risque ma tranquillité : *le mieux est l'ennemi du bien!*

Leseq n'arriva pas, et tout le village fut inquiet sur le maître d'école. Le sixième jour, la marquise en sortant de la messe, où elle allait toutes les fois que le vicaire la disait, vint encore voir M. Gausse. Cette visite, évidemment destinée à M. Joseph, donna de grandes inquiétudes au maire, qui craignit de s'être compromis en envoyant Leseq à A.....y ; et il regrettait surtout son cheval : si Leseq ne revenait pas, c'est que la jument était malade, morte peut-être!

Enfin, le septième jour au soir, le maire vint trouver le curé. Le percepteur et le juge de paix y étaient déjà, pour protester de leur dévouement envers M. Joseph, et dire qu'ils n'avaient point trempé dans le complot de Leseq. M. Gravadel, à l'aspect des deux fonctionnaires, sembla se troubler, car il venait d'entendre M. Lecorneur dire :

— Il est très-certain, M. Gausse, que madame la marquise a demandé une haute place pour M. Joseph : mon frère est garçon de bureau au ministère...

Au moment où le maire effrayé prenait la parole, on entend du bruit au dehors, et Marguerite essoufflée entre en criant :

— Voilà M. Leseq!...

Aussitôt le maître d'école paraît et s'assied.

— Mon cheval? fut le premier mot que le maire prononça.

Leseq ne put répondre, car la gouvernante, aux petits soins pour le porteur de nouvelles, essuyait, avec son tablier, la sueur qui couvrait le front du maître d'école, lui avançait un fauteuil, et apportait un verre de vin. Tous les yeux étaient attachés sur Tullius qui, sentant sa supériorité, buvait lentement, et quand il eut bu, il brossa ses manches et arrangea ses cheveux.

Le bon curé déguisait son impatience en faisant passer en revue, d'un seul coup, toutes les pages de son bréviaire, et cela à plusieurs reprises. Le percepteur tournait ses pouces, le juge de paix ouvrait de grands yeux, mais le maire répéta :

— Et mon cheval?

— Presque rien, répondit Leseq d'un air qui jeta M. Gravadel dans une vive inquiétude.

— Mais encore?...

— Elle s'est déferrée à Vannay.

— Ah! s'il n'y a que cela...

— Lorsque son fer se défaisait, elle est tombée.

— Ah! s'écria le maire en regardant Leseq avec anxiété ; eh bien?

— Presque rien!... elle s'est un peu blessée!...

— Oh! ma pauvre jument!...

— Pourquoi était-elle mal ferrée? dit Leseq, car elle m'a coûté cent sous pour les emplâtres et les drogues que le maréchal...

— Que lui est-il donc arrivé?

— Oh! dit Leseq, elle n'en mourra pas ; seulement elle est couronnée!... mais j'ai eu soin...

— Ah! dit le maire.

— De faire, reprit Leseq, la note de ce qu'elle m'a coûté ; tenez, avec les frais de mon voyage, cela monte à cinquante francs soixante et quinze centimes.

— Qui les payera? s'écria le maire en colère.

— La commune!... cria l'assemblée impatiente.

Le maire se radoucit, tout en grommelant ; et Leseq s'étant recueilli parla à peu près en ces termes :

VOYAGE DE MARCUS-TULLIUS LESEQ.

— Je vous ai déjà dit ce qui m'arriva à Vannay ; le cheval se blessa ; c'eût été bien dommage que la pauvre bête mourût...

— Certes ; prêtez vos chevaux! murmura le maire.

— Car, reprit Leseq, elle ne m'aurait pas mené jusqu'à A.....y. Pendant que le maréchal ferrait ma bête, *ardebat Alexim*, je brûlais au soleil ; alors, j'entrai à l'auberge pour balayer la poussière de mon gosier, et la femme de l'hôte, grosse, fraîche, jolie, comme mademoiselle Marguerite enfin (Marguerite rougit), vint me tenir compagnie.

Ce fut alors que, pensant à mon entreprise, et jugeant que M. Joseph avait dû passer par Vannay, je demandai à cette digne femme si notre vicaire était descendu chez elle, la veille de son arrivée à Aulnay-le-Vicomte. Elle me répondit, en cherchant l'époque dans sa mémoire, *in cerebro*, qu'effectivement la voiture de l'évêque d'A.....y était passée ce jour-là, et que l'on y avait remarqué un jeune ecclésiastique.

— La voiture de l'évêque! s'écrièrent les auditeurs.

— La propre voiture de monseigneur, répéta Leseq, avec ses armes, son cocher, sa livrée, tout, et il est certain qu'ils ont amené M. Joseph à la vue d'Aulnay, car les gens se sont arrêtés à cette auberge, en revenant, et l'ont dit à l'hôtesse : bien plus, le secrétaire de monseigneur l'accompagnait.

— Le secrétaire! s'écria le curé; qu'est donc mon vicaire?

— *Patienza*, comme dit Cicéron, s'écria Leseq en continuant : *inde factum est*, il est donc de fait que M. Joseph a ordonné, *jussit*, qu'on l'arrêtât à une portée de fusil d'Aulnay, et que le secrétaire a obéi. Tout ceci explique déjà un peu comment ses souliers n'étaient pas poudreux le jour de son arrivée.

Espérant beaucoup d'après un tel début, j'explique à l'hôtesse l'objet de mon voyage, les singularités de M. Joseph; enfin, je m'ouvris à elle, et de même que Didon, elle devint, *dux femina facti*, la cheville ouvrière de mon ambassade; voici comme :

— Je connais, m'a-t-elle répondu, un homme qui vous donnera tous les renseignements possibles; cet excellent homme, dit-elle en levant les yeux au ciel, c'est l'abbé Frelu, qui vient très-souvent me confesser : n'en parlez pas à mon mari... il ne l'aime pas. Restez; je vais aller vous écrire un mot pour M. l'abbé.

Elle me parla encore longtemps, car, quoique belle, elle aimait à causer.

— Je passerais des journées à entendre M. Leseq, s'écria Marguerite, qui s'approcha du maître d'école.

— Ma jument était ferrée, mais elle ne se portait pas trop bien! j'avais la lettre et je partais pour A....y;.... non, je ne partis pas...

Ici Leseq rougit et s'embarrassa; Marguerite interpréta cette rougeur sur-le-champ, et s'éloigna de Tullius, surtout quand il ajouta :

— Cela n'y fait rien, *nihil*. Je couchai à l'auberge, d'autant plus que le mari n'était pas revenu, et que l'hôtesse (à ce nom Marguerite envisagea Leseq de manière à le faire trembler) me dit que l'abbé Frelu viendrait peut-être : alors, je restai, et bien m'en prit, car au bout de trois jours, je vis l'abbé Frelu. Il eut soin, en entrant, de demander à sa pénitente si son mari était absent, et il parut joyeux lorsqu'elle lui répondit affirmativement. Comme je connais les usages, je les laissai ensemble et ne reparus que le soir pour souper.

— Mon père, dis-je à cet abbé, je vous attendais pour avoir des renseignements sur un jeune prêtre nommé Joseph; vous devez le connaître.

— Si je le connais! s'écria l'abbé Frelu, c'est un grand, bel homme, basané comme un Africain, triste, parlant peu; un bel organe et des yeux noirs qui jettent des flammes.

— C'est cela même, répondis-je; il est vicaire à Aulnay!

— Vicaire!... l'hypocrite!... reprit l'abbé, il sera bientôt évêque. Je vais vous apprendre tout ce que je sais, et vous iriez à A....y, l'on ne ferait que vous répéter ce que je vais vous dire, car toute la ville a parlé de M. Joseph pendant plus de quinze jours. Pour premier renseignement, je vous préviens que *M. de Saint-André*, notre évêque, est depuis six mois tous les jours à la mort. Remarquez bien ceci. Il y a un an et demi, un jeune homme, M. Joseph, arriva en chaise de poste à A....y, et se fit descendre à la porte du séminaire. Il était plongé dans un égarement difficile à décrire. Je tiens, me dit l'abbé Frelu, ces détails du père Aubry, directeur du séminaire. M. Joseph fut conduit, sur sa demande, à l'appartement du directeur. Là, sans *déclarer d'autre nom que celui de Joseph, sans donner d'extrait de naissance*, il pria le père Aubry de le recevoir au séminaire. Il acquitta même sur-le-champ la somme due pour sa pension pendant un an, et il se retira dans la cellule qu'on lui permit de choisir. La plus écartée fut celle qui lui plut davantage : l'on n'a pas d'exemple d'une retraite aussi austère que celle de M. Joseph. Sa frugalité fut rigide, et sa piété, en apparence, sincère. Toujours méditant, toujours priant, sans cesse occupé des pratiques les plus sévères des solitaires anciens, il réussit à fixer l'attention. M. Aubry vint le voir, il le trouva plongé dans la plus sombre rêverie, l'œil fixé sur une peinture très-érotique, mais les larmes aux yeux, pâle, abattu. Il le loua de son assiduité, de la science qu'il montrait, et des progrès qu'il faisait dans la théologie. Le jeune homme n'interrompit son farouche silence que pour répondre d'une manière encore plus farouche. Toutes ses expressions montraient un dédain bien prononcé pour l'humanité entière; sa misanthropie fut sévèrement blâmée par le directeur, qui lui enjoignit de prendre de la récréation, et de ne pas mépriser ses camarades. M. Joseph ne se rendit pas à ses ordres, et M. Aubry m'a dit qu'il accablait tout le monde par une conscience de supériorité qui lui aliéna bientôt les esprits. M. Aubry crut devoir sévir contre un être qui affichait un tel orgueil : M. Joseph subit les punitions avec indifférence, et ne semblait pas en être touché. On essaya de lui en infliger de plus fortes. Il se rendit chez le supérieur, et lui dit :

— Je suis majeur, je suis mon maître, je ne connais personne dont la volonté puisse m'être imposée : je m'en vais si l'on me tourmente ; car je n'ai rien fait de répréhensible : je crois être bon, vertueux, religieux, je n'ai heurté personne... si l'on me heurte!... je brise tout ce qui me fera obstacle : je le puis.

Étonné d'un pareil langage, le père Aubry, voyant que l'époque du sous-diaconat arrivait, se hâta d'aller prévenir l'évêque. L'évêque ne fit pas attention à ce rapport, et se contenta de dire à M. Aubry :

— Le jeune homme dont vous me parlez est quelque homme de distinction qui aura commis quelque faute grave, que la mort d'une personne chère aura plongé dans la désolation, ou que des passions vives nous ont amené : en lui conférant le sous-diaconat je lui parlerai.

Tout le séminaire était persuadé que M. Joseph n'avait pas d'autre but que de contenter l'ambition qui le rongeait ; qu'il réussirait à attirer l'attention ; que l'ardeur qu'il mettait à ses études théologiques le prouvait, et que l'on ne tarderait pas à voir ses projets plus à découvert. On commençait déjà à parler, dans la ville, du néophyte extraordinaire que nous possédions ; et les femmes, au récit qu'on faisait de ses actions, en entendant dire qu'il était bel homme, plein de feu, d'enthousiasme, et qu'il méprisait tout, s'intéressèrent violemment à lui.

Le jour du sous-diaconat arriva, la salle de l'évêché était pleine de monde et surtout de femmes. M. Joseph arriva à son tour dans le cabinet de l'évêque pour répondre à toutes les questions qu'il voulait lui faire et enfin pour décliner son nom de famille. J'ai su par le secrétaire de l'évêché les détails de cette entrevue. Le secrétaire était au bout du cabinet de M. de Saint-André. Le jeune néophyte s'approcha, et à son nom, et monseigneur jeta un cri qui fit accourir le secrétaire. M. Joseph, surpris, attendait le résultat de l'émotion de l'évêque. Ce dernier fut longtemps à reprendre ses sens, mais ayant contracté depuis longtemps l'habitude de déguiser ses passions et ses secrets sous un front sévère et impénétrable, il revint à lui, regarda le jeune homme avec une bonté qui ne lui est pas ordinaire, et lui dit :

— Jeune homme, quels sont vos projets ?

— Monseigneur, c'est d'être prêtre au plus tôt ; si vous aviez le pouvoir d'abréger le temps d'épreuve, je vous serais infiniment obligé.

L'évêque étonné, presque stupéfait, examinait avec un soin curieux le visage du néophyte. Il se complut dans la rêverie dans laquelle cet examen le jeta ; sa figure indiquait qu'il était en proie à tout le charme des souvenirs.

— Et quand vous serez prêtre, dit-il, que voulez-vous faire ?

— Obtenir un modeste vicariat et y mourir tranquille.

— Quel âge avez-vous ?

— Vingt-deux ans.

A cet instant, l'évêque renvoya son secrétaire : l'on n'a jamais eu de renseignement sur la scène qui se passa entre monseigneur et le jeune homme. M. Joseph reparut dans la salle des ordinations en accompagnant monseigneur. M. de Saint-André lui conféra le sous-diaconat et le retira du séminaire ; il le logea à l'évêché, dans un endroit conforme à ses goûts ; M. Joseph y mena la même vie qu'au séminaire, ce qui étonna beaucoup de monde.

L'évêque a témoigné à ce jeune homme une amitié, une affection extraordinaire, enfin pour tout dire, paternelle. Ce qu'il y a de plus étonnant, c'est que l'on a lieu de croire que monseigneur n'a rien su sur la vie antérieure de M. Joseph, et qu'il n'a rien confié à M. Joseph, sur les motifs qui l'engageaient à lui donner tant de marques d'amour ; car c'est le seul mot que l'on puisse employer. On fit courir les bruits les plus absurdes, qui attaquaient les mœurs du prélat et de M. Joseph. Toute la ville parla de cet événement ; les plus jolies dames de la ville affluèrent au cercle de monseigneur, afin de pouvoir revoir M. Joseph ; mais ce dernier ne paraissait jamais, et quand par hasard on l'y trouvait, son humeur sévère, sa contenance glaciale repoussaient les hommages par lesquels on tâchait d'ébranler sa prétendue vertu.

Enfin, monseigneur écrivit en cour de Rome pour obtenir des dispenses, et, il y a trois mois, le jeune homme fut ordonné prêtre. Lorsqu'il demanda la première place qui vaquerait, l'évêque se fit apporter la feuille ; il n'y avait rien de disponible, mais le secrétaire dit à monseigneur que depuis longtemps on sollicitait un vicaire dans la commune d'Aulnay-le-Vicomte. Alors le jeune homme se jeta aux genoux de monseigneur pour obtenir cette place.

L'évêque, en réfléchissant au nom d'Aulnay-le-Vicomte, s'écria :

« Le malheureux ! il y a des choses écrites dans le ciel ! »

Depuis cette parole, monseigneur est à la mort : la goutte et la sciatique se sont combinées avec une fièvre qui ne l'a pas quitté. Il n'a pu résister aux instances de son cher Joseph, et il a donné sa voiture, ses gens, son secrétaire, pour conduire notre jeune vicaire à Aulnay. Depuis le départ de M. Joseph, l'évêque n'a pas prononcé son nom, mais souvent ses regards cherchent le jeune homme, surtout lorsqu'il se trouve plus mal. Les ecclésiastiques qui comme moi sont instruits de la marche des passions humaines, ont admiré l'astuce de ce jeune ambitieux, et nous n'avons pas douté de la conduite qu'il tiendrait à Aulnay. N'est-il pas sombre, réservé, méprisant même les personnes les plus élevées en dignité, affectant la plus grande piété, taciturne, bienfaisant?...

— C'est cela même, ai-je dit.

— Je l'ai deviné!... répondit M. l'abbé Frelu.

Là-dessus, nous avons beaucoup parlé de tout ce qu'a fait M. Joseph depuis son arrivée; de vous, M. Gausse, car M. l'abbé Frelu m'a beaucoup loué de vous approcher, et votre éloge ne lui a pas coûté.

— Monsieur, me dit l'abbé Frelu en terminant, soyez sûr qu'avant sept ans ce jeune hypocrite, du reste plein de talents, sera cardinal et ministre.

Alors, j'ai salué M. l'abbé, j'ai embrassé l'hôtesse, j'ai fait galoper ma jument vers A....y.

— Galoper!... s'écria le maire en levant les mains et les yeux vers le ciel.

— Là, continua Leseq, un de mes parents qui est employé honorablement à la garde des enfants au lycée, m'a confirmé les discours de l'abbé Frelu : il m'a donné des détails que l'abbé avait omis : ce sont les petits événements qui ont eu lieu lorsque monseigneur a ordonné M. Joseph.

Il y avait beaucoup de monde, le jeune homme portait sur sa figure les traces de la plus profonde douleur, et son aspect tirait les larmes des yeux. Un grand combat se passait évidemment en lui-même, ses gestes n'étaient pas en harmonie avec la noblesse ordinaire de son maintien. Lorsque l'évêque parut, il tomba à genoux à sa place, des larmes s'échappèrent de ses yeux ; il s'écria en sanglotant :

— Mon Dieu! le sacrifice se fera donc!...

Tout le temps de la cérémonie, il pleura, et l'on fut obligé de l'emporter presque mourant ; mais la curiosité ne put être satisfaite sur la cause de ses larmes. On croit lui avoir entendu prononcer souvent un nom que personne n'a pu distinguer à travers ses sanglots.

J'ai remercié mon parent, je suis revenu à Vannay ; j'ai revu l'hôtesse; *et dixi*, j'ai dit! s'écria Leseq en forçant sa voix.

Puis il avala un verre de vin que la joyeuse Marguerite avait apprêté.

∞

CHAPITRE VII.

Dans lequel on a l'espérance de savoir tout ce qu'est le vicaire. — Discussion jésuitique sur le manuscrit. — Il cède !

Aussitôt que Leseq eut terminé son éloquente narration, chacun se regarda avec un étonnement que le maître d'école crut produit par son discours, qu'il aurait nommé *pro ricario*; mais bientôt un sourd murmure s'éleva dans le salon du curé.

— Nous ne sommes guère plus avancés! s'écria Marguerite.

— Nous en savons assez, dit le juge de paix, pour nous abstenir désormais de toute recherche sur M. Joseph. S'il est favori de monseigneur, favori de madame de Rosann, nous ne serions pas bien reçus de lui causer quelque peine.

— C'est cela, ajouta M. Gravadel; d'ailleurs il est riche, il paye bien ce qu'il prend et sans marchander encore!...

— Je n'ai plus rien à craindre pour ses contributions, s'écria le percepteur. Pourquoi, M. le maire, ne m'avez-vous pas dit qu'il vous payait comptant?

— Et en or, répliqua le maire.

— En or! s'écrièrent-ils en chœur.

— Parbleu, s'écria Leseq, belle merveille, *quantum prodigium!* s'il l'a volé!... Hé! messieurs, suivez le système de l'abbé Frelu; cet homme ne se cache pas pour rien. Or, il a commis quelque crime!... déchirons, à force de tentatives et d'efforts, déchirons le voile dont il se couvre : *refert*, il importe, *communœ*, à la commune, *et securitati publicœ*, à la hache publique, ce qui signifie la justice, *justitie*, de savoir ce qu'est cet homme : et si c'était un criminel qui, doué d'avantages extérieurs séduisants, eût trompé monseigneur, surpris l'âme et les bonnes grâces de madame la marquise, voyez ce qu'il nous en arrivera en le démasquant!... Vous, M. le percepteur, vous devenez receveur d'arrondissement ; vous, M. le maire, vous êtes nommé sous-préfet, peut-être!... vous, M. le juge de paix qui auriez arrêté le coupable fugitif, vous iriez siéger sur les lis du tribunal!... et moi...

Les trois premiers fonctionnaires d'Aulnay restaient la bouche béante en aspirant l'espoir présenté par l'éloquent Leseq.

— Un instant, mes enfants, dit le curé en soulevant sa jambe malade de dessus le tabouret où elle était posée ; et il se leva en prenant une attitude rendue imposante par son air de bonté ; un instant, mes enfants : *chacun est maître chez soi*, et l'on ne doit pas inculper ainsi M. Joseph. Je conviens qu'il *n'y a pas de feu sans fumée*, mais *chacun son métier*, et celui d'espion n'est pas le nôtre ; d'ailleurs il ne faut pas mettre *son doigt entre l'arbre et l'écorce*, car il *n'est pire eau qu'eau qui dort*; et que savez-vous ce qu'il vous reviendrait de vos recherches. *qui cherche mal, mal y tourne* : d'où je conclus que *chacun est fils de ses œuvres*, et qu'il ne convient pas de nuire à M. Joseph. S'il est riche, *monnaie fait tout*, prenez garde ! *tel cherchait rose qui a trouvé épine*; et *l'on sait où l'on est, l'on ne sait pas où l'on va*; *l'homme propose et Dieu dispose*; *les battus payent l'amende*; ainsi, pas de complot, croyez-moi, *un bon conseil vaut un œil dans la main*.

Ce déluge de proverbes n'était pas de nature à satisfaire Leseq ; mais se voyant le seul de son avis, il se tut et s'en alla, ayant des renseignements qui devaient assouvir la curiosité publique, sans cependant qu'ils expliquassent l'éloignement de M. Joseph pour toutes les circonstances sublunaires.

L'honneur de cette découverte devait appartenir à Marguerite : le destin avait décidé que le village n'en serait jamais instruit, et que la gouvernante garderait un secret en sa vie.

Elle était restée seule dans le salon, et bien qu'elle pensât au vicaire, elle cherchait à deviner comment le perfide Leseq avait pu rester quatre jours chez une belle hôtesse !... elle se rappelait l'embarras du maître d'école lorsqu'il arriva à cette partie de sa narration... quand le trot d'un cheval retentit au dehors, et la sonnette du presbytère au dedans ; Marguerite s'élance, un paysan venait demander avec instance les secours de l'église pour sa mère qui se mourait. Marguerite monte chez M. Joseph et l'instruit de ce que l'humanité et la religion exigent de lui. Le jeune prêtre sort avec rapidité, il court à l'église et saute sur le cheval que le fils désolé lui avait amené. Il court, il vole, malgré la nuit, malgré la pluie, il est déjà loin !...

Quelle joie ! Marguerite en pâlit ; elle est seule en ce cabinet dans lequel, depuis que le vicaire est dans la maison, personne n'a pénétré..... L'imprudent vicaire a, dans son zèle, tout laissé pour aller au secours de l'homme en détresse, et Marguerite, la curieuse Marguerite triomphe !...

Elle parcourt le cabinet avec une joie inexprimable ; elle arrive devant le chevalet, et reste immobile d'admiration à l'aspect de la plus belle femme qu'il soit possible d'imaginer. Ce portrait est l'ouvrage du jeune prêtre, et, en apercevant cette figure céleste, la première idée qui vienne à l'esprit, c'est de croire que cette femme est une création imaginaire dans laquelle une âme voluptueuse, grande et pleine de poésie, a rassemblé tous les traits épars dans la nature, et dont les peintres nomment la réunion, *beau idéal*.

Quand Marguerite s'est rassasiée de cette vue charmante, elle s'avance vers le bureau, voit le manuscrit, l'ouvre et lit . . . .
. . . .

Le bon curé ne s'inquiétant pas de l'absence de sa gouvernante, ayant remis sa jambe en place, et appuyé sa tête sur l'énorme dossier de sa bergère rouge, s'était laissé aller à une envie de dormir, produite par la trop grande tension de ses esprits pendant le discours de Leseq. Il dormait.

Tout à coup des cris perçants le réveillent dans son premier somme ; il écoute : Marguerite entre effarée, une lumière à la main.

— Ah ! monsieur ! une abomination..... une révolte, on va le pendre !... le tuer !... les coquins !

— Qu'as-tu, ma fille ? Mon vicaire... qu'est-il arrivé ? parle !...

— Ah ! monsieur, quelle histoire ! un vaisseau, des pirates, les pauvres enfants, leur père !... c'est lui.

— Mais, Marguerite, assieds-toi, et conte-moi !...

— Monsieur votre vicaire est parti, il a laissé la porte de son cabinet ouverte, je suis entrée, j'ai tout vu, voici son manuscrit, voici toute son histoire ; je l'ai lue au milieu, et il y a un sabbat d'enfer !...

— Marguerite, dit sévèrement le curé, reportez ce manuscrit où vous l'avez trouvé, fermez la porte du cabinet de mon vicaire et revenez ici ! vous ne me quitterez pas qu'il ne soit arrivé.

— Comment !, monsieur !... s'écria Marguerite stupéfaite du sang-froid et de la sévérité inconnue du bon curé.

— Faites ce que je dis !... répéta le curé en faisant taire le désir qui le dévorait.

— Y pensez-vous, monsieur ! nous allons tout connaître, tout savoir, cela se peut, et vous vous y refusez !... Ma foi, monsieur, on profite du hasard. *Ce qui tombe dans le fossé est pour le soldat.*

Un proverbe déridait toujours ce bon curé : sa sévérité disparut et il commença à admirer la figure friponne et curieuse de sa gouvernante. Celle-ci continua :

— Monsieur !... eh bien, je le lirai tout bas.

Le curé se mit à sourire malignement ; mais il répondit :

— Non !. . non, Marguerite.

— Monsieur, écoutez, reprit la servante, je suis de votre avis, nous devons remettre ce manuscrit à sa place, mais permettez-moi de vous faire observer : 1° que je l'ai commencé ; 2° que si M. Joseph a écrit son histoire, c'est pour qu'elle soit lue ; 3° qu'enfin personne n'en saura rien.

— Et Dieu, Marguerite ?...

— Ah ! monsieur ! n'y a-t-il plus que cela qui vous arrête ? reprit naïvement la malicieuse servante ; écoutez-moi toujours !...

— Ah ! satan !... s'écria M. Gausse qui commençait à désirer lire le manuscrit, si l'on dit pour la faim : *ventre affamé n'a point d'oreilles*, que dira-t-on pour la curiosité ?

— Tout ce que l'on voudra, mon bon maître, dit-elle en se coulant sur un fauteuil près de M. Gausse ; mais écoutez-moi !...

Et, posant son bras sur celui du curé, elle le regarda d'un air tendre, et lui dit :

— Nous sommes deux personnes bien distinctes, et les péchés que l'une commet ne regardent nullement l'autre.

— Où diable veux-tu en venir ?

— Eh bien, monsieur, continua la jésuitique servante, je prends sur moi le péché!... c'est moi qui ai pris le manuscrit, c'est moi qui vais le lire; vous l'écouterez ou vous ne l'écouterez pas, vous agirez comme bon vous semblera; mais moi je le lis... et, dans deux ou trois jours, je me confesserai à vous, je montrerai un sincère repentir, alors vous me donnerez l'absolution.

— Cela ne se peut, dit le curé en remuant la tête de droite à gauche.

— Mais, monsieur, vous ne m'empêcherez pas de pécher : *ce que femme veut Dieu le veut*. D'ailleurs, ce que je vous soumets, ce raisonnement, ne me l'avez-vous pas fait il y a quinze ans, le surlendemain de mon arrivée chez vous?

A ces paroles, Marguerite jeta un coup d'œil à M. Gausse; le curé rougit, baissa les yeux, et la gouvernante triompha au moyen de ces puissants souvenirs. Le curé se tut; par ce silence il s'avoua vaincu. Mais, je l'ai dit, M. Gausse était la franchise même; alors, ayant consulté son cœur, il s'écria :

— Allons, Marguerite, lis...

Cette dernière, rusée et maligne comme un vieux juge, sortit précipitamment, courut éveiller un enfant de chœur qui logeait à deux pas du presbytère, elle lui promit mille friandises, sa protection et une récompense s'il voulait faire sentinelle au bout du village, et revenir avertir lorsqu'il entendrait le vicaire arriver.

L'enfant promit, la gouvernante ayant tout prévu accourut vers son maître, se plaça en face de lui, moucha la chandelle, mit ses lunettes, et M. Gausse ayant fermé les yeux pour n'être pas témoin du sacrilège, Marguerite lut ce qui suit, d'une voix nasillarde.

CHAPITRE VIII.

Histoire de deux créoles.

Si j'écris l'histoire de ma jeunesse, c'est dans le but de faire penser profondément ceux qui me liront : j'essaye de placer un phare sur la plus orageuse des mers, espérant ainsi pouvoir éclairer mes frères, et leur montrer les dangers que renferment les sentiments les plus innocents, et les plus douces affections que la nature a posées dans nos cœurs.

— Ses écrits lui ressemblent! s'écria le curé en jetant un regard vers le ciel; pauvre jeune homme! il a été bien malheureux, à ce qu'il paraît.

— Eh! pourquoi chercher à me tromper moi-même! continua Marguerite, Dieu ne sait-il pas que si j'écris mes aventures, c'est pour m'occuper de ma chère Mélanie! Pas de détours : ma conscience gronde! avouons donc que je suis, à moi seul, le motif de l'écrit que je trace avec tant de plaisir, parce que tous les souvenirs que je vais évoquer satisferont mon effrénée passion. Ne commençons pas un récit véritable par un mensonge ;...... je suis prêtre, je dois m'en souvenir... O religion! présent céleste, toi seule me soutiens! donne-moi la force d'achever, avant que la mort que je vois arriver à pas précipités ne vienne me saisir! je t'invoque, et te dédie toutes mes pensées, quoiqu'elles concernent toutes la douce, la tendre, la pure Mélanie.

M'inquiétant peu des lois de l'éloquence, je vais suivre les impulsions de mon cœur, je vais obéir à l'influence des souvenirs, et j'écris pour moi seul (je n'ose dire pour *elle*), sous la dictée d'un cœur pur!... Oui, pur, il le sera toujours quoi qu'il arrive. Tout homme, en parlant de lui-même, est porté à la diffusion; mais si je suis diffus pour moi, que sera-ce quand il s'agira d'*elle*?.. Ah! tout ce que j'en dirai sera toujours *peu*.

Il est des circonstances dans ma vie et des faits qui ne sont venus à ma connaissance que bien tard; cependant, au lieu de les placer à l'époque véritable à laquelle je les appris, je suivrai dans ces mémoires l'ordre naturel des idées, et je rangerai les faits de manière à ce qu'ils forment une histoire suivie.

Je suis né en France; où? je l'ignore; de qui? je l'ignorai longtemps; ma naissance fut enveloppée des voiles les plus mystérieux; car, en ce moment même, je n'ai pas encore une preuve légale, authentique et positive de ma nativité; il me serait impossible de prouver ce que j'avance.

Aussitôt que je vis, dernièrement, Aulnay-le-Vicomte, j'eus un vague souvenir d'y avoir été nourri et d'y avoir passé les deux premières années de ma vie : ce qui m'a donné ce soupçon, c'est que j'ai toujours eu dans la mémoire le paysage d'Aulnay gravé d'une manière ineffaçable; et qu'à la première promenade que je fis avec le bon curé, je fus stupéfait en reconnaissant, au sortir du village, du côté des Ardennes, le poirier sous lequel ma nourrice me déposait ordinairement lorsqu'elle allait travailler dans un champ voisin. Ma nourrice était une grosse paysanne, j'ai vainement cherché sa chaumière; si elle existait encore, je la distinguerais entre mille semblables. Cette habitation annonçait la pauvreté, cependant ce toit de chaume était souvent visité par un ecclésiastique qui me prenait sur ses genoux, me souriait, voulait me faire rire et parler, et me couvrait de baisers. Ces faits se trouvent gravés dans ma tête à cause de l'habillement singulier des ecclésiastiques.

J'avais deux ans et demi : un matin ma nourrice était sortie pour aller travailler dans les champs, et resté tout seul dans la maison, je jouais, lorsque deux hommes entrent brusquement; je reconnus l'ecclésiastique qui parlait vivement à un militaire. Après une longue altercation qui n'avait rien d'offensif, car ces deux hommes paraissaient amis, le militaire me prit, m'enveloppa dans son manteau, monta en voiture, sortit du village; et, au bout d'un certain temps, sur lequel il ne me reste aucune idée distincte, je me trouvai dans une grande ville au bord de la mer : enfin, quelques jours après je fus transporté dans une chaloupe et de la chaloupe dans un grand vaisseau qui m'a bien étonné. Voici en peu de mots tout ce que ma mémoire me fournit sur mon enfance.

Ce militaire, capitaine de vaisseau, était M. le marquis de Saint-André, mon père; quant à ma mère, jamais je ne l'ai vue, jamais son sourire ineffable n'a porté le frémissement dans mon cœur; aussi mon âme est grosse d'une reconnaissance que je n'ai pu rejeter sur aucune femme.

Le vaisseau dans lequel j'étais voguait à la M..... M. le marquis de Saint-André me donna d'abord peu de marques de sa tendresse. Sa femme, à ce que l'on m'a dit, avait émigré, et n'habitait plus la France : on ne me donna pas d'autres renseignements, et toutes les fois que j'ai questionné mon père là-dessus, il m'imposa silence. Hé quoi, pensai-je lorsque je fus plus âgé, comment une mère a-t-elle pu abandonner son fils aîné? comment a-t-elle pu le reléguer dans un village loin d'elle et le confier aux soins d'une étrangère? Et cette mère n'a pas tenté une seule fois de venir me voir! elle n'a pas bravé tous les dangers pour m'embrasser?... Ce fut toujours et c'est encore pour moi un mystère dont je n'ai jamais pu soulever le voile : il est vrai, qu'enfant de la nature et initié depuis peu aux inventions sacriléges de la société, j'ignore les abominables combinaisons que produisent les vices particuliers à l'état social et aux agglomérations d'hommes.

Mon père était doué d'une grande énergie, passionné, sévère et même quelquefois dur. Je dois avouer, néanmoins, que bien que j'aie souffert de sa brusquerie, il a souvent eu pour moi une bonté toute paternelle, mais ce fut lorsque mes qualités morales se développèrent, et qu'il crut que je pourrais un jour lui faire honneur. M. de Saint-André était franc, généreux, brave à l'excès, instruit, ayant tout pour plaire, et n'y réussissant jamais, même lorsqu'il le voulait. Il faisait peut-être trop sentir sa supériorité; l'habitude de commander en souverain sur son bord avait contribué à féconder les semences d'orgueil et de hauteur que son âme contenait, et ceux qui froissent l'amour-propre par leur seule présence peuvent être estimés, craints, admirés même, mais ils ne plairont jamais.

Nous arrivâmes à la M........., et c'est dans cette île que j'ai passé la plus grande partie de ma jeunesse. Ici, je dois faire observer que la France était au fort de la révolution, qu'alors le voyage pacifique de mon père est une nouvelle énigme dont je ne puis trouver le mot : j'ignore encore en ce moment si mon père existe, et lui seul pourrait m'expliquer ces contradictions.

A la M........., le premier soin de mon père fut d'acheter une petite propriété, éloignée de tout, et de m'y confiner en me remettant entre les mains de la femme d'un de ses contre-maîtres. Madame Hamel et deux nègres ont été les seules personnes que j'aie vues jusqu'à l'âge de neuf ans. Madame Hamel devint presque une mère pour moi : elle n'est pas spirituelle, mais elle a un excellent jugement, une âme pétrie de douceur, de bonté et de vertus aimables; dès l'âge le plus tendre, elle m'a inspiré la crainte de Dieu, et m'a nourri des célestes préceptes de l'Évangile.

M. de Saint-André ne resta pas longtemps à la M.........; je ne le revis qu'à des époques très-éloignées, mais l'état de marin ne permet pas de longs séjours, et il ne pouvait guère venir que lorsqu'il se trouvait dans les parages de nos îles.

Ainsi, mes premières années se sont écoulées loin des villes, loin des hommes, loin des vices; je fus livré à la nature, et je puis me dire son élève, car madame Hamel ne me contraignit jamais; elle me laissa suivre les penchants de mon âme, jugeant, comme elle me l'a dit, que les hommes naissent bons, et qu'en les préservant de la civilisation, on leur donne, par cette seule et simple précaution, la plus belle éducation possible. La pauvre femme a été la cause bien innocente de tous nos malheurs!...

Cette bonne madame Hamel ne pensa pas une seule fois à me faire étudier les sciences; elle n'a jamais compris que le latin, les mathématiques, etc., pussent être essentiels au bonheur de l'homme. Je mets en fait qu'elle ne sait pas si la M........., qu'elle a habitée la moitié de sa vie, est sous la ligne ou dans un tropique. Elle ne connaît pas la différence des plantes d'Amérique d'avec celles de l'Europe; elle ne donnerait pas un sou pour apprendre une découverte, et elle ne m'a montré que bien peu de choses, au dire de la plupart des hommes.

L'instruction qu'elle me répétait à chaque instant, et qui était sa plus douce étude, consistait en quelques maximes plus difficiles à pratiquer qu'à retenir.

— Mon ami, me disait-elle en me regardant d'un œil attendri, sois digne du nom de Joseph; fais le bien pour le bien; respecte la vieillesse et l'enfance, car tu es un enfant et tu seras vieillard; ne te moque de personne; ne nuis à qui que ce soit, pas même aux animaux les plus petits; préfère le bonheur d'autrui au tien ; *oublie-toi souvent ;* admire l'univers, et tire toi-même les conclusions de ce spectacle.

Le beau est qu'elle prêchait d'exemple. Elle eût rougi, comme d'un crime, de trahir un nègre *marron* qui venait se réfugier dans les montagnes ; aussi très-souvent ces malheureux fugitifs venaient apporter des fruits, des curiosités, et me protégeaient dans mes courses. Nos deux nègres adoraient cette bonne et aimable femme. Enfin tout ce qu'elle me disait était appuyé par des actions vertueuses, accomplies avec cette simplicité qui doit les faire doubler de prix aux yeux de l'Éternel.

Je vécus sept ans sans connaître d'autre loi que la mienne, d'autres lieux que les montagnes brûlantes et les forêts humides qui nous environnaient. Je reçus de la nature un caractère impétueux et passionné : cette énergie terrible, fille du climat de feu et de la terre volcanique que j'habitais, ne se déploya que dans deux passions qui furent pour ainsi dire son refuge, car, dans tout le reste des sentiments, dans les usages et les accidents de la vie, j'ai entendu vanter, par les autres, ma douceur et ma patience ; cependant, je ne crois pas briller par ces deux qualités-là.

La première de ces deux passions, est un doux fanatisme pour la religion de Jésus-Christ. Je fus chrétien de mon propre mouvement, et j'attribue cet entraînement de mon âme à cette liberté dont j'ai joui : sans cesse devant la campagne, contemplant cette immense nature de l'Amérique, j'ai senti naître dans mon cœur des sentiments élevés, et je n'ai trouvé que l'Évangile qui fût à la hauteur de ces merveilles : on y reconnaît la même main. Ce livre est, comme la nature, vaste, simple et compliqué, naïf et grand, varié, sublime. Les montagnes, les forêts m'ont rendu religieux, mystique, et longtemps j'ai vu le monde du côté le plus beau. Jusqu'à neuf ans, je parcourus les environs de notre demeure en n'ayant aucune idée arrêtée, et de même qu'un jeune faon, jouant toujours, marchant d'étonnements en étonnements, grimpant sur les bambous, sur les rochers, sur les cocotiers, et furetant comme un jeune singe, curieux, léger, sauvage.

Souvent je parvenais dans l'antre du nègre marron. Le pauvre fugitif me reconnaissait pour l'enfant que ses camarades lui avaient signalé comme le fils de madame Hamel, et le nègre, m'apportant une natte, me racontait ses malheurs, ses durs traitements. Je pleurais avec lui, et il baisait respectueusement mes mains *parce que j'étais un blanc*. O souvenirs de l'enfance que vous êtes doux !... Cette partie de ma jeunesse fut comme l'aube d'un beau jour : mes jouissances pures, la fraîcheur de mes sentiments, le calme, la naïveté, tout contribue à rendre délectable la mémoire de mes premiers essais de la vie, et je ne puis penser au son de la cloche de notre habitation, sans donner à mon cœur une fête suave, douce et belle de toutes les harmonies que le ciel de mon île me révéla.

Cependant, au milieu de mes promenades, il m'arrivait quelquefois de réfléchir ; je commençais à sentir dans mon cœur des sentiments vagues, des affections qui cherchaient à se fixer sur quelqu'un ; enfin, il me manquait quelque chose. Souvent j'allais prendre un vieux nègre marron, pour lui confier combien j'éprouvais de plaisir à voir un beau paysage, et une roche pendante qui semblait vouloir tomber sur la source qui s'échappait de son pied. Je voulais qu'il partageât mes découvertes, car une belle aurore, un coucher du soleil ne me plaisaient plus autant lorsque j'étais seul à les contempler. La bonne madame Hamel ne me fit jamais un reproche de ce que je l'abandonnais pour courir, et cependant la pauvre femme mourait de frayeur lorsque je passais une nuit dans la grotte de mon bon ami Fimo, le vieux nègre marron, le chef des fugitifs. N'est-ce pas le comble de la bonté, que de souffrir ainsi sans le dire ?... O madame Hamel !...

J'avais neuf ans, et depuis sept ans je n'avais pas revu mon père. Un jour, je revenais à notre maison, il était presque nuit, j'aperçus de loin beaucoup de lumières ; je courus pour savoir ce qui produisait cette clarté extraordinaire. En entrant dans l'avenue, bordée d'une haie de jeunes goyaviers, d'agnacats, de jacqs, d'agathis, je vis qu'il y avait beaucoup de soldats devant la maison ; j'arrive, et je revois mon père.

Je lui sautai au cou et je l'embrassai ; quelle fut ma surprise en me retournant de voir, à côté de madame Hamel, une petite fille âgée d'environ cinq ans !... Madame Hamel la tenait sur ses genoux et lorsque je la regardai, elle me jeta un coup d'œil qui n'est jamais sorti de ma mémoire. Elle était assise sur madame Hamel avec une élégance qui semblait lui être naturelle. Son petit visage brillait de toutes les beautés de l'enfance : sur sa peau blanche, rouge et tendue, apparaissaient tous les germes des grâces et des attraits ; c'était un abrégé des perfections de la nature, et sa pose enfantine, son naïf sourire !... ses longues et grosses boucles de cheveux blonds, qui retombaient sur son cou frais et mignon. Ah ! malheureux ! je vois encore tout, au moment où j'écris ces lignes.

— Mon fils, me dit M. de Saint-André, je vous amène votre sœur.

A ce mot j'embrassai cette charmante enfant.

— Aimez-la bien !... car c'est le vivant portrait de madame de Saint-André, et *c'est le seul que nous puissions avoir*. En disant cela, mon père versa quelques larmes. Elle est morte!... continua-t-il; mais il ne put achever.

J'appris la nouvelle de la mort de ma mère avec une indifférence dont je m'accuse encore, car je ne fus chagrin que de la douleur de mon père, et quant à moi, je n'étais nullement affecté : cependant, le matin j'avais pleuré amèrement la mort d'un jeune loxia que j'avais apprivoisé de concert avec mon vieux nègre. Que l'on explique cette bizarrerie! Ne serait-ce pas que nous ne pouvons aimer que des êtres sans cesse présents et que nous connaissons, avec lesquels nous avons des rapports continuels?

Lorsque M. de Saint-André fut seul avec moi, ma sœur et madame Hamel, il s'adressa à cette dernière, et lui dit :

— Madame, je vous ai amené Mélanie parce qu'il y a encore trop de dangers pour nous en France, et que je n'y connais personne à qui j'aurais pu confier cette chère enfant. Aussitôt que nous pourrons revenir en Europe je viendrai vous chercher. Vous savez quels dangers je cours ici ; je vous quitte!... c'est peut-être beaucoup trop d'y être venu. Je ne sais comment je vais faire pour rejoindre mon bord, mais ma troupe est nombreuse et bien armée.

Après cette courte entrevue, mon père m'embrassa, couvrit Mélanie de baisers, et partit. Je voulus absolument l'accompagner jusqu'à la côte, et le suivre pour participer aux dangers qu'il allait courir ; il m'ordonna de rester par un geste impératif et un regard absolu, à l'influence desquels il était impossible de se soustraire.

Je rentrai dans la maison, et toute la soirée mes yeux furent attachés sur la petite Mélanie. Une foule de réflexions vinrent alors m'assaillir, et je sentis naître en moi un attachement dont je n'avais pas d'idée. Le sentiment que j'éprouvais à voir cette jeune enfant est indéfinissable, et je vis avec joie qu'elle le partagea dans toute son étendue. Nous couchâmes dans la même chambre non loin de madame Hamel, car je voulus à toute force me charger de ma sœur.

Dès-lors s'ouvrit, pour moi, une bien autre carrière. Il ne me manqua plus rien, et la passion la plus terrible jeta sourdement ses fondements dans mon âme. Tous les sourires de ma sœur m'appartenaient, de même que je ne fis plus rien qu'en son nom et pour elle. Je l'emmenais dans mes courses que je proportionnais à ses petites jambes, et chaque belle fleur que je rencontrais lui était offerte comme jouet ; chaque beau fruit, chaque nid d'oiseau arrivaient dans ses belles mains avant qu'elle eût le temps de les désirer. Où l'on apercevait Mélanie, on était sûr de me trouver, car nous n'allions jamais l'un sans l'autre. Un quart d'heure d'absence devenait un supplice pour nous deux, et toute notre étude fut de nous complaire, de chercher à faire le bonheur l'un de l'autre. Fier de mon âge, de ma force, je rendais à Mélanie des services qui ne me coûtaient rien, tant je trouvais de douceur à l'obliger. Peines, fatigues, soins, dangers me semblaient des roses. Si Mélanie fatiguée ne pouvait plus revenir, je formais un siége avec des lianes, et, l'adaptant à mon dos, je portais ma sœur jusqu'à la maison ; cette jolie fille me passait ses bras autour du cou, en laissant ses cheveux dorés se mêler aux boucles de jais de ma chevelure, et mon cœur palpitait de joie lorsque je sentais la douce main de Mélanie qui essuyait la sueur de mon front.

J'initiai Mélanie dans mes grands secrets, je la menai dans mes routes favorites, chez les nègres marrons, nous gravimes les rochers, et en voyant les pompes du couchant et les magnificences de l'aurore, je tâchais de lui faire comprendre le peu que je savais sur l'Éternel ; nous lisions ensemble ce qu'il écrivit sur la voûte des cieux, ce qu'il traça sur les sables de la mer, sur les feuilles des arbres, sur les ailes diaprées des oiseaux. Quant aux autres préceptes, le cœur naïf et pur de Mélanie les contenait tous, et c'est surtout elle qui, en *apprenant* les sublimes obligations de l'homme envers l'homme, ne parut que se *souvenir*. Toute jeune, une bonne action, une pensée noble, découlaient de sa bouche et de son cœur avec une facilité qui faisait croire que le bien et la vertu étaient son élément.

Un jour, nous allons à la grotte du vieux Fimo. Nous arrivons à sa retraite, après avoir traversé les plus jolis sentiers et nous être livrés à la gaieté la plus franche. Le soleil couchant dorait toutes les cimes et disait adieu à la nature, en l'enrichissant de ses belles teintes de couleur de bronze, d'or et de pourpre ; l'air était calme. Un funeste silence régnait aux environs de l'antre de Fimo. Nous approchons... le malheureux venait de saluer le soleil pour la dernière fois! Étendu sur une grosse pierre couverte de mousse qui lui servait de siége, le pauvre nègre immobile ne respirait plus, et ses yeux fixes et ouverts annonçaient que l'homme de la nature meurt sans être entouré d'amis, parce que l'homme de la nature a horreur de la mort. Mélanie lui ferma les paupières, détacha son voile, le mit sur le visage du pauvre nègre, et, s'agenouillant, elle me dit : « *Prions!...* »

Oui, par delà la tombe, j'entendrais encore cette voix pure et touchante et cet accent qui terrasse toutes les fibres du cœur!... Quel regard! quelle attitude! Notre prière consista à contempler tour à tour et le nègre et le ciel ! j'ignore ce que pensa Mélanie, mais je sais qu'alors mon âme s'eleva vers tout ce que la mélancolie et la religion ont de plus grand, de plus sublime et de plus extrême. Ensemble nous nous relevâmes et nos yeux étaient en pleurs.

Quelque mérite que possèdent les longues prières des morts, je n'ai jamais entendu d'oraison plus belle que le *Prions!* de Mélanie. La religion est un besoin de l'homme.

Nous aperçûmes deux nègres qui cherchaient leur chétive subsistance, nous les appelâmes à grands cris. Ils vinrent en reconnaissant notre voix, nous les guidâmes vers le corps inanimé du bon *Fimo*. Ils firent une fosse sous un cocotier que Mélanie indiqua. Tous deux, muets et remplis d'une sainte attention, nous suivîmes, en nous tenant par la main, les deux nègres qui portaient *Fimo* sur leurs épaules. Enfin, nous le vîmes placer dans sa dernière demeure : en ce moment, par un artifice de la nature et la disposition des lieux, un rayon de soleil, se faisant jour, vint illuminer solitairement cette fosse.

« Dieu l'emmène! » m'écriai-je. Lorsque la terre fut jetée sur lui, Mélanie dit : « Nous ne le verrons plus!... » On fit une espèce de tertre, et lorsque nous avions du chagrin *la tombe du nègre* était l'autel où nous venions pleurer.

En revenant, nous gardâmes le silence ; mais en sortant de la forêt, ému de tout ce qu'avait dit Mélanie, je m'arrêtai, et, regardant ma sœur, je lui dis avec la voix de l'âme : « Ah! tu es un ange!... »

Elle ne me répondit que par un fin sourire et un gracieux mouvement de tête qui sont gravés dans ma mémoire avec tout ce qu'elle a dit et tout ce qu'elle a fait. Ce soir-là nous ne mangeâmes pas, car en entrant elle murmura : « Joseph, on n'a pas faim quand on a du chagrin! »

Ame divine!...

— Mon bon Jésus! s'écria Marguerite ; voyez, monsieur, dit-elle à M. Gausse en lui montrant le manuscrit, voyez! comme il a pleuré dans cet endroit! l'écriture est presque effacée.

M. Gausse ne répondit rien, mais sa figure indiquait que toutes les cordes de son cœur bienfaisant et sensible étaient contractées.

CHAPITRE IX.

Le temple du *Val-Terrible.* — Le nègre ravisseur. — Le mariage de la nature. — Départ pour la France.

Ce fut ainsi que nous passâmes le temps de notre enfance. Tout ce que les sentiments humains ont de plus naïf et de plus touchant embellissait nos jeux et nos courses. Nos corps, n'étant pas déformés par les habillements ridicules que produisent les modes, se développèrent rapidement, et les belles proportions que la nature, livrée à elle-même, enfante sans efforts, nous donnèrent les frêles avantages de la beauté. Notre liberté douce faisait briller nos visages d'un divin contentement.

Mélanie atteignit douze ans. Sa jolie taille était presque formée ; elle se regardait déjà dans l'eau claire des fontaines pour arranger d'une manière encore plus gracieuse les milliers de boucles que formaient ses beaux cheveux blonds. Ses yeux bleus souriaient toujours, et elle avait l'art de les jeter d'une certaine façon qui peignait tout d'un coup une âme tendre et portée à la mélancolie. Elle chaussait son pied mignon avec une sandale artistement tissue par nos nègres ; et, selon la coutume des îles, elle le laissait à nu : rien n'était séduisant comme cette jeune fille, douée de toutes les aimables qualités des femmes!... Maintenant qu'en invoquant ces douloureux et charmants souvenirs, je me rappelle le groupe admirable que nous devions former, lorsque entrelacés au bord d'une fontaine, sous un rocher, au milieu des vastes colonnades antiques de la forêt et protégés par des buissons épineux, nous étions livrés aux jeux de la jeunesse, il me semble que les fameuses statues de la Grèce ne devaient pas être plus belles ; car quel que soit le feu divin qu'ait répandu le génie sur ses créations, nous les surpassions par la naïveté de nos attitudes, la fraîcheur de nos visages, et, semblables aux deux ombres charmantes de ces amants dont parle Klopstock, nous n'avions pas besoin des paroles humaines pour nous faire part de nos sentiments et de nos pensées... un geste, un sourire, un coup d'œil, un baiser tenaient lieu du langage, nos âmes s'entendaient. L'habitude avait tellement fait passer nos cœurs l'un dans l'autre qu'il n'en existait plus qu'un seul.

Je ne sais s'il y a beaucoup d'âmes qui se plairont à la simple description des événements qui marquèrent ces années de bonheur ; ils semblent appartenir à un autre temps qu'au siècle d'aujourd'hui ; mais la peinture n'en sera fade que pour des gens dont l'imagination n'a jamais tracé les tableaux mensongers de *l'âge d'or*. Hélas, je puis dire avec orgueil que je l'ai connu pour mon malheur.

Un jour, j'avais conduit Mélanie vers un lieu dont on ne peut avoir aucune idée en Europe. Que l'on se figure deux énormes pics, séparés l'un de l'autre, à leur sommet, par un immense espace ; cette ouverture dans les airs ressemblait à celle d'un angle immense, car les deux montagnes se rejoignaient par en bas et représentaient exactement un angle aigu assis sur l'angle même, dont le sommet formait une vallée, et les rochers aériens, les deux côtés. Ainsi le vallon du bas était extrêmement étroit, chaque montagne présentait un aspect miraculeux par la végétation qui l'embellissait ; par un côté de la vallée, on apercevait la mer à une distance énorme ; et de l'autre, un bocage disposé en cercle, au milieu duquel une source faisait entendre son doux murmure. Lorsque Mélanie fut à l'entrée de ce vaste et admirable paysage, nommé le *Val Terrible*, elle me regarda, me serra la main et, me montrant un fragment de rocher d'où l'on découvrait toutes ces beautés, assemblage unique de toutes les ressources de la nature : « Je voudrais, dit-elle, que sur cette roche, sous ces arbres l'on complétât le spectacle en bâtissant une chaumière élégante, entourée de fleurs, et plus loin, dans l'île qui se trouve au milieu de ce petit lac, je sens que je m'attendrirais en y apercevant la *tombe du nègre*, placée sous un tacamaque.

Je reconduisis Mélanie à notre maison; lorsqu'elle fut couchée, je m'échappai, et, courant de toutes mes forces, je regagnai le *Val Terrible*. J'allai dans toutes les retraites des nègres marrons auxquels nous portions tous les jours leur nourriture. Je les rassemblai; et, les amenant sur la roche où Mélanie avait exprimé son désir avec cette aimable légèreté de son sexe, je leur dis : « Mes amis, Mélanie a dit qu'elle voulait voir là une habitation, il faut la construire à l'instant. »

Aussitôt sept ou huit nègres mettent le feu au pied d'une trentaine d'arbres qui ne tardèrent pas à tomber, pendant que d'autres creusaient la terre et que d'autres cherchaient de la mousse. Nous travaillâmes toute la nuit, et le jour nous surprit que l'ouvrage était bien avancé. Je ne sais comment je fis pour construire une chaumière selon les règles de l'architecture, mais j'ai vu, dans les parcs des grands, des constructions champêtres artificielles qui n'étaient que des masures auprès de mon palais sauvage.

De chaque côté de la porte s'élevaient trente pieds d'arbres parfaitement droits, qui représentaient des colonnes, tant les troncs noueux étaient gros et ronds; les interstices furent soigneusement remplis avec de la mousse. Sur ces colonnes l'on plaça transversalement un énorme cocotier qui servit de frise; puis, par une adresse dont les nègres donnent souvent des preuves, ils réussirent à poser sur cette frise deux gros troncs en triangle, qui formèrent un fronton. En bas des colonnes, ils disposèrent le terrain de manière à ce que des marches naturelles donnèrent une base aux arbres, et cette chaumière eut toute la tournure de la façade du Parthénon. Elle était très-longue, et ses côtés furent façonnés selon le système de la façade; on fit le toit avec des feuilles de mangle et nous laissâmes des jours pour que l'intérieur fût éclairé.

Cependant la journée avançait; tout en travaillant pour Mélanie, je l'oubliais!... Enfin, sur le soir, lorsque je vis que les nègres pouvaient finir tout à eux seuls, avec mes instructions, j'accourus à la maison... j'entrai et je vis Mélanie qui, les yeux rouges, était assise sur la porte. Aussitôt qu'elle m'aperçut, elle se mit à agiter son mouchoir, car la joie la suffoquait, elle ne pouvait parler. A cette action je reconnus combien sa douleur avait été vive, et, en une seconde, je fus à ses côtés...

— Méchant enfant, me dit madame Hamel sans me demander d'où je venais, que vous nous avez causé d'inquiétude!

— Ne le gronde pas, ma mère, répondit Mélanie, vois comme il en est fâché!... Joseph, ajouta-t-elle avec une charmante naïveté, je ne te dirai pas que tu m'as fait mal, parce que tu aurais trop de chagrin! Elle se mit à essuyer la sueur de mon front et à caresser ma chevelure avec une attention pleine de grâce.

— Lorsque je ne t'ai plus vu, j'ai pleuré! me dit-elle; je n'ai pas vécu cette journée-ci, il faut la rayer du nombre des jours que Dieu m'accordera! Méchant, comment as-tu fait pour t'éloigner de moi? Si ce fut pour une bonne action, je ne te pardonnerai jamais de m'avoir laissée à l'habitation.

Ne voulant pas dire mon secret, je gardai le silence, ce qui étonna Mélanie. Elle me regarda d'un air boudeur qui la rendait charmante, par la difficulté qu'elle trouvait à faire paraître sur son visage une expression disgracieuse. En se couchant, elle me dit, en grossissant sa voix :

— Je ne te souhaite pas une bonne nuit!...

— Et moi, Mélanie, lui répondis-je avec douceur et en souriant, je supplie le Tout-Puissant de répandre le charme des plus beaux songes sur ton sommeil d'innocence.

A cette réponse, elle fut un peu confuse, et se coucha en murmurant : « Pourquoi aussi ne me dit-il pas ce qu'il fait! » Il semble que la jalousie soit un sentiment dont le germe est naturellement en nous, et que la civilisation ne l'ait point créée.

Le lendemain, ma sœur vint à moi, et, m'embrassant avec un air repentant, elle me dit avec tendresse : « Je te demande pardon, mon frère! » Tu n'en as pas besoin! Et je l'embrassai avec ivresse.

Madame Hamel nous pressa tour à tour sur son sein en s'écriant : « Heureux enfants!... conservez bien la pureté de votre âme!... »

Nous nous regardâmes nous deux Mélanie, sans pouvoir comprendre le sens de ces paroles. Je les comprends maintenant!... Après le repas, j'emmenai Mélanie, et je la conduisis au *Val Terrible*, par un chemin qui devait la mettre brusquement en face du spectacle qu'elle avait souhaité. Presque tous les nègres marrons étaient de la côte de Guinée, et ils chantaient en chœur une chanson de leur pays. Cette sauvage mélodie allait admirablement à ce site pittoresque, et elle vint frapper nos oreilles.

— Ce sont nos noirs! dit Mélanie en arrivant à la

vallée. Elle fait un pas de plus, jette un cri d'étonnement, elle me regarde, se précipite dans mon sein, et sur sa joue en fleur roulèrent les larmes d'une joie céleste. Les nègres avaient eu le soin de gratter la terre et de former une avenue sur laquelle un sable doré répandu rendait le marcher plus agréable. « Que j'aime cette précaution ! » dit Mélanie.

Elle entra dans la chaumière que nous nommâmes le Temple. Quelles sont les paroles qui pourraient rendre les charmes d'un pareil moment?...

A quelque temps de là, une aventure vint m'éclairer sur la nature du sentiment que je portais à cette sœur chérie. Il y avait, parmi les nègres marrons, un noir de la côte d'Or, d'un naturel extrêmement féroce, et les mauvais traitements dont il fut accablé contribuèrent encore à aigrir son caractère. Il fuyait ses compagnons de malheur, il errait dans les endroits les plus escarpés et les plus sauvages ; rien ne pouvait l'adoucir : Mélanie l'entreprit. Un jour, le voyant assis sur un quartier de roche, elle me dit : « Il est impossible, Joseph, qu'il y ait des êtres complétement méchants : on peut se tromper, mais personne n'a dit au fond de son cœur : « Je veux être cruel ; » ce nègre regarde le ciel, or, cette seule action m'indique que nous réussirons. »

Aussitôt elle se mit en marche, et nous arrivâmes à ce noir qui ne s'enfuit point selon sa coutume, il regarda même Mélanie d'une manière qui me déplut.

— Bon nègre, dit ma sœur avec une voix douce à laquelle rien ne résistait, pourquoi restes-tu toujours seul ? pourquoi te réfugies-tu dans des antres sauvages, au lieu d'habiter des grottes charmantes ?

— Parce que la nature ne m'a jamais souri, et que je suis malheureux.

— Veux-tu que nous t'apportions de la nourriture ? Tu n'auras pas la peine de la chercher.

— Non. C'est peut-être une amorce pour me charger de chaînes et me ramener à mon maître.

— Mais pourquoi brises-tu des arbres et troubles-tu l'eau des fontaines ? Tu déchires des oiseaux... c'est mal cela !...

— Il faut bien que je rende tous les maux qu'on m'a faits. Allez-vous-en ! je ne puis vous voir !

Tout en parlant ainsi, il jetait des regards farouches sur Mélanie, en paraissant ne pas me voir ; son œil exprimait un sauvage désir, et alors des idées vagues vinrent troubler mon cerveau. « Allons-nous-en, » dis-je à Mélanie. Et ma sœur, plaignant le nègre malheureux, laissa tomber sur lui un coup d'œil de compassion et de tendresse naïve qui le fit tressaillir.

— Le malheureux ! s'écria-t-elle ; et tout en se retournant, elle le regardait toujours. Je vis le nègre rester à la même place en contemplant Mélanie ; il ressemblait de loin à une statue de bronze. Lorsque nous fûmes trop loin pour qu'il pût nous voir, il s'élança et nous suivit toujours jusqu'à ce que nous fussions arrivés à l'habitation.

Le lendemain, lorsque nous nous promenâmes en apportant des douceurs à nos pauvres nègres marrons, je vis ce même noir nous épier avec soin, et se cacher pour admirer Mélanie. Nous étions assis sur une pelouse, à côté de notre temple ; nous causions ; j'entendis un léger bruit dans le feuillage, et, portant mes regards vers l'endroit d'où partait ce frémissement, j'aperçus les deux yeux noirs de ce nègre qui dévoraient Mélanie. Une peur mortelle glissa son froid glacial dans tous mes membres, et je fus comme *charmé* par l'infernal regard de ce noir. Alors, j'eus une connaissance confuse des dangers que courait Mélanie, et, appelant par son nom un nègre qui avait son refuge à deux pas de là, je réussis à reprendre courage lorsque je le vis accourir : aussitôt j'entraînai Mélanie à notre habitation, avec une promptitude dont elle ne devina pas la cause. Pendant plusieurs jours j'allai dans la forêt sans Mélanie, et j'eus la force de résister à ses prières.

Cependant, un matin, elle fit tant que je l'emmenai. Jamais, je crois, je ne l'avais vue si jolie et si séduisante. Lorsque nous arrivâmes au milieu de la forêt, non loin du *Val Terrible*, j'entendis les pas d'un homme qui marchait derrière nous... Je me retourne, et j'aperçois le nègre !... une sueur froide me saisit. « Marchons plus vite ! » dis-je à ma sœur. Vains efforts ! le nègre fondit sur Mélanie, et, la prenant dans ses bras, il s'élança vers les montagnes avec la rapidité de l'éclair. Je le suivis en courant de toutes mes forces, et en faisant retentir la forêt de mes cris de détresse. En poursuivant le nègre, je le forçais à la retraite, et, tant qu'il courait, j'étais tranquille sur le sort de Mélanie, dont les pleurs et les sanglots me déchiraient le cœur. Elle se débattait avec son ravisseur, et retardait sa fuite, mais ce dernier atteignit un endroit écarté, et là, déposant à terre Mélanie, il la couvrit de baisers. Non jamais un homme ne connaîtra la rage qui s'alluma dans mon âme ! je volais avec la vélocité de l'aigle, à travers les pointes de rochers qui me mettaient les pieds en sang, et je ne sentais aucune douleur, tant les feux de la colère me brûlaient. Enfin, sur le haut de la roche, deux nègres parurent, semblables à deux chasseurs qui accourent pour empêcher un tigre de dévorer une jeune biche. Je fus en même temps qu'eux aux côtés du nègre qui fut massacré impitoyablement par les deux marrons. Mélanie ne fut pas témoin de ce meurtre ; je l'avais prise dans mes bras, et, rapide comme une flèche, je l'emportais à travers les rochers, que je descendais avec une aveugle fureur en les teignant de mon sang. Ma sœur pleurait à chaudes larmes, obéissant à une vague sentiment de pudeur, de coquetterie que je ne pourrais définir; et moi, pendant ce temps, je l'inondais de baisers enflammés, cherchant ainsi à la purifier et à effacer la souillure imprimée par ceux du nègre effronté.

— Embrasse-moi bien! s'écriait-elle en sanglotant.

Ce moment m'éclaira; je vis quelle était la nature de l'amour que je portais à ma sœur!...

— Monsieur, dit Marguerite en interrompant sa lecture, notre pauvre vicaire a encore bien pleuré à cet endroit-là... tenez!...

Et elle montra le manuscrit à M. Gausse.

— Le malheureux! s'écria le bon curé.

— Alors, continua la servante, je n'aperçus aucun mal dans ce sentiment: ignorants comme des créoles, n'ayant aucune idée des prohibitions légales et justes des lois humaines, je fus ravi!... Je me livrai au doux charme de trouver une maîtresse, une amante, une épouse dans ma sœur, et je me gardai bien de l'instruire des découvertes que j'avais faites dans mon propre cœur. Une joie céleste vint jeter son baume rafraîchissant sur la plaie passagère que venait d'ouvrir le nègre, et je bénis en quelque sorte cette aventure. Je revins avec Mélanie chagrine, car les farouches baisers de son noir ravisseur lui restaient sur les lèvres, et maintes fois elle y portait la main en s'essuyant avec dépit. Alors, je la comblais de mes caresses, et ces caresses eurent dès lors un autre caractère! alors je questionnai fréquemment madame Hamel, les nègres, tous: je fus plus attentif à tous les mystères de la nature; souvent assis sur les branches d'un arbre, je contemplais curieusement les oiseaux; enfin une nouvelle source de pensées et de mélancolie vint augmenter mes réflexions habituelles.

Je me souviens avec un charme mêlé de honte de ce temps délicieux où mes sentiments prirent une teinte indécise de sensualité divine, où je donnais à ma sœur des baisers qui l'étonnaient elle-même. Confuse et rougissant, elle penchait sa tête dans mon sein, et semblait provoquer mes caresses amoureuses. Alors je n'étais pas criminel, j'avais le cœur pur!... et alors cette passion laissa des traces indélébiles! *Elle est criminelle maintenant!...* et cependant, malgré tous mes efforts, elle ne pourra s'éteindre que lorsque le froid marbre de la tombe m'aura recouvert.

Quelque temps après cet événement, ma sœur qui croissait en grâce, en beauté, et dont l'esprit était au moins à la hauteur des perfections du corps, devint aussi rêveuse, et son charmant visage se couvrait parfois d'une rougeur subite.

Un jour, me prenant par la main, elle me dit avec une espèce de solennité:

— Viens, mon frère! allons au temple!... là, j'aurai quelque chose à te dire...

Nous marchâmes en silence, en nous jetant des regards furtifs, ainsi qu'Adam et Ève lorsqu'ils eurent mangé la pomme fatale; il semblait que nous nous comprissions parfaitement l'un l'autre. Nous arrivâmes à notre banc de mousse au pied de notre temple. Pour faire passer dans l'âme des autres le ravissement qui vint saisir la nôtre par degrés, il faudrait pouvoir asseoir en ce moment ceux qui liront cet écrit, sous le papayer qui nous ombrageait, et leur faire voir les magnifiques couleurs dont les montagnes étaient parées: l'azur foncé de l'indigo teignait le milieu des rochers, leurs cimes arrivaient par des teintes insensibles à l'or le plus brillant, et leurs formes pyramidales tranchaient vivement sur un ciel d'une étonnante pureté; la mer roulait de petites vagues d'argent; la végétation variée de l'Amérique étalait les mille sortes de vert des feuilles de ses productions; et, le soleil à son couchant, donnant une touchante mélancolie à ce tableau, imprimait à l'âme un mouvement indéfinissable. Ce fut à la face de toutes ces richesses, que Mélanie, après me les avoir montrées par un geste de main plein de grâce, me dit d'une voix altérée:

— Mon frère, je ne sais plus comment je t'aime! tes regards portent le trouble dans mon âme et je te désire comme le prisonnier doit désirer la liberté, l'aveugle la lumière! je t'aime d'amour, et je prononce ces paroles sans savoir s'il y a plusieurs amours; hélas! je ne le saurai jamais, parce que je n'en trouve qu'un seul dans mon âme. Cependant, à force de penser, j'ai vu que l'amour dont je t'entoure est autre que celui par lequel j'aime madame Hamel. Je voudrais apprendre de toi, si quand je te regarde tu éprouves ce bouleversement que ton œil arrêté sur le mien produit chez moi. Je n'ose plus te voir qu'en secret, c'est-à-dire lorsque tu ne me vois point; et alors j'éprouve une douceur inouïe que je ne connaissais pas encore, et qui chaque jour devient plus forte et plus vive.

— O ma sœur! m'écriai-je en lui prenant la main, un feu terrible me brûle, et depuis quelque temps j'ai reçu une nouvelle vie!... Nous nous appartenons l'un à l'autre pour toujours! Tiens, vois-tu, je serai pour toi comme Nehani pour sa femme: tu seras mon épouse et je serai ton mari; tu es Ève et je suis Adam. Il n'y a que ce moyen!... mais, il faut une cérémonie, un serment.

— Allons donc, dit-elle, jure bien vite! et prenons toute cette vallée, cette mer et ces montagnes à témoin!... Joseph, toi, tu dois te mettre à genoux...

Je m'agenouillai effectivement, elle prit ma main dans les siennes, son visage devint d'une étonnante gravité, et alors, levant mon autre main vers le ciel, je lui dis : « Mélanie, je te jure de n'aimer jamais que toi ! le reste des femmes n'est plus rien ! tu es pour toujours ma sœur et ma femme !... »

Je me rassis à ses côtés et elle me dit avec un sourire et une naïveté enivrante.

— Moi, je ne me mettrai pas à genoux !... Je jure, reprit-elle en me lançant tous les feux de l'amour par un regard empreint des suavités les plus enchanteresses ; je jure de n'aimer que toi !...

Puis, se jetant dans mon sein, elle me couvrit de baisers. Le flambeau de cet hymen fut le soleil ; les témoins, le ciel et la mer frémissante ; et la nature dut sourire aux simples caresses qui terminèrent cette scène enfantine.

Dès lors, je ne sais quelle tranquillité se glissa dans nos âmes ; nous fûmes heureux et rien ne manqua à notre bonheur. Les rires charmants, les jeux de l'innocence, les candides caresses d'un frère et d'une sœur vinrent nous enivrer, et notre vie coula pure comme l'eau d'un ruisseau qui court sur un sable doré.

Alors Mélanie avait treize ans et j'en avais seize. Un matin que je bêchais, que ma sœur brodait, M. de Saint-André se montra dans notre avenue, et en deux sauts nous fûmes dans ses bras. Il admira l'étonnante beauté de ma sœur, ainsi que ma taille élancée, et il parut content...

— Mes enfants, nous dit-il, l'horizon politique de la France n'est plus orageux : ce sont des énigmes pour vous que de pareilles paroles ; mais enfin, votre père n'est plus proscrit ; il quitte l'Amérique. Le souverain de notre pays m'a donné le commandement d'un vaisseau, avec le grade de contre-amiral, et je viens vous chercher pour vous emmener en France. Vous allez revoir votre patrie, et connaître les jouissances de la vie sociale. Toi, Mélanie (et sa voix avait un accent de tendresse qu'il ne put cacher), ta beauté te rendra l'objet de l'hommage de tous les hommes : vous, Joseph (sa voix devint plus sévère), vous allez réparer le temps perdu, et vous instruire, pour vous faire un état, un nom, et arriver à des places éminentes.

Ces paroles furent pour moi l'objet d'un long commentaire. J'eus beaucoup de peine à les comprendre, et pour être franc, je dois dire que je ne les compris pas.

Le lendemain, mon père nous quitta, et fut à C... vendre l'habitation de madame Hamel. Trois jours après, nous étions dans une frégate, et nous voguions vers la terre de France.

CHAPITRE X.

Comment il se trouve des *carbonari* en pleine mer. — Événements qui s'ensuivent. — Les deux créoles à Paris.

J'ai déjà dit que M. de Saint-André avait, dans le caractère, une rudesse et une sévérité terribles. J'en acquis la preuve pendant les premiers jours de notre navigation. Il ne laissait passer aucune faute, et les lois de la discipline maritime, de cette discipline qui confère une si grande autorité aux capitaines, étaient observées avec une ponctualité qui montrait combien l'on craignait mon père.

Au bout d'une quinzaine de jours, pendant lesquels mon père m'observait avec attention, et paraissait satisfait de moi, il arriva qu'un chef de matelots (j'ignore quel grade il avait) commit une faute qui fut d'autant plus sévèrement punie, que M. de Saint-André paraissait avoir une haine secrète contre le coupable.

Ce matelot, nommé Argow, était un de ces hommes que la nature semble ne pas avoir achevés : court, trapu, large vers les épaules et la poitrine, ayant une grosse tête, et une horrible expression de férocité ; il régnait, parmi tout cela, un air de majesté sauvage, qui révélait une énergie rare et de l'intrépidité : son coup d'œil annonçait que dans le danger il exécutait promptement ce qu'une sagacité naturelle lui dévoilait comme le meilleur parti. Du reste, ivrogne, sale, brutal et ambitieux. Lorsque, dans l'histoire, Grégorio Leti et autres me montrèrent Cromwell, sur-le-champ je me rappelai Argow, et je crus voir le célèbre protecteur de l'Angleterre, lorsque pour la première fois il parut au parlement.

Ce matelot, connaissant l'humeur de M. de Saint-André, subit sa punition sans mot dire, et avec une résignation qui surprit tout l'équipage ; mais il jurait, en lui-même, la perte du contre-amiral, et la grandeur de l'entreprise ne l'épouvantait en rien. Ceux qui virent son air rêveur, sa figure sombre et les regards qu'il lançait sur mon père, jugèrent qu'Argow méditait quelque hardi projet.

Comme ce matelot avait une espèce d'ascendant sur ses camarades, ils se firent part mutuellement de leurs pensées ; et, sans qu'Argow eût encore rien dit, leurs esprits étaient préparés à quelque ouverture. Lorsque ce chef fut libre, il commença par prendre à l'écart ceux qu'il connaissait pour être ses amis, et il les sonda pour savoir s'ils coopéreraient à son dessein.

Un soir, lorsque tout était tranquille dans le bâtiment, que le mari de madame Hamel, dont on se défiait le plus, faisait son quart ; que les officiers, les capitaines en second et mon père, renfermés dans leurs chambres, ne pouvaient voir ce qui se passait, je fus témoin inconnu d'une singulière scène ;

car, curieux comme on devait l'être à mon âge, et ayant remarqué certains mouvements parmi l'équipage, je m'étais caché dans l'embrasure d'un canon, et, protégé par l'ombre, voici ce que j'entendis :

— Il est là-haut, disait le matelot à Argow, mais qu'en veux-tu faire?

— Ce que j'en veux faire! répondit Argow à voix basse et entremêlant d'horribles jurons à tous ses propos, je veux qu'il entre dans nos projets ou dans le ventre d'un poisson! Il est dévoué au commandant, et si M. de Saint-André, se voyant le plus faible, voulait nous mettre à la raison, il serait capable, sur un ordre, de mettre le feu à la sainte-barbe.

A ces mots, je reconnus qu'il s'agissait du maître canonnier.

— Nous ne l'attirerons jamais ici; il faut seulement, s'il est contre le *bastingage*, lui donner un coup de coude.

— Mille boulets! répondit vivement Argow, nous n'aurions plus de poudre, il a la clef de la soute.

Ils restèrent quelque temps à réfléchir, mais Argow rompit le silence, en disant :

— Je m'en charge!... fais descendre tout notre monde dans la cale!

J'ignore ce que devint le pauvre maître canonnier; tout ce que je sais, c'est que, lors de l'événement, je vis l'homme auquel Argow venait de parler, revêtu des habits particuliers du canonnier qu'il remplaça. En entendant l'ordre d'envoyer l'équipage à fond de cale, je m'y glissai et je me tapis dans un coin obscur.

Ce fut le premier spectacle que me donna l'état social : cette scène avait pour acteurs les plus grossiers des hommes, et comme ils ne retenaient point l'expression de leurs passions, j'en vis le jeu à découvert. Chaque matelot descendit avec précaution, et quelques-uns apportaient des lanternes. Toutes ces figures sauvages et animées sur lesquelles se gravait ingénument la crainte, car ils redoutaient encore leur conscience, formaient un tableau digne d'être vu.

Un murmure s'éleva lorsque Argow parut avec son lieutenant. Il s'alla placer devant un ballot, chacun se groupa autour de lui, les uns sur les provisions, les autres sur les tonneaux, tous dans des postures originales et l'œil fixé sur le chef de la sédition. Quand ce dernier vit attentifs, il promena sur eux son œil inquisitorial, et leur prononça le discours suivant :

— Si je ne vous connaissais pas, et que le capitaine ne m'eût pas trop sévèrement puni pour une légère faute, jamais nous n'aurions saisi l'occasion qui se présente pour nous, de faire fortune. La puissance et les richesses nous seraient passées devant le nez, sans que l'un de vous ait eu la pensée de devenir heureux tout d'un coup, sans qu'aucune puissance humaine puisse nous atteindre; mais j'ai osé compter sur votre courage et votre force de caractère, je vois que je ne me suis point trompé. Maintenant nous sommes tous liés! car M. de Saint-André nous ferait tous pendre aux vergues, et ferait le service avec ses officiers, plutôt que de donner la grâce à l'un de nous.

Flatners, John et Tribels vous ont instruits séparément de ce que je vais vous expliquer d'une manière plus claire. Triple bordée! mes amis, j'enrage lorsque j'examine notre genre de vie : traîner sur les ponts cette (ici un juron) *pierre infernale*; toujours travailler, durement menés, sans consolation, sans avenir, sans pain, et (un juron) qu'avons-nous fait pour mériter un pareil sort? Nous sommes venus au monde de la même manière que ceux qui sont riches, et qui dorment dans de bons lits, sans être toujours séparés de la mort par quatre planches pourries. Lequel, à votre avis, vaut mieux de risquer une ou deux fois sa vie pour être heureux, ou bien de traîner une existence dont le plus grand bonheur est de dormir dans un entre-pont et de gober l'air par le trou d'un sabord? Or, voici mon projet : le convoi de la Havane va passer demain; il n'y a qu'un vaisseau de soixante-seize canons, notre frégate n'en a que vingt!... n'en eût-elle pas du tout, je vous promets que nous aurons jusqu'à la dernière piastre des Espagnols. Mais pour cela et pour avoir le droit de parcourir toutes les mers en nous enrichissant et ayant soin de tout couler bas pour que l'on ignore nos manœuvres, il faut commencer par expédier ceux qui nous gênent là-haut. Ils sont tous réunis dans le même endroit, il ne s'agit, lorsque je crierai le *branle-bas*, que de réunir tous les canons sur les chambres, et alors... laissez-moi agir... Je ne demande le commandement que pendant cet premier danger; quand nous serons maîtres du bâtiment, alors nous organiserons la manœuvre : en avant!...

Pendant ce discours, les figures de tous ces gens peignaient une foule de sentiments divers. Lorsqu'il fut terminé, un geste impératif d'Argow empêcha les acclamations.

— Que chacun, dit-il, vienne à son tour jurer devant moi obéissance pour vingt-quatre heures et qu'il adhère au complot!...

Parmi les gens de l'équipage il n'y eut qu'un mousse qui refusa obstinément de coopérer à cette conspiration. Argow le fit garder à vue.

J'étais rempli d'épouvante. Néanmoins le danger que couraient Mélanie et mon père me rendit de la force; je réussis à m'échapper et j'arrivai, pâle et blême, à la chambre de M. de Saint-André.

— Nous sommes morts! lui dis-je.

Il se mit à rire.

— Tout l'équipage vient de jurer de se défaire de vous! C'est Argow qui est le chef du complot.

Alors il commença à réfléchir.

— Où sont-ils?... fut sa première question.

— Dans la cale, répondis-je.

M. de Saint-André, s'habillant à la hâte, prit son porte-voix en m'ordonnant de réveiller tous les officiers.

— Branle-bas!... retentit dans tout le bâtiment. Hamel, quittez votre quart, et fermez les écoutilles!...

Mon père était tranquille comme s'il eût fait une partie de piquet. Les officiers se réunirent autour de lui, et Hamel vint rejoindre ce groupe peu nombreux, on chargea l'écoutille de la cale de tout ce que l'on put trouver, et l'on entendit alors un effroyable tapage à fond de cale.

— Trois minutes pour rentrer dans le devoir!... s'écria M. de Saint-André, sinon vous serez tous pendus; nous voyons *l'Hirondelle*, à laquelle je vais faire tirer les coups de détresse, et vous n'échapperez pas.

Le silence le plus profond fut la seule réponse des matelots. M. de Saint-André tira froidement sa montre.

— Que ceux qui se soumettent disent leurs noms!... cria Hamel.

On ne répondit pas; les officiers se jetaient des regards inquiets, car un pareil silence annonçait quelque ruse, et ils savaient Argow capable des choses les plus audacieuses.

Les trois minutes expirées, M. de Saint-André ordonna à tous les officiers de diriger le bout de leurs pistolets sur l'ouverture; et, commandant à Hamel de débarrasser le plancher, il se disposait à descendre lui seul, sans armes... lorsque des cris de « Victoire!... victoire!... » retentirent sur le second pont et dans tout le bâtiment. Argow avait démoli le fond de la soute, et, comme il s'était emparé de la clef de la porte, au risque de faire sauter le bâtiment, il venait de conduire ses gens par la soute : et, parvenu au second pont au-dessus de celui où se trouvait M. de Saint-André, il s'emparait de la frégate. Alors, fermant à son tour le pont, il mit les chefs dans l'embarras où ces derniers croyaient plonger l'irascible matelot.

M. de Saint-André regardant les officiers leur dit :

— Messieurs, un peu de hardiesse et nous devons le surprendre!...

Les officiers, promenant leurs regards sur l'entre-pont, semblaient répondre au contre-amiral :

— Par où voulez-vous sortir?...

Mon père se mit à sourire en comprenant leur tacite demande, et il s'écria à voix basse :

— Ils sont dans l'ivresse de leur succès et ne prennent pas garde à tout. Risquons quelque chose! mais de la hardiesse et que personne ne perde la tête; la mer est plus haute que nous, et, en ouvrant cette embrasure, l'eau entrera, mais il faut en même temps que l'un après l'autre nous sortions. L'échelle du bâtiment passe à deux doigts de l'embrasure. L'un de nous restera pour la fermer et il chassera l'eau, car Hamel manœuvrera de manière à faire pencher le bâtiment.

M. de Saint-André s'élança le premier, et, une fois qu'il eut saisi l'échelon, nous entendîmes avec quelle célérité il montait. Le hasard voulut que, chose imprévue, le bâtiment penchât du côté opposé et que tous les officiers s'échappassent sans qu'il entrât une goutte d'eau.

Lorsque le dernier sortait, Argow entr'ouvrit l'écoutille, et, me voyant seul, il fut stupéfait; il me laissa monter et courut avec la rapidité de l'éclair sur le tillac, car il comprit tout d'un coup la manœuvre de M. de Saint-André.

En un clin d'œil la scène prit un aspect formidable. L'état-major, rangé sur un côté du tillac, combattait avec une audace et un courage étonnants; et les matelots, ne s'attendant pas à une attaque aussi brusque et aussi vigoureuse, avaient été obligés de plier et d'aller se rallier plus loin. Il y en avait sept ou huit étendus par terre et baignés dans leur sang.

Ce fut en ce moment que le terrible Argow revint furieux et en jurant. Un des matelots, effrayé et doutant du succès, s'était avisé de demander à parlementer : dans le premier instant de terreur, les gens, sans écouter Argow, se tournèrent vers le groupe d'officiers, et, ce qui rendit cette disposition des esprits plus stable, fut que le farouche matelot brûla la cervelle à celui qui parlait de se rendre, en alléguant qu'ils lui avaient tous juré obéissance. M. de Saint-André perdit tout par son inflexibilité, car à la demande des matelots, il répondit qu'il les voulait tous à discrétion. Sa sévérité était tellement connue que lorsque Argow cria : « Et le convoi!... allons ferme!... » tout l'équipage tomba sur le groupe d'officiers; et, après un léger combat, ils furent dispersés. Un canonnier attacha M. de Saint-André au grand mât; tous les officiers, contenus et désarmés, se rangèrent autour de lui.

Argow, maître du bâtiment, disposa tous ses hommes comme il le fallait pour manœuvrer; et, prenant le sifflet, il commanda la manœuvre et fit marcher le vaisseau, du banc de quart où il s'était assis. Lorsque tout son monde fut occupé, il mit à sa place le matelot avec lequel je l'avais entendu parler, et se dirigea vers le mât où mon père, garrotté, rongeait son frein.

Sans être ni arrogant ni respectueux, Argow, s'adressant à M. de Saint-André lui dit :

— Capitaine, l'homme que vous avez puni si sévèrement est maintenant le maître, il vous remplace, et vous êtes où était Argow.

— Où voulez-vous en venir?... Usez de votre droit! répondit mon père.

— Certes, oui, si je le veux! repartit Argow avec un regard farouche; mais écoutez : vous voyez quel homme je suis; le ciel ne m'a pas fait pour rester matelot : jurez-moi sur l'honneur d'oublier tout ce qui vient de se passer! revenus en France obtenez-moi le grade de lieutenant... vous le pouvez!... puisque je viens des États-Unis et qu'en disant que j'avais ce grade vous me le ferez donner... alors, en deux secondes, je vous salue contre-amiral et nous voguerons vers la France. Vous me donniez tout à l'heure trois minutes!... moi, je vous en donne six!...

Là-dessus, Argow, s'asseyant sur un câble, tira sa pipe, battit le briquet et se mit à fumer.

— Il faut vous rendre tous à discrétion!... fut l'unique réponse de M. de Saint-André.

Argow, ayant fini sa pipe, la remit tranquillement dans sa poche et s'en alla au banc de quart.

Je n'ai pas besoin de dire que durant toute cette scène j'avais été aux côtés de mon père; cependant, j'étais libre. Quant à ma pauvre Mélanie et à madame Hamel, elles furent renfermées dans leur cabine et je ne les vis que lorsque le dénoûment de cette fatale aventure arriva. La plus vive inquiétude me dévorait, mais à qui pouvais-je m'adresser? Il ne m'était pas permis de quitter le tillac.

Argow profita de la présence de M. de Saint-André qui mettait toujours les rebelles en danger, pour constituer le règlement qui devait les guider dans leurs pirateries. Il fut nommé le capitaine, et fit lui-même des promotions qui contentèrent tout l'équipage. Lorsque les choses eurent une apparence de hiérarchie, il assembla le conseil pour délibérer. Il vint signifier aux officiers et à M. de Saint-André, avec beaucoup de calme et de modération, le résultat des discussions de l'assemblée. On offrait aux officiers qui voudraient pirater, la conservation de leur grade : tous refusèrent. Alors Argow leur annonça qu'on allait les déporter à la première île déserte que l'on rencontrerait.

Cet arrêt fut exécuté. Au moment où l'on descendit mon père, il parut se ressouvenir d'une chose fort importante qu'il voulait me communiquer. Argow, qui refusa de me déporter avec M. de Saint-André, l'envoya sans permettre qu'il me parlât. Il me cria du rivage une phrase que je ne pus entendre. Elle finissait par ces mots que je distinguai : *mon fils!...*

Le conseil de ces pirates s'était occupé de nous. Lorsqu'on fut à la vue de la flotte de la Havane, vers le chemin de laquelle on se dirigea, l'on mit, par l'ordre d'Argow, la chaloupe en mer, et alors on me descendit avec madame Hamel et la tremblante Mélanie. Par une singulière délicatesse, Argow nous remit la cassette et l'argent de mon père : alors, il donnait l'ordre de l'attaque; et le matelot qui nous jetait ces effets, laissa tomber à la mer les papiers de M. de Saint-André. La perte de ces papiers me cause, aujourd'hui, les plus vifs regrets; car j'aurais, par la suite, éclairci tous les mystères dont j'ai trouvé ma naissance entourée, lorsque j'ai pu réfléchir et que j'ai connu de quelle importance de pareils papiers étaient pour l'état d'un homme, dans le monde et les affaires.

Quand nous nous trouvâmes, tous trois, dans cette chaloupe, au milieu de la mer, ayant des provisions pour environ trois jours, venant de perdre notre père et n'espérant plus le revoir jamais, le désespoir vint s'emparer de nos âmes. Néanmoins tel est le caractère de ceux qui aiment avec ivresse, que dans les situations les plus désolantes, et sur le bord même de la tombe, ils trouvent des fleurs au fond du précipice, et aux amants seuls il est permis de n'être jamais tout à fait malheureux!

— Je ne tremble plus, puisque me voilà seule avec toi!... me dit Mélanie; et je mourrai joyeuse puisque nous mourrons ensemble, en nous couvrant de baisers. Tiens, Joseph, nous nous entrelacerons et quand on trouvera nos corps ainsi réunis l'on dira : « Ce sont deux amants, » et l'on nous mettra dans une même tombe.

Madame Hamel, résignée à tout, rangeait la cassette, l'argent, les provisions, et elle était absolument la même que si elle se trouvait dans son fauteuil de canne à l'*habitation*.

Je tâchai de gouverner la chaloupe de mon mieux, en la guidant obstinément vers un point. C'était par où j'avais vu fuir les vaisseaux du convoi de la Havane. Nous entendîmes la canonnade de la bataille. Mille idées affligeantes m'assaillaient.

— Qu'as-tu donc à t'attrister? me dit Mélanie avec un charmant sourire; nous n'avons qu'à nous laisser aller, la mort nous prendra quand elle voudra. Tiens, Joseph, garantis-moi la tête, je ne veux pas que l'on me trouve morte avec un visage noir!...

Deux, trois jours se passèrent et nous commençâmes à ménager nos provisions. Enfin elles disparurent.

— Songez, mes enfants, nous dit madame Hamel qui n'avait presque rien mangé, songez qu'à la dernière extrémité, c'est moi que vous tuerez!...

Elle prononça ces paroles avec une simplicité, une tranquillité d'âme qui nous étonnèrent encore plus que sa proposition. Il y avait deux jours que nous n'avions mangé; nous ne disions plus rien. — Je voyais avec effroi les joues de Mélanie pâlir, lorsque nous aperçûmes à l'horizon les voiles blanchâtres d'un navire : « Tiens ! » dis-je à ma sœur ; et nous nous livrâmes à la joie. C'était un vaisseau danois qui se rendait à Copenhague. On nous prit. Il ne nous arriva pas d'autre accident ; nous allâmes en Danemark pour couper au plus court et venir à Paris. Nous trouvâmes, à Copenhague, une famille française qui eut mille bontés pour nous ; et, quelque temps après notre arrivée en Danemark, nous partîmes pour la France. Enfin, nous entrâmes un beau matin à Paris, après avoir semé sur la route tout l'argent que l'on devait obtenir de voyageurs tels que nous. Toutes ces aventures et ces traverses, les dons et notre voiture, les doubles postes et les éternels pourboires, enfin nos mémoires d'aubergistes, etc... ne nous diminuèrent pas beaucoup notre trésor. Nous avions en arrivant à Paris deux cent mille francs à toucher sur un banquier ; et, sur nous, deux ou trois mille francs en or.

CHAPITRE XI.

Amours troublés. — Grands combats. — Incertitudes.

J'arrive à l'époque la plus douloureuse de ma vie ! Hélas ! mon papier va se tremper souvent de mes larmes, et beaucoup de phrases resteront sans être achevées (1).

J'avais alors plus de seize ans : Mélanie, âgée de treize ans, mais formée par le climat de l'Amérique, semblait, par sa tournure et ses manières, être une jeune fille de dix-sept ans. Tous les feux d'un amour chastement violent embellissaient ses yeux si doux, ses lèvres de grenade, et ses joues en fleur. Ses longs cils donnaient à son regard une expression de mélancolie qu'elle démentait souvent, lorsque ses yeux se portaient sur moi...

A chaque instant, les souvenirs les plus séducteurs viennent m'assassiner en m'offrant toutes ces douceurs, qui s'évanouirent comme la fleur d'un fruit. Il me semble être encore au milieu de cette grande et majestueuse allée des Tuileries, lorsque nous y vînmes pour la première fois. « Qu'elle est belle ! » entendais-je répéter de tous côtés, et ces doux accents flattaient mon âme entière. Mélanie me disait que les femmes m'admiraient : je lui disais qu'elle était l'objet des hommages des hommes, qui tous l'adoraient des yeux. Quel triomphe !... Quelle joie !... que nous fûmes heureux !...

(1) On sent qu'un bachelier ès lettres n'aurait pas livré aux lecteurs des périodes sans les avoir, au préalable, arrondies, parachevées !... et Dieu m'est témoin que j'ai rétabli de mon mieux les idées que le vicaire a dû avoir.
(*Note de l'Éditeur.*)

En arrivant à Paris, notre premier soin fut, comme bien l'on pense, de chercher un endroit écarté, champêtre et pittoresque, dont la solitude et l'ombrage pussent nous donner une faible image de notre belle Amérique. A force de soin et de démarches, je trouvai dans la rue de la Santé une espèce d'hôtel abandonné, dont les jardins et les alentours sont ce que j'ai vu de plus gracieux à Paris. Une fois que nous eûmes établi nos dieux pénates dans cet endroit, le problème d'une vie heureuse fut une seconde fois résolu pour nous. Moments trop courts !... Mes premières réflexions me démontrèrent que, comme chef de famille, je n'avais aucune des notions nécessaires pour diriger une fortune que je crus immense, lorsque je la proportionnais à la simplicité de nos goûts, à la modicité de nos besoins. En effet, pour deux êtres qui s'aiment, et dont le plus grand plaisir est la vue douce l'un de l'autre, qui furent habitués à se nourrir des mets les plus simples, l'on conviendra que notre fortune était colossale. Mais au bout d'un mois seulement je m'aperçus qu'il était urgent d'*apprendre* et de pouvoir *être* quelque chose. Les usages, les mœurs de la ville vinrent s'interposer entre la naïveté de nos âmes et la décence du siècle. Je sentis que je devais être prêt à défendre nos biens et nos personnes, enfin que l'instruction était la base de l'esprit de l'homme en société.

Dieu !... quelles scènes charmantes d'étonnement ! Quel rire ! combien d'observations naïves, lorsque Mélanie et moi nous devinions quelque chose dans les mystères sociaux ! Hélas ! souvenirs cruels, fuyez !...... laissez-moi !

Alors, pendant quatre années consécutives, je ne connus d'autre chemin que celui qu'il y a entre la bibliothèque du Panthéon et la rue de la Santé. J'appris tout ce qu'il convient à un homme de savoir, pendant ce temps, et je l'appris tout seul, sans maître, par la seule force de mon imagination et aidé par la puissante énergie d'un caractère ardent. J'avais la douce tâche d'instruire Mélanie : je consigne ici notre aveu mutuel ; ce que nous avons trouvé de plus difficile, ce fut le premier pas !... la lecture nous parut une hydre. Madame Hamel ne concevait pas la folie qui nous avait saisis, et ses plaintes, ses raisonnements nous faisaient sourire. Elle se soumit à notre instruction, parce qu'elle crut entrevoir que nous en étions plus heureux.

L'instant fatal approche... Ah ! je m'arrête, à demain !...

— Il y a une interruption, dit Marguerite.

— Ah ! les pauvres enfants ! s'écria le bon curé Gausse, je devine leurs malheurs !...

— Monsieur, reprit la servante, entendez-vous comme la pluie tombe par torrents ? On va retenir

M. Joseph *de Saint-André*, dit-elle en appuyant sur ce nom, et il couchera dehors : alors, nous pourrons achever l'histoire de ce pauvre jeune homme!

Comme la chandelle n'avait pas été mouchée depuis que Marguerite s'était mise à lire, elle s'acquitta de ce soin; car le bon curé, la bouche béante, l'œil sur le manuscrit, n'y aurait jamais pensé. La gouvernante se moucha, remit ses lunettes et continua :

— Avant de commencer cette histoire de douleur et d'éternelle peine, je ne puis me refuser à montrer celle que je regardais comme mon épouse chérie.

La voyez-vous assise contre une fenêtre... à côté de madame Hamel? ses yeux sont baissés sur le fichu qu'elle se brode, mais, à chaque instant, elle les relève sur moi, et son regard commence à désirer plus que les chastes baisers dont le temple du Val Terrible fut témoin. Elle jette souvent les yeux sur le tableau, ouvrage de mes mains, dans lequel cette scène charmante est représentée entourée de tout le luxe des productions de l'Amérique. Chacun de ses mouvements révèle une grâce que l'on croit ne pas avoir déjà connue; sa pose virginale n'exclut pas le naïf aveu des désirs d'une jeune fille de dix-sept ans; sa tête est doucement penchée, et ses blonds cheveux sont disposés avec une élégance qui séduit; le bout de son petit pied se montre sous une longue robe; l'odeur suave de l'iris s'échappe de toute sa personne... Elle sourit!... et la vierge, dont le cou est paré d'une croix noire, a surpassé le sourire de Vénus... Ah! c'est toi, ma sœur!... tu parles!... quelles roses naîtront sous les perles de ta bouche divine...

— Joseph, me disait-elle alors, nous sommes trop heureux! il nous arrivera quelque malheur comme à Polycrate, auquel le poisson rapporta la bague que ce tyran de Samos avait jetée pour conjurer les caprices de la fortune.

— Nous sommes chrétiens, ma sœur, ai-je répondu.

— Joseph, les cérémonies par lesquelles on se marie dans ce pays-ci sont bien autres que les simples serments que nous nous sommes jurés.

— Et d'où sais-tu cela?

— De Finette, ma femme de chambre; elle va se marier! J'imagine, Joseph, que nous sommes aussi peu instruits sur tout cela (quel sourire!) que nous étions ignorants sur les sciences. Oh! Joseph, il y a certainement quelque chose que tu me caches.

Ame céleste! âme pure! adieu, ma tombe se creuse.

Ces paroles prononcées avec la naïveté de l'enfance, me firent réfléchir; elle prit l'expression de ma figure pour l'expression du chagrin.

— Va, dit-elle, Joseph, je sais que tu m'aimes et que tu ne m'as jamais rien caché! Elle vint s'asseoir sur mes genoux, me jeta ses bras d'ivoire autour du cou et me couvrit de baisers, empreints de toutes les voluptés que l'on peut jeter dans un baiser sans pécher. Je les sens encore! ils me brûlent les lèvres, et me poursuivront toujours de leur charme.

— T'aurais-je fait de la peine?

— Grand Dieu! Mélanie, que dis-tu?

Il me semble voir encore madame Hamel se réveiller et sourire.

— Pauvres anges, savez-vous combien vous êtes heureux? demanda-t-elle.

— Oh! oui, répondit Mélanie, le visage de mon frère est pour moi toute l'Amérique.

Ici, avant d'écrire la phrase suivante, je rappellerai que je suis l'enfant de la nature; et que, bien qu'initié aux vaines délicatesses du monde, je n'ai jamais pu concevoir qu'il y eût de la honte à s'avouer, à manifester les mouvements d'âme que la nature a mis en nous; ma sœur était de même, et je n'hésite pas à prononcer *anathème* à ceux qui rougiraient de la naïveté de Mélanie.

Depuis longtemps je sentais en moi les atteintes de ce sentiment que la nature a posé dans notre âme pour la conservation de ses œuvres : ce que ma sœur venait de dire me montrait que, chez elle aussi, tout se développait. Les idées vagues qui roulaient dans ma tête, finirent par devenir plus claires, et je pensai à tout ce que Mélanie racontait des cérémonies du mariage. Alors je commençais mon Droit : il y avait, je crois, huit jours que les cours étaient ouverts. J'ouvre mon code!... la fatale prohibition, les deux fatales lignes me frappent à mort, et le Code pénal me montre le crime. Je cours aux éclaircissements : nature, religion, ordre social, tout s'accorde, et notre amour est incestueux!... Je regarde à mon cœur et j'y trouve l'image de ma sœur gravée comme celle d'une épouse!... Terre, bonheur, plaisir, toutes les jouissances célestes s'évanouissent, et la main noire du crime, la harpie souille tout!... devant moi se découvre la profondeur d'un immense abîme! et... la mort en est le fond.

Alors une rage me saisit, je sortis de la maison, en courant, comme si j'eusse craint que les feux de Sodome ne tombassent une seconde fois du ciel pour nous dévorer : un lion m'aurait déchiré, je ne l'aurais pas senti! j'étais furieux au point de ne plus connaître le temps, les lieux, les usages. Je courus comme un insensé, et ne m'arrêtai que devant une grande maison où une foule immense se pressait. Un homme m'offre un morceau de carton, me demande de l'argent, je lui en donne et je suis le torrent. Je suis assis, serré, et je me déchirais la poitrine; elle était en sang. On joue devant moi

Phèdre. A la scène de la déclaration je me trouve mal ; et, quand Phèdre s'accuse et veut descendre aux enfers, mes voisins m'entraînent. Je rentrai chez moi colère, furieux, ivre, *détruit!* je n'avais plus rien de l'homme.

Le lendemain j'étais calme, pâle, triste, abattu. Pendant la nuit, la philosophie du chrétien m'avait apparu ; l'homme de la nature ayant joué son rôle, celui de l'homme du monde, de cet homme habitué à la dissimulation, aux peines, aux douleurs, allait commencer... Heureux si, lorsque je passai sur le Pont-Neuf, ma fièvre m'eût suggéré de me précipiter dans les flots!... A table, Mélanie me sourit, je détourne les yeux ; elle me parle, je tâche de ne pas entendre la douceur de ses paroles de miel ; ô tourments!... ô tourments!...

Si j'ai écrit pour moi, qu'au moins je mette ici, à cette place, là, un avis aux âmes qui auront quelque ressemblance avec la mienne, et je ne sais si je dois les en louer ou les en plaindre!... Sachez, cœurs grands et sensibles, sachez, vous que la vue du malheur attendrit, qu'une larme d'une femme fait frissonner, sachez que dans une passion, même légitime, il y aura tout autant de malheurs que dans la mienne. L'ordre social est la boîte de Pandore sans l'espérance! nous sommes des êtres finis, il ne peut y avoir pour nous de bonheur infini! et les âmes qui *veulent de l'immense* doivent périr consumées par elles-mêmes.

Lorsque je revins à moi, je me mis à sophistiquer ; et, en cela, chacun reconnaîtra la marche de toutes les passions humaines. En quoi, me suis-je dit, ma passion est-elle criminelle?... En rien. Aucune voix secrète ne nous a arrêtés! et si nous nous sommes aimés ainsi, c'est que le Seigneur l'a voulu! Rien n'arrive dans l'Univers que par son ordre, et il n'a pas voulu notre malheur. L'histoire nous apprend que les Égyptiens épousaient leurs sœurs!...

Et, de là, mettant tous les récits des voyageurs à contribution, je m'énumérais tous les pays où cette coutume avait lieu. Enfin, et ce fut l'argument le plus solide, « enfin s'il n'y a eu qu'un premier homme et qu'une première femme... ou le fils épousa la mère, ou le père épousa ses filles, *ou les frères épousèrent leurs sœurs* : ce que Dieu a permis dans un temps ne peut être criminel maintenant! »

Ces raisonnements et une foule d'autres me consolèrent quelque temps. Mélanie oublia le chagrin passager que j'avais éprouvé ; elle ne m'en demanda pas compte, et nous nous livrâmes à toute l'ardeur de l'amour. Mais il était dit que je boirais jusqu'à la lie du calice. En effet, un jour que, triste et mélancolique, je réfléchissais à cette bizarre défense, la raison vint briller dans mon âme comme un éclair, mais comme l'éclair qui donne la mort. « Admettant que mon amour avec Mélanie ne soit point criminel, et que nous nous abandonnions à ces douces étreintes, dis-je, la société refusera toujours de nous unir, et, sous peine de la déshonorer, je ne puis l'aimer d'amour!...»

Dès ce moment, une sombre mélancolie s'empara de toute mon âme, et elle s'en empara pour toujours. Je résolus de combattre courageusement ma passion et de la contenir dans mon sein, en domptant les ardeurs de l'enfer : car, par une singulière fatalité, ce fut au moment où je sus que je ne pouvais plus aimer Mélanie, que les désirs les plus terribles vinrent me tourmenter. Mais, usant de cette énergie brûlante qui me consume, je la tournai vers les combats.

Détournant tristement les yeux lorsque ma sœur me contait sa tendresse par un regard, je me mis à la fuir ; mais cette fuite avait des symptômes d'amour que Mélanie apercevait. Tout ce que je lui disais n'en était pas moins toujours touchant, et d'autant plus attrayant, que mes paroles paraient des accents de la mélancolie, et ma langueur se décelait dans tout. Quittant la maison, j'allais m'asseoir sur une hauteur, dans la campagne : et là, en proie aux accès de cette maladie de l'âme, je cherchais à m'endormir le cœur par de funèbres méditations. Oh! que l'automne me parut beau! que ses vents furent l'objet de mes prières! je voulais qu'ils m'emportassent avec la feuille jaune dont ils faisaient leur jouet.

Ces accents des passions dans un cœur attristé ressemblent aux murmures qui troublent le silence d'une forêt ; on les entend, mais on ne peut les dépeindre. Chose incroyable! je trouvais de la douceur dans mes peines, et quelque chose de voluptueux se glissait dans mon âme. Moi, le plus tendre ami, enfin le frère de ma sœur, je craignais de lui parler et de la voir. Ma main tremblait en lui offrant quelque chose, et ce frémissement ressemblait à celui de la haine. La pâleur habita sur mon visage, et mon œil ne regarda plus que la terre ; les larmes que je dérobais à ma sœur étaient versées en secret. Le supplice de Tantale fut réel et mille fois plus cruel : chaque jour, ma sœur redoublait ses caresses, elle m'en accabla, en s'apercevant qu'elle trouvait les occasions moins fréquentes. Enfin, elle finit par ne plus douter que mon cœur ne renfermât un chagrin profond, mais la véritable cause ne pouvait jamais être devinée par son âme naïve ; alors, sa sollicitude, son tendre amour lui firent chercher tout autre chose.

Elle ne me parla point d'abord de ma mélancolie, parce qu'en même temps que je connus mon crime, il s'éleva dans son cœur un sujet de méditation qui vint altérer les roses de son visage. Mélanie, à force de consulter Finette, à force de rêverie ou parce qu'ainsi le veut la nature, Mélanie, dis-je, devina le but du mariage, et cette découverte introduisit, dans sa manière de voir et de sentir, de grands changements. Sa passion, ayant thésaurisé toutes les richesses des sentiments de l'âme, et arrivée au dernier degré moral de l'amour, entra dans la carrière terrible de la passion physique !... alors elle brûla tout entière, corps et âme. Je voyais ses yeux briller, son teint changer, une pâleur croissante et funeste envahir son visage; je n'osais plus m'asseoir à ses côtés; et la chaste jeune fille, gardant le silence, soupçonna que ce qui la minait sourdement, cette flamme inextinguible et secrète, était le principe de ma mélancolie.

Dieu ! que de témoignages d'amour elle donnait... Aussitôt que je quittais un siége, elle s'en emparait et méditait là où je venais de méditer. Elle épiait mes pas, elle attendait mon retour, et, lorsque j'étais dans un appartement, elle venait écouter le bruit de ma démarche. Lorsque je peignais, elle prenait son ouvrage et se contentait de me voir sans prononcer une seule parole.

Un jour, en me retournant brusquement, j'aperçus ses yeux mouillés de larmes qu'elle n'eut pas le temps d'essuyer.

A l'aspect de ces pleurs roulant le long de ses joues, un trait, un coup de poignard me perça le cœur. « Elle croit que je la dédaigne, elle gémit sur ma barbarie, sans s'en plaindre !... » Lorsqu'elle vit que ses larmes m'attendrissaient, elle quitta son ouvrage, je quittai le mien, et elle vint s'asseoir sur mes genoux en passant ses bras autour de mon cou !... et, m'embrassant à plusieurs reprises, effleurant ma figure par ses joues brûlantes et par ses cheveux légers, elle s'écria en sanglotant :

— Joseph ! Joseph !...

Son sein qui se gonflait ne lui permit pas d'en dire davantage.

A ces accents déchirants, je frémis de notre danger, et j'eus encore bien plus lieu de frémir, lorsque, relevant un peu sa tête qu'elle cachait dans son sein, elle me regarda en souriant des yeux et des lèvres, par un fin sourire trop expressif pour qu'il restât sans être compris. Au milieu de cette grâce qui faisait briller son visage, il y avait la teinte de la souffrance d'amour et cet air doucement suppliant qui rendent les amantes si touchantes.

— Joseph, reprit-elle, je t'aime et je crois être aimée ! je suis belle, et je suis ton épouse !... D'où vient, dit-elle en hésitant, que tu n'avoues pas tous tes chagrins ? Tu souffres !... je le vois ! Tiens, mon frère, il y a entre nous une masse de sentiments nouveaux que nous nous taisons mutuellement. Pourquoi me fuis-tu ?... pourquoi ne me regardes-tu plus ? Tu m'as privée de mon bonheur...

— Ah ! Mélanie, tu ne sauras que trop tôt tout ce que je souffre !...

— Non, je veux le savoir sur-le-champ, pour apaiser tes douleurs; je sais que je le puis...

— Mélanie, la guérison de mon mal n'est pas entre des mains mortelles.

— Quel est ce mal ?... Que sens-tu ?... Voyons, dis-le-moi !...

Et, se balançant mollement, elle se mit à caresser légèrement ma chevelure; sa figure attentive et curieuse cherchait à lire dans mon œil : puis, en s'apercevant de mon embarras, elle s'écria en riant :

— Joseph, j'ai lu que les amants se faisaient de doux présents !... tu ne m'as encore rien donné !...

— Tout change sur la terre, lui répondis-je, et je ne puis rien t'offrir qui ne soit périssable.

— Tu as une chaîne d'or à ton cou, je la veux !... s'écria-t-elle avec une douce confusion, et le coloris de la pudeur teignit ses joues de la couleur de la pourpre.

Elle s'empara de ma chaîne, et la mit autour de son cou.

— Maintenant, reprit-elle, je veux te faire présent d'une chose qui restera toujours à toi tant que tu vivras, car ce que l'on grave sur le cerveau de l'homme ne meurt qu'avec lui.

Là-dessus, appliquant ses mains derrière ma tête, elle la prit, l'attira et déroba sur mes lèvres le plus ardent baiser que femme puisse donner.

— Mélanie, m'écriai-je en fureur, je ne veux pas que tu m'embrasses ainsi !... Va-t'en !

La pauvre enfant, honteuse, rouge, s'en alla sur sa chaise, avec cette douce soumission féminine, avec cette docilité passive qui ferait naître la pitié dans le cœur d'un tigre. Elle ne leva seulement pas la tête, elle pleura, mais elle tâcha de me cacher ses larmes, et son cœur gonflé ne put pas expliquer ma sauvage et impérieuse exclamation.

Mon âme chancela, je vins à ses côtés, je l'embrassai sur le front, et lorsqu'elle leva la tête, elle vit mon visage sillonné de larmes; alors elle dit ces mots touchants :

— Si nous avons pleuré ensemble, il n'y a point de mal !... mais écoute-moi, Joseph, il faut nous marier; n'attendons pas plus longtemps ! Vois ce que la société exige de nous, et qu'il n'y ait plus rien entre nos caresses !

A cette parole, je regardai Mélanie d'un air hébété, je fondis en larmes, et, gardant sa main dans la mienne, nous restâmes longtemps sans rien dire, livrés l'un et l'autre à des réflexions bien différentes.

Hélas ! quelle tâche j'avais à remplir ! il fallait

donc que j'instruisisse ma sœur de toutes les barrières qui nous séparaient. A cette idée, je quittai sa main, je sortis et je fus me promener dans la campagne, croyant que l'air rafraîchirait mon sein embrasé.

CHAPITRE XII.

Il instruit sa sœur.—Naïveté de Mélanie.—Terreur de la jeune fille.—Ils sont au désespoir.

Comment oser dire à ma sœur : « Séparons-nous, notre amour est criminel! » Comment se résoudre à briser la barque légère dans laquelle elle vogue? Comment s'y prendre pour ternir sa vie, faire évanouir son bonheur... et la rendre malheureuse pour tout le reste de son existence?

Plusieurs fois j'ouvris la bouche pour lui parler, sans le pouvoir. Un jour je la conduisis jusque sous un saule pleureur; et là, assis, je lui pris la main, mais l'attitude extatique de cette vierge du Corrége, l'amour qui brillait dans tous ses traits avec l'attente du bonheur suprême, me glaça la langue, et je me contentai de la contempler en silence, dans un triste ravissement.

Enfin, m'étant convaincu que je ne pourrais jamais lui parler de notre crime éternel, un soir, versant des larmes, je me mis à mon secrétaire, et dans le silence de la nuit, je lui écrivis à peu près en ces termes :

« O ma sœur! je ne puis que te donner ce nom! « Hélas! c'est de la main de celui qui t'aime comme « jamais on n'aimera, que doit partir le trait mor- « tel, c'est ton frère qui va te dire : « Meurs, Méla- « nie! » Jusqu'ici notre vie fut un songe, en voici « le réveil.

« Nous nous adorons, nos âmes se sont touchées « sur tous les points, nous nous aimons de tous les « amours à la fois, nous ne pouvons vivre l'un sans « l'autre... il faut mourir! — Nous sommes au « milieu d'une mer de plaisirs et de voluptés, il en « est d'autres dont l'attente est un des plaisirs les « plus vifs!... à côté de cette prairie riante de la vie, « loin de ce parterre émaillé de fleurs, il est un lieu « sauvage, un aride désert!... que des sables!... que « des feux!... point d'eau vive!... un vent brûlant!... « c'est là qu'il faut aller; en un mot, il faut nous « fuir, et nous fuir... n'est-ce pas mourir?...

« Depuis deux mois, l'enfer est dans mon cœur; « depuis deux mois, je sais que l'amour que nous « nous portons est criminel. Oui, Mélanie, la reli- « gion, les lois et le monde l'ont ainsi ordonné. Si, « dans nos cœurs, une voix secrète nous dit que « nous n'en serons pas moins vertueux en enfrei- « gnant toutes ces lois, il n'en sera pas moins vrai « que tu ne seras jamais à moi *légitimement*. En « lisant ce mot, vois combien de malheurs nous « sommes venus chercher à Paris. Ah! pourquoi ne « sommes-nous pas restés dans les vastes forêts du « nouveau-monde? Nous aurions été heureux!...

« Ainsi, Mélanie, il faut faire taire tous nos dé- « sirs; il faudra que tu ne me regardes plus; nous « devrons nous bien garder de nous parler; voile « tes blonds cheveux, apaise le feu de tes yeux, ne « déploie plus les grâces d'une taille enchanteresse, « ne prononce plus ces mots si doux, avec des in- « flexions de voix si enivrantes, et qui marchent « droit au cœur! De mon côté, je t'éviterai, si je « le puis!

« Comme deux rochers sans verdure, qui sont « séparés l'un de l'autre par un torrent impétueux « qui roule dans un abîme sans fond, nous vivrons, « en présence l'un de l'autre, sans pouvoir nous « toucher... car, ma sœur, je m'empêche moi-même « d'écrire qu'il soit nécessaire de nous fuir pour « toujours et de ne plus nous voir!... j'espère que « nous pourrons vivre à côté l'un de l'autre, sous la « garde d'une conscience sévère qui dirigera tous « nos mouvements, et que notre précieuse inno- « cence restera pure comme la neige du *Val Terrible*. « Nous l'emporterons dans la tombe et nous irons « recevoir là-haut la récompense de notre martyre.

« Il ne nous restera plus que le triste bonheur de « nous voir, d'assister à notre vie, et de nous consu- « mer comme cette nymphe de la Fable qui ne con- « serva plus que sa voix. C'est au milieu de cette « nuit, c'est pendant que tu sommeilles, que je « t'adresse les adieux de l'amant! Avec le jour, je « vais renaître ton frère pour le rester à jamais. « Maintenant je te regarderai comme les mânes « d'une personne chère! et chaque souvenir, chaque « grâce, chaque objet qui nous peindront ce que « nous fûmes, seront comme les lettres de l'inscrip- « tion d'une tombe. Tout va porter l'empreinte de « notre mélancolie, tout!... les notes que tes mains « formeront, en errant sur ton piano, seront tou- « jours des notes de tristesse, des chants de dou- « leur... Heureux si la mort vient nous emmener de « bonne heure!

« Adieu, beauté chérie! L'espérance que je te « voyais cultiver, les plaisirs que tu rêvais, tout « s'est évanoui! Nous allons végéter comme les « arbres en hiver, et cette saison sera, pour nos « cœurs, la seule saison. Ah! Mélanie, en traçant « ces mots, il me semble que mon âme, que ma « vie m'abandonnent, et je ne trouve des forces que « pour chasser mes pleurs!... Hélas! je te propo- « serais de mourir, si la religion ne nous le défen- « dait!... »

Lorsque j'eus écrit cette lettre, il me sembla que l'on venait de m'ôter un manteau de plomb de dessus les épaules. Je sortis de ma chambre, j'entrai dans celle de Mélanie. Cette vierge céleste dormait du sommeil de l'innocence, sa pose était gracieuse, et lorsque j'arrivai près d'elle, elle murmurait mon nom d'une manière si tendre que je sentis naître les désirs les plus invincibles. La tentation était trop forte pour pouvoir y résister longtemps!... je déposai la lettre sur sa table et je m'enfuis sans oser la regarder une seconde fois.

Dans quelle effrayante position je me trouvai, lorsqu'il fallut le lendemain me rendre dans la salle où nous déjeunions. J'allais affronter la douleur par moi-même excitée et revoir ma sœur instruite du crime qui s'élevait entre nos deux regards. Ah! qui n'a pas passé par les fouets de tels chagrins ne connaît pas tout ce que le cœur de l'homme peut enfanter d'angoisses... Elle vint! elle était riante et son doux visage n'annonçait aucune inquiétude. « Elle n'a pas lu ma lettre!... » me dis-je; et un sentiment de compassion me poussait à aller la brûler... *Mélanie l'avait lue!*...

Cette charmante créature ne concevait pas que l'on eût fait une pareille prohibition, et refusait d'y croire. Son sourire angélique ressemblait à celui d'un grand géomètre à qui l'on apporterait un petit problème à résoudre. Ainsi la perfection de cet être adorable ne me fit grâce d'aucune douleur! cette scène, ces discours, et l'étonnement, le chagrin que je redoutais, cette première larme, il me fallut tout essuyer!

Nous étions dans le salon avec madame Hamel, Mélanie s'approcha de moi et me dit :

— Mon frère, il faut que tu sois fou; ta lettre m'a chagrinée, parce que j'ai pensé, en la lisant, que tu avais été bien triste, mais sois certain que tu as mal compris les lois; je suis sûre qu'elles font un devoir de ce que tu appelles un crime...

— Mélanie, je ne t'ai rien dit qui ne fût vrai!...
Elle commença à me regarder avec inquiétude.
— Ne serait-ce pas que tu en aimes une autre!...
Ta pauvre Mélanie ne serait-elle pas assez belle!...
Et les larmes lui vinrent aux yeux...

— Ah! ma sœur!... m'écriai-je, comment un pareil soupçon est-il entré dans ton âme? Pour la première fois de ta vie tu m'as causé de la peine.

— Comment! Joseph, nous serions criminels en nous aimant!

A cette proposition, la bonne madame Hamel déposa ses lunettes et nous regarda tour à tour.

— Mère, reprit Mélanie, le crois-tu?...

— Mes enfants, répondit madame Hamel, cela me paraît bien inconcevable, mais il y a quelque chose qui m'inquiète. J'ai peur que Joseph n'ait raison.
Mélanie pâlit.

Quant à moi, je n'osais apporter la conviction. Enfin je montrai le Code.

— Ces gens-là, dit ma sœur, ne connaissaient pas la nature!... Hélas! Joseph, ils ont beau faire, je ne puis que t'aimer.

Je lui donnai à lire l'article du Code pénal.

— Eh bien! Joseph, ils me puniront s'ils veulent!...

A ces accents, à ce regard, entraîné par une rage que nulle barrière morale ne pouvait arrêter, je la saisis dans mes bras; et, l'étouffant presque, je la dévorai, recueillant de longs baisers sur ses lèvres de pourpre, et noyant mes remords dans l'océan de voluptés où je me plongeais.

— Oui! m'écriai-je, oui, Mélanie, tu viens d'atteindre le comble de l'amour, de cet amour qui foule aux pieds toutes les lois!... Ah! tu aimes!... tu peux le dire avec orgueil!... nulle femme n'a été jusqu'à sacrifier l'honneur à son amant : on sacrifiait sa vie, mais on n'a pas encore été jusqu'à faire servir les débris du trône de la vertu, de lit à la volupté... Soyons criminels, coupables, mais soyons heureux!

A ces mots, elle réfléchit et dit avec tristesse :

— Mais non, nous ne serons pas heureux si, pour l'être, il faut abandonner la vertu et renoncer aux cieux!...

Aussitôt elle quitta mes genoux, s'arracha de mes bras et fut se placer sur un fauteuil devant moi. Sa figure animée pâlit tout à coup. Elle n'osa plus me regarder : madame Hamel était pensive.

— Mes enfants, nous dit-elle, s'il n'y a que les lois de la terre qui vous empêchent d'être heureux, je ne vois qu'une chose, c'est de prendre notre voiture, d'aller à Copenhague.

Je la regardai, en lui disant avec étonnement :
— Eh! que nous fait Copenhague?

— Nous y retrouverons, continua-t-elle, notre vaisseau danois qui nous ramènera au *Val Terrible*.

Malgré ma profonde douleur, un sourire effleura mes lèvres, en voyant que cette bonne femme croyait, parce qu'elle était venue par Copenhague, qu'il n'y avait pas d'autre route tracée sur le globe pour aller de Paris à la M...

— Ma mère, lui dis-je, cela serait bon, si le *Val Terrible* était un endroit où l'on fût hors la vue du Seigneur, mais il n'en est aucun sur la terre, et nous ne pouvons pas faire ce que la religion défend.

— Mais si vous étiez nés dans cette contrée, où les sœurs sont obligées d'épouser leurs frères?

— Nous n'y sommes pas, bonne mère, et nous sommes chrétiens.

— Ah! mes pauvres enfants!... s'écria madame Hamel épouvantée, qu'allez-vous devenir?.. Attendez, j'irai consulter l'abbé Valette, mon confesseur.

— C'est inutile, ma mère, j'ai consulté vingt casuistes. Notre amour est incestueux.

— Incestueux! mon enfant; mais c'est un crime ça... Dans mon temps l'on brûlait vif pour cela... et pour bien autre chose encore!... Pauvres enfants!...

Et elle nous regarda d'un œil attendri.

Mélanie n'avait rien dit; tout à coup elle s'écria violemment :

— J'aime mieux mourir!...

Son accent était réellement effrayant. Elle contemplait le salon d'un air morne qui me fit trembler. Son œil semblait ne pas vivre.

— Oh! Joseph! dit-elle d'une voix douloureuse, ce que tu m'écrivais est donc vrai!... nous voilà seuls, quoique ensemble. (Je souffrais le martyre.) Plus de baisers!... plus de caresses!... ajouta-t-elle en sanglotant.

— Nous recueillons, m'écriai-je, une moisson funeste que notre ignorance a semée!... O jours de notre enfance!... Mais non, dis-je en prenant la main de Mélanie, quand même nous aurions su la défense, je crois que nous nous serions aimés.

— Oh! oui!... répondit-elle avec un sourire qui perça ses larmes.

— Mélanie, lui dis-je, maintenant que tu vois le danger, penses-tu que nous puissions rester ensemble...

— Ah!... Joseph, ne nous séparons jamais!... s'écria-t-elle avec une sauvage énergie.

Ce fut la dernière étincelle de l'incendie, elle retomba sur son fauteuil, je la crus morte. Elle ne bougea plus de cette place jusqu'au soir, elle ne dit plus un seul mot, ne fit pas un geste. Pendant quinze jours elle resta dans cette espèce d'aliénation, donnant des marques d'impatience et changeant à vue d'œil. Elle devint pâle, mais ses yeux conservèrent un brillant extraordinaire. La nuit je l'entendais pleurer, et... cette créature céleste avait soin, le jour, de me dérober le spectacle de ses larmes.

— Joseph, me dit-elle un jour, notre mort sera pour nous une douce fête!...

Hélas! j'eus dès lors deux chagrins, le sien et le mien. Notre sourire, notre gaieté, s'enfuirent pour ne jamais revenir; la plus profonde mélancolie marqua de sa teinte lugubre tous nos jours, nos instants, nos actions, nos paroles, nos pensées, et madame Hamel fut aussi triste que nous. Quel changement! quelle terrible punition! et pourquoi?... Quel était notre crime?

Notre vie devint un combat perpétuel. Malgré la promesse de recueillir ses regards, Mélanie ne put pas plus les dépouiller de leur tendre expression, que moi, me dispenser de les voir. Tout, jusqu'aux touches de son piano, parlait de sa passion; car je ne sais comment elle fit pour jeter dans tout ce qu'elle jouait une expression qui donnait à l'âme une espèce de frisson. Souvent Mélanie, errante, me rencontrait dans une pièce, elle venait à moi, et, me prenant la main, elle me regardait avec ivresse, puis s'éloignait à grands pas.

Lorsque nous sortions, elle s'appuyait sur mon bras de manière à me faire sentir que d'être à mes côtés était pour elle la plus grande des faibles félicités que l'innocence permettait. Je tâchais de l'encourager en lui disant : « Ma sœur, nous jouissons de tout ce qui constitue le bonheur sur la terre : nous nous aimons de l'âme, nous nous voyons, nous sommes sûrs l'un l'autre de notre fidélité, et chacun de nous en regardant dans son cœur y trouve les pensées de l'autre. Nous avons ce qu'il y a de plus beau dans les sentiments humains, l'âme et ses charmants sourires, pourquoi nous désoler?... »

— Ah! mon frère, le mal est fait!... les discours n'y peuvent plus rien du tout.

Elle disait vrai. Je le sentais moi-même.

— Joseph, continuait-elle, tu es mon plus ferme appui; avec un homme sans vertu, j'aurais déjà succombé! Ah! je dois me féliciter de t'avoir pour guide.

Voyant que notre passion s'exaltait sans cesse dans la profonde solitude où nous étions, je résolus de jeter ma sœur dans les distractions du monde. Ici je ferai observer que, par un singulier bonheur, nous nous trouvions riches. A mon arrivée à Paris, j'avais laissé nos deux cent mille francs aux mains de notre banquier, qui me proposa d'entrer dans une belle entreprise : elle réussit si bien, que, dans l'espace de quatre années, nos fonds triplèrent, et une faible partie des intérêts suffisait grandement à notre dépense, sagement dirigée par madame Hamel. Alors, je pris un équipage, et, occupant ma sœur des soins d'une toilette recherchée, je la menai d'abord chez notre banquier, dont le salon nous fournit une foule de *connaissances*. Les bals, les invitations, les spectacles se succédèrent. Ma sœur obtint, par sa beauté, un triomphe éclatant : tous les hommages arrivèrent à ses pieds. Mon amour-propre fut flatté de voir que ces adorations ressemblèrent aux couronnes que l'on dédie à la statue d'une déesse, les fleurs meurent sur le marbre impassible. Ma sœur porta partout cette mélancolie dévoratrice, et, dans les plus beaux salons, lorsque les yeux de toute une assemblée se portaient sur elle, elle ne regardait qu'un seul homme assis dans un coin; et cet homme, morne et rêveur, ne contemplait qu'elle. Le monde était, pour nous, un vaste désert d'hommes, notre passion le remplissait et nous n'avions quitté notre solitude, que pour en trouver une autre qui nous faisait regretter la première...

Il me souviendra toujours de la dernière fête où nous parûmes. Mélanie, couronnée de roses, réunissant sur elle toutes les perfections de ses rivales, sans avoir leurs défauts, excita un murmure d'étonnement. Comme elle n'avait aucune coquetterie, aucune fierté, elle plut même aux femmes. A la lueur de cent bougies, au milieu de cette assemblée, elle vint me retrouver dans l'angle où j'étais confiné et où je jouissais en silence.

— Joseph, me dit-elle, sortons! le monde me fatigue, j'aime mieux te voir un quart d'heure que d'être parmi cette foule.

Nous montâmes en voiture pour nous rendre à notre hôtel.

La voluptueuse toilette qui rendait ma sœur si séduisante, l'aspect admirable sous lequel je venais de la voir, avait rallumé tous mes feux, embrasé toutes mes veines; j'étais tranquillement furieux; je me contenais lorsqu'elle vint me parler. Dans la voiture, elle pencha sa tête endolorie sur mon épaule, et me dit :

— Joseph, je t'aime!...

L'accent de ces paroles ressemblait au dernier cri d'un mourant; il m'avertit que ma sœur ressentait tout ce que je ressentais. Je tremblai... Que de choses proférait cette phrase suppliante de Mélanie! Alors, l'extrémité de son gant blanc effleura ma main, et je me rappelle que cette dernière circonstance mit le comble à mon ardeur.

— Mélanie, je meurs!... lui répondis-je.

— Eh bien! mourons, dit-elle, et elle m'embrassa avec ivresse pour la première fois depuis trois mois.

Qu'il me soit permis de m'arrêter et de dire que nous avons plus vaincu, Mélanie et moi, que tous les saints ensemble, et que nous sommes dix fois, cent fois, mille fois dignes du nom d'*êtres vertueux*.

Le lendemain, je jugeai que je n'avais pas un moment à perdre, qu'il fallait me séparer de ma sœur; car sa passion et la mienne ne pouvaient plus être gouvernées, notre raison s'éteignait chaque jour, et notre amour devenait tel, que, aurions-nous été criminels, je crois, dans la sincérité de mon cœur, que l'Éternel nous eût absous.

C'est alors qu'après bien des combats, et lorsque je consultai un digne ecclésiastique, il me dit que, pour terminer une lutte où nous succomberions, il fallait mettre, entre Mélanie et moi, une barrière insurmontable; il me donna le conseil de me faire prêtre. Cette idée crut dans mon imagination et je la caressai longtemps. Voyant enfin chaque jour rendre le combat plus rude et la victoire plus incertaine, je regardai le sein de l'Église comme un asile sûr et sacré.

«Oui, me dis-je un jour, ayons le courage de fuir Mélanie, mais en même temps séparons-nous de toute l'humanité. Cherchons quelque endroit écarté, ou, dans le plus modeste poste qui soit dans le sacerdoce, je puisse achever une vie dont j'entrevois le terme. Rendons-nous utile au monde. Je n'ai plus besoin de rien ici-bas; la terre ne m'offre plus rien de digne de moi, puisque Mélanie m'est enlevée. Je ne veux pas qu'elle noircisse sa splendide virginité. Qu'elle meure! je la suivrai au tombeau. »

Cependant, on ne forme pas le projet de se séparer de ce qui nous attache à la vie, sans faire des réflexions, et ma mélancolie devint encore plus sombre. Renfermé dans mon cabinet, méditant sans cesse sur les avis que m'avait donnés mon confesseur, je ne vis plus Mélanie : lorsque suppliante et pleurante elle voulut entrer, je refusai de la voir. Cette barbarie me fendait le cœur; mais, devenu cruel, je tâchais de m'endurcir par ces petits traits, je me préparais à porter le dernier coup. Nos adieux m'effrayaient : comment ma sœur me laisserait-elle sortir? Voulant la garantir d'elle-même, je résolus de lui cacher ma décision et le lieu de ma retraite. Les plus cruels tyrans n'ont pas eu plus de cruauté que moi.

Hélas! Mélanie, vis-tu encore? Je n'ose porter ma pensée sur le pays que tu habites.

— Encore des larmes, et des lignes tellement barbouillées que je ne puis pas les lire, s'écria Marguerite.

— Eh bien! répondit le curé, ce sont des redoublements de douleur pour moi; je souffre, Marguerite! donne-moi un verre de vin de Malaga!...

Quoique *à brebis tondue Dieu mesure le vent*, les pauvres enfants en ont eu plus qu'ils n'en pouvaient porter, et *comme il n'y a si bon cheval qui ne bronche*, le ciel m'est témoin que je les aurais absous de leur péché, s'ils eussent succombé, sûr que Dieu, par la suite, ratifierait mon absolution.

CHAPITRE XIII.

Leurs adieux. — Retour inopiné. — Fin du manuscrit du vicaire. — Il revient.

Lorsque le bon curé eut pris son verre de malaga, il dit à sa gouvernante :

— Achève vite, car cela m'étouffe... et je ne pourrai pas dormir!...

Marguerite reprit le manuscrit, et continua en ces termes :

Quand j'eus irrévocablement arrêté ma destinée, je sortis de ma retraite; et Mélanie vit, à l'altération de mes traits, qu'un nouveau chagrin me désolait. Usant de cette douceur d'ange qui formait la base de son caractère, elle souffrit en silence, respecta mon secret, mais elle me fit bien voir qu'elle participait à ma douleur, car à chaque instant son visage, reluisant d'une auréole divine d'humanité, me suppliait de l'instruire du secret que je renfermais dans mon sein. Ses yeux semblaient aller jusqu'au fond de mon âme, et ses douces paroles étaient une musique digne du trône de l'Éternel : je fus inébranlable.

En parcourant la liste des diocèses, j'aperçus mon nom à l'évêché d'A....y ; le voisinage de cette ville avec la forêt des Ardennes, mais principalement le nom de M. de Saint-André, me détermina à aller de ce côté préférablement à tout autre. Je fus chez mon banquier, je pris cinquante mille francs que je déposai chez un notaire inconnu, afin que si Mélanie faisait des recherches, elle ne trouvât aucun renseignement. J'arrangeai toutes nos affaires, et je liquidai notre fortune, que je plaçai sur le grand-livre au nom de Mélanie; et, lorsque les grands intérêts furent traités, je m'occupai des plus petites choses, pour laisser ma sœur dans l'impossibilité de se douter de mon départ et de suivre mes traces. J'achetai une chaise de poste, du linge ; j'envoyai d'avance mon argent à A....y. Bientôt et trop tôt tout fut prêt : je marquai le jour fatal.

Cette activité inusitée avait singulièrement alarmé Mélanie, et chaque fois que je rentrais ou que je sortais, elle m'épiait avec la douce inquiétude de l'amour. Elle ressemblait à une mère qui veille à son enfant. Enfin le jour que j'avais indiqué arriva, dès le matin j'avais le frisson d'une fièvre violente.

— Mon frère, me dit Mélanie, vous êtes malade : qu'avez-vous?... Dis-le-moi, Joseph ! sinon, j'userai de mon droit en t'ordonnant de m'en instruire.

— Ah ! ma sœur... tu ne le sauras que trop tôt ! savoure bien cette demi-journée ! à cinq heures nous serons dans les larmes.

— Eh ! Joseph, dit-elle en me regardant d'un air effrayé, est-ce qu'il peut y avoir encore des malheurs pour nous ?... Je n'en devine pas !...

— Écoute, Mélanie, l'amour a cela de beau que les plus grands sacrifices ne sont rien lorsqu'ils sont faits pour la personne aimée... Ce sentiment rend léger ce qui est pesant, il rend doux ce qui est amer... Dieu m'est témoin que je donnerais cent mille fois ma vie plutôt que de te causer la moindre peine.

— Joseph, tu n'es plus le même, dit-elle en me lançant un douloureux regard, que signifient ces paroles? Jadis aurais-tu préludé par tant de phrases à ce que tu versais dans le sein de... d'une... de ta sœur ?

— Ah ! Mélanie, que les temps sont changés !... nous étions innocents et nous sommes coupables !... Mais tu as raison ! eh bien, sache, Mélanie, que pour assurer ton repos, ton innocence et la mienne, j'ai résolu de t'offrir un sacrifice...

— *Tu vas te tuer !* s'écria-t-elle avec l'accent sublime de l'horreur et de la crainte.

Elle était à quatre pas de moi, le visage contracté et pâle comme la mort, les yeux secs et fixés sur moi.

— Non, Mélanie (elle respira), non !

Et, la prenant dans mes bras, je l'attirai sur moi. Cette charmante fille, appuyant sa noble tête presque échevelée sur mon épaule, versa des larmes amères qui soulagèrent son cœur. Je pleurais aussi.

— Ma sœur, lui dis-je, jure-moi que jamais tu n'attenteras à tes jours !... que telle malheureuse que tu puisses être, tu vivras !

— Oui ! répondit-elle avec le sourire des anges, mais tant que tu resteras sur la terre.

— Mélanie, c'est bien ! car la mort de l'un sera celle de l'autre. Il n'y a rien que de juste. Maintenant, mets-toi à ton piano ! joue-moi le plus beau de tes morceaux ! jette dans ton jeu enflammé tout l'amour qui te rend une mortelle, et toute la mélodie, toute la pureté qui te rendent un ange. Entourons cette matinée d'automne des plus brillantes caresses et des plus grandes beautés ! que ces heures s'écoulent suaves, pures, sans chagrin ; enivrons-nous !...

Elle me regarda avec étonnement, et, plongée dans la rêverie par mes paroles énigmatiques, elle s'assit sur son tabouret, toucha, sans s'en douter, quelques notes plaintives, et parut chercher la conséquence de mes discours. Enfin elle se leva, vint à moi, puis, avec cette tendresse sans égale, presque d'une mère, elle m'embrassa, et me dit :

— N'importe... tu le désires ! je vais te plaire, cela doit me suffire.

Alors elle me fit entendre une masse de sons et d'accords, une harmonie divine pour moi : pour elle, c'était le chant du cygne ; aussi tout en écoutant, des larmes involontaires sortaient de mes yeux. Jamais l'idée d'une séparation ne m'apparut plus cruelle, j'en aperçus toutes les conséquences. Lorsqu'elle eut fini, j'embrassai le piano, les touches, ses doigts avec un délire inimaginable : elle ne revenait pas de sa surprise ; cette indécision que produit l'étonnement régnait dans son attitude, dans son regard, dans ses gestes. Elle resta immobile, cherchant de l'œil, dans les airs un objet inaperçu, de même qu'Ariane dut être sur son rocher, lorsqu'elle suivit le vaisseau de Thésée, et que, presque statue, elle regarda toujours l'immense mer où elle ne voyait plus rien.

— Mélanie, lui dis-je, chantons ensemble cet admirable morceau :

> Comme un dernier rayon, comme un dernier zéphire
> Anime la fin d'un beau jour.

En finissant, elle s'écria :

— Joseph, tu as des idées bien tristes ! j'aime mieux mourir que de rester dans l'incertitude où tu me plonges.

— Mélanie, un seul mot, et tu comprendras tout... mais je ne te crois pas assez de force, je voudrais...

A ces mots elle me regarda fixement et dit :

— Tu peux me quitter!...

Puis elle tomba sur le tapis, sans force et sans vie : son visage était pâle comme la mousseline qui badinait sur son cou.

Effrayé, pleurant, je la relevai; et, lorsqu'elle eut repris ses sens à force de sels que je lui fis respirer, elle répéta sans cesse avec l'accent de la folie et du désespoir :

— Je veux mourir!... je veux mourir!... je veux mourir!...

Je me jetai à ses genoux, je la pris sur moi, je la réchauffai des baisers les plus enflammés, je la consolai par les paroles les plus délirantes : à tout, elle ne répondit que par sa phrase. « Je veux mourir!... » et ses yeux égarés parcouraient l'appartement avec une effroyable vivacité.

Alors la regardant avec une sévérité affectée :

— Mélanie, lui dis-je, vous ne m'aimez pas!...

Pour toute réponse elle se tut et vint m'embrasser! Grand Dieu! quel baiser!... ou plutôt, quel discours!...

Au bout d'une heure elle fut plus calme, mais en réalité plus abattue; à son aspect, je me disais intérieurement : « Partirai-je?... ne partirai-je pas?... » A chaque fois que je me levais, elle poussait un cri lamentable qui me faisait frémir. Enfin, elle quitta sa place, se dirigea lentement vers la mienne et se mettant à mes genoux elle s'écria :

— Mon frère, je t'en supplie! aie pitié de moi... ne pars pas!... tu m'enlèves mon air, ma vie! Nous resterons séparés par des cachots, par des murs de fer, si tu le veux, mais reste! que je sache du moins respires le même air que moi, que tu es à deux pas de moi, que, lorsque je rendrai le dernier soupir, tu n'aies qu'un pas à faire pour le recevoir!... Heureuse de t'avouer sans crime que tu fus ma pensée de tous les instants!... je bénirai les sévérités que nous emploierons mutuellement. Mais, ô Joseph! ô mon seul ami, mon frère, reste, reste! tu es tout pour moi!...

— Eh! malheureuse! répondis-je en repoussant ses mains, veux-tu perdre ton âme et perpétuer ton malheur dans l'autre vie? Ame lâche! ne saurais-tu prendre une résolution grande et fière?

— Non, je ne le puis!

Et, me regardant avec des yeux qui me reprochaient ma brusquerie :

— Joseph, si je ne damnais que moi, il y a longtemps que tu serais heureux!...

Cet admirable dévouement qui n'appartient qu'à l'espèce féminine, parce qu'elle y met la grâce et le charme dont nous dépouillons nos sacrifices, fit trembler toutes mes fibres, et les moindres cheveux de ma tête. Je la relevai, la pris dans mes bras et je m'écriai :

— Périssent la vertu, l'honneur!... Mélanie, tu l'emportes...

Elle se recula de trois pas, me regarda avec une dignité incroyable et me dit :

— Joseph, je veux bien te voir toujours, mais sans crime...

La majesté qu'elle déploya, la froide beauté de son accent me rappelèrent à la raison, et je sentis qu'il était impossible, plus que jamais, de rester au milieu de dangers pareils.

— Il faut que je parte...

A cette parole elle me répondit :

— Eh bien! s'il n'y a qu'un crime qui puisse te faire rester...

En parlant ainsi elle s'élança sur moi, et m'embrassa par une étreinte pleine de chaleur.

— Non, non, adieu, Mélanie!...

Et regardant une dernière fois le salon, les tableaux, le piano, les meubles :

— Je laisse mon âme en ces lieux! lui dis-je.

Et je m'avançai vers la porte : mais ma sœur, me tenant étroitement serré, ne voulait pas se séparer de moi, et elle jetait des cris inarticulés noyés dans un déluge de pleurs. Je m'en séparai de force, cette violence de ma part mit fin à ses larmes, et elle me regarda en me disant :

— Oh! Joseph!...

Profitant de cet étonnement, je m'enfuis!... je l'entendis crier :

— Et notre adieu!... Je ne t'ai pas vu!... barbare!... notre adieu!...

Inquiet, je m'arrêtai dans la cour et j'aperçus madame Hamel et tous les gens accourir. « Elle se meurt!... pensai-je, eh! qu'elle meure!... c'est son plus beau moment, je vais la rejoindre. » Je voulais retourner la voir, mais dans cet instant l'inflexibilité de mon père s'offrit à ma mémoire; et, plus cruel qu'un tigre, j'ouvris la porte et courus à la poste aux chevaux. J'étais égaré, presque en convulsion; l'idée de la mort de la tendre Mélanie me remplissait le cœur d'un froid glacial. Je ne sais comment il se fit que je fus à deux lieues de Paris, sans avoir encore pu rassembler une idée... Alors maudissant ma barbarie, je me représentai vivement les derniers moments de ma sœur!... « Si elle expire, me disais-je, il faut être indigne du nom d'homme pour la priver du plaisir d'exhaler son dernier soupir sur mes lèvres... »

Il était nuit, j'ordonnai au postillon de retourner, feignant d'avoir oublié quelque chose. Je rentrai dans Paris et revins à la maison. Je sautai par-dessus le mur du jardin pour ne pas être aperçu, je montai l'escalier avec un tremblement convulsif. Je me glissai dans ma chambre; de là je m'acheminai vers le salon; et, sans m'y montrer, je regardai par la porte entr'ouverte ce qui s'y passait.

Mélanie, étendue sur un canapé, était contenue par ses femmes; un médecin examinait avec attention les moindres traits de son visage. Je fis signe à madame Hamel qui vint me rejoindre.

— Eh bien? lui dis-je.

— Ah! mon Joseph! on craint que ta sœur ne soit folle!...

Je frissonnai.

— Elle s'est écriée pendant dix minutes en se tordant les bras, et dans des convulsions affreuses : « Sans adieu!... sans un baiser!... le monstre!... » Tout à l'heure elle a dit : « Que verrai-je?... Quel visage me plaira?... » Enfin elle vient de s'écrier avec force il y a environ cinq minutes : « Si je le voyais seulement une minute... je sens que je me résignerais!... »

En ce moment, Mélanie, brisant toutes les entraves, secouant toutes ses femmes qui ne purent la retenir, s'écria en errant dans le salon, échevelée, furieuse :

— Il est ici, il est ici!...

Je me précipitai dans ses bras.

— Je t'aurai donc revu! dit-elle.

Hélas! son sourire n'avait déjà plus cette douceur d'ange.

— Mélanie, lui répondis-je, je suis revenu te dire adieu!...

— J'en étais sûre, s'écria-t-elle, je te connaissais.

Puis, elle m'embrassa avec délire... Non! je n'ai pas la force d'achever

— Mais c'est une agonie que cela!... interrompit le bon curé qui s'essuya les yeux.

— Monsieur, repartit Marguerite, mon cœur est tellement gonflé que je ne puis plus lire.

La gouvernante et son maître se turent, se regardèrent en silence; et en ce moment, la pendule sonna onze heures.

— Il y a encore là du barbouillage, reprit la curieuse servante.

— Les pauvres enfants!... s'écria M. Gausse, ils méritent le paradis comme Satan a mérité l'enfer.

Marguerite reprit le manuscrit et continua ainsi :

—Enfin je partis, laissant Mélanie entre la vie et la mort. J'arrivai à A....y, je me fis descendre au séminaire. Loin de me donner pour M. le marquis de Saint-André, je ne me présentai que sous le modeste nom de Joseph, disant que tous les papiers de ma famille étaient perdus, et que je n'avais plus ni père ni mère. Lorsque je fus seul dans ma cellule, c'est alors que je sentis toute l'étendue de mon malheur; c'est alors que je vis que la mort arrivait à grands pas. L'existence me devint à charge, mon âme errait sans cesse dans l'hôtel habité par Mélanie. Je ne pouvais me passer d'elle. Enfin, je fis son portrait de mémoire, et il est d'une fidélité incroyable. Ce portrait est pour moi la somme totale de mon bonheur. Un jour, craignant que Mélanie ne perdit tout à fait l'espoir, et ne crût que j'avais été finir mes jours loin d'elle, voici ce que je lui écrivis :

« Ma sœur, je vis!... ce seul mot doit te conter
« toute l'étendue de mon malheur, de ma résigna-
« tion, de mon courage. Je t'adresse cette lettre pour
« t'engager à supporter l'existence; écoute! car, en
« l'écrivant, je crois te voir et te parler; lorsque
« nous aurons atteint l'âge auquel les passions
« meurent dans le cœur de l'homme, lorsque tu
« n'auras plus rien qui ne soit de l'ange, lorsque
« tes qualités humaines, tes désirs seront usés par
« le temps, alors nous nous reverrons, alors nous
« jouirons d'avance des plaisirs d'une vie toute cé-
« leste : car, en regardant en arrière, et voyant les
« écueils que nous aurons évités, notre âme se rem-
« plira de joie; nos cœurs, dégagés des impuretés
« du désir, frémiront doucement. Conserve-toi pour
« ce moment auquel j'aspire... Je voudrais voir le
« temps fuir plus vite pour y arriver. O toi que
« j'ose. de loin, appeler encore du doux nom d'é-
« pouse! toi, la pensée de mes pensées, l'âme de
« mon âme! adieu! Songe que tu peux encore faire
« mon bonheur, et tu vivras de même que je ne
« vis... qu'à cause de toi. Prends courage, espère!
« adieu donc, *charme* de tous mes instants. Ton
« frère qui t'aime d'amour!... »

J'envoyai cette lettre par un exprès, avec l'ordre de la mettre à la poste de Paris.

Hélas! cette effrénée passion me ronge toujours. Aucune circonstance humaine ne peut atteindre mon cœur. A A....y, je trouvai mon oncle, il ne me donna point de renseignements sur mon père. Quand je le questionnai sur ma mère, des larmes lui sont venues aux yeux et m'a regardé avec une tendresse inimaginable. Elle était d'autant plus surprenante que mon oncle a tout le caractère de mon père, et l'état ecclésiastique lui a donné dans les mœurs une austérité singulière. Il a une réputation de sainteté qui le rend un objet de vénération. Ce trouble, lorsqu'il s'agit de ma mère, me parut singulier, car mon père aussi était ému lorsque je lui parlais de ma mère.

Toutes ces bizarreries, qui eussent allumé la curiosité d'un jeune homme, ne me touchèrent même pas; l'image de Mélanie régnait dans mon âme d'une manière tyrannique.

Elle y règne encore, elle y régnera toujours!... je meurs consumé par cet infernal amour, et j'aperçois chaque jour que le chemin de ma tombe devient plus court.

Ah! béni soit le jour où le bon curé, près de qui le hasard m'a placé...

— Pauvre ami! s'écria M. Gausse.

— ..... me fermera les yeux!... Alors, je lui donnerai ce manuscrit, et je le prierai d'aller...

— Voyez-vous, monsieur, s'écria la triomphante Marguerite, voyez-vous qu'il n'y a ni crime, ni péché, et que tôt ou tard vous deviez le lire.

— Continue donc, Marguerite! s'écria M. Gausse.

— ... Et je le prierai d'aller voir, en mon nom, l'*infortunée !* Il lui portera mes derniers mots, qui seront pour elle l'ordre du départ!... Je n'aurai eu dans ma vie qu'une seule idée, et cette idée, je l'aurai, je crois, par delà le cercueil. A chaque instant du jour, je me dis : « Mélanie pense à moi ! » Elle est la compagne fidèle de toutes mes actions, je ne fais pas un seul mouvement sans la voir. O Mélanie, est-il vrai que nous ne nous reverrons plus?... L'amour que j'ai dans mon cœur me brûle d'un feu noir qui n'a rien de pétillant; tout ce que je vois n'a de grâce que quand des pensées funèbres se marient à mes sensations, et... je n'ai pas un seul ami dont la voix bienfaisante m'encourage!... Non! mon fatal secret mourra dans mon sein.

Lorsque je parlai à mon oncle de mon dessein d'aller mourir à Aulnay-le-Vicomte, il.....

Marguerite en était là, lorsque le petit enfant de chœur accourut avec la vélocité d'un lièvre, et s'écria, en dehors et contre les volets :

— Voici M. Joseph...

Marguerite, effrayée, courut au cabinet du vicaire et remit le manuscrit à la même place, elle regarda le portrait beaucoup plus attentivement, arrangea tout dans le même état, et redescendit en entendant sonner à la porte. En effet, c'était le vicaire qui n'avait pas voulu découcher; il parut à Marguerite très-inquiet, et sa première question fut :

— Marguerite, n'ai-je pas laissé la clef à la porte de mon cabinet?

— Oh! mon Dieu, je n'en sais rien, repartit l'astucieuse gouvernante, en regardant le bon jeune homme avec cette obliquité, apanage ordinaire de l'œil des servantes de curé; car je ne suis pas remontée au premier depuis que vous êtes parti. M. Gausse, dit-elle en élevant la voix pour que le curé pût entendre, le pauvre cher homme s'est trouvé bien affecté! sérieusement pris! il a eu des éblouissements comme lorsque son attaque d'apoplexie veut lui prendre; mais, dans ce moment-ci, il va beaucoup mieux, ajouta-t-elle en suivant le jeune homme qui se précipitait dans le salon.

— Eh bien! monsieur, dit-il au curé, vous souffrez?

— Oh! oui, répondit le brave homme, *je souffre au cœur !*

Le vicaire resta quelque temps auprès de M. Gausse; et, pendant ce temps-là, Marguerite, le curé, regardèrent en silence et avec respect la figure altérée du jeune homme : ils y lurent une seconde fois et tout d'un coup le récit de ses aventures, son œil leur parut mille fois plus éloquent. De temps en temps, le curé et la gouvernante se lançaient un coup d'œil significatif. Bientôt, le jeune marquis de Saint-André prit son flambeau et courut à sa chambre, après avoir salué M. Gausse. Marguerite admira plus que jamais la noblesse de sa marche, que sa longue soutane noire rendait imposante.

CHAPITRE XIV.

Comment la marquise choisit le vicaire pour son confesseur, et comment elle l'initia dans le secret de ses fautes. — Commencement des aventures de madame de Rosann.

On sent que, lorsque le vicaire fut parti, la gouvernante eut un assez long rosaire à réciter avec M. Gausse.

— Eh bien! monsieur, dit-elle en se croisant les bras, est-ce là une aventure! et que nous sommes heureux de la savoir, tandis que tout le village se démène pour l'apprendre!...

— Marguerite, répondit le curé, quoique *à blanchir un nègre on perde son temps*, et que *qui a bu boira*, j'espère que vous garderez le plus profond secret sur cette indiscrétion, que jamais le nom de M. le marquis de Saint-André ne sortira de votre bouche.

— Ah! monsieur, Dieu m'est témoin que c'est enterré là!

Et elle montra son cœur.

— *Promettre et tenir c'est deux*..., murmura le curé.

— Vous verrez!... répliqua Marguerite toute courroucée de ce que son maître mettait sa discrétion en doute.

Cet incident fit que leur conversation en resta là, car la gouvernante retint ses conjectures pour elle, sans les communiquer à M. Gausse qui se coucha, en pensant toujours aux malheurs de son vicaire.

Marguerite tint parole par dépit. Vainement Leseq, le percepteur, le maire qui s'aperçurent que la gouvernante en savait plus long qu'eux, voulurent-ils la séduire; elle fut sourde aux compliments, aux avances, aux flatteries!... et, comme Leseq était le plus ardent, elle se débarrassa de lui en disant qu'elle ne lui confierait ce secret que pendant la première nuit de leurs noces.

— En ce cas, répondit Lescq, nous resterons *in statu quo*, c'est-à-dire incertains.

Néanmoins, Marguerite, qui avait conçu une douce pitié pour le vicaire, calma le village, où l'on finit, au bout d'un certain laps de temps, par ne plus s'occuper de M. de Saint-André.

Mais il y avait à Aulnay une femme pour qui le vicaire était *tout l'univers*. Madame de Rosann ne cessait de penser à M. Joseph. Elle commençait à s'avouer à elle-même que cet être était essentiel à son bonheur. Une innocente affection l'entraînait vers lui par une force infinie et qu'elle ne pouvait dompter; or, comme les femmes sont en général portées à tout expliquer par l'amour, *qu'elles sont tout amour*, la marquise se précipitait dans le vaste champ de ce sentiment séducteur. Elle entrevoyait cependant tous les dangers d'une semblable passion; elle ne se déguisait même pas qu'au moment où elle arrivait à l'âge qui, pour les femmes, est un port assuré contre les orages du cœur, elle échouait et brisait son existence vertueuse. L'image de son mari, de l'homme dont elle faisait le bonheur, son âge, sa vertu, rien ne pouvait frapper son âme et l'arrêter. Elle admirait en elle-même la bizarrerie du sort qui avait ordonné qu'elle finirait sa carrière comme elle l'avait commencée.

— Quoi! disait-elle, n'était-ce pas assez qu'à seize ans un ecclésiastique m'inspirât un violent amour dont il était indigne!... faut-il qu'à la fin de ma carrière féminine, je brûle d'un feu sacrilège pour un autre ecclésiastique! et la fatalité veut que les rôles soient changés; qu'aujourd'hui je remplisse le rôle de celui qui me séduisit et que celui que j'aime soit à ma place. Ah! pourquoi n'existait-il pas il y a vingt-deux ans!...

Ceux qui ont de l'expérience savent que nos cœurs enfantent de ces passions indomptables, dont les orages renversent toute espèce de barrière. Celle de la marquise était de ce genre.

Quelques jours après que le manuscrit du jeune prêtre eut été lu par la curieuse Marguerite, le vicaire alla se promener dans le parc de madame de Rosann; il aimait assez ce lieu qui lui retraçait un peu sa chère Amérique. De plus, les ruines de l'ancien château lui offraient une scène qui plaisait à sa mélancolie. Du tertre où il se plaçait, il apercevait la vaste forêt des Ardennes qui semblait une couronne posée sur la tête des aimables collines qui formaient la vallée circulaire d'Aulnay. A ses pieds, un lac factice, assez vaste, le séparait des débris romantiques de l'antique forteresse dont il ne restait que des tours carrées, solidement bâties, que l'on n'avait pas pu démolir. La mousse, le lierre couvraient toutes ces ruines et les eaux du lac environnaient cette île pittoresque. Le jeune homme, plongé dans une rêverie dont les souvenirs de son enfance faisaient tous les frais, était assis sur le tertre favori, sous un arbre d'Amérique. Il admirait le paysage qu'il avait devant les yeux, lorsque le bruit léger des pas d'une femme résonna dans l'air : il se retourne, madame de Rosann est à deux pas de lui, et le contemple avec une expression qui lui causa une douce émotion. En ce moment, son âme était bien disposée, il ne s'enfuit pas, ainsi qu'il en avait l'habitude, et loin de prendre son bréviaire, il le déposa; enfin, lorsque la marquise fut assise à ses côtés, la présence de cette femme ne lui déplut en rien. Quant à Joséphine, elle tremblait comme une feuille d'automne et n'osait regarder le vicaire une seconde fois.

— Monsieur, dit-elle d'une voix entrecoupée, je vais être jalouse de mon parc!.. il y a huit jours que vous n'êtes venu me voir, et depuis ce temps, voici la seconde fois que vous parcourez mes jardins...

— Madame, le spectacle de cette charmante retraite est muet et ne peut se plaindre de ce que je vienne trop souvent; au lieu que si je vous apportais aussi souvent mon respectueux hommage, vous pourriez, à juste titre, vous plaindre! En effet, il n'y a pas d'homme au monde qui soit plus mal placé que moi dans un salon.

— M. Joseph, vous êtes beaucoup trop modeste!...

En prononçant pour la première fois le nom du vicaire, la marquise y mit un accent que rien ne peut dépeindre.

— Oh! vous êtes trop bonne!... repartit vivement le jeune homme.

— Non, mon jeune *ami* (car j'espère que vous deviendrez le mien, lorsque vous connaîtrez mes malheurs), non, il n'y a point de bonté dans cette affaire-là; je suis même un peu égoïste, car en vous parlant ainsi, je ne consulte que mon intérêt et mon plaisir...

— Eh quoi! madame, s'écria le vicaire avec compassion, vous êtes malheureuse!

— Oh! beaucoup, je vous en fais juge... En vous racontant mes infortunes, je m'adresserai à votre cœur, pour qu'il plaide ma cause. Si je vous découvre un secret qui n'est connu que de trois personnes, c'est parce que, dès aujourd'hui, je vous confie le soin d'une conscience que je croyais en repos pour le reste de mes jours, et que, du reste, j'espère, par ma confiance, obtenir la vôtre et vous offrir le sein d'une amie. Mon jeune *ami*, votre mélancolie profonde m'a révélé vos besoins : il vous faut un cœur où vous puissiez fuir le vôtre et trouver des consolations. A l'exemple de ces hommes d'autrefois, avec leur même franchise, je vous offre ma main, en vous disant : « Soyons amis. »

A ce mot, le vicaire, mû par un sentiment indéfinissable, serra la main de la tremblante marquise : ensemble ils tressaillirent et se quittèrent avec cette *demi-honte* qui fait le charme des sensations. Une joie divine s'éleva dans l'âme de madame de Rosann, qui commença en ces termes :

« Je suis née orpheline et je n'ai pas connu ma mère. »

A ce début, le vicaire regarda madame de Rosann, en lui disant :

— Je vous plains, madame, je connais ce malheur-là...

— Vous ne connaissez pas votre mère!... s'écria la marquise en se levant. Grand Dieu!... oui!... vous avez vingt-deux ans!... vous vous nommez Joseph!... Bonté céleste! permettrais-tu...?

Puis, regardant la figure basanée du vicaire, des larmes inondèrent ses yeux, et elle se rassit toute triste, comme si un cruel souvenir se fût présenté à son imagination. Elle reprit donc ainsi :

HISTOIRE DE MADAME LA MARQUISE DE ROSANN.

« Je suis orpheline, disais-je ; avec les marques et l'apparence de la douceur je suis vive, quoique contemplative ; cette vivacité n'agit qu'à l'intérieur, elle s'est reportée tout entière dans mes sentiments, pour en accroître la force ; et vous devez savoir, pour peu que vous vous soyez observé vous-même, que plus les passions sont vives, plus elles nous jettent dans la méditation et dans cette oisive rêverie dont le délire a tant de charme ; je suis tendre, quoique au premier abord mon esprit paraisse avoir de la froideur. Cette modestie, qui convient à notre sexe, a dégénéré et est devenue indifférence, par suite de l'éducation que je reçus.

« Une tante extrêmement dévote, mais de cette dévotion minutieuse, qui rend les plus futiles pratiques du culte *l'essentiel* de la religion, se chargea de m'élever. Je passai donc mon enfance de manière à ce que les souvenirs de cette époque, la plus belle de notre vie, ne fussent pas agréables ; je n'en dirai pas plus, mon jeune ami, ma tante est morte... et vivrait-elle... je devrais encore me taire.

« Comptée pour rien par ma tante, j'étais bien rarement admise au cercle d'ecclésiastiques dont Mlle de Karadeuc s'entourait. A mesure que j'avançais en âge, elle m'en éloignait davantage ; alors cette défense de paraître chez elle, lorsque d'aussi saints personnages s'y trouvaient, exerça longtemps mon esprit. Vivant dans une telle solitude, vous devez penser que mon imagination, livrée à elle-même, parcourut de vastes champs ; et, soit que la nature le veuille ainsi, soit que telle fût la pente de mon esprit, toutes mes pensées furent des pensées d'amour, et d'un amour indécis, qui se portait sur les moindres objets ; il semblait qu'il résidât en moi un besoin d'aimer que je n'étais pas maîtresse de diriger. Je me figurais le caractère des hommes d'une manière avantageuse, et toujours, cependant, je les dessinais en prenant pour modèles ceux de l'antiquité ; je les imaginais sévères, ne se courbant qu'avec peine sous le sceptre de l'amour. Hélas ! dans quels égarements se jette une âme dans sa solitude !

« La défense qui m'empêchait de paraître au salon, donnait à la société qui s'y rassemblait le charme qui résulte d'une prohibition, de manière que, curieuse comme une jeune fille l'est ordinairement, je me cachais pour voir entrer et sortir tous les ecclésiastiques qui venaient chez ma tante ; ils étaient tous d'un certain âge, c'est-à-dire d'un âge certain, car ils me parurent tous être entre cinquante et soixante ans, et sans vouloir médire de ma tante, on voyait qu'elle craignait un jeune ecclésiastique tout autant qu'un vieux. Cependant, à force d'examiner, j'aperçus un jour un jeune abbé qui devait n'avoir qu'une trentaine d'années ; aussitôt que je le vis, je désirai le contempler souvent : alors, je fus plus attentive et je ne manquai pas une seule fois de le voir à son passage, et je le suivais longtemps des yeux lorsqu'il traversait les appartements.

« Un jour, il m'aperçut, et je me retirai promptement ; mais au bout de quelques minutes, j'avançai la tête ; il était encore à la même place, regardant l'endroit où j'apparus. La fixité de ses yeux, l'étonnement de sa figure et son attitude me firent un incroyable plaisir, et dès lors, ces petits événements déterminèrent mes pensées à s'arrêter sur ce jeune homme : il devint l'objet de toutes mes méditations, et je m'en occupai sans cesse le plus innocemment du monde ; suivant le penchant de mon âme, je n'apercevais aucun danger à l'entourer de toutes les perfections que je rêvais. Longtemps je me contentai de penser à lui, mais il arriva un moment où sa vue me devint nécessaire : ne l'ayant jamais aperçu qu'à la dérobée, je voulais le contempler à mon aise, l'entendre parler, et savoir si son âme était réellement aussi parfaite que je le supposais.

« J'avais alors quinze ans et demi : sans ignorer que j'étais belle, je ne concevais pas les avantages que donne la beauté ; j'accordais la naïveté avec cette finesse d'esprit que nous avons naturellement ; et, dès lors que j'eus résolu d'être admise au salon, je le fus. En effet, un jour que je venais de voir entrer mon jeune abbé, je me hâtai de faire une toilette soignée, et je m'avançai hardiment vers le salon : j'entre, je cours m'asseoir, en tremblant, à côté de ma tante, et quand j'eus relevé la tête, il se fit un léger murmure dans l'assemblée. Mademoiselle de Karadeuc me regarda avec étonnement ; la conversation, qui était animée lorsque j'ouvris la porte, à laquelle je m'étais arrêtée un instant, fut interrompue, et tous les yeux se tournèrent sur moi; ma tante ne dit pas un mot... Alors, jetant un furtif regard sur cette réunion, j'aperçus que mon jeune abbé était le seul qui ne me regardait pas ; et ses yeux parlaient à Mlle de Karadeuc un langage qui me déplut singulièrement. Je ne doutais pas que ma tante ne fût charmée intérieurement de voir que, pendant que sa nièce attirait tous les regards, le plus jeune des ecclésiastiques lui conservait un sourire aimable; aussi, je ne m'étonnai plus de ce qu'elle ne me dît rien de sévère, et de ce qu'elle ne m'ordonnât pas de sortir. J'avoue franchement que l'espèce de dédain du jeune prêtre fit élever dans mon cœur un mouvement de dépit qui me rendit plus soigneuse d'attirer son attention.

« Mon jeune ami, dit la marquise en souriant, au vicaire, vous voyez avec quelle franchise je vous raconte ces premières circonstances. Depuis, j'ai acquis de l'expérience, et j'ai remarqué que ce qui m'est arrivé arrive à tout le monde, et que ce que je vous rapporte est, en abrégé, l'histoire de tous les amour passés et à naître. Je continue.

« Je me rappelle encore les moindres paroles qui se sont prononcées ce jour-là, et je crois voir encore celui dont je vous parle tel qu'il m'apparut. Représentez-vous un jeune homme d'une figure noble, mais sévère; ses longs cheveux tombant en boucles sur ses épaules ; il était d'une taille élevée ; son teint pâle contribuait à rendre le feu de ses yeux noirs encore plus vif : ses manières distinguées, son attitude, l'harmonie de ses traits, tout me séduisait.

« — Monsieur, lui dit ma tante qui rompit le silence, comment vous tirerez-vous de ces objections-là?... Cela ne me paraît pas très-facile !...

« — Mademoiselle, répondit-il avec une charmante modestie, j'ai déjà un grand tort, c'est d'être, à mon âge, en contradiction avec des personnes dont je dois respecter les opinions : ainsi, je ne défendrai pas les miennes plus longtemps. Seulement, qu'il me soit permis de dire que les règlements de l'Église nous ont placés dans une position dangereuse, c'est-à-dire entre ses lois et celles de la nature. Quant à moi, je regarderais comme un crime de fausser mes serments, je ferais tout pour les tenir; mais si, pour mon malheur, une passion, la seule que j'aurais, naissait dans mon cœur, je me confierais en la bonté de celui qui pardonna à la Samaritaine et à la femme adultère.

« — Ainsi, s'écria un vieil ecclésiastique, vous déshonoreriez l'objet de vos adorations!...

« — Monsieur, repartit vivement le jeune homme, vous faites naître une autre question, qui ne peut être résolue par personne d'entre nous; elle appartient aux femmes, et nous ne pouvons pas la traiter maintenant, elle est trop dangereuse, car il ne s'agit rien moins que de savoir si une jeune fille est criminelle en obéissant à ses désirs; je sais qu'il y a crime selon nos lois civiles ; mais admettant qu'elles soient abrogées, je ne vois pas ce qu'on aurait à dire à celle...

« — Assez, interrompit mademoiselle de Karadeuc.

« En entendant parler ainsi celui qui était l'objet de mes rêves, je trouvai son organe flatteur : ses paroles me parurent pleines de franchise. Je le regardais furtivement, sans pouvoir réussir à être vue par lui. Ma tante avait toute son attention. Ignorante comme je l'étais, je ne savais pas que cette manœuvre adroite avait pour objet de ne pas donner de soupçon à mademoiselle de Karadeuc, et de pouvoir revenir aussi souvent qu'il le voudrait. C'est ce qui arriva, car ma tante, flattée au dernier point de voir qu'à son âge elle captivait un jeune homme dont les principes passaient pour être très-sévères, la conduite exemplaire, et chez qui les idées religieuses avaient un très-grand empire, jugea qu'elle remportait un des plus beaux triomphes féminins, et qu'il fallait qu'elle eût encore un charme bien puissant pour faire taire la religion. Je ne devinai pas, tout d'abord, le secret de la conduite d'Adolphe (c'était, de tous ses noms, celui que j'aimais à prononcer), et je fus longtemps en proie à de cruels tourments. Ma tante me laissait venir au salon, depuis que j'y étais entrée par supercherie, et je crois que ce fut par le conseil de ses amis les abbés, qu'elle ne s'opposa plus à ce que j'y parusse. La froideur que me témoignait le jeune abbé, le peu d'attention qu'il avait pour moi, me chagrinèrent: je devins rêveuse et triste ; lorsque je le voyais, mon regard s'attachait sur lui bien tendrement, et je tombais sur-le-champ dans la mélancolie.

« Un jour que je reconduisais Adolphe, et que j'étais seule, parce que ma tante avait du monde, je le regardai d'une manière touchante, et je lui dis : « Adieu, monsieur. » Il faut qu'il y ait eu, dans la manière dont je prononçai ces paroles, quelque chose d'extraordinaire, car il s'approcha de moi, me prit la main ; je la laissai prendre ; et la serrant doucement, il ne me répondit que par un « adieu, mademoiselle!... » qui me fit tressaillir. Je restai sur le haut de l'escalier, appuyée sur la rampe ; il descendit lentement en me regardant toujours, et moi, lorsque je ne le vis plus, j'écoutai le bruit de ses pas!... toute cette journée je crus entendre, et son *adieu, mademoiselle*, et l'expression délicieuse qu'il avait mise à dire ces mots. Je prenais plaisir à me représenter notre attitude embarrassée et l'espèce de honte qui régnait dans la manière dont nous nous étions regardés ; enfin les rappels des sensations fugitives de cet instant charmant amenaient dans mon âme une douceur qui m'était alors inconnue. »

Comme madame de Rosann achevait ces paroles, elle regarda M. Joseph. Elle aperçut une vive émotion répandue sur sa figure, car ses longs cils noirs pouvaient à peine retenir des larmes. En effet, un pareil récit, fait avec la naïveté que la marquise y répandait, lui rappelait sa propre passion; mais madame de Rosann, se trompant sur le motif qui attendrissait M. Joseph, reprit avec joie :

— Ces événements sont peu de chose, mais ils sont tout en amour, car rien n'est indifférent : un geste, un regard forment époque. C'est depuis l'adieu d'Adolphe que naquit mon espérance. Qu'espérais-je?... Dieu m'est témoin que je l'ignorais ; il n'y a rien de si difficile que de vouloir expliquer ces premiers mouvements de notre cœur; ceux qui ont aimé doivent les comprendre, parce qu'ils les ont éprouvés. Il y a comme cela, dans la nature, des choses qui ne peuvent qu'être *senties:* par exemple, la sensation qui s'élève en nous à l'aspect de la nuit étoilée, ou en entrant dans une sombre forêt, ou en écoutant le bruissement des vagues de la mer, ne peut être exprimée; l'âme frappée rend un son indistinct, pour lequel il n'y a point de paroles. Il en est ainsi de l'éveil de nos sens et de nos cœurs.

— C'est vrai!... s'écria le vicaire.

— La première fois, lorsque nous nous revîmes, notre regard fut un regard d'intelligence qui nous prouva l'un à l'autre que nous nous étions mutuellement occupés de nous-mêmes pendant l'absence. Alors je fus heureuse!... J'avoue même, aujourd'hui que ce temps de bonheur et d'illusion a fui, que le prisme est brisé, j'avoue qu'il n'y a pas dans la vie humaine de plaisir plus pur, plus suave, plus délirant, et je ne croyais pas qu'on pût le rencontrer deux fois!...

L'œil de la marquise devint humide et elle s'arrêta un moment en contemplant M. Joseph qui, la tête entre les mains, semblait vouloir dérober à madame de Rosann la vue de ses larmes. L'infortuné pensait à Mélanie, et le récit de madame de Rosann donnait à son cœur une bien douce fête de mélancolie. Joséphine reprit bientôt ainsi :

— Nous marchions, comme vous voyez, bien lentement dans la carrière; timides l'un et l'autre, tous deux religieux et candides, satisfaits d'un regard, nous restâmes longtemps dans cet état plein de charme. Nous eûmes le bonheur de tromper ma tante sur nos intelligences secrètes. Ce fut vers ce temps que la persécution que l'on exerçait envers les nobles et les prêtres devint cruelle. Un jour j'étais assise à côté de ma tante, et je lui lisais un saint livre, lorsque tout à coup la porte de la chambre s'ouvre, et je vois Adolphe. Mademoiselle de Karadeuc dormait, il s'approche de moi, et me dit :

« — Mademoiselle, je suis poursuivi, et je n'ai échappé aux dangers qui m'environnent que par le plus grand des hasards ; je viens chercher un asile dans votre maison, et j'ai osé croire que vous ne me refuseriez pas...

« — Monsieur, je ne crois pas, lui dis-je, que ma tante vous repousse, elle sera enchantée, j'en suis sûre, de vous rendre service, et vous...

« Je n'en pouvais plus de joie en le voyant, je m'arrêtai. Mon regard lui dit tout ce que je pensais.

« Alors mademoiselle de Karadeuc s'éveilla et fut grandement étonnée de le trouver à mes côtés; mais comme il avait l'œil sur ma tante, il se composa très-bien et l'instruisit des circonstances fâcheuses dans lesquelles il se trouvait. Mademoiselle de Karadeuc réfléchit longtemps avant de répondre; elle me parut calculer et les dangers qu'elle courrait elle-même en recélant un prêtre, et ce qui pouvait lui en revenir de bon dans cette vie et dans l'autre. Je tremblais pendant ce silence; enfin elle prononça, avec une répugnance évidente, qu'elle consentait à cacher Adolphe, mais pour quelque temps seulement.

« Une joie divine s'empara de mon âme à ce décret de la sainte fille, et je pris un plaisir inexprimable à tous les détails qu'entraînèrent les soins qu'il fallut prendre pour dérober Adolphe à tous les regards. Il habita donc notre maison : ce fut alors que, sans cesse en présence l'un de l'autre, notre passion s'alluma plus vive, plus ardente, et que l'enthousiasme qu'excitent les premiers amours s'empara de mon cœur. Quant à Adolphe, il paraissait souffrir et combattre beaucoup, il luttait avec un incroyable courage, et le feu secret dont il brûlait le fit changer et pâlir. Ce jeune prêtre avait été élevé par une mère extrêmement pieuse, qui lui inculqua, dès le berceau, la crainte de Dieu et les rigoureux préceptes de notre religion, en sorte que l'idée de compromettre le salut de son âme et de ternir l'éclat d'une vie sainte, de perdre sa réputation, avait et eut toujours sur lui le plus grand empire. Alors, il souffrit cruellement et livra de rudes combats à son âme en délire.

« Venez, dit madame de Rosann au vicaire, venez, traversons le pont qui est devant nous et allons dans la chapelle ruinée, je vais vous montrer le seul monument que j'aie gardé de cet amour... »

M. Joseph suivit la marquise en silence : ils entrèrent dans l'antique chapelle ; et, parvenus à un autel de marbre noir, madame de Rosann, soulevant un fût de colonne, tira des papiers. S'asseyant alors sur un banc de pierre, elle reprit la suite de son aventure.

— Au bout de quinze jours, Adolphe, ne pouvant plus résister à sa passion, et n'osant m'en instruire, mit, pendant la nuit, la lettre suivante sur ma table.

Alors, la marquise, dépliant un papier tout usé, lut avec une visible émotion.

— « Mademoiselle, quels que soient les dangers qui m'attendent au dehors, je dois fuir l'asile que votre tante m'a offert. Bien que ma mort soit presque certaine, je la préfère au péril que je cours dans la maison que vous habitez !... Si je vous écris ceci, c'est afin que vous ne soyez pas surprise de me voir vous quitter précipitamment, sans raison apparente; car alors, vous pourriez penser que quelque sentiment de dédain (que sais-je?) causerait cette fuite, et je ne voudrais pas, pour le salut de mon âme même, apporter la moindre peine dans votre cœur; car enfin, mademoiselle, je crois que vous avez un peu d'amitié pour moi ! Hélas ! puisque je me retire, que je fuirai pour jamais, me sera-t-il permis de vous écrire que je vous aime ? Le fatal secret sort de mon cœur brûlant !... O Joséphine, je sais que le feu qui me dévore ne peut pas vous atteindre, et c'est ce qui m'enhardit à vous dire ce que je sens. Vous êtes belle sans doute, mais combien les beautés de votre âme l'emportent sur vos charmes ! Quelle âme candide révèle votre regard pur et chaste ! voilà les perfections qui m'ont séduit, et ce n'est pas d'hier, c'est depuis longtemps. La passion que je combats depuis trois mois fera encore battre mon cœur lorsque je mourrai ! je la voilerai toute ma vie d'une apparente froideur, et je ne vivrai toute ma vie qu'en me recueillant en moi-même et cherchant les traits dont mon cœur gardera une empreinte éternelle. Je ne cherche pas à savoir si vous m'aimez, je ne vous supplie de m'accorder aucune faveur !... où nous mènerait-elle ?... Non, je me contente de vous adorer de loin comme un autel dont on n'ose approcher. Seulement, j'espère que vous aurez quelque pitié pour moi, que vous vous direz : « Il est dans l'univers... je ne sais où... « un malheureux qui m'aime... sans espoir !... » L'idée que vous penserez quelquefois à moi me fera plaisir ; et, lorsque je serai mort, j'obtiendrai quelques larmes... Ce sont les seules que je veux que vous répandiez pour moi.

« Hélas! mademoiselle, si vous vouliez m'assurer que vous déposerez votre touchante pitié, que vous armerez vos regards de sévérité... je puis répondre de moi... alors, je resterais, et du moins, dans ma vie, j'aurais encore quelques instants de bonheur à compter; car, lorsque je vous vois, j'éprouve tout ce qu'il y a de plaisir sur la terre ! et... si le ciel, le hasard... que sais-je? faisaient que vous eussiez pour moi quelque chose de plus que de l'amitié !... ah! mademoiselle, nous aurions les jouissances les plus divines... Dieu !... si nos âmes s'entendaient ! Quels concerts charmants! Quelle vie pleine et agréable! Je ne demanderais que cette jouissance dans le paradis que l'on acquiert par une vie sainte. Vous remplissez tout mon cœur, vous m'êtes tout... Mais, je le sens, je viens de donner carrière à mon imagination. Je dois partir, car il n'est rien de tout cela ! Ainsi donc, adieu, beauté pure et chérie, adieu, je te salue comme le rivage de la patrie que l'on quitte pour toujours ! je vais traîner ailleurs et mon amour et ma triste existence, heureux si je rencontre en chemin la hache révolutionnaire. »

« Monsieur, reprit la marquise, vous ne sauriez croire dans quel état me plongea la lecture de cette lettre touchante et pleine de mélancolie. Je restai longtemps les yeux remplis de larmes, sans pouvoir réfléchir : le lendemain matin, lorsque je rencontrai le jeune prêtre, je lui dis d'une voix altérée: « Ne partez pas. »

« C'était tout dire ! aussi, il frémit de bonheur et me lança un regard attendrissant. Ma tante ne nous laissant jamais seuls, nous ne pouvions nous dire tout ce dont nos cœurs étaient gros. Alors, me confiant en notre mutuelle innocence, un soir je suivis Adolphe dans sa chambre secrète ; et là, m'asseyant près de lui, je saisis sa main, et pleurant de honte je lui dis : « Ah ! je vous aime !... »

« — Joséphine ! s'écria-t-il, ah ! Joséphine ! vous me faites mourir à force de bonheur !

« — Mais que deviendrons-nous ? lui dis-je.

« — Joséphine, ne sentez-vous pas dans votre cœur un plaisir enivrant?... Il doit nous suffire : le charmant accord de nos âmes nous fournira des voluptés calmes et pures. Parcourons une carrière où peu de mortels ont brillé; séparons-nous, dégageons-nous de ce qu'il y a de matériel en nous, et ne vivons que de la vie des anges..... Avec une volonté forte nous éteindrons tous désirs, et n'ayant plus de combats à redouter, nous goûterons tout le bonheur d'ici-bas. Contents, jouissant d'une félicité qui ne fera point perdre à la vertu son brillant coloris, nous mourrons ensemble après avoir épuisé tous les plaisirs de l'âme.

« Ainsi donc, repris-je, dès aujourd'hui nos cœurs s'entendent, et lorsque je vous regarderai vous comprendrez tout ce que je dirai.

« Alors, nous passâmes une heure délicieuse, en proie à ce premier bonheur d'amour, à ce charme des premières paroles où l'on ose tout dire, avec des réticences, des mouvements de honte, de joie qui sont indéfinissables. Ce doux moment rempli par les prières, les soupirs, les regards que l'on craint d'entendre et que l'on aime à sentir, ce moment enchanteur est resté gravé dans mon souvenir, tellement, qu'il ne m'apparaît jamais dans l'imagination sans me causer une volupté secrète que la distance des temps revêt d'une grâce attendrissante. Notre résolution sublime, prise avec courage, fut suivie avec constance et sans murmure pendant quelque temps; mais, mon jeune ami! que de semblables promesses sont imprudentes, et que de mouvements impérieux s'élèvent dans l'âme, lorsque deux êtres qui se chérissent sont en présence l'un de l'autre!...

— Ah! madame!... s'écria le vicaire.

Puis le jeune homme, s'éloignant de quelques pas de madame de Rosann, s'arrêta et parut à la marquise en proie à la plus vive émotion. Lorsqu'il revint, des pleurs sillonnaient ses joues pâles, et tout le feu de sa passion pour Mélanie brillait dans ses yeux.

— Madame, dit-il, je ne puis vous exprimer à quel point ce récit est cruel pour moi!...

La marquise sourit et, pressant la main du jeune prêtre, elle lui lança un regard qui semblait lui dire qu'elle comprenait sa phrase énergique et qu'il eût à espérer. Ce coup d'œil compatissant fit tressaillir le vicaire qui se remit en silence à côté de Joséphine. Elle continua ainsi :

— Un soir Adolphe, m'attirant contre lui, me dit :

« — Joséphine, je dois partir, car rien n'est moins sûr que le salut de mon âme et de la tienne.

« — Que voulez-vous dire?

« — Que je t'aime beaucoup trop et que je ne puis résister plus longtemps; nous avons trop présumé de nos forces : je désire plus... je ne suis pas content...

« — Eh bien! parlez, lui dis-je, que voulez-vous?

« Pour toute réponse il me prit la main et la serra contre son cœur. Il me regarda!... Ah! j'avoue que ces simples mouvements m'instruisirent de tout! Je le contemplai longtemps, et ma tête paraissait attirée vers la sienne par une force invincible. Nous restâmes longtemps dans ce redoutable silence : mais enfin Adolphe, se penchant vers mon visage, déposa sur mes lèvres un baiser que je reçus avec ivresse... Alors il se recula brusquement de trois pas, et me dit :

« — Séparons-nous!... Joséphine, je t'aimerai toute ma vie! tu seras la seule femme dont le nom, le souvenir feront battre mon cœur!... mais je t'aime assez pour préférer ton honneur au plaisir, et son bonheur futur au bonheur d'un instant.

« Il s'élança dans sa retraite et je l'entendis se mettre en prière et soupirer. Je l'écoutai longtemps... Je l'admirais, et une douce compassion, un attendrissement vainqueur se glissaient dans mon âme. Je rentrai dans mon appartement et je me mis à réfléchir, si l'on peut appeler du nom de *réflexion* les vagues pensées qui viennent inonder l'âme d'une amante passionnée. »

CHAPITRE XV.

Suite et fin de l'histoire de madame de Rosann. — Le vicaire ne hait pas la marquise.

La marquise continua en ces termes :

— Il n'y a rien de plus touchant et de plus puissant, pour faire chanceler le cœur d'une femme, que le spectacle des efforts que fait un homme pour la respecter : c'est cette grande preuve d'amour qui me perdit : il se glissa dans mon âme une pitié, une compassion perfide. « Eh quoi! me disais-je, ne dois-je pas me sacrifier pour le bonheur de celui que j'aime?... N'est-ce pas montrer peu de grandeur d'âme, que de profiter à moi seule des combats d'un autre? N'est-il pas plus beau de ne choisir que mon infortune, et de tout prendre sur ma tête?... N'étais-je pas barbare de contempler cette pâleur d'amour éparse sur son visage, sans le récompenser de tant d'ardeur et de vertu?... Je pleurerai en secret les fautes que je commettrai pour sauver mon amant, et devant lui je serai joyeuse et riante! » Enfin, je trouvai je ne sais quelle grandeur, quelle sublimité à m'attacher pour toute ma vie au même individu, bien qu'il y eût de la honte à gagner, parce que je m'imaginais devoir tout couvrir par le plus violent amour et par la beauté de ce dévouement; que personne ne pourrait me blâmer parce que l'on dirait : « Quelle amante!... » Ce fut par ces raisonnements que je parvins à chasser la raison de mon cœur. Une circonstance vint achever la défaite de ma vertu chancelante : le plus grand des hasards fit que j'entrai dans le cabinet secret de ma tante; je trouvai la *Nouvelle Héloïse*, je la lus. Dans ce livre, je vis l'histoire fidèle de mes sentiments; l'éloquent auteur de ce chef-d'œuvre me persuada que je resterais brillante, pure, candide, malgré mon amour satisfait. Nous étions dans une situation semblable, et j'imitai Julie... en tout.

Ici la marquise se couvrit le visage de ses jolies mains, et elle garda le silence pendant quelque temps. Enfin elle releva la tête en regardant le vicaire; il était immobile, sa figure n'avait aucune sévérité. Alors Joséphine reprit :

— Tout ce que je sais, c'est que ce n'est point aux hommes à me blâmer... Mon Adolphe admira mon dévouement, il noya ses scrupules dans un océan de voluptés, et j'aurai le courage de dire que je ne sentis aucun remords!... Cependant, je ne suis pas dépravée, je ne pouvais pas l'être, rien n'avait corrompu l'aimable pureté de mes mœurs. Ce défaut de regrets, cette tranquillité d'âme au milieu de ce que le monde appelle du nom de *crime*, doit faire naître plus d'une réflexion. La sévérité des principes d'Adolphe le tourmentait cependant à chaque instant, et il souffrait pour moi.

« Ce fut au milieu de cette douce existence, ce fut lorsque je m'enivrais de tant de plaisirs, que mademoiselle de Karadeuc devint plus clairvoyante. Un soir, que nous étions ensemble, elle me regarda d'un air sévère et me dit :

« — Ma nièce, songez-vous au poste éminent que vous devez occuper? Oubliez-vous que la noblesse de votre famille vous a donné le droit d'entrer dans un chapitre, et que les puissantes protections que j'ai auprès de l'empereur d'Allemagne et du saint-père m'ont promis pour vous une dignité dans le chapitre de L***, et que si vous menez une conduite *régulière*... (en disant ce mot elle me regardait avec une ironie perçante) vous pouvez devenir abbesse?...

« — Mais, mademoiselle, je n'ai, je vous assure, aucun goût pour la vie monastique.

« — Vous n'aimez pas l'Église? reprit-elle avec un sourire sardonique.

« — Je suis, répondis-je, je suis religieuse et je crois en Dieu, mais il a laissé à chacun le droit de se choisir l'état le plus convenable pour faire son salut.

« — Celui que vous prenez, petite hypocrite, doit vous conduire droit en enfer. Croyez-vous, dit-elle en colère, que mes lunettes m'aient empêchée de voir les regards que vous lancez à notre jeune réfugié? Dès demain il quittera la maison.

« — Quoi! ma tante, vous le renverriez! vous le laisseriez aller à la mort!...

« Et en prononçant ces mots, vous devez juger combien j'étais tremblante. Cette vieille fille me jeta un regard scrutateur et s'écria :

« — Ah, malheureuse!... vous l'aimez!...

« — Non, ma tante!... répondis-je d'une voix entrecoupée. Ah! je vous en supplie, qu'un regard involontaire, dénué d'intention, ne perde pas un ministre du Seigneur!... Vous seriez comptable de sa mort au jugement dernier, et c'est un crime dont rien ne pourrait vous laver...

« — Voyez-vous le petit Satan, comme elle a peur de le voir s'éloigner!... Il s'en ira, mademoiselle, et ne craignez rien, je le conduirai moi-même chez une sainte fille qui le recueillera.

« — Mademoiselle, mais savez-vous s'il aura les soins dont vous l'entourez ici, et dont il est si reconnaissant? Songez que si, par une imprudence, celle à qui vous le confierez le laissait découvrir, vous seriez la cause de la perte d'un jeune homme qui appartient à une des plus nobles familles de France, un jeune ecclésiastique qui, si les choses changeaient, deviendrait cardinal!

« — Tout ce que vous dites, la chaleur que vous y mettez, ne fait que me confirmer dans mes soupçons, et peut-être êtes-vous plus criminelle que je ne le pense!...

« Ces paroles me donnèrent un frisson mortel, car elle disait vrai.

« — Mademoiselle, lui dis-je avec une dignité qui lui en imposa, vous oubliez le nom que je porte, et qu'enfin vous êtes la plus vigilante et la meilleure des tantes... (Vous voyez, mon jeune ami, si nous savons mentir au besoin?...)

« Mademoiselle de Karadeuc me regarda, elle resta un instant indécise, mais après un court moment de réflexion, elle me laissa, fit ouvrir la retraite du jeune prêtre et l'amena par la main. Cette vieille fille était digne de régir un couvent! Elle mit Adolphe devant moi, et, jouissant de ma rougeur, elle lui dit d'un air de bonté :

« — Je sais que vous vous aimez...

« Adolphe pâlit. Avant qu'il pût répondre, je composai mon visage et je répondis à ma tante :

« — Qui donc a pu vous faire inventer cela?...

« Mon ami me comprit, il regarda mademoiselle de Karadeuc et lui repartit avec un trouble inexprimable :

« — Mademoiselle, je ne croyais pas que mes mœurs fussent encore assez dissolues pour donner lieu à de pareils soupçons... O Dieu! s'écria-t-il avec un accent de mélancolie, ce que je suis forcé de dire est déjà une punition de mes péchés! cette humiliation terrestre sera-t-elle comptée?... et ce que je souffre, ajouta-t-il en me regardant, pourra-t-il effacer quelque chose du livre éternel où l'on écrit nos fautes?

« Ma tante nous examinait tour à tour avec une maligne curiosité :

« — Monsieur, dit-elle avec une colère sourde qu'elle retenait, mais qui perçait dans l'accent de ses paroles, monsieur, je crois à vos paroles, je vous ai donné volontiers un asile, mais il n'est pas encore assez sûr pour vous, et ma dévotion connue doit, tôt ou tard, m'attirer des visites. Demain je vous conduirai moi-même chez une dame de mes amies, et vous n'aurez rien à y craindre.

« — Mademoiselle, m'écriai-je, ma chère tante, je vois que rien ne peut effacer vos soupçons; eh bien! je vais vous donner une preuve à l'évidence de laquelle vous vous rendrez peut-être... Que ne ferais-je pas pour sauver un prêtre de la mort certaine qui l'attend s'il quitte ces lieux!... Je vais les quitter! Je le laisse seul avec vous, dis-je avec un accent d'ironie, et j'irai à Aulnay-le-Vicomte me cacher dans la chaumière de Marie, ma pauvre nourrice!... Serez-vous satisfaite?

« A cette proposition, ma tante sembla se radoucir, et pendant qu'elle réfléchissait, Adolphe, les larmes aux yeux, me regardait, et son coup d'œil ému me disait combien il admirait mon dévouement. Mademoiselle de Karadeuc consentit à cet arrangement, il fut convenu que le lendemain je partirais pour Aulnay. Nous pûmes, Adolphe et moi, nous embrasser et nous dire adieu!... Quelle scène touchante et mélancolique!...

« — Non, s'écriait Adolphe, je ne t'abandonnerai pas, surtout dans l'état où tu es!...

« — Adolphe, restez ici! s'il me fallait trembler pour votre vie!... je périrais...

« Que de pleurs! que de baisers! quel charme cruel!... Je partis!... Je passai quelque temps ensevelie dans la plus profonde douleur, et je confiai tout à ma pauvre nourrice : je pus verser mes larmes sur un sein ami, ce fut alors que j'appréciai le bonheur que l'on éprouve à dire ses secrets à quelqu'un! Mon jeune ami, ah! ne vous privez pas de cette douce liberté-là!... Un soir que j'étais assise auprès du foyer de Marie, et que nous nous entretenions d'Adolphe, son mari entre, me regarde d'un air triste... Nous le questionnons, et il nous apprend que le jeune prêtre que recélait mademoiselle de Karadeuc avait été découvert et transféré dans les prisons!... Cette nouvelle, dite sans ménagement, me fit tomber sans connaissance; une fièvre brûlante s'empara de moi, et dans mon délire, je ne parlais que de l'enfant que je portais dans mon sein. Marie tremblait pour moi. Au moment où j'étais tellement affaiblie par les mille souffrances qui m'accablaient, que ma nourrice, assise à mon chevet, croyait que j'allais expirer... le bruit du galop d'un cheval retentit à la porte de la maison, un militaire entre!... je reconnais Adolphe!... il vole à mon lit de douleur... La joie produisit chez moi le même effet que la peine. Lorsque je revins à moi, Adolphe tenait ma main dans la sienne, et quand je fus en état de l'entendre, il me raconta que la violence de sa passion n'avait pas pu lui permettre de supporter mon absence, et que l'amour lui avait inspiré le stratagème qui causait ma douleur. En effet, s'il s'échappait, mademoiselle de Karadeuc n'en serait que plus confirmée dans ses conjectures, et s'imaginerait que c'était vers sa nièce qu'il volerait.

« — Ainsi donc, me dit-il, je commençai par endormir ta tante en l'entourant d'attentions et d'hommages dont elle me sut un gré infini. J'effaçai dans son âme toute trace de soupçon, et quand je la présumai revenue à son amitié première pour moi, j'écrivis à des amis fidèles, entre autres à mon frère, de tomber, déguisés en gendarmes, une nuit, à l'improviste, chez mademoiselle de Karadeuc, et de m'arracher de chez elle!... Ils exécutèrent si bien cette adroite manœuvre, que ta tante pensa mourir de chagrin, lorsque à minuit on vint faire une perquisition exacte de son hôtel, et que mon frère, à qui j'avais indiqué le secret de mon introuvable cachette, sonda avec son sabre le mur dans lequel était pratiquée la fausse porte. Je jouai la résignation, je consolai votre tante qui s'accusait d'imprudence, et je la laissai, joyeux de pouvoir aller vous retrouver. Mon frère m'a donné un uniforme, je suis accouru de bois en bois, à la nuit, et... me voici!...

« O joie enivrante!... ô plaisir!... j'ai savouré, dans cette époque de ma vie, toutes les peines et toutes les voluptés d'un plus long amour, car j'approchais du terme, et le chagrin devait bientôt mettre sur mon cœur sa main de fer.

« Mon jeune ami, dit la marquise en montrant au jeune prêtre le parc du château, voyez ce charmant asile, il est plein de souvenirs pour moi... Ces lieux, ces beaux lieux, m'ont vue trois mois heureuse... aussi heureuse que peut l'être une mortelle!... Pendant ces trois mois, libre, sans inquiétude... aimée, adorée d'Adolphe, je ne demandais rien au ciel que d'être ainsi toute ma vie.

« La première punition de mon crime me fut infligée par Adolphe lui-même, lorsqu'il vit qu'il existerait à jamais un témoin de nos amours... Il devint rêveur : par les questions que je lui fis, je vis qu'il pensait à l'avenir, qu'il redoutait jusqu'à la tendresse que j'aurais pour mon enfant. Ce fut alors qu'il me dit de quitter Aulnay, pour aller mettre au jour, dans d'autres lieux, le fruit, le doux fruit de nos amours!... Personne ne s'apercevait de mon état, parce que j'eus le cruel courage de le dissimuler jusqu'au dernier moment, et je suis restée pure et vierge aux yeux des hommes!... Quel mal ai-je commis envers la société?... Hélas! je n'ai nui qu'à l'être que je chérirais le plus!... mon pauvre enfant!... Pour dépayser mademoiselle de Karadeuc, nous dîmes à Marie qu'elle eût à instruire ma tante que j'avais été obligée de me réfugier chez une de ses parentes, parce qu'on avait fait des perquisitions dans le village d'Aulnay, pour venir arrêter les nobles qui pouvaient encore s'y trouver; et que, lorsque le premier moment de perquisition serait passé, je retournerais chez elle. Adolphe m'emmena donc, ce fut lui qui me tint lieu de tout. Son amour se déploya dans les soins qu'il me prodigua. Mais hélas!... le barbare me déroba mon enfant, et... je ne le revis plus!... »

Ici la marquise de Rosann pleura longtemps.

— Tout ce que je sais, reprit-elle, c'est qu'Adolphe, que j'avais supplié de lui donner mon nom, l'appela Joseph!...

— Joseph!... s'écria le vicaire avec les marques de la surprise, et le visage en feu.

Madame de Rosann le contempla avec plaisir.

— Vous vous nommez Joseph aussi, dit-elle.

— Où êtes-vous accouchée? reprit-il en lui saisissant le bras et la regardant.

— Ah! loin d'ici, répondit-elle, à Vans-la-Pavée!...

Et elle fut cependant en proie à une vive anxiété, en examinant la figure du jeune prêtre.

— Malheureux que je suis!... s'écria-t-il, ne sais-je donc pas qui je suis?... Cependant un prêtre!...

Puis il tomba dans une rêverie que Joséphine respecta. Après un long silence, pendant lequel le jeune prêtre regardait furtivement madame de Rosann, elle reprit:

— D'ailleurs, Adolphe vint me dire que mon fils était mort: il employa beaucoup de ménagements pour m'annoncer cette fatale nouvelle, mais, oserai-je le dire? je n'ai jamais cru à la réalité de ce qu'il m'a dit!... Un secret pressentiment me crie que mon fils existe!... Ainsi, jugez si, lorsque j'aperçois un enfant ou un jeune homme, je n'ai pas le cœur gros d'une tendresse qui cherche à sortir de ce cœur qu'elle gonfle!... Depuis, je n'eus que des malheurs... Adolphe émigra, je retournai chez ma tante, et je vécus dans les larmes, parce que, d'après la nature de mon caractère, une passion devait faire de grands ravages dans mon âme... Quelle mélancolie me saisit!... J'étais inconsolable, et de la perte de mon enfant, et de celle de mon ami. Je reçus de ses nouvelles, il m'assurait qu'il m'aimait, et cependant une amertume secrète régnait dans ses lettres, il semblait qu'il pleurât sa faute, et il n'osait me la reprocher, car c'eût été le comble de l'infamie!... Ah! les caractères par trop religieux, ceux qu'une teinte de fanatisme dégrade, sont capables de bien des cruautés. Vous allez en juger!...

Il ne me restait plus, grand Dieu!... qu'à être méprisée de celui que j'ai tant aimé, à qui j'ai tout sacrifié!... Car j'ai aimé autant que l'on puisse aimer ici-bas!... Après que ma tante fut morte, je revins habiter mon cher Aulnay-le-Vicomte. M. de Rosann me vit et m'aima. Je trouvai de la douceur dans le lien que nous avons contracté, mais je lui tus ma faute, il l'ignorera toujours!... Bientôt un règne éclatant vint remplacer les excès de notre révolution. Le souverain d'alors rétablit la religion et ses autels, Adolphe fut rappelé, et obtint un poste éclatant; il y a six ans, je courus avec ivresse le revoir!... Jamais cette scène ne sortira de ma mémoire. Il était chez lui, j'entre, il ne me reconnaît pas, et le laquais lui dit mon nom. Cette insulte gratuite me perça l'âme par un froid mortel.

« — Eh quoi! m'écriai-je en courant à lui, Adolphe ne reconnaît pas Joséphine!...

« Alors il me dit froidement:

« — C'est vous! madame...

« Il renvoya tout le monde et nous restâmes seuls!... Je crus que cette grande sévérité, cette retenue, cesseraient. Non, hélas! non...

« — Joséphine, me dit-il, vous êtes mariée?...

« Cette interrogation me fit frémir. Ah! je recueillis en ce moment toute l'ivraie que j'avais semée dans ma jeunesse!

« — Cruel! m'écriai-je, il aurait été beau de vous rester fidèle et d'être reçue ainsi!...

« — Joséphine, continua-t-il d'un ton grave, je t'aime toujours.

« Malgré l'accent profond qui accompagna ces paroles, sa froideur, sa figure pâle et sévère détruisaient la conviction que je brûlais d'avoir.

« — Joséphine, continua-t-il, vous avez un époux!...

« — Et croyez-vous, lui dis-je vivement, que je viens ici pour manquer à ce que je lui dois? Si c'est là ce que signifient vos paroles, dispensez-vous de parler plus longtemps!... O Adolphe!... Adolphe!...

« Malgré ma fierté, je fondis en larmes.

« — La religion..., reprit-il.

« — Eh! laisse ta religion; et jette-moi un seul regard d'autrefois!...

« A cette parole, il me lança un coup d'œil d'horreur et de mépris.

« — Adieu!... lui dis-je.

Et je m'élançai hors de son hôtel, en jurant de ne plus le revoir. La sécheresse de son organe, son attitude sombre, son repentir m'avaient accablée.

« Ainsi, mon jeune ami, croyez-vous qu'il y ait un homme assez sévère pour condamner ma faute lorsqu'elle a été suivie de deux pareils châtiments: la perte de celui qui pourrait me rendre glorieuse de mon crime, et le froid mépris de celui que j'ai tant aimé!... Ah! il est des crimes (si c'en est un) que le Ciel punit bien ici-bas!... Vous voyez que j'ai dans l'âme un vaste sujet de méditations, et d'autant plus vaste, que je n'ai pas d'enfants de M. de Rosann: le Ciel a maudit ma couche!... Hélas! les larmes que je verse en secret compenseront-elles mes torts? Notre religion, qui a fait une vertu du repentir, m'en donne l'espérance!... Mais, grand Dieu!... que vais-je devenir, si je ne dompte pas les nouvelles étincelles que jette mon cœur enflammé!...»

Elle regarda le vicaire. Ce dernier restait plongé dans une rêverie profonde: la manière simple et naïve dont la marquise avait raconté son histoire; le site, les souvenirs qui s'éveillaient au fond de son cœur au récit de cette femme; son accent tendre, et les regards qu'elle lui avait lancés en disant certaines phrases, construites par elle évidemment pour lui; tout contribua à le rendre rêveur, il n'entendit même pas les dernières phrases de l'amoureuse Joséphine, qui n'osa pas d'abord interrompre cette mélancolie. Néanmoins, après quelques moments, elle lui dit:

— Regagnons notre banc de gazon; ces ruines, ces voûtes portent à la réflexion!...

Elle s'appuya sur le bras du jeune prêtre, et ils revinrent en silence s'asseoir sous le cèdre.

— Eh bien! M. Joseph, vous ne me dites rien?...

— Madame, répondit-il, je ne puis rien vous dire, je suis incompétent dans ces cas-là, car j'absous toujours ceux qui ont souffert ou qui souffrent de pareils tourments.

— Vous êtes digne du saint ministère que vous remplissez!... Ah! venez quelquefois me donner de douces consolations, je sens qu'elles rafraîchiront mon cœur!... hélas!... il est toujours embrasé!... Je crois qu'une cruelle fatalité me poursuit... Ah! si vous saviez!...

Elle détourna la tête et pleura.

— Venez, dit-elle, venez, mon jeune ami... vous me représenterez celui que... j'ai perdu!...

A ce moment, la cloche du château sonna le déjeuner; alors, la marquise, regardant M. Joseph, lui dit :

— Si vous ne craignez pas de faire un méchant déjeuner, faites-moi le plaisir d'accepter la moitié du mien!...

Le pensif vicaire suivit madame de Rosann, sans répondre. On eût dit qu'un charme secret agissait sur lui et l'entraînait malgré lui.

CHAPITRE XVI.

La marquise aime le vicaire. — Retour de M. de Rosann. — Son accueil. — Rendez-vous donné à M. Joseph.

Nous avons laissé le vicaire plongé dans une profonde mélancolie et ayant suivi madame de Rosann jusque dans la salle à manger du château. — Il est à table, à côté de la marquise, qu'il ignore encore où il est. Au moment où Joséphine lui offrait quelque chose, il leva les yeux, et vit, sur le visage de l'un des domestiques qui servaient, un sourire dont l'expression sardonique le fit tressaillir.

Ce domestique était debout, la serviette sous le bras, placé juste en face du jeune prêtre; il ne se soutenait que sur un pied, sa tête légèrement courbée suivait la pente générale du corps; cette inclinaison ajoutait encore à l'ironie qu'exprimait son visage. Ses yeux embrassaient également, par leur regard perçant, et la marquise et son protégé. Ce coup d'œil arrêta l'extase de M. Joseph, et jeta dans son âme une vague inquiétude qui le tourmenta.

Ce domestique nommé Jonio était un de ces êtres dévorés du désir de se sortir de l'état où le hasard les a placés; qui ont assez *philosophé* pour secouer le joug de la conscience, et se servir de tous les moyens possibles pour parvenir. Enfin, par une faveur spéciale de la nature, il avait des formes et des manières, dont la candeur excluait tout soupçon sur ses principes. Il paraissait attaché à M. le marquis de Rosann, au service duquel il était depuis quelque temps; mais il ne le servait avec tant de zèle, que parce que le crédit que M. de Rosann avait auprès du pouvoir, depuis la rentrée des Bourbons, lui donnait de l'espoir, et il regardait son maître comme le premier instrument qu'il emploierait pour l'édifice de sa fortune.

Le vicaire fut bientôt débarrassé de la présence importune de ce domestique; car madame de Rosann, lisant dans les yeux du vicaire une espèce d'inquiétude, et voyant qu'il regardait Jonio à la dérobée, renvoya ce dernier sur-le-champ.

M. Joseph avait naturellement de la compassion pour ceux qui étaient victimes d'une passion: ainsi, la marquise trouva le rigide vicaire beaucoup plus affectueux qu'elle ne l'espérait; elle jouit de ce changement comme si c'était un premier pas que le jeune homme fît vers elle.

— Mon jeune ami, dit-elle avec un ton de voix affectueux, j'espère que quelque jour vous me confierez vos peines.

— Hélas! madame, je vous les dirais, si l'amitié pouvait m'offrir des consolations; mais il n'en est aucune pour mes chagrins, et c'est affliger son semblable en pure perte, que de raconter mes aventures.

— J'aimerais, répondit la marquise, à participer à votre chagrin, même vainement et, comme vous le dites, en pure perte. Deux malheureux se trouvent plus forts à porter leur infortune, lorsqu'ils sont ensemble, et que leurs cœurs s'entendent.

— Ah! madame, votre malheur n'est pas au comble!... Vous retrouverez votre fils!... mais moi!... Le fatal *jamais* est gravé sur tous mes souhaits, l'espérance même m'est interdite!...

— Pauvre enfant!... s'écria la marquise, et d'un air tellement amical, qu'il était impossible au vicaire de s'étonner de cette exclamation qui semblait conquérir, pour celle qui la prononçait, tous les droits de l'amitié.

La marquise emmena le vicaire dans le salon: là, après quelques phrases insignifiantes, madame de Rosann se mit à son piano; elle commença négligemment, et de mémoire, un morceau de Haydn. Aux premières notes, le vicaire tressaille, il s'approche, et Joséphine, s'apercevant de l'attention du jeune homme, continue en déployant toute sa sensibilité dans son jeu... Elle se retourne; le vicaire, les yeux humides, immobile, avait l'attitude d'un prophète, et il recueillait religieusement les sons que la marquise tirait de l'harmonieux instrument.

— Madame, s'écria-t-il, vous m'avez, sans le savoir, causé le plus grand plaisir et la plus grande peine !...

L'infortuné, en entendant jouer la sonate favorite de sa sœur, crut revoir Mélanie elle-même... Il se laissa aller sur son fauteuil, se cacha le visage dans ses mains, et la marquise accourut à ses côtés, en respectant la douleur de M. Joseph.

Cette matinée fut pour madame de Rosann un des moments les plus délicieux de sa vie, elle savourait un bonheur pur, sans même que sa conscience le lui reprochât. Lorsque le vicaire se retira, elle prit le prétexte d'aller voir sa nourrice pour pouvoir accompagner le jeune prêtre jusqu'à la grille du château ; son cœur pétillait de joie et d'amour en marchant aux côtés de cet être qui semblait emporter avec lui toute son âme.

Lorsque le vicaire se trouva seul, il se mit à réfléchir sur l'affection que madame de Rosann lui portait, et rien dans son cœur n'en murmura. Le souvenir de Mélanie ne nuisait aucunement à cette nouvelle douceur qui se glissait dans son âme. Cependant, il se tint en garde contre ce sentiment naissant, et résolut d'aller moins souvent au château ; mais Joséphine avait trop d'adresse, et de cette finesse féminine qui dompte les plus grands obstacles, pour laisser le jeune prêtre au presbytère. A chaque instant, elle faisait naître des prétextes. Marie lui servait singulièrement dans ces occasions. Tantôt madame de Rosann se fâchait contre un de ses gens et le renvoyait ; aussitôt Marie consolait l'affligé, lui conseillait d'aller trouver M. Joseph, et de l'intéresser à son sort. Le vicaire revenait demander une grâce, obtenue dès qu'il parlait : tantôt, Marie allait instruire le vicaire des besoins d'une famille pauvre, et, dans la chaumière, M. Joseph trouvait un ange de bonté qui l'avait précédé. Madame de Rosann, venue à pied, pour ne pas donner à ses bienfaits l'éclat d'une orgueilleuse philanthropie, avait besoin de la compagnie et du bras de M. Joseph. Durant le chemin, douces conversations, mots délicats et charmants, tendres à-propos, devenaient autant de coups frappés par Joséphine sur le cœur du prêtre.

Toutes ces menées étaient déguisées par trop de bonhomie et d'esprit, pour que M. Joseph s'en aperçût : cependant il commençait à réfléchir sur les soins empressés dont on l'entourait. Lorsqu'il parlait au bon curé de son embarras, M. Gausse ne savait que répondre : instruit de l'ardent amour du jeune homme pour Mélanie, il n'ignorait pas que le cœur de M. Joseph ne pouvait plus contenir aucun autre sentiment semblable ; mais d'un autre côté, il eût été enchanté de voir son vicaire lancé dans une passion qui lui fît oublier l'être qu'une barrière insurmontable lui défendait d'approcher. Alors, le bon curé se contentait de sourire avec une certaine finesse, et il lâchait deux ou trois proverbes, qui enveloppaient sa pensée secrète, que la candeur de Joseph l'empêchait de comprendre.

Le résultat des réflexions du vicaire fut qu'il devait renoncer à aller au château, non qu'il conçût des soupçons sur la nature du sentiment que lui portait madame de Rosann, mais parce qu'il croyait commettre un sacrilége envers Mélanie, en trouvant du plaisir auprès d'une autre femme, et que, du reste, il manquait, en quelque sorte, au serment qu'il avait fait de se séparer de toute l'humanité.

Cette décision immuable fut exécutée à la rigueur, et les intrigues les plus subtiles de madame de Rosann vinrent échouer devant ce décret du jeune prêtre qui en était revenu à la contemplation de son portrait chéri. Madame de Rosann fut au désespoir.

Son amour, parvenu au comble, ne pouvait supporter une telle privation. Un matin elle se hasarda à écrire le billet suivant au vicaire.

LETTRE DE JOSÉPHINE DE ROSANN A M. JOSEPH.

« Il me semble, mon ami, que vous négligez
« beaucoup Joséphine ! Est-ce qu'elle serait encore
« pour vous madame la marquise de Rosann ? Je
« crois, à vous dire vrai, avoir assez fait pour con-
« quérir le beau titre d'*amie*. Ayez quelque récipro-
« cité !... Songez que vous me devez bien des con-
« solations ; vous seul pouvez bannir la tristesse qui
« m'accable... Voici bientôt un mois que vous n'êtes
« venu me voir. Je vous attends, hélas ! je sens que
« vous me devenez de plus en plus nécessaire. En
« effet, réfléchissez au bonheur d'un *grand* lorsqu'il
« trouve un ami véritable, et voyez si je n'ai pas
« lieu d'être joyeuse... Enfin, mon jeune ami, je
« vous souhaite, et ce mot doit vous suffire... »

Le malheur voulut que la marquise chargeât Jonio d'aller porter cette lettre à M. Joseph. Lorsque le domestique entra chez madame de Rosann, il aperçut sur son visage une expression passionnée dont l'homme le moins observateur aurait deviné la cause.

— Jonio, dit-elle, ayez bien soin de ne remettre cette lettre qu'à M. Joseph lui-même ; s'il n'y est pas, vous la rapporterez !...

L'accent, le regard de la marquise disaient tout, et ses yeux suivaient le papier entre les mains de Jonio, comme si cette lettre eût été le fil de sa vie.

Aussitôt que Jonio posséda la lettre, il conçut la pensée de la retenir.

— Mais, pensait-il en lui-même, si ce billet ne dit rien, il est inutile de l'intercepter.

En songeant ainsi, il était dans l'avenue du château, il marchait lentement, lorsqu'un homme l'aborde, et après avoir lu l'adresse de cette lettre :

— *Tu quoque Brute*, et toi aussi Jonio !... *indulges amori*, tu donnes dans le panneau ! *Quò te Mœri pedes ?* tu trottes chez le vicaire ; va ! *timeo Danaos et dona ferentes*, crains les coups de bâton en portant des poulets.

— C'est vous, M. Lescq..., dit le valet préoccupé.

— Heureusement pour vous ! Pouvez-vous ignorer tout ce que le village pense de M. Joseph ? Madame de Rosann l'aime, et *traxit per ossa furorem*, elle a le diable au corps, il y a quelque chose pour nous ; *oportet servire marito*, il nous faut éclairer le mari, et nous y gagnerons *munus*, un emploi, *in circumvallationibus*, dans les douanes, *vel œrario*, ou dans les contributions.

— Vous pensez donc que cette lettre est un billet... Hein !... Comment s'en assurer ?...

— Cela vous embarrasse, dit le curieux maître d'école qui ne courait aucun danger dans cette affaire. *Ego sum alpha et omega*, je suis unique pour ces expéditions-là ! Allez !... notre fortune est faite, et nous allons *vertere materiam*, débrouiller la fusée. Venez chez moi, j'ai encore une bouteille de vin, c'est tout ce qui me reste de ce que le curé m'a donné.

Jonio suivit le maître d'école qui fit bouillir de l'eau, et, suspendant la lettre au-dessus de la vapeur, il rendit le pain à cacheter humide ; il décacheta le billet sans endommager l'empreinte du cachet, et, lisant le contenu à haute voix, il fit tressaillir Jonio de joie et d'espérance. La lettre fut rétablie, si bien qu'il était impossible de croire qu'elle avait été ouverte.

— Quelle nouvelle !... s'écria Lescq, j'en saurai bien plus que Marguerite, ma foi !... Ah çà ! dit-il en regardant le valet, j'espère que si M. le marquis de Rosann vous récompense, vous ne m'oublierez pas ? Gardez bien la lettre, et lorsque vous apprendrez quelque chose de nouveau, venez me le dire...

Jonio revint au château, il affirma à sa maîtresse que M. Joseph venait de lire la lettre en sa présence, et qu'en le chargeant de présenter à madame la marquise son respectueux hommage, il avait ajouté qu'il porterait la réponse lui-même.

Le vicaire, attendu avec une impatience sans égale, ne vint pas. Madame de Rosann, assise contre une des fenêtres de la façade qui donnait sur l'avenue, avait plus souvent les yeux sur la prairie que sur l'ouvrage qu'elle tenait pour avoir une contenance. Sur le soir, le bruit d'un équipage retentit dans l'avenue ; la marquise tremblante regarde et elle aperçoit la voiture de M. de Rosann. Un sentiment inexplicable se glissa dans l'âme de Joséphine ; pour en donner une idée, il faudrait mêler tout à la fois le dépit, la colère, à l'espèce d'humeur que l'on a contre ceux qui viennent déranger nos projets : encore, la marquise joignait-elle à tout cela un je ne sais quoi qui ressemblait à de l'aversion, sans que cela fût ce sentiment lui-même.

Enfin, son mari, pour la première fois, lui était à charge et la gênait par sa seule présence. Un remords importun s'élevait dans son âme, à mesure que la légère voiture volait vers le perron. Le marquis, ayant aperçu sa femme à la fenêtre du salon du rez-de-chaussée, avait donné un violent coup de fouet à son cheval pour arriver plus vite.

Un homme de cinquante et quelques années, mais encore jeune de tournure et de figure, s'élance légèrement hors de son élégante voiture, et monte rapidement le perron, en boutonnant son frac bleu, décoré des rubans de plusieurs ordres. Il fut surpris de ne pas trouver sa femme dans le vestibule, il ouvre la porte de l'antichambre, et, n'y voyant pas madame de Rosann, il crut qu'elle était indisposée ; il court au salon et alors il aperçoit la marquise qui s'est levée lentement et qui s'est avancée presque à la moitié de l'appartement.

— On voit, dit-il avec un léger sourire, que vous ne m'attendiez pas !... ma belle !...

— Certes non, répondit froidement Joséphine qui pensait encore au vicaire.

A ce mot, le marquis regarda sa femme avec surprise, et se mit à examiner la toilette recherchée qui l'embellissait ; croyant que c'était un jeu concerté, il repartit :

— Joséphine, un pressentiment vous avertissait sans doute de mon arrivée, car vous êtes mise avec une élégance, une coquetterie qui prouvent que vous jouez l'étonnement très-bien !... à merveille...

— Ah ! s'écria la marquise en revenant à elle, je vois que c'est assez plaisanter !...

Et elle embrassa M. de Rosann, en croyant mettre à ce baiser toute la grâce et le charme d'autrefois, mais ce fut un baiser conjugal, dans toute la force du terme : et le marquis, tout en rendant à sa femme cette froide caresse, ne put s'empêcher de penser qu'il était arrivé quelque chose à celle qu'il aimait.

Il s'ensuivit donc un moment de silence que madame de Rosann ne put interrompre, car son esprit troublé ne lui fournissait rien, et elle commençait déjà à peser la valeur de ce qu'elle avait à dire.

— Eh bien ! chère amie, s'écria M. de Rosann, depuis notre mariage voici, je crois, la première entrevue qui se passe sans que vous m'accabliez de questions !...

— Mais, M. le marquis, je ne sais à qui de nous

deux ce reproche doit s'adresser ; je ne me tais qu'à cause de votre silence.

— Vous avez l'air rêveur, et vos regards ne cherchent pas les miens...

— C'est aussi ce que je pourrais vous dire!...

— Ah! Joséphine, tourne tes yeux sur moi, et tu liras combien je suis ravi de te revoir! Tu n'as donc pas entendu le coup de fouet que j'ai donné à mon cheval? Il l'aurait tout dit... J'ai pressé toutes mes affaires à Paris, j'ai quitté la Chambre avant la fin de la session pour te surprendre! Mais toi, as-tu quelquefois songé à moi?... m'as-tu souhaité?... Qu'est-ce qu'il y a de nouveau à Aulnay?... dis!...

En achevant ces mots, le marquis, s'approchant de sa femme, lui prit le bras et baisa sa main avec ardeur.

— Monsieur, je suis *enchantée* de vous revoir, mais j'aurais désiré qu'un mot de votre *chère* main eût prévenu votre Joséphine, quand ce n'aurait été que pour la mettre à l'abri du reproche que vous lui faites... alors (car je vois que j'ai manqué à voler sur le perron), alors, vous m'auriez trouvée en calèche sur la route, vous attendant avec une *anxiété sans égale*; et, lorsque vous auriez donné *un coup de fouet* à votre cheval, mon cocher en eût appliqué *deux*... même *dix* à mes chevaux, afin de hâter le moment *enchanteur* de notre réunion... Enfin, je ne sais pas si, pour vous convaincre de ma tendresse, car il est de mode d'en douter, à ce qu'il paraît, je n'eusse pas été jusqu'à A...y.

— Vous n'eussiez fait qu'une chose très-ordinaire! répliqua vivement le marquis piqué de l'ironie que Joséphine mettait dans la manière dont elle prononça ce qu'elle venait de dire.

— Une autre fois, reprit-elle, j'irai jusqu'à Septinan, alors trouverez-vous que vingt-cinq lieues soient assez?... Si cela ne suffisait pas, j'irais jusqu'à Meaux.

— On ne saurait trop aimer qui nous aime! murmura le marquis.

— Reprocher son amour est un peu fort!... dit la marquise en frappant le parquet par de petits coups de pied légers et répétés.

— J'ai tort, madame, j'ai tort! dit le marquis avec un dépit concentré et en tourmentant ses gants avec violence.

— Non, monsieur, non, c'est moi... Je devrais sans cesse me souvenir que je fus mademoiselle de Vauxcelle, et que vous étiez M. le marquis de Rosann... qu'alors *mon devoir* est d'être sans cesse dans l'abaissement... et de ne voir en vous qu'un bienfaiteur... même un maître!...

— Ah! Joséphine!... Joséphine!... s'écria M. de Rosann avec une profonde douleur.

A cet accent, madame de Rosann, revenant à sa bonté naturelle, eut un mouvement de honte, et, abhorrant sa cruauté, elle se jeta dans les bras de son époux ; puis, avec cette dissimulation innée chez les femmes, elle l'embrassa avec une expression qui ressemblait à celle de l'amour, et dit en riant :

— Conviens, mon ami, que ces petits orages sont nécessaires pour sentir le bonheur en ménage?...

Qui ne serait pas trompé par de pareil stratagèmes? M. de Rosann s'excusa et reçut son pardon : cependant, il lui resta dans l'âme de légers soupçons, mais tellement vagues, qu'il s'étonnait de s'arrêter à de semblables pensées.

Madame de Rosann lui raconta la mort de Laurette, et certes, n'oublia pas le vicaire. En parlant de Joseph, la marquise semblait marcher sur des charbons ardents ; M. de Rosann, en s'apercevant que sa femme craignait autant de parler que de se taire, la pressait, et un noir pressentiment envahissait son âme à mesure que l'expression de la marquise devenait plus passionnée lorsqu'elle détaillait les perfections du jeune homme.

— Il est sans doute venu au château? demanda-t-il.

— Assez souvent.

Comme la marquise répondait, M. de Rosann avait les yeux fixés sur Jonio ; il vit, sur les lèvres du domestique, errer ce sourire de pitié, d'ironie, qui avait si fort ému le vicaire ; il produisit un effet terrible sur le marquis. Il ne dit plus rien, et se contenta de regarder sa femme d'un œil scrutateur en paraissant chercher à lire dans son âme. Jonio contemplait son maître avec une curiosité intéressée, il tâchait de deviner si M. de Rosann serait assez jaloux pour ne pas mépriser celui qui l'éclaircirait.

— Ma chère, dit M. de Rosann, songez que si je vous reparle de cela, je n'y mets aucune intention ; mais, convenez que vous avez eu un motif pour ne pas aller au-devant de moi, car vous ne pouvez pas ne pas avoir aperçu ma voiture.

— Pour user de votre langage parlementaire, répondit madame de Rosann en riant, je commence par vous nier le droit de me faire cette question ; mais je veux bien vous ôter de l'esprit votre inquiétude, quoique, en femme sage, je devrais vous la laisser : eh bien, vassal, votre souveraine vous avoue que, lorsque vous êtes entré, elle était tout entière occupée des moyens d'obtenir la grâce d'un malheureux bûcheron que l'on vient de condamner à six mois de prison, et dont l'absence va laisser toute une famille dans la misère. Je pensais à ce que je devais vous écrire à ce sujet à Paris, et je méditais aussi d'envoyer notre jeune vicaire porter des secours à ces malheureux.

— Ce jeune vicaire vous occupe beaucoup...

— Beaucoup, cher vassal, et je m'en occuperai

encore bien davantage si je m'aperçois qu'il vous rend jaloux, parce qu'alors nous reviendrons au temps délicieux de vos premiers amours.

Le ton, l'accent, l'ironie, la coquetterie fine que madame de Rosann déploya dans cette réponse, ôtèrent de la force aux soupçons de l'ombrageux marquis; cependant, il se glissa dans son âme une prévention défavorable au vicaire, et il ne fallait pas grand'chose pour que cette prévention devînt de la haine.

Par un hasard extraordinaire, M. Joseph se rendit le même soir au château; et, ne voyant madame de Rosann qu'en présence de son mari, cette dernière ne put savoir si la visite du vicaire était, ou non, la réponse à son billet du matin. Le jeune vicaire, en trouvant M. de Rosann, se comporta envers lui selon son habitude : il fut sévère, réservé, froid, et donna libre carrière à ce dédain, ce mépris qu'il affectait pour les hommes. Il écrasa, en quelque sorte, M. de Rosann, qui ne s'imaginait pas rencontrer un être dont les manières, les paroles appartenaient à la plus haute classe de la société. Le marquis, blessé de la supériorité qu'il reconnaissait tacitement à M. Joseph, conçut de la haine pour ce personnage, et il eut le singulier soupçon que la soutane du vicaire cachait un amant d'une haute distinction : il surprit quelques regards de sa femme qui le confirmèrent dans cette opinion, ainsi que la politesse affectée de M. Joseph envers madame de Rosann.

Le jeune homme revint pendant quelques jours au château, et ces visites n'étaient pas de nature à faire changer M. de Rosann d'opinion. Il fut rêveur, brusque, et se mit à étudier sa femme avec le soin et l'attention de la jalousie. On concevra facilement ce sentiment chez M. de Rosann. En effet, un homme constamment heureux, depuis nombre d'années, se croyant aimé d'amour de sa femme, et ayant tout trouvé auprès d'elle, doit être fortement attaqué, lorsqu'en arrivant à l'âge où l'on désire le plus une compagne véritablement fidèle, il voit tout son bonheur s'évanouir comme un rêve.

Cependant la marquise semblait encore plus hardie depuis que la présence de M. de Rosann rendait sa position plus dangereuse, et sa passion, irritée de ce péril, s'exaspéra et devint plus furieuse.

Un jour la marquise se dirige vers le pavillon de Marie : elle monte et arrive à cette chambre où le vicaire recueillit naguère le premier hommage de son regard.

— Marie, dit-elle, je me défie de tout le monde; cours chez le curé, et préviens M. Joseph que la famille de Jacques Cachel, le bûcheron condamné, meurt de faim !... Qu'il s'y rende demain; mais, nourrice, ne lui dis pas que j'y serai...

La nourrice s'acquitta fidèlement de cette commission : le vicaire promit que, le lendemain, après le dîner, il se rendrait dans la forêt, chez Jacques Cachel, et Marie instruisit madame de Rosann de l'heure à laquelle le vicaire serait au milieu de cette malheureuse famille.

∽

CHAPITRE XVII.

Déclaration. — Ce qui s'ensuit. — La marquise à la mort. — M. de Rosann la quitte. — Joseph au chevet du lit de Joséphine.

La chaumière de Jacques Cachel était située sur le penchant de l'une des collines qui environnaient Aulnay-le-Vicomte. Alors une pauvre femme assez belle l'habitait et avait pour compagnie trois petits enfants, la misère et la faim. Qu'on se représente cette mère désolée, couverte de haillons, regardant bouillir une marmite remplie de pommes de terre, et empêchant ses enfants de les saisir avant qu'elles ne soient cuites ! Elle pleurait sur les maux de ses fils, sur la douleur de son mari, avant de songer à son propre malheur. Elle est excédée de travail et gémit parce que son travail, tel excessif qu'il soit, ne lui procure pas un salaire suffisant pour les besoins de sa petite famille. Elle tourne ses regards vers le trou qui sert de fenêtre, et elle s'applaudit de voir les rayons du soleil disposer les magiques tableaux du couchant, et d'un couchant de l'automne, car elle pense que, pendant la nuit, ses enfants ne se plaindront pas de la faim, et que le sommeil va leur enlever le souvenir de leurs maux. Son regard attristé n'est pas celui d'un infortuné qui ne tremble que pour lui, c'est le regard d'une mère qui pleure pour *d'autres qu'elle...* qui lui sont plus qu'elle. Elle pleure quoiqu'elle sache que ses larmes sont inutiles. Elle pleure !... Quelqu'un a-t-il pu soutenir le spectacle des larmes d'une femme ?... La pauvre Madeleine contemple les richesses du vallon, et demande au ciel pourquoi tant d'inégalités dans la distribution des biens.

— Ah ! dit-elle, si j'étais riche, je ferais du bien !...

A cette exclamation qu'elle lance à voix basse, elle entend un léger bruit, doux et agréable, elle distingue le souffle d'une personne fatiguée... Les enfants sortent et rentrent subitement avec la crainte et la surprise gravées sur leurs innocents visages flétris par le besoin. Madeleine regarde, et la marquise paraît !...

— Eh bien ! ma pauvre enfant, vous êtes malheureuse, et vous ne m'en instruisez pas ?...

Madeleine, interdite, se jette aux genoux de la marquise, et lui baise son gant.

— Allons, ma fille, relevez-vous ! qu'est-ce que cela signifie ? Je ne fais que ce que je dois...

La paysanne essaya de parler, pour exprimer sa reconnaissance, mais les paroles lui manquèrent, et la pauvre femme ne savait pas qu'elle ne devait rien à madame de Rosann !... que s'il n'eût pas existé un vicaire, la marquise l'eût à la vérité secourue, mais que jamais elle n'eût meurtri ses pieds blancs et délicats sur les cailloux de la forêt !... Ayons la consolation de croire que les passions humaines peuvent quelquefois produire du bien à travers leurs maux !...

— Tenez, Madeleine, dit madame de Rosann en s'asseyant, voici des bons sur le boucher du village, il vous donnera la viande dont vous aurez besoin ; en voici de semblables sur le boulanger. Quant à de l'argent... adressez-vous à Marie, au château, elle vous remettra du chanvre à filer, et l'on vous payera bien si vous travaillez...

Heureux, mille fois heureux celui qui, sans témoin, a recueilli, dans une chaumière, cette larme qui coule sur la joue du malheureux que l'on oblige ! ce beau discours que prononce la reconnaissance par un seul regard et par cette seule larme !... La marquise caressa les petits enfants avec cette affabilité qui double le prix d'un bienfait. Elle regarde la chaumière ruinée et ne conçoit pas que des êtres humains puissent habiter cette masure.

— Il le faut bien ! répond Madeleine.

A cette humble réponse, la marquise se promet, en elle-même, de faire à cette pauvre femme la surprise de réparer sa chaumière pendant qu'elle en sera absente.

A ce moment, la marquise tressaille, car elle entend le pas rapide d'un homme ; et, longtemps avant que Madeleine le distingue. Joséphine a reconnu le bruit de la marche du vicaire... Il se baisse pour entrer sous ce chaume, et madame de Rosann le salue par un regard de feu. Son âme s'agita tout entière, car le désordre de ses sentiments était au comble, sa passion avait thésaurisé ses forces pour les déployer dans ce moment. A cette minute, la marquise décréta qu'elle dirait au jeune homme : « Je t'aime !... » car elle atteignait ce degré de désir, où tout devient indifférent ; elle arrivait à ce sommet si élevé, que l'on n'aperçoit plus ni les lois, ni les temps, ni la terre, enfin où l'on est seul avec celui que l'on aime, où tout a disparu, excepté *soi* et *lui*.

— Je vous ai devancé !... dit-elle en souriant au jeune prêtre étonné.

— Alors, vous ne m'avez laissé rien à faire !... répondit-il en rougissant des regards enflammés de la pauvre marquise.

— Voyons, reprit-elle, j'ai donné du pain et de l'ouvrage... Qu'apportez-vous ?

— L'espoir, répondit-il. Oui, ma pauvre Madeleine, vous reverrez bientôt votre mari ! Je viens d'écrire à monseigneur, et je crois que l'on assoupira l'affaire de Cachel. Une autre fois, qu'il soit plus prudent, car il n'y aurait pas de protection s'il récidivait. Envoyez vos enfants à l'école, je me charge du payement de cette dette-là. Pauvre femme ! comme elle a souffert !... Quel grabat !...

— Envoyez chercher du linge au château !... s'écria vivement madame de Rosann.

Après quelques instants pendant lesquels le vicaire donna de douces consolations à Madeleine, il sortit avec l'amoureuse Joséphine. La pauvre paysanne les suivit longtemps de ses yeux humides, et en rentrant elle embrassa ses enfants avec un plaisir pur, sans crainte, en donnant essor à toute sa tendresse.

La marquise marchait à côté du prêtre, elle le regardait par instants en jetant ses yeux de côté d'un air charmant, et elle jouissait de l'admiration du jeune homme qui contemplait la beauté pittoresque d'un horizon décoré des feux bizarres du couchant. L'azur, le vert pâle, le rouge ponceau, se mariaient aux teintes inimitables de la flamme, de l'argent, de l'or, et le ciel ressemblait à un de ces trésors de pierres précieuses dont parlent les contes orientaux. Ces pierreries célestes jetaient leurs feux sur tous les objets de la vallée, et chaque arbre, chaque toit mêlait aux reflets du ciel sa propre couleur : de manière que les brins d'herbe semblaient contenir des diamants, les troncs des arbres paraissaient de bronze, les toits de chaume se coloraient d'un brun rougeâtre, et les accidents de lumière les plus originaux et les plus étonnants s'accordaient pour plonger l'âme dans une rêverie que la chute des feuilles rendait profonde. Le silence qui régnait entre la marquise et le jeune homme ne fut interrompu que par les sons de la cloche du village. Cette harmonie mettait le comble à la douce mélancolie qui avait saisi l'âme ; quelque chose de voluptueux s'y glissait et préparait à écouter de tendres paroles. Alors, un bruit soudain, un mouvement rapide eussent brisé le charme de ce spectacle. Certes, la marquise n'avait pas pu choisir un plus bel exorde.

— Quel spectacle !... s'écria-t-elle, comme il élève l'âme ! il inspire l'amour du ciel et détache de la terre ! il partage cette puissance avec la plus noble de nos passions...

— Ah ! oui !... s'écria de son côté le vicaire, en saisissant la main de madame de Rosann, comme s'il eût saisi celle de son nègre *Fimo*. Vos paroles, reprit-il après un instant de silence, vos paroles sont en harmonie avec tout ce qui se passe dans mon cœur !... Hélas !...

Une joie divine s'éleva dans l'âme de la marquise quand elle entendit ces mots qui s'appliquaient aux événements de la vie passée de Joseph. Madame de Rosann les interprétait en sa faveur.

— Mon ami, continua-t-elle, malgré l'abord froid, la contenance sévère, et les manières sauvages que vous affectez d'avoir, un instinct secret m'a toujours dit que vous possédez une de ces âmes susceptibles d'exaltation, brûlantes, qui ne conçoivent rien que de grand et de sublime; qu'enfin vous comprenez l'amour, ce sentiment des héros...

— Que trop!... dit le vicaire avec une sombre énergie qui charma Joséphine.

— Vous devez savoir excuser avec grandeur d'âme les écarts dans lesquels nous jette cette passion indomptée; vous usez de cette indulgence si rare envers les victimes; vous les plaignez, et votre compassion douce et tendre arrose leurs blessures par le baume frais des consolations. Il n'est, je gage, jamais venu dans votre noble esprit de repousser froidement ou avec horreur une infortune d'amour.

— Et quel est le sauvage des déserts d'Afrique qui en serait capable?... s'écria le jeune homme avec la chaleur d'un criminel qui plaide sa cause.

— Alors, reprit la marquise confuse à force de bonheur, vous ne repousserez jamais de votre sein l'être qui s'y réfugiera?...

A ces mots prononcés avec un accent inexprimable, le vicaire contempla la figure de la marquise, et, malgré lui, fut forcé d'admirer l'expression sublime dont l'amour faisait briller son visage. Joséphine, profitant de son silence, reprit :

— Vous souvient-il que jadis les Athéniens condamnèrent à mort un enfant qui tua le moineau qui avait cherché un asile sur son cœur?...

Le vicaire pencha la tête en regardant toujours la marquise. O doux mouvement! il enivra Joséphine!... Elle crut être entendue.

— Eh bien, mon ami, si devant vous se présentait une femme et qu'elle vous dît : « O Joseph! je n'ai pu oublier la fierté de ton regard!... je t'aime! Le peu de route que nous avons faite ensemble sur ce chemin que l'on nomme la vie, m'a fait désirer de le parcourir tout entier en m'appuyant sur ton bras chéri. J'ai les mains pleines de fleurs, laisse-moi t'en couronner, et parer ce que j'aime de toutes mes richesses!... Sans pouvoir me vanter de posséder la jeunesse et la beauté, je puis répondre d'une constance sans mérite, car elle ne me coûtera pas d'efforts. Regarde-moi donc! puisque je suis folle de ton rare sourire : n'as-tu donc pas une parole à me dire? Ah!... un seul soupir me mettrait sur le trône du bonheur... Eh bien! Joseph?... »

L'innocente candeur et l'égide que formait son amour pour Mélanie empêchaient le vicaire de comprendre ce discours; il était immobile, et prenait un plaisir indicible à voir la marquise. Un murmure confus s'élevait dans son âme; il semblait qu'un sentiment naquît en lui...

— Que diriez-vous?... dit madame de Rosann avec l'accent de la douleur.

— Mais, madame, à quoi bon cette fiction?... Jamais pareille chose n'arrivera.

— Eh! Joseph! s'écria Joséphine, cette femme est moi!...

A ce mot, le vicaire se recula de trois pas et resta plongé dans un étonnement profond. Sa figure avait même une expression d'horreur.

— Oui..., continua la marquise, sachez que j'ai compté sur votre cœur... Ah! mon jeune ami!... rougissez pour nous deux, car la violence de ma fatale passion m'ôte, vous le voyez, toute retenue : je suis indigne du jour! mais apprenez au moins tout ce que je souffre : oui, depuis le moment où je vous ai vu, j'ai senti que le sort m'avait donnée à vous, je vous appartiens à jamais, malgré moi; depuis ce moment une fièvre m'a saisie et me dévore; je ne vois et ne désire que vous; je suis aussi malheureuse que créature puisse l'être, et tout à l'heure j'enviais le destin de la paysanne que nous venons de secourir! Maintenant, je n'aurai à envier le malheur de personne, le mien sera le plus grand de tous! je conçois le crime, et rien ne me retient... Oh! Joseph!...

Un déluge de larmes succéda au déluge de ces paroles. Le vicaire effrayé s'élança vers le village, mais madame de Rosann, se précipitant sur ses pas et l'arrêtant, lui cria au milieu de ses sanglots :

— Joseph, vous me fuyez! vous me méprisez! que je vous voie encore, ce sera pour la dernière fois!...

— Madame, songez-vous... à ce que vous faites?... Un crime!...

— Dieu!... quelle punition!... le dédain de celui qu'on adore!... Cruel! tu n'as donc pas aimé?...

Le vicaire s'arrêta, car le souvenir de tous ses maux le toucha.

— Au nom de celle que tu chéris, laisse-moi te dire adieu! s'écria madame de Rosann avec une énergie terrible. Grâce!... grâce pour celles qui aiment!... un regard, et je suis contente!...

— Madame, songez à votre nom, il vous dira tout!...

En prononçant ces mots, le vicaire lança à la pauvre marquise un de ces regards foudroyants qui percent l'âme par un dédain froid et une ironie cruelle.

— Grand Dieu!... C'est ma mort!...

Et madame de Rosann tomba sur un tertre de gazon. Le vicaire était déjà bien loin. Néanmoins, n'entendant plus rien, il se retourna et aperçut, à la lueur du crépuscule, la marquise étendue, pâle comme la mort. Il accourut, la sueur froide de la peur le saisit à cet aspect. Il relève cette femme en lui prodiguant les plus doux noms, il s'accuse, il la presse contre son sein.

— Madame!... s'écriait-il, je vous aimerai!...

A ce moment, elle ouvre un œil mourant, en murmurant :

— Quelle scène!... J'en mourrai!...

Elle tombe sans force. Tout à coup le bruit d'un équipage retentit, et bientôt la calèche de M. de Rosann et M. de Rosann lui-même sont à côté de la marquise. Joséphine est transportée dans la voiture avant qu'elle ait repris ses sens, et le marquis, en montant à côté de sa femme, saisit violemment la main de M. Joseph, et lui dit :

— Monsieur, nous éclaircirons cette affaire, ne comptez pas m'échapper!...

Le vicaire est resté seul à l'endroit où la marquise lui a fait l'aveu de sa passion; il regarde machinalement le paysage, le ciel, et cette voiture qui s'enfuit. Après un moment de rêverie, il revint à pas lents au presbytère, en réfléchissant à la bizarrerie de cette aventure. Sa candeur virginale et son bon cœur étaient tels, qu'il plaignit la marquise de ressentir tous les maux qu'il ne connaissait.

— Ah! s'écria-t-il en voyant le portrait de Mélanie, elle est doublement malheureuse, car jamais son amour ne sera partagé!...

Cette scène fut, comme on doit le deviner, le sujet des conversations de tout le village. Marguerite défendit le vicaire et fut seule à prétendre que le jeune homme avait rebuté madame de Rosann. En agissant ainsi, Marguerite n'était pas poussée par l'intérêt de M. Joseph; non, elle avait éprouvé la rigueur du vicaire, elle eût été au désespoir qu'une autre que Mélanie fît chanceler l'impassible ecclésiastique. Quant au bon curé, lorsque sa gouvernante lui raconta cette aventure singulière :

— *Chacun est fils de ses œuvres*, répondit-il en faisant craquer les feuillets de son bréviaire.

Lorsque la marquise arriva au château, on fut obligé de la mettre au lit sur-le-champ, et elle ne se réveilla de son long évanouissement que pour tomber dans un effroyable délire.

— Eh quoi! disait-elle à son mari, tu me dédaignes?... Ah! quand tu m'aimerais toute une éternité, quand tu m'accablerais des sourires les plus gracieux, quand je serais enfin au comble du bonheur... je ne pourrais oublier ton coup d'œil... Tu sais? ce regard... Pas un mot... Non, c'est un roc!...

Puis, se levant sur son séant, et roulant des yeux égarés, elle saisissait le bras de Marie, en criant :

— Mon fils!... que je revoie mon fils... et je mourrai heureuse... J'ai beaucoup aimé mon mari, reprenait-elle avec un fin sourire. Oh! oui, je l'aime encore... d'amitié. D'amour, dites-vous?... Non... non... Un être a tout emporté!... dans mon boudoir!... Joseph!... Joseph!... adieu!

M. de Rosann, assis sur une chaise, au pied du lit de sa femme, restait plongé dans un morne désespoir. Il avait dépêché un exprès à A....y et un autre à Paris. A peine s'il ose regarder le visage en délire de celle qu'il aime tant. Une horrible fièvre s'empara de madame de Rosann, et, lorsque les accès cessaient, elle devenait la proie d'un tel accablement, que l'on doutait qu'elle vécût, quand, les yeux fermés et le visage pâle, elle penchait sa belle tête décolorée comme si elle eût souhaité le cercueil. Le marquis passait toutes les nuits et le jour auprès du lit de sa femme, incapable de faire un seul mouvement, d'avoir aucune idée qui n'eussent pas pour objet la malade chérie.

Enfin le médecin de Paris arriva. Il suivit madame de Rosann pendant plusieurs jours et déclara que lorsque la fièvre et la maladie momentanée auraient cessé, la marquise languirait toujours ; que son moral avait reçu une trop forte secousse, et que le moindre malheur qu'il pût en résulter serait une mélancolie dont rien ne la guérirait ; qu'enfin si cette secousse violente, si cette mélancolie avait pour cause un amour, une passion, elle ne disparaîtrait que par une complète satisfaction. Comme il était impossible au marquis de douter de l'amitié que le médecin avait pour lui, cet arrêt le jeta dans la plus grande consternation. Il ne lui restait plus qu'à chercher quelle était la cause de l'état de la marquise, et par quel événement on l'avait trouvée presque morte à côté du vicaire, au milieu de la vallée d'Aulnay-le-Vicomte.

Il devait marcher de malheur en malheur. Un matin, Joséphine reposait, il espérait sa guérison prochaine, à l'aspect de son visage doux qui, pendant son sommeil d'innocence, paraissait revenir à la santé. Peut-être un songe, dans lequel elle voyait le vicaire, réjouissait-il son âme!... Tout à coup Jonio entre, et, s'approchant de son maître, demande à lui parler. M. de Rosann se lève, suit son domestique et s'arrête avec lui dans l'embrasure d'une des croisées du salon.

— Monsieur, je crois vous avoir donné plus d'une preuve d'attachement depuis que je suis à votre service.

— Qu'est-ce que cela veut dire?... Aurais-tu quelque querelle avec un de tes camarades?

— Non, monsieur, mais j'ai entendu parler de ce que le médecin avait prononcé sur l'état de madame la marquise.

— Eh bien?

— Monsieur, songez, je vous en supplie, qu'il faut vous être bien dévoué pour se soumettre volontairement à votre colère, en vous révélant ce que nous devons cacher dans notre cœur; car je n'ignore pas que notre devoir est de tout voir, tout entendre et oublier...

— Jonio, tu m'impatientes!... s'écrie le marquis.

— Monsieur, donnez-moi votre parole d'honneur que si, par suite des aveux que je vais vous faire, je vous deviens odieux, quoique vous en reconnaissiez l'utilité, vous prendrez soin de mon existence, en me plaçant dans quelque administration!...

— Ah çà, Jonio, plaisantez-vous?... Je vous ordonne de parler.

— Monsieur, je ne parlerai pas que vous ne m'ayez solennellement juré de prendre soin de moi, car je sais que, bien que je vais vous dire la vérité, il arrivera un temps où l'on vous excitera contre moi, et qu'alors vous préférerez mon malheur à celui d'une personne chère.

— Je te promets ce que tu veux, répondit le marquis.

L'astucieux Jonio déguisa le mouvement de sa joie, car M. de Rosann l'observait habilement; alors il répondit ainsi :

— Monsieur, le lendemain de son arrivée ici, madame la marquise (le marquis tressaillit) vit M. Joseph... Depuis ce temps, monsieur, elle n'a pensé qu'à lui : depuis ce temps, ils n'ont cessé d'être ensemble, et tout le village est instruit de ce que vous seul ignorez!...

— Malheureux!... s'écria le marquis, oses-tu bien calomnier ainsi?...

Mais M. de Rosann s'arrêta, parce qu'au fond de son cœur, une voix lui criait que Jonio avait raison.

— Je m'attendais à cela, monsieur; aussi je ne suis pas arrivé devant vous sans avoir des preuves!...

— Des preuves!... s'écria le marquis; ainsi, il serait donc vrai que ce que je soupçonne est réel! Joséphine aime ce jeune homme!... et elle se meurt pour lui!...

— Rien n'est plus vrai, monsieur, et l'ambitieux vicaire irrite l'amour de madame, afin de parvenir à des dignités par le crédit de monsieur.

— Et tes preuves?... s'écria brusquement M. de Rosann.

— Monsieur, ce qui prouve combien je suis certain de ce que je vous dis, c'est que je vous présente une lettre dont j'ignore le contenu : je ne me serais pas permis pour un million de décacheter une lettre d'un maître; mais je gage ma tête, M. le marquis, que ce billet est un billet d'amour, et qu'il indique un rendez-vous!...

Le marquis, ayant examiné le cachet, ouvrit avec rage ce fatal papier, le lut avec avidité. Une pâleur soudaine envahit son visage, et il s'écria :

— C'était le jour de mon arrivée!... Voilà la cause de la froideur de Joséphine... Sors!... dit-il à Jonio avec une sombre colère.

Le marquis serra la lettre, rentra dans la chambre de sa femme. Le désespoir le plus affreux torturait son âme, et une rage cruelle s'emparait de lui lorsqu'il regardait le doux visage de Joséphine... Que faire?... Mille projets, aussitôt détruits que formés, s'enfantaient dans sa tête exaltée. Madame de Rosann s'éveilla.

— Je suis mieux!... s'écria-t-elle doucement; mon ami, pourquoi n'es-tu plus à mon chevet?... Je veux me lever! Ah! comme je désire aller dans le parc, au tertre qui se trouve en face des ruines du château!

— Pourquoi?... dit le marquis en s'approchant.

— Pour y mourir!... car je sens que mes forces m'abandonnent.

— Tu disais être mieux?...

— N'est-ce pas être mieux que de mourir quand on ne peut plus vivre qu'entourée de honte? M. le marquis, dit-elle d'un ton de voix suppliant en lui prenant la main, n'imaginez jamais que je ne vous aime pas... mais souvenez-vous qu'avant de mourir, je veux revoir le vicaire d'Aulnay!...

— Je vais vous l'envoyer, madame!... s'écria le marquis avec un regard terrible; mais en le voyant, souvenez-vous aussi que ce sera pour la dernière fois!

— Que voulez-vous dire?... M. le marquis!... Il va le tuer!... Frédéric!...

Le marquis, s'éloignant à grands pas, laissa sa femme dans les douleurs d'une horrible convulsion.

Marie accourut et prodigua des soins touchants à sa maîtresse. Au milieu de son délire et prête à rendre le dernier soupir, la marquise jetait des cris perçants :

— Marie, je meurs!... arrête-les!... Ah! si je voyais..!

Ce dernier événement avait tellement allumé le sang de l'infortunée marquise, qu'elle touchait à sa fin. Penchée sur son oreiller, elle ne pouvait même plus parler, et, pour exprimer sa pensée, elle agitait faiblement ses doigts blancs et délicats. La nourrice, versant un torrent de larmes, s'écriait :

— Elle meurt comme Laurette!... mes deux filles chéries!... toutes deux!... c'en est trop!...

— Encore, Marie, dit la marquise avec une sombre fureur, si je voyais mon fils, ma mort serait presque douce!... O mon fils, je n'aurai pas tressailli à ton aspect!... Ne pas avoir joui d'un seul de tes sourires!... Ah! Marie, que de peines!... Le sujet des larmes secrètes de toute ma vie, mon fils!... la pensée de tous mes moments, je mourrai sans le voir!... Qu'elles sont heureuses celles qui rendent le dernier soupir entourées d'enfants!... O Dieu! tiens-moi compte de tout cela!... Encore si je contemplais notre jeune prêtre!...

Madame de Rosann, fatiguée de ce discours déchirant, retomba comme morte.

— Il me semble voir Laurette!... dit alors la nourrice effrayée.

A ce nom, la marquise fait un dernier effort, elle soulève sa paupière, et cherche à faire signe qu'elle trouve Laurette heureuse... A ce moment elle jette un faible cri; le vicaire est à la porte, il est arrivé doucement, et il regarde avec douleur le visage flétri de la mourante.

— Madame, dit-il en s'approchant du chevet funèbre, M. le marquis lui-même m'envoie.

Madame de Rosann, pour toute réponse, saisit de sa main brûlante la main du vicaire, et, par un geste délirant, elle la porte à ses lèvres et y dépose un baiser d'amour.

— Hélas! dit-elle, je suis entourée d'anges!... moi seule suis indigne. Vous me faites aimer mon mari encore plus que je ne l'aimais..., ajouta-t-elle faiblement.

— Il est parti!... répondit le vicaire, et il est venu me supplier d'aller vous voir...

— Être grand et généreux!... s'écria madame de Rosann. Tout cela, mon ami, dit-elle, m'ordonne de mourir! En achevant ces mots, une joie toute divine brillait sur son visage, elle regardait M. Joseph avec d'autant plus de volupté qu'elle se croyait tout permis par le voisinage de la tombe.

Le vicaire prodigua à madame de Rosann les consolations les plus tendres et les plus affectueuses. En entendant cette voix chérie, Joséphine sentait son horrible douleur morale se calmer, et le mieux sensible qu'elle éprouvait par la présence de M. Joseph engagea ce dernier à venir au château, pour tâcher de rétablir la santé de cette infortunée.

CHAPITRE XVIII.

Le marquis à la ville d'A... y. — L'évêque d'A... y. — M. de Rosann s'occupe de l'état du vicaire. — Reconnaissance des deux amants. — Ils revoient ensemble leur fils.

Le marquis de Rosann, en proie à la plus profonde douleur, se dirigeait vers la route d'A...y. Après avoir longtemps médité sur le malheur qui l'accablait, il venait de prendre un parti raisonnable : c'était de laisser le vicaire procurer par sa présence quelque soulagement à la maladie morale de sa femme, et il avait en même temps ordonné à Jonio de bien surveiller leurs entretiens et de s'assurer jusqu'à quel point l'intimité de ces deux êtres était arrivée : lui, pendant ce temps, allait à A... y solliciter, de l'évêque, un ordre subit et péremptoire, par lequel le vicaire serait forcé de quitter sur-le-champ Aulnay-le-Vicomte. Alors, il emmenait, de son côté, la marquise à Paris, en espérant que la dissipation achèverait la guérison que le vicaire aurait commencée.

— Certes, se disait-il en chemin, je n'en puis vouloir, au fond de mon âme, à la pauvre Joséphine. Les passions naissent involontairement chez nous; et la maladie de madame de Rosann, les discours qu'elle tient dans ses accès de délire prouvent qu'elle combat sa passion... je ne puis que la plaindre, gémir sur mon sort et sur le sien!... sa mort est pour moi le plus grand des maux, je dois donc tout sacrifier pour lui faire recouvrer la santé.

Aussitôt qu'il fut arrivé à A...y, il se dirigea vers l'évêché. Sa voiture entre dans la cour, et la paille sur laquelle elle roule indique à M. de Rosann que M. de Saint-André doit être bien mal. En effet, on refusa au marquis l'entrée de la chambre de l'évêque. Alors M. de Rosann s'adressa au secrétaire de monseigneur.

— Monsieur, dit le marquis à un jeune abbé, vous devez connaître M. Joseph, vicaire de ma terre d'Aulnay-le-Vicomte.

— Oui, M. le marquis. Est-ce que vous auriez à vous en plaindre?

— Au contraire!... s'écria le marquis, je m'intéresse tellement à lui que je venais prier monseigneur de lui trouver quelque place plus proportionnée à son mérite.

— Il ne la prendrait pas...! répondit le secrétaire en donnant une chiquenaude à une barbe de plume qui se trouvait sur sa manche.

— Vous m'étonnez!... dit M. de Rosann stupéfait; il est donc venu à Aulnay...

— De lui-même, interrompit le secrétaire, il a supplié monseigneur de l'envoyer là.

— Et quel est donc ce personnage?... demanda le marquis surpris.

— Monseigneur seul le sait!... repartit le jeune abbé avec un air de mystère qui fit trembler M. de Rosann.

— Quand je devrais le faire nommer cardinal..., s'écria-t-il avec dépit, il sortira d'Aulnay!...

— Je ne crois pas, dit finement le secrétaire, et si Votre Seigneurie veut faire quelqu'un cardinal, qu'elle s'adresse à un autre qui ne la refusera pas!...

— Monsieur, reprit le marquis, comme je ne suis pas un héritier de M. de Saint-André, que je ne dérangerai en rien ses dispositions testamentaires, pourriez-vous m'introduire auprès de lui?

— Très volontiers, dit le jeune prêtre en courbant sa moelle épinière devant le pair de France, ami intime du président du conseil des ministres.

Il guida le marquis de Rosann par un escalier seeret, en lui recommandant de ne pas faire de bruit. M. de Rosann entendit résonner la voix du prélat et ces paroles parvinrent à son oreille :

— J'institue M. Joseph, vicaire d'Aulnay, mon légataire uni...

A ce mot, M. de Saint-André s'arrêta en prêtant l'oreille au bruit des pas de ceux qui montaient par son escalier. Le marquis, frappant trois coups à la porte, entra sans attendre que l'évêque répondît. M. de Rosann trouva le prélat couché sur une chaise longue, auprès de la seule fenêtre dont les persiennes fussent ouvertes, de manière que le jour, donnant sur lui tout d'abord, faisait disparaître la teinte blanchâtre de sa figure sévère. L'appartement annonçait par sa noble simplicité le caractère de celui qui l'habitait.

— Monseigneur, dit le marquis, je vous supplie de m'accorder un instant d'audience, à charge de vous en rendre l'équivalent, à Paris, à votre ordre.

Le prélat se mit à sourire légèrement, et après avoir fait signe au notaire de se retirer, il indiqua au marquis un fauteuil qui se trouvait près de sa chaise longue.

— Mon fils, dit M. de Saint-André, si quelque péché vous amène à nous, je vous conseille d'aller mettre le verrou à la première porte de l'escalier, car, par la raison que mon secrétaire a méconnu mes ordres une fois, il pourrait y contrevenir une seconde.

Pendant que M. de Rosann courait fermer la porte, l'évêque sonna et ordonna à un de ses gens de faire retirer tout le monde des appartements voisins : puis il jeta sur ses jambes un couvre-pied de soie violette, et, secouant de dessus sa soutane violette le peu de tabac qui y séjournait, il se tourna vers M. de Rosann en poussant un soupir arraché par ses souffrances. Alors il regarda un grand crucifix placé sur la muraille en face de lui, et confiant sa tête chenue à sa main droite, il dit au marquis :

— Parlez !...

Comme le marquis ouvrait la bouche pour répondre, le prélat, dégageant sa main avec une vivacité qui contrastait avec l'espèce de solennité de ses mouvements, posa sa main droite sur le bras du marquis en lui demandant avec une visible émotion :

— Et comment va madame de Rosann ?...

— Hélas ! répondit le marquis en soupirant, elle est à la mort !...

— A la mort !... s'écria l'évêque en se mettant brusquement sur son séant, et... je n'en ai rien su !... Il est vrai, ajouta-t-il, que depuis six mois je suis perclus !...

— C'est au sujet de madame de Rosann que je viens vous voir, dit le marquis.

A ces mots l'évêque changea de couleur et regarda M. de Rosann avec une anxiété que l'on ne pourrait décrire ; il remua même sa jambe paralysée sans seulement s'en apercevoir.

— Que voulez-vous dire ? s'écria-t-il. Expliquez-vous !

— Monsieur, reprit le marquis, il y a un mois, j'étais l'homme de France le plus heureux : riche, bien vu du maître, ayant autant de pouvoir qu'un homme sage peut en désirer, bien portant, enfin, me reposant sur le sein d'une femme dont tous les regards étaient pour moi, passant ma vie avec un ange de vertu !

— Oh oui !... interrompit le prélat, c'est le modèle des *femmes* vertueuses, et un an de sa vie de *femme* effacerait mille fautes !...

L'évêque en disant cela avait les yeux au ciel et son visage semblait se rajeunir.

— Eh bien ! reprit M. de Rosann d'une voix altérée, tout mon bonheur s'est brisé devant un homme, et cet homme... est notre vicaire.

— Joseph !... s'écria le prélat avec effroi.

— Oui, monseigneur, madame de Rosann meurt d'amour pour lui !...

L'évêque s'est levé, il parcourt sa chambre en proie à une agitation cruelle.

— Oh ! mon Dieu ! s'écrie-t-il, Dieu de paix !...

Puis, se croisant les bras, il regarda fixement le crucifix et lui dit :

— Dieu tout-puissant, donne-moi la force, donne-la-moi !...

Enfin après un long silence il se retourna vers le marquis stupéfait, et lui dit :

— Que venez-vous me demander ?... Qui vous a poussé à me déchirer !... Pourquoi me choisir pour confident de cette peine ?... Que voulez-vous ?...

— Monseigneur, répondit le marquis, je venais vous prier de placer autre part ce jeune prêtre, afin que madame de Rosann puisse l'oublier... et recouvrer sa santé.

— *Il est des choses écrites dans le ciel !...* s'écria lentement le prélat ; et c'est folie que de vouloir arrêter le cours des volontés de Dieu !...

— Que dites-vous ?... reprit M. de Rosann, vous connaissez ce prêtre !...

— Si je le connais !... répéta avec énergie le prélat.

— Quel est-il ?... demanda le marquis en se plaçant devant M. de Saint-André.

— Il faut que Dieu même l'ignore !... répondit gravement l'évêque en levant un doigt vers le ciel.

— Parbleu ! je veux le savoir !... dit M. de Rosann avec un ton despotique.

— Mon fils !... répondit doucement le prélat.

— Instruisez-moi de la vie de cet homme, et vous aurez un chapeau de cardinal.

— Monsieur, dit froidement l'évêque, je suis

près de ma tombe, les honneurs ne me regardent plus guère; le pouvoir, ajouta-t-il ironiquement, ne peut plus m'atteindre, et tout ce qui me touche maintenant, c'est le salut de mon âme, c'est d'obtenir le pardon d'une faute éternelle. La terre ne m'occupe plus.

— Ainsi, vous me refusez tout!... dit M. de Rosann d'un air piqué.

— Retournez vers madame de Rosann, répondit doucement le prélat, annoncez-lui ma visite; je me traînerai, même mourant, jusqu'à votre château... et... ma présence y rétablira la paix...

— Vous en chasserez donc le vicaire?...

— Au contraire! s'écria le prélat d'une voix forte. Écoutez-moi, mon fils, les paroles des vieillards sont plus sages que l'on ne pense. Avez-vous songé quelquefois que vous n'aviez pas d'héritier, que votre nom meurt avec vous?...

M. de Rosann poussa un profond soupir et leva les yeux au ciel.

— Pensez-vous aussi que la faveur dont vous jouissez peut s'évanouir d'un moment à l'autre, et que depuis longtemps vous auriez dû en profiter pour ne pas laisser mourir votre pairie avec vous?...

Le ton que le prélat mettait à ses paroles, son regard profond, dénotaient une ambition, un désir, annonçaient des projets vagues; l'attitude de ce vieillard frappa M. de Rosann, de manière à ce qu'il en gardât un long souvenir.

— Que voulez-vous dire?... demanda-t-il avec l'accent de l'inquiétude.

— En voilà assez, reprit l'évêque, je suis fatigué, et... Je vous reverrai bientôt...

Là-dessus, lui donnant sa bénédiction, il ouvrit lui-même la porte au marquis qui sortit machinalement, et en proie à une rêverie causée par les derniers mots du prélat.

M. de Rosann remonta dans sa voiture, et regagna son château. Il courut à l'appartement de sa femme avec un empressement qui prouvait combien il l'aimait... Il eut un vif mouvement de joie en apercevant Joséphine levée; elle était assise sur un sofa, mais son œil terne, son attitude mélancolique annonçaient qu'elle brûlait toujours. M. de Rosann ne put s'empêcher de frémir en pensant que ce triste mieux était dû aux soins de son rival. La marquise se leva avec peine, marcha lentement vers son mari, lui jeta ses faibles bras autour du cou, et l'embrassa avec joie.

— Mon ami, dit-elle, sans M. Joseph tu ne m'aurais jamais revue.

Le marquis dissimula la douleur que cette naïve parole lui causa. Il regarda Joséphine avec une compassion touchante, et lorsqu'ils furent assis à côté l'un de l'autre :

— Ma chère belle, dit-il, l'évêque d'A....y, M. de Saint-André, viendra te voir très-incessamment!...

— C'est un de ceux que je dois revoir avant de mourir!...

Le soir, Jonio, qui connaissait assez le cœur humain, prit à part M. de Rosann et lui dit :

— Monsieur, je vous jure sur ma tête que la maladie de madame ne vient que de ce que le jeune vicaire est un fanatique que l'amour de son état transporte, et qu'il ne veut pas répondre à son amour... J'ai entendu leurs conversations, et j'en suis certain!...

— Jonio!... Jonio!... s'écria le marquis, aussitôt à Paris, je te procurerai l'emploi que tu désires!...

Le marquis, transporté de joie, court à l'appartement de sa femme; et, sans l'instruire des causes de son bonheur, il l'accable de tendres caresses et de soins touchants.

Le lendemain même, l'évêque d'A....y se rendit au château d'Aulnay-le-Vicomte. Lorsque le marquis aperçut la voiture du prélat, il descendit lui donner le bras, et il le guida lui-même vers l'appartement de madame de Rosann.

L'infortunée marquise était dans son boudoir, à la cheminée duquel le portrait de l'ecclésiastique dont nous avons parlé restait toujours. Joséphine, assise sur un fauteuil, et les yeux fixés sur la tenture de mousseline, croyait y voir la noble et touchante figure de son idole, des larmes roulaient sous ses paupières, et son attitude suffisait pour déceler la contemplation méditative d'une amante malheureuse. Tout à coup, elle entend des pas, elle tressaille, la porte s'ouvre et son mari paraît, conduisant M. de Saint-André. Madame de Rosann baissa les yeux, le prélat n'osa regarder Joséphine.

— Madame, dit-il avec une émotion qu'il ne put cacher malgré sa longue habitude et l'expérience que l'âge lui avait donnée pour dérober ses passions à l'œil des hommes; madame, aussitôt que j'ai appris vos souffrances, je suis accouru, vous le voyez, pour y prendre part.

— Monseigneur, dit-elle, il en est que vous auriez dû calmer depuis bien longtemps!...

— Depuis bien longtemps, répéta le prélat avec un air de reproche; non madame, non!... il n'y a pas longtemps que je le puis.

— Vous parlez hébreu pour moi, interrompit le marquis, en examinant avec attention l'émotion profonde de sa femme et du prélat.

— Mon ami, dit Joséphine regardant M. de Rosann avec douceur, je te prie de me laisser seule avec monseigneur, et d'avoir soin que personne n'approche d'ici!...

Le marquis se leva, et s'en fut!... Quel mo-

ment!... Après dix ans, la marquise revoyait l'objet de ses premières amours!... Malgré la rudesse que la religion avait donnée à son âme, l'évêque ne put réprimer le mouvement de volupté douce qui fit tressaillir son cœur lorsque son amante lui jeta un premier coup d'œil, empreint de toute la grâce des souvenirs. Quoique la vertu la plus austère eût depuis longtemps détaché le vieux prêtre de tout ce que le monde offre de plaisirs, il fut forcé de s'approcher, et une force indomptable le porta à serrer la main de madame de Rosann, en s'écriant :
— Joséphine!...

Pour toute réponse, la marquise lui montra du doigt le portrait qui était sur la cheminée, et l'austère prélat, y jetant un rapide coup d'œil, sentit battre tout son cœur, sentit tous ses amours-propres flattés, en reconnaissant le portrait qu'il donna jadis à mademoiselle de Vauxcelle, sa première, sa seule passion. Il ramena son regard sur la pâle Joséphine, et il s'aperçut que ce qu'il venait lui dire exigeait les plus grands ménagements, car elle n'était pas assez forte pour pouvoir en supporter la nouvelle.

— Grand Dieu! s'écria-t-il, comment puis-je aggraver ma faute, au moment où je touche au cercueil!... Grand Dieu! me pardonneras-tu?...

— Il n'y a plus de crime à me voir!... répondit la marquise.

— Vous ignorez donc que je vous aime toujours!...

— Ne le dois-je pas, d'après l'accueil que vous me fîtes lorsque, il y a dix ans, je fus à A...y?

— Joséphine, s'écria le prélat, excuse-moi! J'ai craint de perdre, par quelque imprudence, la considération dont je suis entouré : cette odeur de sainteté, cette réputation sans tache se seraient évanouies, et..., s'il faut l'avouer, je me craignais moi-même! Je sentais que je t'aimais toujours, et la sévérité dont je me suis armé n'était que trop nécessaire pour moi!... Quant à vous, madame, reprit le prélat, quant à vous, chez qui mon image n'est pas restée gravée longtemps...

— Ingrat!... s'écria la marquise, quand j'aurais dû oublier l'amant, le père de mon enfant ne me serait jamais devenu indifférent!... Adolphe! je vous aime toujours!...

Le ton de cette dernière phrase était d'une énergie sans pareille, il indiquait l'espèce de sentiment que madame de Rosann gardait au prélat.

— Ah! je vous aimerais bien plus, reprit-elle avec un soupir, si vous m'aviez laissé mon fils!...

— Comment, Joséphine, osez-vous me tenir un tel langage, lorsque vos traits annoncent que vous êtes en proie à une passion criminelle?...

— Monseigneur, est-ce à vous à me le reprocher?... dit-elle en lui lançant un regard foudroyant.

— Oui, madame, répondit le prélat, parce que lorsqu'on a un fils...

— J'ai un fils!... j'ai un fils!... s'écria-t-elle en délire, où est-il donc?... ah! monseigneur!... Adolphe!...

Et elle se précipita aux genoux de l'évêque.

— Par grâce, dites-moi tout!... rendez-moi mon fils!... cria-t-elle avec cette brûlante énergie, avec cette voix déchirante d'une mère espérant voir son seul enfant pour la dernière fois de sa vie.

— Madame, s'écria le prêtre à voix basse et en se levant; madame, songez que l'on peut nous entendre!... qu'un seul mot me perd... vous, votre enfant!... tout!...

L'effroi de M. de Saint-André annonçait combien il tenait à l'éclat de sa réputation de sainteté.

— Il n'est donc pas mort?... demanda madame de Rosann presque hors d'haleine, et dont les yeux dévoraient le cœur de glace du rigide évêque.

— Non!... répondit-il avec un sourire expressif.

— Puissances du ciel, mon âme se brise!...

Et la marquise tomba presque évanouie sur son sofa.

— Adolphe, à quelle torture tu me mets.. au nom de Dieu!... si tu veux effacer tes fautes aux yeux de l'Éternel, ne me fais pas languir... dis-moi, tu l'as revu?...

— Oui...

— Tu l'as nommé ton fils!... tu...

— Non!... répondit énergiquement le prélat, tout doit ignorer notre faute, même lui!...

— Ah! je reconnais là, s'écria la marquise pleurant, je reconnais celui que la religion, poussée à l'excès, a rendu inaccessible aux sentiments les plus beaux qui soient dans le cœur de l'homme. Adolphe, dit Joséphine en saisissant le bras du prêtre, dis-moi où est mon fils, ce qu'il est, ou je publie sur toute la terre ma honte et la tienne.

— Le secret mourra donc là!... répondit froidement l'évêque en montrant son cœur, si tu ne me jures pas d'observer exactement tout ce que je vais te prescrire.

— Oh! je te devine!... Eh quoi! tu n'as pas foulé toutes les lois humaines, vertu, gloire, vie future pour saluer ton fils d'un baiser paternel!... ah Dieu!... je sacrifierais cette vie mortelle et... l'autre, pour le voir dix minutes!...

Ayant dit, la marquise retomba sur son siége et resta immobile. L'évêque, saisissant ce moment d'abattement, s'avança pour lui parler.

— Laisse-moi! dit-elle. Va, malgré tes pénitences, tu n'iras pas auprès d'un Dieu dont le plus beau titre est celui de Père!... Faire languir et mettre au supplice une mère!...

— Joséphine, tu dois savoir quel est ton fils! Le

ciel le veut, car, après tout ce que j'ai fait pour anéantir cette preuve énergique de notre faute!...

— Anéantir!... s'écria la marquise avec le cri sublime de l'effroi.

— S'il a pu échapper...

— Ah!...

Et madame de Rosann put respirer.

— S'il a pu échapper, reprit l'évêque, c'est que Dieu veut que vous jouissiez de son aspect.

— Et je suis forcée d'entendre de pareils discours..., dit Joséphine avec l'accent d'une profonde douleur.

— Joséphine, écoute-moi!... continua l'évêque, regarde mes cheveux blancs... dans peu, la tombe va recevoir celui dont tu fus l'unique passion! laisse cette tête blanchie se couvrir sans tache du fatal linceul; tu n'auras pas longtemps à tenir tes serments. Je vais te déchirer le voile qui te cache ton fils, mais jure-moi que, tant que je vivrai, tu ne l'instruiras pas du mystère de sa naissance! Imite-moi, Joséphine! contente-toi du délicieux tressaillement de ton sein à sa douce vue... renferme en toi-même cette joie divine... Quand je serai mort, tu pourras lui dire : « Je suis ta mère... » Jusque-là, garde le secret dans ton sein! car, ma fille, l'intérêt de notre enfant l'exige, tu peux encore l'adopter un jour!... alors, garde-toi de prononcer un seul mot qui puisse nuire à sa fortune... elle sera brillante... A ce prix, tu vas connaître ton fils.

— Adolphe, monseigneur, je jure tout!... s'écria-t-elle avec vivacité.

— Tu m'as compris..., continua le prêtre en exprimant le contraire par son regard.

— Oui!... répondit-elle brièvement.

— Jurez sur l'Évangile!... dit le prélat.

— Je jurerais avant tout par mon enfant!... mais, dit-elle avec un sourire ironique, l'évêque d'A...y doit savoir que madame de Rosann tient un serment.

— C'est vrai, repartit le prélat en se souvenant qu'aucune indiscrétion n'avait trahi le secret de sa faute, ainsi que Joséphine le jura jadis. Madame, reprit-il, votre fils...

— C'est?... dit-elle en pâlissant, tremblant, rougissant et respirant à peine.

— Au moins, Joséphine, recueillez-vous, rassemblez vos forces, il faut vous attendre...

— Mon fils!... mon fils!... mon fils!... répéta-t-elle avec une énergie croissante.

— C'est..., dit l'évêque en la regardant.

— Achevez, car je meurs!...

— C'est Joseph!... le vicaire, s'écria M. de Saint-André.

A ce nom, madame de Rosann tomba évanouie, il semblait qu'un coup de feu l'eût atteinte au cœur.

En voyant Joséphine étendue sur le parquet, l'évêque perdit la tête et sonna, mais lui-même sentit son cœur défaillir, et lorsque M. de Rosann accourut, il eut l'effrayant spectacle de ces deux êtres privés de la vie. Il s'échappa, courut rapidement chercher des sels... Alors, la marquise revint à elle, et s'élança en criant avec la rage de la folie :

— Mon fils!... mon fils!...

L'évêque la retint dans ses bras débiles en lui disant :

— Madame!... vos serments!...

Madame de Rosann regarda le prêtre effrayé et se tut; mais son regard reprochait énergiquement cette barbarie au prélat.

— Mon ami, dit-elle à M. de Rosann qui rentra dans ce moment, mon ami... j'existe maintenant!... je suis guérie!...

Elle n'était plus sur la terre, sa joie l'assimilait aux anges.

— Mon fils, reprit l'évêque en s'adressant au marquis, je vous ai promis d'apporter la paix en ces lieux; j'ai rempli ma promesse!... heureux si cet effort ne me coûte pas la vie! Adieu !

M. de Saint-André se leva, mais un regard de Joséphine le fit rester; elle fut à lui, et l'attirant dans la pièce suivante :

— Barbare, vous n'irez pas voir votre fils!...

— Avec vous, n'est-ce pas?... reprit-il avec un sourire et un regard où tout le feu de son premier âge et de son premier amour apparaissait.

— C'est le moyen de reconquérir tout ce que vous avez perdu.

— M. le marquis, dit le prélat en rejoignant M. de Rosann, madame vient de faire un vœu, je vais la conduire pour qu'elle l'accomplisse, vous ne tarderez pas à nous revoir.

— Comment, ma belle, s'écria le marquis, toi qui pouvais à peine te traîner, même soutenue par deux femmes... tu parles de sortir?

— Mon ami, j'existe, reprit-elle, je ne suis plus *moi* de tout à l'heure, je suis une autre femme, et tu y gagnes!... au revoir, mon vassal!..

Elle marcha avec une légèreté incroyable, en souriant à toute la nature : jamais ciel ne lui parut plus beau, jamais heure, jamais moment ne furent plus délicieux. Elle se plaça à côté de l'évêque qui ordonna à son cocher de les conduire au presbytère.

. . . .

Le bon curé était à table avec son vicaire ; le jeune homme, triste comme à son ordinaire, songeait à Mélanie.

— Comment avez-vous trouvé la marquise? demanda M. Gausse.

— Elle marche à sa tombe à grands pas, ainsi que... Mélanie, ajouta-t-il en lui-même. Malheureuse femme ! je la plains ! mais, d'un autre côté le néant est le lit de roses de l'infortune.

— J'aime mieux mon lit de plume, dit joyeusement le curé. Que cela m'afflige ! reprit-il avec un air attristé ; madame de Rosann est si bonne, si aimable !... Bah ! Dieu est sage, mon jeune ami, le marquis se remariera, il aura des enfants qui hériteront de sa pairie ; cependant, *vieux mari, jeune femme, mettent l'amour en terre* ; et, quoique *amour et seigneurie ne veulent pas compagnie*, s'il se remariait, il pourrait avoir des enfants... mais *il n'y a si bon cheval qui ne bronche, un clou chasse l'autre*. Marguerite !...

Ah ! bah !... Marguerite regardait par la fenêtre ; elle accourt, s'écrie :

— Voici monseigneur !...

Puis, elle s'échappe et ouvre la porte en arrangeant son bonnet. M. Gausse et M. Joseph s'étant élancés dans le salon, ce fut de cette pièce qu'ils allèrent à la rencontre de l'évêque et de la marquise. Je voudrais qu'un peintre représentât fidèlement le premier regard que madame de Rosann jeta sur son fils... Elle s'admira elle-même !... Son œil humide, ayant perdu le feu sombre de sa passion criminelle, savoura la plus grande volupté qu'il y ait pour une femme... Ah ! quelle énergie il lui fallut pour ne pas voler dans les bras de ce beau jeune homme, et le couvrir de ses baisers maternels ! Grand Dieu ! quel supplice !...

L'évêque prit la main du jeune homme, chose qui excita l'envie de la mère, et il lui témoigna tout son amour par un doux serrement de main. On s'assit ; M. Gausse, malgré sa haine pour le latin, récita, pour compliment, le *Nunc dimittis*, à M. de Saint-André, qui remercia le bon pasteur par un mouvement de tête. Le bon homme, dans sa joie, prit d'abord la visite pour lui ; mais un instant de réflexion, et l'aspect de la marquise qui ne leva pas les yeux de dessus le vicaire, le firent revenir de son enthousiasme.

Madame de Rosann ne savait pas où elle était : pour elle, l'humble salon du curé devenait un palais embelli par les magnificences des prémices de ses sentiments de mère. Si je ne m'appesantis pas davantage sur un pareil instant, c'est qu'il n'y a pas de couleurs pour en peindre le charme, et qu'il passa aussi vite que la ligne que vos yeux viennent de parcourir. La marquise était revenue au château, elle se trouvait assise dans son fauteuil, et l'évêque voyageait depuis longtemps sur la route d'A....y, qu'elle s'imaginait avoir rêvé, et n'avoir vécu qu'une seule minute ; la minute où elle vit son fils. Le soir elle se coucha en pensant à M. Joseph, elle devait se réveiller avec cette même pensée. Heureuse, mille fois heureuse !...

On doit, pour peu qu'on ait d'imagination, se figurer tout ce qui se passa dans le village, que la visite de l'évêque au presbytère avait mis en rumeur. Marguerite eut une longue conférence avec son maître, à qui elle chercha à prouver que M. Joseph était fils de l'évêque ; mais M. Gausse répondit que *chacun était fils de ses œuvres*.

CHAPITRE XIX.

La marquise et son fils. — Rendez-vous donné. — Jalousie de M. de Rosann au comble. — Type des scènes conjugales.

Un tel événement influa visiblement sur l'état de la marquise, et si elle avait trouvé des forces pour le premier moment, lorsque le lendemain elle se réveilla, une grande faiblesse terrassait toutes ses facultés. En effet, à l'instant où l'évêque lui avait montré son fils dans celui qu'elle aimait d'amour par une impulsion secrète de la nature, une terrible révolution s'était faite dans son esprit. Cette situation, une des plus extraordinaires, la plus inouïe peut-être qui puisse se rencontrer dans la vie d'une femme, lui eut causé la mort, si, au milieu du renversement total de ses sentiments, il ne s'était pas élevé la joie ineffable de la maternité.

Enfin, lorsqu'elle vint à pouvoir réfléchir, elle se trouva malheureuse.

— Eh quoi ! se disait-elle, il me faut voir mon fils, sans oser lui parler... Il va me fuir, car il prendra tous mes regards et toutes mes paroles pour des preuves d'amour, de cet amour que j'abhorre ! Ah ! comme je suis bien plus heureuse d'être sa mère ! oh ! comme je voudrais ne lui avoir jamais parlé, et pouvoir effacer le souvenir de la scène de la vallée... Quel fils !... talent, beauté, vertu !... Ah ! quand pourrai-je lui dire : « Joseph, tu es mon fils !... » mais, hélas !... ce sera lui dire : « Mon fils, tu n'as point de nom, ton père te renie, quoiqu'il t'aime !... » Hélas ! oui, comme l'a fait observer Adolphe, sa fortune dépend de mon silence !... Si M. de Rosann pouvait l'aimer !... Quoi ! un jour, à la face du monde, et non plus en secret, je le nommerais mon fils ?.. Il aurait un nom !... Malheureuse mère, tais-toi !... Quel supplice !

Elle en était là de ses réflexions, lorsque M. de Rosann entra, en regardant sa femme avec inquiétude.

— Eh bien ! ma belle, comment allez-vous ce matin ?

— Très-bien, très-bien, je suis guérie... Asseyez-vous là, plus près de mon lit... Bien !...

— Es-tu guérie de tout... âme et corps ?... demanda le marquis

— Oui, dit Joséphine en pressant la main de son mari ; mais écoute, mon cher enfant, si tu veux me voir toujours rayonnante de bonheur et de santé, laisse-moi souvent avec M. Joseph, et n'en prends nul souci...

A ces mots, le marquis frémit et regarda sa femme avec une vive inquiétude.

— Chère amie, dit-il, vous savez à quel point je vous aime; pour vous, je ferais les plus grands sacrifices; mais songez à vous-même, aux dangers auxquels vous vous exposez!... Si vous êtes mieux, partons plutôt pour Paris!...

— Jamais!... s'écria la marquise, je veux rester à Aulnay toute ma vie!...

— Que dites-vous?... repartit M. de Rosann stupéfait. Quelle paix l'évêque a-t-il donc apportée? se dit-il à lui-même.

— Monsieur, reprit Joséphine en attirant son mari par un geste plein de grâce, vous qui vous mêlez journellement des secrets des États de l'Europe, et qui devez en savoir long sur la manière de surprendre les pensées des autres... écoutez donc!... Je voudrais bien savoir pourquoi un jeune homme de l'âge, de la tournure et de l'esprit de M. Joseph se confine à Aulnay!... Il a des chagrins... car par quel événement s'est-il fait prêtre?...

Ces derniers mots furent dits avec l'accent du regret.

— Madame, répondit le marquis, on ne cherche à deviner que des secrets d'une grande utilité...

— Mon cher vassal (c'était le mot favori de la marquise), dit-elle en changeant subitement de pensée, avouez-moi, cher ami, quels sentiments vous avez pour ce jeune prêtre...

— Je le hais...

— Parce que je l'aime?...

— Peut-être..

— Je veux vous le faire aimer!... Et vous savez, beau chevalier, que ce que je me mets en tête...

— Je suis un homme perdu! dit le marquis en riant.

Ce fut ainsi que, chaque jour, la marquise harcela M. de Rosann, pour le faire changer de sentiments à l'égard de M. Joseph. Elle y mit une telle grâce, elle entoura son mari de tant de soins, de prévenances, d'amour, que ce dernier ne savait qu'en penser : toutes ses idées se confondaient et se perdaient dans ce labyrinthe inextricable, et il s'avouait en lui-même que la femme est un être indéfinissable. Mais ce qui se passa entre le jeune prêtre et madame de Rosann vint le troubler encore plus qu'auparavant, et sa jalousie, croissant de jour en jour, ne connut bientôt plus de bornes.

En effet, une fois que la marquise apprit qu'il n'y avait plus de crime à voir M. Joseph, on sent qu'elle le vit souvent. D'abord, tant qu'elle fut trop faible pour se lever, elle faisait demander le jeune prêtre, et le retenait longtemps à son chevet; puis, lorsqu'elle entra en convalescence, elle se promena dans son parc appuyée sur le bras du vicaire, qu'elle choisissait pour soutien avec un visible plaisir, et ces préférences marquées déchiraient le cœur de M. de Rosann, qui, pendant les huit premiers jours, ne les laissa pas une minute seuls, et une rage effroyable agitait son âme lorsqu'il surprenait les regards humides que sa femme lançait au jeune prêtre.

Un matin, c'était la troisième fois que madame de Rosann se promenait dans son parc, elle se dirigeait, avec M. Joseph et son mari, vers les ruines de l'ancien château, lorsqu'une affaire obligea le marquis de se retirer et de les laisser seuls.

— Mon ami, dit madame de Rosann au jeune prêtre, vous devez vous souvenir de la cabane du bûcheron... Tâchez, je vous en prie, d'oublier cette affreuse scène; car maintenant mes sentiments pour vous ont pris un autre cours, et je ne vous aime plus que comme *une mère*... Vous n'avez jamais connu la vôtre, je n'ai jamais vu mon fils... il aurait votre âge... laissez-moi vous donner ce doux nom, et si vous avez quelque amitié pour moi, l'illusion sera presque une réalité.

— Ah! madame, reprit le vicaire, je puis vous assurer qu'il ne me sera pas difficile d'avoir pour vous des sentiments de cette nature; mais, si vous voulez que je parle à cœur ouvert, je le crains...

— Ah! ne balancez pas, s'écria la marquise avec vivacité, livrez-vous-y tout entier!...

— Je regardais même, continua Joseph, cette promenade comme la dernière. Vous êtes parfaitement bien rétablie, vous avez sur le visage les roses de la santé... vous n'êtes plus triste, et la mélancolie a fui... Je ne dois plus être à vos côtés... Là où gémit le malheur, là j'habite... Regardez mon front, chaque jour il pâlit davantage.

— Joseph! vous ne direz donc pas vos chagrins à votre mère?

— Oh! non..., s'écria le jeune prêtre.

— Mon ami, dit la marquise, vous ne sauriez croire combien j'aurais de plaisir à vous consoler. Ah! croyez-moi, les femmes véritablement amies connaissent l'art de guérir les plaies de l'âme... et si vous pouviez deviner à quel point je vous aime... sans que ma vertu en reçoive aucune atteinte, ah! Joseph, si vous en aviez l'idée, vous ne me refuseriez pas... Concevez-vous, dit-elle avec un son de voix touchant, concevez-vous un amour chaste, un sentiment qui s'effarouche de la seule apparence d'une caresse amoureuse : enfin, une tendresse sainte, dont les témoignages sont purs comme une goutte de rosée qui pare le calice d'une fleur matinale; prenez une idée exacte de cette grande beauté de sentiment, et vous comprendrez ce que je sens pour vous... Puisse, mon jeune ami, mon fils, puisse cette phrase, cet aveu remplacer dans votre mémoire les fougueuses paroles que je vous ai prononcées au milieu de la vallée, et les remplacer tellement qu'il n'en reste plus de traces !...

— Ah! s'écria Joseph, vous avez dépeint tout ce que je sens pour vous! car vous avez vaincu ma misanthropie, et près de vous seule j'oublie mon serment et mes malheurs, et tout... enfin.

— Viens donc me les confier, dit cette mère dont les yeux parcouraient avec complaisance le visage basané du vicaire ; j'imagine, ajouta-t-elle, que vos maux ne sont pas sans remède, et que votre douleur repose sur des causes qui manquent de réalité.

— Hélas! s'écria le jeune prêtre en lui-même et en détournant ses yeux pleins de larmes, qui donc peut faire que je ne sois pas le frère de Mélanie?...

— A quoi songez-vous? vous ne répondez pas! Allons, Joseph, vous êtes *mon fils... d'adoption*, ayez confiance en votre mère.

— Ah! si cela était! s'écria Joseph en versant un torrent de larmes.

Il s'assit sur le gazon, et cachant son visage entre ses mains :

— O Mélanie! Mélanie, quelle joie! dit-il à travers ses sanglots.

— Qu'est-ce? demanda la marquise qui pleurait en voyant pleurer son fils.

— Eh bien! reprit le vicaire, puisque vous avez une amitié sincère...

— Ah! je vous l'ai prouvé, ici même, en vous confiant mes secrets... Joseph, dit-elle en le regardant avec une émotion profonde, si vous aviez pour mère (songez que c'est une supposition!) si vous aviez pour mère une femme qui, de même que moi, vous eût conçu d'une manière illégitime, que feriez-vous en la retrouvant?

— Ce que je ferais! s'écria le vicaire enflammé par le mépris qu'il avait toujours conçu pour les cérémonies et les barrières sociales ; ce que je ferais ! je me jetterais dans ses bras, et je voudrais, à la face du monde, la proclamer ma mère et vertueuse! j'irais au bout de la terre vivre avec elle, et l'entourer de tant d'amour, que la honte et l'opprobre injuste des hommes ne pourraient l'approcher.

— Joseph, Joseph! qui donc t'instruisit?

— La nature! s'écria-t-il avec une force incroyable, en montrant le ciel par un geste délirant. Ah! dit-il, que ne suis-je resté dans mon désert, avec les nègres-marrons !... Je ne mourrais pas jeune, triste et consumé par une passion éternelle!

Madame de Rosann s'était jetée au cou du prêtre, et l'embrassait avec un délice que rien ne peut rendre.

— Je n'en puis plus! répondit-elle, je suis suffoquée!... Joseph, à demain, viens au château, par le parc! tu monteras par l'escalier dérobé, je serai dans mon boudoir, et je m'arrangerai pour que nous soyons seuls.

— C'est cela !... s'écria M. de Rosann quand le vicaire et sa femme furent partis.

Il s'était approché à pas de loup, et favorisé par un massif, il venait d'entendre ces derniers mots.

— Ah! reprit-il, je vois ce que l'évêque d'A....y est venu faire chez moi !... O race infernale des gens d'Église !... Ils prennent le monde pour leur sérail, et se secourent les uns les autres. Oui... M. de Saint-André sera venu par quelques arguments bien jésuitiques, bien spécieux, lever les doutes de madame de Rosann et lui donner même l'absolution... Mais quel intérêt avait-il?... O rage !... Ah! je veux éclaircir ce mystère !... ou plutôt, je ne sais ce que je veux !...

M. de Rosann fut au supplice toute la journée; il regardait sa femme avec une attention, un soin d'inquisiteur, et ses yeux semblaient aller chercher ses plus secrètes pensées au fond de son âme. Un horrible tourment torturait son cœur lorsque Joséphine tournait sur lui des yeux remplis de douceur et d'innocence, et qu'il voyait son visage resplendir de contentement et de bonheur, lorsqu'il sentait ses caresses l'accabler d'une manière tellement affectueuse, qu'il en était surpris... Alors, l'idée qu'elle aimait le vicaire empoisonnait tout, et il se serait volontairement déchiré le sein, quand il songeait que tout était feint, et qu'elle s'imaginait le tromper... Il jura d'enlever sa femme de vive force et de l'emmener à Rosann ou à Paris. Enfin, sa fureur arrivant au comble, il médita de se venger et du prêtre et de Joséphine.

Le lendemain matin, il mit Jonio en embuscade, pour qu'il le prévînt lorsque le prêtre paraîtrait. Mais madame de Rosann ne lui laissa pas le loisir de pouvoir venir troubler son entretien. Elle entra chez son mari, chose qui ne lui était pas ordinaire ; et, s'asseyant sur ses genoux, elle lui dit avec des gestes gracieux, et un ton charmant de plaisanterie et de gaieté :

— Mon amour, les vassaux doivent obéir fidèlement aux moindres ordres de leurs seigneurs, vous savez cela...

— Nous y voilà !... s'écria M. de Rosann, je vois...

— Ah !... il est expressément défendu de murmurer..., interrompit Joséphine en embrassant son mari. Écoutez donc! mais lorsque c'est le plaisir d'une souveraine qui fait marcher le vassal, il doit alors se briser en mille morceaux plutôt que de ne pas la satisfaire.

— Et tout cela est, reprit le marquis, pour me dire...

— D'attendre patiemment ma volonté...

— Ah ! c'est un peu trop fort! s'écria M. de Rosann.

— Comment trop!... pas assez! il n'y a jamais rien de trop fort. Eh vraiment! on se donnera la peine de vous aimer de tout ce que l'on a de force dans l'âme, on vous prodiguera toutes les plus jolies caresses, on cherchera à vous plaire, et nous n'aurions aucun droit sur vous!... Naissez donc jolie femme!...

— Joséphine, souvenez-vous bien de ce que vous venez de dire là, et tâchez de pratiquer ces préceptes... aujourd'hui seulement.

— Qu'est-ce que cela?... votre ton annonce de la rébellion, je crois? allons, j'exige que vous montiez en calèche, et que vous vous dirigiez vers A....y, vous m'en rapporterez tous les romans nouveaux qui auront paru depuis mon arrivée à Aulnay.

— Quelle est cette nouvelle fantaisie?...

— Ah! ah! s'écria madame de Rosann en riant, avez-vous jamais vu qu'une femme rendît compte de ses caprices?... Mais, tout change... Comment feriez-vous donc, si nous n'en avions pas?... Ah! désormais, lorsque je m'en irai, j'aurai soin, pour vous gouverner, de laisser mon dé ou l'un de mes chapeaux, pour imiter Charles XII qui voulait envoyer une de ses bottes au sénat de Stockholm.

— J'y cours, madame, j'y cours!

L'expression sardonique que M. de Rosann mit à ce mot fit tressaillir Joséphine. Néanmoins, le marquis fit mettre les chevaux et partit au grand galop. Bientôt madame de Rosann perdit de vue la calèche, et elle se rendit à son boudoir.

— Enfin, se dit-elle, je vais connaître les malheurs de mon fils!...

— Madame, s'écria Marie tout essoufflée, voici le vicaire!

— Bon, ma chère nourrice, mets-toi en sentinelle, et que rien ne nous interrompe.

La nourrice courut dans le vestibule en laissant toutes les portes ouvertes. Comme Marie arrivait à l'antichambre des appartements de la marquise, elle se trouva face à face avec M. de Rosann qui avait laissé partir la calèche toute seule, et que Jonio venait d'avertir que le prêtre montait chez madame par l'escalier dérobé. Jonio avait même eu l'adresse perfide de mettre le verrou en dehors, à la porte de l'escalier, de manière que M. Joseph ne pouvait plus sortir que par les appartements.

— Monsieur, s'écria courageusement la nourrice, madame désire être seule...

— Taisez-vous, vieille folle!...

Et le marquis s'élance. Mais la nourrice, oubliant son âge, courut plus rapidement et arriva au boudoir en criant :

— Madame, voilà monsieur...

Sur-le-champ, la marquise ferma la porte au verrou, en priant le prêtre de ne pas dire un mot.

En ce moment, une idée terrible vint l'épouvanter, c'est que, sous peine de faire le malheur de M. de Rosann, il fallait lui expliquer l'intérêt qu'elle portait au jeune homme.

— Madame, s'écria le marquis en secouant la porte du boudoir, ouvrez-moi sur-le-champ, je le veux!...

— Il ne me plaît pas de le faire, répondit-elle.

— Jonio, dit le marquis, allez chercher des maçons, et faites murer l'autre porte! Madame, reprit-il, vous n'êtes pas seule?...

— Non.

— Ouvrez-moi donc sur-le-champ, ou je brise la porte!...

— Libre à vous, M. le marquis, mais, si vous brisez la porte, vous m'ouvrirez celle d'un couvent, et de votre vie vous ne me reverrez.

— Que faut-il donc que je fasse!... s'écria-t-il en frappant du pied et déchargeant un coup de canne sur une pendule qui se trouva sur la cheminée contre laquelle il était; car je n'ignore pas, dit-il d'une voix éteinte, que vous êtes avec le vicaire; mais il le payera de sa vie.

— Tuez-moi donc!... dit froidement le vicaire, en ouvrant la porte du boudoir.

Ce sang-froid et l'attitude noble et imposante de M. Joseph glacèrent le marquis.

— Joseph!... s'écria madame de Rosann, retirez-vous!... Et vous, M. le marquis, sous peine de me voir mourir, gardez-vous de toucher à un seul cheveu de sa belle tête!...

L'ecclésiastique s'en alla lentement, et en déployant une majesté noble et le calme de l'innocence.

Le marquis, stupéfait, le regarda sortir; et, après avoir laissé échapper un mouvement convulsif, se retourna brusquement vers le boudoir où il entra. Madame de Rosann lui dit froidement :

— Fermez la porte, car ce que vous allez proférer mérite sans doute l'honneur d'un verrou!...

Puis elle ajouta quand il fut revenu :

— Que voulez-vous?...

— Madame! s'écria le marquis, pâle et tremblant de fureur, madame... osez-vous bien me le demander?... Enfin, mes yeux sont dessillés, et je ne conçois plus pour vous que les seuls sentiments que vous méritiez!... l'horreur!... Eh quoi! une *créature* que j'ai tirée de la misère, que ma main a fait monter au rang des plus grandes familles, qui me doit tout!... s'abaisse, se dégrade... Un vicaire de campagne!... Encore, madame, si c'était un homme distingué, si une passion fondée sur ce qu'on reconnaît comme devoir entraîner, vous excusait; mais non... vous descendez plus bas...

— M. le marquis, s'écria Joséphine avec un accent sublime, vous vous déshonorez vous-même!...

— Ah! je me déshonore, reprit-il. ah! dans cette

affaire, c'est *moi* qui imprime à mon front le sceau du déshonneur!...

Il se promena vivement dans le boudoir.

Joséphine, muette, pâle, interdite, n'osait ouvrir la bouche; elle sentait que toutes les apparences étaient contre elle, et que, pour se justifier de cette imprudence, il fallait, au bout de sa carrière, avouer la faute de sa jeunesse, devant un homme qui, s'apercevant qu'il avait été trompé dès le premier jour de son mariage, ne la croirait peut-être plus!... Elle se laissait donc accabler, parce que sa fierté, son amour maternel, une foule de considérations le lui commandaient impérieusement.

— Eh bien! madame, continua le marquis en croisant ses bras, s'arrêtant devant elle, et lui jetant un regard d'horreur; eh bien! à tout cela qu'avez-vous à répondre?... Rien, rien, *malheureuse!*... Ah! dès aujourd'hui je deviens un maître, et vous connaîtrez jusqu'où peut aller ma colère!... Répondrez-vous?... s'écria-t-il, mû par ce sentiment de rage qui désire des réponses pour pouvoir nourrir les feux du torrent d'injures qu'il suggère.

Le marquis ne put rien ajouter, la fureur l'étouffait. La marquise se leva, se mit devant sa psyché; et, rétablissant le désordre de sa chevelure, elle dit tranquillement et sans regarder son mari :

— Que voulez-vous que je réponde à un homme qui s'abaisse jusqu'à épier sa femme? Vous partez pour A....y, du moins vous le dites, et monsieur se cache!... Un grand personnage!... un pair de France se cacher!... Est-ce la diplomatie qui vous apprit d'aussi nobles ruses? ajouta-t-elle avec un léger sourire, qui couvrait tout son embarras.

— Oh! comble d'infamie!... Comment, madame, dit le marquis en saisissant avec force le bras de sa femme, comment! vous...

— Monsieur, interrompit-elle, mettez moins d'ardeur dans vos caresses; voyez!...

Et elle lui montra son bras, sur la peau douce duquel les doigts de M. de Rosann restaient imprimés. Il eut un mouvement de regret, mais il continua :

— Comment, vous osez me reprocher ma ruse! Et la vôtre!... fille de l'enfer!...

— La mienne, reprit-elle; jamais je ne me cache... Vous m'auriez ce matin demandé ce que je comptais faire, je vous l'aurais dit.

Et le visage de Joséphine semblait calme.

— Vous auriez avoué que vous attendiez ce vicaire du diable!...

— Oui, oui!... répéta-t-elle vivement, comme si elle était en délire.

— Voyons votre franchise... lui avez-vous écrit?... demanda le marquis en la foudroyant de ses regards perçants.

— Oui.

— C'est vous qui lui avez dit de venir?...

— Oui... cent fois oui, monsieur!... et je ne puis me passer de ce jeune homme. Enfin, dit-elle avec dépit, je l'aurai, sans cesse, toujours, incessamment, à toute heure, à chaque minute, à mes côtés!... Reprenez vos dons, vos douaires, vos présents, votre luxe!... je m'en irai avec lui, loin, bien loin, seule, et je serai plus heureuse que je ne l'ai jamais été... Là, vous le voulez, je vous le dis, et je n'en aurai jamais de remords, mon cœur sera pur... Eh quoi! grand Dieu! les hommes prétendent-ils qu'un morceau de parchemin, une corbeille, des gants et des donations, des dots, des maires, un mot et du latin que nous ne comprenons pas, doivent exclure tous nos sentiments!... et que nous devenions pour eux un champ, une métairie; que notre contrat de mariage soit un acte de vente; que l'usufruit et la nue propriété de cette terre conjugale leur appartiennent... En tout cas, que de jachères!... Ah! que de pleurs on doit répandre en mettant une fille au monde!... Oui, malheureuses que nous sommes, l'amour d'un mari est quelquefois aussi cruel que son dédain. Hélas! notre bonheur dépend donc d'un regard, d'un geste! Ma foi, je ne veux plus de la vie, elle est trop pesante avec ces conditions!... Et quelles sont nos jouissances?... En voilà une dans ce moment!... Mais en vérité c'est effrayant...

Le marquis, poussé à bout par ce déluge de paroles, s'écria :

— Madame... madame! vous me faites mal!... j'étouffe!...

Et il s'avança sur Joséphine avec une sombre fureur; il lui présenta les mains de telle manière qu'elle crut, en voyant ses yeux étinceler, qu'il venait la tuer. Une peur glaciale s'empara d'elle.

— Monsieur!... cria-t-elle, au secours!... au secours! Ah!...

— Qu'avez-vous, madame? Je viens vous dire adieu...

En disant cela il était pâle et tremblant.

— Non, M. le marquis, c'est à moi à m'en aller. Mademoiselle de Vauxcelle trouvera un asile chez son cousin le duc d'Ivrajo; *cette malheureuse créature* a des amis qui ne la soupçonneront pas et qui sont encore assez puissants, je pense!...

Elle se leva avec une incroyable dignité, et, faisant quelques pas, elle se retourna, regarda M. de Rosann avec cet air de douleur et de contentement que Rubens a répandu sur la figure de Marie de Médicis, et elle lui dit :

— Vous m'aimez, M. de Rosann, je le vois... Je ne vous dirai pas si je vous aime, si, malgré toutes les apparences, il n'est rien de tout ce que vous croyez... Non... je me tais!... adieu!... je vous attends.

— Joséphine!...

Et le marquis se jeta violemment à ses pieds.

— Je t'en conjure, un mot, un seul!... mon cœur en a besoin, une seule parole!... j'ai besoin de te croire vertueuse!...

— Ceci, dit-elle en riant et en caressant doucement le front de son époux, ceci devient un peu moins marital!... Voilà des formes au moins!... Fi donc, monsieur! relevez-vous! je ne suis digne que d'horreur... une *malheureuse, tirée de la misère!* Cependant, monsieur, je me nommais alors mademoiselle de Vauxcelle!... vous l'avez un peu oublié!...

Son accent et son regard étaient alors remplis d'une gracieuse tendresse.

— Ah! je l'ai oublié, dit le marquis avec un reste de dépit. Mais, vous aussi!... reprit-il, tenez!...

Et il présenta à sa femme la lettre interceptée. Elle la prit et se mit à rougir.

— Ah!... vous rougissez encore!... dit-il avec un sourire sardonique.

— Je rougirai toujours pour vous, répondit-elle, et... pour moi! Car je verse des larmes de sang sur mon erreur d'un moment quant à ce jeune prêtre!... Lorsque j'écrivis cette lettre, M. le marquis, j'aimais le vicaire d'amour et... bien violemment!

— Et maintenant?...

— Je l'aime encore, dit-elle en regardant M. de Rosann avec la plus grande tendresse. En vérité, mon cher vassal, il faut convenir que nous sommes entourés de gens bien méchants!... Qui vous a remis cette lettre?...

— Joséphine!... j'ai promis... je dois...

— Allons, je veux le savoir, dit-elle d'un ton de maîtresse; m'aimez-vous?... Dites-le.

— Jonio... qui... l'intercepta me...

La marquise se tourna vers le ruban de la sonnette, le tira légèrement et sans aucune marque de colère. Marie arriva.

— Marie, dit Joséphine, que dans une demi-heure Jonio sorte du château! il n'est plus au service de M. le marquis, et s'il se présentait devant nous, apprenez-lui qu'il irait en prison pour plus d'un jour. Mon cher vassal, sans que vous le demandiez, je vous accorde le pardon de vos outrages : c'est désormais à moi à devenir suppliante.

Aussitôt Joséphine se mit à genoux avec cet air d'obéissance qui rend une femme si touchante; elle regarda douloureusement M. de Rosann stupéfait, qui s'assit; quelques larmes roulèrent dans les yeux de la marquise; elle soupira, puis elle dit d'une voix plaintive :

— Il faut en finir, M. de Rosann, je vous dois la vérité; je ne vous demanderai pas le secret : vous le garderez, j'en suis sûre...

— Relevez-vous, Joséphine, c'est à votre vassal..., dit le marquis.

— Ah! dit-elle, il n'y a plus de vassal! Cette attitude est la seule que je doive prendre, et je vais perdre tout mon lustre...

— Mais que voulez-vous dire?

— Monsieur, reprit-elle, vous rappelez-vous la mélancolie dont j'étais accablée lorsque vous me fîtes la cour? (Le marquis pencha légèrement sa tête.) Alors, ne vous ai-je pas longtemps refusé?...

— Oui...

— Cette souffrance que je vous ai tue n'a-t-elle pas duré longtemps?... vous a-t-elle inquiété?...

— Beaucoup.

— Je vous en remercie, répondit-elle avec un sourire.

— Joséphine!...

— Monsieur, dit-elle avec une répugnance invincible et en versant un torrent de larmes, j'avais commis *une faute* dont je ne vous ai jamais instruit.

Le marquis, à l'aspect de la douleur de Joséphine, sentit des pleurs inonder ses yeux : il la regarda fixement.

— Monsieur... cette douleur était causée par la mort prétendue de mon fils...

— Un fils!... un fils!... s'écria le marquis avec une joie inimaginable.

Il parcourut la chambre comme un fou.

— Vous aviez un fils... avant mon mariage!

— Grand Dieu! cria la marquise en tombant; bonté céleste! il ne m'accable pas!

— Moi t'accabler!... dit M. de Rosann en prenant Joséphine dans ses bras et la serrant contre son cœur. Ma Joséphine!...

Et il la couvrit de baisers.

— Ce fils... est M. Joseph!... (Le marquis s'assit, et, stupéfait, attira sur ses genoux sa femme qui épiait, avec le soin d'une mère, les moindres mouvements de la figure de son mari.) On a tout fait pour le perdre, on l'a envoyé dans les Indes!... le sort, le hasard, l'ont ramené aux lieux où il fut nourri et sous l'œil de sa mère... Trompée par la nature, je l'aimai... oh! bien d'amour!... Maintenant... *c'est mon fils!*...

Rien ne peut rendre l'accent de ces derniers mots.

— Et son père... est M. de Saint-André, l'évêque..., ajouta le marquis.

— Silence, monsieur, silence!... Garde que ta bouche s'ouvre sur un pareil mystère... cher vassal! de la discrétion...

Et elle embrassa son mari.

— Je le jure, Joséphine!

Pendant longtemps le silence régna : enfin, le

marquis, regardant sa femme avec ivresse, lui dit :
— Tu m'aimes donc toujours?...
— Oh! oui, répondit-elle.
— Ma belle, dit le marquis doucement, nous n'avons pas d'enfants...

Une joie céleste inonda le cœur de cette mère en délire.
— Eh bien? demanda-t-elle avec un air avide.
— Eh bien! continua le marquis, nous adopterons Joseph, il aura mon nom, j'obtiendrai du roi qu'il me succède dans ma pairie, et il sera riche, car l'évêque l'a institué son légataire universel. Ce jeune homme est bien, reprit le marquis d'un ton de voix flatteur, il a de la fierté, il est instruit, grand, beau, il deviendra quelque chose.
— Frédéric... tu me fais mourir de plaisir!...

Et la marquise évanouie laissa aller sa tête sur le sein de M. de Rosann.
— Je sens que je l'aimerai ton fils!...

Cette parole douce et les caresses du marquis rendirent Joséphine à la vie.
— Et moi, dit-elle, je bénirai cet événement; mon existence maintenant sera complète. Le pauvre enfant venait me raconter ses malheurs! Mon cher vassal, dit-elle avec gravité, songez que le vicaire ignore qu'il est mon fils, que j'ai juré de ne pas l'en instruire; promettez-moi de garder le secret jusqu'à ce que monseigneur soit mort, et même jusqu'à ce que nous l'ayons adopté.
— Nous ne jouirons donc qu'en secret...?
— Il le faut, dit-elle en soupirant; il le faut pour son propre intérêt et son avenir!
— Ah! que je suis heureux! s'écria M. de Rosann.

Les deux époux contents et attendris vinrent dîner en se prodiguant les marques d'un tendre amour.

La conclusion de cette scène, qui avait mis tout le monde en émoi, surprit les habitants du château.

∞

CHAPITRE XX.

Grandeur d'âme de Joseph. — Il quitte Aulnay-le-Vicomte. — Comment l'abbé Frelu fut cause qu'il acheta une chaise. — Il retrouve un homme de connaissance. — Il apprend que Mélanie n'est pas sa sœur.

Pendant que cette scène avait lieu dans le boudoir de la marquise, il s'en passait une autre au presbytère. Le jeune prêtre, en retournant à pas lents chez le curé, fit de sérieuses réflexions.

« Eh quoi! s'était-il dit, l'amour de madame de Rosann n'est pas éteint, chaque jour il se réveille; s'il est aussi violent que celui de Mélanie, ma présence va l'entretenir, et je vais causer ainsi le malheur de deux personnes... Il semble que j'apporte partout l'infortune qui m'entoure, qui me poursuit!... Allons, je dois quitter ces lieux... ces beaux lieux que j'aime tant, où je comptais mourir... »

Lorsqu'il fut à la grille, il jeta un coup d'œil sur le parc, sur les ruines de l'ancien château, il poussa un soupir et dit : « Je ne les reverrai plus... adieu!... Il me faudra donc toujours, par une espèce de fatalité, abandonner tout ce que j'aimerai. »

Puis, pensant à sa chère Mélanie, il s'achemina lentement vers la demeure du bon curé.

Marguerite, en lui ouvrant la porte, fut frappée du changement de figure du jeune prêtre.
— Qu'avez-vous, monsieur? s'écria-t-elle.
— Rien, rien, ma bonne Marguerite.

M. Joseph de Saint-André se dirigea vers le salon, il y entra doucement et s'assit auprès de M. Gausse qui *lisait* son bréviaire, c'est-à-dire, qui en faisait crier toutes les pages en les passant en revue d'un seul coup sous ses doigts.

— Eh bien! mon ami, qu'est-ce qui vous pique? Vous êtes encore plus triste qu'à l'ordinaire : tuez-moi donc votre chagrin avant qu'il ne vous tue!...
— Hélas! mon vieil ami, vous m'avez témoigné de l'affection, j'ai besoin d'un avis.
— Vous *dites d'or, un bon conseil vaut...*
— J'entends du bruit, dit le vicaire interrompant un des proverbes favoris du curé.
— Mon cher vicaire, reprit M. Gausse à voix basse en se penchant vers l'oreille du jeune homme; c'est Marguerite qui a toujours pensé que, si le Seigneur permit à l'extrême chaleur de disjoindre le bois, c'était pour plaire aux servantes... Il serait plus facile de tirer une lettre de change de la Gascogne et du Limousin, que de l'empêcher de connaître ce qui se dit... Aussi, lorsque je discute quelque chose d'important, j'ai coutume de l'appeler et de lui recommander le secret; en la piquant d'honneur on arrête sa langue.
— Eh bien, parlons à voix basse! dit le vicaire.
— La pauvre fille va se damner! répliqua le curé avec un accent de bonté, et pendant quinze jours elle m'assassinera pour connaître ce dont il aura été question.
— Qu'elle entre! s'écria M. Joseph.

Marguerite était entrée.

— Monsieur, reprit le vicaire, il est certain que madame la marquise de Rosann m'aime...

A ce mot, Marguerite s'approcha du vicaire, et le curé le regarda d'un air étonné.

— Vous ne faites que de vous en apercevoir? s'écria M. Gausse.
— Il y a quelque temps que je le sais, reprit gravement M. Joseph, mais j'ai cru que cette passion se guérirait; je crois que chaque jour elle augmente, et que madame de Rosann la présente sous divers

aspects pour se tromper elle-même peut-être; mais aujourd'hui, M. le marquis ne peut pas ignorer que je suis cause de son malheur... Je dois le faire cesser!

— Certes, s'écria le curé, c'est ne pas être homme que de causer volontairement l'infortune de notre semblable; il y a là-haut quelqu'un qui récompensera tout cela.

— Alors, M. Gausse, je vais vous quitter.

— Me quitter! s'écria M. Gausse. Oh! mon enfant, *l'on sait où l'on est, l'on ne sait pas où l'on va;* que vous ai-je fait pour m'abandonner? Puis-je vous suivre, moi? *où la chèvre est liée il faut qu'elle broute!* restez, mon ami, restez.

— Oh non! je dois m'en aller, et sur-le-champ encore. Ce n'est pas crainte au moins! s'écria-t-il d'un visage enflammé. Si vous voyez M. de Rosann, dites-lui que *le marquis*, caché sous l'humble soutane du vicaire, ne redoute personne et qu'il sait se sacrifier à son bonheur!...

En disant ces paroles, le jeune vicaire s'était levé, et courait à son appartement: il y prit le portrait de Mélanie, son manuscrit, ses papiers, et redescendit.

— Mon cher enfant, s'écria le curé les yeux pleins de larmes, que deviendrai-je, que deviendront les malheureux?

— Je leur laisse un père.

— Mon cher ami, vous abandonnez un pauvre vieillard qui se réjouissait de savoir que vous lui fermeriez les yeux. Je vous aimais, Joseph!... Ainsi donc, ce vallon, cette campagne, cette habitation modeste... cette douceur d'existence!

— Il faut dire adieu à tout! Monsieur, reprit-il après un moment d'attendrissement, je vous laisse mes livres, c'est une faible marque de ma reconnaissance.

— Ah! s'écria le curé, je ne monterai jamais chez vous, je n'aime pas les tombeaux.

— Homme aimable, simple, dit le vicaire ému, et toi aussi, tu es d'Amérique!...

— Pauvre enfant! sois heureux! Et pour que je puisse te servir à quelque chose, *grave dans ton souvenir que l'on n'est jamais criminel en obéissant à la voix de la nature.*

Le vicaire regarda le curé avec étonnement. M. Gausse leva péniblement sa jambe de dessus le tabouret où elle était posée, et se servant du bras de M. Joseph, il réussit à se mettre debout.

— Allons, mon enfant, je veux te conduire aussi loin que je pourrai... Va, ton dévouement, la bonté de ton cœur, m'ont touché l'âme. *Quoi que tu fasses, tu iras aux cieux!*

— Monsieur, dit le jeune homme d'un ton imposant, et vous, Marguerite, promettez-moi de ne jamais ouvrir la bouche sur moi; de ne dire à personne que je suis parti... avant deux jours... car alors je serai *loin*, ajouta-t-il avec un sourire sombre et sardonique. Si l'on vient me demander, trouvez quelque prétexte, que je sois en course, indisposé, que sais-je?...

— Nous vous le promettons, dirent le curé et sa servante.

— Adieu, Marguerite, dit le vicaire d'un air affable qui fit tressaillir la servante.

— Adieu, monsieur... Ah! si vous m'écoutiez, ajouta-t-elle d'un air fin et en agitant son tablier de percale blanche, vous ne vous en iriez pas!... il y a quelque chose dessous le sentiment de madame de Rosann, et...

— Marguerite, dit le vicaire, adieu! Un pressentiment secret m'entraîne, je dois fuir cette vallée.

Marguerite, l'œil en pleurs, suivit longtemps le jeune prêtre en admirant sa belle taille, ses manières nobles qui contrastaient avec la démarche pesante et l'air de bonhomie de M. Gausse. Les deux prêtres se dirigèrent vers la route d'A....y; et lorsque le curé eut dépassé le village d'une centaine de pas, il embrassa le jeune fugitif avec cordialité, en lui disant:

— Adieu! sois heureux, c'est une loi de la nature!

Puis, s'asseyant sur une pierre, il regarda M. Joseph s'éloigner à grands pas. Il fallait que M. Gausse fût bien profondément ému pour ne pas avoir dit un seul proverbe.

Lorsqu'il revint au presbytère, quelques larmes coulèrent sur ses joues; et en voyant Marguerite, il dit avec un accent de douleur:

— Nous sommes seuls!

Puis, se rattachant à l'esprit des vieillards qui voient d'un coup d'œil tout ce qui les atteint dans les moindres détails, il s'écria:

— Qui me fera mes prônes?

— Monsieur, répéta la servante, la langue me démangeait de lui dire que je le croyais fils de madame de Rosann et de l'évêque, et qu'alors il n'est pas le frère de mademoiselle Mélanie.

— Ah! le malheureux! s'écria le curé, qui tomba dans une rêverie profonde.

Cependant notre héros s'avançait rapidement, et il arriva bientôt à Vannay.

En traversant le village il marcha moins lentement.

— Que le diable emporte le prêtre! s'écria un homme qui, les bras croisés, regardait, du seuil de sa porte, les deux côtés de la route alternativement, regard qui dénotait un aubergiste.

Le jeune prêtre leva la tête en croyant que cette exclamation s'adressait à lui.

— Et que vous ai-je fait? demanda-t-il à l'hôte.

— Rien, lui répondit brusquement ce dernier. Cette réponse convainquit le vicaire que l'exclamation ne le concernait pas. Alors, il s'aperçut que la maison devant laquelle il se trouvait était une auberge, il y entra en disant :

— Allez, mon ami, je vais vous prouver qu'il ne faut pas envoyer tous les prêtres au diable.

L'aubergiste se dérida en voyant qu'au moins il aurait un voyageur.

— En vînt-il dix! s'écria-t-il tourmenté par son idée, tout cela n'empêchera pas que l'abbé Frelu ne confesse ma femme tous les quinze jours! Mais aussi la première fois, je lui donnerai une terrible absolution.

L'intention de Joseph était d'acheter à Vannay une voiture quelconque pour aller en poste, et il regardait dans la cour s'il n'y aurait pas quelque chose qui ressemblât à cela. Il y avait effectivement une chaise de poste (si tant est que cette ruine en méritât le nom) gisant sous un hangar. Comme il n'entrait guère dans l'esprit de l'aubergiste qu'un jeune prêtre eût besoin de voiture, il lui dit :

— Il faudra que je la brûle quelque jour, elle n'est plus bonne qu'à cela, et elle me rappelle trop souvent la plus grosse des pertes que j'aie faites; en tout cas, j'en pendrai le brancard dans la salle pour qu'à chaque instant je me souvienne des cent écus que j'ai perdus, et de prendre garde à la solvabilité des voyageurs : cela et ma femme, ce sont deux fiers points de côté.

— Elle ne vous a coûté que cent écus? dit Joseph.

— Oui, répondit l'aubergiste, mais c'est là comme une châsse, et les cent écus dorment.

— Vendez-la-moi? répliqua Joseph en se dirigeant vers le hangar.

L'aubergiste poussa un grand soupir, et il aurait voulu reprendre ses paroles.

— Je ne ferai donc que des gaucheries! marmotta-t-il.

Joseph examina la chaise.

— Allez, monsieur, voilà des roues qui iraient encore jusqu'en Russie, et qui grimperaient sur le pont Euxin, quoique l'empereur l'ait fait en fer; le maréchal d'ici m'en offre deux cents francs. Mais c'est dommage de détruire... La caisse est bonne, et on ne fabrique plus de voiture comme cela... c'est du vieux temps où l'on travaillait en conscience. Quel drap, quand il sera brossé! le cuir est vieux, j'en conviens, mais on peut l'huiler... et le noircir : donnez-moi huit cents francs, et je vous la vends.

— Mais, mon cher, elle ne vous coûte que cent écus.

— Oui, monsieur, vous avez raison, mais il y a dix ans que mes cent écus dorment.

— Je la prends, dit Joseph, arrangez-la.

— Que ma femme fasse ce qu'elle voudra aujourd'hui!... s'écria-t-il dans sa joie, je m'en f... formaliserai pas.

Il se mit à nettoyer la voiture; et, pour ne pas tromper le vicaire, il tint conseil avec le charron, qui décida que la chaise *pouvait encore aller*.

Joseph fut obligé de rester deux jours à Vannay, car la voiture se raccommoda lentement et la belle hôtesse fit son aimable à côté de lui.

— Encore, si c'était un prêtre comme celui-là, disait son mari, mais l'abbé Frelu... Qu'il ne revienne plus, au moins !

— Et ma conscience? disait sa femme.

— Je m'en charge, répondait-il.

Enfin, la voiture fut restaurée, et Joseph s'avança vers A...y au grand galop, car l'aubergiste avait prévenu le postillon que l'étranger ne regardait pas à la bourse.

Pendant que le vicaire s'enfuyait, le marquis et sa femme, brûlant tous deux du désir de revoir leur fils, avaient dépêché Marie vers le presbytère. La nourrice arrive, et, sur la porte, elle trouve Marguerite qui, les bras croisés, agitait mélancoliquement son trousseau de clefs.

— Bonjour, mademoiselle Marguerite.

— Bonjour, madame Vernillet, vous voilà donc de notre côté. Par quel hasard?...

— Je viens, de la part de M. le marquis et de madame, inviter M. Joseph à passer la soirée au château, ce soir... tout de suite!

— Ah! M. Joseph! reprit l'astucieuse servante qui était sur son terrain lorsqu'il s'agissait de dissimuler; il paraît qu'il est bien ancré chez vous! il va devenir cardinal, ce jeune homme-là! Ses gouvernantes seront heureuses... Et madame de Rosann, comment va-t-elle? et votre Michel, et vous? qu'y a-t-il de nouveau de vos côtés? Jonio est renvoyé, Lescq m'a dit cela... C'est une fine mouche que le maître d'école... il m'a dit que c'était pour une lettre... interceptée; ah! voilà ce que c'est que de trahir des maîtres... Comment une chose comme cela peut-elle entrer dans la tête d'un honnête homme?...

Marie profita d'un soupir de la gouvernante pour glisser rapidement :

— Voulez-vous dire à M. Joseph que monsieur et madame l'attendent?

— J'y vais!

Marguerite monta et redescendit.

— M. Joseph n'y est pas!... je le croyais encore chez lui... mais, non! Je ne l'ai pas vu sortir... Ah! ma chère amie, on a tant de mal dans *nos états*... je suis seule ici... c'est la cuisine, les chambres. Deux hommes... c'est quelque chose!...

— Adieu, mademoiselle Marguerite...

— Mais je m'en vais vous reconduire...

Et la gouvernante parla jusqu'à ce que Marie fût arrivée à la grille.

Le marquis et sa femme ne furent pas satisfaits

de la réponse de la nourrice, et le soir se passa sans qu'ils vissent le jeune prêtre. Le lendemain Marie fut renvoyée avec une lettre.

— Je m'en vais la lui remettre..., dit Marguerite.

Le marquis attendit la réponse : il n'y en eut point. Troisième voyage de Marie, et cette fois la gouvernante dit confidentiellement et à voix basse que M. Joseph était malade. Madame de Rosann, alarmée, s'achemina elle-même avec Marie, et elle courait dans l'avenue, lorsqu'un homme habillé en noir, et tortillant un chapeau qui paraissait de bois tant il était dur, se présenta devant madame de Rosann.

— Si madame la marquise me permettait *infandum renovare dolorem*, de vendre la mèche.

— Je n'ai rien, mon cher...

Et elle marcha encore plus vite.

— Vous n'êtes, madame, *jactu sagittæ*, qu'à une portée de fusil du château, vous n'iriez pas plus loin *si fas mihi loquendi*, si vous ajoutez foi à mes discours.

— Adressez-vous au château de ma part !

Et la marquise courait.

— Madame, dit Marie, c'est le magister.

— *Ego sum*, c'est-à-dire, reçu par l'université. Madame, dit Leseq, *doli sunt*, on vous trompe... *decamparerunt gentes*, le vicaire est parti...

A ces mots, la marquise étonnée s'arrêta tout court, et elle regarda Leseq avec effroi.

— Que me dites-vous ?...

— Oui, madame, *rubnus alit venis*, cela doit vous faire de la peine; mais *ab ovo*, du fond de mon école, j'ai vu Marie aller quatre fois au presbytère depuis deux jours; *gallus Margaritam reperit*, Marguerite trouve moyen *illudere vobis*, de faire promener Marie, car *vidi*, j'ai vu, M. Joseph faire ses adieux à M. Gausse, et il s'est enfui pour toujours... *habemus reum confitentem*, ce qui signifie qu'il ne sentait pas comme baume...

— Silence, impertinent, s'écria la marquise, et prenez garde à vos paroles sur M. Joseph... S'il est à Aulnay, je vous...

— Voilà le *quos ego* de Neptune !... s'écria Leseq ; quelle belle traduction !

— S'il n'y est pas, je vous donne cinquante louis pour me découvrir où il est.

— Madame, dans deux jours vous le saurez...

Et Leseq courut à toutes jambes.

— *Dux femina*, la fortune m'entraîne ! s'écria-t-il.

Madame de Rosann continua sa route vers le presbytère où elle fut convaincue, par les aveux du curé et de sa gouvernante, de la vérité des paroles de Marcus Tullius Leseq.

Nous allons quitter Aulnay-le-Vicomte, en disant adieu au bon curé, à sa gouvernante et au maire-épicier : il nous faut suivre les traces du jeune voyageur. Sa chaise de poste, traînée par des chevaux aiguillonnés par de bons coups de fouet, et par les mot sacramentels que *l'abbesse des Andouillettes* eut tant de peine à prononcer, l'entraînait vers A...y sans qu'il s'en aperçût, car il était plongé dans une rêverie profonde. Les derniers mots que le curé avait dits lui donnaient à penser qu'il connaissait son histoire, et cela suffisait pour le jeter au milieu des souvenirs. Cette rêverie fut cause (grand Dieu! si l'on voulait rechercher les causes premières!...) que le postillon, voyant l'indifférence de son voyageur, le conduisit à l'auberge où il avait coutume d'engager chacun à descendre.

Dans la grande rue d'A...y, chacun admire en passant les lettres d'or qui forment sur une vaste enseigne, *Hôtel d'Espagne*; ce fut dans cette maison renommée que le postillon fit entrer M. Joseph. Le jeune vicaire se laissa mener dans son appartement, où l'on porta officieusement tout ce qui lui appartenait.

— Monsieur mangera-t-il à la table d'hôte ? Elle est très-bien servie, et un gros banquier de Paris, arrivé depuis peu, s'y trouve on ne peut pas mieux !

— Tout comme vous voudrez, répondit doucement le jeune homme qui resta tout pensif sur sa chaise.

Dix minutes après le postillon monta.

— Monsieur, dit-il en chancelant, on est honnête homme, pas vrai... ou... l'on l'est... pas !... de ce qu'il y a, sss... voyez-vous que ces...sss, je vous rapporte... je... ss, vous rapporte, votre argent en or... que je voudrais que... vous vissiez double comme moi !...

M. Joseph reprit le sac qu'il avait oublié dans sa voiture et que le postillon avait aperçu.

— Mon gé...énéral, mon père... vous penserez au... *pour manger*... car en conscience, j'ai bu.

La préoccupation de M. Joseph était telle, qu'il lui donna une pièce de cinq francs.

— Vivent tous les souverains de l'Europe !... s'écria le postillon... je suis vieux so...ldat et malin... comme ça on n'est pas s...s...s... séditieux... attrape !...

Et il jeta son bonnet en l'air.

Comment le vicaire pouvait-il entendre et voir tout cela ? Il pensait à aller retrouver Mélanie, c'est-à-dire, à aller habiter une maison voisine de la sienne, et, sans le lui dire, jouir de l'aspect de tous ses mouvements, contempler sa vie. Il commença par commander un habit bourgeois, et comme ses cheveux avaient repoussé sur le sommet de sa tête, que sa tonsure était presque effacée, il se flatta de n'être plus pris pour un ecclésiastique.

Il était au milieu de ces réflexions, lorsqu'on vint

l'avertir que le dîner l'attendait : il descendit machinalement, et machinalement se plaça juste en face du gros banquier, venu de Paris depuis quelques jours. C'était un homme extrêmement opulent, habillé en beau drap noir, ayant du linge extrêmement fin et une figure dure, mais il tâchait de la rendre agréable par des soins recherchés : sa barbe toujours faite, ses cheveux plats soigneusement arrangés, sa toilette, les bijoux qu'il portait, enfin la grâce dont la fortune entoure ses favoris, enlevaient l'espèce de crainte que son abord inspirait pour la convertir en ce respect, cette considération qu'on accorde à la richesse. Il vint avec un homme qui semblait être son associé, mais dont l'air de déférence, la mise plus simple, donnaient l'idée qu'il n'était pas sur la même ligne que le gros banquier, et que le génie matériel de l'un suivait de loin les conceptions de l'autre. Malgré le soin que prenait le banquier pour donner à ses gestes et à ses discours une certaine fleur de bonne compagnie, il trahissait à chaque instant et son défaut d'éducation et une brusquerie innée, qui dénotaient une profession guerrière. Aussi la maîtresse de l'hôtel, ayant été jadis dans la bonne société, et déchue par suite de malheurs, s'apercevant que le banquier et son compagnon cherchaient à déguiser qu'ils n'étaient que des *bêtes frottées d'esprit* et de grossiers parvenus, s'amusait d'eux et riait sous cape.

— Votre évêque est-il *bon enfant*, demanda le banquier, et me fera-t-il payer la convenance en me vendant sa terre?... S'il apprend qu'elle est voisine de la mienne, il va m'écorcher, comme un vaisseau marchand pris par un corsaire; qu'en dites-vous, grosse mère ?

A ce son de voix, Joseph lève brusquement la tête et cherche à se convaincre de ses soupçons. Il vient d'entendre Argow, mais à l'aspect de tout ce qui déguise le matelot, le jeune vicaire hésite.

— Monsieur a servi sur mer?... demanda-t-il au banquier.

Ce dernier regarda le jeune prêtre, et, l'examinant avec une inquiétude qu'il dissimula sous un léger sourire, il répondit brièvement :

— Non, monsieur.

A cette dénégation, le vicaire surpris regarda Argow (car c'était lui) avec plus d'attention, et il ne put s'empêcher de penser qu'il avait devant les yeux l'auteur de la conspiration qui éclata dans le vaisseau de son père. Cependant Argow eut une telle assurance en fixant Joseph, que ce dernier n'osa persister dans ses soupçons, en songeant aux caprices de la nature, et en examinant toutes les circonstances par lesquelles le farouche matelot de la frégate *la Daphnis* s'était transformé en un riche capitaliste de la Chaussée-d'Antin.

— J'arrive à temps, car on dit que le bonhomme fait ses paquets; mais j'ai déjà parlé, *à ce matin*, à son homme d'affaires, et ce soir je vais signer l'acte de vente.

— M. de Saint-André n'est pas encore à la mort, reprit l'hôtesse.

— Non, répondit Argow, il ne m'a pas paru *pourri*, ce garçon-là !

— C'est un nom que vous devez connaître!... dit Joseph avec ironie et en regardant Argow d'un air inquisiteur.

— Sur mon honneur, jeune homme, répliqua Argow s'échauffant, vous avez juré de vous mêler de mes affaires ; mais n'y mettez pas trop le nez... je ne suis pas le *prince commode !*... il me semble qu'en bonne compagnie, on n'est pas si curieux !...

— Si c'était lui..., murmura Joseph, comme je vengerais mon père !...

— Parlez haut !... mon ami, j'aime qu'on s'explique, et si M. Maxendi, votre serviteur, vous doit quelque chose, apportez votre quittance... il va vous payer.

— M. Maxendi n'a rien à moi que je connaisse !... reprit le vicaire, et je vous prenais pour un matelot nommé Argow !...

— Un matelot !... s'écria le banquier ; je ne distinguerais pas un mât de misaine d'avec un beaupré ; que l'on me donne la cale sèche si je sais ce que c'est qu'un hunier, un tillac, une dunette, un entre-pont ou une écoutille !... J'ai toujours demeuré rue de la Victoire, et je n'ai navigué que sur l'eau de la Seine ; quoique ces mariniers-là ne sachent pas grand' chose, et que leurs coquilles de noix ne vaillent pas un bon sloop, fin voilier que l'on fait manœuvrer sous pavillon indépendant, et courir sus à tout le monde, sous la ligne, n'est-ce pas, Vernyct? Cependant nous nous sommes confiés à leurs batelets pour aller à Saint-Cloud... A propos, grosse mère, vous avez oublié le punch au rack, hier soir ! c'est notre lait, à nous ! ça rince un gosier mieux que vos tisanes.

— On voit que ces messieurs viennent de Paris, et sont lancés dans ce qu'il y a de mieux, car la mode, le grand genre est, en effet, de se *rincer le gosier* après le bal.

— Vous riez, grosse mère, prenez garde qu'on ne vous *radoube*... comme une jolie frégate qu'un trop gros récif a fendue...

A ce mot, Argow et son compagnon lâchèrent un gros rire qui fit rougir l'hôtesse.

— Est-ce que ces messieurs doivent voir monseigneur l'évêque ce soir?... demanda Joseph.

— Oui, mon cher monsieur, répliqua Argow, cela vous arrange-t-il ?

En ce moment, Joseph pensa qu'il devait au

moins aller voir son oncle, M. de Saint-André, et lui demander la permission de quitter son diocèse. L'amitié que ce prélat lui avait témoignée, le désir de lui présenter ses remercîments et aussi de le prévenir qu'il pouvait venger son père, si son acquéreur était Argow, le poussèrent à aller à l'évêché. Enfin, il brûlait d'apprendre de l'intendant de monseigneur si c'était réellement Argow qu'il venait de voir, et alors de dire à son oncle de faire arrêter ce matelot sur-le-champ. Il arrive à l'évêché où le concierge lui dit qu'il y a une demi-heure, monseigneur a reçu une lettre qui, malgré ses douleurs, l'a contraint à sortir, car il est monté dans sa voiture et s'est dirigé vers la route de N...., en ordonnant, contre son ordinaire, d'aller au grand galop.

Néanmoins, comme Joseph était connu de tous les gens de la maison, non pas comme le neveu de monseigneur (car l'évêque et Joseph n'en avaient instruit personne), mais comme un homme chéri de monseigneur, on le laissa pénétrer dans les appartements. Le vicaire s'assit sur une chaise à côté du lit de son oncle, et il attendit patiemment le retour du prélat, auquel il venait faire ses adieux!

Le jour tombait, il faisait sombre, et Joseph, enseveli dans sa rêverie habituelle, ne prit plus garde à ce qui l'environnait. Deux hommes arrivent sans bruit.

— Oui, mon frère, puisque ton fils a échappé, disait le premier, puisqu'il existe, je dois lui déclarer qu'il n'est pas mon fils!... Joseph est, dis-tu, dans ce département! je vais courir le voir et lui demander où est ma fille!...

Le vicaire, stupéfait, sentit tout son corps transir, brûler, et il resta impassible comme une statue, à force d'émotion!... Quelle découverte! Il se tut et écouta avec attention. C'était son prétendu père qui venait de parler.

— Mon frère, repartit le prélat, je t'en supplie, attends, pour cet aveu, attends ma mort, elle n'est pas éloignée...

— Comment cela te nuirait-il?... Joseph ne porte que ce nom dans son acte de naissance. Madame de Rosann, ni toi, personne n'est compromis : Joseph est un orphelin né à Vans-la-Pavée, et voilà tout... tu lui laisses tout ton bien, M. de Rosann l'adopte, tout est dans l'ordre; mais quant à moi, je ne puis pas souffrir cette supercherie; j'ai essuyé assez de malheurs, sans m'en forger d'autres, et tout ceci en amènerait, si cela n'en a pas déjà produit. Mon premier soin, en abordant, n'a pas été de courir à Paris; non, je suis venu te voir et je vais chercher ma fille, par terre et par mer.

— Mais dis-moi, comment, par quel miracle te revois-je? Car, depuis un quart d'heure que je te tiens, la joie nous a empêchés de parler. Qui t'a pu tirer de cette île? Ah! le Seigneur le voulait!... Demain je dirai, moi-même, une messe d'actions de grâce pour ce miracle.

— C'est un vrai miracle, mon frère; je suis le seul qui ait échappé à la faim, à la soif, et c'est un des navires anglais qui ont été à Sainte-Hélène, qui, par le plus grand des hasards, est venu toucher à L... Au surplus mes malheurs sont passés : ce qui m'occupe, c'est de retrouver ma fille, d'être employé dans la marine, et de me venger de mes brigands de matelots qui ont piraté trois ans, et qui sont signalés à tous les gouvernements comme les plus infâmes scélérats!... Ah çà! tu es bien en cour? tu pourras me servir... car on a dû m'oublier : mais tout est changé!... tant mieux pour nous!...

— M. de Rosann t'introduira à la cour, il est presque le favori.

Le jeune vicaire était évanoui; la révolution terrible que ces paroles opérèrent en lui l'avait abattu. En se réveillant de son évanouissement il se trouva seul. A la fois il apprenait que Mélanie n'était pas sa sœur, que madame de Rosann était sa mère, l'évêque, son père; l'histoire que la marquise lui raconta, la sienne. Ces nouvelles, la barrière qu'il avait élevée entre Mélanie et lui, tout bouleversait son imagination; il se lève, parcourt la chambre, il voit le portefeuille du marquis de Saint-André; il l'ouvre et lit l'acte de naissance de Mélanie, l'acte de décès de sa mère. Une idée vague que ces pièces lui seront utiles voltige dans son esprit, il entrevoit Mélanie dans le lointain comme sa possession; il s'empare de ces pièces, dans le but de prouver à sa sœur qu'il n'y a plus de crime à s'aimer; puis, il s'échappe par l'escalier dérobé. Il court, il vole, il arrive à son hôtel, et fait demander des chevaux de poste, il veut partir dans six heures pour Paris, il veut revoir Mélanie : il n'y a dans son âme qu'une seule idée, c'est Mélanie, c'est cette amante pure, douce, tendre, fidèle, c'est cette sœur chérie. A voir les mouvements délirants du jeune prêtre, on croirait qu'il est attaqué par une aliénation.

L'hôtesse et tous ceux qui l'envisagent se regardent avec étonnement, et parlent entre eux du changement soudain qui s'est opéré dans le visage et les manières d'un homme qui, au premier abord, avait paru si froid, si sévère, si tranquille. Son délire était tel qu'il ne pouvait même pas prononcer un mot.

Aussi, il est impossible de rendre les millions de pensées qui envahirent l'imagination du vicaire, depuis qu'il venait d'apprendre qu'aucune barrière ne l'avait séparé de sa chère Mélanie. Il tira de son sein le portrait de son amante, et il le couvrit de baisers enflammés pendant longtemps. Une ligne de plus dans son exaltation, un degré de plus dans la multitude de ses pensées, et il devenait fou. Succombant sous l'effort d'une telle rapidité, d'une telle activité d'imagination, accablé par cette nouvelle qui donnait à son existence une face toute différente, il tomba sur son lit et s'endormit.

∞

CHAPITRE XXI.

Argow à l'évêché. — Il est reconnu. — Danger de Mélanie. — Projets du pirate.

Pendant que M. Joseph dormait, il se passait à l'évêché une scène dont il est bien à regretter qu'il n'ait pas été témoin; car il aurait été instruit du danger que courait sa chère Mélanie.

Argow-Maxendi, et Vernyct son complice, après avoir coulé à fond plus de cent bâtiments marchands de toutes nations, échappèrent d'une manière miraculeuse à la mort que la justice humaine leur préparait aux États-Unis, et voici comment : Argow et Vernyct furent pris par un vaisseau américain. Conduits à C... T..., on les condamna à être pendus avec deux cents de leurs complices; ces pirates, riches de plusieurs millions, ne purent se sauver, parce qu'aux États-Unis rien ne peut arrêter le cours de la justice. Alors, les Anglais assiégeaient C... T...; les forbans, honteux de mourir par la corde, firent demander à former un corps franc, qui se battrait toute la journée contre les assiégeants, et ils engagèrent leur parole d'honneur, et promirent de déposer leur fortune pour caution, ajoutant qu'aussitôt le siège levé, ils reviendraient (c'est-à-dire les vivants) se reconstituer prisonniers; ils comptaient tous mourir les armes à la main [1].

Cette bizarre proposition fut acceptée. Argow enrégimenta ses hommes, les harangua, les enivra : à toute heure, ils sortent, attaquent les assiégeants; aussitôt qu'une batterie est établie, ils courent la prendre et l'enclouent, et ces enragés corsaires, se présentant avec audace devant les batteries, profitaient du recul des canons qui tiraient sur eux pour monter par l'embrasure, et s'emparer des pièces. La peur de mourir pendus leur fit opérer des miracles.

Alors, la furie avec laquelle ils attaquèrent les Anglais força ces derniers à lever le siège; et les autorités, convaincues que la ville aurait été prise sans le secours de ces hardis forbans, accordèrent la grâce aux trente qui revinrent loyalement reprendre leurs fers lorsque le siège fut levé. Parmi ces trente, étaient leur chef Argow, et Vernyct, son lieutenant, qui vivaient encore. Cette leçon fut assez forte pour déterminer le farouche corsaire à songer à passer une vie tranquille. Il se déguisa pour tâcher d'échapper à la justice de chaque gouvernement au commerce duquel il avait fait le plus grand tort, et il réussit à gagner Paris avec sa fortune : il changea de nom, c'est-à-dire, prit son nom véritable de Maxendi, et il goûta les douceurs du repos. Nous saurons bientôt la suite de ses aventures.

En ce moment, il était à A....y, pour acheter une terre que l'évêque voulait vendre. Cette terre, se trouvant contre la sienne, le rendait possesseur unique d'une vaste forêt, au bord de laquelle s'élevait son château de Vans-la-Pavée. Il avait déjà eu plusieurs conférences avec l'homme d'affaires de l'évêque, et, pendant que notre vicaire dormait, il s'acheminait à l'évêché pour signer le contrat.

Lorsque l'évêque et son frère quittèrent la chambre où Joseph s'était évanoui, ils se rendirent dans un petit salon où monseigneur avait ordonné de servir un souper friand, pour fêter l'arrivée et l'heureux retour d'un frère qu'il croyait mort : M. de Saint-André l'aîné se mit à table à côté de l'évêque, et sa première parole fut :

— Et par quel hasard as-tu revu ton fils?

— Je ne l'ai jamais questionné, de peur que ma tendresse pour lui ne se trahît, mais il paraît qu'il a essuyé de grands malheurs : il est venu au séminaire il y a un an et demi environ, et j'ai obtenu des dispenses pour le faire prêtre.

— Il est prêtre? s'écria le contre-amiral avec un geste d'effroi.

— Eh bien! qu'as-tu? demanda l'évêque.

— Hélas! répondit le marin, vois que de malheurs notre arrangement a causés! Ton fils aimait Mélanie, il doit la croire sa sœur, et de désespoir il se sera fait prêtre!... Je les aurais unis. Maintenant, je te demande en grâce de laisser Joseph dans son ignorance, de tâcher d'avoir de lui le nom de la ville où demeure Mélanie, et sur-le-champ, car demain je veux repartir voir ma chère fille! Il ne l'épousera jamais, il ne le peut plus. Ah! que Mélanie doit être belle! quel charmant sourire elle me jetait, ainsi qu'à son frère! avec quelle joie je voyais que Joseph pouvait être digne d'elle, et devenir un *homme d'État!* Tout est dit! mon frère. Mais que d'événements ont pu me changer Mélanie! Joseph a-t-il suivi sa sœur? ah! quelle cruelle incertitude!

Ces paroles éclairèrent le père de Joseph, qui, devinant le secret de l'infortune de son fils, à qui il avait entendu nommer Mélanie, ressentit un vif chagrin. Il y eut un moment de silence, pendant lequel l'évêque, les yeux attachés sur le papier vert de la salle, pensait s'il aurait des protections assez puissantes pour faire casser les vœux de Joseph par le pape, chose presque impossible! lorsque tout à

---

[1] Le fait est historique. *(Note de l'éditeur.)*

coup, un des domestiques de l'évêque, entrant pour servir, demanda à son maître si monseigneur avait vu M. Joseph, le vicaire d'Aulnay-le-Vicomte.

— Est-il ici? s'écria M. de Saint-André.

— Il doit y être, répondit le domestique.

— Mon frère, continua le contre-amiral, vois-le! fais-le demander! mais qu'il ne m'aperçoive pas; qu'il me croie toujours son père!... Puisqu'il est prêtre... nous ne lui découvrirons le secret de sa naissance que lorsque j'aurai marié Mélanie!

— Patience, mon frère, répondit l'évêque, tout n'est pas perdu.

On chercha partout le jeune vicaire, le concierge avertit enfin qu'il était sorti, après avoir attendu monseigneur.

— Puisqu'il est à A....y, dit l'évêque à son frère, demain matin tu sauras où est ta fille : je ferai demander Joseph, il m'en instruira.

Comme monseigneur achevait ces mots, on vint l'avertir que l'acquéreur de sa terre venait d'arriver; il ordonna qu'on le fît attendre dans la pièce voisine.

— Comment! mon ami, dit M. de Saint-André, un homme qui nous apporte sept ou huit cent mille francs, un million, mérite bien l'honneur de se mettre à table avec nous.

— Faites entrer, dit alors l'évêque à son domestique, et mettez deux couverts, car ils sont deux, je crois.

Argow et Vernyct entrèrent : M. de Saint-André lève les yeux, tressaille et s'écrie :

— Par ma foi, le ciel est juste, et il me dédommage tout d'un coup de mes malheurs!

A cette voix, à ce regard de M. de Saint-André, l'audacieux Argow dissimula la peur qui l'envahissait; mais Vernyet, voyant leur perte certaine, pâlit et chancela.

— Puis-je savoir ce qui cause l'étonnement de monsieur?... demanda le pirate en portant la main à la poche de son habit, pour tâter et s'assurer de la présence de petits pistolets anglais extrêmement plats qu'il portait toujours.

— Comment, scélérat..., s'écria d'une voix tonnante le contre-amiral, tu ne reconnais pas M. de Saint-André?... Et tu crois que j'ignore tes horribles pirateries signalées à toutes les cours!... Heureusement que tu ne peux plus échapper.

— Monsieur, si M. Maxendi, banquier, vous doit quelque chose...

— Non, il ne me doit rien ; mais moi, je lui dois un bon jugement de cour martiale, de cour d'assises... et M. le banquier Maxendi, qui n'est autre chose que le capitaine Argow, finira ses jours dans un bain de fagots ou à six pieds de terre.

— M. le contre-amiral, songez-vous qu'on ne pend pas un homme qui a cinq millions?

— Sont-ils à toi, brigand infâme? (Et M. de Saint-André se mit à sonner à tout rompre.) Ne sont-ils pas à tous les malheureux que tu as coulés à fond?... Tiens, mon frère, tu as devant les yeux un homme qui a fait périr trois mille hommes.

— Vous vous trompez!... interrompit Argow en hochant la tête.

— Oses-tu encore nier? dit le contre-amiral en fureur, malgré son sang-froid.

— Oh! ce n'est pas cela! je ne nie rien, dit le pirate avec un sourire plein de férocité, mais il faut rectifier votre calcul; maintenant c'est trois mille *un*, ajouta-t-il en regardant M. de Saint-André de manière à lui faire comprendre qu'il méditait sa perte, mais M. de Saint-André ne le vit pas.

— Grand Dieu! s'écria l'évêque, quelle perversité!...

Et il leva les yeux au ciel.

— Mais, monseigneur, dit Argow, ils seraient morts de la fièvre jaune peut-être!...

— Mon frère, continua l'évêque, débarrasse-moi de la présence de ce misérable!...

— Misérable! s'écria le pirate en agitant les breloques de diamants qui garnissaient la chaîne d'or de sa montre, n'ai-je pas un équipage, de l'or? ne suis-je pas bien mis? Un misérable!... personne ne peut voir ma conscience... je l'ai noyée... bah! dit-il, avec un geste indéfinissable, j'ai fait comme tant d'autres!

— Sors, malheureux!... s'écria l'évêque.

— Ah! votre bénédiction, monseigneur! les justes n'en ont que faire, alors elle ne saurait mieux tomber.

Quel sourire vint errer sur les lèvres de cet affreux coquin!...

— Mon frère, dit le prêtre d'une voix faible, la vue de cet homme me fait mal; qu'il s'en aille, je vous prie.

— J'en serais bien fâché!... dit le contre-amiral, qui depuis qu'il avait sonné mangeait tranquillement comme si Argow n'eût pas été là.

— Que comptes-tu donc en faire? demanda l'évêque étonné de ce sang-froid.

— L'arrêter..., répliqua le marin.

M. de Saint-André se leva effectivement, il alla dans l'appartement voisin, il ordonna aux domestiques de se tenir prêts à tout événement, et il en dépêcha un pour demander main-forte à la gendarmerie; car le maintien calme d'Argow lui donnait de l'inquiétude.

— Monsieur, lui dit le pirate lorsqu'il rentra, tenez! (le corsaire lui montra sa paire de pistolets) voyez-vous, ceci m'empêchera désormais d'être du gibier de potence, car mon affaire d'Amérique, lorsque l'on m'a pris sans ce biscuit-là, dit-il en remuant ses armes, m'a instruit à ne jamais marcher sans précaution. Écoutez-moi bien, M. de Saint-André!

Le contre-amiral mangeait toujours. Argow, se retournant vers Vernyct et le voyant inquiet, lui jeta un regard de pitié.

— Vernyct, s'écria-t-il, as-tu tes *amis*?

A ce mot le lieutenant tira de sa poche de côté sa paire de pistolets.

— Vous comprenez, amiral, que nous avons quatre coups, et que l'on ne nous arrêtera pas facilement; mais on ne nous arrêtera pas du tout par dix raisons...

A ces mots M. de Saint-André regarda le pirate.

— D'abord, continua Argow, personne ne vous a entendu!... si cela était, vous seriez déjà mort. Ah! vous avez beau me lancer des regards foudroyants, cela est... personne ne nous a entendus, par conséquent nous pouvons vous tuer, vous et votre frère, sans bruit, sans répandre du sang, et nous sortirions sans être arrêtés, parce que l'on nous prend pour des banquiers et des *personnages*, et qu'en deux heures je suis loin!... Deuxièmement, Argow n'est pas mon nom, et avant que vous ayez rassemblé des témoins pour me faire condamner, j'aurais séduit un gardien et j'aurais la clef des champs! Troisièmement, quatre, cinq, six, sept, huit, neuf, je ne vous les dis pas parce que cela ne me plaît pas!...

— Quelle insolence!... s'écria l'évêque.

— Ce n'est pas de l'insolence, monseigneur, c'est raisonner juste, et comme je suis de la bonne société, je ne me fâche pas de ce que vous me dites!... Si nous étions sous la ligne, vous pourriez aller bénir les poissons, mais je suis en compagnie... tout cela, monseigneur, n'empêchera pas notre marché.

A ces mots, un domestique fit signe à M. de Saint-André que la gendarmerie était venue.

— Dixièmement, car il est temps d'en finir, je le vois, dixièmement, mon amiral, vous avez une fille?...

Et, en interrogeant M. de Saint-André, il lui lança un regard terrible qui fit tressaillir l'intrépide marin qu'il attaquait par son faible.

— Que voulez-vous dire?... s'écria-t-il.

— L'aimez-vous?... lui demanda Argow avec un sourire ironique et en remuant le jabot de sa chemise.

M. de Saint-André, interdit, regarda le pirate sans répondre.

— Vous voyez, amiral, que, quoique arrêté, il y aura loin d'ici à mon procès, et que je ne dois pas être de sitôt enterré? Mais si vous dites un mot, si vous me faites aller en prison seulement deux heures...

— Eh bien? demande M. de Saint-André en fureur.

— Eh bien... vous ne reverrez jamais votre fille!... Ne se nomme-t-elle pas Mélanie? n'est-elle pas blonde?...

— Comment, infâme brigand!...

— Supprimez mes titres, je ne vous appelle pas contre-amiral.

— Comment se fait-il, scélérat, que tu sois destiné à me tourmenter... fléau de ma vie!... ô destinée!...

— N'êtes-vous pas le fléau de la mienne?... Je tiens votre fille, vous tenez bien faiblement ma vie et ma réputation, il y a un marché à faire...

— Scélérat rusé!... s'écria M. de Saint-André souriant, tu crois te tirer de ce pas par une fourberie, elle ne te sauvera pas!

— Imbécile, malgré tout ton esprit, répliqua Argow, est-ce que tu crois que je ne t'aurais pas *asphyxié* en t'apercevant toi et ton frère, si je n'avais pas su avoir les moyens de te contenir?

— Ruse que tout cela, repartit le contre-amiral.

— Il faut en finir... tiens, amiral, lis! et si tu es bon père laisse-moi tranquille, et convenons une bonne fois de ne plus guerroyer ensemble: j'ai une parole à laquelle on peut se fier, je l'ai prouvé... promets-moi de ne plus me poursuivre, et je promets de refuser l'avantage que le sort me donna toujours sur toi par une fatalité inconcevable.

En achevant ces mots, le pirate présenta une lettre ouverte au contre-amiral; c'était une lettre de Mélanie adressée à son banquier.

« Monsieur, je ne puis consentir à l'union que
« vous me proposez, telle avantageuse qu'elle puisse
« être; cependant, comme vous m'avez présentée
« sans mon consentement à M. Maxendi, je pense
« qu'il serait bien, qu'il serait convenable de lui
« faire entendre qu'il n'entre dans mon refus aucun
« motif désagréable pour lui, et pour preuve de cette
« bienveillance, je consens à assister à votre réunion
« de demain; si vous voulez avoir la bonté de m'en-
« voyer votre voiture, je vous serai obligée... etc.

« MÉLANIE DE SAINT-ANDRÉ. »

LETTRE DU BANQUIER.

« Mademoiselle, si vous le permettez, M. Maxendi
« se fera un véritable plaisir de vous offrir sa voi-
« ture pour venir à notre bal de demain. C'est une
« bien faible marque de bienveillance que vous lui
« donneriez, etc...

« WILLIAM BADGER. »

Eh bien? s'écria M. de Saint-André en regardant Argow.

— Eh bien! ma voiture était une voiture fermée,

qui a emmené votre fille en poste où j'ai voulu... Un de mes affidés, ancien matelot et homme expert en ces affaires, se tenait sur le siége et payait les postillons, en disant que ses maîtres conduisaient leur fille aux eaux de V...

— Scélérat ! reprit M. de Saint-André d'une voix faible, qui donc t'a suggéré de pareils desseins ? quel était ton projet ? quel intérêt te poussait ?

— Oh ! je n'ai rien de caché pour mes amis, dit Argow en s'asseyant à côté de M. de Saint-André. Je vais vous tout dire... Mais d'abord, renvoyez les gendarmes et vos gens que j'entends près de nous...

M. de Saint-André, se couvrant les yeux avec sa main, se mit à réfléchir. Il pensa rapidement qu'il pouvait hardiment promettre tout ce qu'Argow voudrait, pour qu'il lui rendît sa fille, et qu'ensuite, son frère ou une autre personne attirerait la vengeance des lois sur la tête de cet effronté pirate. Dégageant donc sa tête, il fit signe à Argow qu'il y consentait ; et le matelot, allant vers les gendarmes, leur dit que M. de Saint-André connaissait dans la ville un homme suspect, et qu'il irait avec lui, demain, chez le commandant de la gendarmerie. Il leur recommanda aussi de dire à leur chef d'attendre M. le contre-amiral de Saint-André : puis, en passant près de Vernyct, il lui ordonna d'aller sur-le-champ faire viser leurs passe-ports, de demander des chevaux pour minuit, une heure, et de revenir aussitôt. Alors, Argow regagna la chaise voisine de celle de M. de Saint-André, et lui dit avec un sang-froid égal à celui du contre-amiral qui s'était remis des grandes émotions qui venaient de l'agiter :

— Monsieur, lorsque je revins à Paris, il y a dix mois, je fis connaissance avec M. William Badger, honnête garçon que je sauvai d'une banqueroute. Pour me payer du service que je lui rendais, il me conseilla de me marier, en me disant qu'avec une fortune telle que la mienne (j'ai cinq millions, monseigneur), je devais avoir une femme pour m'aider à jouir de la vie ; il m'ajouta qu'il connaissait une jeune fille à laquelle on rendrait un véritable service en la mariant ; qu'elle était venue, depuis cinq ans, de l'Amérique, qu'elle était belle, touchante, riche (car c'est lui qui, par une heureuse entreprise, lui avait décuplé ses fonds), qu'elle ignorait le monde, vivait seule, chagrine, et qu'un bon vivant comme moi la réjouirait. Je ne suis pas beau, mais je suis, vous le voyez, nerveux, fort bien portant, j'ai de bonnes épaules, et je n'engendre pas de mélancolie. Je consentis. Lorsqu'il me nomma mademoiselle Mélanie de Saint-André, une secrète joie s'éleva dans mon âme, et je la déguisai. En effet, monsieur, vous êtes mon plus cruel ennemi ; vous seul, en France, pouvez me trahir, car presque tous vos officiers doivent être morts, et mes complices aussi !... N'était-ce pas un coup de maître que de devenir votre gendre ?... Votre fille ne voulut pas ! d'ailleurs, ne pouvant fournir votre acte de décès, il fallait le concours de son frère... il m'aurait reconnu... A Paris, les officiers marieurs ne sont pas faciles à tromper. J'ai donc fait faire un acte de notoriété, constatant que deux de mes matelots vous ont vu tomber d'un coup de feu à bord de *l'Atalante*. Avec cet acte, j'irai dans l'endroit où l'on a conduit Mélanie : là, avec quelques *sonnettes*, je ferai accroire tout ce que je voudrai au maire, et je deviendrai... votre gendre... J'adore votre fille... Elle est gentille, faut en convenir !

— Rendez-la-moi, Argow, dit M. de Saint-André, je vous jure que jamais je ne trahirai le secret de votre vie passée...

Des larmes inondèrent les yeux de l'insensible contre-amiral...

— Argow, ajouta-t-il, rends-moi ma fille... devant Dieu, je promets de faire tout ce que tu voudras.

— Vous n'ouvrirez jamais la bouche sur tout ce que vous savez sur moi ?

— Je le jure !... dit M. de Saint-André avec un accent de bonne foi qu'il était difficile de ne pas reconnaître.

— Eh bien ! répliqua le farouche matelot avec un infernal sourire, je jure, foi de corsaire, *de ne remettre votre fille qu'à vous-même*.

— Quand ?... demanda le contre-amiral.

— Demain soir !... à cette heure !... il faut le temps de l'aller chercher !...

— Argow, je me fie à toi !... et j'oublie toute ma haine, j'abjure tout désir de vengeance !...

— Et moi, reprit Argow, je me fie à vous... Adieu, monseigneur ; adieu, amiral !...

Le matelot s'en alla lentement pour faire voir qu'il n'avait pas peur. Il rentra, et dit :

— Ne vous étonnez pas si je pars cette nuit !... votre fille est loin !...

Il laissa les deux frères ensemble. Dans l'antichambre il rencontra son lieutenant Vernyct, qui avait exécuté tous ses ordres.

— Sortons, Vernyct !... et examinons bien les appartements par lesquels nous passerons !...

Les deux pirates regardèrent la hauteur des croisées, l'escalier, la cour, la porte. Quand ils furent sortis, Vernyct demanda à Maxendi ce qu'il voulait faire du plan de l'évêché.

— Ce que j'en veux faire ! s'écria le matelot à voix basse ; il ne faut compter sur le secret de personne, je ne m'en fie pour cela qu'à une femme.

— Une femme !... repartit Vernyct en riant et regardant son capitaine.

— La mort ! ajouta Maxendi avec un sourire effroyable. Faisons le tour de l'évêché, dit-il, car tous ces renseignements-là nous sont nécessaires. Et de la résolution!... car il s'agit d'assurer toute notre existence!...

Quand ils furent en face du jardin, le matelot vit avec joie que les murs n'étaient pas très-élevés, et que les toits de l'hôtel de l'évêque fourmillaient de cheminées. A cet aspect, Argow arrêta son plan et se rendit à son auberge.

Comme il cheminait par les rues, il heurta un malheureux, âgé de dix-sept ans environ. C'était un Auvergnat, et ses habits prouvaient qu'il offrait son dos à tous venants.

Argow s'arrête et se met à considérer sa figure tant soit peu chafouine et rusée.

— Que gagnes-tu, mon garçon? lui dit-il en l'examinant avec attention.

— Autant que vous, répliqua le commissionnaire.

— Comment cela? demanda le matelot étonné de cette repartie.

— Oui, j'ai mes profits et vous avez les vôtres! répondit sèchement l'Auvergnat.

— Tu me plais singulièrement, reprit Argow surpris.

— J'ai plu à bien d'autres.

— Trêve de paroles, dit impérativement Vernyct, ne fâche pas ce gros monsieur-là.

— Mon ami, veux-tu faire ta fortune? demanda Maxendi.

— Certes! répondit le jeune homme.

— Eh bien, continua Argow, quelle serait la somme qui te rendrait heureux? voyons, cherche... mais heureux, tellement, que tu n'aies plus rien à désirer.

— Ah! pour cela, il faudrait que j'aie le champ à la mère Véronique, une maison couverte en ardoises, un jardin et des... oh! j'aurais tout cela pour douze mille francs, et j'épouserais Jeannette!... Oh! j'épouserais Jeannette quoiqu'elle soit plus riche! Elle m'a dit d'aller gagner de quoi l'avoir pour femme... Oh! qu'elle serait étonnée!...

— Mon garçon, tu peux les gagner ces douze mille francs... sur-le-champ!...

— Les gagner!... s'écria l'Auvergnat en ouvrant de grands yeux; oui, dit-il en se reprenant, les gagner loyalement?

— Loyalement! reprit Argow, ta conscience n'aura rien à se reprocher, mais il faut de l'adresse... sans quoi tu ne gagnerais que douze sous...

— Quel est ton dessein? dit tout bas Vernyct.

— Mon ami, continua Argow sans répondre à son lieutenant, tu vas nous suivre, je te donnerai un gros paquet, tu entreras à l'évêché, tu demanderas au domestique de te conduire à la chambre de M. de Saint-André, le contre-amiral, qui est arrivé aujourd'hui : tu iras à sa chambre, tu lui re- mettras le fardeau et tu auras soin d'examiner dans quelle partie de l'évêché est situé cet appartement, s'il donne sur le jardin ou sur la cour, dans l'aile droite ou l'aile gauche, et si tu me rapportes ces renseignements avec exactitude, je t'emmènerai avec moi, à mon château, et je te compte, cette nuit même, tes douze mille francs; au moins j'aurai fait un heureux en ma vie!... Comprends-tu?

— Oui... mais, qu'est-ce que vous voulez faire?... et dans quel but ces renseignements?...

— Cela ne te regarde pas. Veux-tu épouser Jeannette et gagner douze mille francs?

— Oui.

— Marche!...

L'Auvergnat se mit à courir.

— Comprends-tu maintenant? dit Argow à Vernyct.

— Non.

— Eh bien, va toujours...

Ils arrivèrent tous trois à l'hôtel d'Espagne, et Argow fit un énorme paquet de papiers, de linge, de tout ce qu'il put trouver; il le posa sur les crochets du petit Auvergnat qui courut à l'évêché.

— Me diras-tu ton dessein? demanda Vernyct à Argow lorsque le commissionnaire fut parti.

— Cela ne se dit pas entre quatre murs, répondit Argow à l'oreille de son lieutenant; ne vois-tu pas qu'il n'y a qu'une porte d'un pouce d'épaisseur qui nous sépare de l'appartement voisin, et que l'on peut voir à travers même? ajouta-t-il en fixant les yeux sur la porte.

Au bout d'une demi-heure, l'Auvergnat revint et donna à M. Maxendi tous les renseignements qu'il avait demandés, jurant de plus par sa Jeannette qu'ils étaient exacts.

— Je le crois, lui dit Argow, mais j'en aurai la preuve. As-tu vu M. de Saint-André?

— Non. Il venait de sortir en voiture avec monseigneur pour aller à la recherche d'un jeune homme qui était venu dans la soirée.

— Attends-nous à la porte de l'hôtel.

L'Auvergnat sortit.

Argow se déshabilla et invita Vernyct à en faire autant. Ils se revêtirent de méchants habits qu'ils avaient toujours pour fumer ou boire le matin; et, ainsi travestis, ils s'échappèrent de l'hôtel sans être vus, si ce n'est par l'Auvergnat. Argow, regardant à sa montre, vit qu'il n'était encore que neuf heures, et il mit ce temps à profit en achetant des cordes et des crampons en fer. Ils se promenèrent par la ville, et lorsque onze heures et demie sonnèrent à la cathédrale d'A...y, ils se dirigèrent vers l'évêché.

CHAPITRE XXII.

Nouveau crime d'Argow. — Danger du vicaire. — Il part pour Paris. — Il s'arrête au lieu de sa naissance. — Lettre à sa mère. — Vision matinale.

Le hasard voulut que la nuit la plus obscure protégeât l'entreprise d'Argow et de son complice. Ils arrivèrent derrière le mur d'enceinte des jardins de l'évêché. Vernyct jeta sur un arbre un crampon en fer attaché au bout d'une corde assez forte pour supporter le poids d'un homme, et à laquelle ils avaient fait des nœuds de distance en distance. Aussitôt que le crampon eut été fixé sur des branches qui formaient une fourche par leur réunion, les deux pirates grimpèrent lestement sur ce cordage impromptu, et lorsqu'ils furent sur l'arbre ils attirèrent à eux la corde et le paquet entier.

Ils sont dans les jardins et bientôt ils se trouvent devant la façade de l'hôtel qui donne sur le parterre. Argow mesure de l'œil cette façade.

— Il nous a dit que cette chambre donnait sur la cour... les deux fenêtres se trouvent les seules de l'aile gauche, ainsi cette aile aura notre visite... Bon, il y a une cheminée, c'est celle-là !

— Mais comment arriver au toit ?

— Voilà la question, le problème à résoudre, dit Argow, et pour cela nous n'avons qu'une heure... Il ne faut pas que les chevaux nous attendent, ça produirait un mauvais effet. On doit nous venir éveiller dans nos lits.

En prononçant ces diverses phrases, le matelot contemplait la façade.

— Es-tu léger, Vernyct ? car moi, je suis si gros maintenant, que je n'oserais tenter cela.

— Quoi ? demanda le lieutenant.

— Tiens, il faudrait aller attacher la corde au balcon du premier étage en grimpant sur les feuilles des persiennes du rez-de-chaussée : une fois sur le balcon, tu remontes la corde au-dessus de la persienne du premier étage, et de là au second, du second au toit. L'avancement que forme le cartouche où sont sculptées les armes et je ne sais quoi, te donne la facilité de fixer le crampon sur le toit.

Vernyct hésita longtemps, mais enfin il s'y résolut. Argow, tirant, d'une bague qu'il avait au doigt, une épingle empoisonnée dans la liqueur avec laquelle les sauvages se défont de leurs ennemis [1], la remit à Vernyct pour qu'il pût anéantir sans bruit ceux qui s'opposeraient à son opération. Puis il se mit à veiller et à tout examiner pendant que le lieutenant s'acquittait de ce dont il se chargeait.

Vernyct parvint, en effet, à se placer sur le haut du cartouche, et il y arrêta, entre deux pierres disjointes, le crampon de fer. Argow se suspendit en bas de la corde pour en essayer la solidité, et il se hissa jusqu'en haut. De là, ils marchèrent sur les toits, jusqu'à la cheminée de la chambre de M. de Saint-André, et après en avoir démoli le faîteau, Argow s'y glissa, en faisant le moins de bruit qu'il put. Quand il fut à la hauteur de l'appartement, il écouta, pour découvrir par l'extrême silence si le contre-amiral était couché.

Après cet examen, Argow se laissa tomber sur le foyer. Là, il écouta encore, et se hasarda à regarder dans l'appartement. M. de Saint-André dormait. Le matelot se lève, court et enfonce son épingle dans une artère. L'infortuné ouvre les yeux, voit Argow, il veut crier... il expire.

— Son câble est filé !... dit le pirate.

Aussitôt, il regagne la cheminée, le toit, il redescend par sa corde dans les jardins, et de là, dans la rue. Il est une heure de la nuit, et les deux corsaires s'acheminent vers l'hôtel d'Espagne. Argow est aussi tranquille que s'il eût donné un coup de pied dans une bouteille vide. Son complice le suit, et un homme qui les aurait vus ainsi, marchant au milieu de cette nuit profonde, les aurait comparés au *Crime* suivi du *Remords*. . . . .

Le vicaire dormait, et il était en proie aux douleurs d'un songe pénible. Il rêvait que Mélanie, au milieu des jouissances les plus pures et les plus vives, regardait *la tête* de son cher Joseph. Alors, une pâleur mortelle couvrait son front, elle devenait immobile et froide ; sur sa bouche errait le sourire de l'innocence, et par la manière dont ses yeux se fermaient, le vicaire apercevait que son dernier regard, avant d'abaisser sa paupière, avait été pour lui. Puis, après ce douloureux geste, il voyait Mélanie entourée de feux extrêmement brillants ; son visage était semblable à celui d'une sainte, ses vêtements comme tissus d'un fil d'argent, ses cheveux en désordre, sa pose aérienne ; en cet état, elle s'élevait vers les cieux et lui faisait signe du doigt de la suivre. Il se trouvait à terre dans une convulsion terrible, cherchant

---

[1] Lorsqu'un sauvage veut faire périr un de ses ennemis, il se trouve avec lui à un festin, après une longue chasse : il se place immédiatement au-dessus de celui qu'il veut empoisonner ; et lorsque, à la fin du repas, la grande coupe où chacun boit passe de main en main, le sauvage y boit, son ennemi l'imite et tombe mort, sans que celui qui se venge soit atteint en rien.

Voici comment : Les Américains font sécher cette liqueur, et lorsqu'elle ne laisse plus qu'un résidu compacte, ils la mettent en poudre et ils remplissent leur ongle de cette poudre mortelle (ils la nomment *Peyga*) ; lorsque la coupe arrive, ils boivent ; mais ils lâchent, après avoir bu, la poudre contenue entre leur ongle et la chair de leur doigt. Personne ne peut se soustraire à leur vengeance : celle-ci est la plus usitée. — (Tiré du Voyage de Sambuco.)

(*Note de l'éditeur.*)

à obéir au doux signe de son amie, et ne le pouvant pas, il s'indignait, levait les bras ; mais quelque chose de corporel le retenait attaché sur la terre... Dans le lointain, il apercevait un marbre de tombeau qui se levait lentement, et M. de Saint-André montrait sa tête, mais morte!... et plus loin encore, d'une manière indistincte, madame de Rosann se dessinait, et il entendait ses larmes, sans pouvoir parvenir à la reconnaître... Il s'éveille en sursaut, il écoute, et son nom, prononcé vivement, frappe son oreille. Alors, il se lève et voit briller de la lumière à travers les fentes de la porte qui le sépare de l'autre appartement.

M. Joseph s'approche, et il cherche à distinguer quels sont les hommes qui parlent à cette heure,... il reconnaît Argow et son complice.

— C'est son prétendu fils!... te dis-je, répétait Argow, et pendant que l'on va chercher nos chevaux, il faudrait...

— Il faudrait, reprit Vernyct, il faudrait résoudre quelque chose... la bonne femme va tout trahir!... elle est échappée... Tu viens d'entendre ce qu'a dit Gorbuln, c'est une imprudence.

— Bah!... si la petite est bien enfermée, je défie que la vieille sache se retourner, elle ne connait rien!... et d'ailleurs, elle restera aux environs du château, nous allons nous y rendre et veiller à tout cela... Tu désespères toujours...

En disant cela, Argow tenait un rouleau de papier, avec lequel il frappait sur une table.

— Qu'est-ce que tu as là?... demanda Vernyct.

— Ce n'est rien. C'est le journal de la petite. Ce qu'elle écrivait tous les jours!... Fadaises!...

Et il jeta le rouleau sur une autre table.

— Eh bien, à quoi penses-tu donc? les chevaux viennent! Tu as payé l'hôtesse?

— Je pense que puisque ce jeune homme dort!... il ne nous en coûtera pas plus de l'envoyer dormir au loin!...

Ces paroles firent frémir Joseph, car Argow, en les prononçant, indiquait du doigt la porte par où le vicaire regardait : et, pour Joseph, périr sans avoir revu Mélanie, alors que leur amour devenait innocent, c'était la mort la plus amère et la plus horrible. Il frémit et contempla sa chambre pour voir s'il pourrait fuir et faire arrêter le pirate.

— Il m'a reconnu, continua Argow, et il est homme à me poursuivre!... Il n'y a rien à craindre comme les jeunes gens, parce qu'ils sont exaltés; l'intérêt, le péril, ne peuvent rien sur eux!... et... tiens, allons!

— Non, dit Vernyct, *il mourrait de même que l'autre!...* et les chirurgiens pourraient fort bien... deux!... les mêmes symptômes!...

— Voilà la première bonne raison que tu m'aies donnée... Cependant, songe donc qu'il ne reste aucune trace... que rien ne peut découvrir... C'est un coup de sang!... le sang se glace!... notre sûreté!...

— Je sais bien que le diable ne nous trouvera pas ici... car j'espère que nous allons faire un tour à la Colombie... prendre des lettres de marque, nous mettre à leur service et houspiller les Espagnols. Il faut laisser oublier cette affaire-ci...

— Lâche!... c'est au dernier moment que nous courrons par là. L'Angleterre, la Suède, le Danemark, la Russie, ne nous ont pas graciés comme à Ch... T... Et va, l'endroit le plus sûr pour nous, c'est Paris...

— Mais tu abandonneras donc la petite?...

— Non... je veux l'épouser... je l'aime...

A ce mot, la hideuse figure d'Argow prenait un singulier caractère d'énergie.

— Tu vas donc donner des ordres à Gorbuln?

— Oui!...

Ce oui prolongé annonçait qu'Argow pensait toujours à son dessein. Quelque courageux et intrépide que fût le vicaire, il frissonnait, et, en voyant les yeux terribles du pirate fixés sur la porte, il ne pouvait s'empêcher de croire qu'il en était vu.

— Tiens, Vernyct, il faut que je passe mon envie!...

— Argow, mon ami, c'est un crime inutile, crois-moi!... S'il nous poursuit... à la bonne heure! j'admets tout ce qui est nécessaire!...

En disant cela, Vernyct prêtait l'oreille comme pour tâcher d'entendre si les chevaux ne venaient pas, et le vicaire lisait sur sa figure le désir qu'avait le lieutenant de partir.

— Allons, dit Argow, les chevaux ne viennent pas, j'ai le temps!...

Argow sortit et fut suivi de son complice, qui lui parlait toujours.

Jamais le vicaire n'aima la vie comme en ce moment, il en connaissait tout le prix, il se serait défendu comme un lion; mais il avait vu Argow sans armes, et une idée vague de trahison se glissait dans son âme. Un pressentiment secret lui disait qu'il fallait employer la ruse. Alors, il eut la présence d'esprit d'ôter la fiche des gonds de la porte condamnée, et au moment où Argow entrait dans sa chambre, il passa dans celle des deux pirates. Le matelot, ayant forcé la serrure, s'avança sans lumière dans la chambre du vicaire.

M. Joseph le vit plonger sa main dans le lit à plusieurs reprises!... En ce moment, les chevaux de poste demandés par Joseph entrèrent dans l'auberge avec ceux d'Argow. Vernyct s'écria :

— Argow!... Argow, voici notre Auvergnat et la fille!...

— C'est fait! dit à voix basse le pirate.

Et il s'élança dans les escaliers avec Vernyct.

Joseph, stupéfait du danger qu'il avait couru, restait immobile, et il tenait, sans s'en apercevoir, le rouleau de papier que le matelot avait jeté avec dédain. Le vicaire, s'entendant appeler, reparut dans sa chambre; il rétablit la porte, et la servante lui dit que sa voiture était prête.

— Savez-vous, demanda-t-il à la jeune fille, où ces exécrables coquins ont ordonné de les mener?

— A son château de Vans, a dit le gros monsieur.

— Était-il étonné, surpris?...

— Non, il riait!... répondit la servante.

— Il riait, mon enfant!... s'écria le vicaire. Tenez, ma fille, ajouta-t-il, je vais vous charger d'une commission dont j'espère que vous vous acquitterez!... Allez chez M. de Saint-André... mon p... mon protecteur, mon oncle... vous lui direz que M. Joseph a été pour lui présenter ses respects, à huit heures environ...; qu'il a été forcé de sortir sur-le-champ sans qu'il puisse voir *son père!*...

— Quoi! s'écria la servante, vous êtes le neveu de monseigneur?

— Oui, dit Joseph en remettant une pièce de cinq francs à la servante, et, tenez, mon enfant, gardez cette pièce de monnaie; si vous aimez un jour!... souvenez-vous de M. Joseph... et... si vous épousez celui que vous chérissez, pensez encore à moi!...

La servante, émue du ton que le jeune prêtre mit à ses paroles, l'accompagna jusqu'à sa voiture; il donna l'ordre d'aller à Paris, et promit au postillon un pourboire qui fut cause que tous les habitants d'A....y furent réveillés par le claquement du fouet du postillon.

Au moment où le vicaire était entraîné avec la rapidité de la foudre, et que la servante allait fermer la porte après avoir suivi la voiture des yeux :

— *Qui potest capere capiat!* s'écria une voix, ce qui veut dire, ma belle enfant, qu'en prenant du galon, on n'en saurait trop prendre!...

Et il l'embrassa deux ou trois fois de suite.

Elle se mit à crier.

— Chut! chut! répliqua Leseq, vous êtes la servante de la meilleure auberge d'A....y; ainsi, c'est ici que notre vicaire, M. Joseph, a dû venir.

— Un beau jeune homme, brun, qui court à Paris sans attendre les habits qu'il a commandés!...

— Non, mon jeune prêtre en a assez... ce n'est pas comme moi!... *Vestes usatas semper.*

— Le neveu de monseigneur! s'écria la servante, il paraît triste... amoureux!

— C'est cela même!... répondit Leseq. où est-il? où va-t-il?

— Il est resté ici toute la journée, il vient de partir pour Paris, et...

Leseq, sans attendre la fin de la harangue, était remonté sur son cheval et galopait vers Aulnay-le-Vicomte instruire madame de Rosann de la fuite de son fils, recevoir les douze cents francs promis, mettre Joséphine au désespoir de n'en pas savoir davantage, et assister à tous les conciliabules que l'on tiendrait dans le village, sens dessus dessous depuis que Joseph l'avait quitté.

Cependant, le vicaire, confiné dans un coin de sa mauvaise chaise, réfléchissait à tous les événements qui l'avaient assailli dans cette courte soirée. Ses pensées trouvaient une nouvelle matière dans le danger auquel il échappait, la scélératesse d'Argow et son impunité : la multitude de ses idées l'obséda; mais enfin il en revint à Mélanie, qu'il allait revoir. Il se reportait par la force de son imagination dans l'appartement qu'elle occupait, et cette douce rêverie le subjuguant tout entier, elle chassa toutes les autres idées, même le souvenir de sa mère, madame de Rosann, dont la tendresse ingénieuse l'avait d'abord attendri. En montant en voiture, il jeta le rouleau de papier dans un coin, comme une chose qui gêne, et, appuyé contre un des côtés de la chaise, il resta plongé dans ce demi-sommeil qui résulte d'une profonde préoccupation.

Ce fut ainsi qu'il arriva à Vans-la-Pavée.

C'était à ce village que se trouvait la première poste après A....y. Vans-la-Pavée touchait par un bout à la forêt qu'Aulnay-le-Vicomte et sa charmante vallée terminaient de l'autre d'une manière si pittoresque. Au commencement de cette immense forêt, on voyait l'immense château qui jadis appartenait à la famille de B... et qu'Argow avait acheté depuis un an.

La cessation de ce mouvement rapide de la voiture tira Joseph de sa mélancolie; il demanda au postillon où il était.

— A Vans-la-Pavée!... lui répondit-il.

Joseph sauta hors de la voiture en annonçant l'intention de s'y arrêter quelques minutes. Il demanda à parler au maire, et aussitôt on l'introduisit dans la chambre du maître de poste qui, par un effet du hasard, était maire de la commune de Vans.

— Monsieur, lui dit Joseph, il y a vingt et quelques années, une jeune fille...

— C'était avant la révolution, dit le maire.

— Oui, monsieur, une jeune fille de qualité, déguisée probablement, est venue accoucher ici...

— Elles ne font que cela!... interrompit le maire, avant comme après la révolution, les enfants ont toujours été leur train... ces femmes...

— Mais, mon ami, nous sommes au monde pour cela!... dit une jeune femme en se mettant sur son séant.

— Me voilà perdu!... s'écria le maître de poste en montrant au vicaire une figure assez âgée.

— Monsieur, reprit Joseph, je désirerais savoir si la femme chez laquelle cette jeune fille se logea, existe encore.

— Certainement, répondit la femme, c'est la sœur de la concierge du château d'Aulnay-le-Vicomte; je me rappelle parfaitement cette histoire-là... Un ecclésiastique, une jeune personne, jolie comme les amours...

— C'est cela, madame, dit Joseph. Monsieur, je vous prie d'avoir la bonté de dire au maire d'envoyer l'acte de naissance de l'enfant...

— Le maire, c'est moi!... s'écria le maître de poste. Je tiens cette dignité de la faveur royale...

— Monsieur, je vais vous laisser le prix de cet acte, en vous suppliant de l'envoyer à Paris, à l'adresse que j'écrirai en bas...

— Quel joli homme!... murmura la jeune femme.

Joseph n'entendit plus que la voix du maire qui gronda sa femme. En descendant, le vicaire réfléchit qu'il devait au moins aller voir la cabane où madame de Rosann l'avait mis au monde. Il se fit indiquer la demeure de la sœur de Marie, et un postillon le conduisit au bout du village, du côté de la forêt et du château. Le vicaire frappa à la porte d'une maison presque ruinée, couverte d'un toit de chaume; une vieille femme ridée, décrépite, ouvrit, et elle fut remuer les cendres du foyer pour éclairer sa chaumière. A la faveur de cette lueur vacillante, Joseph jeta un rapide coup d'œil sur ce temple de la misère, et un sentiment doux, mais pénible, s'empara de son âme.

— Eh quoi! s'écria-t-il, c'est ici que j'ai commencé à respirer pour la première fois! c'est ici que j'ai jeté mon premier regard, mon premier cri! O mère que j'aime! O tendre et douce femme, que je me reproche de ne pas t'avoir assez vue! c'est ici que tu as souffert!... Salut, cabane chérie... je relèverai ton toit en ruine, je veux que l'être qui habitera ce lieu soit heureux!... heureux autant que peut l'être un mortel!...

— Hé quoi! c'est vous que cette pauvre petite dame a mis au monde!... s'écria la vieille femme, c'est moi qui vous ai reçu dans mes bras : l'ecclésiastique était là... (Et elle montra un fauteuil vermoulu.) Votre mère souffrait...

— Elle souffrait!... dit le vicaire avec un accent de pitié touchant.

— Sur ce lit qui était meilleur!...

— Il deviendra ce qu'il doit être!... Pauvre femme, quelle misère!...

Joseph, apercevant de l'encre, écrivit à madame de Rosann.

« O ma mère! c'est de la chaumière qui retentit
« de vos cris de douleur que je vous écris, c'est le
« cœur pénétré de cette reconnaissance suave que
« l'on nomme du nom d'*amour filial,* que je m'a-
« dresse à votre cœur... Je conçois, maintenant, le
« motif de vos prévenances, de vos attentions!...
« et je vous ai rebutée!... Oh!... je reviendrai à
« Aulnay!... je brûle de couvrir votre visage sacré
« de mes baisers!... mon âme est en proie à un dé-
« luge de sensations douces et charmantes. Souffrez
« que je vous salue du doux nom de mère, de loin,
« il est vrai, mais la fatalité l'exige... Un jour, ap-
« puyé sur votre sein, j'y verserai le secret de mes
« maux, qui, maintenant, ont un cruel remède...
« J'admire la bizarrerie des événements qui m'ont
« séparé de vous. Croyez qu'après un désir qui
« tient, malgré moi, la première place dans mon
« cœur, le plus sincère de mes souhaits est de vous
« embrasser!... Si le destin ne m'entraînait, j'au-
« rais volé dans vos bras aussitôt que j'ai appris le
« secret de ma naissance, et votre admirable dé-
« vouement. En ce moment, cependant, *tout* en
« moi *se tait* au souvenir de vos douleurs, et à l'as-
« pect du toit chéri où, furtivement, vous m'avez
« donné le jour!... cet événement de votre jeunesse
« vous rend plus chère à mon cœur, parce que je
« sens tout ce que mon amour vous doit de plus
« qu'à une autre mère!... Entendez, en lisant cette
« lettre, entendez la voix de votre fils qui vous re-
« mercie, qui vous voit, qui dépose tout son être
« sur ce papier. Songez qu'à cette place, j'ai attaché
« l'idée du baiser le plus respectueux et le plus ten-
« dre que fils ait jamais donné; votre image est à
« mes côtés, je vous vois sur ce lit, je pleure, en
« croyant vous entendre gémir, et cette masure me
« semble un palais!... Adieu!...

« La femme qui habite cette demeure est pauvre,
« je veux qu'ensemble nous l'enrichissions, qu'en-
« semble nous fassions relever son toit; cette pre-
« mière de nos actions doit nous être commune, et
« il n'y a que cette femme qui puisse vous porter
« cette lettre.

« Joseph. »

— Tenez, ma bonne mère, dit le vicaire tout ému, vous partirez ce matin, et vous vous rendrez au château d'Aulnay-le-Vicomte, vous demanderez madame de Rosann!

— Jamais je n'oserai..., dit la paysanne honteuse.

— Allez! allez!... vous serez bien reçue en lui présentant cette lettre!...

Et le vicaire, parcourant des yeux cette chaumière délabrée, sortit accompagné par la paysanne étonnée.

Appuyé contre la porte, le postillon, immobile, regardait au loin. Le vicaire lui demanda ce qu'il voyait.

— Tenez, monsieur, voyez-vous, là-bas, sur la terrasse du château?...

Les premières teintes du crépuscule permettaient à peine de distinguer les objets; néanmoins, Joseph aperçut sur une petite terrasse, au-dessus d'une rivière, une jeune fille assise, au milieu d'un massif de verdure, et elle chantait tristement: la distance ne laissait parvenir que des sons indistincts d'une mélancolie extrême. La jeune fille restait immobile; son attitude et sa pose donnaient à penser, car elle semblait considérer le précipice comme Sapho dut regarder le saut de Leucate avant de s'y engloutir. Cette femme, vêtue de blanc, assise sur les fortifications du château entouré d'eau, et posée d'une manière pittoresque, soupirant des chansons d'amour et dont les modulations tendres semblaient venir des airs, le vague indéfini des couleurs de la première aurore, tout rendait ce spectacle extraordinaire: aussi, ces circonstances plongèrent-elles le vicaire dans une espèce d'extase. Il tâchait d'écouter et de voir, sans pouvoir saisir un son ni apercevoir un trait...

Une imagination amie du romantique aurait cru entrevoir une de ces filles de l'air, que Girodet et Gérard ont placées dans leurs tableaux d'Ossian. Cette femme, semblable à une légère vapeur blanchâtre, apparaissait comme le génie de l'antique féodalité, pleurant de se voir proscrit et déplorant la ruine de ses châteaux.

— C'est, dit le postillon, la malheureuse petite femme que M. Maxendi a amenée; on la dit folle, et ceux qui entendent ses discours prétendent qu'elle est folle d'amour!

— On dit, reprit la vieille femme, qu'elle n'est pas plus folle que moi, et que M. Maxendi l'a enlevée.

— Quoi!... c'est le château d'Argow! s'écria le vicaire, tiré de sa rêverie par le nom de Maxendi.

Néanmoins, il ne donna pas suite à ces paroles, parce qu'un charme irrésistible le contraignit à revenir contempler ce spectacle qui lui inspira un pressentiment douloureux: une crainte vague voltigeait dans son esprit, car les amants craignent tout.

A cet instant, une modulation plus distincte parvint à l'oreille de Joseph. Il lui sembla avoir entendu Mélanie; mais, attribuant cette idée à la fixité de l'image de son amante dans son imagination, il se laissa entraîner par le postillon, sans seulement s'en apercevoir, car tout en s'en allant regagner sa voiture, il regardait toujours ce château, dont l'ensemble imposant et les vastes constructions se doraient des premiers feux du jour. Au dernier regard qu'il jeta,

il crut voir que la jeune fille agitait son mouchoir. Ce geste le fit tressaillir.

— Elle demande du secours, se dit-il, je voudrais la voir!...

— Les chevaux attendent, monsieur.

— Elle est infortunée!... je suis heureux!... rien ne peut m'enlever Mélanie!... que ne resté-je pour m'informer de cette aventure?... Que me fait une heure?...

— Monsieur, monsieur, dit le postillon en faisant claquer son fouet.

Le vicaire partit...

⚭

CHAPITRE XXIII.

Journal de Mélanie. — Désespoir du vicaire. — Il retourne à Vaus.

Je ne connais rien de plus terrible que la solitude, lorsque des âmes grandes et fortes ont reçu une commotion violente qui les jette dans cette profonde méditation où l'esprit finit par s'égarer. Le spectacle dont le vicaire venait d'être témoin avait été pour lui comme un rêve, et ce rêve se continua pendant longtemps, parce que la rapidité avec laquelle on l'entraînait ajoutait à cette disposition de son âme. Sans dormir, il avait toutes les lourdes sensations d'un songe, et ce songe était étouffant par la crainte vague que la dernière modulation de la jeune fille imprima à l'âme du vicaire.

Joseph arriva aux portes de Paris, qu'il frappait encore son genou avec le rouleau de papier qu'Argow avait jeté avec dédain. Il finit cependant par s'étonner de sa constance à tenir ces papiers; et, en les regardant, la pensée qu'il avait eue de les lire revint s'offrir à sa mémoire: il déroule ce papier dédaigné, jette les yeux dessus, reconnaît l'écriture de Mélanie, et tout son sang sembla vouloir abandonner son cœur!... Il pâlit et se pencha sur le coussin de maroquin vert qui garnissait le coin de sa voiture.

— Eh quoi, pensa-t-il, c'est Mélanie dont Argow parlait! c'est elle que j'ai vue!...

Une effroyable série de malheurs se déroula à ses yeux, son esprit s'égara, il devint incapable de penser, son cerveau paraissait se dissoudre. Enfin, il reporta ses yeux sur le fatal papier et lut ce qui suit.

JOURNAL DE MÉLANIE [1].

« Je suis mieux, mais je suis seule!... O mon

---

[1] Le journal de mademoiselle Mélanie de Saint-André m'aurait facilement fourni trois cents pages d'impression. Usant de tout le goût et le discernement qu'un bachelier ès lettres peut avoir, j'ai réduit cette divagation amoureuse à sa juste valeur.

Les écrits des amants sont lâches, diffus, remplis de répétitions, et ce n'est pas une petite tâche que de les resserrer. Aussi je demande grâce pour les incohérences, les expressions et le délire de ces morceaux, en faisant observer qu'ils ne sont frère, je ne puis que m'occuper de toi! Quand l'aurore a paru, j'ai trouvé ma maison grande, triste, vide, et les appartements m'en sont odieux; il me semble qu'ils ne m'offrent qu'une teinte uniforme et grisâtre; tout porte ton deuil!... Mon âme est enveloppée d'un crêpe qui assourdit les moindres sons qu'elle rend.

« Je veux chaque jour t'écrire un mot, te parler comme si je t'avais à mes côtés. Ah, Joseph! qu'une journée est longue depuis que je ne te vois plus! Je ne puis pas vivre de ma vie intellectuelle, il m'est impossible de méditer et de penser; j'essaye de former des raisonnements, mais mes yeux errent sur le plafond, sur les meubles, je cherche quelque chose qui n'est plus! J'habite une tombe où rien ne me sourit.

« Joseph, mon ami, mes nuits sont plus affreuses que mes jours! les songes les plus effrayants m'assiégent. Ce matin, j'ai commencé à faire une entaille sur un morceau de bois, pour marquer chaque jour, et voir combien j'en passerai sans vivre!... Que fais-tu, toi?

« Tu as laissé une plume sur ton bureau, je m'en suis emparée avec avidité, c'est avec celle-là que j'écrirai désormais!... Quand je l'ai saisie, j'ai cru te posséder... un instant après j'ai pleuré!... j'ai vu que je n'avais rien qu'un trop grand souvenir!..

« Il est minuit, je suis seule, une lampe nocturne m'éclaire : pas un zéphyr ne modifie l'air; tout se tait, à côté de moi, sous moi, sur ma tête; je suis au sein du repos le plus profond... Une agitation me trouble, ma tête est pesante!... au milieu du calme, règne un trouble effroyable, car je t'ai vu!... oui, je t'ai vu, toi que je n'ose nommer! Ta noble figure vient de m'apparaître portée par le nuage du rêve, et cette vision m'a inondée d'une joie douce et balsamique, comme l'odeur fugitive d'une fleur des champs. Ton âme voltige dans cette chambre trop petite pour mes émotions!... O mon époux chéri! je te sens à mes côtés, tu me brûles le flanc : amour! retire ce tableau magique! car je ne caresse qu'une fumée légère. Dieu! quelle puissance! Dans cet air inapercevable, mon âme a tracé, a fixé un portrait dessiné par le crayon le plus voluptueux! que de roses!... comme il me sourit!... quelle couronne!... Quoi! rien n'existe, et je le vois!... rêverie d'amour!... nuit enflammée!... Joseph, je me meurs!...

« Aujourd'hui, je suis restée pâle, immobile, sans penser à rien, et sans éprouver aucune fatigue dans l'âme : ton image me poursuit! Mme Hamel est devant moi, je ne la vois point : les domestiques passent, je n'entends pas le bruit de leurs pas; je ne pense point à tes formes délicieuses, et je les vois; je n'entends pas ta voix, et elle retentit à mon oreille : je ne vois pas ceux que je vois, et je vois celui que je ne vois point. Quel charme!... qu'on m'explique comment il se fait que l'on sente la pensée, sans penser réellement?... *Il me semble que je suis nuage!...*

« Je vais mourir jeune; la volupté n'aura point épanché pour moi la liqueur de son divin calice; je suis dévorée, minée : ma pauvre mère Hamel a frémi ce matin. Elle m'a dit :

« — Mélanie!... tu es bien pâle!... tes yeux sont brillants, tes boucles de cheveux sont en désordre, tu n'es point parée!... tu n'es plus soigneuse.

« — Y est-il?... ai-je répondu.

« — O ma fille, a-t-elle dit, ne descends pas dans la tombe, car nos mains sont éternellement jointes, et tu m'entraînerais avec toi.

« — Non, non, ai-je dit, je ne mourrai pas, tant qu'il vivra;... mort, j'irai le rejoindre; puisque la tombe est notre couche nuptiale, la Mort tiendra la torche de notre hyménée... et la nuit de notre noce funèbre sera éternelle. — Madame Hamel a frémi... Pauvre femme!

« Joseph! j'ai reçu ta lettre!... j'ai baisé cent fois ces caractères chéris... ils seront toujours sur mon cœur! ils le brûleraient s'il n'était pas déjà calciné. Oui, mon chéri, oui, je suivrai tes ordres, je vivrai pour toi! j'attendrai avec impatience cet âge où tout sera mort excepté nos cœurs... qui ne mourront jamais. J'ai trop de joie pour exprimer quelque chose. Adieu, pour aujourd'hui!... je vais m'asseoir, et toute la journée contempler les airs en y cherchant ta douce image!...

« Joseph, notre banquier est venu; il a été surpris de me voir aussi changée. Il a appris ton départ avec peine. Il paraît vouloir prendre beaucoup d'intérêt à moi!... je crois que c'est un bien honnête homme et une belle âme.

« Le banquier, M. William Badger, est revenu, il a dit que je devrais me marier... il me l'a prouvé. J'ai tâché de ne pas entendre ses blasphèmes. Moi me marier!... Oh! Joseph, je préférerais cent fois mourir.

pas de moi. C'est par ces mêmes raisons que je me suis permis de retrancher beaucoup de choses dans le *manuscrit* du vicaire.

J'espère que les lecteurs me tiendront compte de cette délicatesse de conscience.

« M. Badger m'a amené aujourd'hui un monsieur qu'il nomme Maxendi. Il me déplaît, son physique est désagréable. Sa figure a une sorte d'énergie qui n'inspire à ceux qui la voient que l'idée que cette force morale ne produit pas de beaux effets...

« Grand Dieu!... c'est à M. Maxendi que M. William Badger veut me marier. Je reviens d'un bal où j'ai souffert mort et passion. On me criait aux oreilles que M. Maxendi a cinq millions, que je serais heureuse et souveraine.

« — Comment, ma chère petite, me disait madame Badger, cela ne vous étonne pas?... Mais voyez donc comme toutes les mères et les jeunes demoiselles saluent M. Maxendi! voyez comme elles l'appellent des yeux! Il n'y a que lui dans l'assemblée..

« — Madame, ai-je répondu, M. Maxendi ne me plaît pas et ne me plaira jamais.

« Madame Badger m'a quittée et j'ai été m'asseoir à côté de ma pauvre mère Hamel, qui, vêtue somptueusement et au milieu de cette éclatante fête, n'en dormait pas moins le plus décemment possible. Madame Badger est revenue me présenter M. Maxendi, et j'ai été forcée de danser avec lui. Je n'aime point cet homme, et tout le monde veut que je le chérisse...

« Joseph, je te dois toute la vérité, et les moindres sentiments de mon cœur t'appartiennent! je t'avouerai donc qu'au milieu de cet entraînement produit par le spectacle des plus belles femmes de Paris, des plus riches, des plus fraîches parures, au milieu des conquêtes du luxe, j'ai eu un mouvement d'orgueil en me voyant proclamer, par les regards de chacun, la reine de cette assemblée... J'étais simplement vêtue, avec cette robe de mousseline que tu m'as donnée, une couronne de soucis parait ma tête souffrante d'amour: cette simplicité m'a fait plus remarquer que celles dont les cheveux s'embellissaient de tous les feux du diamant. Ah! je n'ai brillé que parce que quelque étincelle du feu qui consume mon cœur sera venue resplendir sur mon visage... C'est donc à toi que j'ai dû ce triomphe! mes yeux se sont souvent portés sur ces coins solitaires où mon Joseph se plaçait toujours, et mon âme t'adressait là tous ses discours, toutes ses prières.

« L'on me proclame la femme de M. Maxendi... Je ne sais comment cela s'arrange, mais vraiment ces gens du monde ont un art de vous faire parler, d'interpréter le moindre regard, le moindre sourire... Ah, Joseph! pourquoi n'es-tu pas là pour me défendre des séductions de ces gens de salon!

« Si je ne m'en tenais pas à un *non* bien décidé, je crois, en vérité, que l'on me marierait, malgré moi, à M. Maxendi... Je ne conçois pas l'acharnement de tous ces gens-là! de quelle importance est-il donc pour eux que je me marie? ne peuvent-ils pas laisser tranquille une pauvre fille qui ne demande rien qu'à gémir toute seule, et dont le cœur est à jamais donné?

« Mon ami, Joseph, me pardonneras-tu? j'ai fait une imprudence, je suis vive, légère, enfin je suis femme. On m'a encore amené ce Maxendi; je l'ai reçu; il est revenu le lendemain, j'ai fait refuser ma porte... j'ai voulu sortir, ma calèche s'est trouvée cassée... on ne peut pas deviner comment!... M. Badger m'écrit que, d'après ce qui s'est passé, j'ai commis une grande malhonnêteté, il croit que je dois aller à un bal auquel M. Maxendi vient de m'inviter... Je réponds que j'irai, mais je compte, au milieu de l'assemblée, dire que je ne peux épouser personne, parce que je suis mariée. M. Badger doit m'envoyer sa voiture...

« Ce matin, Joseph, je suis triste, c'est la voiture de M. Maxendi qui viendra me chercher; je n'ai plus le temps de dire non... D'ailleurs, c'est la dernière fois que je sors... Joseph, c'est aujourd'hui le jour où tu m'as quittée! ce jour doit m'être malheureux!... un horrible pressentiment m'assiège, à toute minute mon cœur se gonfle, et je suis inquiète... Je viens de me mettre à la croisée: il y a des hommes dans la rue, ils causent ensemble, leurs figures me déplaisent; il me semble qu'ils montrent ma maison du doigt... O jour malheureux!... chaque chose que j'envisage ne m'apparaît que sous un aspect désagréable, je suis plus abattue que si je devais marcher à la mort;... j'ai grondé Finette pour un rien;... la pauvre enfant s'est mise à pleurer, et le spectacle de ses larmes a fait venir les miennes...

« Joseph, je m'habille pour le bal... je suis habillée. Madame Hamel me regarde avec étonnement: elle me dit que je suis changée à faire peur... La voiture arrive... adieu, chéri! . . . . . .
. . . . »

C'était ainsi que finissait le volume du journal de la tendre Mélanie... En l'achevant, le vicaire n'était plus un homme: il se déchirait la poitrine, et le sang coulant sur ses vêtements, il tirait son mouchoir pour l'essuyer *sans s'apercevoir que c'était du sang...* En ce moment, où on le dirigeait vers la rue de la Santé: il entre dans la maison de Mélanie... Finette était sur la porte.

— Finette, dit-il en pleurant, Mélanie, Mélanie!...

— Savez-vous où elle est? demanda la femme de

chambre... depuis dix jours qu'elle est partie pour le bal de M. Maxendi, elle n'est pas revenue, et j'ai eu beau me rendre chez M. Badger, on m'a dit que M. Badger n'y était pas et que tout le monde a été à la campagne.

— A la campagne en hiver !... s'écria Joseph, sotte que tu es !... Finette, reprit-il, je te demande pardon... O pauvre Mélanie !...

Là-dessus, le vicaire, montant précipitamment, parcourut avec un sauvage délire ces lieux tout pleins de Mélanie, il se précipita sur le lit qu'elle avait occupé, il embrassa sa plume, son piano ;... il s'agenouilla devant la toilette qu'elle avait quittée avant d'aller au prétendu bal d'Argow, il pleura à l'aspect du charmant désordre de sa chambre à coucher ; il donna toutes les marques d'une véritable folie... Et Finette, stupéfaite, le regardait avec un étonnement dont elle ne pouvait revenir.

— Où est mademoiselle ?... demanda-t-elle.

— Où elle est, Finette !... elle est au fond d'un cachot... au pouvoir du plus infâme brigand que le soleil ait éclairé dans sa course !... Seule, je l'ai entrevue comme une vapeur légère sans savoir que ce fût elle... O Mélanie ! je jure de te délivrer, de te venger, et le glaive des lois tombera sur la tête de ce féroce pirate.

— Ah ! comme mademoiselle doit être mal, dit Finette, elle qui aime tant les petites recherches !... elle est sans femme de chambre, qui donc la soignera, l'habillera ?... Ah !... ah !...

Et Finette se mit à pleurer.

— Ai-je de l'or ?... s'écria subitement le vicaire ; en ai-je assez ?...

Et il tira sa bourse et son portefeuille.

— De l'or ? eh, tenez ! dit Finette en ouvrant le secrétaire, en voilà plein les tiroirs.

Le vicaire s'empara de tout ce qu'il trouva.

— Pour faire la guerre, s'écria-t-il, il ne faut que cela ; allons, Finette !...

Joseph descendit les escaliers en courant, et il se remit dans sa chaise de poste.

— Monsieur, dit Finette, vous êtes en sang !...

— Non, non... Postillon, un louis de pourboire ! et fends-moi l'air en reprenant la route que tu viens de parcourir ! il faut que je sois demain dans les Ardennes.

— Dans les Ardennes !... s'écria Finette, ô ma pauvre maîtresse !...

A chaque poste le vicaire jette de l'or, en s'écriant :

— Des chevaux ! des chevaux ! un courrier en avant, un louis au postillon, je payerai les chevaux que l'on pourra crever !...

Et le vicaire, emporté par quatre chevaux, allait comme la foudre...

Laissons-le courir aussi vite que les ambassadeurs qui se rendent à un congrès, et revenons à Vans-la-Pavée.

CHAPITRE XXIV.

Le maître de poste. — Madame Hamel. — Situation de Mélanie. — Argow lui déclare ses desseins.

Le maître de poste de Vans-la-Pavée tenait une auberge justement renommée ; et, comme il était aussi le maire de l'endroit, les beaux esprits du village prétendaient que plus d'un mariage, ébauché dans le jardin de l'aubergiste, se finissait légalement dans le cabinet du maire. Aussitôt qu'il s'élevait une dispute entre les buveurs, le maire paraissait en même temps que le cabaretier, et malgré la loi qui veut que les cabarets soient fermés à neuf heures, et que passé dix heures l'on ne danse plus, le maire avait une douceur d'ange sur cet article, et le maître de poste conciliait tout.

M. Gargarou (c'est le nom de ce personnage) était digne d'être ministre d'État, quoique le nom de Gargarou ne prête guère à l'anoblissement et à la pairie : quoi qu'il en soit, celui de nos princes qui passa par Vans-la-Pavée ne le jugea digne que de la mairie : aussi, le bonhomme était-il fier de sa place ; et, quoique bon vivant, peu tracassier, obligeant, il y avait un seul article sur lequel il ne badinait jamais, c'était le dévouement que tout bon Français devait avoir pour le *gouvernement*. On lui aurait tout fait faire pour le *gouvernement* ; pour lui, le mot *gouvernement* était un talisman, et, lorsque je suis passé à Vans-la-Pavée, je me suis convaincu par moi-même qu'il ignorait la forme et la base de notre gouvernement.

Nous l'avons laissé couché à côté d'une jeune et jolie femme, nous ne le reprendrons pas cependant à ce moment-là, pour son honneur. Le matin il descendit visiter ses écuries et montrer partout le visage du maître, car il était très-soigneux. Après cette visite générale, il se rendit à la grande salle noire et enfumée qui servait de salon.

— Ma femme n'est pas levée ? demanda-t-il.

— Non, monsieur, répondit une servante assez jolie qui tenait un bouillon.

— Et pour qui ce déjeuner ?

— Pour la vieille femme que nous avons ici depuis huit jours, et que nous ne voyons que le matin et le soir... elle est triste, vous savez !

— J'ai peur qu'elle ne fasse *jouer quelque marotte*, reprit l'aubergiste, qu'elle ne trame quelque chose contre le gouvernement... Une femme qui ne dit rien, qui paraît triste... si elle était jeune, on pourrait interpréter sa tristesse... mais... enfin, cela n'est pas clair, et je vais lui parler : quand on est maire, on doit au gouvernement de faire une police exacte.

Boutonnant donc sa redingote brune, tachée en mille endroits, il s'avança vers le coin où une vieille femme attendait patiemment son déjeuner. Elle offrait dans son habillement les contrastes les plus singuliers. Son bonnet de dentelle avait un nœud de rubans très-distingué et se rattachait sous son menton par des rubans de satin blanc : sa figure portait tout le caractère d'une douceur et d'une bonté touchantes; mais le voile d'une profonde souffrance était jeté sur son visage : elle ne prenait pas garde au cachemire qui couvrait ses épaules ; et, le coude sur la table malpropre de l'auberge, elle levait ses yeux au plafond noirci, comme pour implorer le secours du ciel. Sa robe n'était pas en harmonie avec le luxe de cette toilette de *son buste*; on eût dit, avec raison, qu'elle venait de quitter un somptueux habillement pour ne garder que ce qu'en termes de l'art de la toilette on nomme, je crois, un *jupon de dessous* [1]; et ce jupon de toile, assez fort, garni d'un simple effilé, contrastait d'autant plus avec le reste, qu'il était crotté, et que les bas de soie et les souliers de satin noir de l'étrangère avaient aussi leur part de boue. Cette description doit donner une idée de l'insouciance de cette vieille femme, et ses larmes indiquent assez que c'était madame Hamel.

— Madame, dit M. Gargarou, vous paraissez bien affligée... est-ce que les affaires qui vous ont amenée de notre côté ne vont pas à votre fantaisie? auriez-vous besoin de quelque chose?... Si vous ne nous dites rien, nous ne pouvons pas vous aider.

— Ah! répondit madame Hamel, malheureusement je suis vieille, je ne connais personne dans ce pays-ci, et je ne puis que pleurer sur l'événement fâcheux qui m'arrive; car où trouver des gens pour me servir, quand il faudrait se dévouer pour moi ?

— Comment donc! mais avec de l'argent on trouve du dévouement... de tout... Mais en avez-vous des *sonnettes*?

— Hélas! je n'ai que la bourse que j'ai emportée pour aller au bal...

— Ah! vous alliez au bal!... dit l'aubergiste avec un air de curiosité.

— Oui... et l'on me l'a enlevée..., s'écria madame Hamel en pleurant.

— Ah! vous n'avez pas d'argent?... reprit l'aubergiste avec effroi, en regardant le bonnet et le châle de madame Hamel, et les adaptant déjà à la tête et aux épaules de madame Gargarou.

— Non... je n'ai plus de fille... non... (Et la pauvre vieille essuya ses yeux avec un beau mouchoir de batiste.) Les barbares! me refuser de m'emprisonner avec elle!...

— Elle est folle!... dit Gargarou en lui-même. Ah! ah! reprit-il en voyant le papier que le vicaire avait laissé sur la table; voilà ce que m'a demandé le jeune homme de cette nuit... *Adresser le tout à M. Joseph, chez mademoiselle de Saint-André, rue de la Santé...* et puis voilà cinq francs.

— Joseph!... Joseph!... s'écria madame Hamel, il a passé par ici?...

— Eh bien! qu'avez-vous donc? elle est folle... eh, Jacqueline!

— Serait-il possible?... continua madame Hamel; montrez-moi cela... Oui... c'est bien son écriture... le pauvre enfant!... Ah! si je l'avais vu... ma fille ne serait plus en prison...

Là-dessus, sans attendre son déjeuner, elle sortit et se dirigea vers la forêt.

— Oh! dit l'aubergiste en la suivant des yeux, je crois que la pauvre femme ne cherche guère à nuire au gouvernement! elle paraît avoir de quoi payer... ainsi, laissons-la tranquille.

Lorsque les gens d'Argow eurent conduit Mélanie au château de Vans, ils en chassèrent impitoyablement madame Hamel, dont ils craignirent l'âge et l'expérience. La femme du contre-maître eut beau pleurer et supplier qu'on la laissât avec sa fille, rien ne put fléchir la détermination des gens du pirate : elle sortit donc du château en robe de bal et se sauva à l'auberge du grand Vert, en se dépouillant toutefois de sa redingote de satin blanc. Alors, tous les matins elle se rendait au château ; et, s'asseyant sur une pierre, elle contemplait la fenêtre de la chambre où était Mélanie; et, lorsque la jeune fille se promenait sur la terrasse, elle causait avec elle. Puis, sur le soir, elle revenait coucher à son auberge. Ainsi, l'on doit voir où courait la bonne femme lorsqu'elle apprit que Joseph était passé cette nuit à Vans-la-Pavée...

Elle hâte son pas, et se hasarde à courir, malgré son âge, pour arriver à cette pierre, sur laquelle Mélanie jetait toujours les yeux en s'éveillant. Mé-

---

[1] Je ne hasarde ce terme qu'avec la plus grande circonspection, ne sachant pas s'il y a de la convenance ou de l'inconvenance à le mettre dans cet ouvrage ; car je déclare humblement n'être jamais sorti de la *rue de la Femme Sans Tête*, à l'île Saint-Louis, que pour me rendre au quartier latin, séjour gracieux des Muses, lesquelles sont nues, s'il en faut croire la Fable... et, n'ayant jamais pu m'introduire auprès des femmes du monde, cette expression est le fruit de mes conjectures... Peut-être lorsque j'aurai l'honneur insigne d'être licencié és lettres, ce titre me rendra-t-il assez important pour pouvoir obtenir quelque regard favorable ; et alors, dans mon premier ouvrage, j'en dirai plus long sur les jupons de dessus et de dessous, s'il en est question.

lanie n'avait pas quitté cette terrasse, presque ruinée et entourée d'eau ; elle était encore à la place où le vicaire l'aperçut... Elle regarde le village, et de loin reconnaît sa seconde mère.

— La voici, s'écria Mélanie, rien ne l'arrête, le froid, la pluie ! et, pour me voir, elle brave tout, comme si c'était un amant !... O digne mère, reçois mon hommage ! avant que tu n'arrives, que ma pensée t'entoure et te récompense !...

— Ma fille !... ma fille !... s'écria madame Hamel, d'aussi loin qu'elle put voir Mélanie ; *il est venu*, *il est venu* !... réjouis-toi !... *il n'est pas mort* !...

— Qui ? ma mère.

— Joseph !

— C'était donc *lui !*... dit tristement la jeune fille pâle et tremblante, mon cœur me le disait. O ma mère, figure-toi que cette nuit, trouvant mon appartement trop petit pour ma douleur, je suis venue ici, gardée par les deux argus qui ne me quittent pas... J'ai chanté douloureusement cette plainte qui marqua nos derniers regards et nos adieux :

Comme un dernier rayon, comme un dernier zéphire,
Anime la fin d'un beau jour.

Tout à coup, j'ai vu une lumière paraître à cette chaumière ; cette soudaine lueur m'a frappé l'âme, comme si c'était un rayon d'espoir : je ne pourrais expliquer ce que j'ai ressenti. Sans croire que ce fût Joseph, un pressentiment involontaire me criait : « *Si c'était lui !...* » Tu me vois, ma mère, encore en proie à cette méditation !... et tu dis que c'est *lui !*...

— Oui, ma fille !... mais pourquoi nous réjouir ?... Il a fui comme une ombre ! il s'en allait à Paris, car il a demandé quelque chose dans ce village, en écrivant qu'on le lui envoyât rue de la Santé.

— Il court me voir !... il va me voir !... et... je n'y serai pas !... O ma mère ! quel supplice !... tire-moi de cette odieuse prison, ou j'y meurs...

— Ma fille, ne prononce pas ce mot... tu me fais une peine trop grande... attendons Joseph !

— Mais comment saura-t-il que je suis ici ?

Madame Hamel réfléchit longtemps ; et, après avoir ramassé la somme totale de son intelligence, elle s'écria :

— Je vais lui écrire !

Mélanie sauta de joie en frappant dans ses mains.

— O ma mère ! écris, écris bien vite ! si je revois Joseph, nous serons sauvées !... écris !...

Comme elle achevait ces paroles, un laquais à figure rébarbative se dirigea précipitamment vers madame Hamel :

— Allons, la vieille, vous ne pouvez plus rester là...

— Comment ! je ne puis plus rester là... Le terrain est-il à vous ?

— Oui ! allez-vous-en !...

— Qu'est-ce que cela veut dire ? s'écria Mélanie, ne m'avez-vous pas dit que la volonté du maître de ce château était que j'y commandasse en souveraine ?...

— Oui, madame, répondit respectueusement le laquais en ôtant son chapeau, mais tant que vos ordres ne seraient pas contraires à la surveillance qu'il a ordonné d'exercer autour de ce château... et M. Navardin a jugé que cette femme ne devait plus approcher d'ici.

— Et pourquoi ne l'enfermez-vous pas avec moi ?... Je le veux !... reprit Mélanie.

— M. Navardin ne veut pas, madame ; sans cela...

— Allons, dit Mélanie avec une sombre résignation, adieu, ma mère !...

Madame Hamel n'eut pas la force de répondre, elle jeta sur sa fille un douloureux regard, et se retira jusqu'à ce que le domestique fût satisfait de la distance à laquelle elle se tint. Là, elle agita son mouchoir lentement, et Mélanie lui répondit en faisant le même geste.

— Madame, dit un autre homme à Mélanie en la regardant respectueusement, il est impossible que vous restiez ici, si vous continuez à faire de pareils signaux...

— Mais, mon cher monsieur Navardin, je suis donc réellement prisonnière ?...

— Je ne dis pas cela, madame ; mais je réponds de vous sur ma tête, et l'homme auquel j'aurais affaire, si vous échappiez, est homme à me la faire sauter...

— Eh bien ! M. Navardin, votre tête est fortement en danger, dit Mélanie avec dépit.

— Alors, madame, vous ne sortirez plus de vos appartements !... rentrez-y...

— Et si je ne voulais pas !... reprit fièrement Mélanie.

— Je vous y forcerais !... s'écria le matelot en lui lançant un féroce regard.

Mélanie pleura, baissa la tête, et suivit à pas lents le farouche Navardin. Ce dernier la conduisit dans un appartement somptueux, dans lequel elle demeurait depuis dix jours. Elle s'assit dans un fauteuil ; et, posant sa jolie tête dans ses mains, elle se mit à penser à son frère, dont l'image chérie lui avait apparu le matin. Le temps était singulièrement brumeux, la chambre vaste n'avait que deux grandes fenêtres garnies de rideaux de lampas rouge, de manière qu'il régnait une espèce d'obscurité : Mélanie devint plus pensive, et une teinte de chagrin se mêla à toutes ses réflexions.

— Que va-t-il m'arriver?... Ils n'ont pas encore prononcé le nom de celui qui m'a enlevée, mais tout me porte à croire que c'est M. Maxendi, ils paraissent le redouter... S'il est riche, puissant et servi par des hommes qui regardent ses ordres comme absolus, comment Joseph fera-t-il pour me délivrer?... Il risquera sa vie !... Mais non, M. Maxendi ne peut pas m'épouser contre ma volonté... il y a des lois !... O Joseph !... arrive... arrive...

A ces mots, elle tira de son sein une lettre tout usée, et dont chaque pli avait formé un lambeau : une soie verte en rattachait tous les morceaux. La jeune fille la déplia avec une soigneuse précaution, et son œil *revisita* ces caractères chéris...

— Maudit amour que je ne puis arracher de mon sein !... s'écria-t-elle après avoir lu, tu luiras encore à mon dernier soupir !...

Comme elle prononçait ces mots, un grand bruit se fit entendre dans la cour de cet immense château; c'étaient Argow, Vernyct et l'Auvergnat qui arrivaient d'A....y par des chemins détournés.

— Hé bien, Navardin, quelle nouvelle? demanda Maxendi.

— Capitaine, votre jeune poulette est toujours ici, pleurante, mourante, parlant de se tuer; du reste, elle n'est pas d'une garde bien difficile... Elle est gentille comme une frégate de vingt-quatre canons.

— Et qu'avez-vous fait de la vieille femme? demanda Vernyct.

— Nous l'avons mise à la porte sur-le-champ.

— Imprudents !... s'écria Maxendi, imprudents ! elle va dire partout que nous avons enlevé cette jeune fille... Qu'on la rattrape... et que sur-le-champ on la mette sous de bons verrous jusqu'à parfait achèvement de notre affaire. Vernyct, reprit-il, tu vas prendre le commandement de la forteresse : et toi, Navardin, remets-toi en chaise de poste et conduis-moi en Auvergne ce garçon-là. Tu lui compteras douze mille francs, je te les enverrai à Clermont, par Badger.

A ces mots, Navardin jeta un coup d'œil oblique au pirate pour savoir s'il n'était pas nécessaire que l'Auvergnat mourût en route d'un coup de sang, mais Argow lui répondit :

— Allons, fais ce que je te dis, et rien de plus.

Le matelot regarda l'Auvergnat étonné et le poussa vers la chaise en lui criant :

— Marchons !...

Ils partirent.

Argow, après avoir demandé dans quel appartement on avait placé Mélanie, se dirigea vers la chambre où la tendre amante du vicaire écoutait avec attention le bruit insolite qui interrompait le silence de cet antique château. Elle se lève en entendant des pas : elle court.

— Ah! s'écria-t-elle, c'est vous, Maxendi... je suis donc sauvée !...

La naïveté de cette exclamation fit sourire Argow malgré lui.

— Mademoiselle, lui demanda-t-il, comment avez-vous trouvé ce séjour ?

— S'il m'avait été permis de le parcourir, je pourrais donner mon avis.

— Comment? s'écria vivement Argow, j'avais ordonné de vous laisser libre.

— Hé quoi! monsieur, interrompit Mélanie, c'est donc par vos ordres que j'ai été enlevée?... Avec quelle douleur je me vois forcée de changer d'opinion sur votre compte... Je vous estimais, monsieur !... dit-elle avec un accent de reproche; et dans quel but, pourquoi, à quel titre agissez-vous ainsi envers moi? Savez-vous à quoi vous vous exposez ?...

— Mademoiselle, répondit le forban en tâchant d'adoucir la rudesse de sa voix et de son visage, croyez-vous que je n'aie pas vu sur votre figure une forte indécision quand il a été question de notre mariage ?... Vous ignorez, mademoiselle, à quel excès d'amour peut porter un caractère comme le mien... N'avez-vous donc jamais examiné l'effet que vous produisez sur l'âme de ceux qui vous voient ?... Ah ! mademoiselle, vous avez allumé dans mon cœur une effroyable passion !... Je vous avoue cet amour avec la franchise qui distingue les âmes énergiques. Je désire votre possession légitime, elle seule peut m'empêcher de mourir...

— Alors, vous mourrez, mon cher monsieur Maxendi, dit-elle en penchant gracieusement sa jolie tête, car jamais homme n'aura rien de Mélanie !... elle a tout donné !...

— Par les trente canons de ma dernière frégate ! vous en aurez menti !... s'écria le forban en colère, et lorsque je vous ai enlevée, c'était pour vous forcer à m'épouser... Comment pourrez-vous reparaître dans le monde après avoir passé quinze jours chez moi ?

— Je n'irai plus dans le monde.

— Bon ! mais vous ne sortirez d'ici que morte... ou ma femme...

— Pour morte, dit Mélanie, la mort est la seule chose que je souhaite, ainsi c'est me servir !... Pour votre femme, cela ne sera jamais !... jamais !...

— Mais, petite scélérate, vos sourires et votre tête penchée n'empêcheront pas que vous ne soyez en mon pouvoir et que je ne puisse faire de vous tout ce que je voudrai.

— Non, non...

— Comment cela?...
— Parce que les malheureux ont toujours un refuge qu'on ne peut leur enlever.
— Et lequel?
— La tombe!
— Oh! que je vous empêcherai bien de mourir!
— M. Maxendi, la pensée et la mort sont les seules choses qui soient hors du pouvoir des tyrans et des scélérats. Rien ne les empêche...
— Comment, mademoiselle, vous refuseriez cette vie aimable pleine de jouissances et de plaisirs que je vous offre? Figurez-vous que vous commanderiez tout, à commencer par moi, avec le despotisme d'un capitaine qui fait manœuvrer un sloop! votre amour-propre sera satisfait sur tous les points : vous serez reine, je vous défierai de former un désir que je ne satisfasse, quand il exigerait même la mort d'un homme (Mélanie frémit.); vous auriez de la volupté *à gorge-que-veux-tu*... et...
— Tout cela et rien c'est la même chose, interrompit doucement Mélanie; un de mes rêves et une minute de méditation me donnent plus de jouissances que tous les plaisirs que vous m'étalez inutilement.
— Mais, petite flûte, vous ignorez ce que c'est qu'un mari, à quoi c'est utile, combien il est tendre, ce qu'il procure de volupté, vous n'en savez rien.
— C'est vrai; mais je sais, dit-elle avec un fin sourire, que j'aime encore mieux un amant.
— Ah!... s'il faut n'être que cela!... s'écria le matelot.
— Que cela!... dit Mélanie : à mon tour, je puis vous répondre, monsieur, que d'après ce que je vois de vous, il vous est à jamais impossible d'*aimer*, car un véritable amant n'afflige point ce qu'il aime.
— Ta... ta... ta... ta!.. reprit Argow en colère. Ah çà, petite folle, prenez garde à votre tête!... elle est trop jolie pour que ses beaux yeux se ferment à jamais. Vous me refusez?...
— Oui! dit Mélanie avec un geste d'horreur.
— Mais on a des motifs, dit le pirate en pliant dans ce moment la rigueur de son caractère d'une manière étonnante devant la naïve simplicité de Mélanie.
— Aussi en ai-je, M. Maxendi!... car ce n'est ni par aversion, ni par un sentiment de haine que je vous refuse : tout homme, fut-il prince, essuierait ce refus... Écoutez-moi! j'aime.... j'aime pour toujours!...
— Ah! pour votre salut, petite femme, ne prononcez pas ces paroles-là devant moi, avec ce regard et cet accent!... croyez-moi, n'attisez pas un incendie.

— J'aime, reprit-elle, un être qui aura sans cesse mon amour... je mourrai vierge!...
— Cet être, dit Argow en la contemplant avec le sourire de l'enfer sur les lèvres, cet être ne vous accompagnait-il pas sur le vaisseau qui vous a ramenée en France?
— Joseph!... s'écria-t-elle, mon frère... oui... oui... c'est lui! O mon bien-aimé, dit-elle comme en délire, oui, c'est toi!... image chérie, sur un bûcher je te verrais encore...
— Et vous croyez, reprit le pirate, et vous croyez que je n'ai pas le moyen de vous empêcher de mourir, et de vous épouser?... Allons, ma belle enfant, vous serez madame Maxendi! Lorsqu'on a comme moi cinq millions et douze hommes dévoués, on a tout ce que l'on veut. Aucune puissance humaine, s'écria-t-il en fixant Mélanie de manière à la faire pâlir et frissonner, aucune puissance humaine ne peut vous tirer d'ici : et, forcé de vous remettre, je vous tuerais!...
— Monsieur!... monsieur!... au secours!... au secours!... cria Mélanie épouvantée de l'horrible expression de ce visage.
— Au secours! répéta-t-il avec un accent d'ironie, vous oubliez que personne ici n'a d'oreilles, ni d'yeux pour vous!... tout est à moi. Pensez-vous de bonne foi que je vais laisser arriver jusqu'ici votre amant?
A cette idée, Mélanie resta comme une statue de marbre et regarda le pirate avec une expression de stupeur qu'il est impossible de rendre. Jamais son esprit chaste et pur, son esprit divin n'avait pu concevoir l'idée d'une scélératesse pareille; et, dans ce moment, Argow semblait par son attitude et la férocité de son visage être le *crime* lui-même.
— Je sais où est Joseph, reprit-il avec un sourire sardonique, je l'ai vu cette nuit, et je puis vous répondre, ajouta-t-il en serrant les lèvres, que vous ne le verrez plus!
— Quoi! vous savez qu'il est à Paris...
— A Paris! dit le pirate surpris. Est-ce qu'il ne serait pas mort? se dit-il en lui-même.
— Il a passé, je l'ai vu, reprit Mélanie, et...
— Vous l'avez vu? lui demanda encore Maxendi.
— Oui, cette vue fugitive a rafraîchi mon âme flétrie; le malheureux, il allait à Paris...
En ce moment, son visage avait une expression divine, on eût dit une de ces saintes dont la tête est entourée d'une auréole céleste.
— Ah! il est à Paris, dit le forban, c'est bon, je l'ignorais.
Mélanie pleura de désespoir en voyant que sa candeur donnait des armes contre elle.
— Ma belle enfant, je vais envoyer mes gens en campagne, car ce Joseph doit revenir par ici... Alors, dans peu, il vous faudra choisir entre ma main et

la mort de votre amant... Aussi bien je l'ai déjà jurée, et c'est un grand miracle...

— Grand Dieu! s'écria Mélanie, où suis-je? que suis-je?...

Et elle se laissa aller dans un fauteuil en versant un torrent de larmes.

— Vous voyez, dit froidement Argow, toute l'étendue de mon amour, il me rend capable des plus grands excès... Ma reine, je vous laisse réfléchir à ces propositions... mais je veux vous donner un fil pour vous tirer du labyrinthe où elles vous entraîneront: souvenez-vous bien que, de ce que je dis à ce que je fais, il n'y a qu'un pas; et, ce pas, il ne faut qu'une minute, une seconde pour le faire. Adieu.. Ne pleurez pas, les pleurs sont inutiles... prenez une résolution! et... il n'y en a qu'une bonne.

— Grand Dieu! répéta Mélanie en se tordant les bras de désespoir, tu ne me secourras donc pas! Je souffre presque autant que lorsque Joseph m'a dit adieu.

Argow la contempla, car elle était plus que belle; puis il s'en alla en lui lançant un regard de maître, et la laissant dans un horrible état de souffrance.

Elle pleura toute la journée, toute la nuit: elle ne voulut rien prendre, et son âme bouleversée, presque en délire, ne put former une seule pensée raisonnable.

∽

CHAPITRE XXV.

Dans lequel on voit comment le maire de Vaus se prêta aux desseins du pirate. — Dîner au château. — La femme du maître de poste prend le parti de madame Hamel. — Arrivée de Joseph. — Il aperçoit Mélanie. — Combat. — Le vicaire s'enfuit.

Argow revint dans le salon de son château où, dans ce moment, Vernyct et deux pirates retirés, au service de M. Maxendi, buvaient du punch à qui mieux mieux.

— Oh, oh! s'écria le maître forban, arrêtez la cuiller! ne levez pas tant les coudes! il nous faudra user du *pousse-moulin* ces jours-ci.

A ces paroles, les trois matelots regardèrent avec étonnement Argow, qui vint s'asseoir à côté de Vernyct...

— Dis-nous donc, l'homme! lui cria Maxendi en le remuant brusquement, comment se fait-il que le jeune homme de l'auberge ne soit pas dans le champ du Seigneur?

— Si tu ne le sais pas, toi qui sais tout, comment veux-tu que je le sache, mon capi...taine? répondit Vernyct ivre.

— Ah! les brutes! s'écria Maxendi, cela n'aura jamais de tenue, ils ne pourront jamais prendre...

— Ah! que si, mon sup...é...rieur, que si, nous prendrons bien... toujours...

— ..... (Ceci remplace l'effroyable juron d'Argow) écoutez-moi.... (et en disant cela, Argow saisit le vaste vaisseau de cristal et le jeta par la fenêtre); le premier qui, jusqu'à mon mariage, se grise, je le renferme à la cave, dans un tonneau de vin de champagne.

Tous regardèrent le pirate avec effroi.

— Vernyct, s'écria-t-il en lui frappant sur l'épaule, as-tu ton bon sens maintenant?..

— Présent, mon capitaine! répondit le lieutenant en secouant les fumées du punch.

— Et vous, Scalyvt, Ornal et Carilleyn, êtes-vous à la manœuvre?

— A nos pièces! crièrent-ils.

— C'est bon, dit Argow d'un air plus radouci; vous allez d'abord faire nettoyer tout le château en un tour de main: vous aurez à vous habiller d'une manière décente et même somptueuse; toi, Scalyvt, tâche de ne pas fourrer tes mains à chaque instant dans tes poches; Ornal, ne te gratte pas; et toi, Carilleyn, ne mets pas dans ta bouche une seule feuille de tabac; que personne ne jure... sans quoi, à la cave! elle remplacera la cale. Enfin, mes enfants, quoique cela vous soit bien difficile, prenez-moi les manières, le ton des gens de la haute société, ne parlez pas tous ensemble, ne vous coupez pas la parole, pas de gestes, pas d'injures... Songe, Ornal, que tu es duc, Scalyvt marquis, et Carilleyn baron. Vernyct, tu vas dire au cuisinier de se distinguer, et de nous faire, pour demain, un dîner à trois services; tous nos gens seront en livrée, on mettra un suisse à la porte du château; que les jardiniers ratissent les avenues, et me nettoient le petit bois de l'entrée, et tout ce qui tombe en ruine! m'entendez-vous?

— Qu'il a d'esprit le capitaine! dit tout bas Scalyvt à Ornal, il est capable de tout...

— M'entendez-vous?... répéta Argow.

— Oui, crièrent les quatre forbans.

— Branle bas donc! répondit Maxendi.

— En avant! dit Carilleyn, je veux que le feu Saint-Elme me brûle, si je comprends ce qu'il veut faire, mais en avant!

— Hé bien! dit Vernyct quand il fut seul avec Argow, que prétends-tu?...

— Ce que je prétends? Épouser Mélanie: et, pour cela, attendu les difficultés, il nous faut *embosser* le maire de la commune, afin qu'il ne soit pas trop scrupuleux sur nos titres, et il faut à toute force lui faire croire que des chats sont des lièvres... Tu dois donc aller, de la part de M. le comte de Maxendi, l'inviter au somptueux repas de demain; et, comme il faut prendre toutes ses précautions, tu auras à lui faire entendre que je suis instruit qu'un séditieux, caché sous le nom de Joseph doit arriver en ce pays : et, pour s'en saisir et le surveiller quand il viendra, tu placeras quelque fine mouche, Gornault par exemple, en embuscade dans le village. Allons, va t'habiller, prends la calèche, et étudie un peu le caractère de ce maire de village, pour savoir en quel endroit je pourrai jeter le *grappin* sur lui.

— Mais, Argow, mon ami, ta tête, cette tête excellente déménage donc ? Comment, tu vas épouser cette poulette !... es-tu fou ? Est-ce qu'il ne vaudrait pas mieux... tu m'entends ? ajouta-t-il en regardant Maxendi, et ton envie satisfaite, la planter là ?

— Je l'aime, Vernyct, et sur ta tête respecte-la. Si elle m'échauffe, et qu'elle refuse de m'épouser, j'aurai toujours ce moyen-là... Allons, marche.

Vernyct s'en fut en murmurant, et en pensant que ce mariage-là était le comble de la folie ; car, se disait-il :

— Une fois Argow marié, sa femme nous chassera tous, il deviendra sage, s'attachera à la vie, nous laissera là comme des chiens morts... et du diable si l'on peut jouter avec lui ; il est rusé ; ce qu'il veut, il faut le vouloir. Si ce mariage pouvait manquer... sans que ce fut de notre faute, car il nous ferait sauter la cervelle.

En devisant ainsi, Vernyct s'habillait, la calèche s'apprêtait, et en un instant, il arriva chez le maire. Ce dernier, en voyant une voiture s'arrêter à sa porte, se frotta les mains, et fit place au lieutenant.

— Monsieur, n'êtes-vous pas le maire de Vans ?... Pourrais-je avoir l'honneur d'obtenir un instant d'audience ?

— Monsieur !... monsieur !... dit le maire troublé par cette déférence qui flattait son orgueil... Monsieur, asseyez-vous... entrez, faites-moi l'honneur...

Vernyct entra dans la salle, où madame Hamel était assise contre la femme du maître de poste, qu'elle instruisait de ses malheurs.

— Ma femme, vite un siége... Monsieur est sans doute attaché au gouvernement ?

— Je suis, reprit Vernyct en croisant ses jambes et se balançant sur sa chaise, je suis l'ami intime de monseigneur le comte de Maxendi, qui, depuis un an, est propriétaire de la terre de Vans...

A ces mots, madame Hamel, pressant la main de l'hôtesse, prêta la plus grande attention à ce que Vernyct allait dire à M. Gargarou.

— Maxendi, reprit le pirate, regrette beaucoup que les occupations, et le soin des affaires publiques, l'aient jusqu'à présent retenu à Paris, car il aime beaucoup votre pays, et il compte, désormais,

l'habiter tous les étés : il m'envoie, M. le maire, vous inviter à dîner avec lui pour demain. Il désire singulièrement faire votre connaissance, et il a, je crois, quelques affaires à traiter avec vous ; nous n'aurons personne, nous serons en petit comité avec le marquis Scalyvt, avec le célèbre Ornal, et un baron allemand...

— Monsieur, interrompit le maître de poste qui ne se sentait pas de joie, ces messieurs sont-ils quelque chose dans le gouvernement ?...

— Comment donc !... s'écria Vernyct en faisant un geste de dédain, ce sont tous les amis du ministère actuel, ils sont très-influents.

— Ah !... dit M. Gargarou, j'aurai l'espoir de faire doubler ma poste, si ces messieurs veulent prendre intérêt à moi. Monsieur, j'ai d'ici à A....y deux montagnes, et trois d'ici à Septinan, vous concevez quelle injustice...

— Vous devez, interrompit Vernyct, être attaché à la noble famille qui nous gouverne et à l'État, M. le maire...

— Comment, si j'y suis attaché !... s'écria Gargarou.

— Eh bien ! vous comprenez alors qu'il est très-important de déjouer toutes les trames des pervers qui en veulent au bonheur des amis de la légitimité.

— La légitimité !... Ah ! ma femme, le voilà !... s'écria le maître de poste en se frappant le front ; la *légitimité*, il faut que j'écrive ce mot-là, je ne peux jamais m'en souvenir... Le gouvernement de la légitimité.

— Monsieur, reprit gravement Vernyct, je vous signale un jeune homme nommé Joseph... (madame Hamel frémit) comme un ennemi du gouvernement, un séditieux, et il importe singulièrement au ministère de l'arrêter, car il tient les secrets d'une conjuration... Vous me comprenez... Il doit venir dans ce village ; si vous l'arrêtiez, vous deviendriez au moins sous-préfet !... donnez-en avis sur-le-champ au château, et envoyez-nous-le...

— Sous-préfet !... s'écria le maire. Ma femme !... ma femme !...

— Tais-toi, grosse bête !... lui dit tout bas sa femme, tout ce qui reluit n'est pas or.

— Au surplus, continua Vernyct, je vous laisserai ici un jeune homme qui vous sera d'un puissant secours ; il est alerte, vif, a bon pied, bon œil... Ainsi, reprit-il, vous nous ferez l'honneur de venir avec nous demain ?...

— Comment donc, mais certainement, dit M. Gargarou en reconduisant le lieutenant, son chapeau à la main et saluant à chaque pas. Eh bien ! ma femme, tu vois !... s'écria le maître de poste en ne se tenant pas de joie, notre poste est doublée, je suis sous-préfet... Mais, dit-il, ce M. Joseph... c'est notre jeune homme d'avant-hier... Oh oui ! il avait bien la figure d'un conspirateur, l'air sombre... Hé ! il demeure, s'écria-t-il en tirant de sa poche le billet laissé par le vicaire, il demeure... (il mit ses lunettes) rue de la Santé...

Le maître de poste se retira pour réfléchir à cette affaire importante.

— Oh ! mon Dieu ! mon Dieu, comme tout cela s'embrouille, dit madame Hamel à madame Gargarou, ma pauvre tête n'y suffira pas ! qui est-ce qui a dit à M. Maxendi que Joseph doit revenir, quand ma lettre ne fait que de partir ?... Que faire ?...

— Ma pauvre dame, répondit l'hôtesse, je m'intéresse singulièrement à ce beau jeune homme que j'ai vu hier, et il est impossible que ce soit un méchant.

— Lui, un conspirateur !... mais ce sont des mensonges... c'est le fils d'un contre-amiral.

— D'un contre-amiral ! s'écria la jeune femme. Écoutez, je ne suis pas d'avis que Gargarou se mêle de cette affaire : cette figure qui est venue à l'instant ne m'a pas eu l'air de ce qu'elle est : nous voyons tous les jours des grands seigneurs, quand ils voyagent, et celui-là me paraît de fabrique. Écoutez : il faut que vous alliez à la poste voisine, du côté de Paris ; que là, vous attendiez votre jeune homme qui aime cette jeune fille... et vous l'avertirez de se déguiser en paysan : il arrivera ici à pied et je dirai que c'est un de mes cousins.

Comme elle achevait ces mots, une vieille femme entra dans l'auberge et s'avança vers madame Gargarou...

— Ah ! madame ! dit-elle, je viens vous payer ce que je *vous devons*... Allez, ce jeune homme qui a visité ma chaumière a joliment mis du beurre sur mon pain.

— Quel jeune homme ?... demanda madame Hamel.

— Un grand, brun, beau, le fils de cette jeune dame qui... Vous savez l'histoire...? dit la femme.

— Oui..., dit l'hôtesse, eh bien ?

— Eh bien ! il m'a donné une lettre à porter à la marquise de Rosann, à l'autre bout de la forêt... on m'a fait entrer dans le plus beau château ! dans des appartements !... dame ! c'est un pair de France !... Aussitôt qu'elle eut lu la lettre, voilà-t-il pas qu'elle courut à son secrétaire, et elle m'a baillé un sac de douze cents francs... et qu'elle a fait plus de cris de joie !... elle a dit qu'elle viendrait ici...

— La marquise de Rosann, s'écria l'hôtesse ; allons, allons, je vais dire à Gargarou qu'il aille prudemment dans cette affaire-là... ce jeune homme... Allez, la mère, dit-elle à madame Hamel, courez à l'autre poste et guettez-le...

La pauvre madame Hamel se mit en route, malgré le mauvais temps, et chemina vers Septinan, en s'éloignant à regret de l'endroit où était Mélanie.

— Votre mari n'est-il pas le berger de mon frère ? demanda l'hôtesse à la vieille femme.

— Oui, madame, à votre service !...

— Eh bien, il faudra qu'il me fasse le plaisir de montrer le métier à l'un de mes cousins... et qu'il garde le secret sur ce que je lui dirai...

La vieille femme s'en alla, joyeuse, raconter dans tout le village l'heureux événement qui la tirait de la misère.

L'hôtesse eut une grande querelle avec son mari, sur la conduite qu'il avait à tenir avec M. Maxendi : mais l'hôte, gonflé d'ambition, défendit à sa femme de se mêler des *affaires du gouvernement*; et la femme se mettant en colère contre son mari, il en résulta ce qu'en langage parlementaire l'on appelle *une opposition*. Madame Gargarou résolut de servir la cause de M. Joseph, et le maire se dévoua, par contradiction, à la cause de M. Maxendi.

Le lendemain, le maître de poste se para de son mieux et se dirigea vers le château où gémissait la tendre Mélanie... Un grand laquais, bien habillé, l'annonça dans le salon, par le titre de M. le maire de Vans-la-Pavée.

Argow courut au-devant de lui, et successivement, l'on annonça les quatre compagnons du pirate. Le maître de poste fut ébloui en se trouvant dans la compagnie d'aussi nobles personnages, et l'on ne tarda pas à se mettre à table. M. Gargarou ne revint pas de son étonnement, à l'aspect du luxe déployé sur cette table couverte d'argenterie, de cristaux et de vins fins, dont on changea fréquemment.

— M. le maire, dit Argow, vous ne vous douteriez pas de la raison pour laquelle je vous ai prié de passer chez moi...

— Non, monseigneur, répondit respectueusement le maire.

— C'est pour mon mariage, continua négligemment le pirate ; étant en quelque sorte le seigneur du village, je n'ai pas voulu me marier à Paris... A propos, mon cher M. Gargarou, l'on m'a dit que vous désiriez voir doubler votre poste ?...

— Ah ! monseigneur, s'écria l'aubergiste, c'est une indignité que l'on ne me l'ait pas doublée depuis longtemps ; vous qui avez voyagé sur cette route, vous savez comme elle est rude pour moi, des deux côtés...

— On vous la doublera ! ne faut-il pas une ordonnance, une loi ?...

— Une loi, je crois, monseigneur.

— Ah ! une loi, une petite loi, dit Maxendi en regardant ses compagnons.

— Nous avons la majorité, on la fera cette loi..., dit Vernyct, c'est une bagatelle.

— Marquis, ajouta Argow en parlant à Vernyct, cela te regarde, car tu es l'ami du ministre de l'intérieur. Monsieur le maire, reprit-il en frappant sur le bras du maître de poste, je voudrais que ce mariage se fît très-promptement, et l'un de mes amis doit m'envoyer une ordonnance du ministère de la justice, qui me dispensera de la seconde publication; ainsi, vous pouvez commencer et préparer la première : je vous donnerai toutes les pièces, et, la semaine prochaine, nous danserons ici...

— Mais votre future?... demanda le maître de poste.

— Elle est ici, reprit Argow; mais comme elle aurait été seule de femme au milieu de six hommes, vous sentez qu'une jeune fille, ma cousine, dont je suis le protecteur...

— Est-ce que ce serait la jeune femme que l'on a amenée l'autre jour? demanda le maître de poste, on la disait folle...

— Folle! dit Argow, elle l'est un peu : c'est-à-dire, qu'elle aime un *va-nu-pieds*, un coquin, et c'est avec un peu de répugnance qu'elle m'épouse : mais, elle ne sera pas mariée quinze jours, que cette fantaisie se dissipera. Je vous dis cela parce que nous sommes bons amis, et que vous la verrez un peu chagrine, peut-être...

— Mais, reprit M. Gargarou, a-t-elle son père et sa mère?... car...

— Tout est mort, dit Vernyct; allez, M. Gargarou, le présent de noces de M. le comte sera de doubler votre poste...

— M. le maire, reprit Argow, comme je vais faire venir un avocat pour notre contrat de mariage, que vous signerez, j'espère!... il rédigera vos actes, car c'est encore difficile; alors vous n'aurez qu'à signer...

— Je n'aurai qu'à signer! répéta le maire un peu étourdi par le vin, et j'aurai ma poste doublée, car vous qui êtes dans le gouvernement...

— Le gouvernement de l'État..., continua Ornal.

— Et de la légitimité! dit Vernyct.

— Oui, reprit le maître de poste, la légitimité du gouvernement, de l'État, du royaume... j'y suis attaché et nul ne peut dire que je ne suis pas bon Français et honnête homme. Alors ma poste doit être doublée, vous comprenez, monseigneur?

Argow, voyant à quel homme il avait affaire, jugea qu'il n'éprouverait aucune opposition de sa part dans le dessein qu'il méditait. Il lui versa si souvent rasade, et ses compagnons lui donnèrent de si bons exemples, que M. Gargarou et les quatre matelots devinrent complètement ivres. Argow fit promettre tout ce qu'il voulut au maire, au nom du gouvernement et de la sûreté du trône; puis il invita le maire à venir dîner dans trois jours, parce qu'alors, l'avocat prétendu serait arrivé et rédigerait l'acte de mariage, pour lequel Argow devait faire demander toutes les pièces nécessaires, en fabriquant les plus essentielles

La pauvre Mélanie passa ces trois jours dans une mortelle tristesse. Ses fenêtres donnaient sur le commencement de la forêt, et les arbres dépouillés de feuilles, la campagne déserte, la nature revêtant son habit de deuil, formaient un spectacle en harmonie avec les sombres pensées qui l'assaillaient. La jeune fille pâlissait chaque jour, et se désolait de ne plus voir madame Hamel. Elle ne faisait plus qu'un seul mouvement : c'était d'aller à sa fenêtre contempler la tristesse de l'hiver, et de revenir s'asseoir sur son fauteuil, en pensant toujours à Joseph, et ne désirant plus son arrivée dans les lieux où M. Maxendi était tout-puissant, puisque ce farouche ravisseur avait juré sa mort : elle sentait que si Joseph ne tombait pas au pouvoir d'Argow, ce dernier ne pourrait pas lui présenter la cruelle alternative de la mort de son frère ou de son mariage.

Pendant que ces choses se passaient à Vans-la-Pavée, madame Hamel s'était rendue, à pied, à Septinan; et cette pauvre femme, sortie de son caractère par ces tristes événements, avait une activité de corps et d'esprit vraiment étonnante. Elle se tint sur la route de Paris, tout le jour; et, la nuit, elle veillait en écoutant le moindre bruit et arrêtant chaque voiture, pour voir si Joseph n'y serait pas. L'impatience, l'inquiétude, la tenaient dans un état bien extraordinaire pour elle; sa tête, faible, était comme dérangée, car elle se trouvait dans une sphère bien éloignée de sa sphère d'indolence et de tranquillité; mais l'attachement inouï qu'elle portait à Mélanie et à son frère la soutenait.

Enfin, sur la fin du second jour, un courrier arrive au grand galop à la poste, et demande quatre chevaux qui seront payés double. On s'empresse, madame Hamel se tient sur la porte de l'écurie, les pieds dans la boue, et en souliers de satin presque usés : au bout de huit minutes elle aperçoit Joseph.

— Mon fils! s'écria-t-elle, ne va pas plus loin...

— Quoi! c'est vous, ma mère! Mélanie, Mélanie!... où est-elle? C'était donc elle!

— Descends, et reste ici... Finette, dépêchez!...

Le vicaire, pâle, abattu, dévoré de chagrin, presse madame Hamel dans ses bras, et l'embrasse en pleurant.

— Mélanie! où est-elle?

— Mon fils, dit la vieille femme à voix basse, sortons d'ici! laisses-y ta voiture... et viens à l'écart... tu as affaire à un homme rusé, habile, puissant, et l'on ne saurait trop prendre de précautions... Viens, Finette...

— Ah! s'écria le vicaire, je vais requérir la force armée, ou des gens que j'achèterai, s'il le faut, et j'enlèverai Mélanie de vive force, je périrai plutôt!

— Il va tout perdre!... s'écria madame Hamel. Mon ami, écoute-moi; au premier pas que tu vas faire dans ce pays-ci, l'on t'arrêtera... pendant que tu seras en prison sauveras-tu Mélanie, que l'on peut emmener si l'on sait où tu es ici?

— Je la suivrai! s'écria le vicaire.

— Non, mon ami, il faut que tu te déguises ici en paysan, et Finette en paysanne : il faut que Finette passe pour ta femme... alors, sous ce costume, et lorsque tu seras à l'abri des desseins des méchants, tu pourras chercher les moyens de tirer Mélanie de sa prison, du château de M. Maxendi.

— D'Argow, ma mère! c'est lui, c'est lui qui a soulevé l'équipage de notre vaisseau.

Madame Hamel resta muette de stupeur.

— Mon fils, sauvons-la! Argow est capable de la tuer.

Alors le vicaire, admirant la justesse des avis de madame Hamel, s'en fut à la poste payer les chevaux, en priant le maître de poste de Septinan de garder sa voiture, et de la tenir toujours prête à partir avec de bons chevaux. Puis il revint à l'auberge de madame Hamel, il quitta ses habits, colla ses cheveux sur son front comme le font les paysans, et il se revêtit du costume que la soigneuse bonne femme avait acheté d'avance. Finette emprunta le déshabillé d'une fille de l'auberge; et madame Hamel ayant aussi pris un costume de campagne, ils s'acheminèrent tous trois vers Vans-la-Pavée : durant le chemin madame Hamel mit le vicaire au fait de ce qui s'était passé.

Heureusement pour eux, le maître de poste de Vans, M. Gargarou, ne se trouva pas dans la salle de son auberge lorsque Joseph s'y présenta, car en voyant ce jeune cousin de sa femme avec madame Hamel, il n'aurait pas manqué de concevoir de graves soupçons, puisque madame Hamel avait avoué devant lui connaître M. Joseph.

— Vous ne pouvez pas rester ici, mon cousin, dit finement la jolie hôtesse en parcourant des yeux le jeune vicaire, vous y seriez trop en danger; car M. Maxendi a tellement fanatisé mon mari, qu'il ne rêve que votre arrestation. Si vous voulez réussir dans votre entreprise, rendez-vous à la maison que vous avez visitée il y a quatre jours, et vous y trouverez deux braves gens qui vous seront dévoués... vous prendrez un manteau de berger, et vous tournerez autour du château... Vous aimez, n'est-ce pas?... alors, c'est à l'amour à vous dire le reste...

Le vicaire laissa Finette, et courut avec une étonnante rapidité vers la chaumière chérie. Le mari et la femme se chauffaient à un feu de tourbe : lorsque leur porte vola en éclats, ils se retournèrent, et la sœur de Marie reconnut le vicaire.

— Mes amis, s'écria-t-il, vous devez me cacher... la femme de l'auberge vous en a-t-elle prévenus?... Si elle ne l'a pas fait, songez à garder le silence sur moi, et je payerai votre discrétion!... je suis, pour tout le monde, un pauvre paysan, et nous allons conduire ensemble les troupeaux... Allons, mon ami, prenons nos manteaux et sortons!...

— Un instant, mon bon monsieur, les moutons ne sortent pas maintenant, ils sont à la ferme.

— Allez donc les chercher... car je meurs d'impatience...

Et le vicaire, revêtant l'humble manteau du berger, sortit précipitamment, et se mit à la porte en regardant le château qui renfermait sa bien-aimée...

En ce moment Mélanie était à la fenêtre, elle contemplait la campagne d'un œil rempli de larmes... sans pouvoir reconnaître, à travers le nuage de ses pensées, si elle désirait ou ne désirait pas Joseph. Elle voit un troupeau de moutons, dirigé par deux hommes, s'avancer vers les fossés du château.

— Sont-ils heureux! se dit-elle, ils sont libres et moi je suis enchaînée!...

Le troupeau s'approche de plus en plus, car les chiens, aiguillonnés par la voix de leur maître, mordent les moutons pour les faire avancer plus vite. Cette singularité frappa Mélanie; elle ouvrit sa fenêtre, et, posant ses bras sur la pierre froide, elle s'accouda pour deviner le motif de cette conduite de la part du berger; elle s'intéressait à ces moutons.

— Hélas! disait-elle, l'homme est despote! toujours absolu quand il commande, il ne met aucune bonté dans ses actions!... ces pauvres bêtes n'arriveront-elles pas assez à temps!...

Un des bergers s'assied sur une pierre, et l'autre l'imite. Mélanie éprouva un mouvement de joie, en voyant les moutons tranquilles, et les chiens reposer aux pieds de leurs maîtres : tout à coup, elle aperçoit un des bergers s'avancer et regarder dans la campagne. Elle tressaille involontairement en croyant reconnaître la taille de Joseph, elle se frotte les yeux, craignant une illusion; son cœur bat avec une violence extraordinaire, elle respire à peine... En ce moment Joseph chantant, de sa voix pure et légère.

Comme un dernier rayon, comme un dernier zéphire
Anime la fin d'un beau jour.

acheva de se dévoiler... Mélanie ne voit plus rien, le bonheur jette un voile sur ses yeux, elle se trouve mal... elle succombe sous l'effort du plaisir... Elle se réveilla de cette défaillance aux doux accents de Joseph : l'air lui transmettait les paroles avec une pureté admirable. Ah! rien ne peut dépeindre le charme d'un tel moment... Que ceux qui ont aimé se l'imaginent!... Après presque deux ans se revoir!... et se revoir séparés par une distance cruelle, se revoir au milieu de l'hiver, se reconnaître par ce doux chant, dont la première modulation mit leurs cœurs d'accord! Quelle poésie dans ce tendre moment!... Comme l'on existe au double!... Mélanie, l'imprudente Mélanie agita son mouchoir, pour dire à son frère qu'elle entendait sa voix. Le vicaire, tout entier à cette douce contemplation, heureux, oubliant les lieux et les circonstances, agita le sien...

— Retirons-nous, monsieur! dit le berger, voici un homme qui accourt!... venez de ce côté, si vous m'en croyez!...

Cet homme était le matelot chargé de surveiller la partie de la campagne sur laquelle les fenêtres de Mélanie avaient leur vue. Il vint rôder autour des deux bergers, et voyant les mains de Joseph :

— Il me semble, mon ami, dit-il, que vous avez les mains bien blanches pour un homme de la campagne?

— Qu'est-ce que cela vous fait? demanda le berger.

— Je ne te parle pas, à toi.

— Mais moi, je te parle, dit le berger.

— L'ami, continua le matelot après avoir toisé les deux bergers, toi qui as une chemise de batiste pour garder des troupeaux, pourrais-tu me dire ce que font les moutons dans un endroit où il n'y a pas un brin d'herbe?...

— Encore un coup, qu'est-ce que cela te fait? s'écria le berger.

— Ce que cela me fait? tu vas le voir!...

Et le brigand siffla trois coups.

— Vous êtes sur nos terres, et vous n'avez pas le droit d'y mener vos moutons! s'écria-t-il.

— Ah! je ne sais pas mon métier peut-être!... répondit le berger.

Comme il finissait ces paroles, trois grands laquais arrivèrent en courant, et le matelot leur cria de s'emparer de Joseph. Il s'engagea un combat, et les chiens donnèrent un moment l'avantage au berger; alors, le vicaire, saisissant cet instant pendant lequel il avait réussi à se délivrer des deux hommes qui l'avaient assailli, prit sa course en se dirigeant vers la forêt avec la rapidité d'une flèche. Les laquais, abandonnant le berger, se mirent à la poursuite de Joseph; mais le gardeur de troupeaux ameuta ses chiens après ces brigands, ils furent arrêtés dans leur course et forcés de se défendre des morsures. Au reste, Joseph, élevé dans les forêts et les montagnes, était beaucoup trop agile pour qu'aucun de ceux qui le poursuivaient pût l'approcher. Mélanie, que ce combat avait rendue tremblante comme les feuilles qui restaient encore aux arbres, vit avec joie son frère disparaître dans la forêt...

Sur-le-champ Argow fut instruit de la présence de son rival, il redoubla les gardes autour du château, et mit ses gens en campagne, en s'applaudissant de ce que Joseph était venu s'offrir à ses coups.

CHAPITRE XXVI.

Le vicaire court toujours. — Rencontre. — Le charbonnier et sa famille. — Le vicaire s'introduit au château et revoit Mélanie. — Dangers évités.

La nuit arrivait à grands pas, et le vicaire courait toujours avec la même vélocité, à travers l'immense forêt dans laquelle il était entré. Au bout de deux heures, il commença à sentir la fatigue et le besoin : alors il marcha plus lentement, en se dirigeant, avec ténacité, en ligne droite pour arriver à un bout de la forêt.

En entrant dans une route plus fréquentée que celle qu'il venait de traverser, et dont les ornières assez profondes indiquaient le passage des voitures, il entendit au loin le mouvement d'une charrette, le claquement d'un fouet, et le sifflement du conducteur. Il courut alors vers l'endroit d'où partait ce bruit, afin de savoir en quelle partie de la forêt le hasard l'avait conduit.

— Mon brave homme, dit-il à un paysan couvert d'une blouse, et qui était d'une taille énorme, pourriez-vous me dire où je suis?

— A une demi-lieue d'Aulnay, répondit le grand charretier.

— Mais, reprit le vicaire, votre voix ne m'est pas inconnue... N'êtes-vous pas Jacques Cachel, le bûcheron-charbonnier qui demeure sur la hauteur?...

— Ah! c'est M. Joseph! s'écria Cachel. Ah! M. le vicaire, je n'ai pas pu vous témoigner ma reconnaissance pour le service que vous m'avez rendu. Usez de moi corps et âme... Vous êtes cause de ma petite fortune, car c'est moi qui fournis le bois et le charbon au château de Vans, et c'est une pratique que j'aurais perdue si j'avais été en prison. Monseigneur m'a obtenu ma grâce; et vos bontés, celles de madame la marquise, m'ont mis sur le pinacle... Corps, âme et biens, je suis à vous, M. Joseph... Mais par quelle aventure vous trouvez-vous, à cette heure, dans cette forêt? tandis que, depuis huit jours, tout Aulnay est sens dessus dessous? tout le monde vous pleure!... M. le marquis est parti pour Paris, pour aller à votre recherche... On dit que vous êtes un grand seigneur : M. Leseq, M. Gausse, mademoiselle Marguerite, ne cessent de parler de vous et de votre histoire. C'est ma femme qui m'a tout conté... Ma pauvre femme, ah! comme votre retour va l'étonner!... Monseigneur l'évêque est venu vous chercher itout, et il y a des aucuns qui disent que le frère de l'évêque, un contre-amiral, est mort le soir de son retour; il y a des manigances d'enfer!

— M. de Saint-André est mort! s'écria Joseph, qui n'avait pas dit un mot jusque-là, par une bien bonne raison.

En effet, aussitôt que le bûcheron avait parlé de l'accès qu'il avait au château d'Argow, le vicaire était tombé dans une méditation dont il ne fut tiré que par la nouvelle de la mort de M. de Saint-André.

— Jacques, reprit-il, puis-je compter sur votre dévouement et sur votre discrétion, dont la volubilité de votre langue ne me donne guère bonne opinion?

— Monsieur, répondit Jacques Cachel, comptez sur moi comme sur vous-même... je vous prouverai ma discrétion et mon dévouement en temps et lieu...

— Marchons donc vite à votre chaumière, parce que j'ai faim et que je suis fatigué...

Cachel donna un coup de fouet à ses chevaux, et en un quart d'heure, ils aperçurent la lumière qui brillait par la lucarne de la chaumière déserte.

— Allons, femme, ouvre! c'est moi!... Entrez, monsieur, je vais aller mettre mes chevaux à l'écurie, que, grâce à madame la marquise, nous avons fait arranger...

— Chut! s'écria le vicaire en arrêtant l'exclamation d'étonnement que la femme de Cachel allait pousser; chut, ma bonne mère! et attendez votre mari; j'ai à vous parler à tous deux.

Le bûcheron étant rentré, le vicaire s'assit entre le mari et la femme : on se rapprocha du feu que Cachel ranima, et M. Joseph, s'assurant du sommeil des enfants, parla en ces termes :

— Mes chers amis, songez qu'avant toute chose, il faut me promettre solennellement de ne pas ouvrir la bouche sur ma présence en ces lieux, c'est un point capital. Maintenant, Cachel, je vous promets deux mille francs, si nous parvenons à tirer du château une jeune fille que M. Maxendi y retient. Pour cela, il faut du courage, de l'adresse et de la discrétion, de la célérité et un dévouement sans bornes. La première chose à faire, ce sera, Cachel, d'aller tous les jours au château pour savoir ce qui s'y passe et m'en instruire.

— Justement, monsieur, interrompit Cachel, demain j'y porte du charbon, et après-demain six voitures de bois... J'y suis connu du concierge et du cuisinier en chef.

— Bon, bon, Cachel! s'écria le vicaire transporté de joie, nous allons rêver aux moyens de m'y introduire, car il faut que je voie Mélanie... Demain, au lever du soleil, vous irez acheter un cheval réputé bon coureur, pour le tenir prêt à tout événement.

— Il y aurait celui de M. de Rosann; si, par Marie, nous pouvions l'emprunter?

— Connaissez-vous, demanda le vicaire, la distribution intérieure du château?

— Monsieur, répondit le charbonnier, il y a deux ailes et une façade : le grand escalier est dans la jonction de l'aile gauche avec le corps de logis principal du château; et cet escalier conduit dans une immense galerie où sont les appartements de cette aile gauche dans laquelle est la jeune dame : quant aux grands appartements, ils sont au rez-de-chaussée de la grande façade..

— Ainsi, dit le vicaire, pour aller chez Mélanie, il faut traverser la cour, aller dans le vestibule où commence le grand escalier, et... sa chambre donne sur la campagne... Eh bien! Cachel, dites-moi, maintenant, où est la cuisine où vous apportez sans doute votre charbon?

— Les cuisines, monsieur, sont justement dans le rez-de-chaussée de cette aile gauche, et la porte n'est pas loin du perron.

— Cachel, s'écria le vicaire, demain je me mettrai dans un de vos sacs à charbon, et je me hasarderai dans ce labyrinthe... n'y allez qu'à la nuit tombante... O bonheur! je verrai Mélanie!

Le vicaire fit un frugal repas que sa faim rendit succulent, et se coucha dans son manteau, en recommandant encore la discrétion au mari et à la femme. Malgré sa fatigue, le vicaire ne put dormir; et, toute la nuit, Mélanie fut l'objet de ses pensées : la mort de M. de Saint-André lui donnait un espoir de posséder Mélanie, car il discutait déjà en lui-même jusqu'à quel point il serait criminel en épousant *sa sœur*... ou plutôt, emporté par les dangers que courait Mélanie, emporté par la violence de sa passion, il remettait à un autre temps d'examiner les graves questions que ferait naître son désir d'épouser Mélanie : il ne voyait qu'une chose, le bonheur de sa sœur, sa félicité, et son amour si bien partagé...

Le lendemain matin, la femme de Cachel se mit à coudre un sac assez grand pour qu'il pût contenir et cacher le vicaire, et lorsque tout fut préparé, Joseph se mit en route avec le charbonnier, en prenant leurs mesures de manière à n'arriver au château de Vans que vers les cinq ou six heures du soir. Lorsqu'ils furent sur le point de quitter la forêt, Joseph, montant sur la charrette, se coula dans le sac noir qui lui était destiné, et le charbonnier, sifflant et faisant claquer son fouet, se dirigea vers le château. Quand il fut à la porte de la dernière grille, le matelot chargé de l'inspection de cette partie s'avança en criant : « Qui est-ce?... » car il faisait assez nuit.

— C'est moi! s'écria Cachel, je n'ai pas pu venir plus tôt, car la pluie a gâté les chemins.

— Ah bien! vous allez être joliment reçu du cuisinier, maître Jacques Cachel : il y a un grand dîner, et il jure après vous depuis une heure, il vient d'envoyer un gâte-sauce voir si vous n'arriviez pas.

— Ne m'arrêtez donc pas...

— Ah! c'est vrai, vous êtes de la maison, passez! mais, voyez-vous! les cartes se brouillent : hier il y a eu engagement avec l'ennemi, et l'on est à sa poursuite; on redouble de surveillance : ce n'est pas peu qu'une fille à garder lorsqu'elle a un amant qui rôde... allez!...

Et Jacques d'enfiler l'avenue, de passer la cour, en criant gare et jurant après les chemins : il conduisit sa voiture juste en face de la porte de la cuisine.

— Arriverez-vous!... s'écria le chef en colère; par mon bonnet de coton! vous perdrez la pratique, M. Cachel.

Et le chef faisant signe à un marmiton, l'aide de camp du cuisinier se mit en devoir de monter sur la charrette pour jeter les sacs.

— Eh! eh! gâte-sauce! s'écria le charbonnier effrayé et jetant le jeune homme par terre en le saisissant par le cou ; je ne touche pas à tes plats, ne va pas casser mon charbon.

Aussitôt Cachel atteignit un sac et le porta au milieu de la cuisine.

— Parbleu, M. Lesnagil, vous n'avez guère l'idée de ce que c'est qu'un chemin... Mes chevaux ont manqué périr dans un bourbier...

Cachel retourna à sa voiture et rangea plusieurs sacs le long du mur en mettant Joseph contre l'escalier :

— Sortez, lui dit-il, je vais amuser le chef pendant une bonne demi-heure.

Joseph sort de son sac, s'élance dans l'antichambre et il entend les voix bruyantes des convives, car c'était justement le jour où le maire dînait pour la seconde fois chez M. Maxendi. Le vicaire frémit involontairement : il monte rapidement les escaliers et arrive dans cette sombre galerie où il présume que la chambre de Mélanie doit se trouver. Il parcourt la galerie, et il voit, de loin, un filet de lueur s'échapper sur le carreau par l'intervalle qu'il y a toujours entre une porte et les dalles du plancher...
Il se hasarde à ouvrir la porte... il entre...

Mélanie, assise sur un fauteuil, lisait sa lettre. Elle lève la tête, regarde dans l'ombre... elle jette un cri et tombe comme morte, en reconnaissant le visage du vicaire... Ce dernier s'élance et les plus doux baisers la firent revenir à la vie : ces baisers étaient l'expression d'une volupté encore inconnue à Mélanie; elle relève sa pesante paupière et s'écrie :

— Enfin, c'est toi!

— *Mélanie*... je n'ai qu'un instant, un quart d'heure, et je cours les plus grands dangers, tâche que nous ne soyons pas surpris.

— Tu m'ôtes toutes mes idées, par ta présence... je suis folle... que faire?...

Son joli visage, resplendissant de toute la joie des amours, prit le caractère distinctif d'une figure qui pense : son joli front se plissa; puis, souriant à son frère comme Vénus à Mars, elle lui lança un regard enivrant en lui disant :

— J'ai trouvé... puisqu'il s'agit de ta sûreté.

Alors, elle prit sur la table, où étaient les restes de son dîner, les fragiles débris de quelques noix, elle sortit rapidement et courut les semer dans la galerie; puis, accourant avec la légèreté des zéphyrs, elle ferma la porte au verrou et dit :

— Joseph, nous sommes tranquilles maintenant...
Et elle courut se poser sur les genoux de son frère.

— *Mélanie!* dit-il avec un tremblement presque convulsif, comment m'aimes-tu?...

— Joseph!... comme par le passé; et ton aspect vient ranimer le feu, car la cendre qui le couvrait a volé partout...

Et elle pencha sa belle tête sur l'épaule du vicaire.

— Toujours ton même sourire!... s'écria-t-il.

— Toujours! répondit-elle avec mélancolie et avec cet accent mélodieux qui ravit l'âme et lui inspire le sentiment de la douleur, sans cependant faire mal : Cruel, comme tu m'as quittée! j'espère que si tu me délivres, nous ne nous séparerons plus!...

— Non! dit Joseph avec énergie.

Il ne savait comment instruire Mélanie du mystère de sa naissance. Cette nouvelle ne devait être annoncée qu'avec bien des ménagements.

— Que j'aime cette promesse!... elle vient, continua Mélanie, elle vient de retentir dans mon âme avec une force étonnante... Oui, mon frère, vivons ensemble! va, nous souffrirons moins de nos combats que de l'absence. Laisse-moi t'embrasser... il y a deux ans que je n'ai savouré le nectar d'un baiser...

Le vicaire embrassa son amante d'une manière voluptueuse.

— Joseph! dit-elle, qu'est-ce que cela veut dire?

— Je voudrais, *Mélanie*, t'en instruire sans que mes lèvres formassent des paroles... ah! je crains ta joie.

— Que veux-tu dire?

Et elle regarda le visage de Joseph avec une inquiétude qui n'avait rien de pénible.

— Mon frère!...

— *Mélanie!...* répondit le vicaire en appuyant sur ce mot.

— Mon frère, pourquoi ne me nommes-tu pas du doux nom de sœur? Depuis que tu es entré tu ne l'as pas prononcé... Eh! qu'est-ce que cela me fait? s'écria-t-elle comme en délire; ne te vois-je pas?.. ne suis-je plus ta douce amie?... ah! ne cherchons pas par de mystérieuses paroles à comprimer l'élan de notre joie. Eh bien, oui! je t'aime toujours avec ardeur! si c'est là ce que me demandent tes yeux interrogatifs... Oui, je t'aime avec cette fureur invaincue, invincible... qui me possédera jusqu'au tombeau... Mais oublions tout cela, je t'en prie! gardons cet instant pur et brillant, qu'au milieu de notre vie de malheur il se trouve une fleur... Tu ne dis rien, mon frère... et tes yeux me dévorent... ah! oui, ils parlent assez... abaisse ta paupière et tes longs cils, je veux les couvrir de baisers!...

— *Mélanie*, tu me revois..., dit lentement le vicaire en mettant un accent pensif et profond à cette phrase.

— Mais, mon amour, que veux-tu dire?

— *Mélanie*, lorsque je t'ai quittée, je t'ai juré de ne plus revenir que lorsque nous pourrions nous revoir *sans crime*.

— Sans crime!... quelle pensée! Joseph, mon frère!

— Ne m'appelle plus ton frère...

— Ne le serais-tu pas?... dit-elle d'une voix languissante.

Et toutes ses couleurs abandonnèrent ses joues, elle pâlit, elle confondit sa tête dans le sein du vicaire, elle y perdit le sentiment du bonheur. Les larmes de Joseph, ces larmes brûlantes d'amour coulèrent sur ce joli visage presque mort.

— Voilà ce que je redoutais! s'écria-t-il.

Et relevant Mélanie, il tâcha de la réchauffer par les plus ardents et les plus nombreux baisers.

— *Mélanie!...* reviens!

Et il essaya de la relever.

— Mon ami, dit-elle en ouvrant à peine son bel œil bleu, je me meurs... j'en mourrai! ah! beaucoup de baisers!... Il y a deux ans que je... Joseph!... fais dire que nous n'y sommes pas... et sonne Finette!...

— Mélanie, tu es au pouvoir d'Argow.

— D'Argow! s'écria-t-elle en se levant avec cette précipitation que donne l'indignation; de ce pirate qui a déporté notre père!...

— Mélanie, reprit le vicaire en l'asseyant sur ses genoux, ne crie pas si haut!... écoute-moi M. de Saint-André est mort... il n'était point mon père, et ta mère n'était point la mienne... *Ton amour est innocent!...*

— Innocent!... mon frère, oui, *mon frère*, car je veux toujours te donner ce doux nom!... Innocent!... oh! laisse-moi t'embrasser comme ce jour où tu m'as repoussée!... Eh quoi! s'écria-t-elle, Joseph, tu es triste! qu'as-tu donc?... dit-elle en passant sa main dans les cheveux du prêtre avec un ravissement divin.

— Mélanie, dit-il avec chagrin pour lui donner le change sur la cause de sa tristesse, comment puis-je sourire en te voyant dans ce château, sans avoir trouvé le moyen de t'en tirer?...

— C'est vrai, dit-elle, c'est triste! mais l'amour n'a pas vainement un flambeau, et... il l'éclairera...

Elle lui jeta un des plus gracieux sourires.

A ces mots, les pas rapides d'un homme firent retentir dans la galerie le bruit des coquilles de noix qui s'écrasaient.

— C'est Argow!... s'écria Mélanie, nous sommes perdus!... Où te cacher?...

La stupeur saisit le vicaire.

— Tuons-le!... s'écria-t-il.

— Non, non, cache-toi dans mon lit!...

— Mademoiselle, ouvrez-moi!... dit Argow d'une voix tonnante.

Le vicaire se mit entre deux matelas: Mélanie rétablit le désordre du lit, et se disposa à aller ouvrir.

Pour mettre au fait de ce nouvel incident, il faut que l'on se transporte, un peu avant l'arrivée du pirate, dans la salle à manger dont la porte donnait sur le vestibule où commençait l'escalier. Lorsque le vicaire le monta si rapidement, les convives, au fort du repas, s'occupaient à mettre M. Gargarou entre deux vins.

— Allons, M. le maire, disait Argow, c'est hier que vous avez fait la première publication, sous quatre jours vous nous mariez... Buvez à cette fête-là!...

— Vous finirez par me faire voir ma poste *double*, dit Gargarou en riant de ce gros rire franc qui distingue les gens de la campagne.

— Vous voyez? voici un avocat qui vous évitera la peine de faire l'acte... il va rédiger le contrat de mariage; ah! il est habile.

— Est-il du gouvernement?... demanda le maire en le regardant.

— Sans doute.

— Faut avouer, M. le comte, que vous êtes un fameux bon vivant, et que ceux qui vous entourent n'engendrent pas de mélancolie... Je m'étonne qu'avec une existence comme la vôtre, vous cherchiez le mal comme avec la main.

— Que voulez-vous dire? demanda Argow en fixant le maire.

— Eh oui!... répondit M. Gargarou, le mariage... n'est-il pas...

— Ah! interrompit le pirate, l'amour est une terrible chose...

— Oui, dit le maître de poste, surtout chez les femmes, car lorsque la mienne...

— Elle est jolie, dit Vernyct.

— Que trop!... répondit mélancoliquement le maire; car, je vous réponds... non, je n'en réponds pas...

Tous les convives se mirent à rire, et à louanger l'esprit de Gargarou, en lui disant qu'il éclipserait bien du monde à Paris, et qu'il n'était pas fait pour être maître de poste.

— Oh! oui, dit-il, je devrais fourrager dans le gouvernement!...

— Allons, répondit Argow, vous entendez la politique...

— Ah çà, M. le comte, continua le maire en frappant sur le ventre d'Argow, n'interrompez pas le cours de mes idées... Nous sommes au dessert, et vous dites que l'amour vous brûle; il faut donc que cette jeune fille soit bien belle!...

— Divine!... s'écria le pirate.

— Divine!... Est-ce qu'il ne serait pas possible de la voir?...

— Non, dit Argow.

— Ce n'est pas, dit Vernyct, que M. le comte n'en aurait pas envie, c'est qu'il ne le peut pas, ajouta le lieutenant, qui ne demandait pas mieux que de brouiller son capitaine avec Mélanie, pour que le mariage manquât.

— Je ne le peux pas, double coquin!

— Ah! cela se gâte!... dit le maire, les injures sont prohibées!...

— Si je le voulais!... à l'instant même elle descendrait!... mais vous êtes ivres...

— Non, crièrent-ils ensemble, c'est une mauvaise excuse...

— Mon ami, dit le maire, si elle ne vient pas, nous croirons qu'elle vous mène par le bout du nez!... et c'est signe de malheur... Du nez au front...!

— Silence, M. Gargarou!... je coupe la gorge à ceux qui médisent de ma fiancée...

— Cela se gâte!... dit tout bas le maire. Ah bah! amenez-la, cette jeunesse!... on ne vous la mangera pas!...

Argow, craignant que le maire ne se fâchât, et voyant qu'il avait besoin de lui, pressé d'ailleurs par les plaisanteries dont ses complices l'assaillirent en ce moment, se leva et leur dit :

— Je vais la chercher, mais, mordieu! si quelqu'un se lâche et n'est pas respectueux, il aura affaire à moi!

— Ah! dit le maire, nous sommes tous dans le gouvernement et la légitimité, de manière qu'il n'y a rien à craindre.

Argow sortit et monta chercher Mélanie.

— Ma reine, lui dit-il, qu'avez-vous? vous êtes tremblante!...

— C'est le vent qui souffle, le froid, la solitude.

— En ce cas, venez, ma petite femme!... venez... présider à la fin de notre festin!...

— Non!... je veux être seule!... s'écria-t-elle avec une énergie terrible.

— Qu'est-ce que c'est que cette fantaisie-là?...

— Dame!... je suis femme!...

— Oui, mais moi, je suis homme!...

— Qu'est-ce que cela fait? En France, ce n'est pas à moi à obéir...

— Je suis d'Amérique, dit Argow en fronçant le sourcil. Ma belle amie, pourriez-vous m'expliquer par quelle aventure votre robe est noire comme du charbon?...

— C'est le vent qui a soufflé des cendres sur moi...

— Jeune fille, vous êtes une fleur, dit le pirate en lui lançant un regard foudroyant, prenez garde à soulever l'orage qui brise les chênes!...

Et il se mit à regarder par la chambre avec une curiosité frénétique.

— Que me vouliez-vous?... reprit Mélanie avec un doux accent de voix qui couvrait toute la crainte horrible qui l'envahissait.

Voyant Argow contempler le lit avec une attention terrible, elle courut à lui, le prit par l'épaule, le força de la regarder, et lui lançant un regard enchanteur :

— Que me vouliez-vous donc?...

— Que vous descendiez... dans la salle à manger!...

— J'y descendrai, M. Maxendi, répondit-elle avec un air de soumission qui désarma le pirate.

Il s'approcha, la saisit...

— Monsieur, s'écria-t-elle, je ne suis pas encore votre femme!...

Et un effroi mortel le glaça, en voyant le lit se mouvoir, ce qui indiquait que Joseph ne pouvait contenir son indignation, en imaginant probablement des choses qui n'existaient pas.

— Allons, suivez-moi... mon ange! lui dit le farouche pirate.

— Oh, monsieur!... non! répondit-elle avec un geste rempli de grâce et d'expression, je ne suis pas habillée, je suis couverte de cendres, il faut au moins que je passe une robe... dans dix minutes... C'est bien le moins qu'en obéissant à *vos ordres*, je sois maîtresse de ce que l'on n'a contesté à aucune femme, de ma toilette.

— Eh bien, je vous attendrai!... dit le soupçonneux forban en s'asseyant.

— Puis-je m'habiller devant vous?... Allez-vous-en, je vais vous rejoindre.

— Petite sirène!... s'écria le corsaire en ouvrant la porte, je me confie en votre parole et je vais vous annoncer...

— Oui, dit-elle avec un gracieux sourire, soyez mon aurore!...

Elle écouta le bruit des pas du pirate, et lorsqu'elle ne les entendit plus, elle se hasarda dans la galerie, et s'en fut jusque dans l'escalier... Elle entendit la voix d'Argow mêlée à celle des autres convives, alors elle accourut avec la légèreté d'une biche dans son appartement. Le vicaire était déjà hors de sa retraite...

— Mélanie, j'étouffais de rage!...

— Et moi de frayeur!... Allons, mon ami, comment vas-tu sortir de cette caverne?

— Avant d'en sortir, Mélanie, convenons d'une chose nécessaire pour ta délivrance à laquelle je viens de penser... Toutes les fois qu'une heure dans la journée ou dans la nuit, n'importe laquelle, sonnera, trouve-toi dans ta chambre en te cachant dans le coin de ton lit : lorsqu'on tirera un coup de fusil, s'il y a une balle qui siffle dans ta chambre, elle te dira que l'instant d'après il se passera quelque chose d'intéressant pour toi, soit une pierre lancée avec une fronde et qui sera enveloppée d'une lettre, soit une flèche qui t'apportera un billet. A compter de demain, ma bien-aimée, tiens-toi sur tes gardes!... que nous ne te blessions pas!... Adieu, reçois mon baiser de départ...

— Joseph!... nous reverrons-nous?...

— Comment, Mélanie, tu en doutes!... Mais, avant trois jours, je veux que nous soyons sur la route de Paris!...

— Allons, je te crois, puisque tu le dis... Adieu.

Et s'élançant dans leurs bras, ils se donnèrent un dernier baiser où tous les feux de l'amour résidaient.

— Oh! dit Mélanie, Joseph, quelle douceur!... Allons, sortons!...

Elle s'avança la première dans la galerie, et Joseph suivit de loin, prêt à se réfugier dans la chambre de Mélanie, au premier bruit. Ils parvinrent jusque dans l'escalier, ils descendirent dans le vestibule, et comme le vicaire se glissait dans la cour pour regagner son sac à charbon... Argow ouvrit la porte de la salle à manger...

— Comment, mademoiselle, vous dites que vous voulez vous habiller...

— Est-ce que je ne le suis pas?... répondit-elle en pâlissant.

Argow regardait dans la cour.

— Qu'est-ce que c'est que cette charrette? demanda-t-il.

— Monseigneur, dit Jacques Cachel, vous manquiez de charbon, et je n'ai pas pu venir plus tôt... M. Lesnagil, vous ne voulez pas mon reste?

— Allons, dit Argow, débarrassez le perron de ces sacs... Un jour où j'ai du monde!...

Cachel tâta ses sacs pour savoir si le vicaire était revenu, et voyant qu'effectivement il remplissait son sac, il en jeta deux ou trois devant Argow : les sacs retentirent sur la voiture : puis, il prit le vicaire et le posa doucement, en saisissant le moment où le pirate, se retournant vers Mélanie, lui dit :

— Eh bien, cette robe!...

— Comment vouliez-vous que je la misse? Je n'avais personne.

— Vous le saviez cependant, petite rusée, lorsque vous m'avez renvoyé...

En cet instant, Jacques Cachel, regardant Mélanie, dit :

— Vous n'avez plus rien à craindre!...

— A qui parles-tu?...

— Vous n'avez plus rien à craindre, M. Lesnagil, continua le charbonnier sans répondre à Argow, car vous êtes fourni de charbon pour au moins quinze jours; à demain!...

Cachel s'en alla en faisant claquer son fouet et galoper ses chevaux.

— Entrez, mademoiselle, dit M. Maxendi.

Et, prenant la main de Mélanie, il ouvrit la porte en s'écriant :

— Voici Mme Maxendi!...

Un murmure d'étonnement s'éleva à l'aspect de la belle Mélanie que la présence de son amant, et les dangers qu'il venait de courir, avaient décorée des plus ravissantes couleurs...

— Mme Maxendi!... dit-elle avec énergie, jamais, messieurs! un mariage veut un consentement, et, la hache sur la tête, je ne dirais pas « oui!... »

— Bravo! dit Vernyct, voilà de l'énergie... Eh bien, M. le comte?

— Monsieur le comte! s'écria Mélanie, celui qui prend le nom de Maxendi n'est autre qu'un pirate nommé Argow.

— Tu en as menti!... serpent! s'écria Argow en colère. Tais-toi, jeune fille, si tu ne veux pas!...

Il la regarda en lui jetant un tel éclair que Mélanie devint muette un moment.

— Vous avez vu quelqu'un, mademoiselle?... dit-il en se radoucissant.

— Je ne m'en cache pas, je viens de voir, à l'instant, celui que j'aime, et, avant deux jours, je serai arrachée de ces lieux!...

— Diable! mais cela se gâte, s'écria M. Garga-

rou ; vous ne me disiez pas cela, M. le comte.
— Tais-toi, imbécile!... lui répliqua le forban.
— Bravo! dit Vernyct, il n'épousera plus.
— Jeune fille, dit Argow à voix basse, tu as soulevé la tempête, et tu y périras.
— J'avoue, dit-elle avec un naïf sourire, que je mourrais avec chagrin, au moment où je viens d'apprendre que je puis épouser Joseph, et qu'il n'est pas mon frère!...
— Mais, où l'avez-vous vu?... demanda Argow étonné.
— A l'instant, dit-elle.
— Où était-il?
— Devant vous.

Maxendi lâcha un effroyable juron, et lança des regards terribles sur l'assemblée.
— Votre amant est dans le pays!... reprit-il d'un air sombre qui annonçait la mort, vous m'épouserez!...
— Jamais, s'écria-t-elle, et s'il y a ici quelqu'un qui ait quelque pouvoir, quelque autorité, je l'adjure de me retirer d'ici, d'employer son pouvoir; car je suis enlevée de force, et c'est un crime!...

L'énergie que déployait Mélanie était sublime, et Argow, craignant que le maire ne conçût de graves soupçons, malgré son ivresse, fit venir des laquais, et l'on ramena Mélanie, de force, dans son appartement.

CHAPITRE XXVII.

Argow furieux. — Il veut s'enfuir avec Mélanie. — Plan du vicaire. — L'hôtesse le sert. — Dévouement de Cachel. — Mélanie est enlevée.

Argow, furieux, ordonna de faire les recherches les plus actives; elles lui prouvèrent que personne n'avait pu s'introduire au château sans être vu : cependant, comme il lui était impossible de douter que Mélanie n'eût revu Joseph, puisqu'elle avait appris les circonstances de ses pirateries, qu'il avait si grand soin de cacher, il tomba dans une étrange perplexité; mais il n'était pas homme à y rester longtemps. L'obscurité qui régnait dans cette aventure subite, l'énergie déployée par Mélanie, les soupçons que les paroles de la jeune fille devaient exciter dans l'esprit de M. Gargarou, tout décida le pirate à frapper un grand coup. Il y réfléchit toute la nuit, et le matin même, il résolut de mettre son dessein à exécution, pour se défaire des recherches et de la présence du dangereux ennemi qu'il avait en la personne de l'amant de Mélanie.

Ce projet était de partir sur-le-champ pour le village de Durantal, situé au milieu des montagnes du Dauphiné, lieu charmant et retiré, où il possédait un château et une terre considérable qu'il n'avait pas encore visitée. Il ordonna tout pour son départ; il fit demander des chevaux à M. Gargarou, et l'invita à déjeuner, afin de savoir quel effet avait produit sur lui la scène de la veille, et, en cas de soupçon, décider comment il les effacerait de l'esprit du maître de poste.

Ces préparatifs eurent lieu le plus secrètement possible, afin que personne ne pût se douter du projet de Maxendi. Cependant, comme on ne se défiait point de Jacques Cachel, et que Jacques Cachel était resté toute la nuit au bord de la forêt, il sut dès le matin que le pirate allait faire un grand voyage, car le cuisinier lui paya son charbon, et refusa son bois, en lui disant qu'il allait en Dauphiné.

Sur cette nouvelle, Jacques enfourcha un de ses chevaux, il accourut à bride abattue à sa chaumière, et, faisant monter sur-le-champ le vicaire sur un autre cheval, il lui raconta, en revenant vers le château, le nouveau dessein du matelot. Joseph embrassa Cachel pour son dévouement, et il se mit à réfléchir sur ce qu'il y avait à faire dans une semblable conjoncture. Or, on sait que, si l'amour ne tient pas un flambeau toujours allumé pour lui, car il est aveugle, il le tient pour éclairer les amants : aussi le vicaire eut-il bien vite formé son plan de défense.

— Cachel, lui dit-il, connais-tu beaucoup de bûcherons dans cette forêt, et pourrais-tu en rassembler un bon nombre dans peu de temps?
— En une heure, j'en aurai dix ou douze ; que faut-il faire?...
— Il faut, mon ami, les poster au commencement de la forêt, en les armant jusqu'aux dents; il faut de plus barrer le chemin avec ta charrette, et je viendrai te rejoindre dans peu, pour te donner les dernières instructions!... Mélanie est à nous...

Cachel s'élança dans la forêt, et Joseph au village de Vans. En approchant de l'auberge de M. Gargarou, il cacha son visage, et se mit à épier avec soin quelles étaient les personnes qui se trouvaient dans la salle. Comme il regardait, le maître de poste et Vernyct sortirent : effrayé, le vicaire s'échappa au grand galop en courant vers Septinan. Quand il se fut éloigné, il se retourna, et voyant Gargarou et le lieutenant se diriger vers le château, il revint à petits pas vers l'auberge du Grand Vert. Il y entra hardiment, après avoir attaché la bride de son cheval à l'un des anneaux de fer qui garnissaient le mur. L'hôtesse était seule; aussitôt qu'elle aperçut Joseph, elle lui fit signe de marcher avec précaution, et elle l'emmena dans une chambre haute, où madame Hamel et Finette se trouvaient.

— Madame, s'écria le vicaire, Mélanie est à moi, pour peu que vous vouliez me seconder...
— Que faut-il faire?...
— Maxendi n'a-t-il pas demandé des chevaux?...
— Oui.
— Avez-vous un postillon sur le dévouement duquel on puisse compter?...
— Oui, un joli garçon, qui fait pour moi tout ce que je veux!
— Eh bien, madame, si la pensée de sauver une infortunée des mains d'un pirate effronté vous touche, et si la réunion de deux êtres qui s'adorent vous émeut, c'est entre vos mains : donnez ce postillon à Maxendi, et qu'il lui amène des chevaux ombrageux ; tenez, voilà cent louis!... (et le vicaire jeta sur la table un rouleau de napoléons) voilà deux mille francs pour lui, s'il veut consentir à suivre mes ordres.
— Et de quoi s'agit-il?... demandèrent à la fois Finette, madame Hamel et la maîtresse de poste.
— Il s'agirait, continua le vicaire, de faire prendre le mors aux dents à ses chevaux, lorsqu'il sortira du château, de conduire M. Maxendi par la forêt; et, là, de ne s'épouvanter en rien de ce qu'il y arrivera, lorsqu'il se trouvera arrêté par deux charrettes.
— Ce n'est que cela? dit la maîtresse de poste, mon jeune postillon vous servira à merveille, et seulement pour l'amour de moi!...
— Ce n'est pas tout, reprit le vicaire : il faudra que vous, madame Hamel, et vous, Finette, vous alliez m'attendre à Septinau, que vous fassiez préparer la chaise de poste, qu'elle soit prête, et que les chevaux restent toujours attelés!... Vous nous attendrez... allez, courez!...
— Pour cela, il ne faut qu'un petit bout de lettre à notre confrère, dit la jolie hôtesse, et je vais l'écrire au plus tôt, sur-le-champ, n'est-ce pas? Catherine, de l'encre!...
— Pas tant de pétulance, madame; dites-moi, je vous prie, ne connaîtriez-vous pas, dans le village, un bon tireur d'arc, car vous avez sans doute une compagnie de chevaliers comme à Aulnay-le-Vicomte.
— Certainement, et le plus adroit, le coq d'ici, c'est votre berger..., répondit madame Gargarou.
— Maintenant, reprit Joseph, il ne me faut plus qu'un fusil chargé à balle, du papier et de l'encre.
En une minute, le vicaire eut tout ce qu'il demandait. Il écrivit à Mélanie de suivre Argow en jouant un grand désespoir, et de s'effrayer beaucoup lorsque les chevaux prendraient le mors aux dents, afin de ne pas paraître de connivence, et de ne pas éveiller les soupçons du rusé pirate, mais qu'à l'entrée de la forêt, douze hommes apostés s'empareraient du forban, et la délivreraient.

Ayant tout expliqué, il s'échappa de l'auberge, laissa madame Hamel ébahie, parce qu'elle ne comprit rien à tout cela, laissa Finette et l'aubergiste qui comprenaient tout, et il courut chez le berger, dans la maison duquel il était né, et dont il portait encore le manteau, afin de disposer le reste, et prévenir Mélanie.

Pendant que le vicaire prenait toutes ces mesures avec une activité qui lui faisait trouver les moments trop courts, Argow, ayant remis l'intendance de ses biens à Vernyct, ayant tout ordonné, tout prévu, finissait de déjeuner avec M. Gargarou, auquel il proposa de l'accompagner dans une promenade qu'il comptait faire avec sa jeune fiancée.

— Elle est donc devenue moins mutine qu'hier? Car elle vous accusait de choses qui sont contraires à l'esprit du gouvernement légitime...

— Reste de folie!... répondit le matelot en fascinant le maire par un regard qu'il lui lança en cherchant à deviner ce qu'il pensait; la nuit porte conseil, vous allez la voir...

Aussitôt, Argow, laissant le maire sous la garde de Vernyct auquel il jeta un regard significatif, se dirigea vers la chambre de Mélanie, qui, malgré le froid, tenait ses fenêtres constamment ouvertes, depuis que Joseph l'avait avertie des dangereux signaux qu'il pourrait faire : aussi, elle avait soin de se ranger dans un coin, à chaque heure qui sonnait à la grosse horloge du château. Ces petits soins, l'attente, et l'espoir, l'avaient rendue moins sombre et moins pensive ; elle chantait, et s'habillait avec recherche ; enfin, son appartement, qui lui avait paru si triste, était devenu, pour elle, un palais, depuis que Joseph y avait porté l'espérance.

Elle passa la nuit au milieu des rêveries les plus délicieuses.

— Puisqu'il n'est pas mon frère, s'était-elle dit, nous nous épouserons... nous serons heureux d'un bonheur sans trouble, sans nuage.

Et, là-dessus, elle dévorait l'avenir, en bâtissant mille projets, songeant à mille voluptés, appelant Joseph sans rougir, et arrêtant sa pensée sur les plaisirs de l'hymen, avec une rare complaisance.

Pour elle, cette nuit fut presque le bonheur même; car l'aurore du plaisir, l'espérance, est comme l'aurore du jour, belle, splendide, fraîche, élégante, gracieuse, et j'ignore si le plaisir en réalité est plus voluptueux que le plaisir espéré par la pensée... je laisse ce problème à décider à de plus savants que moi.

Lorsque l'âme est ainsi disposée, une jeune fille, candide et naïve comme Mélanie, sourit à tout ce qui l'approche : aussi, lorsque le farouche pirate entra, elle quitta la fenêtre, et accourut vers lui semblable à l'innocence qui offre à manger à un serpent : tous ses traits respiraient le bonheur.

— Mademoiselle, dit Argow, il faut me suivre à l'instant, et songez que s'il vous échappe un seul mot défavorable pour moi, si vous ne paraissez pas telle que vous devez être avec celui qui veut vous épouser... je vous brise comme un verre.

— Certes, M. Maxendi, vous ne me ferez pas mourir ; car la vie, depuis hier, m'est devenue trop précieuse... Mais, avec toute l'envie que j'ai de vous plaire aujourd'hui, je ne puis m'en aller avec vous que lorsque onze heures seront sonnées...

— Quel est ce nouveau caprice, ma reine ? dit le forban en regardant Mélanie avec attention ; cache-t-il quelque piége, comme votre désir de vous habiller, hier ai soir ?...

— Comment, s'il cache un piége !... je le crois, répondit-elle en penchant sa tête d'une manière séduisante, ne sommes-nous pas *tout piége*, nous autres femmes ?...

— Oui, mais nous sommes *toute force*, nous autres hommes !... et je veux que vous me suiviez à l'instant même.

— Vous vous trompez, mon cher M. Maxendi, vous ne le voulez pas !... vous croyez le vouloir..., reprit Mélanie en cherchant à gagner du temps. Je suis persuadée que dans deux secondes vous ne le voudrez plus...

— Comment cela ? arrière-petite-fille de Satan !...

— Si je vous promettais de vous embrasser, ici, lorsque onze heures sonneront !... et de vous suivre après, partout où bon vous semblera...

— M'embrasser !... me suivre !... s'écria le pirate stupéfait de l'expression de malicieuse coquetterie qui régnait dans la pose, le visage et le regard de Mélanie ; en vérité, je n'y conçois plus rien !... les femmes sont toutes uniques !...

— Allons, reprit-elle en souriant légèrement, le marché vous plaît-il ?...

— Quelle heure est-il ?... s'écria Maxendi en tirant sa montre : il ne s'en fallait pas de dix secondes que l'aiguille arrivât sur la soixantième minute. Je vais avec le château..., dit-il en regardant Mélanie avec un air ironique.

— Je ne m'en dédis pas !... répondit cette charmante fille.

— J'accepte, s'écria le matelot. Et il s'élança sur Mélanie pour la saisir dans ses bras et l'embrasser.

— Il n'est pas onze heures !... cria-t-elle avec énergie, et en se défendant.

Maxendi l'avait prise, et la tenait entre ses bras ; elle détournait sa bouche avec répugnance, et ce débat avait lieu devant la fenêtre.. onze heures sonnent. En entendant le son de l'airain, Mélanie veut se retirer de la fatale fenêtre, un coup de feu part, la balle enlève une des boucles de cheveux qui se jouaient contre les tempes de la jeune fille, frise l'oreille du pirate, et va mourir dans la porte.

— Mille canons ! morts et furie ! Satan incarné, je te payerai cela !... je vois ton frère, et dans peu je vais le tenir sous de bons verrous. Quel tireur !... Allons, *branle-bas l'équipage !* à vos postes !...

En criant ainsi, le matelot courait dans la galerie, et volait s'emparer lui-même de Joseph. Mélanie, restée seule, n'eut que le temps de se rejeter en arrière, de tomber à genoux pour remercier Dieu de ce que le pirate avait pris le change, en croyant qu'on en voulait à ses jours ; et comme elle se relevait, une flèche siffle, et rejoint la balle sur la porte de l'appartement. La jeune fille saute dessus avec l'avidité de l'amour, elle saisit le billet, rejette la flèche dans le fossé ; et, après avoir lu le billet, elle l'avala, et se mit à regarder ce qui se passait dans la plaine. Tremblante, comme une fauvette poursuivie, elle vit son frère et le berger s'enfuir sur leurs chevaux avec la rapidité d'un nuage chassé par le vent du nord, et le pirate rester confus avec ses gens, car ils étaient tous à pied. Argow, en fureur, les maltraitait, et paraissait leur donner des ordres pour s'emparer de Joseph, s'il revenait ; mais, bientôt, il les quitta, et revint au château. Elle l'entendit avec effroi s'avancer dans la galerie, et il parut devant elle en proie à une fureur sans égale.

— Allons, serpent d'Afrique, suivez-moi !... dit-il en la fixant par un regard absolu.

Mélanie effrayée suivit le forban, qui la conduisit à la salle à manger, où l'honnête Gargarou avait bien de la peine à faire raison à Vernyct de toutes les santés que ce dernier lui portait.

— Ah ! ah ! s'écria-t-il en voyant Mélanie, voilà la femme future de M. Maxendi... elle est donc plus raisonnable, ce matin ? Allons, *mon administré*, quel jour vous mariez-vous ?... Je suis tout prêt...

— Oui, mais je ne le suis plus, reprit Argow en colère, et nous allons *virer de bord...* Tu sais ce que je t'ai dit, Vernyct, ajouta-t-il en regardant son lieutenant, veille sur lui, et s'il reparait, ne le manque pas !... M. le maire, reprit-il en tendant la main au maître de poste sur un signe du lieutenant, si vous voulez venir nous conduire un petit bout de chemin, je vous donnerai les instructions nécessaires...

— Pour doubler ma poste ?...

— Oui, reprit ironiquement Argow, pour doubler votre poste.

Les chevaux étaient attelés à la calèche du pirate, et le jeune postillon paraissait avoir beaucoup de peine à les contenir ; mais, si le maître de poste n'avait pas eu son rayon visuel un peu altéré par les petillants produits de la Champagne, il aurait remarqué que son postillon s'arrangeait de manière que, tout en semblant retenir les chevaux, il les piquait violemment avec ses éperons.

— On nous a donné des chevaux neufs!... dit-il en soutenant la tremblante Mélanie, à laquelle le postillon fit un signe d'intelligence.

Lorsque la jeune fille fut montée, les chevaux s'emportèrent, mais il les retint, et joua parfaitement bien son jeu, car, aussitôt que M. Gargarou et le pirate furent assis, les chevaux partirent comme s'ils avaient des légions de diables à leur poursuite.

Mélanie jeta les hauts cris...

— Nous allons verser!... Où m'emmène-t-on?... Au secours!...

— Ne craignez rien, ma belle petite dame, dit M. Gargarou. M. le comte, dit-il à Maxendi, la calèche est-elle bonne?

— Oui, répondit Argow.

— Nous n'en irons que plus vite! le jeune homme est bon postillon, c'est un cousin de ma femme.

— Eh bien, où nous mènes-tu?... demanda le pirate.

— Au secours! on m'enlève malgré moi! criait toujours Mélanie.

— Où je vous mène? répondit le postillon, je ne vous mène pas, ce sont les chevaux, car je n'en suis pas le maître!... (et le rusé gaillard les éperonnait); c'est la première fois qu'ils vont à la voiture.

— Voyez-vous, dit le maître de poste, ils ont pris le mors aux dents.

— Prends par la forêt! s'écria Maxendi, je ne demande pas mieux.

— J'irai si je peux, répondit le postillon qui enfila la route du bois en paraissant emporté par ses chevaux.

Mélanie criait toujours. Gargarou la consolait en répétant qu'il n'y avait pas de danger, et Argow, inquiet pour sa proie, regardait chaque ornière, et parlait au postillon qui n'écoutait rien.

Enfin la calèche roulait avec une effrayante rapidité dans le chemin de la forêt. Du plus loin que le postillon aperçut les deux charrettes, il demanda passage en criant et faisant claquer son fouet, mais les charrettes restèrent immobiles. Ce danger palpable émut fortement le maître de poste, qui tremblait pour la vie de ses quatre chevaux, qui devaient se fracasser contre les charrettes; le postillon et le maître de poste criaient à tue-tête; Mélanie tremblait de peur, car elle savait que c'était en cet endroit que son enlèvement allait avoir lieu; Argow regardait en avant pour examiner le choc et sauver Mélanie; et le bruit était tel, que personne n'entendait le pas des chevaux qui suivaient la voiture.

En une minute, la calèche arrive entre les charrettes, et les deux premiers chevaux s'écrasent et tombent. Mélanie jette un cri, le postillon se débarrasse, Gargarou gémit, et Argow se sent saisir et serrer par des cordes qui le prennent par le milieu du corps, de manière qu'il ne put faire aucun mouvement; il jura comme les *Treize Cantons*, et acheva de casser la voiture par les efforts qu'il essaya pour se soustraire à la force par laquelle Cachel l'entourait impitoyablement; le vicaire se saisissait de Mélanie joyeuse; deux hommes contenaient Gargarou, et les trois autres, leurs fusils braqués sur la poitrine du domestique d'Argow, l'empêchaient de s'opposer à cet enlèvement.

Le pirate, écumant de rage, fut garrotté de telle sorte, qu'il était forcé de rester immobile comme une masse inerte : on lia le maire sans écouter ses réclamations et on les plaça tous trois sur une charrette. Argow, comme tous ceux qui ont un grand caractère, et qui conçoivent *la force*, ne dit plus rien, et contempla le vicaire avec une rage concentrée. Gargarou, comme tous les imbéciles qui croient que les cris et la plainte peuvent changer le destin, se tuait de dire aux charbonniers :

— Je suis le maire de Vans!... déliez-moi!...

On ne l'écoutait pas. Il cherchait des yeux son postillon, mais le rusé jeune homme s'était caché.

Le vicaire ordonna à Cachel de rétablir la calèche, on releva les chevaux en remplaçant les deux qui s'étaient tués, il remit Mélanie dans la voiture et lorsque tout fut arrangé, que les complices de Cachel se furent enfuis, le vicaire dit au bûcheron :

— Vous enfermerez ces trois hommes dans votre cave, et vous les y tiendrez jusqu'à ce qu'un exprès vous remette une lettre de moi, qui statuera sur leur sort. Nourrissez-les, empêchez qu'ils ne s'évadent, et, dans votre intérêt, tâchez que leurs cris ne soient point entendus. Si cet enlèvement donnait lieu à quelques poursuites, instruisez-m'en sur-le-champ, je les ferai cesser... Tenez!...

Et le vicaire remit une bourse pleine d'or à l'honnête Cachel. Le bûcheron couvrit les trois captifs avec des sacs, et il fit trotter ses chevaux vers Aulnay.

Lorsque le vicaire fut seul avec Mélanie, que Cachel fut loin, le jeune postillon reparut, et ramena au grand galop la calèche d'Argow à l'auberge. Mélanie, en apprenant la part que l'hôtesse avait prise à sa délivrance, lui laissa une chaîne d'or pour souvenir; Joseph lui paya grassement les deux chevaux tués, et récompensa encore le postillon, qui le mena sur-le-champ ventre à terre à Septinan.

Là, Mélanie et son frère reprirent leur voiture, et le postillon fut chargé de reconduire la calèche au château de Vans.

La jeune fille, au comble de la joie, embrassa madame Hamel et Finette, et la chaise de poste vola vers Paris, avec la célérité d'un solliciteur gascon qui apprend que son cousin au neuvième degré vient d'être nommé ministre.

CHAPITRE XXVIII.

Bonheur de Mélanie. — Chagrin du vicaire. — Ses combats. — Il l'épouse.

Quelles scènes d'amour! quel gracieux voyage! Mélanie accabla son frère sous les roses : un déluge de caresses enchanteresses l'inonda, et, malgré le remords qui commençait à le ronger, il ne put se refuser à savourer ce charme qui n'était plus aussi criminel.

— Joseph, disait Mélanie emportée par la rapide voiture, Joseph, nous allons nous épouser, nous ne sommes plus frère et sœur ; c'est-à-dire, nous nous le serons toujours, mais nous joindrons, aux doux sentiments de notre enfance, celui qu'une femme doit à son mari, celui qu'un époux doit à sa femme. Je ne serai plus si pâle, et c'est toi qui me donneras la beauté nouvelle dont mes joues se pareront... N'est-ce pas, Finette?... Joseph, tu ne me dis rien, tu regardes la campagne... Elle est triste et nous sommes gais ; pourquoi, lorsque nos cœurs sont en délire, et qu'en voyant ta Mélanie tu jouis de l'aspect du bonheur, cherches-tu, de tes yeux, l'hiver, emblème de la tristesse?

— Mélanie, répondit le vicaire, ne conçois-tu qu'une joie bruyante?...

— Oh! non, non, mon amour, ma vie, mon bonheur! non, je connais le silence auguste de la volupté : mais, ajouta-t-elle en souriant et en ôtant elle-même la main dont le vicaire couvrait son front, ne faut-il pas qu'une jeune fille parle un peu?... Cependant, Joseph, si ce babil de l'ivresse te déplaît, je vais me taire...

— Oui, tais-toi, Mélanie!

La jeune fille ne dit plus rien, et elle commença à regarder son *frère* avec une espèce d'inquiétude.

— Depuis quand, murmura-t-elle, les paroles de Mélanie ne plaisent-elles plus à Joseph ?

— Ma sœur, répondit le vicaire en retenant des larmes près de s'échapper, je crois t'avoir prouvé que je t'aimais... Fille céleste, vierge! ajouta-t-il en laissant tomber une larme sur le visage étonné de sa sœur, je ne puis adorer que toi, pourquoi soupçonner mes sentiments? Va... je te donnerai la plus grande preuve d'amour qu'un homme puisse... (Il s'arrêta.) Et..., dit-il, pour comble de grandeur, tu l'ignoreras...

— Tu pleures, Joseph (et Mélanie pleurait), tu pleures!... qu'as-tu donc?...

— Mélanie, je pleure de bonheur!

Elle le regarda avec un effroi dont elle ne se rendit pas compte. Elle se garda bien d'ouvrir la bouche, et pendant le reste du voyage, elle épia, avec le soin curieux de l'amour, le moindre geste, le moindre regard, la moindre parole du vicaire.

Ce dernier, s'apercevant de l'inquiétude de sa sœur, s'empressa de la dissiper en secouant la mélancolie qui s'était emparée de lui, du moment où il se mit à réfléchir à la nouvelle barrière qu'il avait élevée *lui-même* entre lui et Mélanie, mais ses douces caresses, ses paroles ne purent dissiper le nuage qui s'était formé dans l'âme de la jeune fille.

Bientôt ils arrivèrent à Paris, et se retrouvèrent dans leur hôtel de la rue de la Santé. En y entrant, Mélanie saisit son frère, et l'entraînant hors du salon, elle lui montra, par un geste plein de grâce, le siège où il s'était assis avant que de partir, et elle lui dit :

— C'est là que je pensais à toi!... Ah! reprit-elle, j'y pensais partout.

Le vicaire tomba dans une mélancolie aussi profonde que celle qui l'avait saisi lorsqu'il découvrit que Mélanie étant sa sœur, il ne pouvait pas l'épouser. Cependant cette perpétuelle rêverie avait un certain charme, car dans cette nouvelle position, la défense sociale n'était pas la même : elle n'était plus aussi forte ; mais les combats de Joseph avec lui-même n'en furent que plus violents. L'histoire de sa mère lui revenait sans cesse à la mémoire, et ne trouvant rien en son cœur qui lui fit mépriser soit madame de Rosann, soit M. de Saint-André, il se servait de cette aventure comme d'un bouclier. On doit juger facilement de la violence de ses combats, si l'on songe un instant à l'esprit religieux dont le vicaire était imbu. La foi du serment, sa conscience, sa croyance à la religion, tout rendait le déchirement de son âme mille fois plus cruel, car à côté de ces liens il s'élevait un des amours les plus passionnés et les plus purs qui soient entrés dans le cœur d'un homme. Cette souffrance bizarre de l'âme ne peut pas être décrite, l'imagination même ne la conçoit pas, car il faudrait se représenter exactement toute l'âme du vicaire.

« Eh quoi! écrivait-il [1], si j'épouse Mélanie, ne reste-t-elle pas pure? Elle ignore ma qualité de prêtre, elle sera toujours vertueuse. Moi seul je serai criminel, et encore qui le saura?... « Dieu, malheureux! » me répond ma conscience; mais ne pardonnera-t-il pas à tant d'amour?... et au reste, Mélanie ne vaut-elle pas l'éternité? Quel amant aura fait un aussi grand sacrifice!... Oui, Mélanie, oui, beauté céleste, je t'épouse, je ne puis souffrir plus longtemps la vue de tes yeux qui se tournent lan-

---

[1] Ce fragment a été trouvé dans les papiers que j'ai dérobés à l'infortuné jeune homme. (*Note de l'éditeur.*)

guissamment vers moi ; c'est une lâcheté que de tarder... D'ailleurs, le bon curé ne m'a-t-il pas dit, en me quittant, que l'on n'était pas criminel en obéissant à la nature?... Ah! j'en crois cette âme simple... Ah, Mélanie! douce épouse! si tu montes aux cieux, tu imploreras mon pardon, et ta main me tirera des enfers!... Oh! supplice!... mais quoi, Joseph, c'est de l'égoïsme, tu n'oses te sacrifier!... Allons, lâche, du courage! »

« Non, je ne le puis, car Mélanie ne serait que ma maîtresse! Elle l'ignorera, elle se croira mon épouse, mais *moi* je sais le contraire, et c'est peu délicat, ce n'est pas d'un honnête homme. La rigide vertu ne veut pas que je l'épouse. Mourons!... Oui, mais elle meurt!... »

« Comme elle m'a souri tout à l'heure!... ô visage divin!... ô Mélanie! je t'épouserai! ce moment a tout décidé!... Oui, la figure des femmes brille d'une certaine grâce que rien ne peut définir... Oh! que je grave à jamais ce moment dans ma mémoire, car un rayon du ciel est descendu sur Mélanie, et me l'a montrée comme mon épouse!... D'ailleurs, les prêtres se mariaient autrefois; nos frères, les protestants, dans la même religion, se marient; je ne serai pas si coupable!... »

Ces phrases donnent une idée exacte de la situation dans laquelle se trouvait l'âme de Joseph. Il n'avait que deux pensées, deux *nutations* dans l'âme : « L'épouserai-je?... Oui. » Alors sa mélancolie devenait douce et Mélanie espérait. — « L'épouserai-je?... Non. » Dans ces instants de vertu, il était sombre, sauvage, et son amante inquiète pleurait en secret.

On sent combien Mélanie dut être chagrine. Elle participait d'autant plus à la préoccupation de Joseph, qu'elle l'ignorait : elle ne concevait pas ce qui pouvait l'avoir rendu tel, au moment où le bonheur les environnait; mais comme elle aimait, avec cette douce soumission, ce respect qu'a celui qui aime le plus, elle n'osait interroger son frère : elle le regardait en pleurant, elle déplorait son peu de confiance, et dévorait sa propre douleur.

Néanmoins, au bout de quelques jours, un soir qu'elle était assise au coin de la cheminée, qu'ils se trouvaient seuls, Mélanie quitta la bergère, vint se poser sur les genoux de Joseph qui regardait tristement et *sa sœur* et le feu tour à tour ; et, là, préludant par des caresses pleines de grâce et de suavité, elle finit par déposer sur la bouche de Joseph un long baiser d'amour, et, passant plusieurs fois ses mains sur ses cheveux, le contemplant dans ses yeux avec curiosité, elle lui dit :

— Joseph, depuis huit jours que nous sommes revenus et réunis, tu ne m'as pas souri... Sais-tu que le mariage a une aurore peu brillante?... Mon ami, j'ai respecté huit jours le secret de ta mélancolie... sais-tu que c'est beaucoup pour une femme?... c'est trop pour toi, de cacher la cause de ton chagrin!... Pourquoi ne sommes-nous pas unis?... je n'en souffre pas, parce que je me doute bien que cela ne peut tarder, car tu m'aimes, n'est-ce pas? (Il fit un douloureux signe de tête.) Eh bien! qu'as-tu, Joseph? verse ton chagrin dans mon sein, il est fait pour cela!... J'ai plus de tristesse en ignorant, que si j'étais instruite... Allons, monsieur!... car je t'appellerai monsieur... Lorsque les gens me diront que les chevaux sont mis, je dirai : Monsieur est-il habillé? Ce monsieur sera Joseph, mon frère, mon mari...

Ces paroles empreintes d'une grâce enfantine, qui rappela à Joseph la scène du Val-Terrible, le tirèrent de sa léthargie. Il pensa tout à coup qu'en effet il n'était plus seul, que sa sœur partageait son chagrin, qu'elle en avait été témoin, et que leur confiance exigeait qu'il donnât un motif à sa mélancolie.

— Mélanie! dit-il avec émotion en lui prenant les mains et la regardant avec fixité.

— O Joseph! ne me contemple pas ainsi, j'ai peur... tu me perces l'âme...

— Mélanie, reprit-il, je suis triste à juste titre, et je vais te dire pourquoi : je n'ai point de nom, je suis un enfant naturel, cette naissance apporte aux yeux du monde une espèce de tache, et j'éprouve de la honte à...

— O Joseph!... Joseph, s'écria Mélanie en l'interrompant, je te connaissais mal!... puisque je ne te croyais pas capable d'une telle petitesse, et... tu me connaissais pas du tout, si tu as pensé un instant que cette misère sociale pouvait entrer dans mon âme... O mon ami, je rougis pour toi!... cruel!...

— Ame divine! s'écria Joseph les yeux pleins de larmes, qui ne sacrifierait pas son âme pour toi?...

— Comment, mon frère, c'est pour cela que tu te chagrinais?... Que je suis aise d'avoir parlé!

Alors le vicaire affecta dans ce moment une fausse joie qui fit tressaillir Mélanie.

— Ah! dit-elle, je ne te verrai plus triste, et nous allons nous marier!...

Joseph la couvrit de baisers et se retira. Lorsque madame Hamel rentra et que Mélanie lui conta naïvement le sujet de la tristesse de Joseph, la bonne femme se mit en colère, pour la première fois de sa vie, et s'écria :

— Je ne reconnais pas là mon élève!...

Deux jours après, comme Joseph avait encore dans ses manières et ses paroles des restes de tristesse,

Mélanie saisit un moment où il était renfermé dans son cabinet, et elle y frappa.

— Qui est là?... demanda une voix brusque.

— Oh! je ne réponds pas à un pareil accent! parle autrement, Joseph, et je dirai que c'est Mélanie.

— Tu peux entrer, ma sœur!... répondit-il doucement.

— C'est cela, dit-elle avec une charmante naïveté; comment, mon ami, ajouta-t-elle en s'approchant de lui, vous me fuyez? voilà deux jours pendant lesquels je suis privée de tout ce qui soutient mon existence!... parle-moi, mon chéri, le son de ta voix fera cesser ma souffrance.

— Pardonne-moi, ma *sœur*, mais une disposition d'âme, dont je ne puis secouer le joug, m'attriste; mes sens sont égarés, obscurcis, et les notions du bien et du mal deviennent indistinctes pour moi...

— Et c'est, interrompit Mélanie, lorsque tu es en cet état que tu me fuis? Il me semble que si jamais mon âme tombait en langueur, je te chercherais pour la dissiper. Il me souvient de m'être ainsi trouvée quelquefois, c'était pendant ton absence; soudain je pensais à toi, à la parole si douce, à tes formes charmantes... et toute ma peine s'enfuyait!...

— Tu l'emportes, *démon!*... s'écria le vicaire.

Et il pressa Mélanie contre son cœur.

La jeune fille le regarda avec un étonnement inconcevable, car cette parole, cette action, furent marquées au coin de la folie.

— Qu'as-tu, Joseph?...

— Ce que j'ai!... je t'épouse... je me fiance à toi pour jamais!... heureux, Mélanie, si la *Mort* ne nous écoute pas!...

— Que dis-tu? tu m'effrayes!...

— Non, non, ne t'effraye pas! Maintenant, ajouta-t-il avec un rire sardonique, je vais être gai, bien gai!... je viens de prendre mon parti!...

— Quelle voix!... Joseph, mon ami, tu souffres... Joseph!

— Eh bien! qu'as-tu?... je t'épouse...

Après un moment de silence, il lui dit, en la saisissant avec force par le bras :

— Mélanie, je t'en supplie, avoue-moi... écoute!

— J'écoute.

— Dis-moi, reprit-il avec un mélodieux et plaintif accent de tendresse, dis-moi, si pour nous appartenir l'un à l'autre il fallait n'être que ma maîtresse, que ferais-tu?

Elle pencha la tête vers la terre.

— N'hésite pas! cria le vicaire, c'est notre mort!... Réponds, oui!... non!...

— Joseph, répondit-elle avec la flamme de l'amour dans les yeux, et sur les lèvres le doux sourire de l'innocence, je n'hésite pas.

— Que ferais-tu donc?

— Je noierais mon infamie dans ton sein! s'écria-t-elle avec une énergie brûlante; je serais tellement vertueuse, bonne, tendre, que personne n'aurait le courage de me condamner, et mon amour forcerait au silence. D'ailleurs, Joseph, cela ne me regarde pas, c'est à moi de me sacrifier si mon amant a la lâcheté d'y consentir...

— Je t'épouse! je t'épouse! s'écria Joseph avec le cri de l'horreur.

Depuis cette scène, terrible par l'expression qui anima ces deux charmants êtres, le vicaire noya ses remords. Il fit demander l'acte de décès de M. de Saint-André, celui de sa naissance, et l'on publia leurs bans à la mairie et à l'église. Mélanie fut au comble de la joie, et le vicaire, sortant des bornes de la stricte vertu, se livra aux délices de sa passion avec la fureur que des caractères tels que le sien portent dans leurs vertus comme dans leurs écarts. Mélanie, tournant sans cesse sa tête vers celle de son bien-aimé, fut enfin satisfaite de l'ardeur de son amour.

— Je te retrouve! lui dit-elle; tu es le Joseph des montagnes, celui qui jadis m'enveloppait de lianes pour me rapporter à l'habitation...

Et ces douces paroles étaient suivies de baisers encore plus doux. Le jour de leur mariage arriva lentement pour Mélanie, trop vite pour le vicaire.

— Mélanie, dit-il le matin, je ne t'ai pas fait de présents de noces, *tu ne les vois pas*...

— En ai-je besoin? interrompit-elle; le plus beau présent que l'on puisse offrir à une mariée, c'est le cœur d'un époux... et... je le tiens..., ajouta-t-elle avec un fin sourire.

— Tiens, Mélanie!...

Et le vicaire présenta à sa future le portrait qu'il avait peint dans sa cellule de séminariste.

Mélanie tressaillit de surprise.

— Ma sœur, reprit le vicaire, en ce jour je te sacrifie...

Elle le regarda.

— Non! s'écria-t-il, je ne dois point le dire...

— En aimerais-tu une autre?... demanda-t-elle avec anxiété.

— Grand Dieu! Mélanie, c'est la seconde fois que, dans ta vie, tu me fais une pareille question : c'était trop d'une pour mon cœur...

C'était à minuit, dans l'église de Saint-Étienne-du-Mont, qu'ils devaient se jurer le dernier serment, celui que l'imagination de l'homme social a entouré de plus de pompe et de plus d'appareil en y faisant intervenir le Dieu des cieux. L'heure solennelle de la nuit des noces arrive. Mélanie, parée comme sont les mariées, resplendissait d'une beauté céleste.

Jamais la couronne de fleurs d'oranger ne fut posée sur une tête plus noble, plus belle et plus pure. Le vicaire la contempla dans cette toilette ravissante, et ce doux spectacle fit taire tous les murmures de son cœur.

— Joseph, dit-elle, nous avons choisi une heure bien sombre... pour nous marier : je ne sais quel froid me glace d'avance, quand je songe que nous allons nous trouver... seuls, dans une église ténébreuse, à minuit, au milieu de l'ombre, du silence, et... ce n'est pas une fête.

— Tu es bien femme, répondit le vicaire avec un sourire de dédain ; quel malheur peut nous atteindre ? Nous sommes riches, nous nous aimons, nous ne craignons personne !... eh bien, chère Mélanie, qui nous empêche, pour être encore plus heureux, de fuir le monde et d'aller dans une contrée lointaine ?

— Non, non, répondit-elle avec un léger sourire, et en frappant ses jolis ongles avec son bel éventail, et présentant son pied devant le feu, non, je veux que les hommes admirent un instant notre bonheur ! qu'ils sachent que tu possèdes Mélanie ! je veux reparaître ta compagne... et lorsque tu auras recueilli l'encens de leur envie, que j'aurai satisfait l'amour-propre que la société m'a donné, que j'aurai vu combien de regards d'envie se seront tournés sur toi, alors, mon Joseph, nous fuirons au Val-Terrible, aux îles Bermudes, où tu voudras, sur un rocher désert; pourvu que tu y sois, il sera splendide...

— Mélanie, il est onze heures et demie, et nos chevaux frappent du pied dans la cour.

— Rusé chéri, tu me presses... je te devine, va... je désire notre retour ici autant que toi... Nous sommes seuls, n'est-ce pas ? car cela ne se dit qu'entre époux !.. Mais vois-tu, Joseph, j'ai froid, et il serait scandaleux qu'une épousée se gelât...

Ils montèrent en voiture, et arrivèrent en peu de minutes à Saint-Étienne-du-Mont. L'église n'était point éclairée, la chapelle à laquelle on mariait se trouvait au fond du temple, et les cierges ne jetaient pas une lueur bien triomphale. Joseph, en entrant dans cette basilique, eut un mouvement de terreur qui le domina, car il ne fut pas le maître de le chasser de son âme.

— La vois-tu ? s'écria-t-il.
— Quoi ? disait Mélanie.
— La mort..., répondit le vicaire.
— Tu veux rire ? reprit Mélanie.
— Non, non, tiens !...

Alors le vicaire montra à Mélanie que le premier objet qui s'offrit à leurs regards fut une tête de mort blanche sur un drap noir. En effet, on n'avait pas enlevé de l'église toutes les draperies funèbres qui avaient servi à un enterrement, parce qu'il devait y en avoir un autre le lendemain matin.

Mélanie frémit, et un froid glacial se glissa dans son âme.

— Joseph... pourquoi m'attrister ?...
— O ma sœur ! je te demande pardon !... Marchons... toujours pour qu'*elle* ne nous suive pas.

Ils arrivèrent à l'autel : il n'y avait encore personne. Joseph y laissa Mélanie agenouillée à côté de madame Hamel et de leurs gens, et il alla vers la sacristie presser le prêtre. En y entrant, il ôta son habit et se mit en devoir de s'habiller comme pour dire la messe.

— Que faites-vous ? lui demanda le sacristain.

Il le regarda d'un air étonné et lui répondit :

— Je suis presque aliéné... j'ai trop de bonheur...

Enfin, le vicaire est à genoux à côté de Mélanie ; un vénérable prêtre arrive pour les marier : c'était l'ancien confesseur de Joseph... Il recule d'effroi... descend, prend Joseph à part et lui demande :

— N'êtes-vous donc pas prêtre ?...
— Non !... s'écria Joseph, je ne suis pas prêtre !... non !... non, monsieur !...
— Si cela est, reprit le bon vieillard, je me trompais... Excusez-moi.

Joseph embrassa la main du vénérable prêtre. Ce dernier, étonné, lui dit :

— Pourquoi donc embrassez-vous ma main ?
— Je ne suis pas prêtre !... répéta Joseph.

Certes, une cérémonie pareille, faite au milieu de la nuit, a quelque chose de très-imposant : cette obscurité, altérée par la lueur tremblante des cierges qui rougissaient faiblement les piliers, un vieux prêtre qui implorait le ciel, et parmi ces circonstances, une jeune fille, l'amour de la nature, belle de toutes les beautés possibles, formaient un des tableaux les plus poétiques de notre religion : mais ce qui rendait la scène plus grande, c'était la présence de ce jeune marié, qui, pâle, les yeux hagards, jetait sur tout ce regard profond de l'homme qui commet un crime. La douce Mélanie ne regardait pas Joseph, fort heureusement ! et son âme tout entière implorait pour leur union la tendresse de l'Éternel, car telle était la beauté de son cœur, que cette vision céleste écrasait tous ses charmants désirs.

Au moment où le prêtre se retournait pour parler aux époux, et qu'il s'arrêtait effrayé de la pâleur de Joseph, dont le visage contrastait avec celui de la pure Mélanie, un grand bruit se fit entendre à la porte de l'église, et des pas précipités retentirent sous les voûtes. Joseph se retourne, et dans le lointain il aperçoit une femme qui s'écrie :

— Mon fils !... mon fils !...

Le vicaire s'élance, il a reconnu madame de Rosann, il court à sa rencontre.

— Mon fils, que fais-tu ?...

— Ma mère, s'écria le vicaire, taisez-vous!... taisez-vous!...
— Comment peux-tu te marier?...
— Silence, écoutez-moi!... M'aimes-tu?... demanda-t-il avec énergie et en saisissant avec force la main de la marquise.
— Si je t'aime!... répondit Joséphine en élevant ses regards vers l'autel ; grand Dieu! il demande si je l'aime!...
— Eh bien, ma mère, si vous ne voulez pas me voir mourir...
— Mourir!... s'écria-t-elle avec effroi.
— Oui, mourir, reprit le vicaire. Retournez sur vos pas! gardez le silence! j'irai vous voir, je vous amènerai ma Mélanie; et surtout, ma mère, répétat-il comme en délire, que jamais le fatal secret de mon état de prêtre ne sorte de votre bouche... Si Mélanie l'apprend... je meurs!...
— Mon fils, laisse-moi te voir!...
— Non, non, ma mère, demain, tantôt, quand vous voudrez, mais maintenant...
Madame de Rosann resta stupéfaite... Joseph se retournant avait vu la curieuse Mélanie qui regardait la marquise avec anxiété, et il s'était empressé de rejoindre sa femme.
— Joseph, dit-elle, quelle est cette dame?...
— C'est ma mère!... répondit Joseph.
— Ah!... s'écria Mélanie.
La marquise se cacha derrière un pilier, et contempla en silence l'auguste cérémonie, qui la mit au fait de toute la mélancolie du vicaire, et de l'importance du secret qu'elle devait garder.
— Ma fille!... dit madame de Rosann en embrassant Mélanie.
— Puisque vous êtes la mère de Joseph, ah! que je vous chérirai bien! dit la jeune épouse que la marquise serra contre son cœur.
— Va, tu seras heureuse!... dit la marquise.
— Tiens, Joseph, reprit Mélanie, vois-tu comme la tête de mort nous sourit... c'est un heureux présage!
— Hélas! dit le vicaire, comment donc la vois-tu?...
— Eh bien, mes enfants, reprit la marquise attendrie, êtes-vous fous de vous occuper de cela!
— Maman, répondit Mélanie avec un charmant sourire, c'est que nous sommes réellement ivres!..
— Charmante!... s'écria le vicaire.
Joseph, Mélanie, madame de Rosann et madame Hamel, revinrent à une heure de la nuit à l'hôtel de la rue de la Santé.
Après le premier moment de joie, madame de Rosann, ayant embrassé ses enfants, sentit qu'elle devait les laisser seuls...
Mélanie, après avoir jeté sur Joseph un dernier regard de vierge, s'échappa la première, suivie de Finette et de madame de Rosann.

Elle entre dans cette chambre, que le luxe le plus élégant décore : elle sourit en voyant la faible et blanche lueur, presque fantasmagorique, qui s'échappe d'une lampe contenue dans un vaisseau d'albâtre : elle regarde le lit somptueux, l'arrangement des meubles, et n'ose reporter ses regards sur Finette; son sein palpite.

— O ma mère!... dit-elle en se jetant dans le sein de madame de Rosann, que je suis heureuse!...
— Vous pleurez cependant?...
— Je pleure par instinct. . . . .
. . . .

Finette vient de fermer la chambre conjugale, et madame de Rosann, versant une larme, se retire. Si Finette a souri, je puis aussi sourire; mais aussi je dois l'imiter, et mettre le verrou sur tout ce qu'il m'est loisible de penser. Souriez donc si vous voulez!... que votre imagination s'exerce sur la lacune que je laisse! remplissez cette feuille d'idées voluptueuses!... quant à moi, je n'en ferai rien, car j'aime trop Mélanie, et l'avenir m'effraye. . . . . . .
. . . .

Nous allons donc tirer aussi le rideau, et nous reprendrons Mélanie lorsque son regard amoureux n'aura plus que cette douceur, cette satisfaction qui brille dans le regard d'une épouse; lorsque la flamme ardente sera devenue humide, et que l'amour n'agitera plus qu'une torche pure en la place de son flambeau petillant. Pendant ce temps nous verrons par quel événement madame de Rosann a assisté au mariage de son fils chéri.

∞

CHAPITRE XXIX.

Argow chez Cachel. — Bruits qui courent dans le village. — Leseq découvre tout. — On arrête Argow. — Séduction de Leseq, qui devient riche.

Pendant que tous ces événements avaient lieu à Paris, il se passait d'étranges choses à Aulnay-le-Vicomte ; et pour bien connaître les ressorts de cette aventure, il faut se reporter au moment où Jacques Cachel emmenait sur sa charrette Argow, son domestique et le pauvre M. Gargarou.

Le charbonnier arriva sans encombre à sa chaumière, et après avoir ouvert sa cave, il y transporta chaque captif l'un après l'autre, et lorsqu'ils y furent tous, il les regarda de travers, et leur dit :

— Songez à ne pas crier, car je ne suis pas bon

quand je me mets en colère!... vous serez bien traités, et remis en liberté quand j'en aurai reçu l'ordre...

— Monsieur, interrompit Gargarou, êtes-vous attaché au gouvernement légitime?

— Après?...

— C'est que si vous êtes bon Français, vous ne devez pas retenir un maire nommé par le roi.

— Chantez-moi autre chose, dit le charbonnier.

— Écoute, reprit Argow. veux-tu me délivrer? avant deux heures, je te fais compter cent mille francs...

A cette proposition le charbonnier s'enfuit, et chargea sa femme de porter à manger aux prisonniers, en se bouchant les oreilles pour ne pas se laisser séduire.

Cependant, malgré le silence des prisonniers et la discrétion de Cachel et de sa femme, on ne put empêcher la renommée de jaser, et comme elle jasa à Aulnay-le-Vicomte par l'organe de Marguerite et de Leseq, nous allons introduire le lecteur dans la boutique de M. Gravadel.

— *A cause que*, voyez-vous, disait ce dernier, Jacques Cachel a fait ajouter une écurie à sa maison. et qu'il me prend bien des articles et qu'il les paye au comptant et avec de l'or, il est devenu riche... à cause que...

Ici il regarda Leseq.

— Oui, acheva ce dernier, c'est clair, on ne s'enrichit pas si subitement sans quelque manigance, *sine turpitudine*, et *latet anguis in herbâ*, comme dit Cicéron, il y a quelque anguille sous roche.

— Écoutez-moi, dit Marguerite en posant sa livre de sucre sur le comptoir; la sœur de madame Vernillet, la concierge du château, est venue hier, et elle a dit que le gros seigneur de Vans-la-Pavée était un quelqu'un qui ne *sentait pas comme baume*, et que M. Joseph à qui il avait enlevé une sœur qui n'est pas sa sœur, car c'est une histoire que vous ne connaissez pas et que je vous conterai quelque jour; elle est bien intéressante, il y a des pirates, oui, c'est pirate que M. Joseph a dit à Vans.

— *Fiat lux*, s'écrie Leseq, c'est-à-dire donnez-nous une chandelle pour y voir clair dans ce que vous dites; *age quod agis*, ne courez pas deux lièvres!...

— Enfin, reprit Marguerite, il y a qu'elle a dit que notre vicaire avait enlevé une demoiselle, et que le gros seigneur qui est un scélérat, à ce que dit madame Gargarou, a été transporté de nos côtés, et je soutiens, je répète et je prétends, comme je le soutenais tout à l'heure, que Jacques Cachel y est pour quelque chose, et au château de Vans on voudrait bien le tenir; mais *comme on connaît les saints on les honore*, dit M. Gausse, et Jacques ne va plus au château.

— *Fortunate senex*, heureux Leseq, s'écria le maître d'école, je vois encore douze cents francs à gagner!

Et il s'échappa comme un trait.

— Que dit-il? reprit le maire en ouvrant de grands yeux, où va-t-il?...

— Je l'ignore, répondit Marguerite; mais ce que je sais, c'est que c'est un rusé gaillard, et que s'il veut que je fasse son bonheur... M. le maire, dit-elle, s'il gagne comme cela des douze cents francs tous les mois, c'est un bon parti...

— Bah, le commerce ne va pas! répondit le maire.

Marguerite s'en fut tout raconter au bon curé qui devina facilement que la jeune fille que le vicaire avait enlevée, était Mélanie.

— Je vois bien ce qu'il en arrivera, répondit-il à Marguerite, mais *chacun est fils de ses œuvres*.

Cependant Leseq courait vers le château, et lorsqu'il fut en présence de madame de Rosann, il tira respectueusement son chapeau et lui dit :

— *Risum teneatis*, soyez joyeuse, madame la marquise; à force de soins et de démarches, j'ai découvert où est notre vicaire.

— Eh bien! reprit madame de Rosann, où? dites, voyons, dépêchez!

Leseq tortillait son chapeau.

— Madame, reprit-il, Jacques Cachel l'a vu l'autre jour, et il...

La marquise s'était précipitée dehors, laissant Leseq tout seul : elle pressa elle-même les gens pour que ses chevaux fussent prêts, et elle se rendit chez le charbonnier.

La première chose qu'elle aperçut en entrant, ce fut, sur la cheminée, l'adresse que Joseph avait donnée au charbonnier, pour lui écrire, en cas de malheur. Alors Joséphine, sans dire un seul mot, saisit le papier, redescendit la montagne en courant à toutes jambes, au grand étonnement de Cachel et de sa femme, et elle se dirigea vers A....y, en faisant galoper ses chevaux. Elle prit la poste et se rendit à Paris où nous l'avons revue.

Le départ précipité de la marquise donna beaucoup à penser à tous les habitants d'Aulnay-le-Vicomte; mais Leseq, entre autres, concevant qu'alors la chaumière de Jacques Cachel renfermait quelque mystère, se mit à rôder tout autour, et à épier ce qui s'y passait. Un matin, il y entra, sous prétexte de dire à madame Cachel d'envoyer ses enfants à l'école, parce que le vicaire avait payé leur pension.

— Oh! oh!... s'écria-t-il, en voyant la femme du charbonnier tailler une soupe trop forte pour son ménage, oh! oh! la mère Cachel, vos enfants mangent donc beaucoup?...

— Beaucoup, répondit la ménagère.
— Eh! voilà un gigot, un poulet!...
— C'est fête chez nous!... dit madame Cachel.
— Vous êtes maintenant de gros seigneurs!... reprit Leseq en jetant des regards furtifs sur toute la maison.
— Cela ne regarde personne!... répondit brièvement la femme du charbonnier; que nous voulez-vous ce matin?...
— Je venais pour vos enfants...

En ce moment, un éclat de rire d'Argow retentit sous les pieds de Leseq.
— Qui diable est donc là-dessous?... demanda-t-il.
— Mon mari tire du vin, avec un de ses cousins.

Plus la femme de Cachel s'impatientait, plus l'astucieux Leseq, feignant de ne pas le voir, restait en furetant des yeux.

Alors, Jacques Cachel arriva de la forêt en faisant claquer son fouet.
— Holà! eh, femme!... ouvre la porte!...

Pour le coup, Leseq comprit qu'il y avait quelque mystère, et il jura de le découvrir. Saluant madame Cachel, après lui avoir lancé un malin coup d'œil, il s'en retourna à Aulnay-le-Vicomte.

Le lendemain, il se rendit avec le juge de paix chez le maire, sous prétexte de parler d'une affaire extraordinairement importante... Lorsqu'ils furent assis dans l'arrière-boutique, le maître d'école prit la parole en ces termes:
— Messieurs, vous êtes les deux grandes autorités du village, *consules Romæ;* or, vous savez si jusqu'à présent j'ai manqué *vos servire,* de vous être utile; il se présente aujourd'hui *magnum prœlium,* une grande occasion *ire Corintho,* de vous faire monter en grade, et de rendre célèbres les noms de Gravadel et de Marignon. Il y a, dans la commune, des chefs de voleurs, des faux monnayeurs, ou de grands scélérats, choisissez!...

A ces mots, le maire et le juge de paix regardèrent le triomphant Leseq avec une anxiété sans égale.
— *Florentem cytisum sequitur lasciva capella,* ces paroles de Cicéron signifient qu'un juge de paix doit poursuivre les criminels; *trahit sua quemque voluptas,* on ne dispute pas des goûts, mais, si vous m'en croyez, il y a une marche à suivre.
— Mais, dit le juge de paix, expliquez-vous, et si vous me faites trouver le moyen d'être juge à A....y, je vous laisse ma place de juge de paix.
— Si vous me faites aller mon commerce...
— Tout ira, reprit Leseq.

Alors il leur détailla tout ce qu'il avait entendu chez Jacques Cachel.
— Vous sentez que, *rem tetigeris acu,* vous mettez le doigt sur la plaie en faisant une descente judiciaire chez le charbonnier, car ceci annonce, ou qu'il tient renfermés les scélérats de Vans-la-Pavée, que le gouvernement cherche, ou qu'il est chef de brigands, ou qu'enfin il fabrique de la fausse monnaie, *falsos nummos.* Car où a-t-il pris cet or qu'il vous apporte? voilà trente bouteilles de bordeaux qu'il achète!
— Et du bon encore!... s'écria le maire.
— Ceci devient très-important, dit le juge de paix.
— Leseq, dit Gravadel, de ma vie je ne chercherai à faire pendre un homme!...
— Monsieur le maire, reprit gravement le juge de paix, la sûreté de l'État exige...
— Oui, oui, interrompit Leseq, il faut *coercere latrones,* poursuivre les criminels!...

Là-dessus, le maître d'école, s'élevant à de hautes considérations, prouva, par sa harangue, que l'on devait cerner la maison de Cachel et découvrir le mystère: son éloquence entraîna le maire, et il fut résolu qu'au commencement de la nuit, Gravadel en écharpe, M. le juge de paix en robe, se rendraient l'un et l'autre avec son greffier, et Leseq, pour visiter la chaumière de Cachel.

En effet, sur les huit heures du soir, l'escadron se mit en marche, suivi par le garde champêtre, et le garde de M. de Rosann, qui firent l'office de la gendarmerie. Arrivés à la porte du charbonnier, Leseq frappa rudement:
— *Attolle portas,* c'est-à-dire, ouvrez de par la loi, le roi, etc....
— Vois-tu, s'écria la femme de Cachel, que nous nous attirerons une mauvaise affaire, en gardant ces brigands!
— Qui êtes-vous?... demanda Cachel.
— Ouvrez de par la loi..., dit le juge de paix.

En reconnaissant cette voix, le charbonnier ouvrit la porte et l'escouade judiciaire entra dans la maison de Cachel.
— Jacques, dit le juge de paix, vous êtes signalé comme recélant chez vous des personnes que vous auriez dû remettre entre les mains de la justice... Nous allons visiter votre maison, si vous n'aimez pas mieux nous déclarer la vérité.
— Allons, dis tout! reprit sa femme.
— Cachel, reprit le juge de paix, d'après votre dernière aventure, si vous vous trouviez coupable de quelque chose, cela irait fort mal pour vous... Déclarez-nous franchement...
— Parguienne! monsieur, j'allons vous le dire: j'ai dans ma cave trois brigands, qui avaient enlevé la bonne amie à M. Joseph, le vicaire d'ici. Ils allaient la transporter en Dauphiné, lorsque, il y a un mois, notre vicaire a arrêté la voiture de M. Maxendi, qui est, à ce qu'il paraît, comme qui dirait un chef de brigands sur mer, et qu'il me l'a baillé à

garder, jusqu'à ce qu'il m'écrivit, pour m'instruire de ce qu'il faudrait en faire par la suite.

— Affaire criminelle! dit le juge de paix; un chef de brigands!... si c'était celui que monseigneur a signalé au procureur du roi d'A...y, quelle découverte!... Cachel, vous allez nous suivre, et remettre entre nos mains le criminel.

— Oui, M. le juge de paix; mais vous m'assurez bien qu'il ne me sera rien fait pour l'avoir arrêté et retenu...

— Non, non, tu seras même récompensé!...

A ces mots, Cachel, jugeant que tout ce que le vicaire désirait, c'était d'être délivré d'Argow, trouva que son prisonnier serait encore mieux entre les mains de la justice qu'entre les siennes, et alors il guida tout le monde dans sa cave; et lorsque l'assemblée y fut descendue, M. Gargarou se mit à crier:

— Messieurs, je suis attaché au gouvernement... et je suis...

— Tais-toi, brigand! lui répondit Leseq.

— Comment, brigand! reprit Gargarou, je suis le maire de Vans-la-Pavée...

— Le maire de Vans-la-Pavée, s'écria M. Gravadel, eh! c'est vrai!... voici M. Gargarou.

— Ah! M. Gravadel, dit le maître de poste, vous êtes bon Français et dévoué au gouvernement, j'espère que vous allez me délivrer de mes liens et me faire rendre justice.

— Monsieur, répondit gravement le juge de paix, vous vous trouvez cependant dans une affaire criminelle au premier chef, car il ne s'agit de rien moins que de vols faits à main armée et avec effraction, en pleine mer... Vous êtes avec des pirates!

— Non, monsieur, reprit Gargarou, je suis maître de poste, attaché sincèrement à la légitimité, et je suis innocent.

— Comment vous nommez-vous? dit Leseq à Argow.

— Je suis le comte Maxendi.

— Maxendi!... reprit M. Gravadel, vous êtes dénoncé à tous les maires du canton, comme un homme à arrêter sur-le-champ! Le procureur du roi d'A....y nous l'a écrit.

— Et c'est moi qui ai lu la lettre!... s'écria Leseq.

Argow les regarda tous fièrement, et leur dit :

— Cela peut être, messieurs, mais je suis innocent, l'estimable M. Gargarou vous l'affirmera, et du reste, pour vous prouver que je ne crains pas les regards de la justice, faites-moi délier, et je vais vous suivre. Si vous croyez nécessaire de me mettre en prison, je m'y rendrai avec plaisir, car je suis certain qu'en vingt-quatre heures le *quiproquo* cessera, et que c'est, au contraire, moi qui aurai à réclamer la vengeance des lois pour punir mes assassins...

— Ta... ta... ta..., dit Leseq; monsieur, c'est vous qui avez enlevé la bonne amie de M. Joseph, notre vicaire...

— Quoi!... s'écria Argow, en faisant paraître la joie la plus vive, Joseph est *prêtre?*

— Voyez-vous, reprit le maître d'école, *habemus reum confitentem*, il se trahit.

— Non, non, je ne me trahis pas, mon ami, répondit Argow en reprenant sa tranquillité. Allons, messieurs, finissez-en...

Sur l'observation de Gravadel, on délivra M. Gargarou, qui, après avoir remercié la compagnie, s'enfuit sans attendre son reste. Argow et son domestique furent remis entre les mains des deux gardes; on les conduisit à Aulnay; et, attendu qu'il n'y avait pas de prison, on les enferma dans l'école de Leseq, que l'on nomma intendant de la geôle.

Cette arrestation donna lieu à bien des bavardages; et, comme dans toute espèce d'affaires il y a deux opinions, la moitié d'Aulnay regarda Maxendi comme un scélérat, et l'autre moitié comme une *victime*. L'opinion de cette dernière moitié inquiétait beaucoup le juge de paix et M. Gravadel, qui eurent grand'peur de s'être compromis, car l'assurance du prisonnier, sa mise, son opulence, appuyaient fortement les raisonnements de ceux qui prétendaient que l'épicier et le juge de paix se fourvoyaient.

Mais il arriva un événement qui délivra l'honnête Gravadel de son inquiétude. M. Maxendi commença par envoyer Leseq acheter un pain de sucre, six bouteilles d'eau-de-vie, des liqueurs, du tabac à fumer, du thé, et d'autres provisions en telle quantité, que l'épicier trouva que ce pirate avait de fort bonnes manières, et n'était pas si diable qu'on le disait.

Lorsque tout fut arrivé dans la prison, Argow pria Leseq de l'aider à faire son punch, et l'invita poliment à en boire.

— Vous me paraissez, lui dit le pirate, un excellent garçon, et je serais vraiment fâché qu'il vous arrivât malheur!...

— Et moi aussi, *me quoque*, répondit Leseq.

— Raisonnez-vous quelquefois? lui demanda le forban.

— Presque toujours, dit le maître d'école.

— Eh bien! écoutez-moi, reprit Maxendi, il n'y a pour moi que deux manières d'être : ou je suis criminel, ou je suis innocent.

— *Æquum et justum est*, rien n'est plus vrai.

— Si je suis criminel, dit Argow, je suis sûr que vous vous repentirez toute votre vie d'avoir fait sauter la tête à un homme, car il est possible que, bien que je sois innocent, on trouve des preuves... mais il n'y en a pas... Si je suis innocent, vous êtes gravement compromis, et l'on n'arrête pas impunément un homme comme moi... De toute manière, qui diable pourra vous en vouloir de ce que je me sois sauvé par le tuyau de votre cheminée?... Écoutez-moi! vous n'avez aucune responsabilité, rien ne peut vous atteindre, je vous offre *cent mille francs* pour m'ouvrir la porte ce soir...

— Cent mille francs!... s'écria Lescq, et où sont-ils?...

—Tenez!... s'écria Maxendi en ouvrant son portefeuille et étalant des billets de banque, les voyez-vous?...

Le maître d'école resta stupéfait.

— Ce n'est pas tout, je veux vous mettre la conscience à l'abri de tout remords : si je demande à fuir, vous devez tout naturellement me croire coupable... Il n'en est rien, je veux sortir parce que je veux me venger et qu'il faut que dans trois jours je sois à Paris : que si je reste ici une nuit de plus, on me transférera à A....y ; et que là, il faudra que j'attende que mon affaire s'éclaircisse ; or, concevez-vous une vengeance retardée?... tandis qu'il faudrait qu'en ce moment même je jouisse du spectacle qu'un mot va produire... Allons, mon ami, buvons, et songez à cela...

— Cent mille francs pour ouvrir une porte!... s'écria Lescq ; attendez, je vais aller consulter M. Gravadel et le curé...

— Imbécile! dit Argow en l'arrêtant, est-ce qu'il faut qu'on sache cela?... Écoutez-moi avant tout : vous me répondez que M. Joseph, un grand jeune homme, beau, brun, est prêtre?

— Comment! c'est notre vicaire!

— Eh bien! mon ami, s'écria le pirate, allons, décide-toi!... car dans deux heures il ne sera plus temps.

— Je crois bien qu'il ne sera plus temps, dit le maître d'école, *equites*, c'est-à-dire, la gendarmerie va arriver ; on l'attend...

— En ce cas, reprit Argow, je ne te donne plus que trois minutes!...

Le pirate mit sa montre, garnie de brillants, sur la table, et pendant que Lescq réfléchissait, il défit sa bague et chercha son épingle, en s'écriant :

— Que tout m'écrase, je veux me venger!...

— *Ego prendo*, tope!... dit Lescq.

— Et tu as bien fait, l'ami, répondit Argow en remettant son épingle dans sa bague. Partons!...

— Et les cent mille francs?...

— Je te les laisse là..., dit Argow; conduis-nous hors du village, et tu viendras les reprendre.

Le maître d'école guida le forban et son matelot jusqu'au chemin de la forêt, et après leur avoir souhaité un bon voyage, il regagna son école et serra les cent billets de banque. Puis, feignant un grand désespoir, il ferma la porte de la prison et se rendit chez le juge de paix et le maire, auxquels il raconta que les deux criminels s'étaient échappés par la fenêtre. Comme il achevait ses doléances, le procureur du roi et des gendarmes arrivaient à Aulnay pour se saisir d'Argow : on leur fit part de l'évasion, et sur-le-champ les gendarmes se mirent à la poursuite du forban.

Ce dernier, se gardant bien d'aller à son château, se rendit chez Gargarou et courut en poste à Paris.

∞

CHAPITRE XXX.

Bonheur de Mélanie. — Vengeance d'Argow.

Il est impossible de décrire le bonheur pur et suave qui régnait dans l'hôtel de la rue de la Santé. La douce Mélanie, ayant tout ce qu'elle souhaitait, ressemblait à une sainte nouvellement admise dans le séjour des bienheureux. Cette volupté tranquille n'offre aucun trait à l'art du poète ou de l'écrivain : c'est comme la peinture du paradis que rien ne peut désigner à l'esprit, parce qu'une fois qu'on a dit : « Ils ont tout le bonheur possible, » on a tout dit, car il n'y a pas de nuance dans la perfection ; c'est le bien et le mal mélangés qui donnent seuls des choses saisissables. Enfin, la passion de ces deux êtres s'épura même dans cet état où les passions des hommes prennent une teinte de sensualité. La destinée de ces deux êtres charmants était de donner à tout ce qu'ils toucheraient la qualité de l'or comme ce roi de la Fable. En effet, ils ennoblissaient tout par le charme de leurs manières, la beauté de leurs âmes et la perfection de leurs qualités.

Madame de Rosann ne fut point déplacée au milieu de cette scène touchante et perpétuelle d'un amour qui devait survivre à ce qui tue les amours. Elle garda si bien le silence sur les secrets terribles de son fils, qu'elle n'en reparla même pas à Joseph, et cette tendre mère sentit le bonheur de Joseph absolument comme si c'était le sien propre ; elle ne pouvait quitter Mélanie dont la douceur, la beauté et le charme la séduisaient. Enfin, madame de Rosann, voulant rendre cette félicité durable, et la mettre hors de toute atteinte, la placer hors de la portée des dévorantes mains du malheur, usa de son crédit et de celui du marquis pour faire casser les vœux de son fils et le relever de ses serments de prêtre. Elle se trouvait parente de l'ambassadeur à Rome, et l'évêque d'A....y connaissait un des cardinaux les plus intimes avec le saint-père. Ainsi, sans instruire son fils de toutes ces démarches que le succès sembla vouloir couronner, elle comptait, un beau jour, rendre son cher Joseph tout à fait heureux, en lui apportant le bref du pape qui le sécularisait, et l'ordonnance du roi qui transporterait sur sa tête le titre et la pairie de M. de Rosann.

Ainsi, tout se préparait pour le bonheur de ce couple, et la fortune paraissait devoir leur sourire pour toujours. Hélas! le démon avait décrété que l'être qui s'était acharné sur leur famille la poursuivrait sans cesse.

Quoique le vicaire fût parvenu à faire taire tous les cris de sa conscience, ou du moins à les écouter sans laisser paraître sur son visage le chagrin qui le dévorait, Mélanie n'en devinait pas moins que son mari n'était pas tranquille.

Un soir, que Joseph avait été obligé d'accompagner M. de Rosann à une réunion diplomatique, et que Mélanie se trouvait seule avec madame Hamel, la jeune femme, poussant un soupir, regarda sa seconde mère et lui dit:

— Mère, as-tu remarqué comme parfois mon Joseph est rêveur?

— Ma fille, c'est tout simple, les hommes ont souvent à penser aux grandes affaires dont ils s'occupent.

— Mais, petite mère, Joseph ne serait pas rêveur pour cela... Tiens, bonne mère, laisse-moi t'expliquer ma pensée : je suis tellement heureuse, que je ne puis me comparer qu'à un ciel pur dont l'azur doux et tranquille ne présente aucun nuage; eh bien, certes, Joseph ressemble à ce ciel enchanteur, mais il y a sur lui ce voile que l'on aperçoit quelquefois dans l'air lorsqu'il fait du vent, et que l'on est sur une haute montagne.

Madame Hamel restait ébahie en contemplant le visage de Mélanie qui resplendissait de grâce, et sur le front de laquelle toute la poésie de ses idées apparaissait : Mélanie se mit à sourire, en se souvenant que jamais la bonne femme n'avait pu se mettre à la hauteur d'une idée poétique; et elle reprit ainsi :

— Écoutez-moi, ma mère.

— Je t'écoute, cela me fait plaisir, mais je ne te comprends pas.

— Tiens, dit Mélanie, regarde la glace, vois-tu cette tache qui en ternit l'éclat?

— Eh bien? dit madame Hamel.

— Eh bien, reprit Mélanie, cette tache est l'esprit de Joseph, et l'autre partie de la glace c'est le mien.

— Où vas-tu chercher tout ce que tu dis, petite fille? dit madame Hamel, tu t'amuses de moi... Joseph est heureux, il n'a pas de chagrin.

— Si, ma mère, il en a... c'est-à-dire il est heureux, mais son bonheur n'est pas complet. J'ai peur, ou qu'il n'ait une maladie chronique qui le ronge, ou qu'il n'ait pas trouvé en moi tout ce qu'il s'imaginait trouver... Je le lui demanderai!... dit-elle en versant une larme.

— Quelles chimères tu inventes! s'écria la bonne femme.

— Non, ma mère, je n'invente rien : pour mon malheur, j'ai une âme *trop la sienne*; je sens, par contre-coup, ce qu'il a dans son cœur, car il n'a pas une pensée qui ne soit la mienne, et je soutiens qu'il n'est pas le même qu'il aurait été si, n'ayant jamais su que nous étions frère et sœur, nous nous étions épousés à la M.........

— Mais, qui te fait présumer toutes ces choses-là? dit madame Hamel en posant ses lunettes sur ses genoux, et regardant la pendule qui marquait onze heures.

— Ma mère, quelquefois je le regarde, il ne me sourit pas : souvent, dans son sommeil, éveillée par des rêves ou l'inquiétude, je tâte son front pour m'assurer qu'il est toujours là; son front est brûlant : il parle, et il semble, en dormant, se disputer avec des étrangers qui veulent qu'il soit prêtre... Enfin, que veux-tu? mère aimée, je sens qu'il a quelque chose dans son âme : hier, il entendait une cloche de Saint-Étienne, il a dit : « En voilà un d'heureux!... » Son accent disait encore bien plus que sa parole elle-même.

— Mélanie, interrompit la bonne femme, il est tard... adieu!

— Adieu!... tu devrais rester, pourtant, car Finette est sortie... Elle est sourde, la pauvre mère, se dit-elle.

En effet, madame Hamel n'avait pas entendu, et elle s'en était allée. Mélanie demeura toute seule dans son grand salon, comptant les minutes, et croyant que chaque voiture était celle de Joseph. Après un moment de réflexion, elle s'écria :

— Bah! madame Hamel a peut-être raison, je me forge des chimères...

Au bout d'un quart d'heure elle dit :

— J'ai froid... mon âme frissonne en elle-même, il va m'arriver quelque chose...

Elle regarda le salon, écouta au milieu du silence, en cherchant des sons. Dans le lointain, elle entendit le roulement d'une voiture : le roulement approche... son cœur bat.

— Oh! dit-elle, c'est Joseph!...

En effet, le carrosse entre dans la cour, elle s'élance, en éprouvant un frisson général!... la porte s'ouvre... Argow paraît... Mélanie tombe dans sa bergère, et l'effroi la glace.

— Vous attendiez votre mari!... dit le pirate avec un sourire exécrable. Ma belle fugitive, n'ayez aucune peur de moi... Tenez, je reste à cette place, et je jure de m'y tenir... je ne vous condamne qu'à une seule peine, celle de m'entendre...

— C'est un effroyable supplice, répondit Mélanie, et je veux m'en délivrer...

— Non, vous ne m'échapperez pas! J'ai tout prévu, vous êtes à moi!...

Mélanie fut en proie à une profonde horreur, en voyant que les cordons de sonnette étaient coupés.

— On n'en remontre pas à un homme qui veut se venger, dit Argow; toutes mes précautions sont prises : votre mari ne reviendra que dans une heure, vos gens n'y sont pas, Finette est absente, et on la retient : vous êtes en ma puissance... mais je ne vous toucherai pas!... Je vous abhorre!... s'écriat-il avec énergie. Oui, pour dévorer le charme de cette minute de vengeance, j'ai tendu, comme l'araignée, une toile invisible. Puisque je dois être un démon, je le serai jusqu'à mon dernier soupir!... et, vassal de Satan, je te ferai tout le mal que je pourrai, puisque tu as refusé, beauté cruelle, de me tendre la main pour me tirer de l'ornière du crime.

— Ah! ne me parlez pas ainsi...

— Ne pas te parler?... Ce que je vais te dire retentira dans ton oreille jusqu'à ta mort!... Elle s'approche, il y a un fer sur ta tête, il tient à un fil, je vais le couper!...

— Non, monsieur, dit Mélanie avec un léger sourire, mon bonheur et ma vie ne sont plus entre vos mains...

— Enfant, répliqua le forban avec le ricanement de la mort, je te l'ai dit, je suis extrême, et le jour que je deviendrai vertueux, je le serai trop peut-être!... mais en ce moment, je ne veux qu'une seule chose, *me venger!...* et je t'ai prévenue jadis de ne jamais exciter la tempête qui renverse les forêts, parce que tu n'es qu'une fleur!...

Mélanie, stupide, l'œil fixé sur le visage énergique d'Argow qui restait calme, ressemblait à une statue.

— Un reste de pitié m'anime, continua le pirate, et je te laisse une minute de bonheur, avant d'attacher, pour toujours, le chagrin dévorant à ton jeune cœur.

Maxendi se tut; puis, après un moment, il dit :

— Tu aimes M. Joseph?...

— Oh! oui!...

Et un sourire vint errer sur la lèvre glacée de Mélanie.

— Ton amour est fondé sur l'estime?

Elle fit un doux mouvement de tête.

— Elle va cesser, reprit le pirate.

— N'achevez pas, la calomnie déshonore l'homme! s'écria Mélanie.

Le pirate se mit à rire, et lui dit :

— Mélanie, tu te crois belle, vertueuse... tu n'es qu'une infâme, ton mariage est *nul*, ton mari est *prêtre!...* et tu es... une *concubine!...* Tu rougis!... tu peux t'en dispenser, tes pareilles ne rougissent jamais.

— Je meurs!... s'écria Mélanie, je meurs!... au secours! ah! *je suis frappée à mort, je le sens.*

— Joseph, cet homme rare, continua Maxendi en jouissant de l'agonie de sa victime, ce Joseph si chéri est un scélérat, il t'a menti!... il t'a abusée!...

— Non, non, dit-elle, mon frère est vertueux!...

Son cri d'amour était déchirant.

— Vertueux... comme toi... Vous êtes plongés dans la débauche, l'infamie...

— Est-ce tout? reprit Mélanie avec calme, et en contenant sa terreur.

— Non..., dit Argow froidement, ce n'est rien!...

— Comment, ce n'est rien!... s'écria la jeune femme en frissonnant.

— Oui, tu vas venir à mes pieds, je vais t'y voir!... dit-il avec une hideuse expression de rage, en lui montrant le parquet.

Mélanie le regarda fixement, comme l'agneau qui tremble devant le boa de l'Afrique.

— A tes pieds!... murmura-t-elle faiblement, avec l'accent de l'aliéné qui rit de sa propre souffrance.

— Oui, reprit le forban, je veux que ma vengeance soit éclatante : crois-tu que je sois satisfait du chagrin qui va t'assaillir?... Non, non, je veux que toute la terre sache que tu n'es qu'une infâme, que Joseph aille sur l'échafaud!...

— Taisez-vous, taisez-vous!... M. Maxendi, par grâce, taisez-vous!...

— Sur *l'échafaud*, répéta-t-il en appuyant sur chaque syllabe du mot; qu'un procès criminel fasse retentir partout : « Mélanie de Saint-André n'est qu'une concubine!... » et tu ne trouveras pas un être, en France, qui ne te le dise!... On ne te recevra plus dans le monde, la mère ne voudra pas que sa fille t'approche; et, dès demain, un avis sera porté au parquet du procureur général, pour l'instruire de vos crimes. Ma vengeance sera secondée par celle des lois.

— M. Maxendi, si, pour empêcher un tel désastre, vous voulez me voir à vos genoux, certes, je vais m'y traîner...

La pauvre Mélanie, voyant une espèce d'hésitation sur la figure du pirate, s'avança lentement vers lui, s'agenouilla, lui prit les mains, et, le contemplant avec une expression de supplication qui aurait attendri un tigre, elle lui dit :

— Argow, si vous avez eu une mère, que vous l'ayez aimée... c'est par son doux souvenir que je vous conjure d'épargner Joseph... J'ai, depuis dix minutes, la mort dans le sein, j'ai senti le coup de sa faux, vous devez être content d'une victime telle que moi!... C'est vous qui m'aurez tuée... si... ce que vous venez de me dire est vrai...

— Vous pouvez vous en assurer, répliqua froidement le pirate; si Joseph est prêtre, il est tonsuré, et quelque soin qu'il prenne pour vous dérober le sommet de sa tête...

— C'est vrai, dit-elle avec effroi.

— Vous n'avez qu'à l'examiner!...

— Argow, reprit-elle, je vous en supplie, gardez le secret!...

— Que m'en reviendra-t-il?

— Un crime de moins, répondit-elle.

— Eh bien, soit!... j'y consens... Adieu, Mélanie, nous ne nous reverrons plus qu'aux enfers!...

Le pirate s'en alla doucement, en laissant l'épouse du vicaire toujours agenouillée au milieu du salon. Elle resta dans cette attitude assez longtemps, comme si elle eût été ensevelie dans une profonde méditation, et elle tendit ses mains en disant :

— Vous me le promettez!... Tiens, dit-elle, il n'y est plus!...

Alors, elle se releva, se mit dans sa bergère, appuya sa tête sur une de ses mains, posa son coude sur le bras du siège, et elle ne fut tirée de son absorption, que par une douce voix qui lui dit :

— Eh bien, Mélanie, ton amour sommeille, je crois?...

— Qui me parle?... répondit-elle d'un air égaré.

— Ah! ciel! qu'as-tu, Mélanie?...

Alors, elle regarda, reconnut son époux, et cette céleste créature, lui déguisant son chagrin, répondit :

— Ah! c'est toi, Joseph, je dormais... Quel malheur de n'avoir pas entendu ta voiture! je n'ai pas pu accourir jusque dans l'escalier, et être ramenée, portée dans tes bras!...

— Mélanie, reprit le vicaire inquiet, tu as pleuré!... tu es pâle, changée, tes yeux ne me sourient plus, qu'as-tu?

— Tiens, dit-elle, Joseph, j'ai fait un vilain rêve!... cela m'a troublée, et j'aurai pleuré en dormant.

— Pourquoi ne t'es-tu pas couchée? il est une heure et demie...

— C'est une heure sacrée pour nous, dit-elle en s'efforçant de sourire, et de plus, il y a aujourd'hui *un mois* que nous sommes mariés...

— Mélanie, tu trembles!... s'écria le vicaire effrayé.

— C'est que j'ai froid !

— Tu as froid, et cependant voici un feu qui brûle à dix pas...

— N'importe, mon ami, je suis toute glacée... toute!... reprit-elle, oh! non, mon cœur brûlera toujours... Joseph, réchauffe-moi par tes baisers... tiens, assieds-toi là...

Et Mélanie indiqua à son frère sa place ordinaire dans une *causeuse*. Le vicaire s'y mit : alors la jeune femme prit la tête de Joseph, et la posa doucement sur son sein palpitant de terreur.

— Qu'as-tu donc ce soir, Mélanie? ton cœur bat avec une violence extraordinaire! qu'as-tu, ma chérie?... tu me caches quelque chose, je le répète, car ton œil ne me regarde plus avec cette charmante expression d'amour qui l'anime toujours... il s'y mêle un sentiment que je crains de nommer...

Pendant que le vicaire prononçait ces mots, Mélanie, tenant la tête de son époux captive entre ses jolis doigts, caressait doucement les cheveux de son frère... Une horreur secrète l'empêchait de regarder la place de la tonsure, qui n'était pas tellement effacée, qu'un œil exercé ne pût la reconnaître. La *fatalité* poussait la pauvre infortunée... Elle y jeta un coup d'œil furtif.

— Mélanie! s'écria Joseph, Mélanie!

Le vicaire prend un flacon et lui fait respirer des sels, elle reste immobile. Il la couvre de baisers!... A cette caresse, elle rouvre son œil et le referme soudain. Le vicaire effrayé, n'ayant aucune idée de ce qui pouvait tuer Mélanie, lui prodigua les soins les plus touchants.

— Mon ami, dit-elle d'une voix faible, je te remercie...

Puis, saisissant le vicaire par une étreinte d'une énergie terrible, elle le serra avec toute la chaleur de l'amour, en l'embrassant avec cette volupté que l'idée d'un sacrifice rend plus ardente et comme *frénétique*.

— Mélanie, reprit le prêtre avec un ton de reproche, crois-tu qu'une pareille scène au milieu d'un bonheur *pur*...?

— *Pur!*... s'écria la jeune femme avec effroi.

Mais se remettant soudain, elle dit :

— Joseph... mon frisson est passé... il a fait place à la fièvre... tiens...

Elle prit la main du vicaire, en la portant à son front; il tressaillit de terreur, en trouvant Mélanie aussi brûlante que si des torrents de flammes eussent remplacé le sang dans ses veines.

— Mon ami, dit-elle, ne t'étonne pas de me voir malade... je t'aime trop pour vivre... les âmes qui dirigent toutes leurs forces morales vers un seul sentiment doivent se consumer bien vite quand leur passion est trop vive.

— Mélanie! s'écria le vicaire en reculant de dix pas, tu me glaces à mon tour...

— Viens, viens, chéri! viens et bannis toutes tes craintes... tu sais que les femmes ont des moments de folie... c'est une méditation sombre, faite au milieu de cette nuit, lorsque j'étais seule... Cette tête de mort que nous avons vue à Saint-Étienne, la nuit de notre mariage, est venue s'offrir à ma mémoire; une pensée m'a envahie... mes esprits se sont trouvés dans une mauvaise disposition... que te dirai-je?... tiens, viens, un baiser remettra tout!... Ne l'absente plus!... Joseph, s'écria-t-elle en l'entraînant, *je me sens des forces pour t'aimer plus que jamais!...*

Chassant alors de dessus son front les nuages de tristesse funèbre qui le déparaient, Mélanie rejeta son froid de mort et son horreur dans le fond de son âme. Par un admirable dévouement, elle se tut, et revêtit, parmi les robes diaprées de la joie, la plus brillante et la plus voluptueuse; elle s'en couvrit pour toujours, et son mal n'en fit que plus de progrès.

Néanmoins, cette scène singulière frappa le vicaire, qui devint plus pensif, et qui se mit à observer l'étonnant accroissement que l'amour de Mélanie prit depuis cette fatale soirée. En effet, cette victime de l'amour, couronnée de fleurs, comme ceux qui marchent à la mort dans le jeune âge, redoublait ses témoignages de tendresse, en les imprégnant d'un charme tellement enflammé, que le vicaire ne pouvait s'empêcher de croire que quelque chose de surnaturel agissait en Mélanie.

Ne serait-ce pas que, devant la tombe, les jouissances sont plus senties, et que les étreintes à la vie ont plus de force?

∞

CHAPITRE XXXI ET DERNIER.

Maladie de Mélanie. — Le vicaire sécularisé. — Fin.

Au bout de quelques jours, Mélanie, dévorée par le chagrin qui la minait sourdement, fut obligée de se mettre au lit. Elle combattit longtemps avant de prendre cette cruelle détermination, car elle sentait qu'elle ne sortirait de son lit que pour aller au cercueil. Mais un matin elle essaya de jouer quelque dernier morceau au vicaire, devant qui elle s'efforçait de paraître bien portante : elle se plaça devant son piano, ses faibles doigts ne purent faire rendre des sons aux touches d'ivoire... alors des larmes s'échappèrent de ses beaux yeux. Elle se leva, en s'appuyant sur l'instrument chéri, dont les accents plaisaient tant à Joseph, et elle regagna péniblement sa *causeuse*. Versant toujours des pleurs bien amers, elle pencha sa tête sur le sein de Joseph, et comme elle n'avait pas dormi une minute depuis plusieurs jours, elle y reposa dans un léger sommeil.

— Ma mère Hamel, dit Joseph à voix basse aussitôt que Mélanie fut endormie, savez-vous quelle est la souffrance interne qui fait ainsi pâlir notre pauvre enfant?

— Mon ami, répondit cette excellente femme en s'approchant et montrant au vicaire un visage empreint d'une mortelle tristesse, crois-tu que j'aie attendu ta demande?... crois-tu que bien que je ne sois pas l'amant de cet ange de la terre, je n'aie pas remarqué combien elle maigrit chaque jour?... chaque jour sa pâleur devient de plus en plus terrible. Autrefois elle se parait de roses, de couronnes gracieuses pour te plaire ; hier, elle s'est couronnée avec des fleurs noires!... si elle t'a prouvé en riant que c'était la mode... la mode, mon Joseph, est dans son cœur. Ses lèvres deviennent blanches; son sourire si noble, si amoureux quand elle te regarde, est triste quand ses yeux tombent sur moi!... crois-tu que tout cela m'ait échappé?... Mon fils, voici trois jours que je la questionne... la pauvre enfant n'a rien voulu me dire : mais, va, Joseph, elle t'en impose!... car elle n'a pas de force : souvent je prends sa main, et jamais je ne l'ai trouvée sans une horrible fièvre... Tu ne vois pas qu'elle veut te déguiser sa souffrance pour ne pas t'affliger, ainsi que tu agirais envers elle... Joseph, il n'y a pas de temps à perdre... je t'assure que Mélanie est bien malade! Regarde!... même dans ce touchant sommeil d'innocence, sa joue est dénuée de ces belles couleurs qui désespéraient toutes les femmes, et par-dessous sa peau blanche, il y a une couleur funèbre...

Les sanglots empêchèrent cette pauvre femme de continuer : ce discours, le plus long qu'elle ait tenu dans sa vie, ne pouvait être dit par elle que dans une semblable occasion.

Le vicaire, immobile d'horreur, regardait avec les yeux de la folie le doux mouvement du sein de sa compagne : sa bouche entr'ouverte semblait dévorer le souffle pur qui s'échappait des lèvres décolorées de Mélanie. Cette grande vision d'éternité céleste qui brille sur le visage d'une vierge expirée, apparaissait déjà sur la douce figure de cette femme admirable. Ces terribles présages que le prêtre avait remarqués, à Aulnay, dans les traits délirants de Laurette, le firent frémir, et il sentit en lui-même une horrible convulsion agiter toutes ses entrailles.

— Anges du ciel..., murmura faiblement Mélanie dans son sommeil, vous ne me repousserez pas!... je suis pure!... je n'ai que trop aimé... voilà tout mon crime!...

— Que veulent dire ces paroles?... dit le vicaire.

— Quand dormirai-je toujours?... murmura encore Mélanie en s'éveillant et jetant sur tout ce qui l'entourait les regards incertains du réveil.

Une tendre expression anima son visage quand elle contempla Joseph et madame Hamel.

— Mélanie, lui dit le prêtre, tu me dois compte

de tes moindres sentiments;... j'exige que tu me confies le secret de ta douleur.

— Joseph, je t'aurai tout dit quand je t'aurai avoué que je souffre : mon ami, reprit-elle, je suis malade... bien malade... mais je te le dis parce que tu es grand, que ton âme est forte... ainsi ne sois étonné de rien.

— Mais, Mélanie, qui donc a pu...?

— Mon amour!... répondit-elle avec un sourire; oui, Joseph, mon sang s'est allumé, rien ne peut plus le rafraîchir, car à chaque instant ta vue l'embrase encore... et... j'aime mieux mourir que de ne pas te voir...

— Mourir! s'écria le vicaire qui, pour la première fois, aperçut l'étendue du danger de Mélanie, mourir!...

— Joseph! répondit-elle avec un air d'effroi, ne sois pas si peu maître de toi, car ta douleur va m'achever... Imite-moi, mon ami... et vivons toute notre vie sans chagrin! Entoure-moi de joie, de fleurs, de sourires, d'amour, de tout ce que la vie humaine, le luxe, les sentiments, les cœurs ont de plus splendide! Si je dois mourir de cette maladie qui me dévore, tu ne peux l'empêcher... ainsi, ton âme est assez forte pour concevoir la *nécessité*, puisque moi, faible, je la conçois; que je fasse mes derniers pas sur un sable doré comme celui que tu fis répandre sur les sentiers qui menaient au Val Terrible!... Si je vis... le chagrin serait encore de trop : ainsi de la gaieté de toute manière...

Cependant la stupeur du vicaire était trop grande, et Mélanie s'écria douloureusement :

— Joseph, tu m'avances!...

Elle tomba sur lui, ce fut avec bien de la peine que l'on transporta la mourante sur son lit.

Aussitôt, un domestique monta à cheval et fut chercher un médecin. Il vint, s'approcha de Mélanie, et, après l'avoir examinée, il affecta un air riant, en s'écriant :

— Il ne faut à cette jolie dame-là que de la dissipation et la campagne.

— Oui, monsieur, dit-elle, la campagne... du ciel, ajouta-t-elle tout bas. Joseph, reprit-elle, et toi, mère, allez-vous-en...

Ils sortirent les larmes aux yeux.

— Monsieur, dit Mélanie, je n'ai pas trois jours à vivre! vous avez dû deviner la cause de mon mal... l'événement terrible qui a changé mon état de femme est une scène cruelle... rien ne peut me sauver, car ce matin j'en ai eu la conviction; je dois mourir... vous le savez, n'est-ce pas?

Le médecin se tut.

— Tenez, monsieur, je réponds de moi jusqu'à mon dernier soupir, je vais être gaie et riante : promettez-moi seulement d'abuser mon mari, et de lui persuader que ce n'est rien, et que je suis effrayée d'une bagatelle; dites-lui, pour mieux le tromper (car, dit-elle en riant, c'est admirable à nous autres femmes de vous tromper, même à l'article de la mort), dites-lui de prendre soin, ainsi que madame Hamel, de m'ôter de la tête des idées qui s'y sont glissées : que ce que je m'imagine peut retarder ma guérison; que mon imagination, trop vive, m'abuse; et que si l'on ne me détrompe pas je tomberai en langueur... Alors mon mari ne m'offrira pas le cruel spectacle de sa douleur... et j'emporterai dans ma tombe l'espoir qu'il me survivra... je ne serai pas la plus malheureuse...

Le médecin, frappé de ce discours, la regarda avec une surprise causée par l'admiration.

— Ah! madame, dit-il, si c'est là votre mort, comment avez-vous donc vécu?

Elle se mit à sourire, et lui dit :

— Me promettez-vous?...

— Oui, madame.

— Ainsi, répliqua-t-elle, vous viendrez de temps en temps, et, chaque fois, vous leur direz que je vais beaucoup mieux... Ils sont à la porte, reprit-elle. Allons, mes amis, entrez!... s'écria-t-elle doucement.

Le vicaire revint et regarda tour à tour Mélanie et le médecin.

Ce dernier se leva après avoir écrit quelque ordonnance insignifiante, et madame Hamel, le vicaire, s'empressèrent de le suivre... Il fut fidèle à ce qu'il venait de promettre à Mélanie, aussi le prêtre et la vieille femme rentrèrent-ils avec un visage riant et satisfait.

— Mélanie, dit le vicaire, dans un mois tu danseras au bal. Si, alors, M. de Rosann a obtenu mon ordonnance pour la pairie, nous aurons ici une superbe assemblée pour célébrer ta convalescence : ce n'est rien, ma bien-aimée.

Là-dessus, il s'entretint longtemps avec cet ange divin, qui ne se rendit que par degrés au sentiment du vicaire.

Jamais Mélanie ne fut plus touchante, plus gracieuse, plus caressante que dans cette dernière période de sa vie : pas une plainte ne sortait de sa bouche, et pour donner le change, elle déguisait les atteintes cruelles de sa maladie sous une toilette recherchée, en sorte qu'elle conservait une espèce de fraîcheur. La fièvre animait son teint par une couleur qui la rendait brillante de beauté. Elle ressemblait parfaitement à ces lampes nocturnes qui, près de s'éteindre, jettent, avant d'expirer, une dernière lueur qui brille de mille sortes de clartés. Son esprit même avait une douceur, une suavité qui sentait le ciel.

Lorsque la fièvre cessait et que son visage prenaît cette teinte livide messagère de la mort, qu'elle devenait pâle, défaite, que ses beaux yeux plombés se ternissaient et que son malaise était trop évident, elle feignait de vouloir quelque chose de rare, et elle exigeait que ce fût son mari qui courût l'acheter. Le vicaire, trompé, sortait et parcourait Paris : lorsqu'il revenait avec la fleur, le bijou, le livre, la parure souhaités, il retrouvait Mélanie brillante.

Dans ces derniers moments, elle accabla son mari des preuves de l'amour violent qui l'avait embrasée depuis son jeune âge, et Joseph était étonné de cette frénésie d'amour !... Un homme instruit du secret de Mélanie aurait fondu en larmes en devinant les admirables pensées qui faisaient agir Mélanie.

Madame de Rosann fut trompée par son fils sur la gravité de la maladie de sa fille, et bien qu'elle fût la voir souvent, elle ne conçut jamais que Mélanie fût en danger : elle riait et pleurait avec elle, et la douce amante du vicaire était en proie à une joie céleste en s'apercevant que tout le monde, excepté madame Hamel, donnait dans le piège qu'elle avait tendu. Quant à la pauvre mère Hamel, assise au chevet de Mélanie, elle pressentait sa mort et contenait son chagrin avec un courage héroïque. Cette vieille femme était admirable pour son sang-froid, elle cachait une âme sensible et joignait à la fermeté de Caton la chaleur de sentiment de son sexe. Elle semblait, dans la chambre de sa fille chérie, être tranquille, calme, et elle lui rendait mille petits services avec l'amour d'une mère et la ponctualité d'un soldat. Cependant son œil se fixait sur Mélanie et devinait à chaque geste sa pensée secrète. Madame Hamel savait que sa fille allait mourir, et elle se disait en elle-même avec un sang-froid inimaginable : « *Je suivrai ma fille.* » Elle s'y préparait comme à un voyage de plaisir, comme si elle eût dû aller visiter une propriété nouvellement acquise.

Un matin, on était au mois de mars, madame de Rosann accourt précipitamment à l'hôtel, et son fils, en voyant les chevaux de sa mère couverts de sueur, et leurs harnais blanchis par l'écume, jugea qu'elle venait d'apprendre quelque chose de bien important : cette bonne mère s'élance dans les escaliers, elle se précipite dans les appartements, tombe dans les bras de son fils, et jette sur la table le bref du pape qui sécularisait Joseph, et l'ordonnance du roi qui lui donnait le nom de Saint-André de Rosann, le titre de comte et le droit de succéder à M. de Rosann dans la pairie... Joseph s'évanouit de bonheur... il se réveille et s'écrie :

— O ma mère !... tu me rends l'honneur... et je te dois deux fois la vie.

— Mon fils, ton mariage est maintenant légitime.

Le prêtre rayonnant d'espoir, joyeux d'une joie indescriptible, entre dans la chambre de Mélanie, en proie à un violent accès de fièvre. Elle sourit en voyant la mère et le fils joyeux. Joseph arrive près du lit de sa femme, il lui prend la main, la baise avec ardeur : il veut parler, le bouillonnement de son cœur l'en empêche.

— Joseph... qu'as-tu ?

— Mélanie, en t'épousant j'étais prêtre...

— *Je le savais !...* répondit-elle en pâlissant (Joseph et madame de Rosann furent stupéfaits), et, dit-elle, c'est là ce qui me tue. Joseph, je t'ai plus aimé peut-être...

— Qui te l'a dit ? interrompit le vicaire, quel est le monstre... ?

— Argow... il y a trois semaines, est venu me révéler ce fatal secret... Va, il s'est bien vengé !

— Mélanie ! Mélanie ! s'écria le vicaire, je ne suis plus prêtre !... voici le bref du pape...

A ces mots, dits sans ménagement, Mélanie... Ma plume m'échappe. . . . .

Voyez-vous, dans la rue des Amandiers, deux corbillards bien simples s'avancent lentement vers le champ du repos ?...

Un seul homme suit le premier... Cet homme est pâle, il est défait, il ne regarde que la terre, il ne pleure pas...

Une femme suit le second : c'est Finette qui pleure madame Hamel...

Le temps est gris et la terre souillée par une boue liquide. Joseph et Finette ne voient rien. Malgré le peu d'éclat de cette pompe funèbre, beaucoup de gens s'arrêtent et contemplent un des plus touchants tableaux que la douleur ait offerts.

Madame de Rosann n'a plus revu son fils, bien qu'il lui ait promis de revenir...

Les anges des cieux ont repris le présent qu'ils firent à la terre . . . .

Prévoyant ma propre douleur de ce moment, j'ai mis la conclusion de cet ouvrage au commencement.

FIN DU TROISIÈME VOLUME.

TABLE

DES MATIÈRES CONTENUES DANS CE VOLUME

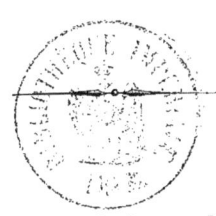

SCÈNES DE LA VIE PRIVÉE.	3
LA FLEUR DES POIS.	87
LE CONTRAT DE MARIAGE.	101
LA SÉPARATION.	133
LA PAIX DU MÉNAGE.	149
LA RECHERCHE DE L'ABSOLU.	166
MÊME HISTOIRE.	231
LE RENDEZ-VOUS.	252
SOUFFRANCES INCONNUES.	283
LA FEMME DE TRENTE ANS.	292
LE DOIGT DE DIEU.	302
LA VALLÉE DU TORRENT.	306
LES DEUX RENCONTRES.	310
EXPIATION.	332
LA FEMME VERTUEUSE.	339
LA BOURSE.	393
LE DEVOIR D'UNE FEMME.	408
LES DANGERS DE L'INCONDUITE.	429
LE VICAIRE DES ARDENNES.	453

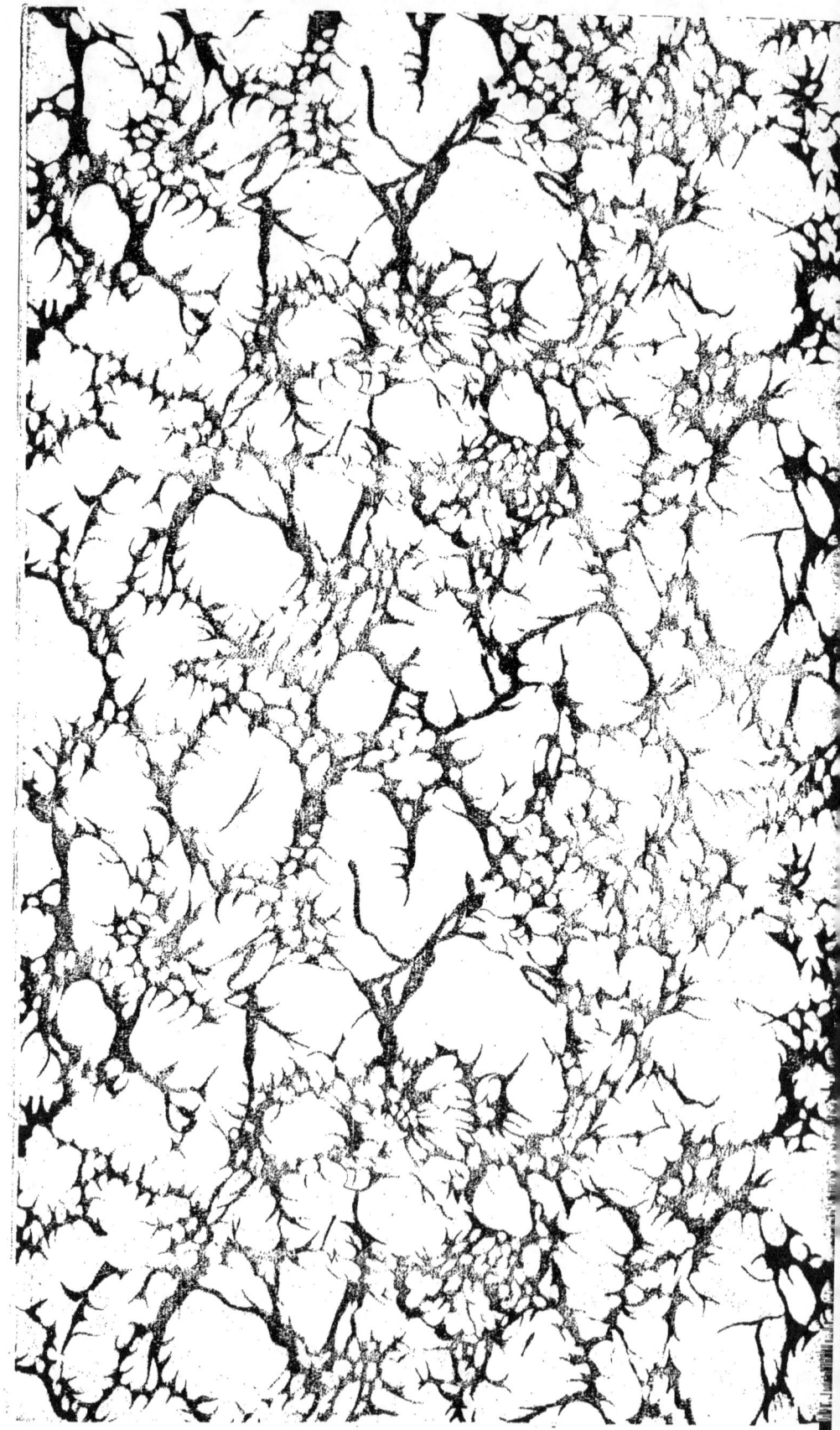

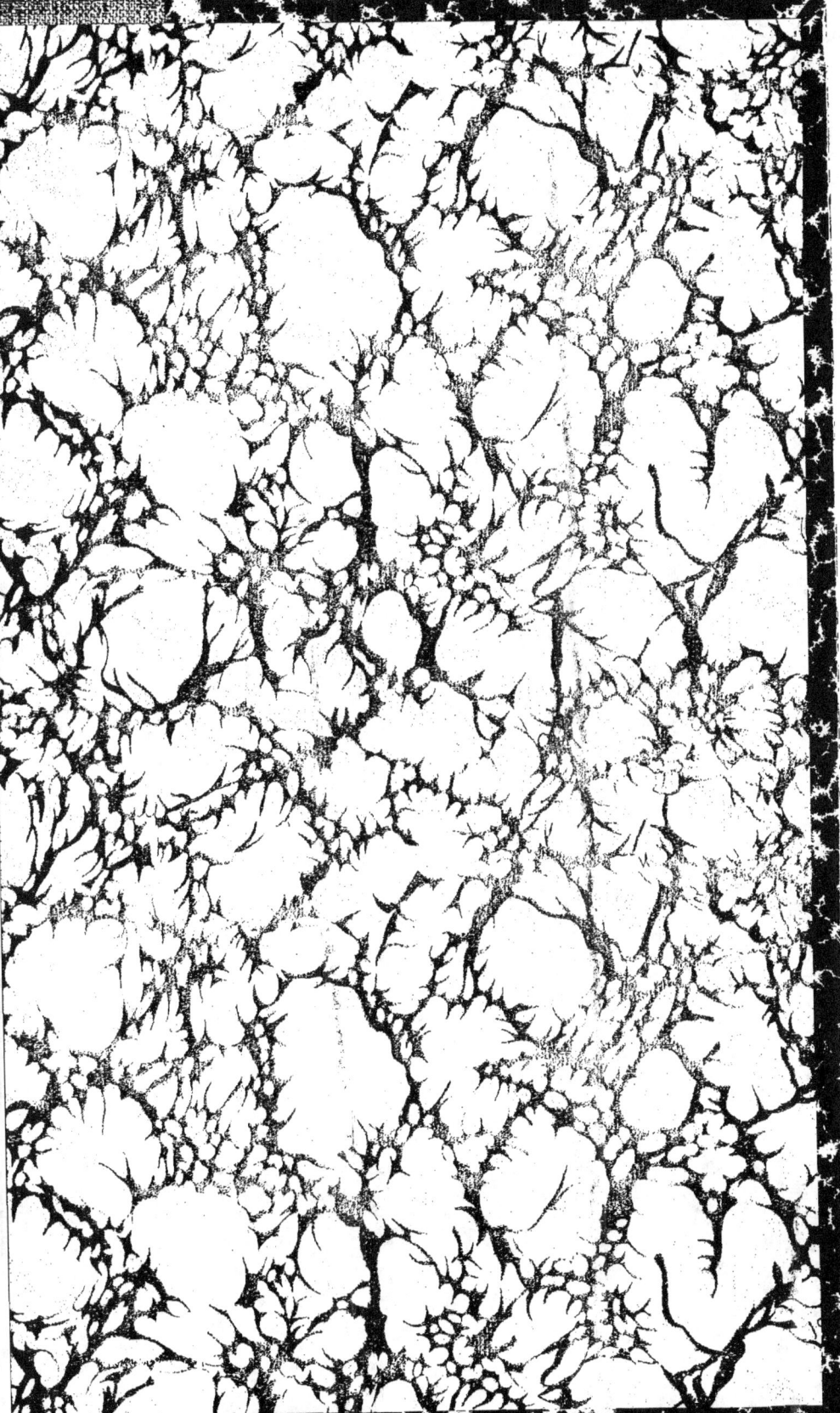

www.ingramcontent.com/pod-product-compliance
Lightning Source LLC
Chambersburg PA
CBHW060410230426
43663CB00008B/1440